D1718798

VERÖFFENTLICHUNGEN
DER HISTORISCHEN KOMMISSION FÜR POMMERN

herausgegeben von Roderich Schmidt

REIHE V: FORSCHUNGEN ZUR POMMERSCHEN GESCHICHTE
Band 41

DAS HISTORISCHE POMMERN

PERSONEN – ORTE – EREIGNISSE

von

RODERICH SCHMIDT

2009

BÖHLAU VERLAG KÖLN WEIMAR WIEN

Bibliografische Information der Deutschen Nationalbibliothek:
Die Deutsche Nationalbibliothek verzeichnet diese Publikation in der
Deutschen Nationalbibliografie; detaillierte bibliografische Daten
sind im Internet über http://dnb.d-nb.de abrufbar.

Umschlagabbildung:

Karte von Pommern, von Abraham Ortelius, erstmals erschienen 1573

2. Auflage 2009

1. Auflage 2007

© 2009 by Böhlau Verlag GmbH & Cie, Köln Weimar Wien
Ursulaplatz 1, D-50668 Köln, www.boehlau.de

Satz und Lithographien: Peter Kniesche Mediendesign, Tönisvorst
Druck und Bindung: buch bücher dd ag, Birkach
Gedruckt auf chlor- und säurefreiem Papier
Printed in Germany

978-3-412-20436-5

Inhaltsverzeichnis

Vorwort

Die in diesem Band vereinigten 38 Titel entstanden in einer Zeitspanne von fünfzig Jahren. Die frühen Aufsätze wurden noch in Greifswald verfaßt. Die meisten jedoch ergaben sich danach aus meiner Tätigkeit als Vorsitzender der Historischen Kommission für Pommern (1967–2001). Die Studien und Abhandlungen erschienen in Zeitschriften, Festschriften und Sammelwerken. Aufgenommen sind auch einige Lexikonartikel sowie unpublizierte Vorträge. Die Themen betreffen vornehmlich das Mittelalter und die Reformationszeit sowie die Kultur- und Wissenschaftsgeschichte.

Insgesamt bieten sie unter verschiedenen Aspekten einen Überblick über das historische Pommern unter Einbeziehung der Nachbarn vom frühen Herzogenstaat bis zum Ende der preußischen Provinz.

*

Für das Zustandekommen des Bandes sage ich allen, die dazu beigetragen haben, meinen herzlichen Dank. In erster Linie gilt er dem Böhlau Verlag, der die Publikation in sein Programm aufgenommen und das Erscheinen ermöglicht hat. Der Stiftung der Sparkasse Mecklenburg-Vorpommern für Wissenschaft, Kultur, Sport und Gesellschaft habe ich für freundlich gewährte finanzielle Unterstützung zu danken. Ebenso sei der Gesellschaft für pommersche Geschichte, Altertumskunde und Kunst e.V. für ihre Förderung des Projekts gedankt, desgleichen der Historischen Kommission für Pommern. In meinen Dank schließe ich auch meine Frau und meine Tochter mit ein.

Marburg an der Lahn, im Frühjahr 2006
Roderich Schmidt

I. Historische Einführung

Geschichte Pommerns im Überblick

»Pommern« – po mor'e – »Land am Meer«, wie seine slawischen Bewohner
es nannten, war ursprünglich das Gebiet zwischen der Oder im Westen, der
Weichsel im Osten, im Süden begrenzt von Warthe und Netze. Es wurde
von den Pomoranen bewohnt, die zwischen lutizischen Stämmen und den
Polen siedelten. Aus historiographischen Quellen des Hochmittelalters kennen wir die Namen einzelner Fürsten, ohne daß sich diese Nennungen zu
historischer Kenntnis verdichteten. Auch die Nachricht von einem Bistum
in Kolberg, das von dem Chronisten Thietmar von Merseburg anläßlich der
Errichtung des Erzbistums Gnesen durch Kaiser Otto III. im Jahre 1000
erwähnt wird, blieb ephemer. Das Ereignis stand im Zusammenhang mit
dem kurz vor 1000 angenommenen Vorstoß des Polenherzogs Boleslaw
Chrobry ins Pomoranengebiet. Sofern es damals überhaupt zu einer Bistumsgründung gekommen ist, so hatte dieses Bistum jedenfalls keinen Bestand, und nach dem Tode Boleslaw Chrobrys 1025 waren die Pomoranen
wieder unabhängig. Doch blieb die Bedrohung durch Polen, das seinen
Drang zum Meer nicht aufgab.

Am Anfang des 12. Jahrhunderts kommt es im pomoranischen Raum zu
Herrschaftsbildungen. Im östlichen Teil – später als Pommerellen, Klein-
Pommern, bezeichnet – entwickelt sich ein selbständiges politisches Gebilde, das dann in Danzig seinen Mittelpunkt hatte, unter den Samboriden, die
bis 1294 regierten. Im westlichen Teil erfolgte die Herrschaftsbildung durch
ein Geschlecht, das seit 1194 einen Greifen im Wappen führte und deshalb
als das Greifengeschlecht bezeichnet wird. Es hatte seine Sitze vermutlich in
Belgard und Stargard, zu Beginn des 12. Jahrhunderts in Cammin. Sein Blick
und sein politisches Interesse waren nach Westen gerichtet, d. h. zunächst
auf den Oderraum.

Der Unterlauf der Oder, das Haff und die diesem vorgelagerten Inseln
Usedom und Wollin trennten das Gebiet der Pomoranen von dem der Lutizen. Nachdem der mächtige Lutizenbund mit seinem politischem Kultzentrum Rethra nach der Mitte des 11. Jahrhunderts zusammengebrochen war,
hatte sich im Odermündungsgebiet ein eigenes politisches Gebilde entwick-
kelt, mit Wollin, Jumne (dem Vineta der Sage) als der großen nordeuropäi-
schen Handelsmetropole und Stettin als dem kultischen und politischen
Mittelpunkt.

Zu Beginn des 12. Jahrhunderts nahm Polen unter Herzog Boleslaw III. Schiefmund seine Expansionspolitik wieder auf, 1121 eroberte dieser Stettin und stieß weiter nach Westen in den lutizischen Raum vor.
Vorher hatte er die Pomoranen unterworfen, doch blieb hier die Herr-

schaft der Greifen bestehen, die sich aber der polnischen Oberhoheit unterstellen mußten.

Durch den Polenherzog wurde jetzt erneut und nun entscheidend die Christianisierung der Pomoranen eingeleitet. Das Missionswerk wurde einem deutschen Reichsbischof, Otto von Bamberg, übertragen. Von Gnesen aus begab er sich 1124 zu den Pomoranen und predigte ihnen das Christentum. Durch die zeitgenössischen Otto-Viten lernen wir den ersten Pomoranenfürsten kennen, der eindeutig dem Hause der Greifen zugeordnet werden kann, Wartislaw I. Mit ihm beginnt die 500jährige Geschichte dieses Geschlechts, das 1637 mitten in den Wirren des Dreißigjährigen Krieges mit Herzog Bogislaw XIV. erlosch. Mit ihm begann zugleich der erste Großabschnitt der pommerschen Geschichte, die Herzogszeit. Es sind dies diejenigen Jahrhunderte, in denen Pommern ein selbständiges Territorium war. In den folgenden 300 bzw. 350 Jahren war es immer Teil anderer Staatsgebilde: Brandenburgs, Schwedens, Preußens, des Deutschen Reiches, der Deutschen Demokratischen Republik und der Volksrepublik Polen.

Gleichwohl, und das ist das Besondere, blieb der Zusammenhalt über alle Wechselfälle der Geschichte hinweg erhalten und ist das Gemeinsamkeitsbewußtsein bis in unsere Zeit hinein nicht verloren gegangen. Es spricht dies dafür, daß dem »Staat« der Greifen – Staat mit den nötigen Anführungszeichen gebraucht – eine prägende Kraft innegewohnt haben muß, wenn auch die Erinnerung an das Herzogshaus in den breiten Schichten der Pommern im 19. und 20. Jahrhundert verblaßt war und erst durch die Erinnerungsfeiern 1936 wieder erweckt worden ist.

Der Stammvater, jedenfalls der historisch greifbare, des Greifengeschlechts, Wartislaw I., ist auch der Schöpfer des pommerschen Staates, eines Territoriums, das sich nicht mehr mit dem Siedlungsgebiet der Pomoranen deckte. Die Missionsreise Bischof Ottos von Bamberg zu den Pomoranen 1124 hat auf deutscher Seite offenbar einen gewissen Unwillen erregt. Jedenfalls unternahm Bischof Otto vier Jahre später, 1128, eine zweite Missionsfahrt, diesmal aber unter dem Schutz König Lothars von Süpplingenburg und mit Unterstützung des Markgrafen Albrecht des Bären, und nicht von Gnesen, sondern von Merseburg über Magdeburg und Havelberg, also von Bistumsorten der Magdeburger Kirchenprovinz aus, in das Lutizen- und Odermündungsgebiet. In Demmin an der Peene, jener wichtigen civitas im Raum zwischen Elbe und Oder, deren Bedeutung schon von Adam von Bremen betont wird (bis hierhin reichten die Ansprüche des Erzbistums Hamburg-Bremen), traf Bischof Otto mit dem Pommernfürsten Wartislaw zusammen. Aus den Otto-Viten erfahren wir, daß dieser sein Herrschaftsgebiet über die Oder hinweg ins ehemals lutizische Gebiet bis zu eben dieser civitas Demmin ausgedehnt hatte. Auf einem Landtag zu Usedom wurde noch 1128 im Beisein Bischof Ottos von Wartislaw und den Großen des

Landes die Einführung des Christentums förmlich beschlossen. Zugleich erkannte Wartislaw die Oberhoheit des deutschen Königs für sein Herrschaftsgebiet westlich der Oder an, was zu politischen Verwicklungen mit dem Polenherzog führte. Im Endeffekt blieb die Oberhoheit Polens auf den Raum östlich der Oder beschränkt, und 1135 mußte der Polenherzog Boleslaw sogar für dieses Gebiet Kaiser Lothar zu Merseburg die Lehenshuldigung leisten.

Über die Person des ersten Pommernfürsten wissen wir wenig, wir können seine Persönlichkeit nur aus dem Erfolg seiner Politik erschließen. Danach muß Wartislaw I. ein Mann von Format gewesen sein. Durch geschicktes Taktieren wußte er die Großmächte seiner Zeit so für seine Interessen zu lenken, daß am Ende ein nicht-stammlich bedingtes Territorium geschaffen war, für das nun der Name »Pommern« gebraucht wurde. Staatsrechtlich nahm der deutsche Kaiser die Position des Oberherrn für sich in Anspruch, während unter ihm für den östlichen Teil der Herzog von Polen, für den westlichen der Markgraf der Nordmark, Albrecht der Bär (seit 1134), später der Sachsenherzog Heinrich der Löwe als Zwischenmächte zuständig waren. De facto aber war Pommern unter Wartislaw I. selbständig geworden.

Diese Stellung wurde weiter und ganz wesentlich durch die kirchliche Ordnung, die von Wartislaw vorgenommene Einrichtung und Ausstattung der Pomeraniae ecclesia, abgesichert. Papst Innocenz II. hat sie 1140 bestätigt und ausdrücklich in den Schutz des heiligen Petrus aufgenommen. 1188 wurde sie, nachdem ihr Sitz 1175 von Wollin nach Cammin verlegt worden war, als exemtes Bistum dem Papst unmittelbar unterstellt. Damit war dem Anspruch des Erzbistums Gnesen wie dem des Erzbistums Magdeburg ein Riegel vorgeschoben. Mit diesen päpstlichen Urkunden hatte der von Wartislaw I. geschaffene pommersche »Staat« sozusagen auch seine internationale Anerkennung gefunden. Die pommersche Kirche und das pommersche Herzogtum der Greifen gehörten von Anfang an zusammen und bedingten und garantierten gegen- und wechselseitig ihre Selbständigkeit.

Das pommersche Bistum reichte, wie die Papsturkunde von 1140 ausweist, von den castra Demmin und Tribsees im Westen bis zum Leba-Fluß im Osten, und so weit reichte, zumindest dem Anspruch nach, auch die Herrschaft Wartislaws I. und seiner Nachfolger. Geographisch und ethnisch beruhte der pommersche Territorialstaat der Greifen darauf, daß die die slawischen Völkerschaften der Pomoranen und Lutizen trennende Oderlinie überwunden wurde und daß es gelang, ein Staatswesen zu schaffen, das durch die Oder als die »Lebensader« des Landes zusammengehalten wurde.

Lebensader Pommerns ist die Oder in den folgenden Jahrhunderten geblieben, zum Schicksalsstrom ist sie mehrfach geworden. Die Auseinandersetzung um sie bestimmte auch die Stellung Pommerns im Geflecht der europäischen Politik. In ihr hat der pommersche Territorialstaat in den 500 Jahren seiner Selbständigkeit durchaus seinen Platz gehabt. Im Mittelpunkt des Geschehens stand er freilich kaum. Das hat seinen Grund nicht nur in der geographischen Lage des Landes, sondern auch und vor allem darin, daß die Pommernherzöge, von wenigen Ausnahmen abgesehen, keine aktive Politik, sondern eine zögernd-abwartende betrieben haben. Im ganzen kann man sagen, daß sie in selbstgenügsamer Beschränkung ihre Befriedigung fanden, daß sie der Machtpolitik abhold gewesen sind. Ein durchgehender Zug pommerscher Politik war die Balance zwischen den Großmächten, die Anlehnung an die jeweils führende im gleichzeitigen Bestreben, dieser gegenüber die Eigenständigkeit zu wahren. Dabei ging es immer wieder um die Frage von Lehenszugehörigkeit und Selbständigkeit. Neben Polen waren es im 12. Jahrhundert vor allem Sachsen unter Heinrich dem Löwen und Dänemark unter König Waldemar I., gegen die man sich wehren und mit denen man sich gleichzeitig arrangieren mußte.

Nach dem Sturz Heinrichs des Löwen erschien Kaiser Friedrich Barbarossa persönlich im Ostseeraum. In seinem Lager vor Lübeck fand sich 1181 auch Bogislaw I., der Sohn Wartislaws I., ein, um diesem in aller Form zu huldigen. Man hat dieses Ereignis oft so verstanden, als sei Bogislaw I. damals in den Reichsfürstenstand erhoben und Pommern in den Reichsverband aufgenommen worden. Eine genaue Interpretation der Quellen läßt derartige Deutungen nicht zu. Tatsächlich ging es um folgendes: Bogislaw I. war in der zweiten Hälfte der 70er Jahre dazu übergegangen, sich in seinen Urkunden nicht als »princeps«, sondern als »dux Pomeranorum« zu bezeichnen. Diese eigenmächtig vorgenommene Rangerhöhung ist 1181 von Friedrich Barbarossa akzeptiert worden. Indem er dem ihm durch Lehnstreue verbundenen Herzog unter Überreichung einer Adlerfahne ausdrücklich seinen Titel für dessen Gesamtstaat zubilligte, wurde Pommern als einheitliches und eigenständiges territoriales Staatswesen vom Stauferkaiser und damit von Reichs wegen anerkannt.

Diese Interpretation läßt einen Vorgang, der vier Jahre später geschah, verständlicher erscheinen. 1184 hat Bogislaw I. dem Dänenkönig Knut VI. auf einem Kriegsschiff im Camminer Bodden gehuldigt, und 1185 hat er ihm bei einem feierlichen Aufzug in Roeskilde als Lehnsmann das Schwert vorangetragen. Derartige Akte, die den jeweiligen Realitäten Rechnung trugen, minderten weniger die Stellung der Pommern, sondern erhöhten eher ihr internationales Ansehen.

Nachdem die von Kaiser Friedrich II. anerkannte dänische Herrschaft über die südliche Ostseeküste 1227 zusammengebrochen war, hat der Kaiser 1231 Pommern der Lehnshoheit der askanischen Markgrafen von Brandenburg unterstellt. Von polnischen Rechten oder Ansprüchen war kaum noch die Rede. Pommern galt fortan unbestritten als Teil des Reiches: Nur waren seine Herzöge keine direkten, sondern mediatisierte Vasallen des Kaisers.

Das änderte sich erst im 14. Jahrhundert im Zusammenhang mit den Kämpfen um den Besitz der Mark Brandenburg nach dem Aussterben der Askanier 1320.

Zu Beginn des 14. Jahrhunderts hatte Pommern nicht unbedeutenden territorialen Zuwachs erhalten: 1317 gelangte es in den Besitz der Länder Schlawe und Stolp im Osten aus samboridischem Erbe. Im Westen trat es das Erbe der 1325 ausgestorbenen Fürsten von Rügen an, wobei allerdings Ansprüche Mecklenburgs abgewehrt werden mußten. Das sog. Rügische Festland (mit der Hansestadt Stralsund) gehörte kirchlich zum mecklenburgischen Bistum Schwerin, die Insel zum dänischen Bistum Roeskilde. Sowohl die Erwerbungen in Hinterpommern wie die rügischen in Vorpommern fielen an die Wolgaster Linie des Herzogshauses. Seit 1295 war dieses in die Linien Stettin und Wolgast geteilt. Sie sind auch politisch weitgehend getrennte Wege gegangen, wobei das Stettiner Herzogtum sich vornehmlich mit Brandenburg auseinanderzusetzen hatte, das Wolgaster mehr in die nordischen und östlichen Verhältnisse verstrickt wurde.

Im Kampf um die Mark hielten es die Stettiner Herzöge mit den Wittelsbachern, die Wolgaster mit Karl von Luxemburg. 1338 hat Kaiser Ludwig der Bayer die Reichsunmittelbarkeit der Stettiner Herzöge anerkannt, allerdings um den Preis der Erbfolge. Nachdem Karl IV sich als König im Reich durchgesetzt hatte und die Pommern auf seine Seite getreten waren, wurden 1348 alle Pommernherzöge mit ihren Ländern zu gesamter Hand belehnt. Pommern hatte damit seine Reichsunmittelbarkeit erreicht und erneut seine staatsrechtliche Einheit bewahrt. Die Beziehungen zu Karl IV. wurden weiter gepflegt. Sie wurden betont, als der Kaiser 1363 in vierter Ehe Elisabeth von Pommern, die Tochter Herzogs Bogislaws V. und seiner Gemahlin, einer Tochter König Kasimirs III. von Polen, am Hofe des Großvaters zu Krakau heiratete. Daß dies eine der üblichen politischen Heiraten war, lag auf der Hand. Für Karl IV. war Pommern von Bedeutung in seinem Bestreben, den Wittelsbachern die Mark Brandenburg abspenstig zu machen, was ihm 1373 endgültig gelang. Das Ziel des Kaisers war freilich noch weiter gespannt, nämlich den Zugang zum Meer zu erreichen. Insofern war er nicht unbedingt ein Freund der Pommern. Sie waren nur Schachsteine in einem politischen Spiel. Seine pommersche Gemahlin, die ihn weit überlebte, ist die Mutter König Sigmunds.

Im Jahre 1370 versammelten sich in Stralsund die Abgesandten von 23 Hansestädten, die sich 1367 in der Kölner Konföderation gegen Dänemark zusammengeschlossen hatten. Dieses hatte unter König Waldemar IV. Atterdag eine Vormachtstellung im Ostseeraum errungen, die den Handelsinteressen und Handelswegen der Hansestädte bedrohlich wurde. Im Bunde mit Holstein, Schweden und einigen norddeutschen Territorien, im wesentlichen aber aus eigener Kraft, gelang es ihnen, Dänemark niederzuringen.

Kopenhagen wurde erobert und zerstört, die dänischen Küstenorte verwüstet, das dänische Schonen mit seinen wichtigen Handelsniederlassungen am Sund in Besitz genommen. König Waldemar verließ Dänemark, um auf dem Festland, so auch bei Kaiser Karl IV., Hilfe zu suchen. Die Bemühungen blieben erfolglos, und der dänische Reichsrat sah sich schließlich zum Frieden mit der Hanse veranlaßt. Am 24. Mai 1370 wurde er formell in Stralsund geschlossen. Dänemark mußte den Hansestädten weitgehende Handelsvorrechte einräumen, die wichtigsten Festungen auf Schonen verpfänden, ein Mitspracherecht der Hanse bei der nächsten Königswahl akzeptieren. Das Ereignis war spektakulär: ein Sieg weit verstreuter, lose verbundener Städte über einen großen, als Land- wie Seemacht bedeutenden Territorialstaat. Für die Geschichte der Hanse stellt der Stralsunder Friede einen der Höhepunkte in der Außenpolitik dar. Er bezeichnet zugleich einen wichtigen Einschnitt in ihrer geschichtlichen Entwicklung, den Übergang von der Kaufmanns- zur Städte-Hanse.

Die pommerschen Herzöge hatten sich aus dem Kampf mit Dänemark herausgehalten. Sie wurden aber in die nordischen Händel in dem Augenblick verstrickt, als sich einem der ihren die Aussicht auf das Nordische Königtum eröffnete. Die Königin Margarethe, die 1375 Waldemar IV. gefolgt war, hatte 1397 die drei Königreiche Dänemark, Norwegen und Schweden zur sog. Kalmarer Union vereinigt. Ohne Leibeserben hatte sie schon 1388 einen der Wolgaster Herzöge, der durch seine Mutter mit dem dänischen Königshaus verwandt war, zum Erben bestimmt. Unter dem Namen Erich trat er 1412 die Königsnachfolge an. Seine weitreichenden politischen Pläne scheiterten. Im Kampf mit den Schauenburgern in Holstein und mit den Hansestädten unterlegen, vom einheimischen Adel abgelehnt, von seinen pommerschen Verwandten, aber auch vom Deutschen Orden und von Polen, an die er sich gewandt hatte, nicht unterstützt, versuchte er schließlich, die nordischen Kronen seinem Neffen Bogislaw IX. zu sichern. Als auch dies mißlang, setzte er sich auf der Insel Gotland fest und führte von hier aus, aller Welt trotzend, einen Kaperkrieg in der Ostsee. Der dänische Reichsrat hatte ihn schon 1438 abgesetzt und 1440 einen neuen König, Christoph von der Pfalz, gewählt. Bis 1449 hielt sich König Erich auf Gotland, dann kehrte er in seine pommersche Heimat zurück, wo er – vergessen – im Jahre 1459 in seiner Residenz Rügenwalde verstarb.

Zum Deutschen Orden und zu Polen unterhielten die pommerschen Herzöge wechselnde Beziehungen. Die einen standen zu Polen, traten offen allerdings erst auf dessen Seite nach der Schlacht von Tannenberg 1410; andere hatten in dieser auf seiten des Ordens gekämpft. Im 13jährigen Krieg zwischen dem Deutschen Orden und Polen und dem mit diesem verbündeten Preußischen Bund schloß sich Herzog Erich II. König Wladislaw II. Jagiello an um den Preis, daß ihm die Länder Lauenburg und Bütow überlassen würden, die er 1455 in Besitz nahm. In geheimen Verhandlungen mit dem Orden versuchte er dann, von diesem die Anerkennung des Besitzrechtes zu erlangen. 1466 erreichte er dessen Einverständnis. Und obwohl sie im Zweiten Thorner Frieden 1466 Polen zugesprochen wurden, behielt er sie, seit 1467, nachdem er zu Stettin den Thorner Frieden ratifiziert hatte, auch mit Zustimmung des polnischen Königs als Pfand, jedoch ohne verbindliche Rechtsform. Erst 1490 wurden sie polnischerseits Pommern offiziell überschrieben. Staatsrechtlich gelangten sie erst 1526 als erbliches polnisches Lehen an die pommerschen Herzöge. Als solches blieb das Gebiet bis zum Aussterben der Greifenherzöge 1637 bei Pommern, ohne jedoch wie die übrigen pommerschen Länder zum Reichsverband zu gehören.

Noch ein Ereignis ist hier zu nennen, dem eine allgemeine Bedeutung zukommt: die Errichtung der Universität Greifswald im Jahre 1456. Sie wurde im Zusammenwirken zwischen dem für Greifswald zuständigen Herzog, dem Bischof von Cammin und der Stadt Greifswald, genauer durch ihren Repräsentanten, den gelehrten Bürgermeister Dr. Heinrich Rubenow, vollzogen, im selben Jahr, in dem auch die Universität Freiburg im Breisgau durch Erzherzog Albrecht IV. von Österreich gegründet worden ist bzw. ihre Bestätigung durch seinen Bruder, Kaiser Friedrich III., erhielt. Dieser hat auch der Universität Greifswald, noch im Jahre 1456, eine Konfirmationsurkunde erteilt. Es war dies die erste Universitätsgründung im Reich, die neben dem päpstlichen zugleich ein kaiserliches Stiftungsprivileg erhielt. Greifswald hat freilich nie den Rang der großen Universitäten des Abendlandes erlangt. Es blieb im wesentlichen eine, wenn auch respektable, Landesuniversität. Eine – jedenfalls zeitweilig – darüber hinausgehende Bedeutung hatte sie allerdings für den skandinavischen Raum. Neben der 1419 gegründeten mecklenburgischen Universität Rostock war sie für die nordischen Länder eine der bevorzugten Bildungsstätten, selbst als diese mit Uppsala (1477) und Kopenhagen (1478) eigene Universitäten erhalten hatten.

Von den pommerschen Herzögen nach Wartislaw I. ist Barnim I. zu erwähnen, durch den im Kerngebiet der Greifen zwischen 1234 und 1287 27 von 43 Städten zu deutschem Recht gegründet worden sind. Als der bedeutendste der Greifenherzöge gilt Bogislaw X. (1474–1523).

Bald nachdem er die Regierung angetreten hatte, konnte er alle Teile des seit 1295 dynastisch geteilten Pommerns vereinigen. Beim Aussterben der Stettiner Herzöge hatte Brandenburg versucht, diesen Teil Pommerns an sich zu reißen. Der Versuch mißlang, dafür mußte die Lehnshoheit zugestanden werden. 1479 sah sich Bogislaw X. gezwungen, auch das Herzogtum Wolgast vom brandenburgischen Kurfürsten zu Lehen zu nehmen. Durch seine geschickte Politik kam er aber seinem Ziel, die Unabhängigkeit des Landes wiederzugewinnen, Schritt für Schritt näher. 1493 wurden er

und seine Nachfolger von der Pflicht der Lehenshuldigung befreit. Auf dem
Reichstag zu Worms 1521, auf dem Luther sich vor Kaiser und Reich ver-
antwortete – Bogislaw soll ihn auf der Hinfahrt in Wittenberg besucht haben –, erhielt er einen Kaiserlichen Lehnsbrief durch Karl V. Die förmliche
Belehnung mit Pommern durch den Kaiser erlangten erst die Söhne Bogislaws X. 1530 auf dem Reichstag zu Augsburg. Zuvor war ein endgültiger
Ausgleich mit Brandenburg erzielt worden, der für die weitere Zukunft
Pommerns von Bedeutung werden sollte: Im Vertrag zu Grimnitz 1529 verzichtete Brandenburg auf seine Lehnshoheit über Pommern gegen die Zusicherung des Nachfolgerechts der Kurfürsten bei Aussterben der Greifen.

Für die Politik Bogislaws X. sind seine Heiraten wichtig gewesen. Die
erste Ehe mit einer brandenburgischen Prinzessin brachte allerdings nicht
den erwünschten Ausgleich mit dem Nachbarlande. Dafür eröffnete ihm die
zweite Ehe den Eingang in die große Politik. 1491 heiratete er Anna, eine
Tochter König Kasimirs IV. von Polen und seiner Gemahlin Elisabeth von
Österreich, einer Tochter des deutschen Königs Albrecht II. Die Beziehungen
zum Kaiserhof wurden vertieft, als er 1496 König Maximilian I. anbot, einen
Römerzug auszurüsten. Der Plan zerschlug sich, doch Herzog Bogislaw begab sich zum König nach Innsbruck, nachdem er zuvor zahlreiche Fürstenhöfe besucht hatte. In Innsbruck faßte er – darin einer Zeitmode folgend – den
Plan einer Pilgerfahrt ins Heilige Land, ein Unternehmen, welches in zeitgenössischen Dichtungen seinen literarischen Niederschlag gefunden hat. Auf
der Rückfahrt besuchte er Rom und erhielt von Papst Alexander VI. eine
Reihe von Privilegien und Ehrungen. Bogislaw X. ist für Pommern insbesondere durch seine Reformmaßnahmen wichtig, er ist der Schöpfer eines modernen Territorialstaatswesens in Pommern, »modern« natürlich im Sinne der
Möglichkeiten seiner Zeit. Unter ihm vollzog sich – jedenfalls in Ansätzen –
der Übergang vom feudalen zum fürstlichen Verwaltungsstaat.

In seine Regierungszeit fallen aber auch die Anfänge der Reformation.
Freilich dauerte es noch geraume Zeit, bis sie in Pommern »eingeführt«
wurde. Es geschah dies im Dezember 1534 auf einem von den Herzögen
(Philipp I. und Barnim IX.) einberufenen Landtag zu Treptow a. d. Rega. So
wie seinerzeit 1128 der Übertritt zum Christentum auf einer Landesversammlung gewissermaßen »von oben« beschlossen bzw. sanktioniert wurde,
so jetzt 1534 der Übergang zur neuen Lehre, dem reinen Evangelium im
Sinne der Reformatoren. Einer von ihnen, der Wittenberger Stadtsuperintendent Johannes Bugenhagen, hat maßgeblich an der Durchführung der
Reformation in Pommern durch Visitationen und durch Abfassung einer
Kirchenordnung mitgewirkt. 1485 ist er in Wollin geboren. Nach seinem
Heimatlande wurde er von den Zeitgenossen D. Pommer oder Pomeranus
genannt. Er hatte an der Lateinschule zu Treptow a. d. Rega und als Lektor
am Prämonstratenserstift Belbuck vor der Stadt gewirkt. Im Auftrag Herzog

Bogislaws X. verfaßte er 1518 die erste umfassende Darstellung der Landesgeschichte, die »Pomerania« in lateinischer Sprache. 1520 hatte er sich Luther
zugewandt, seit 1521 wirkte er in Wittenberg als sein engster Mitarbeiter neben Melanchthon. Bugenhagen ist der Organisator und Politiker unter den
Reformatoren, wie man vereinfacht wird sagen können. So hatte er schon in
Hamburg, in Braunschweig, in Lübeck das evangelische Kirchenwesen neu
geordnet, bevor er dies auch in Pommern tat. Später wurde er zum Reformator Dänemarks, Norwegens, Schleswig-Holsteins, Braunschweig-Wolfen-
büttels und Hildesheims. Sein Wirken kann nicht übergangen werden, wenn
von Pommern im Geflecht der europäischen Politik die Rede ist.

Den pommerschen Herzögen war der Entschluß zur Einführung der
neuen Lehre nicht leicht gefallen. Persönlich von ihr durchdrungen und von
ihren Räten bestärkt, zögerten sie vor den Konsequenzen, wagten den
Schritt dann aber doch, um eine Rebellion im Lande, besonders in den Städten, abzuwenden. Was sie zögern ließ, war besonders die Auswirkung auf
das Verhältnis zu Kaiser und Reich. Tatsächlich haben Karl V. und das
Reichskammergericht sehr bald die Wiederherstellung der alten Ordnung in
Pommern energisch verlangt und mit Strafen gedroht. Das veranlaßte die
Pommern, sich 1536 der Vormacht der Reformation im Reiche, Sachsen, zu
verbinden. Besiegelt wurde dieses Bündnis durch die Heirat Philipps I. mit
Maria, der Tochter Kurfürst Johanns des Beständigen, der Schwester Johann
Friedrichs des Großmütigen, die 1536 zu Torgau durch Luther und Bugen-
hagen vollzogen worden ist. Die Berichte, die darüber vorliegen; bieten ei-
nen detaillierten Einblick in die Formen der einzelnen Akte einer Fürstenhochzeit jener Zeit. Bugenhagen war am Zustandekommen der Ehe- und
Bündnisverhandlungen entscheidend beteiligt.

Gleich danach ist Pommern auch dem Schmalkaldischen Bunde, dem
Schutzbündnis der evangelischen Reichsstände, beigetreten. Die Pommern
blieben freilich wenig verläßliche Bundesgenossen. Als 1546 der Schmalkaldische Krieg ausbrach, haben sie sich nur sehr unzureichend beteiligt. So
hatten sie allerdings auch nicht die Folgen der Niederlage der Schmalkaldener bei Mühlberg 1547 zu tragen. Im Gegenteil, durch geschickte Verhandlungen und Zahlung einer beträchtlichen Geldsumme erlangten sie 1549 die
Vergebung des Kaisers. Die Durchführung des Interims suchten sie zu un-
terlaufen, indem sie die geforderten Maßnahmen für geistliche erklärten, die
nicht in ihre Zuständigkeit fielen, und indem sie im Bistum Cammin einen
Mann zum Bischof wählen ließen, der mit päpstlicher Zustimmung sein Amt
antrat, dann aber faktisch alles beim alten ließ. Als der Augsburger Religionsfriede 1555 das lutherische Bekenntnis im Reich als gleichberechtigt anerkannte und garantierte, war in Pommern die Reformation gemäß der 1612
vom Greifswalder Professor Joachim Stephani geprägten Formel »cuius regio, eius religio« gesichert.

Ein Ereignis aus der Reformationszeit bedarf noch der Erwähnung, weil es weitreichende Konsequenzen für die Geschichte Pommerns gehabt hat. Das von Bogislaw X. geeinte Land ist von seinen Nachfolgern erneut geteilt worden. 1532 und endgültig 1541 wurden wieder zwei Teilherzogtümer, Stettin und Wolgast, geschaffen. Im Gegensatz aber zu den früheren dynastischen Teilungen, die das Land mehr in eine Nord- und Südhälfte schieden, wurde jetzt die Oder zur Scheidelinie gewählt, so daß das Herzogtum Wolgast Vorpommern, das Herzogtum Stettin Hinterpommern umfaßte.

In internationale Händel sah sich Pommern verstrickt, als es 1563 zwischen Schweden, das damals seine nach außen gerichtete Politik begann, und Dänemark, das ihm seine Anspruch auf Mitsprache im Ostseeraum im Bunde mit Lübeck und Polen streitig machte, zum Kriege kam. Die Auseinandersetzungen verbanden sich mit dem Ringen der Großmächte, einschließlich Rußlands, um Anteile am Deutschordensgebiet in Livland und Estland. Da es dabei auch um die Zugehörigkeit dieser Gebiete zum Reich ging, war auch der Kaiser involviert. Pommern war von diesen Auseinandersetzungen nur indirekt berührt. Einer seiner Herzöge, Johann Friedrich, bemühte sich jedoch um politische Vermittlung. Von Kaiser Maximilian II. beauftragt, erreichte er, daß die streitenden Parteien 1570 zu einem Friedenskongreß in Stettin zusammentraten, auf dem dieser sog. Dreikronenkrieg oder der Siebenjährige Nordische Krieg beendet wurde. Das Ergebnis war indes mager, indem im wesentlichen der Status quo bestätigt wurde. Für Pommern ergab sich eine gewisse internationale Aufwertung.

Im übrigen waren die zweite Hälfte des 16. und der Beginn des 17. Jahrhunderts für Pommern eine Zeit der Blüte in kultureller Hinsicht. Die Residenzen der Herzöge – mit den meisten protestantischen Fürstenhäusern eng verschwägert und in regem kulturellem Austausch, hier ist besonders Wolfenbüttel zu erwähnen – waren Zentren fürstlicher Repräsentanz im Stile der Renaissancekultur jener Zeit.

Der Stamm des Herzogsgeschlechtes trieb – bevor es 1637 erlosch – noch einmal viele Zweige. Doch dann raffte der Tod ein Glied nach dem anderen hinweg, wofür man in der abergläubischen Zeit eine Dame von Adel, Sidonie von Borcke, verantwortlich machte und als Hexe verbrannte. Von 1625 bis zu seinem Tode 1637 vereinigte Bogislaw XIV. als letzter Herzog des Greifenhauses noch einmal ganz Pommern. Dann ging mit dem Herzogsgeschlecht das ganze Land im Dreißigjährigen Krieg unter.

Pommern hatte sich zunächst neutral verhalten. Durch das Eingreifen Dänemarks griff das Kriegsgeschehen dann jedoch auf Norddeutschland über. Der kaiserliche Feldherr Wallenstein eroberte Jütland und Mecklenburg, dessen Herzöge vertrieben wurden und das ihm der Kaiser 1629 als kaiserliches Lehen übertrug, wodurch er in den Reichsfürstenstand erhoben wurde. 1628 war er zum »General des Baltischen und Ozeanischen Meeres«

ernannt worden. Dahinter steckte die Einsicht, daß man Dänemark nicht ohne Flotte besiegen könne. Unter diesem Aspekt gewannen die Küstenländer und besonders die Seehäfen erhöhte Bedeutung. Damit war Pommern in die Kämpfe, ob es die wollte oder nicht, hineingezogen.

1627 mußte es in der Kapitulation zu Franzburg Wallensteinischen Truppen geöffnet werden. Stralsund allein verteidigte sich mit dänischer und schwedischer Hilfe und konnte von Wallenstein nicht eingenommen werden. Und dann landete am 26. Juni 1630 König Gustav II. Adolf von Schweden bei Peenemünde auf Usedom. Der große Krieg erhielt eine neue Dimension. Für die Evangelischen begann eine Zeit der Hoffnung. Für Pommern bedeutete es die Kriegsfurie im Lande. Rund 60% der Bevölkerung verlieren ihr Leben. Am 11. Juli zog Gustav Adolf in Stettin ein, am 28./29. Juli wurde Wolgast von den Schweden erobert. Bis Juni 1631 war das ganze Land von kaiserlichen Truppen befreit. Aber es hatte unter der Drangsal der kaiserlichen wie der schwedischen Heere gleichermaßen auf das schwerste zu leiden. Der Schwedenkönig hatte inzwischen den Pommernherzog zu einem Bündnis gezwungen, in das dieser nicht nur wegen der Lasten, die dem Lande aufgebürdet wurden, sondern auch in Sorge wegen der Folgen am Kaiserhof in Wien nur zögernd einwilligte. Gustav Adolf trat dann seinen Siegeszug an, bis er am 16. November 1632 bei Lützen fiel.

Im Frühjahr 1633 erlitt Herzog Bogislaw einen Schlaganfall. Man mußte Vorsorge für die Zukunft treffen. Unbestritten war, daß der Kurfürst von Brandenburg rechtmäßiger Erbe der Pommernherzöge sein würde. Aber ebenso klar wurde es auch, daß die Schweden nicht daran dachten, Pommern wieder freizugeben. Im November 1634 wurde vom Herzog die sog. »Regimentsverfassung« erlassen, eine Regierungsbehörde aus neun Mitgliedern gebildet, die neben dem Herzog stehen und im Falle seines Ablebens die Regierungsgewalt übernehmen sollte. Am 10. März 1637 ist Bogislaw XIV. verschieden. Mit ihm erlosch das Greifenhaus im Mannesstamme, das durch 16 Generationen in Pommern geherrscht hatte. Die »Fürstlich Pommerschen hinterlassenen Räte« (wie sie sich nannten) legten schon 1638 ihre Ämter nieder, da sie sich gegen die fremden Mächte und Truppen nicht durchsetzen konnten. Brandenburg war noch 1635 dem Separatfrieden mit dem Kaiser beigetreten, und Kurfürst Georg Wilhelm wurde offiziell vom Kaiser Ferdinand II. mit Pommern belehnt. Aber es war nicht daran zu denken, es auch in Besitz zu nehmen. Die Schweden trafen Maßregeln zur Einrichtung einer eigenen Verwaltung. Der Krieg tobte hin und her, das Land versank in Anarchie. Es wurde fast völlig zerstört, die Bevölkerung dezimiert.

1640 hatte Friedrich Wilhelm I. die Regierung der Mark Brandenburg übernommen. Er begann Verhandlungen mit Schweden und anderen Mächten. Pommern war bei den Friedensverhandlungen in Osnabrück durch Ge-

sandte vertreten, aber sie richteten nur wenig aus. Aus ihren Berichten ersehen wir – wie der pommersche Historiker Martin Wehrmann es formulierte –,
»daß namentlich in der Zeit vom Herbste 1645 bis zum Januar 1647 die
pommersche Frage nicht nur eine deutsche, sondern auch eine europäische
wurde und daß von ihrer Lösung das ganze Gelingen des Friedenswerkes ab-
hing. Um Pommern kämpften die Schweden, die das Land für ›Kontrees-
karpe‹ zu dem sie schützenden Wallgraben des Baltischen Meeres erklärten,
und die Brandenburger, denen es ›gleichsam eine Vormauer ihres Staates‹ erschien, mit gleicher Zähigkeit, und in den Kampf griffen Dänemark, Polen,
die Niederlande, Frankreich und das Reich ein«. Schließlich einigte man sich
am 28. Januar 1647 in einer Punktation, die dann im endgültigen Friedensschluß 1648 bestätigt wurde:
    Pommern wurde geteilt. Schweden erhielt Vorpommern einschließlich
Stettin und einen Landstreifen auf dem rechten Oderufer sowie die Insel
Wollin, d. h. nicht nur die Oder, sondern das ganze Odermündungsgebiet.
Brandenburg erhielt Hinterpommern (allerdings ohne die Länder Lauenburg und Bütow, die an Polen gefallen waren) und das Territorium des Bistums Cammin als weltliches Herzogtum. Damit war die Teilung Pommerns
vollzogen. Auf den Reichstagen wurde es künftig von Brandenburg und von
Schweden vertreten.
    Beide Mächte waren am 25. Mai 1654 beteiligt, als der Sarg des letzten
Pommernherzogs, der bis dahin in einem Saal des Stettiner Schlosses gestanden hatte, in der Gruft der Schloßkirche beigesetzt wurde. Mit diesem
Staatsakt wurde Pommern, so erschien es den Zeitgenossen, zu Grabe getragen. Der Geschichtsschreiber Johann Micraelius schrieb damals: »Pommern
ist eine Witwe, die vor eine Fürstin war und nun dienen muß.«
    Brandenburg und Schweden haben, jeder auf seine Weise, den Wieder-
aufbau des Landes in die Wege geleitet, dieses gemächlicher, jenes energi-
scher und straffer. In dem Maße, wie die Aufbauleistungen erkennbar und
spürbar wurden, erkannte die Bevölkerung die jeweilige Regierung als die
ihre an. Eigentlich ist es erstaunlich, daß das Gemeinsamkeitsgefühl und -be-
wußtsein nicht verloren ging. Nicht wenig hat die Kirche dazu beigetragen,
die, in ihren Repräsentanten streng lutherisch orientiert, mit der Kirchenpolitik der reformierten Kurfürsten von Brandenburg und Könige von Preußen immer wieder in Konflikt geriet. Aber daß Pommern 167 Jahre nach
dem Westfälischen Frieden wiedervereinigt sein würde, das hätte damals
wohl niemand für möglich gehalten.
    Der Große Kurfürst hat freilich das Ziel, ganz Pommern seinem Szepter
zu unterwerfen, wenigstens doch die Hauptstadt Stettin, nie aufgegeben. Erreicht hat letzteres freilich erst sein Enkel Friedrich Wilhelm I. Den ersten
Versuch, Vorpommern zu gewinnen, unternahm der Große Kurfürst im
Schwedisch-Polnischen Erbfolgekrieg, wo er von der Seite Schwedens auf

die seiner Gegner – Polen, Dänemark, Österreich – überwechselte. Er gewann dadurch 1657 die Länder Lauenburg und Bütow als polnisches Lehen zurück, auch die Starostei Draheim wurde ihm als Pfandbesitz abgetreten und 1668 endgültig von ihm in Besitz genommen. Seine Hoffnung, auch in Vorpommern Gewinne zu machen, erfüllte sich im Frieden zu Oliva, der diesen Krieg 1660 abschloß, nicht.

Im Krieg zwischen Frankreich und Holland, der 1672 ausbrach und sich bald zu einem europäischen erweiterte, stand Brandenburg auf holländischer Seite, während Schweden mit Frankreich verbündet war. So kommt es auch um und in Pommern zum Krieg. Nachdem der Große Kurfürst die Schweden 1675 bei Fehrbellin geschlagen hatte, eroberte er 1676 bis 1678 das gesamte Vorpommern und betrachtete sich schon als sein Herr. Nachdem aber die anderen Mächte 1678 zu Nymwegen mit Frankreich Frieden geschlossen hatten, sah sich Brandenburg gezwungen, im Frieden von St. Germain 1679 alle seine Eroberungen in Vorpommern herauszugeben. Immerhin wurden ihm die Gebiete rechts der Oder, auf die Brandenburg 1653 hatte verzichten müssen, überlassen, mit Ausnahme von Damm und Gollnow. Das begehrte Stettin aber blieb weiterhin schwedisch.

Im Nordischen Krieg Polens, Rußlands und Dänemarks gegen Schweden (1700–1721) blieb Brandenburg unter König Friedrich I. neutral. Nach der Niederlage des Schwedenkönigs Karl XII. bei Poltawa 1709 drangen alliierte Truppen ab 1710 nach Pommern vor und eroberten den schwedischen Teil. Der 1713 zur Regierung gelangte Nachfolger des ersten Preußenkönigs, Friedrich Wilhelm I., schlug sich dann auf die Seite der Gegner Schwedens, traf insbesondere mit Zar Peter dem Großen Vereinbarungen und konnte so Stettin und weite Teile Vorpommerns, darunter die Inseln Wollin und Usedom, in Besitz nehmen. Im Frieden zu Stockholm August 1719 wurde ihm der bisher schwedische Teil Vorpommerns bis zur Peene gegen Zahlung von 2 Millionen Talern abgetreten. Was diesen Erwerb so wertvoll machte, war der nun ungehinderte Zugang Brandenburgs zur Ostsee mit seinen Auswirkungen auf den Commerz des Landes, wie der König sagte. Die Behörden wurden alsbald nach Stettin verlegt, die schwedischen siedelten nach Stralsund bzw. nach Greifswald über. An den Kriegen Friedrichs des Großen haben die Pommern ihren erheblichen Anteil gehabt. Als im Siebenjährigen Krieg sich Schweden 1757 den Gegnern Preußens anschloß, wurde auch Pommern vom Kriegsgeschehen erfaßt. Der Peeneraum wurde zur Kampfszene, die Inseln Usedom und Wollin mehrfach besetzt. Der Zugang Preußens zur See war oft mehr als gefährdet. Bedrohlicher noch und für das Land verheerender waren die Einfälle der Russen ab 1758 nach Hinterpommern. Kolberg wurde dreimal belagert und mußte beim dritten Mal den Russen übergeben werden. Russische und schwedische Flottenverbände operierten vor der pommerschen Küste. Der Umschwung in Rußland, herbeigeführt durch den Tod der Zarin Elisabeth zu Beginn des Jahres 1762, führte zum Frieden mit Rußland und damit auch zum Abzug der russischen Truppen aus Hinterpommern. Im gleichen Jahr 1762 wurde auch mit Schweden Frieden geschlossen.

Die Erwerbung Westpreußens in der ersten polnischen Teilung 1772 berührte Pommern insofern, als es im östlichen Teil nun nicht mehr Grenzland war. Darüber hinaus mußte Polen damals auf seine Lehnsrechte über die Länder Lauenburg und Bütow verzichten und sie erbend eigentümlich an Preußen abtreten, dasselbe galt für die Starostei Draheim.

Die Zeit der Napoleonischen Wirren, die den Staat Preußen in seinen Grundfesten erschütterten, betrafen Pommern als Teil der Monarchie, gefährdeten jedoch nicht seine Zugehörigkeit zu ihr. Das Land wurde freilich von den Franzosen besetzt, die Festung Stettin kampflos übergeben. Nur das kleine Kolberg wurde verteidigt und bis zum Frieden von Tilsit gehalten dank der Tapferkeit des Schiffskapitäns und Bürgerschaftsvorstehers Joachim Nettelbeck, unterstützt von dem vom König dorthin entsandten Kommandanten, dem Major von Gneisenau. Auch nach dem Friedensschluß setzten Freikorpsverbände den Kampf gegen die Franzosen fort, wie z. B. die Truppe Ferdinand von Schills, der im Mai 1809 in Stralsund den Tod fand. Während im Frieden von Tilsit 1807 alle Besitzungen links der Elbe sowie die polnischen Erwerbungen von 1793 und 1795 verloren gingen, blieben Brandenburg, Schlesiern, Pommern, Ostpreußen und das 1772 erworbene Westpreußen als geschlossenes Territorialwesen beisammen.

Der Sieg über Napoleon in den Befreiungskriegen erweiterte das preußische Staatsgebiet erheblich, auch über den Stand von vordem hinaus. Und zu den jetzt neuerworbenen Gebieten gehörte auch das restliche Vorpommern. Noch im August 1813 hatte sich Schweden den verbündeten Mächten angeschlossen und von Rußland die Zusage erhalten, Norwegen zu bekommen. Die Folge war, daß Dänemark auf die Seite Napoleons trat. Der schwedische Kronprinz Bernadotte besiegte die Dänen in Holstein und vereinbarte mit ihnen im Januar 1814 den Frieden zu Kiel, in dem Dänemark zugunsten Schwedens auf Norwegen verzichtete, dafür aber mit dessen pommerschen Besitzungen entschädigt werden sollte: Doch Norwegen verweigerte den Anschluß an Schweden und mußte erst mit Waffengewalt bezwungen werden. Schweden zögerte infolgedessen mit der Auslieferung Vorpommerns. Hinzu kam, daß in jener Zeit der hochgehenden nationalen Gefühle im Lande keinerlei Stimmung und Bereitschaft bestand, die schwedische Herrschaft gegen die dänische einzutauschen. Man akzeptierte weithin die Zugehörigkeit zu Schweden, aber man fühlte sich als Deutscher, und insofern kam bei einer Veränderung nur der Anschluß an Preußen in Frage. Es war vor allem der Generalgouverneur Fürst Malte von Putbus, aus einer der ältesten Familien Rügens stammend und mit Abstand der reichste Grundherr des Landes, der so dachte und handelte. Die pommersche Angelegenheit hat dann noch den Wiener Kongreß beschäftigt. Der preußische Gesandte Fürst Hardenberg setzte schließlich durch, daß Dänemark mit dem Herzogtum Lauenburg und Schweden mit 3½ Millionen Talern entschädigt würden.

Am 1. Oktober 1815 entließ König Karl XIII. die Bewohner Schwedisch-Pommerns aus ihrer Pflicht gegen die Krone Schwedens und entband sie von den geleisteten Eiden der Treue. Am 23. Oktober erfolgte durch den Generalleutnant Frhr. Boye als königlichen Kommissar zu Stralsund die Übergabe an den vom preußischen König bevollmächtigten Oberpräsidenten der Provinz Pommern, Frhr. von Ingersleben. Am 16. November nahm dieser in der Nicolaikirche zu Stralsund die Erbhuldigung der Stände entgegen. Der Sprecher der Ritterschaft, Hofmarschall Graf von Bohlen, sagte am Schluß seiner Rede: Unser unablässiges Bestreben wird es sein »zu beweisen, daß wir auch unter einer auswärtigen Regierung nicht verlernt haben, Deutsche zu sein«.

Es wurden aber auch Stimmen der Trauer bei diesem Abschied von einer nicht als drückend empfundenen Herrschaft laut. Und der schwedische König konnte wohl mit Verständnis und Zustimmung rechnen, wenn er in seinem Entlassungspatent formulierte: »Wir wollen es Euch nicht verhehlen, daß es Unserem Herzen ein großes Opfer gewesen, Uns von einem Lande zu trennen, das Uns und jeden guten Schweden an die ruhmwürdigen Thaten des großen Gustav Adolfs erinnert, und an den Sieg Deutscher Freiheit«. Eine gewisse nostalgische Verbundenheit mit Schweden, mit dem man immerhin 183 Jahre verbunden war, ist bis weit in unser Jahrhundert, wahrscheinlich bis heute, lebendig geblieben.

Die Eingliederung in den Preußischen Staat hat sich nicht mit einem Schlage, sondern schrittweise vollzogen. Im Zuge der allgemeinen Verwaltungsreform Preußens erhielt Pommern 1817/1818 den Status einer preußischen Provinz. Sie erfuhr ihre territoriale Abrundung durch die Einverleibung der brandenburgischen Kreise Schivelbein und Dramburg. Die Provinz gliederte sich in drei Regierungsbezirke: Stettin, Köslin und Stralsund (der den bis 1815 schwedischen Teil, fortan »Neuvorpommern« genannt, umfaßte. Er bestand von 1818 bis 1932). Gleichzeitig erfolgte eine Kreisreform, die z. T. an die alten Kreise anknüpfte, sie aber veränderte. 1823 wurde der Provinz eine landständische Verfassung gewährt. Es wurden jedoch zwei Landtage gebildet, einer für Hinterpommern und Altvorpommern (bis zur Peene) mit dem Sitz in Stettin, einer für Neuvorpommern mit dem Sitz in Stralsund. Gewählt wurde nach drei Ständen: der Ritterschaft, der Städte und der Grundbesitzer, Pächter und Bauern. Diese Landtage der Provinzialstände bestanden bis 1873.

Der Neuvorpommersche Landtag, der zuerst 1826 zusammentrat, verweigerte die Einführung des Allgemeinen Preußischen Landrechts und setzte

statt dessen die Aufzeichnung des »Provinzialrechts des Herzogtums Neuvorpommern und des Fürstentums Rügen« 1837 durch, das bis zur Einführung des BGB im Jahre 1900 gültiges Recht blieb. Auch die Städte Neuvor-
pommerns behielten ihre alte Verfassung. Die 1831 versuchte Einführung
der Preußischen Städteordnung mußte so modifiziert werden, daß örtliche
Statuten zugelassen wurden, die die alten Zustände im wesentlichen bewahrten, so die städtische Gerichtsbarkeit. Das preußische Besteuerungssystem
und die Zollgesetze wurden allerdings schon 1821 auf Neuvorpommern
ausgedehnt, wenn auch mit Ausnahmebestimmungen. Die Gesetze über die
Juden von 1809 und 1812 erlangten dagegen erst 1847 Gültigkeit. Bestehen
blieb auch die eigene geistliche Instanz mit dem Konsistorium in Greifswald. Erst allmählich wurde im weiteren Verlauf des 19. Jahrhunderts die
Angleichung an die Verhältnisse der übrigen Provinz vorgenommen.

Nach der Reichsgründung kam es zu allgemeinen Verwaltungsverände-
rungen. 1872 wurde eine neue Kreisordnung erlassen. An die Stelle der 1825
eingeführten Kreisversammlungen, die sich aus allen Rittergutsbesitzern des
Kreises sowie aus je einem Vertreter aus jeder Stadt und aus insgesamt drei
Vertretern des bäuerlichen Standes zusammensetzten, traten nun gewählte
Kreistage, die von drei Wahlverbänden beschickt wurden: den großen
Grundbesitzern und Gewerbetreibenden, den Städten und den Landgemeinden. Die ländlichen Verhältnisse waren nach Abschluß der Bauernbe-
freiung 1856 durch eine Landgemeindeordnung geregelt worden, 1891 und
1928 wurde sie neu gefaßt. Als Verwaltungsorgan wurde nach der Kreisordnung von 1872 ein Kreisausschuß gebildet, mit dem Landrat an der Spitze
und sechs ehrenamtlichen Mitgliedern, die vom Kreistag gewählt wurden.

Die städtische Selbstverwaltung, beruhend auf der Steinschen Städteordnung von 1808 mit Stadtverordneten und einem Magistrat, war in Pommern
1811 eingeführt worden; 1831 und 1853 wurde sie revidiert. Sie blieb bis
zum Jahre 1935 in Kraft und wurde durch eine nationalsozialistische Ordnung ersetzt, die die städtische Selbstverwaltung faktisch aufhob.

Mit der Provinzialordnung von 1875 wurde ein einheitlicher, Provinzial-
verband genannter, kommunaler Selbstverwaltungskörper für ganz Pommern
geschaffen. Er bestand aus einem Provinziallandtag, der von den Kreistagen
und den Stadtverordnetenversammlungen der kreisfreien Städte gewählt wurde. Sein Organ war der Provinzialausschuß mit dem Landesdirektor, seit 1895
Landeshauptmann, an der Spitze. Die Kompetenzen des Provinzialverbandes
betrafen das Straßen- und Verkehrswesen, Aufgaben in der Armenpflege und
der Krankenversorgung, Versicherungswesen, Hebung der Landeskultur und
einzelne Bereiche des Bildungswesens und der Heimatpflege. Vertreter der
preußischen Regierung in der Provinz war der Oberpräsident.

Für die Gestaltung und Entwicklung der Provinz Pommern, wie sie sich
nach den Befreiungskriegen bis ins 20. Jahrhundert darstellt, hat der zweite

pommersche Oberpräsident, Johann August Sack (1816–1831), ein Rheinländer, den Grund gelegt und Entscheidendes geleistet. Von ihm stammt das
Wort, es gelte »in Pommern noch ein zweites und drittes Pommern in Kultur und Bevölkerung zu erschaffen«. Denn »solch ein Land und solch ein
Volk ist jedes Förderungsmittel der Kultur wert«. Sack meinte die Förderung
von Handel und Wandel, Kunst und Gewerbe und die des geistigen und sittlichen Lebens. Dieses Ziel ist weitgehend erreicht worden. Das 19. Jahrhundert
brachte einen enormen Aufschwung auf allen Gebieten.

Durch seine geographische Lage bestand die Bedeutung Pommerns für
Preußen u: a. auf dem Gebiet der Oder- und der Seeschiffahrt. 1825 besaß
Pommern die größte Segelschiffflotte Preußens. Ein Jahr später lief in Stettin
das erste Oderdampfschiff vom Stapel in Richtung Swinemünde, das als
Seehafen ausgebaut wurde. Der Schifffahrtsweg von Stettin durchs Haff
wurde vertieft, die Durchfahrt durch die Swine 1880 durch einen begradigten Wasserweg wesentlich verbessert. 1898 wurde der Stettiner Freihafen eröffnet, 1914 der Großschiffahrtsweg Stettin – Berlin geschaffen und damit eine
enge Verbindung Pommerns mit der Reichshauptstadt hergestellt. Während
der Seeverkehr in Stettin aufblühte (1820 liefen von hier 1900 Schiffe aus,
1847 waren es 3400) , war er in den vorpommerschen Häfen rückläufig. Gefördert wurden die Anlage von Molen und Leuchttürmen, die Einrichtung
von Seefahrtsschulen, die Entwicklung des Fischereiwesens sowie die Anlage
und der Ausbau von Seebädern.

Auf dem Landwege kam es zum Ausbau des Straßen- und Wegenetzes.
1822 setzte der Chausseebau ein (zuerst von Stettin nach Gartz a. d. Oder
und weiter nach Berlin). Zwanzig Jahre später (1843) wurde die erste Eisenbahnlinie in Pommern von Stettin nach Berlin eröffnet. Sie wurde in der folgenden Zeit über Kreuz nach Bromberg und Danzig bis Königsberg (1863)
fortgeführt. Vorpommern wurde durch die Linie Berlin – Pasewalk – Stralsund (1863) und Stettin – Pasewalk – Stralsund an das Eisenbahnnetz angeschlossen. Seit 1867 gab es eine Verbindung von Stettin nach Schwerin in
Mecklenburg. Auf Rügen wurde 1883 die Strecke Altefähr – Bergen angelegt, 1897 wurde sie bis zum Fährhafen Saßnitz weitergeführt. Durch den
Bau des Rügendammes über den Strelasund (1936 fertiggestellt) wurde der
Verkehr nach Saßnitz (1909 war hier die Fährverbindung nach Trelleborg
in Schweden eröffnet worden) wesentlich verbessert. Neben den Vollbahnstrecken entstanden nach und nach zahlreiche Klein-, Neben- und Privatbahnen, über die die landwirtschaftlichen Produkte besser vermarktet
werden konnten.

Diese verkehrsmäßige Erschließung der Provinz kam der Entwicklung
der Städte, der Förderung des Gewerbes und der Entstehung von Industrien
zugute. Die Industrie entwickelte sich langsam ab 1850. Es entstanden Ziegeleien, Brennereien, Stärke- und Zuckerfabriken, Dampfmühlen, Eisen-

werke, Zementfabriken, Papierfabriken, schließlich auch eine chemische Industrie. Vor allem war es die Provinzhauptstadt Stettin, die von dieser Entwicklung profitierte. In der 1851 gegründeten Vulkanwerft wurden nicht nur Schiffe, sondern auch Lokomotiven gebaut. Der Stettiner Hafen entwickelte sich zum bedeutenden Umschlageplatz für Getreide, für Kohle aus Oberschlesien und für Erze aus Skandinavien. Zwischen den beiden Weltkriegen war Stettin der größte deutsche Ostseehafen, der drittgrößte deutsche Hafen überhaupt nach Hamburg und Bremen. Das Aufstreben Stettins spiegelt sich in der Bevölkerungszahl. 1831 zählte die Stadt 27 000 Einwohner, 1852 48 000, im Jahre 1900 waren es bereits 210 000, 1925 255 000, 1939 271 500. Zwischen 1852 und 1900 haben neun weitere Städte in Pommern ihre Einwohnerzahl verdoppelt, doch zählten nur sechs mehr als 20 000 Einwohner.

Im ganzen. blieb Pommern allerdings ein Agrarland. Zu Beginn des 20. Jahrhnderts wurden noch zwei Drittel des Landes landwirtschaftlich genutzt. Im Jahre 1904 standen verwaltungsmäßig 2087 Landgemeinden 2429 Gutsbezirken gegenüber. Nach Größenverhältnissen geordnet, ergab sich für den Regierungsbezirk Stettin, daß 1907 etwa 30 000 bäuerlichen Betrieben bis 100 Hektar 965 Groß-, d. h. Gutsbetriebe über 100 Hektar entsprachen. Im Regierungsbezirk Stralsund war das Verhältnis noch eindeutiger: 4800 bäuerliche Betriebe bewirtschafteten rd. 85 400 Hektar, 650 Gutsbetriebe rd. 270 000 Hektar. Diese Verhältnisse, verstärkt durch die Industrialisierung und zunehmende Mobilität, führten zu einer anhaltenden Landflucht.

Unbeschadet dessen stieg die Bevölkerungszahl stetig an. 1748 lebten im preußischen Pommern rd. 310 000 Menschen, 1800 480 000, 1815 530 000. Nach der ersten Volkszählung im Jahre 1816 waren es in ganz Pommern mit Einschluß von Neuvorpommern 683 000. In den nächsten zwei Jahrzehnten stieg die Zahl um rd. 170 000. 1843 war mit 1 106 000 die Millionengrenze überschritten. 1875 zählte man 1 460 000 Einwohner, 1900 1 635 000. 1939 war die Zahl auf 2 044 000 angestiegen, mit der Bevölkerung der damals neu hinzugekommenen Gebiete waren es 2 400 000 Einwohner.

Die Förderung der Provinz, wie sie der Oberpräsident Sack zu Beginn des 19. Jahrhunderts postuliert hatte, galt auch für den kulturellen Bereich. So hat er auch für Kirche und Schule fördernd gesorgt, z. B. durch Schaffung von Seminaren und Landwirtschaftsschulen. Im Jahre 1901 bestanden dann in Pommern 2600 öffentliche Volksschulen und 32 höhere Lehranstalten. Die Lehrerausbildung galt als die fortschrittlichste in der ganzen preußischen Monarchie. Ähnliches galt für die Theologen. Die Theologische Fakultät der Universität Greifswald genoß ebenso wie die Medizinische Fakultät am Ende des 19. und zu Beginn des 20. Jahrhunderts ein hohes, weit über Pommern hinausreichendes Ansehen.

Im kirchlich-religiösen Bereich bestimmten im 19. Jahrhundert Aufklärung, lutherische Orthodoxie und Pietismus gleichermaßen und nebeneinander das Bild. Die besonders in Hinterpommern sich ausbreitende Erweckungsbewegung führte zu Auseinandersetzungen mit der offiziellen Kirche
und, im Zusammenhang mit den Kämpfen um die von König Friedrich Wilhelm III. verfügte Union der evangelischen Kirche und die Einführung einer
neuen Agende, zur Separation der Alt-Lutheraner. Ein Teil ihrer Anhänger
wanderte nach Amerika aus. Dabei verbanden sich religiöse mit sozialen
Motiven.

Die revolutionären Bewegungen des 19. Jahrhunderts erreichten Pommern
kaum, von einigen Krawallen in Stettin abgesehen. Auch das Jahr 1848 brachte
keine Erschütterungen. Die Bevölkerung war in ihrer Mehrheit national und
monarchisch gesonnen. Das fand seinen Niederschlag bei den Kommunal-,
den Landtags- und später den Reichstagswahlen. 1919 erreichten die Sozial-
demokraten auch in Pommern die Mehrheit. Bei der Reichstagswahl 1924
errang aber die Deutschnationale Volkspartei den höchsten Stimmenanteil,
1930 verfügte sie über diesen nur in Pommern. 1933 waren dann die Nationalsozialisten auch hier die stärkste Partei mit über 50% der Stimmen. Bei
der letzten freien Reichstagswahl 1932 wurden in Pommern für polnische
Listen insgesamt 532 Stimmen (= 0,04%) abgegeben.

Die Gleichschaltung des öffentlichen Lebens durch die Nationalsozialisten erfolgte hier wie anderswo. »Das bedeutete aber nicht, daß Pommern
nun voll dem Nationalsozialismus verfallen wäre, denn national-konservativ
und nationalsozialistisch schlossen einander in vielen Fällen aus« (U. Arnold).
Und es gab in dieser Provinz auch erheblichen Widerstand in allen Schichten.
Am bekanntesten sind Männer wie Ewald von Kleist, Dietrich Bonhoeffer
und Reinhold von Thadden.

Verwaltungsmäßig erfuhr Pommern 1938 eine erhebliche Gebietserwei-
terung durch die Eingliederung der bis dahin zur Provinz Grenzmark Po-
sen-Westpreußen gehörenden Kreise Schlochau, Flatow, Deutsch-Krone
und des Netzekreises sowie der kreisfreien Stadt Schneidemühl. Zusammen
mit den aus der Provinz Brandenburg herausgelösten neumärkischen Kreisen
Arnswalde und Friedeberg bildeten sie nun einen eigenen Regierungsbezirk
mit dem Sitz in Schneidemühl. Ihm wurden auch die bis dahin zum Regierungsbezirk Köslin gehörenden Kreise Dramburg und Neustettin eingegliedert.

Im 19./20. Jahrhundert hat Pommern als integrierter Teil des preußischen Staates und dann des Deutschen Reiches an deren Geschick, wie alle
Provinzen, teilgenommen, aber keine eigene Rolle im politischen Gefüge gespielt. Der die preußische und deutsche Politik im letzten Drittel des
19. Jahrhunderts bestimmende Staatsmann Otto von Bismarck war allerdings durch Besitz und durch die Heirat mit Johanna von Puttkamer eng

mit Pommern verbunden. Nach dem Kriege mit Österreich 1866 hat sich Bismarck im Oktober bis November mit seiner Frau für einige Zeit in der fürstlichen Residenz zu Putbus auf Rügen aufgehalten. Hier hat er die Grundzüge für die Verfassung des Norddeutschen Bundes entworfen, die dann für die Deutsche Reichsverfassung vorbildlich gewesen ist. Von seinem 1877 erworbenen pommerschen Rittergut Varzin (Kreis Rummelsburg) aus hat er zeitweilig die Politik des Reiches geleitet.

Objekt der großen Politik ist Pommern erst wieder gegen Ende des Zweiten Weltkriegs geworden. Das Kriegsgeschehen hatte Pommern lange verschont, abgesehen von Luftangriffen, die besonders Stettin und das Raketenversuchsgelände Peenemünde auf Usedom trafen. Die Kriegsfurie erfaßte das Land erst spät, aber dann furchtbar. Ende Januar 1945 hatten die Sowjets Pommern erreicht, am 15. März wurde Stettin eingeschlossen, am 26. April war die Stadt in ihrer Hand. Inzwischen waren die Russen aber bereits weit über die Oder nach Westen vorgestoßen. Nur die Insel Usedom war noch von deutschen Truppen besetzt. Tausende sind hier im letzten Augenblick in den ersten Tagen des Mai von der deutschen Kriegsmarine über die Ostsee nach Dänemark gerettet worden.

Seit Stalingrad war sich die Mehrheit der Bevölkerung wohl darüber klar, daß der Krieg verloren sei; aber über die Folgen täuschte man sich vielfach hinweg. Dabei waren die polnischen Forderungen ja bekannt. Sie reichten weit, und das nicht erst seit dem Zweiten Weltkrieg. Die auf der Potsdamer Konferenz am 2. August 1945 festgelegte Oder-Neiße-Linie, die vorbehaltlich eines künftigen Friedensvertrags ostdeutsche Gebiete unter polnische Verwaltung stellte, hat eine lange Vorgeschichte. Die polnische Exilregierung hat allerdings noch im Dezember 1944 erklärt, sie wolle »weder Breslau noch Stettin«, dies freilich im Gegensatz zum Polnischen Komitee der Nationalen Befreiung, das in seinem Manifest vom 22. Juli 1944 die Vorverlegung der polnischen Westgrenze an die Oder und an die Ostsee verlangt hatte. In Jalta, Februar 1945, stellte dann der sowjetische Außenminister Molotow die Forderung nach der Odergrenze mit Einschluß der Insel Wollin und dem Stadtgebiet von Stettin auf dem linken Oderufer. In Potsdam erweiterte Stalin diese Forderungen dahin, daß die Westgrenze Polens westlich von Swinemünde beginnen und das Wasserstraßensystem der Oder einschließen sollte. Doch die Sowjets waren zunächst keineswegs eindeutig bereit, Stettin den Polen zu überlassen. Vom 20. Mai bis zum 12. Juli 1945 gab es hier einen von den Sowjets eingesetzten deutschen Bürgermeister. Die deutsche Bevölkerung war im April/Mai 1945 geflohen und hatte die zerstörte Stadt bis auf etwa 6000 Personen verlassen. Dann aber setzte eine Rückkehrbewegung ein. Im Juli 1945 befanden sich schon wieder 84 000 Deutsche und dazu 2500 Polen in der Stadt. Danach begann dann auch hier die Vertreibung der Deutschen und der Zustrom polnischer Menschen und von Flüchtlingen,

besonders aus den östlichen Gebieten Polens, das dieses der Sowjetunion
überlassen mußte. Der genaue Grenzverlauf westlich von Swinemünde und
auf dem westlichen Oderufer wurde zwischen Sowjets und Polen Anfang Oktober 1945 vorgenommen. Am 19. November erfolgte die offizielle Übernahme
durch die polnische Verwaltung.

Pommern war nun erneut geteilt, wie nach dem Dreißigjährigen Krieg.
Die weitere Entwicklung hat sich in Hinterpommern im Rahmen der Volksrepublik Polen und in Vorpommern im Rahmen der Deutschen Demokratischen Republik unterschiedlich vollzogen. Die Teile sind verschiedene Wege
gegangen, weit stärker als nach 1648. Westpommern wurde zunächst mit
dem Lande Mecklenburg vereinigt. Die mit der Auflösung der Länder in der
DDR 1952 einhergehende Verwaltungsreform hat die historischen Linien
verwischt. Ähnliches gilt für die Verwaltungsreformen in Polen 1950 und
1975. Man spricht polnischerseits im Hinblick auf die deutschen Ostgebiete
von den »wiedergewonnenen Westgebieten« vom »Erbe der Piasten«. Beides
ist in bezug auf Pommern nicht zutreffend.

In den zwanziger Jahren des 12. Jahrhunderts ist die Odergrenze durch
Herzog Wartislaw I. überwunden worden. Pommern entstand, und es begannen 825 Jahre pommersche Geschichte. Nach dem Zweiten Weltkrieg ist
die Oder erneut zu einer Land und Leute trennenden Grenzscheide geworden. Noch ist es nicht abzusehen, ob sie sich in der Zukunft von einer Trennungslinie zu einer Verbindungslinie entwickeln wird. Der westliche Teil
Pommerns wurde 1990 durch den Beitritt der DDR zur Bundesrepublik
Deutschland mit dieser vereinigt und bildet in ihr zusammen mit Mecklenburg nun das Bundesland Mecklenburg-Vorpommern.

Pommern und seine Kirche im Wandel der Geschichte

Es ist keine Selbstverständlichkeit heute, daß auf einem Kirchentag ein Historiker den Festvortrag hält. Historische Betrachtungen sind in unseren Tagen wenig geschätzt. Wir sind mit den drängenden Problemen der Gegenwart und den Visionen der Zukunft, die dem einen hell, dem anderen dunkel erscheint, vollauf beschäftigt. Was nützt da die Rückbesinnung auf Vergangenheit? Was nützt sie gar, wenn die Überreste der Vergangenheit nicht mehr als Teil unserer Existenz in unser tägliches Leben hereinragen, wir sie nicht mehr ständig mit Augen sehen und mit Händen greifen können, sondern nur noch mit Wehmut, freilich mit Liebe, in unserer Erinnerung und in unserem Herzen bewahren?

Als Christen sind wir gehalten, nach vorne zu blicken. „Wer seine Hand an den Pflug legt und sieht zurück; der ist nicht geschickt zum Reiche Gottes". Birgt dieses und das andere mit ihm verbundene Bibelwort (Luk. 9, 60.62) „Lasset die Toten ihre Toten begraben" nicht eine Absage auch an die Geschichte in sich? Sind die Historiker am Ende nur die Verwalter eines Schattenreiches, mit dem einzulassen es sich im Grunde nicht lohnt?

Die Veranstalter dieses Kirchentages sind offenbar anderer Ansicht. Vielleicht weil auch sie wissen, daß die Abwendung von der Geschichte häufig genug ihren Grund darin hat, daß man der Vergangenheit nicht ins Auge blicken möchte, so daß die Hinwendung zu einer utopischen Zukunft oft nichts anderes ist als eine Flucht. Es wäre für viele von uns die zweite Flucht, wenn wir nach dem Verlassen der Heimat nun auch die Erinnerung, und zwar nicht nur die persönliche, sondern auch die von Generationen, wie Staub von den Füßen schütteln würden.

Unverständlich ist es gewiß nicht, völlig neu zu beginnen und einen Schlußstrich unter das vorher Gewesene zu ziehen. So haben es auch viele von denen getan, die im vorigen Jahrhundert Pommern verließen und in die Neue Welt, nach Nord- oder nach Südamerika, ausgewandert sind. Aber andere haben dort Kultur und Sitte, Sprache und Brauchtum und damit einen Teil der eigenen Geschichte bewahrt. Heute besinnt man sich drüben in der neuen Heimat wieder intensiv auf die alte Welt, der man entstammt – und das nicht nur im Zuge von keineswegs immer voll bewußten Bestrebungen, der bedrückenden Nivellierung der Gegenwart durch die Wiederentdeckung der Eigentümlichkeiten von Individuen wie von Gruppen entge-

Der 1973 gehaltene Festvortrag ist nur geringfügig überarbeitet worden. Formulierungen, die der damaligen Situation entsprachen, wurden bewußt beibehalten. Als Anmerkungen hinzugefügt wurden Quellenbelege und die wichtigste weiterführende Literatur.

genzuwirken. Der Mensch als ein kulturelles Wesen – das einzige in der
Welt, das mit Erinnerungsvermögen und damit mit dem Sinn für Geschichte
begabt ist – kann sich seiner wahren Existenz nur voll bewußt werden, wenn
er sich und die von ihm geschaffene Welt auch historisch begreift. Verzichtet
er darauf, so gibt er ein wesentliches Stück seiner Menschlichkeit auf, und er
entflieht obendrein den Bindungen, in die er hineingeboren worden ist, e-
bensowenig wie den eigenen Taten. Er wird doch immer wieder von der
Vergangenheit wie von der Erinnerung eingeholt. Und was vom Einzelnen
gilt, das gilt ebenso für Völker, Stämme und Nationen, ja für alle menschlichen Gruppierungen. Insofern hat es seinen guten Grund und seine Berechtigung, wenn wir als pommersche evangelische Christen – unbeschadet unserer Zugehörigkeit zu anderen Gemeinschaften – uns hier versammeln und
den Blick nach allen Seiten, zurück und nach vorne richten.

Denn aus dem bisher Gesagten ergibt sich, daß man die Gegenwart eigentlich nur recht bewältigen und auch die Zukunft nur sinnvoll gestalten
kann, wenn man weiß, nicht nur wie es einst gewesen, sondern wie das Jetzt
geworden ist. Durch geschichtliche Kenntnis erlangt unser Sein eine ganz
andere Tiefendimension. Das historische Wissen ist eine wesentliche Voraussetzung für die Bestimmung und die Bewertung des eigenen Standortes
und erleichtert es uns, im Strudel der dahineilenden Gegenwart einen festen
Standpunkt für unser Urteil und für unser Handeln zu gewinnen.

Aber vielleicht liegt der Grund dafür, daß wir uns hier und heute mit der
Geschichte befassen, einfach in der pommerschen Mentalität begründet, in
einer als konservativ bezeichneten und oft gescholtenen oder verächtlich
gemachten Grundhaltung dieses Menschenschlags? Konservatives Wesen ist
aber alles andere als reaktionär. Es ist realistisch und auch für alles Gewach-
sene und Werdende aufgeschlossen; nur rennt es nicht jeglicher Neuerung
mit fliegenden Fahnen nach, sondern prüft und wägt sie kritisch, ob sie
wirklich neu, besser und für die Zukunft nützlich ist.

Als Student hatte ich nach 1945 Gelegenheit, die Beratungen der pommerschen Landessynode in Greifswald anzuhören, in die ich dann später als junger Historiker berufen wurde. Was mich und viele Zuhörer überraschte, war
die große Aufgeschlossenheit für alles, was in der damaligen Situation nötig
und möglich war. Aber zugleich wurde bei jeder nach vorne gerichteten
Entscheidung stets auch die Frage nach dem rechten Erbe der Väter gestellt
und geprüft, ob man in ihrem Geiste handelte, wenn man sich so oder so
entschied, um der Forderung des Tages gerecht zu werden.

Haben die Pommern, weil sie als konservativ gelten, vielleicht ein engeres
Verhältnis zur Geschichte als andere Stämme unseres Volkes? Die Frage
nach den Stammeseigenarten ist heute wieder beliebt und wohl ebenfalls ein
Hinweis auf eine der allgemeinen Nivellierung entgegenlaufende Tendenz.
Viele kennen vielleicht den als Teil einer Reihe erschienenen Band „Deutsch-

land deine Pommern" von Hans Werner Richter (Hamburg 1970). Daß dieser Volksschlag ein besonders stark entwickeltes Geschichtsbewußtsein besitzt, ist den vielen Anekdoten nicht zu entnehmen. Aber etwas anderes, Zutreffendes, nämlich die Bemerkung, daß die großen deutschen Helden keine Pommern waren. Man kann hinzufügen, es gibt keine großen pommerschen Helden, weil auch die pommersche Geschichte keine im landläufigen Sinne große oder gar heldenhafte gewesen ist. Die Schlachten, Siege und Niederlagen, so schreibt Richter (S. 75 f.), waren nicht die ihrigen sondern die anderer: der Schweden, Brandenburger, Russen, Franzosen, Polen, Preußen. „So waren die Pommern immer Objekt der Geschichte, niemals Subjekt." Das ist natürlich überspitzt formuliert, trifft aber letzten Endes doch den Nagel auf den Kopf. Spektakuläre Beiträge zur allgemeinen Geschichte sind von pommerscher Seite nicht geliefert worden. Dafür viele, oft unbekannt gebliebene Leistungen auf fast allen Gebieten des Lebens, die sich meist in der Stille vollzogen, so daß heutzutage kaum einer sie als Leistung von Pommern kennt[1]. Auch hierauf wird in dem Buch „Deutschland deine Pommern" hingewiesen. Sieht man die Geschichte „als eine Geschichte der Menschen, dann haben auch die Pommern ihre Geschichte", schreibt Richter (S. 76). „Es ist eine Geschichte der Wandlungen und Verwandlungen, eine Geschichte steter Hartnäckigkeit und eine Geschichte vieler Leiden". Das ist nicht ohne Folgen für den Volkscharakter geblieben, hat ihn geprägt. Vielleicht liegt in ihm der Schlüssel für die „Pommersche Passion" durch die Jahrhunderte?

In der ältesten Abhandlung über den pommerschen Volkscharakter, in der Chronik von Pommern des Thomas Kantzow[2] aus dem 16. Jahrhundert, ist zu lesen: „Die Pomern seint durchaus starcke, wolerwachssen Lewte und menliches Gemutes. Doch seint sie tra(e)ges Zornes, darum treiben sie nicht leichtlich Krieg und werden ehe bekriegt, wan das sie es anfahen solten". „Wan es inen Not tut, sich der Feinde zu erweren, seint sie unerschrocken

---

1   Pommersche Lebensbilder, hrsg. von der Landesgeschichtlichen Forschungsstelle (Historische Kommission) Pommern, Bd. 1–3, Stettin 1934–39; Bd. 4, bearb. v. Walter *Menn* (Veröffentlichungen der Historischen Kommission für Pommern, Reihe V: Forschungen zur pommerschen Geschichte 15), Köln Graz 1966.
    Das geistige Pommern. Große Deutsche aus Pommern. Sonderausstellung, Stettin 1939.
    Bedeutende Pommern aus fünf Jahrhunderten. Ausstellungskatalog der Berliner Abteilung der Gesellschaft für Pommersche Geschichte, Altertumskunde und Kunst, zusammengestellt v. Immanuel *Meyer-Pyritz*, Berlin 1961.
    Friedrich Karl *von Zitzewitz-Muttrin*, Bausteine aus dem Osten. Pommersche Persönlichkeiten im Dienste ihres Landes und der Geschichte ihrer Zeit, Leer 1967.
    Cläre *Willer*, Bedeutende Pommern und Wahlpommern, Tübingen 1974.
2   Zitiert nach: Des Thomas Kantzow Chronik von Pommern in hochdeutscher Mundart. Erste Bearbeitung. Hrsg. v. Georg *Gaebel*, Stettin 1898, S. 242, 240. Vgl. Jürgen *Petersohn*, Die dritte hochdeutsche Fassung von Kantzows Pommerscher Chronik. Identifikation eines verkannten Geschichtswerkes, in: Baltische Studien, N. F. 59, 1973, S. 27–41. Über Kantzow: Roderich *Schmidt*, in: Neue Deutsche Biographie 14.

und heftig; aber so bald der erste Grim uber ist, seint sie wol widder zu stillen". Kantzow blickt auch schon auf eine Geschichte des Pommernvolkes zurück und stellt fest, „es ist viele hofelicher und fromer geworden, wan es bey der Wenden Zeiten gewest. Aber doch hats beid von den Wenden und vom gestrengen Himel, da sie unter wonen, noch viele Grobheit an ime". Im ganzen sei es „mehr guthertzigk wan freuntlich und mehr simpel dan klug, nicht lichtsynnigk, auch nicht sehr frolich, sonder etwes ernster und schwermutig".

Dabei stammen diese Feststellungen noch aus der Zeit vor dem Dreißig-jährigen Krieg, bevor Bauernbedrückung, Kriegsnot, Hunger, Pest, Feuer und Mord an der Tagesordnung waren und die Menschen wahrlich schwermütig werden lassen konnten. Mit dem Westfälischen Frieden von 1648 hörte die schlimmste Zeit auf. Aber Krieg und Not haben auch in den folgenden Zeiten das Land nicht verschont. Das wurde erst anders im 19. Jahrhundert. Im ganzen war dies eine aufstrebende Periode, heute meist gescholten, weil man sie nicht auf dem Hintergrund der vorhergehenden Zeiten betrachtet und würdigt.

Allerdings brachte diese neue Zeit andere und gewiß schwere Probleme und Schwierigkeiten im Innern mit sich, die vornehmlich aus der sich schnell entwickelnden wirtschaftlichen Umgestaltung vieler Lebensbereiche erwuchsen. Die Erinnerung an die Schrecknisse des Dreißigjährigen Krieges verblaßten und lebten schließlich nur noch fort in dem Kinderlied: „Maikä-fer flieg, dein Vater ist im Krieg, deine Mutter ist im Pommerland. Pommerland ist abgebrannt. Maikäfer flieg".

Freilich mußten die Väter auch im 19. Jahrhundert in den Krieg: 1813, 1864, 1866, 1870. Aber das Land blieb von äußeren Feinden verschont, seit in den Freiheitskriegen die Franzosen verjagt und die mit Preußen verbün-deten Russen und Kosaken auch endlich abgezogen waren. Hundertdreißig Jahre lang blieb das Land ohne fremde Heere, Besatzung und Brandschat-zung. Das ist in der Geschichte eine lange Zeit. Die Erinnerung an die Lei-den der „Franzosenzeit" wandelte sich – nicht zuletzt unter dem Einfluß des Romans von Fritz Reuter – fast zu einer Idylle. Umso härter traf die Men-schen daher der Bumerang vor und nach 1945. Pommerland war abgebrannt, Vater im Kriege und noch jahrelang in Gefangenschaft, Mutter nicht mehr daheim – jedenfalls gilt dies für den größeren Teil der Provinz –, sondern auf der Flucht. Das Kinderlied vom Maikäfer und die in ihm verdichtete ge-schichtliche Einsicht waren erneut für viele eine grausige Realität geworden. Ein geprägtes und hell strahlendes Geschichtsbewußtsein wird auf diese Weise kaum entwickelt, wohl aber eine durch Leid und schmerzliche Erfah-rung gewonnene Einsicht in den Lauf des Lebens, den Gang der Welt und damit auch der Geschichte.

Der Historiker weiß um die Brüchigkeit dessen, was uns als gesichert er-scheint. In der Feier, die in der pommerschen Landesuniversität Greifswald alle zehn Jahre zum Gedächtnis an das 1637 erloschene Herzogshaus der Greifen veranstaltet wurde, hielt im Jahre 1930 der damalige Ordinarius für mittelalterliche Geschichte, Prof. Dr. Adolf Hofmeister, die Festrede unter dem Titel „Der Kampf um die Ostsee vom 9. bis 12. Jahrhundert"[3]. Er beschloß seine Darstellung mit folgenden Worten: „Möge der Blick in diese ferne Vergangenheit unseres norddeutschen Ostseegebietes eine ernste Mahnung sein für uns daran, daß es nichts Unveränderliches gibt in der Geschichte; daß, was geworden ist, auch wieder vergehen kann. Möge er uns warnen vor bequemer Ruhe in dem Glauben, daß, was ist, im Ernst doch wohl nie untergehen könne, weil es noch so fest gegründet erscheint. Der Schein trügt, kann jedenfalls trügen ... Sprache und Nationalität sind dem Wechsel, dem Werden und Vergehen unterworfen ... Hier liegt eine Gefahr, die wir gewiß nicht überschätzen, aber auch nicht übersehen sollen. Wenn irgendwo, so gilt, wo es sich um das Sein von Völkern und Staaten handelt, für jeden einzelnen wie für die Gesamtheit das Wort: ‚Was du ererbt von deinen Vätern hast, erwirb es, um es zu besitzen!' Der Redner gab damals der Hoffnung Ausdruck, daß wir „heute und, so Gott will, allzeit" „mit Freude und Zuversicht" auf „das deutsche Pommern" blicken möchten. Das war im Jahre 1930 gesagt, vor der Machtergreifung durch Hitler und vor dem Zweiten Weltkrieg.

Das zitierte Goethe-Wort ist auch an uns heute gerichtet. „Erbe der Väter", damit kann freilich nicht der materielle Besitz gemeint sein, sondern der geistige. Ihn gilt es zu sichern; dazu müssen wir ihn uns immer wieder erwerben, um ihn wirklich zu besitzen. Dabei bleibt zu bedenken: „Dies ist der Kern, um den wir uns sorgen und mühen müssen: ob Pommern aus der deutschen Kultur gestrichen wird oder ob es in ihr erhalten bleibt; ob wir es uns und unseren Nachkommen als g e i s t i g e s Eigentum bewahren oder nicht. Dies kann nur durch die Beschäftigung mit der Geschichte in ihrer gesamten zeitlichen Abfolge geschehen und wird uns gelingen, wenn wir uns nicht resignierend abkapseln und damit die Vergangenheit u n d die Zukunft verlieren"[4].

An dieser Aufgabe mitzuarbeiten, sind alle aufgerufen, denen dies ein Anliegen ist, nicht nur die Institutionen, die sich speziell damit befassen, wie die „Historische Kommission für Pommern", die „Gesellschaft für pommer-

---

3   Greifswalder Universitätsreden, Heft 29, Greifswald 1931. Dritte durchgesehene und erweiterte Aufl., hrsg. v. Roderich *Schmidt,* Lübeck und Hamburg 1960 sowie Darmstadt (Wiss. Buchgesellschaft, Reihe ‚Libelli' Bd. 72) 1960. Die folgenden Zitate in der Ausgabe von 1960 auf S. 29 f. Über Adolf Hofmeister vgl. Roderich *Schmidt* in: Neue Deutsche Biographie 9, 1972, S. 468–470.
4   Roderich *Schmidt,* Bewahrung und Erforschung pommerscher Geschichte durch Geschichtsverein und Historische Kommission, in: Zeitschrift für Ostforschung 19, 1970, S. 401–420, hier S. 416.

sche Geschichte, Altertumskunde und Kunst", die „Stiftung Pommern" in
Kiel und auch der „Konvent Evangelischer Gemeinden aus Pommern". Seine
Aufgabe besteht nach der Satzung, die er sich gegeben hat, u. a. darin, „das
pommersche Kulturerbe zu bewahren und weiterzugeben" und – an erster
Stelle – „das christliche Glaubensgut, das in den nicht mehr bestehenden
evangelischen Gemeinden lebendig war, zu erhalten und für die Gegenwart
und Zukunft in Gemeinde und Volk nutzbar zu machen".

In diesen Sätzen sind Gedanken enthalten, die zu weiteren Überlegungen
Anlaß geben: Adolf Hofmeister hatte 1930 nicht von „unserem" Pommern
gesprochen, sondern vom „deutschen" Pommern. Das war damals selbstverständlich. Aber heute liegen die Dinge anders, weit komplizierter. Selbstverständlich ist „unser Pommern" ein Wert an sich, ein Schatz, den wir uns und
unseren Kindern erhalten wollen. Bisher war das allein durch Rückbesinnung, mündliche Überlieferung oder geistige Beschäftigung mit der Vergangenheit möglich. Jetzt hat sich eine Änderung angebahnt, indem wir das
Land wieder aufsuchen können. Wir sehen vieles Vertraute wieder, anderes
hat sich verändert und wird sich weiterhin verändern. Das gilt selbst für die
Landschaft. Aber geblieben sind die Grundstrukturen des Landes.

Was heißt heute „unser Pommern"? Die Aufgabe, die sich uns stellt,
heißt aufzuzeigen, welchen Anteil Pommern an der geschichtlichen Entwicklung des deutschen Volkes und der deutschen Nation gehabt hat, heißt
deutlich machen, daß die deutsche Kultur, unsere Welt, in der wir leben, von
allen deutschen Stämmen geschaffen worden ist, und zwar nicht bloß in dem
Sinne, daß die Westfalen dies, die Bayern jenes, die Pommern und die Ostpreußen etwas anderes, wieder etwas anderes die Schlesier beigesteuert haben. Es kommt vielmehr auf die Einsicht an, daß die deutsche, ja darüber
hinaus die mitteleuropäische Kultur aus einem unaufhörlichen natürlichen
Austausch – im Geistigen wie im Materiellen – zwischen den Menschen aller
deutschen Stämme und ihren Nachbarn erwachsen ist.

Pommern und die anderen ostdeutschen Landschaften können gar nicht
herausgelöst werden aus unser aller Gegenwart. Wir müssen es uns und denen, mit denen wir jetzt zusammenleben, nur bewußt machen oder im Bewußtsein halten. Es handelt sich dabei nicht nur um einen Dienst an unserer
alten, sondern auch an unserer jetzigen Heimat. Die Präambel der Weimarer
Verfassung von 1919 begann mit den Worten „Das Deutsche Volk, einig in
seinen Stämmen, ...". Dieser Aufruf gilt auch heute noch für uns, wenn auch
das deutsche Volk nicht mehr in Stämme gegliedert ist. Durch die Umsiedlungen und Bevölkerungsverschiebungen nach dem Zweiten Weltkrieg gibt es
kaum noch Landschaften geschlossener stammesmäßiger Kultur in Deutschland. Wir sind nach 1945 in einem Maße „Deutsche" geworden wie nie zuvor.
Die Entwicklung der Einschmelzung ist in den politisch getrennten Teilen
unseres Vaterlandes ganz ähnlich verlaufen. Es gibt auch keine Kultur der

Bevölkerung der Bundesrepublik; es gibt nur die eine deutsche Kultur –
noch! –, an der wir alle Anteil haben und deren Einheit es zu bewahren gilt.
Deshalb müssen wir uns auch weiterhin mit der Geschichte aller Stämme be-
schäftigen, die zu ihrer Entstehung und zu ihrer Entfaltung beigetragen haben.

Erweitern wir die Problematik noch nach einer anderen Richtung. Wenn
wir unreflektiert von Pommern und von pommerscher Geschichte reden,
was meinen wir dann eigentlich? Es war die Rede von Umsiedlungen und
Bevölkerungsverschiebungen, gebrauchen wir ruhig das Wort „Vertreibung".
Dieser singuläre Vorgang in unserer Geschichte hat etwas zur Folge gehabt,
was dem Historiker Beschwer macht. Er hat eine Trennung herbeigeführt
von Raum und Volk, von Land und Leuten.

Betrachten wir unsere Geschichte als die Geschichte d e r P o m m e r n,
so müssen wir feststellen: Im größeren Teil des Landes, in Hinterpommern,
gibt es nur noch ganz wenige Pommern[5]. Der verbliebene Rest vermag die
Festeellung nicht zu ändern, daß „die Pommern" von ihrem Lande getrennt
worden sind. Sie sind in jene Gebiete zurückgekehrt, von denen ihre Vorfahren einst vor sieben Jahrhunderten ausgezogen waren. Diese Vorfahren
der heutigen Pommern hatten sich mit den slawischen Vorbewohnern des
Landes vermischt. Aus der Verbindung verschiedener Volkstümer hat sich
allmählich der deutsche Neustamm der Pommern gebildet, der also aus
Deutschen und Westslawen zusammengewachsen ist. Ähnlich ist die Entwicklung in den anderen Gebieten östlich der Elbe verlaufen. Das Westsla-
wentum ist, ebenfalls von Resten abgesehen, im deutschen Volke aufgegan-
gen, es hat sogar einen nicht unbeträchtlichen Anteil an seiner Entstehung
und Entwicklung gehabt. Es ist deshalb ein Stück unserer Geschichten[6].

---

5   Ernst *Bahr*, Ostpommern unter fremder Verwaltung (Ostdeutschland unter fremder
    Verwaltung, Bd. 3), Frankfurt a.M. – Berlin 1957. Ekkehard *Buchhofer*, Die Bevölke-
    rungsentwicklung in den polnisch verwalteten deutschen Ostgebieten von 1955–1965
    (Schriften des Geographischen Instituts der Universität Kiel, Bd. 27, Heft 1) Kiel
    1967.
    Alfred *Bohmann*, Menschen und Grenzen, Bd. 1: Strukturwandel der deutschen Be-
    völkerung im polnischen Staats- und Verwaltungsbereich. Köln 1969.
6   Walter *Schlesinger, Die* geschichtliche Stellung der mittelalterlichen deutschen Ost-
    bewegung, in: Historische Zeitschrift 183, 1957, S. 517–542; wiederabgedruckt in:
    Rußland, Europa und der deutsche Osten. Beiträge zur europäischen Geschichte,
    Bd. 2, München 1960, S. 9–34, sowie in: W. *Schlesinger*, Mitteldeutsche Beiträge zur
    deutschen Verfassungsgeschichte des Mittelalters, Göttingen 1961, S. 447–469 u. 488.
    Weitergeführt sind die hier dargelegten Gedanken von W. *Schlesinger* in seinem Bei-
    trag „Zur Problematik der Erforschung der deutschen Ostsiedlung", in: Die deutsche
    Ostsiedlung des Mittelalters als Problem der europäischen Geschichte (Vorträge und
    Forschungen, hrsg. v. Konstanzer Arbeitskreis für mittelalterliche Geschichte, Bd. 18),
    Sigmaringen 1974, S. 11–30.

Pommersche Geschichte als deutsche Volksgeschichte hört nun mit der Eingliederung der Pommern – wie sie geworden sind – in dem nicht mehr stammlich gefügten deutschen Volk der Gegenwart auf, hört auf, wenn der letzte Pommer gestorben ist und die Enkel endgültig in die neue Umwelt integriert sind. Was dann noch weiterhin lebendig bleiben kann und soll, ist das Bewußtsein von Pommern unter den deutschen Menschen. Gehört aber Pommern – nicht das vergangene, sondern das gegenwärtige und das zukünftige – dann noch zu uns, „als wär's ein Stück von Dir"? Das eben nicht. Die Geschichte, die sich dort seit 1945 ereignet, ist unter dem Gesichtspunkt der Volksgeschichte eine Geschichte der jetzigen Bewohner, die mit den deutschen Bewohnern wie mit den westslawischen Urbewohnern nichts direkt zu tun hat, ist ein Teil der Geschichte des polnischen Volkes.

Ist das das Ende unserer pommerschen Geschichte? Wir sollten sagen: Nein. Denn ein Land wird nicht nur verändert durch seine neuen Bewohner. Auch sie werden von dem Lande geprägt und verändert, nicht bloß von der Landschaft, sondern mehr noch von dem gewordenen Kulturraum, den sie nun ihrerseits gestalten. So kann das Pommerland vielleicht eine Brücke zwischen uns und ihnen werden. Und in dem Maße, wie sie im Lande heimisch werden und sich mit ihm identifizieren, werden sie auch ein Verhältnis zu seiner Vergangenheit, d. h. zu unserer Geschichte, finden, so wie wir vergleichsweise auch die vordeutsche Zeit als Teil unserer pommerschen Geschichte angesehen haben und ansehen. Dies ist jedenfalls die Hoffnung des Historikers, eine Hoffnung, die sich auf geschichtliche Erfahrung gründet.

Hinzu kommt noch ein weiteres: Wir sind es oft noch gewöhnt, Landesgeschichte als Territorialgeschichte und allgemeine Geschichte unter nationalstaatlichen Gesichtspunkten zu betrachten. Aber die völkische und nationalstaatliche Betrachtungsweise, die im 19. Jahrhundert entwickelt worden ist und die dieses Zeitalter bestimmte, ist zumindest im Bereich der Geschichtswissenschaft überholt. Heute gilt das Augenmerk mehr dem Gemeinsamen als dem Trennenden. Der Vergleich steht im Vordergrund, und er gebietet, den Blick auch auf die Nachbarn und damit auf größere Zusammenhänge zu richten. Das gilt auch für die Beschäftigung mit der pommerschen Geschichte. Sie muß im Zusammenhang mit der Geschichte Brandenburgs und Mecklenburgs, mit der des Deutschen Ordens, mit der Geschichte Skandinaviens und mit der Polens gesehen und betrieben werden. Pommersche Geschichte war zu allen Zeiten auch immer ein Stück Ostseegeschichte[7]. Was heute ge-

---

7   Adolf *Hofmeister, Der* Kampf um die Ostsee vom 9.–12. Jahrhundert (s. Anm. 3).
    Walther *Hubatsch,* Im Bannkreis der Ostsee. Grundriß einer Geschichte der Ostseeländer in ihren gegenseitigen Beziehungen, Marburg 1948.
    Walther *Hubatsch* und Horst *Jablonowski,* Epochen politischer Gestaltung im nordostdeutschen Raum (Libelli 264), Darmstadt 1968 (vorher in: Zeitschrift für Ostforschung 15, 1966, S. 201–231, 232–261).

fordert ist, ist mit anderen Worten eine Geschichte Pommerns in europäischen Bezügen. Das führt ganz allgemein zum Ausgleich, zur Verständi-
gung, bietet die Möglichkeit, ein Gemeinsamkeitsbewußtsein zu entwickeln
und es zu entfalten. Das Zitat „Was du ererbt von deinen Vätern hast, erwirb es, um es zu besitzen" gewinnt unter solchen Aspekten eine ganz neue,
viel weitergehende Bedeutung. Jeder möge das von seinen Vätern Ererbte
sich zu eigen machen; und dieses Erbe könnte ein gemeinsamer Besitz sein,
ein Schatz, der von vielen gehütet und gepflegt wird.

Von solchen Überlegungen her verschieben sich die Dimensionen. Für
unser unreflektiertes Bewußtsein ist Pommern eine feste Größe: Wenn wir
Pommern sagen, dann meinen wir die preußische Provinz mit ihren Bewohnern[8]. Aber in dieser Form hat Pommern nur von 1817 bis 1945 bestanden,
keine hundertdreißig Jahre lang, etwa vier bis fünf Generationen hindurch.
Das ist im geschichtlichen Gesamtablauf eine relativ kurze Zeit. Beständiger
war das alte Herzogtum gewesen, das seit dem 12. Jahrhundert faßbar ist,
das im 14. Jahrhundert die Gestalt annahm, die dem späteren preußischen
Pommern des 19./20. Jahrhunderts in etwa entsprach. Aber die Erinnerung
an die bis 1637 dauernde Herzogszeit ist im ganzen doch verhältnismäßig
blaß[9]. Nach ihr und vor der Schaffung der preußischen Provinz 1817 war
Pommern geteilt. Im Westfälischen Frieden von 1648 war Hinterpommern
Brandenburg zugesprochen worden, während Vorpommern und die Inseln
Usedom und Wollin sowie Rügen unter schwedische Herrschaft kamen.
1720 konnte Brandenburg-Preußen seine Grenze über die Oder hinweg bis
zur Peene verschieben, aber das nördliche Vorpommern und Rügen fielen
erst 1815 an Preußen.

Der Ostseeraum im Blickfeld der deutschen Geschichte (Studien zum Deutschtum im
Osten. Hrsg. v. d. Senatskommission zum Studium der deutschen Geschichte und
Kultur im Osten an der Rheinischen Friedrich-Wilhelms-Universität Bonn, Heft 6),
Köln Wien 1970.
8   Grundriß zur deutschen Verwaltungsgeschichte 1815–1945. Reihe A: Preußen, hrsg.
v. Walther *Hubatsch*. Bd. 3: Pommern, bearb. v. Dieter *Stüttgen*, Marburg/Lahn
1975. –
Über Pommern in der Zeit von 1815–1945 vgl. Erich *Sandow* in: „Territorien-Ploetz":
Geschichte der deutschen Länder, hrsg. v. Georg Wilhelm *Sante*, 2. Bd., Würzburg
1971, S. 118–142; für die Zeit von den Anfängen bis 1815 vgl. *Sandow* in ebd., Bd. 1,
Würzburg 1964, S. 546–559.
9   Vgl. die Beiträge in: Baltische Studien, N. F. Bd. 39, 1937, auch separat erschienen unter dem Titel „1637–1937. Zum Gedächtnis an das pommersche Herzogshaus", Stettin
1937. Hellmuth *Bethe*, Die Kunst am Hofe der pommerschen Herzöge, Berlin 1937.
Adolf *Hofmeister*, Aus der Geschichte des pommerschen Herzogshauses (Greifswalder Universitätsreden 48), Greifswald 1938. Roderich *Schmidt*, Art. „Greifen", in:
Neue Deutsche Biographie 7, 1966, S. 29–33.

Die Entwicklung in den nach dem Dreißigjährigen Krieg geteilten Gebieten[10] ist in vieler Hinsicht gegensätzlich verlaufen. Die Teilung schien perfekt und endgültig, wenn auch das Bewußtsein der Gemeinsamkeit andauerte. Aber mit der Zeit erstarkten das preußische Staatsbewußtsein und weniger intensiv die Bindung an die schwedische Krone. Daß es schließlich doch zur Wiedervereinigung des Landes kam, war keineswegs geschichtsnotwendig oder zwangsläufig, es war auch nicht vorauszusehen gewesen. Wenn Preußen siebzig Jahre nach der Teilung Vorpommern bis zur Peene und die Inseln Usedom und Wollin mit Hinterpommern vereinigen konnte, so war dies die Folge besonderer weltpolitischer Konstellationen, eine Folge der Auseinandersetzungen zwischen den damaligen Großmächten. Sachsen-Polen gelang es im Bunde mit Rußland und Preußen im Nordischen Kriege 1700 bis 1721 Schweden aus seiner Vormachtstellung im Norden Europas, die es seit den Tagen Gustav Adolfs innehatte, zu verdrängen.

Dreihundert Jahre nach dem Westfälischen Frieden ist Pommern nun wieder zweigeteilt, jetzt zwischen Polen und dem sozialistischen deutschen Staat. Der große Unterschied gegenüber 1648 besteht darin, daß über die Zweiteilung des Landes hinaus die Bevölkerung nunmehr dreigeteilt ist: Es gibt deutsche Bewohner in Vorpommern, polnische in Hinterpommern, und es gibt uns in der Bundesrepublik. Welches sind die echten Pommern? Diese Frage mag vielen ketzerisch erscheinen. Aber wir müssen sie stellen. Sind nicht alle drei Bevölkerungsgruppen Pommern? Unser Anspruch darauf, die wahren, die echten Pommern zu sein, wäre den Menschen in Vorpommern gegenüber nicht zu begründen, den jetzigen Bewohnern Hinterpommerns gegenüber schon. Aber unsere Position ist wahrscheinlich die schwächere. Binden wir den Begriff Pommern an uns, so schwindet er vermutlich bald dahin.

Letzten Endes ist das ganze auch eine Frage des Bewußtseins, der Selbstzuordnung. Daß w i r Pommern sind und bleiben wollen, auch wenn wir inzwischen fest in neuen Lebensbindungen stehen, das bekunden wir z. B. dadurch, daß wir uns hier versammelt haben. Hoffen wir, daß unter den Bewohnern Vorpommerns das Bewußtsein, Pommern zu sein, nicht verlorengeht. Aber sollten wir nicht auch hoffen, daß sich unter den Bewohnern Hinterpommerns allmählich ein Sinn dafür entwickelt, daß sie nicht nur Polen sind, sondern auch Bewohner einer Kulturlandschaft, die ihr eigenes, unverwechselbares Gepräge hat, und daß sie, wenn sie dieses sich zu eigen

---

10 Vgl. die Kartenfolge „Staats- und Verwaltungsgrenzen in Ostmitteleuropa", Historisches Kartenwerk, hrsg. v. Göttinger Arbeitskreis, Teil III: Pommern, bearb. v. Franz *Engel*, 1955, sowie: Historischer Atlas von Pommern (Veröffentlichungen der Historischen Kommission von Pommern, Reihe III), Karte 5: Karte der Landesteilungen des 16. Jahrhunderts, bearb. v. Franz *Engel*, mit Erläuterungen, Köln Graz 1964.

machen, in einem weiteren Sinne auch Pommern sind? Vielleicht ist das eine
Utopie. Aber die Geschichte ist eine mächtige Kraft. Sie kann die Menschen
verwandeln. Die Geschichte der Pommern, so steht es in dem Bande
„Deutschland deine Pommern", ist „eine Geschichte der Wandlungen und
Verwandlungen". Vertrauen wir darauf.

Wir sprechen vom Wandel der Geschichte. Ein mittelhochdeutscher
Dichter hat es einmal so gefaßt: die Kapitel der Geschichte sind nichts anderes als „wandelunge einer geschiht"[11], nämlich der Geschichte Gottes mit
den Menschen. Alles bisher Ausgeführte, betrifft uns in besonderer Weise
als Christen. Sprechen wir nunmehr von der pommerschen Kirche[12].

Als der Dreißigjährige Krieg ausbrach, war Pommern ein evangelisches
Land. Auf dem historischen Landtag zu Treptow an der Rega im Dezember
1534 war die Reformation, die sich weithin im Lande, besonders in den
Städten, schon durchgesetzt hatte, offiziell eingeführt worden[13]. Der junge
Herzog Philipp, ein Teil der herzoglichen Räte, unter ihnen Jobst von Dewitz, hatten maßgeblichen Anteil daran gehabt[14]. Entscheidend war aber das
Wirken jenes Mannes, der als der eigentliche Reformator Pommerns gelten
kann und der sich – als er längst Stadtsuperintendent von Wittenberg und
einer der vertrautesten Mitarbeiter Luthers war – nach seiner Heimat „D.
Pommer" nannte und so genannt wurde: Johannes Bugenhagen[15]. Bugenhagen hatte an der 1456 gegründeten pommerschen Landesuniversität Greifs-

---

11 Rudolf von Ems, Weltchronik, hrsg. v. Gustav *Ehrismann* (Deutsche Texte des Mit-
    telalters 20), Berlin 1915.
12 Vgl. zum Folgenden: Helmuth *Heyden,* Kirchengeschichte Pommerns, 2 Bde., 2. Aufl.,
    Köln-Braunsfeld 1957.
13 Zur Einführung der Reformation in Pommern:
    Alfred *Uckeley,* Der Werdegang der kirchlichen Reformbewegung im Anfang des
    16. Jahrhunderts in den Stadtgemeinden Pommerns, in: Pommersche Jahrbücher 18,
    1917, S. 1–108;
    Martin *Wehrmann,* Pommern zur Zeit der beginnenden Reformation, in: Baltische
    Studien, N. F. 21, 1918, S. 1–69;
    Otto *Plantiko,* Pommersche Reformationsgeschichte, Greifswald 1922.
    Über den Treptower Reformations-Landtag:
    Hellmuth *Heyden,* Zur Geschichte der Reformation in Pommern, insbesondere poli-
    tische Motive bei ihrer Einführung, in: H. *Heyden,* Neue Aufsätze zur Kirchenge-
    schichte Pommerns (Veröffentlichungen der Historischen Kommission für Pommern,
    Reihe V: Forschungen zur pommerschen Geschichte 12), Köln Graz 1965, S. 3–4 (m.
    Hinweis auf die ältere Literatur).
14 Über Jobst von Dewitz vgl. Roderich *Schmidt,* in: Neue Deutsche Biographie 3, 1957,
    S. 426 f.
    Vgl. auch *ders.,* Pommern und Sachsen in der Zeit der Reformation, in: Baltische Stu-
    dien, N. F. 46, 1959, S. 57–78.
15 Johann Bugenhagen. Beiträge zu seinem 400. Todestag, hrsg. v. Werner *Rautenberg,*
    Berlin 1958, darin u. a.: (Verzeichnis der) Bugenhagen-Literatur, zusammengestellt
    von Hans-Günter *Leder,* S. 123–137.

wald in den ersten Jahren des 16. Jahrhunderts studiert. Die oft geäußerte Ansicht, er habe hier bei dem berühmten westfälischen Humanisten Hermann von dem Busche Vorlesungen über antike Autoren gehört, ist aus chronologischen Gründen nicht aufrechtzuerhalten[16]. Mit einem anderen westfälischen Humanisten, Johann Murmellius in Münster, aber stand er später im Briefwechsel. Bugenhagen war 1504 Rektor der Stadtschule in Treptow a. d. Rega geworden, dann trat er in das vor den Toren der Stadt gelegene Prämonstratenserkloster Belbuk ein und bekleidete hier seit 1517 das Amt des Lektors. Durch Luthers Schriften aufgerüttelt, verließ er das Kloster und begab sich zum Studium nach Wittenberg, wo er bis zu seinem Lebensende in nächster Nähe Luthers gelebt und gewirkt hat.

Für die evangelische Kirche in Pommern hat Bugenhagen den entscheidenden Grund gelegt durch die im Anschluß an den Treptower Landtag von 1534 durchgeführten Visitationen im Lande[17]. Auf diese Kirchenvisitationen bezieht sich die Inschrift, die auf dem berühmten Croy-Teppich[18] zu lesen ist, der aus dem Herzogserbe der Universität Greifswald vermacht wurde und zu ihren Schätzen gehört. Auf ihm ist das pommersche und das mit diesem durch Heirat und im Glauben verbundene sächsische Fürstenhaus dargestellt zusammen mit den Reformatoren Luther, Melanchthon und Bugenhagen. „Im Jar nach Christi Geburt 1535" – so lautet eine der Überschriften zu dem Bild – „Ist in Pomerlandt das Liecht der Gnaden, das Göttliche Wordt angezündt und durch Johan Bugenhagen gepredigt". Von nicht geringerer Bedeutung als die Visitationen war die ebenfalls unter maßgeblicher Mitwirkung Bugenhagens ausgearbeitete „Kercken-ordeninge des gantzen Pomerlands" von 1535 „to eeren dem hilligen Evangelio beslaten"[19].

---

16 Vgl. Roderich *Schmidt* in: Johann Bugenhagen, Beiträge (wie Anm. 15), S. 96–98; Vgl. auch *ders.* in: Baltische Studien, N. F. 53, 1967, S. 35 f., Anm. 62–68.

17 Protokolle der pommerschen Kirchenvisitationen. 1535–1555, bearb. v. Hellmuth *Heyden* (Veröffentlichungen d. Historischen Kommission für Pommern, Reihe IV: Quellen zur pommerschen Geschichte 1–3), Köln Graz 1961–64.

18 Roderich *Schmidt,* Der Croy-Teppich der Universität Greifswald, ein Denkmal der Reformation in Pommern, in: Johann Bugenhagen, Beiträge (wie Anm. 15), S. 89–107. *Ders.,* Die Torgauer Hochzeit 1536. Die Besiegelung des Bundes zwischen Pommern und Sachsen in der Zeit der Reformation, in: Solange es Heute heißt. Festgabe für Rudolf Hermann zum 70. Geburtstag, Berlin 1957, S. 234–250. *Ders.* Pommern und Sachsen (wie Anm. 14), S. 65–69.

19 Martin *Wehrmann,* Die pommersche Kirchenordnung von 1535, in: Baltische Studien 43, 1893, S. 128–149; Erich *Sehling,* Die Evangelischen Kirchenordnungen des 16. Jahrhunderts IV, Leipzig 1911, S. 328–344, 344–353; Hellmuth *Heyden,* Die pommersche Kirchenordnung von 1535 nebst Anhang: Pia et vere catholica et consentiens veteri ecclesiae ordinatio caeremoniarum pro canonicis et monasteriis, hrsg. u. erl., Stettin 1937 (= Blätter für Kirchengeschichte Pommerns 15/16, 1937).

Für ganz Pommern erlangte sie indessen nicht Gültigkeit. Der Bischof von Cammin Erasmus von Manteuffel, das Oberhaupt der katholischen Geistlichkeit in Pommern, war nach anfänglichem Schwanken schließlich nicht für die Reformation zu gewinnen gewesen und hielt an den alten Kirchenverhältnissen fest. Das Stiftsgebiet von Cammin[20], das als Territorium dem Bischof unterstand (d. h. der Raum um Kolberg, Köslin und Bublitz), blieb infolgedessen katholisch, allerdings nur bis zum Tode des Bischofs 1544. Man bot Bugenhagen das Bischofsamt an, dieser lehnte jedoch ab. Der schließlich gewählte herzogliche Rat Bartholomäus Suawe[21] war zwar evangelisch; aber inzwischen hatte die evangelische Sache im Reich eine schwere Niederlage erlitten, indem der Schmalkaldische Bund der protestantischen Reichsstände, dem Pommern wenn auch zögernd beigetreten war, dem Kaiser militärisch unterlag. Das 1548 für das ganze Reich erlassene sogenannte Interim bezweckte die Wiederherstellung der alten Kirche und bedrohte auch Pommern. Eine Sicherung der evangelischen Religion lutherischen Bekenntnisses im Lande brachte erst der Augsburger Religionsfriede von 1555. Im Jahr darauf wurde ein pommerscher Prinz zum Bischof von Cammin gewählt und fortan blieb das Stift eine Sekundogenitur des Herzogshauses. Die 1560 erlassene Stiftsordnung und die damit verbundenen Visitationen[22] haben auch diesen Teil Pommerns evangelisch gemacht. Die 1563 in feierlicher Form verkündete neue Kirchenordnung und die 1568 erlassene neue Agende galten nun wirklich für ganz Pommern[23]. An ihnen hatte der Generalsuperintendent Jacob Runge – ein Schüler Melanchthons – bestimmenden Anteil[24].

Die Kirche war eine Staatskirche, und so ordnete sie sich auch gemäß der damaligen politischen Gliederung des Landes. Es gab einen Generalsuperintendenten für das Herzogtum Pommern-Wolgast (von 1557–1595 Jacob Runge) mit dem Sitz in Greifswald, einen Generalsuperintendenten für das Herzogtum Pommern-Stettin, ein dritter Generalsuperintendent war für das Stift Cammin zuständig und ein vierter (dann ein Präpositus) für das poli-

---

20 Roderich *Schmidt,* Das Stift Cammin, sein Verhältnis zum Herzogtum Pommern und die Einführung der Reformation, in: Baltische Studien, N. F. 61, 1975, S. 17–31.

21 Über Bartholomäus Suawe: Martin *Wehrmann,* in: Allg. Deutsche Biographie 54, 1905, S. 641–643.

22 Ihre Herausgabe durch die Historische Kommission für Pommern wird vorbereitet.

23 Abdruck bei *Sehling* (wie Anm. 19), S. 375–4 19 und S. 419–480.

24 Klaus *Harms,* Jacob Runge. Ein Beitrag zur pommerschen Reformationsgeschichte, Ulm 1961.
    Vgl. auch die Kontroverse zwischen Klaus *Harms,* Melanchthons Beziehungen zwischen Pommern und sein Einfluß auf die pommersche Kirche, in: Baltische Studien, N. F. 47, 1960, S. 91–107, und Hellmuth *Heyden,* Zur Geschichte der Reformation in Pommern (wie Amn, 13), S. 27–34, über die Bedeutung Bugenhagens für die Reformation in Pommern.

tisch zum Herzogtum Stettin gehörende Land östlich des Stiftsgebiets mit dem Sitz in Stolp[25].

Als Pommern 1648 gemäß den dynastischen Aufgliederungen des 16. Jahrhunderts unter die Großmächte Schweden und Brandenburg geteilt wurde, brauchte für die Kirchenorganisation keine durchgreifenden Neuregelung getroffen zu werden. Es entsprach jedoch der Verwaltungspraxis Brandenburgs, auch die Kirchenorganisation zu vereinheitlichen. So wurde für das ganze brandenburgische Gebiet nur noch ein Generalsuperintendent bestellt und 1653 ein einheitliches Konsistorium in Kolberg eingerichtet[26].

Obwohl im Westfälischen Frieden die lutherische Religion in Pommern garantiert und die bestehende Kirchenordnung als verbindlich anerkannt worden waren, entwickelten sich die kirchlichen Verhältnisse in Brandenburgisch-Pommern und Schwedisch-Pommern immer mehr auseinander[27]. Dabei spielte der verschiedene Konfessionsstand der beiden Herrscherhäuser eine wesentliche Rolle. Während die schwedischen Könige ebenso wie das ganze Land streng lutherisch waren, waren die brandenburgischen Hohenzollern 1613 zum reformierten Bekenntnis übergetreten und verfolgten demgemäß eine andere Kirchenpolitik. Die Förderung der Reformierten bzw. die tolerante Haltung den verschiedenen religiösen Richtungen gegenüber, führte dazu, daß die Superintendenten der meist orthodoxen pommerschen Geistlichkeit sehr stark den Schweden zuneigten. Dabei spielte wohl auch die Erinnerung an den Glaubensretter der evangelischen Sache, an Gustav Adolf, eine Rolle. Die tatsächliche Bewegungsfreiheit der Kirche in Schwedisch-Pommern war aber keineswegs besonders groß. Seit der zweiten Hälfte

---

25 Vgl. Heyden, Kirchengeschichte (wie Anm. 12), Bd. II, S. 16 f.

26 Ebd. S. 94.

27 Hellmuth *Heyden*, Die Kirchenpolitik in Pommern vor der Teilung des Landes 1648 bis zur Mitte des 19. Jahrhunderts, in: Baltische Studien, N. F. 57, 1971, S. 51–65; *ders.* Kirchengeschichte (wie Anm. 12), Bd. II, S. 93 ff.
Ders., Der Kampf zwischen Luthertum und Reformiertentum in Pommern während des 17. Jahrhunderts und seine Rückwirkung auf die Politik, in: Blätter für Kirchengeschichte Pommerns, Heft 14, 1936, S. 8 ff.
Heinrich *Laag,* Die Bedeutung Friedrichs I. (von Schweden 1720–1751) für die Entwicklung der Kirche in Schwedisch-Vorpommern, in: Blätter für Kirchengeschichte Pommerns 4, 1930, S. 33–59.
Zur allgemeinen Situation in Schwedisch-Pommern:
Reinhart *Berger,* Rechtsgeschichte der schwedischen Herrschaft in Vorpommern, Würzburg 1936;
Pär-Erik *Back,* Herzog und Landschaft. Politische Ideen und Verfassungsprogramme in Schwedisch-Pommern um die Mitte des 17. Jahrhunderts (Samhällsvetenskapliga Studier 12), Lund 1955;
Helmut *Backhaus,* Reichsterritorium und schwedische Provinz. Vorpommern unter Karls XI. Vormünder (1660–1672) (Veröffentlichungen des Max-Planck-Instituts für Geschichte 25), Göttingen 1969.

des 17. Jahrhunderts griff die schwedische Regierung immer stärker in die
kirchlichen Verhältnisse ein mit der Tendenz, die pommersche Kirche der
schwedischen Kirchenordnung anzugleichen und ihr zu integrieren. Der
Greifswalder Generalsuperintendent sicherte sich eine herausgehobene Stellung, er war nicht nur zugleich Stadtsuperintendent, sondern Prokanzler der
Universität und Inhaber einer der theologischen Professuren[28]. Dadurch,
daß die pommersche Landesuniversität Greifswald[29] im schwedischen Teil
lag, gab sie diesem auf geistigem Gebiet ein gewisses Übergewicht, was zugleich dazu führte, daß sich die Universität, aber auch die an ihr ausgebildeten
Theologen in ihrem Wachen für die Reinheit der Lehre insbesondere gegen
die Reformierten wandten und sich für die Verhältnisse im brandenburgischen Teil Pommerns für zuständig oder doch mitspracheberechtigt hielten.
Dies ergab vielfältige Mißhelligkeiten. Denn wenn die brandenburgische Regierung auch das lutherische Bekenntnis als Grundlage der pommerschen
Kirche respektierte, so förderte sie doch die Reformierten, wo sie nur konnte.
Besonders unter König Friedrich Wilhelm I. gab es mancherlei Konflikte
mit der lutherischen Kirche[30].

Es soll an dieser Stelle nicht die weitere innere Entwicklung der pommerschen Kirche aufgezeigt werden, der Weg von der Orthodoxie zur Aufklärung[31] und zum Rationalismus und als Gegenströmung Aufkommen und
Ausbreitung der Frömmigkeitsreligion des Pietismus[32] und später der soge-

28 Vgl. z. B. William *Nagel,* D. Johann Friedrich Mayer, Prof. prim. der Theologie, Pro-
    kanzler der Universität Greifswald etc. (1701–1712), in: Festschrift zur 500-Jahrfeier
    der Universität Greifswald. 17. 10. 1956 (Greifswald 1956), Bd. II, S. 34–47.
29 Adolf *Hofmeister,* Die geschichtliche Stellung der Universität Greifswald, Greifswald
    1932.
    Ivar *Seth,* Universität i Greifswald och dess ställning i Svensk kulturpolitik 1637–
    1815, Uppsala 1952; deutsche Übersetzung „Die Universität Greifswald und ihre Stel-
    lung in der schwedischen Kulturpolitik 1637–1815, besorgt v. Ernst *Zunker,* Berlin
    1956.
30 Hermann *Waterstraat,* Die Stettiner Geistlichkeit in ihrem Verhalten gegen Gustav
    Adolf von Schweden (1630) und Friedrich Wilhelm von Preußen während des Se-
    questers (1713–1720), in: Forschungen zur Brandenburg-preußischen Geschichte, N.
    F. 10, 1898, S. 105–128.
    Über die Verhältnisse im ausgehenden 17. Jahrhundert vgl. Theodor *Wotschke,* Zum
    Stettiner Gebetsstreit, in: Pommersche Jahrbücher 19, 1918, S. 77–127.
31 Hellmuth *Heyden,* Zur Geschichte der Aufklärung in Pommern, in: *Heyden,* Neue
    Aufsätze (wie Anm. 13), S. 142–177.
32 Helmut *Lother,* Pietistische Bewegungen in Greifswald, Gütersloh 1925.
    Theodor *Wotschke,* Der Pietismus in Pommern, in: Blätter für Kirchengeschichte
    Pommerns 1, 1928, S. 12–57; 2, 1929, S. 24–75;
    Hellmuth *Heyden,* Briefe Jacob Speners nach Stargard i. P. Ein Beitrag zur Geschichte
    des Pietismus in Hinterpommern, in: Baltische Studien, N. F. 56, 1970, S. 57–78.

nannten Erweckungsbewegung[33]. Der Streit der Richtungen erfuhr im damaligen Pommern dadurch eine besondere Zuspitzung, daß der Pietismus in Schweden abgelehnt, in Brandenburg-Preußen begünstigt wurde. Man förderte für die preußischen Theologen das Studium an der pietistischen Universität Halle und traf Maßnahmen, das Studium in Wittenberg oder Greifswald zu verhindern.

Es gehört zu den Neuregelungen nach den Freiheitskriegen, daß König Friedrich Wilhelm III. die Zeit für gekommen ansah, den konfessionellen Gegensätzen innerhalb des Protestantismus in Preußen ein Ende zu bereiten. Pietismus und Rationalismus hatten dazu beigetragen, die Unterschiede zwischen Luthertum und Calvinismus zurücktreten zu lassen. So sprach der König 1817 den Wunsch aus, es möchten sich in seinen Staaten Lutheraner und Reformierte zur bevorstehenden 300-Jahrfeier der Reformation zu einer Union vereinigen[34]. Am 30. und 31. Oktober 1817 ist diese sogenannte Altpreußische Union in den meisten pommerschen Gemeinden angenommen worden. Wesentliche Lehrstreitigkeiten waren im Lande im Gegensatz zu anderen Provinzen nicht gegeben, weil Pommern aufs ganze gesehen doch recht einheitlich lutherisch war und die relativ wenigen und kleinen reformierten Gemeinden ein Eigenleben führten. Es hat dann aber doch in den folgenden Jahren bei der Einführung der neuen Agende noch mancherlei Schwierigkeiten gegeben, besonders hinsichtlich der Gestaltung des Gottesdienstes[35]. Manche Pfarrer und Gemeinden wollten nicht vom Hergebrachten lassen, z. B. in Vorpommern nicht auf die gesungene Liturgie verzichten oder aber nicht das reformierte Brotbrechen beim Abendmahl übernehmen. Andererseits bedeuteten Altar, Kruzifix und brennende Kerzen im Gottesdienst für die Reformierten eine schwer hinzunehmende Neuerung. Die liturgischen Gewänder waren in den lutherischen Gemeinden allerdings schon unter Friedrich Wilhelm I. abgeschafft worden, die Beichtstühle wurden es erst jetzt. Diejenigen, die sich mit der Union nicht abfinden konnten oder wollten, fanden sich schließlich mit Gesinnungsfreunden in anderen Provinzen

---

33 Vgl. *Heyden,* Kirchengeschichte (wie Anm. 12), Bd. II, S. 179 ff.; *ders.,* Die Erweckungsbewegung im 19. Jahrhundert, in: Der Kreis Rummelsburg. Ein Heimatbuch, 1938.

34 Erich *Förster,* Die Entstehung der preußischen Landeskirche unter König Friedrich Wilhelm III. nach den Quellen erzählt, 2 Bde., Tübingen 1905/07; Gottfried *Nagel,* Der Kampf um die lutherische Kirche in Preußen, 1930; Die Evangelische Kirche der Union. Ihre Vorgeschichte und Geschichte. Unter Mitarbeit von Walter *Delius* und Oskar *Söhngen* hrsg. von Walter *Elliger,* Witten 1967.

35 Vgl. Hellmuth *Heyden,* Zur Geschichte der Kämpfe um Union und Agende, in: Zeitschrift für Kirchengeschichte 69, 1958, S. 287–323; *ders.,* Aktenstücke zur Geschichte der Kämpfe um Union und Agende, in: ebd. 70, 1959, S. 231–252.

zusammen zur Altlutherischen Kirche[36], die ebenso wie verschiedene andere Gruppierungen besonders in Hinterpommern Anhänger fand. Sie waren es hauptsächlich, die die Auswanderung nach Amerika seit den dreißiger Jahren betrieben und durchführten.

Diese seit 1817 neu geformte evangelische Kirche ist diejenige, die wir meinen, wenn wir von unserer pommerschen Kirche sprechen[37]. Sie ist nicht älter als „unser Pommern", nämlich die 1817 gegründete preußische Provinz, und sie hat ebenso wie das Land manche Wandlungen durchgemacht. Dieser Wandel mit seinen vielfältigen Veränderungen der Form und des Inhalts im Laufe der Geschichte sollte trösten, daß nicht alles zu Ende sein muß, was uns endgültig erscheint, sondern daß im Wandel stets auch neue Formen und neue Inhalte herbeigeführt werden und daß dabei die Kontinuität nicht verloren gehen muß. Gilt das auch für uns? Und in welcher Weise?

Als der Zweite Weltkrieg ausbrach, war die pommersche Kirche ähnlich wie 1618 eine Einheit, genauer bis 1933. Dann freilich kam es infolge des Nationalsozialismus zu starken inneren Zerspaltungen und Auflösungserscheinungen auch organisatorischer Art, allerdings auch zu neuer Vertiefung in Glauben und Bekenntnis[38]. Was 1945 geschah, brauchen wir nicht noch einmal zu entrollen. Nach dem Dreißigjährigen Krieg war die pommersche Kirche entsprechend dem Land zweigeteilt. Der Dreiteilung der Bevölkerung nach 1945 entspricht jetzt auch eine Dreiteilung im kirchlichen Bereich. Wir gebrauchen für uns nicht die Bezeichnung „Kirche". Aber man könnte fragen: Sind wir nicht eine pommersche Kirche in der Zerstreuung? Doch das führt ins Theologische, ist eine Frage nach dem Wesen der Kirche. Versteht man darunter Scharung um das Evangelium, um eine Formulierung

---

36 Heinrich *Laag,* Die Entwicklung der altlutherischen Kirche in Pommern bis zur Mitte des 19. Jahrhunderts, in: Pommersche Jahrbücher 23, 1926, S. 37–108.
     Über die Auswanderung nach Amerika vgl. Wilhelm *Iwan,* Geschichte der Altlutherischen Auswanderung, 2 Bde., Ludwigsburg 1943; Lieselotte *Clemens,* Die Auswanderung der pommerschen Altlutheraner in die USA. Ablauf und Motivation 1839–1843, 1976.

37 Vgl. künftig Hugo Gotthard *Bloth,* Die Kirche in Pommern. Auftrag und Dienst der Evangelischen Bischöfe und Generalsuperintendenten der Pommerschen Kirche von 1792 bis 1919 (vorgesehen für die Veröffentlichungen der Historischen Kornmission für Pommern, Reihe V: Forschungen zur pommerschen Geschichte). Behandelt werden die kirchlichen Verhältnisse in Pommern als Teil der allgemeinen Entwicklung unter Gottlieb Ringeltaube (1792–1824), Friedrich Ludwig Enkelken (1826), Georg Carl Benjamin Ritschl (1827–1854), Albert Sigismund Jaspis (1855–1885), Heinrich Poetter (1885–1904) und Johannes Friedrich Wilhelm Büchsel (1904–1919).

38 Vgl. *Heyden,* Kirchengeschichte (wie Arm. 12), Bd. II, S. 228 ff.
     Gerhard *Krause,* Bruderschaft und Kirche 1934–1936 in Pommern, in: Zeugnis und Dienst. Beiträge zu Theologie und Kirche in Geschichte und Gegenwart. Günter Besch zum 70. Geburtstag. Hrsg. v. Gottfried *Sprondel,* Bremen 1974, S. 86–114.

des Greifswalder Theologen Rudolf Hermann zu gebrauchen[39], dann sind wir vielleicht doch auch eine Kirche, sofern der Herr lebendig mitten unter uns ist, und wenn wir es so meinen: auch pommersche Kirche.

Im übrigen gibt es sie in einer nicht zu bezweifelnden Gestalt: die Evangelische Kirche in Pommern[40], mag sie sich auch gelegentlich als Evangelische Landeskirche Greifswald oder gar als Konsistorialbezirk Greifswald benennen oder bezeichnen müssen. Es war ein Anknüpfen an die eigene Vergangenheit, wenn man nach 1945 Greifswald zum Sitz der Kirchenleitung und zum Tagungsort der Landessynoden machte. Es war dies zudem der unzerstörte Ort der Universität und ihrer Theologischen Fakultät, die nicht zum ersten Mal in der Geschichte Pommerns der Kirche einen Rückhalt bot. Und schließlich, auch dies spielte eine Rolle, war jener Mann hier Superintendent, der in den dreißiger Jahren mit zu denen gehört hatte, die sich bemühten, die pommersche Kirche mitten durch die politischen Strudel hindurchzusteuern: Karl von Scheven[40a]. Er verstand es, diejenigen, die sich für den Aufbau und Neubeginn zur Verfügung stellten, um sich zu sammeln. Im Oktober 1946 wurde er zum Generalsuperintendenten mit der Amtsbezeichnung „Bischof" gewählt. Die evangelische Landeskirche in Greifswald hat sich in den folgenden Jahren in gründlicher Neubesinnung geordnet und auch innerlich neu gestaltet. Die Frage, ob man sich etwa der Landeskirche Mecklenburg oder der Brandenburgischen Provinzialkirche anschließen sollte, war zuvor entschieden verneint worden, nicht weil man sich nicht einordnen wollte, sondern weil man sich der Besonderheit der geschichtlichen und konfessionellen Entwicklung Pommerns und damit des gewachsenen kirchlichen Eigengepräges bewußt war und es in der Zeit, in der so vieles wie Schutt und Trümmer beiseite geräumt wurde, freiwillig nicht aufgeben wollte. Dabei war man sich auch dessen bewußt, daß seit der Kirchenordnung Bugenhagens von 1535 die pommersche Kirche eine solche des lutherischen

---

39 Die Formulierung „Scharung um das Evangelium" gebrauchte Rudolf *Hermann* in seinen Greifswalder Vorlesungen Ende der vierziger Jahre. In seinem Aufsatz „Zum evangelischen Begriff von der Kirche" definierte er diese als „Scharung derer, die die Taufe haben, um die Bibel, und zwar unter dem Prinzip des rechtfertigenden Glaubens" (Zeitschrift für Systematische Theologie 21, 1950/52, S. 1 ff.; wieder abgedr. in: R. *Hermann*, Gesammelte Studien zur Theologie Luthers und der Reformation, Göttingen 1960, Zitat S. 349 – freundl. Hinweis von Prof. Dr. G. Krause, Bonn). Vgl. auch Bd. 6 der Gesammelten und nachgelassenen Werke von Rudolf *Hermann* „Theologische Fragen nach der Kirche", hrsg. v. Gerhard *Krause*, Göttingen 1976.
Über Rudolf Hermann: Walter *Elliger*, in: Neue Deutsche Biographie 8, 1969, S. 664/665.
40 Vgl. *Heyden*, Kirchengeschichte (wie Anm. 12), Bd. II, S. 250 ff.
40a (Nachtrag): Friedrich *Winter* „Das Kriegsende und die Evangelische Kirche in Pommern", in: Schriftenreihe des Instituts für Vergleichende Staat-Kirche-Forschung, Heft 18, 2005, S. 52–65.

Bekenntnisses gewesen war und daß dieses Glauben und Leben in den Gemeinden bestimmte. Die neue Kirchenordnung von 1958 betont klar den lutherischen Grundcharakter, zugleich aber auch die geschichtlich bedingte und bejahte Zugehörigkeit zur Evangelischen Kirche der (preußischen) Union. Unter den Bischöfen Karl von Scheven und Friedrich Wilhelm Krummacher (1955–1972)[41] hat sich die Pommersche Evangelische Kirche in Vorpommern zu einer lebendigen Kirche entwickelt, lebendig in Theologie, im Gemeindeleben, in den kirchlichen Gemeindewerken, in der Diakonie, in der Kirchenmusik, und das alles trotz – oder wegen der Behinderung durch die weltlichen Gewalten und den organisierten materialistischen Atheismus.

Der pommersche Kirchenhistoriker Hellmuth Heyden, der zuletzt als Superintendent im vorpommerschen Richtenberg amtierte, hat seine zweibändige Kirchengeschichte Pommerns, die auch diese Entwicklung bis 1957 mit behandelt, mit folgenden Sätzen beschlossen[42], die zu weiteren Betrachtungen Veranlassung geben: „Die mancherlei Schwierigkeiten und Anfechtungen, mit denen Christentum und Kirche in der Gegenwart zu tun haben, lasten auf dem Leben unserer Heimatkirche. Es kann eine Betrachtung pommerscher Kirchengeschichte Mut machen und Hoffnung geben. In schwerem, heißem Ringen haben in vergangenen Jahrhunderten pommersche Menschen christlichen Glauben und evangelische Lehre angenommen und durch der Zeiten Stürme hindurchgetragen. Was die Väter ein Stück Herzblut gekostet hat, werden die Söhne und Enkel nicht leichten Kaufes fallen und fahren lassen. Sie gehen den Weg in die Zukunft mit der Zuversicht: Gottes Wort und Luthers Lehr vergehen nun und nimmermehr!"

Untergegangen ist Luthers Lehre auch in Hinterpommern bis heute noch nicht. Es gibt evangelische Kirche und evangelisches Leben in der Stille. Aber aufs Ganze gesehen muß man sagen: das Land ist katholisch geworden. Damit ist auch hinsichtlich der konfessionellen Zugehörigkeit ein gewaltiger Bruch mit dem Jahr 1945 eingetreten. Nach der Volkszählung von 1939 waren fast 90 % der Bevölkerung Pommerns evangelische Christen, der Anteil der Katholiken betrug 7,3 %. Dabei sind die vor 1938 zur Grenzmark gehörenden Kreise mitberücksichtigt, die einen höheren Prozentsatz an Katholiken hatten als die alten pommerschen Kreise. Hier gab es geschlossene katholische Bevölkerungsgruppen eigentlich nur in den Kreisen Bütow und Lauenburg sowie um die Orte Draheim und Tempelburg (Kreis Neustettin), in jenen Gebieten, die nicht immer zu Pommern gehört haben, die zeitweilig polnisch waren und die im und nach dem Dreißigjährigen Krieg rekatholisiert

41 Über Bischof Krummacher vgl. „Gemeinde Gottes in dieser Welt. Festgabe für Friedrich-Wilhelm Krummacher zum 60. Geburtstag", Berlin 1961, darin: Hans *Faißt,* Der Werdegang des Bischofs, S. 9–12.
42 *Heyden,* Kirchengeschichte (wie Anm. 12), Bd. II, S. 264.

worden sind, zum größten Teil gegen den Willen der Mehrheit der deutschen Bevölkerung. Als die Gebiete dann 1657 an Preußen kamen, mußte die preußische Regierung die Verpflichtung eingehen, die katholische Religion im Stande von 1657 zu erhalten. Nun sind fast alle unsere Kirchen in Hinterpommern, die großen und die kleinen, in katholischem Besitz[43]. Das berührt uns gewiß schmerzlich. Seien wir uns bewußt, daß in Pommern im Gegensatz zu den altdeutschen Landschaften des Westens die evangelische Zeit nicht nur einen Bruchteil der kirchlichen Gesamtentwicklung ausmacht, sondern die Hälfte – 400 Jahre. Und wenn man bedenkt, daß das Heidentum noch lange unter einer christlichen Decke fortgelebt hat – wir finden noch in den evangelischen Visitationsberichten des 16. Jahrhunderts Spuren davon –, dann ist Pommern länger und intensiver evangelisch als katholisch gewesen. Dennoch sei die Frage gestellt: Hat das, was sich jetzt in Hinterpommern in unseren Kirchen abspielt, gar nichts mehr mit uns zu tun? Eines sollten wir auf jeden Fall bedenken: Gottes Wort wird auch dort verkündet. Als Christen sollten wir darum bitten, daß wenigstens dieses bleibt, daß es nicht eines Tages dort untergeht wie in unserer Zeit Luthers Lehre.

Wenn das, was nach 1945 geschieht, auch ein Teil der pommerschen Geschichte ist, ist es dann nicht auch ein Stück Kirchengeschichte Pommerns? Dann geht es doch auch uns an, sofern wir nicht aufhören wollen Pommern zu sein, sofern uns nicht plötzlich das Zurückgelassene, so auch die Kirchen, in denen wir getauft, konfirmiert, getraut, in denen unsere Angehörigen nach ihrem Tode abgekündigt worden sind, gleichgültig ist. Dadurch, daß uns Geschichte nicht gefällt, wird das Band, das zwischen ihr und uns be-

---

43 Über die kirchliche Lage in Hinterpommern nach 1945 vgl. Ernst *Bahr*, Ostpommern unter polnischer Verwaltung (wie Anm. 5), S. 127–130.
Über die Reste evangelischen Kirchentums vgl. Oskar *Wagner,* Die evangelischen Kirchen in Polen, in: Osteuropa-Handbuch „Polen", hrsg. v. Werner *Markert,* Köln Graz 1959, S. 128–137 (über „Bestand und Rechtslage in der Nachkriegszeit" S. 135–137).
Über die katholische Kirche in Hinterpommern nach 1945 vgl. Johannes *Kaps,* Die katholische Kirchenverwaltung in den deutschen Diözesen östlich der Oder/Neiße, in: Archiv für schlesische Kirchengeschichte 13, 1955, S. 280–289; ders., Die katholische Kirchenverwaltung in Ostdeutschland vor und nach 1945, in: Jahrbuch der Schlesischen Friedrich-Wilhelms-Universität zu Breslau 2, 1957, S. 7–39; Bernhard *Stasiewski,* Die Organisation der katholischen Kirche im Westen und Osten der Oder-Neiße-Linie in den letzten 25 Jahren, in: Deutsche Ostkunde. Vierteljahresschrift für Erziehung und Unterricht, 17. Jg. 1971, Heft 4, S. 73–82. Eine Übersichtskarte über die katholische Kirchenorganisation ist dem Artikel „Polen" von B. *Stasiewski* im Lexikon für Theologie und Kirche 8, 1963, nach Sp. 584, beigegeben. Einen Überblick über das Netz der katholischen Pfarreien in Polen nach dem Stande von 1970/72 bietet: Status numeralis atque territorialis parochiarum ecclesie catholicae in Polonia annis 1970–72 (Materiały de Atlasu historycznego chrześcijaństwa w Polsce, Bd. 3), Lublin 1975.

steht, noch nicht zerschnitten. Solche Überlegungen sind in gewisser Weise schockierend für den, der sie hört oder liest, wie auch für den, der sie ausspricht. Sie zu akzeptieren, fällt alles andere als leicht. Aber wenn wir es mit unserer Verbundenheit mit Pommern und mit der Liebe zur Heimat ernst meinen, müssen wir auch diese Frage stellen. Was ergibt sich daraus? Wohl kein anderer Weg als der des Ausgleichs, des Kennenlernens, des Verstehens, der Vergebung, der Verbindung, der Brüderlichkeit. Es ist das der Weg der dienenden Liebe. Wie können wir dazu beitragen? Das ist eine Frage, die dem einzelnen gestellt ist und die er für sich zu entscheiden hat. Patentrezepte gibt es da nicht. Sie ist aber auch den Verbänden und Institutionen gestellt. Auch sie müssen ernsthaft darüber nachdenken. Für den Konvent Evangelischer Gemeinden aus Pommern könnte dies heißen: So wie man sich in dem nach 1648 geteilten Pommern Sorgen gemacht hat um die Kirche im anderen Teil und Anteil genommen hat an ihren Problemen, so sollten auch wir uns mitverantwortlich fühlen für die Kirche in Vorpommern und für das kirchliche Leben in Hinterpommern und alle Hemmungen dabei, die eigenen und die fremden, zu überwinden trachten.

Wir bewegen uns auf einander zu, wenn wir das Gemeinsame betonen. So haben z. B. evangelische und katholische Christen den gleichen Ahnherrn, Bischof Otto von Bamberg[44]. Ohne seine Missionsfahrten 1124/25 und 1128 gäbe es kein christliches Pommern. Polen und das Reich haben beide das Werk gefördert. Freilich entbrannte auch bald der Streit, und es wurde darum gerungen, ob das neue pommersche Bistum zu Wollin, dann zu Cammin, dem polnischen Erzbistum Gnesen oder dem deutschen Erzbistum Magdeburg zugeordnet werden sollte. Man fand damals eine bemerkenswerte Lösung: keinem von beiden; die pommersche Kirche wurde exemt, d. h. dem römischen Stuhl direkt unterstellt. Die 700-Jahrfeier der Christianisierung Pommerns im Jahr 1824 hat man auch evangelischerseits gefeiert. Der damalige preußische Oberpräsident Johann August Sack erließ einen Aufruf an alle Superintendenten und Prediger, das Jubelfest zum Anlaß zu nehmen, zu einer einheitlichen Gottesdienstform zu gelangen. Auch 1924 hat die Evangelische Kirche Otto von Bamberg und die Christianisierung Pommerns und damit auch die Begründung der katholischen Kirche gefeiert[45].

---

44 Jürgen *Petersohn,* Apostolus Pomeranorum. Studien zur Geschichte und Bedeutung des Apostelepithetons Bischof Ottos I. von Bamberg, in: Historisches Jahrbuch. Im Auftrag d. Görres-Gesellschaft hrsg. v. Johannes *Spörl,* 86, 1966, S. 257–294.
45 Über das Otto-Jubiläum 1824: H. G. *Bloth* (wie Anm. 37). Vgl. Martin *Wehrmann,* Von Ottofeiern früherer Jahrhunderte, in: Monatsblätter der Gesellschaft für pommersche Geschichte und Altertumskunde 38, 1924, S. 5 f. – Zum Otto-Jubiläum von 1924 erschien die kritische Ausgabe „Die Prüfeninger Vita des Bischofs Otto von Bamberg. Zur 800jährigen Gedenkfeier der Einführung des Christentums in Pommern", hrsg. v. Adolf *Hofmeister* (Denkmäler der Pommerschen Geschichte I), Greifswald 1924.

Oder ein anderes Beispiel: Die Universität Greifswald ist 1456 in katholischer
Zeit gegründet worden unter Beteiligung der Kirche und des damaligen
Camminer Bischofs Henning Iwen und hat ihr Ansehen nicht erst in evangelischer Zeit erlangt[46]. Wir dienen einander auch, wenn wir darüber arbeiten und das veröffentlichen, was drüben (diesseits und jenseits der Oder)
nicht möglich ist[47]. Im Jahre 1969 ist in einem Vortrag vor der Gesellschaft
für Pommersche Geschichte, Altertumskunde und Kunst über „Bewahrung
und Erforschung pommerscher Geschichte"[48] darauf hingewiesen worden,
daß die Beschäftigung mit der Geschichte Pommerns von den Anfängen bis
zur Gegenwart weitergeht, in Polen und im Lande selbst[49]. „Wichtig ist", so
wurde hinzugefügt, „was wir zu dem künftigen allgemeinen Bild der
pommerschen Geschichte beitragen, quantitativ und qualitativ".

Heute ist nicht von Geschichtsforschung, sondern von der Geschichte
selbst die Rede. Auch sie geht weiter. Sie wird nicht nur im Lande gemacht,
aber sie vollzieht sich auch dort, diesseits und jenseits der Oder. Bleiben wir
ihr verbunden, gestalten wir sie wenn möglich mit, jeder auf seinem Felde

---

46 Roderich *Schmidt,* Die Anfänge der Universität Greifswald, in: Festschrift zur
500Jahrfeier der Universität Greifswald. 17. 10. 1956 (Greifswald 1956), Bd. I, S. 9–52.
Über Bischof Henning Iwen von Cammin: Roderich *Schmidt* in: Neue Deutsche Biographie 8, 1969, S. 545 f. sowie *ders.* in: Baltische Studien, N. F. 53 1967, S. 18–42.

47 In diesem Zusammenhang ist auch die Arbeit der Historischen Kommission für
Pommern zu erwähnen; vgl. Roderich *Schmidt,* Die Historische Kommission für
Pommern in Vergangenheit und Gegenwart. Mit einem Verzeichnis der durch sie ge-
förderten Veröffentlichungen zur pommerschen und mecklenburgischen Geschichte, in:
Baltische Studien, N. F. 55, 1969, S. 111–124 (seitdem laufend Jahresberichte ebd.). –
Der wechselseitigen Kenntnisnahme dienen auch die Bibliographien zur pommer-
schen Geschichte, die das deutsche wie das polnische wissenschaftliche Schrifttum
verzeichnen; bisher sind erschienen: Geschichtliche und landeskundliche Literatur
Pommerns 1940–1955 (bearb. v. Hans-Ulrich *Raspe* und Herbert *Rister),* 1958; 1956–
1960 (bearb. v. denselben), 1966; 1961–1970 (bearb. v. H. *Rister),* Bd. 1, 1975, Bd. 2 im
Druck (Wissenschaftliche Beiträge zur Geschichte und Landeskunde Ostmitteleuro-
pas, hrsg. v. Johann-Gottfried-Herder-Institut, Marburg, Nr. 39, 67, 98).

48 Siehe Anm. 4; Zitat S. 416.

49 Dies gehört auch zu den Aufgaben des Johann-Gottfried-Herder-Forschungsrats und
des Johann-Gottfried-Herder-Instituts in Marburg. Sie haben sich seit 1950 die Erforschung von Ländern und Völkern im östlichen Mitteleuropa in Vergangenheit und
Gegenwart zur Aufgabe gemacht. Die historischen deutschen Ostgebiete (und damit
auch Pommern) sind in diese Aufgabe mit eingeschlossen. Vgl. Roderich *Schmidt,* Das
J. G. Herder-Institut – ein Forschungszentrum für Ostmitteleuropa, in: Bausteine
oder Dynamit? Leistung und Förderung der Vertriebenen und Flüchtlinge in der
Bundesrepublik Deutschland hrsg. v. Heinrich *von zur Mühlen* (Schriftenreihe des
Ostdeutschen Kulturrats, Bd. 13), Bielefeld 1974, S. 73–79. Vgl. auch „Probleme der
Ostmitteleuropa-Forschung. Rückblicke und Ausblicke auf die Arbeiten von J. G.
Herder-Forschungsrat und J. G. Herder-Institut" (Tagungsberichte des Johann Gott-
fried-Herder-Forschungsrates, Bd. 5), Marburg/Lahn 1975 (mit Beiträgen von B. *Sta-
siewski,* R. *Schmidt,* G. *Grundmann,* G. *Rhode* u. W. *Wöhlke).*

und mit den ihm gegebenen Möglichkeiten. Zu dieser Arbeit brauchen wir
Kraft, Mut und Hoffnung: Hoffnung auf den unaufhörlichen, den ewigen
Wandel der Geschichte, den der Herr der Geschichte bewirkt. Von diesem
Herrn wird auch im Buche des Propheten Haggai gehandelt als dem, der die
politischen Verhältnisse verändert, der die Völker zusammenführt zum Bau
des Tempels, zum Bau seiner Kirche. Bitten wir darum, daß der Geist des
Herrn unter uns allen lebendig bleibt, unter den Pommern und den Men-
schen, unter denen sie leben, unter den alten und den neuen Bewohnern des
Pommernlandes. Fürchten wir uns nicht![50]

---

50 Der Kirchentag stand unter Vers 5 aus dem 2. Kapitel des Propheten Haggai: „Nach
dem Wort, da ich mit euch einen Bund machte, da ihr aus Ägypten zoget, soll mein
Geist unter euch bleiben. Fürchtet euch nicht!"

II. Frühzeit und Herzogszeit

Die Anfänge der pommerschen Geschichte im Spiegel schriftlicher Überlieferung

Das Land Mecklenburg-Vorpommern feiert in diesem Jahr sein Jubiläum „1000 Jahre Mecklenburg". Grundlage hierfür ist eine am 10. September 995 in der Mecklenburg ausgestellte Schenkungsurkunde Ottos III. Der junge König, der im Jahr zuvor die Regierung übernommen hatte, befand sich damals, bevor er nach Italien aufbrach, auf einem Kriegszug gegen die Obodriten und Lutizen in jene Gebiete, die im großen Slawenaufstand von 983 dem Reich und der christlichen Kirche entglitten waren. Die Mecklenburg existierte also schon 995. Sie ist als Burg des Nakon auch in dem Bericht enthalten, den der arabisch schreibende jüdische Kaufmann Ibrahim ibn Jacub über seine Reise in die Slawenländer 965 oder 973 verfaßt hat. Die Anlage als solche wird von den Archäologen bis ins 7. Jahrhundert zurückdatiert. In historischer Zeit war sie ein, wenn nicht „der" Mittelpunkt der Obodritenherrschaft, die den Ausgangspunkt und Grundstock des Landes Mecklenburg darstellt. Mecklenburg ist also älter oder jünger, je nachdem, ob man von der namengebenden Burg oder von der Landesbezeichnung für einen Teil oder für das Ganze ausgeht, das, zu Beginn des 13. Jahrhunderts kaum entstanden, sich 1229 in vier Herrschaften – Mecklenburg, Parchim, Werle und Rostock – aufteilte, die erst nach und nach wieder zusammengewachsen sind. Dabei hat das sich von Niklot († 1160) und seinem Sohn Pribislaw herleitende Herrscherhaus eine wesentliche Klammer gebildet. Gleichwohl hat ein solches Jubiläum seinen guten Sinn, lenkt es doch den Blick und das Bewußtsein auf die Geschichte und damit auf die Kontinuität eines Landes.[1]

---

1 Zum Mecklenburg-Jubiläum vgl.: 1000 Jahre Mecklenburg. Katalog zur Landesausstellung Schloß Güstrow 23. Juni–15. Oktober 1995, hrsg. von Johannes Erichsen, Rostock 1995. – Tilmann Schmidt, Der Anlaß des mecklenburgischen Landesjubiläums vor tausend Jahren, in: Mecklenburg und seine Nachbarn, hrsg. von Helge Bei der Wieden und Tilmann Schmidt (Veröffentlichungen der Historischen Kommission für Mecklenburg, Reihe B: Schriften zur mecklenburgischen Geschichte, Kultur und Landeskunde, Heft 10). Rostock 1997, S. 9–17. – Weitere Literatur in dem Band „Mecklenburg und seine Nachbarn", S. 69–92: Roderich Schmidt, Mecklenburg und Pommern in der Reimchronik des Ernst von Kirchberg. – Aus Anlaß des Jubiläums erschienen die Überblicksdarstellungen von Wolf Karge, Ernst Münch und Hartmut Schmidt, Die Geschichte Mecklenburgs, Rostock 1993, und von Peter Mast, Mecklenburg-Vorpommern. 1000 Jahre eines jungen Landes, München-Berlin 1994. – Grundlegend noch immer: Manfred Hamann, Mecklenburgische Geschichte. Von den Anfängen bis zur Landständischen Union von 1523 (Mitteldeutsche Forschungen 51), Köln–Graz 1968. Vgl. auch im Handbuch der Historischen Stätten Deutschlands, 12. Band.: Mecklenburg/Pommern, Stuttgart 1996 (Lit. S. 343–364), die „Geschicht-

Und wie steht es mit dem zweiten Glied des heutigen „Bindestrich"-
Landes? Vorpommern ist eine historische Größe erst seit den pommerschen
Landesteilungen von 1532 und 1569. Damals sind die 1295 entstandenen
Teilherzogtümer Stettin und Wolgast neu gebildet worden, dergestalt, daß
nun die Oderregion die Grenze zwischen ihnen bildete. Auf dieser Grundlage erfolgte die Regelung des Westfälischen Friedens 1648 und die Zuordnung zu Brandenburg-Preußen und zu Schweden. Erst im Wiener Kongreß
1815 wurde die Einheit des Landes letzten Endes wiederhergestellt, bis
Pommern 1945 erneut geteilt und Vorpommern mit Mecklenburg verbunden worden ist. Immer aber war Pommern eine Einheit gewesen, als preußische Provinz von 1817/18 bis 1945, aber selbst in der Zeit der Teilung zwischen Schweden und Brandenburg-Preußen insofern, als es ein Teil des
Reiches blieb, der auf dem Reichstag durch zwei Mächte vertreten wurde,
und davor war es eben ein territorialstaatliches Gebilde.
    So wie in Mecklenburg das Fürstenhaus der Niklotiden die Landesein-
heit verkörperte und bewahrt hat – daneben waren es die Stände –, so entsprechend in Pommern das Herzogshaus des Greifengeschlechts vom Anfang des 12. Jahrhunderts bis zu seinem Aussterben 1637 mitten im
Dreißigjährigen Krieg.[2] Mit Wartislaw I. († um 1147/48, sicher vor 1153) hat
das pomoranische Geschlecht der Greifen die historische Bühne betreten.
Die Pomoranen siedelten in dem Raum von der Oder bis zur Weichsel, nach
Süden bis zur Warthe und Netze. Über die innere Organisation sind wir nur

---

liche Einführung Mecklenburg" von Helge Bei der Wieden, S. XIII–XXXII, und die
„Geschichtliche Einführung Pommern" von Roderich Schmidt, S. XXXIII–LII.

2   Zu Pommern vgl. die ältere Darstellung von Martin Wehrmann, Geschichte von
    Pommern, 2 Bde., 2. Aufl., Gotha 1919/21 (Neuausgabe Frankfurt a. M. 1981 und
    1982, mit einem bibliographischen Vorwort von Roderich Schmidt). Danach: Dietmar
    Lucht, Pommern. Geschichte, Kultur und Wirtschaft bis zum Beginn des Zweiten
    Weltkrieges (Historische Landeskunde. Deutsche Geschichte im Osten, Bd. 3), Köln
    1996. – Hans Branig, Geschichte Pommerns. Vom Werden des neuzeitlichen Staates
    bis zum Verlust der staatlichen Selbstständigkeit 1300–1648. Bearbeitung und Einfüh-
    rung von Werner Buchholz (Veröffentlichungen der Historischen Kommission für
    Pommern, Reihe V: Forschungen zur pommerschen Geschichte, Bd. 22/1), Köln–
    Weimar–Wien 1997. – Hans-Günter Leder, Pommern, in: Theologische Realenzyklo-
    pädie, Bd. 27, Lfg. 1/2, Berlin–New York 1996, S. 39–54 (m. Lit.) – Jürgen Petersohn,
    Pommerns staatsrechtliches Verhältnis zu den Nachbarmächten im Mittelalter, in: Die
    Rolle Schlesiens und Pommerns in der Geschichte der deutsch-polnischen Beziehun-
    gen im Mittelalter (Schriftenreihe des Georg-Eckert-Instituts für internationale
    Schulbuchforschung, Bd. 22/III), Braunschweig 1980, S. 98–115. – Norbert Buske,
    Pommern als Territorialstaat. Ein Überblick über die politische Entwicklung (Schrif-
    tenreihe der CDU-Fraktion im Landtag Mecklenburg-Vorpommern, Heft 2), Schwe-
    rin 1993. – Ludwig Biewer, Kleine Geschichte Pommerns (Kulturelle Arbeitshefte
    37), Bonn 1997. – Historia Pomorza, hrsg. von Gerard Labuda. tom. I, Teil 2 (bis
    1466, bearb. von Kazimierz Slaski und Benedykt Zientara), Poznan 1969; tom. II,
    Teil 1 (1464/66–1648/57), bearb. von Bogdan Wachowiak, S. 651–1058.

mangelhaft unterrichtet. Soviel kann gesagt werden, daß sich im östlichen Teil des Pomoranengebietes eine eigene Herrschaft mit Danzig als Mittelpunkt gebildet hatte; der Raum westlich davon, etwa von der Leba bis zum Gollenberg bei Köslin mit Schlawe als Mittelpunkt, wurde von den Ratiboriden, einer um 1227 (vor 1235) ausgestorbenen Nebenlinie der Greifen, beherrscht. Das Herrschaftsgebiet der Greifen erstreckte sich vom Gollen im Osten bis zur Oder im Westen. Von wo dieses Geschlecht, das seit 1214, wahrscheinlich aber schon 1194, einen Greifen im Wappen führte und das sich spätestens seit der zweiten Hälfte des 15. Jahrhunderts selber als Greifengeschlecht bezeichnete, seinen Ausgang genommen oder wo es zunächst seinen Mittelpunkt gehabt hat, vielleicht in Belgard oder in Kolberg, wissen wir nicht.[3]

Über Wartislaw I., für uns der erste gesicherte Vertreter dieses Geschlechts, haben wir nähere Kenntnis aus den Viten des Pommernapostels Otto von Bamberg. Wartislaw hatte sich zu Beginn des 12. Jahrhunderts der Hoheit des Polenherzogs Boleslaw III. unterstellen müssen, der Ansprüche Polens auf den pomoranischen Raum wieder zur Geltung brachte. Wartis-

---

3 Vgl. die Artikel „Pomoranen" (L. Leciejewicz), „Pommern" (R. Schmidt) und „Pommerellen" (J. Strzelczyk) in: Lexikon des Mittelalters, 7. Bd. 1. Lfg., 1994, Sp. 82–88. – Gerhard Renn, Die Bedeutung des Namens „Pommern" und die Bezeichnungen für das heutige Pommern in der Geschichte (Greifswalder Abhandlungen zur Geschichte des Mittelalters 8), Greifswald 1937, S. 17–20. – Adolf Hofmeister, Die Ratiboriden und die Herren von Schlawe, in: Hofmeister, Genealogische Untersuchungen zur Geschichte des pommerschen Herzogshauses (Greifswalder Abhandlungen zur Geschichte des Mittelalters 11), Greifswald 1938, S. 35–49. – Ernst Bahr, Genealogie der pommerellischen Herzöge, in: Zeitschrift des westpreußischen Geschichtsvereins 75, 1939, S. 5–54, bes. S. 7–10. – Roderich Schmidt, Artikel „Greifen" in: Neue Deutsche Biographie 7, 1960, S. 29–33, und in: Lexikon des Mittelalters 4, 1989, Sp. 1694–1695. – Über die Namen und das Wappen des Greifengeschlechts vgl. A. Hofmeister, Genealogische Untersuchungen, S. 7 f. mit Anm. 1, dazu Pommersches Urkundenbuch, Bd. 1, 2. Aufl. neu bearb. von Klaus Conrad (Veröffentlichungen der Historischen Kommission für Pommern) Köln–Wien 1970, Nr. 126 und Nr. 162 (mit Hinweis auf Marian Gumowski, 1950). Hans Heinrich Reclam, Der pommersche Greif, in: Pommern. Kunst, Geschichte, Volkstum 18, 1980, S. 4–10; Norbert Buske, Wappen, Farben und Hymnen des Landes Mecklenburg-Vorpommern, Bremen 1993, S. 52; Ludwig Biewer, Die Geschichte des pommerschen Greifenwappens, in: Baltische Studien, NF 79, 1993, S. 44–57. Ralf-Gunnar Werlich, Das neunfeldrige Wappen Herzog Bogislaws X. von Pommern, in: Land am Meer. Pommern im Spiegel seiner Geschichte. Roderich Schmidt zum 70. Geburtstag, hrsg. von Werner Buchholz und Günter Mangelsdorf (Veröffentlichungen der Historischen Kommission für Pommern, Reihe V: Forschungen zur pommerschen Geschichte 29), Köln–Weimar–Wien 1995, S. 307–334. – Über Wartislaw I. vgl. Roderich Schmidt, Pommern im Spiegel bedeutender Persönlichkeiten, in: Ostdeutsche Geschichts- und Kulturlandschaften, Teil III: Pommern, hrsg. von Hans Rothe (Studien zum Deutschtum im Osten 19/III), Köln–Wien 1988, S. 219–220 u. S. 243.

law mußte an Polen einen jährlichen Tribut zahlen, bewaffnete Kriegshilfe leisten und sich verpflichten, für sich und sein Land das Christentum anzunehmen. 1121/22 hatte der Polenherzog Stettin und das Odergebiet erobert. Sein Vorstoß ins Lutizenland bis an die Müritz blieb aber eine Episode. Dafür konnte Wartislaw, zunächst wohl mit polnischer Billigung, ins Lutizengebiet eindringen und das Peenegebiet mit der Burg Demmin seiner Herrschaft unterwerfen. Dieser Raum aber gehörte seit der Ottonenzeit zum Markengebiet des Reiches und wurde vom Sachsenherzog Lothar von Süpplingenburg, seit 1125 deutscher König, wieder in Anspruch genommen. Hatte Otto von Bamberg seine erste Missionsreise zu den Pomoranen auf Wunsch Herzog Boleslaws 1124 von Gnesen aus angetreten, so unternahm er die zweite Missionsreise 1128 unter dem Schutz Lothars und des Markgrafen Albrecht des Bären in das von Wartislaw gewonnene lutizische Peenegebiet. Zu Usedom nahmen die lutizischen Großen im Beisein Wartislaws das Christentum an. Das bedeutete eine Respektierung der deutschen Ansprüche auf diesen Teil der Herrschaft Wartislaws und belastete dessen Verhältnis zu Polen. 1135 wurden die politischen Sphären durch eine staatsrechtliche Regelung abgegrenzt. Auf einem Hoftag zu Merseburg erkannte Boleslaw III. gegenüber Lothar III. die kaiserliche Lehnshoheit über Pommern (und Rügen) an und gab eine Garantie für die staatliche Integrität Pommerns. Faktisch blieben jedoch unter der Oberhoheit des Kaisers der Herzog von Polen für den östlichen Teil, der Graf der Nordmark für den westlichen zuständig. Gerade diese komplizierte und letztlich nicht wirklich geregelte Rechtslage hat es Wartislaw ermöglicht, in einer geschickten Balancepolitik sein Herrschaftsgebiet zu festigen und auszubauen. Pommern, wie es nun bestand, war kein ethnisch einheitliches Gebilde, sondern ein pomoranische und lutizische Stammesgebiete vereinigendes Territorialfürstentum. Eine wesentliche Festigung erfuhr es dadurch, daß das pommersche Bistum – zuerst in Wollin, dann vorübergehend in Usedom und schließlich in Cammin – eine von den Kirchenprovinzen Magdeburg und Gnesen unabhängige Rechtsstellung als exemptes, Rom direkt unterstelltes Bistum erlangen konnte, was zugleich in gewisser Weise dem Land eine internationale Anerkennung verschaffte.[4]

---

4   Hierzu Jürgen Petersohn, Der südliche Ostseeraum im kirchlich-politischen Kräftespiel des Reichs, Polens und Dänemarks vom 10. bis 13. Jahrhundert. Mission-Kirchenorganisation-Kultpolitik (Ostmitteleuropa in Vergangenheit und Gegenwart 17), Köln–Wien 1979. – Vgl. auch Joachim Wächter, Anfänge des Christentums im Osten des Lutizengebietes, in: Herbergen der Christenheit. Jahrbuch für deutsche Kirchengeschichte, Bd. 17, 1989/90, S. 117–125; Rudolf Benl, Gründung, Vorgeschichte und Frühzeit des pommerschen Bistums, in: Baltische Studien, N. F. 78, 1992, S. 7–16; Roderich Schmidt, Geschichtliche Einführung Pommern (s. Anm. 1), S. XXXIV–XXXVI.

Vergleicht man Pommern mit Mecklenburg, so ist die Landesbezeichnung hier von der Michelenburg, der zentralen Burg eines Stammesgebietes des späteren Landes Mecklenburg, ausgegangen. Bei den Pommern, wo eine solche Zentralburg anscheinend fehlte oder uns in ihrer Bedeutung nicht bekannt geworden ist, ging die Bezeichnung des Landes von Anfang an von dem Volksstamm aus, dessen Herrschergeschlecht die territoriale Einheit herbeigeführt hat, den Pomoranen. Sie treten als eine bestehende Formation in die Geschichte ein, während der Stamm der Mecklenburger erst in historischer Zeit aus der Verbindung von Obodriten und Lutizen und ihren Untergruppen, den Wagriern, Polaben, Warnowern sowie den Kessinern, Zirzipanen, Tollensern und Redariern, zusammengewachsen ist. „Es ist möglich, daß der Pommernname erst zu Anfang des 11. Jhs. aufgekommen ist, jedenfalls aber kaum lange vor der Jahrhundertwende. ... Vielleicht sind es (auch) die Polen gewesen, die zuerst ihre nördlichen Nachbarn Pomorjane, d. h. ‚die am Meere wohnenden‘ und deren Land Pomorje, d. i. ‚Land am Meer‘, ‚Küstenland‘ genannt haben,“ schreibt Gerhard Renn in seiner Greifswalder Dissertation von 1935 „Die Bedeutung des Namens ‚Pommern‘ und die Bezeichnungen für das heutige Pommern in der Geschichte“. Wir wissen es nicht.[5]

Zum Jahr 997 taucht der Pommernname erstmals auf, zwei Jahre nach der urkundlichen Nennung der Mecklenburg. Ein Herzog wird erwähnt. Der Stamm der Pommern tritt damit bereits organisiert in Erscheinung. Damals soll Bischof Adalbert von Prag auf seiner Missionsfahrt zu den Pruzzen, auf der er den Märtyrertod fand, einen „dux Pomorie“ aufgesucht haben. Diesen habe er „iam pridem“ „in Polonia“ getauft, um ihm die Heirat mit einer polnischen Prinzessin zu ermöglichen. Die Überlieferung ist allerdings nicht zeitgenössisch. Sie findet sich in den Adalbert-Viten des 13. Jahrhunderts. Man wird nicht fehlgehen, wenn man diese Nachricht mit Danzig in Verbindung bringt, der „urbs Gyddanyzc“, von der in der älteren Vita die Rede ist. Martin Wehrmann meinte in seiner „Genealogie des pommerschen Herzogshauses“, „daß diese Nachricht ohne Wert ist, liegt auf der Hand“. Adolf Hofmeister hingegen hat ihr in seinen „Genealogischen Untersuchungen zur Geschichte des pommerschen Herzogshauses“ den Quellenwert nicht unbedingt abgesprochen. Bei der polnischen Prinzessin mag es sich um eine Tochter Herzog Boleslaw Chrobrys handeln, und dann wohl aus seiner ersten Ehe mit einer Tochter des Markgrafen Rikdag von Meißen. Diese Möglichkeit hat Wilhelm Wegener in seinen Genealogi-

5 Vgl. Roderich Schmidt, Slawische Stämme, Burgen und Kultstätten in Mecklenburg und Pommern, in: Historischer und geographischer Atlas von Mecklenburg und Pommern, Bd. 2: Das Land im Rückblick, Schwerin 1996, hrsg. von der Landeszentrale für politische Bildung Mecklenburg-Vorpommern, S. 6–9 (m. Karte). – Renn (s. Anm. 3), S. 10 f.

schen Tafeln über „Die Herzöge von Pommern aus dem Greifen-Hause"
übernommen, und er hat den „dux Pomorie" aus Danzig, wenn auch mit
Fragezeichen, zu den Greifen in Beziehung gesetzt, und zwar als einen Ahnherrn Wartislaws I. und seines Bruders Ratibor. Eine Verbindung zwischen
den ostpommerschen Fürsten in Danzig, die sich auch als principes bzw.
duces Pomeraniae bzw. Pomeranorum bezeichneten, und den westpommerschen Greifen, ist freilich nicht auszuschließen, aber auch nicht zu erweisen.[6]
    Ins 11. Jahrhundert führt ein Bericht, den der ungarische Historiker
Simon de Keza in seinen Gesta Hungariorum Ende des 13. Jahrhunderts
überliefert hat. Danach hat der nach Polen zu Herzog Kasimir I., dem Sohn
des fälschlich genannten Miezko II. († 1034), geflohene spätere Ungarnkönig
Bela I. (1060/61–1063) einen Pommernherzog im Zweikampf besiegt („Bela
Pomoranie ducem duello devincens"). Da in dem Werk Simons echte Überlieferung und fabelhafte Erzählungen vermischt sind, erscheint eine nähere
Aussage und Zuordnung des ungenannten Pommernherzogs kaum möglich.[7]
    Ähnlich unsicher ist eine Angabe, die sich im ersten, um 1150 aufge-
zeichneten Teil der Pegauer Annalen findet. Gründer des im Jahre 1096 entstandenen Klosters Pegau war Wiprecht von Groitzsch (geb. um 1050), der
spätere Markgraf von Meißen. Einer seiner Großväter sei, den Annalen zufolge, ein gewisser Wilk (Wolf) de Posduwc, das ist Pasewalk, gewesen, der
im frühen 11. Jahrhundert zeitweilig die „Herrschaft bei den Pommern"
(„Pomeranorum primatum") innegehabt habe. Nun enthalten die Pegauer

6   De s. Adalberto ep. Prag. c. 12, MG SS 15, S. 1182; Mon. Pol. hist. 4, 1884, S. 217; vgl.
     auch Mirac. s. Adalberti c. 5, MG SS 4, S. 614, Mon. Pol. hist. 4, S. 231, und Vita s.
     Adalberti c. 27, MG SS 4, S. 593. M. Wehrmann, Genealogie des pommerschen Her-
     zogshauses, Stettin 1937, S. 19; Hofmeister, Genealogische Untersuchungen (s. Anm.
     3), S. 9 f.; W. Wegener, Die Herzöge von Pommern aus dem Greifen-Hause (Genea-
     logische Tafeln zur mittelalterlichen Geschichte, hrsg. von W. Wegener, Lfg. 3,
     2. Aufl., Göttingen 1969, Tafel 1. Zu der Verbindung mit den Greifen Wartislaw I.
     und Ratibor I. bemerkte Hofmeister (S. 10, Anm. 6): „Man sieht freilich leicht, wie
     unsicher die ganze Annahme ist." Auch Wegener führt aus: „Der ganze Fragenkom-
     plex um die Geschichte des pommerschen Herzogshauses vor dem gesicherten Auf-
     treten der Brüder Wartislaw I. und Ratibor I. ist schwer zu entwirren. Die Zusam-
     menhänge mit früher genannten duces in der Gegend zwischen unterer Oder und
     unterer Weichsel sind nicht zu erkennen, und selbst die Frage, ob zwei Hauptge-
     schlechter, ein westpommersches und ein ostpommersches Herzogsgeschlecht, schon
     im 10. und 11. Jahrhundert nebeneinander existiert haben, ist nicht mit Sicherheit zu
     entscheiden." Auch hinsichtlich etwaiger Zusammenhänge pommerscher duces mit
     den Piasten ist Wegener zurückhaltend, wenn nicht skeptisch (S. 30). Vgl. auch Bahr
     (wie Anm. 3), S. 7.
7   Hofmeister, Genealogische Untersuchungen, S. 11 f. – Simon de Keza, Gesta Hunga-
     riorum II, 3, MG SS 29, S. 540. – Über Herzog Kasimir I. von Polen vgl. G. Labuda,
     in: Lexikon des Mittelalters, 5. Bd., 5. Lieferung, 1990, Sp. 1030.

Annalen in ihren ältesten Teilen „z. T. sagenhafte Erzählungen". Hofmeister billigt der Nachricht allerdings einen historischen Kern zu und sieht in diesem „Pommernhäuptling", wie er sagt, allerdings nur einen pommerschen Teil- oder Unterfürsten. Mit solchen ist auch noch am Ende des 11. und zu Beginn des 12. Jahrhunderts zu rechnen.[8]

Zuvor aber können wir, fünfzig Jahre nach der Nennung der Mecklenburg, für Pommern historiographisch gesicherten Boden betreten. Zunächst die Situation: In der Zeit Kaiser Konrads II. war es in den östlichen Nachbarregionen des Reiches zu schweren Erschütterungen gekommen. Nachdem Heinrich III. 1039 die Regierung angetreten hatte, ging sein Bemühen auch dahin, die Verhältnisse dort im Interesse und zu Gunsten des Reiches zu ordnen und zu festigen. Im Jahre 1041 unterwarf sich der Böhmenherzog Bretislaw und huldigte dem König in Regensburg. In Ungarn setzte Heinrich 1044 den vertriebenen König Peter wieder ein, der sich ihm 1045 zur Treue verpflichtete. In Polen gewann der 1034 vertriebene Herzog Kasimir mit deutscher Hilfe seine Herrschaft zurück. Die Lutizen, die seit den dreißiger Jahren wiederholt Sachsen beunruhigt hatten, konnten 1045 wieder zur Tributleistung genötigt werden. Das war die Lage, in der Heinrich III. im Vorfeld seines geplanten Romzuges 1046 einige Slawenfürsten zu sich nach Merseburg beschied.[9]

Hierüber berichten die in der Benediktinerabtei Nieder-Altaich entstandenen, zunächst bis 1073 reichenden Annales Altahenses, eine besonders fundierte und verläßliche Quelle zur Geschichte des 11. Jahrhunderts, auch der östlichen Gebiete. Am Johannistag des Jahres 1046, das ist am 24. Juni, fanden sich in Merseburg ein: Bratislaw, dux Boemorum, Kasimir Bolaniorum und Zemuzil Bomeraniorum. Sie entrichteten dem König ihren Tribut und wurden von ihm zu einer zweiten Zusammenkunft nach Meißen beordert, wo am 29. Juni eine Friedensregelung mit ihnen getroffen wurde. Diese war auch deswegen notwendig, weil es besonders zwischen Kasimir von Polen und dem Pommernherzog Zemuzil zu Kämpfen gekommen war. Zemu-

8 Annales Pegavienses, MG SS 16, S. 234 f. – Adolf Hofmeister, Der Kampf um die Ostsee vom 9. bis 12. Jahrhundert (1931), 3. erweiterte Aufl., hrsg. von Roderich Schmidt (Wissenschaftliche Buchgesellschaft, Reihe Libelli, Bd. 72), Darmstadt 1960, S. 79, Anm. 36; ders., Genealogische Untersuchungen (s. Arm. 3), S. 18f. – Hermann Bollnow, Die Anfänge Pasewalks, in: Monatsblätter der Gesellschaft für pommersche Geschichte und Altertumskunde 51, 1937, S. 103–107. – Ablehnend Wolfgang Brüske, Untersuchungen zur Geschichte des Lutizenbundes. Deutsch-wendische Beziehungen des 10.–12. Jahrhunderts (Mitteldeutsche Forschungen, Bd. 3, 1955, 2. Aufl. Köln–Wien 1983, S. 227–229, Exkurs 2: Die sagenhaften Berichte der Pegauer Annalen).

9 Vgl. Ernst Steindorff, Jahrbücher des Deutschen Reichs unter Heinrich III., 1. Bd., Leipzig 1874, Nachdruck Darmstadt 1963. Über die Zusammenkunft in Merseburg S. 298 f.

zil hatte dem Herzog Miczlav von Masovien gegen Kasimir Hilfe geleistet,
als jener die Oberherrschaft Kasimirs nicht anerkennen wollte, war allerdings vom Polenherzog besiegt worden, und es scheint, als habe dieser wieder Ansprüche auf Pommern erhoben.[10]

Obwohl die Nachricht über Zemuzil, was die Einordnung in die politischen Zusammenhänge betrifft, auch einigermaßen deutlich ist: die entscheidenden Fragen, ob er Herrscher in Ost- oder Westpommern war und ob er
als Ahnherr eines oder beider Fürstengeschlechter in Anspruch genommen
werden kann, ist durch sie nicht zu beantworten. Das Bündnis mit dem
Herzog von Masovien mag für die erste Möglichkeit sprechen, schließt aber
die andere nicht aus. Martin Wehrmann wundert sich darüber, daß Zemuzil
den älteren pommerschen Chronisten „ganz unbekannt geblieben ist", und
er fügt hinzu, ein Versuch, ihn in die Stammreihe der Greifen einzuordnen,
„geht ohne unsichere und unbeweisbare Vermutungen nicht an". Auch A-
dolf Hofmeister gelangte nach eingehender Prüfung zu dem Ergebnis, daß er
nicht mit Sicherheit mit anderen Pommernherzögen in Beziehung gesetzt
oder in Verbindung gebracht werden könne, hält ihn aber für historisch. Wir
können der Nachricht der Altaicher Annalen aber etwas anderes entnehmen.
Zemuzil dürfte kein bloßer Teilfürst gewesen sein, wie etwa der Wolf von
Pasewalk. Seine Gleichsetzung mit den Herzögen von Böhmen und Polen
deutet darauf hin, daß er nach Rang und Macht ihnen ebenbürtig war,
Pommern demnach eine diesen Ländern vergleichbare, politisch organisierte
Herrschaft darstellte.[11]

Zu Beginn des 12. Jahrhunderts begegnen uns in polnischen Quellen
mehrere Pommernfürsten, teils mit Namen, teils ohne einen solchen, deren
Verhältnis zueinander im Dunkeln bleibt, was auch durch die schlechte
Überlieferungslage der z. T. bruchstückhaften Texte, sieht man von der
Chronik des Gallus anonymus ab, bedingt ist. Adolf Hofmeister hat sich in
seinen Genealogischen Untersuchungen bemüht, dieses Dunkel zu erhellen,
ist aber zu keinem eindeutigen Ergebnis gelangt und stellte resignierend fest:
„Der Möglichkeiten sind da so viele, daß bei dem Fehlen jeglichen weiteren
Hinweises in den Quellen jede nähere Vermutung müßig ist."[12]

Was ist nun überliefert? Alle faßbaren Ereignisse und Personen hängen
mit dem Polenherzog Boleslaw III. zusammen, der von 1102 bis 1138 regierte. Er war bemüht, sich dem Einfluß des Reiches zu entziehen und seine
Herrschaft nach Pommern auszudehnen und alte Ansprüche wieder geltend

10 Annales Altahenses maiores, ed. alt. rec. Edm. L. B. ab Oefele, MG SS rer. Germ.,
1891, S. 41, dazu Steindorff wie Anm. 9.
11 Wehrmann, Genealogie (wie Anm. 6), S. 19; Hofmeister, Kampf um die Ostsee (wie
Anm. 8), S. 26 m. Arm. 36 auf S. 79; ders., Genealogische Untersuchungen (wie
Arm. 3), S. 9, 11, 12, 17, 19–21.
12 Hofmeister, Genealogische Untersuchungen, S. 20.

zu machen. Die Schwäche des Reiches mit der Auseinandersetzung zwischen Heinrich IV. und seinem Sohn Heinrich V. und die ungewisse Situation in Sachsen nach dem Tod des letzten Billungerherzogs 1106 kamen dem entgegen. Im Jahre 1105 unternahm Boleslaw einen Angriff auf Kolberg. Der hier befindliche „dux Pomoranus" sah sich veranlaßt zu fliehen, wie Gallus berichtet. Im folgenden Kapitel erfährt man, daß Suatobor, ein Verwandter (consanguineus) Boleslaws, aus einem „Geschlecht, das niemals den polnischen Herren die Treue hielt," in Pommern gestürzt und eingekerkert, dann aber auf Verlangen Boleslaws diesem ausgeliefert wurde. Ob Suatobor derselbe Herzog ist, der kurz zuvor aus Kolberg geflohen war, oder ein anderer, stehe dahin. Als Boleslaw im Winter 1107/08 erneut mit Heeresmacht vor Kolberg erscheint, hat sich ihm hier der oder ein „dux Pomeranorum", Suatobor oder ein anderer, unterworfen. Die Sache ist undurchsichtig; doch so viel bleibt festzuhalten: Kolberg war zu Beginn des 12. Jahrhunderts Sitz pommerscher Herzöge. Und wenn Suatobor nicht zu den Vorfahren der Greifen gehört, so vielleicht ein Pomoranus, der 1107 an die Stelle des nach 1105 vertriebenen Suatobor getreten ist.[13]

Zu 1111/12 ist dann ein weiterer Name überliefert, Suatopolk, ebenfalls ein Verwandter Herzog Boleslaws III. Dieser hatte ihn als polnischen Vasallen in Nakel eingesetzt. Als er jedoch die versprochene Treue nicht hielt, wurde er vom Polenherzog bekriegt, unterworfen und genötigt, seinen Sohn als Geisel zu stellen. Als der Kampf erneut aufflammte, übergaben die Pommern die umkämpfte Burg, „weil sie von ihrem Herrn (suo domino) Suatopolc keine Hilfe erwarteten". Suatopolc wird in diesen Zusammenhängen von Gallus nicht als „dux" bezeichnet, sondern nur als „ein gewisser Pommer". Die Krakauer Annalen berichten von wiederholten Kämpfen um Nakel, der Einnahme von Burgen und der Unterwerfung der Pommern. 1119 hat Boleslaw III. „duos Pomeranorum duces" bei Nakel besiegt. Wir

---

13 Galli Anonymi Cronicae, ed. K. Maleczynki, Mon. Pol. hist., n. s. 2, 1952, c. 28 u. 29; MG 539, S. 455 f. Vgl. Hofmeister, Genealogische Untersuchungen, S. 12 (m. Anm. 10) und S. 14 f. (m. Anm. 13–15). Wehrmann, Genealogie, S. 20 f. – Rudolf Benl, Die Gestaltung der Bodenrechtsverhältnisse in Pommern vom 12. bis zum 14. Jahrhundert (Mitteldeutsche Forschungen 93), Köln–Wien 1986, S. 118f. – Hermann Bollnow, Studien zur Geschichte der pommerschen Burgen und Städte im 12. und 13. Jahrhundert (Veröffentlichungen der Historischen Kommission für Pommern, Reihe V: Forschungen zur pommerschen Geschichte 7), Köln–Graz 1964, S. 97–102: Die älteste polnische Chronik. Die Feldzüge Boleslaws III. von Polen gegen Kolberg (1105/08). Zu Boleslaw III. Krzywousty (Schiefmund) vgl. S. Trawkowski, in: Lexikon des Mittelalters, 2. Bd., 2. Liefrg., 1981, Sp. 365–367. – Zur Frage, ob der genannte Kolberger Herzog Suatobor mit dem gleichfalls von Gallus genannten Suatopolk als identisch gelten kann und ob Suatobor der Ahnherr der dem Greifengeschlecht verwandten Swantiboriden gewesen ist, vgl. Hofmeister, Genealogische Untersuchungen, S. 13–21 und S. 22–34; Benl (s. o.), S. 118–121 und S. 141 f.

können sie nicht identifizieren. Nakel war offenbar auch ein pomoranischer Herrschaftsmittelpunkt, ähnlich wie Kolberg und Danzig. Oder nur das Zentrum einer Teilherrschaft?[14]

In den Krakauer Annalen findet sich noch eine andere interessante Notiz, nämlich zum Jahr 1122: „Zuetopolc dux Odrensis interfectus est." Man hat in diesem Zuetopolc den Suatopolk von Nakel erkennen zu können geglaubt, der dann als Herzog bezeugt wäre. Hofmeister meint, „es ist doch wohl derselbe".[15] Aber gerade Hofmeister weist sonst darauf hin, daß man auf bloße Namengleichheit oder gar -ähnlichkeit nicht bauen könne, um Personen zu identifizieren.[16] Ich möchte deshalb den Suatopolc von Nakel und den Oderherzog Zuetopolc voneinander trennen, zumal Nakel von der Oder doch einigermaßen entfernt ist. Eine Verbindung mit Kolberg wäre eher in Betracht zu ziehen. Auf diese Weise könnte auch eine Beziehung zu den Greifen geschlagen werden, die wahrscheinlich aus dem mittleren Teil Hinterpommerns ausgegangen sind.

Wahrscheinlich aber gehört der „dux Odrensis" in einen anderen Zusammenhang. Oskar Kossmann hat in einem Aufsatz „Das unbekannte Ostseeland Selencia und die Anfänge Pommerns" aus einer Notiz bei Gallus anonymus zu etwa 1115 ein selbständiges Herrschaftsgebilde im Odermündungsgebiet, um das Stettiner Haff herum, angenommen, welches bei Gallus als „Selencia" bezeichnet worden sei. Jumne-Vineta-Wollin, die große Handelsmetropole und heidnischer Kultplatz, Usedom, Wolgast, Stettin und ein Gebietsstreifen links oder rechts des Stromes, vielleicht auch Pyritz, hätten dazu gehört. Ohne hier auf die Konstruktionen von Kossmann weiter einzugehen oder ihnen beizutreten, erscheint mir die Annahme eines solchen herrschaftlichen Gebildes an der unteren Oder und in ihrem Mündungsgebiet zutreffend. Hermann Bollnow hatte auf Grund der Otto-Viten schon ähnliche Gedanken ansatzweise geäußert.[17] Kossmann verbindet die Angabe der Krakauer Annalen mit einer Nachricht des Annalista Saxo, daß

---

14 Gallus Anonym. III, 26 (wie Arm. 13); MG SS 9, S. 477. Vgl. Hofmeister, Genealogische Untersuchungen, und Benl (wie Anm. 13). – Annales Cracovienses vetusti, MG SS 19, S 578 „1119 Bolezlaus idem duos Pomeranorum duces bello convicit, unum ligavit". Die Annales Cracovienses priores, Mon. Pol. hist., n. s. 5, 1978, S. 55 f. berichten zu 1119: „Item Bolezlaus Pomeranos duces bello devicit et utramque possedit terram", und zu 1113: „Bolezlaus IIIus Nakel et alia castra obtinuit".

15 Ann. Cracov. vet., MG SS 19, S. 578; Mon. Pol. hist. II, S. 774, dazu Hofmeister, Genealogische Untersuchungen, S. 12 f. Er schließt es sogar nicht aus, daß Suatopolk/Zuetopolc der Vater der ersten Greifen Wartislaw I. und Ratibor I. gewesen sein könnte (S. 14 m. Anm. 13). Wegener (S. Anm. 6) ist ihm hierin gefolgt (mit Fragezeichen).

16 Hofmeister, Genealogische Untersuchungen, S. 10.

17 O. Kossmann, in: Zeitschrift für Ostforschung 20, 1971, S. 641–684. Zu Kossmann s. Benl. (wie Anm. 13) S. 118 f. – Bollnow (wie Arm. 13) S. 102–106.

Herzog Lothar von Sachsen 1121 in das Slawenland eines Zuentubald einge-
fallen sei, die Burg Kessin erobert und nach Entgegennahme von Geiseln
und Geld das Land wieder verlassen habe, und er möchte diesen Zuentubald
mit dem Oderherzog Zuetopolc identifizieren. Das aber ist eine bloße Vermutung. Schon Wehrmann hatte Zweifel darüber geäußert, „ob der Slawen-
fürst Zwentubald ... ein pommerscher Fürst war". Aber auch die Annahme,
es handle sich um den ältesten Sohn des Obodritenkönigs Heinrich, ist nicht
zu erweisen.[18]

Die nach Osten gerichtete Politik des Sachsenherzogs Lothar von Süpplingenburg hat dann ebenso wie die nach Westen gerichtete des Polenherzogs Boleslaw III. Krzywousty (Schiefmund) bewirkt, daß eine eigenständige
Oderherrschaft, Kossmanns Selencia, keinen Bestand hatte. Die Nachricht
der Krakauer Annalen zu 1122 „Zuetopolc dux Odrensis interfectus est"
darf nach Kossmann „als Schlagzeile, als Symbol des Unterganges jenes
Odermündungsgebietes stehen"[19], der dann in den sich verselbständigen
pommerschen Herzogsstaat Wartislaws I. integriert worden ist.

Wir sind mit unserer Betrachtung an den Ausgangspunkt, zu Wartislaw I. aus dem Greifengeschlecht, zurückgekehrt. Was vor ihm liegt, ist von
der historiographischen Überlieferung her bruchstückhaft und bleibt in einem zwielichtigen Halbdunkel. Punktartig beleuchtet werden einzelne Personen und Situationen. Zugleich aber werden die Lücken unseres Wissens
sichtbar. Deutlich wird aber auch, daß sich historiographische Spuren der
pommerschen Geschichte mehr als tausend Jahre zurückverfolgen lassen.

Einen klaren Leitfaden geben dann erst die Nachrichten über die Herzöge
des Greifengeschlechts. Genaue Schilderungen über die Verhältnisse im
Lande setzen erst mit den Otto-Viten ein. Im 14. Jahrhundert werden dann
Ansätze eines eigenen Geschichtsbewußtseins faßbar. Eine durchgehende
Darstellung des Landesgeschichte, wie wir sie für Mecklenburg in der
1378/79 entstandenen Reimchronik des Ernst von Kirchberg besitzen, die
aus Anlaß des 1000-Jahr-Jubiläums in einer lesbaren Ausgabe herauskommen wird, hat Pommern erst mit der ‚Pomerania' Bugenhagens und dann
mit den Chronikfassungen Thomas Kantzows im 16. Jahrhundert erhalten.

---

18 Annalista Saxo, MG SS 6, S. 756, dazu Kossmann S. 677 f. – Wehrmann, Geschichte
   von Pommern (wie Anm. 2), Bd. 1, S. 57. Über eine mögliche Identifizierung mit dem
   Sohn des Obodritenkönigs Heinrich (so schon Waitz in MG SS 6, S. 756) vgl. Manfred Hamann, Mecklenburgische Geschichte (wie Anm. 1), S. 65. Ablehnend hierzu
   Wolfgang Petke, Regesten Lothars III. (J. F. Böhmer, Regesta Imperii), 1994, Nr. 68,
   S. 37 f.
19 Kossmann S. 677. Vgl. Jürgen Petersohn, Pommerns staatsrechtliches Verhältnis
   (s. Anm. 2), S. 102–104.

Und in ihnen ist manches, gerade was die Frühzeit betrifft, fabelhaft und ungenau.[20]

Sicheren Boden bieten uns freilich die Urkunden. Die erste an einem pommerschen Ort und von einem einheimischen Aussteller erteilte Urkunde datiert vom 8. Juni 1159, gegeben zu Usedom. Bischof Adalbert, „Pomeranorum primus episcopus", wie er sich nennt, bestätigt, „in castro Uznam" dem Prämonstratenserstift Grobe bei Usedom, die diesem von Herzog Ratibor I., dem Bruder Wartislaws, und seiner Gemahlin verliehenen Besitzungen und Einkünfte.[21]

Einen weiteren Blick in die Frühzeit Pommerns vermittelt uns die Archäologie: Was sie beizutragen und auszusagen vermag, haben Ausgrabungen in Wollin, Menzlin, Ralswiek, um Beispiele zu nennen, deutlich gemacht. Die Historische Kommission hat vor vier Jahren ein neues interdisziplinäres Forschungsprojekt initiiert: „Usedom im frühpommerschen Herzogsstaat". Im Zusammenwirken der Archäologie und der auf schriftliche Zeugnisse gegründeten Geschichtswissenschaft soll die Bedeutung des Platzes als Handelszentrum, Herzogsresidenz, Ort des Glaubenswechsels, Bischofssitz und Klosterstätte erforscht werden. Im Vordergrund steht derzeit die Lokalisierung des nach Stolpe an der Peene ältesten pommerschen Klosters, des Prämonstratenserstifts Grobe. Erste Ergebnisse sind erzielt und können bereits in Form eines Berichtsbandes vorgelegt werden.[22]

---

20 Zu den Anfängen eines eigenen Geschichtsbewußtseins vgl. die noch ungedruckte Marburger Magisterarbeit von Michaela Scheibe, Neustammbildung und Geschichtsbewußtsein in Pommern im Spiegel des ‚Protocollum' des Augustinus von Stargard. – Inzwischen erschienen: Mecklenburgische Reimchronik des Ernst von Kirchberg, hrsg. von Christa Cordshagen und Roderich Schmidt, Köln–Weimar–Wien 1997. Vgl. auch Roderich Schmidt, Zur mecklenburgischen Reimchronik des Ernst von Kirchberg, in: Gedenkschrift für Reinhold Olesch, hrsg. von Hans Rothe, Roderich Schmidt und Dieter Stellmacher (Mitteldeutsche Forschungen, Bd. 100), Köln–Wien 1990, S. 71–101, und Michaela Scheibe, Dynastisch orientiertes Geschichtsbild und genealogische Fiktion in der Mecklenburgischen Reimchronik des Ernst von Kirchberg, in: Schriftlichkeit und Landesgeschichte. Studien zum südlichen Ostseeraum vom 12. bis zum 16. Jahrhundert, hrsg. von Matthias Thumser (Mitteldeutsche Forschungen, Bd. 115), Köln–Weimar–Wien 1997, S. 23–61. – Johannes Bugenhagens ‚Pomerania', hrsg. von Otto Heinemann, Nachdruck besorgt von Roderich Schmidt (Mitteldeutsche Forschungen, Sonderreihe: Quellen und Darstellungen in Nachdrucken, Bd. 7), Köln–Wien 1986. – Zu den Otto-Viten: Jürgen Petersohn, Probleme der Otto-Viten und ihrer Interpretation, in: Deutsches Archiv für Erforschung des Mittelalters 27, 1971, S. 314–372, sowie ders. ebd. S. 175–194 (Bemerkungen zur Prüfeninger Vita und zu Ebo), ebd. 33, 1977, S. 546–559 (zu Herbords Dialog). –

21 Pommersches Urkundenbuch, I. Bd. (s. Anm. 3), Nr. 48, S. 51–53. Das Ausstellungsdatum der nicht im Original überlieferten Urkunde Bischof Adalberts für das Kloster Stolpe (Actum 1153 Mai 3) ist ungesichert (1155–1164), PUB 1, Nr. 43, S. 47 f.

22 Über das Kommissionsvorhaben „Usedom" vgl. den Kommissionsbericht, in: Baltische Studien, N. F. 80, 1994, S. 139–140. An Veröffentlichungen sind inzwischen er-

Die vorstehenden Ausführungen verstehen sich als Einleitung zu der Tagung „Tausend Jahre pommersche Geschichte", die die Historische Kommission für Pommern in Verbindung mit der Ernst-Moritz-Arndt-Universität in Greifswald aus Anlaß des Mecklenburgischen Landesjubiläums veranstaltet. Der Vortrag möchte begründen, daß auch die Geschichte Pommerns und damit die des mit Mecklenburg verbundenen vorpommerschen Landesteils von vergleichbarem Alter wie die Geschichte Mecklenburgs ist, ohne daß sie auf ein bestimmtes Stichjahr festgelegt werden kann.[23] Die Vorträge, die auf der Tagung gehalten werden, wollen in chronologischer Abfolge von der Frühzeit bis zur Gegenwart einen Überblick über ausgewählte Ereignisfelder der pommerschen Geschichte aus verschiedenen Forschungsbereichen vermitteln und zugleich einen Einblick in die Arbeit der Historischen Kommission für Pommern gewähren.[24]

---

schienen: Die Insel Usedom in slawisch-frühdeutscher Zeit, hrsg. von Günter Mangelsdorf (Greifswalder Mitteilungen. Beiträge zur Ur- und Frühgeschichte und Mittelalterarchäologie, Bd. 1, 1995). Darin u. a.: Jürgen Petersohn, Grobe-Marienberg-Usedom. Die Aussagen der Urkunden zur Entwicklung und Topographie des Usedomer Prämonstratenserstifts im 12. und 13. Jahrhundert (S. 137–149), Winfried Schich, Usedom-Grobe und Brandenburg-Parduin (S. 151–161), Arthur Behn, Schwarzer See, Alter Graben und Bischofsgraben. Zur Lage von Gewässern im Umkreis von Usedom (S. 187–202), Gerald Peschel, Einsatz naturwissenschaftlicher Prospektionsmethoden zur Auffindung des Prämonstratenserstifts Grobe im Bereich des „Priesterkamp" südlich von Usedom (S. 203–225). Ders., Detailprospektion zur Aufsuchung des Prämonstratenserstifts Grobe im Bereich des Priesterkamps südlich von Usedom, in: Greifswalder Mitteilungen, Bd 2, 1997, S. 243–272. – Arthur Behn, Zur Lage des Olden Klosters bei Usedom, in: Baltische Studien, N. F. 83, 1997, S. 7–16. – Jürgen Petersohn, Anfänge und Frühzeit der Greifenmemoria, in: Festschrift „Land am Meer". Pommern im Spiegel seiner Geschichte (s. Anm. 3), S. 85–110, über Grobe S. 92–98.

23 Der Vortrag über die Anfänge der pommerschen Geschichte stellt die überlieferten Zeugnisse zusammen. Hinzugefügt sind Literaturhinweise für eine eingehendere Beschäftigung mit den angesprochenen Fragen. Eine Auseinandersetzung mit der weit gestreuten Literatur und den in ihr enthaltenen genealogischen Zusammenhängen und Vermutungen ist an dieser Stelle nicht beabsichtigt.

24 Roderich Schmidt, Pommersche Landesgeschichte und die Historische Kommission für Pommern, in: Landesgeschichte in Deutschland, hrsg. von Werner Buchholz, Paderborn 1998, S. 75–92. Vgl. auch R. Schmidt, Achtzig Jahre Historische Kommission für Pommern 1910–1990. Verzeichnis ihrer Veröffentlichungen, 1990. Veröffentlichungen 1987 bis 1994, in: Baltische Studien, N. F. 80, 1994, S. 142. Jahresbericht der Kommission 1995 über laufende Arbeitsvorhaben und 1995 erschienene Veröffentlichungen, in: ebd., N. F. 82, 1996, S. 188–191.

Slawische Stämme, Burgen und Kultstätten in Mecklenburg und Pommern

Seit dem ausgehenden 6. Jahrhundert drangen westslawische Volksstämme schubweise, von Osten bzw. Südosten kommend, nach Pommern und Mecklenburg bis ins östliche Holstein ein und vermischten sich mit verbliebenen Resten germanischer Bevölkerung. Im 8. Jahrhundert treten die als Wenden bezeichneten Slawen in das Blickfeld der fränkischen Politik und der historiographischen Überlieferung. Dabei werden verschiedene Stämme genannt. 789 unternahm der Frankenkönig Karl der Große mit fränkischen und sächsischen Truppen und unterstützt von den slawischen Obodriten einen Feldzug gegen die slawischen Wilzen, der ihn bis ins Gebiet von Peene und Havel führte und der mit der Einnahme der Burg des Wilzenfürsten Dragowit (Demmin oder Havelberg) endete. Nach der Eroberung Sachsens durch die Franken griffen deren Könige wiederholt in die Verhältnisse östlich der Elbe ein. Dabei kam es immer wieder zu Kämpfen mit den Obodriten und besonders mit den Wilzen, aber auch zwischen diesen. Einen Überblick über die Völkerschaften östlich des Frankenreichs vermittelt der sogenannte Bayerische Geograph, eine wohl am fränkischen Königshof für die Slawenpolitik bestimmte, bald nach 844 entstandene Völkertafel. Die Aufzeichnung beginnt mit den Obodriten, es folgen die Wilzen, sie mit vier „Regionen", danach werden die Linonen, die Bethenici, die Smeldinger, die Mürizaner und die Hehfeldi genannt, dann die Sorben usw.. Jedem der Stämme werden „civitates", d. h. Burgbezirke, zugeordnet, den Obodriten 53, den Wilzen 95; den Linonen 7, den folgenden 19 und, zum Vergleich, den Sorben 50. Im 9./10. Jahrhundert überzog ein nahezu flächendeckendes Netz von Burgen das ganze Slawenland. Reste von mehr als 160 solcher Burgwälle haben sich erhalten; nach anderen Angaben beläuft sich ihre Zahl für Mecklenburg-Vorpommern auf über 400. Ausgrabungen, wie sie besonders in den letzten fünfzig Jahren vorgenommen worden sind, haben eine genaue Kenntnis von Größe, Konstruktion, Beschaffenheit und Raumsituation dieser Wehranlagen vermittelt. Einige Burgwälle sind von der archäologischen Forschung zur Namensgebung für bestimmte Keramiktypen und deren Chronologie verwendet worden (z. B. Feldberg, Menkendorf, Fresendorf). Neben kleineren Adelsburgen gab es größere Stammesburgen, die den Fürsten der Stammesverbände und ihrer Teilstämme als Herrschafts- und Verwaltungssitz dienten. Sie vermitteln uns einen Einblick in die Herrschaftsstruktur des Landes. Bei vielen Burgen bildeten sich Handwerkersiedlungen (Suburbien). Funde gewähren Einblick in die Lebensweise. Es bestanden aber auch größere Zentren für den Fernhandel. Als ältester Ort ist

Rerik (808) bezeugt, dessen Lage unsicher war, jetzt aber bei Groß-Strömkendorf bei Wismar lokalisiert wird. An weiteren Handelszentren sind Menzlin an der unteren Peene, Ralswiek auf Rügen, Usedom und vor allem Jumne, das Vineta der Sage, das spätere Wollin, zu nennen, weiter im Osten der Salzort Kolberg.

Eine frühe Nachricht über den Raum an der südlichen Ostseeküste findet sich in dem Reisebericht des arabischen Kaufmanns Ibrâhîm ibn Jâ'qûb, der sich 965 oder 973 am Hofe Kaiser Ottos des Großen aufgehalten hat. Er erzählt: „Die Slawenländer erstrecken sich vom Syrischen Meer bis zum Okeanos nach Norden. ... Sie bilden viele verschiedene Stämme. ... Zur Zeit haben sie vier Könige", darunter „Mescheqqo, den König des Nordens", d. i. der Polenherzog Mieszko l., und „Nâkûn im äußersten Westen", d. i. der Obodritenfürst Nakon, der sich 955 nach der Schlacht an der „Raxa" (Recknitz) Otto dem Großen unterworfen hatte und das obodritische Herrschergeschlecht der Nakoniden begründete. Das Land des Nakon, so berichtet Ibrâhîm, grenzt im Westen an Sachsen und einen Teil der „Mermân" (Dänen). „Die Burg (des Nakon) wird Grad genannt, d. h. Große Burg, und südlich von Grad befindet sich eine Burg, die in einem Süßwassersee erbaut ist." Es dürfte keinem Zweifel unterliegen, daß hier die Mikilenburg/Mecklenburg und die Burg im Schweriner See gemeint sind. Westlich vom Land des Mescheqqo „lebt ein slawischer Stamm, der das Volk Ûbâba genannt wird. Er wohnt in sumpfigen Gegenden. ... Sie haben eine große Stadt am Weltmeer, die 12 Tore und einen Hafen hat. ... Sie bekriegen den Mescheqqo, (und) sie haben keinen König ..., sondern die Machthaber unter ihnen sind ihre Ältesten." In der Literatur herrscht die Meinung vor, daß es sich bei den Ûbâba um die Bewohner von Wollin handelt.

Hundert Jahre später gibt der Bremer Domscholaster Adam in seiner „Bischofsgeschichte der Hamburger Kirche" (1076/80) den ersten genauen Überblick über die Stämme der zur „Germania" gerechneten „Sclavania" (II, 21 u. 22): „Die Zahl der Slawenstämme ist beträchtlich. Von Westen her kommen zunächst die den nordelbischen Sachsen benachbarten Wagrier (Waigri); ihr Vorort (civitas) ist die seenahe Oldenburg (Aldinburg). Dann folgen die Obodriten, die heute auch Rereger (Reregi) heißen; ihr Vorort ist die Mecklenburg (Magnopolis). Weiter sitzen auf uns zu die Polaben (Polabingi); ihr Vorort ist die Ratzeburg (Razispurg). Hinter ihnen siedeln die Linonen (Lingones) und die Warnaben (Warnabi). Dann kommen die Kessiner (Chizzini) und die Circipaner (Circipani), die von den Tollensern (Thalosanti) und den Redariern (Retheri) durch den Peenefluß und die Burg Demmin (Dimine) geschieden sind." Ein Zusatz erläutert: „Kessiner und Circipaner wohnen diesseits der Peene, Tollenser und Redarier jenseits der Peene. Diese vier Völker heißen nach ihrer Tapferkeit Wilzen (Wilzi) oder Lutizen (Leutici)." Adam fährt dann fort: „Zwischen Elbe und Oder gibt es noch mehr Slawenstämme, zum Beispiel die Heveller (Heveldi) an der Havel, die Dossaner (Doxani), Lebuser (Leubuzzi), Wilinen (Wilini), Stoderanen (Stoderani) und viele andere. In deren Mitte sind die mächtigsten von allen die Redarier (Retharii); ihr weit berühmter Vorort ist Rethra (Rethre), der Sitz des Götzendienstes." Adam erwähnt auch die Ranen (Runi), „die in der Peenemündung wohnen." „Zu den Lutizen im weiteren Sinne müssen wir auch die Ranen, die Wolliner, die Ukrer und alle Völkerschaften des Havelgebietes rechnen." (Brüske, Lutizenbund, S. 5) Von der Oder sagt Adam, daß sie „mitten durch die Wendenvölker fließt, bevor sie Jumne erreicht, wo sie Pomeranen (Pomerani) und Wilzen (Wilzi) scheidet. „Jenseits der Oder", so wird in einem Zusatz mitgeteilt, „wohnen zunächst die Pomeranen, danach die Polen (Polani)." Eine genaue Abgrenzung zwischen einzelnen Völkerschaften ist meist nicht möglich; insbesondere bei den Kleinstämmen ist oft nicht anzugeben, ob sie zum Stammesverband der Obodriten oder dem der Lutizen zu rechnen sind. Im Grenzbereich sind sie häufig hin- und hergewechselt (Brüske, ebd.) Im Anschluß an seinen Überblick über die Wendenvölker behandelt Adam von Bremen das Kultzentrum Rethra und das Handelszentrun Jumne/Wollin. Dieses, an der Mündung der Oder gelegen, bietet „für Barbaren und Griechen in weitem Umkreise einen viel besuchten Treffpunkt. … Es ist wirklich die größte von allen Städten, die Europa umfaßt; in ihr wohnen Slawen und andere Stämme." Sie „ist angefüllt mit Waren aller Völker des Nordens." Die Bewohner sind allerdings „noch in heidnischem Irrglauben befangen; abgesehen davon wird man allerdings kaum ein Volk finden können, das in Lebensart und Gastfreiheit ehrenhafter und freundlicher ist." Ihren Namen gibt Adam nicht an; Widukind von Corvey nennt sie in seiner „Sachsengeschichte" (967/68) „Vuloini" (III, 69); man bringt dies mit den „Velunzani" des Bayerischen Geographen in Zusammenhang (W. Fritze, Lex .MA). Wie Adam von Bremen behandelt auch Helmold von Bosau (gest. nach 1177) in seiner „Slawenchronik" (Kap. 2) die slawischen Stämme, jedoch in gegenüber Adam umgekehrter geographischer Reihenfolge: „Wo Polen endet, gelangt man zu den sehr ausgedehnten Landen der Wenden genannten Slawen. Als erste kommen die Pomerani, deren Gebiet sich bis zur Oder erstreckt." „Der Oderfluß verläuft nordwärts mitten durch die Stämme der Wenden, indem er die Pomeranen von den Wilzen scheidet. An seiner Mündung in das Baltische Meer lag einst die sehr angesehene civitas Jumneta", Adams Jumne, das er im Anschluß an diesen schildert. Es wohnen, so fährt Helmold fort, „auch noch andere Slawenstämme in langem Bogen nach Süden zu zwischen Oder und Elbe", die er wie Adam aufführt. „Hinter dem ruhigen Laufe der Oder und den verschiedenen Stämmen der Pomeranen", die er leider nicht benennt, zählt er die vier Teilstämme der Lutizen auf, danach die Linonen (Linguonen) und die Warnaben (Warnavi), es folgen die Obodriten (mit der Mecklenburg),

die Polaben (mit Ratzeburg), die Wagrier (mit Oldenburg). „Es gibt auch
Inseln im Baltischen Meer, die von Slawen bewohnt werden. ... Die größte,
gegenüber den Wilzen, bewohnen die Ranen oder Rugiani, ein sehr tapferer
Volksstamm, der als einziger einen König hat. Ohne ihren Spruch darf in
gemeinsamen Sachen nicht gehandelt werden, so sehr fürchtet man sie wegen ihrer Vertrautheit mit den Göttern oder besser Götzen, die sie mehr als
die anderen verehren."

Eingeschoben ist bei Adam wie bei Helmold eine knappe Charakterisierung des redarischen Heiligtums Rethra, des Sitzes der Abgötterei. „Ein
großer Tempel ist dort den Götzen errichtet, deren oberster Redegast ist.
Sein Bild ist aus Gold gefertigt, sein Lager von Purpur. Die (Tempel)burg
hat neun Tore und ist ringsum von einem tiefen See umgeben. Ein Knüppel-
damm gewährt Zugang, aber er darf nur von Leuten betreten werden, die
opfern oder Orakelsprüche einholen wollen."

Älter und eingehender ist die Schilderung Rethras in der Chronik (1018)
des Bischofs Thietmar von Merseburg (VI, 23. 24), die uns eine Vorstellung
vom Tempelkult bei den Nordwestslawen und von der Verfassung bei den
Lutizen vermittelt:

„Im Redariergau liegt die dreieckige und dreitorige Burg Riedegost, rings
umgeben von einem großen, für die Einwohner unverletzlich heiligen Walde.
Zwei ihrer Tore sind dem Zutritt aller geöffnet. Das dritte und kleinste Ost-
tor mündet in einen Pfad, der zu einem nahe gelegenen, sehr düsteren See
führt.

In der Burg befindet sich nur ein kunstfertig errichtetes, hölzernes Heiligtum, das auf einem Fundament aus Hörnern verschiedenartiger Tiere
steht. Außen schmücken seine Wände, soviel man sehen kann, verschiedene,
prächtig geschnitzte Bilder von Göttern und Göttinnen. Innen aber stehen
von Menschenhänden gemachte Götter, jeder mit eingeschnitztem Namen;
furchterregend sind sie mit Helmen und Panzern bekleidet; der höchste
heißt Swarozyc, und alle Heiden achten und verehren ihn besonders. Auch
dürfen ihre Feldzeichen nur im Falle eines Krieges, und zwar durch Krieger
zu Fuß, von dort weggenommen werden. Für die sorgfältige Wartung dieses
Heiligtums haben die Eingeborenen besondere Priester eingesetzt. Wenn
man sich dort zum Opfer für die Götzen oder zur Sühnung ihres Zorns versammelt, dürfen sie sitzen, während alle anderen stehen; geheimnisvoll
murmeln sie zusammen, währen sie zitternd die Erde aufgraben, um dort
durch Loswurf Gewißheit über fraglich Dinge zu erlangen. Dann bedecken
sie die Lose mit grünem Rasen, stecken zwei Lanzenspitzen kreuzweise in
die Erde und führen in demütiger Ergebenheit ein Roß darüber, das als das
größte unter allen von ihnen für heilig gehalten wird; haben sie zunächst
durch Loswurf Antwort erhalten, weissagen sie durch das gleichsam göttliche Tier nochmals. Ergibt sich beidemale das gleiche Vorzeichen, dann setzt

man es in die Tat um. Andernfalls läßt das Volk niedergeschlagen davon ab. Auch bezeugt eine alte, schon mehrfach als falsch erwiesene Kunde, aus dem See steige ein großer Eber mit weißen, von Schaum glänzenden Hauern empor, wälze sich voller Freude schrecklich im Morast und zeige sich vielen, wenn schwere grausame und langwierige innere Kriege bevorstehen. Jeder Gau dieses Landes hat seinen Tempel und sein besonderes, von den Ungläubigen verehrtes Götzenbild; doch genießt jene Burg einen besonderen Vorrang. Von ihr nehmen sie Abschied, wenn sie in den Krieg ziehen; sie wird geehrt mit gebührenden Geschenken bei der glücklichen Heimkehr; und sorgfältig erforscht man durch die Lose und das Roß, was die Priester den Göttern als genehmes Opfer darbringen müssen. Ihr unsagbarer Zorn wird durch Menschen- und Tierblut besänftigt."

Bis heute ist die genaue Lage Rethras nicht gesichert; am meisten spricht dafür, es im südlichen Bereich des Tollensees zu suchen. 1066 ist von hier der große Aufstand ausgegangen, der das ganze Slawenland östlich der Elbe erfaßte. Als Reaktion darauf wurde Rethra auf einem Kriegszug gegen die Lutizen unter Führung des Bischofs Burchard von Halberstadt 1067/68 zerstört und das heilige Roß nach Sachsen verbracht.

Als zentraler heidnischer Kultort zwischen Elbe und Oder trat nun die Tempelburg der Ranen in Arkona auf der Nordspitze der Insel Rügen hervor. Über sie berichtet Helmold, daß „Swantevit, der Gott des Landes der Rugier, über allen Gottheiten der Slawen den Vorrang erlangt hat, da man ihm glänzendere Siege und wirksamere Orakelsprüche zuschreibt." (Kap. 108) „Wegen des besonderen Dienstes an diesem Tempel behaupten die Ranen den ersten Rang, und während sie selbst vielen das Joch auflegen, dulden sie für sich keines. ... Die Stämme, welche sie mit Waffengewalt unterworfen haben, machen sie ihrem Heiligtum zinsbar. Der Oberpriester genießt bei ihnen größere Verehrung als der König. Wohin das Los weist, senden sie ihr Heer. Siegen sie, bringen sie Geld und Silber in den Schatz ihres Gottes ein und teilen das übrige untereinander." (Kap. 36) „Noch zu unserer Zeit", so schreibt Helmold, „schickten nicht nur das Land Wagrien, sondern alle Länder der Slawen dorthin jährliche Tribute und bezeichneten den Swantevit als Gott der Götter" (Kap. 108).

Eine Beschreibung der Burg Arkona und des Swantevit-Tempels liefert der dänische Geschichtsschreiber Saxo Grammaticus (gest. um 1208): Mitten in der Burg ist eine ebene Fläche, auf der ein hölzerner Tempel zu sehen war, verehrungswürdig nicht nur durch seine Pracht, sondern auch durch das in ihm aufgestellte Bildwerk. Dem, der eintreten wollte, stand nur ein einziger Eingang frei; das Heiligtum selbst umschloß eine doppelte Einzäunung. Die äußere, aus Wänden zusammengefügt, war mit einem roten Dach bedeckt. Auf einem Turm wehte das Banner des Gottes, daneben waren Zeichen und Adler angebracht. Der Tempel ruhte auf vier Pfosten, dazwischen waren Purpurvorhänge angebracht, und in diesem Allerheiligsten, das nur der Priester mit angehaltenem Atem betreten durfte, befand sich das mehrere Meter hohe vierköpfige Holzstandbild des Swantevit. In der Rechten hielt er ein Füllhorn, das mit Met gefüllt war; war es leer, bedeutete dies Mißwachs, war es noch voll, wurde es vom Priester ausgetrunken und neu gefüllt. An der linken Seite befand sich ein riesiges Schwert.

Wie in Rethra wurde auch in Arkona das Roßorakel befragt. Wenn das vom Priester geführte heilige Pferd, ein Schimmel, jedesmal mit dem rechten Fuß über ausgebreitete Speere vortrat, galt dies als ein günstiges Zeichen für das jeweilige Vorhaben, setzte es den linken Fuß vor, wurde dieses aufgegeben oder geändert. Auch mit Losen, drei weißen und drei schwarzen Stäbchen, wurde das Schicksal befragt. Hundert Jahre nach dem Untergang Rethras fand auch der Swantevitkult ein Ende. 1168 eroberten die Dänen unter König Waldemar I. und Bischof Absalom von Roskilde Rügen und zerstörten den Tempel Arkona und ebenso die Burg Garz. In ihr standen drei Tempel mit Standbildern der Götter Rugievit, Porevit und Porenut, die hier verehrt wurden.

Weitere Nachrichten über Götzenbilder und Tempel und den mit diesen verbundenen Kult sind in den Viten des Pommernapostels Bischof Otto von Bamberg (gest. 1139) enthalten. Berichtet wird von Tempeln in Gützkow und in Wolgast; hier wurde, wie auch in Havelberg, der Gott Gerovit verehrt, sowie in Julin (Wollin) und in Stettin. Im Tempel von Julin wurde eine heilige Lanze aufbewahrt, die mit Julius Cäsar, dem angeblichen Gründer der Stadt, in Zusammenhang gebracht wurde. In Stettin befanden sich mehrere Tempel, die „Kontinen" genannt wurden. Hier wurde der dreiköpfige Gott Triglaw verehrt, und es wurden ebenfalls Pferde- und Losorakel vorgenommen. Auch die Stettiner Tempel waren aus- und inwendig mit Skulpturen verziert, „Bilder von Menschen, Vögeln und Tieren, so naturgetreu, daß man sie für atmend und lebend hätte halten können". (Herbord II, 32) In den Kontinen wurden Schätze und kostbares Gerät, besonders Hörner, und erbeutete Waffen aufbewahrt. Neben dem Haupttempel waren in Stettin drei weitere Kontinen, in denen nur Bänke im Umkreis und Tische standen; sie dienten für Versammlungen und Zusammenkünfte. In Stettin gab es aber auch einen für heilig gehaltenen Nußbaum (Prüf. Vita III, 11) und eine Eiche, unter der eine Quelle floß, die als von einer Gottheit bewohnt galt und religiös verehrt wurde. (Herbord II, 32) Helmold hat dem Kult der Slawen in seiner Chronik ein eigenes Kapitel (52) gewidmet. Dort heißt es: „Außer Hainen und Hausgöttern, von denen Fluren und Ortschaften voll waren, wurden am meisten verehrt Prove, der Gott des Oldenburger Landes, Siwa, die Göttin der Polaben, und Radigast, der Gott im Lande der Obodriten" sowie Swantevit, der Gott im Lande der Rugier. Er beschreibt dann ihre Opfer (auch Menschenopfer) und kultischen Gastmähler. An anderer Stelle (Kap. 84) heißt es: „Sie haben vierlerlei Götzendienst. ... Die einen stellen phantastische Götzenbilder in Tempeln zur Schau, wie etwa das Plöner Idol namens Podaga, andere Götter wohnen in Wäldern und Hainen, wie der Gott Prove von Oldenburg, und werden nicht abgebildet. Viele stellen sie mit zwei, drei oder mehr Köpfen dar." Das Heiligtum des Prove bestand aus einem freien Hofraum, eingefaßt von einem Holzzaun, unter alten heiligen Eichen (ebd.). Der heilige Hain war offenbar die ältere Form des heiligen Bezirks, die Tempel eine spätere Entwicklung. Zweifellos gab es weit mehr Tempel und Kultstätten, als uns durch die schriftliche Überlieferung oder durch gelegentliche Erwähnung, wie die Zerstörung eines Heiligtums in Kolberg um 1000 (Thietmar VII, 72) oder eines solchen bei Malchow im Wendenkreuzzug von 1147, bekannt geworden ist. Weitere hat die archäologische Forschung ermittelt oder erschlossen und z. T. rekonstruiert.

Als bedeutendstes Beispiel ist die Tempelburg von Groß Raden am Sternberger See zu nennen. Die Anlage besteht aus einer Insel, auf der sich ein kreisrunder Burgwall befindet, und einer auf einer Halbinsel gelegenen Siedlung, beide durch eine längere Holzbrücke verbunden. Die Siedlung ist auf Grund der Keramikfunde in die zweite Hälfte des 9. Jahrhunderts zu datieren. Nach ihrer Zerstörung um 900 kam es im 10. Jahrhundert zur Anlage der Inselburg. Am Rande der Siedlung wurde eine 7 mal 11 Meter große einräumige Halle freigelegt. Die Wände bestanden aus senkrechten Bohlen mit kopfartig zugeschnittenen Enden. Das Dach ruhte auf Firstständern und war mit Holzschindeln gedeckt. Der Raum bot für etwa tausend Menschen Platz. Man nimmt an, daß er als Kult- und Versammlungsraum eines Teilstammes im Grenzgebiet von Obodriten und Lutizen zu gelten hat. Die in der Halle gefundenen Schädel und nicht zerschlagenen Skelette von Pferden weisen auch hier auf den Pferdekult hin. Es handelt sich nach Meinung der Archäologen um einen frühen Tempel, wie uns solche nur aus den späteren literarischen Quellen bezeugt sind. Dies ist nun „der erste sichere Tempelort der Nordwestslawen, der mit archäologischen Methoden gründlich untersucht wurde und der insgesamt gesehen ausgezeichnete Befunde geliefert hat, die nicht nur den kultischen Bereich betreffen, sondern das ganze dazugehörige gesellschaftliche Ensemble umfassen." (Schuldt, S. 216) Die bei den Ausgrabungen seit den fünfziger Jahren zutage geförderten zahlreichen Funde von Götterfiguren aus Holz und Metall, von Pferdebeschlägen und von Amuletten bereichern unser Bild von der religiösen Welt der slawischen Stämme aus der „Reifezeit des Staatsheidentums" im 11./12. Jahrhundert (Gieystor, S. 257) und der Begegnung mit dem Christentum seit dem 10. Jahrhundert.

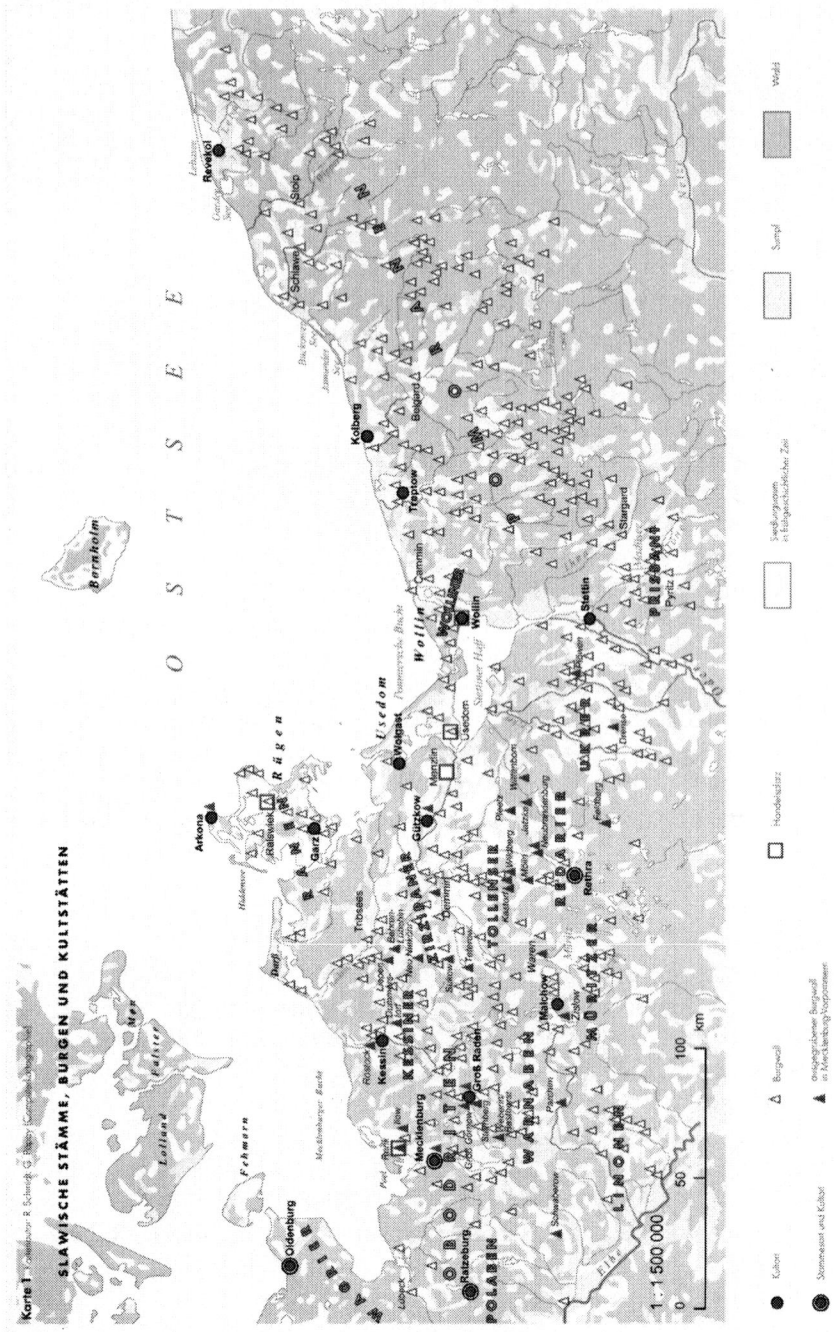

Jumne – Vineta – Wollin

Der Domscholaster Adam von Bremen bietet in seiner „Bf.sgesch. der Hamburger Kirche" (1075/80 [1]) auch eine Beschreibung von Ländern und Völkern im N Europas. Im Slawenland an der s. Ostseeküste, dort wo die Oder ins Meer fließt, liegt auf einer Insel die sehr berühmte *civitas Jumne*. Von ihr behauptet er, sie sei die größte aller Städte in Europa. Er schildert sie als einen Handelsplatz, an dem Slawen, Griechen und Barbaren wohnen und den auch Sachsen besuchen. Und er berichtet von ihm manch Fabelhaftes. Er bringt den Ort aber auch mit hist. Ereignissen in Verbindung: mit der Flucht des Dänenkg.s Harald Blauzahn (→ Haraldr blátönn) und seinem Tod (etwa 986/87) in der *civitas Sclavorum Jumne* (II,27.28) sowie mit dem Kriegszug Kg. Magnus des Guten von Norwegen gegen die Slawen im J. 1043 und der Belagerung der *civitas Jumne* (Scholion 56 zu II, 79).

Zu diesen Ereignissen gibt es eine Parallelüberlieferung in nord. Qu. Bei Saxo Grammaticus (um 1190 [2]) heißt der Ort, zu dem Harald Blauzahn floh, Julinum (X,8,3), in der Knýtlinga saga (um 1170 [3]) der von Kg. Magnus belagerte Ort Jomsborg (c. 22). Saxo und die Knýtlinga s. berichten auch über das Kriegsunternehmen Kg. Waldemars I. von Dänemark gegen die Ostseeslawen im J. 1170. Der Vorstoß richtete sich nach Saxo gegen Julin und Kammin, der Knýtlinga s. zufolge gegen Jomsborg und Steinborg. So wie das nord. Steinborg dem slaw. Kammin entspricht – ein anderes Beispiel ist Burstaborg = Stettin –, so das nord. Jomsborg dem slaw Julin. Julinum ist auch an anderen Stellen bei Saxo der Name für den Ort, der bei Adam Jumne heißt.

Man nimmt an, daß Adam diese singuläre Form einem dän. Gewährsmann verdankt, und hat gemeint, es sei eine Wiederlatinisierung des nord. Jomsborg.

Ganz eindeutig ist die Namensform Jumne indes in der Adam-Überlieferung nicht. In der ältesten Hs. (in der Ausg. Schmeidlers A 2, Ende des 11. Jh.s) lautet der Name *vimne* bzw. *uimne*, in der zweitältesten (A 1, von der Wende des 12. zum 13. Jh.) *uimne* oder *jumne* bzw. *iumne*. Die weiteren, jüng. Hs. bieten meist die Lesart *Jumne*. Im Druck von 1595 steht *Juminem* bzw. *Julinum*.

Um welchen Ort es sich handelt, das ergibt sich aus den Biogr. des Pommernapostels Bf. Otto von Bamberg. In der Prüfeninger Vita (1140/46), der Vita Ebos (1151/59) und dem Dialogus des Herbord (1159) ist an mehreren Stellen von den Aufenthalten Ottos in Julin 1124 und 1128 die Rede [4–7]. Diese *civitas* ist ganz ohne Zweifel die Stadt Wollin.

Hundert Jahre nach Adam verfaßte Helmold von Bosau seine Slawenchronik (1163/68 [8]). Da, wo er von Jumne handelt (I,2 und I,15), folgt er weitgehend wörtlich Adam von Bremen. Nur nennt er die *civitas* nicht J., sondern *Jumneta*. In der handschriftlichen Überlieferung kommen auch noch andere Namens- oder Schreibvar. vor, entstanden aus Verlesung ähnlicher Buchstabenformen. Es bestand offenbar eine Unsicherheit bezüglich des richtigen ONs. Die älteste Hs. (1, Ende des 13., Anfang des 14. Jh.s) bietet die Lesart *uineta*, vom Schreiber verbessert in *ium̄ta* = *iumenta* oder *iumneta*. Die Überschrift zu Helmolds c. 2 lautet in der Hs. 1 (und ebenso o. ä. in den anderen) *De civitate Vinneta*. Der von Helmold als Jumneta oder Vineta bezeichnete Ort ist aber nichts anderes als das Jumne Adams und das Julin der Otto-Viten und des Saxo Grammaticus, nämlich die *civitas* Wollin.

So ergibt sich, wie Hofmeister dies bereits 1931/32 begründet hat [14–16], daß die verschiedenen Autoren mit J. – Jomsborg – Julin – Jumneta – Vineta – Wollin ein und denselben Ort gemeint haben. Dieser Meinung hat sich auch der poln. Archäologe Filipowiak angeschlossen. Die 1934 begonnenen, von Kunkel/Wilde vorgenommenen Ausgr. in Wollin sind seit den 50er J. unter seiner Leitung erfolg- und ergebnisereich weitergeführt worden [11; 12; 17]. Vgl. weiter [9; 10; 13; 18; 19].

Qu.: (1) Magistri Adam Bremensis Gesta Hammaburgensis ecclesiae pontificum, hrsg. von B. Schmeidler, MGH SS rer. Germ., ³1917. (2) Saxonis Grammatici Gesta Danorum, hrsg. von J. Olrik, H. Raeder 1931–1957. (3) Knytlinga-Saga, übs. von W. Baetke, Die Gesch. von den Orkaden, Dänemark und der Jomsburg, Thule 19, 1924. (4) Die Prüfeninger Vita Bf. Ottos I. von Bamberg nach der Fassung des Großen Österr. Legendars, hrsg. von J. Petersohn, MGH SS rer. Germ, 1999. (5) Die Prüfeninger Vita des Bf.s Otto von Bamberg: zur 800 jährigen Gedenkfeier der Einf. des Christentums in Pommern, hrsg. von A. Hofmeister, 1924. (6) Ebo, Vita S. Ottonis episcopi Babenbergenis, hrsg. von J. Wikarjak, K. Liman, Monumenta Poloniae historica NS VII/2, 1969. (7) Herbordi dialogus de vita S. Ottonis Episcopi Babenbergensis, hrsg. von J. Wikarjak, K. Liman, Monumenta Poloniae historica NS VII/3, 1974. (8) Helmoldi Presbyteri Bozoviensis Cronica Slavorum, hrsg. von B. Schmeidler, MGH SS rer. Germ, ³1937.

Lit.: (9) H. Bollnow, Das „Vineta“-Problem im Lichte der Verkehrswiss., Monatsbll. der Ges. für pommersche Gesch. und Altkde 50, 1936, 33–46. (10) Ders., Stud. zur Gesch. der pommerschen Burgen und Städte im 12. und 13. Jh., 1964 (Wollin S. 8–91). (11) W Filipowiak, Wolin-Vineta. Ausgr. in einer versunkenen Stadt, 1986. (12) Ders., Wolin-Vineta. Die tatsächliche Legende vom Untergang und Aufstieg der Stadt, 1992. (13) Handb. der hist. Stätten Deutschlands, 12. Mecklenburg/Pommern, 1996 (Wollin 320–322). (14) A. Hofmeister, Die Vineta-Frage, Monatsbll. der Ges. für pommersche Gesch. und Altkde 46, 1932, 81–89. (15) Ders., „Vineta“, die quellenkritische Lösung eines vielberufenen Problems, Forsch. und Fortschritte 8, 1932, 341–343. (16) Ders., Der Kampf um die Ostsee vom 9. bis 12. Jh., ³1960, 21–25, 62–77. (17) O. Kunkel, K. A. Wilde, Jumne, ,Vineta‘, Jomsburg, Julin, Wollin. 5 J. Grabungen auf dem Boden der

Wikinger-zeitlichen Großsiedlung am Dievenowstrom, 1941. (18) C. Schuchhardt, Zur Vinetafrage, PZ 23, 1932, 145–151. (19) W. Vogel, Wo lag Vineta?,
Hansische Gescbichtsbll. 61, 1936, 181–201.

RETHRA
Das Heiligtum der Lutizen als Heiden-Metropole

In der grundlegenden Geschichte des Lutizenbundes[1] von Wolfgang Brüske findet sich über dessen zentrales Heiligtum der Satz: „Das Geheimnis um Rethra, den Mittelpunkt des Lutizenbundes, ist noch immer nicht gelöst. Wir vermögen nicht (einmal) mit Sicherheit zu sagen, wo Rethra gelegen hat"[2]. Sollen die jahrhundertelangen Bemühungen gelehrter Forschung und laienhafter Beschäftigung mit dem Rethra-Problem mit dieser Feststellung enden? Die weiterführenden neueren Arbeiten über die Verfassungsstruktur bei den Lutizen und benachbarten westslawischen Stämmen[3], ebenso die modernen Untersuchungen und Fragestellungen, die die Ideengeschichte zum Verständnis auch der politischen Geschichte beigebracht hat, fordern vielmehr zu einer erneuten Beschäftigung mit Rethra auf. Nachdem in jüngster Zeit auch die archäologische[4] und die namenkundliche[5] Forschung zu

---

1 Die folgenden Darlegungen bieten einen Extrakt aus langjähriger Beschäftigung mit dem Fragenkomplex Rethra. Sie waren in komprimierter Form Inhalt des Habilitationsvortrages „Das Wendenheiligtum Rethra. Seine Lage und seine Charakterisierung als Heiden-Metropole" vor der Philosophischen Fakultät der Philipps-Universität Marburg am 12. Februar 1970. Am 23. Juni 1970 wurde er in erweiterter Form auf einer gemeinsamen Veranstaltung des Münsterer Sonderforschungsbereichs „Mittelalter-Forschung" (Leitung: Prof. Dr. K. Hauck) und der Abteilung für Osteuropäische Geschichte des Historischen Seminars der Universität Münster (Leitung: Prof. Dr. M. Hellmann) vorgetragen. Der dritte Teil des Vortrags über die Lage Rethras auf Grund der urkundlichen Überlieferung ist hier aus Platzgründen weggelassen.

2 W. Brüske, Untersuchungen zur Geschichte des Lutizenbundes. Deutschwendische Beziehungen des 10.–12. Jahrhunderts (= Mitteldt. Forsch. 3, 1955) S. 212. Ähnlich M. Hamann, Mecklenburgische Geschichte. Von den Anfängen bis zur Landständischen Union von 1523. Auf der Grundlage von Hans Witte neu bearb. (= Mitteldt. Forsch. 51, 1968) S. 39.

3 Vgl. W. Fritze, Beobachtungen zu Entstehung und Wesen des Liutizenbundes (Jb. f. d. Gesch. Mittel- u. Ostdeutschlands 8, 1958, S. 1–38); ders., Probleme der abodritischen Stammes- und Reichsverfassung und ihrer Entwicklung vom Stammesstaat zum Herrschaftsstaat (Siedlung und Verfassung der Slawen zwischen Elbe, Saale und Oder, hg. v. H. Ludat, 1960, S. 141–219); M. Hellmann, Grundzüge der Verfassungsstruktur der Liutizen (Siedlung u. Verfassung der Slawen, S. 103–113). Für die vorangehende Zeit vgl. M. Hellmann, Karl und die slawische Welt zwischen Ostsee und Böhmerwald (Karl der Große. Lebenswerk und Nachleben, Bd. I: Persönlichkeit und Geschichte, hg. v. H. Beumann, 1965, S. 708–718). Vgl. auch K. Zernack, Die burgstädtischen Volksversammlungen bei den Ost- und Westslawen (= Gießener Abh. z. Argar- u. Wirtschaftsforsch. d. europ. Ostens 33 = Osteuropastudien d. Hochschulen d. Landes Hessen, Reihe I, 1967, S. 208 ff.).

4 Vgl. J. Herrmann, Siedlung, Wirtschaft und gesellschaftliche Verhältnisse der slawischen Stämme zwischen Oder/Neiße und Elbe. Studien auf der Grundlage archäolo-

diesem Komplex wieder in Gang gekommen ist, sollte man sich nicht mit einem ignoramus ignorabimus zufriedengeben.

Die Frage nach Rethra setzt bereits im 14. Jahrhundert ein und hat seit der Reformationszeit vornehmlich die mecklenburgische Landesgeschichtsforschung beschäftigt[6]. Die Bedeutung des Gegenstands reicht jedoch weit über das territorial- oder gar lokalgeschichtliche Interesse hinaus[7]. Man gewinnt die rechte Perspektive erst dann, wenn man sich einerseits des Zusammenhangs mit zentralen Forschungsthemen der gegenwärtigen Mediävistik — Bildung der Völker und Staaten Europas und Ausbreitung des Christentums – bewußt ist und andererseits verschiedene Fachbereiche historischer Forschung miteinander verbindet und sich ihrer besonderen Methoden bedient.

Als Otto I. vor einem Jahrtausend in Magdeburg, an der damaligen Ostgrenze des deutschen Reiches, ein Erzbistum als Missions-Metropole für die benachbarte Slawenwelt einrichtete[8], gehörten die als Elb- und Ostseeslawen bezeichneten Völkerschaften zu den „Missions-Objekten". Im 12. Jahrhundert stieß dann eine andere christliche Metropole, das Erzbistum Hamburg-Bremen, in den von diesen Stämmen bewohnten Raum vor[9]. Dadurch, daß das Christentum bei den Polen bereits im 10. Jahrhundert Fuß gefaßt hatte[10], waren jene in Bedrängnis von zwei Seiten geraten. Daß sie schließlich dem

gischen Materials (= Dt. Akad. d. Wiss. zu Berlin, Schriften d. Sektion f. Vor- u. Frühgesch. 23, 1968); Die Slawen in Deutschland. Geschichte und Kultur der slawischen Stämme westlich von Oder und Neiße vom 6. bis 12. Jahrhundert. Ein Handbuch. Hg. v. J. Herrmann (1970).

5 Vgl. T. Witkowski, Der Name der Redarier und ihres zentralen Heiligtums (Symbolae philologica in honorem Vitoldi Tascycki, 1968, S.405–415); G. Schlimpert u. T. Witkowski, Namenkundliches zum „Rethra"-Problem (Zs. f. Slawistik 14, 1969, S. 529–544).

6 Vgl. W. Heeß, Geschichtliche Bibliographie von Mecklenburg I (1944), Nr. 1966–2001. Vgl. auch die Lit.angaben bei P. Beckmann, Die Rethra-Sagen in Mecklenburg (Dt. Jb. f. Volkskde. 5, 1959, S. 44–73).

7 Neuere Lokalisierungsversuche wurden unternommen von E. Unger, Rethra, das Heiligtum der Wenden in Mecklenburg (Offa 11, 1952, S. 101–112); ders., Rethra, das heidnische Heiligtum in Wanzka (Das Carolinum, 25. Jg., Nr. 30, 1959, S. 3 ff.) und von W. Hannemann, Rethra und die Stierkopf-Brakteaten. Ein Beitrag zur Frühgeschichte und Münzkunde Mecklenburgs (= Schriftenreihe Nordost-Archiv, hg. v. E. Jäger, Heft 1, 1968).

8 Vgl. H. Beumann, Das Kaisertum Ottos des Großen. Ein Rückblick nach tausend Jahren (zuerst 1962, jetzt in: H. Beumann, Wissenschaft vom Mittelalter. Ausgewählte Aufsätze, 1972, S. 411–458).

9 Vgl. H. Beumann, Das päpstliche Schisma von 1130, Lothar III. und die Metropolitanrechte von Magdeburg und Hamburg-Bremen in Polen und Dänemark (jetzt in: H. Beumann, Wissenschaft vom Mittelalter, 1972, S. 479 bis 500).

10 Vgl. H. Ludat, An Elbe und Oder um das Jahr 1000. Skizzen zur Politik des Ottonenreiches und der slavischen Mächte in Mitteleuropa (1971).

deutschen Reich und der deutschen Kirche erlagen und in einem langandau-
ernden Prozeß im deutschen Volke aufgingen, hat verschiedene Gründe.
Dabei handelt es sich aber nicht nur um ein wichtiges Kapitel der deutschen
Geschichte, sondern um einen Vorgang, der für die Entwicklung in Mitteleuropa von weittragender und folgenreicher Bedeutung geworden ist.

Eine der Voraussetzungen dafür war wohl das Festhalten jener Stämme
an einer loseren, nicht zentralistisch orientierten politischen Ordnung. Der
Lutizenbund bedeutete zwar den Versuch eines Zusammenschlusses west-
slawischer Stämme zwischen Elbe und Oder mit dem Ziel, sich gegen die
feindlichen Nachbarn zu behaupten. Seine Geschichte macht aber gerade
seine Ohnmacht gegenüber den anders strukturierten politischen Gebilden
deutlich. Das für ihn Spezifische ist die Betonung der heidnisch-sakralen
Komponente[11]. Die Verbindung von kultischer und politischer Macht stellte
im damaligen Europa nichts Ungewöhnliches dar. Bei den Lutizen überwog
in jener Zeit dadurch, daß eine monarchische Spitze fehlte, die kultische Seite
und damit der Einfluß der Priester von Rethra. Dieses war in erster Linie
das Hauptheiligtum des Redarierstammes, da dieser aber eine Art Hegemo-
nie ausübte, zugleich das des ganzen Bundes.

Von einer Versammlung der Slawen in der *civitas Rethre* soll der große
Wendenaufstand im Jahre 983 seinen Ausgang genommen haben[12]. Hier
fand nach der Erhebung von 1066 die Siegesfeier statt, bei der das Haupt des
Bischofs Johannes von Mecklenburg, auf eine Lanze gesteckt, dem Gotte
Redigost geopfert wurde, *in metropoli Sclavorum,* wie Adam, der Geschichtsschreiber der Kirche von Hamburg-Bremen, sich ausdrückt[13]. Zwei
Jahre später brach dann das Unheil über Rethra herein. Bischof Burchard
von Halberstadt verwüstete das Lutizenland und führte das in Rethra verehrte heilige Roß als Siegesbeute nach Sachsen. Damals scheint das Heilig-

---

11 Vgl. H.-D. Kahl, Heidnisches Wendentum und christliche Stammesfürsten (Arch. f.
   Kulturgesch. 44, 1962, S. 72–119); demnächst die bisher ungedruckte Würzburger
   Habil.-Schrift von J. Petersohn, Sakralstruktur und Kultgeschichte des südlichen
   Ostseeraumes von den Anfängen der Slavenmission bis zum Abschluß der deutschen
   Kolonisation (10.–13. Jahrhundert) (1969/70).

12 Diese Nachricht wird allerdings erst von Helmold von Bosau cap. 16 überliefert, verdient aber Vertrauen: Helmolds Slavenchronik, 3. Aufl. bearb. v. B. Schmeidler
   (MG SS rer. Germ., 1937) S. 34; Helmold von Bosau, Slawenchronik. Neu übertragen
   u. erläutert v. H. Stoob (= Ausgewählte Quellen z. dt. Gesch. d. Mittelalters. Frhr.-
   v.-Stein-Gedächtnisausg. 19, 1963) S. 86/87.

13 Adam von Bremen, Hamburgische Kirchengeschichte III, 51, 3. Aufl. hg. v. B.
   Schmeidler (= MG SS rer. Germ., 1917) S. 193 f.: *Iohannes episcopus senex cum ceteris christianis in Magnopoli civitate captus servabatur ad triumphum. Ille ... deinde
   per singulas civitates Sclavorum ductus ad ludibrium ..., truncatis manibus ac pedibus
   in platea corpus eius proiectum est, caput vero eius desectum, quod pagani conto prefi-
   gentes in titulum victoriae deo suo Redigost immolarunt. Haec in metropoli Sclavorum
   Rethre gesta sunt IIII° idus Novembris.*

tum zerstört worden zu sein. Der Bericht der Augsburger Annalen[14] zu 1068
ist die letzte historiographische Erwähnung von *Rheda.* Vielleicht erfolgte
die Zerstörung oder eine erneute Zerstörung aber auch erst 1126/27 durch
König Lothar von Süpplingenburg[15], der die namentlich ungenannte *civitas*
und das Heiligtum der Lutizen verbrannte[16]. Jetzt trat der Swantevit-Tempel
zu Arkona auf Rügen an seine Stelle. 1168 fiel auch diese letzte Bastion des
ostseeslawischen Heidentums, und das Land an der südlichen Küste der
Ostsee wurde zum Kampfobjekt zwischen Deutschen und Dänen[17].

Von Rethra hören wir zuerst anfangs des 11. Jahrhunderts in der Chronik des Bischofs Thietmar von Merseburg[18]: *Est urbs quaedam in pago Rie-
dirierun Riedegost nomine, tricornis ac tres in se continens portas* – Es gibt
eine gewisse, Riedegost genannte Burg im Gau der Redarier, dreihörnig und
drei Tore in sich enthaltend, – so beginnt diese Schilderung, die dann fortfährt: Sie ist von einem großen unberührten Walde *(silva)* umgeben. Zwei
der Tore stehen allen Eintretenden offen. Das dritte, das das kleinste ist und
nach Osten blickt, weist den Pfad zum See *(ad mare),* unmittelbar daneben
gelegen und von überaus schrecklichem Anblick[19]. In der Burg[20] befindet

---

14 Ann. Augustani ed. G. H. Pertz (MG SS 3, 1839) S. 128.
15 Vgl. A. Hofmeister, Der Kampf um die Ostsee vom 9. bis 12. Jahrhundert (3. Aufl.
    hg. v. Roderich Schmidt, 1960) S. 84 (Anm. 40); Brüske (wie Anm. 2) S. 83 f. u. 97–
    99; E. Engel, in: Die Slawen in Deutschland (wie Anm. 4) S. 322 f. m. Anm. 16
    (S. 463).
16 Ebo, Vita Ottonis episcopi Bambergensis III, 5, ed. R. Köpke (MG SS 12, 1856)
    S. 862; ed. Ph. Jaffé, Monumenta Bambergensia (= Bibl. rer. Germ. 5, 1869); ed. J.
    Wikarjak u. K. Liman (= Mon. Polon. hist., Ser. nov. 7, 2, 1969) S. 102.
17 Vgl. Hofmeister (wie Anm. 15) S. 27 m. Anm. 40 (S. 83–85); Brüske (wie Anm. 2)
    S. 112 ff. (m. Lit.); H. Bollnow, Der Kampf um Vorpommern im 12. und 13. Jahr-
    hundert von Lothar von Sachsen bis zum Ende der Staufer (Balt. Stud., N. F. 47, 1960,
    S. 47–64) S. 60–63; H.-D. Schroeder, Kämpfe um Rügen im Mittelalter (Greifswald-
    Stralsunder Jb. 8, 1968/69, S. 7–18).
18 Die Chronik des Bischofs Thietmar von Merseburg und ihre Korveier Überarbeitung
    VI, 23, hg. v. R. Holtzmann (= MG SS rer. Germ., n. s. 9, 1935) S. 302: *Est urbs
    quaedam in pago Riedirierun Riedegost nomine, tricornis ac tres in se continens portas,
    quam undique silva ab incolis intacta et venerabilis circumdat magna. Duae eiusdem
    portae cunctis introeuntibus patent; tertia, quae orientem respicit et minima est, trami-
    tem ad mare iuxta positum et visu nimis horribile monstrat.*
19 Über verschiedene Interpretationsmöglichkeiten des Textes vgl. Brüske (wie Anm.
    2) S. 213 f. Auch er zieht das *horribile visu* zu *mare.* In dem Folgenden bezieht sich *In
    eadem* zweifellos auf *urbs* und nicht auf *porta.*
20 *In eadem est nil nisi fanum de ligno artificiose compositum, quod pro basibus diversa-
    rum sustententur cornibus bestiarum. Huius parietes variae deorum dearumque ima-
    gines mirifice insculptae, ut cernentibus videtur, exterius ornant; interius autem dii
    stant manu facti, singulis nominibus insculptis, galeis atque loricis terribiliter vestiti,
    quorum primus Zuarasici dicitur et pre caeteris a cunctis gentilibus honoratur et colitur.
    Vexilla quoque eorum, nisi ad expeditionis necessaria, et tunc per pedites, hinc nullate-
    nus moventur.*

sich ein aus Holz kunstvoll errichtetes Heiligtum, das auf einem Fundament aus Tierhörnern ruht. Von den Göttern, die im Innern stehen – jeder einzelne mit eingeschnitztem Namen und mit Helm und Panzer furchterregend bekleidet – ist *Zuarasici*[21] der höchste. Die dort aufbewahrten Fahnenlanzen *(vexilla)* der Götter durften nur im Kriege weggeführt werden. – Die so beschriebene „Tempelburg in Rethra mit dem Hauptgott Svaražič und der diensttuenden Priesterschaft steht im gesamten slawischen Bereich einzig da"[22].

Thietmar hat den Redarier-Exkurs seiner Chronik eingefügt, um zu verdeutlichen, „wer sie sind und woher sie kommen"[23] mit dem Ziel, vor einer Verbindung mit ihnen zu warnen. Unter König Heinrich II. war es zu einem Bündnis mit ihnen gegen die Polen gekommen[24]. Diese politische Linie mußte sich schon von den Zeitgenossen schwere Kritik gefallen lassen. So schrieb der Missionsbischof Brun von Querfurt 1008 jenen berühmten Brief an Heinrich II.[25], in dem er diesem vor Augen stellte, wie unerträglich es sei, daß – wenn Christen und Heiden im gleichen Heere kämpften – womöglich „ein Christenhaupt unter dem *vexillum* der Dämonen geopfert wird". Wie passen, so fragte er, der heidnische Gott „*Zuarasi vel diabolus* und der Herzog der Heiligen, Euer und unser Mauritius, zusammen?" „Mit welcher Stirn gehen nebeneinander die heilige Lanze und jene teuflischen *vexilla* (= Fahnenlanzen)?"

Nimmt man diese beiden Quellenzeugnisse zusammen, so wird bereits hier die polare Identität Rethras und Magdeburgs deutlich. Der von den Redariern und Lutizen verehrte Hauptgott Svarožic als Gegenspieler des von

---

21 Über den Gott Svaržič vgl. T. Witkowski, Der Name der Redarier (wie Anm. 5) S. 406 f. (m. weiterer Lit.). Witkowski versteht im Anschluß an J. Bilek, Wanzka-Rethra? Sprachliche Untersuchungen zu Eckhard Ungers Aufsatz Rethra. Das Heiligtum der Wenden in Mecklenburg (Bodendenkmalpflege in Mecklenburg. Jahrb. 1953, 1955, S. 126–132), S. 130, Svaržič als Patronymikon „Sohn des Svarog"; anders N. Reiter, Mythologie der alten Slaven (Wörterbuch der Mythologie hg. v. H. Haussig, I. Abt.: Die alten Kulturen, 6. Lieferung, o. J., S. 163–208), der Svaržič als Diminutivform von Svarog auffaßt und damit Svaržič mit dem Feuer- und Sonnengott identifiziert (dazu T. Witkowski in: Zs. f. Slawistik 13, 1968, S. 770).
22 M. Hellmann, Grundzüge der Verfassungsstruktur der Liutizen (wie Anm. 3) S. 108.
23 Thietmar VI, 23, S. 302: *Quamvis autem de hiis aliquid dicere perhorrescam, tamen, ut scias, lector amate, vanam eorum supersticionem inanioremque populi iustius executionem, qui sint vel unde huc venerint, strictim enodabo.*
24 Zu allgemeinem Verlauf vgl. Brüske (wie Anm. 2) S. 54 ff. und S. Epperlein in: Die Slawen in Deutschland (wie Anm. 4) S. 289—297, sowie jetzt H. Ludat (wie Anm. 10) S. 67–92.
25 Brunonis epistola ad Henricum regem (W. v. Giesebrecht, Geschichte der deutschen Kaiserzeit 2, 5. Aufl. 1885, S. 702 ff.); dazu R. Wenskus, Studien zur historisch-politischen Gedankenwelt Bruns von Querfurt (= Mitteldt. Forsch. 5, 1956) S. 186 ff.

Otto I. zum Hauptpatron Magdeburgs, wenn nicht sogar des Reiches, erhobenen Mauritius[26] bildet das Kettenglied, wobei das tertium comperationis offenbar in der kultisch verehrten Lanze zu sehen ist, für deren Bedeutung bei den Ostseeslawen es nicht an Zeugnissen fehlt.

Eine weitere Nachricht über Rethra verdanken wir Adam von Bremen[27], von dem Helmold von Bosau abhängig ist. In seiner Beschreibung der „Sclavania" bezeichnet Adam als das mächtigste Volk die Redarier: Ihre allgemein bekannte *civitas* ist *Rethre,* eine *sedes,* freilich des Götzendienstes *(ydolatriae).* Dort ist ein großer Tempel der Götzen errichtet, deren *princeps Redigast* ist. Die Burg *(civitas)* selbst hat neun Tore und ist rings umgeben von einem tiefen See *(lacu profundo inclusa).* Eine Holzbrücke gewährt den Zugang, der jedoch nur für diejenigen gestattet ist, die opfern oder Orakel erbitten wollen.

Der Tatbestand, daß Thietmars Ort *Riedegost (Redigosc)* bei Adam als Götternamen *(Redigast)* verwendet wird, während er den Ort *Rethre* nennt, ist viel erörtert und verschieden erklärt worden[28]. Wahrscheinlich ist *Rethre* nichts anderes als eine entstellte, vermutlich mißverstandene Form des Stammesnamens Redari/Rederi durch die späteren deutschen Chronisten. Da die Form „Rethra" für den Ort und sein Heiligtum in der Literatur fest verankert ist, erscheint es jedoch nicht zweckmäßig, ihn unbedingt durch die Thietmarsche Form „Riedegost" zu ersetzen.

Riedegost – Rethre ist untergegangen. Dieses Schicksal teilt es mit anderen „historischen Stätten"; es sei nur an das ihm in mancher Hinsicht vielleicht vergleichbare Marklo, den Mittelpunkt des königlosen Sachsenstammes, erinnert. Die Konfrontation des Christentums mit den heidnischgentilen Religionen erfolgte gerade an solchen zentralen Orten und offenbar in ähnlichen Formen. Man hat auf typische Verhaltensweisen beider Seiten hingewiesen. Daneben ist freilich auch zu berücksichtigen – was bei der Quelleninterpretation nicht außer acht gelassen werden darf –, daß es eine auf exempla gerichtete Topik in der Berichterstattung über derartige Vorgänge, aber auch über derartige Orte, gegeben hat. Das gilt nicht zuletzt für die mit anderen verwobenen Angaben über Aussehen und Beschaffenheit solcher zentralen historischen Stätten, so daß sich die Frage stellt, ob sie un-

---

26 Über Mauritius und die Heilige Lanze vgl. H. Beumann (wie Anm. 8).

27 Adam (wie Anm. 13) II, 21, S. 78: *Inter quos medii et potentissimi omnium sunt Retharii, civitas eorum vulgatissima Rethre, sedes ydolatriae. Templum ibi magnum constructum est demonibus, quorum princeps est Redigast. Simulacrum eius auro, lectus ostro paratus. Civitas ipsa IX portas habet, undique lacu profundo inclusa; pons ligneus transitum prebet, per quem tantum sacrificantibus auf responsa petentibus via conceditur, ...* (Forts. s. Anm. 80). - Dieser Vorlage folgt Helmold (wie Anm. 12) cap. 2 S. 8 (bzw. S. 40).

28 Vgl. hierzu o. Anm. 5 sowie Bilek (wie Anm. 21).

besehen als bloße Hinweise auf die topographische „Lage" aufgefaßt werden dürfen.

Auf die Frage „Wo hat Rethra gelegen?" hat es im Laufe der Jahrhunderte zahlreiche Antworten gegeben[29]. Es ist hier nicht der Ort, die vielen bisherigen Lokalisierungsversuche Revue passieren zu lassen, geschweige denn das Für und Wider darzulegen. Der Tollensee (im östlichen Mecklenburg) hat bei den Erörterungen von Anfang an und immer wieder eine Rolle gespielt. Zuletzt ist Bernhard Schmeidler (1918) für ihn eingetreten[30]. Im letzten halben Jahrhundert war es dagegen die verbreitetste Meinung, daß Rethra nicht hier, sondern auf dem Schloßberg am Lucinsee bei Feldberg gelegen hat. Einen abweichenden Vorschlag hat dann 1952 der damals in Neubrandenburg lebende Orientalist Eckhard Unger gemacht, der Rethra an der Stelle des 1290 errichteten Zisterzienser-Nonnenklosters Wanzka vermutete[31], ohne jedoch mit diesem Vorschlag Anklang zu finden. Diese und die meisten anderen der genannten Orte liegen im ehemaligen Mecklenburg-Strelitz, und es gilt oder galt weithin als unbestritten, daß Rethra in seinen, seit dem 13. Jahrhundert im ganzen konstanten Grenzen gelegen haben wird. 1968 ist die These aufgestellt worden, das Heiligtum der Redarier weiter im Norden zu lokalisieren, in Gnoien westlich der Mecklenburg und Pommern trennenden Trebel[32]. Doch wird sich diese These aus verschiedenen Gründen nicht aufrecht erhalten lassen.

Die Feldberg-These gewann nicht nur deshalb so viele Anhänger, weil sie von einer Autorität, dem Prähistoriker Carl Schuchhardt[33], aufgestellt und vertreten worden ist, sondern weil Schuchhardt die Rethra-Forschung auf eine neue Grundlage stellte, indem er von dem Bericht Thietmars von Merseburg als der ältesten Überlieferung ausging und ihr als der damit besten den unbedingten Vorzug vor Adam von Bremen gab, dessen Angaben man bis dahin (so noch Schmeidler) meist in erster Linie gefolgt war.

Das hatte seine Konsequenzen für die Lokalisierung. Hatte man bisher immer wieder besonders nach den neun Toren Adams Ausschau gehalten, so sah Schuchhardt gänzlich von ihnen ab und erblickte statt dessen in der Angabe Thietmars „urbs tricornis" das entscheidende Kriterium für die Suche nach der Örtlichkeit. Man war auch bisher nicht an dem *tricornis* vorbeigegangen, nur hatte man es anders verstanden. Man faßte es als „dreieckig"

---

29 Vgl. hierzu B r ü s k e (wie Anm. 2) S. 212–218.
30 B. S c h m e i d l e r, Hamburg-Bremen und Nordost-Europa vom 9. bis 11. Jahrhundert (1918) S. 341–358.
31 U n g e r (wie Anm. 7); vgl. dazu B r ü s k e (wie Anm. 2) S. 217 f. und B i l e k (wie Anm. 21).
32 W. H a n n e m a n n (wie Anm. 7).
33 C. S c h u c h h a r d t, Arkona, Rethra, Vineta. Ortsuntersuchungen und Ausgrabungen (2. Aufl. 1926), über Rethra S. 7–9 u. 25–58.

auf, d. h. als Bezeichnung für drei ins Wasser oder ins Gelände vorspringende
Spitzen und – in Verbindung mit der Angabe Adams – als eine dreieckige
Insel[34]. Schuchhardt dagegen interpretierte *tricornis* als „drei nach oben gerichtete Hörner", verband es mit den drei Toren Thietmars und kam so zu
der Deutung: eine Burg mit drei hochaufragenden Tortürmen. *tricornis* war
für ihn kein Hinweis auf eine charakteristische Form des Geländes, die unmittelbar festgestellt werden konnte, sondern ein solcher auf ein inzwischen
in Schutt und Asche versunkenes Gebilde, das nur noch durch den Prähistoriker auffindbar war. So blieben für die Suche nach dem Heiligtum aus dem
Bericht Thietmars allein die Mitteilung, daß es in einem Walde und die Folgerung, daß es am Westufer eines Sees gelegen habe, übrig. Auf Grund seiner guten Burgwallkenntnisse entschied sich Schuchhardt für die Wallanlage
auf dem Schloßberg bei Feldberg, grub hier 1922 und fand drei Tore, darunter ein schmaleres. Das Tempelfundament dagegen, wie er ein solches zuvor
auf Arkona meinte ergraben zu haben, kam allerdings nicht zutage. Schuchhardt selbst hat das als einen Schönheitsfehler empfunden, der bei ihm sogar
einen leichten Anflug von Zweifel an seiner These aufkommen ließ. Seine
Mitarbeiter und Anhänger haben sich jedoch darüber mit ziemlich windigen
Erklärungen hinweggeholfen[35].

Gleichwohl setzte sich Schuchhardts „Lösung" der Rethra-Frage durch.
Gelegentliche Zweifel mittelalterlicher Historiker[36] – z. B., daß Feldberg
hart an der Grenze der späteren Bistümer Havelberg und Brandenburg liege
und damit an der, die zwischen den Redariern und den östlich von ihnen sitzenden Ukrern angenommen werden kann, d. h. weit ab von den übrigen
Lutizenstämmen, den Tollensern, Zirzipanen und Kessinern – verhallten,
zumal die Historiker keine Alternativen anzubieten in der Lage waren.

Auch von prähistorischer Seite regte sich vorsichtige Kritik an Schuchharts Thesen, weniger allerdings im Falle Rethra als im Falle Arkona[37]. In so
gut wie allen Punkten hat ihm hier Ejnar Dyggve widersprochen[38]. Auf
Grund einer eingehenden Interpretation des Saxo Grammaticus gelangte er
zu dem Ergebnis, daß der Grundriß des Swantevit-Tempels viel kleiner ge-

---

34 In der Übersetzung der Chronik Thietmars von W. Trillmich (= Ausgewählte
   Quellen z. dt. Gesch. d. Mittelalters. Frhr.-v.-Stein-Gedächtnisausg., 1957) wird „urbs
   tricornis" als „dreieckige Burg" übersetzt (S. 267).
35 Schuchhardt, S. 49 f., vgl. auch W. Karbe, Rethra, das Nationalheiligtum der
   Wenden (Heimatbuch des Kreises Neustrelitz, 1953/54, S. 88–95).
36 Hofmeister (wie Anm. 15), R. Holtzmann, Thietmar-Ausg. (wie Anm. 18) S. 303
   Anm. 4; Brüske (wie Anm. 2) S. 216 f.
37 Schuchhardt (wie Anm. 33) über Arkona S. 11–24. Kritische Bemerkungen dazu:
   W. Petzsch u. G. Martiny (Prähist. Zs. 21, 1930, S. 237 ff.); H. Schubart (Ausgrabungen u. Funde 3, 1958, S. 305–307).
38 Ejnar Dyggve, Der slawische Viermastbau auf Rügen. Beobachtungen zu dem
   Swantevittempel des Saxo Grammaticus (Germania 37, 1959, S. 193 ff.).

wesen sein muß als das von Schuchhardt rekonstruierte Tempelfundament und daß dieses nicht zu einem Holzbau passe. Der heidnische Tempel zu Arkona aber dürfte – wie sich auch aus dem Vergleich mit anderen heidnischen Tempeln im Ostseeraum ergibt – nicht aus Stein, sondern aus Holz erbaut gewesen sein. Dyggve bringt Schuchhardts Steinfundament mit einer christlichen Kirche, dem Nachfolgebau einer ersten Holzkirche, in Verbindung. Es ist in diesem Zusammenhang unerheblich, daß nach erneuten Grabungen in Arkona die Ansicht vertreten wird, daß das, was Schuchhardt als Fundament des heidnischen Tempels, Dyggve als das einer christlichen Kirche gedeutet hatten, die steinreiche Berme eines älteren Walles sei[39]. Worauf es ankommt, ist dies: Ein steinernes Tempelfundament ist nicht zu erwarten. Das gilt dann freilich auch für Rethra. Und es verwundert nun nicht mehr, daß Schuchhardt ein solches nicht gefunden hat. Er, der sonst in allem Thietmar vertraute, war ihm gerade in diesem Punkte nicht gefolgt, daß nämlich der Tempel zu Rethra auf einem Fundament von Tierhörnern ruhe.

Inzwischen aber ist die Feldberg-These Schuchhardts von anderer Seite, zunächst fast unbemerkt, aber entscheidend, der Boden entzogen worden. Das Museum für Ur- und Frühgeschichte in Schwerin hat sich in den fünfziger Jahren unter Ewald Schuldt darangemacht, das gesamte keramische Fundmaterial slawischer Herkunft in Mecklenburg und Vorpommern neu zu untersuchen und chronologisch zu ordnen. Bis dahin dienten die älteren Arbeiten von Götze und Knorr sowie die Ergebnisse der großen Vinetagrabung in Wollin zur Orientierung[40]. Man unterschied drei Gruppen: Frühslawisches (7./8. Jahrhundert), Mittelslawisches (9./10. Jahrhundert) und Spätslawisches (11./12. Jahrhundert). Das auf dem Feldberger Schloßberg gefundene Material war hauptsächlich mittelslawisch, jedoch von besonderer Art, was den Schweriner Prähistoriker Robert Beltz veranlaßte, vom „Feldbergtypus" zu sprechen[41]. Schuchhardt zog daraus den Schluß, daß Rethra schon 1068/69 und nicht erst 1126 oder 1151 zerstört worden sein muß.

---

39 Vgl. H. Berlekamp in: II. Internationaler Kongreß für Slawische Archäologie, Berlin 24.–28. August 1970. Exkursionsführer (Dt. Akad. d. Wiss. zu Berlin, Zentralinstitut f. Alte Gesch. u. Archäologie) 1970, S. 25–29; dazu J. Herrmann in: Berichte über den II. Internationalen Kongreß für Slawische Archäologie, Berlin 24.–28. August 1970, Bd. I (Dt. Akad. d. Wiss. zu Berlin, Zentralinstitut f. Alte Gesch. u. Archäologie) 1970, S. 153.

40 A. Götze, Die Schwedenschanze auf der Klinke bei Rievendt, West-Havelland (= Nachrichten über Dt. Altertümer, 1901); H. A. Knorr, Die slawische Keramik zwischen Elbe und Oder (= Mannus-Bücherei 58 1937); K. A. Wilde, Die Bedeutung der Grabung Wollin 1934, Methodische Grundlagen für die Erforschung der Wikinger- und Slawensiedlung Wollin (Phil. Diss. Greifswald 1939, 2. Aufl. 1953).

41 Schuchhardt (wie Anm. 33) S. 58.

Ewald Schuldt hat die Bezeichnung „Feldberg-Typ" beibehalten, ihn jedoch genauer bestimmt und im übrigen das gesamte vorhandene und durch
bedeutende Grabungen wesentlich vermehrte mecklenburgische Fundmaterial viel stärker unterteilt. 1956 legte er – nachdem zahlreiche Einzeluntersuchungen und Mitteilungen von ihm und seinen Mitarbeitern erschienen waren –
als bisherigen Abschluß das Werk „Die slawische Keramik in Mecklenburg"
vor[42]. Schuldt unterscheidet darin zehn Gruppen. Der „Feldberg-Typ", der
auf vielen Plätzen, besonders auf den sogenannten Höhenburgen, und oft
weit zahlreicher als auf dem Schloßberg bei Feldberg vorkommt, ist die
zweitälteste. Für die Datierung war ihm die Großgrabung von Teterow
wichtig[43]. Unter dem außerordentlich umfangreichen Fundmaterial, das hier
zutage gefördert worden ist, kommt Feldberger Ware nicht vor, dafür aber
auf dem Teterow benachbarten Burgwall von Suckow[44], der von der Tete-
rower Anlage abgelöst worden ist. Den Siedlungsbeginn von Teterow und
damit einen terminus ante für die „Feldberger" Keramik setzt Schuldt in die
erste Hälfte des 9. Jahrhunderts[45].
Feldberger Keramik begegnet aber auch außerhalb Mecklenburgs. Ein
Bruchstück aus einem hinterpommerschen Brandgrab (bei Zwielipp) ist
schon vor Schuldt von Hans Jürgen Eggers ins 9. Jahrhundert datiert worden[46]. Nach neueren Untersuchungen[47] kommt Feldberger Ware auch in
Birka vor und wird auch hier ins 9. Jahrhundert gesetzt. Zahlreicher aber
begegnet sie in dem Birka vorangehenden Helgö. Es handelt sich in Schweden offenbar um Importgut. Das eigentliche Verbreitungsgebiet ist Mecklenburg, und zwar der östliche Teil einschließlich Vorpommern. Hier sind
nach dem Erscheinen des Buches von Schuldt eine Reihe weiterer einschlägiger Funde gemacht worden, die der Berliner Prähistoriker Joachim Herrmann in dem 1968 veröffentlichten Band „Siedlung, Wirtschaft und gesellschaftliche Verhältnisse der slawischen Stämme zwischen Oder/Neisse und
Elbe, Studien auf der Grundlage archäologischen Materials" verzeichnet[48].
Sie haben nach Ansicht Herrmanns die Datierung Schuldts nur noch „unter-

---

42 E. S c h u l d t, Die slawische Keramik in Mecklenburg (= Dt. Akad. d. Wiss. zu Berlin,
    Schriften d. Sektion f. Vor- u. Frühgesch. 5, 1956).
43 Hierüber: W. U n v e r z a g t und E. S c h u l d t , Teterow. Ein slawischer Burgwall in
    Mecklenburg (= Dt. Akad. d. Wiss. zu Berlin, Schriften d. Sektion f. Vor- u. Früh-
    gesch. 13, 1963).
44 Vgl. E. S c h u l d t, Die Ausgrabungen im Gebiet der „Alten Burg" von Sukow, Kreis
    Teterow (Bodendenkmalpflege in Mecklenburg. Jahrb. 1963, 1964, S. 217 ff.).
45 S c h u l d t (wie Anm. 42) S. 22.
46 H.-J. E g g e r s, Das Wikingergrab von Zwielipp, Kreis Kolberg-Körlin (= Pommer-
    sches Landesmuseum [Stettin] Beiheft, 1938, S. 22 ff.).
47 Vgl. D. S e l l i n g, Wikingerzeitliche und frühmittelalterliche Keramik in Schweden
    (1955).
48 H e r r m a n n (wie Anm. 4) S. 41, 48–51.

strichen". Das Ergebnis Schuldts aber lautete: „daß unsere Feldberger Gruppe eine frühe Keramik ist, deren Blütezeit im 8. Jahrhundert liegt und die im 9. Jahrhundert bereits im Verschwinden begriffen war"[49].

Das bedeutet nichts Geringeres, als daß der Schloßberg bei Feldberg nicht das historiographisch bezeugte, d. h. das geschichtliche Rethra gewesen sein kann.

Diese sich aufdrängende Folgerung ist – soweit ich sehe – von Ewald Schuldt nicht gezogen worden. In einer 1957 verfaßten, infolge der Zeitverhältnisse ungedruckt gebliebenen Rezension der Untersuchungen von Wolfgang Brüske über den Lutizenbund habe ich die obige Feststellung nach Erscheinen des Schuldtschen Buches getroffen und 1966 in der Öffentlichkeit ausgesprochen[50]. An sehr versteckter Stelle hat auch der mecklenburgische Landeshistoriker Paul Steinmann seinen Argumenten gegen die Feldberg-These Schuchhardts den Hinweis auf die Datierung der Feldberger Keramik durch Schuldt hinzugefügt[51]. Bereits 1957 hatte Schuldts Mitarbeiter Willi Bastian, der den Burgwall auf dem Schloßberg bei Feldberg im Zusammenhang mit den „Höhenburgen" behandelte, mehr beiläufig angemerkt, daß die Zeitstellung der Feldberger Keramik nunmehr gesichert und daß die Burg „noch während der Herrschaft dieser Tonwarengruppe aufgegeben" worden ist[52]. Dagegen hat Adolf Hollnagel 1958 in dem von E. Schuldt herausgegebenen Inventarwerk „Die vor- und frühgeschichtlichen Denkmäler und Funde des Kreises Neustrelitz"[53] zur Annahme, der Feldberger Schloßberg sei das historische Rethra, zwar kritisch notiert: „Indessen ist diese Ansetzung wegen ihres hypothetischen Charakters in der Folgezeit stark angezweifelt worden", sie jedoch nicht entschieden zurückgewiesen oder gar als nunmehr unhaltbar bezeichnet. Klarheit in archäologischer Hinsicht erbrachte dann die 1967 auf dem Schloßberg durchgeführte Grabung, über die auf einem in Feldberg veranstalteten „Rethra"-Kolloquium berichtet wurde

---

49 Wie Anm. 45.
50 Bericht über die wiss. Tagung „Pommern und Mecklenburg" anläßlich der Jahresversammlung der Historischen Kommission für Pommern am 3.–5. Juni 1966 in Bad Godesberg (hektographiert), S. 2–5 „Neue Ansätze zur Lösung des Rethra-Problems".
51 P. Steinmann, Bauer und Ritter in Mecklenburg (1960), S. 288 (Anm. 52).
52 W. Bastian, Frühslawische Höhenburgen mit Hang- und Böschungsanlagen in Mecklenburg (Bodendenkmalpflege in Mecklenburg. Jahrb. 1955, 1957, S. 172–176) S. 175 f.
53 A. Hollnagel, Die vor- und frühgeschichtlichen Denkmäler und Funde des Kreises Neustrelitz (= Die vor- u. frühgeschichtl. Denkmäler u. Funde d. Deutschen Demokr. Republik, Bd. I, hg. v. E. Schuldt, 1958) S. 21. Skeptischer („alle bisherigen Rethra-Hypothesen sind ... gescheitert") äußerte sich Hollnagel in dem Inventarband Die vor- und frühgeschichtlichen Denkmäler und Funde des Kreises Neubrandenburg (= wie oben, Bd. II, 1962) S. 27.

und deren Ergebnisse 1968 angezeigt worden sind[54]. Es konnte eine relativ
große Burg als befestigte Siedlung eines wilzischen Kleinstammes nachgewiesen werden, die schon nach zwei bis drei Generationen, und zwar spätestens schon im 9. Jahrhundert, zugrunde gegangen ist. An ihre Stelle traten
kleine Siedlungen in einem ausgedehnteren Siedlungsgebiet. Fundmaterial
aus dem 10./11. Jahrhundert kam jedoch nicht zutage. Damit ist der negative
Beweis erbracht, daß es sich nicht um Rethra handeln kann[55], oder – wie der
Leiter der Grabung, Joachim Herrmann, feststellte –: „Die These von der
Identität des Schloßberges bei Feldberg mit Rethra hielt der Nachprüfung
nicht stand"[56]. Historiker, Archäologen und Namenkundler sind sich damit
heute in diesem Punkte einig[57].

Die Frage nach der Örtlichkeit, an der sich das historische Rethra verbirgt, stellt sich damit erneut und muß von jeder Teildisziplin historischer
Forschung neu untersucht werden. Dabei ist von vornherein klar, daß
grundsätzlich nur solche Orte in Betracht kommen, an denen Funde registriert werden können, die aus einer Zeit nach der Feldberger Keramikgruppe
stammen. Es ist verständlich, daß sich das Augenmerk auf den Raum des
Tollensesees zurücklenkt, an dessen Südrand man vor Schuchhardt Nachforschungen angestellt hatte, an die die Archäologen nun wieder anknüpfen[58]. Von historischer Seite hat Heinz Stoob in seiner 1963 erschienenen
kommentierten Helmold-Übersetzung ohne nähere Begründung über die
Ortslage von Rethra angemerkt: „wahrscheinlich am Tollense-See"[59]. Eine
Schwierigkeit ist hier allerdings zu beachten, und über sie ist man bisher
noch nicht hinweggekommen: Nach Thietmar von Merseburg hat Rethra
am Westufer eines Sees gelegen. Auf Grund urkundlichen Zeugnisses aber
meinten die Historiker, das Westufer des Tollensesees ausschließen zu müssen. Es erscheint mir mehr als fraglich, ob dies zutreffend ist. Ich möchte
meinen, daß im Gegenteil die urkundliche Überlieferung gerade auf den
Westrand, genauer den Südwestrand, des Sees weist[60].

---

54 Vgl. J. Herrmann, Die Ergebnisse der Ausgrabungen in Feldberg, Kreis Neustrelitz.
    Ein Beitrag zur Rethra-Frage (Ausgrabungen und Funde 13, 1968) S. 198–204; ders.
    in: Die Slawen in Deutschland (wie Anm. 4) S. 156–158.
55 Einen ausführlichen Bericht über die Feldberger Grabungen und die sich daraus erge-
    benden Konsequenzen gab J. Herrmann, ‚Feldberg, Rethra und das Problem der wil-
    zischen Höhenburgen' in der polnischen Zeitschrift Slavia antiqua 16, 1969 (1970)
    S. 33–69.
56 Herrmann (wie Anm. 39) S. 152.
57 Vgl. auch G. Schlimpert u. T. Witkowski (wie Anm. 5).
58 Vgl. Herrmann (wie Anm. 39) S. 153; ders. in: Die Slawen in Deutschland (wie
    Anm. 4) S. 210. Ähnlich E. Engel, Der Beitrag der Mediävistik zur Klärung des
    Rethra-Problems (Slavia antiqua 16, 1969 [1970] S. 95–104).
59 Helmold, hg. v. H. Stoob (wie Anm. 12) S. 41 Anm. 11.
60 In meinem Habilitationsvortrag (s. Anm. 1) habe ich diese These vertreten.

Zunächst gilt es im folgenden, die historiographische Überlieferung erneut unter dem Gesichtspunkt zu betrachten, was sie über das Wesen und die Bedeutung des Redarierheiligtums aussagt.

Carl Schuchhardt hat sie ganz wesentlich für seine Feldberg-These herangezogen und ist zu dieser primär durch seine Textinterpretation geleitet worden. Fragen wir deshalb, was von seinem Textverständnis zu halten ist.

Da ist zunächst die Interpretation des Thietmarschen *tricornis*. Schuchhardt[61] hatte auf Plinius und Solinus verwiesen, die das Wort mit Bezug auf Ochsen mit drei Hörnern gebraucht haben. Aber weisen Ochsenhörner – so hat man gefragt – denn in die Höhe, nicht vielmehr seitwärts? Hält man sich an das Grundwort, so ist zu konstatieren, daß dieses bereits verschiedene Sachverhalte bezeichnet[62]. Statius verwendet es im vertikalen Sinn für Bergspitze; Ovid benutzt es zur Bezeichnung für einen Flußarm; bei Lucan und Augustin bedeutet es eindeutig Landspitze, Landzunge. Ich erwähne gerade diese Autoren, weil Thietmar von Merseburg sie nach Robert Holtzmann, dem Editor Thietmars, benutzt hat[63]. Für die Verschiedenartigkeit des Gebrauchs lassen sich auch sonst Beispiele finden, etwa das Goldene Horn bei Konstantinopel für einen Gewässerarm, das Matterhorn als Bergspitze. Im Slawischen entspricht das Grundwort „glaw" = Kopf, Haupt, das in dem Götter- aber auch Bergnamen Triglaw vorkommt[64], was Erwin Wienecke in dem vieldiskutierten Buch über die Religion der Westslawen zu der Identifizierung mit Thietmars *tricornis* veranlaßt hat[65]. Die Gleichsetzung von Horn und Haupt findet sich aber auch im Deutschen. Als Beispiel verweise ich auf einen Aufsatz über Rügensche Flurnamen[66] im Mittelalter, demzufolge das Grundwort „-horn" für Landzunge auf der Insel achtunddreißigmal vorkommt; eine andere, ebenfalls häufige und wohl ältere Bezeichnung hierfür

---

61 Schuchhardt (wie Anm. 33) S. 31 (Plinius, Naturalis historia 8, 72; Solinus 52, 38).
62 Vgl. die einschlägigen lat. Wörterbücher. Die obigen Angaben stützen sich auf eine Seminararbeit „Kritik der Interpretation des ‚tricornis' bei Thietmar von Merseburg VI, 23" von Claus Kreutzer (1964).
63 Einl. S. XXXI.
64 Vgl. N. Reiter (wie Anm. 21).
65 E. Wienecke, Untersuchungen zur Religion der Westslawen (= Forschungen z. Vor- u. Frühgesch., hg. v. L. Franz, 1940), dazu Hofmeister (wie Anm. 15) S. 84. Über den Triglaw zu Stettin vgl. auch T. Palm, Wendische Kultstätten. Quellenkritische Untersuchungen zu den letzten Jahrhunderten slavischen Heidentums (1937) S. 71–82. Über den Brandenburger Triglaw vgl. H.-D. Kahl, Das Ende des Triglaw von Brandenburg (Zs. f. Ostforschung 3, 1954, S. 68–76); ders., Slawen und Deutsche in der brandenburgischen Geschichte des zwölften Jahrhunderts (= Mitteldt. Forsch. 30/I u. II, 1964), vgl. dort das Register Bd. II S. 1013.
66 H. Ewe, Rügensche Flurnamen des Mittelalters und ihre Bedeutung für die Historische Geographie (Greifswald-Stralsunder Jb. 2, 1962, S. 31–37), dazu Rod. Schmidt in: DA 21, 1965, S. 629.

ist „hovet" = Haupt, heute in der Form „Höft". „cornu" kann mithin gleicherweise vertikal wie horizontal gemeint sein. Ich möchte die Deutung Schuchhardts deshalb nicht so entschieden verwerfen, wie dies einige Historiker getan haben.

Meine Kritik richtet sich nicht gegen Schuchharts mögliche Auslegung des Wortes *tricornis*, sondern gegen die Verbindung der Tore mit den Türmen. In der Wendung *tricornis ac tres in se continens portas* sind das Adjektiv *tricornis* und das Partizip *continens* gleichgeordnet, beide von *urbs* abhängig und zur Erläuterung dieses Substantivs gebraucht. Die *portae* hängen von *continens* ab, nicht von *tricornis* und sind folglich nicht auf die „Hörner", sondern auf die „Burg" zu beziehen. Von ihr wird also mitgeteilt, sie sei dreihörnig und sie enthalte drei Tore. Daß diese in den Hörnern sitzen, ist nicht eigentlich gesagt – jedenfalls nicht in dem von Thietmar autorisierten Text der Chronik.

Etwas anders ist es vielleicht in der sogenannten Corveyer Überarbeitung, die in einer Handschrift aus dem 14. Jahrhundert überliefert ist[67] und die Robert Holtzmann seiner Thietmar-Ausgabe im Paralleldruck beigegeben hat. In dieser um 1120 entstandenen Fassung[68] lautet der Eingang des Rethra-Berichts: *Urbs est antiqua quedam, que Riedegost vocitata, in pago Rederirun, et est tricornis et tres in se continens portas, unaqueque per singula cornua*[69]. Auf Grund des letzten erläuternden Zusatzes hat Thede Palm Schuchhardts Deutung gegen Adolf Hofmeister und Robert Holtzmann verteidigt[70]. Nach Palm hat der Verfasser der Überarbeitung „offenbar beabsichtigt zu sagen, daß die Tore durch die Hörner, kaum ‚in die Ecken' gingen". Hofmeister hat zu Palm bemerkt, seine Einwendungen „gehen fehl und beweisen zum Teil eher das Gegenteil"[71], und es fragt sich, ob denn bei der Deutung von „cornu" „Turm" die einzige Alternative zu „Ecke" ist. Dagegen hat sich Brüske in ähnlichem Sinne, wenn auch vorsichtiger als Palm geäußert: Der Zusatz würde Schuchhardts Ansicht „tatsächlich stützen" – „wenn dieser Zusatz auf irgendwelchen authentischen Quellen beruhte"[72]. Ob der Corveyer Bearbeiter (sofern er für den Zusatz verantwortlich ist) überhaupt und speziell an dieser Stelle über eigene Informationen verfügte, gerade das wissen wir nicht. Wir dürfen ihn deshalb auch nicht gegen Thietmar ausspielen, sondern können nur sagen, daß wir in dem Zusatz

---

67 R. Holtzmann, Thietmar-Ausg. (wie Anm. 18) S. XXXVII–XXXIX.
68 Dazu K.-U. Jäschke, Die älteste Halberstädter Bischofschronik (= Mitteldt. Forsch. 62/I, 1970) S. 10.
69 Thietmar VI, 23, S. 303.
70 T. Palm (wie Anm. 65) S. 58 m. Anm. 4. – A. Hofmeister u. R. Holtzmann (wie Anm. 36).
71 Hofmeister (wie Anm. 15) S. 84.
72 Brüske (wie Anm. 2) S. 214.

den ersten Interpretationsversuch einer in der Tat nicht völlig klaren Text-
stelle vor uns haben. Zu bedenken bleibt auch, daß Thietmar, wenn er auch
vielleicht kein erstklassiger Stilist war, das, was der Überarbeiter und später
Schuchhardt aus ihm herauslasen, eindeutiger und besser hätte formulieren
können statt durch eine etwas maniriert anmutende Wendung, die bereits im
12. oder 14. Jahrhundert eine Interpretation herausforderte. Soviel kann aber
hier festgehalten werden: Für die Lokalisierung Rethras gibt das mehrdeutige
tricornis Thietmars in keinem Falle etwas her.

Und nun zu der einseitigen Bevorzugung Thietmars und der Abwertung
Adams durch Schuchhardt. Adolf Hofmeister hat es als einen „glücklichen
Griff“ bezeichnet, daß Schuchhardt „der echten ursprünglichen Überlieferung … zu ihrem Recht gegenüber späteren abgeleiteten Berichten verhalf“[73].
Dieser Satz ist von der Forschungsgeschichte her zu verstehen. Vor Schuchhardt hatte man oft Adam den Vorzug gegenüber Thietmar gegeben. Aber
was heißt „abgeleitete“ Berichte? Es war bisher nicht die gängige Meinung,
daß Adam für das, was er über Rethra mitteilt, die Chronik Thietmars zur
Vorlage gehabt hat[74]. Auch für Adam war Rethra noch eine historische Realität[75]. Vielleicht bietet Thietmar eine bessere, d. h. zutreffendere Schilderung
des Heiligtums; doch damit ist sie noch nicht die „echte“, vielleicht die „ur-
sprüngliche“. Aber diese allein auszuwerten genügt nicht, wenn wir noch
eine andere besitzen, die auch noch als zeitgenössisch gelten kann[76]. Es
kommt doch nicht nur darauf an zu wissen, welche Rolle Rethra zu Beginn,
sondern ebenso, welche es im weiteren Lauf seiner Geschichte gespielt hat.
Und da ist Adam von Bremen prinzipiell nicht minder wertvoll als Thietmar
von Merseburg. Daran ändert sich auch nichts dadurch, daß ich meine, den
Nachweis führen zu können, daß in puncto Rethra ein Textzusammenhang
zwischen Adam und Thietmar besteht[77]. Allerdings nicht bei der eigentlichen Schilderung des Heiligtums durch Thietmar (VI, 23). Dieser kommt
aber noch ein zweites Mal auf die Tempelburg zu sprechen (VI, 25); und hier
finden sich nun eine Reihe von Wörtern, Wendungen und Satzverknüpfun-
gen, die auch Adam in seiner Schilderung gebraucht[78].

---

73 Hofmeister (wie Anm. 15) S. 72.
74 Über seine Vorlagen vgl. Schmeidler i. d. Einl. z. s. Ausgabe (wie Anm. 13)
    S. LVII/LVIII.
75 Adams Bischofsgeschichte der Hamburger Kirche entstand zwischen 1074 und sei-
    nem Tode 1081.
76 In diesem Sinne äußerte sich bereits R. Beltz im Art. „Slawen“ in Eberts Reallexikon
    der Vorgeschichte, Bd. 12, 1928, S. 272.
77 Vgl. dazu die eine solche These zurückweisenden Bemerkungen von T. Palm (wie
    Anm. 65) S. 63–71.
78 Der entsprechende Nachweis ist an anderer Stelle zu führen.

Um so bemerkenswerter sind dann freilich die sachlichen Abweichungen
bei Adam gegenüber Thietmar: Statt der Lage am Westufer eines Sees – Insel
mit Brücke. Statt der drei Tore – neun. Handelt es sich hier um „Korrekturen" Adams? Oder was sonst wollte er seinen Lesern damit sagen? Es sei
hier darauf hingewiesen, daß schon wiederholt die Meinung geäußert worden ist, Thietmar und Adam meinten zwar das zentrale Heiligtum der Redarier bzw. des Lutizenbundes, doch sei der Ort vielleicht nicht identisch, so
daß sich von hier aus u. U. die Abweichungen in ihren Berichten zwanglos
erklärten. Diese Möglichkeit ist nach dem Überlieferungsstand der historiographischen Mitteilungen und nach dem, was wir über die Burgenentwick-
lung wissen, nicht von vornherein auszuschließen. Unsere Fragestellung
aber zielt in eine etwas andere Richtung: Was ist von bestimmten „konkreten" Angaben unserer Hauptgewährsleute zu halten?

Hierfür ist eine Ausführung Adams aufschlußreich. Im Anschluß an die
Nachricht von der Brücke, über die man nur wegen Opfer oder Orakel gehen durfte[79], heißt es: „Ich glaube, das geschieht, weil ihre verlorenen Seelen,
die den Abgöttern dienen, von der neunfach fließenden Styx festgehalten
werden[80]." Hierin steckt ein Vergil-Zitat: *novies Stix interfusa cohercet*. Es
geht auf das 6. Buch der Aeneis zurück[81], findet sich aber auch in der Georgica[82]. An beiden Stellen spricht Vergil von den Seelen der Verstorbenen und
Verdammten, die vom Sumpf (*palus*, so auch bei Adam statt *mare* bei
Thietmar), und von der *novies Stix* festgehalten werden.

Das Bild von der Styx ist bei antiken Autoren verbreitet[83]. Bei Plinius,
Seneca u. a. ist sie eine giftige korrosive Quelle in Arkadien[84], bei Vergil,
Ovid u. a. eine Bezeichnung für die Unterwelt überhaupt[85]. Bei anderen, Cicero, Statius, Apuleius, aber auch Ovid, Vergil und schon bei Homer bezeichnet sie speziell ein Gewässer der Unterwelt, bei dem die Götter ihre

---

79 S. o. Anm. 27.
80 Adam (wie Anm. 27) II, 21: *credo ea significante causa, quod perditas animas eorum,
    qui idolis serviunt, congrue ‚novies Stix interf usa cohercet‘*.
81 Vers 439.
82 IV, 480.
83 Vgl. Bethe in: Paulys Realencyclopädie der classischen Altertumswissenschaft.
    Neue Bearb., zweite Reihe, 7. Halbbd. (1931), Sp. 463–465. Die folgenden Angaben
    verdanke ich z. T. der Seminararbeit „Das Vergilzitat in Adam II, 21, seine Herkunft
    und Bedeutung" von Brigitte Holl (1964). Einige Hinweise auch bei E. Unger (wie
    Anm. 7) S. 107 f.
84 Plinius, Naturalis historia 2,10; 30,16; 31,2. – Seneca, Libri naturalium questionum III,
    25,1.
85 Vergil, Georgica 1,243; Ovid, Metamorphosen 10,13, Ars amatoria 3,14, Libri tristium
    V,2,74.

heiligsten Eidschwüre leisten[86]. Eine ausführliche Erklärung dieser Bedeutung bietet die Theogonia des Hesiod[87]. Hier findet sich auch die Erklärung für die mit der Styx zusammenhängende Neunzahl: Die Styx ist eine der Töchter des Oceanus. Diese gebietet über ein in der Unterwelt entspringendes Gewässer, von dem neun Teile die Erde umströmen, der zehnte – in der lateinischen Übersetzung mit *cornu* bezeichnet – durchfließt die Unterwelt und wird von den neun, die sich aus ihm speisen, umflossen. Aus diesem Gewässer der Styx ist etwas in einem Gefäß auf Jupiters Geheiß zum Olymp gebracht worden. Bei ihm leisten die Götter jene heiligsten Eide. Leisten sie einen Meineid, so müssen sie nach einem Jahr der Bewußtlosigkeit neun Jahre lang in einem todesähnlichen Schlaf liegen, bis sie im zehnten Jahr wieder zu den Gastmählern der Götter zugelassen werden.

Der Zusammenhang des Styx-Zitats mit den neun Toren bei Adam ist gegeben. Schmeidler hat gemeint, die Zahl der Tore habe Adam veranlaßt, Vergil zu zitieren[88]. Diese Behauptung ist freilich auch umkehrbar. Da Vergil zu den von Adam besonders häufig herangezogenen Autoren gehört[89], wird man zur Beurteilung des Sachverhalts die anderen Stellen zu bedenken haben. In der Mehrzahl der Fälle handelt es sich um Wendungen, die der Charakterisierung von Wesenszügen oder Verhaltensweisen einzelner Personen dienen oder die bei der Betrachtung von Ereignissen oder Vorgängen verwendet werden. Im allgemeinen scheinen die Realitäten nicht wegen des Zitats aus einem antiken Schriftsteller bzw. aus biblischen Büchern zurechtgerückt, so daß Schmeidler recht haben könnte, wenn er das Vorhandensein der neun Tore auf Grund des Styx-Zitats als bestätigt ansieht. Indessen, so einfach ist der Sachverhalt nicht. Worauf es entscheidend ankommt, das ist der Vergleichspunkt zwischen dem, was berichtet, und dem, was als Zitat in den Bericht verwoben wird.

Dieser Vergleichspunkt ist im vorliegenden Falle aber nicht die Zahl der Tore und die der Unterweltsströme, es sind vielmehr die verlorenen Seelen derer, die heidnische Götter verehren. Adam schildert Rethra als den Sitz der Abgötterei *(sedes ydolatriae)*. Diejenigen, die den Hort des Teufelsglaubens betreten, um zu opfern oder um Orakel einzuholen, sind diesem verfallen. Entsprechend wurden diejenigen, die den antiken Abgöttern dienten, von der Unterwelt verschlungen. Hierfür benutzt Adam das ihm aus Vergil zugeflossene Bild von der Styx, mit der bei diesem Autor die Neunzahl verbunden ist. Die Zahl der Styx-Arme ist in diesem Zusammenhang (zunächst

86 Cicero, De natura deorum 3,17; Statius, Thebais 8,30; Apuleius, Metamorphosen 6,115; Ovid, Metamorphosen 12,322, Ars amatoria 1,635; Vergil, Aeneis 6,134, 154; Homer, Ilias 2,755; 8,369; 14,271; 15,37; Homer, Odyssee 5,185; 10,514.

87 Hesiod v. 383 ff. u. 769 ff.

88 Schmeidler, Hamburg-Bremen und Nordost-Europa (wie Anm. 30) S. 349 f.

89 Schmeidler, Adam-Ausg. (wie Anm. 13) S. LXIII. m. Anm. 5.

jedenfalls) relativ nebensächlich. Besteht zwischen ihr und der Anzahl der Tore aber eine Relation, wie es auch Schmeidler annimmt, so dürfte auch diese nicht besonders bedeutsam sein, jedenfalls nicht für die Frage, wie Rethra wirklich beschaffen war.

Dafür, daß ein solches Verständnis nicht an der Sache vorbeigeht, lassen sich weitere Zitate aus Vergil und anderen antiken Autoren im Werke Adams als Stütze anführen, die zeigen, daß in Fällen, in denen allgemeinere Aussagen beabsichtigt sind, einzelne „konkrete" Angaben nicht wörtlich genommen werden dürfen. So schildert Adam den Norwegerkönig Harald Hardrage (den Stiefbruder Olafs des Heiligen) als grausamen Tyrannen[90]. Er bezeichnet ihn mit Worten der Bibel als einen „von Gott verlassenen Menschen", der sich „der Zauberei bediente". Außerdem „scharrte er mit seinen krummen Fingern sogar die Opfergaben und Schätze zusammen, die von den Gläubigen ... am Grabe des Bruders dargebracht worden waren". *unca manu* ist ein Vergil-Zitat[91], das gewiß nicht zur Annahme berechtigt, der König habe „krumme Finger" im wörtlichen Sinne gehabt. – In III, 59 handelt Adam von der Rückkehr des Erzbischofs Adalbert von Bremen in die Politik[92]. Daß er „seinen alten Rang bei Hofe wiederbekam", ist biblisch, ebenso die Wendung, es „stieg sein Glück" hoch empor, so hoch nämlich, „daß er sogar die Leitung der Geschäfte, das Reichsvikariat und zum siebten Male die Würde eines Konsuls erlangte". *iam septies consul* ist eine Wendung, die bei Lucan, Orosius und Cicero vorkommt[93]. Sie ist bei Adam nach Ansicht Schmeidlers nichts anderes als „nur klassische Reminiszenz", dagegen „nicht historische Aussage". – An anderer Stelle berichtet Adam[94] von einem angelsächsischen Missionar, der in Schweden ein Götzenbild des Thor mit der Axt zerschlug. „Für ein solches Unterfangen aber durchbohrten sie ihn sogleich mit tausend Wunden" und er ward so zum Märtyrer. *Pro talibus ausis* ist wieder aus Vergil[95] entlehnt; die „tausend Wunden" aber sind ebenfalls nicht wörtlich zu nehmen.

Ohne Bedeutung sind die Zahlen, wie gerade die beiden letzten Beispiele zeigen, freilich nicht, nur liegt diese in einem höheren Sinn. Die Zahl 1000

---

90 Adam (wie Anm. 13) III, 17, S. 159 f.: ... *ille derelictus a Deo* (2. Maccab. 7, 16). – *Serviebat etiam maleficis artibus* (2. Paralip. 33,6). – *oblationes quoque ac tesauros ... ,unca mann' corrodens ...*

91 Vergil, Georgica 2,365; Aeneis 3,217 u. 6,360.

92 Adam III,59, S. 205: *in pristinum gradum curiae restitutus* (Gen. 40,13). – *succedentibus prosperis* (Gen. 40,23).

93 Lucanus, Pharsalia 2,130; Orosius, Adversum paganos 5,19,3; Cicero, Pro Plancio 21 (Schmeidler, Adam-Ausg. S. 205 m. Anm. 4).

94 Adam II,62, S. 122: *Et ille quidem ,pro talibus ausis' statim mille vulneribus confossus ...*

95 Aeneis 2,535.

soll die ungeheure Vielzahl der Wunden ausdrücken. Auf die Bedeutung der Sieben im mittelalterlichen Denken und in mittelalterlicher Literatur erübrigt es sich, hier näher einzugehen. Es sei statt dessen auf die Steigerung der Sieben, die Zahl 70, hingewiesen, die Adam mehrfach verwendet[96], jedoch nicht im Sinne einer exakten Angabe, sondern als „runde" Zahl. Bei näherem Zusehen zeigt sich freilich, daß auch in diesen Fällen die Zahl nicht willkürlich für einen längeren Zeitraum gesetzt worden ist, sondern, daß sie einen Sinnbezug zu dem, was berichtet wird, verdeutlichen soll. Von hier aus wird man wohl auch die „Versehen" mit Zahlenangaben, die Adam wie so vielen anderen mittelalterlichen Schriftstellern „nachgewiesen" worden sind und die oft mühevolle Erklärungen hervorgerufen haben, anders beurteilen. Zumindest ein Teil der „Irrtümer" ist in einem höheren Sinne „richtig". D. h. durch bedeutungsgeladene Zahlen kann ebenso wie durch Zitate auf den inneren, den eigentlichen und wahren Sachverhalt aufmerksam gemacht werden.

Bevor auf die Frage eingegangen werden soll, ob dies auch für die Zahl Neun in Adams Rethra-Bericht gilt, sei die Schmeidler konträre Ansicht, daß das Styx-Zitat mit der in ihm enthaltenen Neunzahl die neun Tore bedingte, noch von einer anderen Seite her gestützt. Eckhardt Unger spricht in seinem Aufsatz „Rethra. Das Heiligtum der Wenden in Mecklenburg"[97] von den neun „Häfen" anstatt von neun „Toren" bei Adam. Tatsächlich bietet eine Adam-Handschrift an Stelle von *portas* die Lesart *portos*[98]. Der Wechsel von u und o ist im mittelalterlichen Latein durchaus üblich, so daß *portos* sehr wohl an Stelle des korrekten *portus* erscheinen kann. In dieser Handschrift begegnet außerdem des öfteren ein Wechsel zwischen a und o. Die Beispiele, die Schmeidler[99] hierfür angibt, sind alle von der Art, daß da, wo in der betreffenden Form grammatikalisch korrekt ein o stehen müßte, ein a geschrieben ist, ohne daß dadurch der Inhalt berührt würde. Unser Fall bildet jedoch eine Ausnahme. Hier erscheint umgekehrt für das erwartete a ein o, und es ändert sich der Sinn. Schmeidler hat diesen Fall wie die anderen beurteilt und ihm keine Bedeutung beigemessen, obwohl die Handschrift A 1 eine hervorragende Stellung im Stemma einnimmt, da sie der verlorenen Fassung des Werks * a, dem Widmungsexemplar Adams, am nächsten steht und deshalb von Schmeidler zur eigentlichen Grundlage seiner Ausgabe gemacht worden ist. Ihre Lesart *portos* (= portus) paßt aufs beste zur Styx. Das könnte dafür sprechen, daß Adam tatsächlich an neun Häfen statt an neun Tore gedacht hat. Die Korrespondenz zwischen dem Bild von Rethra und

---

96 Schmeidler, Adam-Ausg. S. 48 Anm. 2.
97 Wie Anm. 7, S. 107.
98 A 1 (s. Adam-Ausg. S. 78).
99 Einl. zur Adam-Ausg. S. VIII m. Anm. 8.

der antiken Unterwelt reichte dann über die Zahl Neun hinaus. Neben *portos* und *portas* gibt es schließlich auch noch die Lesart *partes*[100]. Diese Unsicherheit in der handschriftlichen Überlieferung weist darauf hin, daß die „Tore" Adams nicht über jeden Zweifel erhaben und womöglich nicht als primär anzusehen sind. Aus dem Adam-Text ergeben sie sich nicht zwingend. Selbstverständlich sind sie eigentlich erst auf dem Hintergrund des Thietmar-Berichts. Bleibt die Frage „Tore" oder „Häfen" somit auch offen, so ist die damit verbundene Zahl Neun aber unbestritten.

Worauf es Adam offenbar ankam, war dies: den heidnischen Kultplatz als Ort der Unterwelt zu charakterisieren. Diesem Zwecke diente das Styx-Zitat, aber auch die Neunzahl.

Für eine solche Funktion der Neunzahl zwei weitere Beispiele, die sich gut zu Rethra fügen. Thietmar von Merseburg berichtet über den Haupttempel der Dänen zu Leire[101] im Zusammenhang der Unterwerfung dieses heidnischen Volkes durch den deutschen König Heinrich I.: An dem in der Nähe des späteren Roskilde gelegenen Ort Leire, dem *caput* ihres regnums, kamen die Dänen alle neun Jahre zusammen; dort brachten sie ihren Göttern 90 (bzw. 99) Menschen und ebenso viele Pferde, Hunde und Hähne als Opfer dar.

Das zweite Beispiel findet sich bei Adam von Bremen in seinem Bericht über den Tempel von Uppsala und den Kult der heidnischen Schweden: In diesem Tempel verehrt das Volk die Standbilder dreier Götter – Thor, Wodan und Freyr[102]. Alle neun Jahre feiern sie dort ein Fest. Dabei werden von jedem männlichen Lebewesen neun Stück *(capita)* dargebracht ... Die Leiber werden in einem dem Tempel benachbarten Hain aufgehängt. Da hängen Hunde, Pferde und Menschen. Ein Christ hat erzählt, er habe 72 solcher Leichen beieinander hängen sehen[103].

---

100 B 2 (S. 78).
101 Thietmar (wie Anm. 18) 1,17, S. 22: *ubi post VIIII annos ... omnes convenerunt, et ibi diis suimet LXXXX [et VIIII] homines et totidem equos, cum canibus et gallis pro accipitribus oblatis, immolant, pro certo, ut predixi, putantes hos eisdem [erga inferos] servituros et commissa crimina [apud eosdem] placaturos.* Bei dem in eckige Klammern Gesetzten handelt es sich um Zusätze über der Zeile von der Hand Thietmars (s. u. Anm. 104).
102 Adam (wie Anm. 13) IV,26, S. 258 f.: *In hoc templo, quod totum ex auro paratum est, statuas trium deorum veneratur populus, ita ut potentissimus eorum Thor in medio solium habeat triclinio; hinc et inde locum possident Wodan et Fricco.*
103 Adam IV, 27, S. 259 f.: *Solet quoque post novem annos communis omnium Sueoniae provintiarum sollempnitas in Ubsola celebrari ... ex omni animante, quod masculinum est, novem capita offeruntur, quorum sanguine deos [tales] placari mos est. Corpora autem suspenduntur in lucum, qui proximus est templo ... Ibi etiam canes et equi pendent cum hominibus, quorum corpora mixtim suspensa narravit mihi aliquis christianorum LXXII vidisse.*

Worin besteht das Gemeinsame dieser Berichte? In allen drei Fällen (Rethra, Leire, Uppsala) handelt es sich um einen heidnischen Haupttempel einer größeren politischen Gemeinschaft. In allen drei Fällen geht es um das heidnische Opferfest. In allen drei Fällen spielt die Neunzahl eine Rolle. Die Zahl der Opfer beläuft sich in Leire auf 72, in Uppsala auf 90 bzw. 99. Alle diese Zahlen bilden ein Mehrfaches von neun: achtmal neun, zehnmal neun, elfmal neun.

Einen Fingerzeig zum Verständnis bietet Thietmar. Bekanntlich hat er das Autograph seines Werkes noch einmal durchkorrigiert und an manchen Stellen ergänzt[104]; so auch im Leire-Kapitel. Im Anschluß an die Nachricht von den Opfern folgt eine allgemeine Betrachtung. Und diesem Satz über den Sinn der Opfer fügte Thietmar die Worte *erga inferos* und *apud eosdem* hinzu[105], so daß er nun lautet: „Sie hielten es für sicher, daß die Opfer ihnen ‚bei den Unterirdischen' dienten und begangene Verbrechen ‚bei ihnen' wieder gutmachen könnten." Waren zunächst nur heidnisches und christliches Opfer gegenübergestellt, so jetzt auch Gott Vater und die Unterirdischen. Man erinnere sich der Styx, die diejenigen gefangenhält, die den *inferi* (wie Adam sagt) dienen. Von ihren „verlorenen Seelen" spricht Adam in seinem Rethra-Bericht, vom Wesen der Seelen und von der Unsterblichkeit, die die Slawen leugnen, handelt Thietmar kurz vor dem Leire-Kapitel[106]. Als er dieses ergänzte, hat er darüber hinaus die Zahl der Opfer von 90 in 99 korrigiert[107]. Hier scheint doch ein Zusammenhang mit den „inferi" zu bestehen, denen diese Opfer dargebracht werden.

Auch zu Adams Neunzahl findet sich ein Fingerzeig. Eines der Scholien[108] erläutert die 72 Opfer in Uppsala so: „Neun Tage lang werden Gelage und solche Opfer gefeiert. An jedem Tage opfern sie einen Menschen mit den anderen Tieren, so daß es in neun Tagen 72 Lebewesen sind, die dargebracht werden." Die Beziehung zur Neunzahl ist klar ausgedrückt. Nur muß man, damit die Zahl 72 aufgeht, annehmen, daß es außer den genannten Menschen, Hunden und Pferden noch andere Lebewesen waren, nämlich acht pro Tag. Worauf es ankommt, ist dies: daß die Erläuterung des Textes ganz selbstverständlich mit Hilfe der Neunzahl gegeben wird, ja daß man um sie wissen muß, wenn man die „Erklärung" verstehen will.

Skeptiker werden vielleicht meinen, daß die von Thietmar und Adam genannten Zahlen exakt die Größenordnung der heidnischen Opfer (und den

104 Vgl. Holtzmann i. d. Einl. z. s. Thietmar-Ausg. S. XXIII/XXIV.
105 S. o. Anm. 101.
106 Thietmar I,14, S. 20.
107 Über der Zeile trug Thietmar zu der Zahl *LXXXX* hinzu: *et VIIII.*
108 Scholion 141, Adam-Ausg. S. 260: *Novem diebus commessationes et eiusmodi sacrificia celebrantur. Unaquaque die offerunt hominem unum cum ceteris animalibus, ita ut per IX dies LXXII fiant animalia, quae offeruntur.*

Zeitabstand der Opferfeste) angeben. Die Veränderung der Zahl 90 in 99 durch Thietmar wäre dann eine Berichtigung im heutigen Sinne auf Grund neuerer oder besserer Information. Wahrscheinlich ist dies nicht für den, der das Verhältnis mittelalterlicher Autoren zu den Zahlenangaben[109] einmal näher prüft. Die Zahl soll sehr oft nicht bloß eine womöglich genaue Menge angeben, sondern sie soll auch bezeichnen und helfen, das Wesen zu erkennen oder zu erschließen. Wir besitzen ausdrückliche Zeugnisse für die exemplarische Bedeutung der Zahlen, aber auch theoretische Ausführungen darüber. Die Zahl als solche ist wertfrei; sie hat eine positive und eine negative Seite. Was sie ausdrückt, ergibt sich jeweils aus dem Zusammenhang. Das gilt auch für die Neun, die hier im Komplex von Heidenkult und Opferfest eine Rolle spielt.

Die Neun wird verstanden als eine potenzierte Drei und drückt deren Wesen gesteigert aus. Nach Hrabanus Maurus[110], dessen Ausführungen über die Zahlen eine große Wirkung gehabt haben, ist die Neun die Zahl der Engel, der Erzengel; sie ist aber auch die Zahl der throni, der dominationes (der Gewaltherrschaften), der virtutes (nicht im Sinne von Tugend, sondern von Kraft und Macht), der principatus (Herrschaften) und der potestates (Gewalten). In diesem Katalog überwiegt die negative Seite. Deshalb werden auch dem Volke Gottes widrige Herrscher durch sie bezeichnet, wie der König Og von Basan im 5. Buche Mose (cap. 3), *qui typus est diaboli*[111].

---

109 Die Zahl der Arbeiten über die Zahlensymbolik, die seit dem Buch von J. Sauer, Symbolik des Kirchengebäudes und seiner Ausstattung in der Auffassung des Mittelalters (2. verm. Aufl. 1924, über die Zahlen S. 61–87) in den letzten Jahren erschienen ist, betrifft in erster Linie mittelalterliche Dichtungen, viele sind aber auch von allgemeinerer Art. Einen Überblick vermittelt: H. Schümann, Die Zahlenkomposition in der deutschen Dichtung des Mittelalters (Literatur in Wiss. u. Unterricht 1, 1968, S. 288–304). Von den danach erschienenen Arbeiten seien die folgenden genannt: W. Haubrich, Ordo als Form. Strukturstudien zur Zahlenkomposition bei Otfrid von Weißenburg und in der karolingischen Literatur (= Hermaea, Germanistische Forsch. N. F. 27, 1969); B. Taeger, Zahlensymbolik bei Hraban, bei Hincmar – und im ‚Heliand‘? (= Münchener Texte u. Unters. z. dt. Lit. d. Mittelalters 30, 1970); H. Langosch, Komposition und Zahlensymbolik in der mittellateinischen Dichtung (Miscellanea Mediaevalia 7, 1970, S. 106–151); H. Meyer, Die allegorische Deutung der Zahlenkomposition des Psalters (Frühmittelalterl. Studien, Jb. d. Inst. f. Frühmittelalterforschung d. Univ. Münster 6, 1972, S. 212–231). Zwei Münsterer Dissertationen aus der Schule von F. Ohly sind im Druck bzw. dafür vorgesehen: H. Meyer, Die Zahlenallegorese im Mittelalter. Methode und Gebrauch; R. Hartmann, Allegorisches Wörterbuch zu Otfrids von Weißenburg Evangeliendichtung (1973), hier über Zahlen S. 503–530 (masch.).

110 Hrabanus Maurus „De numero", 3. Kap. im 18. Buche des Werkes „De Universo libri viginti duo" (Patrologiae cursus completus, Series Latina, ed. J. P. Migne, Bd. 111, 1852, Sp. 491 f.). – Vgl. auch Isidor von Sevilla, Liber numerorum qui in Sanctis Scripturis occurrunt (ebd., Bd. 83, Sp. 179-200).

111 Hraban (wie Anm. 110).

Daraus ergibt sich eine klare Beziehung zu den heidnischen Staatstempeln, -kulten und -opfern. In ihnen herrscht die dem Christentum feindliche Macht und Gewalt, herrscht der gefallene Engel, *diabolus vel Zuarasici* (wie Brun von Querfurt vom Lutizen-Hauptgott sagt)[112], der Gegenspieler des im Slawenkampf herausgestellten christlichen Heiligen Mauritius.

Menschen und Tiere müssen sich dem Gesetz der blutigen heidnischen Opfer beugen[113]. Die Zahl des Gesetzes (nicht nur des Dekalogs, sondern auch des heidnischen) ist die Zehn[114]. Darauf wird mit der Zahl 90 in Thietmars Leire-Bericht hingedeutet. Sie bezeichnet diejenigen, die dem *exsecrandus ritus*[115] unterworfen sind. Die Änderung in 99 verschiebt ein wenig den Akzent. Elf ist die Zahl der Übertretung des Gesetzes und entsprechend die der Sünde und der Sünder[116]. Sie zielt auf jene, die das von Thietmar als Quintessenz des Leire-Berichts zitierte Wort Gottes (Exod.23, 7)[117] „Den Schuldlosen und Frommen sollst Du nicht töten" (Luther) nicht beachten, sondern es verletzen, und die damit nicht Gott, sondern den *inferi* dienen. Die Änderung der Zahl hing also mit diesem hinzugefügten Wort zusammen, durch das der Gegensatz zwischen dem Christengott und den heidnischen Abgöttern stärker herausgestellt wurde.

Und was bedeutet die Acht (acht mal neun = 72)[118]? Sie ist die Zahl der Auferstehung Christi, aber auch der Toten und damit auch der in Uppsala Geopferten. Wieder ein durchaus sinnvoller Bezug. Die Vorstellung des Todes wird durch die Verbindung der Acht mit der Neun noch gesteigert. Christus starb in der neunten Stunde. In dieser Stunde – so klingt es immer

---

112 S. o. Anm. 25 u. 26.
113 Vgl. z. B. Helmold (wie Anm. 12) cap. 52 „De ritu Slavorum", S. 102 f. (bzw. S. 196–199). Zu den Problemen heidnischer Opfer vgl. den von H. Jankuhn herausgegebenen Sammelband „Vorgeschichtliche Heiligtümer und Opferplätze in Mittel- und Nordeuropa" (= Abh. d. Akad. d. Wiss. in Göttingen, phil-hist. Kl., 3. Folge, Nr. 74, 1970).
114 Vgl. hierzu u. a. F. Tschirch, Die Bedeutung der Rundzahl 100 für den Umfang mittelalterlicher Dichtungen – Studie zum symbolischen Denken im Mittelalter („Gestalt und Glaube", Festschrift für Oskar Söhngen zum 60. Geburtstag 1960, jetzt in: F. Tschirch, Spiegelungen. Untersuchungen vom Grenzrain zwischen Germanistik und Theologie, 1966 S. 226–244) S. 226 f.; ders., Spiegelungen S. 272.
115 Thietmar (wie Anm. 101).
116 Vgl. u. a. J. Rathofer, Der Heliand. Theologischer Sinn als tektonische Form (= Niederdt. Stud. 9, 1962) S. 324–327.
117 Thietmar S. 24: *Acceptabilem enim Deo patri hostiam fert, qui humano sanguini parcit. Praecipit enim Dominus: ‚Innocentem et pium non interficias'.*
118 Vgl. Sauer (wie Anm. 109) S. 78 f.; Meyer, Psalter (wie Anm. 109) S. 218 f.; Rathofer (wie Anm. 116) S. 308. Auch in der Weltalterlehre spielt die Acht als Zahl der Auferstehung Christi und damit der neuen Welt eine Rolle, vgl. Roderich Schmidt, Aetates mundi. Die Weltalter als Gliederungsprinzip der Geschichte (Zs. f. Kirchengesch. 67, 1955/56, S. 288–317).

wieder in Bibelkommentaren auf – triumphiert der Fürst dieser Welt über
den Gottessohn. Vom Tod Christi her meint neun auch das Kreuz[119]. Von
ihm ist im Leire-Kapitel Thietmars ebenfalls die Rede, wenn er schreibt,
König Heinrich I. habe die Dänen von ihrem alten Irrglauben abgebracht
und habe sie gelehrt, „das Joch Christi zu tragen". Die Zahl Neun weist aber
auch auf die, die in der Nachfolge Christi das Kreuz auf sich genommen und
das Martyrium erlangt haben. Wir besitzen Nachrichten, daß bei den heidnischen Opferfesten auch Christen den Heidengöttern dargebracht worden
sind[120]. Vom Tod des Bischofs Johannes, der 1066 in Rethra in kultischer
Form geopfert wurde, war schon die Rede[121]; hier wurden auch auf einem
concilium paganorum zwei böhmische Mönche zu Märtyrern[122].

Nach diesen Beispielen wird man sagen dürfen, daß die Neunzahl im Zusammenhang mit Heidenkult und -opfer bei Thietmar und bei Adam als ex-
emplum gebraucht ist, auch im Rethra-Kapitel Adams. Die neun Tore sind
die Pforten der Hölle. Adam liefert damit eine significatio des Kultortes Rethra.
Dieser wird von ihm zwiefach charakterisiert: als Ort der Unterwelt durch
das Zitat eines antiken Autors und als Hort teuflischer Macht durch die in
jener Zeit allgemein verständliche Verwendung einer auch christlichen Sym-
bolzahl.

Dafür, daß die Zahlen tatsächlich in der dargelegten Weise benutzt und
auch verstanden worden sind, sei wenigstens auf ein ausdrückliches Zeugnis
verwiesen: In der Lebensbeschreibung Bischof Ottos von Bamberg aus der
Feder Herbords von Michelberg wird berichtet[123], daß der Bischof bei seiner
ersten Missionsreise nach Pommern 1124 sich auf Pyritz, der ersten Stätte
seines Wirkens, zubewegte, wo gerade ein heidnisches Kultfest veranstaltet
wurde. Auf dem Wege dorthin taufte er bereits 30 Menschen, „und er freute
sich des unter geheimnisvoller Vorbedeutung von ihm begonnenen Werkes,
indem er in dieser Zahl verborgen eine Hindeutung fand auf den Glauben an
die heilige Dreieinigkeit und auf die zehn Gebote".

Von hier aus erscheint auch das *tricornis* Thietmars in einem anderen,
nämlich symbolischen Lichte. Vorhin waren wegen der Bedeutung des Wortes antike Schriftsteller zu Rate gezogen worden. Aber schon Schuchhardt

---

119 Dazu R a t h o f e r passim.
120 Wie Anm. 113.
121 S. o. Anm. 13.
122 Adam (wie Anm. 13) Schol. 71, S. 163.
123 Herbord, Dialogus de vita Ottonis episcopi Bambergensis 11,12 (ed. R. K ö p k e,
MG SS 20, 1868, S. 781; MG SS rer. Germ. 1868; ed. Ph. J a f f é, Monumenta Bambergensia = Bibl. rer. Germ. 5, 1869, S. 755): *Hos ergo quasi primitias dominicae mes-
sis in aream domini sui messor devotus cum gratiarum actione componens, baptizavit
illic homines 30, fidemque sanctae Trinitatis et decalogum legis in numero tacite con-
siderans, opus euangelicum mystice a se inchoatum gavisus est.*

hat darauf hingewiesen, daß „cornu" auch ein biblischer Begriff ist, der in der Heiligen Schrift wiederholt vorkommt[124], und zwar fast immer in der Bedeutung „Macht", „Kraft" oder „Gewalt", die auch der Neunzahl inne-wohnt, wobei dieser Begriff ebenso wie die Zahlen ambivalent Gutes und Böses bezeichnen kann. Als Beispiel sei der 11. Vers des 74. Psalms genannt: *Et omnia cornua peccatorum confringam, et exaltabuntur cornua iusti.* Hier ist *cornua peccatorum* und *cornua iusti* (auf Christus bezogen) gegenüberge-stellt. Daß auch Thietmar mit dieser Bedeutung des Wortes „cornu" vertraut war, bezeugt die Stelle seiner Chronik[125], wo er von sündhaften Bischöfen spricht, sie als *cornupeta* („stößig" übersetzt Luther die Stelle aus 2. Mose 21, 29.36) bezeichnet und einen anderen Psalmvers (74,6) zitiert: „Hebt Euer Horn nicht zu hoch." Das Substantiv *cornu* hat bei Thietmar diese übertra-gene negative Bedeutung: hochmütig, bösartig, gottesfremd. Da, wo er es auf Tiere bezieht, nämlich im Falle des Tempelfundaments in Rethra[126], spricht er ausdrücklich von *cornua bestiarum;* hier bedurfte „cornu" einer näheren Bestimmung.

Wenn Thietmar zu *urbs Riedegost nomine* das Adjektiv *tricornis* hinzu-fügte, so sollte damit zweifellos eine Erläuterung gegeben werden. Nach den Zusammenhängen, die hier entwickelt worden sind, dürfte die Annahme na-heliegen, daß er dies in der gleichen Absicht tat, die Adam mit dem Styx-Zitat und mit der Bemerkung von den neun Toren verfolgte: das Heiligtum in seinem bösartig heidnischen Charakter zu ‚bezeichnen'.

Weshalb aber „drei-hörnig"? Die Zahl Drei bedeutet überall und grund-sätzlich eine Bekräftigung und Steigerung. Vor allem aber bezeichnet sie die Trinität. Wir besitzen für diese Deutung der drei Hörner ein erhellendes Zeugnis in der Erklärung des Hohen Liedes des Brun von Schönebeck (Ende des 13. Jahrhunderts). Hier heißt es: *die dri hornic bezeichen den vater, den son, den geist*[127].

Aber auch die Trinität kann negativ verstanden werden und auf eine heidnische Göttertrias gehen. Die Vorstellung, daß auch bei den Heiden eine Dreiheit von Göttern verehrt wurde, war weit verbreitet. In Uppsala waren es nach Adam: Thor, Wodan und Freyr[128]. Für die Lutizen haben wir ein in-

---

124 Schuchhardt (wie Anm. 33) S. 31 f.

125 Thietmar (wie Anm. 18) VIII 23, S. 520: *Novus cornupeta antiquam legem bonam-que consuetudinem hactenus florentem iam disrumpit seque caeteris elatiorem esse valenter ostendit; ... Daviticam is ignorat sententiam eundem sic dulciter amonen-tem: ‚Nolite extollere in altum cornu vestrum' et cetera.*

126 S. o. Anm. 20.

127 Brun von Schonebeck, hg. v. A. Fischer (= Bibl. d. Litt. Ver. 198, 1893, S. 134, Vers 4421/22). Über Brun und sein Werk vgl. L. Wolff (Die deutsche Lit. d. Mittelalters. Verfasserlexikon, Bd. 1, 1933, Sp. 296–303; Bd. 5, 1955, Sp. 110 f.).

128 Adam (wie Anm. 102). Negativ gebraucht Adam die Dreizahl für Vineta: *Ibi cernitur Neptunus triplicis naturae* (II, 22, S. 79).

teressantes Zeugnis aus den zwanziger Jahren des 12. Jahrhunderts in der
Historia ecclesiastica des Ordericus Vitalis. An dem hier geschilderten
Kriegszug des Dänenkönigs Sven Estridson nach England (1069) nahm auch
ein wendisches Kontingent teil, das zum Volk der Lutizen gehörte und das
„in seiner Verblendung den wahren Gott nicht kannte, sondern … Wodan
und Thor und Freya und andere falsche Götter, richtiger Dämonen, verehrte"[129]. Natürlich haben sie nicht diese Namen geführt. Aber sie entsprachen
nach Meinung des Chronisten den genannten germanischen Gottheiten, und
zwar ebenso sehr oder wenig wie die germanischen den antiken, mit deren
Namen antike und später mittelalterliche Autoren die germanischen Götter
belegten. Entscheidend ist hier die Vorstellung einer lutizischen Göttertrias.
Dem „tri-cornis" Thietmars lag auch von hier aus ein Sinn zugrunde.

Freilich sind in den historiographischen Berichten nicht alle derartigen
Angaben und keineswegs ausschließlich symbolisch gemeint. Es werden
vielmehr solche, die informieren, und solche, die charakterisieren sollen, nebeneinander gestellt. Auch dafür ein Beispiel: Thietmar berichtet eingehend
über das Roßorakel zu Rethra[130]. Gleich anschließend erzählt er folgendes:
Wenn bei den Lutizen bzw. bei den Redariern ein innerer Krieg bevorstehe,
komme aus dem See, an dem die Kultburg Rethra liegt, ein großer Eber,
vergnüge sich unter schrecklichem Schütteln im Morast und zeige sich vielen[131]. Eine neuere Untersuchung[132] gelangte zu dem Ergebnis, daß die Eber-
Symbolik in Skandinavien eng mit den Göttern Thor, Odin und Freyr verbunden ist und daß sie besonders mit Streit und Kampf untereinander
zusammenhängt. Der Sinn der Eber-Erzählung bei Thietmar kann doch kein
anderer sein, als Rethra in einem Zwielicht erscheinen zu lassen. In der
christlichen Tiersymbolik[133] bezeichnet der Eber einerseits Christus, andererseits aber auch den Teufel. In der Bibel kommt der Eber im 79. Psalm vor
(der zwischen dem Psalm über die Zerstörung des heiligen Tempels Gottes

129 Ordericus Vitalis, Historia ecclesiastica (MG SS 20, 1868, S. 51): *Leuticia quoque …
    auxiliares turmas mittebat. In ea populosissima natio consistebat, quae gentilitatis ad-
    huc errore detenta verum Deum nesciebat, sed ignorantiae muscipulis illaqueata
    Guodenen et Thurum Freamque aliosque falsos deos, immo daemones, colebat.* Vgl.
    dazu Brüske (wie Anm. 2) S. 225–227 (Exkurs 1: Die „germanischen Lutizen"). Die
    Frage, ob unter den Lutizen wegen der genannten Götter „Germanen" angenommen
    werden müssen, ist falsch gestellt.
130 Thietmar VI, 24, S. 302/304.
131 Ebd. S. 304: *Si quando his seva longae rebellionis assperitas immineat, ut e mari pre-
    dicto aper magnus et candido dente e spumis lucescente exeat seque in volutabro de-
    lectatum terribili quassatione multis ostendat.*
132 H. Beck, Das Ebersignum im Germanischen. Ein Beitrag zur germanischen Tier-
    Symbolik (1965).
133 Vgl. auch D. Schmidtke, Geistliche Tierinterpretation in der deutschsprachigen
    Literatur des Mittelalter (2 Bde., 1968).

und dem Psalm von der rechten Festfeier steht); von ihm wird gesagt, daß er den Weingarten des Herrn zerstöre[134]. Dieses Bild begegnet immer wieder in Bibelkommentaren wie in Dichtungen und ist im ganzen Mittelalter und darüber hinaus den Menschen geläufig gewesen[135]. Dieser Eber, der Teufel, soll sich auch in der *urbs tricornis* Rethra zeigen. Diese ist auch durch diese Charakterisierung eine Stätte des Antichristlichen schlechthin. Die nordischen Parallelen, die ja schon öfter in unserem Zusammenhang deutlich geworden sind, lassen vermuten, daß in dieser von Thietmar mitgeteilten Sage eine versteckte, damals freilich verständliche Anspielung auf die heidnische Göttertrias der Lutizen steckt, eine entsprechende Anspielung wie in dem Wort *tricornis*. Alles, was Thietmar über Rethra berichtet, geschah ja nicht in erster Linie, um interessante Mitteilungen zu liefern, sondern um vor dem Bündnis mit ihnen zu warnen. Deshalb beendet er seinen Bericht über Rethra (I, 25) mit den Worten: „Fliehe, Leser, ihren Kult und ihre Gemeinschaft, höre und befolge vielmehr die Gebote der Heiligen Schrift."

Ungeachtet dessen wird das Lutizenheiligtum von Thietmar und Adam in einer Weise bewertet und herausgestellt, die erstaunen macht. Thietmar spricht von den „Tempeln" der Lutizen, unter denen Rethra die erste Stelle einnimmt[136]: *principalem tenet monarchiam.* Mit *templum* bezeichnet er sonst nur christliche Kultgebäude. Adam verwendet das Wort *templum* für die Kathedralkirche in Bremen, für den Tempel in Jerusalem und für die beiden Heidentempel in Uppsala und Rethra. Die Bezeichnung für diese Kultburg als Örtlichkeit sind die synonym gebrauchten Wörter *urbs* und *civitas*[137]. An einer Stelle nennt Adam sie aber *metropolis*[138]. Dieses Wort ge-

---

134 Ps. 79,14: *Exterminavit eam aper de silva, et singularis ferus depastus est eam.*

135 Der äußerlichen Unsauberkeit des Schweins entspricht nach allg. auch mittelalterlicher Vorstellung die innere. Thietmar hat sich in Selbstanklage (I,20, S. 26) mit einem Schwein verglichen: *de inmundo semine conceptus, volutabar in luto et immunda sus.* Eine andere Figuration der moralischen Unsauberkeit ist Esau, dessen Fell so rauh wie das des Ebers war, der mit dem Schwein in Beziehung gesetzt wurde und der wie der Eber als Inbegriff der Gottesfeindlichkeit galt; vgl. Roderich Schmidt, AEIOU. Die mittelalterlichen „Vokalspiele" und das Salomon-Zitat des Reinbot von Durne (Zeiten und Formen in Sprache und Dichtung. Festschrift für Fritz Tschirch zum 70. Geburtstag, 1972, S. 113–133), speziell S. 125–129.

136 Thietmar IV,25, S. 304: *Quot regiones sunt in his partibus, tot templa habentur et simulacra demonum singula ab infidelibus coluntur, inter quae civitas supramemorata principalem tenet monarchiam.*

137 Hierzu allg. W. Schlesinger Stadt und Burg im Lichte der Wortgeschichte (Studium Generale 16, 1963, S. 433–444); vgl. auch ders., Burg und Stadt (Aus Verfassungs- u. Landesgeschichte. Festschrift für Th. Mayer, 1. Bd., 1954, S. 97–150; wiederabgedruckt in: W. Schlesinger, Beiträge zur deutschen Verfassungsgeschichte des Mittelalters, Bd. 2, 1963, S. 92–147, mit Zusätzen S. 263 bis 265).

138 S. o. Anm. 13.

braucht er nur noch für den Erzsitz der Bremer Kirche[139], für Magdeburg[140] sowie für Kiew[141], Drontheim[142] und Birka[143], d. h. für Erzbistumssitze oder für christliche Missionszentren. Rethra bildet die Ausnahme! Und um die Singularität noch zu unterstreichen, stellt er Rethra mit Magdeburg auf eine Stufe, indem er beide, aber nur sie, als *metropolis Sclavorum* bezeichnet.

Das Ringen zwischen der christlich-deutschen und der heidnisch-slawischen Machtkonstellation in den Gebieten östlich der Elbe, das Brun von Querfurt personifiziert hatte, indem er den mit dem ottonischen Königshaus und mit Magdeburg verbundenen Mauritius und den Lutizengott in Rethra gegenüberstellt, war auch zur Zeit Adams von Bremen noch nicht endgültig entschieden. In den Abscheu der Historiographen vor der teuflischen Macht mischt sich der Respekt vor der Widerstandskraft des Heidentums, das seine „Hörner" in Rethra gewaltig emporhob.

In dieser merkwürdig ambivalenten „Würdigung" Rethras dürfte die eigentliche Bedeutung der historiographischen Berichte über das Heiligtum zu sehen sein. Für die Frage nach seiner Lage sagen sie weniger aus, als meist angenommen. Rethra zu finden, ist Sache der Archäologie im Verein mit der Siedlungsforschung und anderen Disziplinen. Einen wesentlichen Beitrag kann aber durch die erneute kritische Überprüfung der urkundlichen Überlieferung[144], vornehmlich der des Prämonstratenserklosters Broda, geliefert werden. Sie darf in mancher Hinsicht dankbar anknüpfen an die Untersuchung über die sogenannten Stiftungsurkunden des Bistums Havelberg[145] von Walter Schlesinger.

---

139 Adam (wie Anm. 13) S. 19, 22, 73, 119, 125, 132, 168, 206, 215, 279.
140 Adam II,15, S. 71: *Ipso tempore magnus Otto subiugatis christianaeque fidei copulatis Sclavorum gentibus inclytam urbem Magedburg ... condidit, quam Slavis metropolem statuens.*
141 Adam II, 23, S. 80: (Ruzzia). *Cuius metropolis civitas est Chive.*
142 Adam IV, 33, S. 267: *Metropolis civitas Nortmannorum est Trondemnis.*
143 Adam IV,20, S. 249: *Quorum errori condolens noster metropolitanus statuit Bircam illis gentibus metropolem.*
144 Vgl. die Zusammenstellung von B r ü s k e (wie Anm. 2) S. 147–156; s. o. Anm. 60.
145 W. S c h l e s i n g e r, Bemerkungen zu der sogenannten Stiftungsurkunde des Bistums Havelberg von 946 Mai 9 (Jb. f. d. Gesch. Mittel- u. Ostdeutschlands 5, 1956, S. 1–38; wiederabgedruckt in: W. S c h l e s i n g e r, Mitteldeutsche Beiträge z. dt. Verfassungsgesch. d. Mittelalters, 1961, S. 413–446, mit Zusätzen S. 487 f.).

Nachtrag
Während der Drucklegung erschien der Aufsatz von H: D. S c h r o e d e r und W. H o r n e m a n n, Die Sitze der Redarier und die Lage Rethras (Greifswald-Stralsunder Jb. 10, 1972/73, 1973, S. 35–71), der die vorstehenden Ausführungen kaum berührt, weil auf eine Erörterung der Lage Rethras in diesem Festschriftenbeitrag verzichtet werden mußte (s. o. Anm. 1).

Die Pommernmission Bischof Ottos von Bamberg (1124/1128)

Ihre Bedeutung für die Entstehung der pommerschen Kirche und die Anfänge des pommerschen Herzogsstaates

Vor 875 Jahren, Ende Mai–Anfang Juni des Jahres 1128, kam es in Demmin zu einer historischen Begegnung. Es trafen sich Bischof Otto von Bamberg und der Pommernherzog Wartislaw I. Es war dies nicht die erste Begegnung der beiden und nicht die erste Reise des Bamberger Bischofs nach Pommern. Bereits 1124 hatte er eine Fahrt hierhin unternommen.

Wenn von Pommern die Rede ist, so bedarf dies für die ersten Jahrzehnte des 12. Jahrhunderts der näheren Bestimmung. Noch trennte die Oder das Stammesgebiet der Pomoranen östlich des Stromes von den Gebieten westlich desselben. Ihre Bevölkerung gehörte zu der Stammesgruppe der Lutizen. Während dieser Raum zum sächsischen Markengebiet gerechnet wurde und damit zum deutschen Reich, war es im pomoranischen Raum zu regionalen Herrschaftsbildungen unter einheimischen Fürsten gekommen. Zum Jahre 997 wird zuerst ein »dux Pomorie« erwähnt, im Jahre 1046 ein »dux Bomeriorum« mit Namen Zemuzil. Dieser fand sich 1046 auf einem Hoftag des deutschen Königs Heinrich III. in Merseburg ein, um diesem ebenso wie der Herzog von Böhmen und der Herzog von Polen Tributzahlungen zu leisten. Der Anspruch des Reiches auf diese Gebiete östlich der Marken wurde damit bekräftigt. Das Verhältnis des Zemuzil wie anderer Pommernfürsten zum Herzogsgeschlecht der Greifen bleibt im Dunkeln. Dieses tritt erst mit Wartislaw und seinem Bruder Ratibor zu Beginn des 12. Jahrhunderts ins Licht der historischen Überlieferung.

Die Pomoranen waren damals ebenso wie die Lutizen noch Heiden, anders als die Böhmen und Polen, die seit dem 10. Jahrhundert in eigenen Staatsverbänden lebten und bereits das Christentum angenommen hatten und bei denen christliche Kirchenorganisationen bestanden. Der Polenherzog Boleslaw I. Chrobry (der Tapfere) gründete an seinem Sitz in Gnesen gemeinsam mit Kaiser Otto III. im Jahre 1000 ein Erzbistum.

Die Politik Boleslaw Chrobrys zielte auf die Inbesitznahme des pomoranischen Raumes und damit auf die Ostsee. Im Zuge dieser Bestrebungen wurde auch ein Bistum in Kolberg als Suffraganbistum von Gnesen gegründet. »Da die Pomoranen (aber) bereits um 1005/13 im Gefolge der Polenkriege Kaiser Heinrichs II. die polnische Oberhoheit wieder abzuschütteln vermochten, kam es zu keinem Ausbau der kirchlichen Ansätze des Jahres 1000«. »Das polnische Bistum Kolberg ... war letztlich nur Programm des polnischen Episkopats, eine kirchenpolitische Zielsetzung im Gefolge der Großstaatsbildung (Polens), deren Verwirklichung von der politischen Sicherung des eroberten Gebietes und von der missionarischen Potenz der polnischen Kirche abhängig war. Beide Voraussetzungen waren vorerst aber nur in geringem Maße gegeben« (Petersohn S. 43).

Eine Änderung trat erst hundert Jahre nach Gnesen ein. Die Ostseeküste war nach wie vor Ziel der polnischen Politik, Herzog Boleslaw III., genannt Schiefmund, (1102–1138) nahm diese gleich nach seinem Regierungsantritt 1102 wieder auf, und es gelang ihm, sie im allmählichen Vorstoß von der Netze zur Persante und weiter nach Westen zur Oder zu verwirklichen. 1121 konnte er Stettin erobern, und damit brach der Widerstand der Pomoranen zusammen. »Wartislaw I., dessen Herrschaftsposition sich gerade durch die langjährigen Kämpfe gegen Polen erheblich gefestigt hatte, mußte sich dem polnischen Herzog unterwerfen« (Petersohn, 1971, S. 214). Das Gebiet zwischen Persante, Küddow und Oder blieb zwar seiner Herrschaft unterstellt, doch mußte er die polnische Oberhoheit anerkennen und sich verpflichten, einen jährliche Tribut zu zahlen, im Kriegsfall bewaffnete Hilfe zu leisten – und für sein Land das Christentum anzunehmen.

Die Christianisierung der Pomoranen war dem Polenherzog auch insofern wichtig, als sie der Sicherung seiner Oberhoheit dienen würde. Herzog Boleslaw übertrug die Aufgabe der Mission zunächst einem spanischen Eremiten namens Bernhard, der schon in Italien missioniert hatte, wenn auch ohne Erfolg, und der auch im Land an der Ostsee scheiterte. Nun wandte sich Herzog Boleslaw 1123 an Bischof Otto von Bamberg.

Weshalb an ihn? Gab es denn im polnischen Klerus keine geeignete Person? Oder wollte man keinen Polen mit der Aufgabe betrauen wegen der Abneigung der Pomoranen gegen die feindlichen Eroberer? Bischof Otto empfahl sich in mehrfacher Hinsicht. Er war ein Mann von diplomatischem Geschick und internationaler Reputation. Kaiser Heinrich II. ernannte seinen Hofkaplan 1102 zum Bischof von Bamberg, einer Diözese, die schon seit längerem Verbindungen nach Polen unterhielt. Die Bischofsweihe erfolgte 1106 durch Papst Paschalis II. Im Streit zwischen Kaiser Heinrich IV. und seinem Sohn Heinrich V. blieb Otto neutral, wurde nach dem Tode des alten Kaisers aber Anhänger des Sohnes, begleitete diesen 1111 zur Kaiserkrönung nach Rom. Im Streit Heinrichs V. mit dem Papst suchte er zu vermitteln, in dem Bestreben, Königstreue mit Kirchentreue zu verbinden. Als Kirchenfürst war er ein Mann der Reform, besonders der Klöster, deren wirtschaftliche Verhältnisse er zu sichern bemüht war.

Über 20 neue Klöster hat er im Laufe der Zeit im fränkischen Raum gegründet. Erfahrungen besaß er auch als Kirchenbauherr. Vor allem aber: Er kannte Polen und war hier kein Unbekannter. In den achtziger und neunziger Jahren des 11. Jahrhunderts (wohl schon vor 1088 bis nach 1095) war er

Kaplan der Herzogin Judith gewesen, einer Tochter König Heinrichs IV., die mit dem Polenherzog Wladislaw Hermann verheiratet war. Wladislaw und Judith waren die Eltern Boleslaws III. Schiefmund, der Otto den Auftrag zur Mission erteilte. Otto kannte also die polnischen wie die deutschen Verhältnisse und war »in seinem nüchternen und praktischen Einschätzen der Realitäten« – so Brigitte Metz (S. 29 bzw. S. 22) – der richtige Mann für die ihm übertragene Aufgabe.

Nach Herbord (II, 6), einem der Biographen Ottos, hat Herzog Boleslaw den Bischof brieflich zur Mission eingeladen. Ich zitiere aus diesem Brief in deutscher Übersetzung (S. 66):
»Weil ich weiß, daß Du in den Tagen Deiner Jugend meinem Vater mit der ausgezeichneten Ehrenhaftigkeit gedient hast, und der Herr auch jetzt mit Dir ist ... auf allen Deinen Wegen, so will ich, wenn es Deiner Würde nicht mißfällt, die alte Freundschaft mit Dir erneuern und mich Deines Rates und Deines Beistandes bedienen. ... Du weißt, daß die rohen und barbarischen Pomoranen nicht durch meine, sondern durch Gottes Kraft gedemütigt, durch das Bad der Taufe in die Gemeinschaft der Kirche aufgenommen zu werden wünschen. Aber siehe, schon seit drei Jahren bemühe ich mich vergeblich, weil ich keinen der geeigneten und mir nahen Bischöfe und Priester zu diesem Werke zu bestimmen vermag. Deshalb bitten wir Dich, ... weil Deine Heiligkeit als zu jeder guten Tat bereit ... gepriesen wird, es möge Dich nicht verdrießen, unter Beihilfe unseres Dienstes zum Ruhme Gottes und zur Mehrung Deiner Seligkeit diese Arbeit zu unternehmen. Ich selbst werde ... Dir alle Kosten und Reisegefährten und Dolmetscher und Presbyter zur Unterstützung und was sonst nötig ist, liefern, entschließe Du Dich nur zu kommen«.
Bischof Otto rückversicherte sich zuerst für die vom Polenherzog an ihn herangetragene Aufgabe. Er holte eine formelle Missionsgenehmigung des Papstes ein und legte die Sache Anfang Mai 1124 auf einem Hoftag in Bamberg dem Kaiser und den versammelten Reichsfürsten zur Billigung vor. Dann brach er mit einem stattlichen Gefolge auf, ausgestattet mit allem was ihm für die Aufgabe wichtig erschien: kirchliche Geräte, geistliche Gewänder, denn nicht durch Armut (wie der Eremit Bernhard), sondern mit dem Glanz der Kirche wollte er die Pomoranen beeindrucken.

Den Reiseweg nahm Otto über die Bischofssitze Prag und Breslau nach Gnesen. Herzog Boleslaw stellte dem Bischof Begleiter zur Verfügung, zu seinem Schutz, aber auch um deutlich zu machen, daß die herzoglich-polnische Macht hinter dem Unternehmen stand. Eine wichtige kirchenrechtliche Frage blieb ungeklärt, ob die zu errichtende Kirche der polnischen Kirchenprovinz Gnesen oder der deutschen Kichenprovinz Magdeburg zugeordnet werden sollte. Aber soweit war es ja auch noch nicht.

An der Warthe, dem Grenzfluß zwischen Polen und dem Pomoranengebiet, hatte sich Herzog Wartislaw zur Begrüßung eingefunden. Er versprach
sicheres Geleit und sicherte zu, das Unternehmen in jeder Hinsicht zu unterstützen. Dies umso mehr, als er in jungen Jahren in sächsischer Gefangenschaft die Taufe empfangen hatte und also, wie auch andere in seiner
Umgebung, wenn wohl auch im Geheimen Christ war. Otto begann sein
Bekehrungswerk in Pyritz und setzte es in Cammin, Wollin, Stettin, Lebbin,
Garz, also im Odergebiet, und dann in Kolberg und Belgard bis an die Persante fort. Von hier aus trat er im März 1125 die Rückkehr nach Gnesen an.
Über Prag reiste er nach Bamberg, wo er Ostern 1125 eintraf. Über Verlauf
und Ereignisse dieser ersten Missionsreise ist hier nicht zu berichten. Dies
ist in der Literatur ausführlich geschehen. Was aber waren die Ergebnisse?
Im Mittelpunkt der Tätigkeit Ottos stand der Formalakt der Taufe. Den
Otto-Viten zufolge haben Tausende dieses Sakrament empfangen. Erst danach erfolgte die Predigt, also die Belehrung, weniger der Glaubenslehre als
vielmehr der Grundprinzipien christlichen Lebens und die Aufforderung,
das Heidnische an Sitten und Gebräuchen abzulegen. Den Inhalt der Predigt
Ottos gibt der polnische Theologe Prof. Boleslaw Kumor (Universität Lublin)
so wieder (S. 42): »Im dogmatischen Bereich umfaßte seine Katechese die
Wahrheit über die Heilige Dreifaltigkeit, die Menschwerdung von Gottes
Sohn, seine Tätigkeit als Erlöser, das Leiden der Kreuzigung, die Auferstehung, die Himmelfahrt, die Ausgießung des Heiligen Geistes, die Lehre von
den heiligen Sakramenten, besonders das der Taufe, der Ehe, der Buße und
der Eucharistie, aber auch der Unsterblichkeit der menschlichen Seele, der
letzten Dinge und des Heiligenkultes. Im Bereich der moralischen Pflichten
betonte die Katechese die monogame Ehe, gute Taten, die Pflicht, alle Kinder am Leben zu erhalten, den Dekalog zu befolgen, Sonn- und Feiertage zu
heiligen, die Fastenzeit einzuhalten«.
    An den Orten, an denen er gepredigt hatte, ließ er Kirchen errichten (ge-
nannt werden elf), auch wurden Priester eingesetzt. Es kam aber noch nicht
zu einer Kirchenorganisation. Auch beschränkte sich das Missionswerk auf
eine Anzahl von Städten. Das platte Land wurde nicht erfaßt, außer daß
Menschen von dort in die Städte kamen, um den Bischof zu hören oder zu
sehen. Von einer Christianisierung der Pomoranen, geschweige von der Einrichtung einer Kirche, kann nicht die Rede sein. Und es gab bald heidnische
Reaktionen, die zeigten, daß das Heidentum noch lebendig, das Christentum keineswegs gefestigt war.
    Wartislaw I. hatte in den unübersichtlichen Verhältnissen dieser Zeit seine
Herrschaft ausbauen können, besonders im Odergebiet, mit Billigung, wenn
nicht sogar im Auftrag Herzog Boleslaws, und er hat sie über die Oder hinweg ins Peenegebiet ausgedehnt, bis nach Demmin, das seit alters ein zentraler Ort in diesem Raume war. Seit mit der Zerstörung des Kultheiligtums

Rethra (1068) die politische Ordnung bei den Lutizenvölkern zusammengebrochen war, gab es hier ein Machtvakuum, das die Nachbarn, Polen und Sachsen, veranlaßte, sich diesen Raum unterzuordnen. Boleslaw III. hatte 1121 einen Kriegszug unternommen, der bis zum Müritzsee reichte. Der Sachsenherzog Lothar von Süpplingenburg unternahm seit 1115 mehrere Kriegszüge weit in das Markengebiet hinein (1127 bis in die Gegend von Gützkow), damit die alten deutschen Ansprüche erneuernd. Seit Lothar 1125 deutscher König geworden war, hat er die Ostpolitik in Anknüpfung an diejenige Kaiser Ottos I. konsequent wieder aufgegriffen. Mit der Ernennung Norberts von Xanten, dem Stifter des Prämonstratenserordens, zum Erzbischof von Magdeburg im Jahre 1126 fand er einen kirchlichen Unterstützer seiner Politik, der nachdrücklich die nach Osten gerichteten Missionsansprüche vertrat. Die so veränderte Lage veranlaßte Herzog Wartislaw, sich nach Westen zu orientieren und sich vom Polenherzog zu distanzieren. Das führte zu Spannungen, 1127 schickte Boleslaw sich an, den Pommernherzog zum Gehorsam zu zwingen. Das war die Situation am Vorabend der zweiten Missionsreise Bischof Ottos 1128.

Dem Otto-Biographen Ebo zufolge hat Wartislaw Bischof Otto aufgefordert, erneut ins Land zu kommen. Dieser richtete sich auf die veränderten Verhältnisse ein und setzte diesmal auf die Unterstützung von deutscher Seite. Am Gründonnerstag, dem 19. April 1128, brach er, wieder mit großem Gefolge, von Bamberg auf und begab sich zunächst nach Merseburg, wo König Lothar zu Ostern einen Hoftag abhielt. Von ihm erhielt er die Erlaubnis zu der Missionsreise. In Magdeburg holte er sich dann die Genehmigung von Erzbischof Norbert ein. Zu Schiff ging es dann bis Havelberg, einem der Magdeburger Bistümer und dann weiter auf dem Landweg durch die lutizischen Gebiete in Richtung Demmin.

Hier eingetroffen, wandte sich Otto an den Kastellan der Burg, den er von seiner ersten Reise her kannte. Dieser wies ihm und seinem Gefolge ein Quartier an. Hier schlugen sie ihre Zelte auf und erwarteten Herzog Wartislaw. Dieser traf mit zwei Heerhaufen in der Nacht ein, zog aber am Morgen weiter zu einem Beutezug ins Lutizengebiet. Der Biograph Herbord berichtet, daß man von Demmin aus überall Rauch aufsteigen sah von den Verwüstungen, die das Heer anrichtete. Am Abend kehrte der Herzog mit reicher Beute und vielen Gefangenen zurück. Am folgenden Morgen traf er sich mit dem Bischof zu einer Unterredung. Über den Inhalt erfahren wir aus den Otto-Viten im einzelnen nichts, nur soviel: Herzog Wartislaw lud Bischof Otto nach Usedom ein, wohin er einen Landtag anberaumt hatte, auf dem über die Christianisierung beraten werden sollte. Dann verabschiedete man sich. Das Gefolge des Bischofs und alles, was er bei sich hatte, wurde auf Schiffe verladen und auf der Peene nach Usedom geschafft. Der Bischof nahm mit wenigen Begleitern den Landweg dorthin.

Zunächst noch ein kurzes Wort zur Topograhie. Das Quartier welches der Demminer Kastellan dem Bischof anwies, befand sich, nach Herbord (III, 1), »iuxta civitatem in veteri castello«, also nahe der Stadt in einer alten Burg. Man denkt bei der »alten Burg« zunächst an die heute noch in Rudimenten erhaltene Burganlage bei »Haus Demmin« an der Einmündung der Tollense in die Peene. Dann wäre mit civitas = Stadt wohl die später zur deutschrechtlichen Stadt erhobene Siedlung auf der Anhöhe über der Peene gemeint, in der schon damals ein dem Herzog gehörendes festes Haus vorhanden gewesen sein dürfte. Civitas kann im mittelalterlichen Latein aber auch ›Burg‹ bedeuten. Bezieht man civitas auf die Burg Haus Demmin, dann muß das castellum, die alte Burg, sich woanders befunden haben. Auf Grund einer solchen Überlegung hat man an die sogenannte Alte Schanze in einem Wiesengelände der Feldmark von Vorwerk gedacht. Zu einem eindeutigen Schluß wird man nicht so leicht kommen.

In Usedom fanden sich, wie vorgesehen, zu Pfingsten des Jahres 1128, es war der 10. Juni, die Großen, Vertreter des Adels und der Städte, aus dem westoderischen Raum zu einer Versammlung ein. Herzog Wartislaw hielt eine eindringliche Rede, in der er den Bischof vorstellte und dessen Anliegen unter Berufung auf Kaiser und Papst erläuterte. Er betonte, daß der Kirchenfürst keine eigenen Interessen verfolge und keinen Gewinn für sich und die Kirche erstrebe, sondern daß ihm das Wohl des Landes und seiner Bewohner am Herzen liege. »Seht, hier ist der Bote des Höchsten, Frieden bringt er und nicht Waffen, nicht das Eurige für sich, sondern Euch selbst für Gott strebt er zu gewinnen« (Herbord III. 3, Übers. S. 128). Er forderte sie dann auf, das Christentum anzunehmen. Nach der Rede des Herzogs erklärten die Versammelten, man müsse und wolle das tun, was der Bischof anriete.

Man hat darauf hingewiesen (Ott, S. 15), daß auch auf dem skandinavischen Missionsfeld es nicht der christliche Priester, sondern der christliche Fürst war, der auf dem Thing dem Volk die entscheidende Missionsrede hielt.

Dann nahm Otto das Wort. Er forderte sie auf, den Götzendienst abzutun, er predigte und katechisierte und taufte. Dies geschah gleich und in den folgenden Tagen. Im ganzen blieb er eine Woche in Usedom. Während es Otto auf seiner ersten Missionsreise darauf ankam, möglichst viele Menschen zu taufen, suchte er hier auf der zweiten einen anderen Weg, nämlich die Führungselite zu gewinnen. Herzog Wartislaw formulierte es so: »Wir, die wir die Ersten und Mächtigen heißen, müssen dieser würdigen und heiligen Sache unsere Zustimmung geben, damit das uns unterworfene Volk durch unser Beispiel gebildet werde. Denn was ... in Sachen des Glaubens getan werden muß, muß ... lieber vom Haupt zu den Gliedern, als von den Gliedern zum Haupt geleitet werden.« (Herbord III. 3, Übers. S. 130).

Von Usedom zog Otto nach Wolgast und Gützkow, wo die heidnischen Tempel zerstört wurden. Inzwischen hatte sich das Verhältnis Herzog Wartislaws zum Polenherzog Boleslaw verschlechtert. Die Hinwendung Wartislaws zum Reich und die Aktivitäten im Westoder- und Peenegebiet ohne polnisches Mittun, d. h. die erkennbare Tendenz einer Abwendung von der polnischen Dominanz, waren sicherlich der Grund. Jedenfalls rüstete der Polenherzog zum Kriegszug. Daraufhin wandte sich Wartislaw an Bischof Otto um Vermittlung, die dieser gerne übernahm, da er sein Missionswerk gefährdet sah. Er begab sich zum polnischen Herzog, und es gelang ihm, diesen zu besänftigen, so daß die Kriegsvorbereitungen abgebrochen wurden. Allerdings verlangte Boleslaw, daß Wartislaw persönlich bei ihm erscheine und das Abhängigkeitsverhältnis erneut anerkenne. Das geschah. Otto suchte dann die 1124 missionierten Orte auf, wo es galt, heidnischen Reaktionen entgegenzutreten. Im November trat er die Heimreise an, und zwar über Gnesen, wo er mit Herzog Boleslaw über die kirchliche Organisation der missionierten Gebiete verhandelte.

Die Lage war kirchlich wie politisch problematisch. Wartislaw war faktisch Herr im Lande. Für den Teil seiner Herrschaft östlich der Oder hat er erneut den Polenherzog als Oberherrn anerkannt; für den westlichen Teil war dies für ihn nunmehr der deutsche König. Kirchlich stellte sich zunehmend die Frage, ob die missionierten Gebiete der polnischen Kirche von Gnesen oder der deutschen von Magdeburg unterstellt werden sollten. Da diese Frage offen war, unterblieb zunächst die Bistumsgründung. Der energische Erzbischof Norbert von Magdeburg erreichte es 1133, daß Papst Innozenz II. die Zugehörigkeit der gesamten Kirche Polens zur Magdeburger Kirchenprovinz bestätigte. In der Aufzählung der im einzelnen genannten Bistümer erscheinen zwischen Elbe und Oder ein Bistum Stettin und jenseits der Oder ein Bistum »Pomerana«. Dieser Verfügung lag offenbar der Plan zugrunde, zwei Bistümer einzurichten, eins für den lutizischen Raum, eins für den pomoranischen, für den hier bereits der Pommernname gebraucht wird. Dieser Plan war gewiß mit Lothar von Süpplingenburg abgesprochen, denn am 6. Juni 1133 an dem die Papsturkunde für Magdeburg ausgestellt wurde, hat Lothar in Rom die Kaiserkrone empfangen.

Als Kaiser lud Lothar im August 1135 Herzog Boleslaw vor sich auf einen Hoftag zu Merseburg, wo sich der Pole genötigt sah, sich dem Kaiser zu unterwerfen, Tribut zu entrichten und einen Lehnseid zu schwören, »de Pomeranis et Rugis«. Das heißt der Polenherzog erkannte die kaiserliche Lehnshoheit über Pommern an und gab damit eine offizielle Garantie für die Integrität Pommerns beidseits der Oder. Die zunächst erfolgreiche Expansionspolitik des Polenherzogs war gescheitert. Gewinner war der Pommernherzog, der unter der Oberhoheit des Reiches die faktische Selbständigkeit erlangt hatte,

in einem Territorium, das wir nun als pommerschen Herzogsstaat bezeichnen, der durch die Kirche eine Stütze erfuhr.

Der Weg zur kirchlichen Einheit in Pommern, die Bischof Otto erstrebt,
aber nicht erreicht hatte, wurde frei, als kurz nacheinander Kaiser Lothar
1137, Erzbischof Norbert 1138 und Bischof Otto am 30. Juni 1139 verstar-
ben. Papst Innozenz II. unterstellte im Oktober 1139 dem neuen Bamberger
Bischof Egilbert die von Otto bekehrten Barbaren – wie es in der Urkunde
heißt –, bis für sie ein eigener Bischof bestellt werde. Die Errichtung nur eines Bistums war demnach in Rom bereits geplant. In der Literatur ist die
Meinung vertreten worden, daß die Anregung dazu von Bischof Otto mit
pommerscher Unterstützung ausgegangen sei. Vorgesehen für das Bischofsamt war der Priester Adalbert, der Otto auf beiden Missionsreisen begleitet
hatte. Im Oktober 1140 erhielt er in Rom die Weihe und zugleich stellte
Papst Innozenz II. am 14. Oktober 1140 die Urkunde aus, mit der Adalbert
als »Pomeranorum episcopus« anerkannt und die Pommersche Kirche,
»Pomeranensis ecclesia«, unter den Schutz des heiligen Petrus gestellt wurde. Außerdem regelte die Urkunde ihre Ausstattung. Diese ist durch Herzog
Wartislaw vorgenommen worden.

Sie bestand aus bestimmten Einkünften und finanziell nutzbaren Rechten
an herzoglichen Burgen, Märkten, Schenken und Zöllen. Das Bistum war
mithin von herzoglichen Gefällen abhängig »es war damit wirtschaftlich und
rechtlich Teil des ›Staates‹ der Pommernherzöge« (Petersohn, 1979, S. 286)
Die Burgen, ›castra‹, d. h. Burgbezirke – man spricht von der pommerschen
Kastellaneiverfassung – sind in der Urkunde namentlich von West nach Ost
aufgezählt: Demmin, Tribsees, Gützkow, Wolgast, Usedom, Groswin, Pyritz, Stargard, Stettin, Cammin, Kolberg. Die Einkünfte kamen also aus ganz
Pommern, »de tota Pomerania usque ad Lebam fluvium«, wie es in der Urkunde heißt. Damit ist zugleich der Umfang des Herzogsstaates Wartislaws I. umschrieben, von Demmin bis zum Lebafluß.

1140 war die Pommersche Kirche in den Schutz des heiligen Petrus aufgenommen. 1188 wurde sie als exemtes Bistum unmittelbar dem Papst unterstellt. Dadurch war den Ansprüchen von Gnesen und Magdeburg ein
Riegel vorgeschoben. »Überblickt man den Gang der Ereignisse«, so formulierte es Marburger Historiker Walter Schlesinger (S. 435), »so drängt sich
die Einsicht auf, daß weder die polnische noch die deutsche Politik einem
»Faktor gerecht wurden, über den man anscheinend glaubte hinweggehen
zu können, der aber in der Folgezeit ausschlaggebend wurde und den die
Kurie richtiger einzuschätzen wußte; dem Selbständigkeitsbewußtsein und
Freiheitsdrang der Pommern selbst«. Ich füge hinzu: Mit den päpstlichen
Urkunden von 1140 und 1188 hatte der pommersche Herzogsstaat auch seine
internationale Anerkennung gefunden. Die Pommersche Kirche und das
pommersche Herzogtum der Greifen gehören von Anfang an zusammen,

bedingten und garantierten sich wechselseitig ihre Selbständigkeit. Die Grundlagen hierfür sind zum wesentlichen Teil durch Bischof Otto von Bamberg und seine Missionsreisen gelegt worden.

Bibliographie

Quellen

Die Prüfeninger Vita Bischof Ottos I. von Bamberg, hrsg. von Jürgen Petersohn (Monumenta Germaniae historica, Script. rerum Germ., Bd. 71), 1999.

Das Leben des Bischofs Otto von Bamberg von einem Prüfeninger Mönch. Übersetzt und eingeleitet von Adolf Hofmeister (Die Geschichtschreiber der deutschen Vorzeit, Bd. 96), 1928.

Ebo, Vita Ottonis episcopi Bambergensis, ed. Philipp Jaffé (Monumenta Bambergensia), 1869, S. 580–692, – Ed. Jan Wikarjak-Kazimierz Liman (Monumenta Poloniae historica, ser. nova 7,2), 1969.

Herbord, Dialogus de Ottone episcopo Bambergensi, ed. Rudolf Köpke (Mon. Germ. histor., Scriptores 20, S. 697–769). – Ed. Philipp Jaffé (Mon. Bambergensia), 1869, S. 693–835. – Ed. Jan Wikarjak-Kazimierz Liman (Mon. Poloniae hist., s. n. 7,3), 1974.

Herbords Leben des Bischofs Otto von Bamberg. Übersetzt von Hans Prutz (Die Geschichtschreiber der deutschen Vorzeit, 12. Jahrh., 7. Bd., 2. Aufl., neu bearbeitet von W Wattenbach), 1894.

Demm, Eberhard: Zur Interpretation und Datierung der Ottoviten, in: Zeitschrift für bayerische Landesgeschichte, Bd. 39, 1976, S. 565–605.

Petersohn, Jürgen: Otto von Bamberg und seine Biographen. Grundformen und Entwicklung des Ottobildes im hohen und späten Mittelalter, in: Zeitschrift für bayerische Landesgeschichte, Bd. 43, 1980, S. 3–27.

Darstellungen

Petersohn, Jürgen: Der südliche Ostseeraum im kirchlich-politischen Kräftespiel des Reichs, Polens und Dänemarks vom 10. bis 13. Jahrhundert. Mission – Kirchenorganisation – Kultpolitik (Ostmitteleuropa in Vergangenheit und Gegenwart, Bd. 17), 1979.

Wehrmann, Martin: Geschichte von Pommern, 1. Bd., 2. Aufl., 1919, Nachdruck 1982.

Heyden, Hellmuth: Kirchengeschichte Pommerns, 1. Bd., 2. Aufl., 1957.

Hauck, Albert: Kirchengeschichte Deutschlands, 4. Teil, 6. Aufl., 1953. Pommern, S. 586–651.

Hofmeister, Adolf: Der Kampf um die Ostsee vom 9. bis 12. Jahrhundert (Greifswalder Universitätsreden 29, 1931), 3 Aufl., 1960.

Benl, Rudolf: Pommern bis zur Teilung von 1368/72, in: Deutsche Geschichte im Osten Europas. Bd. Pommern, hrsg. von Werner Buchholz, 1999. Darin: Land und Leute. Das Missionswerk Bischof Ottos von Bamberg, S. 22–28. Pommerns Verhältnis zu Polen und zu Sachsen – die Gründung des pommerschen Bistums, S. 28–32.

Lucht, Dietmar: Pommern. Geschichte, Kultur und Wirtschaft (Historische Landeskunde. Deutsche Geschichte im Osten, Bd. 3), 1996, S. 19–25.

Schmidt, Roderich: Geschichtliche Einführung Pommern, in: Handbuch der Historischen Stätten Deutschlands, 12. Bd. Mecklenburg/Pommern, 1996, S. XXXIII–LII.

Biewer, Ludwig: Kleine Geschichte Pommerns (Kulturelle Arbeitshefte 37), 1997, S. 1–4.

Piskorski, Jan M.: Der Staat der ersten Greifenherzöge (bis 1220), in: Pommern im Wandel der Zeiten, hrsg. Von J.M. Piskorski. Übersetzung aus dem Polnischen, 1999, S. 35–57.

Völker, Eberhard: Pommern und Ostbrandenburg (Studienbuchreihe der Stiftung ostdeutscher Kulturrat, Bd. 9), 2000, S. 28–32: Stammesgrundlagen und Herzogsmacht – Die Christianisierung Pommerns im Spannungsfeld zwischen Polen, dem Reich und Dänemark.

Otto von Bamberg und die Pommernmission

Juritsch, Georg: Geschichte des Bischofs Otto I. von Bamberg, des Pommern-Apostels (1102–1139), 1889.

Hofmeister, Adolf Zur Chronologie und Topographie der 1. Pommernfahrt des Bischofs Otto von Bamberg, in: Pommersche Jahrbücher 22, 1924, S. 3–25.

Wehrmann, Martin: Die Lehr- und Predigttätigkeit des Bischofs Otto von Bamberg in Pommern, in: Baltische Studien, NF. 26, 1924, S. 157–189.

Kümmel, Werner: Die Missionsmethode des Bischofs Otto von Bamberg und seiner Vorläufer in Pommern (Allgemeine Missionsstudien 4), 1926.

Petersohn, Jürgen: Apostolus Pomeranorum. Studien zur Geschichte und Bedeutung des Apostelepithetons Bischof Ottos von Bamberg, in: Historisches Jahrbuch 86, 1966, S. 257–294.

Ott, Günther: Gott und die Götter in der Religions- und Missionsgeschichte der Ostseeländer, in: Bischof Otto I. von Bamberg – Beginn der Christianisierung des Peenegebietes, hrsg. von Norbert Buske, 1978, S. 5–20.

Metz, Brigitte: Zur Lebensgeschichte des Bischofs Otto von Bamberg, in: ebd., S. 21–44.

Kumor, Boleslaw: Die Taufkatechese des Bischofs Otto von Bamberg zur Zeit der Christianisierung Pommerns (deutsche Zusammenfassung), in: Aus der Geschichte des Christentums in Pommern (Europäische Akademie Külz-Kulice. Külzer Hefte, Nr. 2), 2001, S. 42.

Metz, Brigitte: Otto von Bamberg – ein Bischof im 12. Jahrhundert, in: Usedom-Wolliner Blätter 5: Die Christianisierung Vorpommerns – 875 Jahre Bischof Otto von Bamberg in Usedom, 2003, S. 15–34.

Wächter, Joachim: Der Landtag in Usedom 1128 und seine Auswirkungen, in: ebd., S. 5–13.

Albrecht, Alois/Buske, Norbert: Bischof Otto von Bamberg. Sein Wirken für Pommern, 2003.

Weitere Literatur

Renn, Gerhard: Die Bedeutung des Namens »Pommern« und die Bezeichnungen für das heutige Pommern in der Geschichte (Greifswalder Abhandlungen zur Geschichte des Mittelalters, Bd. 8), 1937.

Schmidt, Roderich: Die Anfänge der pommerschen Geschichte im Spiegel schriftlicher Überlieferung, in: Tausend Jahre pommersche Geschichte, hrsg. von Roderich Schmidt (Forschungen zur pommerschen Geschichte, Bd. 31), 1999, S. 1–17.

Ders.: (Art.) Kolberg, in: Lexikon des Mittelalters, 5. Bd., 6. Lieferung, 1991, Sp. 1252.

Fried, Johannes: Otto III. und Boleslaw Chrobry, Das Widmungsbild des Aachener Evangeliars, der »Akt von Gnesen« und das frühe polnische und ungarische Königtum (Frankfurter Historische Abhandlungen), 1989.

Hehl, Ernst-Dieter: Die Gründung des Erzbistums Gnesen unter kirchenrechtlichen Aspekten, in: Europas Mitte um 1000. Beiträge zur Geschichte, Kunst und Archäologie, Bd. 1, 2001, S. 498–501.

Schmidt, Roderich, Rethra. Das Heiligtum der Lutizen als Heiden-Metropole, in: Festschrift für Walter Schlesinger, Bd. 2 (Mitteldeutsche Forschungen, Bd. 74/11), 1974, S. 366–394.

Ders.: Pommern im Spiegel bedeutender Persönlichkeiten, 1. Wartislaw I., in: Ostdeutsche Geschichts- und Kulturlandschaften, Teil III: Pommern, hrsg. von Hans Rothe, 1988, S. 219–220, 243.

Aus der Geschichte des Christentums in Pommern (Europäische Akademie Külz-Kulice. Külzer Hefte 2), 2001. Darin u. a.: Lech Lechiejewicz, Wo befanden sich die ersten Bischofssitze in Pommern?, dt. Zusammenfassung S. 33–34. – Stanislaw Rosik,

Das sacrum der Pomoranen »in den Augen« des Hl. Otto von Bamberg (im Rahmen der christlichen Interpretation der Slawenreligion, dt. Zusammenfassung S. 76–77. – Anzelm Weiss, Die Metropolitanzugehörigkeit des Bistums Pommern um 1140, dt. Zusammenfassung S. 91.

Schlesinger, Walter: Bemerkungen zu der sog. Stiftungsurkunde des Bistums Havelberg, in: Jahrbuch für die Geschichte Mittel- und Ostdeutschlands, Bd. 5, 1956, S. 1–38. Wiederabdruck in: Schlesinger, Mitteldeutsche Beiträge zur deutschen Verfassungsgeschichte des Mittelalters, 1961, S. 158–187.

Literatur zu Demmin

Goetze, Karl: Geschichte der Stadt Demmin, 1903.

Bollnow, Hermann: Die deutschen Anfänge Demmins, in: Monatsblätter der Gesellschaft für pommersche Geschichte und Alterskunde 50, 1936, S. 77–83.

Handbuch der Historischen Stätten Deutschlands, 12. Bd., 1996, (Art.). Demmin, S. 175–177.

Pommern im Mittelalter (ein Überblick)

[I] *Polnische und deutsche Abhängigkeit; Christianisierung:* Der Name P. (slav.: ‚Land am Meer') begegnet zuerst in den -> Annales Altahenses zu 1046, als der erste sicher bezeugte P.fs. Zemuzil dem dt. Kg. Heinrich III. in Merseburg Tribut leistete. Im Zusammenhang mit dem Vordringen -> Polens nach P. zu Beginn des 12. Jh. unter Hzg. -> Boleslaw III. Krzywousty werden bei der Eroberung von -> Kolberg und -> Nakel mehrere P.fs.en gen., deren hist. und genealog. Zuordnung im Dunkeln liegt. Mit -> Wartislaw I. und -> Ratibor I. begann die Dynastie der -> Greifen (bis 1637). Ihre Herrschaft erstreckte sich anfangs von der Oder bis zum Gollenberg (bei Köslin) und zur Küddow, s. bis zur Warthe und Netze. Ö. davon (um Schlawe und -> Stolp) herrschten die Ratiboriden, eine Nebenlinie der Greifen. Nach ihrem Aussterben 1228 gelangte dieses Gebiet an die -> Askanier und von diesen 1317 an die Greifen. Im Weichselgebiet um Danzig regierten die Samboriden (1186–1294); auch sie führten den P.namen im Titel. 1309 kaufte der Dt. Orden diese Herrschaft (-> Pommerellen). Nachdem der Polen-hzg. Boleslaw III. einen Kriegszug in das Gebiet der -> Lutizen (bis zur Müritz) unternommen und im Oderraum -> Stettin 1121/22 erobert hatte, mußte sich Wartislaw I. zur Tributleistung, Heeresfolge und Annahme des Christentums verpflichten. Er bewahrte aber seine Selbständigkeit. Indem er seinerseits lutiz. Gebiete bis an die Peene (-> Demmin) gewann, erweiterte er seine Herrschaft über das pomoran. Stammesgebiet hinaus und lockerte allmähl. seine Abhängigkeit von Polen, da der lutiz. Raum zum Markengebiet des dt. Reiches gehörte.

Die Christianisierung P.s erfolgte 1124/25 und 1128 durch Bf. -> Otto v. Bamberg. Erst nach seinem Tod kam es 1140 zur Errichtung eines Bm.s in Wollin. Mit Rücksicht auf die Ansprüche der Kirchenprovinzen -> Gnesen und -> Magdeburg wurde es 1188 dem Papst unmittelbar unterstellt. Der erste Bf. Adalbert verlegte den Bf.ssitz in das vor 1155 gegr. Prämonstratenserstift Grobe auf Usedom. 1175/76 wurde -> Kammin Sitz des Bm.s und des Domkapitels. 1135 hatte Hzg. Boleslaw III. v. Polen nach Tributzahlung Ks. Lothar III. für P. die Lehnshuldigung geleistet. Dieser Akt dürfte nur auf das eigtl. pomoran. Gebiet ö. der Oder zu beziehen sein. Die w. lutiz. Gebiete sind vom Ks. dem 1134 in der Nordmark eingesetzten-> Albrecht d. Bären zugewiesen worden. Von ihm ist der Anspruch auf Lehnshoheit auf Heinrich d. Löwen übergegangen, die Mitte der 6oer Jahre von den P. anerkannt wurde. Nach dem Sturz des Löwen hat sich Hzg. -> Bogislaw I. 1181 vor Lübeck Ks. Friedrich I. unterstellt. Mit Fahnenbelehnung erkannte der Ks. die eigenständige Herrschaft des P. an und bestätigte so den Hzg.stitel,

den die Greifen seit der 2. Hälfte der 7oer Jahre des 12. Jh. in Urkk. geführt
haben.

[2] *Unter dänischer und brandenburgischer Lehnshoheit; Teilung v. 1295:*
Inzwischen gewannen die Dänen immer stärkeren Einfluß auf die s. Ostsee-
küste. Bogislaw I. sah sich 1185 gezwungen, dem Dänenkg. Knut VI. zu
huldigen und die dän. Lehnshoheit anzuerkennen, die, 1214 vom dt. Kg.
Friedrich II. akzeptiert, fakt. nach der Schlacht v. -> Bornhöved 1227 ende-
te. Friedrich II. hat dann 1231 den askan. Mgf.en v. Brandenburg P. als
Reichslehen übertragen. Die in Demmin und Stettin residierenden P.hzg.e
haben die brandenburg. Lehnsherrschaft anerkannt und im Vertrag zu
Kremmen 1236 auf das Land Stargard (Mecklenburg-Strelitz) und 1250 im
Vertrag zu Landin auf die Uckermark zugunsten Brandenburgs verzichtet.

1295 kam es unter Beteiligung der Stände zu einer bis ins 15. Jh. andauernden Teilung des Landes und des Greifengeschlechts in die Hzm. er Stettin (Oderregion) und -> Wolgast (Küstenregion). 1317 trat zum Wolgaster
Teil das Gebiet um Schlawe und Stolp hinzu. Dazwischen lag seit 1248 das
Territorium der Bf.e v. Kammin um Kolberg, Köslin und Bublitz. Nach
dem Aussterben der Fs. en v. -> Rügen 1325 fielen auch Insel und rüg. Festland nach Kämpfen mit -> Mecklenburg an das Hzm. Wolgast. Damit hatte
P. seine fortan im wesentl. konstante territoriale Gestalt erlangt.

[3] *Eigenständiges Fürstentum; Klostergründungen und Landesausbau:*
Nach dem Aussterben der Askanier in Brandenburg (1319/20) suchten sich
die P.hzg.e der Lehnshoheit der ihnen folgenden Wittelsbacher zu entziehen. Hzg. -> Barnim III. erreichte 1338, daß das Stettiner Hzm. aus der
brandenburg. Lehnshoheit entlassen wurde und daß Kg. Ludwig d. Bayer es
ihm als Reichslehen übertrug. Ludwigs Widersacher Karl IV. belehnte dann
1348 Barnim und die Wolgaster Hzg.e mit ganz P. und Rügen zu gesamter
Hand. Seitdem war P. als unmittelbares Kg.slehen ein vollberechtigtes Fsm.
des dt. Reiches.

Die Kl.gründungen hatten noch im 12. Jh. mit dem Benediktinerkl. Stolpe
a. d. Peene und dem Prämonstratenserstift Grobe eingesetzt. Es folgten
Gründungen der Zisterzienser (-> Dargun, -> Kolbatz, Eldena), der Dominikaner (Kammin, Greifswald), der Franziskaner (Stettin, -> Prenzlau), der
Augustiner-Eremiten (-> Stargard), der -> Johanniter (Schlawe und Stargard), der -> Templer (in der Neumark). Der Landesausbau hatte im 13. Jh.
begonnen, einen Höhepunkt erreichte der Siedlungsvorgang unter den
Hzg.en Barnim I. v. Stettin (1220–78) und Wartislaw III. v. Demmin (1219–
64), unter denen auch die meisten dt.rechtl. Städte gegr. worden sind. Während in den meisten im Oderraum gegr. Städten das -> Magdeburger Recht
in der Form des Stettiner Stadtrechtes galt, erhielten die anderen Städte, v. a.
im Küstenraum, das -> Lübische Recht. Seit 1283 nahmen die Städte an den
Beratungen des Landtages teil; die Prälaten hingegen erst seit etwa 1415. Die

vorpommerschen Städte -> Stralsund, -> Greifswald (1456 Univ.), Anklam und Demmin sowie Stettin und zwölf hinterpommersche Städte gehörten der -> Hanse an.

[4] *Teilfürstentümer:* Durch die Teilungen von 1368 bzw. 1372 wurde das Hzm. Wolgast in eine vorpommersche (Wolgast) und eine hinter-pommersche Linie (Stolp) aufgespalten, die in sich noch weitere Teilungen vornahmen. Im 14. und 15. Jh. haben die pommerschen Teilfsm.er unter-schiedl. polit. Wege beschritten. Elisabeth, die Tochter Bogislaws V., des Begründers der Stolper Linie, wurde 1363 mit Ks. Karl IV. verheiratet. Der Stolper Hzg. Erich I. stieg zum Kg. (-> Erich VII.) der in der -> Kalmarer Union vereinigten drei nord. Kgr.e auf (1412), doch wurde er 1438 abge-setzt. In den Auseinandersetzungen zw. Polen und dem Dt. Orden haben die P.hzg.e eine wechselnde Haltung eingenommen. Der Erbe Kg. Erichs in Stolp, Hzg. -> Erich II., erlangte für sein Bündnis mit Polen die Länder Lauenburg und Bütow. 1466 kaufte er sie vom Dt. Orden frei und behielt sie auch nach dem 2. -> Thorner Frieden, der sie Polen zusprach, mit dessen Zustimmung als Pfandbesitz. Als 1464 die Stettiner Linie mit Otto III. aus-starb, gelang es Erich II., den Anfall des Hzm.s Stettin an Brandenburg im Stettiner Erbfolgekrieg abzuwehren; doch mußten die P. 1466 zu Soldin die brandenburg. Lehnshoheit über Stettin anerkennen. Nach dem Tode War-tislaws X. v. Wolgast (1478) vereinigte -> Bogislaw X., der Sohn Erichs II. das ganze 1295 geteilte P. Nachdem dieser anfängl. die Lehnshuldigung an Brandenburg verweigert hatte, mußte er sie 1479 nicht nur für Stettin, son-dern auch für das Hzm. Wolgast leisten. Durch eine geschickte Außenpoli-tik in Verbindung mit dem dt. und dem poln. Kg. erreichte er 1493 im Ver-trag zu -> Pyritz für sich und seine Erben die Befreiung von der Pflicht des Lehnsempfangs gegen Zusicherung der brandenburg. Eventualnachfolge. Damit war die Voraussetzung für spätere Regelungen geschaffen, die zur vorerst endgültigen Unabhängigkeit P.s geführt haben.

Q.:Pomm. UB, I–XI (786–1345), 1881–1990-Johannes Bugenhagens Pome-rania, hg. O. HEINEMANN. 1900 [Neuausg. hg. R. SCHMIDT, Mitteldt. Forsch., Sonderr. 7, 1986] – Th. KANTZOW, Chronik v. P. »Pomerania«, 2 Bde, hg. G. GAEBEL, 1908 – Hist. Atlas v. P., hg. F. ENGEL-R. SCHMIDT, Karte 1–8, 1959–92 – Lit.: M. WEHRMANN, Gesch. v. P., 2 Bde, 1919/21[2] [1982] -DERS.. Genealogie des pommerschen Hzg.shauses, 1937 – A. HOF-MEISTER, Genealog. Unters, zur Gesch. des pommerschen Hzg.shauses. 1938 – H. HEYDEN, Kirchengesch. P.s, 2 Bde, 1957[2] -K. SLASKI-B. ZIENTARA, Hist. Pomorza, I (bis 1466); II, 1969-J. PETERSOHN, Der s. Ostseeraum im kirchl.-polit. Kräftespiel des Reichs, Polens und Dänemarks vom 10. bis 13. Jh. (Ostmitteleuropa in Vergangenheit und Gegenwart 17, 1979) – DERS., P.s staatsrechtl. Verhältnis zu den Nachbarmächten im MA (Schrif-

tenr. des G. ECKERT-Inst. für internat. Schulbuchforsch. 22/III, 1980), 98–
115 – R. BENL, Die Gestaltung der Bodenrechtsverhältnisse in P. vom 12.
bis zum 14. Jh. (Mitteldt. Forsch. 93, 1986) – DERS., Gründung, Vorgesch.
und Frühzeit des pomm. Bm.s (BSt NF 78, 1992), 7–16.

Das pommersche Herzogshaus der Greifen
(ein Überblick)

1) Von den Anfängen bis zur Teilung von *1295*

Das pomoranische Herzogsgeschlecht, das das Greifenwappen auf seinen Siegeln (wahrscheinlich schon 1194, sicher seit 1214) geführt hat (der Name ist zuerst von dem poln. Chronisten Godesław Baszko überliefert), tritt mit Wartislaw I. († um 1135?), der zu Merseburg (vor 1124) Christ geworden war, und seinem Bruder Ratibor I. in das Licht schriftlicher Überlieferung. Die genealogische Beziehung zu vorher genannten Pommernherzögen und zu anderen pomoran. Fürstengeschlechtern (Swantiboriden, Ratiboriden und Herren von Schlawe) ist ungesichert, eine Ableitung von den poln. Piasten nicht zu erweisen. Auch über den Ausgangs- und frühesten Machtmittelpunkt der späteren Greifen gibt es nur Vermutungen, Das Herrschaftsgebiet Wartislaws I. reichte östlich bis über die Persante, westlich bis über die Oder und umfaßte (sicher 1128 bei der 2. Missionsreise Ottos von Bamberg) Usedom und die lutizischen Gebiete nördlich und südlich der Peene. Seinem Nachfolger Ratibor I. († 1155/56) gelang es, die Bedrohung durch die Wendenkreuzfahrer 1147 und damit die Ansprüche, die Albrecht der Bär als Markgraf der Nordmark und Bischof Anselm von Havelberg für sein Bistum erhoben, abzuwenden und zugleich die Unabhängigkeit der pommerschen Kirche von Magdeburg wie auch von Gnesen zu behaupten (1140 Errichtung des Bistums Wollin; 1188 Bestätigung der Exemtion). Die Söhne Wartislaws I., die sich dann in die Verwaltung des Landes teilten – Bogislaw I. († 1187, s. NDB II) in Stettin, Kasimir I. († 1180) in Demmin –, sahen sich mehrfach dem Zugriff Heinrichs des Löwen und der Dänen unter Waldemar I. ausgesetzt. 1181 wurde Bogislaw I. zu Lübeck von Friedrich Barbarossa mit dem Hzgt. Pommern belehnt, das damit dem Reich unmittelbar unterstellt wurde. 1185 war Bogislaw I. gezwungen, den Dänenkönig Knut VI. als Lehnsherrn anzuerkennen. Die Söhne Bogislaws I. – Bogislaw II. († 1220) und Kasimir II. († 1219/20) – haben sich mit der dän. Herrschaft über Vorpommern, die in wechselnden Kämpfen mit den Askaniern (1198/99, 1211/14) behauptet und 1214 von König Friedrich II. förmlich anerkannt wurde, abfinden müssen.

Nach dem Zusammenbruch der dän. Macht in der Schlacht von Bornhöved 1227 suchten die jungen Herzöge Barnim I. († 1278, s. NDB I) von Stettin und Wartislaw III. († 1264) von Demmin Unterstützung bei Brandenburg, dem Kaiser Friedrich II. 1231 die Lehnsansprüche auf Pommern aus dem Jahre 1198/99 erneuert hatte. 1236 erkannte Wartislaw III. im Vertrag zu Kremmen, 1250 Barnim I. im Landiner Vertrag die askan. Lehnsho-

heit an. Um den Preis des Landes Stargard und der Uckermark sicherten sie
so das übrige Herrschaftsgebiet der Greifen, die seit Barnim I. ebenso wie
das Land allmählich einen deutschen Charakter annahmen. Unter Bogislaw IV. († 1309, s. NDB II), dem ältesten Sohn Barnims I., kam es 1295
(12. 7.) zu einer Teilung in die Linien Wolgast und Stettin, bei der sein jüngerer Bruder Otto I. die Gebiete um Stettin und südlich der Peene, Bogislaw
IV. die diese umspannenden Teile westlich und östlich des Haffs erhielt.

2) Wolgaster Linie *[1295–1459/78]*

Die Herrschaft der Greifen wurde unter Wartislaw IV. († 1326), dem Sohne
Bogislaws IV., bedeutend nach Osten und Westen erweitert. Von dem Territorium der 1294 ausgestorbenen Herzöge von Pommerellen überließ Mgf.
Woldemar das Land Stolp (mit Schlawe und Rügenwalde) um 1317 Wartislaw IV., der den Markgrafen zusammen mit Otto I. von Stettin unterstützt
hatte. 1325 trat Wartislaw IV. die Nachfolge Wizlaws III. als Fürst von Rügen an und gewann damit dem Greifenhause nicht nur die Insel, sondern im
Kampf mit Mecklenburg auch das Festland bis zur Trebel und zur Recknitz.
Nach dem Tode Wartislaws IV. führte seine Witwe Elisabeth († um 1350)
die Regentschaft, bis 1338 der älteste Sohn Bogislaw V. († 1373/74, s. NDB
II) die Regierung, zunächst auch für seine Brüder Barnim IV. († 1365) und
Wartislaw V. († 1390), übernahm. In ihre Regierungszeit fielen die Kämpfe
und Verwicklungen wegen der Mark Brandenburg, in die auch die Pommernherzöge verstrickt waren, besonders Barnim III. von Stettin, dem bereits 1338 Kaiser Ludwig der Bayer die Reichsunmittelbarkeit bestätigte, der
dafür aber den Wittelsbachern das Heimfallsrecht am Stettiner Herzogtum
zugestehen mußte. Das führte zum Bruch mit den Wolgaster Vettern, obwohl Barnim III. 1348 bei Karl IV. erreichte, daß den Pommernherzögen ihre
Länder zu gesamter Hand vom Reiche übertragen wurden. Die Wolgaster
Herzöge suchten zugleich beim Dänenkönig Waldemar IV. Atterdag und
beim Polenkönig Kasimir III., dem Schwiegervater Bogislaws V., politischen
Rückhalt. Die Beziehungen zu Kaiser Karl IV. festigten sich, als dieser im
Zuge seiner Heiratspolitik 1363 mit Elisabeth, der Tochter Bogislaws V.,
seine vierte Ehe schloß. Nach dem Tode Barnims IV. wurde die Wolgaster
Herrschaft 1368 und endgültig 1372 geteilt. Die Länder östlich der Swine
kamen an Bogislaw V., die westlichen Landesteile und das Fürstentum Rügen an die Söhne Barnims IV.

2 a) Hinterpommersche Linie (zu Stolp- und Rügenwalde) *[1372–1459]*

Das politische Interesse der Wolgaster Herzöge östlich der Swine war
hauptsächlich auf Polen, den Deutschen Orden und in Abstand auf Brandenburg gerichtet, zwischen denen sie je nach Situation lavierten. Die Söhne
Bogislaws V. haben zu verschiedenen Zeiten die poln. Lehnshoheit aner-

kannt. Kasimir IV. fand bei innerpoln. Wirren 1377 den Tod. Ebenso wie er standen seine Halbbrüder Wartislaw VII. († 1395) und Bogislaw VIII. († 1418, s. NDB II) – obwohl zeitweilig auch mit dem Orden verbündet – im ganzen doch auf poln. Seite. Unter Bogislaw VIII. begann der durch das päpstl. Schisma komplizierte Kamminer Bistumsstreit, bei dem es auch um die Rechtsstellung des Bistums ging. Wie Bogislaw VIII. wurde auch sein Sohn Bogislaw IX. († 1446, s. NDB II) gebannt und 1434 in die Reichsacht getan. 1417 hatte Kg. Sigmund das Bistum als reichsunmittelbar anerkannt; doch wurde die (1356 begründete) Schutzherrschaft der pomm. Herzöge 1436 erneut bekräftigt. Weltpolitische Bedeutung erlangte das Greifengeschlecht mit dem Sohn Wartislaws VII., der unter dem Namen Erich († 1459, s. NDB IV) König von Norwegen, Dänemark und Schweden wurde. Doch seine weitreichenden Pläne, z. B. auch noch das poln.-litau. Reich durch eine Heirat der Tochter Kg. Wladislaws II. Jagiello mit seinem Neffen Bogislaw IX. zu gewinnen sowie diesen zu seinem Nachfolger in den drei nordischen Königreichen zu machen, scheiterten. Als Erich I. starb, erlosch die hinterpomm. Linie der Greifen. Um die Erbschaft kam es zum Kampf zwischen Erich II. von Wolgast, der 1451 die Erbin Hinterpommerns Sophia, die Tochter Bogislaws IX., geheiratet (und 1455 dem Lande die Gebiete von Lauenburg und Bütow gewonnen) hatte, und Otto III. von Stettin, der im Bunde mit Brandenburg den westlichen Teil Hinterpommerns an die Stettiner Linie brachte, die jedoch mit seinem Tode 1464 erlosch.

2 b) Vorpommersche Linie (zu Wolgast und Barth) *[1372–1478]*
Die Herzöge von Wolgast westlich der Swine, Nachkommen Barnims IV., verzettelten sich in kleinlichen Kämpfen mit Mecklenburg und Brandenburg, vor allem aber mit dem räuberischen Adel und den mächtig gewordenen (Hanse-)Städten (besonders Stralsund und Greifswald). Auf Bogislaw VI. von Wolgast († 1393] und Wartislaw VI. von Barth († 1394) folgten Barnim VI. († 1405) und Wartislaw VIII. († 1415), die Söhne Wartislaws VI., die sich als Seeräuber betätigten. Ihre Söhne teilten sich 1425 die Herrschaft. Wartislaw IX. († 1457) und Barnim VII. († 1449/ 50) erhielten das Land Barth, Barnim VIII. († 1451) und Swantibor II. († 1432/36) das Land Wolgast. Wartislaw IX. hatte 1417 zu Konstanz die Belehnung durch Kg. Sigmund empfangen, die dann allen vorpomm. Herzögen verbrieft wurde. Er suchte der Rechtsunsicherheit im Lande zu steuern. Bleibendes Verdienst erwarb er sich durch seine Mitwirkung bei der Gründung der Univ. Greifswald (1456), die der Greifswalder Bürgermeister Heinrich Rubenow einrichtete. Unter Erich II. († 1474, s. NDB IV), dem ältesten Sohn Wartislaws IX., wurde 1472/73 der Stettiner Erbfolgestreit mit Brandenburg beigelegt, in dem Kf. Albrecht das Hzgt. Stettin den Brüdern Erich II. und Wartislaw X. († 1478), freilich als märk. Lehen, überließ, was Kaiser Friedrich III. bestätigte.

3) Stettiner Linie *[1295–1464]*

Von den Stettiner Herzögen war Barnim III. († 1368, s. NDB I) der bedeutendste. Sein Vater Otto I. († 1344), mit dem die Stettiner Linie begann, machte ihn bereits 1320 zum Mitregenten. Den Kampf um die Mark Brandenburg nützte er zugunsten der Reichsunmittelbarkeit des Landes. 1338 einigte er sich mit den Wittelsbachern, 1348 trat er auf die Seite Karls IV. Von seinen Söhnen (Kasimir III. [† 1372], Bogislaw VII. [† 1404] und Swantibor I. [† 1413]) setzte Swantibor die Politik der Anlehnung an die Luxemburger fort. Doch lebte der alte Streit mit dem brandenburg. Nachbarn wieder auf, als Jobst von Mähren die Mark übernahm. Swantibor I., seit 1409 Verweser der Mittelmark, geriet aber auch zu dem von Kg. Sigmund eingesetzten Verweser, dem Burggrafen Friedrich von Nürnberg, und dadurch auch zum König in Gegensatz. Die Feindseligkeiten, die unter seinen Söhnen Otto II. († 1428) und Kasimir V. († 1435) fortlebten, führten 1415 zur Verhängung der Reichsacht über sie. 1417 wurde auch ihnen zu Konstanz ein kaiserl. Lehnsbrief erteilt, jedoch vorbehaltlich der Ansprüche Friedrichs, des nunmehrigen Markgrafen. Damit war das 1338/48 Erreichte in Frage gestellt. Die Herzöge suchten deshalb unter Führung Kg. Erichs Rückhalt sowohl beim Deutschen Orden (auf dessen Seite Kasimir V. 1410 bei Tannenberg gekämpft hatte) wie auch bei Polen. Kasimir V. erreichte zwar 1424 eine Anerkennung seiner Rechte vom Kaiser; doch blieb die Lehnsfrage weiterhin strittig. Dagegen kamen die Kämpfe um die Uckermark unter seinem Sohn Joachim d. J. († 1451) 1448 zum Abschluß. Otto III. († 1464), der letzte Herzog der Stettiner Linie, dessen Mutter Elisabeth von Brandenburg 1454 Wartislaw X. von Wolgast heiratete, stand ganz unter dem Einfluß seines Oheims und Vormunds Kf. Friedrichs II. von Brandenburg, der Ottos Ansprüche auf Teile Hinterpommerns unterstützte und der nach 1464 im Stettiner Erbfolgestreit dessen Herzogtum zu gewinnen versuchte.

4) Von Bogislaw X. bis zum Erlöschen des Greifenhauses *[1474–1637]*

Nachdem unter Erich II. die territoriale Einheit Pommerns hergestellt war, begann sein Sohn Bogislaw X. († 1523, s. NDB II) eine Reform im Innern mit dem Ziel, die herzogl. Macht zu erweitern und zu festigen. Er kann mit Recht als der Begründer eines modernen, auf einer geregelten Verwaltung beruhenden Staatswesens in Pommern gelten. In der Lehnsfrage mußte er die brandenburg. Ansprüche für ganz Pommern anerkennen; doch entband Kf. Johann ihn und seine Nachkommen von der Pflicht des Lehnsempfanges. Durch Anknüpfung engerer Verbindungen mit dem Reichsoberhaupt und durch die Teilnahme an Reichstagen und kaiserl. Aufgeboten erreichten Bogislaw X. und sein Sohn Georg I. († 1531, s. NDB VI) die Anerkennung der Reichsstandschaft Pommerns. Im Vertrag zu Grimnitz 1529 gestand Kf. Joachim I. von Brandenburg unter mancherlei Vorbehalten die Belehnung der Pommernherzöge durch das Reich zu, die Kaiser Karl V. dann 1530 auf dem Reichstag zu Augsburg an Georg I. und seinem Bruder Barnim IX. [† 1573, s. NDB I] vollzog. Nach Georgs Tode beschlossen dessen Sohn Philipp I. († 1560) und Barnim IX. unter Mitwirkung Bugenhagens die Einführung der Reformation (Landtag zu Treptow a. d. Rega Dez. 1534), wodurch die inneren Verhältnisse des Landes weitgehend neu geordnet und zugleich die Fürstenmacht gestärkt wurden. Außenpolitisch verbanden sich die Herzöge mit Kursachsen. Nach der Niederlage des Schmalkaldischen Bundes gelang es ihnen 1549, sich mit Karl V. auszusöhnen.

Sie mußten das Interim anerkennen, taten jedoch nichts zu seiner Durchsetzung. Maßnahmen zur Förderung der Landesverwaltung standen die Auseinandersetzungen um das Kamminer Stift, andauernde Streitigkeiten mit den Ständen und die erneute Teilung des Landes 1532 negativ gegenüber. Barnim IX. fiel das Gebiet östlich von Swine und Oder mit Stettin zu, Philipp I. der westliche Teil Pommerns mit Wolgast als Residenz. Nachdem der kinderlose Barnim IX. der Regierung 1569 entsagt hatte, einigten sich die Söhne Philipps I. im Erbvertrag zu Jasenitz über eine Neuregelung der Landesverwaltung. Johann Friedrich († 1600) übernahm jetzt die Herrschaft in Stettin, wo er 1570 den Friedenskongreß eröffnete, der den nordischen siebenjährigen Krieg beendete, Ernst Ludwig († 1592, s. NDB IV) die in Wolgast. Bogislaw XIII. († 1606, s. NDB II) wurde mit den Ämtern Barth und Neuenkamp, Barnim X. († 1603) mit dem Amt Rügenwalde abgefunden, Kasimir VI. († 1605) zum Bischof von Kammin bestimmt. 1592–1603 führte Bogislaw XIII. die Regentschaft in Wolgast für Philipp Julius, den Sohn Ernst Ludwigs; 1603 übernahm er die Regierung in Stettin. Mit Philipp Julius von Wolgast († 1625) und den Söhnen Bogislaws XIII., von denen zunächst der kunstliebende Philipp II. († 1618), dann sein Bruder Franz († 1620, s. ADB VII) die Regierungsgeschäfte in Stettin führte, gelangte die letzte Generation des Greifengeschlechts zur Herrschaft. Ihrer auf Universitäten und Reisen gewonnenen Bildung entsprachen politischer Sinn und zielstrebige Tatkraft nicht in gleichem Maße wie der Hang zu aufwendiger Repräsentation. Anhaltende Geldnot und unaufhörliche Streitigkeiten mit den Ständen ließ ihr Interesse an politischen Fragen merklich hinter wirtschaftlichen zurücktreten. Die Absicht Philipp Julius', Rügen an Dänemark zu verpfänden, scheiterte am Einspruch Bogislaws XIV. († 1637, s. NDB II), der Pommern noch einmal vereinigte (1625), die tatsächliche Herrschaft aber 1630 den Schweden überlassen mußte. Mit ihm starb 1637 das Herzogshaus in männlicher Linie aus. Die staatliche Selbständigkeit Pommerns hörte auf. Das persönliche Erbe übernahmen Bogislaws Schwester Anna († 1660, s. ADB IV) und ihr Sohn Ernst Bogislaw, Herzog von Croy († 1684, s. NDB III), zeitweilig Statthalter in dem an Brandenburg gefallenen Teil Pommerns. Mit ihm ist das Greifengeschlecht endgültig erloschen.

L zum Gesamtartikel (Erg. zu NDB I, S. 595 f.. u. II. S. 416–19): A. F. Riedel, Cod. dipl. Brandenburgensis, 1838-69; H. Heyden, Kirchengesch. Pommerns I/II, ²1957; Johs. Schultze, Die Mark Brandenburg I–III, 1961–63; W. Wegener, Genealog. Tafeln z. mitteleurop. Gesch., Lfg. 3: Die Herzöge v. Pommern, 1962; E. Bahr, Pomm. Gesch. in poln. Sicht, Aus poln. Veröff. seit 1945, in: Zs. f. Ostforschung 11, 1962, S. 491–528; H. Spruth, Landes- u. fam.geschichtl. Bibliogr. f. Pommern I, 1962, S. 246–55.

Zu 1): H. Krabbo u. G. Winter, Regg. d. Markgrafen v. Brandenburg aus askan. Hause, 1910–55; A. Hofmeister, Der Kampf um d. Ostsee v. 9. bis 12. Jh. (1931], ³1960, hrsg. v. Roderich Schmidt; ders., Geneal. Unterss. z. Gesch. d. pomm. Hzg.hauses, 1938, S. 1–126 (auch in: Pomm. Jbb. 31, 1937); W. Brüske, Unterss. z. Gesch. d. Lutizenbundes, 1955; H. Branig, Zur älteren Gesch. Pommerns (9.–12. Jh.), Ein Ber. üb. d. poln. Nachkriegsforschung, in: Jb. f. d. Gesch. Mittel- u. Ostdtld.s 8, 1959, S. 365–407; H. Bollnow, Der Kampf um Vorpommern im 12. u. 13. Jh., in: Balt. Stud. NF 47, 1960, S. 47–64; W. Schlesinger, Bemerkungen z. d. sogen. Stiftungsurk. d. Bistums Havelberg v. 946 Mai 9, in: Jb. f. d. Gesch. Mittel-u. Ostdtld.s 5, 1956, S. 1–38, wieder in: Mitteldt. Btrr. z. dt. Vfg.gesch. d. MA, 1961, S. 412–46, bes. S. 430–40; H.-D. Kahl, Zum Ergebnis d. Wendenkreuzzuges v. 1147, in: Wichmann-Jb. 11/12, 1957/ 58, S. 99–120, wieder in: Heidenmission u. Kreuzzugsgedanke in d. dt. Ostpol. d. MA, hrsg. v. H. Beumann, 1963, S. 275–316.

Zu 2) u. 3): Pomm. UB VII–IX (1326–35), 1958–62; M. Wehrmann, Kaiser Karl IV. in s. Beziehungen zu Pommern, in: Mbll. d. Ges. f. pomm. Gesch. 11, 1897, S. 113 ff.; ders., Von Hzg. Barnim VII., ebd. 51, 1937, S. 164f.; A. Hofmeister, Hzg. Swantibor v. Barth u. Rügen u. d. angebl. Teilung v. 1435, in: Pomm. Jbb. 30, 1936, S. 127–57; ders., Wartislaw d. junge v. Wolgast u. d. angebl. Belehnung v. 1415, in: Mbll. 50, 1936, S. 147–51; ders., Geneal. Unterss. (s. L zu 1), 1938, S. 127–91 (auch in: Pomm. Jbb. 32, 1938); ders., Elisabeth v. Holstein, Hzgn. v. Stettin, in: Zs. d. Ges. f. Schlesw.-Holst. Gesch. 66, 1938, S. 316–20; ders., Wann sind Hzg. Barnim VII. u. Barnim VIII. gestorben?, in: Mbll. 53, 1939, S. 161–66; ders., Die Töchter Hzg. Bogislaws VI. v. Wolgast, in: Pomm. Jbb. 34, 1940, S. 47–57; E. Gülzow, Das Grabmal Barnims VI. in d. Kenzer Kirche, in: Mbll. 55, 1941, S. 44–47; A. Berg, Die Ahnen d. Hzgn. Anna v. Pommern, geb. Gfn. v. Wunstorf, in: Fam. u. Volk 1, 1952, S. 182; Roderich Schmidt, Die Anfänge d. Univ. Greifswald, in: Festschr. z. 500-J.feier d. Univ. Greifswald I, 1956, S. 9–52; J. Petersohn, Vatikan. Btrr. z. Chronol. d. Kamminer Bischofsreihe in d. späten Schismazeit (1410–18), in: Balt. Stud. NF 48, 1961, S. 17–32; ders., Reichspol. u. pomm. Eigenstaatlichkeit in d. Bamberger Stiftung Barnims III. zu Ehren d. hl. Otto (1339), ebd. 49, 1962/63, S. 19–38.

Zu 4): Schottenloher 32437a ff., 51394a ff.; danach: J. Luther, Der Tod d. letzten Pommernhzg.s, in: Pomm. Jbb. 31, 1937, S. 121–34; H. Bethe, Zur Baugesch. d. ehem. Hzg. Schlosses in Wolgast, in: Balt. Stud. NF 40. 1938, S. 87–95; ders., Neue Funde zur Kunst am Hofe d. pomm. Herzöge, in: Greifswald-Stralsunder Jb. l, 1961, S. 152–71; J. Petersohn, Die Beisetzung d. letzten Pommernhzg.s 1654, in: Pommern, Ein Haus- u. J.buch, 1956, S. 66–71; Roderich Schmidt, Die Torgauer Hochzeit 1536, Die Besiegelung d. Bundes zw. Pommern u. Sachsen, in: „Solange es ‚heute' heißt", Festgabe f. Rud. Hermann z. 70. Geb.tag, 1957, S. 234–50, dazu: ders., in: Zs. f. KG 69, 1958, S. 79–97, u. in: ZSRGG 75, 1958, S. 372–82; ders., Pommern u. Sachsen in d. Zeit d. Ref., in: Balt. Stud. NF 46, 1959, S. 57–78.

P H. Bethe, Die Bildnisse d. pomm. Hzg.hauses, in: Balt. Stud. NF 39, 1937, S. 71–99, u. 41, 1939, S. 99–102.
– Zur L über d. Croy-Teppich (Erg. zu NDB III, S. 427 u. VI, S. 223 f.): W. Borchers, Pomm. Gesch. im Spiegel gewirkter Wandbehänge, in: Zs. f. Ostforschung 2, 1953, S. 178–89; J. Gerhardt, Der Croy-Teppich in Greifswald, in: Luther 29, 1958, S. 91–93; H. Zimmermann, Der Kartonnier d. Croy-Teppichs, in: Jb. d. Berliner Museen l, 1959, S. 155–60; Roderich Schmidt, Der Croy-Teppich d. Univ. Greifswald, ein Denkmal der Reformation in Pommern, in: Johann Bugenhagen. Beiträge z. s. 400. Todestag, 1958, S. 89–107.

Grafen von Gützkow (ein Überblick)

Das Geschlecht der Grafen von Gützkow, eines der vornehmsten im ehemals lutizischen Teil Pommerns, beginnt mit Jaczo I. (1212–35 urkundlich erwähnt, † wahrscheinlich vor November 1237, sicher vor Juni 1249) aus dem Hause der edel-freien Vögte von Salzwedel. In Pommern erscheint er zuerst 1233 (18.5.) als Zeuge in einer herzoglichen Urkunde für das Kloster Grobe (Usedom), dann 1235 in Urkunden seines Bruders Konrad (seit 1211 Domherr in Magdeburg), der 1233 (nach 7.10.) Bischof von Kammin geworden war († 20.9.1241). Da Jaczo I. auch in den pommerschen Urkunden als „advocatus in Saltwedele" bezeichnet wird, wo er noch 1235 einen Gütertausch der Markgrafen von Brandenburg bestätigte, bleibt es offen, wann er etwa nach Pommern übersiedelte und in den Besitz der Herrschaft Gützkow, die schon in vorchristlicher Zeit ein kultischer und politischer Mittelpunkt im Gebiet nördlich der Peene gewesen war, gelangte. Seine 1248/49 erwähnte Gemahlin mit der Dobroslawa von Gützkow (1226), der Tochter eines Pommernherzogs Bogislaw, gleichzusetzen, ist quellenmäßig ebensowenig zu erweisen wie die Versuche, Jaczo I. über sie mit dem „dominus Wartislaeus de Choskoua" (1218/19, † 1233) und weiter mit den Swantiboriden oder Ratiboriden (Seitenlinien des pommerschen Herzogshauses) oder mit Gützkower Kastellanen (der letzte wird 1234 erwähnt) in Verbindung zu bringen. Die als Quellenzeugnis für Jaczo I. und Dobroslawa in Anspruch genommene (verlorene) Inschrift aus dem Franziskanerkloster in Greifswald gehört nicht zu 1242, sondern zu 1262 und ist auf Jaczos gleichnamigen Enkel (* wohl 1244, † nach 16.5.1303) und dessen Gemahlin Cecislawa (* wohl 1247) aus dem Hause Putbus zu beziehen.

Der Titel eines Grafen von Gützkow ist seit 1249 urkundlich belegt. Der erste namentlich (1270) erwähnte „Graf" ist Konrad († nach 21.2.1284), ein Sohn Jaczos I.; er nahm bereits die gleiche hervorragende (oft erste) Stelle unter den Zeugen in den Urkunden der Pommernherzöge ein, die die Grafen von Gützkow „consanguinei" nannten. Jaczo II., ein Sohn Johanns I. († nach 1257), spielte die entscheidende Rolle bei der Teilung Pommerns in die Herzogtümer Wolgast und Stettin 1295. Durch die Mitgift seiner Gemahlin wurde er 1298 für die terra Streu auf Rügen Lehnsmann der rügischen Fürsten. Sein Sohn Bernhard fiel 1319 (bei Oldenwöhrden?) im Kampf gegen die Dithmarscher als Parteigänger Graf Gerhards III. von Holstein-Rendsburg und Fürst Heinrichs II. von Mecklenburg. Als Schwester Bernhards ist jene Margarete (erwähnt 1320/22) anzunehmen, die mit dem dänischen Reichsdrost Laurenz Jonsson († 1340) verheiratet war. Sie war weder eine

Tochter Herzog Barnims I. von Pommern noch in erster Ehe die Gemahlin Graf Johanns II. von Gützkow.

In der ersten Hälfte des 14. Jahrhundert waren die Grafen von Gützkow in die Kämpfe zwischen den pommerschen Herzögen, den Städten und den rügischen, mecklenburgischen und brandenburgischen Fürsten verwickelt. Da ihr Herrschaftsgebiet im Schnittpunkt der verschiedenen Interessenlinien lag, hat ihre Parteinahme geschwankt. Im Kampf um Stralsund (1314–17) standen sie auf Seiten Wizlaws III. von Rügen und dessen Lehnsherrn König Erich Menved von Dänemark gegen Pommern und Brandenburg. 1319 erscheinen sie im Bunde mit Herzog Wartislaw IV. von Wolgast. Im 1. Rügischen Erbfolgekrieg schlossen sie sich 1326 den Fürsten von Mecklenburg und Werle an, verglichen sich jedoch 1327 (13.6.) mit Pommern-Wolgast und nahmen nun auf dieser Seite am Kriege und am Friedensschluß zu Brudersdorf (27.6.1328) teil. Im 2. Rügischen Erbfolgekrieg hat am 25.10.1351 ein Graf Johann am Schoppendamm bei Loitz die Pommern zum Siege über die Mecklenburger geführt. Ob er es war, der (angeblich an seinem Hochzeitstag) in diesem Kampfe fiel, oder ein anderer Gützkower Graf gleichen Namens, der auf der mecklenburgischen Seite kämpfte, ist nach der Quellenlage kaum zu entscheiden.

Das Ende des Geschlechts liegt ebenfalls im Dunkeln. Am 30.4.1359 bezeugte ein Graf Johann das Treuegelöbnis, das die Pommernherzöge Bogislaw V., Bamim IV., und Wartislaw V. dem Dänenkönig Waldemar Atterdag für Rügen leisteten. Als Bogislaw V. am 27.5.1372 seinen Neffen von Wolgast ihre Privilegien bestätigte, unterstand die Grafschaft Gützkow bereits den Pommernherzögen unmittelbar. 1373 (24.11.) wird ein herzoglicher Vogt zu Gützkow erwähnt; ein Vogt der Grafen begegnet zuletzt 1355. (13.4.). Mit der Nennung der verwitweten Gräfinnen Elisabeth und Mechtild (3./4.4. 1378) endet die Überlieferung.

L ADB XIII (Jaczo), XIV (Johann) (überholt); Cod. Pomeraniae diplomaticus, 1854; Pomm. UB 1–IX (bis 1335), 1868–1962; A. G. Schwartz, Diplomat. Gesch. d. Pommersch-Rüg. Städte Schwed. Hoheit ..., nebst Diplomat. Hist. d. Gfsch. G., Greifswald 1755; A. Hofmeister, Genealog. Unterss. z. Gesch. d. pomm. Hzg.hauses, 1938, S. 50–63 (Die Grafen v. G. u. d. pomm. Herzogshaus), S. 102 f., auch in: Pomm. Jbb. 31, 1937; J. Hoffmann, Stud. z. Gesch. d. Grafen v. G., phil. Diss. Greifswald 1940 (ungedr.), masch. 1946, nur Kap. 4–9 (1319–78) mit Anhang „Regg. z. Gesch. d. Grafen v. G. (1320–78)" (d. Aufstellungen üb. d. Nachkommen des Grafen Konrad, insbes. Zuordnung d. versch. Grafen namens Johann, sind allerdings nicht unbedingt zwingend); Isenburg IV, Tafel 46 (ein v. F. Freytag v. Loringhoven angenommener Johannes VI. ist wohl ebenso zu streichen wie dessen angebl. Töchter Elsabe [= Elisabeth] u. Mechtild, die zutreffender als Töchter d. Grafen Gunzelin v. Schwerin u. Gemahlinnen Gützkower Grafen anzusehen sind); H.-D. Kahl, Slawen u. Deutsche in d. Brandenburg. Gesch., d. 12. Jh., 1964, I, S. 532–35, II, S. 936–39. – Zur Gesch. d. Gfsch. G.: C. Menke, Das Amt Wolgast, in: Pomm. Jbb. 26, 1931, S. 139 ff. (mit Karte S. 158); W. Brüske, Unterss. z. Gesch. d. Lutizenbundes, 1955, S. 171–73 u. 202.

Das wendische Uznam, das deutsche Usedom und das Prämonstratenserstift Grobe

Usedom begeht in diesem Jahr seine 700-Jahr-Feier als deutsche Stadt. Der heutige Festakt erinnert daran, daß den Bürgern der „stadt Uszenym am 23. Dezember 1298 vom Pommernherzog Bogislaw IV. in einer in Anklam ausgestellten Urkunde das Lübische Recht verliehen worden ist.

Diese Rechtsordnung hatte sich seit dem 13. Jahrhundert in den Städten an der südlichen Ostseeküste und im hansischen Raum ausgebreitet, wahrend binnenländisch im deutsch-slawischen Grenzgebiet und weit ins östliche Mitteleuropa hinein das Magdeburger Stadtrecht Geltung erlangte. Das Lübische Recht gründet sich auf Privilegien, die der Stadt im 12. Jahrhundert erteilt worden waren, und es wurde dann durch Stadt- und Landesherren weiter verliehen. Es war ein reines Stadtrecht, ohne Beziehung zu den die Stadt umgebenden Landrechten. Es sicherte somit, auch in Pommern, der damit begabten Stadt und ihren Bürgern eine Sonderstellung innerhalb des jeweiligen Territoriums. Das unterschied die deutschrechtlichen Städte von den slawischen Großsiedlungen stadtartigen Charakters, die rechtlich in die allgemeine Landesordnung eingegliedert waren und blieben. In Pommern haben im Zuge der deutschen Einwanderung und Besiedlung die Herzöge Wartislaw III. († 1264) und Barnim I. († 1278) eine systematische Städtegründungspolitik betrieben. Bis zum Tode Barnims sind mehr als 32 Städte mit Magdeburger, vor allem aber mit Lübischem Recht bewidmet worden. Aber auch der Bischof von Cammin und einzelne Adlige haben Städte gegründet. Diese Stadtgründungen nach deutschem Recht entstanden teils an Plätzen, an denen es keine slawische Siedlung gab, oder auf deren Gebiet oder, sehr häufig, in unmittelbarer Nähe zur slawischen Stadt oder Burg. So war es in Usedom

Die Urkunde von 1298 enthält eine genaue Beschreibung der Stadtgemarkung, die der Herzog an die Bürger gibt, 16 Hufen, und der Grenzen des Stadtgebiets, für das das Lübische Recht gelten soll. In dieser Beschreibung ist auch die Rede von dem „Burgwall des Schlosses" (deme borchwalle des slates) und von dem Kloster, von dem noch die Rede sein wird. Für alle Rechtsfragen, die mit dem Lübischen Recht zusammenhängen, werden die Bürger Usedoms nach Greifswaid gewiesen, das 1250 das Lübische Recht erhalten hatte und das auch für eine Anzahl anderer Städte – u. a. Kolberg, Cammin, Wolgast, Wollin, Treptow a. d. Rega – Beratungs- und Berufungsinstanz war. Fragt man nach dem Inhalt und dem Wesen des Lübischen

Rechts, so ist vor allem die beherrschende Stellung des Rates in der Stadtverfassung zu nennen. Seine auf Lebenszeit gewählten Mitglieder ergänzten sich durch geheime Zuwahl selbst. Jedes zweite Jahr war die Hälfte der Ratsherren vom Amt befreit. Zwei Bürgermeister, jedenfalls in der Regel, und für bestimmte Verwaltungsämter deputierte Ratsherren regierten die Stadt. Der Rat übte die oberste Gerichtsbarkeit aus. Der stadt- oder landesherrliche Vogt nahm nur noch die Niedergerichtsbarkeit wahr, also nicht die Strafgerichtsbarkeit. Für Usedom ist ein Vogt im Jahre 1256 mit Namen Aldagus (Oldag von Schwerin) und ohne Namensnennung bereits 1254 in zwei Urkunden Herzog Barnims I. bezeugt.

Alle Rechtsgeschäfte wurden schriftlich in Memorabilien- oder Stadtbüchern festgehalten. Für Usedom sind solche erst seit 1477 nachzuweisen, wie dem Beitrag von Frau Pastorin Metz in der zur 700-Jahr-Feier erschienenen Festschrift zu entnehmen ist, doch ist damit zu rechnen, daß auch in Usedom die Rechtsaufzeichnungen früher eingesetzt haben. Zugleich mit dem Lübischen Recht erteilte Herzog Bogislaw IV. den Usedomer Bürgern Reise- und Zollfreiheit in seinen Landen und das Recht des Fischfangs im Haff. Der Herzog nimmt in der Urkunde auf das Eigentum Bezug, das die Bürger von seinen Vorfahren her besitzen, und er betont eingangs (in der Arenga): „damit die Dinge, die da geschehen in der Zeit, nicht zum Zusammenbruch gebracht werden mit der Zeit, pflegt man sie zu befestigen und dauerhaft zu machen mit Schriften und Zeugen." Zu den Zeugen gehören so hochgestellte Personen wie der Dekan der Camminer Kirche, der Graf von Gützkow, der Truchseß und der Marschall des Herzogs sowie zahlreiche Ritter und viele, namentlich nicht genannte „glaubwürdige" Leute. Die Urkunde, welche die Grundlage des Stadtjubiläums bildet, ist nicht im Original auf uns gekommen. Joachim Wächter hat in der genannten Festschrift des Nötige zur Überlieferung mitgeteilt.

Die Urkunde ist mehrfach im 14. Jahrhundert in andere Urkunden eingefügt worden. Von diesen Transsumpten, wie der Fachterminus lautet, ist nur ein solches vom 9. November 1399 erhalten, und zwar im Landesarchiv Greifswald. Wahrscheinlich handelt es sich aber auch hierbei um eine Kopie aus dem 15. Jahrhundert. Gleichwohl dürfen wir davon ausgehen, daß der Sachverhalt zutreffend wiedergegeben ist. Allerdings ist mit Sicherheit anzunehmen, daß die Originalurkunde von 1298 in lateinischer Sprache abgefaßt war. Der Text, wie er uns jetzt in plattdeutscher Sprache vorliegt, ist mithin eine mittelalterliche Übersetzung.

Mit der Verleihung des Stadtrechts Weihnachten 1298 beginnt ein neuer Abschnitt der Geschichte Usedoms, nicht aber die Geschichte selbst. Name und Örtlichkeit sind älter, und die Geschichte der heutigen Stadt beginnt früher. Die Verleihung des deutschen Stadtrechts setzt die Anwesenheit von Menschen voraus, die nach diesem leben sollen und wollen und die sich getrennt von der slawischen Siedlung, wenn auch in unmittelbarer Nachbarschaft, niedergelassen hatten. Drei Jahre vor der Stadtrechtsverleihung, im Jahre 1295, wurde Pommern in die Herzogtümer Pommern-Wolgast und Pommern-Stettin geteilt. In der Teilungsurkunde wird Usedom (Usenam) als „oppidum" d. h. kleine Stadt, Städtchen, im Gegensatz zur Vollstadt, civitas, bezeichnet. Man darf wohl der Ansicht zustimmen, daß hiermit die deutsche Siedlung gemeint ist, deren Auf- und Ausbau noch nicht abgeschlossen ist. Trifft dies zu, dann wird man auch die Bezeichnung „oppidum" in einer herzoglichen Urkunde aus dem Jahre 1267 für das Kloster Grobe bei Usedom auf die werdende deutsche Stadt beziehen können.

Der Historiker Hermann Bollnow hat in seinen „Studien zur Geschichte der pommerschen Burgen und Städte im 12. und 13. Jahrhundert" auch Usedom eingehend behandelt und darin die Zeugnisse für das Vorhandensein einer deutschen Gemeinde zusammengestellt. Danach ist eine solche erst seit etwa 1250 anzunehmen. Die urkundlichen Belege für Usedom davor beziehen sieh auf die Burg und die bei derselben befindliche Handels- und Handwerkersiedlung, das „suburbium". Die ältesten Urkundenzeugnisse stammen aus den Jahren 1140 und 1159. Am 8. Juni 1154 bestätigte der erste pommersche Bischof Adalbert „in castro Uznam", in der Burg Usedom, in Gegenwart der pommerschen Herzogsbrüder Bogislaw I. und Kasimir I., des Kastellans (Burghauptmanns) von Usedom, namens Astrobodo, seines Bruders Domizlaw und anderer Großer aus der Provinz Wanzlow, zu der auch Usedom gehörte, dem Kloster Grobe die ihm von Herzog Ratibor I. und dessen Gemahlin verliehenen Besitzungen und Rechte. Der Ort der Handlung scheint nicht nur wegen des Klosters Grobe gewählt worden zu sein, sondern auch weil Usedom die Hauptburg oder doch eine der Hauptburgen der Pommernherzöge gewesen ist. Auf jeden Fall war sie – wie Bollnow nachgewiesen hat- für die Herzöge Bogislaw I. († 1187) und seinen Sohn Bogislaw II. († 1220) der bevorzugte Aufenthaltsort, sozusagen die Herzogsresidenz. Wie in der Urkunde von 1159 werden auch in denen der folgenden Zeit immer wieder etwa ein Dutzend mal, Kastellane der Burg Usedom als Zeugen genannt. Sie trugen durchweg slawische Namen: Ostrobod, Gustizlaw, Powoy, Dezlao, Zulizlaus (Sulizlaw). Der letzte Beleg für einen Usedomer Kastellan ist eine Urkunde Barnims I. vom 3. Oktober 1233. Danach kommt kein Kastellan mehr vor, obwohl die urkundlich Überlieferung reichlich fließt. Bollnow hat daraus den berechtigten Schluß gezogen, daß danach „die slawische Burgenverfassung in Usedom erloschen ist", wie es auch andernorts, z. B. in Demmin, der Fall war. Seit den vierziger Jahren

treten dann in der Umgebung der Herzöge, besonders Barnims I. († 1278),
und in den Zeugenlisten der Urkunden deutsche Ritter auf, die auch als
Grundbesitzer auf Usedom nachweisbar sind. Die Zeit um 1250 stellt demnach eine Umbruchszeit dar, in der die Einwanderung von deutschen Adligen und Bürgern in den Raum Usedom erfolgte. In diesem Zusammenhang
kam es zur Gründung der deutschen Stadt, deren Jubiläum wir heute begehen. Die älteste urkundliche Erwähnung der Burg Usedom findet sich in der
Urkunde Papst Innozenz' II. vom 14. Oktober 1140, mit der dieser dem
schon genannten Bischof Adalbert das Bistum Pommern bestätigte. In dieser
Urkunde werden auch die Einkünfte des Bistums genau aufgelistet. Zu ihnen gehören die landesherrlichen Einnahmen aus einer Reihe von Burgbe-
zirken, den Kastellaneien. Genannt werden sie in dieser Reihe: Demmin,
Triebsees, Gützkow, Wolgast, Usedom, Groswin, Pyritz, Stargard, Stettin,
Cammin und Kolberg. Usedom war 1140 eines der Zentren des pommerschen Herzogsstaates, wie er sich seit den zwanziger Jahren unter dem Geschlecht der Greifen gebildet hatte.

Im Jahr 1128 war in Usedom der offizielle Übertritt Pommerns zum Christentum vollzogen worden. Aus den Otto-Viten erfahren wir den Inhalt der
Reden, der Beratung und Näheres von der Taufe, nichts freilich über die genaue Örtlichkeit. Doch kann kaum ein Zweifel bestehen, daß sich das Ereignis in der Burg oder bei derselben abgespielt hat. Die Burg ist gewiß nicht
erst danach erbaut worden. Herzog Wartislaw I. hatte sie wenig zuvor in
Besitz genommen. Wenn wir auch über ihre Entstehung nichts aussagen
können, weil auf dem Schloßberg noch keine Nachforschungen angestellt
worden sind, so werden wir doch sagen können, daß sie 1128 bereits bestand. Jedenfalls legen die Funde, die auf dem Bauhof, dem suburbium, gemacht worden sind, dies nahe. Wer hier zuvor als Burgherr gesessen hat,
liegt allerdings im Dunkel der Geschichte. Über solche Fragen gibt ja auch
die Archäologie, so aufschlußreich sie ist, keine Auskunft. Und die schriftliche Überlieferung über die Zusammenhänge der Pommerschen Geschichte
beginnt im Grunde erst mit den Otto-Viten und den ersten bezeugten Vertretern des Greifengeschlechts, Wartislaw I. und seinem Bruder Ratibor I.

Das Usedomer Pfingstereignis vom 10. Juni 1128 hatte zweierlei zur Folge:
Zum einen die Hinwendung Wartislaws in Verbindung mit Otto von Bamberg zum Deutschen Reich und damit die Abkehr von Polen. Eine militärische Intervention Herzog Boleslaws konnte von Bischof Otto abgewendet
werden. Und zum zweiten war die Annahme des Christentums im Herrschaftsraum Wartislaws westlich der Oder ein wichtiger Schritt zur Zusam-
menfügung der pomoranischen und der lutizischen Landesteile, ein Schritt
auf dem Wege zu einem einheitlichen pommerschen Herzogsstaat, wie er

sich in der Folgezeit noch unter Wartislaw I. entwickelte. Diese Entwicklung wurde dadurch gefördert, daß nach dem Tode Ottos von Bamberg
1139 eine einheitliche pommersche Kirche geschaffen wurde. Die Papsturkunde von 1140 ist für sie die Grundlage. Fortan war weder in politischer
noch in kirchlicher Hinsicht die Oder und das Odermündungsgebiet eine
Trennungslinie, sondern geradezu die Lebensader Pommerns. Auch in ver-
kehrsmäßiger Hinsicht verband sie die Teile. Die in diesem Raum liegenden
Orte waren die zentralen des Landes. Als politische Zentren entwickelten sich
Wolgast und Stettin, als kirchliches Wollin, der erste Sitz der pommerschen
Kirche, seit der Mitte der siebziger Jahre des 12. Jahrhunderts wurde es Cammin. Zwischenzeitlich in den sechziger-siebziger Jahren war Usedom als Sitz
des pommerschen Bistums vorgesehen, wenn nicht sogar in Gebrauch. Ein
entsprechender Bericht in der nordischen Überlieferung (der Knytlingasaga)
aus den achtziger Jahren des 12. Jahrhunderts erscheint glaubwürdig und
wurde durch die Nachricht in der Slawenchronik des Helmold von Bosau,
entstanden 1172, gestützt, der berichtet, Herzog Wartislaw habe nach seiner
Bekehrung zum christlichen Glauben das Bistum Usedom gegründet. Als dessen Sitz kommt die Kirche des Prämonstratenserstifts Grobe in Betracht, das
in den Urkunden mehrfach Usnam (Usedom) genannt wird.

Das Missionswerk Ottos von Bamberg hatte in Pommern zu einer Grund-
satzentscheidung geführt, die eigentliche Missionierung hatte nur zögernd
eingesetzt, der Aufbau einer Kirchenorganisation kam nur langsam voran.
Das Heidentum hatte noch nicht endgültig kapituliert. Herzog Wartislaw
fiel in der Nähe von Stolpe an der Peene einem heidnischen Mordanschlag
zum Opfer. Das geschah um 1135, vielleicht erst 1147/48. Im Jahr 1147 fand
im Zusammenhang mit dem zweiten Kreuzzug der sogenannte Wendenkreuzzug statt, den sächsische Fürsten (wie Albrecht der Bär) und Bischöfe
(wie Erzbischof Friedrich I. von Magdeburg und Bischof Anselm von Havelberg) ins Werk setzten und der sich auch gegen Pommern richtete, das
damals eben noch nicht als wirklich christlich galt. Die Motive der Führer
des Unternehmens mögen verschieden gewesen sein, auch politische. Jürgen Petersohn hat m. E. zu Recht die Ansicht vertreten, daß es in erster Linie darum gegangen sei, die junge pommersche Kirche dem Einfluß des
Erzbistums Magdeburg zu öffnen und sie diesem zu unterstellen. Das
Kreuzheer zog in zwei Abteilungen heran, die eine belagerte Demmin, die
andere Stettin. Hier traten der pommersche Bischof Anselm und der Bruder
Wartislaws I., Herzog Ratibor I., den Kreuzfahrern entgegen und bewirkten, daß die Militäraktion abgebrochen wurde. Im nächsten Jahr 1148 erschien Ratibor auf einem sächsischen Fürstentag in Havelberg, beschwor
dort seinen christlichen Glauben und legte das Versprechen ab, das Christentum zu verteidigen und zu fördern.

1153 gründete dann Bischof Adalbert mit Unterstützung Herzog Ratibors in Stolpe, wo Herzog Wartislaw getötet wurde, wie die Gründungsurkunde sagt, ein Benediktinerkloster, dessen ersten Konvent das Kloster Berge in Magdeburg entsandte. Der Bischof verlieh dem Kloster den Zehnten im Landes Groswin und unterstellte ihm alle dort zu gründenden Kirchen. Wenig später kam es zur Gründung von Grobe. Dies war im Gegensatz zu Stolpe als einer bischöflichen Gründung eine herzogliche. Der nach dem Tod Wartislaws I. regierende Herzog Ratibor I. und seine Gemahlin Pribislawa, nach ungesicherter Überlieferung eine Tochter des Polenherzogs Boleslaws III., waren die Stifter. Eine Stiftungsurkunde liegt nicht vor, das Gründungsdatum ergibt sich indirekt aus dem Todesdatum Ratibors, dem 7. Mai 1156. Konkrete Angaben über die Errichtung, die Ausstattung, die Besitzungen und Einkünfte sind in der bereits erwähnten Urkunde Bischof Adalberts vom 8. Juni 1159, ausgestellt in der Burg Usedom, enthalten. Es gehört zu den Vorrechten von fürstlichen Stiftern, an hervorragender Stelle der Stiftsbaulichkeiten bestattet zu werden. Die Urkunde erwähnt dies nicht. Obwohl eine entsprechende Überlieferung erst aus dem 15. Jahrhundert stammt, ist nicht zu bezweifeln, daß Herzog Ratibor und seine bald nach ihm verstorbene Gemahlin Pribislawa in der der Gottesmutter Maria und dem heiligen Godehard geweihten Klosterkirche von Grobe ihre letzte Ruhestätte gefunden haben. Während Stolpe mit Benediktinermönchen besetzt wurde, sind nach Grobe Prämonstratenser geholt worden. Auch sie kamen aus Magdeburg, und zwar aus dem dortigen Prämonstratenserstift St. Marien. Verstärkt wurde der Konvent mit Kanonikern aus der Ordensniederlassung Parduin bei Brandenburg. Die Prämonstratenser waren ein Predigerorden, und wegen ihrer missionarischen Aufgaben dürfte auch die Berufung nach Pommern erfolgt sein.

Die weitere Entwicklung Grobes mag hier unberücksichtigt bleiben. Nur soviel: Als Herzog Bogislaw I., der älteste Sohn Wartislaws I., sich 1177 in der Burg Usedom aufhielt, fand er das Kloster verödet und vernachlässigt vor. Es ist dies die Zeit der Däneneinfälle in das Mündungsgebiet der Peene, von denen auch Usedom betroffen war, und der Bischofssitz war bereits nach Cammin verlegt worden. Bogislaw hat damals die Ausstattung des Klosters erweitert und veranlaßt, daß es neu besetzt wurde, nämlich mit Prämonstratensern aus Havelberg. Dann aber beschloß der Herzog eine Verlegung des Klosters auf den Marienberg bei Usedom. Hierüber gibt die Urkunde vom 20. Februar 1184 nähere Auskunft mit Angabe der Gründe. Es soll dort eine neue Kirche errichtet werden, doch sollen an der alten Stätte die Gottesdienste beibehalten werden. Zum Zeitpunkt dieser Absichtserklärung waren Bischof Konrad I. von Cammin und der Abt von Stolpe zugegen, um das bereits fertiggestellte Atrium zu weihen und den vier Tage zuvor verstorbenen jungen Herzogssohn Wartislaw hier beizusetzen. Am 18. März 1187 ist Herzog Bogislaw I. verstorben. Am Jahrestag des Todes vermachte seine Witwe Anastasia dem Kloster weitere Schenkungen zur Verwirklichung des Planes, dieses auf den Marienberg, im Volksmund Watchow genannt, zu verlegen. Aus der Urkunde geht hervor, daß dort zwar einige Wirtschaftsgebäude vorbereitet waren, mit einem Kirchenneubau aber noch nicht begonnen worden war. Das in der Urkunde von 1184 genannte Atrium war aller Wahrscheinlichkeit nach nicht die Vorhalle einer Kirche, sondern, einem ebenfalls üblichen Sprachgebrauch gemäß, ein Friedhof, auf dem der junge Herzogssohn Wartislaw beigesetzt worden ist. Und auf ihm ist auch sein Vater, Herzog Bogislaw I., wie Thomas Kantzow berichtet, beerdigt worden – wenn nicht doch in der Kirche zu Grobe, denn die Verlegung des Klosters auf den Marienberg hat nicht stattgefunden. Grobe blieb an seiner ursprünglichen Stätte, bis es 1307/09 nach Pudagla verlegt worden ist. Dies gehört zu den Ergebnissen der neuen Forschungen über Grobe und Usedom.

Wo aber lag Grobe und wo Watchow, der Marienberg?
Die Historische Kommission für Pommern hat 1991 das Forschungsvorhaben „Usedom im frühmittelalterlichen pommerschen Herzogsstaat und seine historische und archäologische Erforschung" angeregt und in den folgenden Jahren in Verbindung mit dem Landesamt für Bodendenkmalpflege in Mecklenburg-Vorpommern, der Denkmalschutzbehörde des Kreises Ostvorpommern und dem Institut für Vor- und Frühgeschichte der Ernst-Moritz-Arndt-Universität Greifswald gefördert. Dabei geht es um die Erhellung des Ortes Usedom als slawisch-deutscher Handelsplatz, als Herzogssitz, als Ort des Glaubenswechsels, als kirchliches Zentrum. Im Vordergrund stand und steht die genaue Lokalisierung des Prämonstratenserstifts Grobe.

Das Vorhaben wurde auf breiter Grundlage interdisziplinär angefangen: Durch eine erneute Durchsicht und Interpretation der einschlägigen Quellenzeugnisse, durch Luftbildaufnahmen, durch Untersuchungen mittels naturwissenschaftlicher, geophysikalischer und geomagnetischer Prospektionsmethoden, ergänzt auch durch namenkundliche Untersuchungen. Die jeweils erzielten Ergebnisse wurden auf mehreren wissenschaftlichen Tagungen vorgestellt und eingehend diskutiert. Sie haben auch bereits schriftlichen Niederschlag in mehreren Veröffentlichungen gefunden, so in den Baltischen Studien der Gesellschaft für pommersche Geschichte, Altertumskunde und Kunst, in der Festschrift „Land am Meer. Pommern im Spiegel seiner Geschichte", vor allem aber im 1. Band der von Prof. Mangelsdorf herausgegebenen „Greifswalder Mitteilungen. Beiträge zur Ur- und Frühgeschichte und Mittelalterarchäologie" (1995) mit dem Titel „Die Insel Usedom in sla-

wisch-frühdeutscher Zeit". Hieraus sind besonders zu nennen die Beiträge
von Prof. Jürgen Petersohn, „Grobe-Marienberg-Usedom. Die Aussagen
der Urkunden zur Entwicklung und Topographie des Usedomer Prämonstratenserstifts im 12. und 13. Jahrhundert", von Prof. Günter Mangelsdorf.
„Usedom und Wollin – Zwei frühstädtische Zentren im Odermündungsgebiet", von Winfried Schich, „Usedom-Grobe und Brandenburg-Parduin",
von Arthur Behn, „Zur Lage von Gewässern im Umkreis von Usedom",
von Prof. Gerald Peschel, „Einsatz naturwissenschaftlicher Prospektionsmethoden zur Auffindung des Prämonstratenserklosters Grobe im Bereich des
‚Priesterkamp' südlich von Usedom", fortgesetzt in Band 2 der „Greifswalder Mitteilungen".

Mit der Nennung des Priesterkamps ist das entscheidende Stichwort genannt. Als Ergebnis aller bisherigen Untersuchungen und Überlegungen
kann nunmehr folgendes gesagt werden (ich verweise hierfür auch auf den
knapp zusammenfassenden Beitrag von Arthur Behn „Zur Geschichte und
Lage des Klosters Grobe" in der Festschrift zum diesjährigen Stadtjubiläum): Als Standort von Grobe kommt mit an Sicherheit grenzender Wahrscheinlichkeit der sog. Klosterberg, im Bereich von Wilhelmshof gelegen,
auch als „Priesterkamp" bezeichnet, in Betracht. Es ist dies die Stelle, die
später von den Mönchen zu Pudagla „Oldes Kloster" genannt wird. Der
Priesterkamp ist, wie Prof. Petersohn überzeugend dargelegt hat, nicht der
Marienberg. Dieser muß an anderer Stelle, wohl in der Nähe des Westufers
der „Kehle", gesucht werden. Die Luftbildaufnahmen und die Messungen
haben auf dem Priesterkamp unter der Ackeroberfläche Gebäudereste, darunter den Grundriß eines etwa 30 zu 10 Meter großes Bauwerkes, erkennbar
werden lassen. Dieses kann als Teil der Klosteranlage, vielleicht sogar als
Kirchengebäude angesprochen werden.

Im August 1997 hat Prof. Mangelsdorf auf dem Priesterkamp eine erste, freilich begrenzte Grabung durchgefühlt, bei der er an der Westseite des durch
Luftbildaufnahmen und Messungen ermittelten rechteckigen Gebäudes ansetzte. Zutage kamen die gut erhaltenen Fundamente aus Feldstein, auf denen die nicht mehr vorhandenen Mauern aufgesessen haben. Eine Überraschung stellte es dar, daß unter dem Fundament sowie rechts und links von
ihm eine Anzahl von Gräbern zutage kamen, Bestattungen von Männern,
Frauen und Kindern, was auf einen zeitlich vorangehenden Friedhof hinweist, über dem das fragliche Gebäude errichtet worden ist. Es ist überaus
wünschenswert, daß die Untersuchungen und Grabungen fortgesetzt werden, um zu weiteren und genaueren Erkenntnissen über die Gebäudeanlage
und ihre Ausmaße zu gelangen. Dann wird sich auch herausstellen, ob es
sich um die gesuchte Kirche von Grobe handelt oder um einen anderen Teil

der Klosteranlage. Daß an diese Stelle Grobe gelegen hat, ist – wenn auch noch nicht endgültig gesichert – so doch wahrscheinlicher geworden. Wenn es sich um das Kirchengebäude handelt, dann interessiert den Historiker besonders, ob sich in demselben und an welchem Ort Grabstellen ermitteln lassen, die als herzogliche Grablege gedeutet werden können, vergleichbar etwa den Herzogsgräbern, die jüngst in der Klosterkirche zu Eldena erneut aufgedeckt worden sind. Wir sind also auf dem Wege, daß durch die Archäologie unsere Vorstellungen von Grobe sichtbare Gestalt gewinnen.

Aber auch für den eigentlichen Stadtkomplex Usedom haben neue archäologische Untersuchungen neue Erkenntnisse erbracht. Ich verweise hierfür auf die Festschriftenbeiträge von Arthur Behn, Jörg Weber und von Arne Schmid-Hecklau. Die Besiedlung der Insel Usedom durch slawische Stämme setzte im 8. Jahrhundert ein. In jungslawischer Zeit, 11./12. Jahrhundert, fand auf der Insel ein intensiver Landesausbau statt. Es entstand ein ausgedehnter Siedlungskomplex am Westufer des Usedomer Sees. In seinem Zentrum lagen der Bauhof und der Schloßberg. Zu diesem slawischen frühstädtischen Zentrum gehörten aber auch die Amtswiek, der Mühlenberg und der Bereich „Am Hain". Der größte Teil des mittelalterlichen Stadtkerns von Usedom war in slawischer Zeit unbesiedelt. Rettungsgrabungen seit 1994 und baubegleitende Untersuchungen in der Peene- und in der Priesterstraße haben hier jedoch slawische Siedlungsspuren erkennen lassen. Von besonderer Bedeutung ist ein slawisches Gräberfeld (mit über 200 Gräbern) zwischen Schloßberg und Peenestraße im Bereich des städtischen Friedhofs bei der ehem. Paulikirche gelegen, das aufgrund der Funde, besonders der Münzen, ins 12./13. Jahrhundert datiert werden kann. Die Paulikirche war die älteste Kirche im slawischen Usedom. Es spricht vieles dafür, daß es sich um die Kirche handelt, die 1128 durch Otto von Bamberg gegründet worden ist. Sie blieb weiterhin Gemeindekirche, auch für die deutschen Siedler und zunächst auch für die deutschrechtliche Stadt. Die Marienkirche in der Stadt wird erst im Jahr 1337 erwähnt. Zu den Gräberfeldern bei der Paulikirche und auf dem Priesterkamp tritt nun noch ein drittes, das 1997 aufgedeckt worden ist, das Gräberfeld bei der Wohnsiedlung „Am Hain". Von dem Areal von 4000 Quadratmetern sind etwa 2000 Quadratmeter untersucht. Die Körpergräber stammen aus dem 11./12. Jahrhundert. Es konnten aber auch Siedlungsreste aus der späten Bronzezeit bis hin zur vorrömischen Eisenzeit festgestellt werden. Für die Siedlung „Am Hain" hat der Ausgräber, Herr Schmid-Hecklau, die Vermutung ausgesprochen, daß sie mit einer Hafenanlage in Verbindung zu bringen sei.

„Die archäologischen Untersuchungen", so beschließt Jörg Weber seinen Festschriftenbeitrag „Zur slawischen Besiedlung der Stadt Usedom", den ich hier zitiere: „Die archäologischen Untersuchungen haben damit seit Ende 1996 zu einer wesentlichen Erweiterung der Kenntnisse über die Größe und innere Struktur des frühstädtischen Zentrums Usedoms geführt und gleichzeitig ein Licht auf die überregionale Bedeutung des Ortes während des 12. Jahrhunderts werfen lassen, die sich zwar schon durch vorhergehende schrifthistorische Untersuchungen angedeutet hat, aber erst durch die umfangreichen Funde und Befunde wirklich faßbar geworden ist. Natürlich haben die Ausgrabungen den Katalog der Fragen zur frühesten Geschichte Usedoms nicht unbedingt verkleinert". Ich füge hinzu: Hierzu gehört auch die Frage, wie die einzelnen Gräberfelder zugeordnet werden können, zur Burg, zum Suburbium, zu anderen Siedlungsbezirken, zum Kloster und ob sich noch konkretere zeitliche Bestimmungen feststellen lassen. „Es wird daher" – hier zitiere ich noch einmal Weber – „in den nächsten Jahren auf jeden Fall nötig sein, die intensive Auseinandersetzung mit der Geschichte Usedoms fortzusetzen."

Meine Damen und Herren, die Erforschung der Geschichte ist für den Archäologen wie für den Historiker nie abgeschlossen, sondern führt zu immer weiteren Fragestellungen. Dies gilt für das Prämonstratenserstift Grobe ebenso wie für das frühstädtische slawische Usnam mit seiner Burg wie für die deutsche Stadt Usedom, deren Jubiläum wir heute feiern.

Literatur
(in Abfolge des voranstehenden Textes)

Usedom. Art. (von Ernst Bahr u. Klaus Conrad) in: Handbuch der historischen Stätten Deutschlands, 12. Bd.: Mecklenburg/Pommern, hg. von Helge Bei der Wieden u. Roderich Schmidt, 1996, s. 309–311.

Usedom. Geschichte und Geschichten. 700 Jahre Stadt Usedom, hg. von Brigitte Metz, 1998.

Dirk Schleinert, Die Geschichte der Insel Usedom, 2005.

Pommersches Urkundenbuch, Bd. I–VI, Nachdruck 1970.

Wilhelm Ebel, Lübisches Recht, 1971. Ebenso in: Handwörterbuch zur deutschen Rechtsgeschichte, Bd. 3, 1984, Sp. 77–84.

Angelika Lampen, Lübisches Recht, in: Die deutsche Literatur des Mittelalters. Verfasserlexikon, Bd. 11, Lfg. 3, 2002, Sp. 931–938.

Dietmar Lucht, Die Städtepolitik Herzog Barnims I. von Pommern 1220–1278 (Veröffentlichungen der Historischen Kommission für Pommern, Reihe V: Forschungen zur pommerschen Geschichte, Bd. 10), 1965.

Brigitte Metz, Die ältesten Usedomer Stadtbücher, in: Usedom, 700 Jahre (s.o.), S. 83–90.

Joachim Wächter, Die Urkunde Herzog Bogislaws IV. über die Verleihung des lübischen Rechts an die Stadt Usedom, in: Usedom, 700 Jahre (s. o.), S. 57–60.

Hermann Bollnow, Studien zur Geschichte der pommerschen Burgen und Städte im 12. und 13. Jahrhundert (Veröffentlichungen der Historischen Kommission für Pommern, Reihe V: Forschungen zur pommerschen Geschichte, Bd. 7), 1964, Usedom S. 212–261.

Hermann Bollnow, Burg und Stadt in Pommern bis zum Beginn der Kolonisationszeit, in Baltische Studien, N.F. 38, 1936, S. 48–96.

Roderich Schmidt, Die Pommernmission Bischof Ottos von Bamberg (1124/1128). Ihre Bedeutung für die Entstehung der pommerschen Kirche und die Anfänge des pommerschen Herzogsstaates. (In diesem Bd., Beitrag II,5).

Roderich Schmidt, Wartislaw I. (Pommern im Spiegel bedeutender Persönlichkeiten), in: Ostdeutsche Geschichts- und Kulturlandschaften, Teil III: Pommern, hg. von Hans Rothe (Studien zum Deutschtum im Osten, Bd. 19/III), 1988, S. 219–221.

Joachim Wächter, Anfänge des Christentums im Osten des Lutizengebiets, in: Herbergen der Christenheit. Jahrbuch für deutsche Kirchengeschichte, 1989/90, S. 117–125.

Jürgen Petersohn, Usedom im frühpommerschen Herzogsstaat, in: Tausend Jahre pommersche Geschichte, hg. von Roderich Schmidt (Veröffentlichungen der Historischen Kommission für Pommern, Reihe V: Forschungen zur pommerschen Geschichte, Bd. 31), 1999, S. 27–65.

Jürgen Petersohn, Gründung, Vorgeschichte und Frühzeit des pommerschen Bistums, in: Baltische Studien, N.F. 78, 1992, S. 7–16.

Jürgen Petersohn, Anfänge und Frühzeit der Greifenmemoria, in: „Land am Meer". Pommern im Spiegel seiner Geschichte. Roderich Schmidt zum 70. Geburtstag, hg. von Werner Buchholz u. Günter Mangelsdorf (Veröffentlichungen der Historischen Kommission für Pommern, Reihe V: Forschungen zur pommerschen Geschichte, Bd. 29), 1995, S. 85–110.

Literatur zum Arbeitsvorhaben „Usedom im frühmittelalterlichen Herzogsstaat":

Roderich Schmidt, in: Baltische Studien, N.F. 80, 1994, S. 139–140, sowie in: Tausend Jahre pommersche Geschichte (s. o.), 1999, S. 16 (m. Lit. Anm. 22).

Greifswalder Mitteilungen. Beiträge zu Ur- und Frühgeschichte und Mittelalterarchäologie, Bd. 1: Die Insel Usedom in slawisch-frühdeutscher Zeit", hg, von Günter Mangelsdorf, 1995.

Greifswalder Mitteilungen, Bd. 2: Tradition und Fortschritt archäologischer Forschung in Greifswald, 1997, Peschel S. 243–271 .

Günter Mangelsdorf, Kloster Grobe bei Usedom. Bericht über die Ergebnisse einer Ausgrabung, in: Greifswalder Mittelungen, Bd. 3, 1999, S. 155–190.

Günter Mangelsdorf, Neue Ausgrabungen in der Klosterruine Eldena bei Greifswald, in: ebd., S. 225–291.

Hans Georg Thümmel, Zur Erforschung des Prämonstratenserklosters Grobe/Use-
dom. Ergebnisse und Fragen, in: Greifswalder Mitteilungen, Bd. 5: Aus der Frühgeschichte des südwestlichen Ostseegebietes, hg. von Günter Mangelsdorf, 2002, S. 33–
50.

Arthur Behn, Zur ur- und frühgeschichtlichen Besiedlung der Gemarkung Usedom,
in: Usedom, 700 Jahre (s. o.), S. 11–24,

Jörg Weber, Zur slawischen Besiedlung der Stadt Usedom, in: ebd., S. 25–35.

Arne Schmid-Hecklau, Die archäologischen Untersuchungen im Baugebiet „Am
Hain" in Usedom, ein Zwischenbericht, in: ebd. S. 37–43.

Günter Mangelsdorf, Norbert Benecke und Felix Biermann, Untersuchungen zum
frühmittelalterlichen Wirtschafts- und Herrnschaftszentrum Usedom. II: Die spät-
slawische Siedlung am Priesterkamp. In: Bodendenkmalspflege in Mecklenburg-
Vorpommern, Jahrbuch 2004, Bd. 52, 2005, S. 397–545.

Die Geschichte Stolps im Spiegel der ältesten Urkunden

Mit dem Einsetzen der urkundlichen Überlieferung erhält die Geschichte Stolps ein zeitliches Datengerüst.[1] Doch auch diese Überlieferung ist lückenhaft, so daß sich aus ihr allein kein Gesamtbild von Stadt und Land ergibt.[2] Die Urkunden, die uns teils im Original, meist aber in späteren Abschriften vorliegen, sind gut zugänglich und erschlossen im Pommerschen Urkundenbuch, das bis zum Jahr 1335 gedruckt vorliegt.[3]

Die folgenden Ausführungen enden mit dem Jahr 1329. Damals haben die pommerschen Herzöge Burg, Stadt und Land Stolp auf zwölf Jahre dem Deutschen Orden verpfändet.[4] Die im Original erhaltene Urkunde ist am 1. März 1329 von den Stettiner Herzögen Otto I. und seinem Sohn Barnim III. auf der Marienburg ausgestellt,[5] Die Herzöge führen darin aus, sie besäßen „castrum et civitatem in Stolpa ac totum territorium" „ab antiquo".[6]

---

1 Wiedergabe des am 7. November 1998 auf der Tagung „Die Anfänge der Stadt Stolp" in der Lehr- und Tagungsstätte Külz-Kulice gehaltenen Vortrags, ergänzt durch Anmerkungen und Belege.

2 Einen Überblick bietet der Beitrag von Ludwig Biewer in diesem Bande, Die Geschichte des Herzogtums Pommern-Stolp. Ein Streifzug durch die Geschichte Hinterpommerns bis zum Jahre 1459.

3 Pommersches Urkundenbuch (PUB), hrsg. zunächst vom Kgl. Preußischen Staatsarchiv zu Stettin, seit 1925 von der Historischen Kommission für Pommern. Vgl. die Übersicht in: Roderich Schmidt, Achtzig Jahre Historische Kommission für Pommern 1910–1990. Verzeichnis ihrer Veröffentlichungen, 1990, S. 15–16. Vgl. auch Ders., Pommern und seine historische Überlieferung, in: Pommern. Kultur und Geschichte, 35. Jg., Heft 4, 1997, S. 8–14, zum Pommerschen Urkundenbuch S. 9–10; ders., Geschichte des Pommerschen Urkundenbuches, in: Stand, Aufgaben und Perspektiven territorialer Urkundenbücher im östlichen Mitteleuropa, hrsg. von Winfried Irgang und Norbert Kersken (Tagungen zur Ostmitteleuropa-Forschung, hrsg. vom Herder-Institut, 6) 1998, S. 51–59, sowie Klaus Conrad, Das Pommersche Urkundenbuch in seiner Bedeutung für die historische Forschung, in: Tausend Jahre pommersche Geschichte. Tagungsband hrsg. von Roderich Schmidt (Veröffentlichungen der Historischen Kommission für Pommern, Reihe V: Forschungen zur pommerschen Geschichte 31), Köln–Weimar–Wien 1999, S.125–143.

4 Vgl. den Beitrag von Joachim Zdrenka in diesem Bande, Kontakte zwischen Stolp und dem Ordensstaat in der ersten Hälfte des 15. Jahrhunderts, und den Beitrag von Ludwig Biewer (wie Anm. 2).

5 PUB VII (1326–1330), bearb. von Hans Frederichs und Erich Sandow, hrsg. von der Landesgeschichtlichen Forschungsstelle (Historische Kommission) für die Provinz Pommern, Stettin 1934, Nachdruck Köln–Graz 1958, Nr. 4458, S. 259f.

6 Die Gegenurkunde des Hochmeisters Werner von Orseln datiert vom 27. 2. 1329. Ebd. Nr. 4457, S. 258 f. In ihr ist ebenfalls von castrum., civitas et territorium die Re-

Trifft diese Aussage, so ist zu fragen, tatsächlich zu? Die urkundliche
Überlieferung über Stolp beginnt mit zwei Urkunden westpommerscher
Herzöge aus dem Greifengeschlecht vom Jahre 1227. Voran geht allerdingt
noch eine Urkunde vom 27. Dezember 1180, in der von der Kastellanei („ca-
stellania Slupensis") die Rede ist und von einem Presbyter Rudolf, „recto-
rem ecclesie Slupensis".[7] Doch diese Urkunde, „datum in Slupsk", ist eine
Fälschung vom Ende des 13., wenn nicht gar aus dem 14. Jahrhundert.[8] Anlaß für sie sind die Streitigkeiten zwischen dem Erzbistum Gnesen und dem
Bistum Cammin um die „Kastellanei" Stolp.[9]

Der wahrscheinlich in Gnesen entstandenen Fälschung zufolge habe die
Kastellanei Stolp kirchlich seit jeher zum Erzbistum Gnesen gehört, was indessen nicht als gesichert gelten kann.[10]

Die chronologisch folgenden zwei Urkunden von 1227 sind am 12. Oktober, actum in Kolberg, von den jugendlichen Pommernherzögen Wartislaw III. bzw. Barnim I. und ihren Müttern Ingardis und Miroslawa ausgestellt.[11] Sie betreffen das Prämonstratenserinnenstift Marienbusch bei
Treptow a. d. Rega, welches 1224 von der Herzogin Anastasia, der Gemahlin Herzog Bogislaws I., fundiert worden war.[12] Die Urkunden bestätigen
die Klostergründung und verleihen diesem weitere Dörfer in den Ländern
(„provinciae") Kolberg und Pyritz sowie ein Dorf „in Stolp minore" bzw.
„in parvo Ztolp". Aus der Urkunde Herzog Barnims I. erfahren wir den
Namen dieses Dorfes: Neztic, d. i. Nesekow, zehn Kilometer nordwestlich

---

de, an weiterer Stelle von „castrum, opidum et territorium Stolpense". Vgl. hierzu unten Anm. 82.
7 PUB I (786–1253), 2. Aufl., neu bearb. von Klaus Conrad. Köln–Wien 1970, Nr. 86,
   S. 112–114.
8 Über die Entstehungszeit der Fälschung und die verschiedenen Annahmen der polnischen Forschung s. Conrad, PUB I (wie Anm. 7), S. 113.
9 Vgl. hierzu Jürgen Petersohn, Der südliche Ostseeraum im kirchlich-politischen Kräftespiel des Reiches, Polens und Dänemarks vom 10. bis 13. Jahrhundert (Ostmitteleuropa in Vergangenheit und Gegenwart 17), Köln–Wien 1979, S. 414–420, sowie zuvor
   Martin Wehrmann, Cammin und Gnesen, in: Zeitschrift der Historischen Gesellschaft
   für die Provinz Posen 11, 1896, S. 138–156.
10 Dazu Petersohn, S. 416 f.: „Die polnische These, daß das pommersche Bistum von
   Anfang seines Bestehens an Bestandteil der Gnesener Kirchenprovinz war, aus der es
   sich trotz zunehmender Selbständigkeitsbestrebungen erst nach über zwei Jahrhunderten zu lösen vermochte, ist auf jeden Fall unhaltbar." Vorsichtiger Biewer (wie
   Anm. 2).
11 PUB I, Nr. 241, S. 300 f., und Nr. 242, S. 301–303, (beides Abschriften des 16. Jahrhunderts). Die Väter waren bereits verstorben, Kasimir II. 1219/20, Bogislaw II. 1220.
12 Vgl. Hermann Hoogeweg, Die Stifter und Klöster der Provinz Pommern, Bd. 2, Stettin 1925, S. 758 ff.; Petersohn (wie Anm. 9) S. 503.

von Stolp gelegen.[13] Soviel kann den beiden Urkunden entnommen werden, daß zu jener Zeit (1227) die westpommerschen Herzöge auch über den Raum Stolp geboten,[14] zumindest sich für befugt hielten, über eine in ihm gelegene Ortschaft zu verfügen.

Vorher herrschten hier, im Gebiet von der Leba im Osten bis zum Gollenberg im Westen, die Ratiboriden, Herren von Schlawe, die nach gängiger Meinung als eine Nebenlinie des Greifengeschlechtes gelten und sich vermutlich von Ratibor I. († 1156), dem Bruder des ersten historisch faßbaren Greifenherzogs Wartislaw I. († um 1147), herleiten.[15] Einer der Ratiboriden, Ratibor II. „princeps dictus terre Slauensis" hat im Jahre 1223 dem Johanniterorden das Dorf Bantow in der Nähe von Rügenwalde geschenkt.[16] Mit ihm erloschen die Ratiboriden, und die Länder Schlawe und Stolp gelangten im Erbgang an die Greifen.[17] 1229 hat Herzog Barnim I. dem Johanniteror-

---

13 So Klaus Conrad in PUB I, Nr. 242, S. 303, Anm. 14. Detailliertere Ausführungen zur Ortsbestimmung von Klein-Stolp und zur politischen Situation der ersten Hälfte des 13. Jahrhunderts finden sich in Bd. l des Pommerschen Urkundenbuches, Abt. l, bearb. von Robert Klempin, Stettin 1868, S. 191–196. Danach käme für Neztic neben Nesekow auch der Ort Neitzkow in Betracht, ebenfalls in der Nähe von Stolp, so daß es, auch aus weiteren, von Klempin dargelegten Gründen wahrscheinlich ist, Klein-Stolp mit Stolp zu identifizieren, was immer auch das „Klein" zu bedeuten hat. Allerdings darf nicht übersehen werden, daß Herzog Barnim I. am 27. März 1267 dem Kloster Usedom das Dorf Sellin auf Usedom schenkte (PUB II, bearb. von Rodgero Prümers, Stettin, 1881–85, Neudruck Aalen 1970, Nr. 839, S. 178). Die Originalurkunde ist „in parvo Szolp" ausgestellt. Hier dürfte es sich um Stolp in der Nähe von Usedom oder um das Benediktinerkloster Stolpe an der Peene handeln, anders Lucht (wie Anm. 14), S. 25.

14 Vgl. Dietmar Lucht, Die Außenpolitik Herzog Barnims I. von Pommern, in: Baltische Studien, N. F. 51, 1965, Barnims Politik gegenüber Pommerellen S. 22–26, hier S. 23.

15 Vgl. Adolf Hofmeister, Genealogische Untersuchungen zur Geschichte des pommerschen Herzoghauses (Greifswalder Abhandlungen zur Geschichte des Mittelalters 11), Greifswald 1938 , S. 35–49 (die Ratiboriden und die Herren von Schlawe), auch in: Pommersche Jahrbücher 31,1937, S. 67–81. Überblickstafel auch bei Wilhelm Wegener, Die Herzöge von Pommern aus dem Greifen-Hause (Genealogische Tafeln zur mitteleuropäischen Geschichte, Lfg. 3), 2. Aufl., Göttingen 1969, Taf. 3. – Über die Abstammung der Ratiboriden und ihr Verhältnis untereinander vgl. in Auseinandersetzung mit neuer polnischer Literatur Rudolf Benl, Die Gestaltung der Bodenrechtsverhältnisse in Pommern vom 12. bis zum 14. Jahrhundert (Mitteldeutsche Forschungen 93), Köln–Wien 1986, S. 42 (Anm. 123). Danach hat die „unwiderlegte ... Ansicht von der Abstammung der Schlawer von Ratibor I., dem Bruder Wartislaws I." „noch immer die meiste Wahrscheinlichkeit".

16 PUB I, Nr. 215, S. 264 f. Außer dieser Urkunde wissen wir nichts über Ratibor II. Man nimmt jedoch an, er sei vor 1227 gestorben.

17 So Martin Wehrmann, Geschichte von Pommern, Bd. I, 2. Aufl. Gotha 1921 (Neuausgabe 1982), S. 96 f., und Hermann Hoogeweg, Stifter und Klöster (wie Anm. 12), Bd. l, Stettin 1924, S. 164 f. Auf die Unsicherheit der Annahme weist Hofmeister (wie Anm. 15), S. 41 hin.

den seine Besitzungen im Raum Schlawe und Stolp bestätigt.[18] Doch infolge der Auseinandersetzungen und Kämpfe mit Mecklenburg und Brandenburg konnten die Greifen das hinterpommersche Erbe nicht halten, sondern mußten es dem ostpommerschen (pommerellischen) Herzog Swantopolk II. aus dem Hause der Samboriden überlassen.[19]

Dieses pomoranische Fürstengeschlecht[20] mit dem Sitz in Danzig herrschte über das Gebiet zwischen der Leba und der Weichsel; nun dehnte es seine Herrschaft nach Westen bis zum Gollenberg aus. Urkundlich begegnet uns Swantopolk II. im Zusammenhang mit Stolp zuerst 1236. Am 26. Dezember 1236 schenkt er in einer – allerding nicht unverdächtigen – Urkunde dem Erzbischof Fulco von Gnesen und seiner Kirche drei Dörfer.[21] Im gleichen Jahr urkundet er zugunsten des Benediktinerklosters Mogilno bei Gnesen. Unter den Zeugen dieser Urkunde befindet sich neben anderen Hofbeamten der Kastellan Johann „de Slupcz".[22] In einer weiteren Urkunde, „actum Stolp" 27. März 1240, überläßt der Herzog seinem Kaplan Hermann das Dorf Ritzow „in Zlupensi dyocesi sitam".[23] Unangefochten war Swantopolk II. in seinem Besitz von Stolp indessen nicht. Er geriet mit seinen Brüdern Sambor und Ratibor in Streit und kriegerische Verwicklungen, in die auch die Nachbarfürsten und die Nachbarbischöfe hineingezogen wurden. Ein päpstlicher Legat war bemüht zu vermitteln. In seiner dem päpstlichen Legaten vorgelegten Verteidigungsschrift[24] schreibt Swantopolk, daß sein Bruder „terram meam Slupsech dictam hostiliter invadens ... occupavit". Im April 1252 ist Swantopolk wieder im Besitz von Stolp. Am 5. April stellt er hier („in Stolpis") eine Urkunde aus, mit der er dem Zisterzienserkloster Dargun das Dorf Buckow (bei Rügenwalde) zur Gründung

---

18 PUB I, Nr. 257, S. 318–320. Unter den namentlich aufgeführten Besitzungen ist Bantow allerdings nicht genannt.

19 Wehrmann (wie Anm. 17). Zur Geschichte der Länder Stolp und Schlawe im 13. Jahrhundert vgl. auch Eberhard Sauer, Der Adel während der Besiedlung Ostpommerns (der Länder Kolberg, Belgard, Schlawe, Stolp) 1250–1350, Stettin 1939, S. 133–140.

20 Über die Samboriden vg. Ernst Bahr, Genealogie der pommerellischen Herzöge, in: Zeitschrift des Westpreußischen Geschichtsvereins 75,1939, S. 5–54. Über Swantopolk II. ebd. S. 23–28; vgl. auch Gerard Labuda, in: Polski Słownik Biograficzny 22, 1977, S. 23–28. Vgl. auch Lucht, (wie Anm. 14), S. 23.

21 PUB I, Nr. 356, S. 406.

22 PUB I, Nr. 330, S. 397 f.; vgl. auch die dortige Vorbemerkung von K. Conrad.

23 PUB I, Nr. 376, S. 450 f. Weitere Urkunden Swantopolks II., ausgestellt in Stolp oder Schlawe oder Dörfer in diesen Ländern betreffend, in: PUB I, Nr. 374, S. 443 (1240); Nr. 469, S. 553 f. (1248), Nr. 473, S. 556 f. (1248); Nr. 479, S. 568 f. (1248); Nr. 552, S. 664 f. (1252).

24 PUB I, Nr. 480 a und b, S. 569–571. Über die Kämpfe Swantopolks II. mit seinen Brüdern Ratibor und Sambor vgl. Bahr (wie Anm. 19), S. 36 f.

eines Klosters verlieh und dieses mit Besitz und Rechten ausstattete.[25] Wahrscheinlich geschah dies im Rahmen der Beilegung des Konfliktes.[26]

Kurz darauf, am 24. Juni 1253, bestätigten die Pommernherzöge Barnim I. und Wartislaw III. das von Swantopolk gegründete Kloster, betonten
jedoch, daß es in ihrem Herrschaftsbereich gelegen sei – „cuius cum loci
proprietas ad nostrum dominium dinoscitur pertinere" –, entsagten aber zugleich ihren Rechten an den dem Kloster verliehenen Dörfern, und sie ge-
lobten, die Besitzungen und Freiheiten des Klosters nicht antasten zu wollen, wenn die Klosterbesitzungen wieder unter pommersche Herrschaft
gelangen würden – „si terram..., in qua sepius nominatum Bucowe situm est,
ad nostrum dominium redire contingeret".[27] Der Besitzanspruch blieb also
erhalten, konnte aber zunächst nicht durchgesetzt werden.[28]

Nachdem Herzog Swantopolk II. 1266 verstorben war, unternahm Herzog Barnim III. erneut einen Versuch, die Länder Schlawe und Stolp in seinen
Besitz zu bringen.[29] Der Sohn und Nachfolger Swantopolks II., Mestwin II.,
nahm zu seiner Absicherung seine Länder am 1. April 1269 von den Markgrafen von Brandenburg zu Lehen und trat gleichzeitig an sie die Burg und
das Land Belgard ab.[30] Das Land Schlawe gelangte 1269/70 für einige Zeit an
den Fürsten Wizlaw II. von Rügen.[31] Dessen Mutter Eufemia war eine
Schwester Mestwins II.[32] Wizlaw gründete bei der Burg Dirlow um 1270 eine

25 PUB I, Nr. 552, S. 66ff. Über das Zisterzienserkloster Buckow vgl. Francisca Müller,
    Kloster Buckow. Von seiner Gründung bis zum Jahre 1325, in: Baltische Studien, N.
    F. 22, 1919, S. 1–84; Petersohn (wie Anm. 9), S. 499 f.
26 Vgl. Hoogeweg (wie Anm. 17), S. 165f.; Lucht (wie Anm. 14), S. 24.
27 PUB I, Nr. 573, S. 687 f.; vgl. Lucht (wie Anm. 14), S. 24.
28 Ein Eroberungsversuch Herzog Wartislaws III. im Jahre 1259 ist militärisch geschei-
    tert; vgl. Klempin, PUB (wie Anm. 13), S. 192; vgl. auch Lucht (wie Anm. 14), S. 24 f.
29 Auch dieser Versuch ist nach anfänglichen Erfolgen gescheitert. In den Ländern
    Schlawe und Belgard scheint sich Herzog Barnim III. in den Jahren 1266–68 durch-
    gesetzt zu haben, vielleicht auch im Lande Stolp. Was sich darüber mehr andeutungs-
    weise in Urkunden findet oder aus diesen erschlossen werden kann, hat Robert
    Klempin, PUB (wie Anm. 13), S. 193–195, zusammengestellt.
30 PUB II, Nr. 880, S. 207 f. Vgl. Sauer (wie Anm. 19), S. 134–138. Über Mestwin II. vgl.
    Bahr (wie Anm. 19), S. 40–46; Gerard Labuda, Art. Msciwoy, in: Polski Słownik Bio-
    graficzny 22, 1977, S. 229–231.
31 Vgl. Carl Hamann, Die Beziehungen Rügens zu Dänemark von 1168 bis zum Aus-
    sterben der einheimischen rügischen Dynastie 1325 (Greifswalder Abhandlungen zur
    Geschichte des Mittelalters 4), Greifswald 1933, S. 108–112: Rügen und Ostpommern.
    Am 17. Januar 1270 urkundete Wizlaw II. in „Slawen" und am 6. Juli 1270 „in castro
    Slawena" zugunsten des Klosters Buckow (PUB II, Nr. 908, S. 230, und Nr. 918,
    S. 238 f.). Weitere Urkunden Wizlaws II. für Buckow: PUB II, Nr. 934 (1271), 935
    (1271), 998 (1274), 999 (1274), 1009 (1275).
32 Vgl. Ursula Scheil, Zur Genealogie der einheimischen Fürsten von Rügen (Veröffent-
    lichungen der Historischen Kommission für Pommern, Reihe V: Forschungen zur
    pommerschen Geschichte 1), Köln–Graz 1962, S. 50–53.

Stadt, die den Namen Rügenwalde erhielt.[33] 1273 (3. September) erneuerte Herzog Mestwin II. sein Lehnsverhältnis zu den Brandenburger Markgrafen für Stolp und auch für Schlawe, „castra et terras nostras Stolp et Zlawen cum omnibus eorundem attinentiis et juribus".[34] 1277 (18. Januar) hat der Rügenfürst das Land Schlawe „cum castris" und die civitas Rügenwalde für 3.200 Mark Silbers an die Markgrafen Johann II., Otto IV. und Conrad I. von Brandenburg verkauft,[35] die dadurch einen Zugang zur Ostsee erlangten.[36]

1289 (26. März) schloß Wizlaw II. einen Vertrag mit den Markgrafen Otto und Conrad betreffend die Erbschaft im Falle des Todes von Mestwin II. Sollte dessen Herzogtum an ihn fallen, sollten die Markgrafen die Hälfte von diesem erhalten.[37] So rasch trat der Erbfall indessen nicht ein. Mestwin II. hat bis zu seinem Ableben Weihnachten 1294 die Herrschaft in Ostpommern de facto ausgeübt. Die Zahl der von ihm erlassenen, im Pommerschen Urkundenbuch gedruckten Urkunden sind hierfür ein eindeutiger Beleg. Dreizehn von ihnen sind während seiner Regierungszeit in Stolp ausgestellt.[38]

Mit Mestwin II. erlosch 1294 das Haus der Samboriden. Für das ostpommersche Herzogtum (Pommerellen) begann nun eine Zeit der Wirren und der ungeklärten Verhältnisse. Brandenburg, Polen, der Deutsche Orden, Dänemark suchten sich hier festzusetzen bzw. das Ganze oder Teile an sich zu bringen.[39]

Die eigentliche Herrschaftsgewalt im Lande übte in der Zeit vom ausgehenden 13. zum 14. Jahrhundert ein einheimisches Geschlecht aus, nach dem in ihm wiederholt vorkommenden Namen Swenzka, Swenzko, Swenza als das der Swenzonen bezeichnet.[40] Mitglieder dieser Familie hatten schon un-

---

33 Handbuch der historischen Stätten Deutschlands, 12. Bd.: Mecklenburg/Pommern, hrsg. von Helge Bei der Wieden und Roderich Schmidt, Stuttgart 1996, S. 262. Vgl. Hamann (wie Anm. 31), S. 109 f., Anm. 7. Die erste Erwähnung Rügenwaldes findet sich in einer Urkunde Wizlaws II. vom 3. Februar 1271 (PUB II, Nr. 934, S. 247), mit der er dem Kloster Buckow u. a. zwei Hausstellen „in Rugenwolde" schenkte.
34 PUB II, Nr. 978, S. 281. Vgl. Benl (wie Anm. 15), s. 263, Anm. 355.
35 PUB II, Nr. 1045, S. 333 f.
36 Vgl. Helmut Assing, in: Brandenburgische Geschichte, hrsg. von Ingo Materna und Wolfgang Ribbe, Berlin 1995, S. 97.
37 PUB III (1287–1300), bearb. Von Rodgero Prümers, Stettin 1888–91, Neudruck Aalen 1970, Nr. 1500, S. 71 f. Vgl. Hamann (wie Anm. 31), S.110; Wehrmann (wie Anm 17), S. 120
38 PUB II, Nr. 886 (1269), 987 (1274), 1011 (1275), 1034 (1276), 1065 (1277), 1306 (1284), PUB III, Nr. 1412 (1287), 1436 (1287), 1690 (1294).
39 Vgl. Wehrmann (wie Anm. 17), S. 120 f.; Hamann (wie Anm. 31), S. 110 f.; Sauer (wie Anm. 19), S. 138; sowie Dietmar Lucht, Pommern. Geschichte, Kultur und Wirtschaft (Historische Landeskunde. Deutsche Geschichte im Osten 3, Köln 1996, S. 43.
40 Vgl. Fritz Morré, Die Swenzonen in Ostpommern. Aufstieg und Herrschaft 1269–1357, in: Baltische Studien, N. F. 41, 1939, S. 35–98.

ter Mestwin II. eine bedeutende Rolle gespielt und führende Positionen am Hof und in der Landesverwaltung eingenommen. Sie begegnen wiederholt in den Zeugenlisten der Urkunden an hervorragender Stelle als Palatine zu Danzig und zu Stolp, hier vor allem als Kastellane, aber auch in anderen Funktionen.[41]

Im Jahre 1307 unterstellte sich das damals führende Mitglied des Geschlechts, der Palatin Peter von Neuenburg, den Brandenburgern.[42] Am 17. Juli 1307 erteilten die Markgrafen Otto, Hermann und Waldemar hierüber eine Urkunde, die in deutscher Übersetzung vorliegt.[43] In ihr stellten sie fest, daß Peter, sein Vater,[44] sein Bruder und alle Verwandten („frundt") „tho usz gekeret syn" mit den „vhesten", den „steden" und mit dem „lande". Sie belehnen ihn und seinen Bruder mit Rügenwalde, Schlawe, Pollnow, Tuchel und Neuenburg, und zwar „mit alle deme lande, dat tho den vorbenomeden vesten horet, mit alleme rechte undt mit allerhand nutt".[45] Zuvor verfügten sie in dieser Urkunde, daß „her woywode (Peter)[46] und syn bruder, de scholen borchgrafen bliven up dem huse tho Stolp unde scholen dat beholden, als si et vor gehat hebben, dewile dat se leven".

Die Kerngebiete des samboridischen Herzogtums – die Länder und Burgen Danzig, Dirschau und Schwetz – gelangten 1309/10 an den Deutschen Orden in Preußen. Markgraf Waldemar von Brandenburg verkaufte sie an diesen für eine beträchtliche Geldsumme.[47] Am 9. Oktober 1313 einigten sich Waldemar und der Hochmeister des Deutschen Ordens „in Stolpis" über den Grenzverlauf zwischen dem Land Stolp und dem Teil Pommerel-

---

41 Z. B. als Untertruchseß oder als Unterkämmerer. Vgl. das Register zu PUB II und III, beigefügt dem Bd. III, S. 578, s. v. Swenzo, sowie das Register zu PUB IV (s. Anm. 43), S. 498 f., s. v. Peter, und S. 513, s. v. Swenzo.
42 Vgl. Wehrmann (wie Anm. 12) S. 121; Morré (wie Anm. 40).
43 PUB IV (1301–1310), bearb. von Georg Winter, Stettin 1903 (Neudruck Aalen 1970), Nr. 2355, S. 270 f. Deutsche Übersetzung aus dem 16. Jahrhundert.
44 Swenzo, vgl. Morré.
45 Nach Benl (wie Anm. 15), S. 246 m. Anm. 276 übten die Swenzonen im Lande Schlawe bis 1347 unangefochten alle landesherrlichen Rechte aus.
46 Woywode = Palatin.
47 PUB IV, Nr. 2550 (13. Sept. 1309), S. 380, und PUB IV, Nr. 2619 (Stolp 12. Juni 1310), S. 431. Am 23. März und am 26. Juni 1311 quittierte Waldemar in Stolp dem Orden den Erhalt des Kaufgeldes in Höhe von zusammen 16960 Mark. PUB V (1311–1320), bearb. von Otto Heinemann, Stettin 1905 (Neudruck Aalen 1970), Nr. 2656, S. 6, und Nr. 2666, S. 12. Auf Verlangen des Deutschen Ordens verzichtete Fürst Wizlaw III. von Rügen, der Sohn und Nachfolger des 1302 verstorbenen Wizlaw II., am 12. April 1310 auf denjenigen Teil Pommerellens, der von Brandenburg an den Deutschen Orden abgetreten worden war. PUB IV, Nr. 2609, S. 491 f.. Vgl. dazu Hamann (wie Anm. 31), S. 111 f. und Wehrmann (wie Anm. 17), S. 127.

lens, der an den Orden verkauft worden war.[48] An den Besitzungen in Hinterpommern hielten die Markgrafen zunächst aber fest.[49]

Das bedeutendste Zeugnis für die Ausübung des Herrschaftsrechtes in der terra Stolp ist die Verleihung des lübischen Stadtrechts für Stolp durch die Markgrafen Waldemar und Johann V. am 9. September 1310.[50] Am 2. Februar 1313 haben sie die Verleihung noch einmal bestätigt und die Rechte der Stadt erweitert.[51]

In dieser Zeit war Waldemar mit fast allen Nachbarn Brandenburgs in Streit und kriegerische Auseinandersetzungen geraten. Seine zahlreichen Gegner vereinigten sich in einer großen Koalition.[52] Ihrer Übermacht mußte er sich schließlich fügen. Im November 1317 wurde zu Templin eine Friedensübereinkunft getroffen.[53] Zu den wenigen Parteigängern des Markgrafen gehörten die Herzöge von Pommern.

„Als Lohn für die Bündnistreue" (so Wehrmann) überließ er diesen um 1317 die Länder Stolp, Schlawe und Rügenwalde.[54] Seitdem sind sie Bestandteil des Herzogtums der Greifen. Diese hatten sich 1295 in die Linien Pommern-Wolgast und Pommern-Stettin geteilt.[55] Die um 1317 gewonnenen hinterpommerschen Gebiete wurden Teil des Wolgaster Herzogtums, in dem seit 1309 Wartislaw IV. regierte.[56] Bereits am 18. Dezember 1317 hat dieser im Kloster Belbuck die Stadtrechtsurkunde der brandenburgischen Markgrafen für Stolp (civitati nostre Stolp) aus dem Jahre 1313 bestätigt.[57] Am 14. August 1319 verstarb Markgraf Waldemar, und bald darauf erlosch das Geschlecht der Askanier in Brandenburg. Als Herzog Wartislaw IV. am 1. August 1326 unter Hinterlassung unmündiger Söhne[58] verschied, haben die Stettiner Herzöge Otto I. und Barnim III. Burg, Stadt und Land Stolp dem Deut-ichen Orden für 6.000 Mark Silbers auf zwölf Jahre verpfändet.[59]

---

48 PUB V, Nr. 2856, S. 148–150.
49 Vgl. Sauer (wie Anm. 19), S. 139 f.
50 PUB IV, Nr. 2629, S. 443 f. Über die Verleihung des lübischen Stadtrechts und seine Bedeutung für die Entwicklung von Stolp vgl. den Beitrag von Ruth Schmidt-Wiegand in diesem Band.
51 PUB V, Nr. 2774, S. 86 f. – Zu den Zeugen der beiden Stadtrechtsurkunden von 1310 und 1313 gehört u. a. der Swenzone Peter von Neuendorf.
52 Vgl. Wehrmann (wie Anm. 17), S. 127–130; Assing (wie Anm. 36), S. 133; Lucht (wie Anm. 39), S. 44; Sauer (wie Anm. 19), S. 140 f.
53 PUB V, Nr. 3149 und Nr. 3150, S. 355.
54 s. Anm. 47.
55 Die Teilungsurkunden in: PUB III, Nr. 1729 und 1730, S. 243–247.
56 Er war 1309 seinem Vater Bogislaw IV. gefolgt.
57 PUB V, Nr. 3152, S. 357.
58 Bogislaw V., Barnim IV. und Wartislaw V.
59 PUB VII, Nr. 4457 und 4458, S. 258–260, sowie Nr. 4479, S. 281. Vgl. hierzu Wilhelm Loos, Die Beziehungen zwischen dem Deutsch-Ordensstaat und Pommern, Diss. Königsberg 1937, S. 14 ff.

Die Wiedereinlösung drohte zunächst an der Geldnot der jungen Söhne Wartislaws IV. zu scheitern.[60] Mit Hilfe von Bürgern und Rittern konnte die Summe für die Wiedereinlösung dann doch aufgebracht und der Verbleib des Landes Stolp bei Pommern gesichert werden.[61]

Zusammenfassend ergibt sich aus den Urkunden für die territorialen Herrschafts- und Besitzverhältnisse des Landes Stolp dieses: Am Anfang, d. h. in den zwanziger Jahren des 13. Jahrhunderts, steht die Herrschaft der Ratiboriden, Herren von Schlawe, einer Nebenlinie des pommerschen Greifengeschlechts. Nach ihrem Erlöschen geht die Herrschaft für kurze Zeit an die Greifen über. Seit den dreißiger Jahren des 13. Jahrhunderts gehört Stolp zum ostpommerschen Herzogtum der Samboriden bis zu deren Aussterben 1294. In der folgenden Zeit der Wirren bestimmt das einheimische Geschlecht der Swenzonen die Verhältnisse im Lande. 1307 unterstellten sie sich den Markgrafen von Brandenburg, die schon zuvor als Lehnsherren anerkannt waren. Am Ende der askanischen Zeit gelangte Stolp 1316/17 wieder an Pommern. Die Zugehörigkeit zum Deutschen Orden in Preußen (1326–1341) blieb Episode.

Was ist den Urkunden nun für die topographischen Verhältnisse in Stolp zu entnehmen? In der Urkunde Herzog Swantopolks II. aus dem Jahre 1236,[62] der ersten von ihm erteilten, ist unter den Zeugen der „castellanus de Slupcz" Johann aufgeführt. Die Nennung eines Kastellans setzt eine Burg voraus. Für sie ist dies der erste urkundliche Beleg.[63] Der nächste Beleg stammt aus dem Jahr 1269. In der von Herzog Mestwin II. am 3. Mai 1269 „in Stolpis" ausgestellten Urkunde[64] werden als Zeugen genannt: „Cristianus, castellanus in castro Stolpis, et Hermannus, capellanus in civitate ante castrum predictum". Es existierte also nicht nur die Burg, sondern vor ihr (ante) oder bei ihr eine „civitas". Und in dieser gab es einen capellanus, was das Vorhandensein eines gottesdienstlichen Gebäudes bedingt. Hierbei dürfte es sich – so auch Petersohn[65] – um die Petrikirche handeln. Namentlich be-

---

60 PUB XI (1341–1345), bearb. von Klaus Conrad, Köln–Wien 1990, Nr. 5938, S. 38–40; Nr. 5939, S. 40 f.; Nr. 5941, S. 43; Nr. 6028, S. 120 f. Vgl. dazu die jeweiligen Vorbemerkungen und Anmerkungen.

61 Am 26. Juni 1341 gaben die Herzöge Bogislaw V., Barnim IV. und Wartislaw V. in Stolp in Gegenwart zahlreicher Zeugen das schriftliche Versprechen ab, das Land und die Bürger der Stadt Stolp bei allen ihren Rechten zu belassen und sie nie mehr an den Deutschen Orden in Preußen zu verpfänden oder zu verkaufen. PUB XI, Nr. 5951, S. 50.

62 Siehe Anm. 22.

63 Er sagt allerdings nichts darüber aus, seit wann und in welcher Form eine Burg in Stolp bestand.

64 PUB II, Nr. 886 (Bestätigung der Besitzungen des Klosters Buckow), S. 213 f.

65 Petersohn (wie Anm. 9). S. 322. Anm. 393.

zeugt ist sie erst in einer Urkunde Mestwins II. von 1281.[66] Mit dieser Urkunde unterstellte der Herzog dem Prämonstratenserstift Belbuck die ecclesia
beati Petri „in Stolp", die capella beatae Mariae „in castro" und die ecclesia beati Nicolai zum Bau eines Klosters bei der Nikolaikirche.[67] 1284 war
hier ein Konvent der Nonnen vorhanden.[68]

Am 24. August 1288 hat Mestwin II. dem Stift Belbuck und der Nikolaikirche den Besitz der Petrikirche „in Stolp" und die Marienkapelle „in castro" erneut bestätigt;[69] am 3. Mai 1294 erfolgte eine Bestätigung durch Erzbischof Jakob von Gnesen.[70]

Die nächste Nachricht stammt aus dem Jahre 1311. Inzwischen war Stolp
an die Markgrafen von Brandenburg gelangt, und diese hatten dem oppidum
Stolp das lübische Recht verliehen und es damit zur Stadt im deutschrechtlichen Sinne erhoben.[71] Am 2. Oktober 1311 verliehen die Markgrafen Johann V. und Waldemar dem Stift zu Belbuck und dem Nonnenkonvent in
Stolp[72] u. a. die der Gottesmutter Maria geweihte Kirche in der neuen Stadt
Stolp – „ecclesiam in nova civitate Stolp" – mit vier Hufen im Stadtfeld, die
Präpositur über das ganze Land Stolp – „per totam terram Stolp" – und einen Platz in der Stadt – „spatium in civitate Stolp" – zur Errichtimg eines
neuen Klostergebäudes – „ad construendam novum claustrum". Dieses neue
Klostergebäude mit der Nikolaikirche wurde an den nördlichen Rand der
deutschen Stadt gelegt,[73] „Welche Stelle die alten Gebäude einnahmen, lässt
sich nicht mehr feststellen."[74]

Von einer Nikolaikirche in Stolp ist allerdings schon vor der Erwähnung
des Prämonstratenser-Nonnenklosters im Jahre 1281 die Rede.[75] Mit der „in
castro Stolpz" ausgestellten Urkunde vom 14. Mai 1276 schenken Herzog
Mestwin II. dem Heinrich von Werciberg, „sculteto civitatis nostrae Stol-

---

66 PUB II, Nr. 1224, S.466.
67 Vgl. Die Baudenkmäler der Provinz Pommern, hrsg. von der Gesellschaft für
    pommersche Geschichte und Altertumskunde, 3. Teil: Der Regierungsbezirk Köslin,
    bearb. von Ludwig Böttger und Hugo Lemcke, Stettin 1894, S. 53.
68 Vgl. H. Hoogeweg, Die Stifter und Klöster der Provinz Pommern, Bd. 2, Stettin 1925,
    S. 632 mit Hinweis auf PUB II, Nr. 1306, S. 530.
69 PUB III, Nr. 1470, S. 46 f.
70 PUB III, Nr. 1680, S. 203 f. Vgl. auch PUB III, Nr. 1856, S. 344 f.
71 S. oben Anm. 50.
72 PUB V, Nr. 2682, S. 21 f. Vgl. H. Hoogeweg (wie Anm. 68), S. 635 f. – Über die Marien-
    kirche in der deutschrechtlichen Stadt vgl. Baudenkmäler (wie Anm. 67), S. 57 ff.
73 Hoogeweg S. 637.
74 Baudenkmäler (wie Anm. 67), S. 53.
75 Vgl. auch Hellmuth Heyden, Zur Geschichte der Kirchen im Lande Stolp bis zum
    18. Jahrhundert, in: H. Heyden, Neue Aufsätze zur Kirchengeschichte Pommerns
    (Veröffentlichungen der Historischen Kommission für Pommern, Reihe V: Forschun-
    gen zur pommerschen Geschichte 12). Köln–Graz 1963, S. 178–204, hier S. 181 f.

pensis", die herzogliche Mühle „iuxta ecclesiam sancti Nicolai".[76] Die Urkunde ist vor allem deswegen bemerkenswert, als hier ein Schultheiß genannt wird.[77]

Über die Lage der Nikolaikirche des Jahres 1276 wird außer der Angabe
bei der herzoglichen Mühle nichts weiter gesagt.[78]

Außer dem Prämonstratenser-Nonnenkloster mit der Nikolaikirche gab
es in Stolp noch ein weiteres Kloster, das der Dominikaner.[79] Herzog
Mestwin II. hat 1278 den Danziger Dominikanern zum Bau eines Klosters
einen Platz angewiesen „inter civitatem et castrum iuxta fluvium".[80] Die
Örtlichkeit ist bekannt. Es befand sich auf dem linken Ufer der Stolpe auf
dem sogenannten Mönchshof, gewissermaßen der Burg auf dem rechten
Ufer der Stolpe gegenüber.[81]

Über die topographischen Verhältnisse Stolps läßt sich zusammenfassend
folgendes sagen: Es gibt die Burg und in ihr eine Kapelle (die Marienkapelle), im Bereich der Burg, und zwar in der „civitas ante castrum" die Petrikirche, weiterhin die Nikolaikirche mit dem Prämonstratenser-Nonnenkloster,
sodann das Dominikanerkloster und die Marienkirche in dem oppidum, das
1310 zur deutschrechtlichen civitas erhoben worden ist. Die in den Quellen
gebrauchten Begriffe civitas und oppidum sind hier, wie auch sonst, nicht
präzise, sondern promiscue verwendet.[82]

Wenn 1269 von einer „civitas ante castrum" die Rede ist, so wird man in
diesem Fall unter „civitas" eine Siedlung zu verstehen haben, die in der Literatur als „Suburbium" bezeichnet wird, d. h. einen Handels- und Handwer-
kerplatz mit Marktfunktion neben der eigentlichen Burg, doch ihr zugeordnet
und im weiteren Sinne zum Burgkomplex gehörend. Walter Schlesinger hat
hierfür den Begriff „Burgstadt" eingeführt.[83] Der Berliner Mediävist Winfried
Schich hat ihn in einer soeben erschienenen Veröffentlichung über „Die
pommersche Frühstadt"[84] aufgegriffen.

---

76 PUB II, Nr. 1034, S. 325.
77 Vgl. dazu den Beitrag von Ruth Schmidt-Wiegand in diesem Band.
78 Vgl. Hoogeweg (wie Anm. 68), S. 631 f.
79 Ebd. S. 649–652.
80 PUB II, Nr. 1126, S. 398 f.
81 Baudenkmäler (wie Anm. 67), S. 74.
82 Vgl. Hermann Bollnow, Urbs, castrum, civitas und oppidum in den ältesten pommerschen Urkunden. Anhang 1 zu: Bollnow, Burg und Stadt in Pommern bis zum Beginn
   der Kolonisationszeit, in: Baltische Studien, N. F. 38, 1936, S. 88–90.
83 Walter Schlesinger, Burg und Stadt, in : Aus Verfassungs- und Landesgeschichte.
   Festschrift für Theodor Mayer, Bd. 1, 1954, S. 97–150. Wiederabdruck in: W. Schlesinger. Beiträge zur deutschen Verfassungsgeschichte des Mittelalters, Bd. 2, Göttingen 1963. S. 92–147.
84 Winfried Schich, Die pommersche Frühstadt im 11. und frühen 12. Jahrhundert am
   Beispiel von Kolberg (Kołobrzeg), in: Die Frühgeschichte der europäischen Stadt im
   11. Jahrhundert, hrsg. von Jörg Jarnut und Peter Johanek, Köln–Weimar–Wien 1998,

Er sieht in der stark befestigten Burganlage den Kern von stadtähnlichen Siedlungskomplexen, zu denen eine oder auch mehrere teils umwehrte, teils offene suburbane Siedlungen gehörten, die zusammen mit der Burg eine funktionale Einheit bildeten. Was Schich am Beispiel Kolberg exemplifiziert,[85] trifft auch für andere pommersche Frühstädte zu. Auf Grund der noch laufenden historischen und archäologischen Untersuchungen läßt sich dies z. B. auch für Usedom nachweisen.[86]

Das führt zu der Frage, ob man auch für Stolp mehrere suburbane Siedlungen annehmen muß, und damit verbunden zu der weiteren nach einer möglichweise ethnischen Zugehörigkeit einzelner Siedlungen. Die „civitas ante castrum" von 1269 darf man für eine solche der pomoranischen Bevölkerung halten.[87] Wo aber haben sich die deutschen Siedler niedergelassen, die 1310 und erweitert 1313 das lübische Stadtrecht erhielten? Gab es vielleicht einen deutschen Siedlungsplatz bereits vor dem der späteren Stadt an einem anderen Ort?

Einen Hinweis liefert möglicherweise das Patrozinium der Nikolaikirche. Der Dresdner Landeshistoriker Karlheinz Blaschke hat vor mehr als dreißig Jahren einen Aufsatz „Nikolaipatrozinium und städtische Frühgeschichte" veröffentlicht[88] und in einem Beitrag „Nikolaikirchen und Stadtentstehung im pommerschen Raum"[89] seine Ansichten wiederholt.

S. 273–304. Vgl. auch W. Schich, Die slawische Burgstadt und die frühe Ausbreitung des Magdeburger Rechts ostwärts der mittleren Elbe, in: Studien zur Geschichte des sächsisch-magdeburgischen Rechts in Deutschland und Polen, hrsg. von Dietmar Willoweit und Winfried Schich (Rechtshistorische Reihe 10), Frankfurt a. M. 1980, S. 22–61.

85   Schich, Die pommersche Frühstadt, S. 275 f.

86   Vgl. Jörg Weber, Zur slawischen Besiedlung der Stadt Usedom, in: Usedom. 700 Jahre Usedom, hrsg. von Brigitte Metz, Ostkläne 1998, S. 25–35; ders., Zur Entstehung und Frühzeit der deutschen Stadt Usedom nach den Ergebnissen der stadtarchäologischen Untersuchungen der Jahre 1994 bis 1997, ebd. S. 61–66; Arne Schmid-Hecklau, Die archäologischen Untersuchungen im Baugebiet „Am Hain" in Usedom, ebd. S. 37–43; Arthur Behn, Zur Geschichte und Lage des Klosters Grobe, ebd. S. 45–52.

87   Bringt man sie mit der Petrikirche in Zusammenhang (s. o. mit Anm. 65), so ist der Hinweis von Petersohn (ebd.) zu beachten, daß diese auch nach der Gründung der deutschen Stadt mit der Pfarrkirche St. Marien ihre Pfarrechte behalten zu haben scheint, jedoch Vorstadtkirche wurde und noch in der frühen Neuzeit für die „kaschubische Bevölkerung zuständig war". Vgl. auch Baudenkmäler (wie Anm. 67), S. 93: 1299 wird als Archidiakon der Petrikirche Andreas Kopidlowitz erwähnt, 1364 Dominus Conradus Stednich als plebanus in antiqua Stolp.

88   Karlheinz Blaschke, Nikolaipatrozinium und städtische Frühgeschichte, in: Zeitschrift der Savigny-Stiftung für Rechtsgeschichte, Kanonistische Abteilung 84, 1967, S. 273–337.

89   Ders., in: Greifswald-Stralsunder Jahrbuch 9, 1970/1971, S. 21–40.

Seine Kernthese lautet:[90] „daß die Nikolaikirchen in den Städten als Zeugen für frühe Kaufmannssiedlungen angesehen werden können, die im Laufe des späten 12. Jahrhunderts an denjenigen Plätzen entstanden sind, wo sich fahrende Kaufleute zu kürzeren oder längeren Aufenthalten niederließen. Das geschah an den wichtigen Hafenplätzen …, an den Fluß-Übergängen[91], das geschah aber besonders auch in unmittelbarer Nähe der pommerschen Landesburgen, die wegen ihrer Funktion als regionale politische Zentren und wegen ihres relativ hohen Bedarfs an Kaufmannswaren den auf Gewinn bedachten Kaufmann zum Aufenthalt und schließlich zur Ansiedlung einluden". Jürgen Petersohn hat dieser Ansicht (1979) zumindest für das 12. Jahrhundert und Pommern, nachdrücklich widersprochen.[92] Winfried Schich hat sie jetzt, jedenfalls für Kolberg, wieder aufgegriffen.[93] Die Frage ist offen und bedarf weiterer Klärung.

Für Stolp, so führt Blaschke aus,[94] gelte das gleiche wie für Treptow a. d. Rega, daß nämlich eine schon im 13. Jahrhundert „bestehende, aber funktionslos gewordene Nikolaikirche einem neu zu gründenden Kloster übergeben wurde, wie das auch für Stolp[95] nachzuweisen ist", und „daß die Kaufleute der Nikolaisiedlung bei der Stadtgründung in die neue Stadt hineingegangen sind, so daß die Kaufmannssiedlung aufgelassen wurde und die Nikolaikirche keine Ortsgemeinde mehr besaß".

Trifft dies in gleicher oder in ähnlicher Weise tatsächlich auf für Stolp zu? Mit dieser dem Historiker, dem Archäologen, dem Siedlungs- und dem Rechtshistoriker gestellten Frage und Anregung zu weiteren Forschungen sei dieser Beitrag beschlossen.

---

90 Ebd. S. 33.
91 Hier nennt er auch Stolp.
92 Petersohn (wie Anm. 9), S. 318 m. Anm. 279 sowie Exkurs II: Pommersche Nikolaikirchen als Fernhändlerkirchen des 12. Jahrhunderts?, S. 506 f.
93 Schich, Die pommersche Frühstadt (wie Anm. 84), S. 287 und S. 289.
94 Blaschke (wie Anm. 89), S. 30.
95 und andere Orte (ebd.).

Wolgast – Residenz und Begräbnisstätte der pommerschen Greifen

Die pommersche Landesteilung vor 700 Jahren war der Anlaß für die Ausstellung „1295. Gründung des Herzogtums Pommern-Wolgast" im Wolgaster Stadtmuseum.[1] Sie hat die Aufmerksamkeit und das Interesse auch auf Wolgast als Herzogsstadt gelenkt.

Als 1295 die Teilung Pommerns vorgenommen wurde, bestand das Herzogtum des mit Wartislaw I. und seinem Bruder Ratibor I. ins Licht der historischen Überlieferung tretenden pomoranischen Greifengeschlechts seit rund 170 Jahren.[2] Für seine Konstituierung waren vier Fakten bedeutsam geworden:[3]

die Ausdehnung des pomoranischen Herrschaftsgebietes östlich der Oder über diese hinweg nach Westen, in den Peene- und Tollenseraum, d. h. in lutizische Gebiete –

die Annahme des Christentums infolge der Missionierung durch Bischof Otto von Bamberg 1124/1128 –

die Eigenständigkeit der pommerschen Kirche als eines exemten, Rom unmittelbar unterstellten Bistums, was die Unabhängigkeit von der polnischen Kirchenprovinz Gnesen wie von den deutschen Kirchenprovinzen Magdeburg und Hamburg-Bremen bedeutete –

und – damit verbunden – eine, wenn auch nicht ungefährdete Unabhängigkeit von Polen, Sachsen und dem Reich sowie von Dänemark und Brandenburg, eine faktische Selbständigkeit, die trotz verschiedener Lehnsabhängigkeiten immer wieder behauptet werden mußte.

---

1 Hierzu ist ein kleiner Katalog „700 Jahre Herzogtum Pommern-Wolgast" erschienen. Der folgende, im Stadtmuseum Wolgast am 20. November 1995 gehaltene Vortrag wird in leicht überarbeiteter Form, mit Anmerkungen versehen, wiedergegeben.

2 Über „Die Anfänge der pommerschen Geschichte im Spiegel schriftlicher Überlieferung vgl. künftig Roderich Schmidt im Tagungsband der Historischen Kommission für Pommern „Tausend Jahre pommersche Geschichte". Über das Greifengeschlecht vgl. Martin Wehrmann, Genealogie des pommerschen Herzogshauses, Stettin 1937, und die Artikel „Greifen" von Roderich Schmidt, in: Neue Deutsche Biographie 7, 1966, S. 29–33, und in: Lexikon des Mittelalters Bd. 4, Lieferung 8, 1989, Sp. 1694–1695. Den besten Überblick bietet die Stammtafel von Wilhelm Wegener, Die Herzöge von Pommern aus dem Greifen-Hause (Genealogische Tafeln zur mitteleuropäischen Geschichte, Lieferung 3), Göttingen 1969, und in: Handbuch der historischen Stätten Deutschlands Bd. 12: Mecklenburg/Pommern, hrsg. von Helge Bei der Wieden und Roderich Schmidt, Stuttgart 1996 (Kröners Taschenausgabe Bd. 315), S. 334–338.

3 Vgl. die kurzgefaßte „Geschichtliche Einführung Pommern" zum Handbuch der historischen Stätten (wie Anm. 2) von Roderich Schmidt S. XXXIII–LII.

*Matthäus Merian: Wolgast – Gesamtansichten von Norden und von Westen. Radierung/
Kupferstich aus Theatrum Europaeum II. Ausgabe von 1646 (Druck 22,7 x 31,4 cm, Blattgröße 30,6 x 38,4 cm). Sammlung Stiftung Pommern, Kiel*

Bogislaw IV. und sein Bruder Otto I., die die Teilung 1295 vornahmen,[4] regierten in der fünften Generation der uns bekannten Greifen. 1278 hatten sie
die Herrschaft nach dem Tode ihres Vaters Barnim I. übernommen.[5] Die
Teilung bedeutete nicht, daß das Herzogtum als solches geteilt wurde, sondern nur die Herzogsgewalt in den Teilbereichen sowie die Einkünfte. Die
staatliche Einheit blieb erhalten. Und es wurde nicht zwischen Vor- und
Hinterpommern geteilt mit der Oder als Grenzscheide, sondern dergestalt,
daß der Anteil Ottos I. den mittleren Teil des Landes umfaßte, beiderseits
der Oder, aber abgetrennt vom Meer, während der Anteil Bogislaws IV. das

---

4 Vgl. Ludwig Quandt, Die Landestheilungen in Pommern von 1295, in: Baltische Studien 11, Heft 2, 1845, S. 118–142. Der in verschiedenen Fassungen überlieferte Teilungsvertrag, geschlossen in Stettin am 1. Juli 1295, ist gedruckt im Pommerschen Urkundenbuch Bd. 3, Stettin 1888–91 (Neudruck 1970), Nr. 1729 und 1730, S. 243–247.
5 Für die Landesgeschichte vgl. immer noch die Darstellung von Martin Wehrmann,
   Geschichte von Pommern 1. Bd., 2. Auflage, Gotha 1919 (Nachdruck mit einem Vorwort von Roderich Schmidt, Frankfurt a. M. 1982). Über die Landesteilung von 1295,
   S. 123–125. Jetzt auch: Dietmar Lucht, Pommern, Geschichte, Kultur und Wirtschaft
   (Historische Landeskunde. Deutsche Geschichte im Osten, Bd. 3), Köln 1996.

um Stettin zentrierte Gebiet Ottos in einem nördlichen Bogen von West nach Ost umfaßte.[6] Zu ihm gehörten die Städte Demmin, Anklam und Greifswald, die Grafschaft Gützkow, die Länder Wolgast und Lassan, die Inseln Usedom und Wollin und in Hinterpommern Cammin, Greifenberg, Treptow a.d. Rega, Stargard, Daber, Plathe, Labes, Regenwalde bis zum Territorium des Stifts Cammin mit Kolberg und Köslin sowie südlich von diesem das Land Belgard.

Am Anfang des 14. Jahrhunderts erfuhr dieses Herrschaftsgebilde einen wesentlichen territorialen Zuwachs:[7] im Osten gewann es mit den Ländern Schlawe und Stolp alte pomoranische Gebiete, im Westen nach dem Aussterben des rügischen Fürstenhauses 1325 die Insel Rügen und das rügensche Festland. In dieser Ausdehnung hat die Teilung von 1295 in die Herzogtümer Stettin und Wolgast bis in die zweite Hälfte des 15. Jahrhunderts bestanden. Die Wolgaster Linie des Herzogshauses teilte ihre Herrschaft noch weiter. Von 1372 bis 1459 ging eine hin-

Wolgast, Schloßansicht, Zeichnung von 1532 auf der Rückseite einer Rügenkarte

terpommersche Teillinie zu Stolp und Rügenwalde eigene Wege, und auch die vorpommersche Linie teilte sich zeitweilig in Herrschaften zu Wolgast

---

6   Vgl. die kartographische Darstellung in dem vom Göttinger Arbeitskreis herausgegebenen Historischen Kartenwerk „Staats- und Verwaltungsgrenzen in Ostmitteleuropa", Teil III: Pommern, im Auftrag der Historischen Kommission für Pommern bearb. von Franz Engel, München 1955, Karte: Pommern 1340 (1230–1340) zwischen den auswärtigen Mächten (mit Text). Demnächst: Historischer und geographischer Atlas von Mecklenburg und Pommern Bd. 2: Das Land im Rückblick. Hrsg. von der Landeszentrale für politische Bildung, Schwerin, Karte 5: Pommern 1295–1478, bearb. von Werner Buchholz.
7   Zum folgenden vgl. Roderich Schmidt, Artikel „Pommern", in: Lexikon des Mittelalters, 7. Bd., 1. Lieferung, 1994, Sp. 84–86, und Artikel „Greifen", in: Neue Deutsche Biographie (wie Anm. 2).

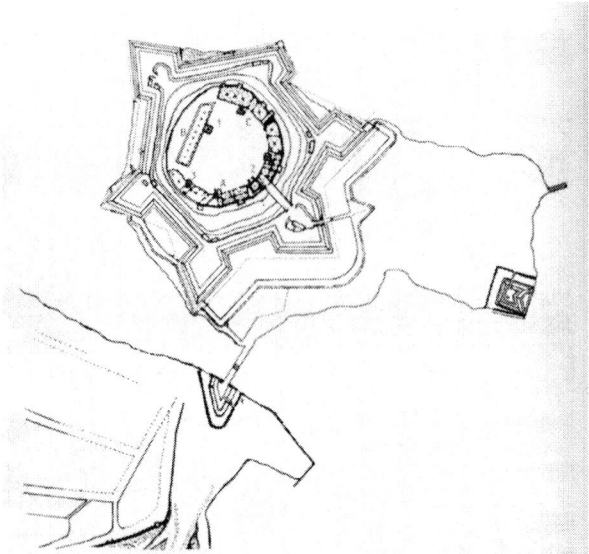

Die bauliche Entwicklung des Schlosses zu Wolgast nach dem Lageplan von J. Fahrnow 1676, mit den Zuschreibungen von H. Bethe 1938 (redigiert von V. Sagerlund). A: mittelalterliche Teile (um 1300 bzw. 1330) – B: Schloßbau Bogislaws X. (1496) – C: das „neue Haus" Herzog Ernst Ludwigs (um 1577) – 1 Schloßturm; 2 Toreinfahrt; 3 Schloßkirche.
Staatsbibliothek zu Berlin – Kartenabteilung, Stiftung Preußischer Kulturbesitz

und zu Barth. Unter Herzog Erich II.[8] wurde dann die Einheit des Wolgaster Herzogtums 1459 wieder hergestellt. Er gewann im Kampf mit Brandenburg auch das 1464 ledig gewordene Stettiner Herzogtum, so daß nun ganz Pommern wieder vereinigt war. Erich II. ist am 5. Juli 1474 in Wolgast an der Pest gestorben, aber in Eldena begraben. Sein Sohn Bogislaw X.[9], der bedeutendste der Greifenherzöge, er starb 1523, hat Pommern in die frühmoderne Zeit übergeleitet bis an die Schwelle der Reformation.[10] Neun Jahre nach seinem Tod, im Jahre 1532 und endgültig 1541/1569 wurde Pommern erneut geteilt,[11] wieder in zwei Teilfürstentümer,

8 Über Herzog Erich II. vgl. Roderich Schmidt, in: Neue Deutsche Biographie 4, 1959, S. 587–588, und in: Lexikon des Mittelalters 3, 1986, Sp. 2145.

9 Über Herzog Bogislaw X. ders., in: Neue Deutsche Biographie 2, 1955, S. 417–418, und in: Lexikon des Mittelalters 2, 1981, Sp. 326–328, sowie in: Pommern im Spiegel bedeutender Persönlichkeiten (Ostdeutsche Geschichts- und Kulturlandschaften III: Pommern, hrsg. von Hans Rothe), Köln–Wien 1988, S. 226–227 und 246 f. (Lit.)

10 Über Bogislaw X. und seine Zeit vgl. künftig Hans Branig, Geschichte Pommerns. Vom Werden des neuzeitlichen Staates bis zum Verlust der staatlichen Selbständigkeit. 1300–1648, bearb. von Werner Buchholz (Forschungen zur pommerschen Geschichte 22), Köln–Weimar–Wien 1996, S. 60–82.

11 Vgl. Günter Linke, Die pommerschen Landesteilungen des 16. Jahrhunderts, in: Baltische Studien, N. F. 37, 1935, S. 1–70, und 38, 1936, S. 97–191 (mit 4 Karten), sowie: Historischer Atlas von Pommern, N. F. Karte 5: Die pommerschen Landesteilungen des 16. Jahrhunderts, mit Erläuterungsheft, von Franz Engel, Köln–Graz 1964.

Stettin und Wolgast, doch nun in der Weise, daß die Oder die Scheidelinie zwischen Vor- und Hinterpommern bildete, eine damals nicht absehbare folgenreiche Entscheidung, weil man sich hieran nach dem Dreißigjährigen Krieg und nach dem Zweiten Weltkrieg orientiert hat.

Wir sprechen für die Zeit nach 1295 von den Herzogtümern Stettin und Wolgast. Offizieller Sprachgebrauch ist dies freilich nicht.[12] Die Herzöge führten in Urkunden und auf Siegeln den Titel „Dux Slavorum et Cassubie", nach dem Erwerb der Länder Schlawe und Stolp wird häufig „et Pomeranie" bzw. „Pomeranorum" angehängt, manchmal auch vorangestellt. Otto I. und seine Nachfolger fügen dem Titel allerdings häufig „ac dominus Stettinensis" hinzu, so wie sich zuvor einzelne Herzöge als „dux Stettinensis" bzw. „dux Dyminensis" bezeichnet hatten.[13] Wolgast kommt im offiziellen Herzogstitel nicht

Philipp I., Wappenstein von 1537 am Wolgaster Schloß, jetzt Muzeum Narodowe in Stettin

12 Hierzu Gerhard Renn, Die Bedeutung des Namens „Pommern" und die Bezeichnungen für das heutige Pommern in der Geschichte (Greifswalder Abhandlungen zur Geschichte des Mittelalters 8), Greifswald 1937, S. 58 ff.
13 Vgl. Hermann Bollnow, Burg und Stadt in Pommern bis zum Beginn der Kolonisationszeit, in: Baltische Studien, N. F. 38, 1936, S. 48–96, hier S. 71.

vor, von wenigen Ausnahmen abgesehen, die Gerhard Renn in seiner Dissertation „Die Bedeutung des Namens ‚Pommern' und die Bezeichnungen für das heutige Pommern in der Geschichte" nennt.[14] Bemerkenswert ist die Titulatur in einer Urkunde Bogislaws VI. von 1387: „Buggheslaf wonachtig to Wolgast, van Godes gnaden to Stetyn, der Wende, der Cassuben, der Pomeren hertoghe vnde vorste to Rugen".[15] Auch nach der Teilung von 1532 ist Wolgast nicht Bestandteil des offiziellen Herzogstitels. Man spricht inoffiziell vom Stettinschen und vom Wolgaster „Ort" oder „Teil". Erst nach 1625 ist von der Stettinschen und von der Wolgastischen „Regierung" die Rede.[16]

Zeichnung von Willi Grube, Stettin, vor 1945. Sammlung Stiftung Pommern, Kiel

Gleichwohl war Wolgast, als Pommern 1295 geteilt wurde, kein unbedeutender Ort.[17] Ebo bezeichnet es in seiner um 1160 entstandenen Vita Ottos von Bamberg bereits als „opulentissima civitas",[18] als eine sehr mächtige oder reiche oder ansehnliche Stadt oder Burg. Der Sprachgebrauch ist in den

---

14 Wie Anm. 12, hier S. 67.
15 Ebd. mit Anm. 256.
16 Ebd. S. 76 f.
17 Vgl. Handbuch der historischen Stätten (wie Anm. 2), S. 317–320, und anläßlich des Jubiläums: Norbert Buske und Sabine Bock, Wolgast. Herzogliche Residenz und Schloß, Kirchen und Kapellen, Hafen und Stadt. Mit Aufnahmen von Thomas Helms, Schwerin 1995.
18 Ebo, Vita Ottonis episcopi Bambergensis, III, (Mon. Poloniae hist., n. S. VII, 2, Warschau 1969, S. 106).

Quellen des 12. Jahrhunderts allerdings nicht eindeutig. ‚Civitas' kann durchaus gleichbedeutend mit ‚urbs' oder ‚castrum' gebraucht werden, sagt also ohne weiteres nichts darüber aus, ob es sich um einen befestigten Ort oder um eine offene Siedlung handelt.[19] In der civitas Wolgast befand sich ein bedeutender heidnischer Tempel, geweiht dem Kriegsgott Gerovit, den Otto von Bamberg zerstören ließ.[20] An seiner Stelle wurde ein christliches Gotteshaus errichtet, und es wird in diesem Zusammenhang ein christlicher Priester namens Johannes genannt.[21] Doch kam Wolgast nicht der gleiche Rang zu, wie Stettin ihn besaß. Von diesem Ort sagt die Prüfeninger Vita Ottos, er sei „totius provinciae metropolis", und Ebo schreibt, daß er „principatum omnium Pomoranie civitatum obtinens" sei, daß er unter allen Städten Pommerns die erste Stelle einnimmt.[22]

Wolgast war, wie gesagt, kein unbedeutender Ort. In der Papsturkunde von 1140, mit der Innozenz II. das pommersche Bistum bestätigt und seine Einkünfte aus den Landesteilen, den Kastellaneien, verzeichnet, werden folgende „castra" genannt: Demmin, Tribsees, Gützkow, Wolgast, Usedom, Groswin, Pyritz, Stargard, Stettin, Cammin und Kolberg.[23] Es besteht in der Forschung kein Zweifel, daß hier mit „castra" Burgbezirke gemeint sind. Wolgast ist ein solcher und damit auch Burgort.

In den Kriegszügen des 12. Jahrhunderts gegen Rügen und bei den Däneneinfällen nach Vorpommern spielt Wolgast immer wieder eine Rolle.[24]

---

19 Bollnow (wie Anm. 13), S. 52 und 88–90, Anhang 1: Urbs, castrum, civitas und oppidum in den älteren pommerschen Urkunden.

20 Ebo III, 3 u. 8 (wie Anm. 18), S. 100 u. 109. Herbord, Dialogus de vita S. Ottonis III, 6. (Mon. Polen. hist. n. S. VII, 3, 1974, S. 160).

21 Ein Beweis für eine Konstanz der Wolgaster Petrikirche von der Otto-Gründung an liegt nach Jürgen Petersohn, Der südliche Ostseeraum im kirchlich-politischen Kräftespiel des Reichs, Polens und Dänemarks vom 10. bis 13. Jahrhundert (Ostmitteleuropa in Vergangenheit und Gegenwart 17), Köln–Wien 1979, S. 234, Anm. 105, nicht vor. „Allein Grabungen würden hier endgültige Klarheit schaffen können." Nach Buske (wie Anm. 17), S. 26, hat eine 1994 durchgeführte begrenzte Grabung im Bereich der Südkapelle der Petrikirche „gezeigt, daß ein frühgotischer Kirchenbau, von dem Reste in der Südwand der Kirche erhalten blieben, auf einem jungslawischen Friedhof errichtet wurde. Bestattungen bis in die Zeit um 1200 waren nachweisbar."

22 Die Prüfeninger Vita des Bischofs Otto von Bamberg, hrsg. von Adolf Hofmeister (Denkmäler der Pommerschen Geschichte I), Greifswald 1924, S. 49 (Buch 2. Kap. 7). Vita Prieflingensis, ed. Jan Wikorjak und Kazimierz Liman (MPh. ser. nova VII.1), Warzawa 1966, S. 37.

23 Pommersches Urkundenbuch (Veröffentlichungen der Historischen Kommission für Pommern, Reihe II), I. Band, 2. Aufl., neu bearb. von Klaus Conrad, Köln–Wien 1970, Nr. 30, S. 32–34.

24 Vgl. Oskar Eggert, Die Wendenzüge Waldemars I. und Knuts VI. von Dänemark nach Pommern und Mecklenburg, in: Baltische Studien, N. F. 29, 1927, S. 1–149, und ders., Dänisch-wendische Kämpfe in Pommern und Mecklenburg (1157–1200), in:

Dabei wird nicht deutlich, ob die Burg oder die Siedlung gemeint ist. Hier
bedarf noch manches der Klärung, auch hinsichtlich der Topographie. Die
Burg befand sich wohl von Anfang an auf der Peeneinsel. Kastellane werden
in herzoglichen Urkunden unter den Zeugen genannt,[25] so 1228 und 29 ein
gewisser Miroslav, 1230 ein Preza; auch der Nedamir de Walegast von
1176/80 dürfte ein solcher oder ein Burgmann gewesen sein, desgleichen der
von Saxo Grammaticus zu 1177 genannte dux Zulistrus. Aus den Otto-Viten
hören wir von herzoglichen Präfekten in Demmin und Wolgast. Hermann
Bollnow sieht in seiner Abhandlung „Burg und Stadt in Pommern bis zum
Beginn der Kolonisationszeit" (1936) in ihnen Burgkommandanten, Vertreter des Herzogs am jeweiligen Ort in der Zeit seiner Abwesenheit.

Wenn von den Herzogtümern Stettin und Wolgast gesprochen wird, so
kann dies die Vorstellung erwecken, als seien diese Orte von Anfang an die
Residenzen der Herzöge gewesen. Das trifft nicht zu.[26] Die pommerschen
Herzöge haben, wie im Mittelalter üblich, sich mehr oder weniger lang an
verschiedenen Orten aufgehalten; sie haben ihre Herrschaft, wie man gesagt
hat, im Umherreisen betrieben. Hermann Bollnow hat in seiner genannten
Abhandlung die Aufenthaltsorte der pommerschen Herzöge und Herzogin-
nen auf Grund der Urkunden und sonstigen gesicherten Nachrichten für die
Zeit von 1124 bis 1255 zusammengestellt. Aus dem so gewonnenen Itinerar
ergibt sich folgendes: Bevorzugte Aufenthaltsorte waren: Cammin, Demmin
und Usedom, in zweiter Linie Wollin und Kolberg, allenfalls noch Ücker-
münde und Stargard.[27] Während Demmin beispielsweise 30mal bezeugt ist,

---

ebd. N. F. 30.2, 1928, S. 1–74. Vgl. auch Hermann Bollnow, Der Kampf um Vorpommern im 12. und 13. Jahrhundert, in: Baltische Studien. N. F. 47, 1960, S. 47–64.

25 Zum folgenden vgl. Hermann Bollnow (wie Anm. 13), S. 72–80, hier auch die Belege
für Wolgast.

26 Vgl. hierzu allg. Klaus Neitmann, Was ist eine Residenz? Methodische Überlegungen
zur Erforschung der spätmittelalterlichen Residenzbildung, in: Vorträge und Forschungen zur Residenzenfrage, hrsg. von Peter Johanek (Residenzforschung, hrsg.
von der Residenzen-Kommission der Göttinger Akademie), Sigmaringen 1990, S. 11–
43; Fürstliche Residenzen im spätmittelalterlichen Europa, hrsg. von Hans Patze und
Werner Paravicini (Vorträge und Forschungen, hrsg. vom Konstanzer Arbeitskreis
für mittelalterliche Geschichte, Bd. 36), 1991; Auswahlbibliographie von Neuerschei-
nungen zu Residenz und Hof 1991–1995, erstellt von Christian Halm und Jan
Hirschbiegel (Mitteilungen der Residenzen-Kommission, Sonderheft 1), Kiel 1995. –
Vgl. auch Brigitte Streich, Zwischen Reiseherrschaft und Residenzbildung. Der Wet-
tinische Hof im späten Mittelalter (Mitteldeutsche Forschungen 101), Köln–Wien
1989.

27 Bollnow (wie Anm. 13), S. 68–79. In der zweiten Hälfte des 12. Jahrhunderts gewann
dann Wolgast „überregionale Bedeutung, trat an die Stelle der pommerschen Fürsten-
burg Usedom und löste im Verlauf des 13. Jahrhunderts auch das neue westpommer-
sche Zentrum Demmin in seiner Bedeutung als herzogliche Residenz ab." (Buske, wie
Anm, 17, S. 66).

kommt Wolgast nur 3mal vor, nämlich Juni 1128, als sich Wartislaw I. hier
mit Otto von Bamberg auf dessen zweiter Missionsreise aufhält, Juli 1184 ist
Kasimir I. hier anwesend, und am 23. Dezember 1254 sind Barnim I. und
Wartislaw III. gemeinsam in Wolgast. Zum Vergleich: Stettin wird 12mal
von Herzögen aufgesucht. Dieses Bild ändert sich auch später nicht.[28] Für
Herzog Bogislaw IV., der 1295 den Wolgaster Landesteil erhielt, habe ich in
den 9 Jahren vor der Teilung 49 ausgestellte Urkunden gezählt, davon 8 in
Stettin, nicht eine in Wolgast. Und in den 14 Jahren seit der Teilung bis zu
seinem Tode am 19. Februar 1309 ist er genau 14mal in Wolgast urkundlich
nachweisbar; die letzte von ihm „in castro Wolgast" ausgefertigte Urkunde
kurz vor seinem Tod datiert vom 11. Februar 1309.[29] Wenig später, am
27. Februar, urkunden die Witwe Bogislaws IV. Margarethe, sein Sohn Wartislaw IV. und sein Bruder Otto I. in Wolgast zugunsten des Klosters
Krummin und der Tochter Bogislaws Jutta, die in dieses Kloster eingetreten
ist.[30] Bogislaw IV. hat seine letzte Ruhestätte in der Marienkirche zu Stettin
gefunden, seine Gemahlin Margarethe 1318 in Cammin.[31]

Die deutschrechtliche Stadt Wolgast[32] bildete sich vor der Mitte des 13. Jahrhunderts. Es existiert ein Schreiben, das „consules et commune civitatis in
Wolgast" an die Städte Lübeck, Rostock und Wismar gerichtet haben, in
dem sie die Mitwirkung bei der Bekämpfung der Seeräuber zusagen. Dieses
Schreiben ist allerdings nicht datiert; im Pommerschen Urkundenbuch ist es
zum Jahr 1259 eingeordnet, vielleicht ist es aber schon zu 1250 zu setzen.[33]
Die Stadtrechtsverleihung erfolgte durch die Herzöge Barnim I. und Wartislaw III., die d i e Städtegründer in Pommern gewesen sind.[34] Sie gewährten
Wolgast das Lübische Recht und statteten die Stadt mit Landbesitz und mit
den üblichen Rechten aus. Die Verleihungsurkunde ist nicht erhalten. Wir

---

28 Die folgenden Angaben auf Grund des Pommerschen Urkundenbuches.
29 Pommersches Urkundenbuch IV, Nr. 2458, S. 335 f. – Über Bogislaw IV. vgl. Rode-
    rich Schmidt, in: Neue Deutsche Biographie II, 1955, S. 416, und in: Lexikon des Mit-
    telalters II, 2. Lieferung, 1981, Sp. 324; ausführlich Adolf Hofmeister, Genealogische
    Untersuchungen zur Geschichte des pommerschen Herzogshauses (Greifswalder Ab-
    handlungen zur Geschichte des Mittelalters 11), Greifswald 1938, S. 84 ff., auch in:
    Pommersche Jahrbücher 31, 1937, S. 35–112, und 32, 1938, S. 1–115.
30 Ebd. Nr. 2462, S. 338 f.
31 Vgl. Martin Wehrmann, Die Begräbnisstätten der Angehörigen des pommerschen
    Herzogshauses, in: Baltische Studien, N. F. 39, 1937, S. 100–118.
32 Zur Stadtgeschichte: Carl Heller, Chronik der Stadt Wolgast, Greifswald 1829; Bert-
    hold Heberlein, Beiträge zur Geschichte der Burg und Stadt Wolgast, Wolgast 1892;
    Festschrift zur 700-Jahrfeier der Stadt Wolgast, Wolgast 1957, sowie o. Anm. 17.
33 Pommersches Urkundenbuch II, Nr. 669, S. 61.
34 Vgl. Dietmar Lucht, Die Städtepolitik Herzog Barnims I. von Pommern 1220–1278
    (Forschungen zur pommerschen Geschichte 10), Köln–Graz 1965, über Wolgast
    S. 57–58.

Nach Matthäus Merian: „Das Schloß Wollgast", Kupferstich nach 1652 (Druck 13,7 x 17,6 cm, Blattgröße 14,1 x 17,9 cm)
Sammlung Stiftung Pommern, Kiel

kennen ihren Inhalt aus der Bestätigungsurkunde, die Bogislaw IV. im Mai 1282 zu Uckermünde ausgestellt hat.[35]

In der Mitte der Altstadt befindet sich die Petrikirche,[36] vielleicht an der Stelle des heidnischen Tempels.[37] Der Baubeginn der heutigen Kirche wird in die zweite Hälfte des 14. Jahrhunderts, um 1370, gesetzt; im 15. Jahrhundert erhielt die Kirche ihre heutige Gestalt. Von einem frühgotischen Bau stammt das an der Südwand des Turmraumes befindliche spitzbogige Portal. Im Jahr 1229 wird in zwei Urkunden unter den Zeugen der Herzogin Miroslawa, der Gemahlin Bogislaws II., der Mutter Barnims I., „dominus Guztimarus sacerdos de Wolgust" genannt, und zwar an herausgehobener Stelle, nach den Äbten von Usedom und Belbuck bzw. nach Bischof Konrad von

35 PUB II, Nr. 1235, S. 475 f.
36 Vgl. Norbert Buske (wie Anm. 17), S. 26–56; Heberlein (wie Anm. 32), S. 349–375; ferner Albert Schlüter, Die Petrikirche in Wolgast, 1933, und Norbert Buske, Kirchen in Wolgast. Ein Führer durch die Bau- und Kirchengeschichte der Gotteshäuser, Berlin 1984.
37 S. o. Anm. 21.

Bogislaw X., Wappenstein vom Wolgaster Schloß aus dem Jahre 1496; später in der Petrikirche beim Brand 1920 stark beschädigt (Abb. rechts)

Cammin und den Äbten von Stolpe und Usedom und vor dem Wolgaster Kastellan Miroslaw.[38] Es scheint fraglich, ob es sich bei dem sacerdos Guztimar um den Pfarrer der Petrikirche handelt. Als solcher dürfte aber der „Johannes plebanus de Wolgast" anzusehen sein, der 1243 in einer Urkunde Barnims I. als Zeuge erscheint.[39] Im Jahre 1306 ist ein Heinrich Stoltefot (Henricus Stoltevut) Pleban in Wolgast.[40] Zwei Jahre später erfahren wir aus einer von den Herzögen Bogislaw IV. und Wartislaw IV. in Wolgast ausgestellten Urkunde, daß Heinrich Stoltefot auf seine Pfarre verzichtet habe – er erhält dafür von den Herzögen eine jährliche Rente – und daß statt seiner Heinrich von Stettin, herzoglicher capellanus, das Pfarramt erhält.[41] Bereits im Jahre 1307 trat dieser in einer Wolgaster Urkunde der Herzöge als capellanus auf.[42] 1308 und 1309 wird er in weiteren Urkunden als Pleban bzw. als Kaplan und als dominus bezeichnet.[43] Man wird zu fragen haben, ob diese

---

38 Pommersches Urkundenbuch I (wie Anm. 23) Nr. 255, S. 315 f., und Nr. 260, S. 323 f.
39 Ebd. Nr. 421, S. 500 f.
40 PUB IV, Nr. 2331, S. 256.
41 Ebd. Nr. 2401, S. 299 f.
42 Ebd. Nr. 2353, S. 268 f.
43 Ebd. Nr. 2410, S. 305 f.; Nr. 2411, S. 306–308; Nr. 2412, S. 308–310; Nr. 2458, S. 335 f.

unter Bogislaw IV. vorgenommene Verbindung von Hofamt mit dem Wolgaster Pfarramt nicht als ein vielleicht erster Hinweis auf Wolgast als herzogliche Residenz gewertet werden kann.

Unter dem Nachfolger Bogislaws IV., seinem Sohn Wartislaw IV., bleibt es jedoch wie vorher. In seiner Regierungszeit von 1309 bis 1326 urkundete er nur 12mal in Wolgast (1311, 12, 14, 15, 17, 20, 21, 22, 23).[44] Er starb in Stralsund und wurde in Cammin beigesetzt.[45] Wenn sich zu seiner Zeit eine feste Residenz auch noch nicht fassen läßt, so ist andererseits die Tendenz zu einer festen Hofhaltung erkennbar. Thomas Kantzow berichtet von ihm in seiner „Pomerania" (I. S. 255f):

> „Er ist auch sonst ziemlich gelehrt und beredt gewest und hat sondere Lust gehabt, daß er viele Rete und ansehnlich Leute mochte umb sich haben, (und) hat nie wes angefangen, er habs dann mit allen und auch den Geringsten beratschlagt, ... Und damit der junge Adel auch zu den Hendlen und Ratschlegen gewehnet und er nicht allein Reter, sondern auch Teter muchte haben, hat er von seinen Untersassen alle jungen Edelleute, da er sahe, daß ein gueter Hoffen zu ihnen war, zue sich gezogen und einsteils zu Amtleuten im Lande und einsteils zu Hofe genommen und zu Hofe auch viele Emter geordnet, davon er einem iglichen eins zugeordnet nach seiner Gelegenheit und Vorstande."[46]

Kurz vor Wartislaws Tod trat ein folgenschweres Ereignis ein. Am 8. November 1325 starb mit dem Minnesänger Wizlaw III. das rügische Fürstenhaus aus. Gemäß Erbvertrag war Wizlaws Neffe, Herzog Wartislaw IV., der rechtmäßige Erbe. Aber auch Heinrich von Mecklenburg erhob Ansprüche auf Rügen. Es kam zum Rügischen Erbfolgekrieg.[47] Wartislaws Witwe Elisabeth sah sich einer schwierigen Situation gegenüber. Kantzow[48] schreibt hierzu: Es seien „Herzog Wartislaws Söhne[49] noch Kinder gewest, und die Fürstin ist zu Wolgast gelegen und grob schwanger gewest, und Herzog Otto und Herzog Barnimb von Stettin[50] haben mit dem Markgrafen zu tuende

---

44 Pommersches Urkundenbuch IV, V und VI.
45 Vgl. Martin Wehrmann, Genealogie (wie Anm. 2), S. 76–78.
46 Pomerania. Eine pommersche Chronik aus dem sechzehnten Jahrhundert, hrsg. von Georg Gaebel, Bd. 1, Stettin 1908, S. 255 f. Es handelt sich bei der „Pomerania" um die Nachlaßfassung seines Chronikwerkes; vgl. Jürgen Petersohn, Die dritte hochdeutsche Fassung von Kantzows pommerscher Chronik, in: Baltische Studien, N. F. 59, 1973, S. 27–41.
47 Hierzu Wehrmann, Geschichte (wie Anm. 5), S. 134–138; Klaus Wriedt, Die kanonischen Prozesse um die Ansprüche Mecklenburgs und Pommerns auf das Rügische Erbe. 1326–1348 (Forschungen zur pommerschen Geschichte 4), Köln–Graz 1963, S. 5–14.
48 Pomerania (wie Anm. 46) Bd. 1, S. 257 f.
49 Bogislaw V. und Barnim IV.
50 Otto I. und Barnim III.

gehabt. ... Darumb hette das Land keine Beschutzung." Da waren es die vorpommerschen Städte und ein Teil des Adels, die die Interessen der Herzogin
und ihrer Kinder nachdrücklich vertraten und verteidigten.[51] Am 8. Februar
1327 traf sie in Wolgast eine Vereinbarung mit den Städten Greifswald,
Anklam und Demmin
zum Schutz der Burg
und ebenso mit meh-
reren Adligen, die sich
verpflichteten, für den
Fall, daß sie die Burg
nicht würden halten
können, diese an die
Städte oder später an
die Herzöge Bogislaw
V., Barnim IV. und
Wartislaw V., den
nach dem Tode des
Vaters Geborenen, zu
übergeben.[52]

In diesem Zusam-
menhang   schreibt
Matthäus Merian in
seiner Topographia
Germaniae vom Jahre
1652, in der der be-
kannte Kupferstich
des Wolgaster Schlos-
ses enthalten ist:

    „das Fürstliche Hauß
    (dabey) ist sehr
    prächtig und zierlich
    außgeführet vnd zu
    jederzeit für eine gu-
    te Vestung geachtet
    vnd im 1334. Jahr, da
    es vorfallen war, vom

*Philipp I., Wappenstein von 1551 am Wolgaster Schloß,
heute im Treppenhaus der Universität Greifswald*

---

51 Vgl. Horst Wernicke, Zwischen Herzögen und Hanse. Der Vierstädtebund in Vor-
    pommern, in: Land am Meer. Pommern im Spiegel seiner Geschichte. Roderich
    Schmidt zum 70. Geburtstag, hrsg. von Werner Buchholz und Günter Mangelsdorf
    (Forschungen zur pommerschen Geschichte 29), Köln–Weimar–Wien 1995, S. 197–
    213, hier S. 204–206.
52 Pommersches Urkundenbuch VII, Nr. 4270 und 4271, S. 96–98.

Hertzog Barnimb wider angerichtet vnd mit einem Schloßwalle, da die Peene herumb geleitet gehet, vmbgeben.“[53]

Diese Nachricht ist insofern mißverständlich, als es sich bei dem genannten Herzog Barnim nicht um den Sohn Wartislaws IV. und der Elisabeth handeln kann, er war 1334 erst 9 Jahre alt,[54] sondern um Barnim III. von Stettin, der die Vormundschaft über die jungen Herzogssöhne ausübte.[55] Kantzow[56] vermeldet das Richtige und setzt den Vorgang ins Jahr 1330: „Dann zu Wolgast war das Schloß all vorfellen,“ darum hat Herzog Barnim, eben der III.,

Ernst Ludwig, Wappenstein von 1563 am Wolgaster Schloß, heute in der Petrikirche in Wolgast

„im Jahr 1330 den Schloßwall daselbst von neuens lassen begraben und die Peene darumbher leiten und ein new Schloß wieder gepauet“, „daß man sich darvor erwehren muchte“.

In der Reihe der Wolgaster Herren folgte auf Wartislaw IV. († 1326) sein Sohn Barnim IV. Er starb 1365 und ist in Cammin begraben.[57] Aus der Zeit Barnims IV. stammt die im Fahrnowschen Plan des Schlosses aus dem Jahre 1676 gut erkennbare zweischiffige Burgkapelle.[58] Die Söhne Barnims teilten sich die

---

53 Neuausgabe (der Merianischen Erstausgabe von Brandenburg und Pommern von 1652) Kassel 1965, mit einem Nachwort von Lucas Heinrich Wüthrich; Wolgast S. 125–126. Über das Wolgaster Schloß und seine bauliche Entwicklung vgl. Hellmuth Bethe, Zur Baugeschichte des ehemaligen Herzogsschlosses in Wolgast, in: Baltische Studien, N. F. 40, 1938, S. 86–95.

54 Über ihn, Barnim IV, vgl. Wehrmann, Genealogie (wie Anm. 2), S. 81 f.

55 Wehrmann, ebd., S. 64–66.

56 Pomerania (wie Anm. 46), Bd. 1, S. 263. Kantzow folgend Heberlein (wie Anm. 32), S. 31.

57 Wehrmann, Genealogie (wie Anm. 2), S. 81 f.

58 Buske (wie Anm. 17), S. 7; Abb. des vom brandenburgischen Hauptmann Johann Fahrnow 1676 angefertigten Lageplans des Schlosses ebd. S. 9. Zu diesem Plan unter Berücksichtigung der von Hellmuth Bethe (wie Anm. 53) vorgenommenen Zuschreibungen der Bauteile vgl. jetzt Helmut Backhaus. Das Schloß zu Wolgast als schwe-

Wolgaster Herrschaft in Vorpommern: Wartislaw VI. erhielt Rügen mit
Barth, Bogislaw VI. Wolgast. Als dieser 1393 starb, wurde er, ebenso wie
seine 1388 gestorbene Gemahlin Jutta in Eldena beigesetzt. Und auch sein
Bruder Wartislaw VI. wurde hier bestattet.[59]

In die Regierungszeit Bogislaws VI. (1365–1393) fällt aber der Baubeginn
der jetzigen Petrikirche. Als dreischiffige Basilika mit einem fünfseitigen
Chorumgang entspricht sie „einem besonderen Repräsentationsbedürfnis,
das in jener Zeit auch andernorts in ähnlicher Weise seinen Niederschlag gefunden hat". Dieses Repräsentationsbedürfnis habe weniger dem Bauwillen
der Stadt als vielmehr den Ansprüchen der Fürsten entsprochen.[60] Nach dem
Tode Bogislaws VI., der söhnelos 1393 starb, trat in Wolgast sein Bruder-
sohn Wartislaw VIII. die Herrschaft an. In seiner Zeit sollen die Wandmale-
reien in der Petrikirche entstanden sein. Wartislaw VIII. verstarb am 20.
oder am 23. August 1415 und ist „zu Wolgaste in die Pfarrkirche begraben
worden".[61] Vor ihm starb sein ältester gleichnamiger Sohn (nach November
1414).[62] Beide, Vater und Sohn, wurden in der Petrikirche an unbekannter
Stelle bestattet. Sie sind die ersten des Greifengeschlechts, die hier ruhen.
    In Wolgast folgten nun bei einer Erbteilung im Dezember 1425 nicht die
Söhne Wartislaws VIII., sondern die seines Bruders Barnims VI., Wartislaw
IX. und Barnim VII., gemeinsam.[63] Letzterer starb 1451 und soll in Gützkow begraben sein.[64] Von ihm weiß Kantzow[65] nichts Gutes zu berichten.
„Dieser Barnim", so schreibt er, „ist ein seltzamer, wilder Ebenteurer gewest, hat nur gesoffen und gespielt und gejagt und sich sonst um kein Tund
gekehrt." Wartislaw IX. ist dagegen in die Geschichte Pommerns eingegangen als der Begründer der Universität Greifswald 1456 zusammen mit Bürgermeister Dr. Heinrich Rubenow.[66] „Nach diesem gueten und lobelichen
Werke", so schreibt Kantzow, „ist Herzog Wartislaw schwach geworden

---

disch-pommersche Residenz, in: Land am Meer. Pommern im Spiegel seiner Ge-
    schichte (wie Anm. 51), S. 493–506, hier S. 496 f., dort auch eine Wiedergabe des Pla-
    nes.
59 Wehrmann, Begräbnisstätten (wie Anm. 31), S. 103 f.
60 Buske (wie Anm. 17), S. 29 f.
61 Wehrmann, Genealogie (wie Anm. 2), S. 95; Pomerania (wie Anm. 46) Bd. 1, S. 327.
62 Wehrmann, Genealogie, S. 99 f. Vgl. Adolf Hofmeister, Wartislaw der junge von
    Wolgast und die angebliche Belehnung von 1415, in, Monatsblätter der Gesellschaft
    für pommersche Geschichte und Altertumskunde 50, 1936, S. 147–151.
63 Wehrmann, Genealogie, S. 100 f.
64 Wehrmann, Genealogie, S. 99.
65 Pomerania (wie Anm. 46) Bd. 1, S. 370.
66 Über Wartislaw IX., Heinrich Rubenow und die Gründung der Universität Greifs-
    wald vgl. die Literatur im Beitrag „Bildnisse pommerscher Herzöge des 15. bis 17.
    Jahrhunderts", S. 198 f., mit Anm. 55–58.

und daran im Jahr 1457 in den Ostern gestorben und zu Wolgast begraben worden, welchen Tod die Universitet sehr ungern gesehen; dann er hette im Sinne gehabt, noch viel Guets dabei zu tuende, damit er sie recht auf die Fueße bringen mochte."[67] Auch die Gemahlin Wartislaws IX. Sophia, gestorben 1462, und sein 1449 verstorbener Sohn Christoph sind in der Petrikirche beigesetzt.[68]

Wartislaws IX. Sohn, Herzog Erich II.,[69] ist derjenige, der die verschiedenen Teile Pommerns wieder vereinigt hat. Verheiratet war er mit der Erbtochter Bogislaws IX., Sophia, aus der hinterpommerschen Linie des Greifenhauses. Sie lebte mit ihren neun Kindern – der älteste war Bogislaw X. – in der hinterpommerschen Residenz Rügenwalde,[70] Erich hielt sich dagegen meist in Wolgast auf. Kantzow[71] berichtet über das Verhältnis des Fürstenpaares folgendes:

In Rügenwalde „war die Furstin etliche Jahr, daß der Furst nicht ofte dahin kam. Darumb entstund zwischen ihnen eine große Vordacht und Unwillen, und wie sie eine Zeit lang daruber zorneten, so vorschreib dennoch der Herzoge die Furstin, daß sie sollte zu ihm kommen gein Wolgast. Dasselbige wollte sie nicht tuen, sonder schreib ihme wieder, er sollte zu ihr zu Rugenwalde komen, so wollte sie fortdan weiter mit ihme ziehen. Dasselbig wollte der Herzog auch nicht tuen, und stießen so von ein, daß sie darnach nie wieder zu einander kemen. ... Darumb bekummerte sich Herzog Erich sehr und wurd von Grame und Sorge krank und starb im Jahre 1474 im Schlosse zu Wolgast und wurd zur Eldena begraben."

Es bestand also noch keine feste Tradition bezüglich der Grablege.

Unter Herzog Bogislaw X.,[72] dem Nachfolger Erichs II., erfolgte dann eine wesentliche Erweiterung der mittelalterlichen Burg. „Im Vollgefühl seiner fürstlichen Würde und seiner über ganz Pommern ausgedehnten Herrschaft" – so schreibt Hellmuth Bethe in seinem Aufsatz „Zur Baugeschichte des ehemaligen Herzogsschlosses in Wolgast",[73] „errichtete er quer zu dem Halbrund des Burghofs einen langgestreckten, eintürmigen Repräsentationsbau, der vermutlich mehrere zweischiffige Remter aus Holz übereinander enthielt." Am Eingang zu dem aus der Mitte des Baus herausgerückten Treppenturm befand sich ein Wappenstein mit dem Greifenwappen, dem Titel Bogislaw und der Jahreszahl 1496. Beim Abbruch des Schlosses wurde

67 Pomerania (wie Anm. 46) Bd. 1, S. 384.
68 Über Sophia vgl. Wehrmann, Genealogie (wie Anm. 2), S. 98 f.; über Christoph ebd. S. 104 und Wehrmann, Begräbnisstätten (wie Anm. 31), S. 117.
69 S. o. Anm 8.
70 Vgl. Handbuch der historischen Stätten (wie Anm. 2), Pommern, S. 262–264.
71 Pomerania (wie Anm. 46) Bd. 2, S. 18.
72 S. o. Anm. 9.
73 Bethe (wie Anm. 53), hier S. 88.

der Stein geborgen
und in den südöstli-
chen Pfeiler der Pe-
trikirche eingemau-
ert. Beim Brand der
Kirche 1920 wurde
er weitgehend zer-
stört.[74] Das Jahr
1496, vielleicht das
Abschlußjahr des
Baues, weist auf die
öffentliche Geltung
und Wertschätzung
Bogislaws hin, die er
in jener Zeit erlang-
te.[75] In diesem Jahr
begab sich der Her-
zog zum Hofe Kö-
nig Maximilians I.
nach Innsbruck. An-
schließend unter-
nahm er von Venedig
aus seine bekannte,
von Zeitgenossen
genau beschriebene
Fahrt ins Heilige
Land, danach wurde
er in Rom von Papst
Alexander VI. emp-
fangen. 1498 traf er
wieder in Pommern
ein, in Stettin, das er
seit 1491 zu seiner
Hauptresidenz ge-

*In der Aula der Universität Greifswald: Reliefplatte mit
der Darstellung des Herzogs Ernst Ludwig, früher am
Wolgaster Schloß*

macht hatte. Bethe hat darauf hingewiesen, daß der Bogislawbau in Wolgast
die Vorstufe zu dem nach 1503 geschaffenen Bogislawbau des Stettiner
Schlosses gebildet haben dürfte.[76]

---

74 Abb. bei Buske (wie Anm. 17), S. 17.
75 Vgl. o. Anm. 9 und 10.
76 Wie Anm. 73.

Wolgast, Petrikirche von Süden

Die Repräsentationsbauten des Herrschers sind auch auf dem Hintergrund seiner das Ansehen Pommerns fördernden Heiratspolitik zu verstehen. 1477 hatte er die Tochter des brandenburgischen Kurfürsten Friedrich II. Margarethe geheiratet. Sie starb 1489 und wurde in der Petrikirche beigesetzt. 1490 heiratete der Herzog dann in zweiter Ehe die Tochter König Kasimirs von Polen Anna, damals 14 Jahre alt. Das Beilager wurde mit großem Pomp in Stettin vollzogen. Anna starb 1503 und fand ihre letzte Ruhestätte in Eldena.[77]

Wenn Bogislaw X. auch Stettin bevorzugte, so hat er doch Wolgast, gewissermaßen als Nebenresidenz, nicht aufgegeben. Von seinem Ende schreibt Kantzow[78]: „Dann er war bereits etwas schwach geworden, also daß er umb Vorenderung willen der Luft mit Hofe von Stettin gein Wolgast zog, da er eine Zeit lang lag und sich doch nicht besser gefund und deshalben sich wieder gein Stettin bringen ließ und meinete, daselbst Linderung zu haben und ließ doch sein Sohns und den Hof zu Wolgast". Am 5. Oktober 1523 ist er in Stettin gestorben und dort in der Schloßkapelle St. Otten beigesetzt.[79] Auf Bogislaw X. folgte sein Sohn Georg I.. Nach seinem Tode 1531 wurde Pommern, wie schon gesagt, 1532 erneut geteilt.[80] Pommern-Stettin erhielt Georgs Bruder Barnim IX., Pommern-Wolgast Georgs Sohn Philipp I.

Mit Philipp I.[81] beginnt die Blütezeit Wolgasts als Residenz. Philipp war am Hofe seiner Mutter Amalia, einer Tochter des Kurfürsten Philipp von der Pfalz, aufgewachsen und erzogen worden, und er brachte nicht nur die Neigung zur Lehre der Reformatoren, sondern auch die zur Welt des Renais-

77 Vgl. Wehrmann, Genealogie (wie Anm. 2), S. 105–107.
78 Pomerania (wie Anm. 46) Bd. 2, S. 119.
79 Über das Epitaph Bogislaws X. in der Stettiner Schloßkirche (Abb. bei Hellmuth Bethe. Die Kunst am Hofe der pommerschen Herzöge, Berlin 1937, S. 34) s. den Beitrag „Bildnisse pommerscher Herzöge", Anm. 64.
80 Vgl. o. Anm. 11.
81 Über Philipp I. und die mit ihm verbundenen Ereignisse s. den Beitrag „Bildnisse pommerscher Herzöge, S. 17–19, mit den Anm. 74–87.

sancefürstentums mit in die Heimat. 1534 war von ihm und seinem Oheim Barnim IX. unter maßgeblicher Beteiligung Johann Bugenhagens, aber auch der herzoglichen Räte, unter denen besonders der Wolgaster Schloßhauptmann Jobst von Dewitz zu nennen ist, auf dem Landtag zu Teptow a. d. Rega die Reformation eingeführt worden. Aus politischen Gründen suchte Philipp die Verbindung zu Sachsen als

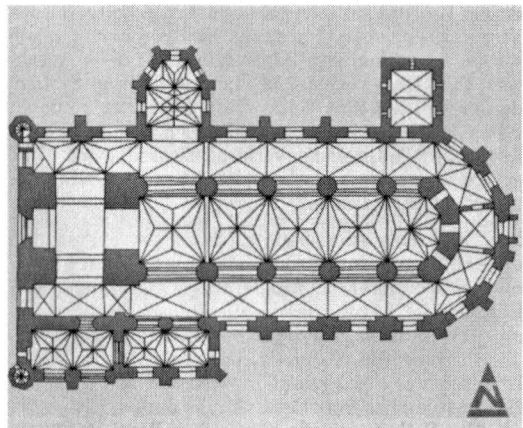

Wolgast, Petrikirche, Grundriß

der Vormacht der reformatorischen Reichsstände. Durch Vermittlung von Bugenhagen und Dewitz kam 1536 eine Bündnisvereinbarung zustande, die im Stile der Zeit durch eine Fürstenheirat besiegelt wurde. Im Februar 1536 wurde Philipp mit Maria, der Tochter des Kurfürsten Johann des Beständigen von Sachsen und Schwester Johann Friedrichs des Großmütigen, zu Torgau durch Bugenhagen und Luther getraut.

Nach seiner Vermählung mit Maria von Sachsen hat Herzog Philipp das Schloß zu Wolgast erweitern und modernisieren lassen.[82] Der Wappenstein von 1537, jetzt in Stettin, weist darauf hin.[83] Näheres über den Umbau ist nicht bekannt. Eine Vorstellung von der Schloßanlage vor diesem Umbau vermittelt eine Zeichnung, die sich auf der Rückseite einer Rügenkarte von 1532 befindet.[84] Als die im Schmalkaldischen Bund vereinigten evangelischen Reichsstände 1547 von Kaiser Karl V. bei Mühlberg besiegt worden waren, mußte auch Pommern mit Repressalien rechnen.[85] Damals hat Philipp die Befestigung des Wolgaster Schlosses nach Entwürfen des sächsischen Festungsbaumeisters Enderlein Haß ausbauen lassen.[86] Der Wappenstein von 1551 ist hiermit in Verbindung zu setzen. Er wurde bei Abbruch

---

82 Vgl. Bethe, Baugeschichte (wie Anm. 53), S. 89 f. sowie Buske (wie Anm. 17), S. 9 ff.

83 Abb. bei Buske S. 8.

84 Vgl. Alfred Haas, Die landesfürstlichen Hebungen und Einkünfte auf der Insel Rügen im Jahre 1532, in: Baltische Studien, N. F. 33, 1931, S. 125–142, hier S. 128 f.: Abbildung der Zeichnung bei Buske, S. 9.

85 Vgl. Roderich Schmidt, Pommern und Sachsen in der Zeit der Reformation, in: Baltische Studien, N. F. 46, 1959, S. 57–78, hier S. 60 f.

86 Vgl. Bethe, Baugeschichte (wie Anm. 53), S. 89.

des Schlosses geborgen und im Jahre 1803 von der Universität Greifswald „zum treuen Andenken an die Herzöge Pommerns" im Treppenhaus zur Aula angebracht, wo er sich noch heute befindet.[87]

Ein Bildzeugnis allererstesten Ranges ist aber der zwischen 1554 und 1556 von dem „Tapetmacher" Peter Heymans angefertigte Teppich, der unter dem Namen Croyteppich bekannt ist,[88] weil das letzte männliche Glied des Greifengeschlechts, der Schwestersohn des letzten Herzogs Bogislaw XIV., Ernst Bogislaw von Croy, ihn der Universität Greifswald vermacht hat.[89] Eine mit Tempera auf Leinwand gemalte Kopie dieses Teppichs, angefertigt am Ende des vorigen Jahrhunderts, die sich jetzt in Stettin befindet, konnte in der Wolgaster Ausstellung bewundert werden. So eindrucksvoll diese Kopie auch ist, das Original ist bei weitem prächtiger, die Farben sind leuchtender, besonders die Silber- und Goldstickereien. Dargestellt sind Philipp und seine Gemahlin Maria mit ihren fünf Kindern, daneben Georg I. und Barnim IX. mit ihren Gemahlinnen sowie die sächsischen Kurfürsten Friedrich der Weise, Johann der Beständige und Johann Friedrich der Großmütige, dazu Frauen und Kinder aus dem sächsischen Hause. Zwischen den sächsischen Fürsten ist Philipp Melanchthon, zwischen den pommerschen Johann Bugenhagen zu sehen, in der Mitte des Bildes Luther auf der Kanzel. Der Teppich ist nicht nur ein Zeugnis für die sächsisch-pommersche Allianz, sondern, wie die Inschriften bezeugen, zugleich ein Denkmal der Reformation. Er ist aber auch, wie ich meine, eine an die Torgauer Hochzeit erinnernde Darstellung und zugleich eine Ehrung des auf der sächsischen Seite breit dastehenden Kurfürsten Johann Friedrich, der nach der Schlacht bei Mühlberg die Kurwürde und einen Teil des Landes verloren hatte, zudem seine Freiheit, die er erst 1552 wiedererlangte. Am 3. März 1554 ist er verstorben. Barhäuptig steht er unter dem Kreuz, über dem die Jesaja-Worte stehen: „Er ist den Ubelthetern gleich gerechnet vnd hat vieler Sunde getragen vnd hat for die Ubeltheter gebeten."[90]

Dieses Kunstwerk ist für das Wolgaster Schloß angefertigt worden und hat mit weiteren Bildteppichen – das Nachlaßinventar Philipps I. nennt die Zahl 50 – in einem der Remter gehangen.[91] Fraglich ist nur, ob er den

87 Vgl. Buske (m. Abb.), S. 18 f.

88 Literatur zum Croyteppich im Beitrag „Bildnisse pommerscher Herzöge", Anm. 67. Vgl. jetzt auch: Birgit Dahlenburg, Kulturbesitz und Sammlungen der Ernst-Moritz-Arndt-Universität Greifswald, Rostock 1995, S. 26–33 m. farb. Abbildungen.

89 Über Ernst Bogislaw von Croy vgl. Roderich Schmidt, in: Neue Deutsche Biographie 3, 1957, S. 426–427.

90 Vgl. Roderich Schmidt, Pommern und Sachsen (wie Anm. 85), S. 66–68.

91 Vgl. Hellmuth Hannes, Der Croyteppich – Entstehung, Geschichte und Sinngehalt, in: Baltische Studien, N. F. 70, 1984, S. 45–80, hier S. 52 f. Zum Nachlaßinventar vgl. Julius Mueller, Neue Beiträge zur Geschichte der Kunst und ihrer Denkmäler in Pommern, in: Baltische Studien 28, 1878, S. 29–38, hier S. 32 f.

Schloßbrand von 1557, bei dem 13 Personen ums Leben kamen und die herzogliche Familie in Lebensgefahr schwebte,[92] überstanden hat oder ob er erst
danach aufgehängt worden ist. Die Wiederherstellung des Schlosses war
nach einer Inschriftentafel, einem Wappenstein mit „wilden Männern", der
einstens am Schloßtor angebracht war und sich jetzt in der Petrikirche befindet, erst im Jahr 1563 abgeschlossen.[93]

Philipp I. war es,
der unter dem Chor
der Petrikirche die
fürstliche Gruft anle-
gen ließ.[94] Sie wurde
damit zur Hof- und
Begräbniskirche der
Wolgaster Greifen. Die
Reformation hatte in
Wolgast früh Eingang
gefunden. Bugenha-
gen, der gleich nach
dem Treptower Land-
tag mit Visitationen be-
gonnen hatte, hat sich
am 23. Mai 1535 in
Wolgast aufgehalten,
allerdings ohne hier zu
visitieren. 1542 und
1545 ließ Philipp in
der Stadt Visitationen
durchführen.[95] Am 14.
Februar 1560 ist Phi-
lipp I. in Wolgast ge-
storben.[96] 1565 wurde

Wolgast, Petrikirche von Osten, Aufnahme vor 1945

---

92 Vgl. Heberlein (wie Anm. 32), S. 50, und Buske (wie Anm. 17), S. 11.
93 Buske, S. 12 (mit Abbildung des Wappensteins).
94 Buske (wie Anm. 17), S. 32 f., und ders. (wie Anm. 36), S. 14.
95 Vgl. Protokolle der pommerschen Kirchenvisitationen 1540–1555, bearb. von Hell-
    muth Heyden (Veröffentlichungen der Historischen Kommission für Pommern, Rei-
    he IV: Quellen zur pommerschen Geschichte 2), Köln–Graz 1963, Nr. 75, S. 111 f.
    und Nr. 109, S. 149.
96 Wehrmann, Genealogie (wie Anm. 2), S. 115. Vgl. Die Personalien und Leichen-
    Processionen der Herzöge von Pommern und ihrer Angehörigen aus den Jahren 1560
    bis 1663. Gesammelt von Ulrich Grafen Behr-Negendank-Semlow und Julius Frei-
    herrn von Bohlen-Bohlendorf, Halle 1869, S. 1–38.

er in der Gruft beigesetzt.[97] Am 5. Januar 1583 starb seine Gemahlin Maria. Auch sie ruht in der herzoglichen Gruft und mit ihnen ihre schon zuvor gestorbenen Söhne Georg († 1544) und Erich († 1551) sowie ihre Tochter Amalia († 1580).[98] Das kunstvolle Messingepitaph für Philipp I. befindet sich am dritten nordöstlichen Pfeiler der Kirche.[99]

In der Inschrift werden die Verdienste und Herrschertugenden Philipps gerühmt, so auch seine Fürsorge für Wissenschaft und Kunst. In dem schon erwähnten Nachlaßinventar[100] über die im Wolgaster Schloß befindlichen Kunstschätze sind nicht nur Teppiche aufgeführt, sondern auch Gemälde, vornehmlich Porträts, aber auch historische Szenen. Fast dreißig Stücke befanden sich „Im Vorn Gemach, da m.g.H. starb, in der stube hangend", darunter ein „Marien Bilde, heldt das Kindlein Jesu, mit Olie"[101]. Dieses kleine Andachtsbild „Maria auf der Fensterbank" von Hellmuth Bethe als das Werk eines Memlingnachfolgers aus dem Anfang des 16. Jahrhunderts bezeichnet,[102] befindet sich im Besitz der Universität Greifswald.[103] Neben der bildenden Kunst erfuhr am Wolgaster Hof ebenso wie am Stettiner auch die Musik Förderung und Pflege.[104]

In die Zeit der Regierung Philipps I. fällt auch die Reform und der Ausbau der herzoglichen Hofhaltung und der Landesverwaltung.[105] 1542, 1548 und 1551 wurden für den Wolgaster Landesteil Hofordnungen erlassen, die die Aufgaben und Befugnisse der Hofräte und der herzoglichen Kanzlei[106] regelten.

---

97 Vgl. Buske (wie Anm. 17), S. 52.
98 Vgl. Wehrmann, Genealogie, S. 115, 119, 122 f.; ders., Begräbnisstätten (wie Anm. 31), S. 117 f. Über die Herzogsgruft vgl. Heberlein (wie Anm. 32), S. 368–370.
99 Text mit Übersetzung bei Heberlein, S. 364–367, Übersetzung und Abb. auch bei Buske (wie Anm. 17), S. 47–51; Abb. auch bei Bethe, Kunst am Hofe (wie Anm. 79), S. 45.
100 S. o. Anm. 91.
101 Mueller (wie Anm. 91), S. 33.
102 Bethe, Kunst am Hofe (wie Anm. 79), S. 20–23. Das Bild wurde von Bethe zum ersten Mal veröffentlicht; farbige Wiedergabe bei Buske (wie Anm. 17), S. 11.
103 Vgl. Birgit Dahlenburg (wie Anm. 88). S. 35 m. farb. Abb.
104 Vgl. Werner Schwarz, Pommersche Musikgeschichte, Teil I: Historischer Überblick (Forschungen zur pommerschen Geschichte 21), Köln–Wien 1988, S. 11–24.
105 Vgl. Fritz, Hasenritter, Die pommerschen Hofordnungen als Quellen für die Hof- und Landesverwaltung, in: Baltische Studien, N. F. 39, 1937, S. 147–182. Entsprechende Verordnungen ergingen auch für den Stettiner Landesteil Herzog Barnims IX.
106 In der Wolgaster Kanzlei waren Thomas Kantzow als Sekretär und Nikolaus Klempzen als Landrentmeister tätig.

Wolgast. Die herzogliche Gruft in der Petrikirche. Zustand um 1920

Von den Söhnen Philipps, die in Wolgast aufgewachsen sind, nahm Ernst Ludwig.[107] dort seinen Sitz. 1569 wurde ihm der Wolgaster Landesteil als Herrschaft zugewiesen. Auch er tat sich als Bauherr hervor. Wohl im Hinblick auf seine Vermählung mit der Prinzessin Sophia Hedwig,[108] Tochter des Herzogs Julius von Braunschweig-Wolfenbüttel, im Jahre 1577 baute er an der Nordostseite des Schlosses anstelle des mittelalterlichen Flügels das „Neue Haus", geschmückt zum Hof zu mit seinem aus Stein gehauenen ganzfigurigem Bildnis, das heute in der Aula der Universität Greifswald zu sehen ist.[109] Auf dem Merian-Stich ist es deutlich zu erkennen.[110] Die Formen des Baues entsprechen in etwa denen des Renaissance-Baues, den sein Bruder Johann Friedrich zwischen 1575 und 1577 dem Schloß in Stettin hinzugefügt hat. Die älteren Bauteile des Wolgaster Schlosses[111] ließ Ernst Lud-

107 Vgl. Roderich Schmidt, in: Neue Deutsche Biographie 4, 1959, S. 619–620: Johannes Hildisch, Die Münzen der pommerschen Herzöge (Veröffentlichungen der Historischen Kommission für Pommern, Reihe IV Quellen zur pommerschen Geschichte), Köln–Wien 1980, S. 91.
108 Vgl. Wehrmann, Genealogie (wie Anm. 2), S. 121 f.
109 Vgl. Bethe, Baugeschichte (wie Arm. 53), S. 90 f.; Buske (wie Anm. 17), S. 12 f. (mit Abbildung der Reliefplatte mit dem Bildnis Ernst Ludwigs; Dahlenburg (wie Anm. 88) S. 48 m. Abb. 29.
110 Vgl. o. Anm. 53.
111 Zum folgenden wie Anm. 109.

wig gleichzeitig dem modernen Geschmack angleichen; dazu gehörten die Renaissancegiebel und die Turmhaube des Bogislawbaues, die der Haube des Barther Schloßturms entspricht. Ernst Ludwig ließ auch eine Wasserleitung ins Schloß legen, man nimmt an, die erste in Pommern, ausgeführt von einem Wismarer Baumeister, dem Erbauer der berühmten Wasserkunst in Wismar. Unter seiner Herrschaft entstand 1591 auch das Kollegiengebäude in Greifswald, das 1750 durch den jetzigen Bau ersetzt wurde. Im Jahr 1587 ließ Ernst Ludwig die Gruft in der Petrikirche erweitern.[112] Hier ist er am 19. Juli 1592, zwei Tage nach seinem Tode, 47jährig, feierlich beigesetzt worden. Auch seine Gemahlin, die ihn fast 40 Jahre überlebte, gelangte hier 1631 zur Ruhe, desgleichen ihre Tochter Hedwig Maria, gestorben 1606.[113]

Über die Beisetzung Ernst Ludwigs in der Petrikirchengruft ist Genaues mitgeteilt:[114] Die Leiche „lag in einem zinnenen Sarge, sie wurde von 16 Adligen getragen, dem Leichenzuge voran wurden 16 Fahnen getragen und 16 in Trauer gehüllte Pferde geführt. Das Schwert des Verstorbenen trug der Obermarschall Hans von Eickstädt, das fürstliche Siegel Henning von Ramin." Doch kam es bei diesem feierlichen Begräbnis auch zu Mißhelligkeiten. Geladen waren außer dem Adel auch die Ratsherren aller Städte, die Universität Greifswald, die Geistlichkeit des Landes. Obgleich dies gegen alten Brauch war, mutete man den bürgerlichen Trauergästen zu, im Zuge hinter den adligen Damen zu gehen. Man protestierte, fügte sich aber zunächst. Als dann aber auch die Kammermägde sich in den Zug vor ihnen einreihten, zogen viele davon und nahmen auch nicht an dem anschließenden Mahl auf dem Schlosse teil. Von Ernst Ludwig wird auch berichtet,[115] daß er außerordentlich abergläubisch gewesen sei. Seit 1583 weilte an seinem Hof ein Arzt und Mathematiker, ein Magister Gröbler, der zugleich als Alchimist tätig war und dem Herzog Weissagungen lieferte. Dieser sei immer schwermütiger geworden und habe im Trunke Betäubung gesucht.

Ernst Ludwig hat aber auch, dem Beispiel seines in Stettin residierenden Bruders Johann Friedrich folgend, in Wolgast eine Schloßbibliothek angelegt.[116] Johann Friedrich[117] ist im Jahre 1600 plötzlich verstorben, in demselben Zimmer, in dem er einst geboren war. Er war im Winter über das zugefrorene Haff von Stettin nach Wolgast mit dem Schlitten gekommen, um an dem fröhlichen Schloßleben teilzunehmen, das die Witwe Ernst Ludwigs

---

112 Vgl. Buske (wie Anm. 17), S. 33.
113 Vgl. Wehrmann, Genealogie (wie Anm. 2), S. 121 u. S. 130.
114 Wiedergabe nach Heberlein (wie Anm. 32), S. 54; ausführlich „Personalien und Leichen-Processionen" (wie Anm. 96), S. 81–108.
115 Heberlein, S. 53 f.
116 Vgl. Heller (wie Anm. 32), S. 40 f.: Buske (wie Anm. 17), S. 12.
117 Vgl. Wehrmann, Genealogie (wie Anm. 2). S. 119 f.

hier seit 1597 entfaltet hatte. Nach wenigen Tagen erkrankte der Herzog und verstarb, für die Zeitgenossen war dies die Folge von Zauberei.[118]

In dieser Umwelt ist der einzige Sohn Ernst Ludwigs, Philipp Julius,[119] der letzte in Wolgast residierende Herzog, aufgewachsen. Im Februar 1601 übernahm er die Regierung. In Wolgast wurden aus diesem Anlaß aufwendige Ritterspiele veranstaltet. Dann aber trat der junge Herzog die damals übliche Kavalierstour an, die ihn nach England, Frankreich, in die Schweiz und nach Italien führte, er studierte zeitweilig in Leipzig und besuchte mehrere Fürstenhöfe, darunter auch München, wie Philipp Hainhofer an Herzog Philipp II. nach Stettin berichtete. 1603 kehrte er nach Wolgast zurück. Auch er hat für die Verschönerung des Schlosses gesorgt. Von einem Danziger Steinmetzen ließ er einen Säulengang anlegen und Portale herstellen. Auch hiervon zeugt ein Wappenstein mit der Jahreszahl 1617. Geblieben sind von diesem nur die Torsi von zwei frühbarocken Sandsteinfiguren und Reste eines farbigen Fußbodenbelages.[120] Anderes ist vergangen, so ein Gobelin mit den Porträts von 16 seiner Ahnen.

Überdauert hat den Herzog ein anderes berühmtes Kunstwerk aus der Herzogszeit, die Große Lubinsche Karte, die im Auftrag von Philipp II. und Philipp Julius in den Jahren 1610 bis 1618 von dem Rostocker Mathematikprofessor Eilhard Lubinus hergestellt worden ist. Einige wenige Exemplare sind erhalten. 1926 wurde ein Neudruck vorgenommen, der aber zum großen Teil im Zweiten Weltkrieg vernichtet worden ist. 1980 wurde ein weiterer Nachdruck mit einem Beschreibungsband herausgegeben.[121]

Am 6. Februar 1625 ist Philipp Julius in Wolgast gestorben, am 6. Mai wurde er in der Petrikirche beigesetzt, der letzte hier ruhende Greifenherzog.[122] Ihm folgte sein Bruder Bogislaw XIV., der noch einmal für kurze Zeit ganz Pommern vereinigte, bis mit ihm am 10. März 1637, mitten im Dreißigjährigen Krieg, das Greifengeschlecht im regierenden Mannesstamm

---

118 Vgl. Heberlein (wie Anm. 32), S. 55. Beigesetzt wurde Johann Friedrich in der Schloßkirche zu Stettin. Vgl. dazu „Personalien und Leichen-Processionen" (wie Anm. 96), S. 114–139.
119 Vgl. Wehrmann, Genealogie, S. 130 f.; Bethe, Kunst am Hofe (wie Anm. 79), S. 107–110; Hildisch (wie Anm. 107), S. 97. Über Philipp Julius vgl. künftig auch Branig (wie Anm. 10).
120 Vgl. Bethe, Baugeschichte (wie Anm. 53), S. 91.
121 Über die Lubinsche Karte vgl. den Beitrag „Bildnisse pommerscher Herzöge", S. 23 u. 25 m. Anm. 103 u. 104: dort auch eine Abbildung der Karte.
122 Vgl. Wehrmann, Genealogie (wie Anm. 2), S. 131. Über das Ende Philipp Julius' und seine Beisetzung vgl. Heberlein (wie Anm. 32), S. 63–65, ausführlich „Personalien und Leichen-Prozessionen", (wie Anm. 96), S. 417–476.

erlosch.[123] Längst hatte die Kriegsfurie das Land erfaßt. 1630 war der Schwedenkönig Gustav II. Adolf bei Peenemünde gelandet, als Retter des evangelischen Glaubens im Lande begrüßt.[124] Am 6. November 1632 ist er in der Schlacht bei Lützen gefallen. Seine Leiche wurde auf dem Wege in die schwedische Heimat nach Wolgast gebracht und hier in der Schloßkirche, bevor sie eingeschifft wurde, vier Wochen im Juni/Juli 1633 feierlich aufgebahrt. Sein Feldprediger, der pommersche Hofprediger und spätere Generalsuperintendent Jakob Fabricius, hat die Trauerpredigt gehalten.[125] Es war dies der letzte offizielle Akt, der im Schloß zu Wolgast stattgefunden hat.

Auf das weitere traurige Schicksal des Wolgaster Schlosses ist hier heute nicht mehr einzugehen.[126] Nichts ist von der einstigen Pracht an Baulichkeiten geblieben. Öde liegt der Schloßplatz heute da. Nur die Lage der Schloßinsel im Peenestrom hat die Zeiten überdauert und läßt, wenn man vom Turm der Petrikirche herabschaut, die einstige Herrlichkeit einer versunkenen Kultur erahnen.[127] Geblieben sind die Überreste des Greifengeschlechts in der Gruft der Petrikirche. Sie sind uns anvertraut. Pflegen wir dieses Erbe unserer Geschichte.

Begräbnisse und Beisetzungen in der Petrikirche zu Wolgast

Beerdigt wurden:

Herzog Wartislaw VIII. (Nr. 68)* † 20. oder 23. August 1415, wahrscheinlich auch sein Sohn *Wartislaw* (Nr. 76) † zwischen 20. Nov. 1414 und 20./23. Aug. 1415.

---

123 Über Bogislaw XIV vgl. Bethe, Kunst am Hofe (wie Anm. 79), S. 117–123; Hildisch (wie Anm. 107), S. 80–82, 158 f. u. 201; vgl. künftig auch Branig (wie Anm. 10).
124 Das Doppelbild Gustav Adolfs und Bogislaws XIV im Beitrag „Bildnisse pommerscher Herzöge".
125 Vgl. Heberlein (wie Anm. 32), S. 72 f. In der Petrikirche zu Wolgast befindet sich das Bild „Einschiffung der Leiche von Gustav Adolf", nach einem Gemälde von Gustav Hellquist kopiert von Axel Schöngrün; Abb. bei Buske (wie Anm. 17), S. 14.
126 Vgl. hierzu Buske, S. 14–25; Bethe, Kunst am Hofe (wie Anm. 79), S. 124–127.
127 Hellmuth Bethe setzte an den Schluß seines 1937 erschienenen Buches über „Die Kunst am Hofe der pommerschen Herzöge" einen Abschnitt „Die Schicksale des herzoglichen Kunstbesitzes" (S. 124–127) und beendete diesen mit den Worten: „Verluste, wie sie Pommern in den vergangenen drei Jahrhunderten erlitten hat, sind daher für die Zukunft kaum zu erwarten." Hoffnungsvolle Worte, die den heutigen Leser über den Lauf der Geschichte nachdenklich stimmen.

Herzog Wartislaw IX. (Nr. 74), † April 1457, und seine Gemahlin *Sophia,* † 1462, sowie wahrscheinlich auch deren Sohn *Christoph* (Nr. 83), † um 1449.

Margaretha, erste Gemahlin Herzog Bogislaws X. (Nr. 87), † 1489.

Georg, Sohn Herzog Philipps I., (Nr. 115). † 16. November 1544.

Erich, Sohn Herzog Philipps I., (Nr. 121). † 12./13. Dezember 1551.

In der Herzogsgruft wurden beigesetzt:

Herzog Philipp I. (Nr. 105), † 14. Febr. 1560, und seine Gemahlin *Maria,* † 5. Jan. 1583, sowie deren Tochter *Amelia* (Nr. 119), † 16. Sept. 1560.

Herzog Ernst Ludwig (Nr. 118), † 17. Juni 1562, und seine Gemahlin *Sophia Hedwig,* † 30. Jan. 1631, sowie deren Tochter *Hedwig Maria* (Nr. 136), † 16. Apr. 1606.

Herzog Philipp Julius (Nr. 138), † 6. Febr. 1625.

Außerdem ruhen in der Herzogsgruft:

die Kinder des schwedischen Generals Friedrich VI., Markgraf von Baden-Durlach, Prinz Friedrich Kasimir († 1644) und Prinzessin Katharina Eleonore († 1647).

* Die Nummern beziehen sich auf Martin Wehrmann, Genealogie des pommerschen Herzogshauses, Stettin 1937.

Bildnisse pommerscher Herzöge des 15. bis 17. Jahrhunderts

Die Ausstellung, die heute eröffnet wird, ist dem Andenken an das pommersche Herzogsgeschlecht der Greifen gewidmet.[1] Mit Wartislaw I. und seinem Bruder Ratibor I. betritt es um 1120 die politische Bühne. Nach über 500 Jahren starb es mit dem letzten regierenden Herzog Bogislaw XIV. im Jahr 1637 aus, mit seinem Neffen, Ernst Bogislaw von Croy, zuletzt brandenburgischer Statthalter in Preußen, ist es 1684 erloschen.[2] Unter der Regierung der Greifen ist Pommern rechts und links der Oder zu einer politischen Einheit zusammengewachsen und unbeschadet interner dynastischer Teilungen zu einem reichsunmittelbaren Territorialstaat geworden, wenn auch die Lehnsabhängigkeit von Brandenburg endgültig erst 1529 aufgehoben worden ist. Herausgehobene Ereignisse und Stationen der geschichtlichen Entwicklung waren: Die Christianisierung unter Otto von Bamberg, die einheitliche Kirchenorganisation in einem unabhängigen Bistum zu Cammin, die Erschließung des Landes durch Siedlungsausbau und Kultivierungsmaßnahmen, die Städtegründungen und die Entfaltung der Stadtkultur, das Zusammenwachsen der pomoranischen und lutizischen Landesbewohner mit den deutschen Zuwanderern zu einem „Neustamm", dem der Pommern, die Belebung von Handel und Wandel, Bildung und Kultur, Verwaltung und Recht, die Umgestaltung der Verhältnisse durch die Einführung der Reformation und eine im 16. Jahrhundert bemerkenswerte Entfaltung von Kunst und Kultur an den Herzogshöfen und den bürgerlichen Zentren.[3]

---

1 Für den Druck überarbeitete und mit Anmerkungen und Belegen versehene Fassung des bei der Eröffnung der Ausstellung „Die Greifen – Pommersche Herzöge. 12. bis 17. Jahrhundert" am 3. März 1996 in der Stiftung Pommern im Rantzaubau des Kieler Schlosses gehaltenen Vortrages.

2 Zur Information über die Greifen vgl. Martin Wehrmann, Genealogie des pommerschen Herzogshauses, Stettin 1937. – Adolf Hofmeister, Genealogische Untersuchungen zur Geschichte des pommerschen Herzogshauses (Greifswalder Abhandlungen zur Geschichte des Mittelalters 11), Greifswald 1938 (auch in: Pommersche Jahrbücher 31, 1937, S. 35–112, und 32, 1938, S. 1–115). – Roderich Schmidt, Greifen. Geschlecht der Herzöge von Pommern, in: Neue Deutsche Biographie 7, 1966, S. 29–33. – Ders., Greifen, Dynastie der Herzöge von Pommern, in: Lexikon des Mittelalters, Bd. 4, Lieferung 8, 1989, Sp. 1694–1695.
Den besten Überblick bietet die Stammtafel von Wilhelm Wegener, Die Herzöge von Pommern aus dem Greifen-Hause (Genealogische Tafeln zur mitteleuropäischen Geschichte, Lieferung 3), Göttingen 1969. „Die Zählung der pommerschen Herzöge" erfolgt nach Adolf Hofmeister, in: Monatsblätter der Gesellschaft für pommersche Geschichte und Altertumskunde, 51. Jg., 1937, S. 52–63.

3 Vgl. Roderich Schmidt, Handbuch der historischen Stätten, Bd. 12: Mecklenburg/Pommern, Stuttgart 1996. Geschichtliche Einführung Pommern, S. XXXIII–LII.

Schloß der Grafen Bismarck Osten in Plathe, links der Bau aus dem 17. Jahrhundert, in dem die Herzogsbilder ihren Platz hatten

Der große Saal im Schloß zu Plathe; an den Wänden einige der alten Herzogsbilder

Einiges hiervon wird in der Ausstellung zu sehen sein. Ihr „Herzstück", wie es im Katalog[4] heißt, sind 16 Ölbilder pommerscher Herzöge und eine Sammlung von „Gnadenpfennigen", d.h. Bildnismedaillen, aus dem Besitz der Familie von Bismarck-Osten, die sich bis 1945 in deren Schloß Plathe (Kreis Regenwalde) befanden.[5] Was über die Bilder zu sagen ist, wollen Sie bitte dem Katalog entnehmen. Ich beschränke mich auf hinweisende Bemerkungen zu dieser Galerie fürstlicher Gestalten aus der zehnten bis vierzehnten Generation des Greifengeschlechts.

Bei den Bildern aus Plathe[6] handelt es sich – vielleicht mit Ausnahme des wohl als Original anzusehenden Porträts von Herzog Franz (um 1620)[7] – um Kopien aus der Zeit um 1600 bis um 1750, entstanden nach Vorlagen aus dem 17. Jahrhundert.[8] Für die Bilder von Erich II., Georg I., Philipp I. und Ernst Ludwig[9] gelten die Porträts als Vorbilder, die sich einst im Rathaus von Anklam befanden.[10] Dies trifft m.E. auch für die Bilder von Bogislaw X.[11], Barnim X.[12] und Philipp Julius[13] zu.

---

4   Die Greifen. Pommersche Herzöge. 12. bis 17. Jahrhundert. Katalog zur Ausstellung, 3. März bis 5. Mai 1996, Stiftung Pommern, Kiel, Schloß Rantzaubau, 1996. Katalog und Ausstellung: Christoph Schley und Helga Wetzel.

5   Vgl. Ferdinand Graf von Bismarck-Osten, Die Sammlungen zu Schloß Plathe und ihr Begründer Friedrich Wilhelm von der Osten (1721–1786), in: Baltische Studien, N. F. 62, 1976, S. 63–72; Ludwig Biewer, Friedrich Wilhelm von der Osten, seine Schloßbibliothek auf Plathe und sein Pommersches Wappenbuch von 1781, in: Festschrift zum 125jährigen Bestehen des „Herold" zu Berlin, hrsg. von Bernhart Jähnig und Knut Schulz. Berlin 1994, S. 25–32; vgl. ferner Karl Graf v. Bismarck-Osten, Friedrich Wilhelm von der Osten 1721–1786, in: Pommersche Lebensbilder, Bd. IV, bearb. von Walter Menn (Forschungen zur pommerschen Geschichte 15), Köln–Graz 1966, S. 143–152. Über das von Ostensche Schloß in Plathe, seine Gemäldesammlung und seine Bibliothek vgl. auch Hugo Lemcke, Die Bau- und Kunstdenkmäler des Regierungsbezirks Stettin, Heft 10: Der Kreis Regenwalde, Stettin 1912, S. 349–368, über die Herzogsbilder S. 364.

6   Vgl. zu diesen und allgemein Hellmuth Bethe, Die Bildnisse des pommerschen Herzogshauses, in: Baltische Studien, N. F. 39, 1937, S. 71–99, Nachtrag mit Berichtigungen, in: ebd., N. F. 41, 1939, S. 99–102.

7   Herzog Franz (1577–1620), Kat. Nr. 14, S. 52–54, Abb. S. 53; Bethe, Bildnisse, S. 95. Siehe u. S. 184.

8   Ausnahmen bilden ein Gemälde Herzog Johann Friedrichs (1542–1600), Kat. Nr. 8, um 1575, wahrscheinlich nach einer gleichzeitigen Ölstudie (Bethe, Bildnisse, S. 89, s. u. Anm. 88), und das Gemälde Herzog Wartislaws IX. (um 1400–1457) aus dem Jahr 1776 nach einer etwas älteren Vorlage; siehe unten Anm. 54 u. 56.

9   Kat. Nr. 3, 5, 6 und 10, so auch Bethe, Bildnisse, S. 82, 83, 87 und 91.

10 Vgl. „Die Herzogsbilder im Rathause zu Anklam" (von M. Sdr. = Max Sander), in: Heimatkalender für den Kreis Anklam, 4. Jg., 1909, S. 81–90 (m. 11 Abb.). Sie sind heute verschollen. S. u. S. 188–191.

11 S. u. Anm. 64.

12 Auf dem Anklamer Bild als Barnim XII. (XI.) bezeichnet; s. u. Anm. 91.

13 S. u. Anm. 95.

Wartislaw IX. († 1452)   *Erich II. († 1474)*

Bogislaw X. († 1523)   *Georg I. († 1531)*

Die Gemälde aus dem Besitz der Familie von Bismarck-Osten

Barnim IX. († 1573)   Philipp I. († 1560)

Johann Friedrich († 1600)   Johann Friedrich († 1600)

Die Gemälde aus dem Besitz der Familie von Bismarck-Osten

Bogislaw XIII. († 1606)   *Ernst Ludwig († 1592)*

Barnim X († 1603)   *Franz († 1620)*

Die Gemälde aus dem Besitz der Familie von Bismarck-Osten

Philipp Julius († 1625)

Bogislaw XIV. († 1637) (fälschlich als Barnim VI. bezeichnet)

Bogislaw XIV. und König Gustav II. Adolf von Schweden

Die Gemälde aus dem Besitz der Familie von Bismarck-Osten

Kasimir VII. († 1605)   *Bogislaw XIII. und seine Gemahlin*
                               Anna von Schleswig-Holstein-Sonder-
                               burg. Ölgemälde, Stiftung Pommern,
                               Kiel (vgl. Z. Pommern, 33, 1995, 4, S. 40)

Die Anklamer Bilder[14] sind von einer Hand gemalt und entstanden in der ersten Hälfte des 17. Jahrhunderts.[15] Auch sie sind Kopien, aber „augenscheinlich von guten Originalen".[16] Sie berühren sich mit der Sammlung von Herzogsbildern im Rathaus zu Stralsund.[17]

---

14 Es handelt sich um Bildnisse von Erich II., Bogislaw X., Georg I., Barnim IX., Philipp I., Johann Friedrich, Bogislaw XIII., Ernst Ludwig, Barnim X., Kasimir VII. und Philipp Julius. Vgl. auch Hugo Lemcke, Die Bau- und Kunstdenkmäler des Regierungsbezirks Stettin, Heft 2. Der Kreis Anklam, 1899, S. 69.

15 Nach Lemcke und Sander (wie Anm. 10) zwischen 1600 und 1615, nach Mueller (wie Anm. 16) frühestens von 1610 bis 1620, nach Bethe, Bildnisse (wie Anm. 6), um 1650.

16 Vgl. Julius Mueller (†), Gemälde pommerscher Herzöge im Rathause zu Anklam, in: Monatsblätter der Gesellschaft für pommersche Geschichte und Altertumskunde 8, 1894, S. 117–123, mit näheren Angaben über die einzelnen Porträts.

17 Es sind dies Bilder von Erich II., Bogislaw X., Georg I., Barnim IX., Philipp I., Bogislaw XIII., Ernst Ludwig, Barnim X., Philipp Julius, Bogislaw XIV. und Ernst Bogislaw, Herzog von Croy. Bethe, Bildnisse (wie Anm. 6), datiert sie ebenso wie die Anklamer Bilder „um 1650". Vgl. E. von Hasselberg, Die Baudenkmäler des Regierungs-Bezirks Stralsund, Heft V: Der Stadtkreis Stralsund, Stettin 1902, S. 533. Es fehlen in Stralsund gegenüber Anklam und Plathe die Bilder von Johann Friedrich und Kasimir VII.
   Zu dem Verhältnis der Stralsunder Bilder zu den Anklamern und beider Vorlagen vgl. Mueller (wie Anm. 16). Nach mündlicher Auskunft sind die Stralsunder Bilder nach 1945 aus dem Rathaus entfernt worden. Über ihren Verbleib war nichts in Erfahrung zu bringen.

Keines der bisher genannten Bilder reicht bis in die Zeit vor Bogislaw X. (1454–1523) zurück. Selbst „authentische Bildnisse Bogislaws X. fehlten schon Ende des 16. Jahrhunderts", bemerkte Hellmuth Bethe in seinem Aufsatz „Die Bildnisse des pommerschen Herzogshauses"[18], und er zitiert hierzu aus einem Brief Herzog Philipps II. vom 12. Januar 1594 an den gelehrten holsteinischen Staatsmann Heinrich Rantzau[19]: „Doch müßt Ihr wissen, daß es von den Fürsten, welche vor Bogislaw X. gelebt haben, keine Bildnisse gibt, selbst von Bogislaw selbst nicht, soviel uns bekannt ist."[20] Und Philipp fährt fort: „wenn man nicht etwa zu deren Herstellung die allerdings mitunter vorkommenden, aber doch sehr unzuverlässigen Grabdenkmäler zu Hülfe nehmen will."[21] Weiter heißt es in diesem Brief „Denn bei Unsern Vorfahren war die Sitte der Bildnisse nicht im Schwunge; es kam ihnen mehr darauf an, richtig zu handeln als von vielen gekannt zu sein. Anfänglich bestand bei ihnen der Brauch, wenn löbliche Thaten verrichtet worden waren, dieselben in Gedichten zu feiern[22] und letztere dann bei gemeinschaftlichen Gelagen abzusingen, um die Jugend zu allen Tugenden anzufeuern. Daß es aber nicht viele Maler und selbst nur wenige Geschichtschreiber bei ihnen gegeben habe, folgt aus dem Umstande, daß sie, obschon sie viel mannhafte Thaten vollbracht hatten, doch dieselben nur selten mit Hülfe der Schrift, und noch seltener, ja eigentlich niemals, mittelst der Malkunst auf die Nachwelt zu bringen versucht haben. Solcher Versäumnis der Malkunstpflege machte erst Unser Großvater[23] einigermaßen ein Ende. Nicht nur daß es von da an Bildnisse von Herzogen giebt[24], auch das Teppichwesen hat er gefördert, und besitzen Wir verschiedene solcher Tappeten[25], auf denen denkwürdige Erlebnisse Unseres Geschlechtes dargestellt sind."[26]

Philipp II. (1573–1618) war der kunstsinnigste unter den Greifenherzögen.[27] Von ihm befindet sich kein Bild in der Ausstellung, wohl aber zwei

18 Bethe (wie Anm. 6), S. 82.
19 Über Heinrich Rantzau vgl. Handelmann, in: Allgemeine Deutsche Biographie 27, 1888, S. 278 f.
20 Wie Anm. 18.
21 Gedruckt bei Julius Mueller, Neue Beiträge zur Geschichte der Kunst und ihrer Denkmäler in Pommern, in: Baltische Studien 28, 1878, S. 266 f.
22 Vgl. Alfred Haas, Das pommersche Herzogshaus im Volksliede, in: Baltische Studien, N. F. 39, 1937, S. 36–55.
23 Herzog Philipp I. (1515–1560).
24 Die Reihe der Herzogsbilder setzt bereits früher, bei Bogislaw X. und Georg I., ein.
25 Nach einem Verzeichnis von „um 1560 im Schloß zu Wolgast befindlich gewesen Kunstgegenständen" belief sich die Zahl der Tapeten und Teppiche auf ungefähr 50 Stück (Mueller, wie Anm. 21, S. 29–38, hier S. 32 f.).
26 Vgl. Walter Borchers, Pommersche Geschichte im Spiegel gewirkter Wandbehänge, in: Zeitschrift für Ostforschung 2, 1953, S. 179–184. Hierzu gehört auch der sog. Croy-Teppich (s. u. Anm. 67).
27 Hierzu vgl. Hellmuth Bethe, Die Kunst am Hofe der pommerschen Herzöge, Berlin 1937, S. 70–106; Kat. S. 61 f.

Medaillons, die ihn zusammen mit seiner Gemahlin Sophie von Schleswig-Holstein-Sonderburg zeigen.[28] Philipp war ein leidenschaftlicher Sammler von Büchern, Bildern, Kunstgegenständen und verfügte über ein eigenes Kunst- und Raritätenkabinett. Er stand mit anderen Fürstenhäusern und mit adligen Personen in einem Tauschverhältnis. Auch von Heinrich Rantzau hatte er Bilder für sein „Museum", wie er in seinem Dankesbrief[29] schreibt, erhalten, und er kündigt darin Bildnisse aus seinem Hause an. Allerdings „haben Wir noch immer nicht die Bildnisse sämmtlicher Fürsten, die auf Bogislav folgten, zusammenbringen können, wollen aber doch vorläufig einige derselben an Euch absenden."[30]

Im Zusammenhang mit der von Philipp II. veranlaßten Erweiterung des Stettiner Schlosses[31] schrieb er am 9. August 1617 an den Kurprinzen Georg

Erich II.   *Bogislaw X.*

Herzogsbilder, einst im Rathaus zu Anklam

28 Kat. S. 82 und 83. S. u. S. 215.
29 Wie Anm. 21, S. 266.
30 Ebd. S. 267.
31 Vgl. Hugo Lemcke, Die Bau- und Kunstdenkmäler des Regierungsbezirks Stettin, Heft 14, Abt. 1: Das königliche Schloß in Stettin, Stettin 1909, S. 27 u. 30 sowie S. 59 f. Abbildung des Westflügels des Stettiner Schlosses, in dem sich die Kunstkammer Philipps 11. befand, bei Hellmut Hannes (wie Anm. 34) S. 106, Abb. 15.

Georg I.

Barnim IX.

Philipp I.

Johann Friedrich

Herzogsbilder, einst im Rathaus zu Anklam

Bogislaw XIII.

Ernst Ludwig

Barnim X.

Kasimir VII.

Herzogsbilder, einst im Rathaus zu Anklam

Herzogsbilder,
einst im Rathaus zu Anklam

Philipp Julius

Wilhelm von Brandenburg: „Ferner mögen wir E. L. freundtlich nit bergen,
daß wir bei unserm Fürstlichen Schloß allhie ein neu Gebeu auffgetzogen, so
wir mit allen itzlebenden Potentaten beide in und außer dem Heiligen Römischen Reiche, imgleichen unserer geliebten nahen Freunde und Verwandten, also auch E. L. und derselben hertzlieben Gemahlin Conterfey gern exor-
niert wissen muchten" und er bittet, ihm die entsprechenden Bilder zur
„erinner- und Bestetigung unserer freundtschaft und verwandtnus" zu schicken.[32] Als Ende August 1617 der bekannte Kunstmäzen Philipp Hainhofer
den Herzog in Stettin besuchte, vertraute er diesem an, daß er die Absicht
habe, die „Conterfette" aller lebenden Fürsten und Potentaten zu sammeln,
„pro recreatione et memoria sowohl als pro ornamento".[33]
    Anläßlich des Besuches von Philipp Hainhofer in Stettin 1617, bei dem
dieser dem Herzog den berühmten Pommerschen Kunstschrank überbrach-
te[34], hat Philipp II. seine gesammelten Gemälde kleineren Formats sowie
Handzeichnungen und Stiche auf Papier aufgezogen und in vier foliogroßen
Lederbänden, den sogenannten „Visierungsbüchern", vereinigt. Von diesen

---

32 Wie Anm. 21, S. 247.
33 Hainhofers Reise-Tagebuch, in: Baltische Studien 2 b, 1834, S. 22; Mueller (wie Anm.
    21), S. 247.
34 Vgl. hierzu zuletzt Hellmut Hannes, Der Pommersche Kunstschrank – Entstehung,
    Umfeld, Schicksal, in: Baltische Studien N. F. 76, 1990, S. 81–115 (mit Abb.).

*Erich I. von Pommern, König von Dänemark, Norwegen
und Schweden. Wandteppich von Hans Knieper, um 1583,
Nationalmuseum Kopenhagen*

ist nur ein Band in unser Jahrhundert hinüber gerettet worden.[35] Er befand
sich zuletzt im Pommerschen Landesmuseum zu Stettin[36]; sein heutiger
Verbleib ist unbekannt.[37] Darin ist eine Anzahl von Bildern pommerscher
Fürsten, Fürstinnen und Prinzessinnen enthalten, beginnend mit Bogislaw X.

35 Vgl. Hugo Lemcke, (wie Anm. 31), S. 105–121, hier auch Angaben zum Inhalt. Eben-
    so Julius Lessing, Der Croy-Teppich im Besitz der Königlichen Universität Greifs-
    wald, in: Jahrbuch der königl. preußischen Kunstsammlungen 13, Berlin 1892, S. 146–
    160, zum Inhalt S. 156–160.
36 Vgl. Hellmuth Bethe (wie Anm. 27), S. 90 f., ebenfalls mit Angaben zum Inhalt.
37 Vgl. Karl-Otto Konow, in: Baltische Studien, N. F. 60, 1974, S. 66, Anm. 57; Hell-
    muth Hannes, in: Baltische Studien, N. F. 70, 1984, S. 49, Anm. 7.

bis hin zu den Vertretern der beiden letzten Generationen des Greifenge-schlechtes, z. T. im Kindesalter dargestellt[38]; etliche haben als Vorlagen für die Darstellung auf dem Croy-Teppich gedient.[39]

---

38 Bildnisse im Visierungsbuch Philipps II.:
Bogislaw X., Bl. 3, Ölbild (farbige Abbildung bei Lemcke, wie Anm. 31, nach S. 12; bei Carl Fredrich, Stettin, Berlin 1927.
Bogislaw X., Bl. 4, Bleifederzeichnung (Abb. bei Lemcke, S. 104; bei Bethe, Bildnisse, wie Anm. 6, Abb. 2).
Georg I., Bl. 6 (Abb. bei Lemcke, S. 108; bei Hannes, Croyteppich (wie Anm. 67), S. 64, Abb. 13).
Georg I., Bl. 8 (Abb. bei Hannes, S. 64, Abb. 14; auch auf dem Croy-Teppich).
Amalia, erste Gemahlin Georgs I., Bl. 9, Kreidezeichnung (Abb. bei Lemcke S. 111, bei Bethe, Bildnisse, Abb. 3; bei Hannes S. 62, Abb. 12; auch auf dem Croy-Teppich).
Margaretha, Tochter Georgs I., Bl. 13, Federskizze. *Dieselbe,* Bl. 18, Öl auf Papier.
Georgia, Tochter Georgs I., Bl. 17, Öl auf Papier.
Barnim IX. (XI.), Bl. 7, Honigfarben auf Papier (Abb. bei Bethe, Kunst am Hofe, wie Anm. 27, S. 29, Abb. 13;
Bethe, Bildnisse, Abb. 6; Hannes S. 60, Abb. 9); vgl. auch die Darstellung auf dem Croy-Teppich.
Barnim IX. im hohen Alter, Bl. 5, Federzeichnung (Abb. bei Lemcke, S. 107).
Anna, Gemahlin Barnims IX., Bl. 12, Federzeichnung. Von Lemcke S. 112 f. irrtüm-lich als Margaretha, zweite Gemahlin Georgs I., bezeichnet; vgl. hierzu Hannes, wie Anm. 64, S. 61, Anm. 54 – Abb. Annas bei Bethe, Kunst am Hofe, S. 29, Abb. 14; Bethe, Bildnisse, Abb. 7; Hannes S. 62, Abb. 11; vgl. auch die Darstellung auf dem Croy-Teppich.
Anna, Gemahlin Barnims IX., Bl. 11, Honigfarben auf Papier. Vgl. dazu Hannes S. 61, Anm. 54, und Bethe, Bildnisse, S. 85 (Ölgemälde vor 1617).
Philipp I., Bl. 10, Kopfstück in Öl (Abb. bei Lemcke S. 115; bei Lessing (wie Anm. 35), S. 13, Fig. 2; bei Max v. Stojentin, Aus Pommerns Herzogstagen, Stettin 1902, nach S. 10; vgl. auch die Darstellung auf dem Croy-Teppich).
Maria, Gemahlin Philipps. I., Bl. 14, 15, 16; vgl. dazu Lemcke S. 113 und Bethe, Bild-nisse, S. 87.
Johann Friedrich, Bl. 20, Kinderkopf in Öl (Abb. bei Bethe, Kunst am Hofe, S. 49, Abb. 30; vgl. auch die Darstellung auf dem Croy-Teppich).
Johann Friedrich, Bl. 19, Ölstudie (Abb. bei Fredrich, Stettin, Berlin 1927, Taf. 31, v. Stojentin (s.o.), nach S. 16).
Bogislaw XIII., Bl. 21, Kinderkopf in Öl (Abb. bei Lessing, Abb. 3; Hannes S. 66, Abb. 16; vgl. auch die Darstellung auf dem Croy-Teppich).
Ernst Ludwig, Bl. 22, Kinderkopf in Öl (Abb. bei Bethe, Kunst am Hofe, S. 61, Abb. 40; Bethe, Bildnisse, Abb. 16; Hannes S. 66, Abb. 17; vgl. auch die Darstellung auf dem Croy-Teppich).
Ernst Ludwig, Bl. 24, Studienkopf in Öl (Abb. bei v. Stojentin, nach S. 44; bei Lemcke S. 118; bei Bethe, Kunst am Hofe, S. 61, Abb. 41; Bethe, Bildnisse, Abb. 17).
Kasimir VII. (IX.), Bl. 23, Kinderkopf in Öl (Abb. bei Lemcke S. 116).
Barnim X. (XII.), Bl. 25, Studienkopf in Öl; vgl. auch die Darstellung auf dem Croy-Teppich.
Anna Maria, Gemahlin Barnims X., Bl. 26, Studienkopf in Öl.
Anna, Tochter Philipps I., Bl. 27, in Öl.
39 Vgl. u. Anm. 67 und Lessing (wie Anm. 35).

König Christoph II. von Dänemark und seine Gemahlin Eufemia, Tochter Herzog
Bogislaws IV., Grabmal, Bronze und Sandstein (hier Teilansichten), um 1360, in der
Kirche von Sorø

Entgegen der Meinung Philipps II. gab es bereits einige wenige bildliche
Darstellungen von Angehörigen des pommerschen Herzogshauses aus der
Zeit vor Bogislaw X. Es ist allerdings fraglich, ob ihm diese bekannt gewe-
sen sind. Zu nennen sind die Sandstein-Reliefbüste der vierten Gemahlin
Kaiser Karls IV. Elisabeth, Tochter Herzog Bogislaws V., im Veitsdom zu
Prag.[40] Die Büste ist um 1370, wahrscheinlich kurz nach 1374, entstanden
und ist wie die des Kaisers und seiner anderen Ehefrauen dem Parlerkreis
zuzurechnen.[41] Als ältestes gemaltes Bild eines Gliedes des pommerschen
Herzogshauses darf das Tafelgemälde auf Leinwand angesehen werden, das

40 Vgl. Bethe, Bildnisse (wie Anm. 6), S. 73 und 81, Abb. 2; Hellmut Hannes, Auf den
    Spuren des Greifengeschlechts jenseits der pommerschen Grenzen, in: Baltische Stu-
    dien, N. F. 72, 1986, S. 36–82, hier S. 38–44 mit Abb. auf S. 40.
41 Vgl. auch František Kavka, Am Hofe Karls IV, Stuttgart 1990, Abb. S. 134, sowie: Die
    Parler und der Schöne Stil 1350–1400. Europäische Kunst unter den Luxemburgern,
    hrsg. von Anton Legner, Bd. 2, Köln 1978, S. 614 f., Abb. S. 659, Nr. 11. – Ebd. nach
    S. 650, Farbtafel 21, das Mosaik der Elisabeth am Südportal des Veitsdomes. Eine wei-
    tere Darstellung Elisabeths über dem Altar an der Ostwand der Wenzelskapelle des
    Veitsdomes. Abb. in: Bohemia Sacra, hrsg. v. Ferdinand Seibt, 1974, Abb. 124, dazu
    S. 556; farbiger Ausschnitt in: Karl IV Staatsmann und Mäzen, hrsg. von Ferdinand
    Seibt, 1978/79, Taf. IV nach S. 94.

Elisabeth, Tochter Bogislaws V., 4. Gemahlin Kaiser Karls IV., Sandsteinbüste (Parlerschule), um 1374, auf der Triforiumsgalerie des Veitsdoms zu Prag

den Fürstensaal des Lüneburger Rathauses mit anderen Bildern welfischer Landesherren und ihrer Gemahlinnen schmückt.[42] Abgebildet sind Herzog Heinrich der Milde von Braunschweig-Lüneburg und seine 1406 verstorbene Gattin Sophia, Tochter Herzog Wartislaws VI. von Pommern-Wolgast, Schwester Barnims VI.[43] Die Darstellung der Sophia, stehend in ganzer Figur, „sicher kein individuelles Bildnis", wird ins Jahr 1482 datiert.[44] Eine weitere bildliche Darstellung gehört in die Zeit Bogislaws X. Es handelt sich um die bronzene Grabplatte der 1504 verstorbenen Schwester Bogislaws, Sophia, einer Tochter Herzog Erichs II., vermählt mit Herzog Magnus II.

---

42 Auf dieses Bild hat Hellmut Hannes (wie Anm. 40), hier S. 74–77, aufmerksam gemacht.

43 Abb. ebd. S. 76.

44 Ebd. S. 75 m. Anm. 117.

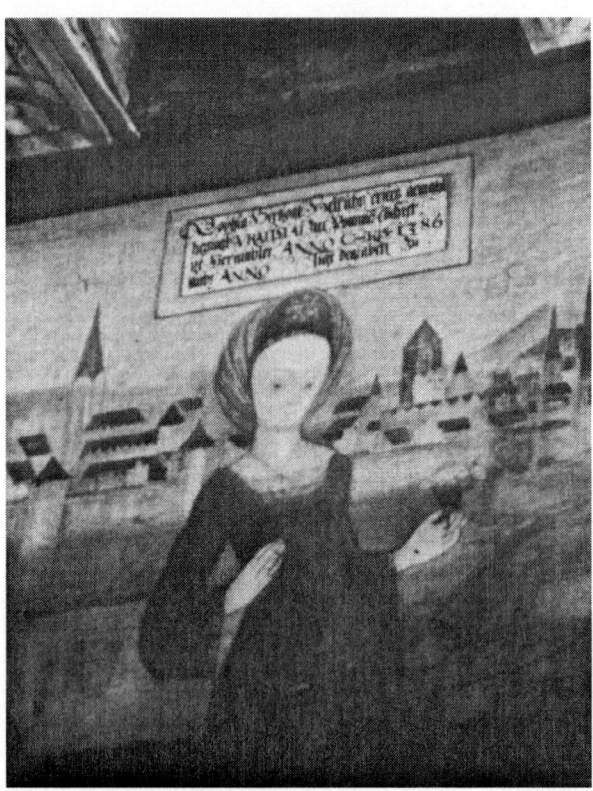

Sophia, Tochter Wartislaws VI., Gemahlin Herzog Hein-
richs d. Milden von Braunschweig-Lüneburg. Ausschnitt
aus dem Gemälde, 2. Hälfte des 15. Jh., im Fürstensaal des
Rathauses zu Lüneburg

von Mecklenburg.[45] Die im Todesjahr oder wenig später entstandene Grabplatte ist heute in der Nikolaikirche zu Wismar zu sehen.[46]

Von einem anderen Grabdenkmal, dem Herzog Barnims VI., darf angenommen werden, daß Herzog Philipp II. es gekannt hat. Es befindet sich in
der Kirche zu Kenz vor den Toren von Barth, der Stadt, in der Philipp aufgewachsen ist. Barnim VI. starb, an Pest erkrankt, und wurde auf seinen
Wunsch in der Wallfahrtskirche Kenz beigesetzt. Das Grabmal besteht aus

---

45 Vgl. Bethe, Bildnisse (wie Anm. 6), S. 83, Hannes (wie Anm. 40) S. 67–69 mit Abb.;
    weitere Abb. bei Friedrich Schlie, Die Kunst- und Geschichtsdenkmäler im Großher-
    zogtum Schwerin, 2. Bd., 2. Aufl., Schwerin 1898, S. 54 f.
46 Das Grab der Herzogin Sophie befand sich in der Dominikanerkirche in Wismar.
    Nach dem Abriß dieser Kirche 1884 gelangte die Grabplatte in die Marienkirche, nach
    deren Zerstörung im Zweiten Weltkrieg in die Wismarer Nikolaikirche.

einem hölzernen Schrein mit der geschnitzten liegenden Figur des Herzogs im Innern. Die Datierung schwankt zwischen 1. Hälfte 15. Jahrhundert und um 1600.[47] Philipp II. hat, bevor er nach Stettin übersiedelte, 1603 ein Sandsteinepitaph für Barnim VI. anfertigen lassen, das ebenfalls in der Kirche zu Kenz seinen Platz hat.[48] Über der Inschrifttafel weist es eine Porträtbüste auf, die den Gesichtszügen der Grabmalsfigur entspricht. Betrachtet man sie, so glaubt man dem, was Thomas Kantzow in seiner Chronik von Pommern[49] mitteilt: „Dieser Barnim aber ist wider Gewohnheit der Pommern ein sehr meßiger Furst gewest, also daß er selbst nicht gern hat vull getrunken, es auch von seinen Hofgesinde nicht gern hat sehen mogen."[50] Vielleicht gilt dies nur für seine letzten Lebensjahre, denn vorher soll er sich auch als Seeräuber betätigt haben.[51]

Ich erwähne Grabmal und Epitaph Barnims VI. in Kenz, weil mit einem Ölbild, das der Beschriftung zufolge diesen Herzog zeigt, chronologisch die Reihe der Ausstellungsstücke beginnt.[52] Tatsächlich stellt das Bild jedoch Herzog Bogislaw XIV. dar[53], gehört somit ans Ende. Von den dargestellten Personen her steht in der Ausstellung das Bild am Anfang, das uns den Sohn Barnims VI., Herzog Wartislaw IX.[54], den Stifter der Universität Greifs-

47 Vgl. Bethe, Bildnisse (wie Anm. 6), S. 73 und 81, sowie ders., Nachtrag 1939, S. 100; Georg Dehio, Handbuch der Deutschen Kunstdenkmäler, Mecklenburg, 2. Aufl., München-Berlin 1980, unveränderter Nachdruck 1990, S. 168. – Abb. in: Joachim Gerhardt, Pommern, Berlin 1958, Taf: 183, dazu Text S. 47 und 75. Vgl. auch Karl von Rosen, Das Grabmal H. Barnims VI. von Pommern in der Wallfahrtskirche zu Kentz, in: Baltische Studien 20, 1864, S. 84–107.
48 Vgl. Bethe, Kunst am Hofe (wie Anm. 27), S. 70 f. m. Abb.
49 Thomas Kantzow († 1542) wird hier und im folgenden nach der Nachlaßfassung seines Chronikwerkes, der „Pomerania. Eine pommersche Chronik aus dem sechzehnten Jahrhundert", hrsg. von Georg Gaebel, Stettin 1908, zitiert. Vgl. hierzu Jürgen Petersohn, Die dritte hochdeutsche Fassung von Kantzows pommerscher Chronik, in: Baltische Studien, N. F. 59, 1973, S. 27–41. Über Thomas Kantzow, den Sekretär Herzog Philipps I., vgl. Roderich Schmidt, in: Neue Deutsche Biographie 11, 1977, S. 128–129, sowie ders., Die „Pomerania" als Typ territorialer Geschichtsdarstellung und Landesbeschreibung des 16. und beginnenden 17. Jahrhunderts (Bugenhagen-Kantzow-Lubinus), in: Schriften des Komitees der Bundesrepublik Deutschland zur Förderung der Slawischen Studien, hrsg. von Hans Rothe, Bd. 5: Landesbeschreibungen Mitteleuropas vom 15. bis 17. Jahrhundert, hrsg. von Hans-Bernd Harder, Köln–Wien 1983, S. 49–78, hier S. 56–68 und 74–78.
50 Kantzow, Pomerania I, S. 317.
51 Kat. S. 24 f. Vgl.: Des Thomas Kantzow Chronik von Pommern in hochdeutscher Mundart, Bd. 1. Letzte Bearbeitung. Hrsg. von Georg Gaebel, Stettin 1897, S. 234 f.
52 Kat. Nr. 1, S. 24–26; Abb. S. 25.
53 Vgl. Bethe, Bildnisse (wie Anm. 6), S. 82.
54 Kat. Nr. 2, S. 26–28, Abb. 27.

wald⁵⁵, gestorben 1457, vorstellt. Es ist die Kopie eines verlorenen Ölgemäldes, das sich einstens in der Universitätsbibliothek Greifswald befand.⁵⁶ Von Wartislaw lesen wir in Kantzows „Pomerania": „Dieser Wartislav ist ein ernsthafter, starker Mann gewest, der in einem dinge nicht viel Umbschweifs gemacht, sondern was er geredet, das hat er gemeint, und hat darumb auch das Sprickwort gehabt: ‚Gleich zu trifft zum besten'." Die Universität, so schreibt Kantzow, habe seinen Tod „sehr ungern gesehen; dann er hette im Sinne gehabt, noch viel Guets darbei zu tuende, damit er sie recht auf die Fueße bringen mochte."⁵⁷

Sein Sohn Erich II. (um 1425–1474) war der Universität nicht wohlgesonnen und gehörte zu den Feinden des Gründers der Hohen Schule, des Greifswalder Bürgermei-

Sandsteinepitaph in der Kirche zu Kenz mit Porträtbüste Barnims VI., 1603

---

55 Über Wartislaw IX. als Stifter der 1456 errichteten Universität Greifswald vgl. Roderich Schmidt, Die Anfänge der Universität Greifswald, in: Festschrift zur 500-Jahr-Feier der Universität Greifswald. 17.10.1956, Bd. 1, Greifswald 1956, S. 9–52; ders., Die Ausstattung der Universität Greifswald durch Herzog Wartislaw IX. und Bürgermeister Heinrich Rubenow, in: Pommern und Mecklenburg. Beiträge zur mittelalterlichen Städtegeschichte, hrsg. von Roderich Schmidt (Veröffentlichungen der Historischen Kommission für Pommern, Reihe V: Forschungen zur pommerschen Geschichte 19), Köln–Wien 1981, S. 133–157.
56 Vgl. Bethe, Bildnisse (wie Anm. 6), S. 82.
57 Pomerania I, S. 384; über Wartislaw IX. als Universitätsstifter S. 383 f.

sters Dr. Heinrich Rubenow.[58] Im Ausstellungskatalog heißt es, daß sein
„Charakter als leidenschaftlich und wild auffahrend beschrieben wird". Ich
kenne das in der Ausstellung zu sehende Bild nicht[59], möchte aber mitteilen,
was Thomas Kantzow[60] über das Aussehen Erichs II. berichtet: „Von demselben ... sagen die Alten, die ihne gesehen haben, daß er solle ein sehr herrlicher, feiner, langer, gerader Furst gewest sein und habe ein lang, kraus und
gelb Haar gehabt, welches er so lange hat gezwegt und gestauchet, wie do
die Weise gewest, daß es ihme bis an die Hufte gereichet, und wie es fein,
kraus und gelbe war, hats geblenket wie Gold, wenn die Sonne darauf ge-
scheinet hat, und ist sonst auch so ein hubscher und schoner Mensch von
Angesicht gewest, daß sich alle Mann verwundert, worumb die Furstin nicht
mehr von ihme gehalten, wann sie getaen hat."

Auf Erich II. folgte Bogislaw X., der bedeutendste der Pommernherzöge,
unter dessen Regierung sich am Vorabend der Reformation der Übergang
vom Spätmittelalter zur Frühmoderne in Pommern vollzogen hat.[61] Hell-

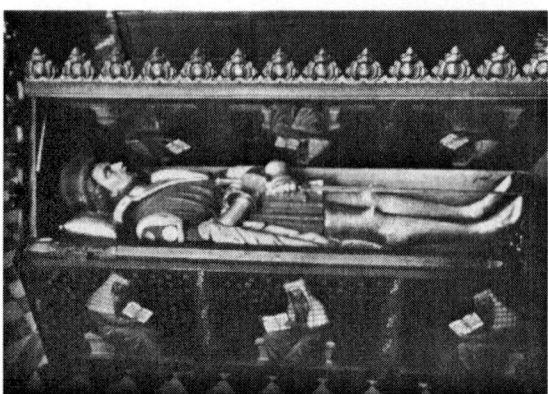

Grabdenkmal Barnims VI. in der Kirche zu Kenz

muth Bethe schreibt in
seinem Buch „Die
Kunst am Hofe der
pommerschen Herzöge"
(1937):[62] „Gern wüßten
wir, wie gerade dieser
für Pommern so bedeut-
same Herzog aussah.
Aber seine Züge schil-
dert uns kein einziges
zeitgenössisches Bild-
nis."[63] Das hier in der
Ausstellung zu sehende
wird „um 1600" da-

58 Vgl. Anm. 55 und Roderich Schmidt, Pommern im Spiegel bedeutender Persönlichkeiten, in: Ostdeutsche Geschichts- und Kulturlandschaften, Teil III: Pommern, hrsg.
   von Hans Rothe, Köln–Wien 1988, S. 215–252, über Rubenow S. 223–225 und S. 245
   (Lit.).
59 Kat. Nr. 3, S. 28–30, Abb. S. 29. Das Anklamer Bild Erichs II. ist abgebildet im Heimatkalender Anklam (wie Anm. 10), S. 82, Text S. 81; vgl. auch Mueller (wie Anm.
   16), S. 118 f.
60 Pomerania II, S. 18. Über Erich II vgl. auch Roderich Schmidt, in: Lexikon des Mittelalters 3, 1986, Sp. 2145.
61 Vgl. Roderich Schmidt, in: Lexikon des Mittelalters 2, 1981, Sp. 326–328; ders., in:
   Pommern im Spiegel bedeutender Persönlichkeiten (wie Anm. 58), S. 226 bis 227 und
   S. 246 f. (Lit.).
62 Bethe, Kunst am Hofe (wie Anm. 27), über Bogislaw S. 16–23.
63 Ebd. S. 22.

tiert.[64] Thomas Kantzow hat aber auch von Bogislaw X. eine Beschreibung geliefert, die ich Ihnen zum Bildvergleich nicht vorenthalten möchte:[65] „Dieser Herzog Bugslav aber ist … von einem ausbundigen, wohl erwachsen Leibe gewest, also daß er unter vielen großen Leuten des Landes zu Pommern kein Gleichen gehabt … von braunen Haaren in der Jugend, aufs Alter mit einer Blesen schier uber den ganzen Kopf, darumb er auch eine Haube trug, eins herrlichen, wackern und mennlichen Angesichts, hoher Stirn, braunlechtiger, großer, lebendiger Augen, hubscher Nasen, welche in der Mitte ein weinig erhoben war, ziembliches Mundes, zuspalten Kinns, breiter und starker Brust, schones Leibs und gerater Schenkel … und in summa … so hoflich und wohl proportioniert, als je ein Mensch sein muchte … Er pflag nach Große seines Leibs auch viele essen und trinken, also, wann er recht hungerig war, daß er ohne alle andere Speise einen ganzen Schinken oder

---

64 Kat. Nr. 4, S. 31–33, Abb. S. 32. Über „Die Bildnisse Herzog Bogislavs X." vgl. Karl-Otto Konow, in: Baltische Studien, N. F. 60, 1974, S. 61–74. Das Bild aus Schloß Plathe ist bei Konow nicht berücksichtigt, da sein Verbleib dem Autor nicht bekannt war (S. 65, Anm. 46). Eng verwandt mit dem Bild aus Plathe ist das Anklamer Bild, abgebildet im Heimatkalender Anklam (wie Anm. 10), S. 82, Text S. 83, das Konow aufgeführt hat (S. 67 u. 72). Die Datierung schwankt zwischen 1600 und um 1650 (s. o. Anm. 14 und 16), so daß über das Abhängigkeitsverhältnis der Bilder aus Plathe und Anklam nichts Verlässliches gesagt werden kann. Auch Bethe, Bildnisse (wie Anm. 6), S. 82 f., hat sich dazu nicht geäußert. Vgl. auch Mueller (wie Anm. 16), S. 118 f.
     Konow nennt in seinem Aufsatz außer dem Epitaph Bogislaws X., das sich in der Schloßkirche in Stettin befand (Abb. bei Bethe, Kunst am Hofe, S. 34, und bei Gerhardt, wie Anm. 47, Taf. 196), und der Bleifederzeichnung im Visierungsbuch (s. o. Anm. 38) sechs Ölgemälde, darunter das in Anklam und das im Visierungsbuch (abgebildet bei Lemcke, s. o. Anm. 38). Keines der Bilder ist „zur Lebenszeit Bogislavs X. angefertigt worden", so daß sich die Frage stellt, „ob die Bildnisse als Porträts einen möglichst genauen Eindruck von der Persönlichkeit des Pommernherzogs vermitteln oder ob es sich bei ihnen nur um mehr oder weniger frei erfundene Darstellungen handelt." (Konow S. 68).
65 Die Bilder stellen den Fürsten in verschiedenen Lebensaltern dar, als Mann im mittleren und im höheren Alter (vgl. Konow S. 69 u. 73). Dem mittleren Alter möchte ich das Anklamer Bild und mithin auch das aus Plathe zurechnen, ebenso auch die Bleifederzeichnung im Visierungsbuch. Das Ölbild im Visierungsbuch zeigt einen älteren Mann. Ein ausgesprochenes Altersbild ist das Ölgemälde, das sich im Landesmuseum Kassel befindet (Abb. bei Konow, nach S. 68). Es gehört zu der Sammlung von Fürstenbildern, die Landgraf Wilhelm IV von Hessen, der Sohn Philipps des Großmütigen, zusammengebracht hat; vgl. Hildamarie Schwindrazheim, Eine Porträtsammlung Wilhelms IV. von Hessen und der ‚Güldene Saal', in: Marburger Jahrbuch für Kunstwissenschaft 10, 1937, S. 263–306. Zum Bild Bogislaws X. bemerkt die Verfasserin (S. 289): „Schwammiges, bartloses Gesicht mit schlaffen Zügen, braune Augen und graue Haare. Der Kopf im Visierungsbuch Philipps II. von Pommern hat keine Ähnlichkeit mit dem Kasseler Bild … Mehr Ähnlichkeit hat die ganzfigurige Zeichnung im Visierungsbuch Blatt 4 …, doch erscheint das Gesicht etwas hagerer." Kleinformatige Abb. auf Taf. V Nr. 53. – Zur Kasseler Sammlung gehören außerdem Bilder der Herzöge Georg I., Barnim IX., Philipp I., Ernst Ludwig und Johann Friedrich.

Bogislaw X. mit seiner 2. Gemahlin Anna von Polen.
Ölgemälde, Nationalmuseum Stockholm

braten Gans mit Lust hat allein konnen aufessen. Und so er einen Gast hette, dem er Ehren halben zutrinken mußte, hat er uber Tische zu Loschung seines Dursts so viel getrunken, daß der ander, der ihme hat sollen Bescheid tuen, ganz vull davon geworden ist. Er hat Lust gehabt zu allen frohlichen Dingen, zu schonen und bunten Kleidern, zu großen, hubschen Pferden, sonderlich zu Schekken, zur Jagd, zum Weidewerk, zum Schießen, zu tornieren, zu ronnen und zu stechen und allerlei Musika, zu Trummeten und Heerpauken, Harpfen, Orgeln und anderm. ... Sein Reim war ‚der Uhren ich warte‘, damit er stets ein Gedechtnus des Todes wollte für sich haben. Ohne Zweifel hat er der Uhren zur Seligkeit genossen."[66]

Der älteste Sohn Bogislaws X., Herzog Georg I. (1493–1531), ist uns von der Darstellung auf dem Croy-Teppich der Universität Greifswald, entstanden um 1555, bekannt.[67] Nach dieser Darstellung ist das Ölbild um 1650 gemalt, das sich einst im Anklamer Rathaus befand[68] und das die Vorlage des

66 Pomerania II, S. 120 f., 123.
67 Vgl. Roderich Schmidt, Der Croy-Teppich der Universität Greifswald, ein Denkmal der Reformation in Pommern, in: Johann Bugenhagen. Beiträge zu seinem 400. Todestag, hrsg. von Werner Rautenberg, Berlin 1958, S. 89–107; Hans Georg Thümmel, Der Greifswalder Croy-Teppich und das Bekenntnisbild des 16. Jahrhunderts, in: Theologische Versuche 11, 1979, S. 187–214; Hellmut Hannes, Der Croyteppich – Entstehung, Geschichte und Sinngehalt, in: Baltische Studien, N. F. 70, 1984, S. 45–80 (hier auch die ältere Literatur, S. 47 f., und Hinweise auf die Bildvorlagen und deren Abbildungen, S. 55–68).
68 Vgl. Heimatkalender Anklam (wie Anm. 10), Abb. S. 84, Text S. 83 u 87; Mueller (wie Anm. 16), S. 119.

Bildes um 1750 abgegeben
hat, das wir heute hier sehen.[69] Auf dem Croy-
Teppich steht Georg am
Anfang der Reihe der
Pommernfürsten, gefolgt
von seinem Bruder Bar-
nim IX., seinem Sohn Phi-
lipp I. und dessen noch jugendlichen Söhnen Johann
Friedrich, Bogislaw XIII.
und Ernst Ludwig. Georg
überragt sie alle. Vielleicht
war er wirklich der größte.
Kantzow[70] schreibt: „Dieser Herzog Georg was ein
hubscher wohlgewachsener
Mann von mennlichem
Angesichte, schonem, geraten Leibe und Schenkeln;
(allerdings) was er nicht so
gar lang als sein Vater. ...
Er war frisch und frohli-
ches Gemuets; darum war
auch sein Reim ‚Herdurch
mit Freuden‘.“ Man wird
sich dennoch wundern,

Bogislaw X., apokryphes Gemälde, früher im Stet-
tiner Schloß

wieso er auf dem Croy-Teppich, diesem Denkmal der Reformation in
Pommern, so in den Vordergrund gerückt ist, hat er doch am alten Glauben
festgehalten. Geschah dies nur, weil er der Stammvater der Wolgaster Her-
zogslinie der folgenden Zeit war? In der soeben erschienenen Festschrift
„Land am Meer. Pommern im Spiegel seiner Geschichte“[71] hat Norbert

---

69 Kat. Nr. 5, S. 33–35, Abb. S. 34. Weitere Bildnisse bei Bethe (wie Anm. 6) S. 83 f., dar-
    unter das Ölgemälde aus dem Visierungsbuch (s. o. Anm. 38), abgebildet bei Lemcke
    (wie Anm. 31), S. 108, bei Hannes (wie Anm. 67) S. 64, und das bei Bethe nicht ge-
    nannte Ölbild in Kassel, vgl. Schwindrazheim (wie Anm. 65), S. 289 und Taf. V,
    Nr. 54.
70 Pomerania II, S. 140.
71 Roderich Schmidt zum 70. Geburtstag, hrsg. von Werner Buchholz und Günter Man-
    gelsdorf (Veröffentlichungen der Historischen Kommission für Pommern, Reihe V:
    Forschungen zur pommerschen Geschichte 29), Köln–Weimar–Wien 1995; darin
    Norbert Buske S. 361–374.

Bogislaw X., Ölgemälde, um 1678, früher in der Börse zu Stettin, jetzt im Museum Narodowe Stettin

Bogislaw X., Ölgemälde, Landesmuseum Kassel

Bogislaw X., Bleistiftzeichnung im Visierungsbuch Philipps II.

Epitaph Bogislaws X., Holz, um 1565, in der Schloßkirche zu Stettin

Buske in seinem Beitrag „Reformation in Pommern – das angezündete Licht der Gnade" die Frage aufgeworfen: „Sollte das dynastische Interesse die reformationsgeschichtliche Darstellung so überlagert haben? Oder konnte Herzog Georg rückblickend doch als einer der Wegbereiter der Reformation in Pommern betrachtet werden, ein Wegbereiter, der unglücklicherweise bereits 1531 starb und deshalb keine Gelegenheit mehr hatte, sich öffentlich zur Reformation zu bekennen?"[72] Aus der Betrachtung der Ereignisse ergibt sich nach Meinung von Buske eine positive Beantwortung der Frage, so daß Herzog Philipp I. seinen Vater Georg in das Reformationsbild des Croy-Teppichs aufnehmen lassen konnte. Phi-

Bronzene Grabplatte der Herzogin Sophia, Tochter Erichs II., Gemahlin Herzog Magnus' II. von Mecklenburg. Nicolaikirche in Wismar

lipps Sekretär Thomas Kantzow sei mit seiner Notiz, die vielleicht in die gleiche Richtung weist, ergänzend zitiert: „Herzog George ging ... dem Land viele zu jung ab; dann so er noch hette etliche Jahr leben mogen, ... hette er dem Lande in vielem noch konnen nutz und notig sein. Aber was gut ist oder werden soll, pleibt nicht gerne lange."[73]

---

72 Buske S. 363.
73 Pomerania II. S. 140.

Georg I., Porträt auf Papier, nach 1524, im Visierungsbuch Philipps II.

Georg I., Porträt auf Leinwand, vor 1524, im Visierungsbuch Philipps II.

Georg I., Ölgemälde, Landesmuseum Kassel

Amalia von der Pfalz, Gemahlin Georgs I., Kohlezeichnung im Visierungsbuch Philipps II.

Georgs Sohn Philipp I. (1515–1560) – das ihn darstellende Bild[74] ziert die
Einladung zu dieser Ausstellung – ist derjenige Herzog, der im Zusammenwirken mit seinen Räten, unter denen an erster Stelle der Schloßhauptmann
von Wolgast, Jobst von Dewitz[75], zu nennen ist, und unter tatkräftiger Mitwirkung von Johannes Bugenhagen auf dem Landtag zu Treptow an der Rega
1534 die Reformation in Pommern eingeführt hat.[76] Durch seine Heirat mit
Maria von Sachsen, der Tochter des Kurfürsten Johann des Beständigen und
Schwester Johann Friedrichs des Großmütigen, hat er Pommern mit der
Vormacht der evangelischen Reichsstände verbunden.[77] Dieses Bündnis wurde
durch die Hochzeit am 27. Februar 1536 zu Torgau durch Luther und Bugenhagen vollzogen.[78] Auch hieran erinnert der Croy-Teppich, und er ist
zugleich mit der Darstellung der sächsischen und der pommerschen Fürsten
„ein Familienbild, das die Verbundenheit der beiden Häuser …, aber auch
ihre Verwurzelung im Evangelium, öffentlich bekunden soll.“[79] Von Maria
von Sachsen existieren verschiedene bildliche Darstellungen[80], leider nicht

74 Kat. Nr. 6, S. 35–37, Abb. S. 36. Das vergleichbare Anklamer Bild in: Heimatkalender
    Anklam (wie Anm. 10), Abb. S. 85, Text S. 87, vgl. auch Mueller (wie Anm. 16), S. 119 f.
    Weitere Bildnisse bei Bethe (wie Anm. 6), S. 86 f., darunter die Ölstudie von Lucas
    Cranach im Städtischen Museum zu Reims (Abb. bei Bethe, Bildnisse, Abb. 8, u.
    ders., Kunst am Hofe, S. 36). Sie ist die Vorlage für das Ölgemälde von 1541 (s. u.
    Anm. 87). Weiter sind u.a. zu nennen: das Ölgemälde im Visierungsbuch (s. Anm. 38),
    Bl. 10, Abb. bei Lemcke (wie Anm. 31) S. 115, Text S. 112, und das Ölbild in Kassel,
    vgl. Schwindrazheim (wie Anm. 65), S. 290 (hier Hinweis auf ein weiteres Bild im Pri-
    vatbesitz in Kassel) und Taf. V., Nr. 56.
75 Vgl. Roderich Schmidt, in: Neue Deutsche Biographie 3, 1957, S. 629–630.
76 Vgl. Hellmuth Heyden, Zur Geschichte der Reformation in Pommern, insbes. politi-
    sche Motive bei ihrer Einführung, in: H. Heyden, Neue Aufsätze zur Kirchenge-
    schichte Pommerns (Veröffentlichungen der Historischen Kommission für Pommern,
    Reihe V: Forschungen zur pommerschen Geschichte 12) Köln–Graz 1965, S. 1–34;
    Hans-Günter Leder und Norbert Buske, Reform und Ordnung aus dem Wort. Jo-
    hannes Bugenhagen und die Reformation im Herzogtum Pommern, Berlin 1985; Rode-
    rich Schmidt, Pommern, in: Die Territorien des Reiches im Zeitalter der Reformation
    und Konfessionalisierung. Land und Konfession 1500–1650, hrsg. von Anton Schind-
    ling und Walter Ziegler, Bd. 2, 3. Aufl., Münster 1993, S. 182–205, über die offizielle
    Einführung der Reformation 1534/35 S. 193–195.
77 Vgl. Roderich Schmidt, Pommern und Sachsen in der Zeit der Reformation, in: Balti-
    sche Studien, N. F. 46, 1959, S. 57–78.
78 Ders., Die Torgauer Hochzeit 1536. Die Besiegelung des Bundes zwischen Pommern
    und Sachsen in der Zeit der Reformation. Mit unveröffentlichten Briefen des
    Pommerschen Rats Jobst von Dewitz, in: Solange es ‚heute‘ heißt. Festgabe Rudolf
    Hermann zum 70. Geburtstag, Berlin 1957, S. 236–250.
79 Wie Anm. 77, S. 67.
80 Vgl. Bethe, Bildnisse (wie Anm. 6), S. 87, darunter drei Ölbilder im Visierungsbuch (s.
    o. Anm. 38). Unter den Buchbeständen im Schloß Plathe befand sich auf einem Ein-
    band eine Lederpressung mit den Porträts Philipps I. und Marias; Abb. 20 bei Bethe,
    Kunst am Hof wie Anm. 27), S. 37, und bei Hannes, Croyteppich (wie Anm. 67),
    S. 58 f., Abb. 8. Über die Plather Bibliothek vgl. o. Anm. 5.

Barnim IX. († 1573) Ölstudie im Visierungsbuch Philipps II.

Barnim IX., Ölgemälde, Landesmuseum Kassel

Barnim IX. und seine Gemahlin Anna von Braunschweig-Lüneburg. Reliefstein, 1545, aus dem Kloster Kolbatz

das Bild von Lucas Cra-
nach, das Kurfürst Johann
Friedrich in Auftrag gegeben hat, um Herzog Phi-
lipp für seine Schwester zu
gewinnen.[81] Der Heirat
sind eingehende Verhand-
lungen   vorausgegangen.
Sie wurden pommerscher-
seits von Bugenhagen und
Jobst von Dewitz geführt,
sächsischerseits vom Kanzler Gregor Brück. Aus dem
Briefwechsel erfahren wir,
daß Bugenhagen im Auf-
trag Herzog Philipps den
sächsischen Kurfürsten um
ein Bildnis der Prinzessin
gebeten hat. Dieser ließ
daraufhin   ein   Konterfei
durch Lucas Cranach an-
fertigen und leitete dieses
Brück zu, damit er es Bu-
genhagen übergebe, der es
dann   nach   Pommern
schicken sollte.[82] Das ist geschehen. Herzog Philipp
hatte   aber   auch   den
Wunsch, die Prinzessin „besehen" zu lassen. Brück
und Bugenhagen vermit-
telten auch dies. Und so

*Barnim IX. Federzeichnung im Visierungsbuch
Philipps II.*

schickten die pommerschen Herzöge Philipp und sein Oheim Barnim IX.,
wie Kantzow berichtet, zwei ihrer Räte, nämlich Dewitz und Bartholomäus
Suave, den späteren evangelischen Bischof von Cammin, nach Torgau, „De
... besegen dat froichen. Dat gefil en averut wol, unt makeden do der saken

---

81 Vgl. Bethe, Bildnisse (wie Anm. 6), S. 75.
82 Vgl. Roderich Schmidt, Johannes Bugenhagen als Mittler in den politischen Ehe-
    verhandlungen zwischen Pommern und Sachsen 1535/36. Ergänzungen zum Bugen-
    hagen-Briefwechsel, in: Zeitschrift für Kirchengeschichte 69, 1958, S. 79–97.

einen bescheid."[83] Die weiteren Verhandlungen zogen sich hin, bis endlich „das besehen von beiden teilen", also der Brautleute, stattfinden konnte, der Ehebund geschlossen und das Beilager am 27. Februar vollzogen werden konnte.[84] Bugenhagen erhielt für seine Vermittlung vom Kurfürsten Johann Friedrich einen vergoldeten Becher, „also das mir wol zu wunschen were", wie er in seinem Dankesbrief schreibt, „das ich oft wurde solch ein Coppeler, wie mich E. f. g. zu Torgau gnediglich heis."[85] Solche Bilder für Eheverhandlungen waren nichts Ungewöhnliches. Hellmut Hannes hat auf ein Ölgemälde aus dem Schloß zu Bückeburg aufmerksam gemacht. Es zeigt die Tochter Herzog Barnims IX. Maria, die im Jahre 1544 mit dem Grafen Otto IV. von Schaumburg verheiratet wurde. Das Bild ist vermutlich 1541 in Stettin entstanden und wurde im Zuge der Eheverhandlungen an den schaumburgischen Hof nach Stadthagen geschickt.[86]

Anna, Gemahlin Barnims IX., aquarellierte Federzeichnung von Lucas Cranach d. A., um 1545, im Visierungsbuch Philipps II.

Während das Cranach-Bild der Maria von Sachsen nicht auf uns gekommen ist, kennen wir ein solches von Herzog Philipp I. Es befand sich im Pommerschen Landesmuseum in Stettin (jetzt verschollen). Hellmuth Bethe hat dieses beeindruckende Kunstwerk seinem Buch über „Die Kunst am Hofe der pommerschen Herzöge" als farbiges Titelbild beigegeben.[87] Es zeigt den Herzog 26jährig im Jahr 1541. Verglichen damit handelt es sich bei dem Exemplar aus Plathe um ein „Altersbild" des mit 45 Jahren verstorbenen Herzogs.

Die nächsten Bilder der Ausstellung zeigen die Porträts von fünf Söhnen Philipps I., nämlich Johann

83 Des Thomas Kantzow Chronik von Pommern in niederdeutscher Mundart, hrsg. von Georg Gaebel, Stettin 1929, S. 112; Roderich Schmidt (wie Anm. 82) S. 83.
84 Vgl. Roderich Schmidt, Die Torgauer Hochzeit als Beispiel für Rechtsform und Rechtsanschauung im 16. Jahrhundert, in: Zeitschrift der Savigny-Stiftung für Rechtsgeschichte, Germanistische Abteilung 75, 1958, S. 372–382.
85 Wie Anm. 82, S. 81.
86 Hannes (wie Anm. 40), S. 55–59 m. Abb. 10 auf S. 56.
87 Vgl. Bethe, Bildnisse (wie Anm. 6), S. 86; ders., Kunst am Hofe (wie Anm. 27).

*Philipp I., Ölstudie von Lucas Cranach
d. Ä., um 1541, Städtisches Museum
Reims*

*Philipp I., Ölstudie von Lucas Cranach
d. Ä., 1541. Früher Pommersches Landesmuseum Stettin, Verbleib unbekannt*

*Philipp I., Kopfbild in Öl, Landesmuseum
Kassel*

*Philipp I., Ölgemälde, Landesmuseum
Kassel*

Maria, Tochter Barnims IX., Gemahlin Graf Ottos L von Schaumburg. Ölgemälde (Ausschnitt), vermutlich 1541 in Stettin entstanden. Gemäldesammlung Schloß Bückeburg

Margaretha, Tochter Georgs I., Gemahlin Herzogs Ernst IV. von Braunschweig-Gubenhagen. Grabstein in der Ägidienkirche Osterode

Johann Friedrich, Ölstudie im Visierungsbuch Philipps II.

Friedrich"[88], Bogislaw XIII.[89], Ernst Ludwig[90], Barnim X.[91] und Kasimir VII., die sich in wechselnder Folge die Herrschaft in Pommern teilten und zeitweilig in Stettin, in Wolgast, in Barth oder als evangelische Bischöfe von Cammin regierten.[92] Das dem jüngsten von ihnen, Kasimir VII., von 1574 bis zu seinem Tode 1605 Bischof von Cammin, zugeschriebene Bild[93] stellt allerdings nicht ihn, sondern seinen Neffen Ulrich[94], einen Sohn Bogislaws XIII., dar, der das Camminer Bischofsamt von 1618 bis 1622 innehatte. Mit den Kindern Philipps I., zehn an der Zahl, ist das Geschlecht der Greifen noch einmal aufgeblüht. Von seinen Söhnen hatten jedoch nur Bogislaw XIII. und Ernst Ludwig weitere Nachkommen. Als männliche Nachkommen seien

---

88 Von Johann Friedrich (1542–1600) sind zwei Ölbilder in der Ausstellung zu sehen: Kat. Nr. 8, S. 40, Abb. S. 41, ein Brustbild, um 1575, und Kat. Nr. 7, S. 37–39, Abb. S. 39, ein Hüftbild, um 1600. Vgl. Bethe, Bildnisse (wie Anm. 6), S. 88 f. – Von Abbildungen weiterer Bilder sind zu nennen: aus dem Visierungbuch (s. o. Anm. 38), Bl. 20 (1553) und Bl. 19 (um 1575, nach Bethe vielleicht die Vorlage des Plather Bildes Nr. 8); Stettiner Ölgemälde von 1571, Abb. bei Lemcke (wie Anm. 31) nach S. 22 (farbig) und bei Bethe, Kunst am Hofe (wie Anm. 27), S. 49, Abb. 30; Anklamer Ölgemälde um 1650, Abb. in: Heimatkalender Anklam (wie Anm. 10), S. 85, Text S. 87; vgl. auch Mueller (wie Anm. 16), S. 120; Kasseler Ölgemälde um 1650, Abb. bei Schwindrazheim (wie Anm. 65), Taf. V Nr. 58, dazu S. 290; danach ist das Kasseler Bild spiegelverkehrt dem Stettiner Brustbild von 1571 im Typ sehr verwandt.
89 Bogislaw XIII. (1544–1606). Kat. Nr. 9, S. 40–42, Abb. S. 43. Vgl. Bethe, Bildnisse (wie Anm. 6), S. 90. Das Anklamer Bild ist abgebildet in: Heimatkalender Anklam (wie Anm. 10), S. 86, Text S. 87; vgl. auch Mueller (wie Anm. 16), S. 120 f. – Aus der Sammlung der Stiftung Pommern: Bild Bogislaws XIII. mit seiner Gemahlin Anna von Schleswig-Holstein-Sonderburg, Kat. Nr. 16, S. 57 f. m. Abb.
90 Ernst Ludwig (1545–1592). Kat. Nr. 10 S. 42–44, Abb. S. 45. Vgl. Bethe, Bildnisse, S. 90 f. Das Anklamer Bild (Vorlage für das aus Plathe) ist abgebildet in: Heimatkalender Anklam (wie Anm. 10), S. 88, Text S. 89; Mueller (wie Anm. 16), S. 121. Über Abbildungen beider Ölstudien im Visierungsbuch s. o. Anm. 38. Zum Ölgemälde in Kassel vgl. Schwindrazheim (wie Anm. 65), S. 290, Abb. Taf. V Nr. 57.
91 Barnim X. (1549–1603). Kat. Nr. 11, S. 46–48, Abb. S. 47. Das verwandte Anklamer Bild ist abgebildet in: Heimatkalender Anklam (wie Anm. 10), S. 86 (als Barnim XII. bezeichnet), Text S. 89; Mueller (wie Anm. 16), S. 121 f.; vgl. Bethe, Bildnisse, S. 91 f.
92 Einen guten Überblick vermittelt die dem Buch von Johannes Hildisch, Die Münzen der pommerschen Herzöge von 1569 bis zum Erlöschen des Greifengeschlechts (Veröffentlichungen der Historischen Kommission für Pommern, Reihe IV: Quellen zur pommerschen Geschichte 9), Köln–Wien 1980, beigefügte „Stammtafel der letzten Herzöge von Pommern".
93 Kasimir VII. (so Hofmeister und Wegener, wie o. Anm. 2), bei Bethe und im Kat. als Kasimir VI. (IX.) bezeichnet. Zu den Bildern Kasimirs VII. vgl. Bethe, Bildnisse (wie Anm. 6) S. 92 f. Zum Ölbild im Visierungsbuch s. o. Anm. 38. Das Anklamer Bild ist im Heimatkalender Anklam (wie Anm. 10) auf S. 88 (als Casimir VI./IX.) abgebildet, Text S. ~89; Mueller (wie Anm. 16), S. 122.
94 Über Bildnisse Herzog Ulrichs (1589–1622) vgl. Bethe, Bildnisse, S. 97.

Johann Friedrich, Ölgemälde von Gio-
vanni Battista Perini, 1571. Früher Pom-
mersches Landesmuseum Stettin, Verbleib
unbekannt

Johann Friedrich, Ölstudie im Visie-
rungsbuch Philipps II.

genannt: von Ernst Ludwig sein Sohn Philipp Julius[95], der letzte Herzog von Wolgast, von Bogislaw XIII. die Söhne Philipp II.[96], Franz[97], Bogislaw XIV.[98] und Ulrich sowie die Tochter Anna[99], vermählt mit dem Herzog

95 Philipp Julius (1584–1625), Kat. Nr. 13, S. 50–52, Abb. S. 51. Das verwandte Anklamer Bild ist im Heimatkalender Anklam (wie Anm. 10) auf S. 90 abgebildet, Text
   ebd.; Mueller (wie Anm. 16), S. 122; vgl. Bethe, Bildnisse, S. 98 f.
96 Zu den Bildern Philipps II. (1573-1618) vgl. Bethe, Bildnisse, S. 93 f.
97 Franz (1577–1620). Kat. Nr. 14, S. 52–54, Abb. S. 53. Vgl. Bethe, Bildnisse, S. 95 f.
98 Bogislaw XIV (1580–1637). Kat. Nr. 15, S. 54–56, Abb. S. 55, Herzog Bogislaw mit
   König Gustav II. Adolf von Schweden. Über das fälschlich Barnim VI. zugeschriebene Bild aus Plathe s. o. Anm. 53. Weitere Bilder Bogislaws XIV. bei Bethe, Bildnisse,
   S. 96 f.; ebd. Abb. 20 das Stettiner Ölgemälde um 1632.
99 Anna (1590–1660). Vgl. Bethe, Bildnisse, S. 98. Das Ölgemälde Annas und das ihres
   Sohnes Ernst Bogislaw von Croy in der Universität Greifswald ist abgebildet bei Victor Schultze, Geschichts- und Kunstdenkmäler der Universität Greifswald, Greifswald 1906, Taf. XIII u. XIV, bei Hannes, Croyteppich (wie Anm. 67), S. 47, Abb. 1
   u. 2, und bei Thümmel (wie Anm. 111), vor S. 16.

*Johann Friedrich, Ölgemälde, Landes-
museum Kassel*

*Erdmut von Brandenburg, Gemahlin
Johann Friedrichs. Ölgemälde von A.
Riehl d.J., um 1590. Früher Pommersches Landesmuseum Stettin, Verbleib
unbekannt*

Ernst von Croy. Von allen, mit Ausnahme von Philipp II. und Anna von
Croy und ihrem Gemahl, sind hier in der Ausstellung Ölbilder zu sehen.[100]

Um 1600 setzte dann das große Sterben in der Greifenfamilie ein.[101] Bei
Ausbruch des Dreißigjährigen Krieges lebten nur noch drei weibliche Mitglieder des Hauses, darunter Anna von Croy (gestorben 1660), und die Herzöge Franz (gestorben 1620), Ulrich (gestorben 1622), Philipp Julius (gestorben 1625) und Bogislaw XIV (gestorben 1637).

Meine Damen und Herren, ich bin mit meinen Bemerkungen von den
Ölgemälden aus dem v. Bismarck-Ostenschen Besitz ausgegangen und habe
mich auf die dargestellten Personen beschränkt, will aber doch noch darauf

---

100 Von den Herzögen nach Bogislaw X. fehlt in der Ausstellung ein Bild Barnims IX.
     (1501–1573). Über seine Bildnisse vgl. Bethe, Bildnisse (wie Anm. 6), S. 84 f. – Abb.
     finden sich ebd. Nr. 6 (aus dem Visierungsbuch, Bl. 7, vgl. o. Anm. 38) sowie ebd.
     Nr. 5; bei Bethe, Kunst am Hofe (wie Anm. 27), S. 30; im Heimatkalender Anklam
     (wie Anm. 10), S. 84; das Kasseler Bild bei Schwindrazheim (wie Anm. 65), S. 290,
     Abb. Taf. V Nr. 55; die Federzeichnung im Visierungsbuch, Bl. 5: Barnim im hohen
     Alter, bei Lemcke (wie Anm. 31), S. 107.
101 Es starben 1592 Ernst Ludwig, 1600 Johann Friedrich, 1602 Kasimir VII., 1603
     Barnim X., 1606 Bogislaw XIII., 1617 Georg III., 1618 Philipp II., 1620 Franz,
     1622 Ulrich, 1625 Philipp Julius, 1637 Bogislaw XIV.

Ernst Ludwig, Ölstudie von L. Cranach
d.J., um 1565, im Visierungsbuch Phi-
lipps II.

Bogislaw XIII., Kupferstich von Lucas
Kilian, Stettin 1621

hinweisen, daß in der Ausstellung weit mehr gezeigt wird: Münzen und Medaillen, Graphiken, Drucke, Autographen, Stadt- und Ortsansichten, Karten,
dingliches Kulturgut, darunter eine Nachbildung des Cordulaschreins.[102] Von
den gezeigten Karten möchte ich auf eine besonders aufmerksam machen:
die große Lubinsche Karte von Pommern vom Jahre 1618.[103] Zu einer Zeit, da
das Ende des Greifengeschlechts und in gewisser Weise das Ende des Pom-

---

102 Vgl. den Katalog (wie Anm. 4).
103 Kat. S. „445 f. Eine 2. Ausgabe wurde 1758 gedruckt, weitere Neudrucke erschienen
     1926 und 1980. Vgl. Alfred Haas, Die Große Lubinsche Karte von Pommern. Aus An-
     laß des Neudrucks der Karte, Stettin 1926; Die Große Lubinsche Karte von Pommern
     aus dem Jahre 1618, neu herausgegeben von Eckhard Jäger und Roderich Schmidt, mit
     beschreibendem Text von Alfred Haas (1926) und einer Einführung von Manfred Vol-
     lack, Lüneburg 1980. Der Neudruck von 1980 erschien als Bd. II der Reihe „Quellen
     zur Geschichte der deutschen Kartographie", hrsg. von Eckhard Jäger und Lothar
     Zögner, zugleich als Sonderreihe des Historischen Atlasses von Pommern (Veröffentli-
     chungen der Historischen Kommission für Pommern). Vgl. dazu Roderich Schmidt,
     Die ‚Pomerania' als Typ territorialer Geschichtsdarstellung und Landesbeschreibung
     (wie Anm. 49), über Lubinus S. 68–71 u. 78; sowie Hans Schulz-Vanselow, Nikolaus
     Geilkercken. Der Kupferstecher der Lubinschen Karte von Pommern, in: Pommern.
     Kunst-Geschichte-Volkstum, 21. Jg., Heft 3, 1983, S. 8–20.

Ernst Ludwig, Ölgemälde, Landesmu-
seum Kassel

Kasimir VII., Ölgemälde, früher Anklam

merlandes sich abzuzeichnen begann, ist dieses Werk fürstlicher Repräsentationskunst auf Veranlassung
Herzog Philipps II. von dem Rostocker Professor Eilhard Lüb-
ben/Lubinus angefertigt worden.
Kartographisch stellt es eine heraus-
ragende Leistung dar, was Genauig-
keit und Gestaltungskunst betrifft.
Aber auch als Kunstwerk ist die
Karte von höchstem Wert. Berei-
chert wird sie durch die 49 Stadtan-
sichten und die Wappen von
353 Adelsgeschlechtern, durch die
Stammbäume des pommerschen und
des 1325 erloschenen rügischen Fürstenhauses sowie, was für einen Vergleich mit den Gemälden interessant
ist, durch die Porträts der damals
regierenden Pommernherzöge Philipp, Philipp Julius, Franz, Ulrich und

Kasimir VII., Ölgemälde im Visierungs-
buch Philipps II.

Anna, Tochter Philipps I., 2. Gemahlin Herzog Ulrichs von Mecklenburg. Marmorstatue im Dom zu Güstrow

Bogislaw junior, d.h. XIV.[104] Ihnen zugeordnet ist der Spruch, der wohl als Leitspruch der letzten Greifen gelten kann: „Justitia et pietas tutissima principis arma" – Gerechtigkeit und Frömmigkeit sind die sichersten Waffen eines Fürsten. Bogislaw XIV. hatte noch einmal alle Teile Pommerns vereint, bevor er 1637 starb. 17 Jahre hat der Sarg Bogislaws XIV. in einem Saal des Stettiner Schlosses gestanden, bis er am 25. Mai 1654 in der Schloßkirche seine letzte Ruhestätte fand.[105] Aus diesem Anlaß wurde eine Münze geschlagen, ein Reichstaler des Jahres 1654.[106] Auf der Vorderseite sieht man den pommerschen Greif mit den pommerschen Wappen, aber auch die Wappen von Schweden und Brandenburg über einem gefällten Baum und einem Totenschädel. Die Rückseite trägt die Inschrift:

„Der Greifen Baum liegt da ohn Wurzel, Stamm und Este.
Es findet sich nicht mehr der Greif im alten Neste.
Den dreien Kronen Er und auch dem Szepter weicht
Und Ihnen, Gott geb Glück, Sein Pommern überreicht."

Die Erinnerung an das Greifengeschlecht ist allmählich und mit der Zeit immer mehr verblaßt. Im allgemeinen Bewußtsein war Pommern ein Teil Schwedens und Brandenburgs und dann nach glücklicher Wiedervereinigung Teil des Preußischen Staates. Erst der dreihundertste Todestag Bogis-

---

104 Abb. der Karte bei Bethe, Kunst am Hofe (wie Anm. 27), S. 105.
105 Vgl. Martin Wehrmann, Geschichte von Pommern, 2. Bd. 2. Aufl., Gotha 1921 (unveränderter Nachdruck, mit einem Vorwort von Roderich Schmidt, Frankfurt a.M. 1982), S. 167 f.
106 Abb. bei Hildisch, Die Münzen der pommerschen Herzöge (wie Anm. 92) S. 206, Nr. 380.

Philipp II. und seine Gemahlin Sophie von Schleswig-Holstein Sonderburg. Silberrelief von J de Vos, 1614, Herzog-Anton-Ulrich-Museum, Braunschweig

Philipp II., Silberrelief um 1620

laws XIV. im Jahr 1937 hat die Erinnerung wieder erweckt. Es waren vor allem die Gesellschaft für pommersche Geschichte und Altertumskunde, das Pommersche Landesmuseum in Stettin, die Historische Kommission für Pommern und die Universität Greifswald, die mit Vorträgen, Ausstellungen und Veröffentlichungen die Aufmerksamkeit auf die Herzogszeit und auf die Greifen gelenkt haben.

Diese haben vor ihrem Abtreten einiges getan, daß das Andenken an sie bewahrt werde, in besonderer Weise durch die pommersche Landesuniversität Greifswald.[107] Bogislaw XIV. schenkte ihr 1634 das ge-

Philipp II., Kupferstich von Lucas Kilian, 1613

---

107 Vgl. Roderich Schmidt, Pommern und seine Universität (Greifswalder Universitätsreden, N. F. Nr. 60, 1990/91), S. 16–35, hier S. 22–24.

Franz, Kupferstich, Große Lubinsche Karte von 1618

Franz, Silberrelief um 1620

Philipp Julius, Silberrelief um 1620

Ulrich, Kupferstich, Große Lubinsche Karte von 1618

samte ehemalige Klostergut Eldena zum ewigen Eigentum mit der Verpflichtung für seine Nachfolger, den Bestand der Universität zu sichern „über allen Wechsel der Dinge hinaus bis an den Tag der Zukunft des

Bogislaw XIV., Kupferstich, Große Lubin-sche Karte von 1618

Bogislaw XIV., Ölgemälde, um 1632. Früher Stadtmuseum Stettin, Verbleib unbekannt

Reichstaler von 1654. Abbildungen und Text aus: Johannes Hildisch: „Die Münzen der pommerschen Herzöge."

Vorderseite: Gekrönter Greif nach links unter strahlender Sonne, in seinen Flügeln 9 pommersche Wappen und die Blutfahne, auf beiden Seiten Laubwerk, darin links die Wappen von Schweden und Brandenburg, unten gefällter Baum und Schädel, darunter GT (Gottfried Tabbert)
Rückseite: Der Greiffen Baum liegt da Ohn wurzel Stam und Este Es findet sih niht mehr Rosette / Der Greiff im alten Neste Den dreien Kronen Er und auch dem Szep-ter weicht Rosette / Und Ihnen Gott geb Glück Sein Pommern überreicht Rosette. – Im Mittelfeld: NVMMVS / EXEQVIALIS / OPTIMI – PRINCI / PIS BOGISLAI / DVCIS – STET POM / EIVS NOMINIS 14 / ET – VLTIMI / NATI 31 MAR 1580 / DEN – X MAR 1637 / SEP 25 MAI / 1654

Ernst Bogislaw, Herzog von Croy. Öl-
gemälde, um 1682, Universität Greifs-
wald

Anna, Tochter Bogislaws XIII., Gemahlin
Ernst Bogislaws von Croy. Ölgemälde, um
1682, Universität Greifswald

Herrn".[108] Sein Neffe, Herzog Ernst Bogislaw von Croy, stiftete 1680/81 eine
Gedächtnisfeier zur Erinnerung an das Herzogshaus, die von der Universität Greifswald alle zehn Jahre am Todestag seiner Mutter begangen werden
sollte. Und er vermachte ihr den Croy-Teppich aus dem Wolgaster Schloß,
der bei dieser Feier aufzuhängen sei.[109] Die Universität ist dieser Verpflichtung nachgekommen bis zum Jahr 1930.[110] Unter der nationalsozialistischen

108 Vgl. Johann Carl Dähnert, Sammlung gemeiner und besonderer Pommerscher und
     Rügischer Landes-Urkunden II, Stralsund 1767, Nr. 33, S. 845–853; Johann Gott-
     fried Kosegarten, Geschichte der Universität Greifswald, Bd. 2, enthaltend die ur-
     kundlichen Beilagen, Greifswald 1856, Nr. 174, S. 138; ders., Übergabe des Amtes
     Eldena an die Universität Greifswald, in: Baltische Studien 17, 2, 1859, S. 167–175;
     Adolf Hofmeister, Die geschichtliche Stellung der Universität Greifswald (Greifs-
     walder Universitätsreden 32), Greifswald 1932, S. 14.
109 Vgl. Ernst Bernheim, Das Testament des Herzogs Ernst Bogislaw von Croy vom
     3. Juni 1681, in: Pommersche Jahrbücher 11, 1910, S. 195–217; Adolf Hofmeister,
     Der Kampf um die Ostsee vom 9. bis 12. Jahrhundert (Greifswalder Universitätsre-
     den 29), Greifswald 1931, 3. erweiterte Auflage, hrsg. von Roderich Schmidt, Lü-
     beck–Hamburg 1960, sowie Wissenschaftliche Buchgesellschaft, Reihe ‚Libelli‘,
     Bd. 72, Darmstadt 1960, S. 9–11 mit Anmerkungen 1–3, S. 31–34; Hannes, Croytep-
     pich (wie Anm. 67), S. 76 f.
110 Bei der Feier am 7. Juli 1930 hielt der Greifswalder Historiker Prof. Dr. Adolf Hof-
     meister die Festrede „Der Kampf um die Ostsee vom 9. bis 12. Jahrhundert"

Marmorepitaph (Teilansicht), 1682, Her-
zog Ernst Bogislaws von Croy in der
Schloßkirche in Stolp

Rektorornat. Stickerei von H. Möller,
1619. Universität Greifswald. Gestiftet
von Philipp Julius

Herrschaft wie unter der kommunistischen war die Croyfeier dann nicht
mehr opportun. Erst nach der Wende hat sich die Universität Greifswald
auch zu dieser Tradition wieder bekannt.[111] Ernst Bogislaw von Croy hat ihr
auch noch eine Kette hinterlassen mit einem Medaillon, das die Porträts seiner Eltern, des Herzogs Ernst von Croy und seiner Gemahlin Anna von
Pommern, zeigt. Diese Kette wird vom Rektor als Amtskette getragen, dazu
der Siegelring des letzten Herzogs Bogislaw XIV.[112] Und bei feierlichen Anlässen erscheint der Rektor im Herzogsmantel mit Herzogshut als Rektor-
Ornat. Den kostbaren Mantel aus rotem Samt, goldbestickt, hat der letzte
Wolgaster Herzog Philipp Julius der Universität Greifswald 1619 gestiftet.[113]
Sie hat die mit dem Gedächtnis an das pommersche Herzogshaus verbundene Tradition durch den Zeitenlauf bewahrt; ich hoffe, sie wird es auch weiterhin tun.

      (s. Anm. 109). Über frühere Croyfeiern vgl. Hofmeister (wie Anm. 108), S. 31, und
      Hannes, Croyteppich, S. 76–80.
111 Hans Georg Thümmel, Der Greifswalder Croy-Teppich. 27. Croy-Fest 16. Oktober
      1992 (Greifswalder Universitätsreden, N. F. Nr. 64, 1992/93, mit einer Einleitung
      des Rektors Prof. Dr. Hans-Jürgen Zobel).
112 Über Kette und Ring vgl. Bernheim (wie Anm. 109), S. 215, und Victor Schultze (wie
      Anm. 99). S. 37 (Abb. Taf. XII).
113 Vgl. Victor Schultze, S. 33–36 (Abb. Taf. XI). Nach Bethe, Kunst am Hofe (wie
      Anm. 27), S. 109, Abb. S. 110, „das schönste alte Rektorornat, das eine deutsche Uni-
      versität besitzt".

Daß ab heute die Bilder von Greifenherzögen, vom Universitätsstifter Wartislaw IX. bis zu den letzten des Hauses, als Teil einer Ausstellung der Öffentlichkeit gezeigt werden[114] – die Bilder aus Schloß Plathe erstmals überhaupt –, dafür sei der Stiftung Pommern und Dr. Ferdinand Graf von Bismarck-Osten sehr herzlich von allen gedankt, denen die Geschichte Pommerns am Herzen liegt.

---

114 Inzwischen wurde die Ausstellung auch im Museum der Hansestadt Greifswald (16.5.–23.6.1996) gezeigt.

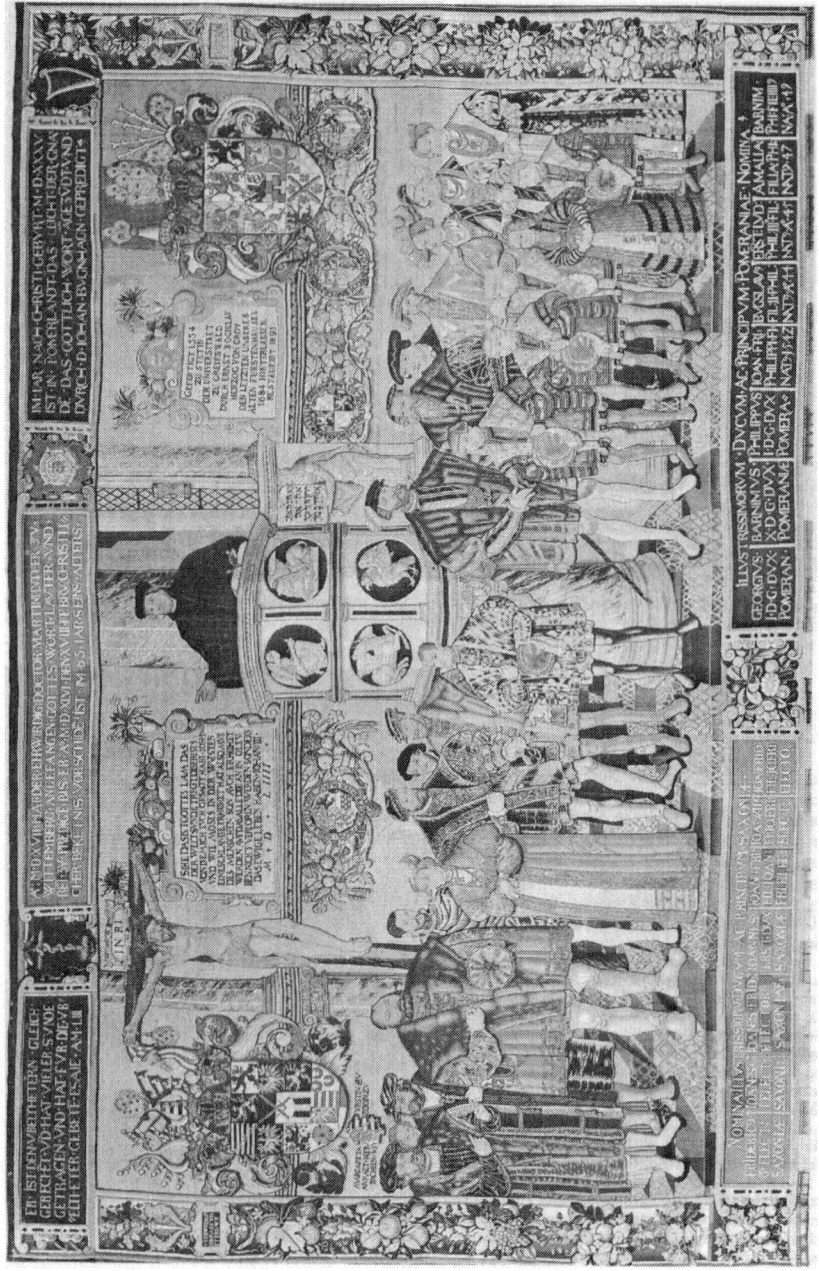

Croy-Teppich. Wirkerei von P. Heymans, Stettin. Um 1555. Universität Greifswald

Große Lubinsche Karte von Pommern („Nova Illustrissimi Principatus Pomeraniae descripto" …) 1618, gestochen von Nikolaus Geilkercken. Sammlung Stiftung Pommern, Kiel

Brandenburg und Pommern in der Politik Kaiser Karls IV.

Das Kräftespiel zwischen Wittelsbachern, Luxemburgern und Greifen

Die Mark Brandenburg war nach dem Königreich Böhmen das zweite Kurfürstentum im Reiche, über das Karl IV. am Ende seiner Regierungszeit verfügte. Die entscheidende Bedeutung dieses Territoriums für den luxemburgischen Böhmenkönig und deutschen Kaiser aber ergab sich aus seinen macht- und wirtschaftspolitischen Zielen und Plänen. In diesen nahm die Mark Brandenburg von Anfang an eine Art Schlüsselstellung ein, obwohl Karl erst 1373 endgültig in den Besitz des Landes gekommen ist. In den letzten Jahren seines Lebens hat er sich zweimal längere Zeit in der Mark aufgehalten, von Februar bis Juli 1374 und vom März bis Anfang November 1377. Damals war Tangermünde so etwas wie eine Residenz nicht nur Brandenburgs, sondern des Reiches[1].

Eine Einordnung der auf die Gewinnung der Mark gerichteten Politik Karls hat Heinrich Reincke in seiner Abhandlung »Machtpolitik und Weltwirtschaftspläne Kaiser Karls IV.« (1924) vorgenommen und dabei besonders die Rolle der Mark für die Elbpolitik des Kaisers betont. Wolfgang Kehn ist in seiner Kieler Dissertation »Der Handel im Oderraum im 13. und 14. Jahrhundert« (1968) ergänzend auf die Bedeutung für die handelspolitischen Pläne Karls IV. eingegangen. Danach hat Heinz Stoob ein umfassendes Bild von den Zusammenhängen der Politik Karls und der Hanse mit der der Territorialgewalten in Norddeutschland und im Ostseeraum (1970) gezeichnet. Auf die genannten Darstellungen sei insgesamt verwiesen. An dieser Stelle gilt das Interesse dem Territorialpolitiker Karl. Es erscheint deshalb geboten, die wichtigsten mit der Mark Brandenburg zusammenhängenden Ereignisse in chronologischer Folge zu rekapitulieren[2].

Am 26. August 1346 hatte Karls Vater, König Johann von Böhmen, in der Schlacht bei Crécy den Tod gefunden. Schon seit dessen Erblindung 1340 übte Karl faktisch die Regierung in Böhmen aus. Von den Gegnern Kaiser

---

1 Grundlegend für Brandenburg: J. Schultze I u. II 1961; vgl. auch Hb. d. Hist. Stätten x 1973; Faden 1964; Karte: Heinrich 1971. – Über Tangermünde: H. K. Schulze 1975. – An älterer Literatur ist zu nennen: Scholz 1874, Theuner 1887
2 Reincke 1924 u. 1931; Kehn 1968 bes. S. 272–282: »Die handelspolitischen Pläne Karls IV.« u. »Die Gewinnung der Mark Brandenburg und das Scheitern der böhmischen Handelspolitik«; Stoob 1970

Ludwigs des Bayern war er systematisch zu dessen Gegenkandidaten aufgebaut worden. Am 11. Juli 1346 wurde er bei Rhens am Rhein mit den Stimmen der drei geistlichen Kurfürsten, der seines Vaters und der des askanischen Herzogs Rudolf von Sachsen-Wittenberg zum Römischen König gewählt und am 26. November 1346 in Bonn gekrönt. Im Jahr darauf, am 11. Oktober 1347, starb Kaiser Ludwig. Sein erstgeborener gleichnamiger Sohn war maßgeblich daran beteiligt, nun Karl einen Gegenkandidaten entgegenzustellen, erst den englischen König Eduard III., dann den wettinischen Landgrafen von Thüringen, Friedrich den Ernsthaften, und schließlich den thüringischen Grafen Günther von Schwarzburg. Dieser wurde am 30. Januar 1349 zu Frankfurt a. M. mit den Stimmen der Kurfürsten von Mainz, der Pfalz, Sachsen-Lauenburg und Brandenburg zum deutschen König gewählt und dort am 6. Februar gekrönt[3].

Der Kaisersohn Ludwig (der Ältere) hatte 1323 vom Vater die durch das Aussterben der brandenburgischen Askanier (1319/20) erledigte Mark Brandenburg erhalten. 1339 gewann er die damals den Wettinern überlassene Niederlausitz zurück. Im Jahre 1342 heiratete er die Erbgräfin von Tirol, Margarethe Maultasch, die ihrem luxemburgischen Gemahl Johann Heinrich, dem jüngeren Bruder Karls IV., den Laufpaß gegeben hatte, und wurde vom Vater auch mit Tirol belehnt. Dadurch, daß der Kaiser 1346 die Grafschaften Hennegau, Seeland und Holland sowie Friesland an die Wittelsbacher gebracht hatte, vereinigte Ludwig d. Ä. nach des Vaters Tod einen Machtkomplex in seiner Hand, der – wenn er über ihn zu verfügen vermochte – dem Luxemburger Karl im Süden, Westen und Osten gefährlich werden konnte[4].

Karl IV. hat gleich nach seiner Wahl und Krönung Maßnahmen getroffen, um seine wittelsbachischen Gegner zu isolieren. Dies gilt gerade in Bezug auf die als Kurfürstentum besonders wichtige Mark Brandenburg. Zunächst verband er sich mit Erzbischof Otto von Magdeburg, dem er bald nach der Erhebung Prags zum Erzbistum und nach seiner Krönung zum König von Böhmen in Prag am 14. September 1347 die Privilegien des Erzstiftes Magdeburg bestätigte. Der askanische Herzog Rudolf I. von Sachsen-Wittenberg, der sich durch die Wittelsbacher um seine Erbansprüche auf Brandenburg gebracht sah, der deshalb als Kurfürst maßgeblich an der Königswahl Karls mitgewirkt hatte und zu seinen engsten Parteigängern gehörte, wurde von diesem am 5. November 1347 zu Nürnberg mit den westlich der Elbe gelegenen Teilen Brandenburgs, das heißt mit der Altmark, für sich

---

3 Über Karl IV.: Seibt NDB 1977; Werunsky 1880-92; Grundmann 1970 S. 554 ff.; Seibt HGBL 1967 S. 351 ff., bes. S. 384–413. – Über Johann v. Böhmen: Seibt NDB 1974. – Über Günther v. Schwarzburg: Drollinger 1977
4 E. Schmidt 1973. – Über Ludwig d. Ä.: Taddey 1977. – Über Margarete Maultasch: Dienst 1977

und seine Erben belehnt. Auf andere Teile des Landes erhoben andere
Nachbarn Anspruch: die mecklenburgischen Fürsten auf die Prignitz, die sie
bereits nach dem Aussterben der brandenburgischen Askanier bis 1324 besetzt hatten, und die pommerschen Herzöge auf die Uckermark, die diese
bis 1331 in der Hand hatten. Insofern waren auch sie die natürlichen Verbündeten Karls und wurden dementsprechend von ihm gefördert. Das hatte
nicht nur territorial-, sondern auch reichsgeschichtliche Folgen[5].

Auf Fürsprache Herzog Rudolfs von Sachsen-Wittenberg hatte Karl IV.
bereits am 16. Oktober 1347 zu Prag den Söhnen Heinrichs (II.) des Löwen
von Mecklenburg, Albrecht II. und Johann, das einst pommersche Land
Stargard, das als Brautschatz ihrer Mutter 1292 beziehungsweise 1298/99 an
Mecklenburg gekommen war und auf das der letzte askanische Markgraf
Woldemar 1317 im Frieden von Templin verzichtet hatte, sowie die übrigen
märkischen Lehen (das Land Ahrensberg-Strelitz und Grabow) übertragen.
Am 8. Juli 1348 hat er dann die mecklenburgischen Brüder Albrecht und Johann und ihre Nachkommen – wieder auf Bitten ihres Oheims Rudolf von
Sachsen – als Herzöge in den Reichsfürstenstand erhoben und sie mit allen
Rechten in ihrem Lande belehnt, die bisher der Herzog von Sachsen besess-
sen hatte. Albrecht II. und sein Bruder Johann, der schon bei der Königswahl Karls IV. zugegen gewesen war und der an seiner Seite bei Crécy gekämpft hatte, leisteten in Prag dem König den Lehnseid. Reichsstandschaft
und Reichsunmittelbarkeit waren nur der nach der Mecklenburg benannten
Hauptlinie dieses Fürstenhauses gewährt worden, nicht der 1229 von ihr ab-
gespaltenen Linie der Herren von Werle. Ihr Territorium trennte das der
Mecklenburger Hauptlinie vom Lande Stargard, das anderseits an Pommern
und an die von diesem beanspruchte Uckermark grenzte[6].

Unter den Zeugen der Huldigung der Mecklenburger am 8. Juli 1348 in
Prag befand sich auch Herzog Barnim III. von Pommern-Stettin. Das Her-
zogtum Pommern war ebenfalls geteilt, und zwar seit 1295 in eine Wolgaster
und in eine Stettiner Linie, zuvor in die Herzogtümer Stettin und Demmin.
Auf beide hatten die Askanier von altersher Ansprüche. Im Jahre 1236 mußte
Herzog Wartislaw III. von Demmin im Vertrag zu Kremmen das Land
Stargard an Brandenburg abtreten und für seinen Landesteil die askanische
Lehnshoheit anerkennen. Im Vertrag zu Landin 1250 sah sich sein Vetter
Barnim I. von Stettin gezwungen, den Askaniern die Uckermark zu überlas-
sen und deren Lehnshoheit auch für seinen Landesteil zu akzeptieren. Al-
lerdings wurden die Greifenherzöge nun von den askanischen Markgrafen

5   Lindner 1891; Brauer 1910. – RImp S. 33 (Nr. 334) u. S. 39 (Nr. 411)
6   RImp S. 35 (Nr. 371); vgl. M. Hamann 1968 S. 162, 168. – RImp S. 59 (Nr. 711), dazu
    M. Hamann 1968 S. 173 f. u. Wahl 1924. – Über die Herrschaft Werle: M. Hamann
    1962, bes. S. 11 ff. – Über Mecklenburg allg.: Strecker/Cordshagen 1964

Johann I. und Otto III. zu gesamter Hand belehnt. In den folgenden Jahrzehnten hatte Pommern auch im Bereich der späteren Neumark und in Pomerellen Einbußen gegenüber Brandenburg hinnehmen müssen, das von der Neumark aus unter Ausnutzung der pommersch-polnischen Rivalität mit Stoßrichtung auf Danzig an die Ostsee vorzudringen suchte. Der letzte askanische Markgraf von Brandenburg, Woldemar, sah sich dann jedoch veranlaßt, 1317 die Länder Rügenwalde, Schlawe und Stolp Herzog Wartislaw IV. von Pommern zu überlassen. Sie fielen allerdings wohl nicht unter jene Länder des Markgrafen Woldemar, die König Ludwig der Bayer 1323 in der nachträglich auf den 24. Juni 1324 ausgestellten Urkunde seinem Sohn Ludwig außer den Herzogtümern Stettin und Demmin und dem Land Stargard übertrug. 1328 erging eine strenge Anweisung des soeben in Rom gekrönten Kaisers an den Wolgaster Herzog Bogislaw V. und seine Brüder, um die Belehnung ihres Landes bei Markgraf Ludwig von Brandenburg nachzusuchen[7].

Die pommersche Gegnerschaft zu den Askaniern in Brandenburg übertrug sich auf die Wittelsbacher. Die Stettiner Herzöge hatten dementsprechend die Verbindung mit Papst Johannes XXII. in Avignon aufgenommen und sich der Front gegen Ludwig den Bayern angeschlossen. Sie erbaten vom Papst für sich und als Vormünder für die Wolgaster Herzöge die Belehnung mit ihren Ländern und erhielten sie von ihm am 13. März 1331. Über die Verhandlungen, die Barnim III. von Stettin in den folgenden Jahren geführt hat, um auch mit den Wittelsbachern zu einem Arrangement zu kommen, sind wir nur mangelhaft unterrichtet. Auf dem Reichstag zu Frankfurt a. M. im August 1338 kam der Ausgleich dann zustande. Für das Herzogtum Stettin erlangte Barnim III. am 14. August 1338 die Reichsunmittelbarkeit, indem Markgraf Ludwig d. Ä. von Brandenburg auf den Lehnsanspruch über Stettin verzichtete, um den Preis des Rechts der Nachfolge beim Aussterben der Stettiner Linie des Greifenhauses. Am gleichen Tage empfing Barnim sein Land als Reichslehen vom Kaiser. Für das Herzogtum Wolgast galten die Vereinbarungen indessen nicht; im Gegenteil, am 16. August 1338 forderte der Kaiser die Wolgaster Herzöge auf, wegen des Auslaufens der Vormundschaft der Stettiner Herzöge bei den Markgrafen von Brandenburg um die Belehnung nachzusuchen. Ferner sahen die Frankfurter Abmachungen vor, daß die Städte im Stettiner Herzogtum den Mark-

---

7 Zur Gesch. Pommerns: Wehrmann 1919; Sandow 1964. – Über die pommerschen Herzöge: Wehrmann 1937; Wegener 1962; R. Schmidt 1966. Über Barnim III.: Scheil 1953. – Über die Verträge von Kremmen u. Landin: Bollnow 1960 S. 50–52; Lucht 1965. – Vgl. auch Zickermann 1891; Rachfahl 1892. – Zu den Ereignissen von 1328 ff.: Petersohn 1962/63 S. 24-27; Pommersches Urkundenbuch 6 1907 (1970) Nr. 3775 (S. 224); 7 1934/40 (1958) Nr. 4361 (S. 174)

grafen von Brandenburg eine Eventualhuldigung leisten sollten, was diese
jedoch im Bunde mit Wolgast weitgehend verweigerten[8].

So vertiefte die Belehnung von 1338 einerseits die Spannungen, die zwischen Barnim III. von Stettin und seinen Wolgaster Vettern bestanden, anderseits hatte er mit der Verbriefung der Reichsunmittelbarkeit für seinen
Landesteil einen großen Erfolg errungen. Die Pommern betreffenden Ereignisse des Jahres 1338 gehören in den Zusammenhang der großen Politik
und bedürfen noch näherer Untersuchung. Kaiser Ludwig hatte auf dem
Reichstag zu Frankfurt a. M. in der Woche vor der Belehnung Barnims, am
4. August, das Reichsgesetz *Licet iuris* mit seinem alle päpstlichen Rechte
abweisenden Anspruch auf das Kaisertum des von den Kurfürsten gewählten deutschen Königs verkündet, und Anfang September 1338 forderte er
auf dem Reichstag zu Koblenz alle Reichsuntertanen nachdrücklich zur Verteidigung der Reichsrechte auf. Die Gewinnung von Bundesgenossen war
für den Kaiser von größter Wichtigkeit. Für Pommern-Stettin blieb jedoch
die Gefahr, daß bei sich wandelnder Situation die Wittelsbacher als Kurfürsten von Brandenburg bestrebt sein konnten, die ihnen verbliebene Lehnshoheit über Wolgast wieder auf ganz Pommern auszudehnen[9].

Auf diesem Hintergrund erscheint die Hinwendung Herzog Barnims III.
zu Karl IV. nur natürlich. Ein weiterer Grund ergab sich aus der pommerschen Rivalität mit Mecklenburg, dessen Fürsten sich ebenfalls mit dem Luxemburger verbunden hatten. Zwischen ihnen war nicht nur das Land Stargard strittig, das Karl 1347 den Mecklenburgern zusprach, sondern auch das
Fürstentum Rügen, bestehend aus der Insel und einem festländischen Teil.
Nachdem sein Herrscherhaus 1325 erloschen war, hatten die Pommern es
erst nach mehrjährigen Kämpfen mit den Mecklenburgern an sich bringen
können[10].

Auch über die Anknüpfung der Verbindung Barnims III. von Stettin zu
Karl IV. ist nichts Rechtes bekannt. Im Juni 1348 weilte er beim König in
Znaim und erhielt hier am 12. Juni von diesem eine Reihe von Urkunden. In
einer belehnte der König ihn und seine Wolgaster Vettern Bogislaw V., Barnim IV. und Wartislaw V. zu gesamter Hand unter Einschluß des Fürstentums Rügen und der mit dem Reichsjägermeisteramt verbundenen Rechte.

---

8 Wehrmann 1900. Zu den Ereignissen des Jahres 1338: Conrad, Beitr. 1978. – Zu 1331:
   PUB 8 1961 Nr. 4854 (S. 16–18). – Zu 1338: Riedel II 2 1845 Nr. 744–750 (S. 123 ff.)
   u. II 6 1858 Nr. 2278 (S. 62), demnächst PUB 10, bearb. v. Klaus Conrad (im Ms. abgeschlossen); die Urk. v. 16. Oktober 1338 ist bisher ungedruckt
9 Lit. über Licet iuris u. die Reichstage zu Frankfurt a. M. u. Koblenz 1338: Grundmann 1970 S. 541 f. – Conrad, Beitr. 1978 weist darauf hin, daß die allg. Lit. auf die
   pommerschen Vorgänge nicht eingeht
10 10 Zum rügischen Erbfolgestreit: Wriedt 1963; Hamann 1968 S. 168 f.; vgl. auch
   Scheil 1962 u. Hamann 1933

In einer anderen übertrug er dem Stettiner Herzog und seinen Nachfolgern die Eventualnachfolge im Wolgaster Herzogtum. Damit war einerseits die Einheit im Greifenhause wieder hergestellt, anderseits die Reichunmittelbarkeit der beiden pommerschen Herzogtümer vom Reichsoberhaupt anerkannt[11].

Bald darauf, im August 1348, tauchte bei Erzbischof Otto von Magdeburg ein alter Mann auf, der vorgab, der letzte askanische Markgraf Woldemar und keineswegs 1319 verstorben zu sein, sondern damals eine Pilgerfahrt angetreten zu haben, von der er jetzt zurückkehre. Die Askanier in Wittenberg und Anhalt erkannten ihn an, auch in der Mark fand er viele Anhänger, die Herzöge von Mecklenburg schlossen mit ihm ein Bündnis, ebenso wohl auch Barnim III. von Pommern. Im September kam der Wittelsbacher Markgraf Ludwig in die Mark, doch das Land war bereits größtenteils auf Woldemars Seite. Nun erschien auch König Karl und belehnte nach erfolgter Untersuchung am 2. Oktober bei Müncheberg Woldemar mit Brandenburg und der Kurwürde. Markgraf Ludwig sah sich auf das feste Frankfurt an der Oder beschränkt, das Karl IV. vergeblich belagerte. Bevor der das Land verließ, setzte er Woldemar zum Landfriedensrichter ein[12].

Die Wahl Günthers von Schwarzburg zum deutschen König am 30. Januar 1349 gehörte zu den Gegenzügen der Wittelsbacher. Mit großem diplomatischem Geschick hat Karl IV. diesen Schachzug durchkreuzt. Er trennte die Wittelsbacher, indem er im März 1349 die Tochter des Pfalzgrafen Rudolf heiratete, und setzte Günther militärisch am Rhein matt. Im Vertrag zu Eltville am 26. Mai 1349 verständigte sich Karl mit seinen Gegnern. Günther von Schwarzburg verzichtete gegen eine Geldabfindung auf das Königtum, Markgraf Ludwig erkannte Karl als Reichsoberhaupt an, dieser bestätigte den Wittelsbachern alle ihre Besitzungen und versprach, den falschen Woldemar nicht weiter zu unterstützen[13].

---

11 Wehrmann 1897; künftig auch Conrad 1978 Bll. f. Dt. Landesgesch. – RImp S. 605 (Nr. 6003 u. 6002); MGH CC 8 1910-26 Nr. 606–609 (S. 616–622)

12 Über den falschen Woldemar: J. Schultze 2 1961 S. 76 ff.; Tschirch 1930, dazu Struck 1943. – RImp S. 531 (Nr.49a). – Über die Beziehungen der meckl. u. pomm. Herzöge zum falschen Woldemar: Wehrmann 1897 S. 116. – RImp S. 532 (Nr. 50). – Über die Belehnung Woldemars: RImp S. 63 f. (Nr. 764–766). Über die Belagerung Frankfurts a. O.: RImp S. 64 (Nr. 766a). Über die Einsetzung Woldemars als Landfriedensrichter: Grundmann 1970 S. 555; RImp S. 64 (Nr. 770). Woldemar gab am 2. Oktober 1348 bekannt, daß er die Mark und die Lausitz wegen der Bemühungen Karls, ihm sein Land und Erbe wieder zu verschaffen, diesem und seinen Nachkommen »als ein zubehör« des Königreichs Böhmen gegeben habe; Rimp S. 532 (Nr. 52)

13 RImp S. 77–79 (Nr. 952a, 953a, 956a, 957, 961, 962), S. 537 f. (Nr. 93–96), dazu Steinherz 1887 u. Weizsäcker 1887

Auch die nördlichen Nachbarn der Mark rückten nun von Woldemar ab. Für sie kam hinzu, daß der mit Markgraf Ludwig verschwägerte Dänenkönig Waldemar IV. seine Machtposition an der südlichen Ostseeküste bedroht sah und sich anschickte, aktiv einzugreifen. Bereits am 18. Oktober 1348 hatte Barnim III. von Stettin mit ihm ein Bündnis geschlossen, wenige Tage nachdem die Wolgaster Herzöge unter dem 14. Oktober beurkundeten, daß sie König Karl gehuldigt hätten. Die Pommern trugen also den realen Machtverhältnissen Rechnung, sicherten sich nach allen Seiten und erweiterten zugleich ihre Herrschaft in der Uckermark. Ende Dezember 1349 trafen sich König Waldemar, Markgraf Ludwig und die Pommernherzöge in Stettin und schlossen eine gegen Karl IV. gerichtete Allianz. Dieser setzte daraufhin die in Eltville eingeschlagene Linie fort und traf sich – nachdem ein Fürstengericht in Nürnberg den angeblichen Askanier Woldemar als Betrüger konstatiert hatte – Anfang Februar 1350 mit dem Wittelsbacher Markgrafen, dem Dänenkönig und anderen Fürsten in Bautzen. Am 16. Februar verlieh er hier Markgraf Ludwig und seinen Brüdern Ludwig und Otto die Mark Brandenburg in aller Form als Lehen, ebenso die anderen wittelsbachischen Besitzungen. Ludwig lieferte daraufhin dem König die Reichsinsignien aus[14].

Der erste Anlauf Karls IV., die Mark Brandenburg den Wittelsbachern zu entreißen, war damit gescheitert, das Ziel aber keineswegs aufgegeben, wie die weitere Entwicklung zeigt. Nur richtete Karl sich jetzt auf eine längerfristige Strategie ein.

Im Vertrag von Luckau (24. Dezember 1351) trat Ludwig d. Ä. († 18. September 1361) die Mark an seine beiden jüngeren Halbbrüder Ludwig den Römer († 1365) und Otto den Faulen († 1373) ab. Dabei werden die Lehnsansprüche über Pommern, Rügen und über Teile von Mecklenburg festgehalten. Inzwischen waren die meisten Adelsfamilien der Mark und auch die meisten Städte wieder zu den Wittelsbachern übergegangen, wenn auch gestärkt in ihrem Selbstbewußtsein und in ihrer Stellung der Landesherrschaft gegenüber. Doch zogen sich die Kämpfe mit den Anhängern des falschen Woldemar noch bis 1355 hin. Am 10. März 1355 wurde er zum Verzicht gezwungen. Bald danach (1356/7) ist er in Dessau gestorben und hier beigesetzt worden[15].

---

14 Zum allg.: Schäfer 1879; Daenell 1905; Brandt 1962; Dollinger 1976. – Über König Waldemar IV.: Tägil 1962. Über Waldemars Beziehungen zu den Pommernherzögen: Wehrmann 1897 S. 118 ff. – Zu Bautzen: RImp S. 98 f. (Nr. 1223 ff.) u. S. 540 f. (Nr. 116 ff.). – Übergabe der Reichsinsignien: RImp S. 541 (Nr. 123)

15 Luckau: RImp S. 545 (Nr. 149). – Über Ludwig d. Römer u. Otto d. Faulen: Taddey 1977. – Zum Verzicht Woldemars: RImp S. 553 (Nr. 231)

In der Mitte des Jahres 1355 kehrte Karl IV. mit der Kaiserkrone geschmückt aus Italien zurück und regelte alsbald die Königswahl in Deutschland und die Rechte der Kurfürsten. Auf dem Reichstag zu Nürnberg, wo am 10. Januar 1356 der erste Teil dieses Reichsgesetzes, die sogenannte Goldene Bulle, erlassen wurde, hat Karl am 7. Januar die Brandenburger Kurstimme Ludwig dem Römer übertragen. In dieser Zeit lebten aber auch die Beziehungen zwischen Karl und dem Pommernherzog Barnim III. wieder auf. Im Oktober 1355 erhielt Barnim vom Kaiser in Prag und im März 1357 auf dem Reichstag zu Nürnberg nochmals Bestätigungen der Reichsunmittelbarkeit und andere Gnadenbeweise, sowie die Bestätigung der Abtretung der Uckermark an Pommern, die Ludwig der Römer 1354 hatte zugestehen müssen[16].

Es wird deutlich, daß der Kaiser sich erneut des Pommernherzogs bediente, um die Wittelsbacher in der Mark nicht hochkommen zu lassen. Es mag der Preis für die Gunst des Kaisers gewesen sein, daß Herzog Barnim ihm 1357 für den Fall seines Todes die Vormundschaft über seine Gemahlin und seine Kinder übertrug. Sein ältester Sohn, Kasimir III., wurde zur Ausbildung an den kaiserlichen Hof geschickt. Als 1360 Otto (der Faule) Anteil an der Regierung der Mark erhielt, war Barnim am 2. Februar bei der Belehnung in Prag zugegen. Im April 1361 nahmen er und sein Sohn an der Taufe des Kaisersohnes Wenzel in Nürnberg teil[17].

Bei der Belehnung Ottos mit den Marken Brandenburg und Lausitz erklärte der Kaiser ausdrücklich, daß dieser Akt unschädlich sein solle für das Römische Reich, das Königreich Böhmen und für Pommernherzog Barnim. Die Zielrichtung des Kaisers wurde vollends offenbar, als die Markgrafen Ludwig und Otto am 10. Dezember 1362 die Regierung des Landes für drei Jahre dem Erzbischof Dietrich von Magdeburg übertragen mußten. Dieser, Dietrich von Portitz, ein Zisterzienser, stand in engster Verbindung mit Karl IV., zuletzt – bevor er 1361 Erzbischof von Magdeburg wurde – war er oberster Kanzler Böhmens gewesen. Der nächste Schritt war eine von Karl durchgesetzte Erbverbrüderung. Auf dem Reichstag zu Nürnberg nahmen am 18. März 1363 die Markgrafen Ludwig und Otto den Kaiser, seinen Sohn König Wenzel und die ganze Familie Karls in ihren Bruder- und Erbschaftsverband als Markgrafen zu Brandenburg und Lausitz auf. Damit waren alle

---

16 Brandenburger Kur: RImp S. 556 (Nr. 257). – Karl IV. u. Barnim III.: Wehrmann 1897 S. 1301; RImp S. 182 (Nr. 2260) u. S. 213 (Nr. 2621-23)
17 Wehrmann 1897 S. 132–134. – Belehnung Ottos: RImp S. 250 (Nr. 3056). – Taufe Wenzels: RImp S. 294 (Nr. 3621 a). – Kasimir III. (* nach 1348, † 1372), der Sohn Herzog Barnims III. v. Stettin, wird in den Quellen wie auch in der Literatur häufig verwechselt mit dem ältesten Sohn Herzog Bogislaws V. v. Wolgast, Kasimir IV. (* um 1345, † 1377), Herzog v. Pommern-Stolp; über Kasimir IV.: R. Schmidt 1977

anderen Wittelsbacher von der Nachfolge in Brandenburg und in der Lausitz zugunsten der Luxemburger ausgeschlossen. Diesen wurde ausdrücklich die Mitbelehnung zugesichert, und die Abmachungen wurden durch ein Verlöbnis des Markgrafen Otto mit der Kaisertochter Elisabeth bekräftigt[18].

Am 17. März 1365 starb Ludwig der Römer, und Otto der Faule hätte nun die alleinige Regierung der Mark übernehmen können. Statt dessen übertrug er diese mit allen Rechten an Karl für sechs Jahre, so daß die Verwaltung nun von dem Magdeburger Erzbischof direkt auf den Kaiser überging. Auch schloß Otto den Ehebund, allerdings nicht mit der aus dritter Ehe stammenden Kaisertochter Elisabeth, sondern mit Katharina, aus erster Ehe, die mit Herzog Rudolf IV., dem Stifter, von Österreich verheiratet und im Juli 1365 Witwe geworden war. Die Heirat fand am 19. März 1366 in Prag statt. Der Preis war die Niederlausitz, die Markgraf Otto am 11. Oktober 1367 dem Kaiser zu verkaufen sich veranlaßt sah[19].

So erreichte Karl IV. sein Ziel Schritt für Schritt. Die Oberlausitz und der größte Teil Schlesiens waren schon länger in seiner Hand. 1367 kam die Niederlausitz hinzu, 1368 das schlesische Fürstentum Schweidnitz-Jauer. Dieser Landkomplex wurde der ›Krone Böhmens‹ eingegliedert und zu einer verwaltungsmäßigen Einheit zusammengefügt. An ihn schloß sich die von Karl verwaltete Kurmark an. Doch die Ziele reichten noch weiter. Zu ihrer Realisierung hat Karl sich auch der Heiratspolitik bedient. Von seiner zweiten Ehe mit der Tochter des Pfalzgrafen war schon die Rede. 1353 hatte er Anna von Schweidnitz († 1362) geheiratet und die Anwartschaft auf ihr Erbe erworben. Im Mai 1363 vermählte er sich ein viertes Mal, mit Elisabeth, der Tochter Herzog Bogislaws V. von Pommern-Wolgast[20].

Damit wurde ein politischer Zug eingeleitet, der über die Mark Brandenburg hinweg unmittelbar ans Meer und in die große Politik der sechziger und siebziger Jahre führte, zugleich jedoch an ältere Bestrebungen anknüpfte. Die pommersche Herzogstochter war eine Enkelin König Kasimirs III. von Polen, sie war am Hofe ihres mütterlichen Großvaters erzogen, und hier in Krakau wurde die Hochzeit gefeiert. König Kasimir war ohne Söhne und auch sein Erbe, König Ludwig I. von Ungarn, war ohne männliche Nachkommen. So zielte die Krakauer Hochzeit Karls IV. nicht nur auf Polen,

---

18 Über Dietrich v. Portitz: Kühn 1957; RImp S. 570 (Nr. 382/3). – Zur Erbverbrüderung: RImp S. 319 (Nr. 3939) u. S. 571 (Nr. 387). – Zum Verlöbnis: RImp S. 319 (Nr. 3940) u. S. 571 (Nr. 388)

19 RImp S. 343 (Nr. 4219) u. S. 575 (Nr. 428). – Heirat: RImp S. 349 (Nr. 4277a). – Niederlausitz: RImp S. 578 (Nr. 452), dazu Lehmann 1963 S. 65

20 Heirat mit Anna v. Schweidnitz-Jauer: RImp S. 124 (Nr. 1559d), dazu Stoob 1970 S. 171 f., vgl. auch Schiche 1961 S. 203–223; Pustejovsky 1975

sondern schließlich auch noch auf Ungarn. Auf jeden Fall sicherte sie den Länderkomplex des Kaisers im Osten ab[21].

Berührt wurde die Politik Karls IV. aber auch durch die Vorgänge im Norden Europas, vornehmlich im Ostseebereich. Auch in dieser Hinsicht war das pommersche Ehebündnis von Bedeutung. Die Greifenherzöge standen in engen, wenn auch wechselnden Beziehungen zu König Waldemar IV. von Dänemark, der sich wiederholt ihrer Vermittlungen bedient hatte. Waldemar war gerade siegreich aus dem Krieg mit den Hansestädten hervorgegangen; doch standen weitere Auseinandersetzungen bevor. Der Dänenkönig wie der Kaiser erkannten, daß ihre politischen Linien sich schneiden mußten und nahmen Fühlung miteinander auf. Im November 1363 traf Waldemar in Wolgast bei Herzog Bogislaw V. von Pommern ein, dieser begleitete ihn nach Krakau und von dort nach Prag. Bei den dortigen Verhandlungen war im Januar 1364 auch Herzog Barnim III. anwesend. Der Kaiser nahm aber auch Verbindungen mit dem Rat der Hansestadt Lübeck auf, den er zum Beispiel im September 1367 beauftragte, im Erbstreit der Wolgaster Herzöge zu vermitteln. Inzwischen hatten sich die Auseinandersetzungen zwischen Waldemar und den Hansestädten erneut zugespitzt. Am 19. November 1367 brachte Lübeck ein Kriegsbündnis der Städte auf breiter Basis vom Niederrhein bis Livland gegen den Dänenkönig zustande, die sogenannte Kölner Konföderation. Ihr schlossen sich auch eine Reihe von norddeutschen Territorialfürsten an, Holstein und Mecklenburg, hingegen nicht Pommern und Brandenburg. Auch der Kaiser hielt sich zurück. In dem folgenden Kriege wurden Waldemar und Dänemark vollständig beseitigt, die Niederlage 1370 im Frieden von Stralsund (24. Mai) besiegelt. Vertragspartner der Hansen war der dänische Reichsrat, nicht der König. Waldemar hatte 1368 Dänemark verlassen und auf dem Festland Bundesgenossen gesucht. Im Juni 1370 hat er sich auch mit dem Kaiser in Prag getroffen[22].

Von diesen Ereignissen war natürlich auch Brandenburg nicht unberührt. Markgraf Otto versuchte die Lage zu benutzen, um die Uckermark zurückzugewinnen, was auch den Unwillen des Kaisers erregte. Im Juni/Juli 1371 ging Karl militärisch gegen den Markgrafen vor, schloß jedoch bald ei-

---

21 Vgl. Grotefend 1909. – Über Kasimir III.: Kaczmarczyk 1966-67; Knoll 1972. – Über Herzog Kasimir IV. v. Pommern-Stolp, der ebenso wie seine Schwester Elisabeth am Hofe des Großvaters mütterlicherseits, in Krakau, erzogen worden war; R. Schmidt 1977

22 Wehrmann 1897 S. 136–139. Prag: RImp S. 325 (Nr. 4004). – Über Herzog Bogislaw V. v. Pommern-Wolgast: R. Schmidt 1955. Zum Wolgaster Erbstreit: R. Schmidt 1966 S. 30. – Zum Krieg mit König Waldemar IV. v. Dänemark u. z. Stralsunder Frieden 1370: Götze 1970; Brandt 1970; Dollinger 1970; Fritze 1971; Schwebel 1970. – Zum Prager Treffen: Stoob 1970 S. 201

nen Waffenstillstand, veranlaßt durch ungarische Einfälle nach Mähren. Hier zeigt sich die Wechselbeziehung der politischen Ereignisse besonders deutlich. König Ludwig I. von Ungarn, nach dem Tode König Kasimirs III. (1370) auch König von Polen, hatte sich auch mit den Wittelsbachern gegen Karl IV. verständigt. Der Kaiser durchkreuzte diese Pläne 1372 durch ein neues Eheprojekt: einer ehelichen Verbindung zwischen seinem zweiten Sohn Sigismund und Maria, einer Tochter König Ludwigs. So war der Brandenburger Markgraf wieder isoliert, und Karl konnte zum letzten Schritt zur Gewinnung der Mark ansetzen. Das im Jahr 1373 begonnene militärische Unternehmen endete im Sommer vor Fürstenwalde. Am 15. August begannen die Verhandlungen; sie fanden ihren Niederschlag in einer Reihe von Urkunden, datiert vom 17. und 18. August 1373[23].

Markgraf Otto verzichtete auf Brandenburg gegen Entschädigungen in der Oberpfalz und für Geld, insgesamt in Höhe von 500 000 Gulden. Dieser Verzicht wurde auch von den anderen Wittelsbachern anerkannt. Die Auflassung erfolgte zugunsten von Karls IV. Sohn, König Wenzel von Böhmen. Die Kurwürde und das Amt des Reichskammermeisters solle aber Otto behalten bis zum Ende seines Lebens. Karl und Wenzel verblieben bis Mitte September 1373 in der Mark, nahmen von Städten und Adligen Huldigungen entgegen und bestätigten Rechte. Am 2. September 1373 belehnte Karl in Prag in feierlicher Form seine Söhne Wenzel, Sigismund und Johann und deren Erben mit Brandenburg. Damit war dieses Territorium nun endgültig in luxemburgischer Hand[24].

Nicht die Söhne, sondern Karl selbst hat die Regierung in der Mark bis zu seinem Tode ausgeübt. Man konstatiert, daß er mit seiner Kanzlei die Verwaltung der zerrütteten und verarmten Kurmark tatkräftig in die Hand nahm, und Gerd Heinrich nennt einige Maßnahmen: Zurückdrängung der reichsunmittelbaren Herren und Bistümer, Besetzung wichtiger Burgorte mit ihm ergebenen ›Ausländern‹, Anordnung handelspolitischer Regelungen[25].

Von seinen Maßnahmen im einzelnen zeugen die Urkunden, die er für brandenburgische Empfänger besonders während seiner Aufenthalte in der Mark in den Jahren 1374, 1375 und 1377 ausgestellt hat. Aufschlußreich ist die unter dem 29. Juni 1374 zu Tangermünde gegebene Urkunde über eine

---

23 RImp S. 412 (Nr. 4973) u. S. 413 (Nr. 4979a). Waffenstillstand: RImp S. 414 (Nr. 4993 a). – Vgl. Steinherz 1888. – Zur Heirat: RImp S. 417 (Nr. 5023a-25) u. S. 590 f. (Nr. 549 ff.). – Zum Krieg in der Mark: Rimp S. 432 f. (Nr. 5209a–5215a)
24 Fürstenwalde: RImp S. 433 f.(Nr. 5219a-5225) u. S. 594 (Nr. 580). – Aufenthalt in der Mark: RImp S. 435 f. (Nr. 5230-60) u. S. 594 (Nr. 579-581). – Belehnung: RImp S. 436 (Nr. 5263)
25 Grundmann 1970 S. 564; Heinrich 1973 S. XL

Vereinigung der Mark Brandenburg mit Böhmen, »besonders aus dem grunde, damit diese lande und vesten bei dem heiligen römischen reiche bleiben und nicht an Dänemark oder Polen kommen«. Danach ist der Anstoß zu dieser Vereinigung von den Ständen der Mark ausgegangen. Mag dem sein, wie ihm wolle, interessant ist die erkennbare Tendenz. Aus einem Bericht an den Bischof von Straßburg geht hervor, daß diese Union um den 28. Mai zu Guben stattgefunden hat. In dem Schreiben ist auch vom Burgbau in Tangermünde sowie vom erlassenen Landfrieden die Rede. Dieser gelte für die Gebiete *Nova marchia et trans Oderam, in superioribus partibus Albee,* und *circa Lusatiam.* Der Landfrieden wurde am 17. Mai 1374 zu Prenzlau erlassen und galt für drei Jahre. Auch von der Mark aus liefen die politischen Fäden weiter. So verlieh Karl 1374 dem Rat von Lübeck das Reichsvikariat, versprach dem schwedischen König Albrecht von Mecklenburg seinen Beistand, forderte den Dänenkönig auf, sich zu vermählen und krönen zu lassen und schloß mit den Söhnen des 1368 verstorbenen Herzogs Barnim III. von Stettin ein ewiges Bündnis[26].

Die Orte, die Karl 1374 in der Mark aufsuchte, waren: Berlin, Brandenburg, Stendal, Tangermünde, Prenzlau, Guben, wieder Tangermünde, Mittenwalde und Luckau. 1375 besuchte er Prenzlau, Templin, Lenzen, Pritzwalk, Berlin, Frankfurt a. O., Fürstenberg und Guben. 1377 weilte er in Berlin, Tangermünde, Jerichow, Tangermünde, Eberswalde, Königsberg i. N., Dramburg, Oderberg und erneut Tangermünde. Die Bedeutung Tangermündes als *domicilium principale* wird allein schon in dieser Aufzählung erkennbar. Im März 1377 wurde dort bei Karls Ankunft die in seinem Auftrag erbaute Schloßkapelle geweiht. Interessant ist eine am 8. September 1377 erteilte Urkunde, die verbietet, Festen oder Bergfride im Lande zu errichten ohne landesherrliche Genehmigung, so wie es »vormals in der mark Brandenburg redlich gehalten worden« sei[27].

Der Aufenthalt 1375 war relativ kurz, von Ende September bis Anfang Dezember. Er erhielt seine Bedeutung durch den Abstecher, den der Kaiser nach Lübeck unternahm, wo er am 20. Oktober feierlich Einzug hielt und bis zum 30. Oktober blieb. Bekannt ist die ehrenvolle Anrede an den Lübecker Rat. Der Besuch steht im Zusammenhang mit der Nachfolge König Waldemars IV. von Dänemark. Wenn er auch politisch wenig ertragreich war, so eignete ihm doch ein symbolhafter Charakter: seit Friedrich Barba-

---

26 Zu den genannten Ereignissen u. Vorgängen: RImp S. 444 f. (Nr. 5361); S. 596 (Nr. 594) u. S. 444 (Nr. 5357a); S. 443f. (Nr. 5352); S. 442 (Nr. 5341); S. 443 (Nr. 5346/47); S. 443 (Nr. 5350). – Mohrmann 1972 S. 196 ff.
27 RImp S. 480 (Nr. 5763) u. S. 485 (Nr. 5803); vgl. auch das Itinerar von Eberhard in vorliegendem Band

rossa war kein deutscher Kaiser mehr an der Ostseeküste gewesen. Der Aufenthalt Karls IV. in der Stadt, die das Haupt der Hanse war, beleuchtet klar
die Zielrichtung der Politik des Luxemburgers[28].

Brandenburg war nur ein Markstein bei diesem Drang nach dem Norden, dem Vorstoß ans Meer und damit an die großen Handelswege des See-
verkehrs, freilich ein entscheidender. Aber über Brandenburg hinaus galt es,
die unmittelbaren Anrainer der Ostsee in das böhmische Kraftfeld einzube-
ziehen. Hier kamen besonders Mecklenburg oder Pommern in Betracht.
Karl entschied sich für die Integration Pommerns in seinen Herrschaftsbereich, und er folgte damit der alten und vorgegebenen Richtung der brandenburgischen Politik, wie sie bereits die Askanier und die Wittelsbacher
verfochten hatten. Insofern ist bei der Behandlung des auf Brandenburg gerichteten Strebens des luxemburgischen Kaisers die pommersche Komponente stets mit zu berücksichtigen[29].

Eine langfristig angelegte Politik, wie Karl sie betrieb, bedurfte fester
Grundlagen, insbesondere einer den modernen Erfordernissen angepaßte
Verwaltung. Eine solche hatte er in den böhmischen Ländern geschaffen. In
Brandenburg fehlte sie, wie auch in Pommern. So ist es keineswegs erstaunlich, daß Karl sie in der seiner Herrschaft schließlich unterworfenen Mark
alsbald einzuführen suchte. Man könnte nur die Ansätze erkennen, wäre
nicht das sogenannte Landbuch auf uns gekommen, das einen tieferen Einblick ermöglicht[30].

Das eigentliche ›Landbuch‹, 1375 begonnen, bietet eine Übersicht über
die aus Besitz der Landeshoheit fließenden Einkünfte aus Regalien und
Urbeden, aus Zöllen, Mühlen, Gewässern und Wäldern, über die zu den
Burgen gehörenden Einnahmen, die Hebungen in den Städten, die Einnahmen aus der Gerichtsbarkeit, aus dem Holzverkauf, aus Pfändungen, Vasal-
len- und Kirchenlehen sowie aus geistlichem Besitz. Erfaßt ist allerdings
nicht die gesamte Mark, sondern nur die Mittelmark (mit ihren Teilen Tel-
tow, Barnim, Havelland, Zauche), die Uckermark, die Prignitz und die Altmark, freilich auch diese nicht vollständig. Bei den fehlenden Gebieten handelt es sich wohl um solche, die sich nicht in unmittelbarem Besitz oder
Zugriff des Landesherrn befanden. An das Einnahmeverzeichnis schließt
sich ein Verzeichnis aller Dörfer und Ortschaften für die genannten Gebiete

---

28 RImp S. 458 f. (Nr. 5512a-5520). Vgl. Mantels 1873 u. 1881; Stoob 1970 S. 164 f.;
    Hoffmann 1974
29 Für die Rolle Mecklenburgs, insbes. Herzog Albrechts n. und seines Sohnes Albrecht III.,
    seit 1363 König v. Schweden, in den politischen Verhältnissen dieser Zeit: Strecker
    1913; Nordman 1938; Niitema 1960; M. Hamann 1968 S. 179 ff.; Stoob 1970; Hoff-
    mann 1974. – Über Albrecht III. v. Meckl.: Maybaum 1953
30 Landbuch v. 1375, hg. Schultze, 1940, dazu Brinkmann 1908

mit Ausnahme der Prignitz an. Die Aufnahme erfolgte durch landesherrliche Beamte (Landreiter, Vögte). Der Fragenkatalog, der dabei benutzt wurde, ist erhalten. Für die einzelnen Orte werden die Gesamthufenzahl, dann der Hufenbesitz des Pfarrers, der Kirche, des Schulzen und der ritterlichen Vasallen, hingegen nicht der der Bauern im einzelnen angegeben. Die Erkenntnisse, die aus dem Landbuch über die gesamten inneren Verhältnisse des Landes gewonnen werden können, bedürfen einer gesonderten Untersuchung und Darstellung[31]. Dabei sind weitere Aufzeichnungen heranzuziehen: über die Urbeden jenseits der Oder, aus der Altmark und aus der Prignitz, ein Verzeichnis über Einkünfte aus der Mittelmark vom Jahre 1370, ein Landbedeverzeichnis von 1377 sowie eine Dispositio des Kaisers über die Burgen, ebenfalls aus dem Jahre 1377. Auffallend ist das Fehlen der Neumark. Vielleicht wurde auf ihre Erfassung verzichtet, weil für diesen Bereich bereits unter dem Wittelsbacher Markgrafen Ludwig d. Ä. 1337 ein entsprechendes ›Landbuch‹ angelegt worden war. Möglicherweise sind ähnliche Verzeichnisse für andere Landesteile in wittelsbachischer Zeit vorhanden oder vorgesehen gewesen[32].

Als Karl IV. die Verwaltung der Mark übernahm, ergab sich die zwingende Notwendigkeit, eine genaue Übersicht über das Land zu gewinnen. Zu diesem Zweck wurde noch 1373 eine Landesbeschreibung vorgenommen mit näheren Angaben über die vier beziehungsweise fünf *dominia* oder *provinciae,* nämlich *Nova Marchia, Antiqua Marchia, Prignicz* und *Ukara* sowie *Marchia trans Oderam.* Darüber hinaus bedurfte man aber auch der Klarheit über die Einkünfte und Gerechtsame des Landesherrn, um eine gesicherte Grundlage für finanz- und wirtschaftspolitische Maßnahmen zu haben. Diese waren umso gebotener, als in den Wirren seit dem Ausgang der Askanierzeit unendlich viele markgräfliche Rechte verloren gegangen waren, die zurückgewonnen werden mußten, wollte man der Zerrüttung der finanziellen Grundlagen der Landesherrschaft steuern. Der persönliche Anteil des Kaisers an diesen Maßnahmen läßt sich an Hand des Landbuchs nachweisen. Er wolle, so schrieb er 1377, »die mark zu einander bringe(n), wie sie vormals bei der alten markgrafen zeiten gewesen ist«. Das Landbuch muß aber auch im Zusammenhang mit entsprechenden Aufzeichnungen in anderen Territorien Karls, zum Beispiel Schlesien, gesehen werden. In den nördlichen Nachbarterritorien Brandenburgs hat es noch lange gedauert, bis es zu einer ähnlichen Fixierung der landesherrlichen Einnahmen und Rechte gekommen ist. Insofern bedeutete die Verwaltungsreform, die in dem Landbuch von 1375 und in seinen allerdings bis in die wittelsbachische Zeit zu-

---

31 Schultze 1940 S. VII ff.
32 Sie sind mitabgedruckt in der Ausgabe des Landbuchs 1940. – Ausg. des Neumärkischen Landbuchs: Raumer 1837 u. Gollmert 1862

rückreichenden Vorstufen faßbar ist, einen wesentlichen Schritt auf dem
Wege des sich formenden Territorialstaates. Mit dem Landbuch von 1375
hat sich Karl IV., der in diesem ein zweiter Salomon genannt wird, ein bleibendes Denkmal seiner Herrscherfähigkeit gesetzt, das – wenn auch mit Abstand – seinen anderen Verwaltung und Regierung regelnden Werken, wie
der Goldenen Bulle und der Majestas Carolina, an die Seite gesetzt werden
kann[33].

33 Landesbeschreibung v. 1373 i. d. Ausg. d. Landbuchs v. 1375, 1940 S. 1–5. – Zitat aus
    Schreiben Karls IV. an Thimo von Colditz, Hauptmann in Bautzen u. Görlitz, und
    die Ratsherren zu Breslau v. 23. März 1377: RImp S. 480 (Nr. 5763). – Über »Das Ur-
    barialwesen der Luxemburgischen Erbländer«, bes. Schlesiens: Brinkmann 1908
    S. 61 ff. – Über Mecklenburg: R. Schmidt 1968. Karl IV. ein zweiter Salomon: Land-
    buch 1940 S. 62. – Über Karl IV. als Herrscher: Schneider 1973

Karl IV. als Landesfürst: Das Beispiel Brandenburg

Wenn nach dem politischen Profil Karls IV. gefragt wird, ist auch seine Wirksamkeit als Landesfürst zu beleuchten[1]. Sie ist in den Gebieten, die dem Königreich Böhmen hinzugewonnen wurden, in ihren Etappen zu verfolgen[2].

Das Kurfürstentum Brandenburg ist erst 1373 von Karl IV. in Besitz genommen und 1374 mit Böhmen vereinigt worden. Die Vorstufen sind für das Vorgehen Karls bezeichnend. Nachdem es nicht gelungen war, die Mark Brandenburg den Wittelsbachern durch die Unterstützung Woldemars, des falschen Askaniers, zu entwinden, erkannte Karl als deutscher König 1350 die wittelsbachischen Brüder Ludwig d. Ä., Ludwig d. Römer und Otto als Landesherren an, bewirkte jedoch nach dem Tode des ältesten von ihnen 1361, daß die beiden jüngeren die Regierung des Landes, zunächst für drei Jahre, dem Magdeburger Erzbischof Dietrich von Portitz, einem Vertrauten Karls, überließen. Der nächste Schritt war eine 1363 vollzogene Erbverbrüderung zwischen den Markgrafen, dem Kaiser, seinem Sohn Wenzel und noch zu erwartenden Söhnen. Hierdurch gewannen die Luxemburger, indem die anderen Wittelsbacher von der Nachfolge in Brandenburg ausgeschlossen wurden, die Anwartschaft auf dieses Kurfürstentum. Militärisch setzte Karl die Huldigung der märkischen Stände durch. Als dann Ludwig d. Römer 1365 gestorben war, überließ Markgraf Otto die Verwaltung des Landes dem Kaiser auf sechs Jahre. Die Verbindung wurde mit einem Ehebund – Otto heiratete eine Tochter des Kaisers – besiegelt (1366). Der Preis, den der Wittelsbacher hierfür zahlte, war die Überlassung der Niederlausitz (1367/68). Im Jahre 1368 gelangte Karl auch in den Besitz des Fürstentums Schweidnitz-Jauer. Die Erweiterung der böhmischen Macht erweckte gewisse Selbständigkeitsbestrebungen der brandenburgischen Stände, aber auch des Markgrafen. Dies veranlaßte Karl 1371 zum militärischen Vorgehen. Im August 1373 zwang er Markgraf Otto im Vertrag zu Fürstenwalde, auf die Mark gegen eine finanzielle Entschädigung zu verzichten. Karl belehnte noch im gleichen Jahr seinen Sohn Wenzel mit Brandenburg. Im Mai 1374 vollzogen die brandenburgischen Stände „die ewige Einung" des Landes mit

---

1 Kurzfassung des in Hamburg gehaltenen Vortrags. Eine erweiterte, mit Belegen und Anmerkungen versehene Fassung wird in der Zeitschrift für historische Forschung erscheinen.

2 Zur Zeit des Vortrags lag bereits vor: *Roderich Schmidt:* Brandenburg und Pommern in der Politik Kaiser Karls IV. Das Kräftespiel zwischen Wittelsbachern, Luxemburgern und Greifen, in: Kaiser Karl IV., Staatsmann und Mäzen, hrsg. v. *F. Seibt* (1978), S. 203–208 u. 456–457.

dem Königreich Böhmen. Am 29. Juni wurde diese Union vom Kaiser bestätigt, „besonders aus dem gründe, damit diese lande und vesten bei dem
heiligen römischen reiche bleiben und nicht an Dänemark oder Polen kommen".

Dies geschah zu Tangermünde, das Karl zu seiner Residenz ausbauen
ließ. Die Errichtung von Bauten und ihre Ausschmückung entsprach früheren Maßnahmen Karls in Prag nach der Übernahme der Regierungsgewalt in
Böhmen und in Aachen nach der Kaiserkrönung. Das Bildprogramm, das er
in der Burg zu Tangermünde anbringen ließ, ordnete Brandenburg in den
luxemburgisch-premyslidischen und damit böhmischen Zusammenhang ein
unter gleichzeitiger Betonung seiner Bedeutung als Kurfürstentum im Reich.

Über die Regierungs- und Verwaltungstätigkeit vermitteln die Urkunden
ein einigermaßen greifbares Bild. Die Leitung der Verwaltung bzw. die
Oberaufsicht oblag zunächst dem kaiserlichen Rat Thimo von Colditz. Neben ihm fungierten Johann von Cottbus als „capitaneus marchie Brandenburgensis" und als „Provisor" Bischof Petrus von Lebus, „totius Marchie
cancellarius generalis".

Vor allem aber besitzen wir in dem sog. Landbuch der Mark Brandenburg „eine einzigartige Quelle, aus der sich der innere Zustand der Mark
beim Herrschaftsantritt der Luxemburger nach den verschiedensten Richtungen erkennen läßt"[3]. Das brandenburgische Landbuch ist bisher im wesentlichen in Bezug auf die Territorialgeschichte der Mark gewürdigt worden.
Man kann dieses „Rechtsdenkmal" aber auch als Zeugnis des „Ordnungs-
strebens"[4] Karls in den Zusammenhang seiner Verwaltungspraxis einordnen[5]. Die Frage, wie dieser Herrscher bei der Ordnung der Verwaltung nach
der Regierungsübernahme vorgegangen ist, ergibt sich aus dem Vergleich.

Im Königreich Böhmen hat Karl bald nach seinem Herrschaftsantritt
1348 die böhmische Institution der Landtafel auch auf Mähren übertragen
und hierüber dann 1359 eine nähere Instruktion erlassen.

Für das Fürstentum Breslau gab er 1352 dem Breslauer Rat den Befehl,
zusammen mit dem Kanzler Dietmar von Meckbach eine Erhebung über alle Einkünfte des Fürstentums vorzunehmen. Es sind verschiedenartige Aufzeichnungen überliefert, die G. A. Stenzel als das „Landbuch des Für-

---

3 A. *Erler:* (Art.) Landbuch, in: Handwörterbuch z. dt. Rechtsgesch., Bd. II, 14. Lfg.
   (1976), Sp. 1364.
4 F. *Merzbacher:* Karl IV. und das Recht, in: Kaiser Karl IV., Staatsmann und Mäzen
   (wie Anm. 2), S. 148.
5 Der Aufsatz von C. *Brinkmann:* Die Entstehung des Märkischen Landbuchs Kaiser
   Karls IV., in: Forsch, z. brandenb. u. preuß. Gesch. 21 (1908), S. 37–97, stellt diese
   Quelle in ihre allgemeinen Zusammenhänge aufgrund des damaligen Forschungs-
   stands.

stenthums Breslau" publiziert hat[6] . Ein erstes, mehr summarisches Verzeichnis für diesen schlesischen Besitz Karls IV. wurde bereits 1353 vorgelegt; ein spezifiziertes folgte fünf Jahre später 1358.

Über die Verwaltung der 1355 in das Königreich Böhmen inkorporierten
Besitzungen, die Karl in Bayern erworben hatte und die später als „Neuböhmen" bezeichnet wurden, vermittelt das sog. „Böhmische Salbüchlein", das
1973 veröffentlicht worden ist, nähere Aufschlüsse[7]. Auch das „Salbüchlein"
besteht aus verschiedenen Teilen, bildet aber doch ein mehr oder weniger zusammenhängendes Ganzes. Wie für die Teile des schlesischen Landbuches
sind ältere Aufzeichnungen der Verwaltung aus der vorluxemburgischen
Zeit benutzt worden. Vergleicht man die beiden Werke, so fällt bei dem
„Böhmischen Salbüchlein", das zwischen 1363 und 1368 entstanden ist, eine
stärkere Systematik und Geschlossenheit auf als bei dem schlesischen Landbuch aus den fünfziger Jahren. Auch für „Neuböhmen" sind die mit der
Ordnung der Verwaltung betrauten „Beamten" bekannt. Besonders zu nennen ist Busek von Wilhartitz, „des Kaisers oberster Hauptmann in Baiern",
der Dietmar von Meckbach in Schlesien und Thimo von Colditz in Brandenburg verglichen werden kann.

Auf dem Hintergrund der genannten Aufzeichnungen wird die Bedeutung des Landbuchs der Mark Brandenburg[8] noch deutlicher. Was unter
diesem Titel zusammengefaßt wird, ist wieder eine Mehrzahl von Registern
und Aufzeichnungen verschiedener Art und unterschiedlichen Umfangs.
Eine erste Aufzeichnung, nämlich eine summarische Beschreibung der
Mark, erfolgte bereits im Jahr der endgültigen Besitzergreifung 1373. Eine
Registrierung der Dörfer begann 1375. Daneben sind verschiedene Übersichten über Einkünfte und Rechte überliefert. Diese Verzeichnisse sind
weit systematischer, eingehender und umfassender als die früheren „Land-
bücher" Karls. Diese Feststellung bestätigt sich auch bei einem Vergleich mit
dem sog. Neumärkischen Landbuch, das in den dreißiger Jahren des 14. Jahrhunderts unter Markgraf Ludwig d. Ä. entstanden ist[9]. Es war offenbar der
Kanzlei Karls IV. zugänglich, und dies erklärt, weshalb die Neumark in sei-

---

6   *G. A. Stenzel:* Das Landbuch des Fürstenthurns Breslau, in: Uebersicht der Arbeiten
    und Veränderungen der schlesischen Gesellschaft für vaterländische Kultur im Jahre
    1842 (1843), S. 48—142.
7   Das „Böhmische Salbüchlein" Kaiser Karls IV. über die nördliche Oberpfalz 1366/68,
    hrsg. v. *F. Schnelbögl* (Veröffentl. d. Collegium Carolinum 27), 1973. Vgl. auch H.
    Sturm: Des Kaisers Land in Bayern, in: Kaiser Karl IV., Staatsmann und Mäzen (wie
    Anm. 2), S. 208–212 u. 457.
8   Das Landbuch der Mark Brandenburg von 1375, hrsg. *v.J. Schultze* (Veröffentl. d.
    Hist. Komm. f. d. Prov. Brandenburg u. d. Reichshauptstadt Berlin, VIII: Branden-
    burgische Landbücher 2), 1940.
9   Ausgaben des Neumärkischen Landbuchs von *G. W. von Raumer* (1837) u. *L. Goll-
    mert* (1862).

nem Landbuch fehlt. Das Neumärkische Landbuch zeigt aber auch, welcher Art die Aufzeichnungen waren, auf die Karl und seine Verwaltung sich stützen konnten. Es läßt zudem erkennen, inwieweit er an verwaltungsmäßige Maßnahmen seiner Vorgänger anknüpfte und über sie hinausging.

An den „Landbüchern" ist die Wirksamkeit Karls IV. als Landesfürst besonders gut abzulesen. Der Vergleich läßt den Fortschritt der Verwaltungsmaßregeln, das Fortschreiten auf dem Wege einer organisierten Verwaltung deutlich werden. Die Maßnahmen folgen einem bestimmten Muster, das von Jahrzehnt zu Jahrzehnt weiter ausgeformt wurde und das für seine Zeit eine gewisse Planmäßigkeit zeigt. Das Ziel war die Stärkung der Machtgrundlage Karls, die jedoch zugleich auf eine Stärkung des Reiches gerichtet war[10].

---

10 Inzwischen sind erschienen: *G. Heinrich:* Kaiser Karl IV. und die Mark Brandenburg. Beiträge zu einer territorialen Querschnittanalyse.(1371–1378), in: Kaiser Karl IV. 1316–1378, Forschungen über Kaiser und Reich, hrsg. v. *H. Patze* (= Bll f. dt. Landesgesch. 114), 1978, S. 407–432, und H. *K. Schulze:* Karl IV. als Landesherr der Mark Brandenburg, in: Jb. f. d. Gesch. Mittel- und Ostdeutschlands 27 (1978), S. 138–168.

Mecklenburg und Pommern in der Reimchronik des Ernst von Kirchberg (1378)

Das Verhältnis Mecklenburgs zu seinem östlichen Nachbarn Pommern sei hier nicht generell, sondern unter speziellem Aspekt behandelt, nämlich aus der Sicht, wie sie in der Reimchronik des Ernst von Kirchberg dargeboten wird. Damit ist sogleich eine zeitliche Einschränkung gegeben. Diese älteste Landeschronik Mecklenburgs ist 1378/79 entstanden. Inhaltlich reicht sie, was die Teilherrschaft Mecklenburg betrifft, wie sie nach der Landesteilung 1229 entstanden ist, bis zum Jahr 1329, für die Teilherrschaften Werle und Rostock bis 1374.[1]

Wie spiegeln sich nun die Beziehungen zwischen beiden Ländern in dieser Chronik? Um dieses zu erfassen, sei zuerst danach gefragt, seit wann von Mecklenburg und von Pommern überhaupt die Rede sein kann, d. h., seit wann sie als territoriale Gebilde existierten.[2] Die urkundliche Nennung der Mecklenburg im Jahre 995 besagt in dieser Hinsicht nur soviel, daß die „große Burg", die *Michelenburg*, zur Herrschaft des Stammes der Obodriten gehörte und wohl ihr Mittelpunkt gewesen ist.[3]

Für Pommern – po morze, Land „am Meer" – gibt es keinen entsprechenden namengebenden Ort. Das Volk der Pommern ist jedoch schon am Ende des 10. Jahrhunderts als Stamm vorhanden.[4] Im Jahre 997 soll Adalbert

---

1 Benutzt ist die neue Ausgabe: „Mecklenburgische Reimchronik des Ernst von Kirchberg". Im Auftrag der Historischen Kommission für Mecklenburg und in Verbindung mit dem Mecklenburgischen Landeshauptarchiv Schwerin hg. v. Christa CORDSHAGEN und Roderich SCHMIDT. Weimar / Köln / Wien 1997. Vorwort S. XIII–XV, Editionsgrundsätze S. XVII–XVIII. Die aus Anlaß der Tausendjahrfeier Mecklenburgs entstandene Edition ersetzt den Druck von 1745.

2 Vgl. Manfred HAMANN: Das staatliche Werden Mecklenburgs. (Mitteldeutsche Forschungen 24). Köln / Graz 1962. – Gerhard RENN: Die Bedeutung des Namens „Pommern" und die Bezeichnung für das heutige Pommern in der Geschichte. (Greifswalder Abhandlungen zur Geschichte des Mittelalters 8). Greifswald 1937. – Jürgen PETERSOHN: Pommerns staatsrechtliches Verhältnis zu den Nachbarmächten im Mittelalter. In: Die Rolle Schlesiens und Pommerns in der Geschichte der deutsch-polnischen Beziehungen im Mittelalter. (Schriftenreihe des Georg-Eckart-Instituts für internationale Schulbuchforschung 22/III). Braunschweig 1980.

3 Peter DONAT: Die Mecklenburg. Eine Hauptburg der Obodriten. (Schriften zur Ur- und Frühgeschichte 37). Berlin 1984.

4 Vgl. Adolf HOFMEISTER: Genealogische Untersuchungen zur Geschichte des pommerschen Herzogshauses. (Greifswalder Abhandlungen zur Geschichte des Mittelalters 11). Greifswald 1938, S. 7–21: Die Anfänge. Pommersche Herzöge vor Wartislaw I. und Ratibor I., auch in: Pommersche Jahrbücher 31 (1937). – Künftig auch: Roderich SCHMIDT: Die Anfänge der pommerschen Geschichte im Spiegel schriftli-

von Prag auf seiner Missionsfahrt ins Preußenland einen *dux Pomorie* aufgesucht haben. Allerdings gehört diese Überlieferung erst dem 13. Jahrhundert
an. Sicher überliefert, nämlich in den Altaicher Annalen, ist dann ein *dux
Bomeraniorum*, namens Zemuzil, der im Jahr 1046 zusammen mit den Herzögen Bretislaw von Böhmen und Kasimir von Polen zu Merseburg vor
König Heinrich III. zur Tributleistung erschienen ist. Die Pommern bildeten demnach einen Volkskörper wie die Böhmen und die Polen, und sie haben einen *dux*, stellen also eine politisch verfaßte Einheit dar. Zu Beginn des
12. Jahrhunderts hören wir von weiteren, namentlich genannten Pommernherzögen, die geographisch mit Kolberg und Nakel sowie mit der Oder im
Zusammenhang stehen. Möglicherweise waren es Teilfürsten, denn die Bezeichnungen slawischer Fürsten in den Quellen besagen oft nichts Genaues
über ihren tatsächlichen Rang. Soviel kann aber gesagt werden: Die Pommern,
Pomoranen, werden spätestens seit dem ausgehenden 10. Jahrhundert als ein
einheitliches ethnisches Gebilde, als ein Stammesverband verstanden, der
sich von anderen unterscheidet. Sein Gebiet erstreckt sich von der Oder bis
zur Weichsel. Am Anfang des 12. Jahrhunderts kommt es im pomoranischen Raum zu größeren Herrschaftsbildungen unter einheimischen Dyna-
sten, im östlichen Teil um Danzig, dem späteren Pomerellen, unter den
Samboriden, westlich davon, aber noch östlich der Oder unter einem Geschlecht, das seit Wartislaw I. überlieferungsmäßig gesichert ist, das seit
1214, vielleicht schon seit 1194 einen Greifen im Wappen führt und als das
Greifengeschlecht bezeichnet wird.[5] Beide, die 1294 erloschenen Samboriden in Danzig und die Greifen, führten den Pommernnamen in ihrem Titel.
Mit den Nachrichten über Wartislaw I. und mit der Pommernmission Bischof
Ottos von Bamberg 1124 beginnt die sich im hellen Licht der schriftlichen
Überlieferung vollziehende Geschichte der pommerschen Staatlichkeit.[6]
    Einen Stammesverband der Mecklenburger gab es im 10. bis 12. Jahr-
hundert noch nicht.[7] Der später nach der Burg benannte Raum wurde von

cher Überlieferung. In: Tausend Jahre pommersche Geschichte. (Veröffentlichungen
der Historischen Kommission für Pommern. Reihe V: Forschungen zur pommerschen Geschichte 32). Köln / Weimar / Wien (im Druck).
5 Über das Greifenwappen auf Herzogssiegel vgl. HOFMEISTER (wie Anm. 4), S. 7 f.
mit Anm. 1, dazu Pommersches Urkundenbuch, Bd. I. 2. Aufl. neu bearb. v. Klaus
CONRAD. Köln / Wien 1970, Nr. 126 und Nr. 162 (mit Hinweis auf Marian GU-
MOWSKI, 1950). – Norbert BUSKE: Wappen, Farben und Hymnen des Landes Mecklenburg-Vorpommern. Bremen 1993, S. 52. – Ludwig BIEWER: Die Geschichte des
pommerschen Greifenwappens. In: Baltische Studien. 125, NF 79 (1993), S. 44–57.
6 Vgl. Roderich SCHMIDT: Geschichtliche Einführung Pommern. In: Handbuch der historischen Stätten Deutschlands. Bd. 12: Mecklenburg/Pommern. Hg. v. Helge BEI
DER WIEDEN und Roderich SCHMIDT. Stuttgart 1996, S. XXXIII ff.
7 Vgl. Roderich SCHMIDT: Slawische Stämme, Burgen und Kultstätten in Mecklenburg
und Pommern. In: Historischer und geographischer Atlas von Mecklenburg und

den Obodriten und von den Wilzen bevölkert. Zu den Obodriten gehörten die Teilstämme der Polaben um den Ratzeburger See und der Warnower, im Westen außerhalb des späteren Mecklenburg die Wagrier in Ostholstein. Zu den Wilzen, seit dem Ende des 10. Jahrhunderts als Lutizen bezeichnet, gehörten die Kessiner, die Zirzipanen, die Tollenser und die Redarier. Adam von Bremen, Helmold von Bosau und andere Geschichtsschreiber haben sie uns vorgestellt. Aber schon der sogenannte Bayerische Geograph (9. Jahrhundert) nennt vier Regionen der Wilzen, die sich wohl mit den vier genannten Teilstämmen verbinden lassen. Im übrigen gliederte sich ihm zufolge das Gebiet der Wilzen in 95 *civitates*, d. h., Burgbezirke, das der Obodriten in 53. Die Mecklenburg war gewiß eine von ihnen.

Die interne Entwicklung bei den Obodriten und den Lutizen ist unterschiedlich verlaufen. Während sie sich bei den Lutizen[8] auf einen heidnischen Kultverband mit einer Art Priesterkaste hin entwickelte, der in dem Kultort Rethra sein Zentrum hatte, führte sie bei den Obodriten zu einer fürstlichen Territorialstaatsbildung.[9] Die Obodriten bilden den Kern des späteren Mecklenburg. Und mit ihnen verbindet sich das mecklenburgische Selbstverständnis auch insofern, als das mecklenburgische Herrscherhaus, das der Geschichte des Landes bis ins 20. Jahrhundert Kontinuität verlieh, mit dem Obodritenfürsten Niklot (gest. 1170) und seinem Sohn Pribislaw seinen nachweisbaren Anfang genommen hat. Die Geschichte der Obodriten als staatlich geformter und verfaßter Großstamm reicht allerdings weiter zurück. Sie beginnt in der Mitte des 10. Jahrhunderts mit dem mehr sagenhaften Nakon (gest. 965/67) und reicht unter dem Geschlecht der Nakoni-

---

Pommern. Hg. im Auftrag der Landeszentrale für politische Bildung Mecklenburg-Vorpommern. Bd. 2: Mecklenburg und Pommern. Das Land im Rückblick. Schwerin 1996, S. 6–9 mit Karte 1.

8　Vgl. Wolfgang BRÜSKE: Untersuchungen zur Geschichte des Lutizenbundes. Deutsch-wendische Beziehungen des 10.–12. Jahrhunderts. (Mitteldeutsche Forschungen 3). 2. Aufl. Köln / Wien 1983. – Manfred HELLMANN: Grundzüge der Verfassungsgeschichte der Liutizen. In: Siedlung und Verfassung der Slawen zwischen Elbe, Saale und Oder. Hg. v. Herbert LUDAT. Gießen 1960, S. 103–113. – Roderich SCHMIDT: Rethra. Das Heiligtum der Lutizen als Heiden-Metropole. In: Festschrift für Walter SCHLESINGER. Bd. 2. Hg. v. Helmut BEUMANN. (Mitteldeutsche Forschungen 74/II). Köln /Wien 1974, S. 366–394.

9　Vgl. Wolfgang H. FRITZE: Probleme der abodritischen Stammes- und Reichsverfassung und ihrer Entwicklung vom Stammesstaat zum Herrschaftsstaat. In: Siedlung und Verfassung (wie Anm. 8), S. 141–219. – Manfred HAMANN: Mecklenburgische Geschichte. Von den Anfängen bis zur Landständischen Union von 1523. (Mitteldeutsche Forschungen 51). Köln / Graz 1968. – Wolf KARGE, Ernst MÜNCH und Hartmut SCHMIED: Die Geschichte Mecklenburgs. Rostock 1993, Kap. 3: Die Begründung des mecklenburgischen Territorialstaates 1160/73–1348, S. 25–41. - Helge BEI DER WIEDEN: Geschichtliche Einführung Mecklenburg. In: Handbuch der historischen Stätten (wie Anm. 6), S. XIII ff.

den bis zum Ende der zwanziger Jahre des 12. Jahrhunderts. Die Niklotiden, so wird man sagen können, sind dann in das Erbe der Nakoniden eingetreten.

Steht nun Niklot gewissermaßen am Anfang der „mecklenburgischen Geschichte", so beginnt die pommersche entsprechend mit Wartislaw I.[10] Er kann als der Begründer der pommerschen Eigenstaatlichkeit bezeichnet werden. Entscheidend war, daß er zu Beginn der zwanziger Jahre des 12. Jahrhunderts seine Herrschaft über die Oder hinweg bis in den Peene- und Tollenseraum ausdehnte, die hier sitzenden Lutizen unterwarf und eine Herrschaft begründete, die nicht mehr stammlich geprägt, sondern geographisch-territorial bestimmt war. Indem es ihm gelang, die Bindung an Polen, wenn nicht abzustreifen, so doch zu lockern, verselbständigte sich sein Herrschaftsraum und der seiner Nachfolger in einer Balance zwischen den deutschen Mächten und Polen. Von großer Bedeutung war es, daß die unter ihm von Bischof Otto von Bamberg begründete pommersche Kirche direkt Rom unterstellt, d.h. verselbständigt wurde, wodurch Pommern indirekt internationale Anerkennung erlangte.[11]

Der Vorstoß der Pommern nach Westen hatte die Schwächung der Lutizen zur Voraussetzung. Sie sahen sich von mehreren Seiten bedroht. Die Zerstörung Rethras durch Bischof Burchard von Halberstadt 1068 als Reaktion auf den von dort ausgegangenen großen Slawenaufstand des Jahres 1066 leitete den Nieder- und schließlich den Untergang des Lutizenbundes ein. Der Aufstand von 1066 richtete sich in erster Linie gegen das Obodritenreich des Nakoniden Gottschalk, der, nachdem er das Christentum angenommen hatte, seine Herrschaft in Verbindung mit den Sachsen aufgebaut und mit sächsischer und dänischer Unterstützung bis ins Lutizenland, in den Raum der Kessiner und Zirzipaner, ausgedehnt hatte, so daß seine Herrschaft sich von Wagrien bis zur Peene erstreckte.[12] Um 1060 hatte er in Rat-

---

10 Vgl. SCHMIDT (wie Anm. 6), S. XXXIII–XXXVI. – Joachim WÄCHTER: Anfänge des Christentums im Osten des Lutizengebietes. In: Herbergen der Christenheit. Jahrbuch für deutsche Kirchengeschichte 1989/90, S. 117–125.

11 Vgl. Jürgen PETERSOHN: Der südliche Ostseeraum im kirchlich-politischen Kräftespiel des Reichs, Polens und Dänemarks vom 10. bis 13. Jahrhundert. Mission – Kirchenorganisation – Kultpolitik. (Ostmitteleuropa in Vergangenheit und Gegenwart 17). Köln / Wien 1979, über Otto von Bamberg und die Begründung der pommerschen Kirche S. 211 ff. – Bischof Otto I. von Bamberg. Beginn der Christianisierung des Peenegebietes. (Kirchengeschichtliche Beiträge). Hg. im Auftrage der Evangelischen Landeskirche Greifswald v. Norbert BUSKE. O. O. u. J.

12 Vgl. BRÜSKE (wie Anm. 8), S. 81 ff. – HAMANN: Geschichte (wie Anm. 9), S. 60 ff. – Michael BUNNERS: Die drei Ansätze zur Missionierung Mecklenburgs bis zum Jahre 1066. In: Herbergen (wie Anm. 10), S. 103–116.

zeburg und in der Mecklenburg Bistümer errichtet.[13] 1066 ist diese Herrschaft mit einem Schlage zusammengebrochen. Gottschalk wurde zu Lenzen erschlagen, die Diener der Kirche erlitten das Martyrium. Der Aufstand erfaßte auch Sachsen, Hamburg und Schleswig wurden zerstört. Nach kurzem Zwischenspiel konnte Gottschalks Sohn Heinrich die Herrschaft über den Machtbereich seines Vaters zurückgewinnen. Nicht die Mecklenburg, sondern die Burg von Alt-Lübeck war seine Residenz. Lothar von Süpplingenburg, seit 1106 Herzog von Sachsen, übertrug ihm 1114 und 1121 die kessinischen und zirzipanischen Gebiete.[14] Helmold hat von diesem Heinrich gesagt, man nannte ihn König im ganzen Wendenland und bei den Nordalbingiern, und alle Slawenvölker zwischen Elbe und Ostsee, darunter auch die Ranen und die Pommern, leisteten ihm Tribut.[15] Im Peeneraum stießen in den zwanziger Jahren des 12. Jahrhunderts nicht nur die Interessen, sondern auch die Machtsphäre des obodritischen Großreichs und der Pommernherrschaft Herzog Wartislaws I. aufeinander. Mit dem Tod des Obodritenkönigs Heinrich 1127 brach das obodritische Gebilde wieder zusammen und ging auch die Herrschaft der Nakoniden zu Ende.[16]

Jetzt trat der Mann auf den Plan, der die mecklenburgische Herrscherdynastie begründete, Niklot.[17] Er teilte sich die Herrschaft mit einem Neffen König Heinrichs, Pribislaw, der sich bei den Wagriern und Polaben durchsetzte, während Niklot an die Spitze der eigentlichen Obodriten und der angrenzenden Lutizen trat. Beide waren Heiden und gerieten deshalb in Gegensatz zu dem 1142 in Sachsen eingesetzten Herzog Heinrich dem Löwen.

---

13 PETERSOHN: Ostseeraum (wie Anm. 11), S. 22 ff. – Vgl. auch Martin SCHOEBEL: Christianisierung und frühe Kirchenorganisation in Mecklenburg und Pommern (bis 1250). In: Atlas. Bd. 2 (wie Anm. 7), S. 10–15 mit Karte 2.

14 PETERSOHN: Ostseeraum (wie Anm. 11), S. 49 ff. – HAMANN: Geschichte (wie Anm. 9), S. 64–67.

15 HELMOLD VON BOSAU: Cronica Slavorum. Editio tertia v. Bernhard SCHMEIDLER (MG SS rer. Germ.). Hannover 1937. – Mit deutscher Übersetzung hg. v. Heinz STOOB. (Ausgewählte Quellen zur deutschen Geschichte des Mittelalters. Frhr. vom Stein-Gedächtnis-Ausgabe. Bd. 19). Darmstadt 1963. Das Zitat über „König" Heinrich c. 36, s. unten S. 77 mit Anm. 29. Hierzu Roderich SCHMIDT: Zur Mecklenburgischen Reimchronik des Ernst von Kirchberg. In: Gedenkschrift für Reinhold OLESCH. Hg. v. Hans ROTHE, Roderich SCHMIDT und Dieter STELLMACHER. (Mitteldeutsche Forschungen 100). Köln / Wien 1990, S. 71–101, über König Heinrich S. 95–97.

16 Vgl. BRÜSKE (wie Anm. 8): Wann starb der Obodritenkönig Heinrich, S. 229–235.

17 Über die Darstellung Niklots und seines Sohnes Pribislaw in der Kirchberg-Chronik im Vergleich mit der bei Helmold von Bosau s. SCHMIDT: Reimchronik (wie Anm. 15), S. 92–95 (mit Hinweis auf weitere Literatur).

Er ordnete die Verhältnisse im Slawenlande neu.[18] Die Herrschaft des Pribislaw wurde aufgeteilt, Wagrien dem Grafen Adolf von Holstein unterstellt,
in Polabien die Grafschaften Ratzeburg und Dannenberg gebildet, Niklot
damit auf den östlichen Raum beschränkt. Der Wendenkreuzzug 1147
brachte nicht den gewünschten Erfolg[19], Niklot hat zwar den Angriffen wi-
derstanden, konnte sich aber auf die Dauer nicht behaupten. 1160 wurde er
im Kampf vor der Burg Werle erschlagen. Seine beiden Söhne behielten lediglich die Länder Kessin und Zirzipanien. Sie gaben aber den Kampf nicht
auf. Der eine, Wartislaw, wurde 1163 gefangengenommen und erhängt. Der
andere, Pribislaw, floh zu den Pommernherzögen Bogislaw I. und Kasimir I., den Söhnen Wartislaw I., nach Demmin. 1164 wurden die Pommern
und Pribislaw mit ihnen in der Schlacht bei Verchen vernichtend geschlagen.[20] Dann aber wendete sich das Blatt: Heinrich der Löwe, durch innersächsische Probleme und die gegen ihn gerichtete Fürstenopposition gebunden, entschloß sich 1167, Pribislaw wieder in sein väterliches Erbe
einzusetzen, allerdings ohne die inzwischen eingerichtete Grafschaft Schwerin.[21] Von nun an war Pribislaw bis zu seinem Tode 1178 ein treuer Ge-
folgsmann des Sachsenherzogs als seines Oberherrn. Urkundlich wird er als
Pribislauus de Kizin, in einer Urkunde Heinrichs des Löwen aus dem Jahre
1171 auch als *de Mikelenburg* bezeichnet.[22] In seiner Mecklenburgischen
Geschichte schreibt Manfred Hamann: „Die Belehnung des Pribislaw (deren
genaues Datum wir nicht kennen) setzt einen Markstein in der mecklenburgischen Geschichte". Es war die Tat Heinrichs des Löwen, „zwei neue sächsische Lehnfürstentümer" im Slawenland zu begründen: die Grafschaft Schwerin und das Fürstentum Mecklenburg. Heinrich der Löwe war es, – so urteilt
Helge Bei der Wieden – „der dem wendischen Heidentum endlich das Ende
bereitete. Damit wurde er zum Begründer des deutschen Mecklenburg".[23]
    Die bis hierher skizzierte Entwicklung gründet sich weitgehend auf das,
was Helmold von Bosau in seiner Slawenchronik überliefert hat.[24] Helmold
ist auch die Grundlage für die gleiche Zeit bis 1171 in der deutschsprachigen

---

18 Vgl. HAMANN: Geschichte (wie Anm. 9), S. 68–93: „Mecklenburg im Machtbereich
    Heinrichs des Löwen". Über Heinrich den Löwen und die kultische Formung des
    obodritischen Sakralraumes vgl. PETERSOHN: Ostseeraum (wie Anm. 11), S. 97–123.
19 Zum Wendenkreuzzug: HAMANN: Geschichte (wie Anm. 9), S. 74–76. – BRÜSKE
    (wie Anm. 8), S. 107–112. – PETERSOHN: Ostseeraum (wie Anm. 11), S. 342–349.
20 Vgl. BRÜSKE (wie Anm. 8), S. 114 f.
21 Vgl. HAMANN: Geschichte (wie Anm. 9), S. 86–90.
22 Mecklenburgisches Urkundenbuch. Bd. 1. Schwerin 1863, Nr. 100 und 101.
23 HAMANN: Geschichte (wie Anm. 9), S. 88 f. – BEI DER WIEDEN (wie Anm. 9), S. XV.
24 Die Slawenchronik HELMOLDS (wie Anm. 15) wird im folgenden mit „HELMOLD"
    und Kapitelangabe zitiert.

Chronik des Ernst von Kirchberg.[25] Es handelt sich um die älteste Landes- und Fürstenchronik Mecklenburgs. Sie entstand 1378/79 im Auftrag Herzog Albrechts II. (1329–1379). Geschildert wird in über 26.000 Versen die Geschichte der obodritischen Slawenlande bzw. des späteren Territoriums Mecklenburgs und die seiner Fürsten, durchgehend von der Zeit Karls des Großen an bis zum Tode des Vaters Albrechts II., Heinrich, der ebenfalls den Beinamen „der Löwe" führte. Er starb im Jahre 1329. Kürzer werden dann die Fürsten von Werle und in einer Art Nachtrag die von Rostock behandelt, so daß das Werk endgültig mit dem Jahr 1374 endet. Die Verteilung des Stoffes ist ungleich. Von den insgesamt 185 Kapiteln folgen die ersten 112 Helmold; die weiteren 73 Kapitel stellen den selbständigen Teil des Werkes dar, für den der Autor Ernst von Kirchberg sich allerdings auf schriftliche Quellen sowie auf mündliche Überlieferung gestützt hat.[26]

Bei aller Abhängigkeit von Helmold ist Ernst von Kirchberg diesem jedoch nicht sklavisch gefolgt. Seine Chronik enthält Abschnitte, die bei Helmold nicht vorhanden sind, anderes ist weggelassen, wieder anderes ist anders akzentuiert und beleuchtet. Solche Passagen sind besonders interessant, weil sie uns Hinweise auf die Sicht des Autors geben, wenn man so will, auf eine „mecklenburgische" Sicht und damit auf die Intention des Werkes. Diese läßt sich dahingehend zusammenfassen: Die mecklenburgischen Fürsten, nicht nur die Niklotiden, sondern schon die Nakoniden und deren sagenhafte Ahnherren und Vorgänger waren von königlichem Geblüt oder nahmen eine königsgleiche Stellung ein, und ihr „Reich", das der Obodriten oder Wenden, eben Mecklenburg, ist dem Deutschen Reich, aber auch Dänemark, gleichgeordnet und damit von höherem Rang als die benachbarten Herzogtümer, einschließlich Sachsens und auch – ohne daß dies in solchem Zusammenhang ausdrücklich genannt wird – Pommerns.[27]

Von Pommern ist natürlich auch im Helmold-Teil der Kirchberg-Chronik die Rede. Hierzu einige Streiflichter: Wie Helmold unterscheidet auch Kirchberg zwischen Ost- und Westslawen. Diese, die Wenden, beginnen mit den Pommern.[28] *Ubi igitur Polonia finem facit ... sunt Pomerani.*

25 Die Mecklenburgische Reinchronik wird im folgenden nach der neuen Ausgabe (wie Anm. 1) mit Angabe des Kapitels und der Zeilenzahl zitiert.

26 Vgl. Heinrich THOMS: Die Mecklenburgische Reimchronik des Ernst von Kirchberg und ihre Quellen. (Beiträge zur Geschichte Mecklenburgs 2. Hg. v. Friedrich SCHIRRMACHER). Rostock 1875.

27 Hierzu SCHMIDT: Reimchronik (wie Anm. 15), S. 92–101. – Künftig auch Michaela SCHEIBE: Dynastisch orientiertes Geschichtsbild und genealogische Fiktion in der Mecklenburgischen Reimchronik des Ernst von Kirchberg. In: Schriftlichkeit und Landesgeschichte. Sechs Studien zum südlichen Ostseeraum. Hg. v. Matthias THUMSER. (Mitteldeutsche Forschungen).

28 HELMOLD c. 1. – KIRCHBERG c. 2, 5–7,19-21.

Kirchberg:

> *Daz erste laut ist Pomeren,*
> *daz hebet sich an Polenen*
> *vnde endet an der Odere fliez.*

Sie, die Oder, scheidet die Pommern von den Wilzen:

> *dy ged durch der Wende riche*
> *vnd scheydet von Pomerenen gliche*
> *daz lant zu Wiltzin angever.*

Vom R e i c h der Wenden spricht Kirchberg, Helmold von *Winulorum*
p o p u l i, eine leichte, aber bezeichnende Akzentverschiebung im Sinne der
Intention Kirchbergs, die obodritische Wendenherrschaft aufzuwerten.

Über den Wendenkönig Heinrich, den letzten Nakoniden, berichtet
Helmold[29], daß ihm alle *Slavorum n a c i o n e s*, die zwischen Elbe und Ostsee leben, darunter auch die Pommern, *usque ad terram Polonorum* Tribut
leisteten. *Super omnes hos imperavit Heinricus vocatusque est rex in omni
Slavorum et Nordalbingorum provincia.* Das liest sich bei Kirchberg[30] so:

> *An Polenen kert sins landes ende.*
> *Sus bezwang her al dy Wende,*
> *dy L a n t warin ym alle vndirtan,*
> *her waz ir konig sunder wan,*
> *von ym man sagin mocht vnd singen*
> *zu Wenden und zu Nordalbingen,*
> *waz her mechtig konig her*
> *vnd hielt daz r i c h in groszir er.*

Auch bei dem Bericht über die Bekehrung der Pommern durch Bischof Otto
von Bamberg spricht Helmold vom Volk *(gens)*, Kirchberg hingegen vom
„Land".[31] Unterschiedliche Akzente setzen Helmold und Kirchberg auch in
den Berichten über das Vorgehen Heinrichs des Löwen gegen den Niklot-
sohn Pribislaw und die Pommernherzöge, zu denen dieser nach Demmin
geflohen war. Helmold[32] bezeichnet ihn als den Urheber des Aufstandes *(rebellionis auctor)*, der – aus dem väterlichen Erbe vertrieben – nicht aufhörte,
Überfälle zu unternehmen. Die Pommernherzöge forderten ihn aus Furcht
vor dem Sachsenherzog auf, dies zu unterlassen, sofern er sich weiterhin bei
ihnen aufhalten wolle, sonst müßten sie ihn aus ihrem Gebiet verweisen.

---

29 HELMOLD c. 36. – Siehe oben Anm. 15.
30 KIRCHBERG c. 38, 161–168.
31 HELMOLD c. 40. – KIRCHBERG c. 42, 229.
32 HELMOLD c. 102.

Helmold beschließt diese Passage mit dem Satz: *Et cohibitus est Pribizlaus ab insania sua.* Kirchberg[33], der hier, wie auch sonst, Pribislaw als König bezeichnet, korrigiert Helmold auch insofern, als er Wendungen vermeidet, die ihn in einem allzu negativen Licht erscheinen lassen. So fehlt bei ihm die Angabe, er sei der Anstifter des Aufstandes gegen Heinrich den Löwen gewesen.[34] Statt dessen stellt er den „Haß" des Herzogs heraus, mit dem dieser den Pribislaw verfolgte:[35]

> *Nu vugete es zu der Zid sich sus,*
> *daz konig Pribislauus*
> *sins vatir rich enterbit waz,*
> *daz quarr von des herzogen haz.*

Und statt der prägnanten Aussage Helmolds, er sah sich an seinem unsinnigen Treiben *(insania)* gehindert[36], formuliert Kirchberg:[37]

> *Da wart Pribislauus*
> *nymme mortgrymmig recht alsus*
> *mit hasze wider dy Cristen.*
> *mit vygentlichin listen*

Auch die wohlmeinende Warnung der Pommernherzöge an Pribislaw,

> *du vulges dyme vngelucke na,*

findet sich bei Helmold nicht. Statt dessen erfahren wir bei Helmold[38] und entsprechend auch Kirchberg, daß Heinrich der Löwe den *princeps Slavorum* Pribislaw schließlich wieder in sein väterliches Erbe, allerdings ohne die Grafschaft Schwerin einsetzte und daß dieser dem Sachsenherzog den Treueid leistete.[39]

Während Helmold dann aber sogleich auf die innersächsische Kämpfe eingeht, schiebt Kirchberg, aus Doberaner Überlieferung[40], noch zwei Kapitel über Pribislaw ein – Kapitel 103 Wy *konig Pribisla von Obodriten Cristen wart* und Kapitel 104 Wy *Dobran erst gebuwet wart* – sowie ein weiteres Kapitel, 105, über Pribislaws Neffen Nikolaus Wy *her Nicolaus, vurste von*

---

33 SCHMIDT: Reimchronik (wie Anm. 15), S. 93–95.
34 HELMOLD c. 102: *Pribizlavus ... rebellionis auctor.*
35 KIRCHBERG c. 101, 1–4.
36 HELMOLD c. 102.
37 KIRCHBERG c. 101, 55–58, 38.
38 HELMOLD c. 103.
39 KIRCHBERG c. 102, 111 f. Die Treueidleistung *(fidelitas)* bei Helmold wird von Kirchberg nicht erwähnt.
40 SCHMIDT: Reimchronik (wie Anm. 15), S. 77. – Georg Christian Friedrich LISCH: Die doberaner Genealogie und die parchimsche Genealogie. In: Jahrbücher des Vereins für meklenburgische Geschichte und Alterthumskunde 11 (1846), S. 1–35.

Kyssin, erst buwete daz borgwal zu Rodestog. Kirchberg setzt Pribislaw mit Kaiser Friedrich Barbarossa und König Waldemar von Dänemark, mit Heinrich dem Löwen und Bischof Berno von Mecklenburg in Beziehung und fragt: *Wer mag der Wende Konig syn?*[41] Er sieht seinen „König" Pribislaw in der Nachfolge des Obodritenkönigs Gottschalk, und so wie dieser das Bistum Mecklenburg errichtet hatte, stiftete Pribislaw nun das Kloster Doberan (genauer dessen Vorgänger zu Althof). Das kurze Kapitel über Nikolaus und Rostock endet mit der Nachricht von der Überführung der Gebeine Karls des Großen durch Barbarossa nach Aachen.[42] Wenn es an dieser Stelle einen Sinn haben soll, dann vielleicht den, daß Kirchberg später (Kapitel 116) von der Überführung Pribislaws nach Doberan mit Angabe des Jahres 1215 berichtet:[43]

> *Do wart her dort begrabin*
> *mit groszin eren wirdiglich,*
> *als es eyme konige vugete sich.*

Am Ende seiner Chronik berichtet Helmold von der Eroberung Rügens im Jahre 1168 und der Zerstörung des Swantewit-Heiligtums auf Arkona.[44] An diesem Kriegszug der Dänen unter König Waldemar I. waren auch die Pommernherzöge Kasimir und Bogislaw sowie Pribislaw beteiligt. Mit den folgenden Auseinandersetzungen zwischen Heinrich dem Löwen und dem Dänenkönig und dem zwischen ihnen 1171 erzielten Ausgleich endet Helmolds Werk, nicht jedoch die Kirchbergsche Chronik.[45]

In ihrem zweiten, von der Vorlage Helmolds unabhängigen Teil[46], in den die Doberaner Überlieferung eingeflossen ist, nehmen die inneren Angelegenheiten Mecklenburgs den größten Raum ein, daneben werden relativ ausführlich die Verhältnisse zu Dänemark und zu Brandenburg behandelt. Die Beziehungen zu Pommern treten demgegenüber zurück; sie waren offenbar nicht besonders eng, jedenfalls aus mecklenburgischer Sicht. Näherliegend – und insofern auch heller beleuchtet – sind die Beziehungen zum Fürstentum Rügen. Pommern und ebenso Rügen werden natürlich im Zusammenhang mit genealogischen Angaben genannt, bei Eheverbindungen, aber auch bei Begräbnissen oder Fürstentreffen. Nicht immer sind die genealogischen An-

---

41 KIRCHBERG c. 103, 1-12, 53 ff., c. 104: *Wy Dobran erst gebuwet wart.*
42 KIRCHBERG c. 105.
43 KIRCHBERG c. 116, 39-52, hierzu PETERSOHN: Ostseeraum (wie Anm. 11), S. 162, Anm. 222.
44 HELMOLD c. 108.
45 HELMOLD c. 110.
46 HELMOLD c. 113 ff.

gaben korrekt und manchmal bleibt die Zuordnung der Personen und der Zeit unsicher.[47]

Nach dem Tod Heinrich Borwins II. 1127 war es bekanntlich zu Teilungen der Herrschaft in Mecklenburg gekommen. Es entstanden die vier Linien Mecklenburg, Werle, Rostock und Parchim.[48] Kirchberg hat am ausführlichsten die Geschicke der mecklenburgischen Fürsten behandelt, danach die der Linie Werle. Rostock bildet mehr einen Annex, und Parchim wird gleich zu Beginn kurz abgetan.[49] Kapitel 129 handelt *Von hern Prybisla von Richinberg*, dem jüngsten Sohn Heinrich Borwins II., mit dem die Parchimer Linie begann, und *syme sone*, gleichfalls Pribislaw geheißen.[50] Der ältere Pribislaw mußte, nachdem er mit den Städten und den eigenen Vasallen seiner Herrschaft und schließlich auch mit den benachbarten geistlichen Fürsten in kriegerische Händel geraten war, 1256 das Land verlassen. Er begab sich nach Hinterpommern und lebte hier als *Pribislaw de Slavia, dominus in Wollin*.[51] Wie die Zusammenhänge zu erklären sind, verrät Kirchberg nicht. Er berichtet nur, daß er mit einer Frau aus polnischem Geschlecht verheiratet war und mit ihr einen Sohn hatte. Sein Urteil über Vater und Sohn ist recht negativ. Vom Vater sagt er:[52]

> *Her waz eyn vil bose Criste*
> *in halbir truw lebete her mit listen*

und vom Sohn[53]

> *Synen vatir hoch her ubirwant*
> *an tragheit, torheit vnd vnwitzien.*

---

47 Nach KIRCHBERG c. 120 war bei der Beisetzung Nikolaus' I. von Kessin, einem Enkel Niklots, in Doberan 1200 u. a. auch von *Pomern herczoge Warczisla* (Vers 60) anwesend. Die Zuordnung dieses Wartislaw stößt auf Schwierigkeiten. Ein Sohn Herzog Bogislaws I. mit dem Namen Wartislaw ist bereits 1184 verstorben, ein gleichnamiger Sohn Herzog Kasimirs II. wurde erst um 1210 geboren. Hält man nach weiteren Namensträgern Ausschau, so käme noch aus dem Geschlecht der Swantiboriden, einer Nebenlinie des pommerschen Herzogshauses, ein Wartislaw, Sohn des Bartholomäus, wie dieser Kastellan von Stettin, gestorben 1233, in Betracht. Vgl. Martin WEHRMANN: Genealogie des pommerschen Herzogshauses. Stettin 1937, S. 135 f.
48 HAMANN: Geschichte (wie Anm. 9), S. 105–107. – Antje SANDER-BERKE in: Atlas. Bd. 2 (wie Anm. 7), S. 24–26 mit Karte 5.
49 KIRCHBERG c. 126: *Wy abir daz wendische rich geteylet wart in viere.* Linie Mecklenburg c. 133–171, Linie Werle c. 172–181, Linie Rostock c. 182–185.
50 HAMANN: Geschichte (wie Anm. 9), S. 107 f.
51 Vgl. Rudolf BENL: Die Gestaltung der Bodenrechtsverhältnisse in Pommern vom 12. bis zum 14. Jahrhundert. (Mitteldeutsche Forschungen 93). Köln / Wien 1986, S. 233.
52 KIRCHBERG c. 129, 82–85,15–16.
53 KIRCHBERG c. 129, 86–88.

und fragt dann:

Waz erbes mochte der besitzin?

Auf diese Frage teilt er mit, daß er eine Tochter Herzog Mestwins von
Pommern heiratete, den Namen nennt er nicht; sie hieß Katharina und war
die Tochter Mestwins II. von Pommerellen.[54] Weiter berichtet er, daß er als
Brautschatz *eyn veste, dy hiez Belegart* erhielt. Dies geschah, wie wir wissen,
1276/77. Als Lehnsbesitz hatte Pribislaw II. auch das Land Daber in Hinterpommern inne. 1288 wurde er vom Pommernherzog Bogislaw IV. aus
Belgard vertrieben. Nach Kirchberg haben Vater und Sohn in Belgard gelebt
und sind dort verstorben. Für Pribislaw I. mag dies zutreffen; er ist vermutlich 1272 gestorben. Pribislaw II verstarb erst nach 1316.[55] Kirchberg beendet dieses Kapitel mit den Worten:[56]

Sy storbin alse toren da,
keynen erben lieszin sy yn na.
Alsus virstarb ir beyder Stam,
daz von in nymant vordir quam.

Die Beziehungen der mecklenburgischen Linie zu Pommern beginnen mit
Heinrich I., dem Pilger, einem Enkel Heinrich Borwins II. Er heiratete um
1259 Anastasia, eine Tochter Herzog Barnims I. von Pommern. Sie ist die
Mutter Heinrichs II. mit dem Beinamen „der Löwe".[57] Kirchberg[58] berichtet, daß er 1266 auf der Livlandfahrt, an der Anastasia teilnahm, in Riga geboren wurde. Als der Vater 1271 zu einer Pilgerfahrt zum Heiligen Grabe
aufbrach, dort aber gefangen genommen und 26 Jahre zu Kairo in Gefangenschaft gehalten wurde, hat Anastasia, wenn auch nicht unangefochten, die
Regentschaft in Mecklenburg geführt, bis ihr Sohn, der Löwe, 1287 das Regiment übernahm. Als der Pilger 1297 in die Heimat zurückkehrte, hat er
die Regierung dem Sohne überlassen. 1302 ist er verstorben.[59] Kirchberg hat
die Geschichte der Gefangenschaft des Pilgers breit ausgemalt und auch die
Regentschaft seiner Gattin Anastasia dargestellt.[60]

---

54 KIRCHBERG c. 129, 89–92. Vgl. die Stammtafel des Hauses Mecklenburg (nach Fried-
    rich WIGGER), die der mecklenburgischen Geschichte von HAMANN (wie Anm. 9)
    beigefügt ist.
55 Vgl. BENL. (wie Anm. 51), S. 233 f. – KIRCHBERG c. 129, 93–104. Zu den Todesdaten
    vgl. die Stammtafel nach WIGGER (wie Anm. 54).
56 KIRCHBERG c. 129, 101–104.
57 Vgl. WEHRMANN (wie Anm. 47), S. 56 f. sowie HAMANN: Geschichte (wie Anm. 9),
    S. 109–112.
58 KIRCHBERG c. 133.
59 KIRCHBERG c. 135, 233–238.
60 KIRCHBERG c. 134 und 135.

Es folgt nun die Zeit Heinrichs II., des Löwen, der faktisch seit 1287, förmlich seit dem Tode des Vaters bis zu seinem eigenen Tod im Jahre 1329 regierte. In 36 Kapiteln hat Kirchberg dessen Herrschaft ausführlich behandelt.[61] Fragen wir auch hier nach pommerschen Bezügen. Im Vordergrund stehen die Kämpfe des mecklenburgischen Löwen mit Brandenburg und mit Dänemark. In sie sind aber auch die Pommernherzöge und die Fürsten von Rügen verwickelt.[62]

Bei der Auseinandersetzung mit Brandenburg ging es um das Land Stargard. Dieses hatte Heinrichs Gemahlin Beatrix, Tochter Markgraf Albrechts III. von Brandenburg, 1292 als Brautschatz mit in die Ehe gebracht. Nach dem Tode der Beatrix 1313 forderte Markgraf Waldemar, Albrechts Nachfolger, das Land zurück, wurde aber nach längeren Kämpfen von Heinrich in der Schlacht bei Gransee 1316 besiegt[63] Kirchberg[64] hat diese Schlacht in hohen Tönen besungen und Heinrich den Löwen als einen Helden gerühmt:

Da wart daz groste stryden,
daz je by vnsen czyden
in wendischen landen so geschach,
der schoz, der hyw, der slug, der stach.
…

Da entphing der Lewe Hinrich
von Mekilnborg gar hertiglich
mit eyner ax eynen slag so groz
uf synen helm, das yn virdroz,
daz her ubete lange czid
vnvirsunnen da den stryd.
Doch larte yn mynne vnd manheit,
daz her doch als eyn helt da streit.
Glich Hector streyd da manlich
von Mekilnborg Lewe Hinrich.

---

61 KIRCHBERG c. 136 bis 171. Zur Geschichte Heinrichs II., des Löwen, vgl. HAMANN: Geschichte (wie Anm. 9), S. 159 ff.: Der Aufstieg des Hauses Mecklenburg (1302–1360). – Christa CORDSHAGEN: Mecklenburg: Aufbau eines Landes. Von den Teilfürstentümern zum Herzogtum (1226–1600). In: 1000 Jahre Mecklenburg. Geschichte und Kunst einer europäischen Region. Landesausstellung Mecklenburg-Vorpommern 1995. Hg. v. Johannes ERICHSEN. Rostock 1995, S. 43 ff.

62 Zur Geschichte der Zeitereignisse aus pommerscher Sicht vgl. Martin WEHRMANN: Geschichte von Pommern. Bd. 1, 2. Aufl. Gotha 1919 (ND Frankfurt a. M. 1982), S. 125–131.

63 Vgl. HAMANN: Geschichte (wie Anm. 9), S. 161 f. (mit Literatur). – Otto VITENSE: Geschichte von Mecklenburg. Gotha 1920 (ND Würzburg 1985), S. 104 ff.

64 KIRCHBERG c. 160, 73–90.

Im Frieden zu Templin 1317 hat Brandenburg auf Stargard verzichtet. In diesem Kampf waren unter den Parteigängern des Markgrafen auch *von Stettin dy herczogen,* während zu den Bundesgenossen Heinrichs des Löwen Fürst Wizlaw III. von Rügen gehörte.[65] Bei den Stettiner Herzögen dürfte es sich um Otto I., den Begründer der Stettiner Linie des Greifenhauses, die nach der Landesteilung von 1295 entstanden ist, handeln und um seinen Sohn Barnim III., der 1316 mit einer schlesischen Prinzessin durch Vermittlung des Markgrafen Waldemar verlobt worden ist.[66]

Heinrich der Löwe nutzte die brandenburgische Schwäche, um nach Stargard auch die Uckermark zu gewinnen.[67] Doch die uckermärkischen Städte – Kirchberg[68] nennt Pasewalk, Prenzlau und Templin – wenden sich von ihm ab,

> *daz man ir eyde sy brechin sach,*
> *dy sy ee taden vestigliche*
> *dem von Mekilnborg Hinriche*

und unterstellten sich 1320 Herzog Wartislaw IV. von Pommern. Er regierte im Wolgaster Herzogtum, das 1295 bei der pommerschen Landesteilung von seinem Vater Bogislaw IV. begründet worden war. Auch er war ein Parteigänger des Markgrafen Waldemar, der ihm 1317 „als Lohn für die Bundestreue die Länder Stolp, Rügenwalde und Schlawe", die er erst kurz zuvor an sich gebracht hatte, überließ, wodurch sich Pommern-Wolgast weiter nach Hinterpommern ausbreitete.[69] Dieser Vorgang liegt freilich außerhalb des Blickfeldes von Kirchberg.

Doch die Verhältnisse in der Mark berührten immer auch Mecklenburg. 1319 war Markgraf Waldemar gestorben, 1320 verschied sein Vetter Heinrich. Damit erlosch das Geschlecht der Askanier in Brandenburg, und es begann eine wirre Zeit für dieses Land.

Das Jahr 1319 brachte aber noch einen anderen bedeutungsvollen Einschnitt für die Verhältnisse in Norddeutschland, den Tod des Dänenkönigs Erich Menved.[70] Dieser hatte die alte Stellung Dänemarks in den südlichen Küstenländern der Ostsee Schritt für Schritt wiederhergestellt. Den Einstieg hatte er in Rostock genommen. Hier hatte nach der mecklenburgischen

---

65 KIRCHBERG c. 160, 51–52.

66 Vgl. WEHRMANN: Genealogie (wie Anm. 47), S. 62 f. und 64–66.

67 Vgl. HAMANN: Geschichte (wie Anm. 9), S. 167. – Johannes SCHULTZE: Die Mark Brandenburg. Bd. 2. Berlin 1961, S. 13 ff.

68 KIRCHBERG c. 165, 14–20. – SCHULTZE (wie Anm. 67), S. 18 f.

69 WEHRMANN: Geschichte (wie Anm. 62), S. 130 f.

70 HAMANN: Geschichte (wie Anm. 9), S. 167. Über Erich Menved und die dänische Festlandpolitik ebd. S. 163–168. – WEHRMANN: Geschichte (wie Anm. 62), S. 127–131.

Landesteilung einer der Enkel Heinrich Borwins II. eine selbständige Herrschaft begründet. 1282 regierte sein unmündiger Enkel Nikolaus „das Kind", für den die Mutter die Regentschaft innehatte.[71] Zunächst sollte er eine Gräfin von Lindow heiraten. Daraus wurde nichts. Nikolaus wurde dann mit einer Tochter des Markgrafen Albrecht von Brandenburg verlobt, „verschmähte" sie aber, wie Kirchberg schreibt, *in synre torheit daz geschach*.[72] Er heiratete schließlich 1298/99 auf den Rat Wizlaws II. von Rügen dessen Enkelin Margaretha, Tochter Herzogs Bogislaws IV. von Pommern-Wolgast.[73] Das hatte gefährliche Folgen, als nun die Markgrafen Otto und Hermann *daz laut zu Rodestock virhereten vnd virbranten*, was Kirchberg im 185., dem letzten Kapitel seiner Chronik ausführt.[74] Das geschah,

vm daz ir junghere hatte gar
virsmahit ir nyfteln offinpar,
czwo schone jungfrowen rechte,
geborin von edeline geslechte.

Nachdem die Rostocker eine Geldsühne versprochen hatten, verheerten die Markgrafen das Fürstentum Rügen. Nikolaus das Kind wandte sich im Dezember 1300 schutzsuchend an Erich Menved und nahm von ihm das Rostocker Fürstentum zu Lehen.[75] Dies ist jedoch bei Kirchberg nicht mehr nachzulesen.

Die weiteren Auseinandersetzungen Erich Menveds mit den Mecklenburgern und anderen norddeutschen Fürsten können hier beiseite bleiben. 1314, so schreibt Manfred Hamann[76] in seiner Mecklenburgischen Geschichte, „stand König Erich Menved auf dem Gipfel seiner Macht in Norddeutschland". Als er aber 1315 mit Waldemar von Brandenburg in kriegerische Auseinandersetzungen geriet, brauchte er einen Bundesgenossen und fand ihn in Heinrich dem Löwen von Mecklenburg. Als Ersatz für dessen Kriegsverluste überließ er ihm die Herrschaft Rostock. Gleich nach Erichs Tod ließ sich der Löwe in der Stadt und dem Lande huldigen.[77] Nach dem Gewinn Rostocks hoffte Heinrich der Löwe auch in der Mark Brandenburg Ländereien in Besitz nehmen zu können. Dabei stieß er auf Herzog Wartislaw IV. von Pommern-Wolgast. Das machte beide zu Gegnern, nicht nur in der Uckermark. Jeder dieser kleinen Landesherren nutzte die Schwäche eines anderen, um daraus für sich Vorteile zu erlangen. Als sich Herzog Otto I.

---

71 Vgl. HAMANN: Geschichte (wie Anm. 9), S. 162 f.
72 KIRCHBERG c. 184, 39.
73 Vgl. WEHRMANN: Genealogie (wie Anm. 47), S. 75 f.
74 KIRCHBERG c. 185, 35–38.
75 Wie Anm. 71.
76 HAMANN: Geschichte (wie Anm. 9), S. 165.
77 Vgl. ebd., S. 165 f.

von Stettin mit den Städten seines Landes überwarf, wandten diese sich hilfesuchend an den Wolgaster Vetter. Das rief alsbald den mecklenburgischen Löwen auf den Plan, der nun einen Einfall nach Pommern unternahm[78] und

> *czoch mit starkem here mechtliglich*
> *vur dy stad zu Stetyn ...*
> *vnd liez da buwen drade*
> *mechtig dy burg, genant Verrade,*
> *nicht verre gelegen der stad Stetyn.*
> *Dy borg der stad solde wider syn,*

berichtet Kirchberg[79], ohne daß der Zusammenhang bei ihm deutlich wird. Doch auch mit dem Rügenfürsten geriet Heinrich der Löwe 1322 in Streit. Sie

> *buweten burge wider eynandir*
> *...*
> *zu beydir syd vm Ribenitze.*

und

> *Zu leist sy doch mit groszem nyde*
> *by der Sultze quamen sy zu stryde*[80]

Hier ging es, wie später noch oft, darum, ob Recknitz und Trebel die Grenze sein sollten oder nicht.

Die gegen alle gerichtete Politik Heinrichs des Löwen hatte zur Folge, daß sich alle gegen ihn verbündeten. Kirchberg zählt sie auf[81], es waren:

> *der Thenen konig Cristoforus,*
> [der Nachfolger Erich Menveds]
> *von Zwerin bischof Hermann,*
> *der waz genant von Multzan,*
> *von Stetyn herczoge Warczisla,*
> *von Rugyen furste Wysla.*
> *Ouch waren dar myde sundir wan*
> *von Werle dy beyde Johan.*
> *Da ynwaz nymant hulfliche*

---

78 Vgl. ebd., S. 167. – WEHRMANN: Geschichte (wie Anm. 62), S. 131–133.
79 KIRCHBERG c. 167, 31–38.
80 KIRCHBERG c. 167, 21–32.
81 KIRCHBERG c. 168, 10–20. Bei den genannten pommerschen Herren handelt es sich um Herzog Wartislaw IV. († 1326) und Fürst Wizlaw III. von Rügen († 1325), bei den Werler Fürsten um Johann II. und Johann III.

dem von Mekilnborg Hinriche
wan greue Hinrich von Zwerin,
der wolde alleyn syn helfer syn.

1323 fielen sie in das Gebiet Heinrichs ein, verwüsteten es, zerstörten Städte und verbrannten sogar die Mecklenburg. Kirchberg liefert eine genaue Schilderung.[82]

Eine neue Lage ergab sich Ende des Jahres 1325 durch den erbenlosen Tod Wizlaws III. von Rügen. Sogleich nahm Herzog Wartislaw IV. von Pommern-Wolgast das Land im Einvernehmen mit Ritterschaft und Städten in Besitz.[83] Sein Anspruch gründete sich u. a. darauf, daß seine Mutter Margarete eine Schwester Wizlaws III. war. Eine andere Schwester, Helena, war mit Johann III. von Mecklenburg, dem Bruder Heinrichs des Löwen, verheiratet gewesen. Dieser Johann war jedoch bereits 1289 verstorben, und Helena hatte in zweiter Ehe Bernhard II. von Anhalt-Bernburg geheiratet. Gleichwohl machte auch Heinrich der Löwe Ansprüche auf Rügen geltend. Lehnsherr der Rügenfürsten aber war der Dänenkönig. Doch wegen der ungeklärten Nachfolgefrage in Dänemark unterließ es Wartislaw IV., König Christoph um Belehnung zu ersuchen. Dieser verbündete sich deshalb mit dem Mecklenburger und den Fürsten von Werle. Sie nahmen für ihn und letzten Endes für sich den Kampf mit den Pommern auf.[84] Kirchberg schildert dies eingehend.[85] Da starb Wartislaw IV. am 1. August 1326. Er hinterließ zwei unmündige Söhne, Bogislaw V. und Barnim IV., für die ihre Mutter, Herzogin Elisabeth, die Regentschaft führte. Der größte Teil der rügischen Vasallen sowie die Städte Stralsund und Greifswald hielten zu ihr, und so konnte das Erbe für Pommern behauptet werden. Unter Vermittlung Herzog Barnims III. von Stettin kam 1328 eine Friedensregelung zustande. Die Mecklenburger verzichteten auf Rügen, erhielten aber eine Entschädigungssumme in Höhe von 31.000 Mark Silber und als Pfand auf Zeit die Länder Barth, Grimmen und Tribsees.[86] Den weiteren Verlauf der Ausein-

---

82 KIRCHBERG c. 168, 21 ff.
83 Vgl. WEHRMANN: Geschichte (wie Anm. 62), S. 134–136 sowie Klaus WRIEDT: Die kanonischen Prozesse um die Ansprüche Mecklenburgs und Pommerns auf das rügische Erbe 1326–1348. (Veröffentlichungen [wie Anm. 4] V, 4). Köln / Graz 1963, S. 6–14: Die Erbansprüche nach Aussterben des rügischen Fürstenhauses 1325.
84 Vgl. HAMANN: Geschichte (wie Anm. 9), S. 168 f.
85 KIRCHBERG c. 169.
86 Vgl. Hans BRANIG: Geschichte Pommerns. Teil 1: Vom Werden des neuzeitlichen Staates bis zum Verlust der staatlichen Selbständigkeit 1300–1648. Bearbeitung und Einführung von Werner BUCHHOLZ. (Veröffentlichungen [wie Anm. 4] V, 22/1). Köln / Weimar / Wien 1997, S. 14–16. – Dietmar LUCHT: Pommern, Geschichte, Kultur und Wirtschaft. (Historische Landeskunde. Deutsche Geschichte im Osten. Bd. 3). Köln 1996, S. 46 f.

andersetzung um Rügen, das erst 1368 endgültig an Pommern fiel[87], ist in der Kirchbergschen Chronik nicht mehr nachzulesen, da der mecklenburgische Teil im engeren Sinne mit dem Tod Heinrichs des Löwen 1329 und seinem Testament endet.[88] Im Jahr zuvor hatte er noch, um den Anspruch auf Rügen zu verstärken, die Witwe Wizlaws III., Agnes, in dritter Ehe geheiratet.[89]

Richten wir nun noch den Blick auf die Linie Werle. Im Jahre 1291 wurde Heinrich I., der 1277 seinem Vater Nikolaus I., dem Begründer dieser Linie, gefolgt war und zu Güstrow regierte, von seinen Söhnen erschlagen. Sofort mischten sich die Nachbarn ein, der Vetter Nikolaus (II.) von Parchim und Heinrich von Mecklenburg, aber auch Wizlaw II. von Rügen und der Pommernherzog Bogislaw IV. Die mörderischen Söhne wurden vertrieben. Der eine, Nikolaus, starb 1298, der andere, Heinrich, fand in Penzlin Aufnahme und regierte hier bis zu seinem Tode 1307.[90] Von ihm berichtet Kirchberg, daß er die Tochter eines Stettiner Herzogs heiratete.[91]

Eynen son gebar dy frowe syn,
Barnym des selbin Name waz,
der starb eyn monich zu Colbaz.
Syns aldir vatir nam ward im
den hiez herczoge Barnim.

Es handelt sich also um Herzog Barnim I. Der Name der Tochter wird von Kirchberg nicht genannt. Wigger und andere bezeichnen sie als Mechthild. Wehrmann setzt bereits Fragezeichen, und Hofmeister hat dann in seinen Genealogischen Untersuchungen zur Geschichte des pommerschen Herzogshauses dargelegt, daß es sich bei der Namenszuweisung um einen Irrtum handelt und daß es sich bei der Tochter Barnims I., die mit dem Vatermörder Heinrich verheiratet wurde, um Beatrix handelt.[92] Sie ist 1307, 1308 und 1312, also nach dem Tode ihres Mannes, in Stettin als Hausbesitzerin bezeugt. Dorthin ist sie also als Witwe zurückgekehrt. Auch ihr nach dem Großvater Barnim benannter Sohn hat in Pommern Aufnahme gefunden. Seit 1317 ist er als Domherr zu Cammin, später als Dompropst, auch als

---

87 Vgl. WRIEDT (wie Anm. 83), S. 116.
88 KIRCHBERG c. 171.
89 Vgl. Ursula SCHELL: Zur Genealogie der einheimischen Fürsten von Rügen. (Veröffentlichungen [wie Anm. 4] V, 1). Köln / Graz 1962, S. 87–92.
90 Vgl. HAMANN: Geschichte (wie Anm. 9), S. 112. Die Todesdaten nach der Stammtafel (wie Anm. 54).
91 KIRCHBERG c. 173, 52–56.
92 HOFMEISTER (wie Anm. 4), S. 104–107.

Propst zu St. Marien in Stettin bezeugt. 1339 ist er als Mönch im Kloster Kolbatz gestorben.[93]

Auch in der nächsten Generation kam es zu einer Eheverbindung mit dem pommerschen Herzogshaus. Johann III., der zu Goldberg regierte, heiratete 1317 eine Tochter Ottos I. von Stettin. Sie trug nun tatsächlich den Namen Mechthild, und zwar nach ihrer Großmutter, der Gemahlin Barnims I.[94] Auch diese Ehe war, wie in den meisten Fällen, politisch motiviert. Otto schloß mit Johann III. ein Verteidigungsbündnis und überließ ihm Stadt und Land Stavenhagen.[95]

Als Johann III. von Güstrow 1337 gestorben war, nahmen an der Beisetzung in Doberan wie üblich mehrere Fürsten teil. Kirchberg nennt sie:

> *Da mochte der fursten eynre syn*
> *herczoge Barnym von Stetyn,*
> *von Mekilnborg her Albrecht*
> *vnd ouch czwene wendische herren recht,*
> *her Johan und her Nicolaus.*[96]

Mit Albrecht, dem Sohn Heinrichs des Löwen von Mecklenburg, sind wir an den Punkt gelangt, an dem Kirchbergs eigentliche Darstellung aufhört. Denn die Regierungszeit Albrechts II., seines Auftraggebers, wurde von ihm nicht mehr behandelt[97], und damit nicht die in diese Zeit fallenden Höhepunkte: der Aufstieg in den Reichsfürstenstand, die Erwerbung der Grafschaft Schwerin, der Einstieg in die nordische Politik, was freilich mit einem Fiasko endete, so wie später auch bei den Pommern. Das Jahr 1348, das den Mecklenburgern die Herzogswürde bescherte, brachte den pommerschen Herzögen die Belehnung mit Pommern und Rügen zu gesamter Hand durch Karl IV.[98] Abgesehen von dieser Parallele berührte sich die Landespolitik beider Territorien aber relativ wenig. Pommern-Wolgast wurde zunehmend

---

93 Ebd., S. 106.
94 KIRCHBERG c. 177, 71–74 und c. 181, 14–20.
95 Vgl. WEHRMANN: Genealogie (wie Anm. 47), S. 66.
96 KIRCHBERG c. 180, 127–131.
97 Albrecht II. folgte auf seinen Vater Heinrich II. 1329 und regierte seit seiner Mündigkeit 1336 bis zu seinem Tode 1379. Über seine Regierungszeit vgl. HAMANN: Geschichte (wie Anm. 9), S. 172–193. – CORDSHAGEN (wie Anm. 61), S. 45 f.
98 Vgl. HAMANN: Geschichte (wie Anm. 9), S. 173. – Werner STRECKER: Die äußere Politik Albrechts II. von Mecklenburg. In: Jahrbücher des Vereins für mecklenburgische Geschichte und Altertumskunde 78 (1913), S. 1–100, hier S. 13 ff. – Wolf-Dieter MOHRMANN: Karl IV. und Herzog Albrecht II. von Mecklenburg. In: Kaiser Karl IV. 1316–1378. Forschungen über Kaiser und Reich. Hg. v. Hans PATZE. (Zugleich in Blätter für Deutsche Landesgeschichte 113, 1978, S. 353–389). – Klaus CONRAD: Die Belehnung der Herzöge von Pommern durch Karl IV. im Jahre 1348. In: Ebd., S. 391–406.

in östliche Verhältnisse, in die Auseinandersetzungen zwischen Polen und dem Deutschen Orden, verstrickt, Pommern-Stettin durch die andauernden Kämpfe mit Brandenburg gebunden.

Was uns die Kirchberg-Chronik für die Zeit vor Albrecht II. berichtet, sind im Grunde in erster Linie Beziehungen dynastischer Art, freilich oft als Voraussetzung zum Verständnis von politischen Verwicklungen und kriegerischen Geschehnissen. So ist die Mecklenburgische Reimchronik des Ernst von Kirchberg in ihrem selbständigen Teil eben doch in erster Linie eine Landes- und Fürstenchronik[99], als solche allerdings ein Werk von farbigem Reiz.

---

99 Vgl. SCHMIDT: Reimchronik (wie Anm. 15), S. 89 f.

III. Reformationszeit

Das Stift Cammin

Sein Verhältnis zum Herzogtum Pommern und die Einführung der Reformation

Das pommersche Bistum[1], für das Papst Innozenz II. am 14. Oktober 1140 ein Schutz- und Bestätigungsprivileg ausstellte und das in den siebziger Jahren des 12. Jahrhunderts (1176) von Wollin nach Cammin transferiert worden ist, war von Anfang an, wenn auch nicht unbestritten, exemt. Es war also keiner kirchlichen Metropole eingegliedert, obwohl die Erzbistümer Magdeburg und Gnesen ihren Anspruch wiederholt geltend machten. Es unterstand vielmehr dem Heiligen Stuhl in Rom direkt, faktisch war es weitgehend selbständig. Damit nahm es kirchenrechtlich eine Sonderstellung ein, die sich aus der politischen Lage zu Beginn der Mission bei den Pommern erklärt und auf diese Rücksicht nimmt. Bedeutsam ist, daß es diese Sonderstellung durch die Zeiten hin bewahren konnte, die im deutschen Bereich nur noch zwei andere Slawenbistümer erlangten, im 13. Jahrhundert Bamberg (vielleicht nach Camminer Vorbild) und Meißen an der Wende vom 14. zum 15. Jahrhundert[2].

---

1 Unveränderte Wiedergabe eines Vortrags, gehalten am 14. Oktober 1970 auf einer Tagung des Konvents der zerstreuten evangelischen Ostkirchen in Oppenau (Baden): Statt einzelner Belege sind die wesentlichen Quellen und die wichtigste Literatur in der Reihenfolge der Erstbenutzung angegeben.
   Heyden, Hellmuth: Kirchengeschichte Pommerns, 2 Bde., 2. umgearb. Aufl., Köln-Braunsfeld 1957.
   Wehrmann, Martin: Geschichte von Pommern, 2 Bde., 2. Aufl., Gotha 1919/21, Nachdruck 1982.
   Eggert, Oskar: Geschichte Pommerns, Bd. 1, 1974.
   Heyden, Hellmuth: Cammin, in: Religion in Geschichte und Gegenwart III, 3. Aufl., 1959, Sp. 1105.
   Stasiewski, Bernhard: Cammin, in: Lexikon für Theologie und Kirche I, 1960, Sp. 1272.
2 Pommersches Urkundenbuch, I. Bd. (786–1253), 2. Aufl., neu bearb. v. Klaus Conrad. 1. Teil: Urkunden. 2. Teil: Register (Veröffentlichungen der Historischen Kommission für Pommern, Reihe II), Köln–Wien 1970.
   Kossmann, Oskar: Das unbekannte Ostseeland Selencia und die Anfänge Pommerns, in: Zeitschr. für Ostforschung 20, 1971, S. 641–685.
   Klempin, Robert: Die Exemtion des Bisthums Cammin, in: Balt. Stud. 23, 1869, S. 195–276.
   Beumann, Helmut: Das päpstliche Schisma von 1130, Lothar III. und die Metropolitanrechte von Madgeburg und Hamburg-Bremen in Polen und Dänemark, in: H. Beumann, Wissenschaft vom Mittelalter. Ausgewählte Aufsätze, Köln–Wien 1972, S. 479–500.
   Wehrmann, Martin: Camin und Gnesen, in: Zeitschr. d. histor. Gesellschaft f. d. Prov. Posen 11, 1896, S. 138–156.

Neben der Behauptung der kirchlichen Selbständigkeit stand für die Camminer Bischöfe zunächst der Kampf mit anderen kirchlichen Instanzen und den hinter diesen stehenden weltlichen Gewalten um die Ausdehnung bzw. Abgrenzung des Sprengels im Vordergrund. Während das spätere Vorpommern nördlich der Peene schließlich an das Bistum Schwerin kam, stieß Cammin mit den Archidiakonaten Demmin und Güstrow weit in circipanische Gebiete, d. h. in später mecklenburgische Territorien, vor. Die Insel Rügen unterstand dem dänischen Bistum Roskilde. Im Osten reichte Cammin bis zum Lande Lauenburg, das kirchlich zum polnischen Bistum Kujawien gehörte. Dafür unterstanden Cammin Teile der Uckermark und der größte Teil der Neumark. Die Diözesan-Grenze deckte sich also nicht mit den politischen Grenzen. Einesteils griff das Bistum über die pommersche Landesgrenze, die im 14. Jahrhundert ihre feste Gestalt erhielt, hinaus, anderseits war nicht das gesamte pommersche Territorium Cammin unterstellt[3].

Im späten Mittelalter trat an die Stelle des Ringens um die kirchliche Eigenständigkeit und die Abgrenzung des Bistums der Kampf um die politische Selbständigkeit der Camminer Kirche. Die Voraussetzung hierfür war die Schaffung eines geistlichen Territoriums.

Die Ausstattung des Domstifts erfolgte vornehmlich durch die pommerschen Herzöge, die ihm zunächst bestimmte Rechte und Abgaben überließen, dann aber auch Besitzungen, wobei anfangs nicht immer genau zu unterscheiden ist, was als Stiftsgut dem Domkapitel und was als sogenanntes bischöfliches Tafelgut dem Bischof selbst unterstand. 1240 erwarb Bischof Konrad I. gegen Überlassung des bischöflichen Zehnts in verschiedenen Gegenden an Herzog Barnim I. das Land Stargard als geschlossenes Gebiet. Acht Jahre später nahm es der Herzog zurück und überließ dem Camminer Bischof nun das Land Kolberg, das im Besitz des Bischofs blieb und das die Keimzelle des geistlichen Territoriums geworden ist, zu dem im Osten auch der Raum um Köslin gehörte. Vor 1321 ist dann noch das Land Bublitz hinzugekommen. Der fast gleichzeitige Versuch, sich auch das Land Cammin zu sichern, hatte keinen Erfolg. Dafür waren die Gebiete von Naugard und Massow bischöflich geworden; doch gingen diese dann an die Grafen von Everstein über. So ergab sich als geschlossenes geistliches Territorium seit der Mitte des 14. Jahrhunderts etwa im wesentlichen unverändert das Gebiet um Kolberg-Köslin und Bublitz. Damit war der Bischof von seiner Kathedralkirche in Cammin und dem hier residierenden Domkapitel räumlich ge-

---

3 *Petersohn*, Jürgen: Die räumliche Entwicklung des Bistums Kammin, in: Balt. Stud., N. F. 57, 1971, S. 7–25.
   Karte der kirchlichen Gliederung Mecklenburgs um 1500. Mit Erläuterungen. Von Otto *Witte* (Historischer Atlas von Mecklenburg, Karte 5). Köln–Wien 1970.

trennt, und er nahm seinen Sitz vornehmlich in der bischöflichen Stadt Körlin[4].

Dieses Territorium, das Stift Cammin, hat das Mittelalter weit überdauert und bis ins 19. Jahrhundert bestanden – natürlich nicht unverändert in seiner mittelalterlichen Verfassung. Entscheidende Einschnitte in seiner Geschichte waren zwei Hauptereignisse der allgemeinen deutschen, besser der mitteleuropäischen Geschichte: die Reformation und der Westfälische Friede mit ihren Folgen. Daß das Stift Cammin in territorialer Hinsicht die Reformation überstand, war die entscheidende Voraussetzung für seine Weiterexistenz, und zwar unter evangelischen Bischöfen, seit 1556 unter jüngeren Mitgliedern des pommerschen Herzogshauses. Der Westfälische Friede, der die politische Teilung Pommerns zur Folge hatte, bewirkte, daß das letzte zum evangelischen Bischof von Cammin gewählte Glied des Greifengeschlechts, Herzog Ernst Bogislaw von Croy, 1650 und endgültig 1671 auf brandenburgischen Druck auf das Bistum, genauer auf das Stift Cammin, verzichten mußte. Seitdem war der Kurfürst von Brandenburg Rechtsnachfolger der Camminer Bischöfe mit dem Titel eines Fürsten von Cammin, der sich auf das ehemals geistliche Territorium bezog, das als ein weltliches weiter bestand und das in der brandenburg-preußischen Monarchie als selbständiger Verwaltungskörper bis 1810/11 erhalten blieb. Es lebte auch in der neuen Kreiseinteilung von 1817/18 als Fürstentumscher Kreis weiter, der erst 1872 in die drei Kreise Kolberg-Körlin, Köslin und Bublitz aufgeteilt worden ist[5].

---

4   *Curschmann,* Fritz: Die Landeseinteilung Pommerns im Mittelalter und die Verwaltungseinteilung der Neuzeit, Greifswald 1911, auch in: Pommersche Jahrbücher 12, 1911, S. 159–337.
    Rudolphson, Gustav: Geschichte Naugards, seiner Umgebung und der Grafen von Eberstein, Berlin 1911.
    Wolber, Karl: Geschichte der Grafen von Eberstein in Pommern 1267–1331, Berlin 1937.
    Karte der Landesteilungen des 16. Jahrhunderts. Mit Erläuterungen. Von Franz *Engel* (Veröffentlichungen der Historischen Kommission für Pommern. Reihe III: Historischer Atlas von Pommern, N. F., Karte 5), Köln–Graz 1964.
    Karte der kirchlichen Gliederung Pommerns um die Mitte des 16. Jahrhunderts. Mit Erläuterungen. Von Hellmuth *Heyden.* Bearbeitet von Roderich Schmidt (Veröffentlichungen der Historischen Kommission von Pommern, Reihe III: Historischer Atlas von Pommern, N. F., Karte 7) (im Druck).
5   *Berghaus,* Heinrich: Landbuch des Herzogthums Pommern und des Fürstenthums Rügen, Teil II, Bd. 6, Berlin 1870.
    Szczeponik, Benedikt: Herzog Ernst Bogislav von Croy, der letzte Bischof von Camin, im Streite Schwedens und Brandenburgs um den Besitz des Bistums, in: Balt. Stud., N. F. 17, 1913, S. 1–58.
    Schmidt, Roderich: Ernst Bogislaw, Herzog von Croy, in: Neue Dt. Biographie 3, 1957, S. 426–427.

Die Geschichte des geistlichen Territoriums ist nicht unbedingt identisch mit der Geschichte des Bistums oder besser mit der Geschichte der Camminer Kirche und ihrer Bischöfe. Im Konfessionsstreit des 16. Jahrhunderts geht es in besonderer Weise um die Stellung des Bischofs im Stiftsgebiet und damit um die Rolle des Bischofs als Territorialfürst. Mit anderen Worten: die Reformation beendete zunächst nicht die Auseinandersetzungen, die zwischen Herzögen und Bischöfen bestanden, sondern verschärfte sie, indem nunmehr nicht nur die Selbständigkeit des Bischofs als Territorialfürst angefochten, sondern seine Existenz überhaupt in Frage gestellt war.

Obwohl die Bischöfe das Territorium den Herzögen verdankten, waren sie in ihm doch von Anfang an faktisch weltliche Landesherren mit allen Rechten und Pflichten eines solchen. Die Frage, wie das Verhältnis zu den Herzögen gestaltet werden sollte, stellte sich ganz von selbst. Die Selbständigkeit der Bischöfe wurde auch dadurch wesentlich gefördert, daß die Herzöge durch die vielen Teilungen des Greifenhauses und damit des Landes ebenso wie durch die Auseinandersetzungen mit den Pommern bedrängenden Nachbarn, vorab Brandenburg, in ihrer Position oft genug geschwächt waren, was die Camminer Bischöfe z. T. geschickt ausgenutzt haben. In dem Ringen zwischen Herzögen und Bischöfen ging es diesen darum, die Reichsunmittelbarkeit des Stifts zu erringen bzw. zu behaupten, jenen, die Schirmvogtei über Cammin zu erhalten bzw. auszubauen[6].

Die Verwicklung der Bischöfe in die politischen Händel des 14. Jahrhunderts hatte dazu geführt, daß Herzog Johann von Sachsen-Lauenburg, der als Archidiakon von Demmin auf den bischöflichen Stuhl gelangt war, sich 1356 Herzog Bogislaw V. gegenüber durch Vertrag binden mußte. Der Form nach war es ein zweiseitiger Vertrag, in dem beide Seiten Verpflich-

Müller, Gerhard: Das Füstentum Kammin. Eine historisch-geographische Untersuchung, in: Balt. Stud., N. F. 31, 1929, S. 109–205.

Kücken, Ludwig: Geschichte der Stadt Cammin und Beiträge zur Geschichte des Camminer Dom-Kapitels Cammin 1880.

Historischer Atlas der Provinz Pommern, Abt. I: Fritz *Curschmann* und Ernst *Rubow,* Pommersche Kreiskarte (1817/18), 3 Blätter, mit Erläuterungen: Die alten und neuen pommerschen Kreise nach dem Stande von 1817/18, Stettin 1935.

Staats- und Verwaltungsgrenzen in Ostmitteleuropa. Historisches Kartenwerk, hrsg. v. Göttinger Arbeitskreis, Teil III: Pommern, bearb. v. Franz *Engel.* Karte Pommern 1817/19 – Die Kreisreform, Göttingen 1955.

Grundriß zur deutschen Verwaltungsgeschichte 1815–1945, Reihe A: Preußen, hrsg. v. Walther *Hubatsch,* Bd. 3: Pommern, bearb. v. Dieter *Stüttgen,* Marburg/Lahn 1975.

6   *Bütow,* Erich: Staat und Kirche in Pommern im ausgehenden Mittelalter bis zur Einführung der Reformation, in: Balt. Stud., N. F. 14, 1910, S. 85–148; 15, 1911, S. 77–142.

Schmidt, Roderich: Greifen, Geschlecht der Herzöge von Pommern, in: Neue Dt. Biographie 7, 1966, S. 29–33.

tungen eingingen. Bischof und Kapitel mußten versprechen, künftig nur mit Befehl, Gunst und Willen des Herzogs einen Bischof zu wählen, anzunehmen und zuzulassen (eine Bestimmung, die auch für Kanoniker und Vikare gelten sollte). Die Verpflichtung, die der Herzog übernahm, war tatsächlich ein Herrschaftsanspruch. Er versprach für sich und seine Erben, Bischof, Kapitel und Kirche wie sein eigenes Herrschaftsgebiet zu schützen. Damit war die herzogliche Schirmvogtei über das Stift begründet[7].

Die pommerschen Herzöge hatten unter König Karl IV. 1348 durchgesetzt, daß Pommern als selbständiger Reichsstand anerkannt wurde (was von Brandenburg bestritten und bekämpft wurde, was die Stettiner Linie aber schon 1338 bei Ludwig dem Bayern erreicht hatte). Bogislaw V., der die Verbindung zum Reich auch dadurch enger knüpfte, daß er 1363 seine Tochter Elisabeth mit Karl IV. (in vierter Ehe) vermählte, verfolgte konsequent die Linie, die Machterweiterung nach außen durch eine solche im Lande zu stützen und zu ergänzen. Durch die Teilung des Herzogtums Wolgast 1372 in einen vorpommerschen und einen hinterpommerschen Teil, das sog. Herzogtum Stolp, das Bogislaw V. übernahm, wurde für ihn die Frage nach der Stellung des Stifts noch aktueller, insofern dieses Territorium den hinterpommerschen Teil des Wolgaster Herzogtums in zwei weit auseinanderliegende Blöcke spaltete, was die Aufrichtung einer geschlossenen Landesherrschaft erschwerte[8].

Die Nachfolger Bogislaws V. gingen deshalb einen Schritt weiter, indem sie durchsetzten, daß ein Bruder des nunmehr regierenden Herzogs Wartislaw VII., Bogislaw (als Herzog der VIII.), 1386 zum Bischof gewählt wurde.

7 *Wehrmann*, Martin: Bischof Johann I. von Camin, in: Balt. Stud. 46, 1896, S. 1–44.
Wehrmann, Martin: Zum Regierungsantritt des Bischofs Johann I. von Camin, in: Monatsblätter d. Gesellscaft f. pomm. Gesch. u. Altertumskunde 18, 1904, S. 75–77.
Schmidt, Roderich: Bogislaw V., Herzog von Pommern-Wolgast, in: Neue Dt. Biographie 2, 1955, S. 416–417.
Klempin Robert: Diplomatische Beiträge zur Geschichte Pommerns aus der Zeit Bogislafs X., Berlin 1859.
Wehrmann, Martin: Kaiser Karl IV. in seinen Beziehungen zu Pommern, in: Monatsblätter d. Gesellschaft f. pomm. Gesch. u. Altertumskunde 11, 1897, S. 113–121, 130–139, 153–157.
8 *Wehrmann*, Martin: Der Streit der Pommernherzöge mit den Wittelsbachern um die Lehnsabhängigkeit ihres Landes 1319–1338, in: Balt. Stud., N. F. 4, 1900, S. 17–64.
Petersohn, Jürgen: Reichspolitik und pommersche Eigenstaatlichkeit in der Bamberger Stiftung Herzog Barnims III. zu Ehren des hl. Otto (1339), in Balt. Stud., N. F. 49, 1962/63, S. 19–38.
Heinemann, Otto Julius: Die kaiserlichen Lehnsurkunden für die Herzöge von Pommern, in: Balt. Stud., N. F. 3, 1899, S. 159–185.
Hofmeister, Adolf: Genealogische Untersuchungen zur Geschichte des pommerschen Herzogshauses (Greifswalder Abhandlungen z. Gesch. d. Mittelalters 10), Greifswald 1938; auch in: Pommersche Jahrbücher 31, 1937, S. 36–112; 32, 1938, S. 1–115.

Der Papst verweigerte freilich die Anerkennung und setzte von sich aus einen Bischof ein. Als Gegenschlag setzte Bogislaw VIII. 1387 durch, daß das Domkapitel ihn als erblichen Schirmvogt der Camminer Kirche anerkannte und ihn darüber hinaus zum weltlichen Verwalter des Stifts einsetzte. Das lief auf eine Trennung von geistlichem Amt und Landesherrschaft hinaus.

Bogislaw VIII. hat diesen Anspruch nicht durchsetzen können. Es entspann sich ein langwieriger Kampf um die Verwaltung und Nutzung einzelner Güter und Besitzungen. Dieser sogenannte Camminer Bischofsstreit, der sich weit bis ins 15. Jahrhundert hinzog, gelangte dadurch zu keinem baldigen Abschluß und wurde außerordentlich verzwickt, weil er sich mit Konflikten der großen Politik verwob: die Herzöge gerieten durch den Neffen Bogislaws VIII., Erich, der zum König der drei nordischen Staaten aufstieg und der den Sohn Bogislaws VIII., Bogislaw IX., zu seinem Nachfolger zu machen versuchte, in den Strudel der Großmachtpolitik, und sie wurden noch in einem zweiten Bereich, dem Kampf Polens mit dem Deutschen Orden (Stichwort: Schlacht von Tannenberg 1410) in sie hineingezogen. Auf der anderen Seite geriet der Camminer Bischofsstreit in die Mühlsteine des großen päpstlichen Schismas von 1378 bis 1415. In den Jahren 1410 und wieder 1415 bis 1418 gab es auch im Bistum Cammin zwei rechtmäßige Bischöfe. Bogislaw VIII. war durch ungeschickte Politik ins Hintertreffen geraten. Bereits 1398 gebannt, kam der ganze Streitfall schließlich vor das Konstanzer Konzil, wo von dem neugewählten Papst Martin V. am 20. April 1418 gegen den Herzog entschieden wurde. Inzwischen war Bogislaw VIII. am 11. Februar verstorben. Seine Gattin Sophia von Holstein und beider Sohn Bogislaw IX. setzten den Kampf gegen den Bischof Magnus, Herzog von Sachsen-Lauenburg, der in Konstanz anerkannt worden war, jedoch fort, was zur Folge hatte, daß die Herzogin und ihr Sohn 1434 von Kaiser Sigismund in die Reichsacht getan wurden.

Der Kampf um die Stellung Cammins schien damit zugunsten der Bischöfe entschieden. Diese erreichten sogar noch mehr, das nämlich, was Bischof Johannes schon 1352 versucht zu haben scheint, eine Belehnung mit dem Stift durch den Kaiser. 1417 fand die feierliche Belehnung Bischof Magnus' durch Kaiser Sigismund in Konstanz statt. Seit 1422 wurde das Stift als selbständiger Reichsstand in der Reichsmatrikel geführt.

Die Auseinandersetzungen um die Besitzungen des Camminer Stifts, die zwischen Bischof und Herzogshaus strittig waren, schwelten jedoch dadurch weiter, daß König Erich sich an ihnen beteiligte. Bischof Magnus wurde schließlich von der Kurie als Bischof nach Hildesheim transferiert. Sein Nachfolger wurde der bisherige Domdekan Siegfried von Buch, der zugleich als Kanzler Erichs tätig gewesen war. Auch er geriet mit Bogislaw IX. in Streit um die Stiftsgüter. Unter dem Druck des Unionskönigs kam es jedoch 1436 zu einem Vergleich nicht nur über diese, sondern auch über die grundsätzlichen Streitfragen. Bischof Siegfried erkannte die herzogliche Schirmvogtei über das Stift an. Zugleich wurden über das Zusammenwirken bei den Bischofswahlen Vereinbarungen getroffen: Es wurde bestimmt, daß der vom Domkapitel zu Wählende aus dem Kreis des Kapitels genommen werden und daß er der „Herrschaft", d. h. den Herzögen, genehm sein soll. Erst wenn von dieser Seite die Zustimmung zur Wahl vorliegt, sollen Herzog und das Kapitel sich an den Papst wegen der Konfirmation wenden. Verweigert der Landesherr die Anerkennung, so muß das Domkapitel einen „anderen bedderen" wählen, „na der herschap rade vnde willen" (Balt. Stud., N. F. 53, 1967, S. 20)[9].

Diese Bestimmungen wurden für die Zukunft bedeutungsvoll. Schon bei der nächsten Wahl, die 1446 auf den Kanzler Bogislaws IX. Henning Iwen fiel, spielten sie eine Rolle. Bischof Henning Iwen, der von 1446 bis 1468 regierte, gehört zu den bedeutenden Gestalten auf dem Camminer Bischofstuhl, deren es eine ganze Reihe gegeben hat, ohne daß es möglich ist, in jedem Falle ein wirkliches Lebensbild zu zeichnen. Henning Iwens Name ist auch mit der Gründung der pommerschen Landesuniversität Greifswald im Jahre 1456 verbunden, an deren Zustandekommen er maßgeblich beteiligt gewesen ist, neben dem Herzog Wartislaw IX. und dem Greifswalder Bürgermeister Dr. Heinrich Rubenow, der als vicedominus und vicecancellarius Herzog und Bischof an dem jungen Generalstudium vertrat. Mit der Universitätsgründung, die sich nicht nur aus dem Reich, sondern auch aus den östlichen Ländern und vor allem aus Skandinavien, wo damals noch keine Hohen Schulen bestanden, des Zulaufs erfreute und an der durch Henning Iwen ein neues Kollegiatstift (das vierte in Pommern, das sechste in der Camminer Diözese) gegründet wurde, stieg auch das Ansehen des Bistums außerhalb des Landes. Auch um die innere Ordnung und Gestaltung des kirchlichen Lebens hat er sich bemüht, wovon die unter seiner Leitung 1448 und 1454 abgehaltenen Diözesansynoden und die auf der zweiten erlassenen Vorschriften für die Kleriker Zeugnis ablegen. Auf der anderen Seite war auch die Regierungszeit Henning Iwens mit äußeren und inneren Kämpfen, besonders mit der bedeutendsten Stadt im Stiftsgebiet, Kolberg, erfüllt. Als

---

9   *Schmidt,* Roderich: Bogislaw VIII., Herzog von Pommern(-Wolgast), in: Neue Dt. Biographie 2, 1955, S. 417.
    Schmidt, Roderich: Erich I., Herzog von Pommern-Stolp, König von Norwegen, Dänemark und Schweden, in: Neue Dt. Biographie 4, 1959, S. 586–587.
    Schmidt, Roderich: Bogislaw IX., Herzog von Pommern(-Wolgast), in: Neue Dt. Biographie 2, 1955, S. 417.
    Petersohn, Jürgen: Vatikanische Beiträge zur Chronologie der Kamminer Bischofsreihe in der späten Schismazeit (1410–1418), in: Balt. Stud., N. F. 48, 1961, S. 17–32.
    Schmidt, Roderich: Bischof Henning Iwen von Cammin (1446–1468) (I. Teil), in: Balt. Stud., N. F. 53, 1967, S. 18–42.

er starb, geriet das Bistum erneut in innere Krisen. Der vom Domkapitel gewählte Nachfolger konnte sich nicht durchsetzen, aber auch die vom Papst nominierten Kandidaten fanden keinen Anklang. Auf Betreiben der Herzogin Sophie wurde nun der junge Graf Ludwig von Everstein postuliert[10].

In dieser Situation übernahm Bogislaw X. 1474 die Regierung in dem unter seinem Vater Erich II. wieder vereinigten Pommern. Mit ihm gelangte die bedeutendste Persönlichkeit aus dem Greifenhause zur Herrschaft. Unter seiner bis 1523 dauernden Regierung sind die Grundlagen für ein modernes Staatswesen in Pommern gelegt worden. Zu den angestrebten und in Angriff genommenen inneren Reformen gehörte auch die Regelung der Kirchenfrage mit dem Ziel, die kirchlichen Freiheiten in Verwaltung, Steuer- und Gerichtswesen einzuschränken.

Den Postulaten Ludwig von Everstein hat er praktisch in Rom zu Fall gebracht, und er war durchaus bereit, einen etwas zwielichtigen Italiener, Marinus, als Bischof von Cammin anzuerkennen, der sich in Pommern in kürzester Frist allseitig so unbeliebt machte, daß er das Land wieder verlassen mußte. Sein 1486 eingesetzter Nachfolger Benedikt von Waldstein aus Böhmen fand bereits durchaus zerrüttete Verhältnisse vor, die die Verwaltung durch herzogliche Vertrauensleute z. T. geradezu gebot. Schließlich ergab sich für den Herzog die Möglichkeit zum Eingreifen. Auf der Rückreise von seiner berühmten Fahrt ins Heilige Land besuchte er 1497 Rom und erlangte von Papst Alexander VI. eine Reihe von Privilegien, darunter das, die Propsteien im Domkapitel und in den Kollegiatkirchen zu besetzen. Damals bewirkte er auch, daß anstelle Benedikts sein Ratgeber und Reisebegleiter Martin Karith zum Bischof eingesetzt wurde (1498). Durch ihn konnte der Herzog das Stift ungehindert regieren. Das Verhältnis kühlte sich erst ab, als Martin Karith ohne näheres Einvernehmen mit Bogislaw wieder einen Eversteiner (Wolfgang) zum Koadjutor bestellte. Der Herzog bewirkte, daß die Ernennung rückgängig gemacht wurde (nicht zuletzt wegen der Brandenburg-freundlichen Haltung der Eversteiner Grafen) und daß statt dessen ein ihm ergebenes Mitglied des Domkapitels, Erasmus von Manteuffel, bestellt

---

10 *Schmidt*, Roderich, Henning Iwen, Bischof von Cammin, in: Neue Dt. Biographie 8, 1969, S. 545–546.
Schmidt, Roderich: Die Anfänge der Universität Greifswald, in: Festschrift zur 500-Jahrfeier der Universität Greifswald. 17.10.1956, Bd. 1, 1956, S. 9–52.
Wehrmann, Martin: Graf Ludwig von Eberstein als Postulat von Cammin (1469–1480), in: Monatsblätter d. Ges. f. pommersche Geschichte 11, 1897, S. 33–37, 49–54.
Wehrmann Martin: Die Herzogin Sophia von Pommern und ihr Sohn Bogislaw X., in: Balt. Stud., N. F. 5, 1901, S. 131–175.

wurde. 1522, ein Jahr vor dem Ableben Bogislaws X., trat dieser das Bischofs-amt an[11].

Erasmus von Manteuffel ist im Jahre 1544 verstorben. In diesen 22 Jahren vollzog sich die entscheidende Veränderung im kirchlichen Leben Pommerns, die Auflösung der alten Kirche und die Begründung einer neuen Kirchenordnung, die aber zugleich die meisten anderen Bereiche des Lebens berührte und durchdrang, so daß mit ihr ein neuer Abschnitt in der Geschichte nicht nur der pommerschen Kirche, sondern des ganzen Landes begann. Die rund 400 Jahre katholischer Zeit – d. h. das Mittelalter – waren vorüber; die neue Zeit nahm ihren Anfang, das evangelische Pommern, dessen Zeit in den Gebieten östlich der Oder ebenfalls rund 400 Jahre gedauert hat[12].

Der Treptower Landtag vom Dezember 1534 und die Vorgänge, die zu diesem geführt haben, sowie diejenigen, die ihm folgten, sind oft genug dargestellt worden, so daß sie hier nicht noch einmal nachgezeichnet werden müssen. Auch die handelnden Personen, die Herzöge Barnim IX. und Philipp I., die evangelischen Geistlichen und die herzoglichen Räte, unter ihnen besonders Jobst von Dewitz, sind bekannt. Eine große Rolle hat Johannes Bugenhagen gespielt. Über seine Bedeutung für die pommersche Kirche sind gerade in jüngster Zeit verschiedene Standpunkte eingenommen worden. Für die Zeitgenossen, auch die sächsischen, war es der Doktor Pommer, der in seiner Heimat „das Licht der Gnaden, das gottlich Wort, angezvndt" hat, wie es auf dem Croy-Teppich heißt[13].

---

11 *Schmidt*, Roderich: Bogislaw X., Herzog von Pommern, in: Neue Dt. Biographie 2, 1955, S. 417 bis 418.
    Wehrmann, Martin: Bischof Marinus von Kammin, 1479–82. Ein Italiener auf dem Kamminer Bischofsstuhl, in: Balt. Stud., N. F. 14, 1914, S. 117–118.
    Wehrmann, Martin: Die Reise Herzog Bogislaws X. von Pommern in das heilige Land, in: Pommersche Jahrbücher 1, 1900, S. 33–50.
    Wehrmann, Martin: Nachrichten zu der großen Reise des Herzogs Bogislaws X. (1496–98), in: Monatsblätter d. Gesellschaft f. pomm. Gesch. u. Altertumskunde 14, 1900, S. 66–74, 97–107, 129–133, 166–169; 15, 1901, S. 19–26.
    Bülow, Gottfried von: Martin Carith, Bischof von Camin von 1498–1521, in: Allg. Dt. Biographie 20, 1884, S. 475–476.
12 *Plantiko*, Otto: Pommersche Reformationsgeschichte, Greifswald 1922.
    Wehrmann, Martin: Pommern zur Zeit der beginnenden Reformation, in: Balt. Stud., N. F. 21, 1918, S. 1–69.
    Uckeley, Alfred: Der Werdegang der kirchlichen Reformbewegung im Anfang des 16. Jahrhunderts in den Stadtgemeinden Pommerns, in: Pommersche Jahrbücher 18, 1917, S. 1–108.
13 *Graebert*, Karl: Der Landtag zu Treptow a. d. Rega, Lucie 13. Dezember 1534, Berlin 1900.
    Heyden, Hellmuth: Der Landtag zu Treptow an der Rega 1534, in: Blätter f. Kirchengeschichte Pommerns 12, 1934, S. 31–65.
    Wehrmann, Martin: Vom Landtag zu Treptow an der Rega 1534, in: Monatsblätter d. Gesellschaft f. pomm. Gesch. u. Altertumskunde 48, 1934, S. 169–175.

Über Bischof Erasmus besitzen wir zwei größere Darstellungen, beide mit dem Zusatz „der letzte katholische Bischof von Cammin", die sein „Lebens- und Charakterbild" sowie seine Kirchenpolitik von verschiedenen Standpunkten aus darstellen und beurteilen. Das Buch von Emil Goerigk erschien 1899 in Braunsberg, das von Karl Graebert in Berlin 1903. Gewisse neue Akzente und Fragen hat Hellmuth Heyden in seiner Abhandlung „Zur Geschichte der Reformation in Pommern, insonderheit politische Motive bei ihrer Einführung in den Jahren 1534/35" (1965) gesetzt bzw. gestellt[14].

Dem Reformationslandtag sind eine Reihe von Verhandlungen vorausgegangen. Im Oktober haben die Herzöge den Bischof zu einer Unterredung eingeladen. Ende August 1534 hat Barnim IX. ihn persönlich in Körlin aufgesucht. Hier müssen die grundsätzlichen Fragen erörtert worden sein. Denn in den Schriftstücken, die dem Landtag am 14. Dezember vorgelegt wurden – dem Gutachten der evangelischen Theologen und dem Memorandum der herzoglichen Räte – wird davon ausgegangen, daß die Reformation im Lande unter dem Bischof von Cammin durchgeführt werden wird, daß er an der Spitze der Kirche bleiben und damit die Leitung des neuen Kirchenwesens haben soll. Heyden hat schon in seiner Kirchengeschichte Pommerns den Schluß gezogen, daß die hier gemachte Voraussetzung nur recht verständlich ist, wenn angenommen wird, daß Erasmus sich dem Wunsche der Herzöge gegenüber, sich der Sache der Reformation zur Verfügung zu

Scheil, Ursula: Barnim IX., in: Neue Dt. Biographie 1, 1953, S. 595-596.
Schmidt, Roderich: Jobst von Dewitz, pommerscher Rat, in: Neue Dt. Biographie 3, 1957, S. 426 bis 427.
Leder, Hans-Günter: Bugenhagen-Literatur, in: Johann Bugenhagen. Beiträge zu seinem 400. Todestag. Hrsg. v. Werner Rautenberg, Berlin (1958), S. 123–237.
Wolf, Ernst: Bugenhagen, in: Neue Dt. Biographie 3, 1957, S. 9–10.
Thulin, Oskar: Bugenhagen, in: Religion in Geschichte und Gegenwart I, 3. Aufl., Tübingen 1957, Sp. 1504.
Allendorf, Johannes: Bugenhagen, in: Lexikon für Theologie und Kirche II, 1958, Sp. 761.
Harms, Klaus: Melanchthons Beziehungen zu Pommern und sein Einfluß auf die pommersche Kirche, in: Balt. Stud., N. F. 47, 1960, S. 91–107.
Heyden, Hellmuth: Zur Geschichte der Reformation in Pommern, insonderheit politische Motive bei ihrer Einführung in den Jahren 1534/35, in: H. Heyden, Neue Aufsätze zur Kirchengeschichte Pommerns (Veröffentlichungen der Historischen Kommission für Pommern, Reihe V: Forschungen zur pommerschen Geschichte 12), Köln–Graz 1965, S. 1–34.
Schmidt, Roderich: Der Croy-Teppich der Universität Greifswald, ein Denkmal der Reformation in Pommern, in: Johann Bugenhagen. Beiträge zu seinem 400. Todestag. Hrsg. v. Werner Rautenberg, Berlin (1958), S. 89–107.
14 *Goerigk,* Emil: Erasmus Manteuffel von Amhausen, der letzte katholische Bischof von Camin, 1521–1544. Ein Lebens- und Charakterbild, Braunsberg 1899.
Graebert, Karl: Erasmus von Manteuffel, der letzte katholische Bischof von Kammin, 1521–1544 (Historische Studien, H. 37), Berlin 1903.

stellen, nicht völlig ablehnend verhalten habe. Es bestand offenbar auch von Anfang an kein Zweifel darüber, daß Erasmus nicht nur „sinen stand, ehre vnd werde" eines Bischofs behalten, und daß ihm auch der Besitz von Gütern und Einkünften gesichert werden, daß er aber unter dem Patronat der Herzöge stehen sollte (v. Medem S. 161). Auch die von Bugenhagen entworfene Kirchenordnung geht an mehreren Stellen davon aus, daß „syne gnade desse ordeninge annympt"[15].

Als sie im Frühjahr 1535 gedruckt vorlag, war die Hoffnung der Herzöge und ihrer Berater, auf diese Weise die altgläubigen Kreise im Lande, vornehmlich in bestimmten Adelskreisen, mit den Neuerungen zu versöhnen und anderseits radikalen Entwicklungsmöglichkeiten von vornherein einen Riegel vorzuschieben, an der Ablehnung des Bischofs gescheitert. Er hat in Treptow zunächst zwar auch wie die anderen Stände Vorbehalte gemacht, jedoch keine Entscheidung getroffen, sich vielmehr eine Bedenkfrist bis zum 4. April 1535 erbeten. Als dieser Termin herangekommen war – die Würfel waren inzwischen gefallen und die Visitationen im Lande unter Bugenhagens Leitung bereits im Gange –, lehnte er die Annahme der Treptower Ordnung ab, und zwar unter Hinweis auf seine Reichsunmittelbarkeit[16].

Heyden stellt in dem genannten Aufsatz von 1965 die Frage, ob Erasmus überhaupt jemals ernstlich zu dem ungewöhnlichen Schritt, als Bischof an die Spitze eines evangelischen Kirchenwesens zu treten, bereit gewesen ist bzw. – so wird man einschränken müssen – ob er die Möglichkeit erwogen hat. „Man wird die Frage nicht unbedingt verneinen dürfen", antwortet Heyden. Er stellt auch Mutmaßungen darüber an, wie sich Erasmus unter Umständen sein Amt in einer „evangelischen" Kirche gedacht hat. Natürlich hatte damals noch niemand eine Vorstellung von dem, was hier mit „evangelischer Kirche" bezeichnet wird. Heyden weist auf einen interessanten Punkt hin, der vielleicht zeigt, wo für Erasmus die Brücke war, die ihm ein Zusammengehen mit den Lutheranern ermöglichte.

---

15 *Medem*, Fr. L. Baron von: Geschichte der Einführung der evangelischen Lehre im Herzogthum Pommern. Nebst einer Sammlung erläuternder Beilagen, Greifswald 1857.
16 *Wehrmann*, Martin: Die pommersche Kirchenordnung von 1535, in: Balt. Stud. 43, 1893, S. 128 bis 149.
Heyden, Helmuth: Die pommersche Kirchenordnung von 1535 nebst Anhang: Pia et vere catholica et consentiens veteri ecclesiae ordinatio caeremoniarum pro canonicis et monasteriis, hrsg. u. erl., in: Blätter für Kirchengesichte Pommerns 15/16, 1937.
Sehling, Erich: Die Evangelischen Kirchenordnungen des 16. Jahrhunderts, Bd. IV, Leipzig 1911, S. 328–344.
Protokolle der pommerschen Kirchenvisitationen, bearb. v. Hellmuth *Heyden*, Bd. I: 1535–1539; Bd. II: 1540–1555; Bd. III: Anlagen u. Register (Veröffentlichungen der Historischen Kommision für Pommern, Reihe IV: Quellen zur pommerschen Geschichte 1–3), Köln–Graz 1961–64.

Kurz vor 1534 war eine herzogliche Anordnung ergangen – gewissermaßen in Ergänzung einer früheren von 1531, die die freie Predigt des Evangeliums gestattete –, daß dieses nach den Kirchenvätern Ambrosius, Hierony-
mus, Augustin und Gregorius ausgelegt werden müsse. Man hat vermutet,
daß die altgläubigen Ratsmitglieder der Städte diese einschränkende Bestimmung erwirkt haben. Heyden erwägt nunmehr die Möglichkeit, daß
Erasmus die Verordnung veranlaßt habe. Er hält dies für wahrscheinlich,
weil der Bischof 1535, als es um die Berufung des evangelischen Predigers
Johann Westphal an die Camminer Domkirche ging, die Bedingungen gestellt hat, daß dieser gelobe, das Evangelium nach den vier Kirchenvätern
auszulegen.

Diese Annahme Heydens, daß Erasmus grundsätzlich zunächst nicht abgeneigt gewesen sein dürfte, sich dem Reformwerk anzuschließen, sei noch
gestützt durch den Hinweis auf die unterschiedlichen Formulierungen in
dem Memorandum der herzoglichen Räte hinsichtlich der Bischöfe, deren
Besitze und Jurisdiktionsbereiche auf pommerschem Territorium lagen.
Hier heißt es:

> *„Dem Bischoppe von Roschilde und dem Bischoppe van Schwerin schall man
> schriuen: So fern se sick das Bischowliken Ampts lut dißer ordening holden, und
> jemants binnen dißen landes holden willen, de ere Ampt vortreden und vorstan,
> schollen se by all eren heuingen in dißen landen bliuen. Im fal aber, dat se sick des
> wurden wehren, mosten m.g.H. ere nuttingen in dißen landen anholden"* (v. Me-
> dem S. 161 f.).

Im Hinblick auf die Bischöfe von Roskilde und Schwerin wird also mit der
Möglichkeit gerechnet, daß sie die neue Kirchenordnung ablehnen könnten,
und es werden entsprechende Verhaltensfolgen bereits ins Auge gefaßt. Vom
Camminer Bischof nimmt man derartiges dagegen offenbar nicht an.

Welches waren demnach die Gründe für Erasmus, sich der Reformation
schließlich zu versagen? Nach Ansicht von Heyden ist kaum anzunehmen,
daß es die Bedingung war, das Amt unter dem Patronat der Landesherren zu
führen. Dies lief letzten Endes auf die Schirmherrschaft hinaus. Die Herzöge
gingen aber diesmal in ihrer Forderung noch einen Schritt weiter, indem sie
forderten, der Bischof solle auf jede weltliche Gewalt verzichten, also seine
Stellung als Territorialfürst im Stiftsbezirk aufgeben und der Reichsunmittelbarkeit entsagen. Einen Anhaltspunkt für die Motive des Bischofs kann
man in der Unterredung erkennen, die im Juni 1535 „auf der Swine" drei
Tage lang zwischen dem Bischof und den Herzögen stattgefunden hat.
Erasmus erklärte sich bereit, die neue Kirchenordnung zwar nicht öffentlich,
aber doch stillschweigend anzuerkennen. Auch die Schirmherrschaft der
Herzöge über das Stift wollte er akzeptieren. Sein Lehnherr aber sei der Kaiser. Heyden zog hieraus den Schluß, daß es die Reichsstandschaft war, die
Erasmus nicht aufgeben wollte und natürlich seine Stellung als Landesherr.

Dazu ist zu bemerken, daß Erasmus zuvor die Reichunmittelbarkeit nicht besonders herausgestellt oder von dieser Stellung betonten Gebrauch gemacht hatte. Hier war seine Haltung im Grunde die: öffentlich nicht darauf zu verzichten, stillschweigend aber den Verzicht zu praktizieren. So war es dann wohl die Zumutung, sich jeglicher Rechte eines weltlichen Fürsten zu enthalten, die pure Einschränkung auf das geistliche Amt, die seinen Widerstand wachrief oder an der sich dieser entzündete. Trifft dies zu, so hätten die Dinge leicht einen anderen Verlauf nehmen können, wenn man auf seiten der Herzöge den Bogen nicht überspannt hätte.

Daneben aber gab es für Erasmus noch einen zweiten Grund oder zumindest einen weiteren Anlaß, die Treptower Ordnung abzulehnen und sich der Reform zu versagen – einen Grund, den Heyden nicht nennt, der aber in der Verhandlung auf der Swine in der Erklärung des Bischofs anklingt: die Stiftsstände seien nicht geneigt, die neue Predigt des Evangeliums zuzulassen, „weil keine Sicherheit bestände, daß Unruhen vermieden würden". Was mit den Unruhen gemeint ist, bleibt dunkel. Man wird heute in erster Linie an Aufruhr in den Städten denken. Anhaltspunkte gibt es genug, und die Herzöge selbst berühren diese in einem Brief vom 12. September 1535 an die Ritterschaft, mit dem sie ausführen, es „seint gar keine Weg der Neuerung zu wehren verhanden gewest". Unter den Gründen führen die Herzöge an, daß sonst „der gemeine Hauf erregt und wieder vns und euch aufzustehen mochte bewogen werden". „Diesen Drang, Angst vnd Noth haben wir nicht allein gefühlt" (v. Medem S. 211); sie haben daraus auch die Folgerungen gezogen.

Gleichwohl hatte Erasmus vielleicht nicht dies, sondern mehr andere „Unruhen" im Sinne, nämlich die unter seinen Standesgenossen, der Ritterschaft des Landes, mit der er durch vielfache Familienbande verbunden war. Die Ritter hatten bekanntlich den Treptower Landtag vorzeitig verlassen, sie „verritten", wie es in den zeitgenössischen Quellen immer wieder heißt. Ihr Hauptgravamen war die in Aussicht genommene Einziehung der Feldklöster, die die Landesherren für sich beanspruchten, die aber für den Adel größte Bedeutung als Versorgungsstätten ihrer Familienmitglieder besaßen. Deshalb herrschte bei ihnen das Interesse vor, sie bestehen zu lassen, oder wenn dies nicht zu erreichen war, doch unbedingt an der Verteilung der Beute beteiligt zu sein. In z. T. heftigen Briefen hat die Ritterschaft im Jahre 1535 mehrfach verlangt, mit der Kirchenänderung innezuhalten, insbesondere die Klöster nicht einzuziehen, da sie – wie sie formulierten – zur Erhaltung des Adels dienten.

Sie gingen sogar soweit zu behaupten, man beabsichtige, dem Adel nicht bloß seine Güter und Rechte zu berauben, sondern ihn überhaupt „auszurotten" (v. Medem S. 201). Das sind gewiß Übertreibungen – doch gewähren solche Formulierungen einen Einblick in die Stimmung im Lande. Die Befürchtung mochte dadurch geweckt oder gestärkt sein, daß die Herzöge sich

theologischer Argumente bedienten, wie dieses im Hinblick auf das Stift
Cammin, die Domkirchen und Feldklöster: „Dan der Christenthum hat den
Vnterschied zwischen der Personen nicht, Adel oder vnedel; ... nachdem alle
Christen durch den Glauben Glieder Gottes, ein Leib vnd Reich werden,
mag obberürter Vnterschied zwischen ihnen nicht bestehen" (v. Medem
S. 214). Die Herzöge fahren in dem entsprechenden Briefe fort: „denn wo
ihr hinter euch denket, ist kaum der Zehnte Bischoff einer von Adel gewesen". D. h. das Stift und der Bischof sind mit eingeschlossen in solche Ge-
dankengänge, die verständlicherweise unter dem Adel Unruhe auslösten und,
wenn sie von höchster Stelle im Lande vorgebracht wurden, solche nur verstärken mußte. Allerdings datiert der Brief, in dem diese Wendungen stehen,
vom 12. September 1535, also aus einer Zeit, als die Ablehnung des Bischofs
schon vorlag und Verständigungsversuche bereits gescheitert waren. Aber
wahrscheinlich sprachen die Herzöge hier nur aus, was vorher in den Amts-
stuben mündlich zu hören war. Dem Wolgastischen Kanzler Nikolaus Brun
hat der Adel jedenfalls entsprechende Vorwürfe gemacht.

Ein weiterer Punkt dürfte bei der Ablehnung des Bischofs eine Rolle gespielt haben. Die Ritterschaft weist in ihren Schreiben wiederholt auf ihn
hin: daß nämlich die beabsichtigten und z. T. ja bereits getroffenen Maßnahmen der Herzöge den Unwillen und die Ungnade des Reichsoberhaupts
hervorrufen würden, wodurch dem ganzen Lande schwerer Schaden entstehen müßte. Das war keineswegs ein vorgeschobener Grund, hier wurde
nicht der Teufel an die Wand gemalt, im Gegenteil. Wegen der Säkularisierung des Zisterzienserklosters Neuenkamp (in Vorpommern, später Franzburg) hatte der Ordensobere, der Abt des Klosters Altenkamp, einen Prozeß
gegen die Herzöge vor dem Reichskammergericht angestrengt. Auch das
mußte natürlich die Stellungnahme des Bischofs berühren und ihn zu einer
vorsichtigen Haltung bewegen. Als Bischof und als Reichsfürst mußte er
vermeiden, vor Kaiser und Kammergericht bezichtigt zu werden, mit den
Herzögen gemeinsame Sache zu machen. Er hätte sich dann vorbehaltlos
und absolut auf ihre Seite stellen müssen mit allen Konsequenzen, die sich
daraus ergaben. Dazu war er aber nicht in der Lage. Eine solche eindeutige
Entscheidung mochte seinem Wesen überhaupt nicht liegen; sie entsprach
auch nicht seiner Überzeugung und sie wurde aus politischer Klugheit eher
verboten als geboten.

Die Aktion der Herzöge und ihrer Ratgeber und die Reaktionen der
Stände verhinderten die Kompromißhaltung, zu der Erasmus zunächst bereit gewesen zu sein scheint, und bewirkten, daß er sich den ihm gemachten
Vorschlägen entzog und die neue Kirchenordnung ablehnte. Daß er nicht alle
Neuerungen in Bausch und Bogen verwarf, das wird aus einzelnen Handlungen der nächsten Jahre deutlich, die auf den ersten Blick den Eindruck
der Widersprüchlichkeit erwecken.

Zunächst aber war unter dem 8. Mai 1535 ein Entscheid des Reichskammergerichts im Namen Kaiser Karl V. ergangen, in dem bei Strafe von 50 Mark Goldes die Aufhebung der nach dem Treptower Landtag durchgeführten kirchlichen Neuerungen gefordert und jede Veränderung der religiösen Verhältnisse im Lande geboten wurde. Die Einziehung der Klöster war der entscheidende Punkt. Sie sollten, „wes ordens die seien, gemelte ire Rechte, gerechtickheiten, Güter, cleinotter, Barschaften, Silber, golt und freyheiten, wie sie der angetzogner massen entsetzt, in bestimpter Zeit restituiert" werden (Baltische Studien N. F. 46, 1959, S. 59 f.). Die Herzöge erkannten diesen Entscheid natürlich nicht an; sie bestritten dem Reichskammergericht die Zuständigkeit in Glaubenssachen – für eine solche erklärten sie den Fall, was von Reichs wegen nicht akzeptiert wurde –, sie verlangten ein Schiedsgericht und zur Regelung der Religionsfragen ein deutsches Nationalkonzil. Damit waren die Schwierigkeiten nicht aus der Welt. Zwar war in dem Mandat vom 8. Mai 1535 den Herzögen eingeräumt worden, für den Fall, daß sie gegen „dieses vnsers gepots beschwert vnd rechtmessige inreden … zu haben vormeinten", innerhalb von 45 Tagen nach der zur Wiederherstellung der alten Verhältnisse gesetzten Frist von drei Wochen vor dem Kammergericht persönlich oder durch einen bevollmächtigten Anwalt erscheinen könnten, um „dieselbigen vrsachen furzupringen" (ebd.). Beschluß und Urteil sollten sie jedoch gehorsam erwarten. Wie dieses Urteil ausfallen würde, war unschwer zu erraten. Und es war auch klar, daß die Aufforderung, „nit ungehorsam" zu sein und „vnser und des Reichs schwerer peenen, straffen und pueß zuuormeiden" (ebd.), keine leeren Drohungen des Kaisers waren. Im übrigen erhielt das Mandat auch der pommersche Adel zugestellt und der Abt des Klosters Altenkamp verschickte unter dem 8. Juni 1535 ein Schreiben an die pommersche Ritterschaft, sich unter Bezug auf den Spruch des Reichskammergerichts der Kirchenveränderung zu widersetzen.

Auch diese Vorgänge lagen nach der Entscheidung Bischof Erasmus' vom 4. April 1535. Aber der Tenor des Kammergerichtsentscheids war früher bekannt. Bereits am 8. April hatte König Ferdinand (in Vertretung des Kaisers) die Herzöge aufgefordert, den Klöstern und Stiftern ihre Güter zu restituieren. Die Entscheidung hierüber war natürlich vorher gefallen, und wir dürfen wohl annehmen, daß Bischof Erasmus um sie gewußt hat, als er unter dem 4. April seine Ablehnung bekanntgab und sich dabei auf die Reichsunmittelbarkeit berief. Gerade der Prozeß vor dem Reichskammergericht wird ihm ein Grund mehr für eine zurückhaltende Einstellung gewesen sein, hatte er doch zehn Jahre vorher den entsprechenden Prozeß des Stralsunder Oberkirchherrn Hippolyt Steinwehr, mit dem dieser die kirchlichen Neuerungen in der Hansestadt anfocht, vor dem Kammergericht unterstützt.

Die pommerschen Herzöge sind, nicht zuletzt durch das kaiserliche Mandat vom 8. Mai 1535 veranlaßt, ein Bündnis mit Sachsen eingegangen

und haben sich, wenn auch zögernd, dem Schmalkaldischen Bund angeschlossen. Der tiefste Grund war, in diesem Bündnis evangelischer Reichsstände Schutz und Unterstützung gegen den Kaiser, gegen katholische Stände
und gegen die Opposition im eigenen Lande zu gewinnen. Bugenhagen und
Jobst von Dewitz sind maßgeblich an dieser Verbindung beteiligt gewesen.
Besonders eng gestaltete sich auch das Verhältnis der Herzöge und der
evangelischen Theologen im Lande zu Melanchthon. Angesichts dieser Situation verschmerzte man es, daß die Gewinnung des Bischofs für die Reformation, was eine Art Krönung des ganzen Werkes bedeutet hätte, nicht
geglückt war[17].

Das Stift Cammin blieb offiziell katholisch und als selbständiges Territorium
bestehen. Ohne Schwierigkeiten konnte Erasmus allerdings nicht fortfahren
zu regieren und keineswegs wie vorher. Vor allem gelang es den Herzögen
mit der Zeit, das Domkapitel mit evangelisch gesinnten Persönlichkeiten zu
durchsetzen, die ab 1539 etwa sogar schon die Majorität ausmachten. Als im
Jahre 1541 eine endgültige Regelung der Landesteilung zwischen Barnim IX.
und Philipp I. erfolgte, wurde sogleich ein neuer Versuch unternommen, die
Stiftsfrage im Sinne der herzoglichen Vorstellungen zu lösen. Man forderte
von Erasmus die Anerkennung der Augsburgischen Konfession, Abstellung
der alten Zeremonien, Verzicht auf die Besetzung der Prälaturen und der
Kanonikate und auf die Reichsstandschaft. Wieder gab es Bedenkzeiten und
wieder weigerte sich der Bischof. Nach weiteren Verhandlungen willigte er
schließlich notgedrungen ein, die Ausübung der reichsständischen Rechte

---

17 *Waterstraat*, Hermann: Der Caminer Bistumsstreit im Reformationszeitalter, in:
    Zeitschr. f. Kirchengesch. 22, 1901, S. 586–602; 23, 1902, S. 223–262.
    Schmidt, Roderich: Pommern und Sachsen in der Zeit der Reformation, in: Balt. Stud.,
    N. F. 46, 1959, S. 57–78.
    Verteidigungsschrift der Stadt Stralsund, im Mai des Jahres 1529 beim Kaiserlichen
    Reichskammergericht zu Speier eingreicht, wider die vom Stralsunder Oberkirch-
    herrn Hippolytus Steinwehr erhobene Klage in Betreff der von der Stadt verübten
    Verfolgung des katholischen Clerus, in: Balt. Stud. 17, 1859, S. 90–145.
    Kosegarten, Johann Gottfried Ludwig: Die Vernehmung der vom Stralsunder Ober-
    kirchenherrn Hippolytus Steinwehr gegen die Stadt Stralsund … gestellten und im
    Jahre 1527 zu Greifswald abgehörten Zeugen, in: Balt. Stud. 17, 1859; S. 146–159; 18,
    1860 S. 159–186.
    Heling, Reinhard: Pommerns Verhältnis .zum Schmalkaldisdien Bunde, in: Balt.
    Stud., N. F. 10, 1906, S. 1–32; 11, 1907, S. 23–67.
    Schmidt, Roderich: Die Torgauer Hochzeit 1536. Die Besiegelung des Bundes zwi-
    schen Pommern und Sachsen in der Zeit der Reformation (Mit unveröffentlichten
    Briefen des Pommerschen Rats Jobst von Dewitz), in: „Solange es Heute heißt". Fest-
    gabe für Rudolf Hermann zum 70. Geburtstag 1957, S. 234–250.
    Schmidt, Roderich: Johannes Bugenhagen als Mittler in den politischen Eheverhand-
    lungen zwischen Pommern und Sachsen 1535/36. Ergänzungen zum Bugenhagen-
    Briefwechsel, in: Zeitschr. für Kirchengeschichte 69, 1958, S. 79–97.

und Pflichten ruhen zu lassen; mehr aber auch nicht. Pommern war damit kirchlich gespalten[18].

Als Erasmus von Manteuffel im Januar 1544 starb, hoffte man, nun vielleicht einen Schritt weiterzukommen. Aber jetzt war das Zerwürfnis der Herzöge das Hemmnis. Barnim versuchte, den 17jährigen Grafen Ludwig von Everstein auf den Bischofsstuhl zu bringen, Philipp seinen Kanzler Jacob von Zitzewitz. Luther und die anderen Wittenberger Theologen rieten dringend von einer äffischen Kinderwahl ab. Es schien ein glücklicher Ausweg, als man sich einigte, Bugenhagen das Bischofsamt in seiner Heimatkirche anzutragen. Aber nach reiflichen Überlegungen hat er sich dieser Aufgabe versagt. Das Zögern Bugenhagens beschwor neue Gefahren herauf. Der Kaiser schickte sich an, unter Bezug auf die Reichsunmittelbarkeit des Stifts einzugreifen[19].

Da wählte man 1545 den herzoglichen Rat und Kanzler Barnims IX., Bartholomäus Suawe. Es verwundert nicht, daß er durch Vertrag mit den Herzögen auf die Reichsunmittelbarkeit verzichtete. Doch konnte er sich im Stift nicht recht durchsetzen. Für sein Scheitern dürfen aber nicht nur die Schwierigkeiten im Stift, die größer als erwartet gewesen zu sein scheinen, verantwortlich gemacht werden, sondern ebenso wohl auch die allgemeinen politischen Ereignisse, die nicht ohne Auswirkung auf Pommern blieben[20].

1546 war es zum Krieg zwischen dem Kaiser und den Schmalkaldenern gekommen. Obwohl Pommern nicht zu seinen Bundesgenossen stand und infolgedessen nicht direkt in die Niederlage von Mühldorf 1547, bei der der sächsische Kurfürst Johann Friedrich der Großmütige in Gefangenschaft geriet, hineingezogen wurde, so bestand doch die Gefahr, daß es von den Folgen der Niederlage und dem Triumph der katholischen Seite betroffen werden würde. Es ist ein großes diplomatisches Kunstwerk der pommerschen Gesandten gewesen, diese Gefahr abgewendet und sogar eine Aussöhnung mit dem Kaiser herbeigeführt zu haben. Mit Schreiben vom 9. Mai 1549 gewährte Karl V. den Pommernherzögen Verzeihung für alles Geschehene und nahm sie wieder zu Gnaden auf. Freilich mußten sie 90 000 Gulden an ihn zahlen und sie mußten sich dem Interim unterwerfen.

Diese auf dem Reichstag zu Augsburg 1548 beschlossene Regelung bezweckte die Wiederherstellung der alten Kirche. Eigentlich wurden nur die Priesterehe und der Laienkelch, und auch diese nur bis zum nächsten Kon-

---

18 *Linke*, Günter: Die Pommerschen Landesteilungen des 16. Jahrhunderts, in: Balt. Stud., N. F. 37, 1935, S. 1–70; 38, 1936, S. 97–191.

19 *Stojentin*, Max von: Jacob von Zitzewitz, ... ein Pommerscher Staatsmann aus dem Reformationszeitalter, in: Balt. Stud., N. F. 1, 1897, S. 143–288.

20 *Wehrmann*, Martin: Suawe, Bartholomäus, evangelischer Bischof von Cammin, 1545–1549, in: Allg. Dt. Biographie 54, 1905, S. 641–643.

zil, zugestanden, mit dem Zusatz, daß nur diejenigen als Priester angesehen werden sollten, die durch einen Bischof geweiht, nicht aber nach evangelischen Ritus ordiniert seien. Die Frage war, ob sich diese Regelung würde durchsetzen lassen, ob das Rad noch zurückgedreht werden konnte. Für Pommern bedeutete dies, daß man 1549 in gewisser Weise dort wieder angelangt war, wo man sich 1535/36 befunden hatte. Denn auch das Kammergerichtsurteil, das am 20. März 1544 ergangen war, bedrohte nun wieder die Herzöge, allerdings war die Situation günstiger als vor Jahren. Militärische Gewalt drohte kaum und die kaiserliche Gnade war wieder gewonnen. Zudem war auf dem Augsburger Reichstag von 1548 die Frage des säkularisierten Kirchenguts nicht entschieden worden. Das Interim erkannten die Herzöge – freilich mehr pro forma – an. Für die Durchführung erklärten sie sich nicht verantwortlich, und zwar mit der Begründung, das sei eine theologische bzw. kirchliche Angelegenheit und deshalb nicht ihre Sache, sondern die des Bischofs, eben ihres alten Rats Bartholomäus Suawe[21].

1549 ist Suawe vom Bischofsamt zurückgetreten. Er wurde herzoglicher Amtshauptmann in Bütow. Die Gründe, die Suawe zu diesem Schritt veranlaßt haben, bedürfen noch näherer Untersuchung. Verschiedenes kam gewiß zusammen. Vielleicht wollte er nicht der Sündenbock sein, für das, was kam, so oder so. Gewiß sah er sich nicht imstande, das Interim in Pommern durchzuführen. Vielleicht wollte er auch neuen Möglichkeiten und Lösungen nicht im Wege stehen. Daß die katholische Kirche Bartholomäus Suawe nicht anerkannt hatte, war verständlich. An seiner Ordination als Bischof war ja auch niemand beteiligt gewesen, der im Besitz der apostolischen Sukzession war. Die Amtseinführung erfolgte statt dessen durch die neuen Leiter des evangelischen Kirchenwesens, die Generalsuperintendenten des Wolgaster und des Stettiner Herzogtums[22].

Suawes Nachfolger, der 1550 gewählte Martin Weiher, war als Melanchthon-Schüler den Herzögen genehm. Er trat aber im Zeichen des Interims alsbald mit dem Papste in Verbindung und ließ sich von Julius III. 1551 die Wahl bestätigen, als Nachfolger des Erasmus Manteuffel, wie der Papst betonte. Weiher ist dann auch nicht ordiniert, sondern zum Bischof geweiht worden. Es war eigentlich fast selbstverständlich, daß er sich auch wieder um die Reichsunmittelbarkeit des Stifts bemühte. 1553 betonten die Stiftsstände erneut ihre Selbständigkeit. Alles in allem schien es so, als hätte Pommern wieder einen katholischen Bischof. Anderseits führte er im Stiftsgebiet Visitationen durch, bei denen er die Predigt der reinen Lehre verlangte – was allerdings vielleicht noch doppeldeutig sein konnte –, aber auch die Be-

---

21 *Schröder,* Konrad: Pommern und das Interim, in: Balt. Stud., N. F. 15 1911 S. 1–75.
22 *Cramer,* Reinhold: Geschichte der Lande Lauenburg und Bütow, 2 Teile, Königsberg 1858.

achtung der Kirchenordnung Bugenhagens. So hatte seine Person etwas eigenartig Zwielichtiges. Aber die Zeit selbst war zwielichtig und strebte erst nach einer klaren und eindeutigen Form, eben nach dem, was man als Konfession oder Konfessionalismus bezeichnet hat. Rückschauend war die Bischofszeit Martin Weihers ein Übergang, ein letztes Aufflackern vergangener Zustände. Und man sagt nur allzuleicht, daß das Neue nicht aufzuhalten gewesen sei[23].

Als er 1556 starb, wurde ein Sohn Herzog Philipps I., Johann Friedrich, zum Bischof gewählt. Diesmal war nun doch eine Kinderwahl vollzogen worden. 14 Jahre zählte der Prinz. Unter ihm sind die entscheidenden Umwandlungen im Stift vorgenommen worden. 1560 wurde eine Stiftsordnung erlassen und 1569 bestätigt. Sie verpflichtete alle Prälaten zum Gehorsam gegen den Landesherrn, der auch über die Prälatensitze verfügte. Praktisch war dieser nunmehr nicht nur der Patron des Stifts, sondern sein Herr. Man wundert sich fast, daß das Stift als Territorium erhalten blieb. Der Grund ist klar; es diente jetzt zur Versorgung jüngerer Herzogssöhne. Bis zum Aussterben des pommerschen Herzogshauses 1637, ja bis hin zum letzten männlichen Glied, dem Grafen Ernst Bogislaw von Croy, waren es Angehörige dieses Geschlechts, die nunmehr das Camminer Bischofsamt als evangelische Bischöfe bekleideten. Die Voraussetzung für diese Entwicklung war freilich wieder ein übergreifendes politisches Ereignis: der Augsburger Religionsfriede von 1555. Er fiel in Pommern fast mit dem Tod Bischof Martin Weihers zusammen und setzte den letzten Schlußpunkt hinter die katholische Zeit des Stifts Cammin[24].

Nunmehr regelten die Herzöge auch die geistlichen Angelegenheiten. Früher hatten sie die Tendenz gehabt, dem Bischof die weltliche Gewalt zu entwinden; jetzt entzogen sie ihm die geistliche Leitung im Stiftsgebiet. 1558 wurde hierfür ein Superintendent, Georg Venediger, eingesetzt. Er hatte praktisch die Funktionen eines Generalsuperintendenten, wie solche für das Herzogtum Wolgast, für das Herzogtum Stettin und für den östlichen Landesteil (mit dem Sitz in Stolp) ernannt worden waren. Georg Venediger hat

---

23 *Bülow*, Gottfried von: Martin von Weyher, Bischof von Camin (1549–1556), in: Allg. Dt. Biographie 20, 1884, S. 476–478.
   Waterstraat, Hermann: Martin Weiher, der letzte Camminer Bischof im Reformationszeitalter, in: Unser Pommerland 8, 1923, S. 310–316.
24 *Bülow*, Gottfried von: Johann Friedrich, Herzog von Pommern-Stettin und erster weltlicher Bischof von Camin, in: Allg. Dt. Biographie 14, 1881, S. 317–321.
   Mueller, Julius: Herzog Johann Friedrich von Pommern und die Reichshoffahne im Jahre 1566. Ein Beitrag zur Geschichte des Pommerschen Fürstenhauses ..., in: Balt. Stud. 42, 1892, S. 49 bis 200.
   Wehrmann, Martin: Genealogie des pommerschen Herzogshauses (Veröffentlichungen der Landesgeschichtlichen Forschungsstelle für Pommern, Bd. I, Heft 5), Stettin 1937.

dann auch bald Visitationen im Stiftsgebiet vorgenommen. Sie sind 1560 von
Bischof Johann Friedrich angeordnet und ab 1561 durchgeführt worden.
Durch diese Visitationen wurde das nachgeholt, was in anderen Teilen Pommerns schon bald nach dem Treptower Landtag von 1534 ins Werk gesetzt
worden ist, die Umgestaltung und vor allem die Ordnung der Dinge im
Kleinen, von Ort zu Ort. Dabei wurde bemerkenswerterweise das Visitati-
onsschema angewandt, das Martin Weiher aufgestellt hatte.

Die rund 30 Matrikeln der Visitation von 1560/62 werden nach Abschriften von Hellmuth Heyden und mit einer Einleitung von ihm versehen in den
von der Historischen Kommission für Pommern herausgegebenen „Quellen
zur pommerschen Geschichte" erscheinen. Sie spiegeln in aufschlußreicher
Weise wider, wie sich die Neuerung im Kirchenwesen des Stifts schon länger angebahnt und vollzogen hat, wie aber andererseits auch noch Formen
und Vorstellungen der alten Kirche, insbesondere auf dem Gebiet der Volks-
frömmigkeit, weiterbestanden. Die Bildung der „evangelischen Kirche" hat
sich auch hier trotz des verhältnismäßig raschen Umbruchs erst in mühevol-
ler Arbeit durch die Geistlichkeit im Zusammenwirken mit der weltlichen
Obrigkeit vollzogen. Die Grundlagen, die damals gelegt worden sind, waren
dann aber dauerhaft und gut gefügt; sie haben die große Kriegskatastrophe
in der ersten Hälfte des 17. Jahrhunderts überstanden und sind erst in der
des 20. Jahrhunderts in den Strudel eines völligen Zusammenbruchs mit hineingezogen worden[25].

---

25 *Bülow*, Gottfried von: Georg von Venediger, Superintendent im Stift Camin, in: Allg.
Dt. Biographie 39, 1895, S. 604–605.
Protokolle der evangelischen Visitation im Stift Cammin 1560/62, bearb. von Hellmut
Heyden (für den Druck vorgesehen in: Veröffentlichungen der Historischen Kommis-
sion für Pommern, Reihe IV: Quellen zur pommerschen Geschichte).

Die Reformation in Pommern und die Neuordnung der kirchlichen Verhältnisse

Territorium: Herzogtum Pommern, 1532–1625 geteilt in Pommern-Stettin und Pommern-Wolgast (weitere Residenzen: Barth, Rügenwalde); Dynastie: Geschlecht der Greifen (bis 1637); dann an Brandenburg und Schweden. Hochstift Cammin (Reichsunmittelbarkeit von Pommern bestritten); Residenzen: Körlin, Köslin (seit 1568).

Regenten: Herzöge von Pommern

1474/78–1523	Bogislaw X.
1523–1531	Georg I. und Barnim IX.

Pommern-Stettin	*Pommern-Wolgast*
1532–1560 Philipp I.	1532–1569 Barnim IX.
1560–1569 Regentschaft	1569–1592 Ernst Ludwig
1569–1600 Johann Friedrich	1592–1625 Philipp Julius (bis 1606
1600–1603 Barnim X.	unter Vormundschaft
1603–1606 Bogislaw XIII.*	von Bogislaw XIII.)
1606–1618 Philipp II.	1625–1637 Bogislaw XIV.
1618–1620 Franz	
1620–1625 Bogislaw XIV.	
1625–1637 Bogislaw XIV.	

1637–1640 Georg Wilhelm, Kurfürst von Brandenburg	1637–1654 Christine, Königin von Schweden
1640–1688 Friedrich Wilhelm (Großer Kurfürst)	(seit 1648 Vorpommern und Rügen)

(seit 1648 Hinterpommern und Cammin)

* Als Bogislaw XI. und XII. werden zwei im Säuglingsalter verstorbene Söhne Georgs I. gerechnet.

Bischöfe von Cammin
1498–1521 Martin Carith
1522–1544 Erasmus von Manteuffel
1545–1548 Bartholomäus Suawe (erster ev. Bischof)
1549–1556 Martin von Weiher
1556–1574 Herzog Johann Friedrich
1574–1602 Herzog Kasimir VII.
1602–1618 Herzog Franz
1618–1622 Herzog Ulrich

1623–1637 Herzog Bogislaw XIV.
1637–1650 Herzog Ernst Bogislaw von Croy

Stellung im Reich: Lehensabhängigkeit von Kurbrandenburg, Lösung von derselben und Reichsstandschaft 1521 bzw. 1529/30 erreicht; Obersächsischer Reichskreis; gesteigerte privilegia de non appellando 1544, 1606.
Hochstift Cammin seit 1422 Reichsstand, seit 1436 unter der Schirmvogtei von Pommern; 1545 Verzicht auf Reichsunmittelbarkeit.

Diözesen: Cammin, Schwerin, Włocławek (Leslau), Roeskilde; Kirchenprovinzen Bremen-Hamburg, Gnesen, Lund; Cammin exemt.

Nachbarterritorien: Herzogtum Mecklenburg, Kurfürstentum Brandenburg, Königreich Polen.

*

Landesherrschaft und kirchliche Verhältnisse um 1500

Am Ende des 15. Jahrhunderts, als die Bestrebungen um die Reichsreform in ein konkretes Stadium traten, wurde in den Territorien zugleich der Ausbau der Landesherrschaft vorangetrieben. In Pommern vollzog sich diese Entwicklung während der Regierungszeit Herzog Bogislaws X., der als der bedeutendste Vertreter des Greifengeschlechtes gilt. Unter ihm wurde Pommern, das seit 1295 mehrfach geteilt war, wieder vereinigt, doch mußte Bogislaw die Lehnshoheit Brandenburgs 1479 ausdrücklich anerkennen. Sich von ihr zu befreien und die Reichsunmittelbarkeit zu erlangen, war das außenpolitische Ziel der pommerschen Herzöge, das schrittweise bis 1530 erreicht wurde.
    Innenpolitisch hat Bogislaw durch ein Bündel von Einzelmaßnahmen die landesherrliche Gewalt geordnet, gefestigt und erweitert. Dazu gehörten eine Neuregelung des Steuer-, Münz- und Gerichtswesens, die Einrichtung von herzoglichen Ämtern anstelle der alten Vogteien, die Einlösung verpfändeter Besitzungen und Hebungen, die gezielte Anwendung des Lehnsrechts gegenüber dem Adel, der Ausbau der herzoglichen Verwaltung, der Kammer, der Kanzlei, des Hofgerichts, Hand in Hand damit eine weitgehende Verschriftlichung aller Verfahren, die Einführung des Römischen Rechts und schließlich die Heranziehung eines Stammes von zum Teil gelehrten Räten und Amtsleuten, teils aus dem Adel, teils aus dem Kreis der Geistlichkeit, die für ihre Dienste durch Verleihung von Pfründen, Vikarien und ähnlichem entschädigt bzw. besoldet wurden.
    Es lag auf der Linie dieser Maßnahmen, auch die Kirche stärker der herzoglichen Landesverwaltung zu verpflichten. 1494 schloß der Herzog mit

Klöstern und Geistlichen einen Vertrag, durch den das althergebrachte Einlagerrecht, das die Herzöge zu freier Einquartierung in Städten, Klöstern und Pfarreien berechtigte, durch Zahlung einer festen Geldsumme oder durch Leistung von Naturalien abgelöst wurde. Zugleich war die herzogliche Verwaltung bestrebt, die Steuerfreiheit der Geistlichen einzuschränken. Ähnliches galt für die geistliche Gerichtsbarkeit. Alle geistlichen Richter sollten sich der Eingriffe in Verfahren, die vor ein weltliches Gericht gehörten, enthalten. Für die Überschreitung der geistlichen Gerichtsbefugnisse wurden hohe Strafen festgesetzt. Klagen von Geistlichen gegen weltliche Personen suchte der Herzog vor das Hofgericht zu ziehen. Geistlichen wie weltlichen Untertanen wurde verboten, geistliche Gerichte außerhalb des Landes anzurufen oder vor ihnen zu erscheinen. Auf der Rückreise von seiner Fahrt ins Heilige Land hatte Bogislaw X. 1498 in Rom von Papst Alexander VI. unter anderem das Recht auf Besetzung der Prälaturen im Lande erlangt. Er hat dies genutzt, um in den Propsteien der Kollegiatkirchen in Stettin, Cammin, Greifswald und Kolberg verdiente Räte und andere ihm ergebene Personen unterzubringen. Auf diese Weise wurde das Vermögen der Kirche der Landesherrschaft nutzbar gemacht, ihre Diener zugleich dem Herzog verpflichtet und so insgesamt der herzogliche Einfluß gestärkt. Die Tendenz zur Ausgestaltung eines landesherrlichen Kirchenregiments ist deutlich zu erkennen.

Von entscheidender Bedeutung war in diesem Zusammenhang die Stellung des Bischofs von Cammin. Seine Diözese reichte im Westen und im Südosten über die pommerschen Landesgrenzen hinaus, während das stiftische Territorium die hinterpommerschen Landesteile von den mittel- und vorpommerschen trennte. Auseinandersetzungen um die Rechtsstellung des Camminer Bischofs – Reichsunmittelbarkeit oder Unterordnung unter die Landesherrschaft – hatten seit dem 14. Jahrhundert zu immer neuen Auseinandersetzungen geführt, die Reich und Konzilien beschäftigten. Der 1472 vom Camminer Domkapitel postulierte Graf Ludwig von Eberstein wurde von Bogislaw X. wegen seiner Brandenburg zugeneigten Haltung abgelehnt, seine Ernennung in Rom hintertrieben. Der von Papst Sixtus IV. statt dessen 1479 eingesetzte Marinus de Fregano band sich dem Herzog gegenüber vertraglich, daß Bischofswahlen und die Wahl der Camminer Domherren von der herzoglichen Genehmigung abhängig sein sollten. Marinus konnte sich weder im Stiftsgebiet noch im Bistum durchsetzen und verließ Pommern 1481. Nach mehrjähriger Sedisvakanz ernannte Innozenz VIII. 1485 den Olmützer Propst Benedikt von Waldstein zum Bischof von Cammin. Von Bogislaw X. anerkannt, sah er sich aber gezwungen, die Reichsabgaben an die herzogliche Kammer zu zahlen und mit dem Kaiserhof über dieselbe zu verkehren. Die Stiftsstände verpflichteten ihn, die wesentlichen Verwaltungsakte im Stift nur mit ihrer Zustimmung vorzunehmen. 1490 gab Bischof Be-

nedikt die weltliche Regierung im Stift auf. Bogislaw X. nutzte seinen Besuch in Rom dazu, daß der ihm treu ergebene Domherr Dr. Martin Carith
vom Papst zum Koadjutor mit der Provision der Nachfolge im Bischofsamt
ernannt wurde, sobald Bischof Benedikt resigniere. Dies geschah 1498. Auch
Martin Carith verzichtete auf die Reichsstandschaft. Als er jedoch 1518 seinerseits die Ernennung eines Koadjutors in Rom gegen den Willen des Herzogs betrieb, kam es zum Bruch, und Bogislaw setzte die Ernennung des
Erasmus von Manteuffel durch, der 1522 das Bischofsamt antrat.

Geistlich-religiöse Zustände um 1500

Das ausgehende 15. Jahrhundert zeigte auch auf geistlich-religiösem Gebiet
ein zwiespältiges Gesicht. Einerseits kann von einer ausgeprägten Volks-
frömmigkeit und von einer gesteigerten Kirchlichkeit gesprochen werden,
die sich in einer Vielzahl von frommen Stiftungen, Wallfahrten und Heili-
genkulten äußerte, freilich einen weitgehend vom Massenwesen bestimmten
Charakter aufwies. Schaustellungen und äußerliches Gepränge prägten das
Bild der vielfältigen gottesdienstlichen Aktivitäten. Eine zugleich vorhandene
vertiefte Innerlichkeit, individuell geprägt und auf kleinere Zirkel beschränkt,
trat demgegenüber weniger in Erscheinung. Andererseits regte sich zunehmend Kritik an den kirchlichen Zuständen, und der Ruf nach kirchlichen
Reformen verstummte nicht.

Unsere Kenntnis über die kirchliche und religiöse Situation in Pommern
gründet sich vornehmlich auf schriftliche Zeugnisse aus dem 16. Jahrhundert. Sie sind weitgehend durch die Reformation und ihre Frontstellung gegen Mönchtum, katholischen Klerus und Papismus geprägt, besitzen in ihren Einzelnachrichten besonders über ausartende und geschmacklose
Aufführungen im Gottesdienst aber durchaus Zeugniskraft, zumal sie durch
das, was auf den Reformsynoden des 15. Jahrhunderts im Pommern verhandelt worden ist, ihre Bestätigung finden.

Die Kritik richtete sich gegen die Amtstätigkeit und den Lebenswandel
der Geistlichen. Es wurden Verbote erlassen gegen die Unsitte, weltliche
Kleidung zu tragen, Völlerei zu treiben und zwielichtige Weiber in der
Wohnung zu haben. Eine von Bischof Benedikt 1492 nach Stargard einberufene Synode rügte die immer offener zutage tretende Verletzung des Zöli-
bats und den häufigen Aufenthalt von Klerikern in Gaststätten. Die Resi-
denzpflicht der Geistlichen wurde eingeschärft, die Pfründenhäufung
untersagt, die Erteilung der Absolution gegen Geld verboten. Strenge Bestrafung wurde gegen Geistliche angedroht, die sich eines Verbrechens wie Mord,
Kirchenraub und Gewalttat schuldig gemacht hatten. Eine unter Bischof
Martin Carith 1500 in Stettin tagende Synode verbot den Geistlichen die

Teilnahme an entwürdigenden Schaustellungen, verrohenden Wettspielen und frechen Karnevalsveranstaltungen. Sie wurden eindringlich angewiesen, regelmäßig Gottesdienst zu halten, die Sakramente sorgfältig zu verwahren, die liturgischen Gewänder in Ordnung zu halten, ihre Fürsorge dem baulichen Zustand der Kapellen und Kirchhöfe zuzuwenden. Um den Gottesdienst besser zu ordnen, ließ Martin Carith 1505 ein Brevier für den Klerus und 1506 ein Missale herausgeben. Wenn auch die Statuten der Reformsynoden vornehmlich Mängel aufzeigen und abzustellen trachteten, nicht aber die positiven Seiten des kirchlichen Lebens nennen, so bleiben die Verfallserscheinungen doch unübersehbar. Hierzu gehört auch der Niedergang der Klosterzucht, worüber zahlreiche Nachrichten vorliegen, sowie die willkürliche Handhabung der geistlichen Gerichtsbarkeit, die rücksichtslose Art, mit der Geldgeschäfte betrieben und die Besitzungen der Kirchen und Klöster vermehrt und in Anspruch genommen wurden. Als Reaktion kam es zu gewaltsamen Übergriffen auf kirchliches Eigentum, zu Plünderungen von Klöstern und Kirchen und zu Angriffen und Mordanschlägen auf Geistliche. Wenn Herzog Bogislaw X. die geistliche Gerichtsbarkeit einzuschränken bestrebt war und im Dezember 1521 das Kloster Belbuck der herzoglichen Vermögensverwaltung unterstellte, so nicht bloß in der Absicht, die weltliche Gewalt gegenüber der Kirche auszuweiten, sondern auch, um geordnete Zustände, da wo sie gefährdet erschienen, herbeizuführen.

Herzog Bogislaw X. hat das Aufkommen der reformatorischen Bewegung noch erlebt, aber nur dort eingegriffen, wo aus der Unruhe Unordnung zu entstehen drohte. Auf seiner Reise zum Reichstag in Worms 1521 hat er in Wittenberg Station gemacht, um Luther predigen zu hören. Bereits 1518 hatte er seinen Sohn Barnim nach Wittenberg zum Studium geschickt. 1523 besuchte er in Stettin eine Predigt des evangelischen Predigers Paul vom Rode, um sich ein Urteil zu bilden. Obwohl er an ihm nichts zu tadeln fand, hat er an der überkommenen Lehre der Kirche festgehalten. Noch kurz vor seinem Tode verbot er in einem Erlaß das Auftreten der „aufrührerischen Prediger und verlaufenen Mönche".

Die Anfänge der Reformation

Auch in Pommern hatten sich im Verlauf des 15. Jahrhunderts Strömungen gegen die offizielle Kirche bemerkbar gemacht: Waldenser, Hussiten, die in den dreißiger Jahren von der Kurmark und von der Neumark her eindrangen, um 1440 die Sekte der „Putzkeller" in und um Barth.

Nach Luthers Thesenanschlag sind die von Wittenberg ausgehenden Gedanken bald auch in das Land an der Ostsee gedrungen. In der pommerschen Geschichtsschreibung werden die Anfänge der Reformation nicht zu

Unrecht mit der Persönlichkeit verbunden, die als der Reformator
Pommerns gilt, mit Johannes Bugenhagen. In Wollin 1485 geboren, hatte er
in Greifswald studiert und war früh mit humanistischen Geistern in persönliche und briefliche Beziehung getreten. 1504 wird er Rektor der Lateinschule in Treptow a. d. Rega, 1517 Lektor an dem vor den Toren der Stadt
liegenden Prämonstratenserstift Belbuck. Im gleichen Jahr erhielt er von
Herzog Bogislaw X. den Auftrag, Materialien für eine Historie zu sammeln;
so entstand innerhalb eines Jahres die erste Gesamtdarstellung der Geschichte
des Landes, die „Pomerania". Im Herbst 1520 lernte Bugenhagen Luthers
Schrift „Von der babylonischen Gefangenschaft der Kirche" kennen und
wurde durch sie veranlaßt, sich dem Wittenberger Theologen zuzuwenden.
Bereits im Frühjahr 1521 siedelte er nach Wittenberg über, wo er in der Folgezeit als einer der engsten Vertrauten Luthers das Amt des Stadtpfarrers
innegehabt und dann auch als Professor an der Universität gelehrt hat.

In Belbuck hatte sich unter dem Abt Johann Boldewan ein Kreis gebil-
det, der sich ebenfalls mit der Lehre Luthers beschäftigte. Ihm gehörten u. a.
Männer wie Christian Ketelhut, der Reformator Stolps und Stralsunds, und
Andreas Knöpke, der Reformator Rigas, an. Von diesem Kreis sprang der
Funke nach Treptow über. Unter dem Einfluß der Predigten des Johannes
Kureke, der diesem Kreis ebenfalls angehörte, kam es in der Stadt zu Aus-
schreitungen gegen das kirchliche Brauchtum und gegen die Heiligenvereh-
rung. Kureke wurde verhaftet und der Häresie angeklagt, jedoch auf Veran-
lassung von Bischof Martin Carith nach dem Versprechen, sich jeglichen
Angriffs auf die Kirche und die Obrigkeit zu enthalten, freigelassen. Diese
Vorgänge waren für den Herzog der Anlaß, das Kloster Belbuck seiner
Verwaltung zu unterstellen. Ein Teil der Mönche entfloh, Abt Boldewan
wurde ebenfalls vorübergehend in Haft genommen, 1522 begab er sich nach
Wittenberg.

Die Reformation in den Städten

Im Jahre 1521 wurde auch in Pyritz das Evangelium im Sinne Luthers verkündet, und zwar durch Johannes Knipstro. Er hatte in Frankfurt a. d. Oder
studiert und hier 1518 in einer Disputation zwischen Professor Konrad
Wimpina und seinem Schüler, dem Ablaßhändler Johann Tetzel, leiden-
schaftlichen Widerspruch gegen die Ablaßpraxis erhoben. Man verbannte
ihn in das Franziskanerkloster Pyritz. Aber nicht nur hier, sondern auch in
der Mauritiuskirche der Stadt hat er –aus dem Kreise der Bürgerschaft gerufen – Luthers Lehre verkündet. Als Bischof Erasmus von Manteuffel Maßnahmen gegen die kirchlichen Neuerer erließ, sah sich Knipstro 1523 veranlaßt, Pyritz zu verlassen. Er hat sich dann, bevor er sich nach Stralsund

begab, bereits vorübergehend in Stettin und in Stralsund aufgehalten, wohin ihn die Gilden und Gewerke gerufen hatten. 1523/24 kam es auch in Pyritz zu Ausschreitungen, doch hat sich die lutherische Predigt in dieser Stadt erst in den dreißiger Jahren durchgesetzt.

In Stettin, der Hauptstadt des Landes, blieben die kirchlichen Verhältnisse lange Zeit in der Schwebe. Im Jahre 1522 wandten sich die Ratsherren an Luther mit der Anfrage, wie man es mit der Steuerfreiheit der Geistlichen, namentlich der Domherren, halten solle. Luther antwortete, daß diese, da sie den Schutz der bürgerlichen Gesellschaft genössen, auch deren Lasten mittragen sollten. Man bat dann um Entsendung eines evangelischen Predigers, und Luther schickte 1523 den Magister Paul vom Rode, der in Wittenberg studiert hatte und seit 1520 in Jüterbog wirkte. Rode hat zunächst auf der Lastadie, dann in der Jakobikirche gepredigt. In Stettin verband sich, wie auch anderswo, die Auseinandersetzung um die rechte kirchliche Lehre mit Auseinandersetzungen zwischen dem Rat und der Bürgerschaft um deren Anteil am Stadtregiment. Seit 1523 nahmen die Streitigkeiten gewaltsame Formen an. Rode mahnte zur Mäßigung, anders der im Sommer 1525 aus Stolp nach Stettin gekommene Dr. Johann Amandus, der durch seine Predigten die Gegensätze anheizte und für einige der Übergriffe verantwortlich gemacht werden konnte. Als die höhere katholische Geistlichkeit vom Herzog Schutzbriefe erbat und die Bürger ihre Zahlungen an Kirchen und Klöster einstellten, griff Herzog Georg I. 1526 ein und ließ Amandus festsetzen und ausweisen. 1527 kam es zu einer Regelung, daß außer der Jakobikirche auch andere Kirchen für den evangelischen Gottesdienst geöffnet wurden, jedoch so, daß beide Glaubensrichtungen die Kirche benutzen konnten. Das führte zu den heftigsten Wortauseinandersetzungen, was wiederum gewaltsame Übergriffe verursachte. Ungelöst blieb die Frage der Besoldung der evangelischen Prediger. Gleichwohl gewann die evangelische Sache immer mehr an Boden. Widerstand ging bis zuletzt von den Stettiner Domherren aus, die den Herzog erneut um Schutz baten und geltend machten, daß sie alte Leute seien, denen eine Neuerung schwerfalle.

Gewalttätiger verliefen die Dinge in Stolp und in Stralsund. Vom Belbucker Abt Johann Boldewan war Christian Ketelhut 1521 nach Stolp geschickt worden. Obwohl er hier in sehr maßvoller Weise das Evangelium im Sinne Luthers verkündigte, mußte er auf herzogliches Gebot bereits 1522 die Stadt wieder verlassen. Nun sammelte der aus Stolp stammende Peter Suawe die lutherisch gesinnten Bürger um sich. Ende 1524 kam dann Johannes Amandus, der wegen seiner aufreizenden Predigten aus Königsberg hatte weichen müssen, nach Stolp. Er benutzte die Mißstimmung in der Bürgerschaft gegenüber dem Rat, geistliche und weltliche Dinge vermischend, zu Aufrufen gegen Fürsten und Obrigkeiten. Wanderprediger gossen weiteres Öl ins Feuer. Die reformatorische Bewegung erhielt durch Amandus einen

revolutionären Zug. Er rief die Menge zum Sturm auf Kirchen und Klöster
auf. Die Marienkirche wurde verwüstet, die Klosterkirche in Brand gesteckt,
Geistliche wurden mißhandelt. Im November 1525 erschien Herzog Georg
I. in der Stadt, um die alte Ordnung wiederherzustellen. Es wurde den Bürgern jedoch zugestanden, sich einen Prediger zu wählen, der das Evangelium
lauter und rein nach den Kirchenvätern und nach des „Heiligen Römischen
Rikes und unser Ordnung" predigen und lehren sollte. Man wählte den Magister Jacob Hogensee, der, nach Studium in Wittenberg, 1520 in Danzig gepredigt hatte und von hier vertrieben worden war. Er stand Melanchthon
nahe und hat ruhig, aber konsequent die Reformation in Stolp durchgesetzt.

In Stralsund, der bedeutendsten Stadt des Landes, gärte es schon seit längerer Zeit. Die Gegensätze zwischen Rat und Kirche spitzten sich immer
mehr zu. Aber ebenso nahm auch die Konfrontation zwischen den Vertretern des Bischofs von Schwerin, zu dessen Diözese Stralsund gehörte, und
der Bürgerschaft bedrohlichere Formen an. Seit 1522 weilte Johann Kureke,
seit 1523 Christian Ketelhut in der Stadt. Während jener leidenschaftlich
und stürmisch auftrat, zeichnete sich Ketelhut, dem die Kanzel der Haupt-
kirche St. Nikolai freigegeben wurde, durch Besonnenheit aus. Schmäh- und
Spottlieder, von beiden Seiten verbreitet und bei Umzügen und ähnlichen
Gelegenheiten gesungen, heizten die Stimmung an und vermitteln uns ein
Bild der damaligen Situation. Zu Pfingsten 1524 wurde das Rathaus ge-
stürmt und ein Bürgerausschuß dem Rat an die Seite gestellt. Während die
Herzöge in die politischen Kämpfe nicht eingriffen, verlangten sie jedoch
Schutz für die katholische Geistlichkeit, die bedroht und angegriffen wurde,
sich aber auch ihrerseits nicht zimperlich verhielt. In der Karwoche des Jahres 1525 kam es zu dem gewaltsamen Ausbruch, der als Stralsunder Kirchensturm in die Geschichte eingegangen ist. Eine Speisung von Armen und
Bettlern, die großen Zulauf von Gesellen, Knechten und Mägden fanden,
führte in der Nikolaikirche zunächst zu allerlei Unfug, bald aber zu Plünderung und Raub, schließlich zur Verwüstung der Kirche und zur Zerstörung
der Altäre, der Bilder und anderer Kunstwerke. Die tobende Volksmenge
fiel dann auch in die Klöster ein und richtete auch hier große Verwüstungen
an. Schließlich schritt die Obrigkeit ein und stellte die Ordnung wieder her.
Der Rat gab den Ketzern die Schuld. Bei einer Versammlung vor dem Rathaus ergab sich jedoch, daß die Mehrheit der Bevölkerung sich für die evangelische Partei in der Stadt erklärte. Die Folge war, daß ihre Repräsentanten
in den Rat aufgenommen wurden und daß dieser mit dem Bürgerausschuß
den Entschluß faßte, daß fortan die lutherische Lehre in der Stadt gelten solle.
Damit hatte die Reformation in Stralsund gesiegt, und nun galt es, die Verhältnisse zu beruhigen und zu ordnen.

In Stralsund machte man sich alsbald an die Erarbeitung einer förmlichen
Ordnung für das Kirchenwesen. Mit ihrer Abfassung wurde der Schulleiter

des Johannisklosters Johannes Aepinus (später Superintendent in Hamburg) beauftragt. Im November 1525 wurde diese „Ordnung der Kirchen und Schulen zum Sunde" von Rat und Bürgervertretung angenommen. Damit war für die Reformation in der Stadt die rechtliche Grundlage geschaffen. Die Stralsunder Ordnung ist eine der ältesten evangelischen Kirchenordnungen in Norddeutschland. Sie handelt in drei Hauptabschnitten von den Predigern, vom Gemeinen Kasten und von der Zucht. Sie sah tägliche Gottesdienste vor, bei denen der Küster mit den Gottesdienstbesuchern den Gesang zu üben hatte. An jeder der drei Pfarrkirchen sollten zwei Geistliche predigen, ein Kaplan sollte für Beerdigungen und Krankenbesuche tätig sein. Der erste Geistliche an St. Nikolai hatte über Predigt und Lehre zu wachen. Dieses Amt hatte zunächst Christian Ketelhut inne, später Johann Knipstro mit der Bezeichnung Superintendent. Wichtig war auch die Neuordnung des Schulwesens. Es wurden eine Knaben- und eine Mädchenschule mit je drei Lehrern eingerichtet. Im „Gemeinen Kasten" wurden das gesamte Kirchen-, Kloster- und Spitalvermögen sowie alle Kirchenschätze, Kleinodien, Stiftungen und Renten zusammengefaßt, und aus ihm wurden die Geistlichen und Kirchenbediensteten besoldet, die Armen versorgt und die verbliebenen Priester, Mönche und Nonnen unterhalten. Der Archidiakon des Bistums Schwerin, Hippolyt von Steinwer, strengte beim Reichskammergericht in Speyer einen Prozeß gegen die Stadt Stralsund an und erreichte 1530, daß diese zur Wiederherstellung des alten Kirchenwesens verurteilt wurde; doch dieses Urteil war nicht mehr durchzusetzen. Auch die pommerschen Herzöge hatten vergeblich versucht, die Verbreitung der evangelischen Lehre zu verhindern. Der Rat der Stadt erklärte, er wolle lieber das Leben hingeben, als Geistliche annehmen, die anders predigten, als man es zu Wittenberg halte.

Im benachbarten Greifswald nahm die Entwicklung einen anderen Verlauf. Zwar hatte auch hier die Bürgerschaft in Protest gegen die Mißwirtschaft des Rates 1524 die Einsetzung eines Bürgerschaftskollegiums erzwungen. In Fragen der Kirche hielt man jedoch entschieden an der alten Lehre fest, nicht zuletzt unter dem Einfluß der Universität und ihrer damals führenden Vertreter, des Domherrn an St. Nikolai Wichmann Kruse und des Juristen Heinrich Bukow. Die zeitweilig in Greifswald tätigen Humanisten, wie Hermann Bonnus, gewannen keinen Einfluß auf die Verhältnisse in der Stadt, die zu einem Zufluchtsort für vertriebene oder geflohene katholische Priester und Mönche wurde, vor allem aus Stralsund. 1531 aber haben dann die Gewerke Johann Knipstro nach Greifswald gerufen, und er hat hier in der Nikolaikirche am 16. Juli die erste evangelische Predigt gehalten. Jetzt vollzog sich der Umschwung sehr rasch und reibungslos. Bereits am 1. November 1531 wurde in St. Nikolai die letzte Messe nach katholischem Ritus gelesen. Auch an den anderen Kirchen der Stadt wurden nun evangelische Prediger tätig.

Überblickt man die Lage in Pommern insgesamt, so erscheinen die Jahre 1524/25 als ein Höhepunkt der Unruhe und der gewaltsamen Auseinandersetzungen. Dabei ist freilich nicht immer klar zu ersehen, welches die eigentlichen Ursachen und welches die Zielrichtung der Kämpfe und der Übergriffe waren. Sozial und wirtschaftlich motiviertes Handeln verband sich mit religiösen Motiven. Am Ende der zwanziger Jahre scheint eine gewisse Beruhigung eingetreten zu sein, zu Beginn der dreißiger Jahre aber lebten die Auseinandersetzungen wieder auf, in manchen Orten begannen sie erst jetzt bzw. setzt erst jetzt die Überlieferung hierüber ein.

Die Reformation auf dem Land und im Stift Cammin

Was sich auf dem platten Land zutrug, bleibt überhaupt weitgehend im dunkeln. Nur über die sogenannten Feldklöster wissen wir einiges, besonders über das Zisterzienserkloster Eldena bei Greifswald, wo einer der Mönche, Antonius Remmelding, der später als Student nach Wittenberg gegangen ist, den Vorgang der Auflösung beschrieben hat.

Von den Herzögen war der älteste Sohn Bogislaws X., Georg I., ein entschiedener Gegner der neuen Lehre, während sein Bruder Barnim IX., der in Wittenberg studiert hatte, den Dingen ihren Lauf ließ. Die gegen die Protestanten gerichteten Reichstagsbeschlüsse von Speyer 1529 und Augsburg 1530 wurden zwar auch in Pommern verkündet, blieben jedoch ohne Wirkung. Zwar ist Georg I. wiederholt gegen die Neuerungen eingeschritten, aber zweifellos auch deshalb, weil sich die kirchliche Frage mit der politisch-sozialen verband und zudem mit Auseinandersetzungen und Kraftproben zwischen der Landesherrschaft und den Städten.

Angesichts der Unruhen in der Mitte der zwanziger Jahre war in vielen Städten der Rat dazu übergegangen, die Kirchenrechnungen zu prüfen und die überschüssigen Gelder, aber auch das Kirchensilber, einzuziehen und in die Rathäuser zu bringen. Ebenso verfuhren die Herzöge, indem sie eine Kommission zur Inventarisierung der Klostergüter einsetzten und die verzeichneten Schätze, mit Ausnahme der Meßgewänder und der Altarbekleidungen, in herzogliche Schlösser überführen ließen und sie nach der Landesteilung von 1532 aufteilten. Die Begründung lautete, die Klosterschätze vor Raub und Vernichtung zu schützen. Das darf als Motiv durchaus gelten, aber faktisch wurde hier der erste Schritt zur Inbesitznahme der Klöster und zu ihrer Umwandlung in herzogliche Ämter getan.

Daß die evangelische Bewegung sich auch im Stiftsgebiet von Cammin ausbreitete, war trotz aller Gegenmaßnahmen durch Bischof Erasmus von Manteuffel – 1525 hatte er eine Synode nach Stargard ausgeschrieben, um „heilsame Vorkehrung und ein geeignetes Heilmittel gegen die Verderben bringende Krankheit der Zeit" (von Medem, 79ff.) zu treffen – nicht zu verhindern. In Kolberg, das mit den Camminer Bischöfen seit langem in immer erneuerter Fehde lag, ist – anders als sonst – die Hinwendung zur lutherischen Sache stärker vom Rat als vom Volke ausgegangen. Zu Beginn des Jahres 1531 hatte sie sich in der größten Stadt des Stiftsgebiets durchgesetzt. Im gleichen Jahr kam sie auch in Köslin, wo sich erste protestantische Regungen schon 1525 bemerkbar gemacht hatten, zum Zuge, hier allerdings gegen den Widerstand des Rates. Ein Vorfall, der sich in Köslin ereignete, wirft ein bezeichnendes Licht auf die damalige Situation: Ein Bader hatte im angetrunkenen Zustande, eine quakende Ente unter dem Arm und eine Branntweinflasche in der Hand, im evangelischen Gottesdienst Prediger und Gemeinde verspottet. Da der Rat eine Bestrafung verzögerte, steckte die Volksmenge den Störenfried in einen Sack und ersäufte ihn im Stadtgraben. Die Tat blieb nicht ungesühnt. Ein Bruder des Getöteten, Domvikar in Stettin, verklagte die Stadt, die eine hohe Buße leisten mußte.

Die offizielle Einführung der Reformation 1534/35 und die Begründung der evangelischen Kirchenordnung

Der „Einführung" der Reformation in Pommern durch die Herzöge gingen eingehende Verhandlungen voraus. Die Kirchenfrage war wiederholt Gegenstand der Beratungen auf den Landtagen, geriet aber hier zwischen die Mühlsteine der allgemeinen Auseinandersetzungen zwischen Herzögen, Adel, Geistlichkeit und Städten. Auch wurden die Herzöge weitgehend von anderen Problemen, besonders der Frage der Lehnsabhängigkeit von Brandenburg und der Regelung der Beziehungen zu den hohenzollerschen Kurfürsten, aber auch zu Polen, zu Dänemark und zur Hanse in Anspruch genommen. Adel und Städte verhielten sich zunehmend unbotmäßig gegen ihre Landesherren. Die Huldigung der pommerschen Städte konnte oft nur mit Schwierigkeiten und mit Verzögerung erreicht werden, was zur Zurückhaltung der Herzöge gegenüber den städtischen kirchlichen Bestrebungen führte. Ein Umschwung trat erst nach dem vorzeitigen Tode Herzog Georgs I. 1531 ein. Sein Sohn Philipp I. war am Hofe seines Oheims, des Kurfürsten von der Pfalz Ludwig V. (1508–1544), in Heidelberg zwar katholisch erzogen, dann aber, nach Pommern zurückgekehrt, von seinem Rat Jobst von Dewitz, der nachhaltigen Einfluß auf ihn gewann, für die evangelische Sache gewonnen worden; ihr wandte sich auch sein Kanzler zu, der Domherr Nicolaus Brun. Nachdem die Landesverwaltung durch die Teilung im Oktober 1532 zwischen Barnim IX. und Philipp I. geordnet war, konnte an die Regelung der sich zuspitzenden Kirchenfrage in der Erkenntnis herangegangen werden, daß sie der Schlüssel für eine Beruhigung der Verhältnisse im Lande sein mußte.

Schon im Mai 1531, wenige Tage nach dem Tod Georgs I., wurde auf dem Landtag zu Stettin beschlossen, die freie Predigt des Evangeliums zu gestatten – sofern dadurch nicht Unruhen entstünden. Auf der gleichen Linie lag der im Februar 1532 erteilte Ratschlag des Lüneburger Superintendenten Urbanus Rhegius, an den sich die Herzöge gewandt hatten. Er forderte diese auf, dem Evangelium nicht zu wehren, ermahnte aber zugleich die Städte in Pommern, sich vor Aufruhr zu hüten.

1534 kam die Religions- und Kirchenfrage dann rasch in Gang. Herzog Barnim lud seinen Neffen Philipp zu einer Unterredung auf den 24. August nach Cammin ein, um sich hier unter Hinzuziehung der herzoglichen Räte über geeignete Schritte zu verständigen. Dabei wurde beschlossen, auf den 13. Dezember (Lucie) einen Landtag nach Treptow a. d. Rega einzuberufen, um auf ihm „wegen der zur Zeit herrschenden Unstimmigkeiten in der Erkenntnis des göttlichen Wortes zu beraten", wie man den „Abfall in christlichem Wesen zu ändern und zu reformieren vermöge" (von Medem, 144ff., mit Beilage 21). Vorverhandlungen wurden bereits für den 6. Dezember vorgesehen. Zu ihnen sollten auch die evangelischen Prediger aus Stralsund, Stettin, Greifswald, Stargard und Stolp eingeladen werden sowie Johannes Bugenhagen (Doctor Pommer, wie er sich nannte). Diese Einladung galt dem erfahrenen Organisator, hatte Bugenhagen doch bereits in Braunschweig, Hamburg und Lübeck dem evangelischen Kirchenwesen durch entsprechende Kirchenordnungen eine gesicherte Grundlage gegeben. In den pünktlich begonnenen Vorverhandlungen wurde ein sogenanntes Theologengutachten erarbeitet, das dann unter der Bezeichnung ‚Avescheit to Treptow jegen den Landtdach" für die Gestaltung der kirchlichen Verhältnisse in Pommern bestimmend geworden ist. Die in 14 Artikel gegliederten Vorschläge sehen vor, offenkundige Mißstände im Kultus zu beseitigen, das Mönchswesen abzuschaffen, die Feld- und Jungfrauenklöster für die Erziehung junger Adliger umzugestalten, in den Städten Bürgerschulen einzurichten. Die Durchführung aller Maßnahmen wird dem Bischof von Cammin zugedacht, dem der Besitz seiner Güter und Einkünfte zugesichert wird. Zu diesem Theologengutachten arbeiteten die herzoglichen Räte ein im wesentlichen zustimmendes Memorandum aus, das allerdings einen stärkeren Einfluß der Landesherren auf die Verwendung des Kirchenbesitzes forderte, den Bischof unter deren Patronat gestellt und von der Ausübung weltlicher Gewalt, d. h. auch von der im Stiftsgebiet, enthoben wissen wollte. Auch sollte das Domkapitel den Herzögen unterstellt werden und künftige von diesem vorzunehmende Bischofswahlen nur mit deren Wissen und Billigung erfolgen.

Sogleich nach Eröffnung des Landtags erklärten die Herzöge ihre Entschlossenheit, die Reformation in Pommern einzuführen. Der Bischof, die Stiftsstände, Adel und Städte aber äußerten Bedenken. Dabei wurde vor allem vorgebracht, daß eine landesgesetzliche Regelung der Reichsgewalt widerspreche und kaiserliche Ungnade nach sich ziehen könne. Man forderte die Aussetzung der Verhandlungen bis zu einem künftigen Reichstag oder einem allgemeinen Konzil. Die Herzöge wiesen dies zurück mit der Erklärung, sie fühlten sich im Gewissen gedrungen, der Wahrheit des Evangeliums Raum zu geben. Daraufhin willigten die Stände grundsätzlich ein, „alle papistrie und ceremonien, so wedder Got weren", abzutun, vorbehaltlich der Beratungen im einzelnen. Bischof Erasmus erklärte, daß er die ihm zugebilligten Rechte nicht als ausreichend ansehen könne und erbat sich eine Bedenkfrist bis zum 4. April 1535. Mit dem Adel kam es zum Streit wegen der Klöster, auf die er alleinigen Anspruch erhob, während die Herzöge geltend machten, daß ihnen als den Nachkommen der Gründer das Verfügungsrecht zustehe. Daraufhin verließ der Adel in seiner Mehrheit denLandtag. Auch die Städte trugen Bedenken vor, machten allerdings auch den konkreten Vorschlag, mit Visitationen im Lande zu beginnen und mit ihrer Durchführung Bugenhagen zu beauftragen. Das geschah, zudem wurde ihm die Ausarbeitung einer Kirchenordnung aufgetragen. Damit endeten die Treptower Verhandlungen; ein förmlicher Landtagsabschied erging nicht.

Die Durchführung: Visitation, Kirchenordnung, Schulwesen, Bischofsamt

Das Entscheidende war der Beschluß zur Visitation und zur Ausarbeitung einer Kirchenordnung. Hier wurde unverzüglich gehandelt. Bugenhagen hat mit den Visitationen, allerdings unter maßgeblicher Beteiligung herzoglicher Räte und Hauptleute, im Januar 1535 begonnen und sich an ihnen bis zum Juni beteiligt, er hat die Richtlinien gegeben und Maßstäbe gesetzt. Dann kehrte er nach Wittenberg zurück. Die Visitationen wurden in seinem Sinne weitergeführt und bis 1539 zu einem ersten Abschluß gebracht. Mit ihnen wurde der Reformation praktisch Bahn gebrochen, wurden die konkreten Einzelfragen geregelt. Mit der Kirchenordnung wurde eine Anweisung für die Praxis geschaffen, zugleich aber auch eine theologische Grundlegung. Sie erschien bereits im Frühjahr 1535 unter dem Titel „Kercken ordeninge des gantzen Pamerlandes, dorch de Hochgebaren Försten und Heren, Heren Barnym und Philips, beyde gevedderen, up dem landdage tho Treptow tho eeren dem hilligen Evangeho beslaten". Sie behandelt 1. das Predigtamt, 2. den Gemeinen Kasten, 3. die Ceremonien (mit Gesängen als Anhang). Als Lehrnorm und Bekenntnisgrundlage werden festgelegt die Confessio Augustana nebst Apologie und Luthers Katechismus. Die Frage des Bischofsamtes blieb offen. Pastoren und Superintendenten sollten in Angelegenheiten der Lehre dem Bischof verantwortlich sein. Ihm wurde auch das Recht der

Prüfung und der Amtseinführung der Geistlichen sowie die Leitung der Visitationen zugestanden, freilich unter der Voraussetzung, daß er die Kirchenordnung annehmen würde. Es ist in der Kirchenordnung immer nur von „dem" Bischof die Rede, gemeint ist der von Cammin. Den Bischöfen von Schwerin und Roeskilde soll von der Neuregelung in Pommern nur Nachricht gegeben werden. Man ging davon aus, daß sie ihre Zustimmung verweigern würden; dann wollte man ihre Rechte in Pommern „anhalten". Das zielte darauf, geistliches und weltliches Herrschaftsgebiet zusammenzufügen, wobei der unter der herzoglichen Schirmherrschaft stehende Bischof von Cammin die geistliche Leitung übernehmen sollte, nicht aber die weltliche Verwaltung in den geistlichen Gebieten; diese sollte den Herzögen übertragen werden.

Besondere Beachtung war dem Schulwesen gewidmet. In den Städten sollten allenthalben Knabenschulen eingerichtet, sogenannte „Winkelschulen" verboten werden; auch an die Errichtung von Mädchenschulen war gedacht. Für die größeren Städte waren drei bis fünf Lehrer vorgesehen, auf dem Lande ein Küster. Die Prüfung der Lehrer sollte den Superintendenten obliegen, die Anstellung im Einvernehmen von Rat, Kastenherren und Pfarrer erfolgen. Für die Gestaltung des Schulwesens im einzelnen sollten die Sächsischen Visitationsartikel Melanchthons von 1528 maßgeblich sein. Die Universität Greifswald, die faktisch darniederlag, sollte durch entsprechende wirtschaftliche Maßnahmen wieder aufgerichtet oder nach Stettin verlegt werden. Auf jeden Fall war für die Landeshauptstadt Stettin an die Errichtung eines Pädagogiums gedacht. Bereits 1539 kam es zur Wiedereröffnung der Greifswalder Universität mit neuen Lehrkräften und neuen Statuten nach dem Muster von Wittenberg. Das Pädagogium in Stettin, für das die Einkünfte der beiden Stettiner Domstifte St. Marien und St. Otten in Anspruch genommen wurden, ist 1543 eröffnet worden.

Für die Klöster verfaßte Bugenhagen 1535 eine evangelische Regel, die „Pia et vere catholica et consentiens veteri ecclesiae ordinatio caeremoniarum pro canonicis et monasteriis in ecclesiis Pomeraniae", die scharfe Kritik an Lehre und Praxis der alten Kirche übt sowie agendarische und liturgische Weisungen für Andachtsübungen liefert und angibt, wie man es mit Messe, Vigilien, Mette und Vesper halten solle. Das Klosterleben aber verlor gewissermaßen von selbst seine Bedeutung. Viele der jüngeren Insassen verließen ihr Kloster und wandten sich entweder der neuen Lehre zu, wurden Pastoren oder Lehrer, oder nahmen eine weltliche Tätigkeit auf. Die älteren verblieben meist bis zu ihrem Tode im Kloster. Der Streit über Besitz und künftige Funktion der Feld- und Jungfrauenklöster dauerte aber an und entwickelte sich zu einem Rechtsproblem, das über Pommern hinausführte.

Als die von Bischof Erasmus erbetene Bedenkzeit herannahte, waren im Lande die Würfel bereits gefallen. Er lehnte nun die Annahme der Treptower Beschlüsse ab. Auch durch eine Unterredung mit den Herzögen im Juni 1535 konnte er nicht umgestimmt werden. Zwar war er bereit, die Schirmherrschaft der Herzöge zu akzeptieren, auch die neue Kirchenordnung wollte er stillschweigend, wenn auch nicht öffentlich anerkennen. Nicht bereit aber war er, seine Stellung als Landesherr aufzugeben, denn sein Lehnsherr sei der Kaiser. Schließlich fehlte nicht der Hinweis auf zu befürchtende Unruhen im Lande. Erasmus hatte hier wohl in erster Linie die Unruhe unter seinen Standesgenossen im Auge. Nachdrücklich forderte der Adel, mit dem Einzug der Klöster anzuhalten. Er ging soweit zu erklären, die Herzöge wollten ihn nicht nur seiner Rechte berauben, sondern hätten das Ziel, ihn „auszurotten". Demgegenüber erklärten die Herzöge in einem Schreiben an den Adel, es seien gar keine Wege vorhanden gewesen, der Neuerung zu wehren, weil zu befürchten gewesen sei, daß „der gemeine Hauf erregt und wider vns und euch aufzustehen mochte bewogen werden" (von Medem, 201, 211).

Konnten die Herzöge den Bischof auch nicht zwingen, so wirkten sie doch dahin, daß im Camminer Domkapitel mit der Zeit die evangelischen Mitglieder die Mehrheit erhielten. Dennoch blieb das Stiftsgebiet weiterhin katholisch. Für die geistliche Verwaltung des herzoglichen Territoriums mußten aber Maßnahmen getroffen werden. So wurden zwei leitende Superintendenten eingesetzt, für die dann die Bezeichnung Generalsuperintendent aufkam, und zwar für das Herzogtum Wolgast Johann Knipstro, für das Herzogtum Stettin Paul vom Rode. Für den östlich des Stifts Cammin gelegenen Teil des Stettiner Herzogtums mit dem Sitz in Stolp wurde Jacob Hogensee eine leitende Funktion übertragen. Später wurde auch für das Camminer Stiftsgebiet ein Generalsuperintendent bestellt.

Auseinandersetzungen mit Kaiser und Reich

Die Hinweise des Bischofs und des Adels auf mögliche Verwicklungen mit dem Kaiser waren nicht unbegründet. Schon am 8. April 1535 hatte König Ferdinand von Wien aus die Herzöge aufgefordert, den Klöstern und Stiften ihre Güter zu restituieren. Wegen der Säkularisierung des Zisterzienserklosters Neuenkamp hatte der Ordensobere, der Abt von Altenkamp, ein Verfahren beim Reichskammergericht gegen die Herzöge angestrengt. Unter dem 8. Mai 1535 erging im Namen des Kaisers ein Mandat, dem am 23. November ein zweites folgte, die Treptower Beschlüsse aufzuheben, jede Veränderung der religiösen Verhältnisse in Pommern zu unterlassen und die bereits säkularisierten Klöster in bestimmter Zeit zu restituieren. Die Herzöge bestritten dem Reichskammergericht die Zuständigkeit in Glaubensfragen, denn für eine solche erklärten sie den Fall, und verlangten ein Schiedsgericht sowie zur Regelung der Religionsfragen ein deutsches Nationalkonzil. Das Mandat wurde auch dem Adel in Pommern zugestellt, und der Abt von Altenkamp verschickte seinerseits unter Bezug auf den Spruch des Reichskammergerichts eine Aufforderung an die pommersche Ritterschaft, sich der Kirchenveränderung im Lande zu widersetzen.

Für die Herzöge waren die Vorgänge Anlaß zur Sorge; sie nahmen auch die Mahnung, dem Kaiser gegenüber nicht ungehorsam zu sein und des Reiches Strafe und Buße zu vermeiden, ernst und sahen sich veranlaßt, Vorsorge vor einer Reichsexekution zu treffen. Aus diesem Grunde wurde die Verbindung mit Kursachsen als der Vormacht der evangelischen Reichsstände und durch dieses mit dem Schmalkaldischen Bunde aufgenommen. Im Stile der Zeit wurde das Bündnis mit Sachsen durch eine Eheverbindung, durch die Heirat Herzog Philipps mit Maria, der Tochter des Kurfürsten Johann des Beständigen, Stiefschwester Johann Friedrichs des Großmütigen, geschlossen. Die Ehe- und Bündnisverhandlungen sind pommerscherseits durch Jobst von Dewitz unter Vermittlung Bugenhagens geführt worden. Die Pommern haben ihre Mitgliedschaft im Schmalkaldischen Bund jedoch nur lässig und mit Zurückhaltung wahrgenommen. Als 1546 der Krieg zwischen Kaiser Karl V. und den Schmalkaldenern ausbrach, hielten sie sich zurück. Bevor sie über die Beteiligung einen Beschluß herbeigeführt hatten, war durch die Niederlage der Schmalkaldener bei Mühlberg 1547 die Entscheidung bereits gefallen. Durch geschicktes Verhandeln erreichten sie schließlich einen Ausgleich mit dem Kaiser. 1549 gewährte er ihnen Verzeihung, freilich gegen Zahlung von 90 000 Gulden. Zugleich mußten sie sich dem auf dem Augsburger Reichstag von 1548 erlassenen Interim unterwerfen. Dieses gestand den Protestanten zwar Laienkelch und Priesterehe zu, verlangte aber ansonsten die Wiederherstellung der alten kirchlichen Zustände. Die Pommernherzöge haben das Interim zwar formaliter anerkannt, verboten auch die dagegen geführten heftigen Predigten, erklärten sich aber im einzelnen nicht für zuständig mit der Begründung, es handle sich um eine theologische bzw. kirchliche Angelegenheit, die nicht ihre Sache, sondern die des Camminer Bischofs sei.

Die Entwicklung im Bistum und Stift Cammin

Bischof Erasmus von Manteuffel, der konsequent an der alten Ordnung und am katholischen Glauben festgehalten hatte, verstarb im Januar 1544. Nun mußte sich die Zukunft des Bistums und des Stifts entscheiden. Die Herzöge gerieten über die Nachfolge in Streit. Schließlich einigte man sich, Bugenhagen das Amt anzutragen, doch dieser lehnte nach einigem Zögern ab. Nun wählte man 1545 den Kanzler Barnims IX., Bartholomäus Suawe, der sich

zum evangelischen Glauben bekannte. Er verzichtete auf die Reichsunmittelbarkeit des Stifts, konnte sich aber in ihm nicht durchsetzen. Kaiser Karl V.
hatte die Stiftsstände vom Gehorsam gegen die Herzöge und gegen den
Bischof entbunden. So trat Suawe 1549 vom Bischofsamt zurück. Zum
Nachfolger wurde der Melanchthon-Schüler Martin von Weiher gewählt,
der in Rom wegen der Camminer Probleme die Verhandlungen geführt und
sich außerordentlich flexibel gezeigt hatte. Papst Julius III. bestätigte seine
Wahl, bestand aber nicht auf einer förmlichen Bischofsweihe. Seine Einführung erfolgte 1552 durch herzogliche Räte und evangelische Geistliche. Mit
den Herzögen geriet er in Gegensatz, weil er die von Bartholomäus Suawe
aufgegebene Reichsunmittelbarkeit wieder zur Geltung zu bringen versuchte.
In den fünfziger Jahren hat er im Stiftsgebiet Visitationen unter Beachtung der
Kirchenordnung Bugenhagens durchgeführt. Nach seinem Tode 1556 wurde
der 14jährige Sohn Herzog Philipps I., Johann Friedrich, zum evangelischen
Bischof gewählt. 1560 wurde verfügt, daß Stift und Domkapitel sowie das
Territorium von Cammin bestehen bleiben sollten; die Selbständigkeit aber
war faktisch beendet, denn fortan gelangten nur Angehörige des Herzogshauses in das Bischofsamt, das sie als Titularbischöfe führten. 1560 wurde
auch eine neue Stiftsordnung erlassen und alsbald bestätigt. Sie verpflichtete
die Prälaten auf die Augsburgische Konfession und zum Gehorsam gegen
die Landesherren, denen auch das Präsentationsrecht vorbehalten wurde.
Hatten die Herzöge vordem danach getrachtet, dem Camminer Bischof das
weltliche Regiment zu entziehen, so wurde ihm nun die geistliche Leitung
im Stiftsgebiet abgenommen und einem eigenen (General-)Superintendenten
mit Sitz in Kolberg übertragen.

Angefügt sei, daß auch die Besitzungen des Johanniterordens in
Pommern von den Veränderungen betroffen waren. Seit 1543 wurde die
Komturei Wildenbruch von herzoglichen Amtsleuten verwaltet. 1547 wurde
vertraglich vereinbart, daß der Orden als Lehnsträger des Herzogs diesem
gegenüber verpflichtet sei, und daß der Komtur eine dem Herzog genehme
Person Augsburgischen Bekenntnisses sein sollte. Auch die Komturei Zachan
ging 1552 in den Besitz Herzog Barnims IX. über.

Der Ausbau des evangelischen Kirchenwesens bis zum Augsburger Religionsfrieden 1555

Unbeschadet der Gefährdungen, die vom Augsburger Interim ausgingen, fe-
stigte sich die evangelische Ordnung stetig. Die Visitationen wurden fortgesetzt und unter Leitung der Generalsuperintendenten ämterweise vorgenommen, so daß nun auch die Dörfer erfaßt wurden. Trotz des Murrens von
seiten des Adels wurden die Feldklöster in herzogliche Ämter umgewandelt,

die Mönchs- und Nonnenklöster in den Städten teils von den Herzögen in Besitz genommen, teils unter die Verwaltung der Städte gestellt. Die Regelung bezüglich der sogenannten Jungfrauenklöster blieb bis in die zweite Jahrhunderthälfte in der Schwebe.

Um dem neuen Kirchenwesen einen stärkeren Zusammenhalt oberhalb der Gemeinden zu geben, trat 1541 auf Anregung Knipstros in Greifswald eine Generalsynode für das Herzogtum Wolgast zusammen. Sie wurde nun zu einer ständigen Einrichtung auch in den anderen Landesteilen. Die von Bischof Bartholomäus Suawe 1545 nach Stettin einberufene Generalsynode war eine gesamtpommersche. An diesen Generalsynoden nahmen auch herzogliche Kommissare teil, um die Herzöge von den Beschlüssen in Kenntnis zu setzen und die Durchführung derselben mit ihrer Hilfe zu sichern.

Bereits auf der ersten Generalsynode wurde die Erarbeitung einer Agende beschlossen, um in der pommerschen Kirche eine Einheitlichkeit der kirchlichen Handlungen herbeizuführen. Sie wurde von Johann Knipstro unter Mitwirkung von Paul vom Rode und Christian Ketelhut verfaßt und erschien 1542 unter dem Titel „Karcken Ordening. Wo sick die Parner und Selensorger inn vorreikinge der Sakrament und ouinge der Ceremonien holden scholen im Land to Pammern". Sie ist in 19 Kapitel eingeteilt und bringt Gottesdienstordnungen für Städte und für Dörfer, Anweisungen über den Vollzug kirchlicher Handlungen, Gebete, Notenmaterial und ein Perikopenverzeichnis.

Unabhängig von den Generalsynoden bildeten sich seit den vierziger Jahren Partikularsynoden, auf denen die Geistlichen der Dörfer mit denen der nächstgelegenen Stadt zusammenkamen, um über Lehre, Gebrauch der Sakramente, Wandel und Gebrechen der Pfarrer und über Besoldung und Einkünfte zu beraten. Zugleich kam es zur Bildung von Synodalbezirken, die die mittelalterlichen Archidiakonate ablösten. Die Grenzen waren anfangs fließend. Nach der Kirchenordnung von 1563 sollte jede Synode 15 bis 20 Kirchspiele umfassen. Zur Leitung wurde vom Generalsuperintendenten jeweils ein Stadtpfarrer eingesetzt, für den die Bezeichnung Präpositus aufkam.

Ein wiederkehrender Beratungspunkt auf den Synoden war die schlechte wirtschaftliche Lage der Pfarrer, denen es oft am Nötigsten fehlte. Wegen der geringen Besoldung waren sie vielfach zum Nebenverdienst gezwungen. Auf dem Lande betrieben sie eigene Landwirtschaft, doch verweigerten ihnen die Bauern mancherorts die ihnen zustehenden Dienste, nämlich den Acker zu bestellen und Fuhren zu leisten. Die Grundbesitzer versuchten in manchen Fällen, sich Kirchenbesitz und kirchliche Gebäude anzueignen und die Pfarrer in Abhängigkeit zu bringen und zu Dienstleistungen zu veranlassen. Aber allmählich besserte sich auch hier die Lage.

Der Augsburger Religionsfriede von 1555 war insofern ein Einschnitt auch für Pommern, als das lutherische Bekenntnis nunmehr offiziell anerkannt war und die Entwicklung, wie sie sich vollzogen hatte, gemäß der vom Greifswalder Professor Joachim Stephani 1612 geprägten Formel „cuius regio, eius religio" in gesicherten Bahnen weitergeführt werden konnte.

Kirchenordnung und Lehre bis zum Dreißigjährigen Krieg

Schon 1556 wurde in Stettin auf einer Generalsynode und auf dem Landtag beschlossen, die Visitationen intensiviert und ständig fortzusetzen, was bis in den Anfang des 17. Jahrhunderts geschah, und die Kirchenordnung von 1535 zu revidieren bzw. neu zu fassen. Inzwischen waren zahlreiche Fragen aufgekommen, die der Regelung bedurften, wie z. B. solche der Ordination, der kirchlichen Strafgewalt und der Ehegesetzgebung. Jacob Runge, der Knipstro im Amt des Generalsuperintendenten im Herzogtum Wolgast folgte, hatte zur Begründung „Bedenken von Gebrechen in den Kirchen und Schulen in Pommern" formuliert. Mit der Neufassung wurden die drei Generalsuperintendenten Runge, vom Rode und Venediger beauftragt. 1563 wurde die neue Kirchenordnung vorgelegt und, nachdem die Wittenberger Theologen sie begutachtet hatten, mit größter Feierlichkeit in Stettin verabschiedet. Diese Kirchenordnung atmet den Geist Jacob Runges, des bedeutendsten pommerschen Theologen in der zweiten Hälfte des 16. Jahrhunderts. Das hat zu der Kontroverse geführt, ob Bugenhagen oder der stärker von Melanchthon geprägte Runge der eigentliche Reformator Pommerns gewesen sei.

Die Kirchenordnung von 1563 stärkte in dem Bestreben, eine Landes-„Kirche" herzustellen, das Amt der Generalsuperintendenten. Ihnen wurden Prüfung und Einführung der Geistlichen sowie die Gerichtsbarkeit über sie vorbehalten. Runge hat den Unterschied zwischen Kirchenregiment und weltlicher Obrigkeit betont, was in der Folgezeit zu vielfältigen Streitigkeiten in und mit den Städten geführt hat. Für die Synoden schreibt die Kirchenordnung von 1563 genaue Regelungen vor, die 1574 und 1617 ergänzt worden sind. Außerdem wurde jetzt auch die Einrichtung von Konsistorien in Greifswald, Stettin und Kolberg vorgesehen, die für die Ehegerichtsbarkeit zuständig sein sollten. Ihnen gehörten der jeweilige Generalsuperintendent, zwei Theologen, zwei Juristen und ein Notarius an; den Vorsitz führte ein Jurist.

Parallel mit der Festigung der kirchlichen Organisation bemühte man sich um die Festlegung der evangelischen Lehre. Unbestritten war als Grundlage die Augustana, aber bereits über die Apologie gab es unterschiedliche Meinungen. 1561 regten die Landstände die Zusammenstellung eines Corpus der verbindlichen Lehrschriften an. 1565 wurde es unter dem Titel „Corpus doctrinae Pomeranicum" durch die Herzöge für verbindlich

erklärt. Es enthielt die drei altkirchlichen Glaubensbekenntnisse, die Augustana in deutscher Fassung sowie die Apologie, die Loci communes Melanchthons und die beiden Katechismen Luthers. 1573 wurden noch sechs
weitere Lutherschriften hinzugefügt.

Diese Festlegungen erschienen nötig, weil es auch in der evangelischen
Kirche Pommerns zu heftigen Auseinandersetzungen um Amt und Lehre
gekommen war. Der Streit mit der Stadt Stralsund, ausgelöst durch den
Stadtsuperintendenten Johann Freder, um das Recht des Generalsuperintendenten auf Ordination und auf Visitation in der Stadt zog sich in größter
Heftigkeit bis 1615 hin. Der Stadt wurde schließlich die Wahl des Stadtsuperintendenten zugestanden, alle übrigen Rechte aber blieben beim Generalsuperintendenten. In Stettin ging es um die Auseinandersetzung mit
Anhängern Osianders. In den siebziger Jahren fanden in Vorpommern die
Flacianer Anhang. „Schwarmgeister" und „Irrlehrer" traten in verschiedenen Orten auf und fanden zeitweilig Zulauf. Auf dem Lande blieben, wie
aus den Visitationsakten hervorgeht, noch lange Reste katholischer Volks-
frömmigkeit lebendig und mischten sich mit alten abergläubischen Vorstellungen. Aufs ganze gesehen aber war Pommern am Ende des 16. Jahrhunderts
ein evangelisches, vom Luthertum geprägtes Land, dessen Landeskirche allerdings nicht auf die lutherische Orthodoxie der Konkordienformel festgelegt
war.

Im Jahre 1585 hat man in Stettin der Einführung der Reformation in
Pommern vor 50 Jahren feierlich gedacht. Aus Anlaß der 100 Jahr-Feier der
Reformation fanden 1617 an der Universität Greifswald ein Festakt und
akademische Veranstaltungen statt; aber auch in verschiedenen Städten wurde das Ereignis festlich begangen. Was bei solchen und ähnlichen Gelegenheiten an Festreden gehalten wurde, erschien vielfach im Druck. Auch in
Pommern nahm der Buchdruck im Reformationszeitalter einen gewaltigen
Aufschwung. Überregionale Bedeutung erlangte die von Bogislaw XIII.
1582 in der Nebenresidenz Barth gegründete fürstliche Druckerei. Ihr be-
rühmtestes Erzeugnis ist die mit 170 Holzschnitten geschmückte Lutherbi-
bel, die sogenannte Barther Bibel von 1588. Hier wie an den anderen Residenzen der pommerschen Herzöge war die von ihnen geförderte Kunst und
ebenso die Musik weitgehend vom Geist der Reformation bestimmt.

Die Entwicklung bis zum Ende des Dreißigjährigen Krieges und der Teilung des Landes im Westfälischen Frieden

Von dem 1618 beginnenden großen Krieg blieb Pommern zunächst verschont, wurde dann aber um so härter betroffen. Ende 1627 mußte das Land
den kaiserlichen Truppen geöffnet werden, nur Stralsund widerstand mit

dänischer und schwedischer Hilfe der Belagerung durch Wallenstein. Zwar war in der Kapitulation von Franzburg der pommerschen Bevölkerung freie Religionsausübung zugesichert worden, doch kam es überall zu Ein- und Übergriffen. Wegen des 1629 erlassenen Restitutionsedikts befürchtete man die Rekatholisierung des Landes. Deshalb wurde der Schwedenkönig Gustav Adolf, als er am 26. Juli 1630 in Pommern auf Usedom landete, allenthalben als Retter begrüßt. Groß war die Trauer, als er 1632 in der Schlacht bei Lützen fiel.

Ab 1635 fluteten erneut kaiserliche Truppen nach Pommern. Von ihnen wie ebenso von den Schweden wurden Städte und Dörfer geplündert und verwüstet, Brandschatzung und Mord standen auf der Tagesordnung. Viele Kirchen wurden zerstört. Durch das Restitutionsedikt war in erster Linie das Stift Cammin betroffen. Eine kaiserliche Kommission wurde zur Untersuchung eingesetzt, es meldeten sich auch bereits Interessenten für das Bischofsamt, darunter der König von Polen für einen seiner Söhne. Zur gewaltsamen Rekatholisierung kam es in den Ländern Lauenburg und Bütow, die als polnische Lehen dem Bischof von Wloclawek unterstanden, sowie in den zum Bistum Cammin gehörenden Gebieten von Draheim und Tempelburg. Der Versuch, in Kolberg ein Jesuitenkolleg zu errichten, scheiterte.

Herzog Bogislaw XIV. erließ 1634 mit Billigung der Landstände für den Fall seines Todes und des damit abzusehenden Endes des Greifengeschlechts sowie des dann vertraglich vereinbarten Übergangs des Landes an die reformierten Kurfürsten von Brandenburg eine „Regimentsverfassung", die auch eingehende Bestimmungen über die kirchlichen Verhältnisse enthielt. Die Verbindlichkeit der Augsburgischen Konfession für die Kirche in Pommern, aber auch für alle kirchlichen und landesherrlichen Einrichtungen und Ämter sowie für die Schulen wurde noch einmal für „ewige Zeiten" festgelegt, ebenso die Beachtung des Corpus doctrinae Pomeranicum, der pommerschen Kirchenordnung und der Agende. Die Universität Greifswald wurde vom letzten Pommernherzog durch Zuweisung des Klosterbesitzes von Eldena reich ausgestattet. Mitten in den Kriegswirren ist Bogislaw XIV. 1637 gestorben. Erst 1654 wurde sein Leichnam feierlich in der Stettiner Schloßkirche beigesetzt.

Schweden und Brandenburg einigten sich 1647 dahingehend, daß Brandenburg auf Vorpommern, die Odermündungen und einen Landstreifen rechts der Oder zugunsten Schwedens verzichtete, so daß ihm nur Hinterpommern verblieb. Der Friedensvertrag von Osnabrück bestätigte 1648 diese Abmachung. Brandenburg erhielt außerdem das Territorium des Stifts Cammin als erbliches Fürstentum, das aber verwaltungsmäßig mit Hinterpommern vereinigt wurde. Der Westfälische Friede bekräftigte noch einmal den Augsburger Religionsfrieden von 1555 und dehnte ihn auch auf die Reformierten aus. Schweden und Brandenburg haben jedoch den lutherischen

Charakter Pommerns respektiert und haben für den Wiederaufbau der Kirche nach dem Dreißigjährigen Kriege gesorgt. Mit dem letzten Bischof von Cammin, Herzog Ernst Bogislaw von Croy, einem Schwestersohn des letzten Pommernherzogs, wurde 1650 ein Vergleich geschlossen. Dieser verzichtete gegen Zahlung einer beträchtlichen Geldsumme auf alle Rechte am Bistum und übernahm 1665 die brandenburgische Statthalterschaft in Hinterpommern. Die Kurfürsten von Brandenburg waren fortan als Fürsten von Cammin Rechtsnachfolger der Camminer Bischöfe. Das evangelische Domkapitel hat bis 1810 bestanden.

Quellen und Literatur

Die pommersche Kirchenordnung von 1535 nebst Anhang: Pia et vere catholica et consentiens veteri ecclesiae ordinatio caeremoniarum pro canonicis et monasteriis, hg. und erläutert v. H. HEYDEN, in: Blätter für Kirchengeschichte Pommerns 15/16 (1937). – Die evangelischen Kirchenordnungen des XVI. Jahrhunderts, hg. v. E. SEHLING, IV (1911). – Protokolle der pommerschen Kirchenvisitationen 1535–1555, bearb. v. H. HEYDEN (Veröffentl. d. Histor. Kommission f. Pommern IV 1–3, 1961–64).

FR. L. BARON VON MEDEM, Geschichte der Einführung der evangelischen Lehre im Herzogthum Pommern. Nebst einer Sammlung erläuternder Beilagen (1857). – H. HEYDEN, Kirchengeschichte Pommerns, 2 Bde. ([2]1957). – M. WEHRMANN, Geschichte von Pommern, 2 Bde. ([2]1919/21, Wiederabdruck mit einem Vorwort v. R. SCHMIDT 1982). – O. PLANTIKO, Pommersche Reformationsgeschichte (1922). – M. WEHRMANN, Pommern zur Zeit der beginnenden Reformation, in: BSt NF 21 (1918) 1–69. – A. UCKELEY, Der Werdegang der kirchlichen Reformbewegung im Anfang des 16. Jahrhunderts in den Stadtgemeinden Pommerns, in: Pommersche Jahrbücher 18 (1917) 1–108. – J. SCHILDHAUER, Soziale, politische und religiöse Auseinandersetzungen in den Hansestädten Stralsund, Rostock und Wismar im ersten Drittel des 16. Jahrhunderts (1959). - R. SCHMIDT, Das Stift Cammin, sein Verhältnis zum Herzogtum Pommern und die Einführung der Reformation, in: BSt NF 61 (1975) 17–31. – H. HEYDEN, Zur Geschichte der Reformation in Pommern, insbes. politische Motive bei ihrer Einführung, in: H. HEYDEN, Neue Aufsätze zur Kirchengeschichte Pommems (Veröffentl. d. Histor. Kommission f. Pommern V 12, 1965) 1–34. – H.-G. LEDER, N. BUSKE, Reform und Ordnung aus dem Wort. Johannes Bugenhagen und die Reformation im Herzogtum Pommern (1985). – W.-D. HAUSCHILD, Biblische Theologie und kirchliche Praxis. Die Kirchenordnungen 1528–1543 in Johannes Bugenhagens Gesamtwerk, in: K. STOLL, Hg., Kirchenreform als Gottesdienst. Der Reformator Johannes Bugenhagen (1985) 44-91. – L. SCHORN-SCHÜTTE, „Papacaesarismus" der Theologen? Vom Amt des evangelischen Pfarrers in der frühneuzeitlichen Stadtgesellschaft bei Bugenhagen, in: Archiv für Reformationsgeschichte 79 (1988) 230–261. – R. SCHMIDT, Pommern und Sachsen in der Zeit der Reformation, in: BSt NF 46 (1959) 57–78. – R. HELING, Pommems Verhältnis zum Schmalkaldischen Bunde, in: BSt NF 10 (1906) 1–32 und 11 (1907) 23–67. – K. SCHRÖDER,

Pommern und das Interim, in: BSt NF 15 (1911) 1–75. – W.-D. HAUSCHILD, Zum
Kampf um das Augsburger Interim in norddeutschen Hansestädten, in: Zeitschrift
für Kirchengeschichte 84 (1973) 60–81. – K. HARMS, Jakob Runge. Ein Beitrag zur
pommerschen Kirchengeschichte (1961). – Zu den pommerschen Herzögen vgl. die
Artikel v. R. SCHMIDT, Greifen, in: Neue Deutsche Biographie VII (1966) 29–33 und
in: Lexikon des Mittelalters IV (1986) 1694f. – Über die Bischöfe Martin Carith und
Martin v. Weiher vgl, R. SCHMIDT, in: ebd. (im Druck). – Weitere Literatur: H.
HEYDEN, Verzeichnis von Büchern und Aufsätzen zur Kirchengeschichte Pommerns
(1952). – Literaturangaben auch in: R. SCHMIDT, Pommern und seine Kirche im
Wandel der Geschichte (1977).

BSt = Baltische Studien

Während die Einführung der Reformation, ihre Vorgeschichte und ihre Ausbreitung
besonders in den Städten relativ gut erforscht sind, fehlt es an entsprechenden Arbeiten über die Situation auf dem flachen Lande. Hierfür wären die Visitationsprotokolle
aus der zweiten Hälfte des 16. und aus dem beginnenden 17. Jahrhundert zu edieren
und zu erschließen. Wünschenswert ist auch eine Bearbeitung der zeitgenössischen
Streitschriftenliteratur. Stärker als dies in der älteren Literatur, die weithin die speziellen pommerschen Verhältnisse aufgearbeitet hat, der Fall ist, müßte der Zusammenhang mit der allgemeinen Geschichte, der Reichsgeschichte wie der Geschichte
der benachbarten Territorien sowie der allgemeinen Kirchengeschichte berücksichtigt und vergleichend herangezogen werden. Standardwerke, die immer noch unentbehrlich sind, wie die quellenmäßig fundierte Darstellung des BARON VON MEDEM
(1857), sollten neu herausgegeben werden.

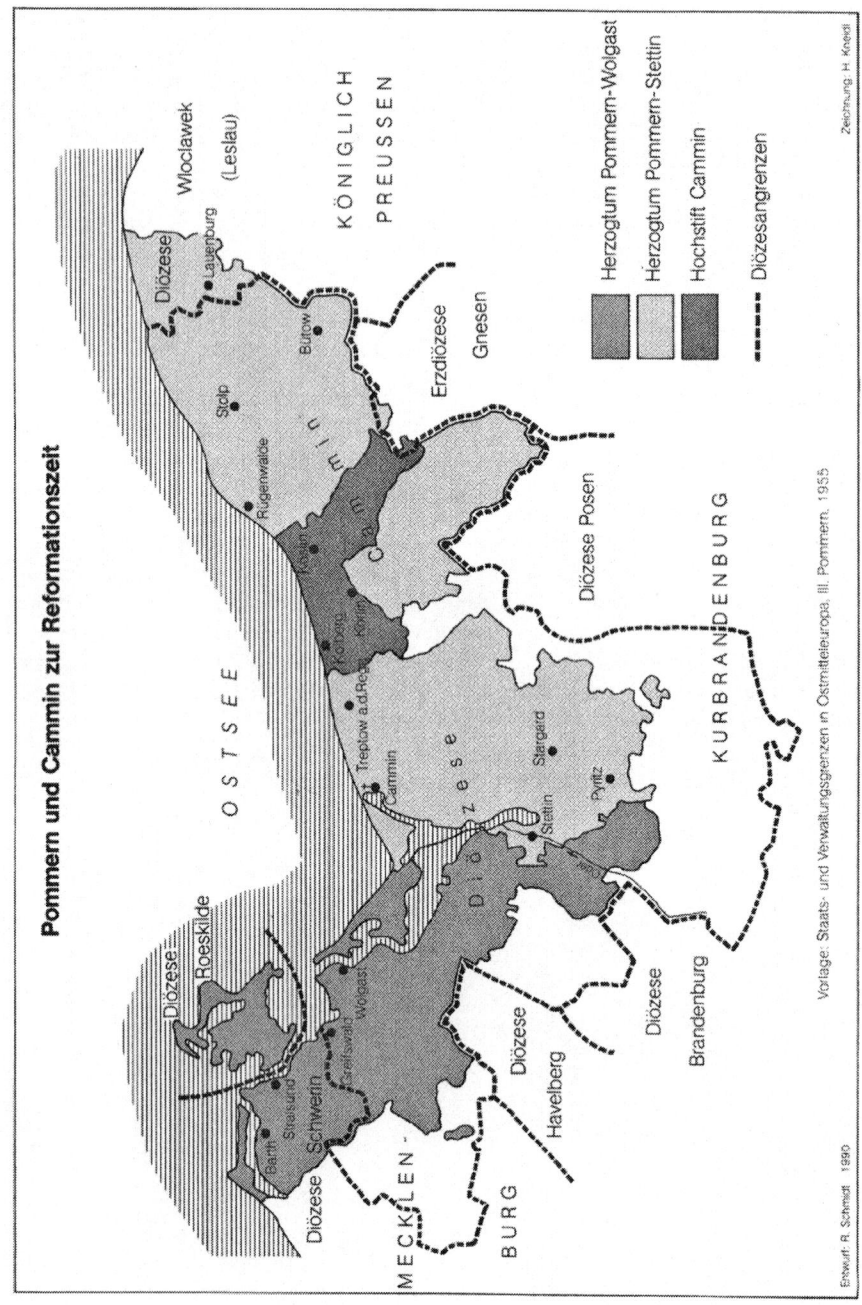

Pommern und Cammin zur Reformationszeit

Herzogtum Pommern-Wolgast
Herzogtum Pommern-Stettin
Hochstift Cammin
Diözesangrenzen

OSTSEE

KÖNIGLICH PREUSSEN

Wloclawek (Leslau)

Diözese

Lauenburg

Bütow

Stolp

Rügenwalde

C a m m i n

Kolberg

Köslin

Treptow a.d.Rega

Cammin

Stargard

Pyritz

Stettin

D i ö z e s e

Erzdiözese Gnesen

Diözese Posen

KURBRANDENBURG

Diözese Roeskilde

Wolgast

Greifswald

Stralsund

Barth

Schwerin

MECKLEN-

BURG

Diözese Brandenburg

Diözese Havelberg

Diözese Schwerin

Vorlage: Staats- und Verwaltungsgrenzen in Ostmitteleuropa. III. Pommern. 1955.

Entwurf: R. Schmidt 1990

Zeichnung: H. Knecht

Die Torgauer Hochzeit 1536

Die Besiegelung des Bundes zwischen Pommern und Sachsen in der Zeit der Reformation – Mit unveröffentlichten Briefen des Pommerschen Rats Jobst von Dewitz

Als die Universität Greifswald im vergangenen Jahr die 500. Wiederkehr des 17. Oktober 1456 festlich beging, des Tages, an dem sie in der Nicolaikirche feierlich eröffnet worden war[1], wurde der Hinweis auf ihre Geschichte wohl durch nichts so deutlich veranschaulicht, wie durch eine ihrer größten Kostbarkeiten, die im Hauptgebäude ausgestellt war: den sogenannten Croy-Teppich[2].

Er ist der Universität 1681 von Herzog Bogislaw von Croy[3], dem Schwestersohn und Erben des letzten Pommernherzogs Bogislaw XIV.[4], vermacht worden[5]. In den Jahren 1554/56 geschaffen[6], ist er auch für die Geschichte der Universität von Bedeutung. Denn die Predigt des Evangeliums durch Bugenhagen[7], d. h. die Einführung der Reformation in Pommern, war für sie wie für das ganze Land ein folgenreiches Ereignis[8]. 1539 wurde sie wieder

---

1 Vgl. Roderich Schmidt, Die Anfänge der Univ. Greifswald, in Festschrift z. 500-Jahrfeier d. Univ. Greifsw. 17. 10. 1956, Bd. I, S. 9–52.
2 Über den Croy-Teppich vgl. V. Schultze, Gesch.- und Kunstdenkmäler d. Univ. Greifsw., Greifswald 1906, S. 39–54 u. Taf. XIII–XVII; J. Lessing, Der Croy-Teppich im Besitz d. Kgl. Univ. Greifsw., in Jb. d. Kgl. Preuß. Kunstsammlungen 13, Berlin 1892, S. 146–160; H. Göbel, Wandteppiche III, II, Leipzig 1934, S. 137–139 u. Abb. 116; H. Bethe, Die Kunst am Hofe d. pomm. Herzöge, Berlin 1937, S. 39–42 u. Abb. 24/25, sowie demnächst Roderich Schmidt, Der Croy-Teppich der Univ. Greifswald, ein Denkmal der Reformation in Pommern.
3 Vgl. Roderich Schmidt, Art. „Croy" in NDB III, Berlin 1957.
4 Vgl. ders., Art. „Bogislaw, Herzöge von Pommern" in NDB II, Berlin 1955, S. 418 f.
5 Vgl. E. Bernheim, Das Testament d. Herzogs Ernst Bogislaw von Croy v. 3. Juni 1681, in Pomm. Jbb. 11, 1910, S. 195–217; ferner A. Hofmeister, Der Kampf um die Ostsee v. 9. bis 12. Jh. (Croy-Rede 1930), 2. Aufl. Greifsw, 1942, S. 3–5 u. 23 f.; ders., Aus d. Gesch. d. pomm. Herzogshauses, Greifswald 1938, S. 7 u. 20.
6 Das auf dem Teppich am Ende der linken Schrifttafel eingewebte Jahr MDLIIII bezieht sich nach Göbel (s. Anm. 2), S. 137 wahrscheinlich auf das Jahr des Kartonentwurfs.
7 Vgl. Schultze (s. Anm. 2), S. 44.
8 Vgl. J. G. L, Kosegarten, Gesch. d. Univ. Greifsw. I/II, Greifswald 1857/56; daneben A.Hofmeister, Die geschichtl. Stellung d. Univ. Greifswald, Greifswald 1932; jetzt auch: H. Heyden, Die Erneuerung d. Univ. Greifswald u. ihrer Theol. Fakultät im 16. Jh., in Festschr. z. 500-Jahrfeier (s. Anm. 1) II, S. 19–33; für einzelnes auch H.Schröder, Zur politischen Gesch. d. Ernst-Moritz-Arndt-Univ. Greifswald, ebd., S. 55 ff. – Lit. z. Reformationsgesch. Pommerns in H. Heyden, Verz. v. Büchern u. Aufsätzen z. Kirchengesch. Pommerns, Blomberg/Lippe 1952, N. 302–497.

eröffnet[9]. Aus einer spätscholastischen war eine humanistische, aus der katholischen eine evangelische Lehranstalt geworden. Der damit verbundene Wandel der Anschauungen wird deutlich, wenn man den Croy-Teppich mit dem sogenannten Rubenowbild vergleicht, das in den ersten Jahren nach der Gründung der Universität entstanden ist[10]. Auf ihm hatte sich der erste Greifswalder Rektor, der Bürgermeister Dr. Heinrich Rubenow, mit befreundeten Professoren zu einem „Freundschaftsbild", dem ältesten erhaltenen ganzfigurigen Gruppenbildnis in Deutschland[11], vereinigen lassen. Alle dargestellten Personen sind mit der Bitte „Ora voce pia pro nobis Nate Maria" zu der Madonna mit dem Christuskind hingewendet[12]. Auch der Croy-Teppich ist ein Freundschaftsbildnis, Auf ihm ließ der Pommernherzog Philipp I.[13], der 1536 die Schwester des Kurfürsten Johann Friedrich des Großmütigen von Sachsen geheiratet hatte, sich und seine nächsten Familienangehörigen gemeinsam mit den sächsischen Verwandten darstellen, um die Verbundenheit der beiden Häuser, das Bündnis beider Staaten und ihre Verwurzelung im Evangelium zu bekunden. Mittelpunkt auf dem Croy-Teppich aber ist Luther, der mit hinweisender Gebärde auf den gekreuzigten Herrn den Heiland verkündigt, wie es die Bibelverse Joh. I,29 und Joh. 3,14,15 bestätigen, die auf einer großen Inschrifttafel zu lesen sind.

Ein Freundschaftsbildnis ist der Croy-Teppich noch in einem weiteren Sinne. Er zeugt von der Verbundenheit der sächsischen und pommerschen Fürsten mit Männern des Geistes, mit den Reformatoren Luther, Melanchthon und Bugenhagen. Sie standen nicht nur zu den Sachsen, sondern auch zu den pommerschen Herren in persönlichem Verhältnis.

---

9 Vgl. dazu die spärlichen Nachrichten in der Matrikel und im Dekanatsbuch der Artisten, abgedr. v. E. Friedlaender, Aeltere Univ.-Matrikeln II, Greifswald, Bd. I, Leipzig 1893, S. 200–202; dazu Hofmeister (s. Anm. 8), S. 37, Anm. 24 u. Heyden (s. Anm. 8), S. 20 sowie meinen (Anm. 2) genannten Aufsatz.

10 Vgl. Roderich Schmidt (s. Anm. 1), S. 37 f., Anm. 94–96 u. S. 13 (m. Abb).

11 Vgl. W. Paatz, Sceptrum universitatis. Die europäischen Universitätsszepter (Heidelberger Kunstgeschichtl. Abhandl. N. F. 2), Heidelberg 1953, S. 25, Anm. 36. Vgl. künftig auch den Art. „Freundschaftsbild" im Reallexikon z. dt. Kunstgesch., der – wie mir Herr Prof. Dr. H. Ladendorf, Leipzig, brieflich freundlichst mitteilte – z. Zt. von Prof. Dr. H. Keller, Frankfurt a. M., bearbeitet wird.

12 Die Worte stehen auf einem Spruchband, das der Pedell in Händen hält (vgl. dazu R. Schmidt [s. Anm. 1], S. 37, Anm. 94).

13 Vgl. v. Bülow in ADB 26, 1888, S. 31–34; M. Wehrmann, Genealogie d. pomm. Herzogshauses, Stettin 1937, S. 129.

Bugenhagen, selber Pommer[14], hatte den Herzögen Philipp I. und seinem Oheim Barnim IX.[15] nicht nur auf dem Treptower Landtag 1534 beratend zur Seite gestanden[16], im Jahre darauf die evangelische Kirchenordnung für Pommern geschaffen[17] und die Visitationen im Lande durchgeführt[18], sondern auch die Verhandlungen wegen der Ehe Philipps mit Maria von Sachsen eingeleitet und gefördert[19]. Melanchthon entwarf später für den aus dieser Ehe stammenden ältesten Sohn, der den Namen des sächsischen Großvaters führte, Richtlinien für dessen Universitätsstudium[20]. Und Luther hatte einst zu den sächsischen und pommerschen Fürsten gepredigt, als er 1536 an Philipp I. und Maria von Sachsen zu Torgau die Trauung vollzog, die das Bündnis Pommerns und Sachsens besiegelte.

Diese Trauung – so hat man gemeint[21] – ist überhaupt das Ereignis, das auf dem Croy-Teppich verewigt wird.

Abgesehen davon, daß die älteren Fürstlichkeiten, z. B. die Kurfürsten Friedrich der Weise und Johann der Beständige sowie der Pommernherzog Georg I., bereits verstorben und die Kinder natürlich noch nicht geboren

14 Vgl. A. Uckeley, Bugenhagens Tätigkeit in Pommern 1534–1535, in Pomm. Mbll. 49, 1935, S. 133–161. Weitere Lit. bei Heyden, Verz. (s. Anm. 8), Nr. 324–367. Die beste Biographie ist noch immer die von H. Hering, Doktor Pomeranus, Johannes Bugenhagen (Schriften d. Ver. f. Refgesch., Nr. 22), Halle 1888.

15 Vgl. U. Scheil, Art. „Barnim, Herzöge von Pommern", in NDB I, Berlin 1953, S. 595 f. Die Bezifferung Barnims „des Älteren" († 1573) schwankt zwischen IX., X., XI.; vgl. dazu A. Hofmeister, Die Zählung d. pomm. Herzöge, in Pomm. Mbll. 51, 1937, S. 57 f. u. 63, der sich für Barnim IX. entscheidet.

16 Vgl. H. Heyden, Der Landtag zu Treptow a. d. Rega Lucie (13. Dez.) 1534, in Bll. f. Kirchengesch. Pommerns 12, 1934, S. 31–65; weitere Lit. in seinem Verz. (s. Anm. 8), Nr. 390–394.

17 Abgedr. v. M. Wehrmann, in Balt. Stud. 43, 1893, S. 128–210; danach v. H. Heyden, in Bll. f. Kirchengesch. Pommerns 15/16, 1937, S. 3–127.

18 Vgl. M. Wehrmann, Die pomm. Kirchenvisitationen des 16. Jhs., in Bll. f. Kirchengesch. Pommerns 3, 1929, S. 17–28; ders., Von Bugenhagens Visitationstätigkeit in Pommern, in ARG 10, 1912/13, S. 350–356.

19 Auf die Vorverhandlungen, die unter Vermittlung Bugenhagens vor allem zwischen dem pomm. Rat Jobst von Dewitz u. d. sächs. Kanzler Dr. Gregor Brück geführt worden sind (vgl. dazu die unten erstmalig im Wortlaut mitgeteilten Briefe), die näheren Bestimmungen des Ehebundes, auf die bei diesen Verhandlungen verfolgten politischen Absichten und Abmachungen, die zugleich die Vorgeschichte des Beitritts Pommerns zum Schmalkaldischen Bund berühren, beabsichtige ich anderen Orts zurückzukommen.

20 Vgl. Corpus Reformatorum, ed. C. G. Bretschneider, VIII, Halle 1841, S. 382 u. 387; dazu M. Wehrmann, Von der Erziehung u. Ausbildung pomm. Fürsten im Reformationszeitalter, in Arch. f. Kulturgesch. I, 1903, S. 279 f.; ders., Die Söhne d. Herzogs Philipp I. v. Pommern auf der Univ. zu Greifw., in Balt. Stud. N. F. 10, 1906, S. 33–66. Ein erstgeborener Sohn Georg starb bereits 1544 im Alter von vier Jahren.

21 Göbel (s. Anm. 2), S. 137.

waren, sind alle Hauptpersonen des Croy-Teppichs, auch Luther, Bugenhagen und Melanchthon, in Torgau zugegen gewesen[22]. Trifft aber die Ansicht,
die von Luther gehaltene Traupredigt sei auf dem Croy-Teppich dargestellt,
nach dem, was wir über die so oft erwähnte Hochzeit wissen, überhaupt zu?
Diese Frage führt uns auf die Überlieferung und zur Prüfung ihrer Aussagen.

Wir besitzen über die Trauung in Torgau ein unmittelbares Zeugnis Luthers. In einem Brief vom 11.3.1536 schreibt er an Nikolaus Hausmann in
Dessau: *„De nuptiis in Torga nihil habeo, quam quod omnia magnifica fue-
runt. Ego vesperi Sponsum & sponsam copulaui, mane D. Pomeranus benedixit (cum ego vertigine correptus non possem) plane nostro more, vt in Catechismo habetur; ita enim princeps voluerat"* [23].

Nicht Luther allein, sondern auch Bugenhagen ist danach an der Trauung beteiligt gewesen; jener hatte am Abend das Paar zusammengegeben,
dieser am nächsten Morgen den Segen gesprochen. Wann wurde nun die
Predigt gehalten und von wem? Vielleicht kann der Hinweis, daß alles „plane nostro more, vt in Catechismo habetur" geschah, zum Aufschluß führen.
Nun enthält aber der Katechismus keine Richtlinien für die Trauung. Luther
meint damit vielmehr – wie glaubhaft gemacht wurde[24] – seine kleine Schrift
„Ein Traubüchlein für die einfältigen Pfarrherr" (1529)[25]. Sie ist „bei Luthers
Lebzeiten und noch später in sämtlichen Wittenberger und auch in den meisten auswärtigen Ausgaben des Kleinen Katechismus dessen ständiger Anhang gewesen"[26]. Nach dem „Traubüchlein" werden bei der Trauung die
Copulation und die Benediktion unterschieden. Die Benediktion erfolgt vor
dem Altar. Die Copulation dagegen kann etwa auch im Vorraum der Kirche
vollzogen werden. Im allgemeinen werden die zwei Handlungen wohl unmittelbar aufeinanderfolgend vorgenommen worden sein. Luther hat darüber jedoch keine ausdrückliche Bestimmung getroffen und damit „die
Möglichkeit offen gelassen, daß beide Akte durch eine gewisse Zwischenzeit
getrennt waren"[27]. Daß das nicht ungewöhnlich war, bestätigt der Satz der

---

22 Vgl. Des Thomas Kantzow Chronik von Pommern in niederdeutscher Mundart, hrsg.
   v. G. Gaebel, Stettin 1929, S. 115: „Denne dar was doctor Martinus Lutter, doctor
   Iustus Jonas, Philippus Melanchthon, doctor Buggenhagen und vele andere doctores
   und magistri." – Über die Anwesenheit Melanchthons vgl. seinen Brief vom 10. März
   1536 an Georg von Anhalt, in Corpus Reformatorum, ed. C. G. Bretschneider, III,
   Halle 1836, S. 45 (Nr. 1406).
23 Luther, WA Briefwechsel 7, Nr. 2298, S. 371–373. – Über Hausmann vgl. O. Clemen,
   in RGG2 II, 1928, Sp. 1659 f.
24 O. Albrecht, Einl. zum „Traubüchlein" (s. Anm. 25), S. 46.
25 WA 30,3, S. 43–80, hrsg. von O. Albrecht.
26 Ebda., S.45.
27 Ebda., S. 60. Über Copulation u. Benediktion bei Luther vgl. auch G. Kawerau, Luther u. die Eheschließung, in: Theol. Stud. u. Kritiken 47, 1874, S. 731 ff.

Vorrede: „Etlich füren die braut zwey mal zur kirchen beide des abends und des morgens, Etliche nur ein mal"[28]. Der Herausgeber des „Traubüchleins" bemerkt dazu: „Das zweimalige Führen zur Kirche geschah besonders bei vornehmen Trauungen", und er gibt als das Beispiel dafür die Torgauer Hochzeit an, wobei er sich auf Luthers Brief an Hausmann beruft[29].

Während die Copulation nach dem „Traubüchlein" nur kurz ist und aus Frage und Antwort, dem Ringwechsel, kurzem Gebet und der Zusammensprechung besteht, ist die Benediktionshandlung besonders durch eine Reihe von Schriftlektionen reichhaltiger. In diesem Schlußakt der Trauung sind nun „offenbar auch die Hochzeitspredigten eingeschaltet worden, über die das Traubüchlein nichts sagt, die aber bald Sitte wurden"[30]. Das legt die Vermutung nahe, daß auch in Torgau nur eine Predigt stattgefunden hat, und zwar am Morgen, und daß dann allerdings nicht Luther, sondern Bugenhagen der Prediger gewesen sein wird.

Als eine Bestätigung dafür könnte nun die „Historie, wie Ehebruch ist gestraft worden"[31], die in Aurifabers Sammlung von Luthers Tischreden überliefert ist[32], herangezogen werden. Danach hat diese Historie

„D.M.L. Anno 1536 zu Torgau erzählet, als Herzog Philipps von Pommern allda mit dem Fräulein zu Sachsen Beylager hatte, und mußte D. Pommer sie in der Hochzeitspredigt öffentlich sagen (denn D. Luther krank wurde, daß er die Brautpredigt nicht thun konnte), und sollte diese Historien dazu dienen, daß Eheleute sich für dem Teufel fürsehen möchten, und in der Furcht Gotes lebeten, fleißig beteten und für Unzucht und Ehebruch sich hüteten" [33].

Auch hier ist offenbar nur von einer Predigt in Torgau die Rede, die Luther hatte halten wollen, zu der er aber wegen seines Schwächeanfalls nicht in der Lage war und die Bugenhagen für ihn übernahm.

Daß Luther schon seit längerem kränklich war[34], bestätigt ein Brief, den er am 19.1.1536 an den Mansfeldischen Kanzler Kaspar Müller geschrieben

---

28 Ebda., S.74.
29 Ebda., S. 60.
30 Ebda., S.69.
31 Luther, WA Tischreden 6, Nr. 6933, S. 277 f.
32 D. Martin Luther's Tischreden oder Colloquia. Nach Aurifaber's erster Ausgabe hrsg. von K. E. Förstemann und H. E. Bindseil, 4. Abt., Berlin 1848, S. 137 f. (43,164). – Vgl. auch die Einleitung zu WA Tischreden 6 von E. Kroker; ferner G. Kawerau, Zur Frage nach der Zuverlässigkeit Johann Aurifabers als Sammlers und Herausgebers Lutherischer Schriften, in ARG 12, 1915, S. 155–157. – Über Aurifaber vgl. G. Kawerau (Wagenmann †), in RE 32, 1897, S. 290–293; 23, 1913, S. 139.
33 s. Anm. 31.
34 So schrieb Luther am 1. 2. 1536 an die Fürsten Johann, Georg und Joachim von Anhalt: „Aber ich hab nu wol drey tage am hüssten vnd Cattarrum vnd der gleichen schnyrkicken gelegen, das ich an die lufft nit komen bin, thar auch noch nicht her-

hat[35]. Darin heißt es: „*Saget meinem Bruder, daß mein Huste und sein Schweigen mir verboten haben zu antworten!... Ich muß husten und gen Torgau auf die Fasnacht denken; weiß nicht, was ich daselbst husten soll. Vielleicht werde ich müssen Hans von Jenen Gesellschaft leisten*"[36].

Luther scheint also von vornherein mit der Möglichkeit gerechnet zu haben, in Torgau die Amtshandlung und auch die Predigt nicht vornehmen zu können. Vielleicht klingt in dem Brief sogar ein gewisser Unwille über seine Aufgabe in Torgau überhaupt an, der er sich gerne ganz entzogen hätte?

Die „Historie" war nun aber, nach der Überlieferung in den Tischreden, nicht die von Bugenhagen gehaltene Predigt selbst, sie sollte vielmehr in ihr erzählt werden. Die Predigt, die Bugenhagen gehalten hat, ist uns nicht überkommen, dagegen eine Lutherpredigt, die „Dominica Esto mihi" in Torgau gehalten sein soll[37]. Sollte sie vielleicht von Luther konzipiert, dann aber von Bugenhagen vorgetragen worden sein, und hat dieser in sie auf Luthers Wunsch die Ehebruchsgeschichte einfügen müssen? Inhaltlich paßte die „Historie" durchaus in den Zusammenhang der überlieferten Predigt. Daß sie dann hätte sehr umfänglich gewesen sein müssen, ist kein entscheidender Einwand, denn gerade Bugenhagen war ja für besonders lange Predigten bekannt[38].

So spräche also alles dafür, daß in Torgau nur eine Predigt stattgefunden hat, die vielleicht von Luther vorbereitet war, mit deren Vortrag aber Bugenhagen beauftragt wurde, - wenn nicht die Überlieferung der erwähnten Predigt es in höchstem Grade wahrscheinlich machte, daß sie nicht nur von Luther herrührt, sondern auch von ihm selbst gehalten worden ist.

Diese Predigt „Dominica Esto mihi. Torgae in nuptiis principis Philippi Pomeraniae etc." ist in einer Nachschrift Georg Rörers erhalten. Sie befindet sich in dem handschriftlichen Sammelband Bos.q.24[f.] auf der Universitätsbibliothek zu Jena[39] und stammt von Rörers eigener Hand.

Bei dem engen Vertrauensverhältnis, das zwischen ihm und Luther bestand, und nach dem, was wir über die Tätigkeit Rörers als Nachschreiber der Predigten des Reformators wissen[40], dürfte kaum Zweifel daran bestehen

---

aus." (WA Briefwechsel 7, Nr. 2292, S.356); am 25.3. 1536 an Martin Bucer: „hos 14 dies prostratus decubui cruciatibus non ferendis coxendicis sinistrae; vix iam respiro" (ebda., Nr. 3001, S. 379). Vgl. auch WA 41, S. XII f.

35 WA Briefwechsel 7, Nr. 2287, S. 349 f.

36 Vgl. ebda. u. S. 99, Anm. 3: zum Zeitvertreib, zum Vergnügen.

37 Gedr.: WA 41, S. 516–520; vgl. ebda., S. XXXI.

38 Vgl. O. Clemen, Bugenhagen als Mensch, in Pomm. Mbll. 49, 1935, S. 114 f.

39 Die obige Predigt steht auf Bl. 27 b–29 b.

40 Über G. Rörer: Ed. Jacobs in ADB 53, 1907, S. 480–485; G. Müller in RE 324, 1913, S. 426–432; O. Clemen in RGG2 IV, 1930, Sp. 2086 f. Zuletzt R. Jauernig, Zur Jenaer Lutherausgabe, in ThLZ 77, 1952, Sp. 747–762, Forts. in Wiss. Zs. d. Univ. Jena, Jg. 4, 1954/55, ges. u. sprachwiss. Reihe, Heft 3/4, S. 267–277. Ein ausdrückliches Quellen-

daß Rörer in Torgau anwesend war. Wenn er die Predigt in seine Sammlung mitgeschriebener Lutherpredigten aufnahm, so muß sie auch von diesem und nicht von Bugenhagen, dem Schwager Rörers, gehalten worden sein, denn das hätte dieser zweifelsohne vermerkt.

Zwischen der Torgauer Predigt und der von Luther am Gründonnerstag (13.4.) 1536 gehaltenen[41] klafft bei Rörer eine Lücke. Sie erklärt sich daraus, daß Luther krank lag[42]. Die Torgauer Predigt war also für einige Zeit die letzte, danach erlitt er den Schwächeanfall, von dem er in dem Brief an Hausmann schreibt. In diesem trennt Luther klar die Copulation, die „vesperi" erfolgte, und die Benediktion, die „mane" stattfand. Die von Luther gehaltene Predigt muß also am Nachmittag, die Bugenhagens entsprechend am Morgen vorgetragen worden sein. Ist das nun ein Widerspruch gegenüber dem „Traubüchlein"? Insofern nicht, als in ihm über Zahl und Ort der Predigt nichts ausgeführt ist. Mag auch im allgemeinen – wie der Herausgeber meint – nur eine Predigt, und zwar im Zusammenhang mit der Benediktionshandlung, üblich gewesen sein, so wich man bei der Fürstenhochzeit in Torgau davon ab. Da zwei kirchliche Handlungen vorgenommen wurden, wurden auch zwei Predigten gehalten.

Im Zusammenhang damit ist nun ein zweiter Punkt zu erörtern: das Datum der Trauung.

Luther spricht in seinem Brief vom 19.1.1536 an Kaspar Müller von „Fasnacht" als Termin seiner Ankunft in Torgau, allerdings wohl im Sinne einer allgemeinen Zeitangabe[43]. Fastnacht fiel 1536 auf den 29. Februar. Als das eigentliche Datum der Hochzeit ist aber allgemein der Sonntag Esto mihi, d. h. der 27.Februar, überliefert[44]. Da sich die Trauung über zwei Tage

---

zeugnis über die Anwesenheit Rörers in Torgau ist mir jedoch nicht bekannt. „Bisweilen enthalten die Rörerschen Handschriften" allerdings auch „nicht eigene Nachschriften, sondern Abschriften anderer Zuhörer" (Müller, a.a.O., S. 429).

41 WA 41, S. 521–525.

42 Vgl. ebda., S. XII f.

43 Vgl. dazu H. Grotefend, Zeitrechnung des deutschen Mittelalters und der Neuzeit I, Hannover 1891, S. 56 a.

44 In fast allen in dieser Arbeit genannten Quellen ist dieses Datum angegeben. Vgl. auch den unten unter c) abgedruckten Brief. – V. L. v. Seckendorf (s. Anm. 58) datiert die Hochzeit auf den 6.4.1537. Einige Autoren sind ihm darin gefolgt (so z. B. Ch. Junkker, Chur- und fürstl. sächs. Geschichts-Calender, Frankfurt u. Leipzig 1697; G. P-Hönn, Geschlechtsuntersuchung des Chur- und Fürstl. Hauses Sachsen, Leipzig 1704; W. E. Tentzel, In Saxonia Numismat. Lin. Ernest.). Diese These ist schon 1763 zurückgewiesen worden von J. Th. Lingke, „Die von Herr D. Luthern in Torgau verrichtete Trauung." Er weist nach, daß das Versehen dadurch entstanden ist, daß das Datum eines Briefes, den Luther und Bugenhagen gemeinsam an Herzog Barnim IX. von Pommern am 6.4.1537 geschrieben haben und der auf die Nachricht von der Hochzeit zu Torgau bei v. Seckendorf unmittelbar folgt, mit dem Datum der Hochzeit verwechselt worden ist. Lingke entscheidet sich für den 26. oder 27.2.1536 und

erstreckte, lautet nun die Frage: Wann hat die Copulation durch Luther und wann die Benediktion durch Bugenhagen stattgefunden?

Nach dem vielfach üblichen Gebrauch des Wortes „vesperi" könnte die Copulation auf den Vorabend des Fest- oder Sonntages[45], also auf den 26. Februar, bezogen werden, so wie es J. Köstlin in seinem Werk über Luther getan hat[46]. G. Buchwald hat dem widersprochen[47] und auf Grund der Rörerschen Predigtnachschrift die Trauung durch Luther auf den 27. Februar datiert.

Blickt man sich nach Nachrichten von Zeitgenossen um, so findet sich auf sächsischer Seite eine Angabe bei Georg Spalatin in seiner Schrift „Vitae aliquot Electorvm & Dvcvm Saxoniae":

„*Die Dominica Esto mihi per Doct. Martinum Lutherum, finita concione proclamati, & sub vesperam matrimonio juncti sunt*"[48].

Von pommerscher Seite berichtet Thomas Kantzow[49] ausführlich über die Hochzeit und auch über die Daten:

»*Also reden se up Valentini[50] ut und qwemen to Torgow in fridages vor fastellavend anno 36. Dar besach hertoch Philips de froichen und gefill em wol. Darum wurt de heirat vullentagen, und sondges in fastellavende upn namiddach wurt brut und brudegam dorch doctor Martinus Lutter tosamengegewen.*"

Das war also am 27. Februar, dem Sonntag Esto mihi. Hier hat Luther auch gepredigt. Am Montag früh, am 28. Februar, fand die Benediktionshandlung mit Predigt durch Bugenhagen statt. Dann schlossen sich die Festlichkeiten an. Luther hat das Treiben auf der Hochzeit, auf der außer dem fürstlichen Paar noch vier Damen des sächsischen Hofes getraut wurden[51], nicht gefallen. Er tadelt wenig später besonders die jungen Leute, die nicht

---

meint, daß die Trauung durch Luther am Abend des 26.2. stattgefunden habe. Er kommt zu dieser Ansetzung, weil er der irrtümlichen Ansicht ist, daß der Sonntag Esto mihi 1536 auf den 26. 2. fiel. Ebenso Lingke, Herrn D. Martin Luthers Geschäfte und Andenken in Torgau, Torgau 1764, S. 30 f.; Nach Hering (s. Anm. 14), S. 106, fand die Vermählungsfeier gar am „Fastelabend, den 25.2.1536" statt; ebenso „am Freitag vor Fastnacht, ... 25. Februar 1536" bei K. A. T. Vogt, Joh. Bugenhagen Pomeranus, Elberfeld 1867, S. 363.

45 Vgl. Grotefend (s. Anm. 43), S. 199.
46 J. Köstlin, Martin Luther. Sein Leben und seine Schriften, 5. neubearb. Aufl., nach des Verfassers Tode fortgesetzt von G. Kawerau, Bd. II, Berlin 1903, S. 290 f.
47 WA 41, S. XXXI.
48 Abgedr. bei: I. B. Menckenius, Scriptores rervm Germanicarvm praecipve Saxonicarvm II, Lipsiae 1728, Sp. 1150. – Über Spalatin vgl. jetzt das grundlegende Werk von Irmgard Höß, Georg Spalatin 1484–1545. Ein Leben in der Zeit des Humanismus und der Reformation, Weimar 1956.
49 Kantzow (s. Anm. 22), S. 114 f., vgl. den unten abgedruckten Brief c.
50 14. 2. 1536.
51 Spalatin, Vitae aliquot Electorvm & Dvcvm Saxoniae (s. Anm. 48).

nur spielen und buhlen, sondern „*schier ohne Bier sonst gar keine Freude haben... Darum nehmen sie das Trinken für sich. Wie mans auf dem fürstlichen Beylager zu Torgau nächst bewiesen hat, da man nicht zu ganzen und halben getrunken, sondern Einer hat dem Andern ganze halbe Stübichens-Kandeln voll Bescheid thun müssen. Das haben sie genennet einen guten Trunk. Sic inventa lege, inventa est et fraus legis*" [52].

Auf die Pommern hingegen scheint besonders das von Luther verurteilte übermäßige Essen und Trinken Eindruck gemacht zu haben. Die Schilderung bei Thomas Kantzow ist dafür ein Zeugnis. Er schreibt, nachdem er vorher genau von der Ausrüstung der Pommern gesprochen hat, hierüber:

„*So was men dar guder dinge, und ronden und stieken und tornireden weidlich. Und id wurt den gesten sehr gutlik gedan. Denne an eten und drinken was id for hoch und side*[53] *sehr kostlik vorgesehen, und wurt malmasier, renal, bastart und sust twe-und drierlei durch de bank gegeven. Und men drank ut ideln sulfern, und alle dink hedde sollik eine ordeninge, dat id in koning Artus hofe, alse men secht, nicht hedde beter konen togan*" [54].

Mehr noch als der Glanz des ganz im Stil des 16. Jahrhunderts gefeierten Hochzeitsfestes aber hat bei den Späteren ein Wort Luthers tiefen Eindruck hinterlassen, das dieser nach vollzogener Trauung gesprochen haben soll und das dem jungen Paar und damit dem gesamten pommerschen Herzogshaus Segen und reiche Nachkommenschaft verhieß.

Fragen wir nach der Überlieferung dieses Lutherwortes, nach seiner Glaubwürdigkeit und seiner etwaigen Aussagekraft auch für die Vorgänge der Trauung. Zu den späteren Autoren, die recht ausführlich über die Torgauer Hochzeit geschrieben haben und dabei viele Einzelheiten auch über die Vorbereitungen angeben, gehört der weimarische Kammersekretär und Leiter des Archivs Johann Sebastian Müller, der im Jahre 1700 „Des Chur- und Fürstlichen Hauses Sachsen, Ernestin-und Albertinischer Linien, Annales von Anno 1400. bis 1700." erscheinen ließ[55]. In diesem Werk, das sich dadurch auszeichnet, „daß die meisten Notizen und Angaben direct aus zuverlässigen Archivalien geschöpft sind"[56], heißt es: „*Diese Copulation hat D. Luther verrichtet, worbey welches wohl zu mercken, dem selben einer von den Trauringen ohngefehr entfallen, worüber er sich in etwas bewegt, und gesagt: Hörst du Teuffel, es gehet dich nicht an, du wirst nichts ausrichten. Und zu den beiden Vertrauten fortgeredet: Wachset, und Euer Saame müsse nicht untergehen...*" [57].

---

52 WA Tischreden 6, Nr. 7054, S. 362. Vgl. auch ebda., 4, Nr. 4953, S. 591.
53 side = niedrig.
54 Kantzow (s. Anm. 22), S. 115.
55 Weimar 1700.
56 E. Wülcker in ADB 22, 1885, S. 581 f.
57 Müller, S. 90.

Ebenso berichtet V. L. von Seckendorf in seinem bekannten „Commentarius Historicus et Apologeticus De Lutheranismo" (1694)[58], daß nach der Copulation Luther einer der Ringe entfallen sei, *„tunc vero commotum dixisse: Heus Satanas! nihil efficies: ad sponsos vero conversum: Crescite, & semen vestrum non deficiat!"* Wem er diese Angabe verdankt, verrät der folgende Satz: *„Cramerus ista referens, optat, ut votum illud impleretur; sed aliter visum est Deo."* In Cramers Kirchengeschichte von Pommern ist schon in der Stettiner Ausgabe von 1603[59] darüber zu lesen: *„Drauff er gleichsam in sich ergrimmet vnd diese wort (Gott gebe mit prophetischem Geiste) gesprochen: Hörstu es Teuffel, es geht dir nicht an, Crescite & semen vestrum non deficiat. Wachset, Gott der HERR sey mit euch, vnd ewer Saame müsse nimmer aufhören."*

Daran fällt auf, daß der lateinische Text der Worte und der deutsche nicht übereinstimmen. Die Worte „Gott der HERR sey mit euch" sind hinzugesetzt, fehlen aber in dem lateinischen Satz und nicht nur hier, sondern auch in den anderen bisher zitierten Quellen.

Es handelt sich aber nicht um einen Einschub Cramers. Das beweist eine andere, fast gleichzeitige pommersche Quelle: das „Hausbuch des Herrn Joachim von Wedel"[60], das von 1500 bis zum Jahre 1606 über viele Ereignisse der pommerschen Geschichte interessante Nachrichten vermittelt. In ihm ist ausgeführt:

„Wie nun nach beschehener trau der hertzog Luthero die hand gebothen, hat er ihn die lang stillschweigend, ob er in tiefen gedancken gestanden, gehalten und darauff über laut gesagt: Dominus DEUS sit tecum, et semen tuum non deficiat." Hier findet sich also ebenfalls der Zusatz, den Cramer deutsch wiedergibt. Das „Hausbuch" fährt dann fort:

„Andere berichten, wie der doctor in der copulation einen der trauringe unversehens fallen lassen, sei er darüber ergrimmet, und im eiffer gesprochen: hörest du teuffel! es gehet dir nicht an, und die braut-leute also angeredet: Crescite, et semen vestrum non deficiat" [61].

---

58 …Sive De Reformatione Religionis ductu D. Martini Lutheri, Lipsiae 1694, lib. III, sect. 15, § L, S. 141. Über v. Seckendorf vgl. Th. Kolde in ADB 33, 1891, S. 519–521; F. Schnabel, Deutschlands geschichtliche Quellen und Darstellungen in der Neuzeit I (1500–1550), Leipzig u. Berlin 1931, S. 280–284.

59 Cramer, Pommerische Kirchen Chronica III, 25, Alten Stettin 1603, S. 114; ebenso: Das Große Pomrische Kirchen Chronicon, III, 35, Alten-Stettin 1628, S.98. – Die Ausgaben Pommersche Chronica 1124–1601, Frankf. a./M. 1602 und Historia ecclesiastica Pomeraniae, ebda. 1604, waren mir nicht zugänglich. – Über Cramer vgl. v. Bülow in ADB 4, 1876, S. 546 f.; ferner H. Bollnow, Die pomm. Herzöge und die heimische Geschichtsschreibung, in Balt. Stud. N. F. 39, 1937, S. 30 f.

60 Hrsg. durch J. Frhr. von Bohlen Bohlendorff (Bibl. d. litt. Vereins in Stuttgart CLXI) Tübingen 1882.

61 „Hausbuch", S. 124.

Die Berichte unterscheiden sich dadurch voneinander, daß nach der einen Version Luther bei der Copulation einen der Ringe hat fallen lassen und darin ein Werk des Teufels gesehen, diesen abgewiesen und sich dann an das Paar gewandt hat, während die andere davon nichts weiß, sondern nur sagt, er habe die Hand des Herzogs gehalten und dann nur zu ihm die verheißenden Worte gesprochen. Im ersten Falle heißt es davor „Crescite", im zweiten „Dominus Deus sit tecum". Der Inhalt der Verheißung ist derselbe, nur ist er einmal auf das Paar bezogen: „semen vestrum non deficiat", das andere Mal nur zum Herzog gesagt: „semen tuum non deficiat". Daß es diese zwei Versionen gab, bestätigt außer Joachim von Wedel auch Johannes Micraelius in seiner Schrift „Altes Pommerland" (1639)[62].

Es besteht aber noch eine dritte Version. Bartholomäus Sastrow bietet sie in seiner berühmten Selbstbiographie (1595)[63]. Danach hat Luther

> „finita copulatione diese Wortt gebraucht: Gnediger Fürst vnnd Herre! Kumpt es nicht so balt, als E. F. G. gerne wolt, so verzage E. F. G. nicht; den Saxum heißt ein Stein; was man vom Felsen haben soll, mus mit langer Zeit vnnd voller Arbeith gescheen; ich will E. F. G. in mein pater noster nemen: Semen tuum non deficiet". Noch weiter ausgeführt ist diese Form der Erzählung – der pommersche Historiker M. Wehrmann hat darauf aufmerksam gemacht[64] – in einer Trauerschrift auf den Tod des Herzogs Ernst Ludwig (1592) von Petrus Clemens:

> „Lutherus heroico et pleroprophetico spiritu locutus est: Quid ita deiecto et subtristi animo sedes, Illustriss. Sponse? An T. Celsitudinem feudi velut vacui Friderico et caeteris Marchionibus promissi paroxysmus admordendo corripere rursus incipit? Noli timere! Etsi enim saxum subactu et emollitu difficile erit, ego tamen te investitum et convolutum reali illa promissione: Semen tuum non deficiet"[65]!

Wehrmann bemerkt dazu: „Man sieht, wie hier das einfache „Wort Luthers... mit allerlei historischen Anspielungen verbrämt ist." Das Motiv, das zur Ausweitung der Erzählung geführt hat, dürfte wohl die Sorge gewesen sein, daß, wenn der Stamm Philipps nicht fruchtbar sei, das pommersche Herzogshaus aussterben könnte und daß dann, so wie es 1529 im Vertrag zu

62 III, II, Alten Stettin 1639, S. 534.
63 Bartholomäi Sastrowen Herkommen, Geburt vnd Lauff seines gantzen Lebens, hrsg. von G. Ch. F. Mohnicke, I. Bd. Greifswald 1823, S. 145 f.
64 M. Wehrmann, Von Luthers Beziehungen zu Pommern, in Pomm. Jbb. 18, 1917, S. 125–127.
65 Die genannte Trauerschrift ist auf der UB. Greifswald nicht vorhanden, auch nicht in der Sammlung „Vitae Pomeranorum" (vgl. auch Anm. 58). Aber auch über die Person des Petrus Clemens habe ich (trotz freundlicher Hilfe durch die UB. Greifswald) nichts ermitteln können. Ich gebe hier den Text nach Wehrmann (s. Anm. 64), S, 126.

Grimnitz festgelegt worden war, der Erbfall an Brandenburg eintreten würde[66].

Diese Gefahr hatte vor allem vor der Eheschließung Philipps bestanden, denn außer diesem lebte an Nachkommen Bogislaws X. nur noch ein Oheim Philipps, Barnim IX., der zwar verheiratet, aber kinderlos war und blieb. Als dann die Hochzeit Philipps mit Maria von Sachsen 1536 zu Torgau stattgefunden hatte, vergingen weitere vier Jahre, bevor der erste Sohn, Georg, geboren wurde. Er starb schon nach vier Jahren[67], aber der Ehe entsprossen dann noch weitere sechs Söhne und drei Töchter[68]. Damit schien der Fortbestand des Greifenstammes – der Verheißung Luthers entsprechend – gesichert zu sein.

Dieses Gefühl und diese Zuversicht sprechen offenbar aus dem Bericht Sastrows, Er dürfte früher abgefaßt worden sein als der bei Petrus Clemens, jedenfalls seiner Entstehung nach weiter zurückreichen. Fragt man nach seiner Echtheit, so wird man daran denken müssen, daß Sastrow nicht irgend jemand war, sondern ein Mann, der zeitweilig im Dienst und Auftrag Philipps I. von Pommern, z. B. als sein Sollicitator am Kaiserlichen Kammergericht in Speyer, tätig gewesen war und beste Beziehungen zur herzoglichen Kanzlei unterhielt[69]. Allerdings, die ebenfalls in herzoglichen Diensten stehenden pommerschen Chronisten Kantzow, von Klempzen und von Eickstedt bringen die Erzählung in ihren Werken nicht[70]. Aber das ist noch kein Beweis dafür, daß solche Geschichten nicht am pommerschen Hofe bekannt und in aller Munde waren.

Ein solches Ereignis wie die Fürstenhochzeit zu Torgau ist der Gefahr der Ausschmückung natürlich in besonderem Maße ausgesetzt. Aber Legenden ranken sich meist um einen festen Kern. Tut man alles Beiwerk der Erzählung Sastrows beiseite, so bleibt – wie Wehrmann sagt – das einfache Lutherwort, das auch in den anderen Versionen überliefert wird: „Semen

---

66 Abgedr. in Riedel's Codex diplomaticus Brandenburgensis, II (B), 6, Berlin 1858, S. 363–369 (Nr. 2526).
67 Vgl. Anm. 20.
68 Vgl. Wehrmann (s. Anm. 13), S. 119–124.
69 Vgl. Th. Pyl in ADB 30, 1890, S. 398–408.
70 Kantzow (s. Anm. 22); (N. v. Klempzen) Pomerania. Eine pomm. Chronik a. d. 16. Jh., hrsg. v. G. Gaebel, Stettin 1908. Von Klempzen stammt auch ein Hochzeitsgedicht auf Philipp u. Maria, abgedr. v. W. Böhmer, in Balt. Stud. 3 a, 1835, S. 127. – Über Klempzen vgl. v. Bülow in ADB 16, 1882, S. 155 f., sowie die Einleitungen v. W. Böhmer zu Kantzow nddt. Chronik, Stettin 1835 und v. Gaebel zu Kantzows hdt. Chronik II, Stettin 1898.; Valentin von Eickstet, Epitome Annalium Pomeraniae, ed. J. H. Balthasar, Greifswald 1728, S. 120; ders., Annales Pomeraniae (Landesarchiv Greifswald, Rep. 38 f., Hs. I a fol. Nr. 33), fol. 137. – Über Eickstedt vgl. Bollnow (s. Anm. 59), S. 24–26.

tuum non deficiet." Die Formulierung stimmt mit der Fassung überein, die ebenso wie die Schilderung bei Sastrow und Petrus Clemens nichts von dem Teufelswerk des herabfallenden Ringes weiß. Die Berichte, die davon erzählen, reichen – soweit mir bekannt geworden – nicht über den Anfang des 17. Jahrhunderts hinaus. Wenn in der Deutung des Wortes Sachsen = saxum bei Sastrow und der daran geknüpften Betrachtungen eine ausschmückende Zutat des 16. Jahrhunderts zu erblicken ist, einer Zeit, in der das Greifenhaus neu erblühte, so hat die Ringgeschichte und die Erzählung von der Wirksamkeit des Teufels besonders in der Zeit Verbreitung gefunden, in der der Tod ständiger Gast im pommerschen Herzogshaus wurde, also vom Beginn des 17. Jahrhunderts an, bis das Greifengeschlecht im Jahre 1637 – hundert Jahre nach der Torgauer Hochzeit – mit BogislawXIV. im Mannesstamm erlosch und 1660 mit seiner Schwester, der Herzogin Anna von Croy, endgültig ausstarb.

Zuerst suchte man sich noch mit dem verheißenden Ausspruch Luthers zu trösten, wie es anläßlich der Leichenfeier geschah, die im Jahre 1603 für Barnim X. gehalten wurde[71]. Der Generalsuperintendent M. Jacob Faber[72] führt darin aus, daß den Eltern Barnims, Philipp und Maria, dieser Segen „ad speciem" verliehen worden sei: *„Das jhn Gott Samen geben wolle, Das ist Kinder, die das Land beerben sollen"*

Es folgen Worte aus dem 125. und 128. Psalm. Faber erinnert dann daran, daß den in den Psalmen verheißenen *„Ehelichen Haußsegen...hat aus der hand des HErrn empfangen...Herr Philippus der Erste.. "* und fährt dann fort *„der Allmechtige Gott [hat] seiner gnedigen Verheißung nicht vergessen, auch des Herrn Doctoris Lutheri seligen tröstliches wort, welchs er bey der vertrawung geredet hatte, Confide Philippe, Non deficit tibi semen etc.".*

Aber vor Barnim X. waren schon Georg (1544) und Erich (1551) in jungen Jahren und später Ernst Ludwig (1592), Johann Friedrich (1600) sowie Amelia (1580) und Margaretha (1581) gestorben, 1605 folgte Kasimir VI., 1606 Bogislaw XIII.[73]. Man war davon überzeugt, daß dieses große Sterben nur durch böse Zauberkräfte verursacht sein könnte (wofür man z. B. die

---

71 Barnim X. starb am 1. 9. 1603 (vgl. Wehrmann, s. Anm. 13, S. 122).
72 „Leichenpredigten, Gehalten bey der Fürstlichen Leiche vnd Begrebnus des weiland Durchleuchtigen Hochgebornen Fürsten vnd Herrn, Herrn Barnimbs des Eilfften ... Durch Jacobum Fabrum, der heiligen Schrifft Doctorem, Fürstlichen Stettinischen Superintendenten ..., Gedruckt zu Alten Stettin, bey Joachim Rheten, Anno MDCIII" („Vitae Pomeranorum, UB. Greifswald 8° Ob 596, Vol. 114). Über die Bezifferung der pommerschen Herzöge namens Barnim vgl. Anm. 15. – Über J. Faber vgl. A. C. Vanselow, Gelehrtes Pommern, Stargard 1728, S. 32; Kosegarten (s. Anm. 8), Bd. I, S. 221; H. Moderow, Die Evangelischen Geistlichen Pommerns von der Reformation bis zur Gegenwart I, Stettin 1903, S.416 u. 441.
73 s. Anm. 68.

bekannte Sidonie von Borcke verantwortlich machte)[74]. Die Erzählung von dem herabgefallenen Ring entspricht der allgemeinen Vorstellung jener Zeit, die die Wirksamkeit der teuflischen Kräfte zurückprojizierte und sich in der Erzählung von bösen Vorzeichen vielleicht die traurigen Ereignisse verständlicher zu machen bemüht war. Vielleicht sollte ja auch eine Entschuldigung dafür gefunden werden, daß das pommersche Herzogshaus trotz der Verheißung Luthers verging.

Auch bei dieser Überlieferungsform ist das Lutherwort wieder als der Mittelpunkt anzunehmen, um den sich weitere Erzählungen ranken. Dabei ist die Abweisung des Teufels durch Luther nicht unglaubhaft und das Fallenlassen des Ringes durch das, was wir über seinen Gesundheitszustand und den Schwächeanfall auf der Trauung wissen[75], nicht unwahrscheinlich.

Gibt es nun für das „vaticinium Lutheri" außer Sastrow (und Petras Clemens) noch weitere Zeugnisse aus dem 16. Jahrhundert? Genau um die Jahrhundertwende bietet ein solches Johann Wolf in seinem Werk „Lectionum memorabilium et reconditarum centenarii XVI", und zwar in der Vorrede zum ersten Band[76]: *„Lutherus stans aliquandiu tacitus, tenendo dexteram eius, clara voce tandem ad eum conversus dixit: Dominus Deus sit tecum, & semen tuum non deficiat"* Kurz vorher ist bei David Chyträus, „Newe Sachssen Chronica. Vom Jahr Christi 1500. Biß auffs XCVII" (1597) ebenso zu lesen[77]: Nach der Copulation habe Luther *„als jhm der Breutgam... die Hand geboten, eine weil gestanden, den Hertzogen bey der hand gehalten, vnd sich ein wenig besonnen, darnach mit lauter stimme gesagt, Dominus Devs sit tecum, & semen tuum non deficiat. Gott der HErr sey mit dir, vnd dein same müsse nicht auffhören"*.

---

74 Ausführlich in G. Sello, Geschichtsquellen des burg- und schloßgesessenen Geschlechts von Borcke III, 2, 1910, S. 1–276.

75 Vgl. o. S. 313 f. u. Anm. 34 u. 42.

76 Lauingae 1600, Bd. I, Epistola dedicatoria. – Über Johann Wolf vgl. Ch. G. Jöcher, Allgemeines Gelehrten-Lexicon 4, Leipzig 1751, Sp. 2051; zuletzt: D. Groh, Lizentiat der Rechte Johannes Wolff. Ein Beitrag zur Biographie eines pfälzischen Diplomaten und Historiographen aus der zweiten Hälfte des 16. Jahrhunderts, in Westpfälz. Gesch. Bll. 25, 1926, S. 25–49; 26, 1927, S. 1–19.

77 ... Aus dem vermehrten letzten Lateinischen Exemplar trewlich verdeutscht, vnd vom Autore selbst mit fleis reuidirt vnd vbersehen, Leipzig 1597, I. Teil, S. 601 f. Entsprechend schon in der lat. Ausgabe von 1593. – Über den mit Melanchthon verbundenen D. Chyträus vgl. Fromm in ADB 4, 1876, S. 254–256; P. Paulsen, D. Chyträus als Historiker. Ein Beitrag zur Kenntnis der deutschen Historiographie im Reformationsjahrhundert, Diss. Rostock 1897; G. Loesche in RE 4, 1898, S. 112–116; 23, 1913, S. 310; D. Klatt, Chyträus als Geschichtslehrer u. Geschichtsschreiber, in Beitr. z. Gesch. d. Stadt Rostock 5, 1911, S. 1–202.

Die beiden zuletzt genannten Quellen stehen allerdings gerade nur auf der Schwelle des 16. zum 17. Jahrhundert und sind wenig älter als die oben genannten. Aber sie bieten die Erzählung am einfachsten und damit am glaubwürdigsten. Das gleiche gilt aber auch für die Version mit der Ringerzählung. Die Aussage darüber, wie Luther den Ausspruch getan hat, weicht bei den verschiedenen Autoren bei aller Übereinstimmung doch ein wenig voneinander ab:

> *„in sich ergrimmet... diese wort... gesprochen"* (Cramer),
> *„ergrimmet und im eiffer gesprochen"* (von Wedel),
> *„tunc vero commotum dixisse"* (von Seckendorf),
> *„worüber er sich in etwas bewegt, und gesagt"* (Müller)

und erweckt den Anschein, daß die Worte einer gemeinsamen Vorlage variierend wiedergegeben, vielleicht verschieden übersetzt worden sind.

Allen Überlieferungsformen gemeinsam ist das verheißende Wort Luthers. Eine völlige Gewißheit darüber, ob und in welcher Form es wirklich gesprochen worden ist, würde sich jedoch erst durch Zeugnisse gewinnen lassen, die bis in die Mitte oder doch zumindest bis in den Anfang der zweiten Hälfte des 16. Jahrhunderts zurückführen. In den allgemein bekannten Schriften des Reformationsjahrhunderts findet sich nichts weiter. Wohl aber könnte dieser oder jener Hinweis in den unbekannteren Gelegenheitsschriften, wie Hochzeits- und Jubiläumsreden und -gedichten, Leichenpredigten usw., verborgen sein[78].

Auf Grund der bisher bekannten Belege haben wir aber keine Veranlassung, das Lutherwort einfach als frei erfunden abzutun. Warum sollten bei einer Trauung, zumal bei einer fürstlichen, nicht solche Worte gefallen sein? Die Redeweise ist ganz die der Bibel. Wir wissen nicht, welche Schriftstellen bei der Trauung verlesen worden sind. Unter den Psalmen ist jedoch einer, der dazu besonders geeignet war, der 101. Psalm, der sogenannte Fürstenspiegel. In ihm stehen die Worte „semen" und „non deficiat" ganz nahe beieinander:

> *„tu autem idem ipse es, et anni tui non deficient. Filii servorum tuorum habitabunt: et semen eorum in saeculum dirigitur"* (V. 28/29.)

Und der von Sastrow überlieferte Satz: *„ich will E.F.G. in mein pater noster nemen: Semen tuum non deficiet"* klingt an Luk. 22,32 an, wo hinsicht-

---

78 Die umfängliche Sammlung besonders an Leichenpredigten der Gesellschaft für Pommersche Geschichte u. Altertumskunde, die sich in Stettin befand, konnte ich nicht benutzen. Auf der UB. Greifswald fand sich nichts aus der in Betracht kommenden Zeit. Hinweise sind enthalten bei L. W. Brüggemann, Beitr. z. d. ausführl. Beschreibung d. Kgl. Preuß. Herzogthums Vor- und Hinter-Pommern I, Stettin 1800, S. 106 f. Leider waren die hier angeführten Schriften trotz der Bemühungen der UB. Greifswald nicht zur Einsicht zu erlangen.

lich des Glaubens gesagt wird: *„ego autem rogavi pro te, ut non deficiat fides tua"* Das „Crescite" schließlich bezeichnet den Beginn des Wortes 1. Mose 1,28: *„Benedixitque illis Deus, et ait: Crescite et multiplicamini et replete terram.. „.* Diese Worte gehören zu den Schriftlesungen, die nach dem „Traubüchlein" während der Benediktionshandlung *„Für dem altar"* vorgetragen werden sollen, und zwar *„Zum dritten, So ist das ewer trost, das yhr wisset und gleubet, wie ewer stand für Gott angeneme und gesegenet ist...".* und nun folgt u. a.: *„Seit fruchtbar und mehret euch und füllet die erden."*[79]. Auch bei der Torgauer Hochzeit sind diese Worte gesprochen worden. Sie kommen in der Predigt „Dominica Esto mihi" gegen Schluß vor. Es heißt dort in der für die Nachschriften Rörers typischen Art[80]: *„Sed facit parentes und fruchtbar,, qui mundum etc. "*[81].

Daß Luther dieses Bibelwort gesprochen hat, steht also fest. In Zusammenhang mit ihm aber dürften nach der allen Versionen gemeinsamen Überzeugung dann die Worte der Verheißung gefallen sein. Wie weiter in allen angegeben wird, geschah dies nach vollzogener Copulation. Daraus ergibt sich, daß sich die Predigt an diese angeschlossen hat. Will man der Überlieferung noch weiter folgen, so kann man ihr auch etwas über den Ort der Trauhandlung entnehmen: David Chyträus[82] berichtet: *„vnd hat Martinus Lutherus Breutgam vnd Braut copulirt. vnd den segen vber sie gesprochen .. „* und dann *„nach gehaltener Copulation fürm Altar"* die Worte der Verheißung gesprochen. Halten wir abschließend fest:

Die Trauung zu Torgau fand am 27./28. Februar 1536 statt. Copulation und Benediktion, für die Luthers „Traubüchlein für die einfältigen Pfarrherr" die Richtschnur bildete, waren zeitlich getrennt.

Die eigentliche Trauung nahm Luther am 27. Februar 1536, dem Sonntag Esto mihi, nachmittags vor.

Die Benediktion geschah am nächsten Morgen, Montag, den 28. Februar 1536, in Vertretung Luthers durch Bugenhagen.

Bei beiden Handlungen ist eine Predigt gehalten worden. Am Ende der eigentlichen Traupredigt hat Luther vor dem Altar wahrscheinlich die Worte der Verheißung über den Fortbestand der Familie Philipps I. von Pommern und Marias von Sachsen gesprochen. Jedenfalls ist diese Verheißung der Kernpunkt der Überlieferung von dem „vaticinium Lutheri", das in verschiedenen Versionen tradiert worden ist. Ist diese Traupredigt Luthers – und damit kehren wir zum Ausgangspunkt zurück – auf dem Croy-Teppich

---

79 WA 30,3, S. 79 f.
80 Vgl. Müller (s. Anm. 40), S. 428 und Jacobs (s. Anm. 40), S. 481. Danach bediente sich Rörer auch bei deutschen Predigten vielfach lateinischer Abkürzungen und Worte, die oft nur stichwortartig den Inhalt wiedergeben.
81 WA 41, S. 520.
82 Chyträus (s. Anm. 77), S. 601.

dargestellt worden? Die stattliche Kinderschar Philipps und Marias könnte als eine sichtbare Bestätigung für die Erfüllung der Verheißung Luthers verstanden worden sein. Allerdings wäre dann zu erwarten, daß Bibelsprüche, wie sie das „Traubüchlein" für die Hochzeit angibt, auch auf dem Croy-Teppich eingewebt worden wären. Das ist aber nicht geschehen[83].

Nicht die Torgauer Hochzeit sollte auf ihm bildlich festgehalten werden; er soll vielmehr das bezeugen, was auf den drei Inschriften der oberen Borte zu lesen ist[84]. Die mittlere spricht davon, daß Luther begonnen habe, Gottes Wort lauter und rein zu predigen. Die rechte gibt Kunde davon, daß durch Bugenhagen das neu verstandene göttliche Wort auch in Pommern bleibenden Eingang gefunden hat[85]. Die linke ist eine Ehrung für den Kurfürsten Johann Friedrich den Großmütigen von Sachsen[86], der für die Sache der Reformation gefochten und gelitten hat.

So ist der Croy-Teppich die bildliche Darstellung der Verbundenheit Pommerns mit der Reformation und mit Sachsen. Vordem war diese Verbundenheit aber durch nichts so sehr vor der Welt bekräftigt worden wie durch die Hochzeit zu Torgau. Der Entschluß der Pommernherzöge, die Reformation im Lande mit Hilfe Bugenhagens durchzuführen, stieß auf den Widerstand des Bischofs von Kammin, eines Teiles der Prälaten, auf die Ablehnung durch den Adel und zum Teil auch durch die Städte und drohte das Land schließlich in große politische Verwicklungen mit Kaiser und Reich zu verstricken[87]. Um ihre Stellung nach außen (und damit auch zugleich im Innern) zu festigen, erschien die Verbindung mit der evangelischen Partei im Reiche, insbesondere mit deren Vormacht Sachsen, überaus wünschenswert. Bugenhagen wurde als Vermittler gewonnen. Durch ihn und über ihn sind die ersten Verbindungen aufgenommen worden. Die eigentlichen Verhandlungen haben im wesentlichen für Pommern der vertraute Rat Philipps I, Jobst von Dewitz[88], für Sachsen der Kanzler Dr. Gregor Brück[89], immer

---

83 Über die Bibelsprüche auf dem Croy-Teppich s. o. S. 312. Außerdem befindet sich neben der Kanzel Moses mit den zwei Gesetzestafeln, auf denen in hebräischen Buchstaben die Worte 5. Mose 6,5 u. 3. Mose 19,18 stehen, die nach Matth. 22,36 ff. die Summe des Gesetzes bezeichnen.

84 Vgl. Schultze (s. Anm. 2), S. 45.

85 Ebda.

86 Als standhafter Glaubensheld ist Joh. Friedr. auf dem Croy-Teppich dargestellt. Er steht barhäuptig unter dem Kreuz, über dem (doppeldeutig in ihrem Bezug) die Worte stehen: „Er ist den Vbelthetern gleich gerechnet vnd hat vieler Svnde getragen vnd hat fvr die Vbelthter gebeten. Esaie am LIII"

87 Vgl. O. Plantiko, Pomm. Reformationsgeschichte, Greifswald 1922.

88 Über Jobst von Dewitz vgl. Roderich Schmidt, Art. „Dewitz", in NDB III, Berlin 1957.

89 Über Gregor Brück vgl. Muther, in ADB 3, 1876, S. 388–392 sowie E. Fabian, Dr. Gregor Brück, Lebensbild u. Schriftenverzeichnis (Schriften z. Kirchen- und Rechtsgesch. II), Tübingen 1957.

aber unter wirksamer Vermittlung und Mitwirkung Bugenhagens[89a], geführt. Das Ergebnis war u. a. das Ehebündnis, das zugleich das Siegel unter die allgemeinen politischen Abmachungen bedeutete. Reichsgeschichtlich gesehen hat Pommern durch das Bündnis mit Sachsen den Anschluß an die Gruppe der evangelischen Reichsstände gefunden, dem bald auch der offizielle Beitritt zum Schmalkaldischen Bund folgte[90]. Für Pommern bedeutet dieses Bündnis die Befestigung des durchgeführten Reformationswerkes und zugleich kirchlich, politisch und kulturell den Beginn eines neuen Abschnittes seiner Geschichte, von dem alle Bereiche des öffentlichen und privaten Lebens erfaßt wurden. Darin liegt die historische Bedeutung der Vorgänge, die sich 1536 zu Torgau um Esto mihi ereigneten.

Unveröffentlichte Briefe des pommerschen Rats Jobst von Dewitz

Bei den Verhandlungen, die seit 1534 zwischen Pommern und Sachsen hin und her gingen und die schließlich zu dem am 27. Februar 1536 in Torgau geschlossenen Ehebündnis und weiteren politischen Vereinbarungen führten, hat die pommersche Seite und ihre Belange vor allem der Rat Herzog Philipps I. Jobst von Dewitz vertreten. Paul Gantzer, der die Geschichte der Familie von Dewitz geschrieben hat[91], bringt in seinem ersten Bande alle ihm bekannten urkundlichen Nachrichten und Quellen teils im Wortlaut, teils in kurzen regestenartigen Auszügen oder Mitteilungen. Darunter befinden sich auch solche aus der Korrespondenz, die Jobst von Dewitz in amtlichem Auftrag wegen der sächsischen Heirat geführt hat.

Diese Briefe verdienen besondere Beachtung nicht nur wegen der Person des bedeutenden pommerschen Staatsmannes der Reformationszeit[92], sondern weil sie für die Vorgeschichte des pommersch-sächsischen Bündnisses aufschlußreich sind. Darüber hinaus beanspruchen sie weiteres Interesse wegen der Empfänger, unter denen Bugenhagen und der sächsische Kanzler Dr. Gregor Brück eine hervorragende Stelle einnehmen.

Der Briefwechsel Brücks ist im ganzen bis heute noch nicht veröffentlicht worden, Briefe von und an Bugenhagen hat O. Vogt 1888 unter dem

---

89a s. künftig Roderich Schmidt, Joh. Bugenhagen als Mittler in den polit. Eheverhandlungen zw. Pommern u. Sachsen 1535/36. Ergänzungen zum Bugenhagen-Briefwechsel, in ZKG 1958.
90 Vgl. R. Heling, Pommerns Verhältnis zum Schmalkaldischen Bunde I, in Balt. Stud. N. F. 10, 1906, S. 1–32.
91 Bd. I–III, Halle 1912–1918.
92 Vgl. Anm. 88.

Titel „Dr. Johannes Bugenhagens Briefwechsel" herausgegeben[93]. So verdienstvoll diese Sammlung war, so ist sie doch bei weitem nicht vollständig und deshalb im Laufe der Zeit immer wieder durch Veröffentlichung weiterer Briefe ergänzt worden. Briefe, die die Vermittlerrolle Bugenhagens in den pommersch-sächsischen Bündnisbestrebungen beleuchten, sind bisher nicht erschienen - bis auf zwei Ausnahmen:

P. Gantzer publizierte einen Brief Bugenhagens an Dewitz vom 9. September 1535, der sich im Preußischen Staatsarchiv zu Stettin befand[94]. G.Buchwald und O.Vogt hatten vorher schon ein Schreiben Bugenhagens an Brück vom 1. Oktober 1535, dessen Original sich auf Schloß Sternberg in Unterfranken befand, herausgegeben[95]. Beide Briefe betreffen die Eheverhandlungen. In dem Schreiben vom 9. September 1535 teilt Bugenhagen Dewitz mit, daß man über den Ehevertrag bis auf zwei Punkte einig geworden sei. Am 9. Oktober 1535 übersendet Bugenhagen Dr. Brück einen Brief Dewitz', in dem dieser sich zu den beiden strittigen Artikeln des Ehevertrages äußert[96].

Im folgenden seien nun die ergänzenden Schreiben aus dem Sächsisch-Ernestinischen Archiv, die sich heute im Thüringischen Landeshauptarchiv zu Weimar befinden, im Wortlaut mitgeteilt[97]. Sie sind enthalten in dem Aktenband Reg D (Sächsische Händel) 73 [98]. Es handelt sich um drei Briefe Jobsts von Dewitz:

a) 27. September 1535 an Bugenhagen[99], mit dem er dessen Schreiben vom 9.September beantwortet,
b) 9. Oktober 1535 an Brück[100], in dem er über seine Verhandlungen mit Herzog Philipp wegen der zwei strittigen Artikel berichtet und als Hochzeitstag den 6. Februar 1536 vorschlägt,
c) 30. November 1535 an Brück, in dem er sich über die Zusammenkunft des pommerschen Herzogs mit dem sächsischen Kurfürsten, über den 27. Februar 1536 als endgültigen Termin der Hochzeit und über Ver-

93 Stettin 1888; auch: Balt. Stud. 38, 1888; Fortsetzung ebda. 40, 1890, S. 1–16; ebda. N. F. 2, 1898, S. 57–64; ebda. N. F. 3, 1899, S. 126–136 (vgl. Anm. 95).
94 Ein Brief Bugenhagens an Jobst von Dewitz, in Pomm. Mbll. 22, 1908, S. 6–8.
95 Drei Briefe Bugenhagens, in Balt. Stud. N. F. 3, 1899, S. 129–131.
96 Vgl. Anm. 19.
97 Dem Thüringischen Landeshauptarchiv und insbesondere seinem Direktor, Herrn Prof. Dr. W. Flach, Weimar, sei an dieser Stelle dafür, daß der die Briefe enthaltende Aktenband entgegenkommenderweise nach Greifswald übersandt wurde, sowie für die Genehmigung der Veröffentlichung, herzlich gedankt.
98 Alte Signatur: Reg D pag. 36, No. 65.
99 Vgl. Gantzer, Geschichte der Familie von Dewitz I, Nr. 818, S. 354 f.
100 Ebda., Nr. 820, S. 355.

handlungen mit den evangelischen Reichsständen äußert. Dieser Brief ist bei Gantzer nicht erwähnt.

a) Jobst von Dewitz an Johann Bugenhagen.
Wolgast, 27. September 1535
Mein freuntlich dienst allzeit zuuor. Lieber Her doctor. Aus dem Briefe, so mein günstiger her vnd freund Doctor Gregorius Brück an Ewch gefertigt, den ir mir ferner zugeschickt, hab ich vorstanden, Das ehr in zweien Artikeln mangel hat. Erstlich von wegen der Frewlein vorzicht, welchs beredt vnd nicht vorzeichent worden etc. Nhun acht ichs darvor, es werde des Artikelshalben keinen Mangel haben, wo der wie gewonlich gestellt.

Zum andern von wegen der Fünfzehntawsent gulden widerkerungs gelts oder besserung. Wiewol es der her doctor vor beschwerlich anzewcht, So wil es doch die masse haben, Wo mein g: h: vor Meinem g: frewlyn totshalben abginge, Vnd mein g: frewlin widervm zum Ehestand wolte greiffen, So solte ire f. g. mit zweintzig Tawsent gulden ingebrachts heiratsgelts vnd fünfzehen tawsent gulden besserung ausgestewrt werden, Mit der massen, Das ire fürstliche g: die fünfzehentawsent gulden besserung nur die zeit ires lebens in geprawche haben, vnd der widerfal an das haws zu Pomern fallen solle. Auch im fal das Meins g. h. erben solliche fünfzehen tawsent gulden besserung nicht ausgeben, sonder an sich halten wolten, So sollen sie schuldig sein, die Summa gelts Meinem gnedigen frewlin die zeit ires lebens zuuorzinsen vnd dasselbig mit Burgschafft vnd Briefflichem Vrkhund genugsam zuuorversichern. Vnd der geprauch ist dermassen zwischen den hewsern Polen, Dennemarcken, Pfaltz, Brandenburg, Brunswick, Luneburg, Mekelburgk, Holstein vnd Pomern, lawt Brieff vnd Siegel, so darauff vorhanden, gehalten worden. Darvm wirt sich auch mein gnedigster her der Churfurst on zweiffel desselben nicht beschweren.

Wer auch Doctor Brücken den bericht gethan, das sollichs mit des Marggrafen tochter anders gehalten, derselbe hats nicht gewüst. Dan Mein g. h. hat in aussteurung seiner frawen Mutter, meiner gnedigen frawen von Anhalt, nicht mehr dan zwaintzig Tawsent gulden ingebrachts heiratsgelts bezalt, vnd vor die besserung gibt Mein g. h. iren gnaden die zeit ires lebens gewonliche Zinse, nhemlich Sechs vor hundert.

Domit aber der vnd ander irthumb vor der fulzihung vfgehaben, wil ich Doctori Gregorio Brücken auff Galli[101] eine notel der angestelten heiratung zuschicken, vnd khan leiden, das ehr mir auff dieselbe zeit auch ein notel seins begreiffs vbersende, Darin er sich vnd ich mich ersehen, vnd ein itzlicher mit seinem hern daraus reden müge, vnd ferner vnser einer dem andern die mengel, so darin befinden, schriftlich anzeigen. Darin ich auch keinen

---

101 16. 10. 1535.

*fleiß, so viel bey myr stehet, wil erwinden lassen. Dasselbig mügt ir dem hern
Doctor Brücken widervm anzeigen, vnd ime meine freuntwillige dienste sagen. Vnd thu hirmit auch gern, was euch lieb vnd dienst ist, vnd befel euch
hirmit vnserm hern Christo. Datum Wolgast, sambstags nach Mathei Apostoli, Anno xxxv.*

E. W.   Jobst von Dewitz

(Original Weimar, Thür. Landeshauptarchiv, S. E. G. A., Reg D 73, fol. 25)

b) Jobst von Dewitz an Gregor Brück.
Wolgast, 9. Oktober 1535
*Mein freuntlich dienst zuuor. Hochgelarter Lieber Her doctor, Günstiger her
vnd freund. Dem vorlaß nach so wyr zu Wittemberge miteinander genho-
men, hab ich die Artikel, durch meinen günstigen freund den hern doctor
Buggenhagen vorzeichent mit Meinem g: h: beredt. Vnd wo es der Allmech-
tig also fügt das ditz werck ein fürganck haben soll, so wirt sein f. g. sich dieselben artikel dermassen wie in dieser beyvorwarten Notel gestellt, gefallen
lassen.*

*Vnd wiewol in den beredten Artikeln etwas geendert, so lass ich mich
doch bedüncken, dasselbig werde meinem gnedigsten hern dem Chürfürsten
zuwilligen nicht beschwerlich sein. Jedoch so Mein gnedigster her der Chür-
fürst oder M. g. h. von Stettin vor der fullenziung in der notel noch etwas
wolten geendert haben, dasselbig sol Iren Chur- vnd f. g. frey pleiben. Weil
aber in dieser notel nicht gemeldt auff welchen tag das furstlich beilager ge-
schehn solle, Dewchte Meinem g. H. gelegen sein, Das es geschege auff den
Sontag Septuagesime, Welcher meiner rechnung nach der Sechste tag Februarij sein wirt. Vnd nachdem auch die ganze handlung entlich auff das besehen
von beiden teilen beruhet, So wolte veleicht auch von notten sein, das Mein
g. h. bertzog Philips drey tag zuuor zu Torgaw einkheme, Domit sich Mein
gnedigs frewlin, vnd Mein g. H, fürhin personlich sehen. Vnd auch meine
gnedigste vnd gnedige hern sich vor der fulzihung der heirats vnd anderer
vorschreibungen vorgleichen mochten. Was nhu Meinem gnedigsten hern
dem Churfursten hirin geliebt, Wil ich in seiner Ch.f:g: wolgefallen gestellt
haben. Vnd bitte garfreuntlich ir wollet mir Meins gnedigsten hern des
Churfursten gemüt der enderung halben widervm bey zeiger Briefs oder
sünst zum forderlichsten eigentlich wissen lassen. Was ich ferner Meines ver-
mogens in diesser Sachen raten helffen vnd fordern khan, darin wil ich keinen fleiss erwinden lassen. Vnd thu hirmit auch alzeit gern, was ewch lieb
vnd dienst ist. Datum Wolgast am tag Dionisij, Anno etc. Fünfvnddreissigk*

E. W.   Jobst von Dewitz

(Original Weimar, Thür. Landeshauptarchiv, S. E. G. A., Reg D 73, fol. 56)

c) Jobst von Dewitz an Gregor Brück.
Wolgast, 30. November 1535

Mein freuntwillig dienst zuuor etc. Hochgelerter vnnd Ernuhester, gunstiger lieber her cantzler. Eur antworth schrieft, des datum Monntags nach omnium sanctorum[102] *ist gegen Wolgast komen, vnd darnach mir in mein erbbehausung, Montags nach praesentacionis Marie*[103]*, zugeschickt worden.*

Also hab ich mich von stundt damit widerumb gegen Wolgast verfugt, vnd solch ein schreibenn sampt den noteln, vnd was darinn geendert, Meinem gnedigen hern Hertzog Philipssen angetzeigt vnd vorlesen lassen. Vnd widerumb von seiner F. g. vermerckt das sein F. g. nach Schickung des almechtigen wolgneigt inn die haubtsach zuwilligenn.

*Es hadt aber seine F. g. in der geenderten Notein noch etliche Artickel vor beschwerlich angetogenn. Ich aber halts dafür, Es werden mein gnedigster her, der Churfurst*s *vnnd mein gnediger her, ihrer Chur- vnd f. g. zusamenkunft sich vmb dieselben mengel, wol freuntlich wissenn zuuorgleichenn. So wirt mein gnediger her auch die Notel, der abetzicht meins gnedigen Freueleins, wie dieselb gestellet, willigenn vnd voltziehenn lassen. Vnd auch alsdan die notel der widtumbsvorschreibung vorhandenn habenn.*

Zudeme wil sich mein gnediger herr gefallen lassenn, das solch furgenomene furstlich beilager, vf den Sontag Esto mihi, der die faßnacht genant wirdet[104]*, Vnnd in gestalt einer Fassnachtfreude gescheenn moge. Damit aber der beredung nach, mein gnedigs freuelein vnd mein gnediger her sich vorhin sehenn, vnnd die heirats vnd annder vorschreibungen endtlich mögen vorgleicht, vfgericht vnd gefertiget werden, Ist sein f. g. willens, sich sampt derselben vedter, Meinem gnedigen herrn hertzog Barnim, vf die zeit zuerhebenn, also das ire f. g. den donestag vor Esto mihi zu Torgaw musen einkomen.*

Vnnd wo solchs meinem gnedigsten herrn dem Churfursten auch gefallen wurde, so folgt, das mein gnedige hern vf den Montag nach Juliane virginis[105]*, das ist der xxj tag Februarij, von kopenick gegen Barhut werdenn ankomen, vnd ferner vf hertzberg iren weg nhemen. Doselbs zwo nacht zuuortziehen, Vnd alsdan den donerstag einkomen. Jedoch kan mein gnediger her, hierauf meins gnedigsten herrn des Churfursten anderung vnd gutbeduncken wol dulden vnd leyden. Vnnser hergot gebe zu voltziehung des christennlichen wercks sein gnade. Was ich auch durch dieselbe gnade, darinnen vermag fordernn helfenn, das sol an meinem vleis nit erwinden. Mein gnediger her hertzog Philips setzt auch in keinen zweifei, Es werde mein*

---

102 7.11.1535.
103 28. 11. 1535.
104 Vgl. Anm. 43.
105 16. 2.

gnedigster Her der Churfurst seiner f. g. vnd derselben vedtern in sachen des Euangelij inmassen als ir dauen geschriebenn, bey Romischer konigl. Majestet meinem allergnedigsten hern mit dem bestenn bedacht, vnnd gefordert haben. Vnd wo doselbs vber meins gnedigen hern zuuorsieht nichts fruchtbarlichs erhalten, So werdenn sein churf. g. nit vnderlassen bei den Euangelischen Fursten vnnd Stenden vf derselben kunfftige vorsamblung vleissig antzuhalten, vnnd zuuerfugen, das von denselben Meinm g. H. in der sachen möchte gerathen werden vnd gegen einn vbertzug vertrostung gescheenn.

Darvmb meinem gnedigsten hern den Churfursten werden meine gnedige hern mit allem freuntlichen willen gerne vordienen. Ich thue auch hiemit, was euch lieb vnd dienst ist. Vnnd bith, ir wollet mich mit meinen vntherdenigen gevlissen- vnd bereitwilligen dinsten gegen meinen gnedigsten hern dem Churfursten erbieten. Datum Wolgast am tag andree apostoli Anno xxxv.

         E. W.   Jobst von Dewitz

An gregorien brucken
der Rechten doctor

Auf der Rückseite:

Copey Jobsten von Dewitzenn
schreibens an doctor brucken.

(Abschrift Weimar, Thür. Landeshauptarchiv, S. E. G. A., Reg D 73, fol. 66/67)

Johannes Bugenhagen als Mittler in den politischen Eheverhandlungen zwischen Pommern und Sachsen 1535/36

Ergänzungen zum Bugenhagen-Briefwechsel

Vor 70 Jahren, im Jahre 1888, erschienen zwei Werke, die bis heute für die Kenntnis der Persönlichkeit des Johannes Bugenhagen grundlegend geblieben sind oder zumindest noch immer den Ausgangspunkt für eine Beschäftigung mit seinem Leben und der von ihm entfalteten Wirksamkeit bilden: Der Hallenser Professor Hermann Hering schrieb die Bugenhagen-Biographie, die unter dem Titel „Doktor Pomeranus, Johannes Bugenhagen. Ein Lebensbild aus der Zeit der Reformation" in den „Schriften des Vereins für Reformationsgeschichte" veröffentlicht wurde.[1] Der pommersche Pfarrer Otto Vogt gab im Auftrage der Gesellschaft für pommersche Geschichte und Altertumskunde „Dr. Johannes Bugenhagens Briefwechsel" heraus.[2]

Diese über Bugenhagen hinaus für die gesamte Reformationsepoche wichtige Quellenveröffentlichung[3] enthält „alle eigentlichen Briefe, Buchinschriften und dgl. von Bugenhagen, welche aufzufinden waren"; aber noch mehr: „Unentbehrlich zum Verständnis der von B. geschriebenen Briefe, wie der sachlichen und persönlichen Verhältnisse, von welchen sie uns Kunde geben sollen, ist Kenntnis des Inhalts der an ihn geschriebenen Briefe",[4] die deshalb ebenfalls in großer Zahl abgedruckt worden sind.

So sehr O. Vogt sich auch bemühte, den gesamten Bugenhagen-Briefwechsel möglichst vollständig zu erfassen, so sind doch danach immer wieder neue Briefe aufgetaucht. Einige der Nachträge sind in dieser Zeitschrift publiziert oder besprochen worden.[5] Ihnen seien hier weitere hinzugefügt.

---

1 Nr. 22, Halle 1888.
   Über Bugenhagen zuletzt E. Wolf, in: NDB III, 1957, S. 9–10. Die Bugenhagen-Literatur ist jetzt zusammengestellt von H. G. Leder, in: Johann Bugenhagen. Beiträge zu seinem 400. Todestag, hrsg. v. W. Rautenberg, Berlin 1958, S. 123–137.
2 Stettin 1888; auch als Band 38 der Baltischen Studien erschienen. Nachtrag in: Balt. Stud. 40, 1890, 1–16; s. ferner unten Anm. 5.
3 Vgl. L. Enders in: ThLZ 13, 1888, 611–613; H. Hering, in: Theol. Stud. u. Kritiken 62, 1889, 801–803.
4 Vogt, a.a.O., S. VI f.
5 Nachträge zum Bugenhagen-Briefwedisel, in: ZKG 12, 1891, 566–575 (H. Virck); 16, 1896, 124–128 (O. Vogt); 28; 1907, 48–57 (A. Uckeley); 34, 1913, 568 f. (Weber). Theol. Stud. u. Kritiken 62, 1889, 787–792 (L. Enders); 69, 1896, 349 f. (G. Buchwald); 76, 1903, 640–643 (K. Graebert); 79, 1906, 614–627 (G. Kawerau). MIÖG 12, 1891, 154–159 (R. Thommen).

Es ist bekannt, welche Verdienste Bugenhagen für die Einführung. der Reformation in Norddeutschland und insbesondere in seinem Heimatlande Pommern gehabt hat. Im Dezember 1534 erschien er auf Bitten der pommerschen Herzöge Barnim IX. und Philipp I. auf dem Landtag zu Treptow a. d. Rega, um mitzuhelfen, daß auch in Pommern der neuen Lehre eine feste Ordnung gegeben werde. So entstand die pommersche Kirchenordnung von 1535, und so wurden unter seinem Vorsitz die Visitationen im Lande durchgeführt.[6] Am 9. 11. 1534 teilte Bugenhagen den Herzögen seine Zusage zur Teilnahme am Treptower Landtag von Belzig aus mit,[7] Anfang Dezember 1534 traf er in Treptow ein.[8] Die letzte Station seiner Visitationsreise in Pommern war Pasewalk, wo er am 19. 6. 1535 bezeugt ist.[9] Am 25. 8. 1535 war Bugenhagen wieder in Wittenberg.[10]

Aus dieser für die pommersche Geschichte so entscheidenden Zeit, die zugleich von allgemeinerer Bedeutung ist, weil in ihr sich auch die politische Hinwendung Pommerns zur Sache der Reformation oder richtiger ein Anschlußsuchen bei den evangelischen Reichsständen anbahnte und die politi-

---

Mittheilungen d. Vereins für Lübeckische Geschichte und Alterthumskunde 8, (1897/98) 1899, 67–69 (P. Hasse).

Balt. Stud., N. F. 2, 1898, 57–64. (O. Vogt); 3, 1899, 127–136 (G. Buchwald u. O. Vogt).

Zeitsdir. d. Hist. Vereins für Niedersachsen 1899, 297 f. (K. Graebert).

Hans. Geschbll., Jg. 1902, Leipzig 1903, S. 163–172 (J. Girgensohn).

Pomm. Mbll. 22, 1908, 6–8 (P. Gantzer).

Neue Mitteilungen aus dem Gebiet historisch-antiquarischer Forschung 24; Halle 1910, 100 (F. Bode).

„Solange es Heute heißt". Festgabe für Rudolf Hermann zum 70. Geburtstag, Berlin 1957, S. 244–247 (R. Schmidt).

6 Über den Treptower Landtag vgl. F. L. Baron von Medem, Gesch. der Einführung der evang. Lehre im Hertzogtum Pommern, Greifswald 1837; K. Graebert, Der Landtag zu Treptow a. d. Rega Lucie 1534, Diss. Berlin 1900; E. Beintker, Beiträge z. Gesch. d. Reformation in Pommern, in: Balt. Stud., N. F. 5, 1901; 211–238; 6, 1902, 27–42 u. 159–164; H. Heyden, Der Landtag zu Treptow, a. d. Rega Lucie (13. Dez.) 1534, in: Blätter f. Kirchengesch. Pommerns 12, 1934, 31–65. Die pommersche Kirchenordnung von 1535 ist abgedruckt von M. Wehrmann, in: Balt. Stud. 43, 1893, 128–210; danach von H. Heyden, in: Bll. f. Kirchengesch. Pommers 15/16, 1937, 3–127. – Über die Visitationen vgl. M. Wehrmann, Von Bugenhagens Visitationstätigkeit in Pommern, in: ARG 10, 1912/13, 350–356; ders., Die pomm. Kirchenvisitationen des 16. Jhs., in: Bll. f. Kirchengesch. Pommerns 3, 1929, 17–28; A. Uckeley, Bugenhagens Tätigkeit in Pommern 1534–35, in: Pommern Mbll. 49, 1935, 133–161.

7 Vogt, a.a.O., S. 135, Nr. 55.

8 Das genaue Datum ist nicht überliefert.

9 v. Medem (s. Anm. 6) S. 269–272; danach bei E. Sehling, Die evang. Kirchenordnungen des 16. Jhs., Bd. 4, Leipzig 1911, S. 517 f.

10 s. u. S. 85 u. Anm. 36–38. „Pomeranus est laetus rediit, et acceptus est ab omnibus nobis", schreibt Luther am 27. 8. 1535 an Justus Jonas (WA, Briefwechsel 7. Bd., 1937, Nr. 2230, S. 243 f.).

schen Verbindungen insbesondere mit Sachsen aufgenommen wurden,[11] ist in der Vogtschen Sammlung kein einziger Brief enthalten. Und doch hat Bugenhagen – den Alfred Uckeley einmal als den „Politiker unter den Wittenberger Reformatoren" bezeichnet hat[12] – auch an dem Zustandekommen des Bundes zwischen Pommern und Sachsen mitgewirkt.

Ein. Jahr nach seiner Rückkehr aus Pommern, am 29. 8: 1536, schrieb er – dieser Brief ist in der Briefwechselausgabe von Vogt abgedruckt[13] – an den Kurfürsten Johann Friedrich den Großmütigen von Sachsen:

> „Ich war fro in Pomern das ich ursache gewan E. g. mit einer geringen müge zu dienen; fur die grosse ehre und kost von E. g. an mich gewand in meinen Doctorat. Aber darüber hat mich E. g. durch meinem lieben herrn Doctorem Bruck Cancellarium, mit einem verguldeten dubbelten Schower[14] verehret, also das mir wol zu wunschen were, das ich oft wurde solch ein Coppeler, wie mich E. f. g. zu Torgau gnediglich heis."

Dieser Brief besagt, daß Bugenhagen dem sächsischen Kurfürsten einen persönlichen Dienst erwiesen hatte. Bugenhagen spielt zuletzt auf die Hochzeit an, auf der am 27. Februar 1536 die Stiefschwester des sächsischen Kurfürsten Johann Friedrich, Maria, mit dem Pommernherzog Philipp I. durch Luther getraut wurde. Bugenhagen war bei dieser Trauung zugegen gewesen, ja er hatte sogar, da Luther einen Schwächeanfall erlitt, statt seiner am nächsten Tage die Benediktion vorgenommen und eine Predigt gehalten.[15]

Die zitierte Briefstelle verrät aber darüber hinaus, daß Bugenhagen für den Kurfürsten offenbar in Angelegenheiten des Ehebundes, durch den die Verbundenheit Pommerns mit Sachsen auch nach außen bekräftigt wurde, schon in Pommern tätig gewesen war. Dasselbe bestätigt der pommersche Chronist Thomas Kantzow, der von den Heiratsplänen Herzog Philipps I. berichtet, daß dieser sich in seinem Gemüt am meisten zu der Prinzessin Maria von Sachsen hineigte, und der dann fortfährt:[16]

---

11 Auf die Verhandlungen, die zur Aufnahme Pommerns in den Schmalkaldischen Bund führten, gedenke ich auf Grund der entsprechenden Akten, die sich im Thür. Landeshauptarchiv zu Weimar befinden, anderen Orts zurückzukommen.

12 Uckeley (s. Anm. 6), S. 135.

13 Vogt, a.a.O., Nr. 59, S. 140.

14 Schower, Schauer = Becher, großer Trinkbecher (Grimm, Dt. Wb., 8. Bd., Leipzig 1893; Sp. 2330).

15 Vgl. hierüber: Roderich Schmidt, Die Torgauer Hochzeit 1536. Die Besiegelung des Bundes zwischen Pommern und Sachsen in der Zeit der Reformation, in: „Solange es Heute heißt". Festgabe für Rudolf Hermann zum 70. Geburtstag, Berlin 1957, S. 234–250.

16 Des Thomas Kantzow Chronik von Pommern in niederdeutscher Mundart, hrsg. von G. Gaebel, Stettin 1929, S. 112.

„So lede he ersten doctor Buggenhagen up, de sake dorch schrifte to vorsoken. De dede id und fand, dat de churfurste nicht ungeneigt darto was."

In diese Verhandlungen führen nun die Schriftstücke hinein, die hier – soweit mir bekannt – erstmalig im Wortlaut mitgeteilt werden. Es handelt sich um Originale, Abschriften und Konzepte, die sich heute im Thüringischen Landeshauptarchiv zu Weimar befinden:[17]

1. Der Kurfürst Johann Friedrich teilt seinem Kanzler Dr. Gregor Brück[18] am 6. 7. 1535 mit, er habe einen lateinischen Brief von Bugenhagen, seine Schwester betreffend, durch einen pommerschen Boten erhalten. Er übersendet ihm ein Konterfei der Prinzessin, das Lucas Cranach geschaffen hat und das Brück an Bugenhagen weiterschicken soll, damit dieser es dem Pommernherzog übergebe.[19] Weiter trägt er ihm auf, Bugenhagen durch den Boten schriftlich mitzuteilen, daß Herzog Philipp sich die Prinzessin selber oder durch Vertraute besehen möge. – Der Anhang bezieht sich auf den Prozeß, den der Abt des Klosters Alten-Kamp beim Kammergericht in Speyer gegen die Pommernherzöge angestrengt hatte, weil diese das Tochterkloster Neuenkamp in Vorpommern (ebenso wie die anderen pommerschen Feldklöster) nach dem Treptower Landtag eingezogen hatten. Darauf hatte der Kaiser am 8. 5. 1535 die Aufhebung des Treptower Landtagsbeschlusses verfügt. Die sich hieraus ergebenden außen- und innenpolitischen Verwicklungen waren der Hauptantrieb dafür, daß Pommern bei den evangelischen Reichsständen Anschluß suchte.[20]

2. Gregor Brück mahnt Bugenhagen am 5. 8. 1535, weil er auf das ihm im Auftrage des Kurfürsten durch den Boten übersandte Schreiben noch kei-

---

17 Sie gehören zu den Beständen des Sächsisch-Ernestinischen Gesamt-Archivs und sind in dem Aktenband Reg.D. (Sächs. Handel) 73 enthalten (alte Signatur: Reg. D. pag. 36, No. 65). Dafür, daß dieser Aktenband nach Greifswald übersandt wurde und von mir zu diesem Zweck benutzt werden konnte, sei dem Thür. Landeshauptarchiv zu Weimar und insbesondere seinem Direktor, Herrn Prof. Dr. W. Flach, an dieser Stelle auf das herzlichste gedankt.

18 Über Gregor Brück vgl. Muther, in: ADB 3, 1876, 388–392; E. Fabian, in: NDB II, 1955, S. 653 f.; ders. Dr. Gregor Brück. Lebensbild u. Schriftenverzeichnis des Reformationskanzlers I. U. D. Gregor Heinze-Brück zu seinem 400. Todestage, Tübingen 1957.

19 Einen Hinweis gab bereits M. Wehrmann mit einer kurzen Notiz „Ein Gemälde des Lukas Cranach", in: Pomm. Mbll. 25, 1911, 43 f.

20 Vgl. hierzu R. Heling, Pommerns Verhältnis zum Schmalkaldischen Bunde, 1. Teil, in: Balt. Stud., N. F. 10, 1906, 14 ff.; ferner H. Hoogeweg, Die Stifter u. Klöster der Provinz Pommern, Bd. II, Stettin 1925, S. 183 ff. (Kloster Neuenkamp). – Über das kaiserliche Mandat vom 8. 5. 1535 s. V. L. v. Seckendorf, Commentarius Historicus et Apologeticus De Lutheranismo, Lipsiae 1694, Lib. III. Sect. 15. Addit. II. not. t, S. 141 b; vgl. dazu v. Medem (s. Anm. 6); Nr. 35, S. 197 bis 199.

ne Antwort erhalten habe. Aus dem Brief geht hervor, daß Herzog Philipp jemanden zur Besichtigung der Prinzessin Maria nach Sachsen zu schikken beabsichtigte, und Brück schlägt nun als Ort Torgau vor, wo sich der Kurfürst und die Prinzessin derzeit aufhielten.

3. Nach Kantzow „schickeden do beide fursten twe erer rede, alse hertoch Philips Jost van Dewitzen[21] und hertoch Barnym sinen canzler Bartholomeus Schwaven.[22] De togen hen und besegen dat froichen. Dat gefil en averut wol, und makeden do der saken einen bescheid, dat de churfurste hertoch Philips sine schwester wolde geven …".[23] Diese Angabe bezieht sich auf die Unterredung, die am 28. 8. 1535 zwischen dem sächsischen Kanzler Gregor Brück, dem pommerschen Rat Jobst von Dewitz und Bugenhagen stattgefunden hat. Das hier abgedruckte Protokoll der Unterredung ist von Bugenhagen eigenhändig niedergeschrieben.

Über den Verhandlungsort ist in ihm keine Angabe enthalten. P. Gantzer, der den Inhalt des Protokolls in seiner „Geschichte der Familie von Dewitz"[24] kurz mitteilt, nimmt Torgau als Tagungsort an. Aus den von mir unter 4., 6. und 7. mitgeteilten Briefen ist aber klar ersichtlich, daß die Unterredung zu Wittenberg stattfand. Das bezeugt auch der Kanzler Brück in einem Schreiben an den Kurfürsten, in dem er diesem über die Unterredung berichtet.[25] Es ist vom 13. 9. 1535 datiert. Daß aber – trotz der inzwischen verstrichenen Zeit – die Unterredung gemeint ist, über die das Protokoll Bugenhagens vorliegt, geht u. a. daraus hervor, daß sich Brück ausdrücklich entschuldigt, daß er erst jetzt den Bericht erstattet. Eine weitere Bestätigung für Wittenberg als Tagungsort bietet ein Brief Luthers vom 29. 8. 1535 an Melanchthon nach Jena,[26] in dem er schreibt: „D. Brück hodie advenit."

Diese Briefstelle stimmt allerdings nicht mit dem Protokoll überein. Seine Zeitangabe lautet: „in vigilia decollationis Ioannis", was nach allgemein üblichem Gebrauch auf den Vortag des Tages der Enthauptung des Johannes bezogen werden muß.[27] Danach hat die Unterredung also am Sonnabend, den 28. 8. 1535, stattgefunden. Wenn Luther schreibt, daß Brück erst am 29. 8., am Sonntag, in Wittenberg eingetroffen sei, so dürfte

---

21 Über Jobst von Dewitz vgl. Roderich Schmidt, Art. „Dewitz", in: NDB III, Berlin 1957, S. 629–630.

22 Über Bartholomäus Swave (später Bischof von Kammin) vgl. M. Wehrmann, in: ADB 54, 1908, 641–643.

23 Kantzow (s. Anm. 16), S. 112.

24 Bd. I, 1912, S. 352 f.; Nr. 814.

25 Thür. Landeshauptarch. Weimar, S.E.G.A., Reg.D. 73 (alte Signatur: Reg D pag 36 No. 65), fol. 20 ff.

26 WA, Briefwechsel 7. Bd., 1937, Nr. 2231, S. 244 f.

27 Vgl. H. Grotefend, Zeitrechnung des deutschen Mittelalters und der Neuzeit, Bd. I, Hannover 1891, S. 200.

er sich im Irrtum befunden haben; möglich, daß er – da er nämlich krank war – erst am Sonntag von der Anwesenheit Brücks in Wittenberg erfahren hat. Luther fährt in dem genannten Brief nach der Nachricht über die Ankunft Brücks fort: „… quem cras adibo, si potero. Nam heri et hodie perpetua diarrhoea laboravi et debilitatus sum corpore, eo quod somnus me fugit, et cibum nullum cupio, et potu destituimur … Quindecim sedes habui hoc biduo."[28] Vermutlich ist das die Folge einer Zusammenkunft, die am 27. 8. 1535 stattgefunden hatte und über die eine Notiz in einem Rechnungsbuch berichtet: „5 ½ Stubigen der hern von pommern, martinus, landvogt mit einander geessen am freytag nach bartholomei."[29] Die pommerschen Herren waren offenbar Jobst von Dewitz und Bartholomäus Swave.

Nach der oben zitierten Schilderung Kantzows könnte angenommen werden, daß auch Swave bei der Unterredung zu Wittenberg zugegen war. Das Protokoll nennt ihn jedoch nicht. Und er war auch in der Tat nicht anwesend. Das wird wieder durch das schon erwähnte Schreiben Brücks an den Kurfürsten vom 13. 9. 1535 bestätigt, indem es heißt: „Dieweil der Pomerisch Cantzler vor meinem ankomen kegen Wittenberg, abgereiset vnnd der von Dewitzen allein do plieben …".[30] Dagegen, scheint folgende Notiz bei Gantzer[31] zu sprechen: „1535, August 31 ‚dinstags nach Bartholomej' Torgau. Der Kurfürst Johann Friedrich von Sachsen erteilt den pommerschen Gesandten, Jobst von Dewitz und Bartholomeus Swave, eine Antwort auf ‚mundtliche werbung'." Dieses Schriftstück ist nun aber nach der Abschrift, die sich im Thüringischen Landeshauptarchiv zu Weimar befindet,[32] nicht, wie Gantzer schreibt, dinstags n a c h Bartholemej (= 31. 8.) ausgestellt, sondern „Geben zu Torgau Dienstags Bartholomej 1535", d. h. also am Bartholomäitage selbst (24. 8.), der 1535 auf einen Dienstag fiel. Es steht also mit der Angabe Brücks, daß Swave bei seiner Ankunft in Wittenberg (28. 8.) bereits abgereist war, durchaus im Einklang.

Aus einem Brief, den der Kurfürst an Bartholomäi seinem Kanzler Brück von Torgau aus schrieb,[33] geht hervor, daß der Kurfürst sich zuvor in sei-

28 s. Anm. 26.
29 Thür. Landeshauptarch. Weimar, S.E.G.A., Bb. 2810, fol. 201[b]. Zitiert nach: G. Buchwald, Lutherana, in: ARG 25, 1928, S. 87.
30 s. Anm. 25; fol. 20.
31 Geschichte der Familie von Dewitz, 1, 1912, S. 353, Nr. 815.
32 S.E.G.A., Reg. H. 108 (alte Signatur: H. fol. 101, Nr. 43), fol. 8–16. Die „Werbung" bezieht sich nicht eigentlich auf die Hochzeit, sondern auf die Aufnahme in den Schmalkaldischen Bund.
33 Thür. Landeshauptarchiv Weimar, S.E.G.A., Reg.D 73 (alte Signatur: Reg D pag 36 No. 65), fol. 16–17.

nem Jagdschloß Lochau aufgehalten hat. In dieser Zeit ist, wie „wir euch
durch vnser schreiben von der Lochau, aus zuerkennen gegeben", „doctor Johan Pogenhagen, sampt vnser Freundlichen lieben ohemen vnd
schweger der hertzogen zu pomern Potschafft allhie zu Torgau, ankomen": Am 23. 8. ist diese Botschaft dem Kurfürsten vorgetragen worden:
„Als habenn wir gemelten Bogenhagen vnnd die Potschafft, do wir anher
komen, allhie funden, Vnnd die Potschafft irer werbung gestern gehort."[34] Daß aber nicht Bugenhagen allein, sondern auch von Dewitz und
Swave die „Werbung" überbracht haben, bestätigt das bereits erwähnte,
vom 24. 8. datierte Schriftstück, das die Antwort des Kurfürsten festhält,
„So wir den Hochgebornen fursten, Vnnser freundlichen Lieben ohemen, vnnd schweger, Hern Barnymen vnd hern philipsen, geuettern,
hertzogen zu Stetin vnnd Pomern etc. gesandten, Nemlich Jobsten von
Dewitzen, vnnd Bartholomeußen Swauien Cantzler, vff ire, Von irer
Liebden wegen, an vns gethane mundtliche werbung gegeben".[35] Am Tage
darauf waren die Gesandten und Bugenhagen dann bereits in Wittenberg.
In einer Rechnungsnotiz[36] werden die Räte „des hertzog von pommern,
die den pfarrer hieher beleit haben an der mitwochen nach bartholomej",[37] erwähnt.[38]
Bugenhagen ist also mit den pommerschen Gesandten von Dewitz und
Swave gemeinsam gereist, und nicht nur von Torgau nach Wittenberg,
sondern überhaupt von Pommern nach Sachsen. Das geht aus einem
Brief hervor, den der Kurfürst Johann Friedrich am 16. 8. 1535 von Torgau aus an Brück geschrieben hat.[39] In ihm teilt er diesem mit, daß ein an
Brück gerichtetes Schreiben von Bugenhagen in Torgau eingegangen sei,
das er in seiner Abwesenheit erbrochen habe. Aus ihm sei zu ersehen,
„das gedachter doctor, mit des hertzogen geschickten vff dem wege ist,
der meynung zu vnns gein Torgau ader Lochau, weil wir dieser zeit hier
nyden sein, zukomen".
Von der Heimreise Bugenhagen spricht auch Luther am 19. 8. 1535 in einem Brief an Justus Jonas: „Pomeranus est in itinere ad nos";[40] über seinen Aufenthalt am kurfürstlichen Hofe in Torgau aber scheint er nichts

34 Ebd, fol. 16.
35 s. Anm. 32, fol. 15.
36 s. Anm. 29 (ebd.).
37 = 25. 8. 1535.
38 Zitiert nach Buchwald (s. Anm. 29), Anm. 5 (vgl. auch Burkhardt,. Luthers häusliche
    Verhältnisse, in: Theol. Stud. u. Kritiken 69, 1896, 160, der fälschlich die Anwesenheit
    der pommerschen Herzöge statt ihrer Räte annimmt).
39 Thür. Landeshauptarchiv Weimar, S.E.G.A., Reg.D. 73 (alte Signatur: Reg D pag 36
    No 65), fol. 15.
40 WA, Briefwechsel 7. Bd., 1937, Nr. 2223, S. 232 f.

Näheres gewußt zu haben, schreibt er doch am 24. 8. ebenfalls an Jonas:
„Miror, cum Pomeranus cessit ad nos accedere, cum iam paene octiduo
circum Wittembergam, nescio ubi, versetur."[41] Am Tage darauf (25. 8.)
sind Bugenhagen, Dewitz und Swave dann in Wittenberg angekommen.[42]
Am 27. trafen die pommerschen Gesandten mit Luther zusammen, danach (merkwürdigerweise fast gleichzeitig mit der Ankunft Brücks) ist
Swave abgereist, und am gleichen Tage, am 28. 8., fand die Unterredung
statt, bei der Bugenhagen das Protokoll niederschrieb.

Über die offen gebliebenen Fragen sind die weiteren Verhandlungen
wieder durch Vermittlung Bugenhagens geführt worden. Darüber gibt
ein Brief Bugenhagens vom 9. 9. 1535 an Jobst von Dewitz Aufschluß,
den P. Gantzer veröffentlicht hat.[43] Daß Dewitz den in diesem Schreiben
erwähnten Brief Brücks erhalten hat, betätigt der am 27. 9. 1535 verfaßte
Antwortbrief Dewitz' an Bugenhagen, den ich in der Festgabe für Rudolf
Hermann erstmalig im Wortlaut mitgeteilt habe.[44]

Am 1. 10. 1535 übersendet Bugenhagen dann dem Kanzler Brück ein ihm
zugegangenes Schreiben von Dewitz in der gleichen Angelegenheit, aus
dem er einzelne Stellen zitiert bzw. wiedergibt. Dieses Schreiben ist von
G. Buchwald und O. Vogt in den Baltischen Studien publiziert worden.[45]
Wenige Tage später, am 9. 10. 1535, schrieb Dewitz auch direkt an
Brück. Dieser Brief ist ebenfalls in der Hermann-Festgabe abgedruckt.[46]

4. Am 8. 10. 1535 teilt der Kurfürst Bugenhagen mit, daß er zur Klärung
der schwebenden Fragen in der Heiratssache eine Unterredung zwischen
je zwei Bevollmächtigten beider Fürsten für notwendig erachte, und bittet, einen diesbezüglichen Brief Brücks, den dieser Bugenhagen im Auftrag des Kurfürsten zustellen wird, an Dewitz weiterzuschicken, diesem
gleichzeitig die Meinung des Kurfürsten brieflich mitzuteilen und sich
der Sache weiterhin anzunehmen. Als seinen Bevollmächtigten nennt er –
offenbar für die Zeit seiner Reise an den kaiserlichen Hof nach Wien, die
er Mitte Oktober 1535 antrat[47] – den Fürsten Wolfgang von Anhalt,[48] der
als sein Statthalter bezeichnet wird.

---

41 Ebd., Nr. 2228, S. 241 f.
42 s. o. u. Anm. 36–38.
43 „Ein Brief Bugenhagens an Jobst von Dewitz", in: Pomm. Mbll. 22, 1908, 6–8.
44 Hermann-Festgabe (s. Anm. 15), S. 245.
45 „Drei Briefe Bugenhagens", in: Balt. Stud., NF. 3, 1899, S. (127–136) 129 bis 131. Der
   Brief ist hier richtig auf den 1. 10. 1535 datiert („feria sexta post Michaelis"), während
   Gantzer (s. Anm. 31), Nr. 816, S. 353 f., fälschlich den 9. 9. 1535 als Datum angibt.
46 Hermann-Festgabe (s. Anm. 15), S. 245 f.
47 Zur Reise des sächsischen Kurfürsten nach Wien vgl. G. Mentz, Johann Friedrich der
   Großmütige (1503–1554), Bd. II, Jena 1908, S. 57–68; daneben O. Winckelmann, Über
   die Bedeutung der Verträge von Kadan und Wien (1534 bis 1535) für die deutschen
   Protestanten, in: ZKG 11, 1890, S. (212–252) 226 ff. und Heling (s. Anm. 20), S. 17–19.

5. Der am 9. 10. 1535 verfaßte Brief Brücks an Bugenhagen enthält nähere Einzelheiten über die vorzunehmenden Verhandlungen.
6. Nachdem der Kurfürst durch Brück über die Bugenhagen von Dewitz übersandten Briefe unterrichtet war, bat er Bugenhagen am 11. 10. 1535, die von der sächsischen wie von der pommerschen Seite aufzustellenden Noteln wechselseitig zu vermitteln und zuzuschicken.
7. Das gleiche Begehren äußert Brück in seinem Schreiben vom gleichen Tage. Der Austausch der Noteln erfolgte, wie vorgesehen, zum Gallustage, d. h. zum 16. 10. 1535. Am 7. 11. 1535 nahm Brück dazu Stellung, und am 30. 11. 1535 antwortete Dewitz. Dieses Schreiben habe ich ebenfalls dem Aufsatz über „Die Torgauer Hochzeit 1536" in der Hermann-Festgabe beigefügt.[49] Die endgültigen Abmachungen erfolgten während des Hochzeitsfestes Ende Februar 1536 zu Torgau.[50]

1.
Kurfürst Johann Friedrich an Gregor Brück

Weimar, 6. Juli 1535
Konzept: Weimar, Reg.D 73, fol. 8–10[51]

An D. Brucken

Wy er sich gegen D. Pommern der Pommerischen heiratt vnd einnehmung halben in die Euangelische Bundtniß soll in anttwort vernehmen laßen. 1535.

Johannsfridrich etc.

Vnnsern grues zuuor. Hochgelarter lieber Radt vnnd getreuer. Wir gebenn euch genadiger Meynung zu erkennen, das nechten ain schriefft an euch haltende, bey ainem Pomerischen Potenn, von doctor Johann Pomern, anher pracht worden, Welche vnns furder zuhanden gestalt, die habenn wir im bestenn erbrochenn, Vnnd, weil sie lateinisch gewest, vordeutschen lassenn. Nachdeme wir dan daraus befunden, das es sachenn sein, den hertzogen zu Pommern, vnd vnnser liebe schwester belangende, darumb ir hieuor gedachten doctor Pomer geschrieben, So hetten wir vnns gleichwol[52] nit vor-

---

48 Über Fürst Wolfgang von Anhalt vgl. F. Kindscher, in: ADB 44, 1898, S. 68–72; weitere Literatur in: Schottenloher Bd. I, Nr. 29020 bis 29035.
49 Hermann-Festgabe (s. Anm. 15), S. 246 f.
50 Vgl. hierzu Roderich Schmidt, Die Torgauer Hochzeit als Beispiel für Rechtsform und Rechtsanschauung im 16. Jahrhundert, in: ZRG, germ. Abt., 75. Bd., 1958.
51 Die zahlreichen, inhaltlich aber belanglosen Streichungen (z. T. einfache Verschreibungen) sind zugunsten des dafür Eingesetzten weggelassen und nicht weiter angegeben.
52 Am Rande.

sehen, das dieselben sachenn eurm schreiben zu wider so lange solten worden vertzogen sein. Weil wir aber vormergken, das doctor pommers schreibenn vff zweien wegen stehet; wie ime des hertzogen meynung durch ainen seiner vortrauten also angetzeigt wordenn, Nemlich das ime vnnser schwester Conterfeit zugeschickt soll werden, auch das er[53] sie besehen lassen mocht etc. So haben wir vnser schwester, weil maister lucaß, gleich itzt, alhie bey vnns gewest, durch ine Conterfeien lassen, welch Conterfeit wir euch himit vbersenden, vnd muget dasselbige furder, doctor pommern solchs dem hertzogen zuuntergeben, zuschickenn. Das wir aber vnnser schwester, zu vnnser muhmen der Maggrefin[54] gein Witembergk, schickenn solten, das sie doselbst besehenn mocht werden, Solchs ist vnß itziger sterbsleufft,[55] auch ander mehr bewegenden vrsachen halben nit gelegen. Do aber des hertzogen gemuet, ie dorauff, beruhet, vnser schwester zuuor selbst zubesehen, oder besehen zulassen, So wollen wir vff den vhalh vnbeschwert sein, vnns etwa an ain gelegen ort vnsers furstenthumbs, dohin sich sein lieb mochte begeben zuuorfugen, vnnd vnser schwester vnndt frauen zimer mit vns zubringen. Wo aber s. l. in dem beschwerung het, So mochte s. l. iemands der iren so s. l. vortrauet, heraus schickenn, vnnd vnser schwester besehenn lassenn, Domit ie doran nit mangel were, [56]wie dan solchs, durch diesen wegk, als ob s. l. anderer sachen halben zu vns schickte am bequembsten vnd vnuormarckt beschen mochte.[56] Alsdan wurde es der almechtige got, Nach seinem gotlichen willen vnnd vorsehung [57]ane zweiuel[57] wol wissen zuschicken. Dann solt die sache durch vnnser schwester hin vnd wider schicken ader auch in andere wege, ruchtbar gemacht[58] werden, vnnd alsdan zuruckgehen, vnnd die that nicht volgen, Solchs woltenn wir nicht gerne, wurde auch vnnser schwester zu Nochteil vnnd vorcleynerung gereichen. Darumb ist vnnser genedigs begerrn, ir wollet euch gegen vorgenanten doctor Pommer, vff sein schreiben, welchs ir euch himit zuschicken solcher gestalt widerumb vornhemen vnd gegenwertigen boten domit abefertigen lassen.

53 Am Rande hinzugesetzt und wieder gestrichen: „der Herzogk".
54 Gemeint ist die Kurfürstin Elisabeth von Brandenburg, Gemahlin Joachims I., Tochter des Königs Johann von Dänemark, Schweden und Norwegen. Im Gegensatz zu ihrem Gemahl, war sie ebenso wie ihr Bruder König Christian II. von Dänemark der lutherischen Lehre zugetan. Im März 1528 entfloh sie aus Brandenburg und begab sich nach Sachsen, wo sie Aufnahme fand, häufig in Wittenberg weilte und mit Luther Umgang hatte. Vgl. über sie K. Lohmeyer, in: ADB 6, 1877, 14 f.
55 Über die Pest in Wittenberg vgl. WA, Briefwechsel, 7. Bd. 1937, S. 206 f.
56 Am Rande.
57 Am Rande.
58 Am Rande.

Mit diesem anhang. Weil dannocht zu[59] vormercken, das ko(nigl). durch-(laucht)t vff des [60]Abts vonn Campa anlangen, dem Chamergericht wider die hertzogen zu pommern zuprocediren beuolhen,[60] Vnnd es villeicht dorauff stunde, das die Euangelisch vorstentums [61]vnser vnd der andern Religion mituerwanten[61] weil sie nuhmer vhast ans were erstrackt wurde werdenn, Ob nicht Ire liebden der neygung vnnd willens weren, Darumb sich dan doctor Pommer, als fur sich fuglich, erkunden mochte, sick vff beruhten vhalh auch mit darein zulassenn vnnd zubegebenn, welchs wir dan also bey der andern vnsern mitverwanten, iren liebden zum bestenn zu furdern, helffen, ane zweiuel nicht wurden mängel sein lassenn, etc. Vnnd das er je, vnnser schwester sachenn, zumbestenn souiel muglich zu furdern vnd zuvleissigen nit vnderlassen wolte etc. Das habenn wir euch nicht wollen vorhalten vnd tuet vnns doran zu genedigem gefallen. Datum zu Weimar dinstags Nach vldaricij 1535.

An d. Brucken.

2.
Gregor Brück an Johannes Bugenhagen

Torgau, 5. August 1535
(Konzept: Weimar, Reg.D. 73, fol. 13–14)

An Doctor Pomer In Doctor brucken nhamen der
Pomerischen heirat halben 1535.

Mein freuntlich dienst zuuor. Erwirdiger vnnd hochgelarter besonnder gunstiger lieber her pfarher.

Ich will mich vorsehenn, mein schreibenn sey euch numals bey meins gnedgen hern hertzog philipssen etc. bothen, so negst zu weymar gewest, neben dem vberschickten Conterfet zukomen, daraus ir, zu gueten mass, meins g(nedigs)ten hern des churf. zue Sachssen etc. wolmeynung der sachen halben, wie euch bewußt, werdet vernhomen haben. Nun hette ich wol verhoft, ir wurdet mir etwas eher widergeschriebenn habenn. Dieweil es aber vorplieben, ynnd ich wol bedencken kan das ir mit meher gescheften vnnd sachen beladen, So hab ich nit vntherlassen wollen, deshalben bey euch erinnerung zuthun.

---

59 Eingefügt.
60 Am Rande eingesetzt anstelle des gestrichenen Satzes: „der hertzogen zu Pommern ansuchen, dem Chammergericht beuolhen, inn sachenn, den Apt zu N. (= Neuenkamp) betreffende, gegen iren liebden, mit den angefangen processen, stille zustehenn" (s. o. Anm. 20).
61 Am Rande.

Vo nu die sachen bey hochgedachten meinem gnedigen hern hertzog philipssen etc. dohin gericht, das sein f. g. iemandes der seinen, der besichtigung halben, zuschicken bedacht, So thue ich euch zuwissen, das hochgedachter mein g(nedig)ster her, etzlicher gescheft halben, itziger zeit zu torgau, mit seiner churf. g. frauenziemern ist, aldo auch noch etzliche tage verharren werdenn. Wo man nun des teils zu schicken fur bette, vormercke ich das sein churf. g. weil sie nach der landarth weren, das es furderlich beschege, wol leiden mochten, vnd gerne sehen, das ir euch vmb[62] allerlay vrsachen willen mit demselben geschickten selbs[63] hieraus begebenn, vnd zu seiner churf. g. verfuget hettet. Wie dan sein churf. g. gnediglich an euch begern, vnd mir solchs euch vortreulich antzuzaigen beuolhenn haben. Vnnd bitte demnach freuntlich, ir wollet dem gnedigen vertrauen nach, so mein g(nedig)ster her, zu euch tregt, die sachen nachmals souil an euch zum besten verfurdern, Vnnd wie es allenthalben steet, vnnd der hern gemuth in deme vermarckt wirdet mir bei diesem knaben, furderlich zuerkennen gebenn, Damit ich solchs hochgedachten meinem g(nedigs)ten hern zuberichten, vnnd sein churf. g. sich auch darnach zurichten habenn,

Welchs ich euch als meinem gunstigen lieben hern nit hab verhalten wollen vnnd euch zudienen bin ich willigk. datum Torgau donerstag nach vincula petri Anno d(omi)nj 1535.

D. B.

An Ern Johann
Bugenhagen doctor etc.

3.

Bugenhagens Protokoll der Unterredung zwischen Brück, von Dewitz
und Bugenhagen

(Wittenberg), 28. August 1535
(Original: Weimar, Reg.D. 73, fol 19)
Anno Mdxxxv in vigilia decollationis Ioannis.

Verzeichung der vngeferligen vnterrede D. Brucken, Er Josts von Dewitzen vnd D. Pomerani von wegen der heiratung etc.
1 Das der braütschatz solte sein xx^M goltgulden oder guldengrosschen.
2 Die Morgengabe CC gulden ierlich, bei leben des fursten anzufahen.
3 Leibgeding iij^M nach des fursten absterben zuhaben, so sie im lande bleibt, an nützung vnd einkommen, doch das ij^M floren an gelde zu[64] fal-

---

62 Eingefügt, über der Zeile.
63 Eingefügt, über der Zeile.
64 Gestrichen: „zu".

len. Bleibt sie aber nicht, als denne solchs abzukeüffen mit[65] xxxv[M] goltgulden oder guldengrosschen, <u>doch das die xv[M] floren besserung widervmb, nach der furstinnen absterben, an das Haüs zu Pommern fallen.</u>[66]

4   Auff Galli[67] von hinnen dorthin vnd von dort hiehehr, auff diese stücke,
    wie der herrnn gemüte vermerckt, zu erkennen zu geben.

5   Vngeferlich auff Epiphanie oder nicht lange dar nach, wen der furst zu-
    besichtigen kompt, mit seiner f. g. vetternn H. Barnym vnd den seinen,
    bei zuleggen, vnd das selbige nicht zu rechnen in den brautschatz. Auch
    die braüt alsbald mit sich heimzufuren.

6   Der bezalung des braütschatzs, vnd vberweisung halben des leibgedings,
    zuhalten wie der gemeine gebrauch ist, als das beiderley zugleich bald
    nach dem beilager geschehe. Auch burgen zustellen.
        Dieß habe ich Joannes Bugenhagen Pomer D. mit
        meiner hand also vngeferlich verzeichnet.

––––––––––

7   Dieser nachfolgender artikel wärd aüch vnterredet, aber[68] Er Josten nicht
    verzeichnet gegeben, den man sagte do, das zu beiden heüsern die fraw-
    seite nicht erbet, weils aber itzt auch für gut wird angesehn, will ich die-
    sen artikel Er Josten zuschreiben wen ich botschafft habe, nemlich.

7   Das das freulein sol, iegen vorbestympter abfertung, den Erbfellen des
    haüses zu Sachssen vertzicht thün.

4.

Kurfürst Johann Friedrich an Johannes Bugenhagen
Weimar, 8. Oktober 1535
(Abschrift: Weimar, Reg.D. 73, fol. 36–38)

Johannfriderich Churf.
Dem Wirdigenn: vnnd Hochgelarttenn vnnserm liebenn andechtigenn,
ern Johan Buggenhagen pomern pfarhernn zu Wittennberg.
Des Pommerischen Heirats halben
1535.
                                              zuhanden.

––––––––––

65 Eingefügt.
66 Am Rande von anderer (späterer) Hand hinzugesetzt: „Rückfall der Wielage".
67 16. Oktober.
68 Gestrichen: „dem".

Vonn gots gnadenn Johansfriderich Hertzog zu sachssen vnd Churfurst etc.

Vnnsern grus zuuor. Wirdiger vnnd Hochgelartter lieber andechtiger. Nachdem ir euch bißher in sachenn den heyradt, wie ir wißt, betreffendt vnuerdrossenn ertzaigt, Welchs wir zu gnedigem gefallenn vonn euch vormercken, Vnnd euch wissenndt ist, was negst zu wittenberg vnnser Rath, vnnd lieber getreuer Doctor Gregorius Bruck, vf vnnsern beuelich, nebenn euch, mit Jobstein vonn Dewitzen, des gemeltenn Heiradtshalbenn, vor vnuorgreiffenliche vntherrede gehabt, die ir, denn sachenn zugut vortzaichnet, darauf der abschiedt gewest, das ir ieder solche vnuorgreiffenliche vntherrede an seinen Hernn wolt gelangenn vnnd sich desselbenn gemuth darinn zu[69] erkunden. Vnnd wes sich ir ieder erkundet, das solt euch vf bestimptenn Sandt Gallenn tagk[70] durch ire schriefte vberschickt werden. So wollenn wir euch nit pergen das vnns gnanter doctor Bruck Die Artikel furgetragenn, vnnd allenthalbenn bericht, darbei gethann.[71] Dieweil aber solchs allain, ein vngeuerliche vntherrede gewest vnnd die notturft, vnnsers achtenns sein will, die Ding, dermassenn aigenntlich abtzuhandeln, damit es allenthalbenn freuntlich, vorstendtlich vnnd gleichmessig gemacht, Auch noteln, darauf die vorschreibungenn zuuoltziehen, gestelt mugen werdenn. Welchs aber, nit annderß, noch bequemlicher bescheenn magk, dan das vnnser freuntlicher lieber ohem, Hertzog philips, vonn pomern, vnnd wir, zwene vnnd zwene, vnnser iedes vertrauetenn Rethe, von denn sachenn ferner zurhedenn, vnd wie es allenthalbenn, durch vorleihung des Almechtigenn abgeredt wirdet, inn schrieftenn zuuorfassenn, vf ein gelegenn vnnd bequemenn tag, vnd Malstadt zusamen verordenen, daran wir dann vnnsernhalbenn nit mangel sein lassen. So habenn wir, vorgnanten doctor Brucken beuolhenn Euch solchs für vnnser bedenckenn, vnd wolmeynung zuerkennen zugebenn, damit ir dieselbe sein schrieft, dem vonn Dewitzenn, vf vnnsern vncostenn, inn eurem schreiben verschlossenn soltet zuschickenn, vnnd denn botten dermassen abfertigenn, damit gnanten von Dewitz sein brief uff den tagk Gallj[72] gewißlich muge zukomen, vnhd vberantworth werden.

So thun wir auch hiebey, vnserm Gleitsman zu wittennberg beuelhen was ir an bottenlon, derhalbenn ausgegebenn, vnnd ietzt weither ausgeben werdet, Euch dasselbe alsbaldt, widerumb zuentrichten.

Vnnd ist demnach an Euch, vnnser gnedigs begern ir wollet dem vonn Dewitz, gedachts doctor Bruckenn brief zuschicken, vnnd ime darbey

---

69 Gestrichen und unterpunktet.
70 s. Anm. 67.
71 Brief vom 13. 9. 1535; vgl. o. S. 83 und Anm. 25 sowie S. 84.
72 s. Anm. 67.

schreibenn, das er aus demselben befindenn wurde, was vnnser wolmeynung vnnd gutbeduncken zu notturfftiger abhandlung, dieser sachenn sey, Auch als fur euch bey ime anhalten dieselbe sachenn ferner zum besten zum bestenn (!) zu[73] furdern. Was euch auch, von genanten vonn Dewitz vf den tagk gallj, dem berurten wittenbergischenn abschiedt nach widerumb angetzaigt wirdet werdenn, Das wollet vnnserm liebenn ohemen Furst wolffen von Annhalt, als vnnser lieben schwester Muter bruder, und vnnsers abwesenns vnserm Stadthalter zu seinen aigen handenn zuschreibenn und vberschicken.

Dan wir wollen euch ferner gnediglich und vortreulich nit pergenn wo vnnserm ohemen hertzog philipssen die zusamenschickung zwaier vnnser iederseits, vertraueten, auch gefellig sein wurde, Als wir vnns vorsehen und des handels notturfft, vnuormeidenlich erfordernn wil, Das wir dem vonn Annhalt, vonn vnsernwegen neben ainem vnnser vertraueten Rethe, zu solcher vnntherrede, vnnd handlung verordenet. Dauon ir aber, dem vonn Dewitz nichts antzaigenn sollet. Wo auch die zusamenkunfft gegen wittenberg bescheenn vnnd hertzog philipssen gefallenn wurde, Vorsehenn wir vnns ir werdet nebenn vnnsern verordenten, nachmals, vnnd wie ir bißhier gethann die sachenn zu guetem ende, zufurdern helffen nit vnnderlassenn. Das woltenn wir euch, gnediger meynung nit pergenn. Vnnd thut vnns doran zu gnedigen gefallenn. Datum zu Weymar Freitags nach Francisci Anno d(omi)nj etc. xxxv ten

Jo: Fridrich: Churfurst:
m: prop: sst:[74]

5.
Gregor Brück an Johann Bugenhagen

Jena, 9. Oktober 1535
(Abschrift: Weimar, Reg.D. 73, fol. 54–55)

D: Gregorius Bruck,[75]

Dem Erwirdigenn vnnd Hochgelartenn hernn Johann Bogennhagenn, der hailigen schrifft doctor vnnd pfarner zu Wittenberg meinem gunstigem liebenn hern vnndt sonnderlichenn gutenn Freundt[76]

wegen ansetzung eins tags, und malstadt, zu W eigentlicher und klarer abredung der Pommerischen heirats Noteln und Burgschafften etc. 1535.[77]

---

73 Eingefügt.
74 Eigenhändige Unterschrift des Kurfürsten.
75 Von anderer Hand als der Text des Briefes.
76 Von der gleichen Hand wie der Brieftext.
77 Von anderer Hand (der gleichen wie bei Anm. 75) als der Text des Briefes.

Mein Freuntlich willig Dienst zuuor. Erwirdiger vnnd Hochgelarter Gunstiger lieber herr pfarnner, sonderlicher guther Freundt. Ir wist was vnngeuerlicher vnderredung sich negst inn eurem beisein, zwischenn Er Jobstenn vonn Dewitzen, haubtman zu wolgast, vnnd mir, des hairats halbenn, euch bewust, zugetragenn, Welche abrede ir auch datzumal vngeferlich vortzaichenet. Dieweill dann der abschid desmals wahr, das gnannter Er Jobst, auch ich, ann vnser iderseits herschafft, gemeltte vnuorgreiffennliche vnderrede tragen vnnd wes sich vnser ider darauff erkundet, das solchs euch zugeferttigt werdenn soltt.

So wais ich euch vortrawlidier maynung nicht zuuorhaltenn, das ich meinem gnedigsten hernn, dem Churfurstenn zu Sachssen etc. von gemeltter hanndlung, Auch was ich dornach, der Funfftzehenntausennt guldenn halbenn, So dem hauß zu Pomern wider annhaim fallenn solten, Dauon zwischen Er Jobstenn vnnd mir, als wir beyainander wahrenn nichts geredt warth, Desgleichenn des vnuortzaichenten artickels halbenn, des Frewleins vortzicht belanngennt, finit euch geredt, vnndderthenigenn bericht getann.[78] Dorauff ich bey seiner Churf: gnadenn nit anders gespurtt, dan ganntz freuntlichenn willenn vnnd naygung, gegen meinem gnedigenn hernn, hertzog Philipsenn, vonn pommern, Das auch sein Churfurstlich gnad zu diesem hanndell vnnd sachenn, So es vorn got dem Allemechtigen also vorsehenn, gutenn willen tragen. Vnnd wiewoll mir sein Churfurstlich gnadt ir gemut auff die vortzaichennte artickell antzutzaigen woll genaigt gewest, damit ich euch solchs fernner hette mugen vormelden, dem vonn Dewitzer zuerkennenn zugebenn, So haben doch sein Churfurstlich gnad erwogen, das die notturfft erfordernn wolle, wie es dann auch meins achtens, an ime selber, die warhait ist, das die vnnd andere mehr artickell So inn solchen sachenn pflegenn abgered, vnnd in vorschreibungenn bracht werdenn, zuuor allennthalbenn, aigentlich vnnd clerlich abgeredt vnnd Nottelnn, dorauff baiderseits, die vorschreibungen, burgschafftenn vnnd anders, voltzogenn, musten gestalt, begriffenn vnnd abgeredt werdenn. Domit nu. dasselb ehe dann der beischlaff eruolgte seine aigenntliche und clare abrede habenn muge, So bedenckenn sein Churfurstlich gnad vnnd achten bequeme und der ding notturfft sein, das Sein Churfurstlich gnad vnd mein gnediger herr, hertzogs Philips, vor oder baldt nach Martini,[79] idestails zwo vortrawete personenn, zusammen schicktenn, vonn denn sachenn mit ainander vortraulich fernner zuhanndelnn, vnnd wie die artickell erledigt vnnd abgeredt wurdenn, inn vorschreibung vnd Notteln auff zeit des beischlaffs, durch baiderseits ire Chur vnd Furstlich gnadenn, entlich zuuoltzihenn, und zuuorsigeln, zubringenn. Dortzu dann mein gnedigster herr, bereitan, ie zwaien beuelich

---

78 s. Anm. 71.
79 11. November.

gegebenn, ab sein Churf. gnad vor Martini oder etzliche tag dornach vonn Konig(l.) Mt. nicht wurdenn aus Osterreich widder anhaim kommenn, Die vonn seiner Churf. gnadenn wegenn, solche hanndlungenn sollen furnehmenn, vnd abhandeln helffen. Vand ist der ayne verordennter Seiner Churf. gnaden mein gnediger herr Furst Wolff vonn Anhalt, Seiner Churf. gnadenn derselbenn abwesnens Stathalter, vnd des Freuleins negster Freund der mutter halben. Vnd wo es meinem gnedigenn hernn hertzogk Philipsenn vonn pommern, nit beschwerlich, So achtetenn sein Churf. gnad wittennberg die bequembste malstat dortzu zusein, dieweil es des sterbenns halben, von den gnaden Gottes nicht gefhar hatt.[80] Denn tag aber, hettenn sein Furstlich gnad euch durch Er Jobstenn vonn Dewitz zuerkennen zugebenn, vnnd dennselben nach seiner Furstlichenn gnadenn, gefallenn vnnd gelegenhait, anzusetzenn. Doch wo sein Furstlich gnad gemelte malstat, nichtt woltte gelegen sein, So stelt es mein gnedigster herr dohin, das sein Furstlich gnad ain andere bequeme malstat ansetzenn, Vnnd euch die durch Er Jobstenn mochtenn zuerkennenn geben lassenn. Vnndt was euch hierauff, vonn gedochtem Er Jobstenn widervmb, wirdet zuantwurt, einkommenn, Vnd ob meinem gnedigem hern hertzog Philipsenn der vier vortrauetenn, Auch ann welchem ortt vnd auff was zeitt will gefallenn, Ist seiner Churf. gnaden gnedigs begerenn, an euch, das ir solchs vnuorzuglich, meinem gnedigenn herrn Furst Wolffenn von Annhalt, wollt zuerkennen gebenn, Domit sein Furstlich gnad, Sambt dem zugeordenntem vortraueten Rath Sich auff zeit vnnd malstatt, Wie die bestimbt wurden zu meins gnedigen hernn vonn pommern Reten, haben zuuorfugenn, vnd die sachenn, nach dem willenn des Allmechtigenn, abzuhanndelnn. Ann deme allenn, tut ir meinem gnedigstem hern dem Churfurstenn, zu sonderlichem gnedigem vnnd gutem gefallenn. So bin ich eur erwirden fur mein personn altzeith Freuntlich zuuordienenn willig. Datum zu Ihene am Sonnabent nach Franciscj Anno etc. xxxv ten

Gregorius Bruck, der
Rechtenn doctor etc.

6.
Kurfürst Johann Friedrich an Johann Bugenhagen

Jena, 11. Oktober 1535
(Konzept: Weimar, Reg.D. 73, fol. 59)

An d. Johann Pomern von wegen der hey: handlung 1535.

Johansfrid. churf. etc.

---

80 Vgl. Anm. 55.

V.g.z. Wirdiger vnd hochgelarter lieber andechtiger. Wir seint itzt, von dem auch hochgelarten vnserm Rat vnd lieben getreuen Gregorien bruck, doctor, bericht was euch der von Dewitz dem genaueren wittenbergischen abschiedt nach, in sachen denn heiradt antreffendt, geschrieben, vnd zu furderung des handels furgeslagenn.[81] Weil vns dan solch des von Dewitz antzaig vnd bedencken auch gefelligk, haben wir gedachten D. brucken euch derwegen ferner zuschreiben beuelich gegeben[82] wie ir[83] aus demselben seinnem schreiben vernhemen werdet.[83]

Vnnd ist demnach vnnser gnedigs begern, wan euch die noteln von dem von Dewitz wirdet zukommen, ir wollet dieselbe genanten Doctor brucken furderlichst zuschicken, vnnd dann sein, das vnsre noteln, dem von Dewitz vmb sandt gallen tagk[84] auch zukommen,[85] vnd was ir zu bottenlon dieser sachen halben bedurfftig wollet vf beiliegenden brief von vnserm gleitsman zu witten(berg) fordern, der werdests euch …[85] Vnd wollet[86] euch die sachen wie bißher bescheen [87]zufurdern treulich[87] beuolhen sein lassen wie wir vns des, zu euch gnediglich vorsehen. Das seint wir in gnaden vnnd guten [88]gegen euch[88] zuerkennen gneigt. Datum Jhene, Montags nach Dionisij 1535.

An d. Pomern.

7.

Gregor Brück an Johann Bugenhagen

Jena, 11 Oktober 1535.
(Konzept: Weimar, Reg. D. 73, fol. 57–58)

Mein freuntlich willig[89] dinst zuuor. Erwirdiger, vnnd hochgelartter gunstiger lieber Her pfarher, sonnderlicher gueter Freundt. Eur erwirden schreiben mit vbeschickung Jobsten von Dewitzen amptmans zu wolgast, an euch gethane[90] schrieften[91] vf den negsten vnd allerseits genomenen abschiedt zu

---

81 Vgl. Anm. 91.
82 s. Brief Nr. 7.
83 Am Rande als Verbesserung hinzugefügt.
84 s. Anm. 67.
85 Am Rande (unleserlich).
86 Eingefügt.
87 Gestrichen und durch unleserliche Worte ersetzt.
88 Am Rande.
89 Über der Zeile hinzugefügt.
90 Am Rande hinzugefügt und wieder gestrichen: „lateinische".
91 Es handelt sich offenbar um den Brief Dewitz' an Bugenhagen vom 27. 9. 1535 und einen zweiten, von dem Bugenhagen am 1. 10. 1535 Brück Kunde gibt (vgl. o. S. 339 und Anm. 44 u. 45).

witten(berg) in sachen denn heiradt an[92] treffenndt, habe ich empfangenn, vnnd alles innhalts vorlesenn.

Vormercke daraus, das gedachter von Dewitzen[93] vor gut ansiehet das vnser ieder vf gallj negstkunfftig euch ein notel der heiradtsvorschreibung, dem andern weiter zutzufertigen vberschicke[93] weil ich dan solchs auch fur gut[94] vnd das es die sachen furdern solte anseghe, So wil ich gewertig sein, das ir mir sein noteln wan sie euch vf gallj zukompt vberschicket. So solts ir ime meine noteln der heyradtsvorschreibung vnd vortzicht,[95] widerumb euch[96] vberschicken, vnd wil zu got hoffenn seine vnd meine noteln wer- denn also zusammen stymen, vnd sich in den artickeln zu[97] solchen handeln abtzureden vnnd zuuorsichern von notten vorgleichen, Das es ferner hand- lung nit bedurffenn soll. Im fal aber, das der von Dewitz in meinen Noteln ichtwas beschwerlichs vormercken wurde, ader ich widerumb in seiner, So wolt darnach meins achtens der schleunigst vnnd richtigst wegk sein, das von wegen meins g(nedigs)ten hern des churf. zu sachssen etc. zwo vnd von wegen meins g. hern von pomern auch zwo vertrauete personen vnd Rethe zu einer gelegenen Malstadt vnd zeit, zusammen verordenet wurdenn, Wes ieder furstlicher teil in den vberschickten noteln mangels funde, solchs endt- lich abtzuhandeln vnd vrkunt daruber zumachen. Vnnd solt meins achtens,

---

92 Verbessert anstelle von „be …".
93 Statt des ursprünglichen dick durchstrichenen Wortlautes an den Rand geschrieben.
94 Von hier an ist der (z. T. an den Rand geschriebene) Wortlaut die zweite Fassung, die die erste (hier in der Anmerkung mitgeteilte) ersetzt:
    weil ich dan solchs auch fur gut angesehen … vnd dauon auch meinem g(nedigs)ten hern vntherdenigen bericht furgewandt, der ime solchs auch nit hadt misfallen lassen hab ich ein vnuorgreiffenliche notel solchen heiradtsvoltziehung, vnd den vortzicht gestalt, wie ir die hierbey vorwarth befinden werdet Vnd, Ist demnach mein freundt- lich bith, ir wollet dyselben noteln gedachtem von Dewitz vf gallj schriftl. vf meins g(nedigs)ten hern vncosten zuschicken vnnd seine noteln so er euch in gleichnus zu- fertigen wirdet mir auch zuhanden schicken. Vnnd wil euch weiter vf vertrauen nit verhalten, do wir vns, vf solche vberschickten baiderseits noteln, hernach durch vnser hinvndwiderschreiben nit vorgleichen mochten, das mein g(nedig)ster her, bedacht zweie seiner churf. g. vertrauten Rethe gegen zwaien meins g. hern h. Philipssen Rethe zuuerordern also das dieselben, vf zeit wen es h. philipssen gefellig zu witten(berg) vnuermarckt in s. churf. schloß doselbs zusammen komen vnnd deshalb sich notturf- tiglich vorgleichen solten, wie dan sein churf. g. disfals den iren vor derselben abraisen beraittan beuelich gethann, vnd wolte mein g(nedig)ster her gerne, do es dohin komen solt, das es durch euch dohin gericht, damit gnannter von Dewitz von h. philipssen der aine geschickte sein mocht, welchs ir also wol werdet zufurdern vnd bey der sachen wie bißher bescheen, vleis zuthun wissen, werdet hochgedachter mein g(nedig)ster her in allen gnaden gegen euch erkennen. So bin ichs fur mein person zuuordienen wil- ligk. Datum.
95 Gestrichen: „euch".
96 Eingefügt.
97 Anstelle des gestrichenen: „in".

witten(berg) dieweil das sterbenn nachgelassen,[98] vor die Malstadt ein bequemer orth sein. Der tagk mochte von wegen meins gnedigen hern von
pomern nach s.f.g. vor, ader kurtz nach Martinj[99] angesetzt werden. Dan ich
wil euch vortreulich nit pergenn, das ich nit vnderlassenn hab meinem
g(nedigs)ten hern dem Churf. zu sachssenn, vor s.c.f.g. abraisenn zu Romischer ko(nigliche)r Ma(jestä)t[100] antzaig zuthun. Vnnd habenn sein churf. g.
inen die handlung dermassen wie berurt allenhalbenn fur zunemen gefallen
lassen. Auch vf den fal, das der handel die[101] zusamenschickung der vier vertraueten Rethe bedürffen[102] wurde [103]seint dartzue[103] zwo vertraute personen[104] seiner c.f.g. abwesens verordenet, vnd sonderlich fur ainen mein g.
hern furst wolfen von anhalt meins g. freueleins vedtern dieser zeit seiner
churf. g. heimverordenten Stadthalter, etc.[105] Das alles hab ich eur Erwirden
als meinem hern[106] mit erbiethung meiner willigen dinst gueter meynung nit
verhalten wollen. Vnnd wollet[107] dem von Dewitz[108] von meinetwegenn antzaigenn, wo ich ime mit meinem armuth dienen kan, das ich solchs auch
wiligk vnd gerne thun will. Datum Jhene, Montags nach Dionisij 1535.

An d. pomern.

98 Vgl. Anm. 55.
99 Vgl. Anm. 79.
100 Vgl. Amn. 47.
101 Übergeschrieben.
102 Gestrichen: „solt".
103 Am Rande.
104 Gestrichen: „dartzu".
105 Vgl. Anm. 48.
106 Gestrichen:. „gueter meynung".
107 Gestrichen: „mich auch meinem gunstigen hern".
108 Gestrichen: „beuelhen, vnd".

Die Torgauer Hochzeit als Beispiel für Rechtsform und Rechtsanschauung im 16. Jahrhundert

Die Hochzeit, die zur Fastnacht des Jahres 1536 in Torgau gefeiert wurde, hat als Äußerung höfischer Lebensfreude durch ihr lautes Gepränge die Aufmerksamkeit der Zeitgenossen wie die der historischen Betrachter späterer Zeiten erregt. Der Ehebund der sächsischen Prinzessin Maria, Stiefschwester des Kurfürsten Johann Friedrich des Großmütigen, mit Herzog Philipp I. von Pommern-Wolgast[1] hatte aber auch eine eminent politische Seite: die Eingliederung Pommerns in die Front der evangelischen Reichsstände[2]. Hier sei nun nach der Bedeutung der Heirat für das sich formende evangelische Eherecht gefragt. Für den Vollzug der Eheschließung wie für die Wertung, die man den einzelnen Rechtsakten damals beimaß, kann sie gleichermaßen als ein bemerkenswerter Beispielfall gelten.

Unter den Quellen, die über die Hochzeit Auskunft geben, ist eine, die bisher kaum beachtet worden ist. Sie findet sich in einem Bande, der aus der Bibliothek der Petrikirche zu Wolgast in die Greifswalder Universitätsbibliothek gelangte und der außer der deutschen Ausgabe von Luthers

„Supputatio annorum mundi" das „Calendarivm historicvm conscriptvm a Paolo Ebero Kitthingensi. Witebergae 1551" enthält[3]. Es handelt sich um ein bekanntes Werk des aus Kitzingen (Unterfranken) stammenden Schülers und Freundes Melanchthons, des späteren Professors und Generalsuperintendenten zu Wittenberg, Paul Eber (1511–1569)[4], in dem er die Ereignisse der Weltgeschichte nach dem Tagesdatum zusammengestellt hat[5]. In das Wolgaster Exemplar dieses Calendariums sind eine Reihe handschriftlicher Eintragungen gemacht worden, von denen sich eine auf die Torgauer Hoch-

---

1 Über Philipp I. s. v. Bülow, in: ADB 26, 1888, S. 31–34; weitere Literatur über ihn bei J. Deutsch, Die Bibliothek Herzog Philipps I. von Pommern, in: Pomm. Jbb. 26, 1931, S. 1–45.

2 Vgl. demnächst Roderich Schmidt, Pommerns Beitritt zum Schmalkaldischen Bund.

3 J. Deutsch, Ebers Calendarium historicum mit handschriftlichen Eintragungen aus Wolgast, in: „Von Büchern und Bibliotheken", Ernst Kühnert als Abschiedsgabe dargebracht, Berlin 1928, S. 71–78.

4 Über Paul Eber s. Brecher, in: ADB 5, 1877, S. 529–531; G. Buchwald, D. Paul Eber, der Freund, Mitarbeiter und Nachfolger der Reformatoren. Ein Bild seines Lebens und Wirkens, Leipzig 1897; J. Kirchner, Paul Eber, der Schüler Melanchthons, Leipzig 1907; G. Kawerau, in: RE³, Bd. 5, 1898, S. 118–121, Bd. 23, 1913, S. 361; weitere Literatur bei K. Schottenloher, Bibliographie zur dt. Gesch. im Zeitalter der Glaubensspaltung, Bd. I, Leipzig 1933, Nr. 5126–5141, Bd. V, Leipzig 1939, Nr. 45985–45990.

5 Enrico Celani, Un Calendario di Paolo Eber, in: La Bibliofilia 15, 1913/14, S. 365–374.

zeit bezieht: *Febr. 26. Philippus l Dux Pomeranie duxit vxore(m) Mariam filia(m) Elector(is) Joan: Sax: an: 1536*[6].

Daran ist zunächst besonders das Tagesdatum auffällig. Ungenauen oder falsch bezogenen Datierungen gegenüber habe ich kürzlich den Nachweis geführt, daß die Trauung durch Luther am Sonntag Esto mihi 1536, d. h. am 27. Februar, stattgefunden hat[7]. Das bezeugen für die sächsische Seite Georg Spalatin[8], für die pommersche Seite Thomas Kantzow[9], zwei Männer, die beide als wohlunterrichtet gelten können. Spalatin schreibt in seiner Schrift „Vitae aliquot Electorvm & Dvcvm Saxoniae": *Die Dominica Esto mihi per Doct. Martinum Lutherum, finita concione proclamati, & sub vesperam matrimonio juncti sunt*[10], und Thomas Kantzow berichtet in seiner „Chronik von Pommern": *und sondges in fastellavende upn namid-dach wurt Irut und Irudegam dorch doctor Martinus Lutter tosamengegewen*[11].

Die Predigt, die Luther dabei gehalten hat, ist uns in der Nachschrift Georg Rörers[12] überliefert unter der Überschrift „Dominica Esto mihi. Torgae in nuptiis principis Philippi Pomeraniae etc."[13]. Allerdings hat Luther nur die eigentliche Trauung vollzogen, die Benediktion am nächsten Morgen mußte Bugenhagen[14] vornehmen, da Luther einen Schwächeanfall erlitten hatte. Das bezeugt er selber in einem Brief vom 11. März 1536 an Nicolaus Hausmann in Dessau: *Ego vesperi Sponsum & sponsam copulaui, mane D. Pomeranus benedixit (cum ego vertigine correptus non possem)*[15]. Auch die von

---

6 Deutsch (s. Anm. 3), S. 75. In dem Wolgaster Exemplar von Ebers Calendarium steht die Notiz auf S. 109.

7 Roderich Schmidt, Die Torgauer Hochzeit 1536. Die Besiegelung des Bundes zwischen Pommern und Sachsen in der Zeit der Reformation. (Mit unveröffentlichten Briefen des pommerschen Rats Jobst von Dewitz), in: „Solange es Heute heißt", Festgabe für Rudolf Hermann zum 70. Geburtstag, Berlin 1957, S. 234–250.

8 I. Höß, Georg Spalatin 1484–1545. Ein Leben in der Zeit des Humanismus und der Reformation, Weimar 1956.

9 Über Thomas Kantzow s. H. Bollnow, Die pomm. Herzöge u. die heimische Geschichtsschreibung, in: Baltische Studien, N. F. 39, 1937, S. 11–16.

10 I. B. Menckenius, Scriptores rervm Germanicarvm praecipve Saxonicarvm, tom. II, Lipsiae 1728, Sp. 1150.

11 Des Thomas Kantzow Chronik von Pommern in niederdeutscher Mundart, hg. von G. Gaebel, Stettin 1929, S. 114f.

12 Über Georg Rörer s. Ed. Jacobs, in: ADB 53, 1907, S. 480–485. G. Müller, in: RE³, Bd. 24, 1913, S. 426–432; O. Clemen, in: RGG², Bd. IV, 1930, Sp. 2086f.; R. Jauernig, in: ThLZ 77, 1952, Sp. 747–762 und in: Wiss. Zs. d. Univ. Jena, Jg. 4, 1954/55, ges.- und sprachwiss. Reihe, H. 3/4, b. 267–277.

13 Luther, WA Bd. 41, 1910, S. 516–520 (vgl. dazu ebda. S. XXXI).

14 Über Bugenhagen zuletzt E. Wolf, in: NDB III, 1957, S. 9–10. Eine vollständige Bugenhagen-Bibliographie, bearb. von H. G. Leder, ist der Festschrift „Johann Bugenhagen zu seinem 400. Todestag", hg v. W. Rautenberg, Berlin 1958, S. 123–137 beigegeben.

15 WA, Briefwechsel 7. Bd., 1937, Nr. 2298, S. 372.

Bugenhagen gehaltene Predigt, die „Historie, wie Ehebruch ist gestraft worden", ist in den Tischreden überliefert[16]. So kana es keinem Zweifel unterliegen, daß die Trauung am Sonntag, dem 27., die Benediktion am Montag, in
der Frühe des 28. Februar 1536 stattgefunden haben.

Demnach wäre die auf den 26. Februar lautende Eintragung in Ebers
Calendarium also falsch? Gegen einen solchen Schluß sprechen nun die
Ergebnisse, zu denen J. Deutsch bei seiner Untersuchung über das Wolgaster Exemplar von Ebers Calendarium gelangt ist. Von den insgesamt
52 Eintragungen, die von verschiedenen Händen stammen und die zwischen
1552 und 1580 vorgenommen sind[17], beschäftigt sich ein großer Teil mit
Herzog Philipp I. und seinen Angehörigen; eine Reihe anderer Eintragungen
bezieht sich auf die Familie von Dewitz und insbesondere auf den herzoglichen Rat und Schloßhauptmann zu Wolgast Jobst von Dewitz[18]. Er stand
Herzog Philipp besonders nahe, war bei der Einführung der Reformation in
Pommern ebenso wie jetzt bei den Bündnisverhandlungen Pommerns mit
Sachsen und dem diesen Bund bekräftigenden Eheschluß maßgeblich beteiligt gewesen. Es liegt deshalb nahe, den Verfasser der Eintragungen in der
Nähe des herzoglichen Hofes zu suchen. Vielleicht rühren die späteren Notizen von einem Theologen her. Der ältere und größte Teil der Eintragungen, der bis zum Jahre 1555/56 reicht, aber geht wohl „auf einen Beamten
aus der herzoglichen Kanzlei zurück"[19]. Deshalb kommt ihnen eine starke
Bedeutung zu. Ihr Verfasser könnte also Jobst von Dewitz, der 1542 gestorben war, durchaus noch persönlich gekannt, vielleicht auch zu dem im gleichen Jahr verstorbenen Thomas Kantzow, der uns den pommerschen Bericht über die Torgauer Hochzeit überliefert hat, Verbindungen unterhalten
haben; denn obwohl Kantzow sich seit 1538 in Wittenberg aufhielt, war er
doch mit seiner Heimat in ständigem freundschaftlichen Verkehr geblieben.
Andere, die mit jenen befreundet waren und zur Zeit der Torgauer Hochzeit
schon im herzoglichen Dienst gestanden hatten, wie der wahrscheinliche
Verfasser der „Pomerania", der Landrentmeister Nicolaus von Klempzen[20]
(† 1552), werden zum engen Hof kreise gehört haben, mit dem der Verfasser
der Eintragungen ständigen Umgang hatte. Zudem lebten ja auch die beiden

---

16 WA, Tischreden 6. Bd., 1921, Nr. 6933, S. 277 f.
17 1552 (Jahresangabe auf dem vorderen Deckel), 1580 (Jahr der letzten Eintragung); vgl.
    Deutsch (s. Anm. 3), S. 72.
18 Über Jobst von Dewitz s. Roderich Schmidt, in: NDB III, 1957, S. 629–630. Vgl. auch
    demnächst: ders., Zur Familiengesch. des pomm. Rats Jobst von Dewitz; über die Be-
    deutung Dewitz' für die Wiedereröffnung der Universität Greifswald 1539: ders., Der
    Croy-Teppich der Universität Greifswald, ein Denkmal der Reformation in
    Pommern. (s. Bugenhagen-Festschr. s. Anm. 14).
19 Deutsch (s. Anm. 3), S. 73 und ebda. Anm. 2.
20 Über Nicolaus von Klempzen s. H. Bollnow (s. Anm. 9), S. 16–18.

Hauptbeteiligten noch in Wolgast, Herzog Philipp I. († 1560) und seine
Gemahlin Maria († 1583)[21]. Das läßt es im höchsten Grade unwahrscheinlich
sein, daß der Verfasser der Eintragungen sich bei der Notiz über die von
Pommern politisch erstrebte Hochzeit im Datum geirrt hätte.

Worauf bezieht sich dann aber dieses Datum? Es meint jedenfalls nicht
den kirchlichen Vollzug der Heirat. Von ihm wissen wir aus dem Brief Luthers an Nicolaus Hausmann, daß er *plane nostro more, vt in Catechismo
habetur* erfolgte[22]. Gemeint ist damit Luthers Schrift „Ein Traubüchlein für
die einfältigen Pfarrherr"[23]. Darin wird die Zweiteilung der kirchlichen
Handlung, wie sie ja auch für Torgau überliefert ist, vorgesehen: die eigentliche Trauung, bestehend aus Fragen und Antworten, Ringwechsel, Zusammenfügen der Hände und Zusammensprechen im Namen des dreieinigen
Gottes, und die Benediktion, die Segnung, als eigentlich geistliche Handlung, aus der katholischen Brautmesse im evangelischen Geist umgeprägt.
Beide Teile der kirchlichen Trauung gehören aber zusammen, und im allgemeinen werden sie wohl zeitlich unmittelbar aufeinander gefolgt sein[24].
Hierin bildet die Torgauer Hochzeit eine Ausnahme. Daß das nicht mit dem
Schwächeanfall Luthers zu erklären ist, sondern daß solche Ausnahmen
auch sonst vorgekommen sind, geht aus dem Satz in der Vorrede des Traubüchleins hervor: *Etlich füren die braut zwey mal zur kirchen beide des
abends und des morgens. Etliche nur ein mal*[25]. Die getrennte kirchliche
Handlung scheint besonders bei vornehmen Hochzeiten üblich gewesen zu
sein[26], und zwar wohl wegen des Beilagers.

Im Mittelalter war es vielfach Sitte, daß das Beilager sofort nach der
Trauung symbolisch oder auch tatsächlich vollzogen wurde[27]. Erst dadurch
kamen die volle Standes- und Ranggleichheit und die eheliche Gütergemein-
schaft zwischen den Ehegatten zustande[28]. Nach vollzogenem Beilager wurde
dann am nächsten Morgen die Brautmesse gefeiert, wie aus zahlreichen
Dichtungen und anderen Zeugnissen des hohen und späten Mittelalters be-

---

21 Vgl. M. Wehrmann, Genealogie des pomm. Herzogshauses, Stettin 1937 S. 115 f. (Nr.
    105).
22 WA, Briefwechsel 7. Bd., 1937, Nr. 2298, S. 372.
23 WA, Bd. 30, 3, 1910, S. 43–80, hg. von O. Albrecht. Diese Schrift war sämtlichen Wit-
    tenberger und den meisten anderen Ausgaben des Kleinen Katechismus als Anhang
    beigefügt (ebda. S. 45).
24 Ebda. S. 60.
25 Ebda. S. 74.
26 Ebda. S. 60.
27 Vgl. E. Friedberg, Das Recht der Eheschliessung in seiner geschichtlichen Entwick-
    lung, Leipzig 1865, S. 23 und 90; R. Sohm, Das Recht der Eheschliessung aus dem
    deutschen und canonischen Recht geschichtlich entwickelt, Weimar 1875, S. 96.
28 Sohm, a.a.O., S. 96 f. Vgl. auch Ssp. I, 45 §1 und III, 45 § 3.

kannt ist[29]. Daß diese Sitte der Einsegnung des Paares nach dem Beilager[30] noch im 16. Jahrhundert zumindest bei fürstlichen Hochzeiten üblich war, auch dafür ist die Torgauer Hochzeit ein bemerkenswertes Zeugnis.

Jedenfalls lassen die Worte Luthers, die er bei seiner Predigt gesprochen hat und die in der späteren Überlieferung eine große Rolle spielen[31], besonders in der von Bartholomäus Sastrow überlieferten Form[32], es erkennen, daß die copula carnalis vor der kirchlichen Trauung noch nicht eingetreten war. Dafür, daß sie vor der Benediktion am nächsten Morgen stattgefunden haben wird, können zwei Briefe herangezogen werden. Am 30. November 1635 schrieb der pommersche Rat Jobst von Dewitz an den sächsischen Altkanzler Dr. Gregor Brück[33]: *Zudeme wil sich mein gnediger Herr gefallenn lassenn, das solch jurgenomene fürstlich beilager, vf den Sontag Esto mihi ... gescheenn möge*[34]. Kann mit dieser Festlegung auf den 27. Februar vielleicht auch noch die Hochzeit überhaupt und nicht allein die copula carnalis gemeint sein, so ist von ihr zweifellos in einem anderen Brief die Rede. Über die Heiratsverträge, so schreibt Gregor Brück am 9. Oktober 1635 an Bugenhagen, müßte es zwischen Sachsen und Pommern zu einer klaren Abrede gekommen sein, *ehe dann der beischlaff eruolgte*[35].

Daraus ergibt sich, daß das Beilager, dem evangelisch-reformatorischer Eheauflassung gemäß neben dem Verlöbnis entscheidende Bedeutung zukam, bei der Eintragung auf den 26. Februar ebenfalls nicht gemeint sein kann.

Wohl aber gilt es, den Verträgen, denen in dem der Hochzeit vorausgehenden Briefwechsel so breiter Raum eingeräumt wird, Augenmerk zu schenken. Um was es dabei ging, das erfährt man am deutlichsten aus einem von Bugenhagen eigenhändig niedergeschriebenen Protokoll[36] über die am 28. August 1535 zu Wittenberg[37] zwischen ihm, Gregor Brück und Jobst

---

29 Friedberg, a.a.O., S. 82–90.
30 Vgl. auch J. Grimm, Deutsche Rechtsalterthümer, Bd. I, 4. Aufl., besorgt von A. Heusler und R. Hübner, Leipzig 1899, S. 435.
31 Vgl. Roderich Schmidt, Die Torgauer Hochzeit 1536 (s. Anm. 7), S. 238–242.
32 Ebda. S. 239. Bartholomäi Sastrowen Herkommen, Geburt vnd Lauff seines gantzen Lebens, hg. von G. Ch. F. Mohnicke, I. Bd., Greifswald 1823, S. 145 f.
33 Über Gregor Brück vgl. E. Fabian, in: NDB II, 1955, S. 653f. sowie ders., Dr. Gregor Brück. Lebensbild und Schriftenverzeichnis des Reformationskanzlers I. U. D. Gregor Heinze-Brück zu seinem 400. Todestage (Schriften zur Kirchen- und Rechtsgeschichte II) Tübingen 1957; ferner ders., Verzeichnis v. Briefwechsel des Reformationskanzlers Dr. Gregor Brück (1521–1553), Frankfurt a. M. 1952.
34 Abdruck in: Hermann-Festschrift (s. Anm. 7), S. 246.
35 Abdruck: Roderich Schmidt, Johannes Bugenhagen als Mittler in den politischen Eheverhandlungen zwischen Pommern und Sachsen 1535/36. Ergänzungen zum Bugenhagen-Briefwechsel, in: ZK G 1958, S. (79–97) 93.
36 Ebda., S. 90.
37 Ebda., S. 83.

von Dewitz abgehaltene Unterredung und Übereinkunft. Es handelt sich um den Brautschatz, die Morgengabe, das Leibgedinge und eine eventuelle Erbverzichterklärung der Prinzessin Maria. Die Verhandlungen hierüber waren seit jener Wittenberger Zusammenkunft weitergeführt worden, jedoch nicht zum Abschluß gelangt. Die Notwendigkeit aber wurde von beiden Seiten immer wieder betont, besonders seitdem ein Heiratstermin festgelegt war. Der Kurfürst wünsche, so schrieb Brück am 9. Oktober 1535 an Bugenhagen, daß die Artikel, *so inn solchen sachenn pflegenn abgered vnnd in vorschreibungenn bracht werden, suuor allennthalbenn, aigentlich vnnd clerlich abgeredt vnnd Nottelnn ... musten gestalt, begriffenn vnd abgeredt werdenn*[38]. Man bemühte sich, daß *dasselb ehe dann der beischlaff eruolgte seine aigenntliche vnd clare abrede habenn muge*[39]. Der Begriff der „Abrede" ist in jener Zeit mehrdeutig. Mit ihm kann einerseits die Eheschließung, anderseits, wie mit der Bezeichnung „Notel" im Sinne von Heiratsnotel, der Ehevertrag, d. h. die Urkunde darüber, gemeint sein[40]. Dabei ist „Abrede" wohl „mehr die erste und vorläufige" „beredung, Vereinbarung" „als ein förmlicher vertrag"[41]. Demgemäß schreibt Dewitz am 9. Oktober 1535 an Gregor Brück, daß *meine gnedigste vnd gnedige hern sich vor der fulzihung der heirats vnd anderer vorschreibungen vorgleichen mochten*[42]. Zuerst war es nötig, daß *die heirats vnd annder vorschreibungen endtlich mögen vor gleicht, vfgericht, vnd gefertiget werden*[43], womit die Einigung über den Inhalt, die Festlegung des Wortlautes und die Ausfertigung der Texte gemeint ist; danach erst waren sie dann *zuuolizihenn vnd zuuorsigeln*[44]. Deshalb ist es nicht verwunderlich, daß die erhaltenen Verträge, nämlich der Heiratsvertrag, die Verschreibung des Leibgedinges und der Morgengabe sowie die Quittung über den Empfang des Heiratsgeldes[45], erst vom 2. bzw. 3. März 1536 datiert sind. Vor dem endgültigen formellen Abschluß nach vollzogener Trauung und geschehenem Beilager aber war der endgültige Inhalt in einer „Abrede" vereinbart worden.

Für diese „Abrede" läßt sich nun auch das genaue Datum ermitteln. Damit *die heirats vnd annder vorschreibungen endtlich mogen vorgleicht,*

---

38 Ebda., S. 93.
39 Ebda.
40 Deutsches Rechts Wörterbuch V, 5, Weimar 1956, Sp. 658 und 665.
41 Deutsches Wörterbuch I, Leipzig 1854, Sp. 86f.
42 Abdruck: Hermann-Festschrift, S. 246.
43 Von Dewitz am 30.11.1535 an Gregor Brück. Abdruck: Hermann-Festschrift, S. 246.
44 Brück am 9.10.1535 an Bugenhagen. Abdruck: Ergänzungen zum Bugenhagen-Brief Wechsel (s. Anm. 35), S. 93.
45 Sie befinden sich im Thüringischen Landeshauptarchiv zu Weimar. Es handelt sich dabei um die Urkunden Nr. 640, 641 und 642, 636 und 637 aus dem Ernestinischen Gesamtarchiv.

vfgericht, vnd gefertiget werdenn, so heißt es in dem schon genannten Brief Dewitz' an Gregor Brück vom 30. November 1535: *Ist sein f. g. willens,* sich mit seinem Vetter Herzog Barnim IX. von Stettin so einzurichten, *das ire f. g. den donestag vor Esto mihi zu Torgaw musen einkomen. Jedoch kan mein gnediger her,* so schreibt der pommersche Rat weiter, was den Termin anlangt, *hierauf meins gnedigsten herrn des Churf. anderung vnd gutbeduncken wol dulden vnd leyden*[46]. Einen solchen Änderungswunsch muß der sächsische Kurfürst tatsächlich geäußert haben, denn Thomas Kantzow berichtet von den Pommernherzögen und ihrem Gefolge: *Also reden se up Valentini ut*[47] *und qwemen to Torgow in fridages vor fastellavend anno 36*[48].

Danach kann die „Abrede" der Verträge nur am Tage nach der Ankunft und am Tage vor der Trauung, mithin also am Sonnabend, dem 26. Februar, dem in Ebers Calendarium vermerkten Tag, stattgefunden haben.

Von hier aus erscheinen auch die folgenden Sätze Kantzows in einem anderen, nun viel deutlicheren Licht als bisher. *Dar besach hertoch Philips de froichen und gefill em wol. Darum wurt de heirat vullentagen, und sondges in fastellavende upn namiddach wurt brut und brudegam dorch doctor Martinus Lutter tosamengegewen*[49]. Kantzow unterscheidet zwei Handlungen, indem er von dem „Zusammengeben" durch Luther einen vorhergehenden Vorgang abhebt, den er mit den Worten *Darumb wurt de heirat vullentagen* umreißt.

„heirat" bedeutet nach Grimms Deutschem Wörterbuch „die schlieszung, eingehung einer ehe, verehelichung", kann aber sowohl „matrimonium" wie „desponsatio" bezeichnen[50]. Entsprechend ist in dem „Versuch eines vollständigen grammatisch-kritischen Wörterbuches Der Hochdeutschen Mundart" von Johann Christoph Adelung unter dem Stichwort „Heurathen" zu lesen: „In einigen Gegenden braucht man dieses Zeitwort schon, wenn die künftige Ehe nur zwischen zwey Personen verabredet worden, besonders nach der feyerlichen Verlobung[51].

Die Verlobung ist von altersher und auch nach dem Eheschließungsrecht des 16.–18. Jahrhunderts[52] der Rechtsvertrag, durch den bereits die Ehe eingegangen, wenn auch noch nicht vollzogen wurde[53]. Das Verlöbnis galt auch

---

46 Hermann-Festschrift (s. Anm. 7), S. 246 f.
47 =14.2.1536.
48 Kantzow (s. Anm. 11), S. 114f.
49 Ebda.
50 Deutsches Wörterbuch IV, 2, Leipzig 1877, Sp. 892.
51 II. Theil, Leipzig 1775, Sp. 1160.
52 Vgl. Sohm (s. Anm. 27), S. 197, siehe auch Luthers Schrift „Von Ehesachen", WA Bd. 30,3,1910, S. 198 ff.
53 Das ist die These, die Sohm in seinem a.a.O. genannten Werk näher dargelegt und begründet hat.

nach evangelischem Eherecht des 16. Jh.s als „das einzige Rechtsgeschäft"[54]. Es besteht in der Zusage der später zu vollziehenden Ehe und findet seinen Niederschlag in der Übereinkunft über den meist unter Mitwirkung der Verwandten, besonders denen der Braut, zustande gekommenen
Ehevertrag[55] (der ebenfalls erst später zu vollziehen ist). Voraussetzung dafür aber ist die Willenserklärung beider Brautleute selbst. Durch sie wird die
Ehe begründet[56]. Es genügt offenbar nicht, daß beide Parteien sich über die
Eheverträge einigen, wie es in Torgau in der „Abrede" am 26. Februar geschehen ist, sondern die künftigen Eheleute müssen zu dem Ehestand ihre
Zustimmung geben.

Als Herzog Philipp I. Anfang des Jahres 1535 Bugenhagen bat, mit dem
sächsischen Hof wegen einer eventuellen Heirat mit der Prinzessin Maria zu
verhandeln[57], waren für ihn in erster Linie politische Überlegungen maßgeblich[58]. Es ist aber nicht uninteressant, daß der Bruder Marias, Kurfürst Johann Friedrich, sie daraufhin von Lucas Cranach malen[59] und das Bild durch
Gregor Brück an Bugenhagen übersenden ließ, der es dann nach Wolgast
weiterschickte, damit sich der Pommernherzog eine Vorstellung vom Aussehen der Prinzessin machen konnte[60]. In dem folgenden Briefwechsel ist
dann davon die Rede, daß Herzog Philipp sie näher kennenlernen wolle und
daß er *der besichtigung halben* jemanden nach Torgau schicken möge[61]. Dieser Auftrag wurde Jobst von Dewitz zuteil, als er im August 1535 gemeinsam mit dem Kanzler Herzog Barnims IX. von Stettin, Bartholomäus Swave,
zu Bündnisverhandlungen nach Sachsen reiste[62]. Kantzow berichtet darüber:
*De togen hen und besegen dat froichen. Dat gefil en averut wol, und make-
den do der saken einen bescheid, dat de churfurste hertoch Philips sine
schwester wolde geven. Und hertoch Philips scholde up fastellavend to Torgow kamen und disse beredinge, so em dat froichen gefille, vullentehen und
aldar fort biliggen*[63]. Der „bescheid" ist die grundsätzliche Übereinkunft
über die Heirat, wie sie am 28. August 1535 zu Wittenberg zwischen Bu-

---

54 Ebda., S. 231.
55 R. Hübner, Gründzüge des deutschen Privatrechts, 5. Aufl., Leipzig 1930, S. 674.
56 Sohm, a.a.O., S. 53 u. ö.
57 Kantzow (s. Anm. 11), S. 112.
58 Vgl. Roderich Schmidt, in: Hermann-Festschrift (s. Anm. 7), S. 243.
59 Vgl. M. Wehrmann, Ein Gemälde des Lukas Cranach, in: Pomm. Mbll. 25, 1911,
   S. 43 f.
60 Vgl. den Brief des Kurfürsten Johann Friedrich vom 6.7.1535 an Brück; abgedr. in:
   Ergänzungen zum Bugenhagen-Briefwechsel (s. Anm. 35), S. 87 f.
61 Brief Brücks an Bugenhagen vom 5.8.1535; abgedr. ebda., S. 89.
62 Vgl. darüber Roderich Schmidt, Ergänzungen zum Bugenhagen-Briefwechsel, S. 83–
   86.
63 Kantzow (s. Anm. 11), S. 112.

genhagen, Brück und Dewitz erzielt worden war[64]. Bemerkenswert ist, daß Kantzow auch hier ebenso wie bei dem Bericht über die Hochzeit selbst das „Besehen" und „Gefallen" als Voraussetzung für den *Bescheid* bzw. dafür, daß *de heirat vullentagen* wurde, ansieht.

Ob die Prinzessin Maria auch ihrerseits die Zustimmung zur Heirat schon im August 1535 gegeben hat, wissen wir nicht. Es wurde damals jedoch vereinbart, daß vor der Trauung die künftigen Eheleute sich kennenlernen sollten. Das geht aus dem Brief hervor, den Jobst von Dewitz am 30. November 1535 an Gregor Brück richtete und in dem er diesem die Termine für Ankunft und Trauung vorschlug. Darin begründete er die Ankunft am Donnerstag nicht nur damit, daß die Übereinkunft über die Verträge noch zu erfolgen habe, sondern auch: *Damit aber der beredung nach mein gnedigs freuelein vnd mein gnediger her sich vorhin* sehenn[65].

Tatsächlich trafen die Pommern jedoch erst am Freitag, dem 25. Februar, in Torgau ein: *Dar besach hertoch Philips de froichen und gefill em wol.* Kantzow berichtet nichts darüber, welchen Eindruck der Herzog auf die Prinzessin gemacht hat. Daß es aber nicht nur auf das „Gefallen" von Seiten des Herzogs ankam, das hat Dewitz klar ausgesprochen. In seinem Brief an Brück vom 9. Oktober 1535 heißt es im Hinblick auf die Hochzeit: *Vnd nachdem auch die ganze handlung entlich auff das besehen, von b e i d e n teilen beruhet, So wolte veleicht auch von notten sein, das Mein g. h. hertzog Philips drey tag zuuor zu Torgaw einkheme*[66]. Diese Briefstelle ist aber auch ein wichtiger Beleg für die Bedeutung, die von seiten der Verhandelnden dem Kennenlernen der Brautleute beigemessen wurde.

Als Luther dann bei der Trauung die Traufragen stellte[67] und sie von dem Paar beantwortet wurden, war dies nur eine Wiederholung und Bestätigung des vordem geschlossenen Verlöbnisses[68]. Fragt man, wann dieses denn nun stattgefunden hat, dann kommt nur der 26. Februar in Betracht. Hier wurde das, worüber man sich am 28. August 1535 in Wittenberg grundsätzlich geeinigt hatte, nun, nachdem die Brautleute sich gesehen und kennengelernt hatten, im Beisein der Familienangehörigen[69] endgültig vereinbart und bekräftigt. Das geschah durch die Einigung über die Eheverträge und sicherlich durch das feierlich abgegebene „Ja" der Brautleute.

Aber vielleicht sind damit noch nicht alle Akte genannt, die an jenem 26. Februar vollzogen wurden. *Philippus ... duxit vxore(m)* so ist in Ebers Calendarium zu lesen. „Uxorem ducere" kann einfach „heiraten" heißen

---

64 Siehe Anm. 36 und 37.
65 Abdruck: Hermann-Festschrift (s. Anm. 7), S. 246.
66 Ebda. (Sperrung vom Verf.).
67 Vgl. dazu Luthers Traubüchlein (s. Anm. 23), S. 77.
68 Vgl. Sohm (s. Anm. 27), S. 101, 104, 178, 213, 217, 231.
69 Die anwesenden Fürsten nennt Kantzow (s. Anm. 11) S. 115.

(nach Adelung auch im Sinne einer „feyerlichen Verlobung"); es kann aber auch „heimführen" bedeuten[70]. Die Heimführung, die traditio puellae, erfolgte meist nach Abschluß des Ehevertrages[71]. In Torgau hätte sie, will man die Worte in Ebers Calendarium auf sie beziehen, nach der „Abrede" über die Verträge stattgefunden. Mit der traditio „tritt die Braut aus dem Hause ihres Vaters oder Vormunds in das ihres Bräutigams über"[72]. Nach Sohm gehört die Heimführung zur Trauung. Trauen ist Anvertrauen, das auf Treue Übergeben der Braut an den Bräutigam[73]. Das könnte die Frage aufwerfen, ob denn die Vorgänge am 26. Februar nicht vielleicht als eine „Laientrauung" bezeichnet werden sollten, wie sie gelegentlich noch im 16. Jahrhundert in Übung war[74]. Wenn man aber bedenkt, daß nach Sohm die Verlobung bereits Eheschließung bedeutet, anderseits diese in die Trauhandlung (auch bei der „Laientrauung") mit aufgenommen ist und in ihr wiederholt wurde[75], so tritt die Frage nach der Bezeichnung zurück. Entscheidend sind die Vorgänge selbst.

Über sie kann für die Hochzeit zu Torgau festgestellt werden, daß am Tage vor der kirchlichen Trauung einige weltliche Rechtsakte vorgenommen worden sind, denen entscheidende Bedeutung beigemessen wurde.

Nachdem die Pommern am Freitag, dem 25. Februar 1536, in Torgau eingetroffen waren, fand die Begegnung zwischen Herzog Philipp I. und der Prinzessin Maria statt. Auf Grund gegenseitiger Zuneigung und beiderseitigen Einverständnisses wurde die Ehe begründet. Gleichzeitig vereinbarte man sich endgültig über Form und Inhalt der verschiedenen Heiratsverträge, Danach wurde (möglicherweise) die Braut dem Bräutigam übergeben, der sie nun in sein Haus, d. h. in sein Quartier, heimführte. Am nächsten Tage, Sonntag dem 27. Februar, erfolgte zunächst das kirchliche Aufgebot[76]; am Nachmittag hat Luther die Trauung vollzogen und seine Predigt gehalten. Später fand das Beilager statt. Am nächsten Morgen, Montag dem 28. Februar, schloß sich ein weiterer Kirchgang an, bei dem Bugenhagen das Paar nach der von ihm gehaltenen Predigt einsegnete. Dann begann das Hochzeitsfest mit Turnieren und vielem Essen und Trinken, *dat id in koning Artus hofe, alse men secht, nicht hedde beter konen togan*[77]. Nachdem man zur

---

70 Vgl. A. Sleumer, Kirchenlateinisches Wörterbuch, 2. Aufl., Limburg 1926, S. 287.
71 Vgl. Sohm (s. Anm. 27), S. 231.
72 Ebda., S. 59.
73 Ebda., S. 60, 67, 150, 172.
74 Nach Sohm (S. 238 f.) setzt Luther auch in seinem Traubüchlein (S. 75) die Möglichkeit einer Laientrauung voraus. Vgl. ferner Sohm, S. 101 und Friedberg (s. Anm. 27), S. 275, 282f.
75 Sohm (s. Anm. 27), S. 100f., 105, 160, 179, 213, 217f.
76 Vgl. Spalatin (s. oben S. 373 und Anm. 10).
77 Kantzow (s. Anm. 11), S. 115.

Ruhe gekommen war, wurden dann die Verträge am 2. und 3. März formell vollzogen und versiegelt.

Das ist das Bild des Verlaufes der Hochzeit, wie es sich ergibt, wenn man die verschiedenen Quellen zusammenhält. Aber auch für sich allein sagen sie etwas aus; spiegeln sie doch die Auffassung wider, die der jeweilige Verfasser über die Eheschließung hatte. Dabei fällt auf, daß die Sachsen, Luther und Spalatin, den Blick auf den kirchlichen Vollzug der Heirat richten. Luther spricht nur von Copulation und Benediktion, Spalatin erwähnt zudem noch das Aufgebot. Anders die Pommern: Kantzow, der am ausführlichsten ist, berichtet zwar, daß Luther das Paar zusammengegeben habe, der Vollzug der Heirat aber hat nach ihm schon vorher stattgefunden. Bei Jobst von Dewitz sind es die Übereinkunft über die Verträge und das Zusammenfinden der Brautleute, worauf *die ganze handlung entlich ... beruhet*[78]. Natürlich kommt in den verschiedenen Zeugnissen auch die unterschiedliche Auffassung der Theologen und der Laien zum Ausdruck. Daß aber die Juristen die vertragliche Seite sowie die persönlich-tatsächliche Seite – die Consenserklärung der Eheleute, den Vollzug der copula carnalis[79], vielleicht auch die Heimführung – so stark der kirchlichen Handlung gegenüber betonen, ist bemerkenswert.

Das erklärt es denn auch, weshalb man in der herzoglichen Kanzlei zu Wolgast nicht den 27., sondern den 26. Februar 1536 als das entscheidende Datum der staatspolitisch so bedeutsamen Heirat ansah.

Bonn.   Roderich Schmidt.

---

78 Siehe Anm. 66.
79 Außer Dewitz auch Brück (s. Anm. 35).

Pommern und Sachsen in der Zeit der Reformation

Im vergangenen Jahr ist in Feiern, Vorträgen und Veröffentlichungen des 400. Todestages zweier Männer gedacht worden, die beide – so grundverschieden sie ihrer Stellung, ihrem Wesen und ihrer Wirkung nach gewesen sind – jene Epoche entscheidend mitgeprägt haben, die wir die Reformationszeit nennen:

Am 21. September 1558 hat Karl V. in klösterlicher Zurückgezogenheit von den Dingen der Welt sein Leben beendet.

Am 20. April 1558 war Johannes Bugenhagen mitten aus seiner Tätigkeit als Stadtsuperintendent und Universitätslehrer in Wittenberg herausgerissen worden[1].

Während es dem Kaiser in seiner Regierungszeit nicht gelungen war, die kirchliche Ordnung und das hieß für ihn zugleich die Rechtsordnung im Reich in ihrem alten Umfange zu bewahren, geschweige denn wiederherzustellen, konnten die staatlich-kirchlichen Ordnungen, die der Theologe, zugleich einer der fähigsten Politiker unter den Reformatoren, der neuen Lehre des Evangeliums in Braunschweig, Hamburg und Lübeck, in Pommern, Schleswig-Holstein, Dänemark und Norwegen, Braunschweig-Wolfenbüttel und in Hildesheim gegeben hatte, bei seinem Tode als gesichert gelten, hatten diese Ordnungen sich doch trotz aller Stürme, Bedrohungen und Gefährdungen als beständig und zukunftsträchtig erwiesen.

Dennoch ist der Nachruhm des letzten universalen Kaisers – nimmt man die Zahl der Gedenkfeiern und -publikationen in und aus aller Welt zum Maßstab[2] – naturgemäß größer als der des Reformators. Doch wurde auch seiner in Vorträgen und Veröffentlichungen gedacht: Die Luthergesellschaft gab anläßlich seines 400. Todestages ein Sonderheft ihrer Mitteilungen heraus[3], die Evangelisch-Lutherische Kirche in Hamburg ließ eine Schrift „Zum

---

1 Die folgenden Ausführungen geben einen zusammenfassenden Vortrag, der auf der wissenschaftlichen Tagung anläßlich der ordentlichen Mitgliederversammlung der Historischen Kommission für Pommern am 9. Mai 1959 in Hannover gehalten wurde, unverändert, nur um Belege und Erläuterungen vermehrt, wieder.

2 Die Berichte der auf dem III Congreso de Cooperación Intelectual im Instituto de Cultura Hispánica zu Madrid gehaltenen Vorträge liegen vervielfältigt vor. Von den vorbereiteten Publikationen sind bisher im Druck erschienen: Carlos V (1500–1558). Miscelánea de estudios sobre Carlos V y su época en el IV centenario de su muerte. Homenaje de la Universidad de Granada, Granada 1958. An Einzeluntersuchungen und -abhandlungen erschienen: St. Skalweit, Karl V. und die Nationen, in: Saeculum IX, 1958, S. 379–392 (m. neuerer Lit.), ferner: F. Walter, Die spanischen Zentralbehörden und der Staatsrat Karls V., Göttingen 1959.

3 29. Jg., 1958, Heft 2.

Gedenken an Johannes Bugenhagen 1485–1558" erscheinen[4], seine pommersche Heimatkirche ehrte ihn mit einer Festschrift „Johann Bugenhagen. Beiträge zu seinem 400. Todestag"[5]. Sie gilt nach dem Geleitwort von Bischof
D. Krummacher dem Mann der Heiligen Schrift, dem Pfarrer und Seelsor-
ger, dem Mann der Kirchenleitung, dem Mann, der das Wächteramt der Kirche auch vor der Obrigkeit mannhaft wahrgenommen hat, sie gilt in allem
und vor allem dem Menschen Bugenhagen. Vergleicht man damit die Worte,
mit denen Daniel Cramer im Jahre 1603, 45 Jahre nach dem Tode Bugenhagens, diesen in seinem Werk „Pommerische Kirchen Chronica" gewürdigt
hat[6]: *Denn wie Gott durch D. Lutherum das Gebew der Lehr fürnemlich, also
hat Gott durch diesen Mann das Gebew vieler heilsamer Kirchenordnungen
von Ceremonien und Kirchengeschefften wieder die Abgöttischen Papisti-
schen Breviaria vnd Agenden kurtz und Christlich gefasset vnd wol verordnet,* so wird deutlich, wieviel mehr er uns heutigen bedeutet, wieviel weiter
und tiefer seine Persönlichkeit erfaßt und gewürdigt wird. Zugleich ist die
Festschrift ein Zeugnis dafür, daß der Satz, der im Jahre seines Todes in die
Annalen der Universität Greifswald eingetragen wurde[7]: er sei *insigne et
aeternum ornamentum Patriae in tota ecclesia Dei,* bis in unsere Tage als
gültig empfunden wird. Anders der Kaiser: Mag er als Repräsentant wir-
kungsmächtiger politischer Ideen und staatlicher Gewalt auch in der weiten
Welt gefeiert werden, für die pommersche Geschichte ist er längst nicht von
der Bedeutung wie Bugenhagen, wie ja auch die anläßlich seines 400. Todestages erschienene Literatur Pommern und das Verhältnis des Kaisers zu diesem Lande außerhalb ihrer Betrachtung läßt. Dennoch haben auch hier Beziehungen bestanden, obwohl für den burgundisch-spanischen Herrscher
Pommern am Rande seines Machtbereiches und wohl auch seines Gesichts-
feldes lag; die pommerschen Gesandten, die ihm auf den Reichstagen begeg-
neten, traten hinter den wortführenden sächsischen und hessischen Räten
zurück.
    Anderseits war Karl V. für die Pommern zu allen Zeiten das (wenn auch
oft ferne) Reichsoberhaupt, dem man zu Treue und Gehorsam verpflichtet
war. Auch, wenn dies dem Glauben und der reinen Lehre des Evangeliums,
so wie man sie nun in Pommern verstand, zuwiderlief?

4 Hamburg 1958 (22 S.).
5 Hrsg. v. W. Rautenberg, Berlin (1958) (139 S.).
6 Hier zitiert nach der Ausgabe von 1628 „Das Grosse Pomrische Kirchen Chronicon",
   Alt. Stettin 1628 lib. III, c. 52, S. 146, da mir die Ausgabe von 1603 „Pommerische
   Kirchen Chronica" in Bonn nicht zugänglich war.
7 E. Friedlaender, Aeltere Universitäts-Matrikeln. II. Universität Greifswald, I. Bd.
   (Publ. a. d. K. Preuß. Staatsarchiven 52), Leipzig 1893, S. 255.

Das war die entscheidende Frage, die Frage des Widerstandsrechts, die alle evangelischen Reichsstände bewegte und beschwerte[8]. Während man sich jedoch weithin auf den – freilich oft, wie bei Luther, nach schwerem inneren Ringen gewonnenen – Standpunkt stellte, daß in Sachen des Glaubens Widerstand auch gegen den Kaiser erlaubt, ja geboten sei, konnte man sich in Pommern eigentlich nie ganz zu dieser Haltung durchringen, wobei sich Überzeugung, d. h. hier treues Beharren am Hergebrachten, und Furcht, d. h. Sorge vor den politischen Folgen des Widerstandes, miteinander verbanden. Dies erklärt wohl letztlich das Schwankende und Zögernde der pommerschen Politik gegenüber dem Reich wie auch gegenüber den Bundesgenossen.

Daß sich die pommerschen Herzöge entgegen der grundsätzlichen, zumindest durchgängigen Neutralität der pommerschen Politik entschlossen, sich nach Einführung der Reformation im Lande um die Aufnahme in den Schmalkaldischen Bund zu bemühen, war, zweifellos nicht gewollt, dennoch letzten Endes durch den Kaiser bewirkt worden, insofern auch sie wie andere Reichsstände, die kirchliche Neuerungen und damit rechtliche Veränderungen in ihren Gebieten vorgenommen hatten, durch Verfügungen und Urteile des Reichskammergerichts bedroht wurden und infolgedessen sogar der Gefahr militärischen Vorgehens gegen sich ausgesetzt waren.

Den Mitgliedern des Schmalkaldischen Bundes war durch den Nürnberger Anstand von 1532 nicht nur allgemein Frieden und Schutz bis zum nächsten Konzil zugestanden worden; sie hatten auch die Zusicherung erlangt, daß die sie betreffenden, beim Reichskammergericht anhängigen Prozesse ausgesetzt sein sollten, soweit sie Glauben und Religion betrafen. Freilich gab es über die Hauptfrage, ob Verfahren wegen Einziehung geistlicher Güter unter die Religions- und Glaubenssachen fielen oder nicht, bald erneute Streitigkeiten. Immerhin bot das Schmalkaldische Bündnis die größte Sicherheit gegen Exekutionen von Reichs wegen. Und wenn die erwähnten Konzessionen auch nur den namentlich aufgeführten Mitgliedern des Bun-

---

8 Vgl. jetzt J. Heckel, Luthers Lehre vom Widerstandsrecht gegen den Kaiser, Anhang 1 seiner Schrift „Lex charitatis. Eine juristische Untersuchung über das Recht in der Theologie Martin Luthers" (Abh. d. Bayerischen Akademie d. Wiss., philos.-hist. Kl., NF. Heft 36), München 1953, S. 184–191, dazu ders. in: Widerstandsrecht und Grenzen der Staatsgewalt, hrsg. v. B. Pfister u. G. Hillmann, München 1956, S. 32–44, sowie ders. in: ZRG 74, Kan. Abt., 1957, S. 477 f. u. 481 f. Über die durch das Werk J. Heckels ausgelöste lebhafte Diskussion über das Widerstandsrecht vgl. H. Bornkamm, Luthers Lehre von den zwei Reichen im Zusammenhang seiner Theologie, in: ARG 49, 1958, S. 26–49, bes. S. 27 (m. Anm. 8). – Vgl. auch H. Lüthje, Melanchthons Anschauungen über das Recht des Widerstandes gegen die Staatsgewalt, in: ZKG 47, 1928, S. 512 bis 542, sowie I. Höß, Georg Spalatin auf dem Reichstag zu Augsburg 1530 und seine Stellungnahme zur Frage des Widerstandsrechts, in: ARG 44, 1953, S. 64–86.

des gewährt worden waren, so mußte er dennoch auf alle evangelisch gewordenen Reichsstände eine große Anziehungskraft ausüben[9].

Die Herzöge Barnim IX. und Philipp I. sahen sich veranlaßt, sich den
Schmalkaldenern zu nähern, nachdem sie ein im Namen des Kaisers ausge-
fertigtes Schreiben des Reichskammergerichts vom 8. Mai 1535 erhalten hatten[10]. In ihm wurde bei Strafe von 50 Mark Goldes die Aufhebung der nach
dem Treptower Landtag durchgeführten kirchlichen Neuerungen gefordert,
jede Veränderung der religiösen Verhältnisse im Lande geboten. Der entscheidende Punkt, um dessentwillen das Mandat hauptsächlich erging, war
die Einziehung der Klöster[11]. Sie sollten, *was ordens die seien, gemelte ire
Rechte, gerechtickheiten, gutter, cleinotter, Barschaften, Silber, golt, vnd
freyheiten, wie sie der angetzogner massen entsetzt, in bestimpter zeit resti-
tuert* werden. Zwar wurde den Herzögen für den Fall, daß sie gegen *dieses
vnsers gepots beschwert vnd rechtmessige inreden ... zuhaben vormeinten,*
zugestanden, innerhalb von 45 Tagen nach der für die Wiederherstellung der
alten Verhältnisse gesetzten Frist von drei Wochen vor dem Kammergericht
persönlich oder durch einen bevollmächtigten Anwalt zu erscheinen, *dieselbigen vrsachen furzupringen;* Beschluß und Urteil jedoch sollten sie gehorsam erwarten. Wie dieses Urteil ausfallen würde, war unschwer zu erraten;
und es war auch wohl anzunehmen, daß die Aufforderung, *nit vngeborsam*

---

  9 Vgl. O. Winckelmann, Der schmalkaldische Bund 1530–32 und der Nürnberger Reli-
gionsfriede, Straßburg 1892; ders., Über die Bedeutung der Verträge von Kadan und
Wien (1534 bis 1535) für die deutschen Protestanten, in: ZKG 11, 1889, S. 212–252.
Vgl. auch G. Ritter, Die Neugestaltung Europas im 16. Jahrhundert. Die kirchlichen
und staatlichen Wandlungen im Zeitalter der Reformation und der Glaubenskämpfe.
Berlin (1950). S. 136–138, sowie allgemein künftig K. Repgen Die römische Kurie und
der Westfälische Friede, Bd. I: Papst, Kaiser und Reich 1521–1644 (Bibliothek des
Deutschen Historischen Instituts in Rom, Bd. 22).

10 Benutzt nach der Abschrift im Thür. LHA Weimar: S. E. G. A., Reg. H 108 (alte
Signatur: H. fol. 101, Nr. 43), fol. 2–3. Das Original befand sich zuletzt im Staatsarchiv Stettin: St. A., P. I, Tit. 1, Nr. 5, fol. 28–32. Es ist jedoch nicht unter den Beständen, die in das LA Greifswald gelangt sind.

11 Wegen der Säkularisierung des Zisterzienserklosters Neuenkamp hatte der Abt des
Mutterklosters Altenkamp beim Reichskammergericht Klage gegen die pommerschen
Herzöge erhoben. Vgl. hierüber sowie über das zweite Mandat vom 23.11.1535, das er
erwirkte (St. A. Stettin: K 43/208): H. Hoogeweg, Die Stifter und Klöster der Provinz
Pommern, Bd. II, Stettin 1925, S. 185.
Eine Kopie des Kammergerichtsschreibens vom 8.5.1535 übersandte Johann Huls, der
Abt von Altenkamp, an die pommersche Ritterschaft zugleich mit der Aufforderung,
sich der Kirchenveränderung in Pommern zu widersetzen. Dieser Brief vom 8.6.1535
ist gedruckt bei Fr. L. Baron von Medem, Geschichte der Einführung der evangelischen Lehre im Herzogthum Pommern, Greifswald 1837, S. 197–199.
Vorher, am 8.4.1535, hatte bereits König Ferdinand die Herzöge aufgefordert, den
Klöstern und Stiftern ihre Güter zu restituieren (St. A. Wetzlar: Preußen Lit. K. Nr.
42a/207, fol. 183).

zu sein und *vnser vnd des Reichs schwerer peenen, straffen vnd pueß zuuor-meiden,* keine leeren Drohungen des Kaisers waren.

Von den Ständen konnten die Herzöge keine Unterstützung erwarten. So verbanden sie sich vor den ihnen drohenden Gefahren den Schmalkalde-nern, ohne dabei jedoch von besonderem Eifer für die gemeinsame evangeli-sche Sache getrieben zu werden. Ihnen ging es in erster Linie darum, ihre durch die Einführung der Reformation erweiterte fürstliche Macht zu festi-gen und möglichst zu stärken. Dazu wollte man geschützt sein und in Ruhe gelassen werden, nicht nur von Kaiser und Reich, auch von den eigenen Bundesgenossen. Man war nicht einmal bereit, für die Sicherheit selbst etwas zu tun, erst recht nicht, irgendein Risiko einzugehen[12]. Da die Stände die Mitgliedschaft im Schmalkaldisdien Bund z. T. sogar mißbilligten, konnten die Herzöge auch keine echten Verpflichtungen auf sich nehmen[13].

Als dann im Sommer 1546 der Schmalkaldische Krieg ausbrach, wurden pommerscherseits lange Überlegungen angestellt, wie man sich nun am besten verhalten sollte. Bevor jedoch ein Entschluß gefaßt war, fiel am 24. April 1547 die militärische Entscheidung bei Mühlberg. Sie hatte nicht nur das Ende des Krieges zur Folge; sie bedeutete auch das Ende des Bundes.

Pommern wurde durch sein Zögern nicht direkt in den Zusammenbruch hineingezogen. Immerhin hatte es dem Bunde angehört, auch hatte ein klei-nes pommersches Kontingent unter den Fahnen der Bundesarmee gestan-den. Man mußte also mit Repressalien rechnen. Hinzu kam erneut die Ge-fahr, daß der Kaiser in der für ihn günstigen Situation die Aufhebung der nach Treptow eingeleiteten Maßnahmen, insbesondere die Einziehung der Klöster und des Kirchengutes, erneut fordern und jetzt möglicherweise auch durchsetzen konnte. Es bedurfte deshalb großer Geschicklichkeit der pom-merschen Gesandten am kaiserlichen Hofe, sofortiges Unheil abzuwenden. Nach langwierigen Verhandlungen gelang es ihnen, eine Aussöhnung des Kaisers mit ihren Herren herbeizuführen[14].

Mit Schreiben vom 9. Mai 1549 gewährte Karl V. den Herzögen Barnim und Philipp Verzeihung für alles Geschehene und nahm sie wieder zu Gna-den an[15]. Natürlich wurden Bedingungen gestellt. Die Herzöge mußten sich

---

12 Vgl. R. Heling, Pommerns Verhältnis zum Schmalkaldischen Bunde, in: Balt. Stud., NF. 10, 1906, S. 1–32 und Bd. 11, 1907, S. 23–67. Über die langwierigen Verhandlun-gen wegen des Umfangs und der Höhe der Verpflichtungen Pommerns dem Bund ge-genüber geben die Aktenstücke Einblick, die sich im Thür. LHA Weimar befinden (s. Anm. 10).

13 Vgl. T. H. Gadebusch, Pommersche Sammlungen, 2. Bd., Greifswald 1786, S. 84 f.

14 K. Schröder, Pommern und das Interim, in: Balt. Stud., NF. 15, 1911, S. 1–75.

15 Gedruckt in: Sammlung gemeiner und besonderer Pommerscher und Rügischer Lan-des-Urkunden ..., hrsg. v. J. C. Dähnert, der Supplementen und Fortsetzung I. Bd., Stralsund 1782, S. 12 f.

zur Zahlung von 90 000 Gulden bereitfinden (ursprünglich war sogar eine
Strafsumme von 150 000 fl. gefordert worden); sie mußten sich verpflichten,
künftig kein Bündnis einzugehen, das gegen den Kaiser oder seine Familie
gerichtet sein könnte. Auch mußten sie sich allen Reichstagsbeschlüssen,
insbesondere denen des Augsburger Reichstags von 1548 und dem auf ihm
erlassenen Interim unterwerfen. Schließlich stand in der ihnen abgeforderten
Kapitulation noch die Erklärung, dem Kammergericht gehorsam zu sein
und seine Entscheidung zu erwarten.

So war man 1549 in gewisser Weise wieder da angelangt, wo man sich
1535/36 befunden hatte. Kammergerichtsurteil und Interim waren für die
Herzöge und für die von ihnen durchgeführte Reformation in Pommern eine
beständige Bedrohung und Gefährdung.

Und doch war die Situation eine andere, eine günstigere. Einmal war
man jetzt gelassener als vor Jahren, hatte doch der Lauf der Ereignisse gezeigt, daß Forderungen nur da die Tat folgte, wo sie mit militärischer Gewalt durchgesetzt werden konnte. Diese Gefahr konnte durch die Unterwerfung und die wiedererlangte kaiserliche Gnade vorerst als abgewendet
gelten. Zum anderen war die Frage der Rückgabe des säkularisierten Kirchengutes in dem Interim geflissentlich übergangen und auf dem Augsburger Reichstag 1548 nicht entschieden worden. Immer mehr zeichnete es sich
ab, daß gerade in diesem Punkt die Entwicklung auf eine Generallösung
drängte[16].

So taten die Pommernherzöge das, was ihnen am wesensgemäßesten und
angenehmsten war, sie warteten ab. Und das gleiche taten sie hinsichtlich des
Interims. Der Forderung des Kaisers glaubten sie durch die Anerkennung
Genüge getan zu haben; für die Durchsetzung fühlten sie sich nicht eigentlich zuständig und verantwortlich. Zwar wachten sie darüber, daß nicht öffentlich gegen das Interim gepredigt wurde, sonst aber geschah nichts. Die
Durchführung in Pommern unterblieb[17].

1535/36 war in Pommern noch alles im Fluß gewesen. 1549 hatte die Reformation überall im Lande feste Wurzeln geschlagen. Deshalb konnte man
jetzt zuversichtlicher als vor 14 Jahren in die Zukunft sehen.

Durch den Beitritt zum Schmalkaldischen Bund hatte Pommern im übrigen mehr erreicht, als seinerzeit vorauszusehen war. Damals hatte man
Schutz vor dem Kaiser gesucht und in dem Bunde gefunden. Jetzt zog man
sogar noch aus seinem Zusammenbruch Nutzen. Denn indem die Herzöge
es nicht nur erreichten, daß die vom Kaiser verlangte Verantwortung ihre
Kirchenreform nicht unmittelbar in Frage stellte, sondern sogar eine Aussöh-

---

16 Vgl. auch Ritter, a. a. O., S. 177–179, sowie künftig Repgen a. a. O.
17 Vgl. Schröder, Pommern und das Interim, a. a. O.

nung mit dem Kaiser erlangten, wandelte sich die Niederlage des Schmalkaldi-schen Bundes für sie in einen Sieg ihrer Interessen.

Freilich die endgültige Sicherung des Sieges wurde erst durch die weitere politische Entwicklung gewährleistet, durch den Passauer Vertrag von 1552 und durch den Augsburger Religionsfrieden von 1555. Der Religionsfrieden von 1555 ist auch für Pommern der letzte formelle Abschluß der Reformation, die mit dem Landtag zu Treptow a. d. Rega im Dezember 1534 begonnen worden war.

Das Verhältnis Pommerns zu Kaiser und Reich in dieser Zeit wird je-doch durch die zwei genannten kaiserlichen Briefe begrenzt, durch das Kammergerichtsschreiben vom 8. Mai 1535 und durch das Huldschreiben Karls V. vom 9. Mai 1549.

Mit diesen Daten ist aber zugleich auch ungefähr der zeitliche Rahmen abgesteckt, in dem sich – verglichen mit der vorhergehenden und der fol-genden Zeit – besonders intensive politische Verbindungen mit anderen Mächten und Territorien entwickelten.

Das gilt vor allem für die Beziehungen Pommerns zu Sachsen. Man spricht zumeist von Pommern und dem Schmalkaldischen Bund. In Wahr-heit handelte es sich dabei hauptsächlich um ein Verhältnis zwischen Pommern und Sachsen[18]. Die Gründe liegen auf der Hand: Sachsen spielte nun einmal neben dem entfernteren Hessen die politisch entscheidende Rolle im Bunde. Zudem war Wittenberg nicht nur ein politischer, sondern der theologische, überhaupt der geistige Mittelpunkt der ganzen reformatori-schen Bewegung[19]. Schließlich kamen die Verwandtschaftsbeziehungen hin-zu, die sowohl Philipp I. wie Barnim IX. mit dem Kursächsischen Hause verbanden.

Die politischen Beziehungen, die in dem abgegrenzten Zeitraum zwi-schen Pommern und Sachsen bestanden, stellten aber nur einen Ausschnitt aus einem viel weiter gespannten Bereich dar. Sachsen war nicht nur das Vorbild für die Gestaltung des kirchlichen Lebens und der kirchlichen Ord-nung, es übte auch auf geistig-wissenschaftlichem Gebiet die größte Aus-strahlungs- wie Anziehungskraft auf Pommern aus.

---

18 Auf der Bundesversammlung zu Schmalkalden am 24.12.1535 war beschlossen wor-den, daß mit den Fürsten und Städten, die sich zur Aufnahme in den Schmalkaldischen Bund gemeldet hatten, nähere Verhandlungen angeknüpft werden sollten. Dabei werden die Verhandlungen mit Pommern (ebenso mit Anhalt-Dessau) ausdrücklich Sachsen aufgetragen. Vgl. Politische Correspondenz der Stadt Straßburg im Zeitalter der Re-formation II (1531–1539), bearb. v. O. Winckelmann, Straßburg 1887, S. 322.

19 Vgl. W. Friedensburg, Geschichte der Universität Wittenberg, Halle (Saale) 1917; K. Bauer, Die Wittenberger Universitätstheologie und die Anfänge der Deutschen Re-formation, Tübingen 1928; K. Aland, Die Theologische Fakultät Wittenberg und ihre Stellung im Gesamtzusammenhang der Leucorea während des 16. Jahrhunderts, in: 450 Jahre Martin-Luther-Universität Halle-Wittenberg, Bd. I, 1957, S. 155–237.

Die pommersch-sächsischen Beziehungen beginnen auch nicht erst mit dem politischen Bündnis vom Jahre 1536. Schon vorher bestanden mannigfaltige Fäden, die z. T. auch in die Politik hineinliefen. So hat beispielsweise Barnim IX. in Wittenberg studiert und dort die Würde eines Ehrenrektors bekleidet. 1519 war er bei der Disputation Luthers mit Eck in Leipzig zugegen gewesen[20]. Durch seine Heirat mit Anna, der Tochter Herzog Heinrichs von Lüneburg, der Nichte Friedrichs des Weisen, gewann er 1525 auch zum sächsischen Kurhause persönliche Beziehungen. Seine Versuche, Pommern schon in den zwanziger Jahren den evangelischen Reichsständen zu verbinden, scheiterten am Widerstand seines Bruders Georg I. zu Wolgast, der streng am alten Glauben festhielt. Als Georg 1531 starb, vergingen doch noch Jahre bis zum tatsächlichen Anschluß, obwohl Philipp I., der Sohn und Nachfolger Georgs I., sich bald nach der Regierungsübernahme der evangelischen Sache zuwandte.

Am Abschluß des Bündnisses wie an der Gewinnung Philipps für das Evangelium ist der Schloßhauptmann zu Wolgast Jobst von Dewitz wesentlich beteiligt gewesen. Daniel Cramer berichtet in seinem Werk, er habe dem Herzog die Schriften Luthers, Melanchthons, Bugenhagens sowie die Bibel und die Augsburgische Konfession nahegebracht[21]. Der Hinweis auf die Confessio Augustana, *welche nechstes Jahres gefasset, vnd Keyser Carl vbergeben war worden,* führt in das Jahr 1531. Dewitz, der von 1518 bis 1520 an der hochangesehenen Juristenschule in Bologna studiert und an ihr den Grad eines Doktors beider Rechte erworben hatte, war seit 1520/21 Ratgeber der Herzöge Georg I. und Barnim IX. Ende der zwanziger Jahre rückte er in die erste Reihe der Räte auf. Unter Philipp I. hat er bis zu seinem Tode (20.2.1542) einen außerordentlich großen Einfluß auf die Politik Pommerns ausgeübt[22].

Dieser an der Durchführung der Reformation in Pommern maßgeblich beteiligte Staatsmann, der wohl eine eingehende Biographie verdient hätte[23], scheint bereits im Jahre 1524 mit Luther in Verbindung getreten zu sein. Auf einer Reise besuchte er von Speyer kommend Wittenberg, um Luther ken-

---

20 Album academiae Vitebergensis ab a. Chr. 1502 usque ad 1602, vol. 1 (1502–1560) cd. K. E. Förstemann, Lipsiae 1841 (anastat. Neudr. ebd. 1906), S. 72.

21 Pommerische Kirchen-Chronica, 1603, lib. III c. 21, S. 97; Das Grosse Pomrische Kirchen Chronicon, 1628, lib. III c. 31, S. 87.

22 Vgl. Roderich Schmidt, in: NDB 111, 1957, S. 629–630.

23 Über Jobst von Dewitz vgl. außer dem kurzen Abriß in der NDB ergänzend: Roderich Schmidt, Zur Familiengeschichte des pommerschen Rats Jobst von Dewitz, in: Familie und Volk, 7. Jg., 1958, S. 218–220. Über Dewitz und die Wiedereröffnung der Universität 1539: ders., Der Croy-Teppich der Universität Greifswald, ein Denkmal der Reformation in Pommern, in: Johann Bugenhagen. Beiträge zu seinem 400. Todestag, hrsg. v. W. Rautenberg, Berlin 1958, S. 89 ff., bes. S. 101–107.

nenzulernen[24]. Ein Bericht hierüber findet sich in der „Historia Pomeraniae pragmatica" des Gustav Heinrich Schwallenberg[25]: Danach eröffnete Dewitz dem Wirt, bei dem er eingekehrt war, seinen Wunsch, Luther zu sprechen: *darum wollet ihr ihn nebst einigen andern Professoren auf den folgenden Tag zur Mittagsmahlzeit meinetwegen einladen; so sollen meine beyde Diener mitgehen, und ihnen anzeigen, daß ich sie bitten lasse. Also sind die Professores am andern Tage nebst Luthero des Dewitzen Gäste gewesen. Da denn gedachter Dewitz viel mit Luthero wegen der Religion geredet ...*

Dieser Bericht gehört allerdings erst in den Ausgang des 17., wenn nicht gar in den Anfang des 18. Jahrhunderts, wissen wir doch nicht, wann Schwallenberg sein genanntes Werk verfaßt hat, wie auch sonst kaum etwas über diesen pommerschen Geschichtsschreiber bekannt ist[26]. Seine „Historia Pomeraniae pragmatica" ist eine Neufassung und Erweiterung der pommerschen Fürstengeschichte von Johannes Engelbrecht (1591)[27], die ihrerseits auf die Genealogie des Nicolaus von Klempzen zurückgeht.

Wenn sich Schwallenberg für seinen Bericht über die Begegnung zwischen Dewitz und Luther auf Thomas Kantzow beruft, so trifft das für die gedruckten Fassungen des Kantzowschen Werkes nicht zu. Aber damit ist die Unglaubwürdigkeit der Nachricht noch nicht erwiesen. Schwallenberg hat außer Kantzow, Sastrow, Klempzen und Engelbrecht auch unbekannte Quellen benutzt, wie er auch Urkunden überliefert, die sich in den Urkundensammlungen von Fr. v. Dreger z. B. nicht finden[28]. Überhaupt dürfte dieses Werk für die Entwicklung der Nach-Kantzowschen Chronistik in Pommern, die dringend der Erhellung und dem heutigen Stand der For-

---

24 Vgl. hierzu Roderich Schmidt, Croy-Teppich, a. a. O.

25 Abgedruckt bei: W. Böhmer, Übersicht der allgemeinen Chroniken und Geschichten Pommerns seit Kantzow, in: Balt. Stud. 3, 1, 1835, S. 168-171, sowie bei: P. Gantzer, Geschichte der Familie v. Dewitz, Bd. I, Halle (Saale) 1912, S. 324, Nr. 718.

26 Böhmer gibt (S. 110 f.) außer Todesjahr und -ort, nämlich Stettin 1719, nur noch an, daß er im Jahre 1671 die Anwartschaft auf das K. Bibliothekariat in Berlin gehabt habe.
Hinzugefügt sei, daß sein Name in der Greifswalder Universitätsmatrikel vorkommt. Unter dem 6. Sept. 1653 findet sich die Eintragung: „Gustavus Henricus a Schwallenberg, nobiles Pomeranus" Matrikel der Universität Greifswald, hrsg. v. E. Friedlaender, a. a. O., Bd. II (Publ. a. d. K. Preuß. Staatsarchiven 57. Bd.), Leipzig 1894, S. 55.
Die Universitätsbibliothek zu Greifwald besitzt von ihm ein 1700 in Stettin erschienenes Werk, das den Titel trägt: „Curieuser Geschichts-Calender, darinnen alles, was sich in Vor- und HinterPommern von Ao. 1600 bis 1699 Denkwürdiges begeben."

27 Über J. Engelbrecht vgl. Böhmer, a. a. O., S. 86 ff, sowie H. Bollnow, Die pommerschen Herzöge und die heimische Geschichtsschreibung in: Balt. Stud. NF. 39, 1937, S. 26–28; E. Zunker, Johannes Engelbrecht, in: Pomm. Mbll. 54, 1940, S. 113–114.

28 Böhmer, a. a. O., S. 111.

schung entsprechende kritische Ausgaben bedarf, von besonderer Bedeutung gewesen sein[29].

Tatsache ist, daß Jobst von Dewitz damals Speyer aufgesucht hat. Zusammen mit anderen pommerschen Edelleuten ist er am 13. Juli 1523 mit Herzog Barnim IX. nach Lüneburg gereist und hat sich von dort über Dannenberg, Gifhorn, Gandersheim, Frankfurt nach Speyer begeben[30]. Über die Stationen der Rückreise ist leider nichts bekannt. Im November 1524 ist er wieder in Pommern bezeugt[31]. Im Jahr darauf tritt er erstmalig aktiv für die evangelische Sache ein, indem er sich bei Herzog Georg I. dafür einsetzt, daß den Bürgern von Stolp, die durch das Eingreifen des Herzogs gezwungen worden waren, die alte, von ihnen gestürzte Ordnung auch kirchlich wieder aufzurichten, die Teilnahme an der Messe und die Wahl der Geistlichen freigestellt wurde[32].

So ist Jobst von Dewitz ein Zeuge dafür, daß der Geist von Wittenberg schon lange vor 1534 nicht nur im pommerschen Bürgertum, sondern auch in Regierungskreisen Anhänger gefunden hatte. Vielleicht kann er aber auch als ein Beispiel dafür angesehen werden, daß bereits zehn Jahre vor dem politischen Bündnis persönliche Beziehungen zwischen führenden Männern in Sachsen und Pommern bestanden.

Als ein weiteres Beispiel sei der erste evangelische Geistliche in Stettin Paul von Rhode genannt, der in Wittenberg studiert hatte und den Luther, als der Stettiner Rat ihn 1523 um Überlassung eines evangelischen Predigers bat, nach dort schickte[33]. Zwei Jahre zuvor hatte ein pommerscher Theologe den Weg zu Luther gefunden und sich in Wittenberg immatrikulieren lassen: Johannes Bugenhagen. Schnell trat er zu Luther und Melanchthon in persönlichen Kontakt und bereits 1523 wurde er mit dem verantwortungsvollen und einflußreichen Amt des Stadtpfarres in Wittenberg betraut.

Wie die pommersch-sächsischen Beziehungen nicht erst mit dem politischen Bündnis geknüpft wurden, so hörten sie auch nicht mit seinem Ende auf. Im Gegenteil, sie wurden auf geistig-theologischem Gebiet immer intensiver. Es will so scheinen, als sei hier der Austausch nach der Mühlberger Katastrophe und der folgenden Lockerung der politischen Beziehungen nur noch enger geworden.

29 „Wenn aus der Engelbrechtischen Familie irgendeine gedruckt werden sollte, so scheint keine geeigneter, als diese Schwallenbergische" (ebd.). Hier auch Angaben über die Handschriften.
30 St. A. Stettin, Wolg. Ardi. 34, 1, fol. 70 re ff.
31 Gantzer, a. a. O., S. 323, Nr. 717.
32 Thomas Kantzow, Chronik von Pommern in hochdeutscher Mundart, hrsg. v. G. Gaebel, Bd. I (letzte Bearb.), Stettin 1897, S. 394.
33 Über Paul v. Rhode vgl. v. Bülow, in ADB 29, 1889, S. 7–10; H. Heyden, Kirchengeschichte Pommerns, 2. Aufl., 2 Bände, Köln-Braunsfeld 1957, passim.

Neben Bugenhagen trat nun immer mehr Philipp Melanchthon in den Vordergrund. Nach dem Tode Luthers wurde er auch in Pommern als der führende Kopf unter den Reformatoren angesehen und als höchste Autorität geachtet[34]. Zum Wolgaster Herzogshaus trat er als Berater in Fragen der Erziehung der Söhne Philipps I. und seiner sächsischen Gemahlin in ein Vertrauensverhältnis[35]. In anderer Weise verband ihn ein solches eng mit der Universität Greifswald und ihren Lehrern[36].

Als Bugenhagen 1558 gestorben war, geschah es auf Melanchthons Veranlassung, daß wieder ein Pommer auf den Posten des Stadtsuperintendenten in Wittenberg berufen wurde: Jakob Runge, Professor der Theologie und Stadtsuperintendent in Greifswald, seit kurzem Generalsuperintendent im Wolgaster Landesteil[37]. Auch er hatte in Wittenberg studiert. 1552 war er als pommerscher Abgesandter für das Tridentiner Konzil mit Melanchthon bis Nürnberg gereist, 1555 begleitete er Melanchthon wegen des Osiandrischen Streites dorthin, 1557 zum Religionsgespräch nach Worms. Wenn Runge die Bugenhagen-Nachfolge auch ablehnte, so blieb er dennoch mit Melanchthon und der Wittenberger Universität zeitlebens in vertrautem Verkehr.

Für die engen persönlichen Fäden, die zwischen Wittenberg und Greifswald geknüpft waren, bieten Kosegarten in seiner „Geschichte der Universität Greifswald"[38] und Hellmuth Heyden in seiner Abhandlung „Die Erneuerung der Universität Greifswald und ihrer Theologischen Fakultät im 16. Jahrhundert"[39] reiches Material. Heyden nennt die Zahl von 25 Professo-

---

34 M. Wehrmann, Philipp Melanchthons Beziehungen zu Pommern, in: Pomm. Mbll. 11, 1897, S. 17–23.

35 Vgl. Corpus Reformatorum ed. C. G. Bretschneider, vol. VIII, Halle (Saale) 1841, S. 382 u. 387; vgl. auch M. Wehrmann, Von der Erziehung und Ausbildung pommerscher Fürsten im Reformations-Zeitalter, in: Arch. f. Kulturgesch. 1, 1903, S. 265–283, ges. S. 279 f. Der Trostbrief, den Melanchthon an Philipp I. nach dem Brand des Wolgaster Schlosses (1557) richtete, ist abgedruckt bei v. Medem, a. a. O., S. 67 f., ebenso ein Brief, den Melanchthon kurz nach dem Tode Philipps I. an Jakob Runge schrieb (ebd. S. 69 f.).

36 J. G. L. Kosegarten, Geschichte der Universität Greifswald I, Greifswald 1857, S. 205; Heyden, Die Erneuerung der Universität Greifswald, a. a. O., S. 29 ff.

37 Über Jakob Runge vgl. Häckermann, in: ADB 29, 1889, S. 689–691; R. Dieckmann, Jakob Runge, Vorpommerns zweiter Generalsuperintendent, in: Pomm. Mbll. 17, 1903, S. 97–120; Lother in: RGG ²4, 1930, Sp. 2142; Heyden, Die Erneuerung der Universität Greifswald, a. a. O., und Kirchengeschichte, a. a. O., passim. Über die Beziehungen Runges zu Melanchthon geben die Briefe Aufschluß, die O. Vogt, Ungedruckte Schreiben von Pommern an Melanchthon, in: Balt. Stud. 42, 1892, S. 1–30, insb. S. 12–21, 23–25 veröffentlicht hat.

38 S. Anm. 36 f.

39 Ebd.

ren, die im 16. Jahrhundert von Wittenberg nach Greifswald berufen wurden oder umgekehrt von Greifswald nach Wittenberg[40].

Die meisten Namen, unter denen sich solche von Klang in der damaligen wissenschaftlichen Welt befanden[41], sind heute vergessen oder sagen uns heutigen kaum noch etwas. Was aber bis in unsere Tage an jene Zeit intensiven menschlichen und geistigen Austausches und Verbundenseins erinnert, das ist jener kostbare, in seinen Ausmaßen wie in seiner künstlerischen Aussagekraft großartige Bildteppich, den die Universität Greifswald ihr eigen nennt, und der nach seinem Stifter unter dem Namen des Croy-Teppichs bekannt ist[42]. Ernst Bogislaw, Herzog von Croy[43], der letzte evangelische Bischof von Cammin, später brandenburgischer Statthalter in Hinterpommern und danach in Preußen, der Schwestersohn des letzten pommerschen Herzogs Bogislaw XIV., hat dieses Kunstwerk der Universität Greifswald 1681 testamentarisch vermacht[44], mit der Auflage, *selbige Tapezerey[45] auf den Tag des Anniversarii meiner sehl. Fraw Mutter, als letzten*

---

40 A. a. O., S. 29a.
41 Genannt seien u. a. der Historiker Michael Beuther, bekannt vor allem als Fortsetzer von Sleidans Kommentaren (vgl. O. Jung in: NDB II, 1955, S. 202), der schottische Theologe Alexander Dume (vgl. Häckermann in: ADB 5, 1877, S. 459), der Schulmann Petrus Vincentius (vgl. Schimmelpfennig in: ADB 39, 1895, S. 735 f.), der Mediziner Franz Joel (vgl. Th. Pyl in: ADB 14, 1881 S. 112–114, sowie A. Hofmeister, Die geschichtliche Stellung der Universität Greifswald, Greifswald 1932 S. 20 und 45, Anm. 41). Vgl. auch die kurze Zusammenstellung bei O. Vogt, Ungedruckte Schreiben von Pommern an Melanchthon, a. a. O., S. 9–12, sowie Kosegarten, a. a. O., S. 193–206.
42 Lit. s. Roderich Schmidt, Croy-Teppich, a. a. O., S. 89, Anm. 2. Beste Abbildung bei H. Göbel, Wandteppiche III, II, Leipzig 1934 Nr. 116.
43 Vgl. Roderich Schmidt in: NDB III, 1957, S. 426–427.
44 E. Bernheim, Das Testament des Herzogs Ernst Bogislaw von Croy vom 3. Juni 1681, in: Pomm. Jbb. 11, 1910, S. 195–217; vgl. dazu A. Hofmeister in seiner Croy-Rede „Der Kampf um die Ostsee vom 9. bis 12. Jahrhundert", Greifswald (1931) ²1942, S. 23 f. (Anm. 3).
45 Im Testament (Bernheim S. 215) ist der „Croy"-Teppich als „eine auch aus dem fürstl. Pommerischen Hause herkommende Tapezerey, darin Dr. Luther auf einem Predigtstuel und etzliche Hertzoge von Pommern mit ihren Gemahlinnen etc. [in] Lebensgröße gewirkt" bezeichnet. Die Annahme, es handle sich um die gleiche Tapezerey, die in dem Wolgaster Nachlaßinventar von 1560 (s. Anm. 60) mit den Worten „Die Tauffe Christi mit den Sechsischen und Pommerischen Herrn, auch der Gelarten Contrafey, zu Stettin gemacht" angeführt ist, wie sie V. Schultze, Geschichts- und Kunstdenkmäler der Universität Greifswald, Greifswald 1906, S. 41 und 44, H. Bethe, Die Kunst am Hofe der pommerschen Herzöge, Berlin 1937, S. 40, und H. Göbel, a. a. O., S. 137, vertraten, ist zweifelhaft. Die Darstellung der Taufe Christi müßte dann gegenüber dem Crucifixus zu sehen gewesen sein, wofür jedoch kein wirklicher Anhaltspunkt vorhanden ist; das Fehlen jeder auf sie bezüglichen Inschrift (wie beispielsweise für den gekreuzigten Herrn auf der gegenüberliegenden Seite) spricht dagegen. Seit der Restauration von 1893 befindet sich an der fraglichen Stelle eine In-

*Tochter und Fürstinnen dieses hochlöblichen Stammes im Auditorio aufzu-
hengen*[46]. Von 1680 bis zum Jahre 1930 hat die Universität diese Verpflichtung getreulich eingehalten[47]. Vom Jahre 1710 an fanden die Gedächtnisfei-
ern für die Herzogin Anna von Croy[48] angesichts dieses Kunstteppichs

schrift über Herstellung und Restaurierung (vgl. dazu die Abbildung bei J. Lessing,
Der Croy-Teppich im Besitz der Kgl. Univ. Greifswald, in: Jb. d. Kgl. Preuß. Kunstsammlungen, 13. Bd., Berlin 1892, nach S. 146 sowie S. 150 und 154 f.).

46 Bereits im Jahre 1680, am 10. März a. St., hatte Ernst Bogislaw die Universität Greifswald aufgefordert, alle zehn Jahre am Todestag seiner Mutter eine Gedächtnisfeier für
sie abzuhalten. Zu diesem Zwecke errichtete er eine Stiftung, von deren Zinsen die
Kosten der Feier gedeckt werden sollten. Vgl. Kosegarten, a. a. O., Bd. II (Urkundl.
Beilagen), Greifswald 1856, S. 145, Nr. 198, dazu Hofmeister, Der Kampf um die Ostsee, a. a. O., S. 4 und 23. Über die Daten des Festes sowie über seine Benennung s.
ebd., S. 23, Anm. 1. Vgl. auch ders., Aus der Geschichte des pommerschen Herzogshauses, Greifswald 1938, S. 20, Anm. 9.

47 Die erste Feier nach der Stiftung fand bereits am 7. Juli 1680 statt. Die Festrede hielt
der Jurist Alexander Carok (über ihn s. Kosegarten a. a. O., Bd. I, S. 267). Drucke dieser Rede und der folgenden bis hin zu der letzten, die der Greifswalder Historiker
Prof. Adolf Hofmeister 1930 gehalten hat (s. Anm. 41), sowie Gedichte u. a., die anläßlich der Feiern entstanden, finden sich in Bd. 119 der „Vitae Pomeranorum" (Ob
596 fol.) auf der Universitätsbibliothek Greifswald.
Während die Originale der ältesten Croyfeier-Akten im Universitätsarchiv schon seit
langem verloren sind (vgl. Bernheim, a. a. O. S. 198, Anm. 1), muß nun auch mit dem
Verlust eines weiteren (von Bernheim, a. a. O. erwähnten) Sammelbandes der Universitätsbibliothek Greifswald gerechnet werden, der nach Hofmeister, Der Kampf um
die Ostsee, a. a. O., S. 23, Anm. 1, jedoch nur die Feier von 1680 enthält. Dieser Band
mit der Bezeichnung „Schriften zur schwedischen Geschichte" 1660–1729 (Oe
427 fol.) ist während des letzten Krieges nach Pansin, Kr. Saatzig, verlagert worden
und bisher noch nicht wieder zutage gekommen.

48 Über Anna von Croy, Schwester Bogislaws XIV. s. Häckermann in: ADB 4, 1876,
S. 614 bis 617, dazu Art. Croy in: NDB III, 1957, S. 426 f. Eine erste Gedächtnisfeier
für die Herzogin Anna hat die Universität Greifswald bereits vor der Stiftung des Festes durch ihren Sohn im Jahre 1663 (nach Kosegarten, a. a. O., Bd. II., Nr. 188,
S. 142, am 22. Oktober) durchgeführt. Hofmeister, Der Kampf um die Ostsee, a. a.
O., S. 4, schreibt demgegenüber, daß die Universität im Jahre 1663 nur „beschloß …,
alle fünf Jahre am Todestage der Herzogin Anna eine Gedächtnisfeier für das frühere
Herzogshaus abzuhalten, die aber nur das erstemal 1665 wirklich zustande kam". An
anderer Stelle (ebd. S. 23, Anm. 1) gibt er als Datum für die Feier des Jahres 1665 den
7. Juli an. Worauf sich diese Angaben stützen, weiß ich nicht. Ein Beleg ist nicht angegeben und konnte auch nicht ermittelt werden. Sofern nicht überhaupt ein Druckfehler vorliegt, handelt es sich wahrscheinlich um ein Mißverständnis. Daß die erste
Feier jedenfalls nicht erst 1665, sondern bereits 1663 stattgefunden hat, das bezeugt
die im Druck vorliegende Rede, die der Prof. jur. ord. Joh. Pommeresche (über ihn s.
Eisenhart in: ADB 26, 1888, S. 403–406) damals gehalten hat. Sie trägt den Titel:
„Kurtze Beschreibung Deß über den Höchstbetraulichen jedoch Höchstseeligsten
tödtlichen Hintritt Der weiland Durchleuchtigen Hochgebornen Fürstinnen und
Frawen, Fr. Annen, Gebornen Hertzoginn zu Stettin, Pommern … Alß höchstge-
dachte Ihr: Fürstl. Gnaden, den 21. Octobris, des 1663ten Jahres … zur Erden Fürstlich bestätigt worden. Deßfalls auff der Pommerschen Universität zu Greiffswald den

statt[49], um auf diese Weise die Erinnerung an das pommersche Herzogshaus in der Universität wachzuhalten.

Die Bedeutung des Croy-Teppichs für die Universität liegt aber auch darin, daß er, obwohl für den herzoglichen Hof[50] und nicht für sie geschaffen, dennoch das Neue, das mit der Reformation in Pommern Einzug gehalten, auch sie erfaßt und zu ihrer Um- oder richtiger Neugestaltung geführt hatte, in meisterhafter Eindringlichkeit vor Augen stellt[51]. Er ist aber vor allem auch ein eindrucksvolles Denkmal sächsisch-pommerscher Beziehungen, und zwar sowohl seinem Inhalte nach wie auch als Kunstwerk.

Denn dargestellt sind auf ihm in Überlebensgröße, die ganze untere Hälfte von links nach rechts ausfüllend, Fürstlichkeiten aus dem ernestinisch-sächsischen und dem pommerschen Hause. Philipp I., der den Teppich hat anfertigen lassen, steht mit seiner Gemahlin Maria, der Tochter des Kurfürsten Johann des Beständigen, Stiefschwester des Kurfürsten Johann Friedrich des Großmütigen, den fünf Kindern dieser Ehe sowie mit dem Vater Philipps, Georg I., und seinem mitregierenden Oheim Barnim IX. und deren Frauen auf der einen, Friedrich der Weise, Johann der Beständige, Johann Friedrich der Großmütige und dessen Bruder, Frau und Kinder auf der anderen Seite.

Es ist also ein Familienbild, das die Verbundenheit der beiden Häuser, geschlossen durch die Heirat Philipps mit Maria 1536 zu Torgau, aber auch ihre Verwurzelung im Evangelium, öffentlich bekunden soll.

Vielleicht war der Teppich zudem auch als eine Ehrung Johann Friedrichs gedacht. Er war durch die Schlacht bei Mühlberg und den Ausgang des Schmalkaldischen Krieges am schwersten getroffen worden, indem er mit der Kurwürde einen Teil seines Landes, ja sogar die Freiheit verlor, die er

---

22. Octobris selben Jahres, angestellten Actus Oratii". Diese Schrift weist zwar auch das Jahr 1665 auf, doch handelt es sich dabei eindeutig um das Erscheinungsjahr ihres Druckes.

49 Die Universität Greifswald gelangte erst 1707 in den Besitz des Teppichs und anderer ihr vermachter Kostbarkeiten aus dem pommerschen Herzogserbe. Bis dahin waren sie vom brandenburgischen Hof festgehalten worden. Vgl. dazu Hofmeister, Der Kampf um die Ostsee, a. a. O., S. 23, Anm. 3.
    Von der Croy-Feier des Jahres 1820 besitzen wir eine genaue Beschreibung aus der Feder des klassischen Philologen Ch. W. Ahlwardt, (über ihn Merzdorf in: ADB 1, 1875, S. 161 f.), abgedruckt in: Greifswaldische Academische Zeitschrift, hrsg. v. Prof. Schildener, 1. Heft, Greifswald 1822, S. 79–119; Auszug in: Der Reformationsteppich der Universität Greifswald („Der Kunstbrief"), Berlin (1947), S. 17 f.

50 Bethe, Die Kunst am Hofe der pommerschen Herzöge, a. a. O., S. 39 ff.; ders., Zur Baugeschichte des ehemal. Herzogsschlosses in Wolgast, in: Balt. Stud., NF. 40, 1938, S. 89.

51 Vgl. hierüber im Vergleich mit dem Rubenow-Bild Roderich Schmidt, Croy-Teppich, a. a. O., S. 90–93.

erst 1552 wiedererlangte. Er steht im Mittelpunkt der sächsischen Gruppe barhäuptig direkt unter dem Kreuz, über dem die Worte aus Jesaja stehen: *Er ist den Vbelthetern gleich gerechnet vnd hat vieler Svnde getragen vnd hat fvr die Vbeltheter gebeten, Esaie am LIII.* Zwischen 1554 und 1556 ist der Croy-Teppich entstanden[52]. Am 3. März 1554 war der Kurfürst verstorben. Fast hat man den Eindruck, als solle auf diesem Bildwerk an ihm wiedergutgemacht werden, was man pommerscherseits zu seinen Lebzeiten versäumt hatte.

Aber nicht nur wegen des dargestellten Inhalts, auch als Kunstwerk ist der Croy-Teppich ein Denkmal sächsisch-pommerscher Beziehungen. Woher sein Schöpfer, der *Tapetmacher* Peter Heymans[53] stammt, ob aus den Niederlanden oder aus Sachsen[54], wissen wir nicht. Komposition und Ausführung des Teppichs, besonders die Art der Bordüren und die Farben, weisen nach den Niederlanden[55]. Bei den engen Verbindungen, die zwischen der Teppichweberei in den Niederlanden und in Sachsen damals bestanden, ist die von H. Bethe geäußerte Vermutung, nicht unwahrscheinlich, daß Heymans an der kurfürstlichen Manufaktur in Torgau tätig gewesen und vielleicht von dort nach Pommern gekommen sein mag[56].

Auf Beziehungen zu Sachsen weisen aber besonders die Vorbilder, die Heymans benutzt hat. Für die Darstellung der Kurfürstin Sybille, der Gemahlin Johann Friedrichs des Großmütigen, und ihres jüngsten Sohnes hat Herzog Philipp am 7. Juni 1553 brieflich Bildnisse vom sächsischen Kurfürsten erbeten. In diesem Schreiben teilt der Pommernherzog seinem Schwager mit, er sei *bedacht,* einen Teppich mit den Bildnissen *E. L. und unseres Geschlechts* wirken zu lassen. Dazu fehlen ihm aber noch die Bildnisse von

---

52 Vgl. Göbel, a. a. O., S. 137.
53 Über Peter Heymans vgl. außer Bethe und Göbel a. a. O., M. Wehrmann, Der Meister des Croy-Teppichs, in: Pomm. Mbll. 24, 1910, S. 84–86; ders. Von den Teppichen der pommerschen Herzogshöfe, in: ebd. 30, 1916, S. 45; V. Schultze, Neues vom Croyteppich, in: ebd. 48, 1934, S. 24 f.; H. Bethe, Die Herkunft Peter Heymanns' in: ebd. S. 84; allgemein: Thieme-Becker, Allg. Lexikon der bildenden Künstler 17, 1924, S. 35.
54 Göbel, a. a. O., S. 137 (Niederländer); Bethe, Herkunft, a. a. O., S. 84 (Sachse).
55 Vgl. Schultze, Geschichts- u. Kunstdenkmäler, a. a. O., S. 42, dazu H. A. Gräbke, Der Croy-Teppich, Einleitung zu „Der Reformationsteppich der Universität Greifswald", a. a. O., S. 14.
56 Bethe, Herkunft, a. a. O., S. 84 mit Hinweis auf Seger Bombeck; anders Göbel, a. a. O., S. 137 mit Hinweis auf Heinrich v. d. Hohenmuel. Vgl. Göbel, Heinrich von der Hohenmuel, Hugo vom Thale und Seger Bombeck, Wirker im Dienste Johann Friedrichs des Großmütigen. Ein Beitrag zur Geschichte der Bildteppichmanufakturen Torgau und Weimar, in: Monatshefte für Kunstwissenschaften XIV, 1921, S. 70–96.

E. L. Gemahlin und jüngstem Sohne und er bittet daher, ihm solche zu überlassen[57].

Für die anderen Sachsen scheinen demnach schon Bilder am Wolgaster Hof vorhanden gewesen zu sein. In der Tat: In den Rechnungen Lucas Cranachs d. Ä. ist 1538 von zehn auf Holz gemalten sächsischen Fürstenbildnissen die Rede[58], die der Kurfürst an Herzog Philipp nach Pommern übersandte, und zwar zur Ausstattung des Schlosses in Wolgast[59], das Philipp 1537, im Jahr nach seiner Eheschließung, hatte ausbauen lassen. Cranach erwähnt ausdrücklich die Bilder der Kurfürsten Friedrich des Weisen und Johann des Beständigen, ein Bild der zweiten Gemahlin Johanns, Margarethe von Anhalt (Mutter der Maria), Bilder Johann Ernsts von Coburg und die zweier Söhne Johann Friedrichs. Es fehlten also in Pommern für die Gruppe der Sachsen auf dem Croy-Teppich tatsächlich. nur die beiden eben erwähnten Bilder, um die im Juni 1553 gebeten wurde, – und ein Bild des Kurfürsten selbst. Nach dem Inventar, das nach dem Tode Philipps I. von Kunstgegenständen im Wolgaster Schloß Februar 1560 aufgenommen wurde[60], ist aber auch ein Porträt Johann Friedrichs des Großmütigen im dortigen Schloß vorhanden gewesen.

Daß für die Darstellung der Sachsengruppe auf dem Teppich Cranachbilder die Vorlage waren, ist unverkennbar. Man vergleiche nur etwa die Köpfe der drei sächsischen Kurfürsten auf dem Croy-Teppich mit dem um 1535 entstandenen Bild Cranachs dieser drei Kurfürsten, das sich heute in der Hamburger Kunsthalle befindet (und auf das in diesem Zusammenhang bisher noch nicht aufmerksam gemacht worden ist). Auch auf ihm ist Johann Friedrich im Gegensatz zu den beiden anderen Kurfürsten barhäuptig dargestellt[61].

Cranachscher Einfluß macht sich aber auch bei den Bildern der Pommern geltend[62]. Besonders die Bildnisse der Kinder Philipps und Marias ver-

---

57 LHA Weimar, S. E. G. A. Reg. 744 Reg. C p. 439; vgl. Schultze, Neues vom Croyteppich, a. a. O., S. 24.

58 Nach C. Schuchardt, Lucas Cranachs des Aelteren Leben und Werke, Bd. 3, Leipzig 1871; darin S. 283 abgedruckt „urkundl. Mitteilungen, meist Rechnungen aus dem herzogl. coburgischen Archiv, jetzt im Gesamtarchiv zu Weimar".

59 Vgl. Bethe, Zur Baugeschichte, a. a. O., S. 87–95 und ders., Kunst am Hofe, a. a. O., S. 35.

60 Mitgeteilt von J. Mueller, Neue Beiträge zur Geschichte der Kunst und ihrer Denkmäler in Pommern II, in: Balt. Stud. 28, 1878, S. 29–38, hier S. 33.

61 M. J. Friedländer und J. Rosenberg, Die Gemälde von Lucas Cranach, Berlin 1932, Abb. 272, dazu S. 79. Drei ganzfigurige lebensgroße Porträts der drei Kurfürsten im vollen Ornat, aus der Cranach-Werkstatt nach 1537 hervorgegangen, haben sich in Weimar, Schloßmuseum (Kat. von 1913, Nr. 156–158) erhalten (ebd.).

62 H. Bethe, Die Bildnisse des pommerschen Herzogshauses, in: Balt. Stud., NF. 39, 1937, S. 71–99 und ebd. 41, 1939, S. 99–102.

raten seine Schule[63]. Für sie sind die Studienblätter aus dem sogenannten Visierungsbuch Herzog Philipps II. bekannt. Sie tragen die Jahreszahl 1553[64]. In dem Visierungsbuch befindet sich auch eine Studie Cranachs d. Ä. zu einem Bildnis der Gemahlin Barnims IX., Anna von Braunschweig, das ebenfalls große Ähnlichkeit mit ihrer Darstellung auf dem Croy-Teppich aufweist[65]. Als Vorlage für die Darstellung Philipps und Marias sowie Barnims IX. werden meistens Bilder angegeben, die von dem Maler Anton de Wida stammen[66], den Barnim 1545 als Hofmaler nach Stettin berufen hatte[67]. Ein anderes Bild Philipps und ein solches seines Vaters Georg I. sind nach dem Wolgaster Nachlaßinventar von 1560 *zu Leipzig gemacht*[68]. Sie werden dem Leipziger „Fürstenmaler" Hans Krell zugeschrieben[69]. Anton de Wida und Hans Krell sind auch als diejenigen in Betracht gezogen worden, die den Karton geschaffen haben könnten, nach dem Heymans den Teppich gewirkt hat[70].

Herzog Philipp I. ist aber ebenso wie seine Gemahlin Maria auch von Lucas Cranach d. Ä. gemalt worden. Von den Cranachbildern Philipps sind zwei aus dem Jahre 1541 bekannt, ein Ölgemälde, das sich zuletzt im Pommerschen Landesmuseum in Stettin befand, und eine Ölstudie im Städtischen Museum zu Reims[71]. Herzog Philipp ist 1541 auf seiner Reise zum Reichstag in Regensburg am sächsischen Hofe gewesen, jedenfalls hatte Kurfürst Johann Friedrich ihn und seine Gemahlin eingeladen, vor Besuch des Reichstages bei ihm zu verweilen[72]. In seiner Begleitung befand sich

63 Ebd. (1937), S. 76; ders. Kunst am Hofe, a. a. O., S. 42. Die gegenteilige Ansicht vertritt Schultze, Geschichts- u. Kunstdenkmäler, a. a. O., S. 53.
64 Abb.: Bethe, Bildnisse, a. a. O. 1937, Nr. 16; ders., Kunst am Hofe, a. a. O., Nr. 29 und 40; „Der Reformationsteppich", a. a. O., Nr. 6.
65 Abb.: Bethe, Kunst am Hofe, Nr. 14, dazu S. 90 f.; ders., Bildnisse, a. a. O., Nr. 7, dazu S. 75 und 85.
66 Nach Angabe des Nachlaßinventars von 1560 (s. Anm. 60), S. 31 f. Abb.: Bethe, Bildnisse, 1937, Nr. 6, dazu S. 75 f., 84–88; ders., Kunst am Hofe, a. a. O., Nr. 13, dazu S. 30.
67 M. Wehrmann, Von pommerschen Hofmalern, in: Pomm. Mbll. 24, 1910, S. 87 f. Vgl. I. Koska: Wied, Anton, in: Thieme-Becker, a. a. O., 35, 1942, S. 524.
68 J. Mueller, a. a. O., S. 31.
69 Bethe, Kunst am Hofe, S. 42; ders., Bildnisse 1937, S. 84 und 87. Über Krell: W. Heltschel, in: Thieme-Becker, a. a. O., 21, 1927, S. 491 f.
70 Vgl. G. Habisch, Die deutschen Schaumünzen des XVI. Jahrhunderts, Bd. II, 1, München 1932, S. 322 ff. und T. Hoffmann, Die Gnadenpfennige und Schaugroschen des pommerschen Herzogshauses, Stettin, 1933, S. 28.
71 H. Bethe, Eine unbekannte Bildniszeichnung Herzog Philipps I., in: Pomm. Mbll. 47, 1933, S. 188–191 (m. Abb.); ders., Bildnisse, a. a. O. 1937, S. 74 f., 86 f. und Abb. 8/9; ders., Kunst am Hofe, a. a. O., S. 35 f. und farbiges Titelbild.
72 St. A. Stettin, St. A. P. I, Tit. 1, Nr. 5, fol. 117 f.; vgl. Heling, a. a. O., Bd. 11, 1907 S. 40, Anm. 4; Bethe; Bildnisse a. a. O. 1937, S. 74.

wahrscheinlich auch sein Rat Jobst von Dewitz, dessen Anwesenheit auf dem Regensburger Reichstag von 1541 bezeugt ist[73].

Auch von Dewitz existiert ein Cranachbild[74]. Ob es, wie man vermuten könnte, zusammen mit den Bildern Philipps 1541 entstand, dafür fehlen nähere Anhaltspunkte. Daß es sich bei den zwei Bildern, die Jobst von Dewitz und seine Gemahlin Otilia von Arnim zeigen, um Cranachbilder oder doch zumindest um solche aus seiner Schule handelt, ist nach den Abbildungen[75] recht wahrscheinlich. Allerdings werden sie in den Werken über Cranach und seine Bilder nirgends erwähnt. Die Annahme, daß sie dennoch von ihm stammen, wird durch ein Inventar Dewitzscher Güter aus dem Jahre 1728 bekräftigt, nach dem die Bilder *beyde von Lucas Cranach auf Holtz gemahlen* sind[76].

Auf dem Croy-Teppich sind aber außer den sächsischen und pommerschen Fürsten auch Luther (auf der Kanzel über ihnen) und in ihrer Mitte Melanchthon (auf sächsischer Seite) und Bugenhagen (auf der Pommernseite) zu sehen. Man hat in diesem Zusammenhang auf den 1547 entstandenen Cranach-Altar in der Stadtkirche zu Wittenberg verwiesen, der Bugenhagen auf dem rechten Flügel bei der Beichte, Melanchthon bei der Taufe auf dem linken Flügel und Luther in der Predella bei der Predigt zeigt[77].

Obwohl Luther im Mittelpunkt des Croy-Teppichs dargestellt ist und diese Stellung durch die Inschrift, die die Mitte der sich über den ganzen oberen Rand des Teppichs hinziehenden Borte einnimmt, noch unterstrichen wird[78], ist auch Bugenhagen besonders hervorgehoben, indem seine

---

73 Gantzer, a. a. O., Bd. I, S. 388 f., Nr. 890–894.

74 Vgl. Roderich Schmidt, Zur Familiengeschichte des pommerschen Rats Jobst von Dewitz, a. a. O., S. 218 f.

75 Abb.: Gantzer, a. a. O., Bd. JII, 2, Halle (Saale) 1918, Taf. 1. Die auf den Bildern befindliche Inschrift ist mitgeteilt ebd. Bd. II, Halle 1913, S. 393 f.

76 Inventarium der Hoffeldschen Güther, … welches nach Absterben des … Oberlieutenant und Landrath Herrn Steffen Bernt von Dewitz am 25. October 1728 aufgerichtet worden", abgedruckt bei Gantzer, Bd. III, 2, a. a. O., S. 36–44, bes. S. 41. Die Bilder befanden sich zuletzt auf dem v. Dewitzschen Gut Cölpin bei Neubrandenburg. Für Auskünfte habe ich Herrn Prof. Dr. H. Ladendorf, Köln, Frau Prof. D. H. Jursch, Jena, und Herrn Bernhard Kummer, Jena, zu danken.

77 H. Bethe, Die Bildnisse Bugenhagens, in: Pomm. Mbll. 49, 1935, S. 116–123, ebenso Bll. f. Kirchengesch. Pommerns, Heft 13, 1935, S. 16–22; ders., Bildnisses d. pomm. Herzogshauses, a. a. O., 1937, S. 76.
Über den Wittenberger Altar vgl. O. Thulin, Cranach-Altäre der Reformation, Berlin 1955, S. 9–32 mit guten Bildwiedergaben. Vgl. jetzt auch ders., Das Bugenhagenbildnis im Zeitalter der Reformation, in: Johann Bugenhagen. Beitr. z. s. 400. Todestag, 1958, S. 71–88.

78 Ao. MDXVII hat der ehrwirdig Doctor Martini Luther zv Wittemberg angefangen Gottes Wort lavter vnd rein zv predigen bis er Ao. MDXLVI, den XVIII. Febrv. christlicher Bekenntnis vorschiden ist im 63. Iar seins Alters.

Bedeutung ebenfalls durch eine Inschrift in der oberen Borte gewürdigt wird: *Im Iar nach Christi Gebvrt MDXXXV ist in Pomerlandt das Leicht der Gnaden das Gottlich Wort angezvndt und durch D Iohan Bvgnhagn gepredigt.*

Auf ihn, den gebürtigen Pommern, blickte man mit besonderem Stolz. Was er für die Reformation im allgemeinen, was er für seine Heimatkirche und sein Heimatland bedeutete, ist oft behandelt[79] und zuletzt in der Bugenhagen-Festschrift der pommerschen Kirche gewürdigt worden.

Hatte in ihr für mich die Frage gelautet, was die Universität Greifswald ihm in Sonderheit verdankt und ob sie ihm, dem Reformator Pommerns, wohl in gleichem Maße wie Land und Kirche dankbaren Gedenkens schuldig sei, so ist jetzt nach seiner Bedeutung für die Beziehungen Pommerns und Sachsens in der Reformationszeit zu fragen.

Dabei geht es nicht um sein Verhältnis zu Luther oder anderen Reformatoren, sondern, nachdem eingangs das Verhältnis Karls V. zu Pommern beleuchtet wurde, darum, welche Rolle Johannes Bugenhagen in der sächsisch-pommerschen Politik, vor allem beim Zustandekommen des Bündnisses von 1536 gespielt hat.

Dieses Bündnis ist bekanntlich in doppelter Weise geknüpft worden, politisch und familiär, d. h. durch den Beitritt Pommerns zum Schmalkaldischen Bund und durch die Heirat Philipps I. mit der Prinzessin Maria von Sachsen.

Im Februar 1536 hat Luther das Paar in Torgau getraut. Man hat deshalb gemeint, daß dieses Ereignis auf dem Croy-Teppich verewigt werden sollte[80]. Von den Dargestellten sind neben Philipp und Maria auch Johann Friedrich der Großmütige, Herzog Barnim IX. sowie Luther, Melanchthon und Bugenhagen auf der Torgauer Hochzeit zugegen gewesen; und es wäre wohl denkbar, daß das Paar auf dem Teppich in den größeren Familienzusammenhang der Vorfahren und – gemäß einem bei der Hochzeit von Lu-

---

79 Anläßlich seines 450. Geburtstages wurde seine Bedeutung für Pommern in einer Reihe von Aufsätzen gewürdigt; abgedruckt in: Pomm. Mbll. 49, 1935, S. 101–164, und gleichfalls in: Bll. f. Kirchengeschichte Pommerns 13, 1935. Nach 1945 scheinen außer Aufsätzen in den oben S. 57, Anm. 3, 4 u. 5 genannten Veröffentlichungen keine Monographien über ihn erschienen zu sein, vgl. auch die Zusammenstellung der Bugenhagen-Literatur von H.-G. Leder in: Johann Bugenhagen. Beitr. z. s. 400. Todestag, 1958, S. 123 bis 137.

Dagegen erschienen einige zusammenfassende Artikel: G. Franz in: Biographisches Wörterbuch zur deutschen Geschichte, München 1952, S. 99; H. Reller in: Ev. Kirchenlexikon, Göttingen 1956, S. 610 f.; O. Thulin in: RGG ³1, Tübingen 1957, Sp. 1504; E. Wolf in: NDB III, Berlin 1957, S. 9–10; J. Allendorf in: Lexikon für Theologie und Kirche, ²II, Freiburg i. Br. 1958, Sp. 761.

80 Göbel, a. a. O., S. 137.

ther geäußerten verheißenden Wunsche[81] – auch der zahlreichen Nachkommen hineingestellt erscheinen sollte.

Aber trifft die Ansicht, auf dem Croy-Teppich sei Luther bei der Traupredigt dargestellt, nach dem, was wir über die Hochzeit wissen, wirklich
zu? Diese Frage führte zur Prüfung der Überlieferung und ihrer verschiedenen Aussagen[82]. Dabei ergab sich, daß die Erinnerung an die Hochzeit bei
der Gestaltung des Bildteppichs angeklungen sein mag, wie auch der darge-
stellte Raum vielleicht an die Torgauer Schloßkapelle erinnern sollte, in der
die Eheschließung wahrscheinlich stattgefunden hat. Unmittelbare Hinweise
auf die Hochzeit enthält der Teppich jedoch nicht.

Außerdem hatte nicht Luther allein, sondern auch Bugenhagen damals
eine Traupredigt gehalten. Wie es besonders bei fürstlichen Hochzeiten üblich war, wurden Copulation und Benediktion zeitlich getrennt; jene nahm
Luther vor, diese erfolgte am nächsten Morgen durch Bugenhagen[83]. Bei beiden – das war das Besondere dieser Hochzeit – wurde eine Predigt gehalten.
Während die Predigt Luthers überliefert ist[84], ist uns die Bugenhagens nicht
überkommen, wohl aber Ausführungen, die er auf Veranlassung Luthers
seiner Predigt eingefügt hat, nämlich die „Historie, wie Ehebruch ist gestraft
worden", die in Aurifabers Sammlung von Luthers Tischreden überliefert
ist. Danach hat diese Historie *D. M. L. Anno 1536 zu Torgau erzählet, als
Herzog Philipps von Pommern allda mit dem Fräulein zu Sachsen Beylager
hatte, und mußte D. Pommer sie in der Hochzeitspredigt offentlich sagen
(denn D. Luther krank wurde, daß er die Brautpredigt nicht thun konnte)
und sollte diese Historien dazu dienen, daß Eheleute sich für den Teufel fürsehen möchten, und in der Furcht Gotes lebeten, fleißig beteten und für Unzucht und Ehebruch sich hüteten*[85].

Die zwei an verschiedenen Tagen gehaltenen Torgauer Hochzeitspredigten sind auch für die genaue Datierung der Hochzeit von Bedeutung. Es
kann nunmehr wohl mit Sicherheit gegenüber älteren und falsch bezogenen
Datierungen gesagt werden: Am 27. Februar 1536, dem Sonntag Esto mihi,
erfolgte zunächst das kirchliche Aufgebot, am Nachmittag hat Luther die
Copulation vollzogen und dabei seine Predigt gehalten. Später fand das Bei-

81 Vgl. hierzu Roderich Schmidt, Die Torgauer Hochzeit 1536. Die Besiegelung des
   Bundes zwischen Pommern und Sachsen in der Zeit der Reformation, in: „Solange es
   Heute heißt", Festgabe für Rudolf Hermann zum 70. Geburtstag, Berlin 1957, S. 234–
   250, hier S. 238 ff.
82 Ebd. S. 234-243.
83 Luther an Nicolaus Hausmann 11.3.1536, WA Briefwechsel 7, Nr. 2298, S. 371–373.
84 WA 41, S. 516–520; vgl. dazu ebd. S. XXXI.
85 D. Martin Luther's Tischreden oder Colloquia. Nach Aurifaber's erster Ausg. hrsg. v.
   K. E. Förstemann und H. E. Bindseil, 4. Abt., Berlin 1848, S. 137 f. (43, 164); jetzt WA
   Tischreden 6, Nr. 6933, S. 277 f.

lager statt. Am nächsten Morgen, Montag dem 28. Februar, schloß sich ein weiterer Kirchgang an, bei dem Bugenhagen das Paar nach der von ihm gehaltenen Predigt einsegnete. Dann erst begann das Hochzeitsfest mit Turnierspielen und vielem Essen und Trinken. Die Torgauer Hochzeit kann aber noch in anderer Hinsicht Beachtung beanspruchen, nämlich als Beispiel für die unterschiedlichen Auffassungen, die man in der Reformationszeit vom Eherecht hatte, und für die verschiedenen Rechtsformen, die eine solche Trauung rechtskräftig machten[86].

Während die sächsischen Theologen – Luther und Spalatin sind dafür Zeugen – die kirchlichen Akte für entscheidend hielten, sahen die Pommern – Thomas Kantzow und Jobst von Dewitz – das Konstitutive in den weltlichen Rechtsakten, eine Auffassung, die wohl zugleich die der Juristen war, wird sie doch auch von dem sächsischen Kanzler Dr. Gregor Brück geteilt.

Es handelte sich dabei um die mit der Heirat in Zusammenhang stehenden Verträge. Seit längerer Zeit war zwischen den beiden Staaten über die Höhe des Brautschatzes, der Morgengabe, des Leibgedinges sowie über eine eventuelle Erbverzichterklärung der Prinzessin Maria verhandelt worden, ohne daß diese Verhandlungen zu einem endgültigen Abschluß gelangt waren. Vor der Heirat aber mußte diese Einigung erfolgen. So schrieb der sächsische Kanzler Brück am 9. Oktober 1535 an Bugenhagen, der Kurfürst wünsche, daß alles *ehe dann der beischlaff eruolgte seine aigenntliche vnd clare abrede habenn muge*[87]. Und im gleichen Sinne schrieb Jobst von Dewitz am 30. November an Brück, seine Herren seien der Meinung, daß *die heirats vnd annder vorschreibungen endtlich mogen vorgleicht, vfgericht vnd gefertiget werdenn*[88]; danach seien sie dann *zuuolzihen und zuuorsigeln*[89]. Letzteres geschah am 2. und 3. März 1536[90]. Die endgültige „Abrede" hatte am 26. Februar 1536 stattgefunden. Demgemäß sah man in der herzoglichen Kanzlei in Wolgast den 26. und nicht den 27./28. Februar als das eigentliche Datum der Hochzeit an[91].

Das Datum des 26. Februar bezieht sich aber noch auf einen zweiten Akt, dem nicht geringere Bedeutung beigemessen wurde: die Zustimmung,

86 Roderich Schmidt, Die Torgauer Hochzeit als Beispiel für Rechtsform und Rechtsanschauung im 16. Jahrhundert, in: ZRG, Germ. Abt., 75, 1958, S. 372–382.
87 Ders., Johannes Bugenhagen als Mittler in den poltischen Eheverhandlungen zwischen Pommern und Sachsen 1535/36. Ergänzungen zum Bugenhagen-Briefwechsel, in: ZKG 69, 1958, S. 79 bis 97, hier S. 93.
88 Ders., Hermann Festgabe, a. a. O., S. 246.
89 Brück am 9. 10. 1535 an Bugenhagen, in: R. Schmidt, Ergänzungen zum Bugenhagen-Briefwechsel, a. a. O., S. 93.
90 LHA Weimar, S. E. G. A., Urk. Nr. 640, 641 und 642, 636 und 637.
91 Roderich Schmidt, Die Torgauer Hochzeit als Beispiel für Rechtsform und Rechtsanschauung im 16. Jahrhundert, s. Anm. 86.

d. h. die Willenserklärung der Brautleute zur Heirat und zu den Heiratsver-
trägen. Hierfür war das gegenseitige Sich-Kennenlernen die Voraussetzung[92]. In den Verhandlungen, die der Hochzeit vorausgingen, war immer
wieder davon die Rede gewesen, daß Herzog Philipp die Prinzessin Maria
kennenlernen wolle und müsse, daß er zumindest, wie Brück an Bugenhagen
schrieb, *der besichtigung halben* jemand nach Torgau schicken möge. Dieser
Auftrag wurde Jobst von Dewitz zuteil, als er im August 1535 gemeinsam
mit Bartholomäus Swave, dem Kanzler Barnims IX., zu Bündnisverhandlungen nach Sachsen reiste. Thomas Kantzow berichtet hierüber: *De togen
hen und besegen dat froichen. Dat gefil en averut wol, und makeden do der
saken einen bescheid* ... [93]

Der „Bescheid" ist eine Vereinbarung über die Grundsätze für die Eheschließung, die auf einer Zusammenkunft am 28. August zu Wittenberg zwischen Brück, Dewitz und Bugenhagen erzielt worden war. Das Protokoll
dieser Absprache hat Bugenhagen mit eigener Hand niedergeschrieben[94].

Nach Kantzow sollte Herzog Philipp diese Vereinbarung *vullentehen*,
wenn er zur Hochzeit nach Torgau käme, jedoch unter der Voraussetzung:
so em dat froichen gefille[95]. Die Richtigkeit dieser Notiz bei Kantzow wird
durch die Briefe bestätigt, die Dewitz und Brück wegen des endgültigen
Termins gewechselt haben. Dewitz gebraucht einmal sogar die Formulierung, daß *die ganze handlung entlich auff das besehen von beiden teilen beruhet*[96]. Daß der Pommernherzog mit dem „Besehen" zufrieden war, vermerkt Kantzow ausdrücklich: Nach dem Eintreffen in Torgau *besach
hertoch Philips de froichen und gefill em wol. Darum wurt de heirat vullentagen*[97]. Das „Gefallen" ist demnach die Voraussetzung für den Vollzug der
Heirat gewesen. Dieser erfolgte am Sonnabend, dem 26. Februar, durch die
endgültige Einigung über die Heiratsverträge und durch das feierlich abgegebene „Ja", das Verlöbnis der Brautleute, das nicht nur nach deutschem
Redet, sondern auch nach dem evangelischen Eherecht des 16. Jahrhunderts
als das einzige Rechtsgeschäft galt, durch das eine Ehe eingegangen wurde[98].

Wir sind über die Vorgeschichte des pommersch-sächsischen Ehebünd-
nisses durch die in dieser Angelegenheit gewechselten Briefe unterrichtet.
Bisher waren nur zwei von ihnen veröffentlicht, ein Brief Bugenhagens an

---

92 Ebd. S. 379 ff.
93 Des Thomas Kantzow Chronik von Pommern in niederdeutscher Mundart, hrsg. v.
    G. Gaebel, Stettin 1929, S. 112.
94 Abgedruckt in: Ergänzungen zum Bugenhagen-Briefwechsel, a. a. O., S. 90.
95 Wie Anm. 93.
96 Brief vom 9.10.1535 an Gregor Brück, Abdruck in: Hermann-Festgabe, a. a. O., S. 246.
97 Kantzow, niederdeutsch, a. a. O., S. 114 f.
98 R. Sohm, Das Recht der Eheschließung aus dem deutschen und canonischen Recht ge-
    schichtlich entwickelt, Weimar 1875, bes. S. 197, 231 u. ö.

Jobst von Dewitz vom 9. September 1535[99] und ein Brief Bugenhagens an Gregor Brück vom 1. Oktober 1535[100]. Nachdem nun die ergänzenden Briefe, nämlich drei Schreiben Dewitz' an Bogenhagen und Brück, in der Festgabe für Rudolf Hermann[101] und der Schriftwechsel zwischen Kurfürst Johann Friedrich dem Großmütigen, Brück und Bugenhagen in den anläßlich des 400. Todestags von Johann Bugenhagen erschienenen Ergänzungen zum Bugenhagen-Briefwechsel[102] zugänglich gemacht sind, wird zweierlei viel deutlicher als bisher: Einmal die entscheidende Rolle, die Bugenhagen als Mittler in den Ehe- und Bündnisverhandlungen gespielt hat, und – das ist das zweite – wie sehr diese beiden Dinge, der Ehebund und das politische Bündnis zwischen Pommern und Sachsen, von Anfang an miteinander zusammenhingen. Hatte Reinhard Heling in seinem Aufsatz „Pommerns Verhältnis zum Schmalkaldischen Bund" noch gemeint: „Das erste Zeugnis für die Absicht der Herzöge, dem Schmalkaldischen Bund beizutreten, liegt in einem Schreiben Philipps an Barnim vom 16. Juli 1535 vor"[103], so können wir jetzt mit Bestimmtheit sagen, daß dieser Plan weiter zurückreicht. Bereits in einem Schreiben des Kurfürsten Johann Friedrich vom 6. Juli 1535 *An D. Brucken. Wie er sich gegen D. Pommern der Pommerischen heiratt und einnehmung halben in die Euangelische Bundtniß soll in anttwort vernehmen laßen,* sind beide Angelegenheiten ausdrücklich, und offenbar nicht zum erstenmal, miteinander verbunden. Mit Nachdruck trägt der Kurfürst seinem Kanzler Brück auf, Bugenhagen zu veranlassen, sich bei den Pommernherzögen zu erkundigen, *ob nicht Ire liebden der neygung vnnd willens weren, ... sich vf berurten vhalb[104] auch mit darein[105] zulassenn und zubegebenn, welches wir dan also bey der andern vnsern mitverwanten, iren liebden zum bestenn zu furdern, helffen, ane zweiuel nicht wurden mängel sein lassenn*[106].

Fast scheint es so, als ob die Anregung, dem Schmalkaldischen Bündnis beizutreten, gar nicht von Pommern, sondern von Sachsen ausgegangen ist. Der Kurfürst erwähnt in seinem Brief ausdrücklich den Befehl des Reichs-

---

99 P. Gantzer, Ein Brief Bugenhagens an Jobst von Dewitz, in: Pomm. Mbll. 22, 1908, S. 6–8.

100 G. Buchwald und O. Vogt, Drei Briefe Bugenhagens, in: Balt. Stud., NF. 3, 1899, S. 129–131.

101 Roderich Schmidt, Unveröffentlichte Briefe des pommerschen Rats Jobst von Dewitz, in: Hermann Festgabe, a. a. O., S. 244–247.

102 Ders. in: ZKG 69, 1958, S. 87–97.

103 Balt. Stud., NF. 10, 1906, S. 1–32; 11, 1907, S. 23–67. Hier Bd. 10, 1906, S. 15 f. Abdruck des Schreibens bei v. Medem, a. a. O., S. 199-201.

104 Wegen des am Reichskammergericht anhängigen Prozesses gegen die Herzöge von Pommern.

105 Gemeint ist der Schmalkaldische Bund.

106 Abdruck in: Ergänzungen zum Bugenhagen-Briefwechsel, a. a. O., S. 87 f.

kammergerichts an Pommern vom 8. Mai 1535, mußte dieses Schriftstück also kennen. Tatsächlich ist eine Abschrift im Thüringischen Landeshauptarchiv zu Weimar noch heute vorhanden[107]. Man hatte sie dem Kurfürsten zugeschickt, nicht nur zur Kenntnisnahme, sondern auch mit der Anfrage, wie man sich verhalten solle und am besten schützen könne. Die Aufforderung, dem Schmalkaldischen Bund beizutreten, ist offenbar die Antwort des Kurfürsten darauf. Zur Vermittlung bediente man sich dabei Bugenhagens, der ja zu der Zeit noch in Pommern weilte[108] und der das Vertrauen sowohl der kursächsischen wie auch der pommerschen Regierungen besaß.

Der Brief des Kurfürsten sagt eingangs ferner, daß der Kurfürst einen Brief Bugenhagens, wahrscheinlich an Brück gerichtet, habe öffnen lassen. Dieses Schreiben bezieht sich auf die Eheangelegenheit. Bugenhagen teilt darin mit, Herzog Philipp habe den Wunsch geäußert, ein Bild der Prinzessin Maria zu sehen. Der Kurfürst hat diesen Wunsch sogleich aufgegriffen. Er schreibt dazu an Brück[109]: *So haben wir vnser schwester, weil maister lucaß, gleich itzt, alhie bey vnns gewest, durch ine Conterfeien lassen.* Er übersendet das Bild Brück, damit dieser es an Bugenhagen schickt, durch den es dann der Pommernherzog erhalten soll. Wie sehr die Eheangelegenheit auch dem Kurfürsten am Herzen lag, ersieht man daraus, daß er am Ende des Briefes, nachdem inzwischen von dem politischen Bündnis die Rede war, noch einmal auf sie zurückkommt mit den Worten: *Vnd das er* (gemeint ist Bugenhagen) *je vnnser schwester sachenn, zumbestenn souiel muglich zu furdern vnd zuvleissigen nit vnderlassen wolte.*

Schließlich ist dieser Brief aber auch eine Bestätigung für die Richtigkeit einer Bemerkung Kantzows, der von den Heiratsplänen Philipps spricht und dann fortfährt: *So lede he ersten doctor Buggenhagen up, de sake dorch schrifte to vorsoken. De dede id und fand, dat de churfurste nicht ungeneigt darto was*[110].

Aus alledem geht hervor, daß Ehebund und politisches Bündnis bereits zu einer Zeit in die Wege geleitet wurden, als Bugenhagen noch in Pommern zur Visitation weilte. Daß für die Pommern das Schreiben, das das Reichskammergericht ihnen im Auftrag Karls V. zugestellt hatte, ein entscheidender Anstoß war, die sächsische Hilfe zu suchen, kann nicht bezweifelt werden.

Beide Bündnispläne wurden fortan gemeinsam verfolgt. Im August 1535 traten Jobst von Dewitz als Beauftragter Philipps I. und Batholomäus Swave als Beauftragter Barnims IX. die Reise nach Sachsen an, beide mit einer ein-

---

107 S. oben S. 366, Anm. 10.
108 Heyden, Kirchengeschichte, a. a. O., Bd. I, S. 234 f. Die letzte Station seiner Visitationsreise in Pommern war Pasewalk, wo er am 19.6.1535 bezeugt ist.
109 Wie Anm. 106.
110 Kantzow, niederdeutsch, a. a. O., S. 112.

gehenden Instruktion der Herzöge versehen, die Bitte um Aufnahme in den
Schmalkaldischen Bund beim Kurfürsten vorzutragen[111]. Dewitz hatte darüber hinaus noch den speziellen Auftrag, die Prinzessin Maria zu besichtigen. Der dritte im Bunde aber war niemand anders als Bugenhagen. Auf
Grund der Briefe ist diese bisher nicht bekannte Tatsache jetzt zu belegen
und eine genaue zeitliche Ansetzung möglich.

Am 16. August 1535 teilt Johann Friedrich Gregor Brück mit, es sei ein
Brief Bugenhagens eingetroffen, aus dem hervorgehe, daß Bugenhagen auf
dem Wege nach Sachsen sei[112]. Am 23. August sind Bugenhagen, Dewitz
und Swave mit dem Kurfürsten in Torgau zusammengetroffen und haben
ihm die pommersche Bitte um Aufnahme in das Schmalkaldische Bündnis
vorgetragen[113]. Bereits am nächsten Tage wurde Dewitz und Swave eine
schriftliche Antwort auf Grund eines Gutachtens der sächsischen Räte erteilt[114]. Am 25. August trafen sie gemeinsam mit Bugenhagen in Wittenberg
ein. Das bezeugt eine Rechnungsnotiz, in der die Räte *des hertzog von
pommern, die den pfarrer hieher beleit haben an der mitwochen nach bartholomej* erwähnt sind[115]. Ein Begegnung mit Luther fand jedoch erst am
27. August statt. Zwar wußte dieser, daß Bugenhagen auf dem Wege nach
Wittenberg war, was aus einem Brief Luthers an Justus Jonas vom 19. August hervorgeht: *Pomeranus est in itinere ad nos*[116]; davon, daß dieser mit
den pommerschen Gesandten zusammenreiste und gemeinsam mit ihnen einen politischen Auftrag beim Kurfürsten in Torgau zu erledigen hatte,
scheint er nicht unterrichtet gewesen zu sein. Am 24. August schrieb er

---

111 Ebd. Vgl. dazu Roderich Schmidt, Johannes Bugenhagen als Mittler, a. a. O., S. 83 ff.
     Das Schreiben der Herzöge Barnim und Philipp an Kurfürst Johann Friedrich vom
     10.8.1535, in dem sie diesem die Ankunft ihrer Gesandten mitteilen, sowie die ihnen
     mitgegebenen Instruktonen finden sich in dem Aktenband S. E. G. A., Weimar Reg.
     H 108 (alte Signatur: H. fol. 101, Nr. 43) des LHA Weimar, fol. 4 und fol. 5–6'
112 Thür. LHA Weimar, S. E. G. A., Reg. D. 73 (alte Signatur: Reg D pag 36 No 65), fol.
     15.
113 Das geht aus einem Brief des Kurfürsten vom 24.8.1535 an Brück hervor, in dem es
     heißt: „als habenn wir gemelten Bugenhagen vnnd die Potschafft, do wir anher
     [= Torgau] komen, allhie funden, Vnnd die Potschafft irer werbung gestern gehort";
     ebd. fol. 16. Daß Dewitz und Swave zusammen mit Bugenhagen die „Werbung" vor-
     getragen haben, bezeugt das Antwortschreiben vom 24.8.1535.
114 Thür. LHA Weimar, S. E. G. A., Reg. D. 73 (alte Signatur: Reg D pag 36 No 65),
     fol. 8–16.
115 Thür. LHA Weimar, S. E. G. A., Bb 2810, fol. 201'.
     Wenn H. Heyden, Bugenhagen als Reformator und Visitator, in: Johann Bugenha-
     gen. Beitr. z. s. 400. Todestag, S. 22, von Bugenhagen schreibt: „Am 27. August weilt
     er bereits wieder in Wittenberg", so muß dieses Datum auf sein erstes Zusammen-
     treffen mit Luther, nicht aber auf seine Ankunft in Wittenberg bezogen werden.
116 WA Briefwechsel 7, 1937; Nr. 2223, S. 232 f.

nämlich ebenfalls an Jonas: *Miror, cum Pomeranus cessit ad nos accedere, cum iam paene octiduo circum Wittembergam, nescio ubi, versetur*[117]. Von dem Zusammentreffen am 27. August berichtet das erwähnte Rechnungs-buch: *5½ Stubigen der hern von pommern, martinus, landvogt mit einander geessen am freytag nach bartholomai*[118]. Über die Folgen dieser Zusammen-kunft berichtet Luther am 29. August an Melanchthon nach Jena: *Nam heri et hodie perpetua diarrhoea laboravi et debilitatus sum corpore, eo quod somnus me fugit, et cibum nullum cupio, et potu destituimur … Quindecim sedes habui hoc biduo*[119]. Am 28. August ist Batholomäus Swave aus Witten-berg abgereist[120]. Die Bündnisangelegenheit war damit vorerst erledigt. De-witz blieb jedoch noch in Wittenberg, traf hier am gleichen Tage mit Gregor Brück zusammen, um nun mit ihm und Bugenhagen die Heiratssache zu be-raten, über die man sich dabei grundsätzlich einigte[121].

Während der weitere Ablauf der Dinge, soweit er die Eheangelegenheit anlangt, aus dem veröffentlichten Briefwechsel hervorgeht, bedarf der das politische Bündnis betreffende Schriftwechsel noch der Bearbeitung. Soweit das Material im Thüringischen Landeshauptarchiv in Weimar liegt[122], ist es von mir durchgesehen worden. Zur Ergänzung sind die Akten des Landgra-fen Philipp von Hessen heranzuziehen, die sich im Marburger Staatsarchiv befinden, vornehmlich der Briefwechsel des Landgrafen mit den Pommern-

---

117 Ebd. Nr. 2228, S. 241 f.
118 Wie Anm. 112.
119 WA Briefwechsel 7, Nr. 2231, S. 244 f.
120 Das Datum ergibt sich aus einem Brief Brücks an Kurfürst Johann Friedrich vom 13.9.1535, in dem er diesem schreibt, daß „der Pomerisch Cantzler vor meinem an-kommen kegen Wittenberg abgereiset vnnd der von Dewitzen allein do plieben" (Thür. LHA Weimar, S. E. G. A., Reg D. 73, Alte Sign.: Reg D pag 36 No 65, fol. 20). Brück ist nun - entgegen einem Brief Luthers an Melanchthon vom 29. B. 1535: „D. Brück hodie advenit" (WA Briefwechsel 7, Nr. 2231, S. 244 f.) – nicht erst am 29., sondern bereits am 28. August 1535 in Wittenberg gewesen, was durch das Pro-tokoll bestätigt wird, das Bugenhagen an diesem Tage über seine Unterredung mit Dewitz und Brück niedergeschrieben hat (s. oben S.72 und Anm.91). Am 27.8. aber ist auch Swave offenbar noch in Wittenberg gewesen, denn in ihm wird man einen „der hern von pommern" zu sehen haben, die an diesem Tage mit Luther 5½ Stubi-gen getrunken haben (s. Anm. 115).
121 S. oben S. 384 und Anm. 94.
122 In Betracht kommen hauptsächlich die Aktenbände: Weimar, S. E. G. A., Reg. H 108 (alte Signatur: H. fol. 101 Nr. 43): „Schrifftenn vnd Handlungen der Herzogen in Pommern Einnehmung in die Christliche verstendnüs. Item Herzogk Philipßens Gemahls Heyrathgueth belangende. Ao. 1535/6." sowie Weimar, S. E. G. A. Reg. D. 73 (alte Signatur: D. pag. 36, No. 65): Sächs. Händel.
     Dafür, daß ich diese Bände in Greifswald benutzen konnte, bin ich Herrn Prof. Dr. W. Flach † ebenso wie für freundliche Hinweise zu Dank verpflichtet

herzögen von 1521–1567[123]. Kurze Hinweise enthält der 3. Band des Politischen Archivs des Landgrafen Philipp des Großmütigen von Hessen, den Walther Heinemeyer 1954 herausgebracht hat[124]. Hinzu kommen die Akten des Reichskammergerichts[125]. Vor allem aber bleiben der Wunsch und die Hoffnung, daß die Bestände des Stettiner Staatsarchivs, soweit sie an ihrem alten Platz geblieben oder wieder dorthin zurückgeführt worden sind, auch für uns eines Tages wieder zugänglich werden möchten[126].

Erst dann wird es in vollem Umfange möglich sein, die Geschichte des Beitritts Pommerns zum Schmalkaldischen Bund als den wichtigsten Abschnitt aus den pommersch-sächsisch Beziehungen in der Reformationszeit zu schreiben.

Freilich soll und darf die Arbeit bis dahin nicht ruhen. Die Veröffentlichung des kaiserlichen Mandats vom 8. Mai 1535, die Gutachten der sächsischen Räte hierzu sowie andere die Bündnisangelegenheiten betreffende Aktenstücke kann schon jetzt in Angriff genommen werden. Nachdem in den letzten Jahren die Entstehung des Schmalkaldischen Bundes und seiner Verfassung bis zum Jahre 1533 erneut untersucht und dargestellt[127], die Sammlung der Schmalkaldischen Bundesabschiede der Jahre 1530 bis 1532 herausgegeben[128], ihre Fortsetzung für die Jahre 1533 bis 1536, Arbeiten über das Reichskammergericht[129] sowie eine Untersuchung über das Verhältnis der

---

123 „Akten des Landgrafen Philipp, auch gemeinsam mit gemeiner christlicher Einung Kriegsräten", 1521–1567; darin u. a. Briefwechsel mit den Herzögen Barnim IX. und Philipp I. von Pommern.

124 Politisches Archiv des Landgrafen Philipp des Großmütigen von Hessen, III. Bd., bearb. v. W. Heinemeyer (Veröffentl. d. Hist. Komm. f. Hessen u. Waldeck XXVI, 1), Marburg (Lahn), 1954, S. 106 f.

125 Allerdings ist der Bestand des Reichskammergerichtsarchivs weithin zerstreut. Die 1855 in Wetzlar verbliebenen, sich auf das damalige preuß. Staatsgebiet erstreckenden Akten wurden 1924 unter die preuß. Staatsarchive aufgeteilt. Die auf Pommern bezüglichen Akten kamen an das Staatsarchiv Stettin. Nicht aufgeteilt wurde jedoch der sogenannte „untrennbare Bestand", der an die damalige Reichsarchivfiliale in Frankfurt a. M. abgegeben wurde und sich heute noch dort befindet (Abt. des Bundesarchivs).

126 Über das Schicksal der pommerschen Archivalien nach dem zweiten Weltkriege vgl. H. Branig, Pommersche Geschichtsforschungen nach 1945, in: Balt.Stud., NF. 43, 1955, S. 17–20 (m. Lit.).

127 E. Fabian, Die Entstehung des Schmalkaldischen Bundes und seiner Verfassung 1529 1531/33 (Schriften zur Kirchen- und Rechtsgeschichte I), Tübingen 1956.

128 Die schmalkaldischen Bundesabschiede 1530–1532, bearb. u. hrsg. v. E. Fabian (ebd. VII), Tübingen 1958.

129 Urkunden und Akten zur Geschichte der Religionsprozesse der Protestierenden am sog. Reichskammergericht, am Kaiserlichen Hofgericht zu Rottweil und vor dem Schwäbischen Bunde 1530–1534/35, bearb. u. hrsg. v. E. Fabian.
Ders., Das Kaiserliche Kammergericht, das Kaiserliche Hofgericht zu Rottweil und die Anfänge des Schmalkaldischen Bundes. 1530–1534/35.

Reichsstädte Straßburg und Ulm zum Schmalkaldischen Bund[130] in Aussicht gestellt sind, erscheint eine genauere Untersuchung der pommerschen Politik jener Zeit möglich, für die Kenntnis der allgemeineren Zusammenhänge förderlich und deshalb dringend geboten.

In welchem Umfange sie durch Maßnahmen des Kaisers veranlaßt worden ist und welche Rolle Bugenhagen dabei gespielt hat, ist hier mit einigen Strichen gezeichnet worden.

Der Dank der Pommern an Bugenhagen bestand u. a. darin, daß sie ihm nach dem Tode des Bischofs Erasmus Manteuffel, der sich der Reformation widersetzt hatte, die Würde eines evangelischen Bischofs von Cammin antrugen[131]. Johann Friedrich der Großmütige dankte ihm mit der Dotierung einer Stelle an der Theologischen Fakultät der Universität Wittenberg, aber auch mit Geschenken, was Bugenhagen zu dem Dankesschreiben vom 29. August 1536 veranlaßte, das zugleich ein Zeugnis ist für den Menschen Bugenhagen mit seinem immer wieder bezeugten Humor. *Ich war fro*, so schrieb er fast genau ein Jahr nach seiner Rückkehr aus seiner Heimat[132], *das ich ursache gewan, E. g. mit einer geringen müge zu dienen, für die große ehre und kost von E. g. an mich gewand in meinem Doctorat. Aber darüber hat mich E. g. durch meinem lieben herrn Doctorem Bruck Cancellarium, mit einem vergoldeten dubbelten Schower verehret, also das mir wol zu wunschen were, das ich oft wurde solch ein Coppeler, wie mich E. f. g. zu Torgau gnediglich heis*[133].

G. Dommasch, Das Kaiserliche Kammergericht und die Verlängerung des schmalkaldischen Bundesvertrages (1534–1537).

130 Chr. Glitsch, Die Reichsstädte Straßburg und Ulm als Vororte der oberdeutschen Städte des schmalkaldischen Bundes 1529/31–1534.

131 H. Hering, Doktor Pomeranus, Johannes Bugenhagen. Ein Lebensbild aus der Zeit der Reformation (Schriften des Vereins für Reformationsgeschichte Nr. 22), Halle (Saale) 1888, S. 134 f., dazu S. 173 Anm., sowie Heyden, Kirchengeschichte, a. a. O., Bd. II, S. 3 f.

132 Hering, a. a. O., S. 108, dazu S. 171 Anm.

133 O. Vogt, Dr. Johannes Bugenhagens Briefwechsel, Stettin 1888, auch als Bd. 38 der Balt. Stud. erschienen, Nr. 59, S. 140.
Korrekturnachtrag: Während des Druckes erschien zu der oben genannten Jubiläumsliteratur über Karl V. (zu Anm. 2): „Charles quint et son temps". Colloques internationaux du Centre national de la recherche scientifique, Paris 30 septembre – 3 octobre 1958 (17 Vorträge m. Diskussionsbeiträgen), Paris 1959; über Johann Bugenhagen (zu S. 363f.): E. Kähler, Die Wirklichkeit Gottes und die Wirklichkeit der Welt im Werk Johann Bugenhagens (Festvortrag anläßlich der Gedenkfeier der Theol. Fakultät der Universität Greifswald), in: Evangelische Theologie, 19. Jg., 1959, S. 453–469.

Der herzogliche Rat Jobst von Dewitz und die Reformation in Pommern

Das Geschlecht von Dewitz ist reich an bedeutenden Persönlichkeiten. Unter ihnen ragt Jobst I. (1491–1542) besonders hervor, denn sein Leben und Wirken ist mit einem Vorgang von historischer Tragweite verbunden, der Einführung der Reformation in Pommern.

Der pommersche Historiograph Thomas Kantzow, seit 1528 Sekretär in der Herzogskanzlei, seit 1532 am Hof zu Wolgast mit Dewitz in gemeinsamer Tätigkeit verbunden, schreibt in seiner „Pomerania" über den „hochberuhmten Herrn Jost von Dewitzen", daß er „zu unsern Zeiten unter dem pommerischen Adel seiner Lehre, Geschicklichkeit und Frombheit halben billig den Furtritt hat. Dann was in der Religion, in den studiis und andern Sachen des gemeinen Nutzen zum besten befurdert wird, mag man ihme pillig zum furnehmblichsten wohl zuschreiben". Und weiter: „Von diesem Herrn Jost von Dewitzen were viel Lobs zu schreiben, wann es unvordachter Schmeichelei geschehen mochte. Aber nach seinem Tode wirds unvorgessen pleiben." Das ist geschehen. Das Zitat ist der nachgelassenen hochdeutschen Fassung der Kantzowschen Chronik, der Pomerania, entnommen. Es wird ins Jahr 1541 zu setzen sein. Denn Jobst verstarb am 20. Februar 1542, Kantzow kurz darauf, am 25. September des Jahres 1542.

Werfen wir zunächst einen Blick auf die Situation in Pommern am Vorabend der Reformation. Hier regierte Herzog Bogislaw X., der als der bedeutendste der pommerschen Herzöge gilt, insofern als durch seine Reformen auf den Gebieten der Verwaltung, des Rechts- und Gerichtswesens und der Wirtschaft die Entwicklung hin zu einem frühneuzeitlichen Staatswesen eingeleitet worden ist. 1478 hatte er ganz Pommern, das seit 1295 in die Herzogtümer Stettin und Wolgast mit Nebenlinien geteilt worden war, wieder vereinigt. In Auseinandersetzung mit den Ständen und den Städten suchte er die Landesherrschaft zu etablieren und zu festigen. Das außenpolitische Ziel, die brandenburgische Lehnshoheit über Pommern abzuschütteln, hat er nicht erreicht. Am Lebensende – er starb im Jahre 1523 – vernachlässigte er die Regierungsgeschäfte und gab sich einem ausschweifenden Leben hin. Unsicherheit im Lande, Fehden, Wegelagerei und Raubrittertum breiteten sich aus. In den Städten gärte es, die religiösen und gesellschaftlichen Spannungen machten sich bemerkbar.

In dieser Situation übernahmen seine ungleichen Söhne, Georg I. und Barnim IX. die Regierung. Konflikte ergaben sich mit den Städten, besonders mit Stralsund und Stettin, die sich weigerten, die Huldigung zu leisten, bevor die Herzöge nicht ihre Privilegien bestätigten.

Zugleich spitzte sich die religiöse Situation zu. In Stolp kam es 1525 zu einer Revolte, zum Sturm auf Kirche und Kloster, zu Brandschatzung, Beseitigung des katholischen Gottesdienstes, zur Absetzung des Rates. Herzog Georg erschien mit großem Gefolge in der Stadt und stellte die Ordnung wieder her. In Stralsund setzte sich mit dem Kirchensturm von 1525 die neue Lehre durch, ohne daß die herzogliche Gewalt eingriff. Wegen des Lehnsstreits mit Brandenburg ging Georg 1524 ein Bündnis mit König Sigismund I. von Polen ein. Als dieser 1526 ein Strafgericht gegen die aufständige Stadt Danzig vornahm, beteiligte sich Herzog Georg daran, was ihm die Anerkennung des Besitzes der Lande Lauenburg und Bütow einbrachte. Die kluge Außenpolitik Georgs hatte Erfolg. Mit Brandenburg wurde 1529 zu Grimnitz eine Vereinbarung getroffen. Brandenburg gestand die unmittelbare Belehnung der pommerschen Herzöge durch den Kaiser zu, erkannte also deren Reichsunmittelbarkeit an, hielt aber grundsätzlich an seinen Rechtstiteln fest. Diese Vereinbarung wurde durch eine wechselseitige Erbeinigung bekräftigt. Damit war der Weg frei geworden für die förmliche Belehnung der Herzöge Georg und Barnim durch Kaiser Karl V. Sie erfolgte 1530 auf dem Reichstag zu Augsburg, auf dem die protestantischen Reichsstände dem Kaiser ihre von Melanchthon verfaßte Bekenntnisschrift, die sogenannte Confessio Augustana, überreichten. Augsburg war der Höhepunkt der Regierung Georgs I. Sein plötzlicher Tod im Mai 1531 – er wurde 38 Jahre alt – veränderte in konfessioneller Hinsicht die Lage in Pommern.

Georg I. hatte an der alten Religion festgehalten, vornehmlich aus Gründen der „Staatsräson", um Ruhe und Ordnung aufrecht zu erhalten. Es wurde eine herzogliche Kommission eingesetzt zur Inventarisierung der Klosterschätze. Um diese und die Kirchenschätze vor Raub und Plünderung zu schützen, sollten sie in herzogliche Schlösser überführt werden. Georgs Bruder, Barnim IX., hatte 1518–20 an der Universität Wittenberg studiert, hier an der Wiege der Reformation 1519 das Ehrenamt des Rector magnificentissimus bekleidet. Bei der Disputation Luthers mit Dr. Eck in Leipzig war er zugegen. Wieder in Pommern, erhielt er von Luther dessen Schrift von der Babylonischen Gefangenschaft. Er war der evangelischen Sache nicht abgeneigt. Dennoch blieb er in der Religionsfrage zunächst indifferent.

Und Jobst von Dewitz? Von ihm war in diesem Überblick noch nicht die Rede. Dabei hatte er an allen genannten pommerschen Ereignissen teilgehabt, so an den Verhandlungen mit den Städten wegen der Huldigung, an der Wiederherstellung der Ordnung in Stolp, wo er Herzog Georg zur Mäßigung veranlaßte. In Danzig war er an dem Vertrag mit dem König von Polen wegen der Lande Lauenburg und Bütow beteiligt, ebenso an der Erbeinigung mit Brandenburg. In dem sie betreffenden Vertrag wird er 1529 erstmals als Hauptmann zu Wolgast bezeichnet. Er nahm also am Ende der zwanziger Jahre des 16. Jahrhunderts bereits eine hohe Stellung am Hof und in der herzoglichen Verwaltung ein. Bei der Belehnung der Herzöge 1530 in Augsburg wurde diese Stellung für jedermann sichtbar. Er gehörte zu den drei Räten, die bei dem zeremoniellen Akt hinter den Herzögen vor dem Kaiser knieten.

Nach der Augsburger Belehnung, bei der Pommern als territoriale Einheit verstanden und behandelt worden war, wurde aber auf Betreiben Herzog Barnims eine erneute Teilung des Landes ins Auge gefaßt. Der hierfür 1531 eingesetzten Kommission gehörte auch Jobst von Dewitz für die Seite Herzog Georgs an. Dessen Tod hatte zunächst einen Aufschub der Angelegenheit zur Folge. Wie würde sich Georgs Sohn und Nachfolger, Herzog Philipp, dazu stellen? Philipp, benannt nach dem Vater seiner Mutter, dem Kurfürsten von der Pfalz, war am Pfälzer Hof in Heidelberg aufgewachsen und erzogen. Beim Tode seines Vaters war er 16 Jahre alt. Sein Oheim, Herzog Barnim, übernahm zunächst die Regierungsgeschäfte für seinen Neffen. Doch dann, bereits im Herbst 1531, kehrte Philipp nach Pommern zurück und verlangte sein Erbe und Teilhabe an der Regierung. Nun wurde der Teilungsplan weiter verfolgt. Am 21. Oktober 1532 wurde die Landesteilung beschlossen. Durch Losentscheid erhielt Barnim das Land Stettin, Philipp das Land Wolgast. Zu den Räten, die den jungen Herzog in Wolgast umgaben und berieten, gehörte auch der Schloßhauptmann von Wolgast Jobst von Dewitz.

Jobst von Dewitz ist um 1491 in Daber geboren. Über seine Jugend ist nichts Näheres bekannt Sein Vater Georg war Landvogt zu Greifenberg (seit 1524) und gehörte zu den Räten Herzog Bogislaws X. Er legte auf eine gediegene juristische Ausbildung des Sohnes wert und schickte ihn an das Harvard der damaligen Zeit, nach Bologna. Hier studierte er von 1518 bis 1520 und erwarb den Grad eines Doktors beider Rechte. 1523 finden wir ihn wieder in der Heimat. Er nimmt an einer pommerschen Gesandtschaft zum Reichstag zu Speyer 1523 teil. Auf der Rückreise machte er 1524 in Wittenberg Station. Hierüber berichtet im 17. Jahrhundert Gustav Heinrich Schwallenberg in seiner „Historia Pomeraniae pragmatica": Dewitz habe in dem Wirtshaus, in das er einkehrte, gefragt, „ob es wahr sei, daß (bei ihnen) ein Mönch sei, welcher, wie er in der Fremde vernommen, heftig auf das Pabstthum schelte und große Veränderung in der Religion anrichte? Darauf habe der Wirth geantwortet: „Ja, es ist wahr, und der Mönch sei ein Doctor Theologiae und Professor der Universität, ein vortrefflicher, gelahrter Mann, der seine Lehre mit der heiligen Schrift bestätige und viel aus der Propheten und Apostel Schriften offenbare, davon man zuvor nichts gewußt." Worauf Dewitz sagt: „Wenn er ein solcher herrlicher Mann ist, so wird er hoffärtig sein, und sich nicht von jedermann sprechen lassen?" Darauf der Wirth: „O nein! Er ist ein schlichter Mann, der mit Kindern redet und gegen jedermann freundlich und lustigen Gemüths ist." Da spricht Dewitz: „O mein lieber

Wirth, ich wollte gern mit dem Manne reden, darum wollet ihr ihn nebst einigen andern Professoren auf den folgenden Tag zur Mittagsmahlzeit meinetwegen einladen." Also sind die Professores am andern Tage nebst Luther des Dewitzen Gäste gewesen. Da habe Dewitz viel mit Luther wegen der Religion geredet und letztlich gesagt: „Mein lieber Herr Doctor, wenn wir in Pommern nach Stettin einen gelehrten Mann begehrten, so würde ich wahrlich an Euer Ehrwürden schreiben!" Darauf Lutherus geantwortet, „was an ihm wäre, das wollte er gern thun." Paul Gantzer hält diesen Bericht freilich für erfunden, glaubt aber doch, daß Dewitz Luther persönlich gekannt habe.

Von der Mitwirkung Jobsts an pommerschen Angelegenheiten in den Jahren 1526 bis 1531 war schon die Rede. Seit 1532 gehörte er nun zur engsten Umgebung Herzogs Philipps I. Dieser hatte es in seinem Teilherzogtum Wolgast mit mannigfachen Schwierigkeiten zu tun, wobei sich die Religionsfrage immer stärker in den Vordergrund schob. In dem Teilungsvertrag von 1532 verpflichteten sich die Herzöge, „in den Zwiespalt der Religion nicht zu willigen, sondern sich, soviel in ihrer Macht stehe, in dem, wie es christlichen und dem heiligen Reiche verwandten Fürsten wohl ziemt und ansteht, zu halten". Aber schon 1531 hatte Herzog Barnim die Predigt des Evangeliums gestattet, sofern kein Aufruhr dadurch angerichtet würde. Es ist wahrscheinlich, daß sich auch Herzog Philipp zur Stellungnahme veranlaßt sah. Hierin ist er von Jobst von Dewitz bestärkt, wenn nicht sogar veranlaßt worden. Bereits im Jahr 1530 war im Dewitzschen Daber ein lutherischer Prediger zugelassen worden.

Daß Jobst von Dewitz es gewesen ist, der seinen Herrn für die evangelische Sache letzten Endes gewann, berichtet der Stettiner Pastor und Professor am dortigen Gymnasium, Daniel Cramer in seiner Großen Pommerischen Kirchen Chronik (1628): „Derselbe beliebte die reine evangelische Lehre, fing derowegen an, den jungen Herzog Philippsen zu ermahnen, damit er gegen die evangelischen Prediger gnädiger würde; dagegen aber war am Hofe Nicolaus Brune der Clerisei zugethan, Herzog Philippsen Kanzler ... Kam hinzu, daß etliche Vornehme von Adel und aus den Städten gar und ganz nicht Lust hatten zur Änderung ... In welchem Streit und Zerrüttung Jobst von Dewitz gleichwohl nicht abließ, alle Gelegenheit in Acht zu haben, seinen jungen Herrn auch an das Licht des heiligen Evangelii zu bringen, brachte ihm zuwege die Schriften Lutheri, Philippi, Pommerani, insonderheit die Bibel und die augsburgische Konfession ..., welche der Herzog mit großem Fleiß und Ernst, der Sachen gewiß zu sein, gelesen hat, und wenn er etwa gezweifelt, hat er mit seines Herrn Vaters Bruder, Herzog Barnim, die Sache beredet, oft von der Religion Gespräch gehalten und was wohl zu thun berathschlagt ... Also ward Herzog Philipp durch göttliche Wirkung des heiligen Geistes zum Evangelio gebracht ... Von der Zeit an sparte er keinen Fleiß, wie er möchte die rechte Religion pflegen und erweitern lassen und der Religion wegen im Lande Frieden machen."

1534 kam die Religions- und Kirchenfrage in Bewegung. Die Fürsten, schreibt Thomas Kantzow (nddt. Fassung), „konden ... id nicht langer upholden, so wolden sick denn umb Land und Lude bringen." Herzog Barnim lud seinen Neffen Philipp auf den 24. August zu einer Unterredung nach Cammin, um gemeinsam mit den herzoglichen Räten über geeignete Schritte zu beraten.

Man beschloß, einen Landtag nach Treptow a. d. Rega auszuschreiben, zu dem nicht nur die Ritterschaft und die Städte, sondern auch die evangelischen Prediger im Lande eingeladen werden sollten, vor allem aber Johannes Bugenhagen, von dessen Mitwirkung man sich viel versprach, denn dieser hatte bereits in Braunschweig, Hamburg und Lübeck das Kirchenwesen in evangelischem Sinne neu geordnet. Am 20. Oktober 1534 erging die schriftliche Einladung zum Landtag, um dort „wegen der zur Zeit herrschenden Unstimmigkeiten in der Erkenntnis des göttlichen Wortes zu beraten", wie man den „Abfall in christlichem Wesen zu ändern und zu reformieren vermöge."

In den Vorverhandlungen wurde ein sogenanntes Theologengutachten erarbeitet, das dann unter der Bezeichnung „Avescheid to Treptow jegen den Landttach" für die Gestaltung der kirchlichen Verhältnisse in Pommern bestimmend geworden ist. Die in 14 Artikel gegliederten Vorschläge sehen vor, offenkundige Mißstände im Kultus zu beseitigen, das Mönchswesen abzuschaffen, die Feld- und Jungfrauenklöster für die Erziehung junger Adliger umzugestalten, in den Städten Bürgerschulen einzurichten. Zu diesem Theologengutachten nahmen Jobst von Dewitz und die anderen herzoglichen Räte gutachtlich Stellung, wobei sie allerdings einen stärkeren Einfluß der Landesherrn auf die Verwendung des Kirchenbesitzes forderten.

Am 18. Dezember 1534 wurde der Treptower Landtag eröffnet. Die Herzöge erklärten sogleich ihre Entschlossenheit, die Reformation in Pommern einzuführen.

Der Bischof von Cammin, die Stiftsstände, Adel und Städte aber äußerten Bedenken. Dabei wurde vor allem vorgebracht, daß eine landesgesetzliche Regelung der Reichsgewalt widerspreche und kaiserliche Ungnade nach sich ziehen könne. Man forderte die Aussetzung der Verhandlungen bis zu einem künftigen Reichstag oder einem allgemeinen Konzil. Die Herzöge wiesen dies zurück mit der Erklärung, sie fühlten sich im Gewissen gedrungen, der Wahrheit des Evangelium Raum zu geben. Daraufhin willigten die Stände zwar grundsätzlich ein, „alle papisterie und ceremonien, so wedder Got weren," abzutun, jedoch vorbehaltlich der Beratungen im einzelnen. Bischof Erasmus erklärte, daß er die ihm zugebilligten Rechte nicht als ausreichend ansehen könne, und erbat sich eine Bedenkfrist bis zum 4. April

1535. Mit dem Adel aber kam es zum Streit wegen der Klöster, auf die er alleinigen Anspruch erhob, während die Herzöge geltend machten, daß ihnen als den Nachkommen der Gründer das Verfügungsrecht zustehe. Daraufhin verließ der Adel in seiner Mehrheit den Landtag. Auch die Städte trugen Bedenken vor, machten allerdings auch den konkreten Vorschlag, mit Visitationen im Lande zu beginnen und mit ihrer Durchführung Bugenhagen zu beauftragen. Das geschah, zudem wurde ihm die Ausarbeitung einer Kirchenordnung aufgetragen. Damit endeten die Treptower Verhandlungen; ein förmlicher Landtagsabschied erging nicht. Das Entscheidende war der Beschluß zu Visitationen und zur Ausarbeitung einer Kirchenordnung. Hier hat Bugenhagen schnell gearbeitet. Im Frühjahr 1535 lag sie bereits im Druck vor, ebenso eine evangelische Ordnung für die Klöster. Mit der Kirchenordnung wurde eine Anweisung für die Praxis geschaffen, zugleich aber auch eine theologische Grundlegung. Sie erschien unter dem Titel „Kercken ordeninge des gantzen Pamerlandes, dorch de Hochgebaren Försten und Heren, Heren Barnym und Philips, beyde gevedderen, up dem landdage tho Treptow tho eeren dem hilligen Evangelio beslaten". Sie behandelt 1. das Predigtamt, 2. den Gemeinen Kasten, 3. die Ceremonien (mit Gesängen als Anhang). Als Lehrnorm und Bekenntnisgrundlage werden festgelegt die Confessio Augustana nebst Apologie und Luthers Katechismus. Besondere Beachtung war dem Schulwesen gewidmet. Die Universität Greifswald, die faktisch darniederlag, sollte durch entsprechende wirtschaftliche Maßnahmen wieder aufgerichtet oder nach Stettin verlegt werden. Auf jeden Fall war für die Landeshauptstadt Stettin an die Errichtung eines Pädagogiums gedacht

Die Kirchenordnung enthält auch in dem Abschnitt „Der Visitatom ampt" die Grundsätze, nach denen die Visitationen eingerichtet werden sollten. Mit ihnen war bereits im Januar 1535 begonnen worden. Sie wurden in wechselnder Zusammensetzung von herzoglichen Räten und Bugenhagen vorgenommen. Bugenhagen war an den Visitationen bis zur Mitte des Jahres beteiligt. Jobst von Dewitz war zuerst im April 1535 in Stettin persönlich dabei, Anfang Mai im Kloster Neuenkamp, wo auch Herzog Philipp zugegen war. In beiden Fällen gestaltete sich die Sache äußerst schwierig. Die Vereinbarung, die schließlich in Neuenkamp zustande kam, zeigt, wie sich die Herzöge die Lösung der auf dem Landtag offen gebliebenen Frage der Feldklöster dachten. Die Klostergüter sollten „einem herzoglichen Amtmann zur Verwaltung übergeben werden. Den Mönchen wird, so sie „sick christlik und tüchtig" verhielten, lebenslänglicher Unterhalt im Kloster zugesichert, bei Austritt sollen sie eine Abfindung erhalten. Dem Abt bietet man an, falls er im Kloster bleiben wolle, alle Ehren und Würden behalten zu dürfen, nur daß ein herzoglicher Amtmann vom Adel ihm „tho hülpe" gesetzt werden soll. Letzten Endes handelt es sich bei diesem Vertrag um eine

Klostersäkularisation, die Kloster und Klosterländereien in herzoglichen Besitz überführen und daraus ein fürstliches Amt machte, aber so, daß man die Fürsorge für die bisherigen Klosterinsassen genügend sicherstellte.

Als sich Bugenhagen, Dewitz und der Landrentmeister Nicolaus Klemptzen nach Stralsund begaben, lehnte die Stadt eine Visitation rundweg ab (mit der Begründung, daß sie nicht zum Bistum Cammin, sondern zum Bistum Schwerin gehöre). Im Juni 1535 ist Dewitz an den Visitationen in Greifswald, Anklam und Pasewalk beteiligt.

Am 4. April 1535 war die Frist abgelaufen, die dem Bischof von Cammin gesetzt war, sich zu den Treptower Regelungen verbindlich zu äußern. Im Juni kam es zu einer Unterredung mit den Herzögen. Der Bischof erklärte sich grundsätzlich bereit, die neue Kirchenordnung stillschweigend zu akzeptieren. Er war aber nicht bereit, seine Stellung als Landesherr im Stiftsgebiet aufzugeben, mit der Begründung, sein Lehnsherr sei der Kaiser.

Die Haltung des Kaiserhofes zu den Vorgängen in Pommern aber war inzwischen bekannt. Schon am 8. April 1535 hatte König Ferdinand von Wien aus die Herzöge aufgefordert, den Klöstern und Stiften ihre Güter zu restituieren. Wegen der Säkularisierung des Zisterzienserklosters Neuenkamp hatte der Ordensobere, der Abt von Altenkamp, ein Verfahren beim Reichskammergericht gegen die Herzöge angestrengt. Unter dem 8. Mai 1535 erging im Namen des Kaisers ein Mandat, dem am 23. November ein zweites folgte, die Treptower Beschlüsse aufzuheben, jede Veränderung der religiösen Verhältnisse in Pommern zu unterlassen und die bereits säkularisierten Klöster in bestimmter Zeit zu restituieren. Die Herzöge bestritten dem Reichskammergericht die Zuständigkeit in Glaubensfragen, denn für eine solche erklärten sie den Fall, und verlangten ein Schiedsgericht sowie zur Regelung der Religionsfragen ein deutsches Nationalkonzil. Das Mandat wurde auch dem Adel in Pommern zugestellt, und der Abt von Altenkamp verschickte seinerseits unter Bezug auf den Spruch des Reichskammergerichts eine Aufforderung an die pommersche Ritterschaft, sich der Kirchenveränderung im Lande zu widersetzen. Das stärkte auch dem Bischof den Rücken.

Der Adel hatte sich bereits im April mit der katholischen Geistlichkeit an Jobst von Dewitz und weitere Räte mit der Bitte gewandt, sie möchten doch das Beste des Landes bedenken und helfen, daß niemand an seinem Stand und Gütern turbiert würde und daß die Herzöge nicht in kaiserliche Ungnade fielen. Eine Antwort erhielten sie nicht. Im August schrieben sie erneut an die Räte und baten, mit der Kirchenveränderung innezuhalten, damit nicht der Adel seiner Rechte beraubt, womöglich gar „ausgerottet" werde. Sie forderten die Räte „vom alten adligen Herkommen" auf, die Herzöge auf die treuen Dienste hinzuweisen, die der Adel, „vielfältig mit seinem Blute", ihnen geleistet habe. Sie nahmen auch für sich in Anspruch, daß die Klöster von ihnen fundiert seien. Dies wiesen die Herzöge zurück. Sie führten aus, daß es darum gehe, Klöster und Stifte für die Bildung des Adels zu nutzen, „damit die Unsern von der Ritterschaft auch dermaßen erzogen und abgerichtet werden, daß wir durch dieselben in und außerhalb unserer Landschaft unser Fürstlich Anliegen und Amt treiben mögen." Es geht, kurz gesagt, um die Heranbildung eines neuen, eines weltlichen Beamtenstandes für den fürstlichen Territorialstaat. Wörtlich heißt es: „Adlig ist, im Lichte zu wandeln, mit Mühe und Arbeit Ehr, Ruhm und Gut zu erwerben und (sich) nicht in die Winkel (der Klöster) zu verkriechen" und ob diejenigen, die eine adlige Haltung und Arbeit vermeiden, es „verdienen, daß sie adligen Herkommens oder Förderung sich rühmen oder genießen mögen."

Die Antwort auf die Eingabe der Ritterschaft ist von Thomas Kantzow als Sekretär in der Kanzlei Herzog Philipps verfaßt. Man geht aber gewiß nicht fehl, wenn man annimmt, daß Jobst von Dewitz hinter den Formulierungen steht, sie jedenfalls mit ihm abgesprochen worden sind. Der Streit um die Klöster zog sich noch jahrelang hin. Am Ende fügte sich der Adel und gab sich mit der Verfügung über die Jungfrauenklöster zufrieden.

Der im Namen des Kaisers erfolgten Aufforderung des Reichskammergerichts vom 8. Mai 1535, die Veränderungen im Kirchenwesen rückgängig zu machen und die alten Verhältnisse wiederherzustellen, war am 23. November ein zweites Mandat gefolgt Die Herzöge nahmen die Mahnung, „nit ungehorsam" zu sein, verbunden mit der Drohung, „vnser vnd des Reichs schweren peenen, straffen und pueß zuuormeiden" ernst und sahen sich veranlaßt, Schutzmaßnahmen zu treffen. Aus diesem Grunde suchten sie die Verbindung zu Kursachsen, das neben Hessen die Vormacht des Schmalkaldischen Bundes war. Diese 1531 geschlossene Vereinigung evangelischer Reichsstände war als Defensivbündnis gegen etwaige Reichsexekutionen zustande gekommen.

Von der Absicht der Pommern, am Schmalkaldischen Bund Anschluß zu suchen, erfahren wir zuerst aus einem Brief Herzog Philipps an Herzog Barnim vom 16. Juli 1535. Die Vermittlung zum kursächsischen Hof lief über Bugenhagen. Durch einen Brief Bugenhagens an den sächsischen Kanzler Dr. Gregor Brück war Kurfürst Johann Friedrich über die kaiserliche Drohung vom 8. Mai 1535 unterrichtet. Der Kurfürst erteilte daraufhin am 6. Juli Dr. Brück den Auftrag, sich bei den Pommernherzögen zu erkundigen, ob sie nicht die Absicht hätten, in das Schmalkaldener Bündnis aufgenommen zu werden; falls ja, wolle er sich bei seinen Bündnisgenossen dafür einsetzen.

Dieser Auftrag an Brück steht nur in einem Anhang zu dem Brief vom 6. Juli. Der eigentliche Inhalt betrifft den Heiratsplan, der, dem Stile der Zeit entsprechend, das Bündnis zwischen Pommern und Sachsen besiegeln sollte.

Es ging um eine Ehe des jungen Herzogs Philipp mit der Schwester des sächsischen Kurfürsten Maria. Auch hier liefen die Vermittlungen über Bugenhagen, der erst im August aus Pommern wieder nach Wittenberg zurückkehrte. Herzog Philipp erbat zunächst ein Bild der Prinzessin. Der Bruder ließ ein solches von Lucas Cranach anfertigen und an Bugenhagen schicken. Doch Philipp wollte genauer informiert werden. Deshalb beauftragte er Jobst von Dewitz, der zusammen mit dem Kanzler Herzog Barnims, Bartholomäus Swawe, nach Torgau wegen der Bündnisverhandlungen geschickt wurde, bei dieser Gelegenheit sich die Prinzessin anzusehen. Thomas Kantzow bemerkt dazu: „De togen hen und besegen dat froichen. Dat gefil en uverut wol, und macheden do der saken einen bescheid." Der „Bescheid" ist eine Vereinbarung über die Grundsätze der Eheschließung, die am 28. August in Wittenberg, bei einem Besuch Luthers, zwischen Dr. Brück, Dewitz und Bugenhagen erzielt worden war. Ich habe das Protokoll darüber in der Zeitschrift für Kirchengeschichte (1958) mit verschiedenen Briefen, die Ehe- und Bündnisverhandlungen betreffend, publiziert. Die ergänzenden Briefe von Dewitz habe ich in der Festschrift für den Greifswalder Theologen Rudolf Hermann (1957) veröffentlicht. Aus der umfangreichen Korrespondenz ergibt sich, daß in der Ehe- und Bündnisfrage von seiten der Pommern Jobst von Dewitz federführend gewesen ist.

Als Termin der Hochzeit verständigte man sich auf Ende Februar 1536 in Torgau. Voraussetzung war die endgültige Einigung über die Heiratsvertiäge. So sah es auch der sächsische Kurfürst, wenn er durch Brück Bugenhagen mitteilen ließ, daß alles, „ehe dann der beischlaff eruolgte, seine aigentliche und clare abrede haben möge." Wenn das geschehen sei, konnte durch das feierlich abgegebene „Ja" der Brautleute die Verlobung erfolgen.

Diese war nach deutschem und evangelischem Kirchenrecht das einzige Rechtsgeschäft, durch das eine Ehe eingegangen wurde. Die entscheidende Voraussetzung aber war – wie Kantzow schrieb – daß Herzog Philipp „dat froichen gefille". Ähnlich formulierte es Jobst von Dewitz in einem seiner Briefe, daß „die ganze handlung entlich auff das besehen von beiden teilen beruhet." Das geschah in Torgau zur Zufriedenheit aller Seiten, „darum wurt de heirat vullentagen", und zwar in kirchlicher Form. Am 27. August 1536 erfolgte die Copulation durch Luther. Sie bestand aus Frage und Antwort, Ringwechsel, Gebet und Predigt. Am folgenden Sonntag, dem 28. August, nahm Bugenhagen die Benediktion mit Schriftlesungen und Segen vor. Auch er hat dabei eine Predigt gehalten. Danach fand das Hochzeitsfest statt mit reichlich Essen und Trinken und allerlei Belustigungen, wie es – nach Kantzow – „in Konig Artus hofe ... nicht hedde beter konnen togan."

Als sichtbares Zeugnis der pommersch-sächsischen Verbindung ist der sogenannte Croy-Teppich auf uns gekommen. Er befindet sich heute im Besitz der Universität Greifswald, wohin er aus dem pommerschen Herzogserbe gelangte. Herzog Philipp hat ihn rund 20 Jahre nach der Torgauer Hochzeit für das Herzogshaus in Wolgast anfertigen lassen. Der Teppich zeigt die sächsischen und die pommerschen Fürsten der ersten Hälfte des 16. Jahrhunderts mit ihren Gemahlinnen und Kindern. Über ihnen sieht man Luther predigend auf der Kanzel. Den Firsten sind beigefügt die Reformatoren Melanchthon und Bugenhagen. Als dem Herzogspaar Philipp-Maria 1540 der erste Sohn, Georg, geboren wurde, war Jobst von Dewitz Gevatter.

Er hat seinem Herrn und seinem Land auch weiterhin treu gedient. Als Philipp 1540 die im Jahr zuvor wieder eröffnete Universität Greifswald besuchte und vom Rektor Nicolaus Glossenius feierlich empfangen und begrüßt wurde, „antwortet Herr Jobst von Dewitz im Namen des LandesFürsten mit einer herrlichen und zierlichen Lateinischen Rede, ... mit anzeigung, daß J.F.G. (noch) vngleich mehr auff die Universitet zu wenden besunnen." Hierfür hatte Dewitz sich schon 1525 eingesetzt. 1541 begleitete Dewitz den Herzog auf den Reichstag nach Regensburg, wo Philipp von Kaiser Karl V. die Belehnung empfing. Auch hier trat Jobst als Orator auf. Im gleichen Jahr kam unter der Mitwirkung von Dewitz der endgültige Landesteilungsvertrag zustande, der die Teilung von 1532 in die Herzogtümer Stettin und Wolgast bestätigte. Immer wieder wurde er von Philipp zur Schlichtung von Streitfällen im Lande und zu diplomatischen Missionen, z. B. in Dänemark und Brandenburg, herangezogen.

Bei dem engen Verhältnis zwischen dem Herzog und seinem leitenden Amtsträger ist es verständlich, daß Gnadenbeweise nicht ausblieben. 1541 gewährte ihm Philipp ein Geschenk von 5000 Gulden „für mannigfaltige treue Dienste, die er Herzog Georg und ihm selbst geleistet hatte."

Am 20. Februar 1542 ist Jobst von Dewitz im Alter von 51 Jahren in Wolgast gestorben. Herzog Philipp ließ ihm ein würdiges Leichenbegängnis ausrichten und gewährte ihm als besondere Ehre, ein Begräbnis in der Petrikirche zu Wolgast, die als herzogliche Hofkirche diente. Beim Tod des Wolgaster Schloßhauptmanns hatte der Glanz des Hauses Dewitz, so hat es Gerd Heinrich in seiner Familiengeschichte der Dewitz von 1990 formuliert, über Pommern hinaus seinen höchsten Stand erreicht. „Mit Fug und Recht" war Jobst von Dewitz „in die erste Reihe der bedeutendsten landesherrlichen Kanzler des Reformationszeitalters aufgerückt."

Quellen und Literatur

Jobst von Dewitz
Paul Gantzer, Geschichte der Familie v. Dewitz, 3 Bde., Halle 1912–1918 (Bd. I u. II: Urkunden und Quellen, Bd. III,1: Geschichte, Bd. III,2: Bildnisse, Nachträge, Stammbaum und Register).

L. Wegner, Familiengeschichte der von Dewitz, Naugard 1868.

Ders., Jobst von Dewitz. Ein Beitrag zur Geschichte der Kirchenverbesserung in Pommern und Sittengemälde damaliger Zeit. 1864.

Gerd Heinrich, Staatsdienst und Rittergut. Die Geschichte der Familie von Dewitz in Brandenburg, Mecklenburg und Pommern, Bonn 1990. Über Jobst von Dewitz S. 49–60.

Roderich Schmidt, v. Dewitz, Jobst, in: Neue Deutsche Biographie 3, 1957, S. 629–630.

Ders., Zur Familiengeschichte des pommerschen Rats Jobst von Dewitz, in: Familie und Volk. Zeitschrift für Genealogie und Bevölkerungskunde 7, 1958, S. 218–220.

Pommern

Martin Wehrmann, Geschichte von Pommern, 2 Bde., 2. Aufl., Gotha 1919/23, Neuausgabe 1982.

Hellmuth Heyden, Kirchengeschichte Pommerns, 2 Bde., 2. Aufl., Köln-Braunsfeld 1957.

Hans Branig, Geschichte Pommerns, Teil I: Vom Werden des neuzeitlichen Staates bis zum Verlust der staatlichen Selbständigkeit 1300–1648. Bearbeitet von Werner Buchholz (Veröffentlichungen der Historischen Kommission für Pommern, Reihe V: Forschungen zur pommerschen Geschichte, Bd. 22/1), Köln–Weimar–Wien 1997.

Dietmar Lucht, Pommern. Geschichte, Kultur und Wirtschaft bis zum Beginn des Zweiten Weltkriegs (Historische Landeskunde, Deutsche Geschichte im Osten, Bd. 3), Köln 1996.

Hans-Günter Leder, Pommern, in: Theologische Realenzyklopädie 27, 1996, S. 39–54.

(Thomas Kantzow) Pomerania. Eine pommersche Chronik aus dem sechzehnten Jahrhundert. Hrsg. von Georg Gaebel, 2 Bde., Stettin 1908.

Franz Engel, Karte der Landesteilungen des 16. Jahrhunderts, mit Erläuterungen (Veröffentlichungen der Historischen Kommission für Pommern, Reihe III: Historischer Atlas von Pommern, N. F., Karte 5), Köln–Graz 1964.

Reformation

F. L,. Baron von Medem, Geschichte der Einführung der evangelischen Lehre im Herzogtum Pommern, Nebst einer Sammlung erläuternder Beilagen, 1857.

Hellmuth Heyden, Zur Geschichte der Reformation in Pommern, insonderheit politische Motive bei ihrer Einführung in den Jahren 1534/35, in: H. Heyden, Neue Aufsätze zur Kirchengeschichte Pommerns (Veröffentlichungen der Historischen Kommission für Pommern, Reihe V: Forschungen zur pommerschen Geschichte, Bd. 12), Köln–Graz 1965), S. 1–34.

Hans-Günter Leder und Norbert Buske, Reformation und Ordnung aus dem Wort. Johannes Bugenhagen und die Reformation im Herzogtum Pommern, Berlin 1985.

Roderich Schmidt, Pommern, Cammin, in: Die Territorien des Reiches im Zeitalter der Reformation und Konfessionalisierung. Land und Konfession 1500–1650, hrsg. von Anton Schindling und Walter Ziegler, Bd. 2: Der Nordosten, Münster 1990, 4. Aufl. 1999, S. 182–205.

Ders., Pommern von der Einigung bis zum Ende des Dreißigjährigen Krieges, in: Pommern. Deutsche Geschichte im Osten Europas, hrsg. von Werner Buchholz, Berlin 1999, S. 203–236.

Pommersche Landtagsakten. Bd. 1: Von den Anfängen bis zum Erbteilungsvertrag von 1541. 1. Teilbd.: 1521–1535. Hrsg. von Werner Buchholz, bearb. von Andreas Ritthaler und Sabine Teubner-Schoebel (Veröffentlichungen der Historischen Kommission für Pommern, Reihe IV: Quellen zur pommerschen Geschichte, Bd. 13), Köln–Weimar–Wien 2000.

Protokolle der pommerschen Kirchenvisitationen 1535–1539, bearb. von Hellmuth Heyden (Veröffentlichungen der Historische Kommission für Pommern, Reihe IV: Quellen zur pommerschen Geschichte, Bd. 1), Köln–Graz 1961.

Die pommersche Kirchenordnung von Johannes Bugenhagen 1535. Text mit Übersetzung, Erklärungen und Einleitung. Hrsg. von Norbert Buske, Berlin 1985.

Einzelprobleme

Roderich Schmidt, Die Torgauer Hochzeit 1536. Die Besiegelung des Bundes zwischen Pommern und Sachsen in der Zeit der Reformation. Mit unveröffentlichten Briefen des Pommerschen Rats Jobst von Dewitz, in: Solange es „heute" heißt. Festgabe für Rudolf Hermann zum 70. Geburtstag, Berlin 1957, S. 234–250.

Ders., Johannes Bugenhagen als Mittler in den politischen Eheverhandlungen zwischen Pommern und Sachsen 1535/36. Ergänzungen zum Bugenhagen-Briefwechsel, in: Zeitschrift für Kirchengeschichte 69, 1958, S. 79–97.

Ders., Die Torgauer Hochzeit als Beispiel für Rechtsform und Rechtsanschauung im 16. Jahrhundert, in: Zeitschrift der Savigny-Stiftung für Rechtsgeschichte, Germanistische Abteilung 75, 1958, S. 372–382.

Ders., Der Croy-Teppich der Universität Greifswald, ein Denkmal der Reformation in Pommern, in: Johann Bugenhagen. Beiträge zu seinem 400. Todestag, hrsg. von Werner Rautenberg, Berlin 1958, S. 89–107 (über Jobst von Dewitz u. die Universität Greifswald, S. 104–107), Wiederabdruck in: Ders., Fundatio et Confirmatio Universitatis. Von den Anfängen deutscher Universitäten (Bibliotheca Eruditorum 13), Goldbach 1998, S. 307*–324*.

Ders., Pommern und Sachsen in der Zeit der Reformation, in: Baltische Studien N. F. 46, 1959, S. 57–78.

Ders., Das Stift Cammin, sein Verhältnis zum Herzogtum Pommern und die Einführung der Reformation, in: Baltische Studien N. F. 61, 1975, S. 17–31.

Ders., Bildnisse pommerscher Herzöge des 15. bis 17. Jahrhunderts, in: Pommern. Kultur und Geschichte, 34. Jg., Heft 2, 1996, S. 1–31.

Ders., Wolgast. Residenz und Begräbnisstätte der pommerschen Greifen, in: ebd., S. 32–48.

Ders., Kantzow, Thomas. Pommerscher Geschichtsschreiber, in: Neue Deutsche Biographie 11, 1977, S. 128–129.

Zur Familiengeschichte des pommerschen Rats
Jobst von Dewitz

Jobst von Dewitz (1491–1542), der vertraute Rat Herzog Philipps I. von Pommern-Wolgast, gehört zu den bedeutendsten pommerschen Persönlichkeiten des Reformationszeitalters[1]. Der zweite Generalsuperintendent von Pommern-Wolgast D. Jacob Runge (1527 bis 1595) bezeichnet ihn in seiner Schrift „Brevis designatio rerum Ecclesiasticarum, sub initium Reformationis Evangelicae in Pomerania gestarum"[2] als „vir excellens doctrina virtute et consilio"[3] und der Dewitz nahestehende pommersche Historiograph Thomas Kantzow († 1542) preist ihn als einen Mann, „der zu unsern Zeiten unter dem pommerschen Adel seiner Lehre, Geschicklichkeit und Frombheit billig den Furtritt hat"[4]. „Von diesem Herrn Jost von Dewitzen", so heißt es in seiner „Pomerania", „were viel Lobs zu schreiben, wann es unvordachter Schmeichelei geschehen mochte. Aber nach seinem Tote wirds unvorgessen pleiben"[5].

Was bis heute – abgesehen von den Früchten seiner Wirksamkeit und abgesehen von einigen Briefen, die davon Zeugnis ablegen[6] – unmittelbar an ihn erinnert, das sind zwei bildliche Darstellungen. Die eine ist ein Ölbild,

---

1 Über Jobst von Dewitz vgl. meinen Art. „Dewitz" in der Neuen Deutschen Biographie, Bd. III, Berlin 1957, S. 629–630. Seine Bedeutung für die Universität Greifswald habe ich in dem Aufsatz „Der Croy-Teppich der Universität Greifswald, ein Denkmal der Reformation in Pommern", in: Johann Bugenhagen, Beiträge zu seinem 400. Todestag, Berlin 1958, S. 79–97, behandelt.

2 Abgedruckt in: Baltische Studien, N.F. 6, Stettin 1902, S. 43–64.

3 Ebd. S. 61.

4 Pomerania. Eine pommersche Chronik aus dem sechzehnten Jahrhundert, hrsg. von G. Gaebel, Bd. II, Stettin 1908, S. 187.

5 Ebd. S. 188.

6 Die gedruckten Briefe Dewitz' betreffen die Eheverhandlungen zwischen Pommern und Sachsen 1535/36, die 1536 zur Heirat Herzog Philipps I. mit der sächs. Prinzessin Maria, der Stiefschwester des Kurfürsten Johann Friedrich des Großmütigen, führten. Ein Brief Bugenhagens an Dewitz ist von P. Gantzer in den Monatsblättern der Gesellschaft für Pommersche Geschichte und Altertumskunde, Heft 22, 1908, S. 6–8 abgedruckt. Das Antwortschreiben ist in einem Brief enthalten, den Bugenhagen dem sächs. Kanzler Dr. Gregor Brück übersandte; abgedruckt von G. Buchwald und 0. Vogt in den Baltischen Studien, N.F. 3, 1899, S. 129–131. Drei weitere Briefe Dewitz' (an Bugenhagen und Brück) habe ich in der Festgabe für Rudolf Hermann zum 70. Geburtstag („Solange es Heute heißt"), Berlin 1957, auf S. 244–247 veröffentlicht. Vgl. dazu auch meine Ergänzungen zum Bugenhagen-Briefwechsel „Johannes Bugenhagen als Mittler in den politischen Eheverhandlungen zwischen Pommern und Sachsen 1535/36", in: Zeitschrift für Kirchengeschichte, 69. Bd., 1958, S. 79–97.

das ebenso wie das seiner Gattin Ottilia von Arnim Lucas Cranach zugeschrieben worden ist[7], die andere ist sein Grabstein in der Marienkirche zu
Daber (Hinterpommern), der Dewitz und seine Gattin in ganzer Figur
zeigt[8].

Dieser Stein, den „der gestrenge und ernveste Bernd von Dewitz[9], ihr ge-
liebter sohn, sampt seiner Schwester aus christlicher und freundlicher liebe"
hat setzen lassen [10], enthält über die Gattin Jobsts von Dewitz die Angabe,
sie sei „de er- und viel dogentsame Otilia von Arnim, Gert von Arnim auf
Gerswolde dochter". So lautet jedenfalls die Übertragung der Inschrift in
den „Bau- und Kunstdenkmälern Pommerns"[11] und ebenso im I. Bande
(Urkunden und Quellen) der „Geschichte der Familie von Dewitz" von P.
Gantzer[12].

Auf dem Grabstein ist über die Mutter der Ottilia von Dewitz nichts
vermerkt und auch unter den von Gantzer mitgeteilten Urkunden und
Quellen findet sich kein Hinweis. Erst in seinem II. Bande, dem er ein „Verzeichnis derer von Dewitz" beigegeben hat, bringt er (ohne Hinweis darauf,
woher seine Kenntnis stammt) die Notiz, die Mutter sei eine Sophie von Alvensleben, die Gattin des Bernhard v. A. auf Gerswalde, Boitzenburg und
Biesenthal, Hauptmann zu Ruppin [13].

Daran ist zunächst einmal auffällig, daß der Gatte dieser Sophie von Alvensleben, der Vater Ottilias von Dewitz, hier Bernhard und nicht wie angeblich auf dem Grabstein Gert von Arnim genannt wird. Daß die Namensform Gert falsch ist, die richtige vielmehr Bernth lautet, das ergibt sich aus
dem Leibgedingsbrief, den Jobst von Dewitz am 15.6.1538 für seine Gattin
ausstellte[14].

---

7 Nach einem „Inventarium der Hoffeldschen Güther, … welches nach Absterben des
… Oberstlieutenant und Landrath Herren Steffen Bernt von Dewitz am 25. October
1728 aufgerichtet worden". Abgedruckt bei Gantzer, Gesch. d. Fam. v. Dewitz,
Bd. III, 2, S. 36–44. Danach sind die Bilder „beyde von Lucas Cranach auf Holtz gemahlen" (ebd. S. 41). Unter den bekannten Cranach-Bildern werden sie nicht geführt.
Sie befanden sich nach Gantzer auf dem v. Dewitzschen Gut Cölpin bei Neubrandenburg. – Abb. bei Gantzer, Bd. III, 2, Taf. 1. Die Inschrift ist mitgeteilt ebd. Bd. II,
S. 393 f.
8 Abbildungen s. Anm. 11, 12 und 15.
9 Bernd von Dewitz, Sohn des Jobst, hatte zwei Schwestern: Hippolyta und Ursula
(vgl. Gantzer, a.a.O., Bd. II, S. 658, Nr. 145/146).
10 So lautet die Inschrift auf einer Tafel zu Füßen der beiden auf dem Grabstein dargestellten Personen (vgl. Gantzer, a.a.O., Bd. I, S. 392).
11 Die Bau- und Kunstdenkmäler d. Reg.-bez. Stettin, hrsg. von H. Lemcke, Heft IX:
Der Kreis Naugard, Stettin 1910, S. 158 u. 161. Abb.: Titelbild.
12 Gantzer, Bd. I, Halle 1912. Inschrift S. 392; Abb.tafel danach.
13 Gantzer, Bd. II, Halle 1913, S. 367, Nr. 129. 14) Gantzer, Bd. I, Nr. 851, S. 365 ff.
14 Gantzer, Bd. I, Nr. 851, S. 365 ff.

Die vorhandenen Abbildungen des Grabsteins sind so beschaffen, daß sie eine Nachprüfung der Inschrift nicht zulassen. Immerhin ist eine Verlesung von Gert und Ber(n)t sehr leicht möglich. Vielleicht beruht die Namensform Gert aber auch nur auf einem Versehen. In der älteren „Familiengeschichte der von Dewitz" von dem Superintendenten L. Wegner zu Daber ist unter der Abbildung des Grabsteins der fragliche Name mit Gert wiedergegeben[15], bei der Mitteilung der Inschrift im Text dagegen richtig mit Bernd[16].

Auf die Familiengeschichte von Wegner geht offenbar auch Gantzers Angabe zurück, daß die Gattin dieses Bernth von Arnim eine Sophie von Alvensleben gewesen sei. Sie findet sich hier, aber wiederum ohne nähere Belege oder Hinweise [17], weshalb ich sie nicht unter die genealogischen Angaben in meinem Artikel „Dewitz" aufgenommen habe[18].

Bei weiterer Nachprüfung ergab sich, daß unter den auf dem Grabstein befindlichen Wappen (für jede Person die der vier Großeltern) das der von Alvensleben fehlt. Das hatte schon Wegner – ohne jedoch irgendwelche Folgerungen daraus zu ziehen – festgestellt. Er teilt über die Wappen mit, es befände sich „Links vom Haupte seiner Ehefrau das Arnimsche und Bredowsche, links zu ihren Füßen das Sparrsche und Plessensche"[19].

Diese Angabe ist richtig und eine Erklärung für Wegners (und ihm folgend Gantzers) fälschliche Nennung der Sophie von Alvensleben leicht gegeben.

Das Register zu dem von George Adalbert v. Mülverstedt herausgegebenen „Codex Diplomaticvs Alvenslebianvs. Urkunden-Sammlung zur Geschichte des Geschlechts von Alvensleben und seiner Besitzungen"[20] bezeugt zwar eine Sophie von Alvensleben als Gattin eines Bernd von Arnim auf Gerswalde. Nur handelt es sich nicht um den Hauptmann zu Ruppin, den Schwiegervater Jobsts von Dewitz, sondern um den gleichnamigen Amtshauptmann zu Gramzow und Chorin. Das geht eindeutig aus zwei Urkunden hervor, die im 3. Bande des Codex Diplomaticus Alvenslebianus mitgeteilt und die vom 6.2.1584 und vom 2.7.1615 datiert sind[21].

Eine weitere Bestätigung bieten die „Beiträge zur Geschichte des von Arnimschen Geschlecht's" von G. von Arnim-Criewen[22], die für Bernd V. von Arnim auf Gerswalde, Rat und Hauptmann zu Gramzow und Chorin,

---

15 Bd. I, Naugard/Ducherow 1868. Abb.tafel nach S. 256.
16 Ebd. S. 256.
17 Ebd. S. 255.
18 s. Anm. 1.
19 Wegner, a.a.O., S. 256.
20 Bd. 4, Magdeburg 1900, S. 440.
21 Bd. 3, Mageburg 1885, Nr. 666, S. 355 u. Nr. 917, S. 449.
22 I. Theil, Berlin 1883.

der von 1542 bis 1628 lebte, vermerken: „1581 19. April feiert er seine Verlobung mit Sophie von Alvensleben"[23].

Bernd V. aber ist der Enkel Bernds I. von Arnim, des Vaters der Ottilia von Dewitz. Über diesen wird ausdrücklich mitgeteilt: „Bernd vermählt mit Anna von Bredow (Testimonium nobilitatis seines Enkels Johann) starb 1534 4. Dezember"[24]. Damit ist die Richtigkeit der Wappen auf dem Grabstein zu Daber bekräftigt.

So kann wohl als gesichert festgestellt werden: Die Mutter der Gattin Jobsts von Dewitz ist nicht eine Sophie von Alvensleben, sondern Anna von Bredow gewesen.

23 Ebd. Nr. 95, S. 247.
24 Ebd. Nr. 39, S. 86.

IV. Kultur- und Landesgeschichte

Kulturgeschichte in landeshistorischer Sicht*

Fragen aus dem Bereich der Kulturgeschichte haben die Themen der Vorträge auf den Jahrestagungen des Herder-Forschungsrates 1979 und 1980 wesentlich bestimmt. 1979 wurden sie vom Standpunkt und unter dem Aspekt der Literatur- und Geistesgeschichte sowie der Kirchengeschichte behandelt, und zwar mit der dort einleitend dargelegten Intention, die äußeren Linien des Ablaufs einer Kulturgeschichte im östlichen Mitteleuropa als eines „geistigen Kontinuums" hervortreten zu lassen. Auf der diesjährigen Tagung 1980 haben nun Historiker das Wort.[1] Dabei werden zwei unterschiedliche, jedoch typische Kulturlandschaften – Schlesien und Böhmen – exemplarisch in ihren kulturellen wie politischen Wechselbeziehungen dargestellt.[2] Es sei aber auch nach dem Wesen und den Möglichkeiten der Kulturgeschichte in ihrer Beziehung zur Landesgeschichte gefragt.

Kulturgeschichte[3] als e i n e Form der Geschichtsbetrachtung und -darstellung hat sich in Opposition zur Geschichte der Staaten, zur politischen Geschichte entwickelt, zunächst von deren Vertretern bekämpft und zurückgedrängt. In der Arbeit des Herder-Forschungsrates hat jedoch die Staatengeschichte von Anfang an nicht im Vordergrund gestanden. Der Aufgabenbereich des Herder-Forschungsrates, der in räumlicher Hinsicht die historischen deutschen Ostgebiete mit den Nachbarländern im östlichen Mitteleuropa umfaßt, legte es nahe, „Länder und Völker im östlichen Mitteleuropa" – wie der Untertitel der „Zeitschrift für Ostforschung" lautet – in den Mittelpunkt der Betrachtung zu rücken, ohne jedoch das staatliche Moment dabei zu vernachlässigen. Von daher verstehen sich Titel und Gegenstand meines Vortrags. Das Thema sei in zwei Abschnitten behandelt,

---

*   Herrn Professor Dr. Dr. Bernhard Stasiewski, dem Präsidenten des Johann-Gottfried-Herder-Forschungsrates, in herzlicher Verbundenheit gewidmet.

1   Der Vortrag, der am 1.4.1980 auf der Jahrestagung des J. G. Herder-Forschungsrates in Marburg gehalten wurde, wird unverändert, ergänzt durch Anmerkungen wiedergegeben.
2   Die Vorträge von Friedrich P r i n z : „Europäische Aspekte der Geschichte Böhmens", und von Ludwig P e t r y : „Schlesien im Wechsel von kultureller Rand- und Binnenlage", erschienen in: ZfO 30 (1981), S. 1–18 u. 19–39.
3   Vgl. hierzu u. a. J. H u i z i n g a : Wege der Kulturgeschichte. Studien, übersetzt von W. K a e g i , Basel 1930; d e r s.: Der Mensch und die Kultur, Stockholm 1938; G. R i t t e r : Zum Begriff „Kulturgeschichte". Ein Diskussionsbeitrag, in: Histor. Zs. 171 (1951), S. 293–302, sowie die Literaturangaben in: D a h l m a n n - W a i t z : Quellenkunde der deutschen Geschichte, 10. Aufl. hrsg. v. H. H e i m p e l u. H. G e u s s , Bd. 1, Stuttgart 1969, Lfg. 4, Nr. 415–434, und Lfg. 23/24, Stuttgart 1979, Abschnitt 107, Nr. 277–297.

indem zuerst der Blick auf das Wesen der Kulturgeschichte gelenkt wird,
um dann auf die Bedeutung, die Entwicklung und die Methoden der Landesgeschichte bzw. der historischen Landeskunde gerichtet zu werden, wobei zugleich auf das sie in der modernen Geschichtswissenschaft Verbindende
eingegangen werden soll. Schlußfolgerungen ergeben sich gewissermaßen
von selbst.

1.

„Was heißt und zu welchem Ende studiert man Kulturgeschichte?" Mit diesem abgewandelten Schiller-Zitat ist die Einleitung eines Buches überschrieben, das seit seinem Erscheinen in den Jahren 1927–31 eine große Leserschaft
gefunden hat: die „Kulturgeschichte der Neuzeit" von Egon F r i e d e l l.[4] Es
ist dies nicht ein wissenschaftliches Werk im strengen Sinne der Zunft,
schon deswegen nicht, weil der Autor gleich einleitend seine Überzeugung
ausdrückt, daß die Geschichtsschreibung „sowohl einen künstlerischen wie
einen moralischen Charakter hat", woraus „folgt, daß sie keinen wissenschaftlichen Charakter hat".[5] So ist das Buch denn auch einem Künstler und
Moralisten, dem Theatermann Max Reinhardt, gewidmet. Behandelt wird
die kulturelle Entwicklung der europäischen Welt mit ihrer Auswirkung
nach Amerika und in andere Weltbereiche von der Renaissance bis zum Ersten Weltkrieg. Es ist von universeller Natur. Insofern bedeutet die Überschrift zur Einleitung auch nicht einen Gegensatz zu S c h i l l e r s Jenaer Antrittsvorlesung vom 26. Mai 1789 „Was heißt und zu welchem Ende studiert
man Universalgeschichte?", sondern meint im Grunde dasselbe: Kulturgeschichte ist hier eine andere Bezeichnung für Universalgeschichte.

In bezug auf ihren Inhalt und Umfang sagt F r i e d e l l: „Zum Gebiet ihrer [der Kulturgeschichte] Forschung und Darstellung gehört schlechter-
dings alles: sämtliche menschlichen Lebensäußerungen."[6] Friedrich S c h i l -
l e r hatte das ähnlich, mit den bekannten Sätzen ausgedrückt[7]: „Fruchtbar
und weit umfassend ist das Gebiet der Geschichte; in ihrem Kreise liegt die
ganze moralische Welt. Durch alle Zustände, die der Mensch erlebte, durch
alle abwechselnde Gestaltung der Meinung, durch seine Torheit und seine

---

4 E. F r i e d e l l: Kulturgeschichte der Neuzeit. Die Krisis der europäischen Seele von
   der schwarzen Pest bis zum Ersten Weltkrieg, 3 Bde., München 1927–31, ungekürzte
   Sonderausgabe in einem Band, München 1979.
5 Ebenda, S. 3.
6 Ebenda, S. 19.
7 F. Schiller: Was heißt und zu welchem Ende studiert man Universalgeschichte? Eine
   akademische Antrittsrede, in: Schillers Werke, Nationalausgabe, 17. Bd.: Historische
   Schriften, Erster Teil, hrsg. von K.-H. H a h n, Weimar 1970, S. 359–376, hier: S. 359 f.

Weisheit, seine Verschlimmerung und seine Veredlung, begleitet sie ihn. Von allem, was er sich nahm und gab, muß sie Rechenschaft ablegen", und, zu den Hörern gewandt: „E i n e Bestimmung teilen Sie alle auf gleiche Weise miteinander, diejenige, welche Sie auf die Welt mitbrachten, sich als Menschen auszubilden; und zu den Menschen eben redet die Geschichte." Zum Menschen redet sie, vom Menschen handelt sie. Demgemäß ist auch bei Friedell die Kultur nur insoweit Gegenstand seines Buches, als sie den Menschen betrifft, seine kulturelle Entwicklung aufweist.

Von diesem Ansatz her gelangt F r i e d e l l zu einer Gliederung, zu einer „Übersicht der menschlichen Kultur": Der Mensch ist es, der sie handelnd, denkend und gestaltend entwickelt: „handelnd: in Wirtschaft und Gesellschaft, Staat und Recht, Kirche und Sitte", „denkend: in Entdeckung und Erfindung, Wissenschaft und Technik", „gestaltend: in Kunst, Philosophie, Religion".[8] Hier sind die Bereiche der Kultur aufgezählt, das Spektrum der Kulturgeschichte gezeigt und ihre Gebiete nicht nur geordnet, sondern auch gewertet.

Noch deutlicher wird dies in einem Bilde, welches Friedell gebraucht, dem des menschlichen Körpers, ein Bild, das seit den Anfängen der christlich-mittelalterlichen Geschichtsschreibung zur Erklärung des Geschichtsablaufs herangezogen worden ist; hier wird es zum Verständnis der Bereiche der Kultur gebraucht. In diesem „Bilde des menschlichen Organismus" „entspräche das Staatsleben dem Skelett, das das grobe, harte und feste Gerüst des Gesamtkörpers bildet, das Wirtschaftsleben dem Gefäßsystem, das Gesellschaftsleben dem Nervensystem, die Wissenschaft dem ausfüllenden Fleisch und bisweilen auch dem überflüssigen Fett, die Kunst den verschiedenen Sinnesorganen, die Philosophie dem Gehirn und die Religion der Seele, die den ganzen Körper zusammenhält". „Die Geschichtswissenschaft richtig begriffen", so heißt es am Ende dieser Übersicht, „umfaßt demnach die gesamte menschliche Kultur und deren Entwicklung".[9] Ihre Teile sind Staat, Wirtschaft, Gesellschaft, Wissenschaft, Kunst, Philosophie und Religion.

Kulturgeschichte als Universalgeschichte. Auch für S c h i l l e r reichte letztere über die Geschichte der Staaten und der Haupt- und Staatsaktionen hinaus. Sein Brief an Körner aus dem Jahre 1789 ist dafür ein Zeugnis. „Eigentlich", so schrieb er kurz vor der Jenaer Antrittsvorlesung, „sollten Kirchengeschichte, Geschichte der Philosophie, Geschichte der Kunst, Geschichte der Sitten und Geschichte des Handels mit der politischen in eins zusammengefaßt werden, und dies erst kann Universalhistorie sein".[10]

---

8 F r i e d e l l , S. 25.
9 Ebenda.
10 F. S c h i l l e r : Brief vom 26.3.1789 an Ch. G. Körner, in: Schillers Werke, Nationalausgabe, Bd. 25: Briefwechsel, Schillers Briefe, 1788–1790, hrsg. von E. H a u f e , Weimar 1979, S. 229–232, hier S. 231.

Diese Fülle des menschlichen Lebens über die Politik des Staates und seiner Repräsentanten hinaus hatte bereits V o l t a i r e[11] in seinem Werk „Le siècle de Louis XIV" ausgebreitet, und er hatte einem anderen den bezeichnenden Titel „Essai sur les mœurs et l'ésprit des nations" gegeben. Er ist damit einer der Begründer einer profanen, als Kulturhistoriographie verstandenen Universalgeschichtsschreibung geworden und zum repräsentativen Vorbild der Aufklärungshistoriographie.[12]

Es sind aber ganz verschiedene Fäden, die zum Gewebe einer Kulturgeschichte zusammenschossen. Das Bild vom Körper, dessen sich Egon Friedell bedient, findet sich in bezeichnender Weise auch bei H e r d e r. In bezug auf die Geschichte des Mittelalters fordert er, daß eine solche nicht bloß eine Pathologie des Kopfes, d. h. des Kaisers und einiger Reichsstände, sein solle, sondern eine Physiologie des ganzen Nationalkörpers, nämlich der Lebensart, Bildung, Sitte und Sprache. Oder anders formuliert, daß die Historie nicht Geschichte von Königen, Schlachten, Kriegen, Gesetzen und elenden Charakteren sei, sondern eine Geschichte des Ganzen der Menschheit und ihrer Zustände, Religionen, Denkarten.[13] Schiller hat in seiner Jenaer Antrittsvorlesung von Zuständen und Meinungen gesprochen. Herder sah in der „Geschichte der Meinungen" den Schlüssel zur Tatengeschichte.[14]

Sie hat sich im 19. Jahrhundert, zumindest in Deutschland, wieder in den Vordergrund geschoben, verständlicherweise, wie man wird sagen müssen. Die Ereignisse auf dem Wege zur politischen Einigung der Deutschen, zur Einheit der Nation und zum nationalen Staat ließen bei uns – wie dort, wo die Verhältnisse ähnlich lagen – andere Aspekte in den Hintergrund treten.[15]

Von Bedeutung und Wirkung aber war es, daß damit eine andere Tendenz Hand in Hand ging: die zunehmende Beschränkung der Geschichtswissenschaft auf die schriftliche Überlieferung, vornehmlich auf die Geschichtsschreiber der deutschen Vorzeit (wie ein Reihentitel von Übersetzungen lautet)[16], aber auch auf Urkunden und Akten und anderes administrative

---

11 F. M. A. Voltaire: Le siede de Louis XIV, o. Hrsg., Paris 1962; d e r s.: Essai sur les mœurs et l'ésprit des nations, Bde. I, II, hrsg. von R. P o m e a u, Paris 1963.

12 Vgl. H. Ritter v o n S r b i k: Geist und Geschichte vom deutschen Humanismus bis zur Gegenwart, 2 Bde., München, Salzburg 1950/51, hier Bd. 1, S. 111 ff.

13 Vgl. F r i e d e l l (wie Anm. 4), S. 34.

14 Ebenda.

15 G. v o n B e l o w: Die deutsche Geschichtsschreibung von den Befreiungskriegen bis zu unseren Tagen, Leipzig 1916, 2., erw. Aufl. München 1924 (als Teil des „Handbuchs der mittelalterlichen und neueren Geschichte"); v o n S r b i k (wie Anm. 12); G. P. G o o c h: Geschichte und Geschichtsschreiber im 19. Jahrhundert. Vom Verf. neu bearb. deutsche Ausg. (Frankfurt a. M. 1964).

16 Die Geschichtschreiber der deutschen Vorzeit in deutscher Bearbeitung, Bd. 1 ff., 1849 ff., dritte Gesamtausgabe, nach den Texten der Monumenta Germaniae Historica hrsg. von K. L a n g o s c h, Bd. 97 ff., 1944 ff.

Schriftgut. Damit verband sich eine Verfeinerung der Methoden, insbesondere der philologisch-historischen, d. h. editorischen, zur wissenschaftlichen Aufbereitung der Quellen. Diese Richtung, die in Deutschland für die Mediävistik – und diese schob sich beherrschend in den Vordergrund – mit der Wirksamkeit der Monumenta Germaniae Historica, der Gesellschaft und dann des Reichsinstituts für ältere deutsche Geschichtskunde, verbunden ist[17], begründete das Ansehen der deutschen historischen Wissenschaft als einer kritischen in der Welt. Sie setzte sich aber auch in den Territorien und Landschaften durch und wurde auch für die landesgeschichtliche Arbeit richtungsweisend.

Die Begründung von Historischen Kommissionen ist in diesem Zusammenhang bezeichnend und daher zu erwähnen, und in der Folge die Zurückdrängung der Geschichtsvereine, die bis weit ins 19. Jahrhundert hinein vornehmlich die regionalgeschichtliche Arbeit unter Beteiligung der gelehrten Laien, d. h. auch nicht-zünftiger Historiker, getragen hatte.[18] Die Richtung ging im ganzen auf Edition und kritische Untersuchung. Freilich hat es gerade auch im 19. Jahrhundert große Geschichtsdarstellungen gegeben. Die Werke von Leopold v o n R a n k e , Wilhelm v o n G i e s e b r e c h t und Heinrich v o n T r e i t s c h k e seien als besonders bekannt und wirkungskräftig genannt, die zugleich deutlich machen, wohin die Entwicklung ging.[19]

Kulturgeschichten mochten daneben populär sein oder es werden. Ob sie wirksamer waren, ist zu bezweifeln. Doch gewiß galten sie als weniger wissenschaftlich als die Darstellungen über die großen Mächte der Staaten und ihre Lenker. Ich nenne nur einige Beispiele[20], nämlich O. H e n n e a m R h y n , „Kulturgeschichte des deutschen Volkes" (1886), G. G r u p p , „Kulturgeschichte des Mittelalters" (1894/95), G. S t e i n h a u s e n , „Geschichte der deutschen Kultur" (1904) oder die von Steinhausen herausgegebene Reihe „Monographien zur deutschen Kulturgeschichte" (1899 ff.), in der einzelne

17 Vgl. H. G r u n d m a n n : Wanderungen und Wandlungen der Monumenta Germaniae Historica, in: Monumenta Germaniae Historica 1819–1969, München 1969, S. 1–20.
18 Vgl. H. H e i m p e l : Über Organisationsformen historischer Forschung in Deutschland, in: Histor. Zs. 189 (1960), S. 139–222; d e r s .: Geschichtsvereine einst und jetzt, Göttingen 1963.
19 Vgl. J. G. H e n z : Leopold Ranke, Phil. Diss. Köln 1968; H. B e r d i n g : Leopold von Ranke, .in: Deutsche Historiker, Bd. 1, hrsg. v. H. U. W e h l e r , Göttingen 1971, S. 7–24; H. H e i m p e l : (Wilhelm v.) Giesebrecht, in: NDB, Bd. 6, 1964, S. 379-382; W. Bußmann: Treitschke. Sein Welt- und Geschichtsbild (Göttinger Bausteine zur Geschichtswissenschaft, Heft 3/4), Göttingen 1952; G. I g g e r s : Heinrich von Treitschke, in: Deutsche Historiker, Bd. II, hrsg. v. H. U. W e h l e r , Göttingen 1971, S. 66–80.
20 Hinzugefügt sei die 1903 von G. S t e i n h a u s e n begründete Zeitschrift „Archiv für Kulturgeschichte", die freilich bereits ihre Vorläufer hatte und die bis heute das führende Organ auf diesem Felde der Geschichtswissenschaft ist.

Stände oder Berufe bzw. auch soziale Gruppen behandelt sind. Gustav
F r e y t a g s „Bilder aus der deutschen Vergangenheit" und ähnlich wohl
auch Wilhelm Heinrich R i e h l s „Kulturstudien" galten im allgemeinen Bewußtsein mehr als Werke der deutschen Literatur denn der Wissenschaft.
Eine Ausnahme für die frühe Zeit der eigentlichen Kulturgeschichtsschreibung in Deutschland stellten die „Beiträge zur Kulturgeschichte des Mittelalters und der Renaissance" dar, die Walter G o e t z seit 1908 herausgab. An
der grundsätzlichen Wertung aber haben alle diese oder ähnliche Arbeiten
wenig geändert, und das trotz oder vielleicht gerade auch wegen des Streites,
der gegen Ende des Jahrhunderts um die Kulturgeschichte entbrannte.

Seitdem ist eine Fülle weiterer Kulturgeschichten geschrieben und gedruckt worden, solche allgemeiner Art, solche für einzelne Zeitabschnitte
und dann auch solche für bestimmte Kultur- oder Sachgebiete.[21] Dennoch
heißt es in einer nach dem Zweiten Weltkrieg herausgekommenen, für Studenten bestimmten „Einführung in die Geschichtswissenschaft", nämlich
der von Paul K i r n [22], daß „die ganz weit gespannten Kulturgeschichten,
Universalgeschichten oder wie sie heißen, nur einen verhältnismäßig geringen
wissenschaftlichen Wert haben". Zu den einzelnen Sachkomplexen gewidmeten kulturgeschichtlichen Darstellungen bemerkt er: „Natürlich täuschen die
meisten derartigen Buchtitel nur vor, daß Steine und Metalle Geschichte machen. Das Wesentliche bleiben immer die Menschen, die sie finden, gewinnen, anwenden und mit ihnen Handel treiben."

Eben dies, der Mensch als das Wesentliche der Geschichte, ist für die
Kulturgeschichte bezeichnend; Schiller wurde bereits als ein früher Zeuge,
Friedell als ein späterer zitiert. Es gilt dies freilich nicht für sie allein, sondern gerade auch für die politische Geschichte, sofern diese nicht das Volk
oder die Nation als das entscheidend handelnde Subjekt in den Mittelpunkt
stellt oder in den Vordergrund rückt. Es gilt auch für die Tatengeschichte;
das Stichwort „Männer machen Geschichte" genügt zur Charakterisierung.
Daraus ergibt sich allerdings eine andere Akzentuierung und Wertung.

Der Streit um die Kulturgeschichte[23], auf den schon hingewiesen wurde,
brach auf, als das Zeitalter Bismarcks zu Ende ging. Im Jahre 1888 trat Diet-

21 Vgl. z. B. Monographien zur Kulturgeschichte, hrsg. von G. S t e i n h a u s e n, 12 Bde.,
   Leipzig 1899–1905, Neuausgabe u. d. Titel „Die deutschen Stände in Einzeldarstel-
   lungen", Jena 1924 (versch. Nachdrucke); Handbuch der Kulturgeschichte, hrsg. von
   H. K i n d e r m a n n, Potsdam 1934–1940; dass. begr. von H. K i n d e r m a n n, neu
   hrsg. von E. T h u r n h e r, Konstanz, Wiesbaden 1960–1979; Deutscher Kulturatlas
   hrsg. von G. L ü d t k e und L. M a c k e n s e n, 5 Bde., Berlin, Leipzig 1928–1938; ferner allgemein D. W. H. S c h w a r z: Sachgüter und Lebensformen. Einführung in die
   materielle Kulturgeschichte des Mittelalters und der Neuzeit (Grundlagen der Germanistik, Bd. 11), Berlin 1970.
22 Sammlung Göschen, Bd. 270, 3. Aufl. Berlin 1959, S. 11 u. 102 (6. Aufl. Berlin 1972).
23 v o n S r b i k (wie Anm. 12), Bd. 2, S. 170–176.

rich S c h ä f e r in seiner Tübinger Antrittsvorlesung „Das eigentliche Ar-
beitsgebiet der Geschichte" für den Vorrang der Geschichte von Staat und
Volk ein. Er, der Hansehistoriker, erregte damit den Widerspruch von Eberhard G o t h e i n , der durch zahlreiche wirtschafts- und sozialgeschichtliche
Arbeiten hervorgetreten war. Seine Schrift „Die Aufgaben der Kulturgeschichte", Leipzig 1889, stellte die Gegenposition dar. Es ist hier nicht der
Ort, den sich nun anbahnenden Methodenstreit zu behandeln. Die meisten
der damaligen Historiker, die Rang und Namen hatten, haben sich dazu geäußert, viele – obwohl vielleicht nicht einmal die meisten, aber sie am wir-
kungsvollsten – auf der Seite Schäfers und seines Mitstreiters Georg v o n
B e l o w .[24] Die andere Richtung aber fand ihren Hauptstreiter in Karl L a m -
p r e c h t .[25] Hatte es sich zunächst noch mehr darum gehandelt, auf welchem
Stoff der Hauptnachdruck liegen sollte, so machte Lamprecht mit seinen
Aufsätzen und Schriften „Alte und neue Richtungen in der Geschichtswissenschaft" (1893), „Was ist Kulturgeschichte" (1897), „Die kulturgeschicht-
liche Methode" (1900) und „Zur universalgeschichtlichen Methodenbil-
dung" (1909) aus dem Grenzstreit zwischen Teilbereichen der Geschichte
einen grundsätzlichen Methodenstreit, der freilich alsbald über die Streitfrage
„Staat oder Kultur" weit hinausführte, weil Lamprecht selbst diese Alternative hinter sich ließ und mit der als Kulturmorphologie bezeichneten An-
schauung von Universalgeschichte zu neuen Ufern, allerdings auch zu neuen
Grenzen vorstieß. Es gehört zu den Eigentümlichkeiten in der Wissenschaftsgeschichte, daß dieser Ansatz gerade in der Landesgeschichte aufgegriffen wurde und hier fruchtbar geworden ist, wovon noch die Rede sein
wird.

Betrachtet man den Methodenstreit um die Jahrhundertwende aus zeitli-
chem Abstand, so will es scheinen, als sei die Frage „Staat oder Kultur" als
das beherrschende Prinzip der Geschichte von vornherein falsch gestellt gewesen. Eigentlich ging es wohl schon damals um eine ganz andere Frage,
nämlich um die nach einer idealistisch-geistigen oder einer mechanistisch-

24 Vgl. v o n S r b i k , Bd. 2, S. 207 f.
25 Vgl. v o n S r b i k , Bd. 2, S. 227–239; Ursula L e w a l d : Karl Lamprecht und die
   Rheinische Geschichtsforschung, in: Rheinische Vierteljahresblätter 21 (1956), S. 279–
   304; d i e s .: Karl Lamprecht, in: 150 Jahre Rheinische Friedrich-Wilhelms-Universität
   zu Bonn 1818–1968. Bonner Gelehrte. Beiträge zur Geschichte der Wissenschaften in
   Bonn, Bonn 1968, S. 231–253; H. S c h ö n e b a u m : Karl Lamprechts wissenschaftlicher Anruf an Rheinland und Sachsen und an die gesamte Deutsche Nation, in: Hamburger Mittel- und Ostdeutsche Forschungen (Bd. 1), Hamburg 1957, S. 139–165; K.
   C z o k : Karl Lamprecht (1856–1915), in: Bedeutende Gelehrte in Leipzig, Bd. 1,
   Leipzig 1965, S. 91 ff.

materialistischen Betrachtungsweise des Geschichtsablaufs.[26] Der Begriff der Kultur umfaßt beide Seiten, und insofern umspannt auch die Kulturgeschichte beide. Was sich schon damals und in der Folge innerhalb der Kulturgeschichte artikulierte, war ein Kampf der Richtungen: um einen idealistischen bzw. materialistischen Kulturbegriff und um – ohne daß dies einfach gleich- oder in Parallele gesetzt werden darf – die Priorität von Geistesgeschichte oder Erforschung von Sachkultur.

Nun kann „Kultur" gewiß verschieden definiert werden. Ich möchte hier die Bestimmung anführen, die einer der bedeutendsten Kulturhistoriker, nämlich Jacob B u r c k h a r d t, in seinen „Weltgeschichtlichen Betrachtungen" gegeben hat: Kultur ist „der Inbegriff alles dessen, was zur Förderung des materiellen und als Ausdruck des geistigen-sittlichen Lebens spontan zustande gekommen ist, alle Geselligkeit, alle Techniken, Künste, Dichtungen und Wissenschaften. Sie ist die Welt des Beweglichen, Freien, ..., desjenigen, was keine Zwangsgeltung in Anspruch nimmt".[27] Burckhardt handelt in den „Weltgeschichtlichen Betrachtungen" von den drei großen „Potenzen", wie er sagt: Staat, Religion und Kultur und ihre Einwirkung aufeinander, besonders die der Kultur, „des Bewegten", auf die beiden stabilen Potenzen Staat und Religion.[28] Er bezeichnet es in diesem Zusammenhang ausdrücklich als unnütz, die Prioritätenfrage zu stellen. Gewiß nimmt für ihn die Kultur die oberste Stufe ein, aber es besteht innerhalb einer Kultur eine wechselseitige Durchdringung der Potenzen.[29] Demgemäß beginnt sein klassisches Buch „Die Kultur der Renaissance in Italien" mit dem Abschnitt „Der Staat als Kunstwerk" (als dem ersten von sechs Abschnitten mit jeweils mehreren Kapiteln).

In diesem Werk findet sich auch das Wort vom „geistigen Kontinuum" der Kultur[30], von dem eingangs die Rede war. Und zwar bezeichnet es Burckhardt als „die wesentlichste Schwierigkeit der Kulturgeschichte, daß sie ein großes geistiges Kontinuum in einzelne scheinbar oft willkürliche Kategorien zerlegen muß, um es nur irgendwie zur Darstellung zu bringen". Mit dieser Schwierigkeit hat es die Kulturgeschichte bis auf den heutigen Tag zu tun. Burckhardt gibt allerdings auch Hinweise, wenn man will

---

26 v o n S r b i k, Bd. 2, S. 227 ff.; K. C z o k: Der Methodenstreit und die Gründung des Seminars für Landesgeschichte und Siedlungskunde 1906 an der Universität Leipzig, in: Jb. für Regionalgeschichte 2 (1967), S. 11–26.

27 J. B u r c k h a r d t: Weltgeschichtliche Betrachtungen. Historisch-kritische Gesamtausgabe, mit einer Einleitung und textkritischem Anhang von R. S t a d e l m a n n, Pfullingen 1949, S. 53.

28 Ebenda, S. 23.

29 Ebenda, S. 53.

30 J. B u r c k h a r d t: Die Kultur der Renaissance in Italien. Ein Versuch (J. Burckhardt-Gesamtausgabe, Bd. 5), hrsg. von W. K a e g i, Stuttgart, Berlin, Leipzig 1930, S. 1.

Ratschläge, wie zu verfahren sei, um der Schwierigkeiten Herr zu werden, Ratschläge, die es zu beherzigen gilt: „Die geistigen Umrisse einer Kulturgeschichte", so schreibt er, „geben vielleicht für jedes Auge ein verschiedenes Bild", oder: „Der Gegenstand an sich wäre wichtig genug, um auch viele Bearbeitungen wünschbar zu machen, Forscher der verschiedensten Standpunkte zum Reden aufzufordern". Denn – um ein drittes und letztes Zitat aufzugreifen –: „Auf dem weiten Meere, in welches wir uns hinauswagen, sind der möglichen Wege und Richtungen viele."[31]

Burckhardt selbst ist allerdings ein Vertreter einer idealistischen Betrachtungsweise. In seinen Vorlesungen über griechische Kulturgeschichte formulierte er so: „Die Kulturgeschichte … geht auf das Innere der vergangenen Menschheit und verkündet, wie diese war, wollte, dachte, schaute und vermochte."[32]

Dies ist die e i n e Linie der Kulturgeschichte, die sich bis heute verfolgen läßt und für die aus der ersten Hälfte unseres Jahrhunderts ein Name für viele stehen mag: der des Holländers Johan H u i z i n g a, von dem das Wort stammt: „Geschichte ist die geistige Form, in der sich eine Kultur über ihre Vergangenheit Rechenschaft gibt."[33]

Um von der anderen Linie, der materiellen, zu sprechen, sei an Äußerungen angeknüpft, die sich in dem „Handbuch der germanischen Philologie" von Friedrich S t r o h finden, der die Formulierung gebraucht: „Kulturgeschichte ist grundsätzlich Sachgeschichte" mit der Hinzufügung „im weiteren Sinne".[34] Der Satz könnte indes irreführend sein oder verwirrend wirken, insoweit Stroh Sprache, Namen, Schrift, Literatur, Glaube und Religion, Sitte und Brauch, Recht, Kunst, Siedlung als Teile und Äußerungen der Kultur betrachtet und behandelt.[35] Hierfür gebraucht er auch die Bezeichnung „Geisteskultur" im Gegensatz zur „Sachkultur", von der er schreibt, sie sei „in letzter Folgerung Zivilisation und Technik: Erdachtes, Gemachtes, mechanisch Wirkendes".[36]

---

31 Ebenda, S. 1.
32 J. B u r c k h a r d t: Griechische Kulturgeschichte, Bd. 1 (Jacob Burckhardt-Gesamtausgabe, Bd. 8), hrsg. v. F. S t ä h l i n, Stuttgart, Berlin, Leipzig 1930, S. 3.
33 H u i z i n g a, Wege der Kulturgeschichte (wie Anm. 3), S. 86. – Vgl. auch J. H u i z i n g a: Geschichte und Kultur. Gesammelte Aufsätze, hrsg. u. eingel. von K. K ö s t e r, Stuttgart 1954. – P. K i r n: Einführung in die Geschichtswissenschaft (wie Anm. 22), bemerkt hierzu: „Wenn Geschichte eine geistige Form genannt wird, ist angedeutet, daß sie auf Maßstäbe und Gesichtspunkte hin orientiert ist, daß keineswegs der gesamte Wust des Geschehens überhaupt in sie aufgenommen werden soll" (S. 7 f.).
34 F. S t r o h: Handbuch der germanischen Philologie, Berlin 1952, S. 764.
35 Ebenda, S. XI–XVII und S. 272–757.
36 Ebenda, S. 272.

Zu denken ist vornehmlich an jene Hinterlassenschaften früherer Geschlechter, die nach der Lehre von den Quellen im Anschluß an D r o y s e n oder B e r n h e i m als „Überreste" im Gegensatz zur „Tradition" bei Bernheim bezeichnet werden bzw. nach M i k o l e t z k y oder v o n B r a n d t als „unwillkürliche" bzw. „unabsichtliche" Überlieferung.[37] Ganz treffen alle diese Bezeichnungen nicht zu. Gemeint sind die gegenständlichen sowie die am Boden haftenden Spuren vergangenen Lebens, die Objekte der Archäologie, der Kunst- und der Siedlungsgeschichte, die sich nicht selbst interpretieren, die stummen Zeugen der Vergangenheit. In älterer Zeit sprach man auch von den „Realien".

Sie galten lange Zeit als zweitrangig gegenüber der schriftlichen Überlieferung. Als allerdings nach der Französischen Revolution und den Befreiungskriegen in der Zeit und unter dem Einfluß der Romantik im Zuge der Neuordnung der Verhältnisse in Deutschland auch die Geschichte einen neuen Anfang nahm und der Reichsfreiherr v o m S t e i n im Verein mit anderen den Plan einer Sammlung und Ausgabe aller schriftlichen Quellen zur deutschen Geschichte im weitesten Sinne entwarf[38], da war freilich auch an eine Sammlung der gegenständlichen Überlieferung, der Realien, gedacht. Nur dauerte es länger, bis auch für sie eine Stätte der Sammlung und Pflege geschaffen wurde, nämlich in dem 1852 gegründeten Germanischen National-Museum in Nürnberg.[39]

Wie im Großen, so im Kleinen: Das allgemeine Vorbild wirkte in den Provinzen und Territorien. Als im Jahre 1824 in der preußischen Provinz Pommern – um ein mir geläufiges Beispiel zu geben – die Beschäftigung mit der Geschichte durch die Gründung einer „Gesellschaft für pommersche Geschichte und Altertumskunde" belebt und gefördert wurde[40], kam es in dieser zu einer Auseinandersetzung um die eigentliche oder vordringliche Aufgabe dieser Gesellschaft. Die einen wollten sich auf Herausgabe von Chroniken und Urkunden beschränken, andere richteten ihr Interesse dagegen vornehmlich auf die im Lande vorhandenen Überreste und Denkmäler. Sie machten geltend, „daß unsere Hünengräber usw. so ganz unbedeutend [nicht] zu halten seien. Sie sind die ältesten, fast einzigen Erinnerungen aus heidnischer Zeit: Die Aschenkrüge, Waffen und anderweites Gerät ... sind

37 Vgl. A. v o n B r a n d t: Werkzeug des Historikers. Eine Einführung in die Historischen Hilfswissenschaften, 5. Aufl. Stuttgart (1969), (8. Aufl. 1976), S. 58–75, insbes. S. 66-71.
38 Vgl. H. B r e s s l a u: Geschichte der Monumenta Germaniae Historiea (Neues Archiv für ältere deutsche Geschichtskunde, Bd. 42), 1921; G r u n d m a n n (wie Anm. 17).
39 Deutsche Kunst und Kultur im Germanischen National-Museum, Festschrift zum 100jährigen Bestehen, Nürnberg 1952.
40 Vgl. R. S c h m i d t: Bewahrung und Erforschung pommerscher Geschichte durch Geschichtsverein und Historische Kommission, in: ZfO 19 (1970), S. 401–420.

unwidersprechliche Zeugen von der Kunstfertigkeit und der Lebensweise eines längst untergegangenen Volkes, das unsern Boden bewohnt hat, und sie können allerdings einmal … zu geschichtlichen Resultaten führen".[41]

Es hat lange gedauert, bis diese Auffassung sich durchgesetzt, bis sie zu Resultaten gelangt ist und bis die Beschäftigung mit den Sachgütern der Kultur ihren gleichberechtigten Platz in der Geschichtswissenschaft gefunden hat. Dies geschah oftmals zuerst in den Territorien und Landschaften auf dem Wege über die Landesgeschichte.

2.

Das Wort „Landesgeschichte"[42] begegnet schon in der ersten Hälfte des 19. Jahrhunderts, bezeichnenderweise nicht in den großen deutschen Territorien, sondern in den Kleinstaaten wie Coburg oder mittleren Territorien wie Baden.[43] Sonst sprach man von Territorialgeschichte oder aber – im Verhältnis zur allgemeinen Staats- oder gar zur Universalgeschichte – von Partikulargeschichte.[44] Diese „ältere Landesgeschichte", um eine Bezeichnung von Hermann A u b i n zu gebrauchen[45], war dynastisch orientiert, und das bedingte, daß sie vornehmlich in jenen Territorien blühte, wo die staatliche Kontinuität über den Reichsdeputationshauptschluß und die Neuordnung durch den Wiener Kongreß hinaus erhalten geblieben war oder die regierende Dynastie ein Kontinuum darstellte.

Eine erste organisatorische Pflegestätte erhielt die Landesgeschichte im Königreich Sachsen mit der Gründung eines Seminars für Landesgeschichte und Siedlungskunde an der Universität Leipzig im Jahre 1906. Erster Direk-

---

41 Ebenda, S. 402–404; K. P a s s a r g e, H. J. E g g e r s : 140 Jahre wissenschaftliche Arbeit an der Ostsee. Zur Geschichte der Gesellschaft für pommersche Geschichte und Altertumskunde, in: Baltische Studien, N. F. 51 (1965), S. 127–138, hier S. 130.

42 Vgl. zum Folgenden u. a. den Sammelband „Probleme und Methoden der Landesgeschichte", hrsg. von P. F r i e d (Wege der Forschung, Bd. 492), Darmstadt 1978 (weiterhin zit.: Landesgeschichte); jetzt auch: H. P a t z e : Landesgeschichte (1. Teil), in: Jb. der historischen Forschung in der Bundesrepublik Deutschland, Berichtsjahr 1980, Stuttgart 1981, S. 15–40.

43 So J. A. v. S c h u l t e s : Coburgische Landesgeschichte des Mittelalters mit einem Urkundenbuch, Coburg 1814; d e r s.: Sachsen-Coburg-Saalfeldische Landesgeschichte, … v. J. 1425 bis auf die neueren Zeiten, Coburg 1818–1822; Quellensammlung der Badischen Landesgeschichte, hrsg. v. F. L. M o n e, 4 Bde., Karlsruhe 1848–1867. Vgl. R. K ö t z s c h k e : Nationalgeschichte und Landesgeschichte (1923/24), in: Landesgeschichte (wie Anm. 42), S. 37, Anm. 1.

44 Vgl. K ö t z s c h k e – (wie Anm. 43), S. 14 f.

45 H. A u b i n : Aufgaben und Wege der geschichtlichen Landeskunde (1925), in: Landesgeschichte (wie Anm. 42), S. 40.

tor des neuen Seminars war Rudolf K ö t z s c h k e .[46] Damals lehrte auch Karl
L a m p r e c h t in Leipzig. Im Jahre 1909 gelang ihm hier die Gründung eines
„Instituts für Kultur- und Universalgeschichte"[47], an das das Seminar für
Landesgeschichte und Siedlungskunde dann angeschlossen wurde. Auf diese
Weise wurde die Verbindung von Kultur- und Landesgeschichte manifest.

Mit der Aufnahme der Siedlungskunde in den Titel des Seminars kam der
Anteil der Geographie zum Ausdruck.[48] Diese hatte sich, ausgehend von der
Erdbeschreibung wie von den älteren Landesbeschreibungen, zu einer eigenständigen Disziplin entwickelt und war an den Universitäten von der Geschichte, mit der sie lange Zeit zusammen gelehrt worden war, getrennt
worden. Innerhalb des neuen Fachs hatte sich eine besondere Richtung als
Historische Geographie entwickelt[49], für die auch die Bezeichnungen „Anthropogeographie" oder „Kulturgeographie" gebräuchlich waren oder wurden.[50] Ihre Hauptfragen galten dabei der „geographischen Darstellung der
Länder in verschiedenen Geschichtsperioden"[51]

Anders als in der Geschichtswissenschaft war in der Geographie die Verbindung zu Gedanken und Vorstellungen, wie wir sie bei der Erörterung der
Kulturgeschichte erwähnt haben, schon relativ früh hergestellt, und zwar
bezogen nicht nur auf den Menschen, sondern auch auf den Raum, und dies

46 R. K ö t z s c h k e : Das Seminar für Landesgeschichte und Siedlungskunde an der Universität Leipzig, in: Neues Archiv für Sächsische Geschichte und Altertumskunde 57
(1936), S. 200–217; H. S p r o e m b e r g unter Mitwirkung von H. K r e t z s c h m a r :
Zum 50. Jahrestag oder Gründung der Abteilung Landesgeschichte, in: Wiss. Zs. der
Karl-Marx-Universität Leipzig, Ges.- und sprachwiss. Reihe, Jg. 5/6 (1956/57), H. 2,
S. 201–205; H. H e l b i g : Fünfzig Jahre Institut für Deutsche Landes- und Volksgeschichte (Seminar für Landesgeschichte und Siedlungskunde) an der Universität Leipzig, in: Berichte zur Deutschen Landeskunde 19 (1957), S. 55–77; C z o k (wie Anm.
26).
47 C z o k (wie Anm. 26), S. 17.
48 Vgl. H. K r e t s c h m e r : Geschichte der Geographie, Berlin, Leipzig ²1923; A.
H e t t n e r : Die Geographie und ihre Geschichte, ihr Wesen und ihre Methoden,
Breslau 1927; H. B e c k : Methoden und Aufgaben der Geschichte der Geographie, in:
Erdkunde 8 (1954), S. 51–57; T. W. F r e e m a n : A hundred years of geography, Lon-
don 1961; H. H a s s i n g e r : Geographische Grundlagen der Geschichte, Freiburg
1931, 2., verb. Aufl. ebenda 1953 (Gesch. führender Völker, Bd. 2).
49 Vgl. zuletzt H. J ä g e r : Historische Geographie, Braunschweig ²1973, und F. F e h n :
Stand und Aufgaben der Historischen Geographie, in: Blätter für deutsche Landesge-
schichte 111 (1975), S. 31–53.
50 Vgl. H. O v e r b e c k : Die Entwicklung der Anthropogeographie (insbesondere in
Deutschland) seit der Jahrhundertwende und ihre Bedeutung für die geschichtliche
Landesforschung, in: Blätter für deutsche Landesgeschichte 91 (1954), S. 182–244,
Wiederabdruck in: Landesgeschichte (wie Anm. 42), S. 190–271. Vgl. auch d e r s .:
Kulturlandschaftsforschung und Landeskunde. Ausgewählte, überwiegend methodische Arbeiten (Heidelberger Geographische Arbeiten H. 14), Heidelberg 1965.
51 P. F r i e d : Einleitung zu: Landesgeschichte (wie Anm. 42), S. 5.

unter historischen Gesichtspunkten. In der Siedlung war diese Verbindung am sichtbarsten zu erkennen. „Man ging vom Boden, von der Siedlung aus und betrachtete die ‚organische Einheit von Siedlung und Feldmark als Lebenseinheit einer organisierten Gemeinschaft‘", wie Rudolf K ö t z s c h k e es formulierte. Das Erkenntnisziel war die Erfassung der landschaftlichen Veränderungen und die des Ausgangspunktes des geschichtlichen Landschaftsbildes, der „Urlandschaft". Die Arbeiten von August M e i t z e n und Otto S c h l ü t e r sind hier, wenn auch unterschiedlich, richtungsweisend geworden.[52]

Die historische Siedlungskunde oder Siedlungsgeschichte, mit der Landesgeschichte nun auch organisatorisch verbunden, wurde eine der Grundlagen der historischen Landschafts- oder Landeskunde[53], wie sie sich beispielhaft vor und nach dem Ersten Weltkrieg in Leipzig und später auch anderswo entwickelte. Als eines wichtigen Arbeits- und Erkenntnismittels bediente man sich alsbald und zunehmend der kartographischen Methode[54], und die Erarbeitung von Historischen Atlanten für einzelne historische Landschaften[55] als Darstellungsform der Ergebnisse wie als weiterführendes Hilfsmittel der Forschung[56] gehörte und gehört zu den wesentlichen Aufgaben einer so verstandenen Historischen Landeskunde.

Der Ausgang des Ersten Weltkrieges und das Ende der Monarchien und Fürstentümer in Deutschland setzten der alten Territorialgeschichte fak-

---

52 Ebenda. – A. M e i t z e n: Siedlungs- und Agrarwesen der Westgermanen und Ostgermanen, der Kelten, Römer, Finnen und Slawen, 3 Bde. u. Atlasbd., Berlin 1895; O. S c h l ü t e r: Die Siedlungsräume Mitteleuropas in frühgeschichtlicher Zeit, 3 Bde. (Forschungen zur deutschen Landeskunde, Bde. 63, 74, 110), Remagen 1952–58. Vgl. auch H. H e l b i g: Deutsche Siedlungsforschung, in: Archiv für Kulturgeschichte 33 (1950/51), S. 111–129; Gabriele S c h w a r z: Allgemeine Siedlungsgeographie, 2., neubearb. und erg. Aufl. (Lehrbuch der Allgemeinen Georgraphie, Bd. 6), Berlin 1961; E. E n n e n, W. J a n s s e n: Deutsche Agrargeschichte (Wiss. Paperbacks 12 Sozial- und Wirtschaftsgeschichte, hrsg. von H. P o h l), Wiesbaden 1979, Abschn. „Siedlungsforschung", S. 8–10.
53 H. Q u i r i n: Einführung in das Studium der mittelalterlichen Geschichte, 4. Aufl., Braunschweig 1971, S. 37 f. (Geschichtliche Landeskunde).
54 Vgl. H. S c h l e n g e r: Die geschichtliche Landeskunde im System der Wissenschaften (1951), in: Landesgeschichte (wie Anm. 42), S. 53–82, über „Die kartographische Methode" ebenda, S. 78 f.
55 Vgl. G. F r a n z: Historische Kartographie – Forschung und Bibliographie, 1. Aufl. Hannover 1955, 3., erg. Aufl. zus. mit H. J ä g e r, Hannover 1980. – Vgl. auch W. S t ö r m e r: Landeskunde – Historische Geographie – Historischer Atlas, in: Bayerische Heimatkunde. Ein Wegweiser, hrsg. von H. R o t h und H. W. S c h l a i c h, München 1974, S. 117–136.
56 Vgl. E. K e y s e r: Die Geschichtswissenschaft. Aufbau und Aufgaben, München, Berlin 1931, S. 208–222, sowie R. S c h m i d t, in: F. E n g e l: Beiträge zur Siedlungsgeschichte und historischen Landeskunde. Mecklenburg-Pommern-Niedersachsen, hrsg. v. R. S c h m i d t, Köln, Wien 1970, S. XXIX–XXXVII, insbes. S. XXXVI.

tisch, wenn auch nur indirekt kausal, einen Schlußpunkt. Die „jüngere Landesgeschichte" in der Terminologie Hermann Aubins[57], die Historische Landeskunde, drängte nun endgültig über die staatlichen Grenzen hinaus, wobei der eigentliche Antrieb zu einer grenzüberschreitenden Betrachtungsweise sich aus der inneren Entwicklung des Faches ergeben hatte und mit dem sich durchsetzenden Grundsatz der vergleichenden Betrachtung Hand in Hand ging.

Auf dem ersten deutschen Historikertag nach dem Ersten Weltkrieg 1924 in Frankfurt am Main hat Rudolf Kötzschke einen Vortrag unter dem Titel „Nationalgeschichte und Landesgeschichte" gehalten[58], der noch einmal das Verhältnis der Landesgeschichte als eines Teils der Kulturgeschichte, wie man nun wird sagen dürfen, zum Staat und zur politischen Geschichtsbetrachtung aufgreift. Kötzschke erwähnt einleitend die aus der Situation der Kriegskatastrophe heraus verständliche Hinwendung zur Universalgeschichte und zur Geschichtsphilosophie, bekennt sich dann aber sogleich zur Geschichte des eigenen Volkes „im Werdegang eines deutschen Staatswesens" (wie er sagt) „und in der Entwicklung deutscher Kultur". Auch Landesgeschichte ist ihm nichts anderes als ein „Ausschnitt aus der allgemeinen deutschen Geschichte". Dabei meint ,Land' gewiß auch ein „Herrschaftsgebiet staatlicher Art". „Aber wir denken doch allgemein an das Land als Wohn- und Nährboden der Bevölkerung, auf dem sie ihr Dasein führt und die geschichtlichen Vorgänge und Wandlungen erlebt; alle Kulturtätigkeit ist darin eingeschlossen." Er fügt hinzu: „Das Land erscheint uns als eine organische Einheit, in innerlichem Zusammenhang mit kleineren, engräumigeren Gebilden wie auch mit benachbarten, die sich zu einem größeren Ganzen zusammenschließen."[59]

Kötzschke fragt dann nach dem Verständnis von „Land" unter den neuen Gegebenheiten, und er faßt es vierfach, als Staatsboden, als Volksboden, als Kulturboden, als Heimat.[60] Staat ist ihm nicht die willkürliche Organisation einer Menschengruppe vermöge eines Staatsvertrages, sondern „ein lebendiges Ganzes …, eine Verbandseinheit von Menschen auf einem Erdraum, die durch eine Rechtsordnung zusammengehalten werden …" Land als Volksboden bedeutet, daß sich die deutsche Geschichte nicht mit der Geschichte des deutschen Staatsgebietes deckt. Für Land als Kulturboden setzt er bezeichnenderweise bei den „wirtschaftsgeographischen Einheiten" an. Es geht um den „Begriff des Wirtschaftsgebietes als eines natürlich und kultur-

---

57 Aubin (wie Anm. 45).
58 R. Kötzschke: Nationalgeschichte und Landesgeschichte, in: Thüringisch-Sächsische Zeitschrift für Geschichte und Kunst 13 (1923/24), S. 1–22, Wiederabdruck in: Landesgeschichte (wie Anm. 42), S. 13–37.
59 Kötzschke, in: Landesgeschichte (wie Anm. 42), S. 13–15.
60 Ebenda, S. 31–35.

geschichtlich begründeten unteilbaren Ganzen". Zum Kulturboden gehören aber auch Kunst und Sitte, Sage und Lied bis hin zur Wissenschaft, doch denkt Kötzschke besonders an die volkstümlichen Erscheinungen, heute würde man wohl sagen: der „Unterschichten". Schließlich Heimat: Sie bildet für jeden Menschen „einen historischen Anschauungsunterricht ohnegleichen". „Mit dem Gedanken Heimat erreichen wir eine ungewöhnliche Vertiefung der Auffassung geschichtlichen Lebens." Und er zitiert Eduard S p r a n g e r , der gesagt hat: „Heimat ist geistiges Wurzelgefühl."

Er hätte vielleicht auch Jacob B u r c k h a r d t anführen können, in dessen „Weltgeschichtlichen Betrachtungen" zu lesen ist: „Das wahrste Studium der vaterländischen Geschichte wird dasjenige sein, welches die Heimat in Parallele und Zusammenhang mit dem Weltgeschichtlichen und seinen Gesetzen betrachtet, als Teil des großen Weltganzen."[61] Indes, die universalhistorische Betrachtung ist Kötzschkes Sache nicht, weil sie sich zu Höhen emporschwingt, „von wo das am Boden haftende Treiben nur noch angedeutet erscheint".[62] Selbst der Nationalgeschichte gegenüber gibt er wohl der Landesgeschichte den Vorzug, weil sie „noch die Möglichkeit quellenmäßigen intensiven Eindringens in die verschiedenen Kulturgebiete und einer darauf gegründeten Zusammenschau, auch mit Massenbeobachtung", bietet. „Ihren besonderen Reiz hat sie durch innige Vertrautheit mit dem Raume, auf dem sich die Geschichte abspielt".[63]

Die „vergleichende Landesgeschichte" bezeichnet Kötzschke als die „Krönung". Nicht als eine vergleichende Geschichte der deutschen Einzelstaaten möchte er sie verstanden wissen, sondern gerichtet „auf die Landschaften von historischem Charakter", auf Räume „von bestimmtem Gepräge der Landesnatur, die durch Siedlung und Volkstum, Wirtschafts- und Gesellschaftsverfassung, Sitte und Recht, bodenständige Kunst und Geistespflege zu Kulturlandschaften geworden sind und" – denn bei ihnen bleibt Kötzschke nicht stehen – „auch in der Staatengeschichte der Deutschen ihre Bedeutung erlangt haben". Er weist hin auf ihre Besonderheiten und Ähnlichkeiten, in Verbindungen untereinander, auf „ihr Zusammenwachsen zu einer großen deutschen Staats- und Kultureinheit, zur tragfesten Grundlage einer echten Kultur- und Staatsnation".[64]

So gelangt er zu einem „Aufbau der Geschichte" „nach Lebensräumen engeren und weiterer Ausmaßes": „Ortsgeschichte, Landesgeschichte, Reichs- und Nationalgeschichte, Weltgeschichte und einzelnen Kulturkreisen. In jedem Lebensraum ist das Wesen geschichtlichen Werdens erfaßbar".[65] Wenn

61 B u r c k h a r d t , Weltgeschichtliche Betrachtungen (wie Anm. 27), S. 34.
62 K ö t z s c h k e , in: Landesgeschichte (wie Anm. 42), S. 35.
63 Ebenda.
64 Ebenda, S. 35 f.
65 Ebenda, S. 35.

er auch seine Betrachtungen mit dem Bekenntnis zur Geschichte des deutschen Volkes beschließt, so läßt sich seine Forderung einer vergleichenden Betrachtung von Kulturlandschaften doch auf alle Landes- und Nationalgeschichten als Landschaften von historischem Charakter anwenden, und zwar hinsichtlich des Verhältnisses ihrer Beziehungen zueinander.

In gleicher Zeit erfolgte im Westen des damaligen Reiches, am Rhein, ebenfalls ein entscheidender Schritt einer Verbindung von Landes- und Kulturgeschichte durch die Errichtung eines „Instituts für geschichtliche Landeskunde der Rheinlande" an der Universität Bonn im Jahre 1920, hier mit dem Fächerdreiklang Geschichte, Sprachwissenschaft und Volkskunde, repräsentiert durch Hermann A u b i n, Theodor F r i n g s und Josef M ü l l e r.[66] Aubin hat sich zu Aufgaben und Wegen des neuen Instituts auch grundsätzlich geäußert, und zwar in ähnlicher Richtung wie Rudolf Kötzschke, was durch den ihnen gemeinsamen Rückgriff auf Karl Lamprecht verständlich ist.[67]

Gerade im Rheinland fehlte für eine vom Staat ausgehende oder an staatliche Ordnung geknüpfte Landesgeschichte die Voraussetzung. „Die Einheit der historischen Interessen", so führte A u b i n aus, „kann hier nur in der Beziehung auf das Land an sich gefunden werden".[68] So spricht auch er von der Natur- und von der Kulturlandschaft, aus der sich die „historische Landschaft" entwickelt hat. Die Namenwahl „geschichtliche Landeskunde" sei ein Programm für das Miteinander aller historisch gerichteten Fächer, die zur Beleuchtung der Landschaft beizutragen vermögen. Bezeichnend ist eine mehr nebenbei gemachte Bemerkung: die in diesem Namen zum Ausdruck kommende Einbeziehung der ganzen Geschichte mag als ein praktischer Notbehelf erscheinen, letzten Endes aber sei dies „innerlich berechtigt".[69]

---

66 Vgl. P. E. H ü b i n g e r: Das Historische Seminar der Rheinischen Friedrich-Wilhelms-Universität zu Bonn. Vorläufer – Gründung – Entwicklung. Ein Wegstück deutscher Universitätsgeschichte (Bonner Historische Forschungen, 20), Bonn 1963, über das Bonner Institut für Geschichtliche Landeskunde S. 135–144. Vgl. auch H. A u b i n: Gemeinsam Erstrebtes. Umrisse eines Rechenschaftsberichtes, in Rheinische Vierteljahresblätter 17 (1952), S. 305–331, Wiederabdruck in: H. A u b i n: Grundlagen und Perspektiven geschichtlicher Kulturraumforschung und Kulturmorphologie. Aufsätze zur vergleichenden Landes- und Volksgeschichte aus viereinhalb Jahrzehnten anläßlich der Vollendung des 80. Lebensjahres des Verfassers in Verbindung mit L. P e t r y hrsg. v. F. P e t r i, Bonn 1965, S. 99–124. Vgl. auch M. B r a u b a c h: Landesgeschichtliche Bestrebungen und historische Vereine im Rheinland (Veröff. des Historischen Vereins für den Niederrhein, 8), Düsseldorf 1954, S. 89 ff.
67 Über K. L a m p r e c h t s. o. Anm. 25.
68 H. A u b i n: Aufgaben und Wege der geschichtlichen Landeskunde, in: Rheinische Neujahrsblätter, Heft 4, 1925, S. 28–45, Wiederabdruck in: A u b i n Grundlagen und Perspektiven (wie Anm. 66), S. 17–26, erneuter Wiederabdruck in: Landesgeschichte (wie Anm. 42), S. 38–52.
69 A u b i n, in: Landesgeschichte (wie Anm. 42), S. 38 f.

Von Lamprecht hatte Aubin die Einsicht übernommen, daß Landesgeschichte nur mit der Heranziehung und Auswertung lokalen Quellenmateri-
als unternommen werden könne. Aber, und dies ist wichtig: die Probleme
müssen von der allgemeinen Geschichtswissenschaft gestellt werden.[70] Die
Kenntnis der örtlichen Verhältnisse sei wichtig, um kulturelle Bewegungs-
richtungen festzustellen und Einflußsphären abzugrenzen.[71] Er verweist auf
die Kunstgeschichte, die so verfahre, allerdings in bezug auf die kulturellen
Höhenschichten. Die niederen Schichten des Alltäglichen würden dagegen
von der Dialektgeographie erfaßt. Ihre Verfahrensweise sei besonders geeignet, „die Bewegungsprinzipien der Massenerscheinungen und ihren Verlauf
aufzudecken".[72]

Was von den verschiedenen Fachdisziplinen schon geleistet worden ist
oder geleistet werden könne, das hätte die geschichtliche Landeskunde systematisch und auf breiter Front zu tun und zu befördern, um „alle möglichen Äußerungen des Volkslebens" zu erfassen. Aubin nennt vier Stufen der
historisch-landeskundlichen Arbeit:

1. das Verzeichnen der kulturgeschichtlichen Erscheinungen, besonders
   kartographisch,
2. das Abheben von zeitlichen Schichten,
3. das Erkennen der bewegenden Kräfte wie auch der Beharrungsmomente
   und
4. gewissermaßen als Schlußstein: die Bestimmung von „Kulturprovinzen".[73]

Hiermit war ein entscheidendes Stichwort zum Klingen gebracht. Kulturprovinzen entstanden nach Aubin dadurch, daß geschichtliche Kräfte die
Naturlandschaft modelten, Grenzen durch sie zogen, Disparates verbanden,
Unterschiede ausglichen. Das gilt besonders für die Sphäre des alltäglichen
Lebens, aber nicht nur für dieses. Wenn es gelingt, „die kulturelle Eigenheit
einer Landschaft exakt zu erfassen" und auf diese Weise Kulturprovinzen
herauszuarbeiten, „dann erhalten wir erst die organisch abgegrenzten Fel-
der, auf denen die geschichtliche Landeskunde aufbauen kann".[74]

Die Aufgabe, die es zu lösen galt, war für das Rheinland gestellt. Aubins
Vorstellungen aber reichten über dieses hinaus; sie waren auf eine Vielzahl
von solchen Bildern historischer Landschaften als einem organischen Un-
terbau der Geschichte des deutschen Volkes gerichtet. Darüber hinaus er-

---

70 Ebenda, S. 43.
71 Ebenda, S. 44 f.
72 Ebenda, S. 45.
73 Ebenda, S. 45–49.
74 Ebenda, S. 49.

schien ihm die Historische Landeskunde gerade in einer Grenzzone wie
dem Rheinland geeignet, zur Erfassung der nationalen Charaktere beizutragen. „Wenn sich die geschichtliche Landeskunde in den Grenzstrichen solche Aufgaben" – gemeint sind solche, die auf die Erfassung der Kulturmi-
schung gerichtet sind – „stellt", so beschloß er seine Darlegungen im Jahre
1925, „mündet sie wieder in die allgemeine Geschichte ein".[75] Bereits im Jahre
darauf, 1926, erschien dann jenes Werk „Kulturströmungen und Kulturprovinzen in den Rheinlanden. Geschichte, Sprache, Volkskunde"[76], das wie
kein anderes vorher die enge Verbindung von Kultur- und Landesgeschichte,
die in Deutschland erreicht war, repräsentierte und das für mehr als ein
Menschenalter vorbildhaft und weiterwirkend geworden ist.

Was in Bonn begann, haben F r i n g s und seine Schüler und Mitarbeiter
dann in Leipzig und Aubin und die seinen in Breslau fortgesetzt und hier für
die ostmitteldeutschen bzw. ostdeutschen Landschaften fruchtbar gemacht,
soweit die verbleibende Zeit es zuließ. Als Gegenstück gewissenmaßen zu
dem Standardwerk über die Rheinlande brachten Rudolf K ö t z s c h k e,
Theodor F r i n g s u. a. 1936 zwei Bände „Kulturräume und Kulturströmungen im mitteldeutschen Osten" heraus.[77] Aubin legte ein Programm „Wege
kulturgeschichtlicher Erforschung des deutschen Ostens" vor[78], organisierte
die Arbeit an einer umfassenden „Geschichte Schlesiens"[79] und wandte sich
insbesondere dem Forschungskomplex der deutschen Ostsiedlung zu, zu
dem er in zwei grundsätzlichen Beiträgen „Zur Erforschung der deutschen
Ostbewegung"[80] und „Das Gesamtbild der mittelalterlichen deutschen Ostsiedlung"[81] Stellung nahm und dieses Arbeitsfeld bestimmte.

Die Impulse, die von Bonn, von Leipzig und Breslau ausgingen, haben
weit über die Katastrophe des Zweiten Weltkrieges fortgewirkt, besonders

---

75 Ebenda, S. 50 f.
76 Hrsg. v. H. A u b i n, Th. F r i n g s und J. M ü l l e r (Veröff. des Instituts für ge-
    schichtliche Landeskunde der Universität Bonn), Bonn 1926.
77 Hrsg. v. W. E b e r t, Th. F r i n g s, K. G l e i s s n e r, R. K ö t z s c h k e, G. S t r e i t-
    b e r g, 2 (Text- und Karten-)Bde., Halle a. d. Saale 1936.
78 In: Mitteilungen der schlesischen Gesellschaft für Volkskunde 31/32 (1931), S. 1–31.
79 Geschichte Schlesiens, hrsg. von der Historischen Kommission für Schlesien, Bd. 1
    (bis 1526), hrsg. von H. A u b i n, Breslau 1938, 3. Aufl., hrsg. von H. A u b i n, L.
    P e t r y und H. S c h l e n g e r, Stuttgart 1961; Bd. 2 (1526–1740), hrsg. von L. P e t r y
    und J. J. M e n z e l, Darmstadt 1973; Bd. 3 (1740–1945) in Vorbereitung.
80 In: Deutsches Archiv für Landes- und Volksforschung 1 (1937), S. 37–70, 309–331,
    563–602; selbständig als: Deutsche Schriften für Landes- und Volksforschung, Bd. 2,
    Leipzig 1939.
81 In: Deutsche Ostforschung, Bd. 1, hrsg. von H. A u b i n, O. B r u n n e r, W. K o h t e
    und J. P a p r i t z, Leipzig 1942, S. 331–361. Zur deutschen Ostsiedlung vgl. zuletzt:
    Die deutsche Ostsiedlung des Mittelalters als Problem der europäischen Geschichte.
    Reichenau-Vorträge 1970–1972, hrsg. von W. S c h l e s i n g e r (Vorträge und For-
    schungen, Bd. XVIII), .Sigmaringen 1975.

auch im Bereich der Sprachwissenschaft, nicht nur in Leipzig und in den Anstößen, die von dort ausgegangen sind[82], sondern auch in Marburg im Zusammenhang mit dem Deutschen Sprachatlas[83], in Forschungsrichtungen wie Sprach- und Wortgeographie[84], Dialektgeographie[85], Ortsnamenforschung[86], aber auch Rechtssprach- bzw. Rechtswortgeographie[87], bis sie von der Linguistik teils überrollt, teils an den Rand gerückt wurden, um erst in unseren Tagen wieder allgemein gewürdigt zu werden.

Wenn hier exkursartig und mehr andeutungsweise von der Sprachwissenschaft die Rede ist, dann darf freilich eine Forschungsrichtung nicht unerwähnt bleiben, in der Sprach- und Sachkunde eine sich wechselseitig erhel-

---

82 Vgl. H. A u b i n : Grundlagen und Perspektiven (wie Anm. 66) sowie demnächst Gerda G r o b e r - G l ü c k : Die Leistungen der kulturmorphologischen Betrachtungsweise im Rahmen dialektgeographischer Interpretationsverfahren (Handbuch der Dialektologie, hrsg. von W. B e s c h u. a., Bd. 1), Berlin, New York 1982 (im Druck).

83 Vgl. W. M i t z k a : Handbuch zum Deutschen Sprachatlas, Marburg 1952; L. E. S c h m i t t : Deutscher Sprachatlas. Gesamtdarstellungen, in: P. W i e s i n g e r : Phonetisch-phonologische Untersuchungen zur Vokalentwicklung in den deutschen Dialekten, Bd. 1 (Studio Linguistica Germaniea, 2/1), Berlin 1970, S. VII–XX; B. K r a t z : Die Marburger dialektologische Schule, in: Zs. für Dialektologie und Linguistik 37 (1970), S. 1–25.

84 Vgl. Wortgeographie und Gesellschaft, hrsg. von W. M i t z k a , Festgabe für L. E. Schmitt, Berlin 1968; Dialektlexikographie. Festgabe für Luise Berthold, hrsg. von H. F r i e b e r t s h ä u s e r (Zs. für Dialektologie und Linguistik, Beihefte, N. F. Nr. 17 der Zs. für Mundartforschung), Wiesbaden 1976.

85 Vgl. J. G o o s s e n s : Deutsche Dialektologie (Sammlung Göschen), Berlin 1977; H. L ö f f l e r : Probleme der Dialektologie. Eine Einführung, 2. Aufl. Darmstadt 1980; J. G o o s s e n s : Areale Aspekte, und H. L ö f f l e r : Dialekt, beide in: Lexikon der Germanistischen Linguistik, hrsg. von H. P. A l t h a u s , H. H e n n e und H. E. W i e g a n d , 2. Aufl., Studienausg. III, Tübingen 1980, S. 446–453 und 453–458.

86 Vgl. E. S c h w a r z : Deutsche Namenforschung II: Orts- und Flurnamen, Göttingen 1950; d e r s .: Orts- und Personennamen, in: Deutsche Philologie im Aufriß, 2. Aufl., hrsg. von W. S t a m m l e r , Bd. I, Berlin 1957, Nachdruck 1966, Sp. 1523–1557; A. B a c h : Deutsche Namenkunde, Bd. II, Teile 1 und 2: Die deutschen Ortsnamen, Heidelberg 1953/54; Zs. „Beiträge zur Namenforschung", N. F., hrsg. von R. S c h ü t z e i c h e l , 1966 ff.; F. D e b u s : Onomastik, in: Lexikon der Germanistischen Linguistik (wie Anm. 85), Studienausg. I, 1980, S. 187–198 (m. Lit.); Ruth S c h m i d t - W i e g a n d : Ortsnamen, in: Handwörterbuch zur deutschen Rechtsgeschichte, Bd. 3, Berlin 1982.

87 E. Frhr. von K ü n ß b e r g : Rechtssprachgeographie (Sitzungsber. der Heidelberger Akad. d. Wiss., Phil.-hist. Kl., Jg. 1926/27, 1. Abh.), Heidelberg 1926; Ruth S c h m i d t - W i e g a n d : Aus der Werkstatt Eberhard Frhr. von Künßbergs, in: Heidelberger Jahrbücher 12 (1968), S. 93–111; d i e s .: Eberhard von Künßberg, Werk und Wirkung, ebenda, 27 (1982); H. H. M u n s k e : Rechtswortgeographie, in: Wortgeographie und Gesellschaft (wie Anm. 84), S. 349–370; Ruth S c h m i d t - W i e g a n d : Studien zur historischen Rechtswortgeographie (Münstersche Mittelalter-Schriften, Bd. 18), München 1978, insbes. S. 9–75 (Stand und Aufgaben der Rechtssprachgeographie).

lende Verbindung eingegangen sind, die am besten mit dem Titel der 1909
begründeten, bis 1943 erscheinenden internationalen Zeitschrift „Wörter
und Sachen" bezeichnet wird.[88] Die Herausgeber gingen von der Einsicht
aus, „daß die Sprachgeschichte zur Worterklärung der Sachgeschichte bedarf" und umgekehrt. Das Tertium ist der Begriff „Kulturgeschichte". „Wir
glauben", so heißt es programmatisch, „daß in der Vereinigung von Sprachwissenschaft und Sachwissenschaft die Zukunft der Kulturgeschichte liegt".[89]
Von diesem Ansatz her entwickelte Walther M i t z k a 1938 die Prinzipien
für den Deutschen Wortatlas[90], der – die mundartliche Gliederung des Deutschen Sprachatlasses nach der lexikalischen Seite ergänzend – zugleich über
die nationalen Grenzen hinausführte und eine Kulturgeographie „in europäischen Bezügen" anstrebte.[91] Ähnlich knüpft der 1929 begründete Atlas
der deutschen Volkskunde[92] an die Kulturraumforschung und insbesondere
an das repräsentative Werk „Kulturströmungen und Kulturprovinzen in den
Rheinlanden" von Aubin, Frings und Müller (1926) an. In seiner seit 1959
erscheinenden Neuen Folge hat er – ebenso wie der Atlas der schweizerischen

---

88 Die Zeitschrift erschien zunächst unter dem Titel „Wörter und Sachen. Kulturhistori-
    sche Zeitschrift für Sprach- und Sachforschung", hrsg. von R. M e r i n g e r , W.
    M e y e r - L ü b k e u. a., Bde. 1–18, 1909–1937, dann unter dem Titel „Wörter und
    Sachen. Zs. für indogermanische Sprachwissenschaft, Volksformen und Kulturge-
    schichte", hrsg. von H. G ü n t e r t , N. F., Bde. 14, 1938-1943. Vgl. jetzt Ruth
    S c h m i d t - W i e g a n d : Neue Ansätze im Bereich „Wörter und Sachen", in: Ge-
    schichte der Alltagskultur, hrsg. von G. W i e g e l m a n n (Beiträge zur Volkskultur in
    Nordwestdeutschland, H. 21), Münster 1980, S. 87–102.
89 R. M e r i n g e r , in: Wörter und Sachen 1 (1909), Vorwort.
90 Deutscher Wortatlas, Bde. 1–5 hrsg. von W. M i t z k a , Bde. 6–21 hrsg. von W.
    M i t z k a und L. E. S c h m i t t , Gießen 1951–1978. V gl. R. H i l d e b r a n d t : Der
    Deutsche Wortatlas als Forschungsmittel der Sprachsoziologie, in: Wortgeographie
    und Gesellschaft (wie Anm. 84), S. 149–169.
91 Vgl. Deutsche Wortforschung in europäischen Bezügen. Untersuchungen zum Deut-
    schen Wortatlas, hrsg. von L. E. S c h m i t t , Bde. 1–6, Gießen 19581972, sowie H. E.
    W i e g a n d (unter Mitarbeit von Gisela H a r r a s): Zur wissenschaftshistorischen
    Einordnung und linguistischen Beurteilung des Deutschen Wortatlas (Germanistische
    Linguistik. Berichte aus dem Forschungsinstitut für deutsche Sprache, Marburg/
    Lahn, 1–2/71) (Hildesheim 1971).
92 Atlas der deutschen Volkskunde, hrsg. von H. H a r m j a n z und E. R ö h r , 1.–5. Lie-
    ferung, Leipzig 1937–1939, Neue Folge, hrsg. von M. Z e n d e r , 1958 ff., seit 1966 in
    Verbindung mit G. W i e g e l m a n n und Gerda G r o b e r - G l ü c k . Vgl. M. Z e n-
    d e r : Der Atlas .der deutschen Volkskunde, in: Jb. der historischen Forschung in der
    Bundesrepublik Deutschland, Berichtsjahr 1979, Stuttgart 1980, S. 96–99; ferner
    d e r s .: Quellenwerke zur volkskundlichen Kulturraumforschung, in: Zs. für Volks-
    kunde 55 (1959), S. 104–114; G. W i e g e l m a n n : Der ‚Atlas ‚der deutschen Volks-
    kunde' als Quelle für die Agrargeschichte, in: Zs. für Agrargeschichte und Agrarso-
    ziologie 12 (1964), S. 164–180; d e r s .: Probleme einer kulturräumlichen Gliederung
    im volkskundlichen Bereich, in: Rheinische Vierteljahrsblätter 30 (1965), S. 95–117.

Volkskunde, der Österreichische Volkskundeatlas und andere[93] – nicht nur die Gegenstände der Betrachtung in bezug auf Entstehung, Wandlung und Ausbreitung von Kulturformen erweitert, sondern auch die Aussagekraft durch Übernahme von Fragestellungen und Ergebnissen der Sozialwissenschaften.[94] Der Trend zur vergleichenden Betrachtungsweise und Forschung führt auch hier über die nationale Verengung hinaus und zielt auf eine vergleichende Volkskunde Europas[95], wobei in zunehmendem Maße der Sachkultur – und zwar der materiellen wie der geistigen oder oralen Kultur[96] – und damit der Sachforschung[97] verstärkte Aufmerksamkeit gewidmet wird.[98] Für den Bereich der Sprachwissenschaft ist die Beschäftigung mit „Wörtern und Sachen" im Rahmen des interdisziplinär arbeitenden Sonderforschungsbereiches „Mittelalterforschung" der Universität Münster[99], und zwar mit

---

93 Über Volkskundeatlanten vgl. A. B a c h : Deutsche Volkskunde. Wege und Organisation, Probleme, System, Methoden, Ergebnisse und Aufgaben, Schrifttum, 3. Aufl. Heidelberg 1960, S. 120–122.

94 Lit. bei B a c h (wie Anm. 93), S. 108 ff.; vgl. auch Ingeborg W e b e r - K e l l e r m a n n : Deutsche Volkskunde zwischen Germanistik und Sozialwissenschaften (Sammlung Metzler, Realienbücher für Germanisten, H. 79), Stuttgart 1969; G. H e i l f u r t h : Die soziale Differenzierung der Kultur, in: G. W i e g e l m a n n , M. Z e n d e r , G. H e i l - f u r t h : Volkskunde. Eine Einführung (Grundlagen der Germanistik, 12), Berlin 1977, S. 216–231; d e r s .: Aspekte vergleichender Forschung, ebenda, S. 86–96.

95 Vgl. M. Zender, in: W i e g e l m a n n / Z e n d e r / H e i l f u r t h (wie Anm. 94), S. 26–38 (Geschichte der Forschung im 20. Jahrhundert), S. 198–216 (Zeiträumliche Betrachtung. Ergebnisse der Kulturraumforschung); G. W i e g e l m a n n ebenda, S. 232–236 (Aufgaben). Über den europäischen Volkskundeatlas bzw. den Ethnologischen Atlas Europas vgl. B a c h (wie Anm. 93), S. 122, und Z e n d e r , Der Atlas der deutschen Volkskunde (wie Anm. 92), S. 99.

96 Vgl. D. W. H. S c h w a r z (wie Anm. 21) und G. W i e g e l m a n n : Die Sachkultur Mitteleuropas, in: W i e g e l m a n n / Z e n d e r / H e i l f u r t h (wie Anm. 94), S. 97–131.

97 Vgl. Wiegelmann, in: W i e g e l m a n n / Z e n d e r / H e i l f u r t h (wie Anm. 94), S. 100–106.

98 Vgl. z. B. die einschlägigen Beiträge in: Festschrift Matthias Zender. Studien zur Volkskultur, Sprache und Landesgeschichte, hrsg. von Edith E n n e n und G. W i e - g e l m a n n , 2. Bde., Bonn 1972 (insbes. Teil IV: Alltag und Sachkultur), sowie die zahlreichen Artikel im „Wörterbuch der deutschen Volkskunde", 3. Aufl. neu bearb. von Richard B e i t l unter Mitarbeit von Klaus B e i t l (Kröners Taschenausgabe, Bd. 127), Stuttgart 1974.

99 Vgl. Ruth S c h m i d t - W i e g a n d : Wörter und Sachen. Zur Bedeutung einer Methode für die Frühmittelalterforschung, in: Wörter und Sachen im Lichte der Bezeichnungsforschung, hrsg. von Ruth S c h m i d t - W i e g a n d (Arbeiten zur Frühmittelalterforschung, hrsg. von K. H a u c k , Bd. 1), Berlin, New York 1981, S. 1–41, insbes. S. 1–11; dies: Historische Onomasiologie und Mittelalterforschung, in: Frühmittelalterliche Studien 9 (1975), S. 49–78.

dessen Teilprojekt „Historisch-philologische Bezeichnungsforschung", in den letzten Jahren neu belebt worden.[100]

Aber zurück zur Landeskunde als einem Teil der Geschichtswissenschaft: Die Arbeit der Geschichtlichen Landeskunde, wie ich sie im Anschluß an Kötzschke und Aubin charakterisiert habe, ist 1950 in der Festschrift für Hermann Aubin zum 65. Geburtstag von Herbert S c h l e n g e r systematisiert worden.[101] Er legte die in ihr wirksamen und sie beherrschenden Prinzipien dar und stellte die Methoden heraus, deren sie sich bedient. Diese Darlegungen haben noch heute für die landesgeschichtliche Arbeit auf kulturgeschichtlicher Grundlage ihre Bedeutung:

1. „Das historische oder Zeit-Prinzip". Auch in der historischen Landeskunde kommt jedem Ereignis, auch „den kettenartig aufeinanderfolgenden", Einmaligkeit zu. Vor allem aber konkretisiert sich das historische Prinzip in der Forderung, „über einen festgestellten Entwicklungszustand hinaus seine Vorstufe zu erforschen".[102]
2. „Das geographische oder Raum-Prinzip". Hier geht es um Grenzen und Siedlungsräume, um Naturlandschaft und Kulturlandschaft. Man kann, was die Grenzen betrifft, eine Formulierung anführen, die nicht von Schlenger stammt: daß es weniger auf die Grenzen als solche ankommt als auf das, was sie umschließen.[103]
3. „Das kulturwissenschaftliche oder Kultur-Prinzip". Dieses zeigt „den landesgeschichtlichen Quellenwert der Kulturgüter und ordnet sie in geschichtlich-landeskundliche Zusammenhänge". Die von den Teilwissenschaften festgestellten Ordnungsgefüge (wie die Kulturprovinzen) „gehen als Strukturglieder in die geschichtlichen Landschaften ein". „Die Entwicklung der Kultur ist dabei genauso lückenlos wie der Ablauf der Geschichte und das Reich der Natur, so daß alle drei überall und zu jeder Zeit in Wechselbezogenheit treten können." Schlenger spricht in diesem Zusammenhang auch von „Kulturmorphologie",[104]

---

100 Vgl. die Jahresberichte „Der Münsterer Sonderforschungsbereich ‚Mittelalterforschung'", in: Frühmittelalterliche Studien 10 ff. (1976 ff.), sowie „Der Sonderforschungsbereich 7 ‚Mittelalterforschung' (Bild, Bedeutung, Sachen, Wörter und Personen) an der Westfälischen Wilhelms-Universität in Münster. Erträge und Perspektiven", Münster 1981.
101 H. S c h l e n g e r : Die geschichtliche Landeskunde im System der Wissenschaften, in: Geschichtliche Landeskunde und Universalgeschichte. Festgabe für Hermann Aubin zum 23. Dezember 1950, o. O., o. J., (Hamburg 1951), S. 25–45, Wiederabdruck in: Landesgeschichte (wie Anm. 42), S. 53–82.
102 S c h l e n g e r , in: Landesgeschichte (wie Anm. 42), S. 59–61, Zitat S. 60.
103 Ebenda, S. 61–65.
104 Ebenda, S. 65–66.

4. „Das anthropologische Prinzip", das vom Menschen in seiner Ganzheit als Träger der Geschichte handelt.[105]

5. „Das soziologische oder Gemeinschaftsprinzip"[106] wird nach Schlenger in der Volkskunde wirksam, es geht um die Erforschung der menschlichen Gemeinschaften. Die geschichtliche Landschaft ist auch ein „sozial zusammenhängendes Ganzes".

6. Von der Karte, aber auch vom Erscheinungsbild der geschichtlichen Landschaft sowie vom Erlebnis derselben, sei es durch Reisen oder Geländebegehungen oder ihre Erfassung in Kunst und Literatur, handelt „das Anschauungsprinzip".[107]

7. Die Zusammenfassung findet sich im Prinzip der Ganzheit.[108]

Aus diesen Prinzipien leitet Schlenger die Methoden ab, die in der Geschichtlichen Landeskunde je nach der besonderen Fragestellung anzuwenden sind.[109] Es genügt nach dem bisher Gesagten, sie aufzuzählen, ohne sie näher zu erläutern. Es sind dies 1. die retrospektive oder retrogressive Methode, 2. die genetische oder entwicklungsgeschichtliche, 3. die typologische, 4. die kulturmorphologische, 5. die statistische und 6. die kartographische Methode.

Überblickt man das bisher Ausgeführte, so kann man als das Entscheidende auch für die historische Landeskunde das nennen, was Friedrich S t r o h für die Kulturgeschichte insgesamt als ihre Kernfragen bezeichnet hat: Ursprung und Fortleben (Kontinuität), Strömung und Einfluß (Rezeption), Mischung und Kreuzung (Kontamination).[110] Was an neuen Fragestellungen im 20. Jahrhundert vor und nach dem Zweiten Weltkrieg hinzugekommen ist, läßt sich in dieses Schema einfügen. Denn wenn auch mit dem Fortschreiten der Wissenschaft neue Bereiche oder Wissenschaftsgebiete hinzutreten – ich erwähne die Archäologie[111], die ja ein altes Teilgebiet der historischen Landeskunde ist, ferner die moderne Sozial- und Wirtschaftsgeschichte[112] bis hin zur

---

105 Ebenda, S. 66–68.
106 Ebenda, S. 69–70.
107 Ebenda, S. 70 f.
108 Ebenda, S. 71–73.
109 Ebenda, S. 73–79.
110 S t r o h (wie Anm. 34), S. 275.
111 Vgl. H. J a n k u h n: Archäologie und Landesgeschichte, in: Landschaft und Geschichte. Festschrift für Franz Petri zu seinem 65. Geburtstag am 22. Februar 1968, Bonn 1970, S. 299–311, Wiederabdruck in: Landesgeschichte (wie Anm. 42), S. 370–389.
112 Vgl. W. Z o r n: Landesgeschichte und Sozial- und Wirtschaftsgeschichte, in: Vierteljahresschrift für Sozial- und Wirtschaftsgeschichte 57 (1970), S. 363–368, Wiederabdruck in: Landesgeschichte (wie Anm. 42), S. 425–435, sowie O. B r u n n e r: Landesgeschichte und moderne Sozialgeschichte, in: Unsere Heimat. Monatsblatt des

Strukturgeschichte[113] –, so ist die Geschichtliche Landeskunde an sich, wie Schlenger schon betont hat, als Ganzheit abgeschlossen.

Am einprägsamsten, ja geradezu klassisch hat Ludwig P e t r y die besondere Eigenart der modernen Landesgeschichte charakterisiert, wenn er seinem auf der ersten Jahresversammlung des 1960 gegründeten und von ihm bis zu seiner Emeritierung geleiteten Instituts für Geschichtliche Landeskunde an der Universität Mainz gehaltenen Vortrag die Überschrift gab „In Grenzen unbegrenzt".[114] Petry weist auf den immensen Erkenntniszuwachs hin, der sich für den Historiker durch die zeitliche und räumliche Ausweitung seines Arbeitsfeldes ergibt. Als Ausweg sieht er nur eine Möglichkeit: die Preisgabe wenigstens eines Zieles, „entweder des sachlichen oder des zeitlichen oder des räumlichen Universalismus".[115] Und er plädiert für die Beschränkung in räumlicher Hinsicht „im elastischen Sinne", wie er sagt, auf eine historische Landschaft, auf das Gebiet „eines geographisch übersehbaren und einleuchtenden, von mannigfachen geschichtlichen Bezügen mit Leben erfüllten und als Gemeinschaft bestätigten Teilbereichs, der den geeigneten Rahmen abgibt für eine Forscher-Betätigung zurück bis zu den ältesten Zeiten in einer fruchtbaren Arbeitsgemeinschaft aller dazu aufgerufenen Disziplinen: der politischen, Verfassungs-, Verwaltungs- und Rechtsgeschichte, der Kirchen-, Bildungs-, Musik- und Kunstgeschichte, der Wirtschafts- und Sozialgeschichte, der Sprachwissenschaft und Volkskunde".[116] Er tritt ein für eine „Gemeinschaftsleistung in vertikaler und horizontaler Arbeitsleistung". Sie habe „unter dem Vorzeichen der Geschichtlichen Landeskunde ganz andere Verheißung als bei dem Versuch einer entsprechenden großen Staats- oder Volksgeschichte". Innerhalb dieses Bereichs kann

---

Vereins für Landeskunde von Niederösterreich und Wien, Jg. 35 (1964), S. 123–128, Wiederabdruck in: Landesgeschichte (wie Anm. 42), S. 335–343.

113 Vgl. u. a. J. K o c k a: Struktur und Persönlichkeit als methodologisches Problem der Geschichtswissenschaft, in: Persönlichkeit und Struktur in der Geschichte, Düsseldorf 1977; d e r s.: Einleitende Fragestellungen, in: Geschichte und Gesellschaft 3 (1977), Sonderheft 3, S. 9–12; d e r s.: Gegenstandsbezogene Theorien in der Geschichtswissenschaft. Schwierigkeiten und Ergebnisse in der Diskussion, ebenda, S. 178-188; M. W ü s t e m e y e r: Was lehrt die Strukturgeschichte? Zum theoretischen und didaktischen Gehalt der ‚Annales'-Historie, in: Theorien in der Geschichtswissenschaft, hrsg. von J. R ü s e n und H. S ü ß m u t h (Geschichte u. Sozialwissenschaft: Studientexte zur Lehrerbildung, Bd. 2), Düsseldorf 1980.

114 L. P e t r y: In Grenzen unbegrenzt. Möglichkeiten und Wege der geschichtlichen Landeskunde, in: Jahresgabe des Instituts für geschichtliche Landeskunde an der Universität Mainz 1961, Mainz 1961, S. 3–17, Wiederabdruck in: Landesgeschichte (wie Anm. 42), S. 280–304.

115 P e t r y, in: Landesgeschichte (wie Anm. 42), S. 286.

116 Ebenda, S. 288.

der Leitgedanke „Überwindung des Trennungsdenkens", bezogen auf die Sonderdisziplinen, verwirklicht werden.[117]

„Das Wort Grenze", so legt Petry seinen Standpunkt dar, „das für unser menschliches Selbstbewußtsein leicht einen harten Klang annimmt und den schmerzlichen Begriff der Trennung in sich birgt, wird unter räumlichem Aspekt zu einem Zauberwort, das mannigfache andere Trennungen überwindet. Sich räumliche Grenzen gefallen lassen und eben dadurch andere Grenzen – zeitliche, fachmäßige und personale – durchstoßen, dies ist das Spannungsverhältnis ‚in Grenzen unbegrenzt', das als Wesenskern der Geschichtlichen Landeskunde angesprochen werden darf."[118]

Der begrenzte Raum, den Ludwig Petry für ein unbegrenztes Forschen im Auge hat, ist ein relativ kleiner, von Menschen real erfaßbarer, ein Raum, der aus landschaftlichen Teilgliedern besteht, die sich zu einer größeren Geschichtslandschaft zusammenfügen. Wir werden uns zu fragen haben, in welchem Verhältnis diese größeren Landschaften zueinander stehen, d. h. wo die Grenze der Geschichtslandschaften liegt. Aus den vorgetragenen Äußerungen von Kötzschke und Aubin ergibt sich, daß sie an eine Erweiterung der einzeln und zunächst zu erforschenden Kultur- oder Geschichtslandschaft im Rahmen der Volks-, ja der Völkergeschichte gedacht haben.

Karl-Georg F a b e r hat in seiner Betrachtung „Was ist eine Geschichtslandschaft?"[119] diese Frage aufgegriffen und Überlegungen über „Land" im Sinne von Landschaft und „Raum" angestellt. Raum ist demnach weiterreichend als Land. Faber verweist als Beispiel auf einen Aufsatz des Landeshistorikers Franz P e t r i „Beharrung und Wechsel in den historischen Räumen Nordwesteuropas"[120]; er hätte auch dessen Beitrag „Der Rhein in der europäischen Geschichte und den europäischen Raumbeziehungen von der Vorzeit bis zum Hochmittelalter"[121] nennen können. Faber zitiert sodann den Einführungsartikel, den Hermann A u b i n 1931 zu dem Werk „Der Raum Westfalen" geschrieben hat und in dem er diesem Gesamtwerk die Aufgabe stellte, „den Raum zu bestimmen, der sich jeweils im Laufe der Geschichte als Westfalen zusammengefunden, und die Kräfte bloßzulegen,

117 Ebenda, S. 290 u. 291.
118 Ebenda, S. 293.
119 K.-G. F a b e r : Was ist eine Geschichtslandschaft, in: Festschrift Ludwig Petry, Teil 1 (Geschichtliche Landeskunde, Bd. 5), Wiesbaden 1968, S. 1–28, Wiederabdruck in: Landesgeschichte (wie Anm. 42), S. 390–424.
120 In: Westfälische Forschungen 6 (1952), S. 7–28. Vgl. F a b e r , in: Landesgeschichte (wie Anm. 42), S. 400.
121 F. P e t r i : Der Rhein in der europäischen Geschichte und den europäischen Raumbeziehungen, in: Das erste Jahrtausend, hrsg. von K. B ö h n e r u. a., Textband II, Düsseldorf 1964, S. 567–615.

welche ihn geformt".[122] Hier wird, so merkt Faber an, „die Elastizität des ‚Raum'-Begriffes offenbar", und zwar gegenüber der kleineren Geschichtslandschaft.[123]

Für beide gilt aber, daß sie, um mit Ludwig P e t r y zu reden, zum „Erlebnis- und Wirkbereich des Menschen" gehören.[124] F a b e r kommt zu dem Ergebnis, „daß Land u n d Leute ‚Landschaft' konstituieren und diese ohne einen der beiden Faktoren nicht vorstellbar ist".[125] Er greift mit der Formel von „Land und Leuten" auf Wilhelm Heinrich R i e h l, den Vater der Volkskunde, zurück.[126] Otto B r u n n e r hat sie für die Geschichtswissenschaft fruchtbar werden lassen. Sie erinnert uns daran, daß Land oder Landschaft jeweils immer auch verfaßte Ordnung vom Menschen ist.[127]

Das Verhältnis von „Verfassungsgeschichte und Landesgeschichte" ist von Walter S c h l e s i n g e r grundlegend behandelt worden.[128] Jüngst hat Helmut B e u m a n n diese Frage aufgegriffen im Rahmen eines Aufsatzes „Zur Lage der Mittelalterforschung in der Bundesrepublik Deutschland".[129] Er führt aus, daß die bedeutendste Veränderung unseres Mittelalterbildes nach dem Zweiten Weltkrieg von der Verfassungsgeschichte ausgegangen ist, bei gleichzeitigem Zurücktreten der politischen Geschichte. Dabei habe die Verfassungsgeschichte ihr besonderes methodisches Gepräge durch die enge Verbindung mit der Landesgeschichte erhalten. Man könne geradezu „von einer überwiegend verfassungsgeschichtlichen Orientierung der Landesgeschichte wie von einer landesgeschichtlichen Verfahrensweise der Verfassungsgeschichte sprechen".[130] Ihre Bedeutung erblickt er darin, daß beide

---

122 H. A u b i n : Die geschichtliche Entwicklung, in: Der Raum Westfalen, Bd. 1, hrsg. von H. A u b i n, O. B ü h l e r, B. K u c k e und A. S c h u l t e, Berlin 1931, S. 7–30, Wiederabdruck in: A u b i n, Grundlagen und Perspektiven (wie Anm. 66), S. 402.

123 F a b e r, in: Landesgeschichte (wie Anm. 42), S. 403.

124 P e t r y, in: Landesgeschichte (wie Anm. 42), S. 296.

125 F a b e r, in: Landesgeschichte (wie Anm. 42), S. 404.

126 Ebenda, S. 396. Über W. H. Riehl vgl. die Hinweise und Literaturangaben bei B a c h, Deutsche Volkskunde (wie Anm. 93), S. 50–53.

127 F a b e r, in: Landesgeschichte (wie Anm. 42), S. 400. – O. B r u n n e r Land und Herrschaft. Grundfragen der territorialen Verfassungsgeschichte Österreichs im Mittelalter, 4., veränd. Aufl. Wien, Wiesbaden 1959, ⁵1965, reprogr. Nachdruck 1973.

128 W. S c h l e s i n g e r : Verfassungsgeschichte und Landesgeschichte, in: Hessisches Jb. für Landesgeschichte 3 (1953), S. 1–34, Wiederabdruck in: W. S c h l e s i n g e r : Beiträge zur deutschen Verfassungsgeschichte des Mittelalters, Bd. 2, Göttingen 1963, S. 9–41, Bemerkungen und Zusätze S. 254–261, erneuter Wiederabdruck in: Landesgeschichte (wie Anm. 42), S. 117–172.

129 H. B e u m a n n : Zur Lage der Mittelalterforschung in der Bundesrepublik Deutschland, in: Jb. der historischen Forschung in der Bundesrepublik Deutschland, hrsg. von der Arbeitsgemeinschaft außeruniversitärer historischer Forschungseinrichtungen in der Bundesrepublik Deutschland, Berichtsjahr 1975, Stuttgart 1976, S. 13–25.

130 Ebenda, S. 19 f.

zusammen „ein differenzierteres, vertieftes und zugleich ein umfassenderes Bild der Reichs- oder Nationalgeschichte" liefern.[131] In bezug auf die „geschichtliche Landeskunde" oder „geschichtliche Kulturraumforschung" stellt er fest, daß ihr regionaler Ansatz sich dadurch rechtfertigt, „daß sich nur der überschaubare Raum in ... umfassender Weise allseitig untersuchen läßt", daß aber „der Erkenntniswille über die [einzelne] Region hinausreicht".[132]

Wenn für die Welt des Mittelalters „als einer solchen, die sich in eine große Mannigfaltigkeit historisch-individuell geprägter Räume gliedert"[133], heute weniger „nach dem Wann, Wie, Wo und Warum der politischen Aktionen" als „nach dem Zustand und Charakter der Welt, die ihren Schauplatz gebildet hat und zu den unerläßlichen Bedingungen ihrer Möglichkeiten gehörte", gefragt wird[134], d. h. nach ihrer Verfassung, aber auch nach ihrem Raum, so ist die Antwort „am ehesten von einer Betrachtungsweise zu erwarten, die sich am Modell der mit der vergleichenden Landesgeschichte kooperierenden Verfassungsgeschichte orientiert".[135] Eine solche Betrachtungsweise bedient sich des Vergleichs: Aber „erst der überregionale Vergleich vermag vor unzulässigen Verallgemeinerungen zu bewahren und erlaubt es, das Besondere vom Allgemeinen zu trennen, differenzierte Aussagen zu machen und die allgemeinen hinreichend zu sichern".[136] Ein solches Verfahren, d. h. eine „nach geschichtlichen Räumen differenzierende Betrachtungsweise"[137], vermag dann auch die Aufspaltung der Geschichte – hier der des Mittelalters – in Nationalgeschichte zu überwinden. Sie hat sich bereits bei „der Klärung von Problemfeldern überregionaler und allgemeiner Bedeutung" im Verein mit der politischen Ideengeschichte für das Mittelalter bewährt.[138]

Hatte Beumann von einem an der vergleichenden Landesgeschichte orientierten Modell gesprochen, so könnten die von ihm daraus gezogenen allgemeinen Überlegungen ein weiterführendes Modell für Arbeiten sein, die einen großen Zeitraum zu umspannen beabsichtigen und einen Raum, der sich wie die mittelalterliche Welt „in eine große Mannigfaltigkeit historisch-individuell geprägter" Geschichts- oder Kulturlandschaften gliedert.[139]

---

131 Ebenda, S. 20.
132 Ebenda, S. 19.
133 Ebenda.
134 Ebenda, S. 18.
135 Ebenda, S. 20.
136 Ebenda, S. 19.
137 Ebenda, S. 18.
138 Ebenda.
139 Ebenda, S. 19.

3.

Von Kulturgeschichte und Landesgeschichte war die Rede. Landesgeschichte in moderner Form ist regionale Kulturgeschichte. Sie ist aber heutzutage zugleich ein Beitrag zur allgemeinen Geschichte, insbesondere dann, wenn sie über die Beschäftigung mit der jeweils einzelnen historischen Landschaft in vergleichender Weise auf Regionen und größere Lebens- und Kulturbereiche, auch der Völker und ihrer staatlichen Ordnungen, ausgeweitet wird.

Das Arbeitsfeld des Herder-Forschungsrates ist ein solch weitgespanntes, eine Welt historisch-individuell geprägter Räume. „Erforschung von Ländern und Völkern im östlichen Mitteleuropa" ist die Formel, unter der sich die Arbeit des Herder-Forschungsrates, seiner Fachgruppen und der ihm verbundenen Historischen Kommissionen sowie des Herder-Instituts vollzieht.[140] Völker aber setzen sich aus Stämmen zusammen oder haben zumindest regional unterschiedliche Gestaltungen. Länder sind entweder historisch und kulturell geformte Gebiete oder gliedern sich in mehrere Kulturprovinzen. Ein Raum wie das östliche Mitteleuropa ist infolgedessen auch von Kulturströmungen der verschiedensten Art erfüllt in einem stetigen wechselseitigen Geben und Nehmen seiner Bewohner bei gleichzeitiger Schwerpunktverlagerung kultureller Innovationen.[141] Karl L a m p r e c h t hat ausgeführt, daß im Europa der Neuzeit von Zeitraum zu Zeitraum immer

---

140 Vgl. zuletzt R. S c h m i d t: Johann-Gottfried-Herder-Institut und -Forschungsrat, in: Osteuropa 30 (1980), Heft 8/9, S. 975–982, Wiederabdruck mit weiteren Beiträgen von H. v o n C h m i e l e w s k i, Cs. J. K e n é z, K. C. T h a l h e i m und H. W e c z e r k a, in: Das J. G. Herder-Institut und der J. G. Herder-Forschungsrat für Ostmitteleuropa, Marburg/Lahn o. J. (1980).

141 Aus der Fülle einschlägiger Veröffentlichungen seien genannt: der Band „Die Deutschen und ihre östlichen Nachbarn. Ein Handbuch", hrsg. von V. A s c h e n b r e n - n e r, E. B i r k e, W. K u h n und E. L e m b e r g, Frankfurt a. M. u. a. 1967, sowie Festschriften wie „Europäische Kulturverflechtung im Bereich der volkskundlichen Überlieferung", Festschrift zum 65. Geburtstag von Bruno Schier, hrsg. von G. H e i l f u r t h und H. S i u t s, Göttingen 1967, und „Kontakte und Grenzen. Probleme der Volks-, Kultur- und Sozialforschung", Festschrift für Gerhard Heilfurth zum 60. Geburtstag, Göttingen 1969. Auf den Tagungen des J. G. Herder-Forschungsrates sind entsprechende Themen wiederholt behandelt worden; vgl. die Zusammenstellung „Die Wissenschaftlichen Tagungen des Johann-Gottfried-Herder-Forschungsrates 1951–1974" von Cs. J. K e n é z, in: Probleme der Ostmitteleuropa-Forschung. Rückblicke und Ausblicke auf die Arbeiten von J. G. Herder-Forschungsrat und J. G. Herder-Institut (Tagungsberichte des J. G. Herder-Forschungsrates, 5), Marburg/Lahn 1975, S. 56–62. Vgl. auch den Bericht „Probleme, Darstellungen und Quellen historischer Kulturbeziehungsforschung (1750–1850). Ein Projekt des internationalen Studienkreises für Kulturbeziehungen in Mittel- und Osteuropa" von J. K ä m m e r e r, in: Jb. der historischen Forschung in der Bundesrepublik Deutschland, Berichtsjahr 1978, Stuttgart 1979, S. 53–58.

ein anderes Volk kulturell führend gewesen sei.[142] Dies dürfte mutatis mutandis für den östlichen Teil Mitteleuropas wohl auch in der Weise gelten, daß in wechselnder Folge einzelne historische Landschaften kulturelle Schwerpunkte gebildet haben.

Um „Kulturprovinzen", um historische Landschaften zu erfassen, abzugrenzen und zu beschreiben, bietet die geschichtliche Landeskunde als geschichtliche Kulturraumforschung bewährte, im einzelnen weiter auszubauende und zu verfeinernde Verfahrensweisen, stellt die Kombination von Kultur- und Landesgeschichte einen Schlüssel für eine vergleichende Kulturgeschichte auch des östlichen Mitteleuropa dar. Sie umfaßt natürlich noch sehr viel mehr Aspekte, als sie in dem Vortrag eines Historikers angeklungen sind, der sich vornehmlich mit dem Mittelalter und der frühen Neuzeit beschäftigt. Nur einige Hinweise seien gestattet: Die Hinwendung zur Kulturgeschichte auch in den Nachbarwissenschaften der Geschichtswissenschaft im engeren Sinne kommt z. B. im Titel einer unlängst erschienenen Festschrift „Rechtsgeschichte als Kulturgeschichte"[143] zum Ausdruck. Verbunden mit der Hinwendung zur Kulturgeschichte ist eine solche ganz allgemein zur Sachkultur, und zwar von der Vorgeschichte[144] bis zur Gegenwartsvolkskunde.[145] Die Tätigkeit und die Veröffentlichungen des Instituts für mittelalterliche Realienkunde Österreichs der Österreichischen Akademie der Wissenschaften sei beispielhaft genannt.[146] Für die Kunstgeschichte

142 Vgl. F r i e d e l l (wie Anm. 4), S. 41.
143 Festschrift für Adalbert Erler zum 70. Geburtstag, unter Mitwirkung von A. F i n k hrsg. von H.-J. B e c k e r , Aalen 1976.
144 Vgl. u. a. die „Lübecker Schriften zur Archäologie und Kulturgeschichte". Bd. 4: Beiträge des Lübecker Symposiums 1978 zu Geschichte und Sachkultur des Mittelalters und der Neuzeit, hrsg. von G. P. F e h r i n g , Bonn 1980. Darin: H. B o o c k - m a n n , F. A. D r e i e r , W. H ü b e n e r und G. W i e g e l m a n n : Überlegungen zu Möglichkeiten und Grenzen einer interdisziplinären Zusammenarbeit von Geschichte, Kunstgeschichte, Archäologie und Volkskunde, S. 220–229.
145 Vgl. L. S c h m i d t : Gegenwartsvolkskunde. Eine bibliographische Einführung, Wien 1976. – Innerhalb der Österreichischen Akademie der Wissenschaften gibt es ein „Institut für Gegenwartsvolkskunde" (Wien, Österreichisches Museum für Volkskunde).
146 Bisher erschienen von den „Veröffentlichungen des Instituts für mittelalterliche Realienkunde Österreichs" die Bände Nr. 1: Die Funktion der schriftlichen Quellen in der Sachkulturforschung (Sitzungsberichte der Österreichischen Akademie der Wissenschaften, Phil.-hist. Kl., 304. Bd., 4. Abh.), Wien 1976; Nr. 2: Das Leben in der Stadt des Spätmittelalters (dass., 325. Bd.), Wien 1977; Nr. 3: Klösterliche Sachkultur des Spätmittelalters (dass., 367. Bd.), Wien 1980; Nr. 4: Europäische Sachkultur des Mittelalters. Gedenkschrift aus Anlaß des zehnjährigen Bestehens des Instituts für mittelalterliche Realienkunde Österreichs (dass., 374. Bd.), Wien 1980, darin u. a. H. A p p e l t : Mittelalterliche Realienkunde Österreichs als Forschungsaufgabe, S. 7–12. Vgl. dazu auch H. K ü h n e l : Realienkunde des Mittelalters und der frühen Neuzeit,

hat Rainer H a u s s h e r r in einem Aufsatz „Kunstgeographie" die Aufgaben, Grenzen und Möglichkeiten auch der regionalen Kunstgeschichte vor einigen Jahren umrissen.[147] Welche Möglichkeiten sich in dieser Hinsicht für den Herder-Forschungsrat ergeben, das hat uns Günther G r u n d m a n n wiederholt vor Augen gestellt.[148] Herbert J a n k u h n hat in grundsätzlichen Ausführungen das Verhältnis von „Archäologie und Landesgeschichte" behandelt[149], und aus der Sicht der Volkskunde[150] sind vor kurzem Gesichtspunkte über die zeiträumliche Betrachtung der Kulturraumforschung sowie über die soziale Differenzierung der Kultur vorgetragen worden, die auch vom Historiker für seine spezifische Arbeit fruchtbar gemacht werden können.

Nicht angesprochen habe ich Fragen, die sich aus der modernistischen Theoriediskussion unserer Tage für die Kulturgeschichte oder für die Landesgeschichte ergeben. Daß dies nicht geschah, ist eine Frage der Vortragszeit, aber auch des persönlichen Geschmacks. Wohl stimme ich Friedrich M e i n e c k e zu, der in seiner Abhandlung „Vom geschichtlichen Sinn und vom Sinn der Geschichte" gesagt hat: „Geschichte und Gegenwart bilden eine Einheit, die von dem Historiker doppelpolig erfaßt wird", zu erfassen ist.[151] Aber ich bekenne mich auch zu einer Formulierung[152], die mir bei der Beschäftigung mit meinem Thema zugeflossen ist: „Je weniger geschichtsphilosophische und politische Theorien mit sozial- und kulturgeschichtlichen Schilderungen verbunden sind, umso mannigfacher und farbenreicher wird das Bild." Und darauf, so meine ich, kommt es an.

---

in: Jb. für Landeskunde von Niederösterreich 37 (1967) (Festschrift für Karl Lechner), S. 215–247.

147 R. H a u s h e r r : Kunstgeographie – Aufgaben, Grenzen, Möglichkeiten, in: Rheinische Vierteljahresblätter 34 (1970), S. 158–171. Vgl. auch D. F r e y : Geschichte und Probleme der Kultur- und Kunstgeographie, in: Archaeologica geographica 4 (1955), S. 90–105, Wiederabdruck in: d e r s .: Bausteine zu einer Philosophie der Kunst, hrsg. von G. F r e y , Darmstadt 1976, S. 260–319.

148 Vgl. G. G r u n d m a n n : Der Aufgabenbereich der Fachgruppe Kunstgeschichte des Johann-Gottfried-Herder-Forschungsrates unter besonderer Berücksichtigung des Kunstatlasses des östlichen Mitteleuropa, in: ZfO 21 (1972), S. 288–299.

149 Siehe oben Anm. 111. Vgl. auch den Sammelband „Geschichtswissenschaft und Archäologie", hrsg. von H. J a n k u h n und R. W e n s k u s (Vorträge und Forschungen, Bd. XXII), Sigmaringen 1979.

150 Siehe oben Anm. 94/95.

151 4. Aufl., Leipzig 1939, S. 7. (5. Aufl. Berlin 1951).

152 A. N i t s c h k e , in: Geschichte (Das Fischer Lexikon. Enzyklopädie des Wissens, Bd. 24), hrsg. von W. B e s s o n , Frankfurt a. M. 1961, S. 154.

Summary

History of Civilization with regard to History of Territories

The contribution offers a survey of the development of research in the field of civilization within the scope of investigation of general history and history of the German territories in particular. Here the various fields of history research and adjacent sciences are dealt with in their mutual complexity, and their actual standard of research is represented.

Pommern im Spiegel bedeutender Persönlichkeiten

Am Ende der im Rahmen der Vortragsreihe „Ostdeutsche Geschichts- und Kulturlandschaften" über Pommern gehaltenen Vorträge soll die Geschichte dieser Landschaft im Spiegel bedeutender Persönlichkeiten beleuchtet werden. Ausgewählt wurden solche Persönlichkeiten, die für ihre Zeit als repräsentativ gelten können und diese zugleich charakterisieren. Dabei sollen verschiedene Bereiche des geschichtlichen Lebens zur Geltung kommen, um eine Vorstellung von dem Anteil Pommerns an der deutschen Geschichte zu vermitteln. Männer, die bereits vorgestellt worden sind, wie Franz Balthasar Schönberg von Brenckenhoff, Ernst Moritz Arndt, Caspar David Friedrich, Philipp Otto Runge und Carl Loewe, dürfen hier ausgeklammert werden.

Ein Problem sei vorweg kurz berührt; es stellt sich jedem, der es unternimmt, dem Bild einer geschichtlichen Landschaft durch Einzelporträts Konturen zu geben. Es ist das gleiche Problem, das alle Historischen Kommissionen beschäftigt, die „Lebensbilder" in ihrem Programm haben. Was ist ein „Pommer", was ein „Rheinländer"? Ist es jemand, der im Lande geboren wurde, seine eigentliche Lebensleistung aber woanders vollbrachte? Oder ist es jemand, der nicht von dort stammt, sondern erst später dorthin gelangte und nun hier die Wirksamkeit entfaltete, die seinen Namen bekannt gemacht hat?

Arndt, Friedrich und *Runge* waren von Geburt Pommern; aber Bedeutung und Geltung haben sie erst außerhalb dieses Landes erlangt. Obwohl als schwedische Untertanen geboren, haben sie sich aber immer zu ihrer Heimat bekannt. Freilich war dies – anders als bei *Johannes Bugenhagen,* der sich zeitlebens als D. Pomer oder Pomeranus bezeichnete und von seinen Zeitgenossen so genannt wurde – ihre engere Heimat, bei Friedrich und Runge Vorpommern, bei Arndt mehr noch die Insel Rügen. Er formulierte: „Wo dir Gottes Sonne zuerst schien, wo dir die Sterne des Himmels zuerst leuchteten, ... wo das erste Menschenaug sich liebend über deine Wiege neigte ... und dein Vater dir die Lehren der Weisheit und des Christentums ins Herz grub: da ist deine Liebe, da ist dein Vaterland".

Brenckenhoff und Loewe waren in diesem Sinne keine Pommern. Das Wirken *Brenckenhoffs* war auch nicht auf diese Landschaft beschränkt, wiewohl er für sie Wesentliches geleistet hat. *Loewe* hingegen, der sein berufliches Leben von 1820 bis 1866 in Stettin als Kantor, Gymnasialmusiklehrer und städtischer Musikdirektor verbracht hat, wird Pommern zugerechnet und ist mit ihm ja auch ähnlich verbunden wie Friedrich und Runge. Und es ist bezeichnend, daß sein Leichnam zwar an seinem Sterbeort Kiel bestattet ist, daß aber sein Herz, so wie er es bestimmt hatte, in einem Pfeiler der Orgelempore der Jakobikirche in Stettin, wo er solange gewirkt hatte, eingemauert wurde.

Insofern waren alle bisher beispielhaft genannten Persönlichkeiten, wie Bugenhagen, Pommern. Das gilt auch, um einleitend noch einen Namen zu nennen, für den ersten Oberpräsidenten der nach dem Wiener Kongreß neugeordneten und um das schwedische Neuvorpommern vermehrten preußischen Provinz Pommern *Johann August Sack*. Er war ein Rheinländer, aus Kleve gebürtig. Er hatte bereits eine beachtenswerte Beamtenlaufbahn hinter sich, als er 1816 nach Pommern versetzt wurde. Geheimer Oberfinanzrat im preußischen Generaldirektorium, Zivilgouverneur von Berlin (1806), 1807 Vorsitzender der Immediatkommission zur „Vollziehung des Friedens" von Tilsit, dann Mitarbeiter des Freiherrn vom Stein, Verwalter der von Frankreich geräumten Gebiete, 1814 Oberpräsident der Rheinprovinz, das waren die Stationen. Höhepunkt und Vollendung seines Wirkens aber war die Tätigkeit als Oberpräsident der Provinz Pommern von 1816 bis zu seinem Tode 1831. Durch seine struktur-, wirtschaft- und kulturpolitische Maßnahme hat er Pommern zu einer modernen Provinz gemacht, hat ihr das Gesicht gegeben, das sie bis in unser Jahrhundert gehabt hat. Auch Johann August Sack gehört zu den bedeutenden Pommern.

Es könnte nun vielleicht eingewandt werden: Die Beleuchtung der Geschichte einer Landschaft durch für sie bedeutsame Personen sei nicht zeitgemäß, weil sie Leistung und Leiden der „einfachen" Menschen, der Masse des Volkes, nicht Rechnung trage und zur Geltung bringe. „Geschichte von unten" heißt ein heute in manchen Kreisen beliebtes Stichwort. Wodurch, so fragen wir, würde sich unter diesem Aspekt die Geschichte Pommerns von der anderer Landschaften unterscheiden? Liegt das Besondere einer Landschaft, eines Volkes und eines Volksstammes nicht eben doch im Individuellen? Ich lasse diese Fragen hier als solche stehen und möchte statt dessen fragen: Was wissen wir von den einfachen Leuten? Welches war ihr Beitrag oder ihr Anteil an der geschichtlichen Entwicklung Pommerns? Man hat gesagt, sie seien immer Objekt der Geschichte, niemals Subjekt gewesen: „Ihre Schlachten, Siege und Niederlagen waren die ... anderer. Es waren die Schlachten der Schweden, Brandenburger, Russen, Franzosen, Polen, Preußen. Sie schlugen sich um pommersche Städte und Dörfer, plünderten sie und äscherten sie ein, und die Pommern bauten sie beharrlich immer wieder auf". Die Geschichte dieser namenlosen Pommern war „eine Geschichte steter Hartnäckigkeit und eine Geschichte vieler Leiden". Das hat seinen Niederschlag in einem „Kinderlied" gefunden, das auf die Zustände im Dreißigjährigen Krieg zurückgeht, der in Pommern wie anderswo das Land verheert und die Bewohner mit Not und Tod überzogen hat, in Pommern zeitweilig besonders schlimm, das aber auch in unserer Zeit seine traurige Aktualität erlangt hat: „Maikäfer fliege, dein Vater ist im Kriege, deine Mutter ist im Pommerland, Pommerland ist abgebrannt, Maikäfer flieg".

Die Leiden, denen das Volk in Pommern nicht nur im Dreißigjährigen Krieg, sondern auch zuvor und danach ausgesetzt gewesen ist, hat wohl auch seinen Charakter mitgeprägt. Zum pommerschen „Volkscharakter" gibt es bemerkenswerte Aussagen. Eine stammt von *Thomas Kantzow,* dem herzoglichen Sekretär zur Zeit der Reformation, dem wir die erste umfassende Darstellung der Pommerschen Geschichte, verbunden mit einer Landesbeschreibung in deutscher Sprache, verdanken. In seiner hochdeutschen „Pomerania" schreibt er: „Es ist das Volk mehr guetherzig wann freundlich, mehr simpel wann klug, nicht sonders wacker oder frohlich, sonder(n) mehr ernsthaftig und schwermütig. Sonst aber ist es ein aufrichtig, treu, vorschwiegen Volk, das die Luegen und Schmeichelwort hasset". An anderer Stelle heißt es: „Aber der gemeine Mann und Baurschaft dieses Landes ist sehr faul und unnehrig, die ungern arbeiten, es treibe sie dann die große Not. ... Darumb leben sie auch zum Mehrenteil an vielen Ortern von der Hand in den Mund, wie man sagt". Den Bewohnern der Städte wird ein besseres Zeugnis ausgestellt: Sie „geben sich gar zur Sehe werts oder zu Kaufenschaft oder Handwerk". Vom Adel, „in Vorjahren auch nicht sehr fleißig", wird gesagt: „Aber itzund in kurzen Jahren sein sie es besser angeworden". Allerdings vermerkt Kantzow gerade hier Unterschiede: „Der junge Adel, so fromm seind, (zeucht) hin und wieder in Furstenhofe oder in Kriege. Die andern aber, die der Ehren nicht achten, rauben auf den Straßen oder stoßen sonst heimlich die reichen Pauren aus". Insgesamt, so lautet das Urteil Kantzows über das Volk der Pommern, „sei noch viele Grobheit an ihme", was – so meint er – „von den Wenden und vom gestrengen Himmel, da sie unter wohnen" herrühre. Und: „es helt weinig oder nichts von den Studiis und freien Kunsten. Darumb hat es auch nicht viele gelehrte Leute, wiewohl es sehr feine Ingenia hat, wie man an vielen spuret, wann sie nur darzu gehalten wurden".

Zweihundert Jahre später äußerte sich Friedrich der Große ganz ähnlich, so daß es scheinen könnte, als seien die Äußerungen Kantzows ihm zugeflossen. In seinem Politischen Testament von 1752 sagt er: „Die Pommern haben einen geraden Verstand und etwas Treuherziges. Es ist von allen Provinzen diejenige, die die besten Untertanen sowohl für den Krieg als für die anderen Ämter hervorgebracht hat. Nur mit diplomatischen Verhandlungen möchte ich sie nicht betrauen, weil ihre Offenheit nicht für die Diplomatie paßt, wo es oft ein listiges Spiel zu spielen gilt". Und im Testament von 1768 heißt es: „Die Pommern haben einen treuherzigen Charakter. Ihnen würde es nicht an Geist fehlen, wenn sie gebildeter wären. Jedoch werden sie niemals listig und verschmitzt sein. Der gemeine Mann ist mißtrauisch und hartnäckig in seinen Meinungen. Sie sind auf ihren Vorteil bedacht, aber sie sind weder grausam noch blutdürstig, und sie sind leidlich gesittet, so daß es keiner Strenge bedarf, um sie zu regieren. Sie liefern gute Offiziere, prachtvolle Soldaten, es gibt unter ihnen ausgezeichnete Finanzleute. Aber es würde ein Fehlgriff sein, wenn man sie in der Diplomatie verwenden wollte".

Solche Urteile sind natürlich im einzeln zu pauschal und im allgemeinen vielleicht doch zutreffend. Sie mögen für den einfachen Mann richtiger sein als für die Repräsentanten der gehobenen Stände. Denn ob die Pommern für das Diplomatische wirklich so gänzlich ungeeignet sind, wird zu bezweifeln sein. Jedenfalls waren unter den Diplomaten Friedrichs sehr wohl auch Pommern, so der „Außenminister" seines Vaters *Heinrich Graf von Podewils,* der zum allerengsten Kreis der Berater vor dem Einmarsch nach Schlesien 1740 gehörte, ohne freilich mit seinen Warnungen beim König Gehör zu finden, oder der Minister *Ewald Friedrich von Hertzberg,* der als Bevollmächtigter Friedrichs maßgeblich den Frieden von Hubertusburg 1763, durch den der Siebenjährige Krieg beendet wurde, ausgehandelt hat. Auch der langjährige vertraute Kammerdiener des Königs *Michael Gabriel Fredersdorf,* in mancher Hinsicht einflußreicher als viele hohe Staatsbeamte, war ein Pommer.

Es hat auch nicht an Männern der Wissenschaft und der Künste aus Pommern gemangelt. Freilich sind sie in den ersten Jahrhunderten der pommerschen Geschichte zu zählen, aber sie fehlen nicht. Ein breiteres Spektrum an Namen bietet erst das 18. und vor allem das 19. und 20. Jahrhundert. Die Bestrebungen und Maßnahmen des Oberpräsidenten Johann August Sack haben hier Früchte getragen. Von ihm stammt das Wort, es gelte „in Pommern noch ein zweites und drittes Pommern in Kultur und Bevölkerung zu erschaffen", denn „solch ein Land und solch ein Volk ist jedes Förderungsmittel der Kultur wert". Dieses zweite und dritte Pommern, wie Sack es ausdrückte, sollte durch Förderung der materiellen wie der geistig-sittlichen Kultur der Vereinheitlichung und Hebung der Provinz dienen, die seit dem Friedensschluß von 1815 wieder eine Einheit darstellte, die sie 1648 verloren und die sie zuvor länger als 500 Jahre unter den Herzögen aus dem Greifengeschlecht besessen hatte. Der Besinnung auf die Herzogzeit und auf die Anfänge und die Grundlagen der pommerschen Geschichte dienten auch die Feiern, die Sack 1824 anläßlich der 700. Wiederkehr der Christianisierung Pommerns durch Bischof Otto von Bamberg veranstalten ließ.

Mit der Predigt und der Einführung des Christentums 1124 und 1128 beginnt die historische Zeit Pommerns, seine eigentliche Geschichte. Alles Davorliegende ist in ein relatives Dunkel der quellenmäßigen Überlieferung gehüllt. Jetzt aber wird dieses Dunkel plötzlich erhellt. Das Licht fällt dabei auch auf jene Gestalt, mit der das Herrschergeschlecht der Greifen für uns faßbar wird und mit der die Reihe der bedeutenden pommerschen Persönlichkeiten, die hier vorgestellt werden sollen, beginnt, mit Wartislaw I.

*

1. Die geschichtliche Bedeutung *Wartislaws I.* liegt darin, daß er der Schöpfer des pommerschen „Staates" ist. Dabei wissen wir über die Person nur wenig, nicht einmal das genaue Todesjahr ist bekannt, wahrscheinlich wurde er vor 1147 von einem heidnischen Gegner erschlagen. Aber wir kennen die Ausgangssituation und das Ergebnis seiner Politik, und das rechtfertigt es, ihn zu den bedeutenden Persönlichkeiten Pommerns zu zählen.

Pommern, das war zu Beginn des 12. Jahrhunderts das Gebiet der Pomeranen zwischen Oder und Weichsel. Zwei Fürstengeschlechter hatten es hier zu Herrschaftsbildungen gebracht, im östlichen Teil die Samboriden, im westlichen die Greifen. Beide sahen sich dem Zugriff durch Polen ausgesetzt, das sein Ziel, das Meer zu erreichen, immer wieder verfolgte. Anfang der zwanziger Jahre hatte der Polenherzog Boleslaw III. Stettin erobert und die westlichen Pomeranen von sich abhängig gemacht. Auf seine Veranlassung nahm Bischof Otto von Bamberg sein Missionswerk bei den Pomeranen auf. Wartislaw I. tat das seine, das Land dem Christentum zu öffnen. Unter polnischem Schutz, wenn nicht sogar in polnischem Auftrag dehnte er zugleich seine Herrschaft über die Oder hinweg nach Westen ins ehemals lutizische Gebiet aus. Auf dieses aber machten das Deutsche Reich bzw. die Sächsischen Marken Rechtsansprüche geltend. Wartislaw erkannte sie an und öffnete auch diesen Raum der Mission Ottos von Bamberg, der seine zweite Pommernfahrt 1128 nun nicht von Gnesen, sondern von Merseburg aus mit Unterstützung König Lothars von Süpplingenburg unternahm. Indem Wartislaw die neue pommersche Kirche mit Rechten und Besitztümern ausstattete, gewann er nicht nur Bischof Otto für sich und seine Politik, sondern band sie so an seine Herrschaft, daß sich weltliches und kirchliches Herrschaftsgebiet deckten. Politisch erkannte Wartislaw für den Raum östlich der Oder die polnische, für den westlich des Stromes die sächsische Oberhoheit an, wobei seit 1135 über beide der Kaiser als oberster Lehnsherr stand. Gerade dadurch erreichte Wartislaw de facto eine weitgehende Selbständigkeit für seine „Staatsbildung". Ihr besonderer Charakter bestand darin, daß sie nicht stammlich geprägt war, sondern geographisch-territorial, indem sie pomeranische und lutizische Gebiete zu einem Territorialstaatswesen verband, für das nun der Name Pommern gebraucht wurde. 1140 nahm der Papst die Pommersche Kirche in den Schutz des heiligen Petrus, wodurch sie dem Zugriff der polnischen Kirchenprovinz Gnesen und dem der deutschen Kirchenprovinz Magdeburg entzogen wurde, die freilich ihre Ansprüche nicht aufgaben. Mit dieser internationalen Anerkennung der selbständigen pommerschen Kirche hatte zugleich auch der Territorialstaat Wartislaws seine Anerkennung gefunden. Die pommersche Kirche und das pommersche Herzogtum der Greifen gehören von Anfang an zusammen; sie bedingten und garantierten gegen- und wechselseitig ihre Selbständigkeit. Sie erreicht zu haben, das ist die historische Leistung Wartislaws I.

2. Zu Beginn des 14. Jahrhunderts erfuhr dieses von Wartislaw I. geschaffene Pommern eine bedeutende Erweiterung durch den Erwerb des Fürstentums Rügen, das nicht nur die Insel, sondern auch einen Teil des Festlandes mit der See- und Handelsstadt Stralsund umfaßte. Der letzte Vertreter des rügischen Fürstenhauses, Wizlaw III. († 1325), war – anders als Wartislaw von Pommern – nicht ein Meister der Politik, sondern ein Mann der Künste. Obwohl Rügen infolge seiner geographischen Lage ähnlich wie Landstriche im östlichen Hinterpommern noch jahrhundertelang zu den Reliktgebieten gehörten, in denen sich wendisches Brauchtum und wendische Sprache hielten, während das übrige Pommern längst einen deutschen Charakter angenommen hatte, ist der westliche Einfluß, von deutscher und von dänischer Seite, am rügischen Fürstenhof früher als am pommerschen aufgenommen und fruchtbar geworden. Man kann dies z. B. den Urkunden entnehmen und von ihnen auf die fürstliche Kanzlei, die unter Wizlaw III. sich auch der niederdeutschen Sprache bediente, schließen. Man hat aber auch in der Person Wizlaws III. ein lebendiges Zeugnis für die kulturelle Blüte, die hier im Norden in relativ kurzer Zeit nach Einführung des Christentums und der Schriftkultur erreicht worden ist. Wizlaw III. gehörte zu den „Minnesängern", und er stand mit anderen in Verbindung. Als sein Lehrer gilt der Magister Unghelarde, der um 1300 als Bürger in Stralsund bezeugt ist, der aber vermutlich aus Braunschweig stammt. Es finden sich in den Dichtungen Wizlaws, die Sprüche und Lieder umfaßten und die in der berühmten Jenaer Liederhandschrift vom Anfang des 14. Jahrhunderts überliefert sind, auch Anknüpfungen an andere Spruchdichtungen. Zwei der wandernden Dichter jener Zeit, Frauenlob und Goldener, haben Lobsprüche auf ihn verfaßt. Umstritten ist, ob Wizlaw seine Dichtungen in hochdeutscher oder in niederdeutscher Sprache verfaßt hat. Sein Bemühen galt der mitteldeutschen Literatursprache, aber sein heimisches Niederdeutsch geriet ihm immer wieder dazwischen.

3. Seit dem 13. Jahrhundert hatte sich in Pommern ein Städtewesen deutschen Gepräges entwickelt, welches besonders in den der Hanse zugehörenden Städten Persönlichkeiten aufzuweisen hatte, die über die jeweilige Stadt und über das Land hinaus Bedeutung gewannen. Zu ihnen gehörte im 14. Jahrhundert der Stralsunder Bürgermeister *Bertram Wulflam*. Die Wulflams waren seit dem Anfang des Jahrhunderts in der Stadt nachweisbar und bald zu Reichtum gelangt. Bertram trat um 1360 in den Rat ein, und vier Jahre danach wurde er, unter Übergehung älterer Ratsherren als einer der jüngsten zum Bürgermeister gewählt. Als solcher hat er die Stadt auch auf den

Hansetagen vertreten, und er hat jahrzehntelang der hansischen Politik seinen Stempel aufgedrückt. Im Jahre 1370 haben die seit der Kölner Konföderation von 1367 im Kampf gegen König Waldemar IV. Atterdag verbundenen Städte nach ihrem Sieg Dänemark den Frieden zu Stralsund diktiert. Wenn von ihm und seiner Bedeutung für die Geschichte der Hanse wie für die nordischen Staaten die Rede ist, wird erstaunlicherweise nur selten von den führenden Männern auf hansischer Seite gesprochen. Neben dem Lübecker Bürgermeister Jakob Pleskow war dies Bertram Wulflam. Er hat durch sein Wirken Sieg und Frieden zustande gebracht. Später lag vor allem die Finanzverwaltung Stralsunds in seiner Hand. Die selbstherrliche und nicht uneigennützige Art und Weise, wie er sie handhabe, sowie die wenig glückhafte Politik seines Sohnes Wulf Wulflam riefen die Gegner auf den Plan. 1391 wurde in der Stadt eine Untersuchungskommission gegen die Wulflams eingesetzt, angesichts eines Aufstandes breiter Volksschichten entzogen sie sich 1392 der Verantwortung durch die Flucht. Der Rat wurde entmachtet, doch mit Unterstützung der Hansestädte konnte er 1393 seine alte Stellung zurückgewinnen. Bertram Wulflam hat dies allerdings nicht mehr erlebt. Kurz zuvor ist er im Exil gestorben. Trotz des wenig rühmlichen Endes gehört er zu den hervorragenden Vertretern mittelalterlichen Bürgertums. Seine Bedeutung liegt in der Rolle, die er in den Städten der Hanse in der internationalen Politik Nordeuropas erworben hat.

4. Im Stralsunder Frieden war auch vereinbart, daß die Städte bei der nächsten dänischen Königswahl ein Mitspracherecht haben sollten. Die mit Zustimmung der Hanse auf den Thron gelangte Nachfolgerin Waldemars IV., Margarethe, war kinderlos, und sie bestimmte zum Erben für die drei von ihr 1397 in der Kalmarer Union geeinten Königreiche Dänemark, Norwegen und Schweden ihren Neffen aus dem pommerschen Herzoghause, der unter dem Namen *Erich* 1397 gekrönt wurde und 1412 nach dem Tode Margarethes die Herrschaft antrat. Dieser *Unionskönig* ist einer der Fürsten aus dem Greifengeschlecht, die in die internationale Politik Eingang gefunden haben. Er hat energisch die Interessen seiner nordischen Länder, besonders auch gegenüber der Hanse, verfochten und ist doch am Ende seiner Regierung gescheitert. Schweden sagte sich von Dänemark los, der dänische Adel erhob sich gegen ihn. 1438 setzte ihn der dänische Reichsrat ab und wählte einen neuen König. Erich entwich auf die Insel Gotland, dem Stützpunkt der Seeräuberei in der Ostsee, und hielt sich hier – einen Kaperkrieg wie ein Seeräuber führend – bis 1449. Dann kehrte er in seine Heimat nach Rügenwalde zurück, wo er zurückgezogen gelebt hat und 1459 gestorben ist. Geblieben ist, besonders in Skandinavien, die Erinnerung an ihn, und dauerhaft blieb das Kanzleiwesen, das er vorbildlich eingerichtet hat, und die Anfänge eines Archivwesens, für das er durch Registrierung aller Dokumente über Rechts-

titel der Krone den Grund gelegt hat. Thomas Kantzow nennt ihn in seiner „Pomerania" einen „Mann, den man wohl des Glucks Spielball mochte nennen, den das Glucke so hoch erhoben, daß er dreier Konigreiche ein Herre geworden und dieselben bei dreißig Jahre besessen und darnach aller hat losgegangen". Und er fügt hinzu: er sei „in dem dem Kaiser Diocletiano nicht ungleich gewest, der das ganze Kaisertumb um Ruhe willen hat ubergeben und darnach nur einen Garten furgestanden, den er gebauet und mit Kreutern und Beumen besetzt hat und also seine Lust in gueten, stillen und unmuhesamen Leben hat getrieben".

5. Neben diese Herrscherpersönlichkeit aus dem 15. Jahrhundert sei wieder ein Repräsentant des Bürgertums gestellt: der Greifswalder Bürgermeister *Heinrich Rubenow*. Er entstammte einer patrizischen Familie, die in Stralsund, Rostock und Greifswald, seiner Vaterstadt, angesessen und in Amt und Würden war. Was ihn von Bertram Wulflam unterscheidet – und darin zeigt sich der Unterschied zwischen dem 14. und dem 15. Jahrhundert und die geistige Entwicklung, die die führende Schicht des Bürgertums genommen hat – das war seine akademische Ausbildung. 1436 wurde Rubenow an der 1419 gegründeten Universität Rostock immatrikuliert. Ein Jahr später sah sich die Universität allerdings veranlaßt, die mit Bann und Interdikt belegte Stadt zu verlassen. Sie begab sich nach Greifswald und setzte hier – jedenfalls zeitweise – ihre Tätigkeit fort. Im Jahre 1447 finden wir Rubenow, inzwischen baccalaureus legum, an der Universität Erfurt, wo er in kurzer Zeit die Grade eines Licentiaten des römischen und eines Baccalaureus des kanonischen Rechts erwirbt. Nach Greifswald als legum doctor zurückgekehrt, übernimmt er das Amt des Ratssyndikus. 1449 wird er Bürgermeister. 1451 gibt er der Stadt eine neue Verfassung. Er vertritt sie auf den Tagfahrten der Hanse und erwirbt reiche diplomatische Verbindungen. Späterer Überlieferung zufolge soll er zeitweilig Kanzler (richtiger wohl Rat) des Unionskönigs Erich und Herzog Wartislaw IX. gewesen sein. Die Beziehung zu letzterem ist bedeutsam geworden. Denn gemeinsam mit ihm und mit dem Bischof von Cammin Hennig Iwen bewirkte und erreichte Rubenow die Gründung der Universität Greifswald 1456.

Greifswald ist nach Rostock die zweite deutsche Universität in Norddeutschland und hat für den Ostseeraum eine besondere Bedeutung erlangt. Wenn auch die Gründung dem gemeinsamen Bemühen von Landesherrn, Kirche und Stadt zu verdanken ist, so war doch Rubenow die treibende Kraft und auch derjenige, der durch Dotationen aus eigenen Mitteln sowie durch Einlösung verpfändeter Einkünfte des Herzogs wesentlich zur Lebensfähigkeit der Neugründung beigetragen hat. Der Juristischen Fakultät, der er angehörte, hat er seine eigene Bibliothek im Werte von mehr als tausend Gulden zum Geschenk gemacht. Vom Herzog wurde er zum Vicedo-

minus, vom Bischof zum Vicecancellarius des neuen Generalstudiums ernannt. Er wurde auch ihr erster Rektor, und er hat dieses Amt mit kurzer
Unterbrechung innegehabt, bis er in der Silvesternacht des Jahres 1462 im
Auftrag von Gegnern in der Stadt und in der Universität ermordet worden
ist.

In den Rektoratsannalen hat Rubenow eingehend über sein Wirken für
die Universität berichtet. Über seine Einlösung herzoglicher Verpfändungen
verfaßte er einen genauen Bericht – in Form eines Gedichtes in niederdeutscher Sprache.

Rubenow ist die erste der hier vorgestellten Personen, von dem zeitge-
nössische Darstellungen existieren, außer seinem Grabstein mit Bildnis vor
allem ein Tafelbild, das heute in der Nikolaikirche zu Greifswald hängt und
das ihn zusammen mit sechs anderen Professoren darstellt. Dieses von ihm
gestiftete Bild hat der Kunsthistoriker Walter Paatz als das älteste erhaltene
deutsche Gruppenbildnis mit fast „lebensgroßen stehenden Gestalten in
ganzer Figur" bezeichnet, und er setzte es in Beziehung zum Lübecker To-
tentanz von 1464 des *Bernd Notke* († 1509), der aus Lassan bei Greifswald
stammte, der seine Hauptwerke der Bildhauerei und Malkunst dann in Lübeck, in Reval und in Stockholm geschaffen hat.

Die Universität Greifswald ist – wie alle anderen vorangehenden Univer-
sitäten in Deutschland und Mitteleuropa – vom Papst privilegiert worden.
Auch hierum hat sich Rubenow gekümmert und den pommerschen Beauftragten an der römischen Kurie mit den nötigen Geldmitteln ausgestattet.
Greifswald erhielt aber auch gleichzeitig ein kaiserliches Privileg, erteilt von
Friedrich III. im Jahre 1456, in dem er auch die Universitätsgründung seines
Bruders, Albrecht IV. aus Österreich zu Freiburg im Breisgau als „Römi-
scher Kaiser" und „Fürst zu Österreich" bestätigte. Durch Friedrich III.
beginnt die Reihe der kaiserlichen Konfirmationsurkunden für General-
studien in Deutschland (die erste wurde 1442 für Köln ausgestellt). Die
Urkunde für Greifswald aber ist das erste Gründungsprivileg, das von einem Kaiser einer deutschen Universität außerhalb des eigenen Territoriums
gegeben worden ist.

6. Dieser Vorgang wirft ein Licht auf die Beziehungen der pommerschen
Herzöge zum Kaiserhof, die freilich nicht immer ungetrübt waren. Sie wurden einer Belastungsprobe unterworfen, als die Stettiner Linie des seit 1295
in die Herzogtümer Stettin und Wolgast geteilten Landes 1464 ausstarb.
Brandenburg machte Erbansprüche geltend und verwies auf alte Lehnrechte.
Die Sache kam vor den Kaiser. Friedrich III. stellte nach einigem Zögern
dem Kurfürsten von Brandenburg zwar einen Lehnsbrief aus, der aber nicht
übergeben, sondern beim Rat der Stadt Nürnberg hinterlegt wurde und hier
mit 37 000 rheinischen Gulden ausgelöst werden mußte. In Verhandlungen

mit Pommern, die Schriftstücke sehen wollten, die die brandenburgischen Forderungen bestätigten, legte er dann eine Kopie des kaiserlichen Lehnsbriefes vor; die Pommern forderten das Original, und so kam die Sache erneut vor den Kaiser.

Diesmal, 1465, entsandten die pommerschen Herzöge einen gelehrten Juristen, einen Professor ihrer Universität, *Dr. Matthias von Wedel*, an den Kaiserhof nach Wiener Neustadt. Über sein Auftreten hier liegen verschiedene Berichte vor. Er hat die Interessen seiner Herren mit großem Nachdruck und Geschick vertreten und Friedrich III. und dessen Umgebung stark beeindruckt. Wedel bediente sich in einer ausführlichen, niederdeutsch vorgebrachten Rede, die ins Lateinische übersetzt wurde, besonders historischer Argumente, erläuterte beispielsweise Titel und Wappen der pommerschen Herzöge und leitete daraus die Unteilbarkeit des Herzoghauses und des Landes ab, die bereits von König Karl IV. 1348 anerkannt worden war. Wedel ist, bevor sich die Angelegenheit zu Gunsten der Pommern entschied, plötzlich in Wiener Neustadt gestorben. Die Pommern schlossen einen Mord nicht aus. In der Sache haben sich Pommern und Brandenburg mit kaiserlicher Zustimmung schließlich dahin geeinigt, daß pommerscherseits die brandenburgische Lehnshoheit über das Herzogtum Stettin anerkannt wurde, daß die Wolgaster Herzöge aber das Erbe ihrer Stettiner Vettern behielten. Das Auftreten des Matthias von Wedel am Kaiserhof aber sei als Beispiel für den Nutzen erwähnt, den Territorialfürsten aus dem Vorhandensein einer Landesuniversität – in Brandenburg wurde eine solche erst 1506 in Frankfurt an der Oder eingerichtet – ziehen konnten.

7. Wenn von den pommerschen Herzögen aus dem Greifengeschlecht immer wieder die Rede ist, so sollte eigentlich der nach allgemeiner Meinung bedeutendste von ihnen, *Bogislaw X.* (1454–1523) nicht fehlen. Ich möchte ihn dennoch nur streifen und auf einen Punkt seiner Vita besonders hinweisen. Seine Geltung verdankte er den Reformmaßnahmen, durch die er dem unter ihm geeinten pommerschen Territorialstaat in Verwaltung, Rechtswesen und Wirtschaft eine zeitgemäße moderne Gestalt zu geben bemüht gewesen ist. Er hat aber auch an der großen Politik seiner Zeit teilgehabt und zu Fürsten und Königen, zu Kaiser und Papst gute Beziehungen unterhalten.

Im Jahre 1497/98 unternahm er dann, ganz im Stile der Zeit, von Venedig aus eine Pilgerreise ins Heilige Land. Berichte über solche Pilgerfahrten von Fürsten und Adligen gibt es nicht wenige. Bogislaw hat bei der seinen für eine gewisse Publicity gesorgt. Sein Schreiber, der Notar *Martin Dalmer*, hat ein ausführliches Reisetagebuch geführt. Auch die Berichte eines venezianischen Reisebegleiters sind erhalten. Ein sächsischer Edelmann, den Bogislaw in Italien als Orator in seinen Dienst nahm, *Johann von Kitscher*, verfaßte über diese Reise ein historisches Drama, die „Tragicomoedia de iherosolo-

mitana profectione illustrissimi principis Pomerani", die 1501 in Leipzig in
Druck erschien und 1594 noch einmal in Stettin verlegt wurde. Zu Hause, in
Pommern, hat der Professor für Poesie an der Universität Greifswald *Johannes Seccervitius*, allerdings erst nach Bogislaws Tode, seine „Pomeraneidum
libri quinque" verfaßt. Diese ‚Pommernlieder', gedruckt in Greifswald 1582,
enthalten ebenfalls eine Schilderung der Fahrt Bogislaws ins Heilige Land in
dichterischer Form. Beide, Kitscher und Seckerwitz, haben Eingang in die
Literaturgeschichte gefunden. Das Werk Kitschers besteht aus zehn Szenen
in dialogischer Form. Es beginnt mit der Abreise des Herzogs und schildert
seine Sorge um die zurückgebliebene Gemahlin Anna aus Polen. Diese Sorge
und die darin zum Ausdruck kommende Liebe spricht auch aus den drei
Briefen an die Herzogin, die uns von der Reise erhalten sind. Den einen beschließt Bogislaw mit den Worten: „vnde mochten wy J.l., dy wy Gade van
hemmele und siner leuen moder Marien mit vnsen kinderen lange gesunt
beuelen, vele leue, wille, gefallen vnd denste ertegen, (dat) deden wy van
herten gerne". Und in einem anderen, datiert vom Silvesterabend 1497,
wünscht er seinem „Alderleueste(n) Gemal" „vele dusent guder nacht, als
ein Schip van hundertdusent lesten rosenbledere dregen mach, und so mennich sandes korne, als in dem Mehre is, und so mennich drape waters, also
tho Rugenwolde dorch de schluse lopt".

8. Von *Johannes Bugenhagen* ist im Rahmen dieser Vortragsreihe schon die
Rede gewesen, aber mehr von seiner Theologie, wohl auch von seinen Kirchenordnungen, durch die er der Reformator weiter Teile Norddeutschlands
und Skandinaviens geworden ist. Einiges in bezug auf Pommern sei hier erwähnt. Bugenhagen ist 1485 in Wollin geboren. Nach kurzem Studium in
Greifswald wurde er 1504 zum Rektor der städtischen Lateinschule in Treptow an der Rega berufen, daneben wirkte er als kirchlicher Notar und als Lektor im Prämonstratenserkloster Belbuk vor der Stadt. 1509 wurde er zum
Priester geweiht. Durch seine Gelehrsamkeit lenkte er die Aufmerksamkeit
humanistischer Zeitgenossen, aber auch der herzoglichen Verwaltung auf
sich. 1517 erhielt er vom Herzog Bogislaw X. den Auftrag, in den Archiven
und Bibliotheken des Landes nach historischen Schriftstücken zu forschen
und sie zu sammeln. Aus dieser Tätigkeit entstand in kurzer Zeit die erste
Gesamtdarstellung der Geschichte Pommerns, die ‚Pomerania' in lateinischer Sprache. 1520 wird Bugenhagen durch Luthers Schrift „Von der babylonischen Gefangenschaft der Kirche" für die Reformation gewonnen. 1521
siedelt er nach Wittenberg über. Hier wird er bald Pfarrer an der Stadtkirche, Dozent an der Universität und neben Melanchthon der engste Mitarbeiter Luthers und sein Vertrauter.

Als man sich 1534 in Pommern entschloß, die Reformation von Staats
wegen einzuführen, wandte man sich verständlicherweise an Bugenhagen. Er

hat am Reformationslandtag zu Treptow a. d. Rega mitgewirkt, gleich danach die Visitationen in die Wege geleitet und eine evangelische Kirchenordnung verfaßt. Dann hat er aber auch die politische Verbindung der Pommern zu Sachsen, der Vormacht der evangelischen Reichsstände, und zum Schmalkaldischen Bund hergestellt, dabei besonders unterstützt durch den herzoglichen Rat *Jobst von Dewitz*. Besiegelt wurde diese Verbindung mit Sachsen durch ein Ehebündnis zwischen Herzog Philipp I. und einer sächsischen Prinzessin. Ihren künstlerischen Niederschlag fanden die pommersch-sächsischen Beziehungen durch einen gewaltigen Bildteppich, ein Kunstwerk ersten Ranges, angefertigt für das Herzogschloß in Wolgast, das dann später in den Besitz der Universität Greifswald gelangte.

1544 starb der letzte katholische Bischof von Cammin, Erasmus von Manteuffel. Bugenhagen wurde zum Nachfolger gewählt, lehnte aber ab. Mehrere Gründe haben ihn dazu veranlaßt: die Unabkömmlichkeit in Wittenberg und die Freundschaft mit Luther, dann die Tatsache, daß er nur ein Kompromißkandidat war, und endlich die Einsicht, daß seine Vorstellungen vom geistlichen Amt nicht mit denen der Herzöge und ihrer Räte übereinstimmten.

Der pommersche Chronist Thomas Kantzow hat Bugenhagen noch zu dessen Lebzeiten gewürdigt, indem er ihn zu Bischof Otto von Bamberg in Beziehung setzte. In seiner ‚Pomerania' sagt er von der Stadt Pyritz: „Hier hat St. Otto ersten seine Predige angefangen, do er die Pommern bekehret hat" und gleich danach von Wollin: „daß der ehrwirdige Herr Doctor Johannes Bugenhagen in dieser Stadt geporen ist, der beid, des heiligen Evangelii und seines Vaterlandes nicht ein geringer Zier ist".

Drei Jahre vor dem Tod Bugenhagens hat das Luthertum im Reich seine rechtliche Anerkennung gefunden. Der Augsburger Religionsfriede von 1555 stellte das Religionsbekenntnis der Entscheidung des jeweiligen Landesherrn bzw. der zuständigen Obrigkeit anheim. Die griffige Formel, die im Vertragstext allerdings nicht vorkommt, die aber bis heute immer wieder gebraucht wird, „cuius regio, eius religio", stammt von dem Greifswalder Professor und herzoglichen Rat *Joachim Stephani*, der sie in seinen „Institutiones iuris canonici", erschienen 1612, einführte.

9. Von den Persönlichkeiten des 17. Jahrhunderts, die hier vorgestellt werden, sei an erster Stelle ebenfalls ein Jurist genannt: *David Mevius* (1609–1670). In Greifswald geboren, war er zunächst Professor in seiner Vaterstadt, dann Syndikus der Stadt Stralsund. In dieser Zeit verfaßte er seinen Kommentar zum lübischen Recht (1. Aufl. Leipzig 1642/43), der ihm allgemeine Anerkennung einbrachte. Mevius wandte sich darin im Anschluß an die Naturrechtslehre des Hugo Grotius gegen den Alleinanspruch des Römischen Rechts. Statt dessen griff er auf das tatsächlich geltende Recht zu-

rück, das er den praktischen Bedürfnissen entsprechend auslegte. 1653 wurde
er zum Vizepräsidenten des neu gegründeten Obertribunals in Wismar ernannt, das Schweden für seine festländischen Besitzungen einrichtete. Zuvor
hatte er in schwedischen Diensten nicht unmaßgeblich an den Friedensverhandlungen zu Osnabrück teilgenommen. Für die Neuordnung der Verhältnisse in Pommern, über die die pommerschen Stände mit der schwedischen
Regierung verhandelten, verfaßte Mevius 1650 eine Zusammenstellung der alten Privilegien, die „Delineatio der pommerschen Landesverfassung nach
des Landes alten Satzungen und Gewohnheiten".

10. Die zweite zu würdigende Persönlichkeit aus dem 17. Jahrhundert ist der
Staatsmann *Otto von Schwerin* (1616–1679). Er entstammte einem seit dem
13. Jahrhundert in Pommern nachweisbaren Adelsgeschlecht. Sein Vater
hatte als Landrat im Dienste des letzten Pommernherzogs gestanden. Der
Sohn Otto erhielt seine Bildung am Pädagogium in Stettin und auf der Universität Greifswald, ohne das Studium aber abzuschließen. Er trat statt dessen früh als Kammerjunker in den Dienst des Kurfürsten von Brandenburg
als des rechtmäßigen Erben der pommerschen Herzöge. Hier hat er eine
steile Karriere genommen. Friedrich Wilhelm I. ernannte ihn 1641 zum Rat
am Hof- und Kammergericht in Berlin, 1645 zum Mitglied des Geheimen
Rats. Die brandenburgische Politik wurde wesentlich durch ihr Verhältnis
zu Schweden im Ringen um Pommern bestimmt. In Schwerin gewann der
große Kurfürst einen mit den Verhältnissen dieses Landes vertrauten Mann.
Schwerin hat auf die brandenburgische Politik nach dem Westfälischen
Frieden einen entscheidenden, wenn auch nicht alleinigen Einfluß gehabt. Er
war ein Vertreter friedlicher Regelungen, unterstützte den Kurfürsten aber
bei dessen kriegerischen Unternehmungen durch seine diplomatische Aktivität. Daß Brandenburg schrittweise die Souveränität in Preußen erlangte, ist
weitgehend ihm zu verdanken. Die Verträge von Königsberg und Labiau
1656, von Wehlau und Bromberg 1657 waren Schritte zu diesem Ziel. Der
Friede zu Oliva 1660 bestätigte dann das Gewonnene. Der Erfolg wurde
Schwerin zugeschrieben. Schon zuvor, 1658, hatte der Große Kurfürst ihn
zum Oberpräsidenten im Geheimen Rat ernannt (was etwa der Stellung eines
Ministerpräsidenten entspricht). Als sich Ende der sechziger Jahre die Auseinandersetzungen zwischen Frankreich und Holland zuspitzten – Brandenburgs
Interessen waren durch seine clevischen Besitzungen berührt –, empfahl
Schwerin im Interesse der Ostpolitik ein Zusammengehen mit Frankreich.
Der Kurfürst aber trat auf Hollands Seite und geriet so mit Schweden, das
mit Frankreich verbündet war, in Konflikt. Friedrich Wilhelm hoffte, auf
diesem Wege Vorpommern zu gewinnen. Nach der Schlacht von Fehrbellin
1675 konnte er es militärisch tatsächlich in Besitz nehmen. Um den Gewinn
zu sichern, riet Schwerin zu einem Sonderfrieden mit Frankreich. Als er

auch dies nicht durchsetzte, nahm er seinen Abschied. Wie richtig er geraten hatte, zeigte sich, als der Große Kurfürst – nachdem die übrigen Gegner Frankreichs mit diesem 1678 Frieden geschlossen hatten – allein gelassen, 1679 im Frieden zu St. Germain alle seine pommerschen Erwerbungen wieder herausgeben mußte. Im gleichen Jahr, 1679, ist Otto von Schwerin, versöhnt mit dem Kurfürsten, in Berlin verstorben.

Für das 18. Jahrhundert könnte nun ein anderer Staatsmann, der schon genannte Minister Friedrich des Großen *Ewald Friedrich Graf von Hertzberg,* oder ein anderer Schwerin, der 1757 bei Prag gefallene Feldmarschall des großen Königs, *Curd Christoph Graf von Schwerin,* behandelt werden. Um zu zeigen, daß Pommern nicht nur bedeutende Staatsmänner, Juristen und Offiziere aufzuweisen hat, möchte ich jetzt einen Dichter, Ewald von Kleist, und die Baumeister David und Friedrich Gilly vorstellen.

11. *Ewald Christian von Kleist* wurde 1715 im Kreise Bublitz geboren. Auch er entstammt einem alten pommernschen Adelsgeschlecht, das bereits namhafte Männer des Schwertes, aber auch der Feder hervorgebracht hatte. Die Eltern schickten ihn 1724 auf die Jesuitenschule nach Deutsch-Krone, 1729 aufs Gymnasium nach Danzig. Als er in der Heimat nicht sobald eine Anstellung im Verwaltungsdienst fand, trat er, mehr aus Zufall, denn aus Neigung, 1726 in den dänischen Offiziersdienst, wechselte aber schon 1740 in preußische Dienste über. Er avancierte, 1741 wurde er Leutnant, 1749 zum Hauptmann, 1757 zum Major befördert. Doch die Eintönigkeit des Garnisondienstes in Potsdam ödete den zur Melancholie und zu Depressionen Neigenden an. Befriedigung fand er in der Dichtung und in seinen Freundschaften, zuerst mit dem Anakreontiker Gleim, später mit Gotthold Ephraim Lessing. Gleim ermunterte ihn, sein Gedicht „Landlust" das nach weiten Spaziergängen in die Umgebung von Potsdam entstand, zu veröffentlichen. 1749 erschien es unter dem Titel „Der Frühling". Es gehört zu der Gattung der beschreibenden Poesie, stellt aber eine mehr lyrische als epische Dichtung dar. Es wurde mit Begeisterung aufgenommen, von Klopstock mit Beifall bedacht und machte Kleist mit einem Schlage bekannt. Mehrere Jahre hintereinander erschienen Neuauflagen. Als Kleist 1751 zu Werbezwecken in Zürich weilte, wurde er hier mit Bodmer und Breitinger sowie mit Salomon Geßner bekannt. Im Siebenjährigen Krieg kommt Kleist zur Besatzung nach Leipzig. Hier beginnt die Freundschaft mit Lessing, für den Kleist „die Verkörperung des Soldatentums der fridericianischen Armee war". Er widmete ihm eine seiner Oden, richtete an ihn die „Briefe, die neueste Literatur betreffend" und regte ihn zu weiteren Dichtungen, dem Epos „Cissides und Paches" und dem Trauerspiel „Seneca" an. Der Wunsch Kleists, am Kampfgeschehen teilzunehmen, wurde zunächst nicht erfüllt. An Gleim schreibt er: „Nur Daun einmal schlagen, dann will ich gern sterben".

Ersteres wurde ihm versagt, das zweite wurde ihm zuteil. Mit seinem Regiment ins Feld geschickt, wurde er am 12. August 1759 in der für Preußen verhängnisvollen Schlacht bei Kunersdorf mehrfach verwundet, von Kosakken in einen Sumpf geworfen, dann wieder an Land gezogen – Chodowiecki hat die Szene dargestellt – wurde er nach Frankfurt an der Oder gebracht. Hier ist er im Hause des Bruders des Berliner Buchhändlers Nicolai am 24. August 1759 gestorben. Ein russischer Offizier gab ihm seinen Degen mit ins Grab. Sein Tod und sein Begräbnis haben einen solchen Eindruck gemacht, daß sie für Schiller das Vorbild für seine Erzählung vom Reitertod Max Piccolominis abgaben. Mehr noch als „Der Frühling" hat Kleists „Ode an die preußische Armee" (1757) die Erinnerung an ihn lange wachgehalten. Ein früher Stammbucheintrag von seiner Hand bezeichnet sein Wesen und seinen Charakter:

> „Viel Wesen mach ich nicht, der Falschheit bin ich feind,
> Wem Redlichkeit beliebt, der ist mein bester Freund!"

12. Die Familie *Gilly* gehört zu den Hugenotten, die nach 1689 in Brandenburg Aufnahme fanden. *David Gilly* wurde 1748 in Schwedt a. d. Oder geboren. Bereits mit 22 Jahren wurde er Landbaumeister in Pommern, zuerst in Altdamm, dann in Stargard, wo die Ablassung des Madüsees im Zuge der Melioration und die Anlage von Kolonistendörfern zu seinen Aufgaben gehörte. In Altdamm ist 1772 sein Sohn *Friedrich Gilly* geboren. 1779 wurde der Vater als Baudirektor von Pommern nach Stettin versetzt, wo er sich u. a. um den Ausbau der Hafenanlagen und um Speicherbauten zu kümmern hatte. Seinen begabten Sohn ließ er nicht nur eine gute Bildung zuteil werden, er ließ ihn auch im Praktischen unterweisen, durch einen Zeichenlehrer, einen Maurermeister, einen Zimmermann und einen Steinmetzen. 1788 ging David Gilly als Geheimer Oberbaurat nach Berlin. Friedrich, der unter der Anleitung des Vaters auf Reisen durch Pommern und die Mark sich mit deren mittelalterlichen Bauten beschäftigt und so mit Bedeutung und Wert der Gotik vertraut gemacht hatte, lernte nun in Berlin bedeutende Werke der Baukunst seiner Zeit kennen. Eine Reise nach Westdeutschland und Holland brachte ihn auch mit der Baukunst des holländischen Barock und Klassizismus in Berührung. In Berlin, wo er das Studium der Baukunst systematisch betrieb, gehörte auch Chodowiecki zu seinen Lehrern. Sein eigentlicher Lehrer aber wurde Karl Gotthard Langhans, der Erbauer des Brandenburger Tores. Nun wurde die Antike neben der Gotik sein großes Vorbild. Noch der Gotik verpflichtet sind seine Zeichnungen von der Marienburg, die in einer Ausstellung der Akademie zuerst die öffentliche Aufmerksamkeit auf ihn lenkten und die den ersten Anstoß zur Wiederherstellung des Bauwerkes gaben.

Das meiste, was Friedrich Gilly geschaffen hat, ist freilich Entwurf geblieben, so sein monumentales Denkmal für Friedrich den Großen, ein anderer für den Neubau des Berliner Schauspielhauses, das Langhans dann errichtete, oder der für den Neubau der Berliner Börse. Von den wirklich geschaffenen Bauten sind nicht wenige im Laufe der Zeit vergangen. Eine Bildungsreise nach Frankreich und England 1797/98 erweiterte seinen Blick. Besondere Studien widmete er dem Theaterbau. Sein Entwurf für ein solches in Königsberg wurde zwar ausgeführt, dabei aber völlig verändert. Der Bau brannte 1808 ab. Der Plan wurde jedoch dem Bau eines Theaters in Posen 1802–04 zu Grunde gelegt. Man hat das Besondere der Bauten Friedrich Gillys „in der Verbindung männlicher Straffheit und Entschiedenheit der Form mit der heiteren Anmut edler Verhältnisse" gesehen.

Ein Lungenleiden, das er in Karlsbad zu heilen hoffte, raffte ihn im Alter von 33 Jahren im Sommer des Jahres 1800 dahin. Die edle Marmorbüste, die einen bezwingenden Eindruck von dieser durchgeistigten Persönlichkeit vermittelt, hat niemand Geringeres als Gottfried Schadow geschaffen. Seine größte Wirkung hatte er durch seine Schüler, zu denen Leo von Klenze und Karl Friedrich Schinkel gehörten. Schinkel hat als Sechzehnjähriger in der Akademie-Ausstellung von 1797 Friedrich Gillys Entwurf zum Friedrich-Denkmal gesehen und sich unter diesem Eindruck entschlossen, sein Leben der Baukunst zu widmen. Man hat gemeint, daß von dessen Bauwerken das der Neuen Wache in Berlin den Vorstellungen und dem Geiste Gillys am nächsten kommt. Der Vater David hat den Sohn um acht Jahre überlebt. Der Sohn fand seine Ruhestätte bei der Andreaskapelle in Karlsbad. Der schlichte Grabstein trug die bezeichnende Inschrift:

„Hier ruht
Vom Vaterlande und von zahlreichen
Freunden getrennt
Ein Liebling des Himmels und der Menschen,
Ein Künstler der edelsten Art –
In welchem die Fülle des Genies
Mit der Reinigkeit des echten Geschmacks
Und der inneren Harmonie
Einer schönen gebildeten Seele –
Die Kunst mit dem Leben – sich innig verschlang".

Geist und Ideal der Zeit um 1800 sind hier in Worte gefaßt. Ob der Stein die Zeiten des Ungeistes überstanden hat?

13. Der Mann, von dem jetzt als einer Kontrastfigur die Rede sein soll, entstammte nicht dem Adel oder dem Bürgertum, er war ein Mann aus dem Volke. Der Großvater hatte noch zu den unehrlichen Leuten gehört. Der Vater hatte es in seiner Heimatstadt Kolberg zu gewissem kleinbürgerlichen Ansehen gebracht. Der Sohn zog die Blicke der Öffentlichkeit auf sich. Im 19. und auch noch im 20. Jahrhundert galt er als Muster eines patriotischen Bürgers: *Joachim Nettelbeck*.

Er war bereits 69 Jahre alt, als seine große Stunde schlug. Napoleon hatte die preußische Armee 1806 bei Jena und Auerstedt besiegt. Der Staat Preußen brach zusammen. Die großen Festungen des Landes, so auch Stettin, wurden dem Feinde kampflos übergeben. Der Kommandant der kleinen, aber als Seehafen nicht unwichtigen Festung Kolberg war nicht der Mann, sie erfolgreich zu verteidigen. In der Bürgerschaft scheint aber eine gewisse Bereitschaft dazu bestanden zu haben; jedenfalls wurde es dem preußischen König so dargestellt. Das veranlaßte ihn, 1807 von Memel aus einen neuen Kommandanten nach Kolberg zu beordern, den Major August (Neidhardt) von Gneisenau. Dieser erkannte, daß, wenn die Stadt gehalten werden sollte, dies mit dem Militär allein nicht möglich sein würde, daß dazu die Beteiligung der Bevölkerung notwendig sei. Und er erkannte unter den Männern der Stadt einen, dem er die Fähigkeit zutraute, die Führung der Bürgerschaft zu übernehmen: Nettelbeck.

Es war dies freilich keine ganz reputierliche, eher eine etwas zwielichtige Figur. Eigentlich war ihm bis ins Alter alles schief gegangen, beruflich und in der Familie. Schon als Junge trieb es ihn auf die See; das Abenteuertum lag ihm im Blut. Er wurde Schiffsjunge, Matrose, Küstenfahrer, Steuermann, Kapitän, Fischhändler. In jeder Funktion hatte er Unglück gehabt, nicht immer unverschuldet. Aber er war ein Mann der Tat, furchtlos und mutig, wenn es galt, sich einzusetzen. Als im Jahre 1777 die Turmspitze des Kolberger Domes durch Blitzschlag in Brand geriet, war er es, der sich mit einer Handspritze hinaufwagte, das Feuer löschte und so den Dom rettete. Mitte der achtziger Jahre gab er die Seefahrt auf und betrieb nun eine Branntweinbrennerei. Es ist nicht ganz deutlich, wie es ihm Anfang des neuen Jahrhunderts gelang, in öffentliche Ämter zu kommen. Er wurde Segelhausältester, Mitglied des Seegerichts, der Havariekommission, königlicher Schiffsvermesser und vereideter Schiffstaxator, und er zog ins Kollegium der Stadtältesten ein. Hier entfaltete er eine aktive Tätigkeit. Im Herbst 1806 begründete er ein Winterhilfswerk und ließ den Armen der Stadt verbilligten Torf zukommen. Besonders bewährte er sich als „Feuerherr", stets war er der erste Helfer bei einem Brande. Er wurde wegen seiner Sachkenntnis als Praktikus geschätzt, geriet aber auch mit allen in Streit.

Dann kam der Krieg und die Belagerung. Gneisenau hat seinen Helfer in einem Artikel in der Königsberger Zeitung hoch gerühmt.

„Zündet der Feind", so heißt es dort, „durch seine Haubitzgranaten ein Haus an, so steht er mit der Spitze des Schlauches hoch oben auf der gefährlichsten Stelle. ... Greift der Feind eine Schanze oder die Vorwachen an, so sitzt er zu Pferde, reitet wie ein Centaur, ermuntert im heftigsten Feuer die Truppen, holt Munition herbei und ist ebenso schnell wieder beim Festungskommandanten, um ihm Bericht über das Gefecht abzustatten. Hört das Feuer auf, so schafft er Lebensmittel für die ermatteten Truppen hinaus:

Zeigt sich ein Schiff, worauf man Zufuhr von Mund- und Kriegsbedürfnissen vermutet, so ist er, ohngeachtet des Wellenschlages, der erste am Bord und der erste zurück, um Kunde davon zu bringen. ... Überall zeigt er Einsicht, Mut und Patriotismus, und dies alles tut Nettelbeck umsonst, und Nettelbeck ist nicht reich".

Der Dank des Vaterlandes blieb nicht aus. Der König verlieh ihm die Goldene Verdienstmedaille und übernahm die Patenschaft, als Nettelbeck im Alter von 76 Jahren aus dritter Ehe eine Tochter geboren wurde. Gneisenau sorgte dafür, daß er mit einem Gnadengehalt ausgestattet wurde. Als angesehener Ratsherr ist er am 29. Januar 1824 in Kolberg verstorben. Er selbst hat nicht nur das Heroische seines Lebens gesehen, sondern auch dessen Schattenseiten empfunden. Zur Sarginschrift wählte er sich die Verse:

„Verfolgung, Haß und Neiden,
ob ichs gleich nicht verschuldt,
hab ich doch müssen leiden
und tragen in Geduld".

14. Zwanzig Jahre nach dem Tode Nettelbecks – für viele ein Repräsentant für Bürgersinn und Freiheit – äußerte sich ein junger Pommer zu diesen Begriffen und legte damit Bekenntnisse ab, die für ihn während seines ganzen Lebens bestimmend geblieben sind. „Wir sind des festen Glaubens", so schreibt er, „daß der wahre Bürgersinn am besten durch genaue Kenntnis der Gegenwart und Vergangenheit des Vaterlandes wie der Vaterstadt geweckt wird". Und: der Fortschritt der Kultur – sie „ist die größte Feindin des Monopols und Privilegs" – „ist der Fortschritt der individuellen Freiheit". Drei Jahre zuvor hatte der damals Achtzehnjährige in seinem Abituraufsatz „Ein Leben von Arbeit und Mühe ist keine Last, sondern eine Wohltat" geschrieben: „Was konnte Gott dem Menschen Besseres schenken, als die beseligende Fähigkeit, aus eigener Kraft, durch eigene Arbeit sich die Einfügung in das große Weltgeschehen zu erobern".

Der Jugendliche, der dies schrieb, war *Rudolf Virchow*. Seine außerordentliche Lebensleistung kann unter drei Gesichtspunkten gesehen und gewürdigt werden: seine Bedeutung für die medizinische und allgemeine Naturwissenschaft, für die Politik sowie für die Altertumskunde und Prähistorie und damit für die Geschichte. Ich klammere verständlicherweise den ersten Aspekt aus und behandle hier kurz die beiden anderen, obwohl dabei vom ersten nicht ganz abgesehen werden kann, weil Virchow aus jedem Bereich seiner Tätigkeit Antrieb für die anderen gewonnen hat.

Geboren ist er am 15. Oktober 1821 im hinterpommerschen Städtchen Schivelbein als Sohn eines Landwirts und Stadtkämmerers. Der väterliche Besitz und die Umgebung seiner Heimatstadt, Natur und Geschichte, sind für ihn prägend gewesen. Eine ausgezeichnete Beobachtungsgabe, Spürsinn

und Entdeckerfreude, dazu die Fähigkeit, Gebiete und Erkenntnisse ver-
schiedenster Art zu verbinden, sowie das Bedürfnis menschlich zu helfen,
sind früh ausgeprägt gewesen. Nach dem Besuch des Gymnasiums in Köslin
trat er 1839 in die Militärärztliche Akademie in Berlin ein. 1843 wird er zum
Doktor der Medizin promoviert und Unterarzt an der Charitee, ein Jahr
später Assistent des Prosektors an der Charitee. 1847 habilitiert er sich und
scheidet aus dem militärärztlichen Dienst aus, geleitet von der Einsicht, daß
Heilen nur auf Wissenschaft begründet werden könne. Aus politischen Gründen war ihm der weitere Weg in Preußen verbaut. Er wird 1849 nach Würzburg auf den Lehrstuhl für pathologische Anatomie berufen. In der Würzburger Zeit (bis 1856) entstehen die grundlegenden medizinischen Werke
auf dem Gebiet der Pathologie und der Sozialhygiene. 1856 beruft ihn der
preußische Staat nach Berlin zurück als Ordinarius für Pathologie und The-
rapie und als Direktor des für ihn eingerichteten Pathologischen Institutsge-
bäudes, des ersten in Deutschland. Berlin ist Virchows zweite Heimat geworden, hier hat er in vielfältiger Weise gewirkt bis zu seinem Tode am
4. Januar 1902. Das Rektorat der Universität 1893 – er hielt seine Rektorats-
rede über „Die Gründung der Berliner Universität und der Übergang aus
dem philosophischen in das naturwissenschaftliche Zeitalter" – und die Feier
seines achtzigsten Geburtstages 1901 waren Höhepunkte seines Lebens.

So sehr die Wissenschaft das Dasein Virchows bestimmte, so war er doch
zugleich von politischer Leidenschaft erfüllt. Sie entsprang seiner Auffassung vom Staat „als einer Gesellschaft individuell unabhängiger, nur durch das
gemeinsame, alles bestimmende Ziel des Gemeinwohls verbundener Menschen mit der konstitutionell gesicherten Berechtigung zur selbständigen An-
teilnahme an aller Gesetzgebung auf dem Boden freier Ethik". „Denken ohne
Autorität" war seine wissenschaftliche Devise. Sie bestimmte auch seine
staatspolitische Haltung, obwohl er selbst in seinen Bereichen unbeirrt an
seiner Meinung festhielt und auf Autorität pochte.

1848 hatte der Minister Eichhorn Virchow nach Oberschlesien geschickt,
um die Ursachen der herrschenden Hungertyphus-Epidemie zu klären. Virchow legte in seinem Bericht dar, daß zur Behebung der Not dieser armen
polnisch-deutschen Mischbevölkerung politische Maßnahmen erforderlich
seien. Mit der bloßen Lieferung von Arznei und Nahrungsmitteln sei es nicht
getan; er empfiehlt der Regierung volle und unbeschränkte Demokratie und
„vor allem Bildung mit ihren Töchtern Freiheit und Wohlstand". Wieder in
Berlin, beteiligte er sich im März am Barrikadenbau und verteilte Flugblätter,
für die Ministerialbürokratie Grund, ihn zu maßregeln. So ging er nach
Würzburg, obwohl seine Gegner beim Bayerischen König forderten, Virchow
dürfe Würzburg nicht zum Tummelplatz seiner radikalen Tendenzen machen.

Nach Berlin zurückgekehrt, nahm er hier seine politische Tätigkeit wieder auf, als er sich 1859 zum Stadtverordneten wählen ließ, was er bis zu sei-

nem Tode geblieben ist. 1861 gründete er mit Theodor Mommsen, Franz Duncker, Schulze-Delitzsch und anderen die Fortschrittspartei und zog als einer ihrer Abgeordneten in den preußischen Landtag ein. Damit beginnt der öffentliche Kampf mit Bismarck, zu dessen entschiedensten Gegnern er gehört hat, zunächst um das Budgetrecht des Parlaments im sog. Verfassungskonflikt, dann um die Einigung Deutschlands „von oben" und um die Kriegspolitik Bismarcks. Er ging auch nach den Erfolgen Bismarcks nicht wie viele andere Liberale ins Lager des Kanzlers über, sondern bekämpfte ihn auch in der Zeit des „Kulturkampfes", ein Begriff, den Virchow geprägt hat. 1880 wurde er Mitglied des Reichstages, gehörte hier zu den „Freisinnigen" und blieb Abgeordneter bis 1893, dem Jahr seines Rektorats.

Die Angriffe Virchows auf Bismarck waren von solcher Schärfe, daß dieser ihn 1865 zum Duell forderte, was Virchow ablehnte. Beide haben sich immer wieder mißverstanden gefühlt. „Beide Männer", so heißt es in einer Virchow-Biographie, „hatten ihre von frühester Jugend an gleich fest auf Heimat und Lebenskreis gegründete Lebensanschauung durch eigenstes Nachdenken erweitert und vertieft; die Entschlossenheit der Charaktere gestattete keinem, von seinen Überzeugungen abzugehen". Virchow hat mit einer gewissen Überheblichkeit des weltweit anerkannten Gelehrten, Bismarck als eine Art Glücksritter betrachtet, dieser in dem Professor den politischen Dilettanten gesehen. Eine Szene im Parlament belegt dies. Virchow hatte dem Minister erregt gewünscht, daß er als Diplomat ähnliche Anerkennung finden möge, wie sie ihm, dem Pathologen Virchow, bei seinen Kollegen zuteil geworden sei. Bismarck antwortete: daß er sich das gleichfalls wünsche, aber doch der Meinung sei, daß er von der Diplomatie mehr verstehe als sein gelehrter Gegner, der eben die Dinge gar nicht durchschauen könne. Trotz fundamentaler Gegensätze – Virchow bewegten auch Gedanken von Volksversöhnung durch Abrüstung und Völkerbund – sind ihm hohe und höchste Ehrungen durch den preußischen Staat und das Deutsche Reich zuteil geworden.

Um Virchow vollends zu würdigen, muß auch die dritte Seite seiner Tätigkeiten und Forschungen erwähnt werden. Im Jahre 1870 gehörte Virchow zu den Gründern der Deutschen Gesellschaft für Anthropologie, Ethnologie und Urgeschichte und hielt dabei einen Vortrag „Über Gesichtsurnen". Gleichzeitig gründet er eine entsprechende Berliner Gesellschaft, hier hielt er einen Vortrag „Untersuchung des Neanderthal-Schädels." Wenn er auch nicht als Begründer von Anthropologie, Ethnologie und Urgeschichte gelten kann, so hat er doch durch seine unermüdliche Aktivität, die er diesen Forschungsbereichen und ihren Gegenständen gewidmet hat, zu einer wissenschaftlichen Vertiefung und zu einer weltweiten Anerkennung und Geltung verholfen. Gewiß, es war Resignation über die politische Entwicklung mit im Spiel. Virchow schuf sich nach 1870 eine neue Spielwiese, teilweise unter

Vernachlässigung seiner amtlichen Pflichten, besonders der Lehrtätigkeit. Aber dem neuen Fachgebiet kam dies zugute.

Im Bereich der Anthropologie war es besonders die Schädelforschung, die ihn interessierte. Die Beschäftigung damit geht bis in die Würzburger Zeit zurück. Er gelangte dabei zu der Ansicht, daß es möglich sei, aus den Knochenresten der Vorzeit die Eigenart der vorzeitlichen Menschenrassen ablesen zu können. Eingehend setzte er sich mit den Lehren Darwins auseinander. Gegenüber dem Fund im Neanderthal verhielt er sich kritisch, nicht nur wegen gewisser pathologischer Veränderung des Knochens, sondern auch grundsätzlich hinsichtlich der Verwertung eines Einzelstückes als Typus. „Virchow hat sich als Mediziner, Politiker und Historiker immer mit dem Menschen beschäftigt. Sein Bemühen, den Weg des Menschen zu erkennen, ... führten (ihn) notwendigerweise mit vergangener Kultur und Geschichte, zur Prähistorie". So hat er auch an den Forschungen Schliemanns über Troja teilgenommen und die Ergebnisse der Ausgrabungen mit der homerischen Dichtung verbunden. Auf weiten Reisen, nach Ägypten und in den Kaukasus, hat er ethnologisches Material gesammelt und Studien getrieben, die auch entferntere Gegenden, Amerika und Ceylon, in seine Betrachtung einbezogen.

Daneben stehen seine Forschungen zur Prähistorie im engeren oder eigentlichen Sinne. Von den Gesichtsurnen war schon die Rede. Ein anderer Themenkreis waren die „Pfahlbauten im nördlichen Deutschland" (1869), ein weiterer die Burgwallforschung, wo er zwischen deutscher und slawischer Keramik zu unterscheiden begann. Er war es, der die komparatistische Methode der Fundvergleichung eingeführt hat, und seiner Anregung ist die überregionale Fundkartierung prähistorischen Materials zu verdanken. Weitere Einzelheiten führen zu weit. Ein Verzeichnis der Veröffentlichungen Virchows zur Ur- und Frühgeschichte von 1834 bis 1901 weist 1103 Nummern auf (!), das zur Anthropologie 246, ein solches zur Ethnologie und deutschen Volkskunde 502. Hervorgehoben sei, daß er in der Prähistorie politische Interpretationen und Theorien entschieden abgelehnt hat.

Angeführt sei, daß Virchow auf seinen vielen Reisen ins Ausland und in Deutschland kaum ein Museum ausgelassen hat, wo es etwas zu besichtigen gab. Im übrigen ist das Berliner Museum für Völkerkunde mit seiner prähistorischen Abteilung im wesentlichen durch Virchows Aktivität errichtet worden (1886) und ebenso das „Museum für deutsche Volkstrachten und Erzeugnisse des Hausgewerbes" in Berlin (1889).

Auch für Pommern ist er einer der Väter der Vorgeschichtsforschung. Seine erste Ausgrabung überhaupt hat er 1865 in Pommern vorgenommen. Die Beschäftigung mit der heimatlichen Geschichte reicht noch weiter zurück. Sie steht am Anfang seiner Schriftstellerei überhaupt. 1843 erschien in den Baltischen Studien, der Zeitschrift der Gesellschaft für pommersche Ge-

schichte und Altertumskunde, ein Beitrag „Das Karthaus zu Schivelbein",
1847 folgte ein Aufsatz über „Die Geschichte von Schivelbein", dann 1866
ein weiterer, nun prähistorischer Art „Schivelbeiner Altertümer". Der erste
Aufsatz war auf Verlangen der Redaktion ohne Nennung des Autors gedruckt
worden, weil diese der Auffassung des Autors nicht zustimmen konnte, die
Mönche des Klosters seien faul und zu Kulturzwecken unbrauchbar gewesen, und wörtlich, daß die Reformation „endlich diesen faulen Krebsschaden
aus dem gesunden Staatsleben entfernte und die toten Schätze weniger Fau-
lenzer in die befruchtende Kanäle der Volkswirtschaft zurückführte". Gewiß das waren Meinungen und Formulierungen eines jugendlichen Studenten. Daß dieser aber nicht bereit war, sie zurückzunehmen oder abzuändern,
wirft doch ein Licht auf eine Grundhaltung die auch der Mann bei aller
Aufgeschlossenheit zeitlebens beibehalten hat. Die wissenschaftlichen Verdienste seines Lebens werden dadurch nicht geschmälert. Über Virchows
70. Geburtstag existiert ein Bericht Mark Twains. Er schreibt: es „schien
mir", „daß er die ganze Welt der Wissenschaft nach sich gezogen habe. Es
kamen Deputation nach Deputation mit Huldigungen und Ehrbezeugungen
aus fernen Städten und Lehrzentren. Und während eines ganzen langen Tages empfing der Heros Beweise seiner Größe, wie sie nur selten einem Manne
in einem Abschnitt seines Lebens in alten oder neuen Zeiten gewährt worden sind". Das macht es verständlicher, wenn die Gesellschaft für pommersche Geschichte und Altertumskunde ihn in ihrem Nachruf als „einen der
größten Söhne Pommerns" bezeichnete.

*

Mit Nettelbeck und Virchow sind zwei Gestalten des 19. Jahrhunderts vorgestellt worden. Für dieses war die Auswahl schwer. Es gilt als ein Jahrhundert der Wissenschaft. Auf diesem Felde hat Pommern eine ganze Reihe
namhafter Persönlichkeiten aufzuweisen, besonders in den Geisteswissen-
schaften. Zu nennen sind die Historiker Friedrich Rühs (der erste Historiker
der Universität Berlin), Johann Gustav Droysen, Hans Delbrück, Max Lenz,
Erich Brandenburg, die Rechtshistoriker Carl Gustav Homeyer, Richard
Schröder, Otto von Gierke, der Theologe Hermann Cremer, der Kunsthistoriker Franz Kugler, der Sprachforscher und Lexikograph Johann Christoph Adelung, der Buchhändler und Verleger Georg Andreas Reimer, der
Dichter Ludwig Theobul Kosegarten (der Gegenspieler Arndts), der Schulmann Ludwig Giesebrecht, Bruder des Historikers Wilhelm von Giesebrecht, ebenfalls Historiker und Dichter (Stichwort: Loewe-Balladen), der
Nationalökonom Johann Karl Rodbertus (der Begründer des wissenschaftlichen Sozialismus), die Schriftsteller und Politiker Arnold Ruge und Franz
Mehring, Naturforscher, wie der Mediziner Theodor Billroth oder der Zoo-

loge Anton Dohrn, aber auch Männer der Tat, wie der Feldmarschall Friedrich Graf von Wrangel, der preußische Kriegsminister Albrecht Graf von Roon, der Generalpostmeister Heinrich von Stephan, sowie der für das Flugwesen wichtige Ingenieur Otto Lilienthal. Aus dem 20. Jahrhundert seien angeführt: die Pädagogen Hermann Lietz und Paul Oestreich, die Dichter Alfred Döblin und Hans Fallada, der Warenhauskaufmann Georg Wertheim, der Ingenieur Paul Nipkow, der durch die nach ihm benannte Scheibe das Fernsehen ermöglicht hat, oder der „Vater" des deutschen Rundfunks, der Reichsrundfunkkommissar der Weimarer Zeit, Hans Bredow. Die Liste ließe sich verlängern.

Am Ende dieser historischen Miniaturen kann festgestellt werden, daß der Wunsch des Oberpräsidenten Sack, ein zweites und drittes Pommern zu schaffen, wozu auch das geistige gehören sollte, in Erfüllung gegangen ist. Die Pommern waren – wie schon Thomas Kantzow schrieb – nicht ohne Ingenium, sie mußten nur angeleitet werden. Aber noch eine zweite Feststellung ist zu treffen: Wenn eingangs die Meinung zitiert wurde, die Siege und Niederlagen der Pommern seien immer solche der anderen gewesen, so muß auch mit Blick auf die vielen genannten Namen, besonders des 19. und 20. Jahrhunderts, gefragt werden: Wer rechnet sie Pommern zu? Das ist meist nicht der Fall. Auch sie werden von anderer Seite in Anspruch genommen. Der Grund wird bei näherer Betrachtung klar: Pommern ist seit dem Anfang des 19. Jahrhunderts so sehr integrierter Teil Preußens und dann Deutschlands geworden, daß man sich bei seinen großen Söhnen oft gar nicht bewußt machte, daß sie Pommern waren. Hinzu kommt, daß die vorwärtsstrebenden Persönlichkeiten meist sehr bald von dem Magneten Berlin angezogen und aufgesogen wurden.

Mit dem Jahr 1945 hat dieser Abschnitt der pommerschen Geschichte sein Ende gefunden. An uns ist es, das Bewußtsein von der Leistung ostdeutscher Landschaften, von ihrem Anteil an der deutschen wie europäischen Geschichte, von ihrem Anteil an unserer Kultur lebendig zu erhalten.

Bibliographische Notizen

Zur Einleitung

Lebensbilder:

Die Historische Kommission für Pommern hat mehrere Bände „Pommersche Lebensbilder" veröffentlicht: Bd. 1–3 (hrsg. von der Landesgeschichtlichen Forschungsstelle), Stettin 1934–1939; Bd. 4 (Forschungen zur pommerschen Geschichte 15), Köln Graz 1966; Bd. 5: Hugo Gotthard Bloth, Die Kirche in Pommern. Auftrag und Dienst der evangelischen Bischöfe und Generalsuperintendenten der Pommerschen Kirche von 1792 bis 1919 (Forschungen zur pommerschen Geschichte 20), Köln Wien 1979; Bd. 6: Werner Schwarz, Pommersche Musikgeschichte in Lebensbildern (in Vorbereitung).

Zuvor ist erschienen: Hermann Petrich, Pommersche Lebens- und Landesbilder, Erster Teil: Aus dem Jahrhundert Friedrichs des Großen, Hamburg 1880, Zweiter Teil: Aus dem Zeitalter der Befreiung, Stettin 1884 und 1887.

Johann August Sack:

Hermann Petrich, in: Pommersche Lebens- und Landesbilder (s. o.), Zweiter Teil, zweiter Halbband, Stettin 1887, S. 255–315; Hermann Petrich, in: Allgemeine Deutsche Biographie (ADB) 30, 1890, S. 152–153; Wilhelm Steffens, in: Pommersche Heimatpflege, hrsg. vom Landeshauptmann der Provinz Pommern, 2. Jg., Heft 2, 1931, S. 95–102; Hans Branig, Die Oberpräsidenten der Provinz Pommern, in: Baltische Studien, N.F. 46, 1959, S. (92–107) 94–96.

Sack, Ein Wort über Pommern, das die Beachtung der Provinz fordert und verdient, in: Pommersche Provinzial-Blätter für Stadt und Land, hrsg. von J.C.L. Haken, Treptow a.d. Rega 1820, S. 129–132 (hier das Zitat o. S. 219).

Hans Werner Richter, Deutschland deine Pommern, Hamburg 1970, S. 75–76 (hier das Zitat o. S. 443).

Thomas Kantzow:

Pomerania. Eine pommersche Chronik aus dem sechzehnten Jahrhundert", hrsg. von Georg Gaebel, 2. Bd., Stettin 1908, S. 153–155 (hier die Zitate o. S. 444).

Roderich Schmidt, Thomas Kantzow, in: Neue Deutsche Biographie (NDB) 11, 1977, S. 128–129; Roderich Schmidt, Die ‚Pomerania' als Typ territorialer Geschichtsdarstellung und Landesbeschreibung des 16. und beginnenden 17. Jahrhunderts (Bugenhagen-Kantzow-Lubinus), in: Schriften des Komitees der Bundesrepublik Deutschland zur Förderung der Slawischen Studien, hrsg. von Hans Rothe, Bd. 5: Landesbeschreibungen Mitteleuropas vom 15. bis 17. Jahrhundert, hrsg. von Hans-Bernd Harder, Köln Wien 1983, S. (49–78) 56–68 u. 74–78.

Friedrich der Große:

Wilhelm Doering, „Ich liebe die Pommern wie meine Brüder". Die Bedeutung Pommerns im Leben und Wirken Friedrichs des Großen, in: Pommern. Kunst-Geschichte-Volkstum, 24. Jg., Heft 4, 1986, S. 9–17; 25. Jg., Heft 1, 1987, S. 18–26; 25. Jg., Heft 2, 1987, S. 16–22 (hier die Zitate o. S. 444 f.); 25. Jg., Heft 3, 1987, S. 26–31; Wolfgang Stribrny, Friedrich der Große und die preußischen Provinzen, in: Besinnung auf Friedrich den Großen. Kieler Vorträge zu seinem 200. Todestag, hrsg. von Ulrich March, Kiel 1987, S. 69–78 (über Pommern, S. 74 f.).

Heinrich Graf von Podewils:

Reinhold Koser, in: ADB 26, 1888, S. 344–351; Lexikon der deutschen Geschichte, hrsg. von Gerhard Taddey, Stuttgart 1977, S. 948.

Ewald Friedrich von Hertzberg:

Paul Haake, in: Pommersche Lebensbilder (s. o.), Bd. 3, Stettin 1939, S. 89–113; Stephan Skalweit, in: NDB 8, 1969, S. 715–717.

Michael Gabriel Fredersdorf

Walter Schmidt-Gruse, Friedrich der Große und sein Kammerdiener Fredersdorf, in: Unser Pommerland 14, 1929, S. 30–33.

Otto-Feiern 1824:

Hellmuth Heyden, Kirchengeschichte Pommerns, 2. Bd., 2. Aufl., Köln-Braunsfeld 1957, S. 190 f.; Hugo Gotthard Bloth, Die Kirche in Pommern (s. o.), S. 62–66; Martin Wehrmann, Von Ottofeiern früherer Jahrhunderte, in: Monatsblätter der Gesellschaft für pommersche Geschichte und Altertumskunde 38, 1924, S. 5–6.

Zur Geschichte Pommerns:

Martin Wehrmann, Geschichte von Pommern, 2 Bde., 2. Aufl. 1919/21, Nachdruck, mit bibliographischen Ergänzungen von Roderich Schmidt, Frankfurt/Main 1982. Zur Frühzeit: Adolf Hofmeister, Der Kampf um die Ostsee vom 9. bis 12. Jahrhundert, 3. erweiterte Aufl. hrsg. von Roderich Schmidt (Reihe ‚Libelli‘ der Wiss. Buchgesellschaft, Nr. 72), Darmstadt sowie Lübeck und Hamburg 1960. Von dem polnischen Werk „Historia Pomorza“, hrsg. von Gerard Labuda, das dem polnischen Sprachgebrauch gemäß zugleich Ost- und Westpreußen umfaßt, bezieht sich auf Pommern Bd. I, Teil 2 (1124–1464), Posen 1969; Bd. II, Teil 1 (1464–1648), Posen 1976, S. 651–1058.

1. Herzog Wartislaw I. und Otto von Bamberg:

Jürgen Petersohn, Der südliche Ostseeraum im kirchlich-politischen Kräftespiel des Reichs, Polens und Dänemarks vom 10. bis 13. Jahrhundert (Ostmitteleuropa in Vergangenheit und Gegenwart 17), Köln Wien 1979, S. 211 ff.

Jürgen Petersohn, Pommerns staatsrechtliches Verhältnis zu den Nachbarmächten im Mittelalter, in: Die Rolle Schlesiens und Pommerns in der Geschichte der deutsch-polnischen Beziehungen im Mittelalter (Schriftenreihe des Georg-Eckert-Instituts für internationale Schulbuchforschung, Bd. 22/111), Braunschweig 1980, S. (98–115) 102–103.

Martin Wehrmann, Genealogie des pommerschen Herzogshauses, Stettin 1937, S. 34–35. Adolf Hofmeister, Genealogische Untersuchungen zur Geschichte des pommerschen Herzogshauses (Greifswalder Abhandlungen zur Geschichte des Mittelalters 11, auch in: Pommersche Jahrbücher 31, 1937), Greifswald 1938, S. 7–22.

Roderich Schmidt, Artikel „Greifen". Geschlecht der Herzöge von Pommern, in: NDB 7, 1966, S. 29–33.

Bischof Otto I. von Bamberg – Beginn der Christianisierung des Peenegebietes, hrsg. von Norbert Buske (Kirchengeschichtliche Beiträge), (Greifswald 1978).

Jürgen Petersohn, Otto von Bamberg und seine Biographen, in: Zeitschrift für bayerische Landesgeschichte 43, 1980, S. 3–27.

2. Fürst Wizlaw III. von Rügen:

Theodor Pyl, in: ADB 43, 1898, S. 680–681.

Theodor Pyl, Lieder und Sprüche des Fürsten Wizlaw von Rügen, Greifswald 1872.

Erich Gülzow, Des Fürsten Wizlaw von Rügen Minnelieder und Sprüche (Pommersches Schrifttum. Denkmäler pommerscher Geschichte und Mundart 1, hrsg. von Hans Benzmann und Erich Gülzow), Greifswald 1922.

Ursula Scheil, Zur Genealogie der einheimischen Fürsten von Rügen (Veröffentlichungen der Historischen Kommission für Pommern, Reihe V: Forschungen zur pommerschen Geschichte 1), Köln Graz 1962, S. 79–94 (m. Lit.).

Otto Behm, Beiträge zum Urkundenwesen der einheimischen Fürsten von Rügen, in: Pommersche Jahrbücher 14, 1913, S. 1–103.

Helmut de Boor, Die deutsche Literatur im späten Mittelalter, 3. Bd., 1. Teil: 1250–1350, München 1962, S. 333 und S. 372 (Lit.), über den Meister Ungelarde und Frauenlob ebd. S. 333–335 und S. 476 f.

3. Bertram Wulflam:

Theodor Pyl, in: ADB 44, 1898, S. 287–292.

Gertrud Schulz, Der Stralsunder Bürgermeister Bertram Wulflam (1310–1393), in: Hansische Geschichtsblätter 48, 1923, S. 99–140.

Martin Wehrmann, Das hansische Stralsund und sein Bürgermeister Bertram Wulflam, Bremen 1927.

Hans Koeppen, Führende Stralsunder Ratsfamilien vom Ausgang des 13. bis zu Beginn des 16. Jahrhunderts (Greifswalder Abhandlungen zur Geschichte des Mittelalters 10), Greifswald 1938, S. 42–68.

Konrad Fritze, Die Hansestadt Stralsund. Die beiden ersten Jahrhunderte ihrer Geschichte (Veröffentlichungen des Stadtarchivs Stralsund IV), Schwerin 1961, S. 186 ff.

Konrad Fritze, in: Geschichte der Stadt Stralsund, hrsg. von Herbert Ewe (Veröffentlichungen des Stadtarchivs Stralsund X), Weimar 1984, S. 68–76.

4. Erich von Pommern, König von Dänemark, Norwegen und Schweden:

Roderich Schmidt, in: NDB 4, 1959, S. 586–587.

Th. Jexlev, in: Lexikon des Mittelalters, 3. Bd., 10. Lfg., 1986, Sp. 2141–2142 (Lit.).

Martin Wehrmann, Genealogie des pommerschen Herzogshauses (s. o.), S. 89–90.

Adolf Hofmeister, Genealogische Untersuchungen zur Geschichte des pommerschen Herzogshauses (s. o.), S. 165–177; Adolf Hofmeister, Aus der Geschichte des pommerschen Herzogshauses (Greifswalder Universitätsreden 48), Greifswald 1938, S. 9 u. 22.

Ludwig Biewer, Übersiedlung von Herzog Erich von Pommern-Stolp nach Dänemark als Thronfolger für die drei nordischen Reiche, in: Ostdeutsche Gedenktage 1989, (Bonn) 1988, S. 218–224.

Thomas Kantzow, Pomerania (s. o.), 1. Bd., Stettin 1908, S. 386 (hier das Zitat o. S. 223).

5. Heinrich Rubenow:

Roderich Schmidt, Die Anfänge der Universität Greifswald, in: Festschrift zur 500-Jahrfeier der Universität Greifswald. 17.10.1956, Bd. 1, Greifswald 1956, S. 9–52.

Adolf Hofmeister, Die geschichtliche Stellung der Universität Greifswald (Greifswalder Universitätsreden 32), Greifswald 1932.

Roderich Schmidt, Die Ausstattung der Universität Greifswald durch Herzog Wartislaw IX. und Bürgermeister Heinrich Rubenow, in: Pommern und Mecklenburg. Beiträge zur mittelalterlichen Städtegeschichte, hrsg. von Roderich Schmidt (Veröffentlichungen der Historischen Kommission für Pommern, Reihe V: Forschungen zur pommerschen Geschichte 19), Köln Wien 1981, S. 133-157.

Roderich Schmidt, Rostock und Greifswald. Die Errichtung von Universitäten im norddeutschen Hanseraum, in: Beiträge zu Problemen deutscher Universitätsgründungen der frühen Neuzeit, hrsg. von Peter Baumgart und Notker Hammerstein (Wolfenbütteler Forschungen 4), Nendeln 1978, S. 75-109; Roderich Schmidt, Kräfte, Personen und Motive bei der Gründung der Universitäten Rostock (1419) und Greifswald (1456), in: Beiträge zur pommerschen und mecklenburgischen Geschichte, hrsg. von Roderich Schmidt (Tagungsberichte des J.G. Herder-Forschungsrates, Bd. 6), Marburg/Lahn 1981, S. 1–33.

Heinrich Rubenow, Nachricht über die Verpfändung von Horst, in: 500 Jahre Plattdeutsch in Greifswald, zusammengestellt und hrsg. von Hans-Friedrich Rosenfeld, Rostock (1956), S. 9.

Manfred Herling, Dr. Heinrich Rubenows Anteil an der Entstehung der ältesten Greifswalder Universitäts-Handschriften, in: Wissenschaftliche Zeitschrift der Ernst-Moritz-Arndt-Universität Greifswald, Gesellschafts- und sprachwissenschaftliche Reihe, Jg. 18, 1969, Heft 3/4, Teil II, S. 335–360.

Hartmut Boockmann, Spätmittelalterliche Stadt-Tyrannen, in: Blätter für deutsche Landesgeschichte 119, 1983, S. 73–91 (behandelt u. a. auch Rubenow).

Roderich Schmidt, Henning Iwen (Iven), Bischof von Cammin, in: NDB 8, 1969, S. 545–546; Roderich Schmidt, Bischof Henning Iwen von Cammin (1446–1468), in: Baltische Studien, N.F. 53, 1967, S. 18–42.

Gerhard Eimer, Bernt Notke. Das Wirken eines niederdeutschen Künstlers im Ostseeraum, Bonn 1985.

Walter Paatz, Sceptrum universitatis. Die europäischen Universitätsszepter (Heidelberger kunstgeschichtliche Abhandlungen, N.F. 2), Heidelberg 1953, S. 25 m. Anm. 36.

Hans Georg Thümmel, Die Greifswalder Rubenow-Tafel und die Anfänge des Gruppenbildes im 15. und 16. Jahrhundert, in: Greifswald-Stralsunder Jahrbuch 12, 1979, S. 122–160.

Roderich Schmidt, Das Bruchstück einer Urkunde Kaiser Friedrichs III. für die Universität Greifswald, in: Spiegel der Geschichte. Festgabe für Max Braubach zum 10. April 1964, hrsg. von Konrad Repgen und Stephan Skalweit, Münster 1964, S. 251–280.

Roderich Schmidt, Friedrich III. 1440–1493, in: Kaisergestalten des Mittelalters, hrsg. von Helmut Beumann, München, 2. Aufl. 1985, S. 301–331 und S. 376–379, hier S. 327 f.

6. Matthias von Wedel:

Theodor Pyl, in: ADB 41, 1896, S. 414.

Fritz Rachfahl, Der Stettiner Erbfolgestreit (1464–1472). Ein Beitrag zur brandenburgisch-pommerschen Geschichte des 15. Jahrhunderts, Breslau 1890.

Paul Gähtgens, Die Beziehungen zwischen Brandenburg und Pommern unter Kurfürst Friedrich II., Altenburg 1890.

Fritz Rachfahl, Zur Geschichte des Stettiner Erbfolgestreites, in: Baltische Studien 41, 1891, S. 261–278.

Otto Heinemann, Die kaiserlichen Lehensurkunden für die Herzöge von Pommern, in: Baltische Studien, NF. 3, 1899, S. 159–186.

Martin Wehrmann, Geschichte von Pommern (s. o.), S. 211 ff.

7. Herzog Bogislaw X.:

Roderich Schmidt in: Lexikon des Mittelalters, Bd. 2, 1981, Sp. 326–328 (m. Lit.), und in: NDB 2, 1955, S. 417.

Martin Wehrmann, Genealogie des pommerschen Herzogshauses (s. o.), S. 105–107.

Martin Wehrmann, Geschichte von Pommern (s. o.), S. 225–256.

Martin Wehrmann, Die Reise Bogislaws X. von Pommern in das heilige Land, in: Pommersche Jahrbücher 1, 1900, S. 35–50.

Martin Wehrmann, Nachrichten von der großen Reise des Herzogs Bogislaws X. (1496–1498), in: Monatsblätter der Gesellschaft für pommersche Geschichte und Altertumskunde, Jg. 14, 1900, S. 66–74, 97–107, 129–133, 166–169.

Beschreibung Herzog Bugslaffen des 10. Peregrination nach dem Heyligen Lande. Durch Martin Dalmar, in: Thomas Kantzow's Chronik von Pommern in Niederdeutscher Mundart, hrsg. von Wilhelm Böhmer, Stettin 1835, Neudruck 1973, S. 293–326.

Julius Mueller, Venetianische Aktenstücke zur Geschichte Herzog Bogislavs X. Reise in den Orient im Jahre 1487 (mit 1 Karte), in: Baltische Studien 29, 1879, S. 167–298.

G. Bauch, Dr. Johann von Kitscher, in: Neues Archiv für sächsische Geschichte 20, 1899, S. 286 ff.

Wilhelm Bethke, Die dramatische Dichtung Pommerns im 16. und 17. Jahrhundert (Beiträge zur Literatur und allgemeinen Geistesgeschichte Pommerns 6), Stettin 1938 (über Kitscher S. 36–45, über Seccervitius S. 48–53).

Wolfgang Stammler Von der Mystik zum Barock. 1400–1600, 10. Aufl., Stuttgart 1950, S. 144 dazu S. 572 (hier Lit. über Seccervitius) und S. 178 f., dazu S. 577 (hier Lit. über Kitscher).

Helmut de Boor und Richard Newald, Geschichte der deutschen Literatur, 4. Bd.: Die deutsche Literatur vom späten Mittelalter bis zum Barock, 1. Teil: 1370–1520, von Hans Rupprich, München 1970, S. 643.

Briefe des Herzogs Bogislaf 10. an seine Gemahlin Anna während der Wallfahrt nach Jerusalem, in: Diplomatische Beiträge zur Geschichte Pommerns aus der Zeit Bogislafs X., hrsg. von Richard Klempin, Berlin 1859, S. 539–542 (hier die Zitate o. S. 452).

8. Johannes Bugenhagen:

Ernst Wolf, in: NDB 3, 1957, S. 9–10.

Oskar Thulin, in: Religion in Geschichte und Gegenwart, 3. Aufl., Bd. 1, 1957, Sp. 1504.

Johannes Allendorf, in: Lexikon für Theologie und Kirche, 2. Bd., 1958, Sp. 761.

Die ältere „Bugenhagen-Literatur" ist zusammengestellt von Hans-Günter Leder, in: Johann Bugenhagen. Beiträge zu seinem 400. Todestag, hrsg. von Werner Rautenberg, Berlin 1958, S. 123–137.

Danach informieren: Hans-Günter Leder, Zum Stand und zur Kritik der Bugenhagenforschung, in: Herbergen der Christenheit 11, 1977/78, S. 65–100, und das Literaturverzeichnis zu: Lübecker Kirchenordnung von Johannes Bugenhagen 1531. Text mit Übersetzung, Erläuterungen und Einleitung hrsg. von Wolf-Dieter Hauschild, Lübeck 1981, S. XXXVII–XXXIX. Die Literatur anläßlich des Bugenhagen-Jubiläums 1985 verzeichnen: Hans-Günter Leder, Zum gegenwärtigen Stand der Bugenhagenforschung, in: De Kennung, Zeitschrift für plattdeutsche Gemeindearbeit, 8. Jg., Heft 2, 1985, und Wolf-Dieter Hauschild, Ertrag und Perspektive des Bugenhagen-Jubiläums 1985, in: ebd., 9. Jg., Heft 1, 1986.

Zum Bugenhagen-Jubiläum 1985 erschienen u. a.:

Johannes Bugenhagen – Gestalt und Wirkung. Beiträge zur Bugenhagenforschung, hrsg. von Hans-Günter Leder, Berlin 1984.

Reform und Ordnung aus dem Wort. Johannes Bugenhagen und die Reformation in Pommern, hrsg. von Hans-Günter Leder und Norbert Buske, Berlin 1985.

Hans-Günter Leder, Bugenhagens „reformatorische Wende" – seine Begegnung mit Luthers Schrift „De captivitate Babylonica ecclesiae praeludium", in: Territorialgeschichte. Entwicklung – Aufgaben – Beispiele, hrsg. von der Ernst-Moritz-Amdt-Universität Greifswald, Sektion Theologie, Greifswald 1984, S. 59–91.

Wolf-Dieter Hauschild, Biblische Theologie und kirchliche Praxis. Die Kirchenordnungen 1528–1543 in Johannes Bugenhagens Gesamtwerk, in: Karlheinz Stoll, Kirchenreform als Gottesdienst. Der Reformator Johannes Bugenhagen, Hannover 1985, S. 44–91.

Anneliese Bieber, Bugenhagens Harmonie der Passions- und Auferstehungsgeschichte, in: ebd., S. 92–104.

Gerhard Müller, Johannes Bugenhagen: Sein Ansatz – seine Wirkungsgeschichte – Lehren für die Zukunft, in: Zeitschrift der Savigny-Stiftung für Rechtsgeschichte, Kanonistische Abteilung 103, 1986, S. 277–303.

Johannes Bugenhagen Pomeranus 1485–1558. Reformator Norddeutschlands und Dänemarks, hrsg. von der Nordelbischen Evangelisch-Lutherischen Kirche, Kiel 1985.

Verpflichtendes Vermächtnis. Ökumenisches Bugenhagen-Gedenken in Greifswald 1985 aus Anlaß der Reformation im Herzogtum Pommern vor 450 Jahren und des 500. Geburtstages des Reformators D. Johannes Bugenhagen, Pomeranus, hrsg. von der Evangelischen Landeskirche Greifswald (1986), darin eine Zusammenstellung über weitere „Aufsätze zum Leben und Wirken des Reformators Johannes Bugenhagen und zur Reformation im Herzogtum Pommern sowie zum Bugenhagen-Gedenken 1985", S. 132–138.

Luise Schorn-Schütte, „Papocaesarismus" der Theologen? Vom Amt des evangelischen Pfarrers in der frühneuzeitlichen Stadtgesellschaft bei Bugenhagen, in: Archiv für Reformationsgeschichte 79, 1988, S. 230–261.

Weitere Literatur zum obigen Lebensbild:

Johannes Bugenhagens ‚Pomerania‘. Hrsg. von Otto Heinemann (1900), Nachdruck besorgt von Roderich Schmidt (Mitteldeutsche Forschungen, Sonderreihe Bd. 7), Köln Wien 1986.

Roderich Schmidt, Die ‚Pomerania‘ als Typ territorialer Geschichtsdarstellung und Landesbeschreibung des 16. und beginnenden 17. Jahrhunderts (Bugenhagen – Kantzow – Lubinus), in: Landesbeschreibungen Mitteleuropas (s. o.), S. 49–56.

Hellmuth Heyden, Der Landtag zu Treptow a. d. Rega 1534, in: Blätter für Kirchengeschichte Pommerns 12, 1934, S. 31–65.

Hellmuth Heyden, Zur Geschichte der Reformation in Pommern, insbesondere politische Motive bei ihrer Einführung, in: H. Heyden, Neue Aufsätze zur Kirchengeschichte Pommerns (Veröffentlichungen der Historischen Kommission für Pommern, Reihe V: Forschungen zur pommerschen Geschichte 12), Köln Graz 1965, S. 3–34 (mit der älteren Lit.).

Protokolle der pommerschen Kirchenvisitationen. 1535–1555, bearb. von Hellmuth Heyden (Veröffentlichungen der Historischen Kommission für Pommern, Reihe IV: Quellen zur pommerschen Geschichte 1–3), Köln Graz 1961–64.

Martin Wehrmann, Die pommersche Kirchenordnung von 1535, in: Baltische Studien 43, 1893, S. 128–149; Die pommersche Kirchenordnung von 1535 nebst Anhang, hrsg. und erläutert von Hellmuth Heyden, Stettin 1937 (= Blätter für Kirchengeschichte Pommerns, Heft 15/16); Faksimileausgabe „Die pommersche Kirchenordnung von Johannes Bugenhagen 1535", mit Übersetzung von Sabine Pettke, hrsg. von Norbert Buske, Greifswald 1986.

Roderich Schmidt, Pommern und Sachsen in der Zeit der Reformation, in: Baltische Studien, N.F. 46, 1959, S. 57–78.

Roderich Schmidt, Die Torgauer Hochzeit 1536. Die Besiegelung des Bundes zwischen Pommern und Sachsen in der Zeit der Reformation. Mit unveröffentlichten Briefen des Pommerschen Rats Jobst von Dewitz, in: ‚Solange es Heute heißt'. Festgabe für Rudolf Hermann zum 70. Geburtstag, Berlin 1957, S. 234–250.

Roderich Schmidt, Johannes Bugenhagen als Mittler in den politischen Eheverhandlungen zwischen Pommern und Sachsen 1535/36, in: Zeitschrift für Kirchengeschichte 69, 1958, S. 79–97.

Roderich Schmidt, Jobst von Dewitz, in: NDB 3, 1957, S. 426–427.

Roderich Schmidt, Der Croy-Teppich der Universität Greifswald, ein Denkmal der Reformation in Pommern, in: Johann Bugenhagen. Beiträge zu seinem 400. Todestag (s. o.), 1958, S. 89–107; Hellmut Hannes, Der Croyteppich – Entstehung, Geschichte und Sinngehalt, in: Baltische Studien, N.F. 70, 1984, S. 45–80.

Karl Graebert, Erasmus von Manteuffel, der letzte katholische Bischof von Kammin (1521–1544) (Historische Studien 37), Berlin 1903.

Klaus Harms, Bugenhagens Bedeutung für die Kirche seiner Heimat, Leer 1965 (über die Wahl zum Bischof von Cammin, S. 34–42).

Thomas Kantzow, Pomerania (s. o.), 2. Bd., S. 186 (hier die Zitate o. S. 453).

Joachim Stephani:

v. Eisenhart, in: ADB 36, 1983, S. 93.

Roderich v. Stintzing, Geschichte der deutschen Rechtswissenschaft, Bd. 1, München 1880, S. 729.

Hermann Conrad, Deutsche Rechtsgeschichte. Bd. 2, Karlsruhe 1966, S. 17–21 und S. 295.

Lexikon der deutschen Geschichte (s. o.), 1977, S. 68 (Augsburger Religionsfriede).

9. David Mevius:

Roderich v. Stintzing, in: ADB 21, 1885, S. 544–547.

Erich Molitor, Die Greifswalder Jursitenfakultät, in: Festschrift zur 500-Jahrfeier der Universität Greifswald. 17.10.1956, Bd. 2, Greifswald 1956, S. 11–12.

Demnächst: Werner Buchholz, in: NDB (m. Lit.).

10. Otto von Schwerin:

F. Hirsch, in: ADB 35, 1893, S. 754–763.

Max Hein, Otto von Schwerin, der Oberpräsident des Großen Kurfürsten, Königsberg i.Pr. 1929.

Max Hein, in: Pommersche Lebensbilder, Bd. 4 (s. o.), 1966, S. 9–20.

Ernst Opgenoorth, Friedrich Wilhelm der Große Kurfürst, 2 Bde., Göttingen
1971/78.

Norbert Angermann, Friedrich Wilhelm. Der Große Kurfürst (Hrsg. vom Bund der
Mitteldeutschen), Bonn (1988).

Curd Christoph Graf von Schwerin:
B. Poten, in: ADB 33, 1891, S. 421–425.

Hermann Wendt, in: Pommersche Lebensbilder, 3. Bd., Stettin 1939, S. 1–38.

11. Ewald Christian von Kleist:

R. Schwarze, in: ADB 6, 1882, S. 111–121.

Rüdiger Frommholz, in: NDB 12, 1980, S. 10–12.

Hermann Petrich, Pommersche Lebens- und Landesbilder (s. o.), 1. Teil, 1880, S. 37–71.

Wilhelm Eggebrecht, in: Pommersche Lebensbilder, 3. Bd., 1939, S. 46–61 (hier die
Zitate o. S. 455 f.).

12. David und Friedrich Gilly:

Alois Großschopf, in: NDB 6, 1964, S. 399–401.

Hermann Schmitz, Die Baumeister David und Friedrich Gilly in ihren Beziehungen
zu Pommern, in: Monatsblätter der Gesellschaft für pommersche Geschichte und
Altertumskunde, Jg. 23, 1909, S. 81–87 und S. 108–111.

Douglas Clelland, David und Friedrich Gilly, in: Baumeister-Architekten-Stadtplaner. Biographien zur baulichen Entwicklung Berlins, hrsg. von Wolfgang Ribbe
und Wolfgang Schäche (Berlinische Lebensbilder), Berlin 1987, S. 125–146.

David Gilly:

Marlies Lammert, David Gilly. Ein Baumeister des deutschen Klassizismus (Die Bauwerke und Kunstdenkmäler von Berlin, Beiheft 6), Berlin 1964, Nachdruck 1981.

Eckart Henning, Aus der Tätigkeit der Preußischen Staatsbauverwaltung in Pommern (1770–1809), in: Baltische Studien, N.F. 64, 1978, S. 41–65.

Friedrich Gilly:

Otto Holtze, in: Pommersche Lebensbilder, 3. Bd., 1939, S. 204–215 (hier die Zitate o. S. 457).

Hella Reelfs und Rolf Bothe, Friedrich Gilly 1772–1800 und die Privatgesellschaft junger Architekten, Berlin 1984.

Über *Langhans:* Hartwig Schmidt, in: Baumeister-Architekten-Stadtplaner (s. o.), 1987, S. 107–124.

Hartmut Boockmann, Die Marienburg im 19. Jahrhundert, Frankfurt a. M.-Berlin-Wien 1982; Hartmut Boockmann, Mittelalterliche Traditionen in der Neuzeit – Die Marienburg als politisches Denkmal, in: Ostdeutsche Geschichts- und Kulturlandschaften, Teil II: Ost- und Westpreußen, hrsg. von Hans Rothe (Studien zum Deutschtum im Osten 19/II). Köln Wien 1987, S. (99–117) 103.

13. Joachim Nettelbeck:

Hermann Petrich, in: ADB 23, 1886, S. 457–458.

Hermann Petrich, Pommersche Lebens- und Landesbilder (s. o.), 2. Teil, 2. Halbband, Stettin 1887, S. 59–141 (hier auch über *Gneisenau).*

Hermann Klaje, Joachim Nettelbeck, Kolberg 1927.

Hermann Klaje, in: Pommersche Lebensbilder, z. Bd., Stettin 1936, S. 1-18 (hier die Zitate o. S. 458 f.).

Joachim Nettelbeck, Bürger zu Colberg. Eine Lebensbeschreibung von ihm selbst aufgezeichnet, hrsg. von J.C.L. Haken, Bd. 1–3, Leipzig 1821–23 (zahlreiche weitere Ausgaben danach).

14. Rudolf Virchow:

Aus der umfangreichen Virchow-Literatur sei genannt:

Rudolf Beneke, in: Pommersche Lebensbilder, 2. Bd., Stettin 1936, S. 198–236 (hier die Zitate o. S. 460 f.).

Erwin Ackerknecht, Rudolf Virchow. Arzt, Politiker, Anthropologe, Stuttgart 1957.

Christian Andree, Rudolf Virchow als Prähistoriker, 3 Bde., Köln Wien 1971–1986 (aus Bd. 1 die Zitate o. S. 461 f.).

Christian Andree, in: Berlinische Lebensbilder, Bd. 2: Mediziner, hrsg. von Wilhelm Treue und Rolf Winau (Einzelschriften der Historischen Kommission zu Berlin, Bd. 60), Berlin 1987, S. 175–190.

Christian Andree, Rudolf Virchow – Theodor Billroth. Leben und Werk. Katalog über die Ausstellung der Stiftung Pommern, Kiel 1979.

Stiftung Pommern: Sammlung Rabl – Virchow, Bestandsverzeichnis, Kiel 1984.

Zur Erinnerung an Rudolf Virchow. Drei historische Arbeiten Virchows zur Geschichte seiner Vaterstadt Schivelbein. Von neuem hrsg. von der Gesellschaft für pommersche Geschichte und Altertumskunde, Berlin 1903.

Nachruf für Dr. Rudolf Virchow, in: Monatsblätter der Gesellschaft für pommersche Geschichte und Altertumskunde, Jg. 16, 1902, S. 145–146.

Schluß:

Zu den hier genannten und anderen pommerschen Persönlichkeiten:

Das geistige Pommern. Große Deutsche aus Pommern, Stettin 1939;

Bedeutende Pommern aus fünf Jahrhunderten. Ausstellungskatalog, zusammengestellt von Immanuel Meyer-Pyritz, Berlin 1961;

Friedrich Karl von Zitzewitz-Muttrin, Bausteine aus dem Osten. Pommersche Persönlichkeiten im Dienste ihres Landes und der Geschichte ihrer Zeit, Leer 1967;

Cläre Willer, Bedeutende Pommern und Wahlpommern, Tübingen 1974;

Götz von Selle, Ostdeutsche Biographien. 365 Lebensläufe in Kurzdarstellungen, Würzburg 1955;

Vgl. auch die seit 1965 jährlich erscheinende Reihe „Ostdeutsche Gedenktage".

Bedeutende Persönlichkeiten der Familie von Kleist

Die Aufforderung in dieser Festveranstaltung die Geschichte einer Familie zu behandeln, ist für den Historiker durchaus reizvoll, wenn auch nicht leicht. Denn den Familienangehörigen ist vieles wohlvertraut. Es kann auch nicht um eine genealogische Betrachtung gehen, zumal eine solche vorliegt. Das Vortragsthema „Geschichte im Spiegel der Familie von Kleist" möchte sich der Frage zuwenden, welche Rolle sie im Laufe der Geschichte gespielt hat. Ich werde Ihnen eine Reihe einzelner Gestalten in der Abfolge der Zeiten vor Augen rücken, die in besonderer Weise mit Höhepunkten oder auch Tiefpunkten der Geschichte Pommerns, Preußens, des Deutschen Reiches verbunden sind oder an ihnen aktiv teilgehabt haben. Dabei wird nicht nur von den historischen Ereignissen Licht auf die einzelnen Gestalten fallen, sondern die Ereignisse werden zugleich in eine besondere Beleuchtung gerückt, wenn man sie von den handelnden oder beteiligten Personen her betrachtet. Niemand Geringeres als Goethe hat dazu bemerkt: „Die bedeutendsten Weltbegebenheiten ist man bis in die Geheimnisse der Familien zu verfolgen genötigt", um sie recht zu verstehen und zu würdigen.

Die Kleists sind eine pommmersche Familie. Ich lasse hier die interessante Frage, die noch keineswegs endgültig geklärt ist, beiseite, ob sie pomoranischen oder deutschen Ursprungs ist und ob die ersten in der pommerschen urkundlichen Überlieferung seit 1248 auftauchenden Vertreter in genealogischen Zusammenhang mit denen stehen, die wir seit 1289 mehr oder weniger lückenlos verfolgen können. In der pommerschen Geschichte haben die Kleists jedenfalls, in Verbindung mit dem Herzoghaus der Greifen, eine nicht unerhebliche Rolle gespielt.

1.

Der erste Kleist, der genauere Konturen aufweist und als faßbare historische Persönlichkeit hervortritt, so daß ein Lebensbild von ihm gezeichnet werden kann, ist Georg oder Jürgen von Kleist († 1508), der Rat und Kanzler Herzog Bogislaws X.

Dieser gilt als der bedeutendste der pommerschen Herzöge aus dem Greifengeschlecht, seine Regierungszeit (bis 1523) als eine Umbruchzeit, in der für Pommern der Weg von einem mittelalterlich-feudalen Herrschaftsgebilde zu einem modernen frühneuzeitlichen Staatswesen beschritten wurde. Drei Bereiche bzw. Ereignisse markieren in besonderer Weise seine Regierungszeit: die Auseinandersetzungen mit Brandenburg und damit zusammenhängend die Frage der Lehnsabhängigkeit, die Neuordnung der Verwaltung und des Gerichtswesens als der Kern innerer Reformen und die von den Zeitgenossen viel beachtete und sie faszinierende Reise des Herzogs ins Heilige Land. An allen Vorkommnissen ist Jürgen von Kleist maßgeblich beteiligt gewesen.

Als Bogislaw X. 1474 zwanzigjährig die Regierung antrat, war der sog. Stettiner Erbfolgestreit mit Brandenburg wegen des Herzogtums Stettin, dessen Linie 1464 erloschen war, insofern zugunsten Pommerns entschieden, als das Stettiner Herzogtum dem Greifenhause verblieb; doch war die Lehnsabhängigkeit von Brandenburg erneut bestätigt worden, und Bogislaw mußte sie 1479 auch für das Herzogtum Wolgast anerkennen. Immerhin war das seit 1295 geteilte Pommern unter Bogislaw X. wieder vereint.

Der brandenburgische Einfluß aber war, dem Stile der Zeit gemäß, durch die Heirat Bogislaw mit einer Tochter des brandenburgischen Kurfürsten 1477 intensiviert worden, und es war ihm auch ein brandenburgischer Ratgeber, Werner von der Schulenburg, gewissermaßen aufgedrängt worden. Thomas Kantzow, der Verfasser der ersten umfassenden Chroniken Pommerns, seit 1528 herzoglicher Sekretär, schreibt in seiner „Pomerania": „Und wie Herzog Bugslav nun mit dem Markgrafen in Schwegerschaft stund ..., so begab sichs, daß der Markgraf etliche Mal zu ihm schickte Werner von der Schulenburg; da Herzog Bugslav sahe, daß er ein feiner, aufrichtiger und verstendiger Mann war und dem wohl etwas zu vertrauen were, und hat darumb Liebe zu ihme gewunnen und mit ihme gehandelt, daß er auch sein Rat und Diener sein mochte und hat ... ihn zu einem Hauptmann im Lande zu Stettin gemacht". „Daneben hat auch Herzog Bugslav zu sich genommen in den Hof Georgen Kleisten, einen fleißigen und verstendigen Mann, welchen er auch hernach zu seinem Kanzler gemacht".

Jürgen von Kleist war also gewissermaßen der pommersche Gegenpol zu dem Brandenburger Schulenburg. Doch auch dieser hat dem Pommernherzog treu gedient. Kantzow berichtet weiter, daß sie beide es gewesen sind, die dem Herzog Vorschläge machten, wie der Zerrüttung des Landes Einhalt geboten werden könne: durch schriftliche Erfassung der landesherrlichen Einkünfte und Gerechtsame sowie durch Einsetzung einer ständigen Hofverwaltung mit besoldeten, „ehrbaren, gelehrten und getreuen Räten", die „seine Diener und nicht seine Junkern weren". Bogislaw X. hat sich diese Vorschläge zu eigen gemacht. „Und wann also das fürstliche Einkommend wieder aufgerichtet werde, so könnte er die Leute ... im Hofe haben, Gericht und Recht vorhelfen und bald Reuberei, Ungehorsam und andere Beschwerung des Landes abschaffen".

Anhand des Urkundenbuchs von Gustav Kratz zur Geschichte des Geschlechts von Kleist können wir den Aufstieg des Jürgen von Kleist am Herzoghof genauer verfolgen. Seit 1478 erscheint er unter den Zeugen in herzoglichen Urkunden, seit 1479 mit dem Zusatz „vonnse Schruier" bzw. „unse house-schryuer", seit 1482 fungiert er als herzoglicher Notar, bald darauf wird er herzoglicher Rat. Dies ergibt sich aus der Urkunde Bogislaws X. vom 29. September 1483 mit der er seinem Rat Jürgen Kleist Schloß und Stadt Zanow mit zugehörigen Dörfern und Gewässern verkauft und ihn damit belehnt. 1485 hat der Herzog ihn und seinen Bruder Peter mit allen ihren Gütern und Untersassen „von der Gerichtsbarkeit der Hauptleute, Vögte und Amtsleute befreit" und sie „unmittelbar unter das fürstliche Kammergericht" gestellt. Dieser Akt steht wohl im Zusammenhang mit der Verfügung des Herzogs, mit der er Hauptleute und Vögte einsetzte, „die in seiner Abwesenheit Gericht halten sollten". „Jedermann", so heißt es in der am 3. April 1486 von Georg von Kleist als Notar unterschriebenen Anordnung, „soll bei dem Vogt, unter dem er belegen ist, seine Klagen anbringen, und dieser mit Zuziehung der fürstlichen Räthe, die in seiner Vogtei angesessen sind, die Sachen entscheiden". Hiervon wurden Jürgen und Peter von Kleist befreit. Zugleich aber wurde Jürgen zum Vogt des Amtes Rügenwalde bestellt, im April 1486 ist er hier als Lehnrichter tätig. Das Amt des Vogts hat er auch weiterhin innegehabt. Als Herzog Bogislaw 1486 Ritterschaft und Städte des Landes zur Heerfahrt nach Braunschweig aufbot, wo seine Schwester Katharina mit Herzog Heinrich I. verlobt werden sollte, gehörte Jürgen von Kleist zu ihnen.

In den Nachrichten über die zweite Heirat Bogislaw X. mit der polnischen Prinzessin Anna, Tochter König Kasimirs IV., die am 2. Februar 1491 mit großem Pomp zu Stettin gefeiert wurde, wird er zwar nicht namentlich erwähnt; er war aber, wie die Urkunden ausweisen, zu diesem Zeitpunkt dort anwesend. Damals hat Bogislaw Stettin zur Residenz im modernen Sinne ausbauen lassen und seinen „bisher einfachen Hofhalt", wie Wehrmann schreibt, „mit größerem Glanze" versehen. „So erneuerte er auch 1491 eine bereits von seinem Vater gestiftete Adelsbrüderschaft, deren Abzeichen ein an goldener oder silberner Kette getragenes Bild der heiligen Jungfrau war und verband damit ein Pädagogium für vornehme Knaben, die durch ihren Gesang dem Gottesdienste in der Hofkirche größere Feierlichkeiten geben sollten". Jürgen von Kleist gehörte bei diesem Akte ebenso zu den Zeugen wie bei der Bestätigung der Privilegien für das St. Otten-Stift, der Hofkirche im Stettiner Schloß. Kantzow merkt in seiner „Pomerania" über die Hochzeit Bogislaws mit der polnischen Königstochter an: „Und hat ihr vor die 32 000 hungarische Gulden vierundsiebenzig vormachen müssen und ihr jährlich darvor 10 000 hungarische Gulden Leibgut verschrieben, welches viele ist. Aber ich halte, weil er keine Erben hatte, daß er dem Markgrafen das Land damit versalzen wollte".

Aus dieser Zeit existiert ein brandenburgisches Schriftstück, ein „Verzeichniß der Pommerschen Ritterschaft und der festen Plätze, deren man

Brandenburgische Seits für den Fall des Todes Herzog Bogislafs X. und der
Erledigung der Pommerschen Lande ... zunächst sich versichern zu müssen
glaubte". In ihm findet sich die Notiz: „Item nicht zu vergessen, so der fall
geschee: Jorgen Klistow den Canntzler".

Seit der Stettiner Hochzeit hat Jürgen von Kleist das Kanzleramt inne
gehabt. Das letzte Jahrzehnt des 15. Jahrhunderts war der Höhepunkt seiner
politischen Wirksamkeit. 1494 wurden ihm zu der Vogtei Rügenwalde auch
noch die Vogtei Stolp und Schlawe übertragen sowie das Schloß und Land
Bütow überlassen. Wegen der ungeklärten Rechtslage der polnischen Lehen
Lauenburg und Bütow hat Jürgen von Kleist 1496 mit dem Nachfolger König
Kasimirs IV., Johann I. Albrecht, zu Sandomir, allerdings erfolglos, verhandelt.

Die für Pommern wichtige Lehnsfrage war 1486 durch den Regierungs-
wechsel in Brandenburg erneut aufgebrochen. Brandenburg forderte die
Huldigung, Bogislaw lehnte dies ab, gestärkt durch seine polnischen Beziehungen und ermutigt durch Verhandlungen mit dem Kaiserhof. Kriegerische
Auseinandersetzungen schienen bevorzustehen. Durch Verhandlungen, an
denen Jürgen von Kleist wieder beteiligt war, kam 1493 zu Pyritz ein Ausgleich zustande. Pommern erkannte die Lehnshoheit Brandenburgs an, dieses verzichtete aber auf Lehnsempfang und Eidesleistung. Beim Aussterben
des pommerschen Herzoghauses sollte das Land an die Hohenzollern fallen.
Für Bogislaw X. war dies ein Teilerfolg auf dem Weg zur Reichsunmittelbarkeit, die er in Wien zu erreichen gedachte.

Ende 1496 begab er sich mit großem Gefolge zu Maximilian I. nach
Innsbruck. Als er hier nichts ausrichtete, zog er nach Venedig, schiffte sich
im Juni 1497 ein und trat seine schon erwähnte abenteuerliche Reise ins Heilige Land an. Es war dies an sich nichts Ungewöhnliches, lenkte jedoch den
Blick der Öffentlichkeit auf den Pommernfürsten. Im November kehrte er
nach Italien zurück, stattete Alexander VI. einen Besuch in Rom ab und erlangte von ihm eine Reihe von Privilegien. Am 12. April 1498 zog er feierlich wieder in Stettin ein. Der Schreiber des Herzogs, Martin Dalmer, hat ein
Reisetagebuch geführt, ebenso hat ein venetianischer Schreiber Aufzeichnungen gemacht.

Jürgen von Kleist hat an der Reise nicht teilgenommen. Statt dessen war
ihm vom Herzog eine andere ehrenvolle Aufgabe übertragen worden, nämlich die Stadthalterschaft in Pommern während der Abwesenheit des Herzogs. Obwohl dieser nach seiner Rückkehr befand, daß der Kanzler „in seinem Abwesen das Land sehr wohl fürgestanden und ihme einen gueten
Vorrat geschaffet" hatte (wie Kantzow schreibt), war die Situation nach der
Reise verändert. Der Herzog hatte aus Italien eine Reihe von Männern, die
dort ausgebildet worden waren, nach Pommern mitgebracht und in seine
Dienste genommen. „Mit ihrer Hilfe suchte er seine absolutistischen Nei-

gungen gegenüber den Städten, seine Pläne gegen Brandenburg, die Einführung eines neuen Lehnrechts und des römischen Rechtsverfahrens durchzusetzen". Seine alten Ratgeber sahen sich zurückgedrängt. Werner von der Schulenburg trat wieder in brandenburgische Dienste, Jürgen von Kleist zog sich zurück. Die Ende 1498 erfolgte Übertragung von Schloß, Stadt und Land Usedom an den verdienten Kanzler war gewiß ein Gnadenbeweis, aber auch wohl eine Art Kaltstellung. Von der Mitte des Jahres 1501 an hat er nicht mehr als Kanzler fungiert, jedenfalls für einige Zeit.

Nachdem Bogislaw mit den Italienern nicht zurecht gekommen war oder diese sich nicht in den pommerschen Verhältnissen zurechtfanden und 1503 oder 1504 das Land verlassen hatten, hat Jürgen von Kleist gelegentlich wieder Aufgaben für Herzog Bogislaw übernommen, so 1504 erneute Verhandlungen mit Polen wegen Lauenburg und Bütow. 1506 ist er Zeuge bei Rechtsgeschäften des Herzogs in Rügenwalde und Stolp, wohl noch als Vogt, aber in keiner anderen Funktion; als Kanzler ist jetzt Peter Tetz aufgeführt. Die Stolper Urkunde vom 9. März 1507 ist die letzte, in der Jürgen lebend erscheint. In einer herzoglichen Urkunde vom 3. September 1509 wird er bereits als verstorben bezeichnet.

Thomas Kantzow hat bei seiner abschließenden Würdigung Bogislaws X. auch seiner Räte gedacht, durch die er „dem Lande viele Guets getaen", nämlich Werner von der Schulenburg und Georgen Kleist und andere, „welche Leute waren von Rat und Tat und, das das Großt ist in den beiden, in allen ihrem Fuhrnehmen glucselig und wohlfehrig. ... Dann wann unser Herr Gott einem Potentaten Gluck und Segen beschert, so fugt er ihme auch gemeinlich Gehulfen zu, die sein Ding kluglich und wohl ausrichten, und gereicht dann des Fürsten Wohlfahrt auch den Undertanen zum Gueten".

Kantzow hat von Jürgen von Kleist auch eine sagenhafte Überlieferung mitgeteilt, die offenbar wie ähnliche Einstreuungen in seiner Chronik über andere Personen ein Licht auf sie werfen und zur Beurteilung beitragen sollten, die aber auch für den heutigen Leser noch etwas besagen. Der Kanzler befand sich einmal des nachts auf der Reise, da versuchte eine unsichtbare Stimme die Pferde und den Wagen vom Wege abzulenken. Plötzlich erschien ein von einem Hund begleiteter Mann, nackt unter einem feurigen Mantel, der größer und größer wurde und Hand an die Wagendeichsel legte, dann aber in einer Flammenwolke verschwand, „davon dann Georg Kleist und die Seinen hoch erschrocken gewest und es in vielen Tagen nicht haben vorwinnen konnen". Und nun die Erklärung Kantzows: „Dies hat man dahin gedeutet, weil Georg Kleist nicht wollte gleuben, das ein Fegfeuer were, das ihme solches unser Herr Gott durch das Gesichte wollen bewehren. Etliche aber haben gesagt, es geschehe ihme zum Zeichen, weil er viele Unpflichte (d.h. Abgaben) sollte im Lande aufgebracht haben". Für uns ist die Mitteilung von Interesse, die kaum erfunden sein dürfte, daß Jürgen von

Kleist seine Probleme mit der kirchlichen Lehre, jedenfalls der vom Fege-
feuer, hatte. Solche Zweifel sind offenbar auch anderswo vorhanden gewesen. Bischof Henning Iwen von Cammin hatte bereits 1454 eine Verfügung
erlassen, mit der er dem Klerus untersagte, mit Laien über die Dreieinigkeit,
das Abendmahl und den päpstlichen Ablaß zu disputieren. Auseinandersetzungen über die Lehre und Praxis der spätmittelalterlichen Kirche sind also,
auch in Pommern, schon im 15. Jahrhundert aufgekommen, lange bevor sich
die ersten von Wittenberg ausgehenden reformatorischen Regungen bemerkbar machten.

2.

Im Dezember 1534 wurde die Reformation auch in Pommern auf dem
Landtag zu Treptow a.d. Rega von den Herzögen Barnim IX. und Philipp I.
offiziell beschlossen. Ihre Durchführung und die sie begleitenden Maßnahmen sind vor allem mit den Namen Johannes Bugenhagen und Jobst von
Dewitz, Schloßhauptmann zu Wolgast, verbunden. Aber auch ein Kleist gehörte zu dem Kreis der Beteiligten, nämlich *Lorenz von Kleist* (aus dem
Damenschen Ast der Familie). Von ihm soll im Anschluß an den ausführlich
behandelten Jürgen von Kleist jetzt die Rede sein.

Lorenz begegnet uns zuerst in der Umgebung Bogislaw X. 1518 auf der
Brautfahrt von dessen Tochter Sophie, die in Kiel mit Herzog Friedrich I.
von Holstein, späteren König von Dänemark, vermählt wurde. Seit 1519 (bis
1531) ist er dann als Sekretär in der herzoglichen Kanzlei unter Bogislaw X.
und dessen Sohn Georg I. (1523–31) tätig, seit 1528 zusammen mit Thomas
Kantzow. Außer der Einführung der Reformation hat er an zwei anderen
für Pommern wichtigen Ereignissen mitgewirkt.

Die auf Unabhängigkeit von Brandenburg gerichtete Politik Bogislaws X.
erreichte erst unter seinen Söhnen Georg I. und Barnim IX. ihr Ziel, die unmittelbare Belehnung durch den Kaiser und damit die Anerkennung der Reichsunmittelbarkeit. Sie erfolgte 1530 auf dem Reichstag zu Augsburg durch Kaiser
Karl V. Bei der feierlichen Zeremonie waren in Begleitung der Herzöge anwesend die Räte Jobst von Dewitz und Jakob Wobeser und Lorenz von Kleist.
Sie dürften auch die vorangehenden Verhandlungen geführt haben.

Als nach dem Tode Georgs I. 1531 Pommern zwischen Barnim IX. und
Georgs Sohn Philipp I. in die Herzogtümer Stettin und Wolgast geteilt und
damit die unter Bogislaw X. erreichte Einheit des Landes wieder aufgegeben
wurde, gehörte Lorenz von Kleist bei den hierfür nötigen Verhandlungen
zusammen mit Jobst von Dewitz und Rüdiger Massow zu den Ratgebern
des jungen Philipp. Seither hat er in dessen Dienst gestanden. 1534 setzte ihn
dieser zum Hauptmann des Amtes Usedom ein.

Daß Lorenz bei den Verhandlungen, die zur Einführung der Reformation in Pommern führten, der Sache Luthers gegenüber aufgeschlossener gewesen sein dürfte – obwohl Hellmuth Heyden ihn nicht unter den evangelischen Räten nennt – erklärt sich daraus, daß er 1513 die Universität Wittenberg aufgesucht hat und hier auch mit Luther in Berührung gekommen ist. Das Studium in Wittenberg verband ihn mit Herzog Barnim IX., der im Jahre 1518, in dem Kleist in den pommerschen Hofdienst trat, nach Wittenberg ging.

Zu den Kirchenvisitationen, die infolge der Reformation alsbald von den Herzögen angeordnet und von ihren Räten und Beauftragten vorgenommen worden sind, ist er 1536 in Barth und Tribsee beteiligt gewesen. Er erscheint hier als herzoglicher Hauptmann zu Neuenkamp. Es war dies eine heikle Funktion, die zeigt, daß er das Vertrauen Herzog Philipps genoß. Denn der Abt dieses Klosters hatte sich zwar in die Säkularisation desselben fügen müssen, zugleich aber über den Abt des Mutterklosters Altenkamp Klage beim Reichskammergericht erhoben. Dieses verlangte nicht nur die Restituierung des Klosters Neuenkamp, sondern gebot den Herzögen die Aufhebung aller infolge der Treptower Beschlüsse vorgenommenen Maßnahmen gegen kirchliche Einrichtungen. Dies bedeutet, weil eine Reichsexekution gegen die Herzöge nicht ausgeschlossen werden konnte, eine ernste Gefährdung der Reformation in Pommern und führte zum Anschluß des Landes an den Schmalkaldischen Bund der evangelischen Reichsstände.

Lorenz von Kleist ist 1538 verstorben. Ganz im Sinne der neuen Verhältnisse hat er in seinem Testament für die Kirche in Belgard ein Legat von 200 Gulden zu Gunsten der Armen eingesetzt.

Er hat auch, wie sein Kollege Thomas Kantzow, wenn auch nicht so umfassend wie dieser, Aufzeichnungen hinterlassen, die ihn als Verwaltungsbeamten mit historischem Sinn bezeugen: eine „Chronica der Pommerschen und Merkischen Handlung und Irrung, durch Lorentz Kleisten sehligen Gedechtnis Ambtmann zum Campe beschriebenn, und nach seinem totligen abgange befunden 1538, unnd ist merenteil sein eigen handt" und „Lorentz Kleistes sehligenn Beschreibung des Ambtes Ußdomb, Daß er etzlige Ihar alß ein Ambtmann Inne gehabt".

3.

Die 1534/35 in Pommern eingeführte Reformation bezog sich auf das Herrschaftsgebiet der Herzöge, nicht aber auf das Territorium des Bischofs von Cammin. Bischof Erasmus von Manteufel hat sich nach anfänglichem Schwanken der evangelischen Neuordnung verschlossen. Als er 1544 als letzter katholischer Bischof von Cammin verstorben war, drängten die Herzöge auf die Wahl eines evangelischen Nachfolgers. Da sie sich jedoch nicht einigen konnten, boten sie das Bischofsamt Johannes Bugenhagen an. Dieser lehnte aus wohlerwogenen Gründen ab, schlug aber seinerseits mögliche Personen vor. Der zu wählende Bischof sollte ein gottesfürchtiger und gelehrter Mann sein und aus Pommern stammen, also mit den Landesverhältnissen vertraut sein. Sofern nicht einer der evangelischen Prediger in Betracht komme, sondern man einen vom Adel wolle, so schlüge er vier Namen vor, an erster Stelle *Pribislaus Kleist.*

Obwohl sich auch Kurfürst Johann Friedrich von Sachsen für ihn als gelehrt, fromm und in den Angelegenheiten des Bistums Cammin erfahren, weil er der Kanzler des verstorbenen Bischofs gewesen, aussprach und zudem ins Feld führte, daß er „die wahre Christliche Religion viel Jhar hero sehr gelibt unnd derselben anhängig sei", so lehnte ihn der Pommernherzog Philipp I. kategorisch ab mit der einfachen Begründung, daß er ihm von Person unbekannt, außerdem ähnlich alt sei wie Bugenhagen und „ahn gesundtheit viel gebrechlicher" als dieser. So wurde schließlich der Rat Herzog Barnims IX. Dr. Bartholomäus Suawe gewählt.

Pribislaff von Kleist war damals etwa 60 Jahre alt. Er hatte studiert, den Magistergrad erworben und sich sieben Jahre in Rom aufgehalten, bevor er 1516 herzoglicher Sekretär und 1518 unter Bischof Martin Karith bischöflicher Kanzler wurde. Die erste Urkunde, in der er als solcher erwähnt wird, ist von Johannes Bugenhagen als Notar des Klosters Belbuck bei Treptow bestätigt. Die persönlichen Beziehungen waren also alt. Bei der Amtseinführung Bischof Erasmus 1521 hat Pribislaff eine beachtete, in Rostock gedruckte Rede über das bischöfliche Amt gehalten. Nachdem er 1544 diese höchste Würde nicht erhalten hatte, wurde er zum Scholasticus des Camminer Domkapitels gewählt. Anläßlich der Amtsübernahme schrieb er an den Kapitelsekretär im Zusammenhang mit seinen Einkünften: „Schal ick de fruchte des amptes bruken, sozo wolde ick ock gerna na mynem vermogen de borge dragen". Dies hat er getan, bis er, hochbetagt, im Jahre 1570 verstorben ist.

4.

Als nächstes sei einer Frau gedacht, die obwohl sie nichts eigentlich bewegt hat, in eines der traurigsten Kapitel der pommerschen Geschichte verstrickt ist, nämlich in das der Sidonie von Borcke, die 1620 als Hexe zu Stettin enthauptet worden ist. Es handelt sich um *Agnes von Kleist,* Tochter des Ewald von Kleist auf Poberow.

Sidonie von Borcke war in ihrer Jugend an den Herzoghof gekommen, und hier hatte der junge Herzogsohn Ernst Ludwig um sie geworben. Doch der Hof verweigerte die Zustimmung. Sie hat dann ein unstetes Leben geführt und sich in mancherlei Abenteuer eingelassen, bis sie im Jahre 1604 in das adlige Jungfrauenkloster Marienfließ bei Stargard, damals 57jährig, aufgenommen wurde. In kürzester Zeit hat sie sich mit den anderen, meist jüngeren Klosterinsassinnen überworfen und sich „durch Herrschsucht, Anmaßung und Widersetzlichkeit gegen die Klosterordnung und namentlich durch ihre böse Zunge und allerlei Händel ... mißliebig gemacht." Der Klosterhauptmann bezeichnete sie in amtlichen Berichten als „Klosterteufel, unruhiges Mensch und Schlange". Sie brachte auch die Provisoren des Klosters und den Klosterpfarrer durch ihre Beschwerden gegen sich auf. Ein Stein des Anstoßes war ihre schwarze Katze, „Chim" genannt, mit der sie ihre Klosterschwestern erschreckte.

Als 1609 die Priorin des Klosters starb, folgte ihr Agnes von Kleist. Sie wird als eine gutmütige und friedliche Natur bezeichnet, die der Sidonie in keiner Weise gewachsen war. Aber auch mit Agnes gab es Streit, der sich zur offenen Feindschaft ausweitete. 1611 verklagte Sidonie sie bei Herzog Philipp II. wegen Unredlichkeit bei der Verteilung der Präbenden und forderte ihre Absetzung. Von jetzt an nahmen die amtlichen Untersuchungen ihren Gang, die zu dem bekannten Hexenprozeß und seinem schrecklichen Ende führten. Als in rascher Folge 1616 ein Neffe der Sidonie, mit dem sie ebenfalls im Prozeß lag, der Klosterpfarrer, der Pförtner, 1617 der junge Herzog Georg II. starben und Herzog Philipp bei einem Besuch im benachbarten Schloß Saatzig lebensgefährlich erkrankte, was 1620 zu seinem Tode führte, machte man Sidonie dafür verantwortlich und bezichtigte sie der Zauberei mit Hilfe ihres Teufels Chim und eines ihr gehörenden „Sachsenspiegels", durch den sie zukünftige Dinge wisse. Sie selbst hatte den Vermutungen durch böse und lästerliche Reden Nahrung gegeben und ihre Schadenfreude über die tödliche Erkrankung des Herzogs öffentlich geäußert. Agnes von Kleist, wegen geringfügiger Dinge, Streit um Salz und um Fische, von ihr verflucht, hat nichts zu ihren Gunsten unternommen. Aber auch die Untersuchungskommissionen, die herzöglichen Beamten, die befragten Schöffen zu Magdeburg waren, befangen im Hexenglauben der Zeit, von ihrer Schuld überzeugt. So mußte sie sterben. Agnes von Kleist hat sie bis in die Zeit, da Pommern von den Schrecken des Dreißigjährigen Krieges erfaßt wurde, überlebt.

5.

Keine zehn Jahre später, 1637, ist das pommersche Herzoggeschlecht mit Bogislav XIV. im Mannesstamm erloschen. Das Land wurde zwischen Brandenburg und Schweden geteilt. 17 Jahre stand der Sarg des letzten Pommernherzogs, weil sich die neuen Herren des Landes nicht einigen konnten, unbestattet im Stettiner Schloß, bis er am 25. Mai 1654 in der Schloßkirche feierlich beigesetzt wurde. Diese Zeremonie verdeutlichte symbolisch das Ende der pommerschen Selbstständigkeit. Unter den 24 Leichenträgern befand sich mit *Caspar von Kleist* auf Zadtkow auch ein Vertreter des Geschlechts, das den Greifenherzögen vielfältig treu gedient hat.

6.

Ein anderer *Kleist, Ewald* (auf Raddow und Timmenhagen) war ebenfalls bei dem Leichenbegängnis zugegen, aber nicht für die pommersche Seite,

sondern für die brandenburgische, als Gesandter des Großen Kurfürsten Friedrich Wilhelm.

Ewald war nach dem Studium in Königsberg in brandenburgische Dienste getreten, nahm maßgeblich an den Verhandlungen teil, die zum Westfälischen Frieden führten, wurde 1646 Gesandter in den Haag, 1647 in Wien, 1648 in Stockholm, also in den damals wichtigsten Hauptstädten. In Stockholm setzte er die Übergabe der im Westfälischen Frieden Brandenburg zugesprochenen Bistümer Halberstadt und Minden durch, während der von ihm unterbreitete Vorschlag, diese sowie das Erzstift Magdeburg gegen Vorpommern zu tauschen, auf Ablehnung gestoßen war. Die Grenzregulierung in Pommern zwischen Brandenburg und Schweden erfolgte erst 1653. Zum Sitz der brandenburgischen Regierung in Hinterpommern wurde Kolberg bestimmt, zu ihrem ersten Präsidenten Ewald von Kleist, seit 1653 auch Dekan des evangelischen Domkapitels zu Cammin. Er war es, der die brandenburgische Verwaltung in Hinterpommern einrichtete.

Die vom Kurfürsten 1654 verfügte Regimentsverfassung regelte die Verhältnisse im Lande (unter weitgehender Berücksichtigung der 1634 vom letzten Pommernherzog erlassenen sog. Interimsverfassung). In bezug auf die Religion wurde das Lutherische Bekenntnis garantiert, aber es wurde auch den Reformierten, zu denen ja auch der Kurfürst gehörte, die ihnen durch den Osnabrücker Frieden zugestandene Freiheit bestätigt. Das führte zu einer erheblichen Krise in Pommern, die sich vor allem in der Frage der Zulassung zum Abendmahl zuspitzte, und in die besonders der Kolberger

Generalsuperintendent Groß, aber auch Ewald von Kleist verstrickt wurden, die sich entgegen der ablehnenden Haltung des pommerschen Landtags loyal gegenüber dem Landesherren verhielten.

Im Jahre 1662 verließ Ewald von Kleist zur allgemeinen Überraschung Kolberg, begab sich zunächst in die Pfalz und von dort an den Hof des Bayerischen Kurfürsten. Was aber noch mehr überraschte, das war sein 1664 in Italien vorgenommener Übertritt zum Katholizismus.

Das auslösende Moment für diesen Schritt, so meinte man, sei das Zerwürfnis mit seiner Gemahlin Eleonore von Winterfeld gewesen. Er selbst gibt in seinem Schreiben an den Großen Kurfürsten als Grund „seine Schwermuth und Gemüthsunruhe an, woran er schon seit längerer Zeit gelitten". Der eigentliche Grund aber waren die erwähnten theologischen bzw. konfessionellen Streitigkeiten. Dies ergibt sich aus den Briefen Kleists und des Kurfürsten. Der von Ewald verfaßte Brief verdeutlicht, wie er bei der Suche nach der Wahrheit glaubte, „im Schlamm der Angst und Anfechtung versinken zu müssen", wenn er „von den Feinden zum öftern angeschrien worden: „Wo ist nun dein Gott?". Schließlich sei er auch nach vielen Gesprächen zu der Einsicht gelangt, daß „nur eine Wahrheit und dieselbe nur bei einer Gemeine oder Kirchen in der ganzen Welt sein kann", und zwar bei der, „welche von Christo und der Apostel Zeit her unverrückt geblieben" ist, nämlich der Katholischen. Bemerkenswert ist auch das Antwortschreiben des Kurfürsten. Er betont eingangs: „Wir können und wollen zwar so wenig euch, als jemand von unseren Unterthanen, im Glauben und Gewissen einig Ziel setzen, weil wir wol wissen, daß solche beide Dinge allein von dem allwissenden und höchsten Gott und seinem Gefallen regieret und gelengt werden, und keinem menschlichen Zwang unterworfen sind", weist dann aber nachdrücklich darauf hin, daß seine Schwermütigkeit, Ängste und Zweifel durch die Annahme des katholischen Glaubens nicht behoben werden, weil dieser „die armen Christen bishero mit unerträglichen, unmenschlichen, theils unnöthigen, theils höchst schädlichen, Gottes Wort zuwider laufenden Satzungen beschweret" habe, und er fordert ihn mahnend und tröstend auf, zu der „Evangelischen Wahrheit" zurückzukehren.

Kleist blieb bei der von ihm getroffenen Entscheidung und im Dienste des Bayerischen Kurfürsten, der ihn 1667 zum Geheimen Hofrat und 1674 zum Hofrats-Präsidenten ernannte, ihn 1682 in den Freiherrnstand erhob und ihn 1686 zum Kanzler der Oberpfalz bestellte. 1687 hat er noch einmal kurz seine pommersche Heimat besucht. Im Jahre 1689 ist er verstorben.

Das 17. und ebenso das 18. Jahrhundert war eine Zeit, in der der Adel in die Dienste der verschiedensten Herrscherhäuser und Staaten eintrat, aber auch wechselte, vor allem im Militärdienst. Groß war die Zahl derer, die ihren Weg als Offiziere beschritten, häufig ihr Glück machten und es zu ho-

hen Chargen brachten. Das gilt auch für die Kleists. Wir finden sie in bayerischen, in kurkölnischen, in dänischen, schwedischen, polnischen, kurländischen, russischen Diensten, vor allem aber im Dienst ihrer nunmehrigen
Landesherren, der Kurfürsten von Brandenburg, seit 1701 Könige in bzw.
von Preußen.

7.

Als Beispiel für den Wechsel der Dienste seien die Stationen des Obersten
Christian Ewald von Kleist aus den kurländischen Seitenzweig der Familie
resümiert: Durch seinen gleichnamigen Oheim, der als Kammerjunker der
Schwester Luise Charlotte des Großen Kurfürsten, an den Hof des Herzogs
von Kurland gekommen war und es hier zum Oberhofmarschall gebracht
hatte, wurde auch der Neffe dort Kammerjunker, dann diente er (1680–84)
in der Französischen Garde, von dort meldete er sich zu den Freiwilligen in
Ungarn, die hier 1686 unter Karl von Lothringen Budapest von den Türken
befreiten und für Österreich zurückgewannen. Im brandenburgischen
Dienst nahm er 1688 am Pfälzischen Erbfolgekrieg (dem dritten Erobe-
rungskrieg Ludwigs XIV. von Frankreich) teil, wurde dann Kommandant
von Pillau.

   Im Spanischen Ebfolgekrieg kämpfte er unter Leopold von Anhalt-
Dessau und fiel 1707 vor Aachen.

8.

Ein anderes Beispiel: *Franz Ulrich von Kleist* (aus dem Siedkow-Ruschitzer
Seitenzweig), geb. 1688, brachte es bis zum Preußischen Generalleutnant.

Franz Ulrich v. Kleist

1702 wurde er Fahnenjunker im preußischen Heer, trat dann in pfälzische Dienste
und nahm am Spanischen Erbfolgekrieg
teil. 1716 bei Friedensabschluß wurde er,
weil evangelischen Glaubens, entlassen und
kehrte in den preußischen Dienst zurück.
König Friedrich Wilhelm I. schickte ihn
1729 zusammen mit zwölf anderen Offizie-
ren nach Korsika, wo er an den Kämpfen
der Republik Genua gegen die aufständi-
schen Inselbewohner teilnahm. Der König
gab ihm den Befehl, sich alle Mühe der Welt
zu geben, für seine Langen Kerle „leuthe

mitzubringen. Fehlet es am Gelde, so nehmet Credit, wenn da große Leuthe seynd". Unter Friedrich dem Großen kämpfte er in den Schlesischen Kriegen.

In der „Geschichte des Geschlechts von Kleist" wird folgendes von Franz Ulrich berichtet, was charakteristisches Licht auf den Kriegerstand des 18. Jahrhunderts, natürlich auch auf den Genannten, wirft: Im Flandern wurde ihm bei der Belagerung von Brüssel 1708 der Fuß durch eine Kugel durchbohrt. Die Wundärzte wollten ihm das Bein abnehmen; er aber drohte ihnen mit der Pistole, dies zu unterlassen. Sein Fuß heilte krumm, so daß er hinkte. Er verlangte nun, daß ihn die Wundärzte wieder brächen, aber dazu wollte sich keiner verstehen. Da stieg er zu Pferde, brach durch Herunterspringen den Fuß ein zweitesmal, und nun heilte er gerade.

9.

Alle diese Offiziere sind in ihrem Leben weit herumgekommen. Andere Mitglieder der Familie – sie darf man nicht übersehen – haben dagegen als treue Hausväter ihre Güter verwaltet. Das führte unter Umständen zu Mißverständnissen und Mißachtungen. Als _Johann Georg von Kleist_ (auf Zedtkow) 1712 mit dem Major _Andreas Jacob von Kleist_ (auf Gr. Tychow) beim Zechen aneinandergeraten war, hielt dieser ihm folgende Verse entgegen:

„Ein Schlingel, der niemals sein Leben verwandelt,
Der weiß auch nicht, wie's in der bösen Welt handelt,
Er sitzt zu Hauß
und jaget die Mauß.
Wenn einer begehrt, von ihm was zu wissen,
So sitzt er das Maul weit aufgerissen".

10.

Teilnehmer an den Kriegen, die der große Kurfürst und die ersten drei Preußenkönige geführt haben, war auch der spätere Generalfeldmarschall _Henning Alexander von Kleist_ (auf Raddatz), geb. 1676, gest. 1749. Friedrich Wilhelm 1. hat ihn zusammen mit dem Grafen von Schulenburg, als Preußen im Polnischen Erbfolgekrieg auf Reichsseite am Oberrhein gegen Frankreich kämpfte, dem Kronprinzen Friedrich als Begleitung und Aufsicht beigegeben. Die Instruktion des Königs ist ebenso aufschlußreich für diesen wie für seine Meinung über den Sohn: „Des Kronprinzen Liebden sollen ... allen Umgang ... mit jungen, liederlichen Leuten vermeiden, dagegen mit Leuten umgehen, die sich zum Handwerk appliciren und eine gute Conduite

haben". „Insonderheit befehlen Seine Kgl. Majestät, des Kronprinzen Liebden ..." niemals zu gestatten, daß an seiner Tafel und in seiner Gegenwart etwas gesprochen werde, so wider Gott und dessen Allmacht, Weisheit und Gerechtigkeit, noch wider dessen heiliges Wort läuft, des gleichen denn keine groben Scherze noch schmutzige Zoten gesprochen werden müssen". Und „Dieweilen auch nach dem göttlichen Worte alles Huren, Saufen und Spielen ernstlich verboten ist, also verbieten Seine Kgl. Majestät solches alles auch dero Kronprinzen Liebden". Das Verhältnis zwischen dem Kronprinzen und seinem Aufseher ist aber nicht gestört worden, jedenfalls hat er als König den General hoch geschätzt. Im ersten Schlesischen Krieg hat Henning Alexander mit seiner Infanterie in der Schlacht bei Mollwitz (1741) die Stellung gehalten und damit zum glimpflichen Ausgang dieses für die Inbesitznahme Schlesiens entscheidenden Waffenganges beigetragen. Danach hat sich der General auf seine Güter in Pommern zurückgezogen.

In Raddatz ließ er eine neue Kirche bauen, und in ihr war (oder ist?) eine sonderbare Trophäe zu bewundern: Die Kanzel besteht aus Teilen eines Triumph- oder Siegeswagen. Dieser gehört ursprünglich dem Polenkönig Johann Sobiesky, der ihn nach dem Siege über die Wien belagernden Türken 1683 von der Stadt Wien als Dankesgabe erhalten hatte. Der Überlieferung nach hat Henning Alexander von Kleist ihn in einem oberschlesischen Gut, das weiblichen Nachfahren Sobiesky gehörte, erbeutet, und Friedrich der Große hat ihm denselben überlassen, nachdem er seine Absicht bekundete, daraus eine Kanzel für seine Kirche in Raddatz anfertigen zu lassen.

In dem trotz des Titels „Soldatisches Führertum" immer noch grundlegenden Werk von Kurt Priesdorff wird über ihn geurteilt: „Generalfeldmarschall von Kleist gehört zu den großen Generalen des 18. Jahrhunderts". Er „eröffnet die lange Reihe der Generale seines Namens, die die Familie von Kleist der preußisch-deutschen Armee geschenkt hat".

11.

Der angesehendste unter ihnen ist der Generalfeldmarschall *Friedrich von Kleist* (1763–1823), der 1813 durch sein Eingreifen bei Nollendorf den Sieg der Alliierten über die Franzosen bei Kulm herbeigeführt hat. König

Friedrich Wilhelm III. hat ihn als Anerkennung 1814 mit dem Titel „Kleist von
Nollendorf" in den Grafenstand erhoben.

12.

Während sein Name in der geschichtlichen Überlieferung hell leuchtet, ist der
des *Franz Kasimir von Kleist* (1736–
1808) verdunkelt. Er war als „ein äu-
ßerst tüchtiger und schneidiger Soldat" bis zum General (1802) aufgestiegen
und zum Gouverneur der Festung Magdeburg ernannt worden. Als nach der
Unglücksschlacht bei Jena und Auerstädt die Franzosen bald vor Magdeburg erschienen, hat er schließlich kapituliert. Er handelte damit freilich wie alle
anderen Festungskommandanten mit Ausnahme von Kolberg. Am 18. November 1806 hat er die Stadt, in der sich 19 Generäle, über 800 Offiziere, viele
tausend Soldaten und 800 Kanonen befanden, dem französischen General
Ney übergeben.

Allerdings muß bei der Beurteilung des Verhaltens die persönliche Situation und die allgemeine Lage in Rechnung gestellt werden. Kleist war damals 70 Jahre alt. Ein preußischer Offizier, der nach Jena und Auerstädt
nach Magdeburg gelangte, schildert ihn als einen hochbetagten Greis mit
schneeweißen Haaren, tiefgebückt daherwankend. Seine Gesundheit war also
erschüttert, seine Kopfnerven durch Säbelhiebe aus früheren Schlachten tan-
giert. Die Franzosen hatten inzwischen die Elbe überschritten und waren
auf Berlin zugestoßen, in das Napoleon am 27. Oktober einzog. Am Tage
darauf kapitulierte die preußische Hauptarmee unter dem Fürsten Hohen-
lohe bei Prenzlau. Erst 12 Tage später entschloß sich Franz Kasimir zur Kapitulation. Es ist auch zu berücksichtigen, daß sich nicht alle Offiziere für
die Verteidigung der Festung erklärten. Der König, der sich am 18. Oktober
in der Stadt aufgehalten hatte, hatte den Gouverneur zwar darauf hingewiesen, daß er stark genug sei, einer Belagerung zu widerstehen, hatte aber hinzugefügt: „Lieber Kleist, kein unnützes Blutvergießen! Schonen Sie Magdeburg!" Vielleicht hat dieser bei seiner Entscheidung auch die völlige
Zerstörung der Stadt im Jahre 1631 vor Augen gehabt.

Das Kriegsgericht, das sich 1808 mit dem Fall befaßte, sprach ihn zwar
von dem Vorwurf frei, von den Franzosen bestochen worden oder feig gewesen zu sein, fällte jedoch das Urteil: „General von Kleist wäre, wenn er
noch lebte, wegen der übereilten und durchaus pflichtwidrigen Übergabe
der wichtigen Festung Magdeburg an die Franzosen zu arquebusieren".

Doch der General war bereits ein halbes Jahr zuvor in Berlin am Nervenfie-
ber gestorben.

13.

Dafür, daß man auch aus geringerem Anlaß in die Ungnade des Königs
Fallen konnte, aber auch dafür, daß ein preußischer General einem Befehl

des Königs aus Gewissensgründen sich
nicht zu folgen imstande sah, sei das Beispiel des Obersten *Peter Christian von
Kleist* (auf Gr. Tychow, 1727–1777) und
seines Schwiegervaters, des Generalleut-
nants von Retzow, genannt.

Im Siebenjährigen Krieg hatte Friedrich der Große vor der Niederlage bei
Hochkirch (nahe Bautzen)1758 dem
General von Retzow den Befehl gegeben, eine bestimmte Anhöhe bei Hochkirch in der falschen Annahme, sie sei
nur von der österreichischen Nachhut
besetzt, in Besitz zu nehmen. Tatsäch-
lich befand sich hier eine starke Abteilung des österreichischen Heeres. Als
der König trotzdem seinen Befehl wiederholte, verweigerte ihn der General
von Retzow. „Er ließ dem König sagen, die Befehle seines irdischen Königs
wären ihm jederzeit heilig, aber noch heiliger wäre ihm sein Gewissen und
der Wille seines himmlischen Königs und Herrn. Er könne es vor Gott und
der Welt nicht verantworten, ohne den mindesten Nutzen seine tapferen
Truppen aufzuopfern. Er würde nicht angreifen und überließe alles Andere
dem Willen Sr. Majestät". Dieser ließ den General gefangennehmen; zu einem Kriegsgerichtsverfahren kam es nicht, da er kurz darauf verstarb. Sein
Schwiegersohn, Oberst Peter Christian von Kleist, verfiel ohne persönliches
Verschulden der anhaltenden Ungnade Friedrichs des Großen. Es liegt hier
derselbe Zwiespalt zwischen Befehl und Gewissen vor, den Heinrich von
Kleist in seinem Prinzen von Homburg vertieft und auf einer höheren sitt-
lich-moralischen Ebene behandelt hat.

14.

Von *Heinrich von Kleist soll* hier nicht die Rede sein. Über ihn und sein
Werk zu sprechen erforderte eine eigene Behandlung. Wenn aber bisher

vornehmlich solche Mitglieder der Familie vorgestellt worden sind, die als pommersche Hof- oder Verwaltungsbeamte oder als preußische Offiziere Beachtung verdienen, so sollen die Dichter nicht vergessen werden. Außer Heinrich von Kleist ist hier *Ewald Christian von Kleist* zu nennen. Von ihm habe ich kürzlich in einem Beitrag „Pommern im Spiegel bedeutender Persönlichkeiten" eine historische Miniatur gezeichnet, die ich im Folgenden wiederhole.

15.

Ewald Christian von Kleist wurde 1715 im Kreise Bublitz geboren. Die Eltern schickten ihn 1724 auf die Jesuitenschule nach Deutsch-Krone, 1729 aufs Gymnasium nach Danzig. Als er in der Heimat nicht sobald eine Anstellung im Verwaltungsdienst fand, trat er, mehr aus Zufall, denn aus Neigung, 1726 in den dänischen Offiziersdienst, wechselte aber schon 1740 in preußische Dienste über. Er avancierte, 1741 wurde er Leutnant, 1749 zum Hauptmann, 1757 zum Major befördert. Doch die Eintönigkeit des Garnisondienstes in Potsdam ödete den zur Melancholie und zu Depressionen Neigenden an. Befriedigung fand er in der Dichtung und in seinen Freundschaften, zuerst mit dem Anakreontiker Gleim, später mit Gotthold Ephraim Lessing. Gleim ermunterte ihn, sein

Gedicht „Landlust", das nach weiten Spaziergängen in die Umgebung von
Potsdam entstand, zu veröffentlichen. Es gehört zu der Gattung der beschreibenden Poesie, stellt aber eine mehr lyrische als epische Dichtung dar.
Es wurde mit Begeisterung aufgenommen, von Klopstock mit Beifall bedacht und machte Kleist mit einem Schlage bekannt. Mehrere Jahre hintereinander erschienen Neuauflagen. Als Kleist 1751 zu Werbezwecken in Zürich weilte, wurde er hier mit Bodmer und Breitinger sowie mit Salomon
Geßner bekannt. Im Siebenjährigen Krieg kommt Kleist zur Besatzung nach
Leipzig. Hier beginnt die Feundschaft mit Lessing, für den Kleist „die Verkörperung des Soldatentums der friedericianischen Armee war". Er widmete
ihm eine seiner Oden, richtete an ihn „Briefe, die neueste Literatur betreff-
fend" und regte ihn zu weiteren Dichtungen, dem Epos „Cassides und Paches" und dem Trauerspiel „Seneca" an. Der Wunsch Kleists, am Kampfgeschehen teilzunehmen, wurde zunächst nicht erfüllt. An Gleim schreibt er:
„Nur Daun einmal schlagen, dann will ich gern sterben". Ersteres wurde
ihm versagt, das zweite wurde ihm zuteil. Mit seinem Regiment ins Feld geschickt, wurde er am 12. August 1759 in der für Preußen verhängnisvollen
Schlacht bei Kunersdorf mehrfach verwundet, von Kosacken in einen Sumpf
geworfen, dann wieder an Land gezogen – Chodowiecki hat die Szene dargestellt – wurde er nach Frankfurt an der Oder gebracht. Hier ist er im Hause des Bruders des Berliner Buchhändlers Nicolai am 24. August 1759 gestorben. Ein russischer Offizier gab ihm seinen Degen mit ins Grab. Sein
Tod und sein Begräbnis haben einen solchen Eindruck gemacht, daß sie für
Schiller das Vorbild für seine Erzählung vom Reitertod Max Piccolominis
abgaben. Mehr noch als „Der Frühling" hat Kleists „Ode an die Preußische
Armee" (1757) die Erinnerung an ihn lange wachgehalten. Ein früher
Stammbucheintrag von seiner Hand bezeichnet sein Wesen und seinen Cha-
rakter:

> „Viel Wesen mach ich nicht, der Falschheit bin ich feind,
> Wem Redlichkeit beliebt, der ist mein bester Freund!"

16.

Es gilt aber noch eines dritten, heute wenig bekannten Dichters zu gedenken, *Franz Alexander von Kleist* (1769–1797). Sohn des unglücklichen Kommandanten von Magdeburg. Auch er trat zunächst in den preußischen Militärdienst ein, entsagte dann aber dem Soldatenstande, gab auch den
diplomatischen Dienst auf und verschrieb sich dem Land-leben. In Rin-
genwalde in der Neumark ist er 1797 im Alter von 28 Jahren verstorben.
  Bekannt wurde er damals als vielgelesener Dichter, der den Geschmack
seiner Zeit zu treffen wußte. Seine Dichtungen kreisen, wenn auch nicht

ausschließlich, um Liebe und Ehe. („Hohe Aussichten der Liebe", 1789; Zamori oder „Die Philosophie der Liebe", 1793; „Das Glück der Liebe", ebenfalls 1793; „Das Glück der Ehe", 1796.) Er veröffentlichte aber auch eine Schrift „Ueber die eigenthümliche Vollkommenheit des preußischen Heeres" (1791) sowie Gedichte, so im Deutschen Merkur 1789 das „Lob des einzigen Gottes" als Gegenstück zu den „Göttern Griechenlandes" von Schiller.

Begeistert wie viele von der Französischen Revolution, verfaßte er ein Gedicht „Auf Mirabeau's Tod". Darin heißt es:

„So sahest Du den Staat in seiner Kindheit nur,
Die Freiheit noch in ihrer Morgenröthe,
Doch nicht umsonst hast Du nach langem Traum
Dein edles Volk zu Männerkraft entboten;
Jetzt sind sie stark und lachen der Despoten."

17.

Nicht nur Dichter, auch einen Erfinder hat die Familie Kleist zu verzeichnen: _Ewald Jürgen_ (auf Vietzow, 1700–1748). Er hatte in Leiden studiert, war von 1722–1747 Dekan des Camminer Domkapitels und danach Präsident des Königlichen Hofgerichts zu Köslin. Angeregt durch sein Studium führte er naturwissenschaftliche Experimente durch und gelangte so mit einfachsten Mitteln 1745 zur Erfindung der ältesten und einfachsten Form eines elektrischen Kondensators, der sog. Kleistschen Flasche, bekannter unter dem Namen Leidener Flasche, nachdem ein Jahr danach in Leiden eine entsprechende Erfindung gemacht worden war. Kleist wurde aufgrund seiner Erfindung Mitglied der Königlich Preußischen Akademie zu Berlin, die damals noch durchaus vom Nützlichkeitsgedanken und nicht von einem Wissenschaftsideal, wie es im 19. Jahrhundert aufkam, bestimmt gewesen ist.

Die Verwissenschaftlichung des geistigen Lebens, wie sie sich in der zweiten Hälfte des 19. Jahrhunderts unter der Vorherrschaft des naturwissenschaftlichen Denkens durchsetzte, löste die auf Glaubensintensivierung und fromme Lebensdurchdringung gerichtete Strömung ab, die in der ersten Hälfte dieses Säkulums viele Gemüter ergriffen hatte und die unter dem

Namen „Erweckungsbewegung" bekannt ist. Pommern war einer der regionalen Schwerpunkte dieser Bewegung, Namen wie v. Below oder v. Thadden-Trieglaff bezeichnen ihre Repräsentanten. Aber auch in diesem Zusammenhang ist der Name von Kleist zu nennen.

18.

Ein solcher „Erwecker" war der Belgrader Landrat *Hans Jürgen von Kleist-Retzow* (auf Kieckow und Gr. Tychow, 1771–1844). Nach der Niederlage

Hans Jürgen v. Kleist-Retzow

Preußens 1806/07 gehörte er zu denen, die die Wiedererhebung des Vaterlandes vorbereiteten. Als die Stunde der Befreiung schlug, war er dabei und erfüllte tapfer seine Pflicht. Zum „Glauben" gelangte er durch seine familiären Verbindungen. Seine Schwester Charlotte war mit Franz von Puttkamer-Versin verheiratet, eine Tochter aus erster Ehe seiner dritten Gemahlin mit Heinrich von Puttkamer-Reinfeld. Sie wurde die Mutter jener Johanna von Puttkamer, die Otto von Bismarck heiratete. „Seine Abwendung von pantheistischer Denkweise und die Hinwendung zu echter Herzensfrömmigkeit" verdankte er ihr und jenem

Kreis von erweckten Gesinnungsfreunden. Von dem Versiner Puttkamer schreibt die Geschichte der Kleists, daß er seinen Onkel Hans Jürgen oft „zur gemeinsamen dreitägigen Fahrt nach dem Provinzial- oder Communal Landtage in Stettin" abholte und dabei an ihm den Dienst der Liebe des Evangelischen Philippus an dem Kämmerer vom Mohrenlande auf dessen Rückreise von Jerusalem" tat. Ein Freund gab ihm folgende Lebensregel mit, die ihn zugleich in idealer Weise charakterisiert:

> „Sei stets, mein lieber Kleist, Beruf und Pflicht getreu!
> Behalte Gott zum Freunde! Steh' Deinem Nächsten zärtlich bei,
> Und liebe Deine Feinde! Verläumde nicht und mein es allzeit gut,
> Und übe gut Gewissen! So wird Dir ein zufried'ner Muth
> Beständig bleiben müssen!"

19.

Ein Sohn dieses Hans Jürgen ist derjenige Kleist, der den wohl größten Bekanntheitsgrad der Familie erlangt hat: _Hans Hugo von Kleist-Retzow_ (1814–1892). Er wurde bekannt als Leiter des sog. Junkerparlaments gegen die Revolution von 1848. Er gehörte zu den Begründern der Kreuzzeitung. Von 1848–52 war er Mitglied des preußischen Abgeordnetenhauses., 1851–58 Oberpräsident der Rheinprovinz, seit 1858 als Vertreter seines Familienverbandes Mitglied des Herrenhauses, von 1872–92 Mitglied des Deutschen Reichtags, wo er den rechten Flügel der Deutschkonservativen Partei vertrat.

Er besaß eine blendende Rednergabe, und er war bei Freund und Feind geachtet. Das „Lexikon der Deutschen Geschichte" faßt das Urteil über ihn in den Satz zusammen: „Kleist-Retzow gilt als markantester Vertreter des altpreußischen Junkertums in der Bismarckzeit". Dies ist richtig, insofern er zunächst die preußische Eigenständigkeit gegenüber der Reichspolitik zu wahren suchte und den Kulturkampf strikt ablehnte, wird aber seiner umfassenden Persönlichkeit nicht voll gerecht. Der pommersche Landeshistoriker Martin Wehrmann hat das gleiche, aber doch differenzierter formuliert: „Er war ein echter pommerscher Junker voll Frömmigkeit, Vaterlandsliebe, Charakterfestigkeit. Gewiß war er gebunden in alten Anschauungen und neuen Meinungen nicht leicht zugänglich, aber auch seine Gegner, die an seiner starken Einseitigkeit Anstoß nahmen, mußten seine reiche Liebesfülle und seinen ... Idealismus anerkennen".

Das Urteil über ihn wird z.T. auch durch seine nicht erfolgreiche Politik in den Rheinlanden bestimmt, wohin der konservative, evangelische, ostelbische Adlige nicht paßte, so daß er mit den maßgeblichen liberalen und katholischen Kreisen in kein wechselseitiges Verständnis gelangte. Prinzregent Wilhelm drückte in seinem Entlassungsschreiben sein Bedauern darüber aus, daß er „in der Totalität seiner Anschauungen und Auffassungen sich mit den Verhältnissen der Rheinprovinz nicht in dem Einklange befinde, durch welchen eine wahrhaft ersprießliche Wirksamkeit bedingt werde".

Eine besondere Bedeutung in seinem politischen wie in seinem persönlichen Leben besaß sein Verhältnis zu Bismarck. Durch die gemeinsamen Familienbande wurde es früh geknüpft und durch ähnliche Grundvorstellungen gefestigt. Im Anfang und später war es herzlich, dazwischen freilich getrübt. In der gemeinsamen Abgeordnetenzeit haben sie in Berlin zeitweilig in einem Zimmer gewohnt und hier gegenseitig ihre Reden besprochen. Aber schon über die Politik gegenüber Österreich gingen die Meinungen auseinander, und den Krieg von 1866 hielt Kleist für „ein furchtbares Nationalunglück". Später war er, wie gesagt, ein entschiedener Gegner des Kulturkampfes, und hierüber kam es mit Bismarck zum Bruch. Anderseits hat er die Sozialistengesetze unterstützt, das brachte die Aussöhnung. Vor allem aber hat er die soziale Gesetzgebung Bismarcks begrüßt, und dies, wie einer seiner Biographen schreibt, „mit der ganzen Wärme seines volks- und arbeiterfreundlichen Herzens". Man wird ihm nicht gerecht, wenn man ihn als reaktionär abtut. Aus seinem evangelisch geprägten christlichen Gesellschaftsbewußtsein hat er sich überall, wo er gewirkt hat, für sozialpolitische Belange im Sinne eines praktischen Christentums eingesetzt. Sogar für ökologische Vorhaben (wie man heute sagen würde) hat er Pläne entwickelt. Modern mutet auch der Gedanke an, der nationalen Einigung die kirchliche folgen zu lassen. Engagiert hat er sich für einen „Zusammenschluß der gesamtevangelischen Kirchen Deutschlands" eingesetzt.

Als Bismarck 1862 zum Ministerpräsidenten berufen wurde, ermahnte ihn Kleist zu täglichem Gebet. „Meinst Du, daß ich das nicht tue?" war Bismarcks Antwort. Jedes Jahr (seit 1864) schickte ihm Kleist zu Weihnachten das Heft mit den Losungen der Brüdergemeine. Bismarck „hat die kleinen Kalender bis an sein Lebensende, also über den Tod des Freundes hinaus, täglich benutzt, zugleich als Andachts- und Notizbuch, und da er ihnen durch Randstriche und Zusätze oft auch seine eigenen religiösen Stimmungen anvertraute", so danken wir mittelbar Kleist eine vertrauliche Quelle zum Innenleben Bismarcks.

In seiner Heimat, wo Kleist viele kirchliche und wohltätige Einrichtungen gefördert hat, ließ er in seinem Wohnsitz Kieckow eine Kapelle erbauen, deren Krypta er zum Familienbegräbnis bestimmte mit dem aufschlußreichen Hinweis, daß die Christen in den ersten Jahrhunderten ihrer Verfolgung ihre Andachten in Krypten verrichtet hätten, und daß bei den Gesinnungen, die die Empörung des Jahres 1848 ans Licht gebracht habe, „möglicherweise noch wieder ähnliche Bedrückungen der Christen kommen könnten".

Die Gesinnung, die Hans Hugo von Kleist-Retzow zeit seines Lebens in seinem öffentlichen wie privaten Wirken bestimmt hat, ist von ihm bereits anläßlich der Übernahme des Landratsamtes in Belgard 1844 in einem Brief an seinen Schulfreund Ernst Ranke, den Bruder des Historikers, später Theologieprofessor in Marburg, so formuliert worden: „Das mir von Gott anvertraute Amt ist gar köstlich und schön. Unabhängig nach oben, gegen die Regierung, wie gegen die Kreisinsassen nach unten, bringt es mich allenthalben mit diesen in lebendige Berührung und ruht allein auf meiner

Verantwortung. Mehr durch meine Persönlichkeit wie durch Handhabung der Gesetze kann ich und muß ich in ihm wirken".

20.

Wir sind nun an der Schwelle des 20. Jahrhunderts angelangt und kommen damit in eine Zeit, in der die Erinnerung an markante Persönlichkeiten noch unmittelbar lebendig ist. Lassen Sie mich abschließend noch zweier Männer geden-  ken, die bereits biographische und histori- sche Würdigungen erfahren haben, so daß hier auf solche verzichtet werden kann: ich meine den Generalfeldmarschall *Ewald von Kleist* (geb. 1881), den Mann der mit seiner Panzertruppe maßgeblich am raschen Er- folg des Frankreichfeldzugs beteiligt war. Zweimal ist er unter den Nationalsozia- listen aus dem Heer entlassen worden, 1938 im Zusammenhang mit der sogenannten Fritschkrise und am 30. März 1944 trotz al- ler militärischer Meriten wegen unüber- brückbarer Meinungsverschiedenheiten mit Hitler. Nach Kriegsende verhaftet, wurde er an Jugoslawien ausgeliefert und hier we- gen angeblicher Kriegsverbrechen zu 15 Jahren Zwangsarbeit verurteilt, dann aber 1949 den Sowjets übergeben. Nach langer Leidenszeit ist er in einem so- wjetischen Lager im November 1954 verstorben.

Im Kleistarchiv hier in Hamm befindet sich das letzte schriftliche Le- benszeichen des Feldmarschalls, ein Kassiber aus jugoslawischer Haft von Ende Juli 1948, gerichtet an Pastor Friedrich von Bodelschwingh in Bethel. In der Schriftenreihe der Stadt Hamm ist es gedruckt. Der Brief zeugt von seiner trotz gegenteiliger Erfahrung ungebrochenen Überzeugung von der Gültigkeit des Rechts, freilich auch von seiner perversen Verletzung: „Der ganze Prozeß ist ein Scheinprozeß. Wir sind Opfer der Politik und der Ideologie" und „Müssen auch noch unsere Frauen und Kinder ... mitbe- straft werden für etwas, was nie geschah ...?" Diesem Zeugnis zufolge stand in der Anklagebegründung der Satz: „Die Vorfahren dieses Ange- klagten beteten zu Wotan, damit ist bewiesen, daß er auch ein böser Mann ist". Und einer der Untersuchungsrichter habe ihn gefragt: „Glauben Sie an Gott? Haben Sie ihn gesehen? Keiner hat ihn gesehen. Es gibt keinen

Gott", und in bezug auf die Bibel: „Lesen Sie das? Das ist alles falsch ...
Lesen Sie Engels und Marx". Hier standen sich zwei Welten in unüber-
brückbarem Gegensatz gegenüber. Nicht Wotan, sondern Jesus Christus
war der Herr, dem gegenüber sich Ewald,von Kleist wie seine Vorfahren
verantwortlich wußten.

21.

Gleiches gilt für den wenig jüngeren _Ewald von Kleist_ auf Schmenzin. Wie
Hans Hugo von Kleist-Retzow war er aus christlicher Überzeugung ein
streng Konservativer. Aber gerade diese Überzeugung machte ihn früh zu
einem konsequenten Gegner des Nationalsozialismus und führte ihn in die
Widerstandsbewegung. Nach dem 20. Juli 1944 verhaftet, wurde er am

23. Februar 1945 zum Tode verurteilt
und am 9. April hingerichtet. Der Fort-
führung der „Geschichte des Geschlechts von Kleist" entnehme ich die
folgenden Passagen: Als der Vorsitzende
des „Volksgerichtshofes" Freisler ihn
aufforderte, sich zur Anklage zu äußern,
tat er dies mit wenigen Worten: „Ich
habe aus meinem Kampf gegen Adolf
Hitler und den Nationalsozialismus nie
einen Hehl gemacht. Ich halte diesen
Kampf für ein von Gott verordnetes
Gebot. Gott allein wird mein Richter
sein". Wenige Stunden später wurde
Freisler bei einem Luftangriff auf Berlin
durch einen herabstürzenden Balken getötet. Als Kleist das Urteil vom Vizepräsidenten des „Volksgerichtshofs" ver-
kündet wurde, erklärte er: „Die Hinnahme des Todesurteils wird mir leichter fallen, als es ihnen fallen wird, das Todesurteil zu verhängen". Der Vize-
präsident, der der Hinrichtung beiwohnte, hat später gesagt: „So unange-
nehm mir der Mann bei der Hauptverhandlung gewesen ist, so groß war er,
als er wie ein Held in den Tod ging".
   Das Problem, das sich hier, wie so oft, stellte, war das von Recht und Gesetz, von Gehorsam und Pflicht, – jedoch gegenüber wem und bis zu welcher Grenze? Der Biograph des Schmenziner Kleist führt aus: Er bekämpfte
das Regime im Gehorsam gegen Gott, „auch wenn ihn sein Gewissen
zwang, Wege zu gehen, auf denen er geltendes Recht verletzte". Das Wider-

standsrecht läßt ein solches Handeln gegen eine das Recht verletzende oder es gar beseitigende Obrigkeit zu. Es hebt den Treueeid auf. Die nicht leichte Entscheidung muß freilich eine echte Gewissensentscheidung sein.

Hans Hugo von Kleist-Retzow hat sich im Zusammenhang mit der Verfassungsfrage von 1849/50 und der geforderten Eidesleistung mit dem Problem grundsätzlich auseinandergesetzt und Formulierungen gefunden, die – wie ich meine – allgemein nachdenkenswert erscheinen: Er erkennt an, daß man dem König schuldig sei, den Eid der Treue und des Gehorsams zu leisten, aber nicht unbedingt. „Wir fühlen uns im Gewissen gebunden, dem von unserer rechtmäßigen Obrigkeit erlassenen Verfassungsgesetze, wie anderen Landesgesetzen, so lange sie zu Recht bestehen, Folge zu leisten. Diese Beschränkung durch Recht und Gesetz widerspricht nicht dem Eide der Treue und des Gehorsams, dem wir dem Könige leisten, sondern folgt daraus mit Notwendigkeit. Denn wir rufen in diesem Eide den Namen Gottes an, der selbst die Quelle alles Rechts, der Richter und Rächer ist über alle, die das Recht brechen".

Mit diesen Gedanken, die auch als Richtschnur für Gegenwart und Zukunft gelten können, sind wir am Ende unserer historischen Betrachtung angelangt. Vielleicht wird der eine oder der andere fragen: Was soll's, oder was nützt es uns? Am Schluß des Vorworts zur fortgeführten „Geschichte des Geschlechts von Kleist" bis 1980 wird der aus Pommern stammende Publizist und Historiker Walter Görlitz mit Worten zitiert, die als eine Antwort verstanden werden können: „Nur das bewußte Weiterleben in der Kette der Generationen, der Anschluß an das letzte Glied mit der Bindung an das nächste, wird die Tradition erhalten und der Familie ihre Geschichte geben". Ich möchte das Wort eines Dichters daneben setzen: „Wir klammern uns an die Erinnerung, um eine Identität zu bewahren, die, einmal bewußt geworden, unverlierbar ist."

Heinrich Rubenow und die Gründung der Universität Greifswald 1456[*]

Der Todestag Herzog Eberhards im Bart vor 500 Jahren ist der Anlaß für unsere Zusammenkunft. Eberhard gilt als der Gründer der 1477 errichteten Universität Tübingen und wird als solcher in der Reihe fürstlicher Universitätsgründer gewürdigt. Wenn ich in diesem Symposion nun das Wort ergreifen darf, um über die Gründung der 1456 errichteten Universität Greifswald zu sprechen, so bitte ich Sie, mir vom Süden Deutschlands in den weniger bekannten Norden, an die Gestade der Ostsee, zu folgen. Auch hier war der Landesherr, der pommersche Herzog Wartislaw IX., der Gründer. Daneben aber tritt in Greifswald ein Mann in Erscheinung, der sich als *plantator, erector et fundator* des Greifswalder Generalstudiums bezeichnet hat, der Bürgermeister der Stadt, Dr. iuris Heinrich Rubenow. Die Selbstbezeugung verrät ein stolzes Selbstbewußtsein und einen hohen Anspruch. Ist dies, so ist zu fragen, gerechtfertigt und, wenn ja, in welcher Hinsicht und in welchem Umfang?

Erectio und *fundatio* sind Begriffe des Kirchenrechts; sie bezeichnen die kirchlich legitimierte Schaffung von Ämtern und Instituten einerseits, die organisatorische Einrichtung und die vermögensrechtliche Ausstattung derselben andererseits. Entsprechendes gilt auch in bezug auf die Errichtung von neuen Universitäten. Demgemäß sind diese denn auch durch das Zusammenwirken der betroffenen kirchlichen und weltlichen Instanzen zustande gekommen. In der Regel waren dies der jeweilige Diözesanbischof, der Landesherr, in dessen Territorium die in Aussicht genommene Universitätsstadt lag, und die städtische Obrigkeit. Hinzukommen mußte schließlich die Privilegierung durch eine der höchsten Gewalten im Abendland, Papst oder Kaiser, zur Sicherung der allgemeinen Anerkennung, besonders der erteilten akademischen Grade. Voraussetzung für die Privilegierung war, daß die Gründung als lebensfähig und gesichert gelten konnte. Verallgemeinernd darf gesagt werden: Der Bischof war in erster Linie für die Versorgung der Universitätslehrer mit kirchlichen Pfründen und Ämtern zuständig, der Landesherr für die rechtliche Sicherheit der Professoren und Studenten und für die finanzielle Ausstattung der Hochschule, die Kommune für die Bereitstellung von Räumlichkeiten und die Sicherung der Versorgung und der Lebensverhältnisse.

---

[*] Gewidmet sei dieser Beitrag den Nachfolgern Rubenows in unseren Tagen, dem 335. und dem 336. Greifswalder Rektor, Prof. Dr. theol. Hans-Jürgen Zobel und Prof. Dr. iur. Jürgen Kohler. Bei der Drucklegung wurde der Vortragsstil beibehalten.

Bei den deutschen Universitäten des 14. und 15. Jahrhunderts unterscheidet man gerne zwischen „fürstlichen" und „städtischen" Gründungen. Die Reihe der fürstlichen Gründungen beginnt im Raum des Reiches mit Prag, Wien, Heidelberg, Würzburg, Leipzig und Löwen und setzt sich mit Freiburg, Ingolstadt, Mainz und Tübingen bis hin zu Frankfurt a.d. Oder und Wittenberg fort. Außerhalb des Reiches folgen auf das königliche Prag weitere königliche Universitätsgründungen, noch im 14. Jahrhundert Krakau, Ofen, Fünfkirchen, im 15. Preßburg, Uppsala und Kopenhagen. Zu den städtischen Universitätsgründungen zählt man Köln und Erfurt, Basel und Trier sowie die nicht aufgeblühten Hohen Schulen in Kulm und Lüneburg. Und wie passen Greifswald und die ältere Nachbar-Universität, das 1419 gegründete Rostock, ins Bild?

Dafür, wie wenig eine klare Unterscheidung „fürstlich" – „städtisch", die im übrigen den kirchlichen Anteil außer acht läßt, in jedem Fall aufgeht, ist Rostock ein bezeichnendes Beispiel. Hier ist das Miteinander der am Zustandekommen beteiligten Kräfte geradezu klassisch dokumentiert. Es waren die mecklenburgischen Herzöge Johann IV. und Albrecht V., die in einer unter dem 8. September 1418 ausgestellten Urkunde Papst Martin V. mitteilten, daß sie in ihrer Stadt Rostock ein *generale studium zu* gründen beabsichtigten, und dies im Zusammenwirken und mit Einverständnis des Bischofs von Schwerin sowie der Bürgermeister und Ratsherren in Rostock. Die Herzöge versprachen, drei Gebäude bereitzustellen, außerdem zwei Bursen und 800 Gulden jährlich zur Besoldung der Professoren, und sie legten dar, wie die Regelung der rechtlichen Verhältnisse erfolgen soll. Für ihre Stiftung erbaten sie eine Genehmigung des Papstes.

Der Schweriner Bischof Heinrich II. wandte sich mit einer eigenen, aber am gleichen Tag ausgestellten Urkunde nach Rom. Er begründete einleitend das Vorhaben der Herzöge, führte ihre Zusagen auf, nennt Bürgermeister und Ratsherren von Rostock sowie weitere, an der Universitätsgründung interessierte, allerdings nicht namentlich genannte Personen und bezeichnete die geistlichen Rechte, die er der Universität einzuräumen gedachte. Die Repräsentanten der Stadt bekundeten ihr Einvernehmen, indem sie, durchaus ungewöhnlich, der herzoglichen Urkunde eine Willenserklärung zur Beihilfe anfügten und das Stadtsiegel neben die Siegel der beiden Herzöge an die Urkunde hängten. Das war gegenüber der römischen Kurie nützlich und zweckdienlich. Tilmann Schmidt, der zuletzt (1995) „Die Gründung der Universität Rostock im Spiegel der Urkunden" behandelt hat, bemerkt hierzu: „Wie bei jeder Gründung eines Konvents, einer Kollegiatkirche und ähnlichen Einrichtung, die in die Organisationskompetenz der kirchlichen Oberen, der Hierarchie, fiel und wo diese die Pflicht hatten, sich von den Lebenschancen der neuen Gründung, der Solidität ihrer Ausstattung und der Geeignetheit der dafür vorgesehenen Lokalitäten zu überzeugen, so wa-

ren auch im Falle eines Generalstudiums die kirchlichen Oberen um sorgfältige Prüfung der jeweiligen Lebensperspektiven bemüht." Eine solche sorgfältige Prüfung hat auch im Falle der Rostocker Angelegenheit in Rom stattgefunden. Bevor die Genehmigungsurkunde des Papstes unter dem 13. Februar
1419 ausgefertigt worden ist, hat sie, wie die verschiedenen Kanzleivermerke
deutlich werden lassen, alle erforderlichen Instanzen des kurialen Geschäfts-
ganges durchlaufen. Die Genehmigung war jedoch an eine Auflage gebunden, daß dem Bischof von Schwerin als Kanzler der Universität innerhalb
eines Jahres eine urkundliche Bürgschaft für die Sicherung ihrer ökonomischen Grundlage gegeben werde. Dies geschah in Form eines sogenannten
Kautionsbriefes am 29. September 1419, der am 2. Oktober am Sitz des Bischofs notariell beglaubigt wurde. Am 10. November ist dann die Papsturkunde feierlich nach Rostock überbracht worden. Am 12. November wurde
sie vom Schweriner Bischof während der Messe verlesen und damit publiziert. Sogleich wurde der Rektor, der Magister Petrus Stenbeke aus Erfurt,
gewählt und vereidigt. „Stellt man die Gründungsphase der Universität unter ein Signum," – so beschließt Tilmann Schmidt seinen genannten Aufsatz –
„so ist die Harmonie bemerkenswert, das harmonische Zusammenwirken
der Gründer und Stifter: eine Gründung wahrlich aus einem Guß, vollzogen
in der erstaunlich kurzen Zeit von nur 14 Monaten."

Ganz so harmonisch haben sich die Dinge allerdings doch nicht entwik-
kelt, denn die Herzöge sind für die von ihnen übernommenen Verpflichtungen nicht eingestanden. Die vom Papst geforderte Bürgschaft hat vielmehr die
Stadt mit dem Kautionsbrief vom 29. September 1419 geleistet, „im Auftrag
und im Namen der Herzöge sowie im eigenen Namen". Über die Genehmigung der Universitätsgründung durch den Papst ist die Bürgerschaft vom Rat
erst vier Wochen nach Erteilung des Privilegs, am 29. Juli, in einer öffentlichen
Versammlung ins Bild gesetzt worden. Die Ratsherren betonten, daß sie es
waren, die *umme des menen besten, vromen un nutsamheit willen der stat
Roztock borger un ganze menheit darsulvest vormyddelst hulpe der landesherren* darauf hingearbeitet hätten, daß der Papst die Errichtung der Universität
gestattete. Daraufhin stimmte die Bürgerschaft zu, ob auch in Kenntnis der
damit verbundenen Verpflichtungen, stehe dahin. Für Rostock ergibt sich: Die
Gründung der Universität im Rechtssinne wurde von den Landesherren und
dem Bischof vollzogen, die materielle Seite übernahm die Stadt. Und sie betrachtete sich als die eigentliche Gründerin der Rostocker Hohen Schule. In
den noch im 15. Jahrhundert abgefaßten Generalstatuten der Universität werden die Bürgermeister und Ratsherren ohne Erwähnung der Herzöge und des
Bischofs als *fundatores et manutentores* der Universität bezeichnet. Eine
Antwort auf die entscheidende Frage, wer denn die treibenden Personen waren, die sich für die Universitätsgründung einsetzten, ist den Quellen nicht zu
entnehmen; so bleibt es, jedenfalls bisher, bei Vermutungen.

Der erste, uns erkennbare Schritt zur Gründung der Universität Greifswald ist von Herzog Wartislaw IX. ausgegangen. Er wandte sich im Sommer 1455 mit einer Supplik an den Papst und erbat die Genehmigung, in Greifswald ein Generalstudium zu errichten. Die Stadt und ihre Bürger werden darin nicht erwähnt und auch nicht der zuständige Bischof von Cammin, von dem auch keine Eingabe, der des Schweriner Bischofs für Rostock vergleichbar, bekannt geworden ist. Auch in der Genehmigungsbulle Papst Calixt III. vom 29. Mai 1456 ist von Stadt und Bischof nicht die Rede; sie nimmt nur auf die Darlegungen des Herzogs und seine Bitte Bezug. Er wolle, so heißt es in der Papsturkunde, „mit seinen Gütern ... dafür sorgen, daß Doktoren und Magister bei diesem Studium in genügender Zahl angemessen unterhalten werden können". Hätten wir nur diese offiziellen Zeugnisse, so würde der Herzog allein als der Initiator erscheinen. Die Kurie hat jedoch auch in diesem Fall die Genehmigung nicht ohne weiteres erteilt. Zunächst wurde der Bischof von Brandenburg beauftragt, die Angaben des pommerschen Herzogs zu überprüfen und Bericht zu erstatten. Der Brandenburger Bischof hat, wie es heißt, mehrere Zeugen befragt, darunter auch solche, die der pommersche Herzog benannt hatte. Auch die Äbte der vornehmsten pommerschen Klöster wurden zur Stellungnahme aufgefordert. Unter dem 14. Dezember 1455 bestätigten sie, daß Greifswald als Ort eines Generalstudiums geeignet sei und daß dessen Unterhalt gesichert sein werde. Am 29. Dezember setzte sich auch der Camminer Bischof bei seinem Brandenburger Amtsbruder schriftlich für den Universitätsplan ein und teilte mit, daß der Thesaurarius der Camminer Kirche, Magister Hermann Slupwachter, mündlich noch ausführlicher berichten werde. Zeitgleich mit der Stellungnahme der Äbte (am 15. Dezember 1455) hatte Herzog Wartislaw eine Bekanntmachung erlassen, daß er mit Zustimmung seiner Räte, des Bischofs von Cammin, der Äbte der pommerschen Klöster, der Stadtgemeinden und der Vasallen ein Generalstudium in Greifswald zu errichten beabsichtige. Und am gleichen Tage verkündeten Bürgermeister und Ratsherren der Stadt, daß sie die nötige Fürsorge für Unterbringung und Unterhalt desselben tragen werden. Der Universitätsplan war also auf eine breite Grundlage gestellt. Spätestens am Ende des Jahres 1455 war zwischen dem Landesherrn, Herzog Wartislaw, den kirchlichen Oberen, als deren Repräsentant Bischof Henning lwen von Cammin zu nennen ist, und der Stadt, repräsentiert durch den Bürgermeister Dr. Heinrich Rubenow, ein Übereinkommen erzielt. Es war also keineswegs der Landesherr alleine, der sich für die Universitätsgründung einsetzte.

Wir kennen auch noch weitere Personen, die für den Universitätsplan tätig waren. Noch war ja auch in Rom die endgültige Entscheidung nicht gefallen. Im benachbarten Rostock hatte man von der Angelegenheit Wind bekommen und Abgesandte an die Kurie geschickt, um die Sache nach Möglichkeit

zu verhindern. Dies teilte der Mann, der für das Greifswalder Projekt in
Rom tätig war, Nikolaus Bruckmann, Dompropst zu Kolberg und Vizedominus des Bischofs von Cammin, in zwei Briefen mit. Der eine ist vom
16. Juni 1456 datiert, nachdem die Papsturkunde bereits ausgefertigt, allerdings noch nicht ausgehändigt war, der andere vom 28. April 1457, zu einem
Zeitpunkt, da die Universität längst eröffnet war. Der Empfänger der Briefe
war aber nicht der Camminer Bischof oder der Herzog, sondern Heinrich
Rubenow. Das hatte seinen guten Grund, denn er war es, der Bruckmann
mit den nötigen Geldmitteln versorgt hatte. Im ersten Schreiben erbat dieser
für die Einlösung der Papstbulle den Betrag von 75 Gulden. Im zweiten
Schreiben legte Bruckmann Rechenschaft über die Geldbeträge ab, die Rubenow ihm hatte zukommen lassen, und zwar durch den Greifswalder Bürger Gottfried Wangelkow über einen Bankier in Köln. Die Summe belief
sich auf 520 rheinische Gulden, das ergab bei dem ungünstigen Umrech-
nungskurs von 3:2 nicht ganz 350 Dukaten. Hiervon hat Bruckmann für die
Ausstellung der Urkunde 50 Dukaten ausgegeben, die übrige Summe für
Geschenke und Handsalben an Beamte der päpstlichen Kanzlei und andere
Kuriale. Den Geschäftsgang des Genehmigungsverfahrens und der Beur-
kundung können wir an Hand der Kanzleivermerke der Originalurkunde
genau verfolgen. Da, wo auf ihrer Rückseite der Name des Prokurators zu
stehen pflegt, findet sich der Eintrag *Hermannus.* Es ist dies die Person, die
die Sache, für welche die Urkunde erteilt werden sollte, an der Kurie vertrat
und der sie schließlich ausgehändigt werden sollte. Wir gehen nicht fehl in
der Annahme, daß es sich bei diesem Hermannus um den im Auftrag des Bischofs von Cammin tätigen Thesaurarius des Camminer Domkapitels Magister Hermann Slupwachter handelt. Dieser war ja bereits beim Bischof von
Brandenburg für den Universitätsplan eingetreten und hatte diesem für
sein Gutachten zusammen mit dem Greifswalder Ratsherrn Johannes Erici
100 Gulden zukommen lassen. Dieser Betrag kommt zu der Summe von
520 Gulden hinzu, die nach Rom geflossen sind. Von diesem Betrag gab der
Greifswalder Rat 200 Gulden, den Hauptbetrag von 420 Gulden zahlte Rubenow.

   Im September 1456 ist die Papstbulle in die Hand des Camminer Bischofs gelangt. Er wurde angewiesen, den Inhalt bekanntzugeben, sobald
der Herzog die für den dauernden Bestand der Hochschule erforderlichen
Mittel in Höhe von 1000 Dukaten bereitgestellt habe. Das war nun allerdings mehr, als der Herzog mit Urkunde vom 15. Dezember 1455 versprochen hatte. In ihr war von Einkünften aus vier Dörfern die Rede, die sich
auf mindestens 600 Gulden jährlich beliefen. Um die päpstliche Auflage
bzw. Forderung zu erfüllen, hat Herzog Wartislaw im August 1456 die
Ausstattung der Universität urkundlich spezifiziert. Danach sollte sie erhalten:

1. mehrere vom Herzog und vom Rat erworbene Häuser in der Stadt, nämlich drei für ein Collegium maius oder Paedagogium der Artisten, in welchem sechs Lehrer und 200 Studenten wohnen könnten, ein viertes Haus
   als Collegium minus für vier Artisten und 150 Studenten sowie ein fünf-
   tes für sechs Lehrer der Juristischen Fakultät (drei Kanonisten und drei
   Legisten),
2. Bede und Hundekorn, d.h. dem Landesherrn zustehende Abgaben, aus
   vier genannten Dörfern,
3. die Orbare, d.h. das an den Landesherrn zu zahlende Grundgeld, der
   Stadt Stralsund sowie Einkünfte aus bestimmten genannten Dörfern,
4. vom Rat der Stadt Greifswald 300 Gulden jährlich,
5. bestimmte Zuwendungen der Klöster Eldena, Neuenkamp und Pudagla,
6. einige kirchliche Pfründen.

Außerdem wurden der Universität verliehen: die herzoglichen Kirchen zu
Grimmen und Demmin, vom Eldenaer Abt die drei Greifswalder Pfarrkirchen, vom Abt zu Neuenkamp zwei und vom Greifswalder Rat drei Kir-
chen in vorpommerschen Ortschaften. Dabei handelt es sich um das Nomi-
nations- bzw. Besetzungsrecht für die Pfarrstellen. Gedacht ist dabei an
Universitätslehrer, die sich durch einen Vikar vertreten lassen konnten.
Hinzukommen sollten noch 30 Pfründen (Benefizien), die der Greifswalder
Nikolaikirche inkorporiert werden sollten. Damit würde das jährliche Einkommen der Universität auf über zweitausend rheinische Gulden steigen.
Der Greifswalder Rat bestätigte am 29. August, daß der Universität (zu-
nächst) tausend Gulden jährlich zur Verfügung stünden.

Diese Erklärungen reichten dem Camminer Bischof aus, um am 21. September 1456 den in Greifswald bereits anwesenden Doktoren, Magistern
und Studenten mitzuteilen, daß der Papst das Stiftungsprivileg für die Universität, und zwar in allen erlaubten Fakultäten, erteilt habe. In diesem war
er zum Kanzler der Hohen Schule ernannt worden, zudem wurden er und
der Bischof von Brandenburg zu Konservatoren bestellt. Mit der Mitteilung
verband Bischof Henning Iwen die Anweisung, aus den bereits in Greifswald anwesenden Lehrern ein Consilium universitatis zu bilden, das den
Rektor wählen und Statuten erlassen möge. Diese Aufgabe überträgt er
Heinrich Rubenow, den er sogleich zum Vicecancellarius perpetuus, d.h. zu
seinem örtlichen Vertreter, ernennt, verbunden mit dem Ehrenrecht, stets
nach dem Rektor gehen und sitzen zu dürfen.

Den Auftrag, Maßnahmen zur Konstituierung der Universität zu ergreifen, erhielt Rubenow aber nicht nur vom Bischof, sondern auch vom Herzog. Eine Woche nach der bischöflichen Urkunde, am 28. September, verfügte Herzog Wartislaw ebenfalls, die Bildung eines Consiliums, die Wahl
des Rektors und die Erarbeitung von Statuten vorzunehmen. Darüber hin-

aus gebot er, ein Siegel schneiden und zwei Szepter anfertigen zu lassen. Zugleich ernannte er – gewissermaßen in Parallele zum Vicecancellarius – Rubenow zu seinem Vertreter, zum Vicedominus. Er solle, so heißt es in der Urkunde, berechtigt sein, *allent dat dôn, dat wy hir sulven dôn mochten*, und der Herzog fordert, daß man Rubenow beim Beginn und dem Regiment in allen Dingen gehorsam sei *an unser stede*, und dies *unwedderrôpliken de wile ghy leven*. Es war nicht überraschend, daß von dem Consilium, das aus drei Theologen, fünf Juristen, einem Mediziner und vier oder fünf Artisten bestand, Rubenow zum ersten Rektor und zum Dekan der Juristischen Fakultät gewählt wurde.

In dieser zweifachen Beauftragung Rubenows kam nicht etwa ein Konkurrenzverhältnis zur Geltung; sie war offenbar abgesprochen und macht deutlich, daß gemeinsames Handeln für erforderlich erachtet wurde. Georg Kaufmann hat in seiner „Geschichte der deutschen Universitäten" (Band II, Stuttgart 1896) unter Bezugnahme auf Greifswald den Standpunkt vertreten, daß die Stiftungsbriefe für eine Universität, sei es vom Papst oder vom Kaiser, nur eine „Konzession zur Gründung" waren. „Es bedurfte immer erst noch eines weiteren Rechtsaktes oder einer Reihe von Rechtsakten der Landesherren bzw. des Stadtrates ... ehe die Universität als rechtlich gegründet angesehen werden konnte." Herzog Wartislaw vollzog also „aus landesherrlicher Gewalt, was er den Bischof aus päpstlicher Vollmacht hatte thun lassen." Das Besondere im Greifswalder Fall waren die außerordentlich weitreichenden Vollmachten, mit denen der Bürgermeister der Stadt, Heinrich Rubenow, vom Herzog ausgestattet wurde.

Am 17. Oktober 1456 wurde die Universität dann förmlich eröffnet. In feierlichem Zuge trug Bischof Henning Iwen die päpstliche Stiftungsurkunde durch die Straßen der Stadt in die Nikolaikirche, wo er sie verlas und auf dem Hauptaltar niederlegte. Herzog Wartislaw deponierte ebendort vor der Messe die beiden von ihm gestifteten Szepter, die noch heute als Hoheitszeichen der Universität und als Zeichen der Amtsgewalt des Rektors in Gebrauch sind. Auf ihnen sind die Namen des Papstes, des Bischofs, des Herzogs und des Rektors Rubenow eingelassen. Der Augenblick, in dem der Rektor die Szepter ergriff, galt als der Höhepunkt seiner Inauguration und als eigentliche Amtsübernahme. Die Übergabe erfolgte in der kirchlichen Feier, aber durch den Herzog.

Am Tage darauf wurden mit der Lizenz des Bischofs als des Kanzlers der Universität die ersten Doktorpromotionen vorgenommen. Zu den solchermaßen Ausgezeichneten gehörte auch der *Doctor legum* Rubenow, der von dem Juristen Conrad Loste, dem späteren Bischof von Schwerin, zum *Doctor in iure canonico* promoviert wurde. Wenige Tage später, am 21. Oktober, ist dann das Verhältnis der Universität zur Stadt schriftlich fixiert worden. In dieser Vereinbarung wurde als dritte Größe das Kollegiatstift St. Nicolai einbezogen.

Die Erhebung der Nicolaikirche zu einem Kollegiatstift ist im Zusammenhang mit der Universitätsgründung zu behandeln. Sie war ein Bestandteil des Universitätsplanes von Anfang an. Jedenfalls ist in der Urkunde Herzog Wartislaws vom 15. Dezember 1455, in der er den Universitätsplan öffentlich bekannt gab, bereits von zwanzig Kanonikaten an der St.-Nicolai-Kirche die Rede, falls der Papst die Genehmigung für ihre Erhebung erteilen würde. Der pommersche Unterhändler in Rom, Nikolaus Bruckmann, teilte dann im ersten seiner Briefe an Rubenow, unter dem 16. Juni 1456, mit, daß der Papst die Kollegiatkirche mit zwanzig Präbenden, Dekanat, Kantorei und Scholasterei bewilligt habe. Doch die schriftliche Bestätigung blieb aus. Als Bischof Henning am 27. November dem Papst mitteilte, daß er das päpstliche Privileg für das Greifswalder *studium generale* nach Greifswald überbracht und dort bekannt gemacht habe, habe er auch das vom pommerschen Herzog zur beständigen Erhaltung der Universität gegründete *collegium canonicorum* bei St. Nicolai kraft seiner bischöflichen Autorität bestätigt und die Nicolaikirche zu einer *ecclesia collegiata canonicorum secularium* erhoben. Hierzu erbat er die Einwilligung des Papstes. Aber wieder blieb diese aus. Im nächsten Jahr 1457, am 28. April, schrieb Nicolaus Bruckmann an Rubenow, er werde in vier Wochen wieder nach Rom reisen, um die päpstliche Bestätigung zu erwirken. Auch dieser Vorstoß blieb ohne Erfolg. Und so bestätigte der Camminer Bischof am 5. Juli 1457 die Kollegiatkirche mit Zustimmung des Abtes von Eldena als des Patrons der Greifswalder Kirchen und verfügte, daß die Kanonikerpräbenden nur von promovierten Gelehrten der Greifswalder Universität eingenommen werden dürften. Diese Präbenden sind dann im Laufe der nächsten Jahre von privater Seite gestiftet worden.

Im übrigen war schon früher, nämlich 1420/21, der Versuch unternommen worden, an St. Nicolai in Greifswald ein Kollegiatstift einzurichten. Der Antrag ging damals von den Priestern der Nicolaikirche aus, hat aber anscheinend nicht die Zustimmung des damaligen Camminer Bischofs, auch nicht des Herzogs und der Stadtobrigkeit gefunden und folglich auch nicht die der Kurie. 35 Jahre später war die Situation eine andere: Die Errichtung fand mit Zustimmung, wenn nicht gar auf Betreiben der kirchlichen und weltlichen Obrigkeit in Pommern statt, allerdings ohne förmliche Zustimmung des Papstes. Als Bischof Henning Iwen diese im Juli 1457 erbat, war das Kollegiatstift bereits de facto vorhanden.

Dies geht aus der Vereinbarung vom 21. Oktober 1456 eindeutig hervor: Dieser Vertrag, als *vruntlyche êndracht unde tohûpesate* bezeichnet, wurde in Gegenwart des Bischofs zwischen Vertretern der Universität, dem Propst von St. Nicolai Heinrich Bukow und dem schon genannten Hermann Slupwachter für die Domkirche sowie dem Bürgermeister und den Ratsherren der Stadt geschlossen. Er war, wie betont wird, durch Rubenow zustande gebracht worden mit dem Ziel, daß *dese dre, alse Studium, Capitel unde Rât sollen wesen samentlyke ledemate enes lychammes* – *Glieder* eines Leibes, verpflichtet zu gegenseitiger Hilfeleistung zum allgemeinen Besten und aller Nutzen. Aus dem umfangreichen Inhalt sind dies die wichtigsten Bestimmungen: Der Rat der Stadt soll die Universität, das Nikolaistift und alle geistlichen Personen samt ihren Gütern innerhalb und außerhalb der Stadt in seinen besonderen Schutz nehmen und ihnen alle Privilegien gewähren, welche die Bewohner der Stadt besitzen. Klagen von Studenten und Klerikern gegen Bürger sollen zunächst beim Rat eingebracht werden. Bei Anklagen in geistlichen Angelegenheiten sagt der Rat Unterstützung mit Rat und Tat zu. Er nimmt auch die Landgüter der Universität und die untertänigen Bauern in seinen Schutz. Dafür sind der Stadt für alle kriegerischen Unternehmungen Wagen und Leute zu stellen. Der Rat verpflichtet sich, die Universität und das Kollegiatstift zu unterstützen, wenn diese neue Bauten errichten oder bestehende ausbauen wollen. Der Kauf von Häusern soll jedoch nur nach Beratung durch den Rat erfolgen. Wenn die Universität oder das Stift Gelder anlegen oder verleihen wollen, so soll das nicht geschehen ohne die Zustimmung der Bürgermeister und zweier Ratsherren, *de deme studio sunderlyken beswaren sin.* Man hat darin wohl eine Art Finanzausschuß des Rates für die Universität zu sehen. Die Juristische Fakultät wurde verpflichtet, den Rat, wenn er es begehrt, zu beraten und ihm zu helfen, *dar vor, dat se vamme rade herlyken und wol stipendieret ys.* Zu dieser Aufgabe soll der Rat einen der Doktoren oder Licentiaten nach seinem Gutdünken wählen, der dann Syndikus der Stadt sein soll. Die Kassen der Universität und des Stifts und ihre Archive sollen in einem Spind am Ratsgestühl in der Nicolaikirche aufbewahrt werden, zu dem der Rektor, der Dompropst und der älteste Bürgermeister je einen Schlüssel haben. Auch in bezug auf die Beachtung und Einhaltung der Lehrverpflichtungen und darauf, daß keine Vakanzen bei den Stellen eintreten oder andauern, hat der Rat eine Art Kontrollfunktion. Von seiten der Universität darf nichts festgesetzt werden, was gegen den Rat oder gegen die Stadt gerichtet ist, von dieser nichts gegen die Universität. Streitfälle sollen durch einen Ausschuß geschlichtet werden. Sollte die Universität eingehen oder aufgehoben werden, so soll ihr Besitz der Stadt zufallen, die ihn dann für gottesdienstliche Zwecke verwenden wird. Der Herzog und seine Rechte werden in diesem, später als „Concordia" bezeichneten Vertrag nicht erwähnt. In ihm ist der Anteil der Stadt an der Universitätsgründung in den Vordergrund gerückt.

Rubenow hat dann in einer Urkunde am 11. November 1456 noch einmal zusammengestellt, was die Stadt, vor allem aber was er persönlich für die Universität bisher aufgewendet hatte. Es sind dies nicht nur Stiftungen für das Kollegiatstift, sondern vor allem auch die vom Herzog der Universität zugedachten Einkünfte aus Dörfern und aus steuerlichen Abgaben, wie der Stralsunder Orbare. Diese waren nämlich fast alle und zum großen Teil an Rubenow verpfändet und mußten erst von diesem zur Verfügung gestellt bzw. eingelöst werden, damit sie der Universität tatsächlich zugute kommen konnten. Rubenow nennt in dieser Urkunde auch konkrete Summen, nämlich zweitausend Mark Orbare und tausend Mark aus dem Dorf Hennekenhagen. Sie habe er *umme salicheyt willen myner zele unde myner olderen unde vorvaren deme hilghen Studio tome Gripeswolde ... to enem ewighen brutschatte* gegeben. Die Urkunde schließt mit dem Wunsch, daß für diese Gaben in allen Vigilien und Messen der Universität seiner und des Landesherrn gedacht werde und ebenso der Angehörigen seines Geschlechts und der des Geschlechts seiner Frau.

Außerdem vermachte Rubenow alle seine Bücher, gebundene und ungebundene, in einem Wert von tausend Gulden der Juristischen Fakultät, allerdings mit dem Vorbehalt der Rücknahme, wenn er etwa aus Greifswald fortziehe oder wenn er aus Not gezwungen sei, sie zu verkaufen, oder wenn ihm von den Vertretern der Universität *welk Unwille scheghe.* In den Annalen der Universität, die er eigenhändig begonnen und bis zu seinem Tod 1462 geführt hat, hat er die wichtigsten seiner Schenkungen, nämlich die Stralsunder Orbare, Bede und Hundekorn aus Hennekenhagen mit Kieshof, das Patronatsrecht von acht Benefizien an St. Nicolai und seine Bibliothek, noch einmal aufgezählt und dies vor den Dotationen des Herzogs, der Äbte und der Stadt. An dieser Stelle steht auch die Selbstbezeichnung, er sei *primus plantator, erector et fundator huius inclitae vniuersitatis et eciam ecclesie collegiate.*

Das hier zum Ausdruck kommende Selbstbewußtsein entsprach weitgehend den tatsächlichen Verhältnissen und der Stellung, die Rubenow erlangt hatte. Am 1. März 1457 hat Herzog Wartislaw IX. den Inhalt der Concordia vom 21. Oktober 1456 aufgegriffen und die darin fixierten Vereinbarungen von sich aus verfügt. Und er betont, daß er den *erewerdigen heren* Heinrich Rubenow gesetzt habe *to eneme hovede unde vorwesere an unser stede.* Er solle auf die rechte Verwendung der Gelder sehen. Ihm solle halbjährlich von allen Fakultäten Rechenschaft abgelegt werden. Er solle nach seinem Belieben berechtigt sein, Lehrer einzustellen und zu entlassen, nicht nur, wenn diese ihren Vorlesungen nicht nachkämen, sondern auch wenn sie auf ihn nicht hören wollten oder gegen ihn konspirieren sollten. Die Urkunde schließt mit einer Blankovollmacht: Und wenn hier etwas vergessen sein sollte, das ihm zum Besten des Studiums, d.h. der Universität, dienlich sein möchte, *dat schal so mechtich* – d.h. wirksam – *sin, alse oft id hir inne beroret were.*

Es konnte nicht ausbleiben, daß ein mit solcher Machtfülle ausgestatteter Mann Neid, Mißgunst, ja Haß anderer erregte. In der herzoglichen Urkunde vom 1. März 1457 klingt dies bereits an, wenn es für möglich gehalten wird, daß man gegen Rubenow konspirieren könne, und er selbst läßt es anklingen, wenn er sich das Recht vorbehält, seine Bücherschenkung rückgängig zu machen, wenn ihm aus der Universität heraus ein „Unwille" geschehe, d.h. Ablehnung, Unzufriedenheit, Feindseligkeit begegne.

Was wissen wir über diesen Heinrich Rubenow? Er gehörte zu einer Familie, möglicherweise ritterschaftlicher Abstammung, die in fünfter Generation in Greifswald ansässig und sehr begütert war. Der Ahnherr Everhard Rubenow ist hier 1311 verstorben. Sein gleichnamiger Sohn hat bereits den akademischen Grad eines Magisters erworben. 1351 wurde dieser Bürgermeister in Greifswald, in den Jahren 1361 bis 1371 hat er die Stadt auf mehreren Hansetagen vertreten, so auch 1370 beim Stralsunder Frieden der Hanse mit Dänemark. Er war es, der den Reichtum der Familie begründet oder vergrößert hat. 21 Häuser in der Stadt und vier Ackerwerke waren sein eigen. Auch sein Sohn Heinrich bekleidete in Greifswald das Bürgermeisteramt von 1395 bis 1419. Von seinen Söhnen waren drei nacheinander Mitglieder des Rats (1419–38, 1442–47), ebenso ein Enkel (1450–76). Eine seiner Töchter war mit dem Ratsherrn Johannes Slupwachter verheiratet. Der älteste dieser Geschwister, Arnold Rubenow, ist der Vater des nach dem Großvater benannten Universitätsgründers, dessen Geburtsjahr nicht bekannt ist. Er dürfte um die Jahrhundertwende zur Welt gekommen sein. Früh heiratete er die Tochter Katharina des Greifswalder Bürgermeisters Johannes Hilgemann. Katharinas Mutter war eine Tochter des als *armiger* (Knappe) bezeichneten Magisters Heinrich Lüssow. Heinrich Rubenow gehörte also nach Besitz, Bildung, Geltung und Ansehen zur obersten Schicht in der Stadt, die sowohl mit dem Adel des Landes wie mit den führenden Kreisen in den Hansestädten versippt und verbunden war, und auch zum Herzogshaus Beziehungen hatte.

Im Jahre 1436 bezog Rubenow die Universität Rostock. Am 21. März wurde er hier unter dem Rektorat des Juristen Heinrich Bekelin immatrikuliert; ein Jahr später sah sich die Universität gezwungen, Rostock zu verlassen. Seit 1431 befand sich die Stadt in der Reichsacht, seit 1434 war sie mit Bann und Interdikt belegt. Da ihre Tätigkeit in Rostock unter diesen Umständen auf die Dauer nicht möglich schien, siedelte die Universität nach Greifswald über und nahm hier am 6. April 1437 ihren Betrieb wieder auf. Nachdem Acht und Bann aufgehoben waren, kehrte sie 1443 wieder nach Rostock zurück. Allerdings waren nicht alle Rostocker Professoren nach Greifswald gegangen, einige sind nach Erfurt übergesiedelt, und nicht alle sind aus dem Greifswalder Exil nach Rostock zurückgekehrt.

Das Andenken an einige der Rostocker Professoren wird dauerhaft bewahrt durch das sogenannte Rubenow-Bild, besser Rubenow-Tafel. Es ist von ihm gestiftet und befindet sich heute in der Greifswalder Nicolaikirche.

Es zeigt Rubenow als Rektor und neben ihm sechs Rostocker Professoren. Man hat diese Tafel als „das älteste erhaltene deutsche Gruppenbild mit fast lebensgroßen stehenden Gestalten in ganzer Figur" bezeichnet und als ein frühes „Freundschaftsbild" interpretiert. Die Dargestellten gehören zu den Lehrern Rubenows in Rostock und wohl auch in Greifswald, da anzunehmen ist, daß er hier sein Studium fortgesetzt hat. Vier von ihnen sind in Greifswald geblieben, als die Rostocker Universität heimkehrte, und in Greifswald verstorben, bevor hier die Universität eröffnet wurde. Zwei der sechs haben an ihrer Gründung und an ihrem Aufbau aktiv teilgenommen. Es ist deshalb wohl mit Recht die Meinung vertreten worden, daß Rubenow mit diesem Bild das Andenken derjenigen ehren wollte, die ihm nahe gestanden haben und in besonderer Weise mit dem Zustandekommen der Greifswalder Universität in Verbindung zu bringen sind. Wenn auch die gelegentlich geäußerte Meinung, Greifswald sei eine Tochtergründung von Rostock, nicht zutrifft, so sind doch zweifellos durch den Greifswalder Aufenthalt der Rostocker Universität Anstöße zur Gründung einer Hohen Schule im Pommerlande ausgegangen. Die engen Beziehungen werden auch deutlich, wenn man sich ansieht, woher die Professoren der Gründungsphase gekommen sind; neben Rostock sind aber auch Erfurt und mit Abstand Leipzig zu nennen.

In Erfurt hat Rubenow sein Studium zum Abschluß gebracht. Im Sommersemester 1447 wird er hier als *baccalaureus legum* immatrikuliert, noch im gleichen Jahr erwirbt er die Grade eines Licentiaten des römischen und eines Baccalaureus des kanonischen Rechts und bezeichnet sich bald danach als *legum doctor*. In die Heimat zurückgekehrt, macht er eine Blitzkarriere. Ebenfalls noch im Jahre 1447 wird er Syndikus der Stadt, 1449, vielleicht schon 1448, ihr Bürgermeister. 1451 gibt er der Stadt eine neue Verfassung.

Der herzogliche Sekretär Thomas Kantzow schreibt in den dreißiger Jahren des 16. Jahrhunderts in seiner „Pomerania" (Eine pommersche Chronik aus dem 16. Jahrhundert, hg. von G. Gaebel, Stettin 1908), Rubenow sei zeitweilig Kanzler des nordischen Unionskönig Erich von Pommern gewesen, der 1438 abgesetzt worden und 1459 in seinem hinterpommernschen Herrschaftsgebiet des Herzogtums Pommern-Wolgast verstorben war. Nach anderer Überlieferung habe Rubenow auch als Kanzler Wartislaws IX. fungiert. Beides ist wenig wahrscheinlich. Richtig ist indessen, daß er gelegentlich als Rat und Vermittler für Wartislaw, vielleicht auch für andere Mitglieder des Herzogshauses, tätig war. Zu Wartislaw IX. stand er jedenfalls in einem engen Vertrauensverhältnis; ohne dieses wäre die Universitätsgründung nicht möglich gewesen. Rubenow befand sich damals im Zenit seines Lebens und im Besitz eines großen Reichtums, war ihm doch nicht nur das Erbe seiner Eltern, sondern auch das von deren Brüdern und die Hälfte des beträchtlichen Vermögens seines Schwiegervaters zugeflossen. Er

selbst hatte keine Leibeserben. Vielleicht ist hier einer der Gründe zu suchen, weshalb er sich so für die Universität eingesetzt und sie mit Stiftungen
bedacht hat, damit das Gedächtnis an ihn und seine Familie erhalten bleibe.

Am 17. April 1457 verstarb Herzog Wartislaw IX. Ihm folgten im vorpommerschen Teil des Herzogtums Pommern-Wolgast seine Söhne Erich II.
und Wartislaw X. Sie wurden in Auseinandersetzungen verstrickt, die schon
zuvor bestanden, sich jetzt aber zuspitzten und in die auch Rubenow und
die Universität hineingezogen wurden. Da war einmal der Streit der Herzöge mit der Stadt Stralsund, die sich mit anderen Städten, darunter Greifswald, gegen jene verband, da herrschten zudem Fehden und Übergriffe im
Land und Überfälle auf den Straßen, als Herzog Erich II. in der Gemarkung
des Dorfes Horst bei Greifswald, das Rubenow verpfändet war, in uner-
laubter Weise jagte und die Jagdgesellschaft mit Ausnahme des Herzogs von
Stralsundern und Greifswaldern gefangen genommen wurde, wie man sagte,
auf Geheiß Rubenows. Für seine Gegner in der Stadt war dies der Anlaß,
sich gegen ihn zu organisieren. Die Opposition hatte ihre Parteigänger im
Rat, im Stift und in der Universität. Ihr gehörte auch der Propst des Stiftes
Heinrich Bukow an, der wie Rubenow aus einer alten Greifswalder Familie
stammte. Er war am 1. Mai 1457, kurz nach dem Tode Wartislaws IX. gegen
den Wunsch Rubenows zum zweiten Rektor der Hohen Schule gewählt
worden, obwohl er keinen akademischen Grad besaß. Das war ein Alarm-
zeichen. Nach dem Horster Zwischenfall wurde die Situation für Rubenow
schwierig. Am 22. September 1457 sah er sich veranlaßt, aus Greifswald
nach Stralsund zu fliehen. Aber dann wendete sich das Blatt. Im Oktober
wurde eine Anzahl Stralsunder Kaufleute von Herzog Erich überfallen und
ausgeplündert, obwohl der Herzog ihnen freies Geleit zugesichert hatte. Die
Affäre endete mit einer Niederlage des Herzogs zugunsten der städtischen
Interessengruppe im Lande. Doch am 12. Dezember 1457 konnte Rubenow
wieder nach Greifswald zurückkehren. Seinen Gegnern wurde unter Beteiligung Bischof Henning Iwens der Prozeß gemacht, einer seiner Feinde wurde
hingerichtet, andere wurden ausgewiesen oder verließen die Stadt zeitweilig,
wie Heinrich Bukow. Rubenow trat wieder in seine Ämter ein, und an der
Universität setzten sich seine Parteigänger durch. Am 18. Oktober 1459
wurde er zum zweiten Mal zum Rektor gewählt.

Der Bruder Herzog Erichs, Wartislaw X., hatte bereits am 1. August
1459 die der Universität erteilten Privilegien seines Vaters erneuert und dabei ausdrücklich auch die besonderen Rechte und Vollmachten Rubenows
bekräftigt. Die Formulierung ist bemerkenswert und sei deswegen im Wortlaut zitiert:

Jedoch enerleye wylle wy van den heren lereren und meisteren, de nu an
dessme unseme studio regeren ofte regeren mogen werden an tokamende ti-
den, strengeliken bi vorlust desser vrihei unde Confirmacien geholden heb-

ben, alzo dat se den vorbenomeden her Hinric Rubenowen, dar vor dat he desses sulven studii erst eyn recht anhever unde boginre ist geweset, de wyle he levet, holden scholen an eren, state unde werdicheit alze se nu don, unde em an allen erliken unde reddeliken dingen alze ereme rechten hovetmanne an unseme namen horen unde nicht entiegen segghen.

Zweimal heißt es in dieser Urkunde *de wyle he levet*. In der Silvesternacht, am 31. Dezember 1462, endete das Leben Rubenows. In der Schreiberei der Stadt wurde er überfallen und von gedungenen Mördern erschlagen. Das Strafgericht traf diesmal den Bürgermeister Dietrich Lange und den Ratsherrn Nicolaus von der Osten. Heinrich Bukow war keine Schuld nachzuweisen. Er wurde jetzt wieder zum Rektor gewählt, zog es aber vor, erneut die Stadt für einige Zeit zu verlassen, *timens furorem et iram communitatis*. Herzog Erich, auf den die Rubenow-Gegner setzten, verweigerte sich ihnen mit den von Kantzow überlieferten Worten: „Was gilts? Die Buben werden sich untereinander strafen."

Vor etlichen Jahren hat Hartmut Boockmann über „Spätmittelalterliche deutsche Stadt-Tyrannen" gehandelt und diesen Typ an drei Beispielen illustriert: Heinrich Topler in Rothenburg, Peter Egen in Augsburg und Heinrich Rubenow in Greifswald. Er versteht unter diesen Tyrannen nicht Gewaltherrscher, sondern nach unbeschränkter Herrschaft strebende Persönlichkeiten. Es handelt sich um Männer, welche die Egalitätsschranken, die ihnen die Standesgenossen setzten, durchbrachen, die aus überdurchschnittlicher Verantwortungs- und Leistungsbereitschaft einerseits, aus persönlichem Ehrgeiz andererseits die üblichen Grenzen überschritten, die nach einer herausgehobenen privilegierten Position innerhalb der städtischen Führungsgruppe strebten. Nach Boockmann war auch Rubenow ein solcher. Nicht als Gründer der Universität sei er ermordet worden, sondern als ein zeittypischer Stadt-Tyrann. Thomas Kantzow deutet dies an, wenn er von Rubenow schreibt: *das er so wes hoffartig war*. Aber er *richtete ... der Stadt und der Universiteten Sachen mit großem Gemuete und Kuhnheit aus und scheuete niemands daran, darumb er dann auch ... leichtlich Neider und Feinde bekam. Die sagten, er waldete so ubermutig, daß die Stadt und Universitet seinethalben in unvorwindlichen Schaden mochte kommen und haben den gemeinen Mann an sich gehangen und sie zeihete(n) ihm vieler Sachen, der ihnen die ganze Stadt unschuldig wußte.* Von der Stadtbevölkerung sagt Kantzow an anderer Stelle, daß sie *dem Doctor sehr huld war gewest*. Man kann sagen: Er verkörperte schon einen Typ seiner Zeit: den Typ des gelehrten und zugleich handelnden Bürgers – ,handelnd' im doppelten Sinne –, erfahren in den Geschäften der Welt, im Umgang mit den Mächtigen in Staat und Kirche, selbst ein Mächtiger und ein Weltmann. Was von seinem Wirken weiterlebt bis auf den heutigen Tag, das ist die Universität Greifswald, seine „Pflanzung", was ihn berechtigte, sich als den zu bezeichnen, *qui hanc rem primo inchoavit*.

Bibliographie

1. Zur Greifswalder Universitätsgeschichte allgemein

Festschrift zur 500-Jahrfeier der Universität Greifswald 17.10.1956 I/II, Greifswald 1956.

ADOLF HOFMEISTER: Die geschichtliche Stellung der Universität Greifswald, Greifswald 1932 (Greifswalder Universitätsreden 32), (mit Literatur im Anmerkungsteil).

JOHANN GOTTFRIED LUDWIG KOSEGARTEN: Geschichte der Universität Greifswald I/II, Greifswald 1857/56.

Kulturbesitz und Sammlungen der Ernst-Moritz-Arndt-Universität Greifswald, hrsg. von der Ernst-Moritz-Arndt-Universität Greifswald, verantwortlich verfaßt von Dr. BIRGIT DAHLENBURG, Rostock 1995.

RODERICH SCHMIDT: Pommern und seine Universität, Greifswald 1990/91 (Greifswalder Universitätsreden N. F. 60).

2. Zur Gründungsphase der Universität Greifswald, bis zum Tod von Dr. Heinrich Rubenow († 1462)

FRITZ CURSCHMANN: Die Stiftungsurkunde der Universität Greifswald, in: Pommersche Jahrbücher 7 (1906), S. 1–25.

MANFRED HERLING: Dr. Heinrich Rubenows Anteil an der Entstehungsgeschichte der ältesten Greifswalder Universitäts-Handschriften, in: Wissenschaftliche Zeitschrift der Ernst-Moritz-Arndt-Universität Greifswald, Gesellschafts- und sprachwissenschaftliche Reihe, Jg. 18, Nr. 3/4, Teil II, 1969, S. 335–360 (mit Abbildungen).

ADOLF HOFMEISTER: Der erste amtliche Schritt zur Gründung der Universität Greifswald, in: Monatsblätter der Gesellschaft für pommersche Geschichte und Altertumskunde 46 (1932), S. 33–36.

RODERICH SCHMIDT: Die Anfänge der Universität Greifswald, in: Festschrift zur 500-Jahrfeier der Universität Greifswald 1, Greifswald 1956, S. 9–52 (mit ausführlichen Belegen, Quellennachweisen und Erläuterungen).

DERS.: Das Bruchstück einer Urkunde Kaiser Friedrichs III. für die Universität Greifswald, in: Spiegel der Geschichte. Festgabe für Max Braubach zum 10. April 1964, hrsg. von KONRAD REPGEN und STEPHAN SKALWEIT, Münster 1964, S. 251–280.

DERS.: Die Ausstattung der Universität Greifswald durch Herzog Wartislaw IX. von Pommern und Bürgermeister Heinrich Rubenow, in: Pommern und Mecklenburg,. Beiträge zur mittelalterlichen Städtegeschichte, hrsg. von RODERICH SCHMIDT (Veröffentlichungen der Historischen Kommission für Pommern, Reihe V: Forschungen zur pommerschen Geschichte 19), Köln/Wien 1981, S. 133–157.

Ders.: Henning Iwen (Iven), Bischof von Cammin, in: Neue Deutsche Biographie 8 (1969), S. 545–546.

HANS GEORG THÜMMEL: Die Greifswalder Rubenow-Tafel und die Anfänge des Gruppenbildes im 15. und 16. Jahrhundert, in: Greifswald-Stralsunder Jahrbuch 12 (1979), S. 122–160 (mit Abbildungen).

3. Zur Person Heinrich Rubenows und seiner Familie

HARTMUT BOOCKMANN: Spätmittelalterliche deutsche Stadt-Tyrannen, in: Blätter für deutsche Landesgeschichte 119 (1983), S. 73–91. Behandelt werden: Heinrich Topler (Rothenburg), Heinrich Rubenow (Greifswald) und Peter Egen (Augsburg).

DIETRICH W. POECK: Omnes stabimus ante tribunal Christi. Stiftung, Gedenken und Gemeinschaft in Pommern, in: Land und Meer. Pommern im Spiegel seiner Geschichte. Roderich Schmidt zum 70. Geburtstag, hrsg. von WERNER BUCHHOLZ UND GÜNTER MANGELSDORF, Köln/Weimar/Wien 1995, S. 215–268, über Rubenow S. 238–240.

THEODOR PYL: Rubenow, Heinrich, in: Allgemeine Deutsche Biographie 29 (1889) (Neudruck 1970), S. 417–423.

DERS.: Rubenow, Everhard, ebd. S. 415–417.

DERS.: Die historischen Rätsel im Leben Heinrich Rubenows, in: Pommersche Jahrbücher 2 (1901), S. 91–107.

DERS.: Dr. Heinrich Rubenows Leben und die Geschichte seiner Vorfahren, Greifswald 1870 (Pommersche Geschichtsdenkmäler III).

RODERICH SCHMIDT: Pommern im Spiegel bedeutender Persönlichkeiten, in: Ostdeutsche Geschichts- und Kulturlandschaften, Teil III: Pommern, hrsg. von HANS ROTHE (Studien zum Deutschtum im Osten, hrsg. von der Kommission für das Studium der deutschen Geschichte und Kultur im Osten an der Rheinischen Friedrich-Wilhelms-Universität Bonn, Heft 19/III), Köln/Wien 1988, S. 217–252, über Rubenow S. 223–225, Literatur S. 245.

Der Kuriosität halber sei genannt:

K. TH. PYL: Heinrich Rubenow oder die Stiftung der Hochschule zu Greifswald. Drama in fünf Aufzügen. Zweite für die Bühne bearbeitete Ausgabe, mit Rubenows Portrait und Denkstein und historischen Beilagen zu den Abbildungen, Greifswald 1864.

4. Zur Geschichte des Kollegiatstiftes St. Nicolai in Greifswald

JOHANNES ALLENDORF: Das Kollegiatkapitel zum hl. Nikolaus in Greifswald, in: Wichmann Jahrbuch für Kirchengeschichte 8 (1954), S. 69–76.

HERMANN HOOGEWEG: Stift St. Nikolai, in: Die Stifter und Klöster der Provinz Pommern, Bd. I, Stettin 1924, S. 591–607.

JÜRGEN PETERSOHN: Papst Martin V. und die Versuche zur Errichtung eines Kollegiatstiftes in Greifswald (1420/21), in: ERWIN GATZ (Hrsg.): Römische Kurie – Kirchliche Finanzen – Vatikanisches Archiv. Studien zu Ehren Hermann Hoberg, 2. Teil (Pontificia universitas Gregoriana, Miscellanea Historia Pontificiae 46), Rom 1979, S. 678–700.

5. Zur Gründung der Universität Rostock und ihrem Verhältnis zur
Universität Greifswald

RODERICH SCHMIDT: Rostock und Greifswald. Die Errichtung von Universitäten in
norddeutschen Hansestädten, in: Beiträge zu Problemen deutscher Universitäts-
gründungen der frühen Neuzeit, hrsg. von PETER BAUMGART und NOTKER
HAMMERSTEIN, Nendeln/Liechtenstein 1978 (Wolfenbütteler Forschungen 4),
S. 75–109. In leicht veränderter Form unter dem Titel: Kräfte, Personen und Mo-
tive bei der Gründung der Universitäten Rostock (1419) und Greifswald (1456),
in: Beiträge zur pommerschen und mecklenburgischen Geschichte, hrsg. von
RODERICH SCHMIDT, Marburg/Lahn 1981 (Tagungsberichte des J. G. Herder-
Forschungsrates 6), S. 1–33.
DERS.: Die Kanzleivermerke auf der Stiftungsbulle für die Universität Rostock vom
Jahre 1419, in: Archiv für Diplomatik, Schriftgeschichte, Siegel- und Wappen-
kunde 21 (1975), S. 432–149 (mit zwei Tafeln).
TILMANN SCHMIDT: Die Gründung der Universität Rostock im Spiegel der Urkunden, in: Universität und Stadt. Wissenschaftliche Tagung anläßlich des 575. Jubi-
läums der Eröffnung der Universität Rostock, Rostock 1995, S. 9–16.
ELISABETH SCHNITZLER: Die Gründung der Universität Rostock 1419, hrsg. von
Roderich Schmidt, Köln/Wien 1974 (Mitteldeutsche Forschungen 73), vier Abhandlungen: Die Gründung – Die Inauguration – Die Stiftungsbulle – Die Rek-
torkette, mit einer Einleitung des Herausgebers „Rostocks Stellung im Kreis mittelalterlicher Universitätsgründungen", S. VII–XVI.

Die genannten Beiträge des Verfassers erscheinen demnächst im Wiederabdruck in
der Bibliotheca eruditorum des Keip Verlages (Goldbach) unter dem Titel „Fundatio
et Confirmatio Universitatis. Beiträge zur Geschichte deutscher Universitäten".

Wer waren die Gegner des Universitätsgründers Heinrich Rubenow?

In der Silvesternacht des Jahres 1462 wurde der Greifswalder Bürgermeister und Rektor der Universität Dr. Heinrich Rubenow meuchlings ermordet. Als Täter werden in den Quellen der Höker Claus Huremann und ein Leineweber namens Damerow genannt.[1] Sie waren nach Meinung der Zeitgenossen jedoch nur gedungen, den Mord auszuführen. Die Anstifter waren in der Ratsopposition zu suchen. Jedenfalls traf das Strafgericht im August 1463 die Bürgermeister Dietrich Lange und Nicolaus von der Osten, die mit dem Leben büßen mußten.

Die Hintergründe, die zur Tat geführt haben, bleiben trotz dem, was Johann Gottfried Ludwig Kosegarten in seiner Geschichte der Universität Greifswald „dazu mitgeteilt hat",[2] teilweise dunkel. Soviel ist aber klar, daß die Opposition gegen Rubenow bis in die Zeit der Universitätsgründung, wenn nicht weiter, zurückgeht.

Der Greifswalder Historiker Theodor Pyl hat am Ende seines Lebens als Ergebnis seiner eingehenden Beschäftigung mit der Geschichte der Stadt und der Universität einen Aufsatz unter dem Titel „Die historischen Rätsel im Leben Heinrich Rubenows" veröffentlicht,[3] Darin schreibt er, daß wir „über die Ursache der gegen ihn ausgebrochenen Empörung von 1457 und die Veranlassung seines Todes am 31. Dezember 1462 nur ganz oberflächliche und unsichere Nachrichten [besitzen], welche um so weniger genügen, als sie durch Fälschungen und Irrtümer verdunkelt worden sind".

Eine solch geheimnisvolle Sache wie der Fall Rubenow regt die Phantasie an und reizt zu Ausschmückungen oder literarischen Darstellungen. So hat Pyl ein Drama in fünf Aufzügen verfaßt, „Heinrich Rubenow oder die Stiftung der Hochschule zu Greifswald", die für die Bühne bearbeitete Ausgabe 1864 sogar mit „historischen Beilagen" versehen, die noch heute mit Nutzen

---

1   Dieser Beitrag ist eine Geburtstagsgabe für Manfred Herling, meinen Greifswalder Schüler. Ich erwidere damit herzlich seine Glückwünsche zu meinem 70. Geburtstag (Greifswalder Universitätsreden, N. F. 78, 1995). Der Beitrag wurde im Rahmen der Vorträge zum Stadtjubiläum am 13. April 2000 im Greifswalder Rathaus gehalten, am 14. April im Museum der Stadt Wolgast. Er ist für den Druck leicht überarbeitet und mit den nötigsten Anmerkungen versehen.

2   Johann Gottfried Ludwig *Kosegarten,* Geschichte der Universität Greifswald, Bd. I: Geschichte, Bd. II: Enthaltend die urkundlichen Beilagen, Greifswald 1857/56. Neudruck Aalen 1986.

3   K.Th. *Pyl,* Die historischen Rätsel im Leben Heinrich Rubenows, in: PommJbb 2, 1901, S. 91–107, hier S. 93 f.

herangezogen werden können.[4] Jüngst ist eine kleine Schrift mit dem Titel
„Der Mord an Bürgermeister Heinrich Rubenow Anno 1462 zu Greifswald" im Druck erschienen.[5]

Es handelt sich um eine „Historische Kriminalnovelle". Sie behandelt in
dichterischer Form mit Einfügung einer rührseligen Liebesgeschichte „lebendig, dramatisch und in einer bildhaften Sprache die letzten Wochen von
Greifswalds berühmtesten Bürgermeister".[6] „Der Dramaturgie der Erzählung zuliebe" wurden einige Wahrscheinlichkeiten in vage „Tatsachen umgesetzt und der Rest dann mit Phantasie ausgefüllt."[7]

Der Fall regt aber auch zu vergleichender Betrachtung an. Der Göttinger
Historiker Hartmut Boockmann hat vor eine Reihe von Jahren Leben und
Wirken des norddeutschen Bürgermeisters Rubenow mit dem zweier süd-
deutscher städtischer Repräsentanten – Heinrich Topler in Rothenburg und
Peter Egen in Augsburg – zusammengestellt und sie als „Spätmittelalterliche
deutsche Stadt-Tyrannen" gewürdigt.[8] Er versteht unter diesen Tyrannen
nicht Gewaltherrscher, sondern nach unbeschränkter Herrschaft strebende
Persönlichkeiten. Es handelt sich um Männer, welche die Egalitätsschranken, die ihnen die Standesgenossen setzten, durchbrachen, die aus überdurchschnittlicher Verantwortungs- und Leistungsbereitschaft einerseits, aus persönlichem Ehrgeiz andererseits die üblichen Grenzen überschritten,
Männer, die nach einer herausgehobenen privilegierten Position innerhalb
der städtischen Führungsgruppen strebten und sie auch einnahmen. Nach
Boockmann war auch Rubenow ein solcher.

Ich habe dem in meiner letzten Arbeit über „Heinrich Rubenow und die
Gründung der Universität Greifswald 1456" zugestimmt.[9] Wenn er aber
meinte, Rubenow sei nicht als Gründer der Universität ermordet worden,

---

4 Ders., Heinrich Rubenow oder die Stiftung der Hochschule zu Greifswald. Drama in
   fünf Aufzügen. Zweite für die Bühne bearbeitete Ausgabe, mit Rubenows Portrait
   und Denkstein und historischen Beilagen zu den Abbildungen, Greifswald 1864. Vgl.
   auch Ders., in: Allg. Deutsche Biographie 29, 1889, Neudruck 1970, S. 417–423, sowie
   Roderich Schmidt, in: Pommern im Spiegel bedeutender Persönlichkeiten (Ostdeutsche Geschichts- und Kulturlandschaften, Teil III: Pommern, hg. Von Hans Rothe),
   Köln, Wien 1988, über Rubenow S. 223–225, Literatur S. 245.
5 Hans-Jürgen Schumacher, Der Mord an Bürgermeister Heinrich Rubenow Anno
   1462 zu Greifswald, Kremkau 2000.
6 So der Werbetext des vorstehenden Buches.
7 Schumacher (wie Anm. 3), Vorbemerkung.
8 Hartmut Boockmann, Spätmittelalterliche deutsche Stadt-Tyrannen, in: BlldtLG
   119,1983, S. 73–91.
9 Roderich Schmidt, Heinrich Rubenow und die Gründung der Universität Greifswald,
   in: Attempto – oder wie stiftet man eine Universität? Die Universitätsgründungen der
   sogenannten zweiten Gründungswelle im Vergleich, hg. von Sönke Lorenz (Contubernium. Tübinger Beiträge zur Universitäts- und Wissenschaftsgeschichte, Bd. 50),
   Stuttgart 1999, S. 19–31, Bibliographie S. 31–34.

sondern als ein zeittypischer Stadt-Tyrann, so trifft dies die Sache nicht ganz. Pyl hat das Richtige gesehen, wenn er schreibt, „Rubenows Feinde befanden sich in allen drei Corporationen" der Stadt: in der städtischen Führungsschicht, im Domkapitel St. Nikolai und in der Universität.[10] Hinzu kommt, daß die Auseinandersetzungen in Greifswald im Zusammenhang der Streitigkeiten der pommerschen Herzöge mit den Städten des Landes, vor allem mit Stralsund und Greifswald, zu sehen sind, in die Rubenow hineingezogen worden ist, in die aber auch seine Gegner verwickelt waren.

Landesherr Greifswalds war Herzog Wartislaw IX. von Pommern-Wolgast.[11]

1451 hatte er Vorpommern, das zuvor unter mehreren Angehörigen des Greifenhauses geteilt war, in seiner Hand vereinigt. Sehr bald geriet er mit der Stadt Stralsund in heftige Auseinandersetzungen. Kämpfe und Fehden mit und zwischen den Städten sowie mit dem Adel waren allenthalben an der Tagesordnung. Gegenspieler Wartislaws in Stralsund war der mächtige Bürgermeister Otto Voge.[12] Als dieser 1453 auf einer Landesversammlung in Stralsund den herzoglichen Landvogt von Rügen Raven Barnekow unter dem Vorwurf der Verschwörung gegen ihn verhaften, verurteilen und hinrichten ließ, richtete sich der Zorn nicht nur des Herzogs, sondern auch der Opposition in der Bürgerschaft gegen ihn. Voge sah sich gezwungen, die Stadt zu verlassen. Er floh nach Dänemark und konnte erst 1458 zurückkehren. Auch er war ein Stadt-Tyrann im Sinne Boockmanns.

Zu dem Greifswalder Bürgermeister Rubenow stand Wartislaw IX. hingegen in guten, vertrauensvollen Beziehungen.[13] Rubenow hatte den Herzog für seinen Universitätsplan gewonnen. Dieser hat die Gründung offiziell vorgenommen und die rechtlichen Voraussetzungen geschaffen.[14] Die von ihm gegebenen finanziellen Zusicherungen aus Steuern und Abgaben muß-

---

10 Pyl (wie Anm. 3), S. 104.

11 Über Wartislaw IX., sein Verhältnis zu Rubenow und seine Rolle bei der Universitätsgründung vgl. Roderich *Schmidt,* Die Anfänge der Universität Greifswald, in: Festschrift zur 500-Jahr-Feier der Universität Greifswald I, Greifswald 1956, S. 9–52 (mit ausfuhrlichen Belegen, Quellennachweisen und Erläuterungen). Wiederabdruck in: R. *Schmidt,* Fundatio et confirmatio universitatis. Von den Anfängen deutscher Universitäten (Bibliotheca eruditorum, Bd. 13), Goldbach 1998, S. 61–187.

12 Vgl. Konrad *Fritze,* in: Geschichte der Stadt Stralsund, hg. von Herbert Ewe, Weimar 1984, S. 84-88, sowie Hans *Koeppen,* Führende Stralsunder Ratsfamilien vom Ausgang des 13. bis zum Beginn des 16. Jahrhunderts (Greifswalder Abhandlungen zur Geschichte des Mittelalters, 10), Greifswald 1938, S. 86–95.

13 Vgl. Roderich *Schmidt* (wie Anm. 9), S. 21–27.

14 Vgl. *Ders.,* Kräfte, Personen und Motive bei der Gründung der Universitäten Rostock (1419) und Greifswald (1456), in: Beiträge zur pommerschen und mecklenburgischen Geschichte, hg. von Roderich Schmidt, Marburg 1981, S. 1–33. Wiederabdruck in: Fundatio et confirmatio universitatis (wie Anm. 11), S. 215–247.

ten allerdings, da verpfändet, zum großen Teil erst von Rubenow eingelöst werden.[15] Mit stolzem Selbstbewußtsein, aber mit Fug und Recht, konnte er in den Annalen der Universität feststellen, er sei *primus plantator, erector et fundator huius inclite vniuersitatis et eciam ecclesie collegiate* gewesen,[16] also nicht nur der Universität, sondern auch des Kollegiatstifts St. Nikolai.[17] Herzog Wartislaw hat Rubenow mit besonderen, weitgehenden Vollmachten ausgestattet. Er ernannte ihn zum Vicedominus, d. h. zu seinem bevollmächtigten Vertreter.

Als solcher solle er *allent dat dôn, dat wy hirsulven dôn mochten.*[18]

Mit Urkunde vom 1. März 1457 hat der Herzog dies noch einmal eingeschärft. Er habe Rubenow *to eneme hovede unde vorwesere an unser stede* eingesetzt.[19] Ihm sei von allen Universitätslehrern Rechenschaft zu leisten. Er sei berechtigt, sie einzusetzen und auch zu entlassen, wenn sie auf ihn nicht hören wollten oder gegen ihn konspirieren sollten. Eine solche Formulierung läßt aufhorchen. Ende April 1457 ging die Amtszeit von Rubenow als Rektor zu Ende. Zu seinem Nachfolger wurde am 1. Mai 1457 der Propst des Nikolaistifts Heinrich Bukow gewählt, anscheinend gegen den Willen Rubenows. Dieser notierte in den Universitätsannalen, die Wahl sei erfolgt durch die Gunst seiner Verwandten, denn er sei am Ort geboren und er sei an ihm Inhaber des geistlichen Gerichts.[20] Bukow entstammte einer alten in

---

15 Vgl. *Ders.*, Die Ausstattung der Universität Greifswald durch Herzog Wartislaw IX. von Pommern und Bürgermeister Heinrich Rubenow, in: Pommern und Mecklenburg. Beiträge zur mittelalterlichen Städtegeschichte, hg. von Roderich *Schmidt* (Veröffentlichungen der Historischen Kommission für Pommern, Reihe V: Forschungen zur pommerschen Geschichte 19), Köln, Wien 1981, S. 133–157. Wiederabdruck in: Fundatio et confirmatio universitatis (wie Anm. 11), S. 189–213.

16 *Kosegarten* II (wie Anm. 2), S. 165. Über die Universitäts-Annalen, von Rubenow 1456 angelegt und bis zu seinem Tod 1462 geführt, vgl. Manfred *Herling*, Dr. Heinrich Rubenows Anteil an der Entstehung der ältesten Greifswalder Universitäts-Handschriften, in: WissZsEMAUGreifsw, GeWiR, Jg. XVIII, 1969, Nr. 3/4, Teil II, S. 325–365.

17 Über das Kollegiatstift St. Nicolai vgl. Hermann *Hoogeweg*, Die Klöster und Stifter der Provinz Pommern, Bd. I, Stettin 1924, S. 591-607; Johannes *Allendorf*, Das Kollegiatstift zum hl. Nikolaus in Greifswald, in: Wichmann-Jahrbuch für Kirchengeschichte 8, 1954, S. 69–76. Vgl. auch R. *Schmidt* (wie Anm. 9), S. 25, und (wie Anm. 14), S. 11 bzw. S. 226. Zur Vorgeschichte vgl. Jürgen *Petersohn*, Papst Martin V. und die Versuche zur Errichtung eines Kollegiatstifts in Greifswald (1420/21), in: Römische Kurie – Kirchliche Finanzen – Vatikanisches Archiv. Studien zu Ehren Hermann Hoberg, 2. Teil, hg. von Erwin *Gatz* (Miscellanea Historiae Pontificae 46), Rom 1979, S. 678–700.

18 *Kosegarten* II (wie Anm. 2), S. 27 f. (Nr. 14).

19 A.a.O., S. 57 f. (Nr. 28).

20 Ebd., S. 163. Vgl. R. *Schmidt,* Anfänge (wie Anm. 11), S. 29 (Wiederabdruck S. 111).

Greifswald ansässigen Familie, sein Vater war Ratsherr gewesen.[21] Welche Rolle er bei der Universitätsgründung gespielt hat, wird nicht deutlich.

Am 17. April 1457 war Herzog Wartislaw IX. verstorben. Mit ihm verlor Rubenow seine feste Stütze. Vielleicht deutet die Rektorwahl am 1. Mai schon darauf hin, daß nicht alle Universitätslehrer unbedingt bereit waren, der Rubenowschen Linie zu folgen. Im Regiment des Herzogtums Pommern-Wolgast traten die Söhne Wartislaws IX., Erich II. und Wartislaw X., die Nachfolge an. Die Brüder waren sich keineswegs einig; auch im Verhältnis zu Rubenow nahmen sie eine unterschiedliche Haltung ein, wie sich alsbald zeigen sollte.[22]

Im August 1457 kam es zu einem Zwischenfall bei dem nordwestlich von Greifswald gelegenen Dorfe Horst.[23] Von Wartislaw IX. war die Vogtei Horst 1452 an die Stadt Greifswald verpfändet worden. Als der Herzog seine dortigen Rechte weiterhin in Anspruch nahm, kündigte die Stadt die Pfandsumme und erhielt sie 1454 zurück mit Geldern, die der Herzog bei Stralsunder Bürgern aufgenommen hatte. Es blieb ein Rest, für den sich Rubenow verbürgte. Als nun der neue Herzog Erich II. mit Gefolge eine große Jagd bei Horst veranstaltete und dabei gegen alle Rechtsgewohnheiten die Bewohner zu Dienstleistungen und zur Versorgung heranzog, begab sich eine Gruppe Greifswalder und Stralsunder Bürger mit bewaffneter Mannschaft nach Horst und nahm am 5. August 1457 die Jagdgesellschaft mit Ausnahme des Herzogs gefangen und führte sie nach Greifswald ab. Der Zorn des Herzogs richtete sich gegen die beiden Städte, vor allem aber gegen Rubenow, der als der Anstifter des Überfalls angesehen wurde und es vielleicht auch war.[24]

In Greifswald fürchtete man Rachemaßnahmen des Herzogs. Die Gegner Rubenows schürten die Stimmung in der Stadt. Er selbst hat sie später in den Universitätsannalen[25] genannt: den Ratsherrn Tidericus van Dorpen und seinen Sohn Ludolf sowie die Universitätsprofessoren Johann Wolf, Conrad Loste und Johann Hane. Der pommersche Geschichtsschreiber Thomas Kantzow[26] schreibt im Anschluß an die Horster Affäre – ich zitiere hier die

---

21 Über Heinrich Bukow vgl. *Häckermann,* in: ADB 3, 1876, S. 512; Th. *Pyl,* Geschichte der Greifswalder Kirchen und Klöster, Bd. 2, 1886, S. 808–813, zur Familie: *Ders.,* Beiträge zur Geschichte der Stadt Greifswald, 4. Fortsetzung: Geschichte der Bukowschen Stiftung, Greifswald 1893.

22 Vgl. R. *Schmidt,* Anfänge (wie Anm. 11), S. 29 f. (Wiederabdruck S. 113–115).

23 Ebd., S. 30, Belege S. 46, Anm. 496–502 (Wiederabdruck S. 115 f. u. 171).

24 Ebd., S. 46, Anm. 503 (Wiederabdruck S. 171).

25 *Kosegarten* II (wie Anm. 2), S. 165.

26 Pomerania. Eine pommersche Chronik aus dem sechzehnten Jahrhundert, hg. von Georg *Gaebel.* 1. Buch, Stettin 1908, S. 384 f. Zur Pomerania vgl. Jürgen *Petersohn,* Die dritte hochdeutsche Fassung von Kantzows pommerscher Chronik, in: BSt, N. F., 59 (1973), S. 27–41.

dritte hochdeutsche Fassung seiner Chronik –: *Nun war Doctor Rubenow ein sehr gelehrter, feiner Mann, der auch von Ansehende und Reichtum mechtig war. Darum richtete er der Stadt und der Universiteten Sachen mit großem Gemuete und Kuhnheit aus ..., darumb er dann auch, wie es pflegt, leichtlich Neider und Feinde bekam. Deshalben rotteten sich wider ihne Johannes Lupus, Doctor Theologiae, Konradus Lest, Doctor Juris, Magister Johannes Hane und Herr Diederich von Dorpten, der Bürgermeister, und sagten, er waldete so ubermutig, daß die Stadt und Universitet seinenthalben in unvorwindlichen Schaden mochte kommen, und haben den gemeinen Mann an sich gehangen und also Doctor Rubenowen aus der Stadt gejagt. Und wie man meint, habe auch Doctor Henricus Bukow, der zu dieser Zeit der ander Rektor nach Rubenowen war, darumb gewust.* Rubenow vermerkt allerdings in den Universitätsannalen: *an rector ipsemet in culpa fuit, dubitatur.*[27] Am 22. September 1457 hat Rubenow Greifswald verlassen und sich nach Stralsund begeben.

Die Lage änderte sich jedoch bald zu seinen Gunsten, und zwar durch einen Übergriff des Herzogs. Am 5. Oktober 1457 wurde eine Anzahl Stralsunder Kaufleute auf dem Heimweg vom Michaelismarkt zu Barth überfallen, ihres Geldes und ihrer Waren beraubt, gefangen genommen und nach Wolgast abgeführt. Diese Gewalttat löste große Erregung nicht nur in Stralsund aus und führte dazu, daß sich die Städte Stralsund, Greifswald, Anklam und Demmin gegen derartige Wegelagerei verbündeten. Sie erreichten schließlich, daß die Gefangenen und die Güter zurückgegeben, etwa Entfremdetes ersetzt werden sollte.[28]

Unter den veränderten Verhältnissen konnte Rubenow am 12. Dezember 1457 nach Greifswald zurückkehren und seine Ämter wieder übernehmen. Kantzow berichtet,[29] er sei bei seiner Rückkehr *von der Universitet und der ganzen Stadt mit großen Ehren wieder empfangen worden.* Das weitere faßt er so zusammen: *Und wie das gemelter Johannes Lupus, Conradus Lest, Johannes Hane, Diederich von Dorpten und sein Sohn Ludolf, der auch dazu geholfen, gesehen haben, seind sie aus der Stadt geflohen und haben sich gefrochtet, sie mochten umb ihren Übermut gestrafet werden. Aber nicht lange hernach vordreisteten sie sich und kemen wieder in die Stadt. Nun konnten sie aber noch nicht rasten und teten Doctor Rubenowen viele Ungemachs. Und war von ihrem Anhange ein Pfaffe, Herr Hermann Kock geheißen. Derselbig schreib ein Schmehebuch uber ihne und zeihete ihme vieler Sachen, der ihnen die ganze Stadt unschuldig wußte. Und nahmen derhalben*

---

27 Wie Anm. 25.
28 Vgl. R. *Schmidt*, Anfänge (wie Anm. 11), S. 31 (Wiederabdruck S. 116 f.).
29 Pomerania (wie Anm. 26), S. 385.

den Pfaffen und ließen ihm dem Henker überreichen und Strepecorda geben und vorweiseten ihne der Stadt.[30]

Die Verurteilung Kocks erfolgte wohl im Zusammenhang mit dem Prozeß, der Ende 1458 oder Anfang 1459 gegen Dietrich van Dorpen und dessen Sohn Ludolf stattfand, wahrscheinlich während der Anwesenheit des Bischofs Henning Iwen von Cammin, des Kanzlers der Universität, der bei ihrer Gründung Rubenow zum Vizekanzler bestellt hatte und als dessen Parteigänger zu gelten hat. Rubenow vermerkte in den Universitätsannalen lediglich: *et tunc tidericus van dörpen* wurde als das Haupt der Vertreibung rechtmäßig gerichtet und dann enthauptet, *qui fuit caput suae expulsionis, fuit iuste iudicatus, et tandem decollatus.*[31] Kantzow[32] formuliert es drastischer: *Den Bürgermeister aber Dietrich von Dorpten haben sie wie einen Aufruhrer verurteilt und im Jahr 1458 den Grind abschmeißen lassen. Also hat ja Übermut stets boesen Ende.* Der mitangeklagte Sohn Ludolf scheint einer Bestrafung dadurch entgangen zu sein, daß er in den geistlichen Stand eintrat.

Auch die drei von Rubenow genannten Gegner aus der Universität – Johannes Wolf,[33] Conrad Loste,[34] Johannes Hane[35] – hatten Greifswald verlassen, heimlich, wie Rubenow notierte. Welches die Gründe oder Anlässe für ihre Feindschaft waren, welches die Motive, außer Abneigung, Mißgunst und Neid gegen den machtvollen und erfolgreichen Kollegen, wir wissen es nicht. Sie alle sind aber nicht erst in Greifswald bei der Univeristätsgründung mit Rubenow zusammengetroffen, sondern sind sich schon früher begegnet. Animositäten mögen vielleicht weit zurückliegen. Als Rubenow sein Studium 1436 in Rostock begann, hatte sich Hermann Kock kurz zuvor hier einschreiben lassen. Conrad Loste erwarb im Jahr 1436 in Rostock den Grad eines Baccalaureus.[36] Als Rubenow sein Studium 1447 in Erfurt fortsetzte, traf er hier vermutlich wieder auf Loste, der sich seit 1440 an der Universität Erfurt aufhielt. Zu dieser Zeit weilte aber auch Johannes Wolf in Erfurt.[37] Als am Tage nach der offiziellen Eröffnung der Universität Greifswald

---

30 Über Herman Kock vgl. R. *Schmidt,* Anfänge (wie Anm. 11), S. 31 m Anm. 517 und S. 15 m. Anm. 166 (Wiederabdruck S. 117 u. S. 76). Vgl. auch Universitäts-Annalen, *Kosegarten* II (wie Anm. 2), S. 168 f.

31 *Kosegarten* II, S. 168. Vgl. auch R. *Schmidt,* Anfänge, S. 31 (Wiederabdruck S. 166 f.).

32 *Kantzow,* Pomerania (wie Anm. 26), S. 385.

33 Über ihn vgl. *Kosegarten* I (wie Anm. 2), S. 103.

34 Über ihn a.a.O., S. 92 f.; ADB 16,1882 (Neudruck 1969), S. 619 f.

35 Über ihn vgl. *Kosegarten* I, S. 92 f.

36 Die Matrikel der Universität Rostock, hg. von Adolph *Hofmeister,* Bd. I,1889, S. 53a, 55a, 83.

37 Akten der Erfurter Universität, bearb. Von J. Ch. H. *Weissenborn,* 1. Teil, Halle 1881, S. 180 und 211.

Rubenow am 18. Oktober 1456 zum Doctor in iure canonico promoviert wurde, geschah dies durch Conrad Loste als Dekan der Juristischen Fakultät.[38]

Nachdem die Gegner Rubenows die Stadt verlassen hatten oder wie Hermann Kock aus ihr ausgewiesen worden waren und der Prozeß gegen Dietrich van Dorpen mit dessen Hinrichtung geendet hatte, schien sich die Situation in der Stadt und an der Universität beruhigt zu haben.[39]

Am 18. Oktober 1459 wurde Rubenow zum zweitenmal zum Rektor der Hochschule gewählt. Über seine Amtszeit, auch über sein erstes Rektorat, hat Rubenow schriftlich genau Rechenschaft abgelegt, auch in finanzieller Hinsicht, und dabei seine eigenen Leistungen und Aufwendungen benannt. Weitere Stiftungen zu Gunsten der Universität und des Kollegiatstifts hat er in der folgenden Zeit vorgenommen oder veranlaßt,[40] wie die Anfertigung der beiden kleineren silbernen Szepter.

In Anbetracht der nicht ganz geklärten Regierungsverhältnisse nach dem Tode Wartislaws IX. schien es wünschenswert, die Privilegien der Universität bestätigen zu lassen, Am 1. August 1459 stellte Herzog Wartislaw X. eine solche Urkunde aus, die weitgehend den Verfügungen seines Vaters entsprach.[41] Auch der Stettiner Vetter, Herzog Otto III., garantierte am 21. August der Universität Greifswald alle ihre Rechte und Freiheiten und sicherte den Studenten freies Geleit zu,[42] eine nicht unwichtige Bestimmung in jener unsicheren Zeit. Schließlich erteilte auch Herzog Erich II. am 6. Dezember 1459, also mit bemerkenswerter Verzögerung, eine entsprechende Urkunde.[43] Was die Urkunde Wartislaws X. von der seines Bruders Erich unterscheidet, sind gewisse, aber doch bezeichnende Nuancen. Wartislaw nennt in ihr Rubenow *unse leve getruwe her Hinric Rubenow, lerer der hilgen beider rechte unde borgermeister tome Gripiswolde*,[44] Erich nennt ihn nur kurz *de doctor Hinrick rubenowe*,[45] In der Wartislaw-Urkunde ist Rubenow als anwesender Zeuge genannt, nicht aber in der Urkunde Erichs. Hier erscheint stattdessen der Bürgermeister Dietrich Lange. Auch das ist bezeichnend, daß Rubenow wohl die Urkunden Wartislaws X. und Ottos III. in den Universitätsannalen verzeichnete, nicht jedoch die Urkunde Erichs.[46]

---

38 *Kosegarten* (wie Anm. 2) II, S. 161; I, S. 64.
39 Vgl. Roderich *Schmidt,* Anfänge (wie Anm. 11), S. 31 (Wiederabdruck S. 117 f.).
40 Vgl. ebd. Vgl. auch Ders., Die Ausstattung der Universität Greifswald (wie Anm. 15), S. 133–157 (Wiederabdruck, wie Anm. 11, S. 189–213).
41 *Kosegarten* II (wie Anm. 2), S. 86–88 (Nr. 49). Über die Szepter ebd., S. 111.
42 A.a.O., S. 89 (Nr. 50).
43 A.a.O., S. 89 f. (Nr. 51).
44 A.a.O., S. 87.
45 A.a.O., S. 90.
46 A.a.O., S. 170.

Vor allem aber, die Urkunde Wartislaws X. enthält gegenüber der seines Vaters einen längeren Zusatz: *Jedoch enerleye wylle wy van den heren lereren unde meisteren, de nu an desseme unseme Studio regeren ofte regerende mogen werden an tokamenden tiden, strengeliken bi vorlust desser vriheit unde confirmacien geholden hebben, alzo dat se den vorbenomeden her Hinric Rubenowen, dar vor dat he desses sulven studii erst eyn recht anhever unde boginre is geweset, de wyle he levet holden scholen an eren, state unde werdicheit alze se nu don, unde em an allen erliken unde reddeliken dingen alze ereme rechten hovetmanne an unseme namen horen, unde nicht entiegen segghen.*[47] Rubenow habe hiermit, so schrieb Theodor Pyl 1901,[48] eine Erweiterung seiner Macht empfangen, „wie solche gegenwärtig nur der Kultusminister ausübt".

Ein weiteres sichtbares Zeichen der engen Beziehung Herzog Wartislaw X. zu Rubenow bestand darin, daß er im Sommer 1462 seinen achtjährigen Sohn Swantibor zur Ausbildung nach Greifswald schickte und ihn der besonderen Fürsorge Rubenows als dessen Hausgenossen anvertraute.[49]

Ende des Jahres erfolgte die Mordtat.[50] Ob sie durch einen besonderen Anlaß ausgelöst worden ist und – falls ja – welcher Art dieser war, verraten die Quellen nicht. Allerdings erregte der Mord großes Aufsehen, nicht zuletzt in den Hansestädten. Aus der zeitgenössischen Lübischen Chronik erfahren wir Einzelheiten:[51] Danach war für den letzten Abend des Jahres 1462 eine Zusammenkunft der Bürgermeister auf dem Rathaus oder in der Schreiberei – der genaue Ort ist nicht sicher – angesetzt. Rubenow war der erste, der eintraf. Da erschienen plötzlich zwei junge Burschen. Einer blieb vor der Tür, damit niemand eintreten konnte, der andere trat auf Rubenow zu, zog unter seinem Mantel eine Axt hervor *unde klovede dem borgermester den kop entwee unde slöch en dôt.* Und da nichts nachfolgte, meinten viele Leute, die Täter seien nur angestiftet und daß etliche aus dem Rat dies bestellt hätten. *Wat daranne is, is gode bekant.* So endet der Bericht.

Thomas Kantzow[52] schreibt: *So ist ein groß Rumor in der Stadt geworden, und die schuldigen Burgermeister haben sich gestellet, als wußten sie nichts darum und were ihnen auch bei sollicher Tat seltzam.* Die Mörder wurden jedenfalls nicht ergriffen, man ließ sie entkommen. An Stelle Rube-

47 A.a.O., S. 87.
48 *Pyl*, Die historischen Rätsel (wie Anm. 3), S. 104.
49 *Kosegarten* II (wie Anm. 2), S. 113.
50 A.a.O. II, S. 181; I, S. 113 f. Als Mörder wird in den Rektoratsannalen Claus Huremann genannt. Den Namen des Mittäters Damerow (s. o. S. 1) nennt erst Daniel *Cramer*, Das große Pomrische Kirchen-Chronicon, Alt-Stettin 1628, lib. II, cap. 43.
51 *Kosegarten* I, S. 114. Die Lübeckischen Chroniken in niederdeutscher Sprache, hg. von F. H. *Grautoff,* Teil 2, Hamburg 1830, S. 261.
52 Pomerania (wie Anm. 26), S. 391.

nows wurde sogleich ein neuer Bürgermeister gewählt, Nikolaus von der Osten, ein erklärter Feind Rubenows. In der Universität übernahm - wie nach der Flucht Rubenows 1457 – der Propst des Nikolaistifts Heinrich Bukow wieder das Rektorat.[53]

Die Rubenow-Gegner setzten darauf, Unterstützung bei Herzog Erich II. zu finden.[54] Er wurde von ihnen herbeigerufen, kam kurz vor Ostern 1463 mit bewaffnetem Gefolge in die Stadt und ließ sich von der Bürgerschaft huldigen. Dies war bisher noch nicht geschehen. Das Versäumnis wurde Rubenow angelastet. Das Verlangen der Bürgermeister, die Verwandten und Anhänger Rubenows aus der Stadt zu weisen, lehnte der Herzog jedoch ab. Vielmehr gebot er unter Strafandrohung, daß sich niemand an einem anderen mit Gewalt vergreife. Für ihn war der Fall Rubenow erledigt. Überliefert ist sein Ausspruch: *Was gilts? Die Buben werden sich unter einander strafen.*[55] Und Kantzow fügt hinzu: *Dann er war Doctor Rubenowen Freundschaft von wegen des Einfalls zur Horst nicht gut, und den andern Vorretern gunnte er gern, daß sie wieder gestrafet wurden, welches dann auch noch geschach.*

Die Situation spitzte sich zu, als die Bürgermeister am 10. August 1463 der Gemeinde mitteilten, daß die Mörder in die Stadt zurückkehren dürften, *denn sie hätten Herrn Rubenow erschlagen, weil dieser die Stadt hätte verrathen wollen.*[56]

Man reagierte empört. Es entstand das Gerücht, daß die Bürgermeister Dietrich Lange und Nikolaus von der Osten in der kommenden Nacht vierzehn Verwandte bzw. Freunde Rubenows ergreifen und köpfen lassen wollten. Dies gab der Ratsherr Henning Henninges, ein Schwager Rubenows, der Gemeinde bekannt. In großer Aufregung überfiel man nun die beiden Bürgermeister in ihren Häusern und erschlug bzw. erwürgte sie. Nikolaus von der Osten wurde von Henning Henninges getötet. Über die beiden getöteten Bürgermeister wurde sogleich Gericht gehalten, sie wurden verurteilt und öffentlich aufs Rad gelegt. Dies geschah am 13. August 1463. Der Rektor Heinrich Bukow flüchtete nach Gützkow, *timens furorem et iram communitatis,* die Wut und den Zorn der Stadtgemeinde fürchtend,[57] oder, wie Kantzow es ausdrückt, *damit er auch nicht mit in den Schlagregen keme.*[58]

Überliest man den freilich parteilichen Bericht Kantzows, so wird deutlich: Neid und Haß, Mord und Rache entwickelten und steigerten sich zu

---

53 *Kosegarten* II (wie Anm. 2), S. 181.
54 A.a.O. I, S. 117 f.; *Kantzow,* Pomerania, S. 391.
55 *Kantzow,* Pomerania, ebd.
56 Zum folgenden vgl. *Kosegarten* I, S. 118.
57 Rektoratsannalen, *Kosegarten* II, S. 182.
58 Pomerania, S. 393.

einer folgenschweren Handlungskette und bestimmten den Ablauf der Ereignisse. Die Horster Affäre, nicht zu verstehen, ohne das gestörte Verhältnis zwischen Rubenow und Herzog Erich II. zu berücksichtigen, hatte 1457 in der Stadt den Stein ins Rollen gebracht, Rubenow mußte weichen, Dietrich van Dorpen wurde als Hauptschuldiger enthauptet. *Seine Freundschaft und Anhang,* schreibt Kantzow,[59] war Rubenow *sehr gefahr. Und daran hingen sich, die sich bedunken ließen, sie konnten nicht* [gegen ihn] *aufkommen, ... dann er hette zu viel Geschicklicheit, Ehre und Ansehendes, und sahen, daß ihme solches alle Tage noch mehr und mehr zuwuchs. Darum wurden sie auch je tuller und rasendiger und hetten ihne gerne aus dem Wege gesehen. So ließ er sich doch nicht schrecken und sahe doch fur, daß niemands mit Fuege uber ihne klagen konnte. Dennoch konnte er den Tyrannen nicht entgehen.*

Hinter diesen anwachsenden Differenzen standen aber auch familiäre Gegensätze, Freund- und Feindschaften, wie unter den Universitätslehrern, so auch unter den führenden Familien der Stadt. Die Zusammenhänge waren den Zeitgenossen zweifellos bekannt, für uns sind sie nur schwer zu fassen.

Der 1458 hingerichtete Dietrich van Dorpen war durch seine Mutter, eine Tochter des Ratsherren Heinrich Lange, ein naher Verwandter des nach der Ermordung Rubenows erschlagenen und dann geräderten Bürgermeisters Dietrich Lange. Und dessen Mutter war die Schwester des Propstes Heinrich Bukow.[60] Theodor Pyl, der auf diese verwandtschaftlichen Beziehungen hinweist, bemerkt dazu, daß wir über die Motive der am Geschehen beteiligten Personen nichts wissen:

Aus unbekannten Ursachen entstand zwischen Dietrich van Dorpen und dem Bürgermeister Dr. Heinrich Rubenow eine erbitterte Feindschaft, von der wir nur den Ausgang kennen.[61]

Welches der Grund für die Feindschaft zwischen Rubenow und Heinrich Bukow[62] gewesen ist, wissen wir ebenfalls nicht. Bukow hatte das Amt des Präpositus in der Stadt seit 1449 inne. Seit 1457 war er Propst des im Zusammenhang mit der Universitätsgründung eingerichteten Kollegiatstiftes. Er war nun nicht nur Vorgesetzter der Greifswalder Geistlichkeit, sondern hatte auch die Mitglieder und Amtsinhaber des Domkapitels zu beaufsichtigen. Als Universitätslehrer unterstanden sie aber auch dem mit besonderen Vollmachten ausgestatteten herzoglichen Vizedominus und bischöflichen

---

59 A.a.O., S. 390f.
60 Vgl. *Pyl*, Die historischen Rätsel (wie Anm. 3), S. 105.
61 Vgl. *Ders.,* Pommersche Genealogien, Bd. 5: Die Genealogien der Greifswalder Ratsmitglieder von 1382–1647, Greifswald 1896, S. 287.
62 Vgl. Theodor *Pyl*, Geschichte der Greifswalder Kirchen und Klöster, Zweiter Theil, Greifswald 1886. Über Heinrich Bukow S. 808–813.

Vizecancellarius Rubenow, dem mächtigen Bürgermeister der Stadt. Das führte fast unausbleiblich zu Konflikten.

Ein solcher Konfliktbereich war die Vermögens- und Finanzverwaltung.[63] Sie war zwischen der Stadt und dem Kapitel geteilt, dergestalt, daß alle Grundbesitz-, Kapital- und Rentenangelegenheiten von Provisoren wahrgenommen wurden, die vom Rat und der Bürgerschaft gewählt wurden. Auf diese hatte Rubenow direkten Einfluß. Bei der Gründung des Domkapitels hat er die Vermögen der Korporationen und Bruderschaften vereinigt und sie der Verwaltung von zwei Prokuratoren unterstellt, die freilich vom Domkapitel gewählt wurden. Aber auch in ihm war seine Stellung stark.

Theodor Pyl[64] hat darauf hingewiesen, daß Heinrich Bukow anscheinend keinen akademischen Rang besaß, obwohl dies für die Mitglieder des Domkapitels vorgeschrieben war. Und was das an einem Universitätsort bedeutete, liegt auf der Hand: für den, der diesen Mangel aufwies, ein dauernder Stachel gegenüber dem gelehrten Bürgermeister Rubenow. Pyl hat auch die Vermutung geäußert,[65] daß Rubenow nach Meinung seiner Gegner, der Bürgermeister Lange und von der Osten, die Universität mehr begünstigte als die Stadt, was im Hinblick auf die Aufwendungen Rubenows für die Universität keineswegs aus der Luft gegriffen war. Aber nach seinem Verständnis erfolgte die Förderung der Universität auch zum Wohle der Stadt.

Die Familie Rubenow war schon lange in Greifswald ansässig.[66] Sein Großvater hatte von 1395 bis 1419 das Bürgermeisteramt inne. Drei von dessen Söhnen waren Ratsherren, darunter Rubenows Vater Arnold. Verheiratet war Rubenow mit der Erbtochter Katherina des äußerst wohlhabenden Bürgermeisters Hilgemann.[67]

Die Schwester von Rubenows Gattin, Ludgart, war die Ehefrau des Ratsherren Henning Henninges.[68] Und dieser war es, der den Mord an Rubenow durch die Ermordung des Nikolaus von der Osten rächte.

Die Angaben der Quellen – dies gilt besonders für die Chronik Kantzows – weisen aber auch darauf hin, daß bei den Geschehnissen rechtliche Vorstellungen und Bestimmungen eine Rolle gespielt haben. Am deutlichsten tritt dies hervor, als die Vertreter der Gemeinde sich gegenüber der Absicht des Rates, den Mördern Rubenows zu gestatten, in die Stadt zurück-

---

63 Vgl. a.a.O. S. 806. Vgl. auch *Hoogeweg* (wie Anm. 17), S. 597.
64 Pyl (wie Anm. 62), S. 810 f, und *Hoogeweg* (wie Anm. 17), S. 592 f.
65 Pyl (wie Anm. 63), S. 812, Anm. 1.
66 Vgl. Theodor *Pyl*, Dr. Heinrich Rubenows Leben und die Geschichte seiner Vorfahren, in: Pommersche Geschichtsdenkmäler, 3. Bd., Greifswald 1870, S. 4–32. Vgl. auch Pommersche Genealogien, Bd. 5: Die Genealogien der Greifswalder Rathsmitglieder (wie Anm. 61), s. 198, 246, 258 f., 268 u. 271.
67 Vgl. *Pyl*, Pommersche Genealogien 5 (wie Anm. 61), S. 203–205.
68 Vgl. a.a.O., S. 269 f.

zukommen, auf das Lübische Recht beriefen: *dann im lubischen Rechte,*
welches fast alle Sehstedte gebrauchen, ists verpoten, daß einer, der einen
Totschlag oder Mord tuet, zu keinen Zeiten wiederumb in die Stadt kommen
muß.[69]

Die Vorwürfe, die gegen die einzelnen Personen im Zusammenhang mit
dem Rubenow-Mord erhoben wurden, waren von unterschiedlicher Art.
Rubenow wurde nach dem ihm zugeschobenen Überfall auf die herzogliche
Jagdgesellschaft bei Horst beschuldigt, der Stadt und der Universität Schaden zuzufügen: *und sagten, er waldete so ubermutig daß die Stadt und Uni-*
versitet seinethalben in unvorwindlichen Schaden mochte kommen.[70] *Dietrich*
von Dorpten haben sie wie einen Aufruhrer verurteilt und dementsprechend
enthauptet.[71] Der Priester Hermann Kock wurde für seine Schmähschrift an
den Pranger gestellt und dann aus der Stadt gewiesen. Die Bürgermeister
Dietrich Lange und Nikolaus von der Osten wurden *als Vorreter der Stadt*
und Doctor Rubenowen gerichtet[72] und als Tote aufs Rad gegeben. Die Strafen wurden also differenziert, je nach der Tat, wobei das Radebrechen als
besonders schimpflich galt. Es war aber auch noch der alte Gedanke der
Blutrache im Spiel. *Aber das unschuldige Blut des Doctoris* – so Kantzow[73] –
begunnte zu scheumen und wollte Rache von seinen Fienden haben und hat
die Burgermeister getrieben, daß sie so blind seind geworden, daß sie die
Mörder wieder in die Stadt holen wollten. Die Tötung der Bürgermeister
Lange und von der Osten war kein Rechtsakt, sondern ein Akt der Selbstju-
stiz zur Wiedergutmachung geschehenen Unrechts. *Und so ist also,* um abschließend noch einmal Kantzow zu zitieren,[74] *das unschuldige Blut des*
Doctoris redlich gerochen worden.

---

69 *Kantzow,* Pomerania (wie Anm. 26), S. 392 f.
70 A.a.O., S. 385.
71 Ebd.
72 A.a.O., S. 393.
73 A.a.O., S. 392.
74 A.a.O., S. 393.

Bischof Henning Iwen von Cammin (1446–1468)

Studien zur Biographie

Der Name des Bischofs Henning Iwen[1], der in der Mitte des 15. Jahrhunderts der Camminer Kirche vorstand, hat in der pommerschen Geschichtsschreibung einen festen Platz. Seit ihren Anfängen wird er vornehmlich mit der Errichtung der Universität Greifswald im Jahre 1456 verbunden[2]. Dabei war dieses Ereignis nur eine Episode in der Amtszeit des Bischofs. Andere Geschehnisse in seinen Tagen hatten größere, jedenfalls allgemeinere Bedeutung und berührten die Verhältnisse des Bistums, des Stifts und seines Territoriums unmittelbarer.

Als Henning Iwen das Bischofsamt antrat, war der Versuch, ein Ostseegroßreich unter pommerschen Herrschern zu errichten, schon gescheitert[3]. Aber noch hatte sich König Erich[4] nicht resigniert in sein hinterpommersches Herzogtum zurückgezogen, sondern saß auf Gotland und entfaltete von hier aus eine kriegerische und diplomatische Aktivität, von der nicht nur die nordischen Reiche der Kalmarer Union, sondern auch die Hansestädte, der Deutsche Orden und natürlich auch Pommern und das vom Herzogtum Wolgast-Stolp umfaßte Camminer Stiftsgebiet betroffen waren. Ein anderer Vorgang erregte das ganze Reich, ja das gesamte Abendland: der endgültige Sieg Papst Eugens IV. über das seiner Auflösung entgegengehende und seit der Übersiedlung nach Lausanne (1448) nur noch dahinkümmernde „Baseler" Konzil[5]. Das dem römischen Stuhl unmittelbar unterstellte Bistum Cammin hatte zu den Baslern gehalten und mußte nun den Ausgleich mit Rom suchen. Dies wurde dadurch erschwert, daß Kolberg, die mächtigste Stadt des Stiftsgebiets, die mit dem Camminer Bischof und dem in Hinter-

---

1 Die Namensform „Iwen" folgt der in den zeitgenössischen Urkunden vorherrschenden Schreibweise „Ywen". Die heute im allgemeinen übliche Form „Iven" wird von den pommerschen Historiographen seit dem 16. Jahrhundert bevorzugt.

2 Johannes Bugenhagens Pomerania, hg. v. O. Heinemann (Quellen zur Pommerschen Geschichte IV), Stettin 1900, S. 142 (Lib. III, c. XIX).

3 Kr. Erslev, Erik af Pommern, hans Kamp for Sønderjylland og Kalmarunionens Opløsning, Kopenhagen 1901; G. Carlsson, König Erich der Pommer und sein baltischer Imperialismus, in: Balt. Stud., NF 40, 1938, 1–17.

4 Vgl. G. Carlsson in: Svenskt Biografiskt Lexikon 14, Stockholm 1951, S. 267–282, und Roderich Schmidt in: NDB IV, 1959, S. 586–587.

5 C. J. von Hefele – H. Leclercq, Histoire des conciles, vol. VII, 2, Paris 1916, S. 663–949. Vgl. auch den Art. v. J B. Villinger über das Basler Konzil in: LThK II, 1958, Sp. 23–25.

pommern regierenden Herzog Bogislaw IX.[6], dem Vetter König Erichs, in heftiger Fehde lag, sich auf die Seite Eugens IV. gestellt hatte und von diesem gegen ihren Bischof unterstützt worden war.

Der Kampf mit der von dem tatkräftigen Bürgermeister Hans Schlief[7] geführten Bürgerschaft von Kolberg, die ihre Selbständigkeit gegenüber dem Bischof und den Herzögen zu erweitern und zu sichern trachtete, hat die ganze Regierungszeit Henning Iwens erfüllt und Bischof, Stift und Bewohner des Stiftsgebiets nicht zur Ruhe kommen lassen. Außerdem blieb das Stift nicht unberührt von den großen und kleineren politischen und militärischen Auseinandersetzungen, die sich an seinen Grenzen abspielten und in die es z. T. durch seine Landesherren[8], die pommerschen Herzöge, hineingezogen wurde: Im Osten war es der dreizehnjährige Krieg des Deutschen Ordens mit dem Preußischen Bunde und dem König von Polen, der mit dem zweiten Thorner Frieden 1466 sein Ende fand[9]; im Süden der Kampf der Herzöge Erich II.[10] und Wartislaw X. von Pommern-Wolgast mit Brandenburg wegen des Herzogtums Stettin, das die Hohenzollern nach dem Aussterben der Stettiner Linie des Greifengeschlechts (1464)[11] an sich zu

---

6 Vgl. Roderich Schmidt in: NDB II, 1955, S. 417; dazu ders. in: Festschrift zur 500-Jahresfeier der Universität Greifswald. 17.10.1956, Bd. I, S. 44 a Anm. 368. – Bogislaw IX. war der „Vetter" König Erichs, nicht sein „Neffe" (wie versehentlich in NDB IV, S. 587 und VII, S. 30), richtig in NDB II, S. 417.

7 Vgl. G. v. Bülow in: ADB 31, 1890, S. 512–514.

8 Seit 1356/87 hatten die Wolgaster Herzöge die Schirmvogtei über das Camminer Stift inne. Obwohl die Camminer Bischöfe auch danach die Reichsunmittelbarkeit ihres Territoriums erlangten, wurden sie von den pommerschen Herzögen doch als „Landstand" angesehen. Auch die Camminer Kapitelstatuten, die vielleicht schon unter Bischof Johann I. (1343–1370) begonnen und unter Bischof Philipp von Reberg (1370–1385) fertiggestellt worden sind (vgl. R. Klempin, Diplomatische Beiträge zur Geschichte Pommerns aus der Zeit Bogislafs X., Berlin 1859, S. 308; hier auch Abdruck der Kapitelstatuten S. 311 ff.), erkennen die Überordnung der Herzöge und die Abhängigkeit der Bischöfe von ihnen an. Der Vertrag vom 1.5.1436 zwischen Herzog Bogislaw IX. und Bischof Siegfried II. besiegelte die Abhängigkeit vom Landesherrn. Vgl. E. Bütow, Staat und Kirche in Pommern im ausgehenden Mittelalter bis zur Einführung der Reformation, in: Balt. Stud., NF 14, 1910, 85–148, und 15, 1911, 77–142, hier bes. Bd. 14, S. 93–114; vorher ders., Die Stellung des Stiftes Cammin zum Herzogtum Pommern im ausgehenden Mittelalter, Phil. Diss. Heidelberg, Stettin 1910 S. 11–32. Vgl. auch H. Heyden, Kirchengeschichte Pommerns, I², Köln-Braunsfeld 1957, S. 101–103.

9 Vgl. W. Loos, Die Beziehungen zwischen dem Deutsch-Ordensstaat und Pommern, Phil. Diss. Königsberg, Königsberg 1937, S. 57 ff.

10 Roderich Schmidt in: NDB IV, 1959, S. 587–588.

11 Ders., Greifen, Geschlecht der Herzöge von Pommern, in: NDB VII, 1966, S. 29–33, hier S. 31 und S. 30.

bringen versuchten[12]. Hier wurde die alte, auch für das Bistum Cammin nicht gleichgültige Frage unmittelbar aktuell, ob die seit 1295 geteilten pommerschen Herzogtümer reichsunmittelbar oder brandenburgische Lehen waren. Zugleich aber ging es auch um den Besitz der Uckermark und der Neumark (die 1454 vom Deutschen Orden wieder an Brandenburg gekommen war)[13], die kirchlich beide zum pommerschen Bistum von Cammin gehörten[14].

Fragt man nach der Haltung, die Bischof Henning zu diesen Konflikten eingenommen, nach der Rolle, die er womöglich in diesen Auseinandersetzungen und Kämpfen gespielt hat, so ist die Antwort nicht leicht gegeben. Man wird vielmehr sehr bald inne, wie wenig wir – trotz zahlreicher Einzeluntersuchungen[15] – über ihn wie über die meisten anderen Camminer Bischöfe überhaupt und gesichert wissen[16]. Nur wenige von ihnen sind bisher zum Gegenstand einer monographischen Darstellung gemacht worden[17]. Henning Iwen gehört nicht zu ihnen. Was über ihn in der pommerschen Literatur verstreut mitgeteilt wird, findet sich zum großen Teil bereits in der „Historia episcopatus Caminensis in Pomerania ab origine ad annum 1618", die der Hofrat Jürgen Valentin von Winther unter dem Pseudonym P. Wuja veröffentlicht hat[18]. Winther be-

---

12 Vgl. P. Gähtgens, Die Beziehungen zwischen Brandenburg und Pommern unter Kurfürst Friedrich II. (1437) 1440–1470, Gießen 1890; F. Rachfahl, Der Stettiner Erbfolgestreit (1464–1472), Breslau 1890.

13 Vgl. K. Heidenreich, Der Deutsche Orden in der Neumark (1402–1455), Berlin 1932.

14 Heyden, Kirchengeschichte Pommerns 12, 1957, S. 36–38.

15 Hier sind vor allem die Arbeiten von Martin Wehrmann zu nennen. Lit. s. H. Heyden, Verzeichnis von Büchern und Aufsätzen zur Kirchengeschichte Pommerns, Hannover 1952, S. 10–11 (Nr. 122–148); H. Spruth, Landes- und familiengeschichtliche Bibliographie für Pommern (Genealogie und Landesgeschichte Bd. 2) Teil 3, Neustadt a. d. Aisch 1964, S. 675–679.

16 Infolgedessen fehlt noch immer eine gründliche, auch das Leben und Wirken der einzelnen Bischöfe behandelnde Geschichte des Bistums Cammin.

17 Zuletzt: H. Heyden, Heinrich Wachholz, Bischof von Kammin, 1302–1317, in: Ders., Pommersche Geistliche vom Mittelalter bis zum 19. Jahrhundert (Veröffentlichungen der Historischen Kommission für Pommern, Forschungen zur pommerschen Geschichte Heft 11), Köln-Graz 1965, S. 73–100; hier S. 73 Anm. 1 weitere Arbeiten über einzelne Camminer Bischöfe.

18 Gedruckt in: Scriptores rerum Germanicarum, hg. v. J. P. Ludewig, vol. II, Frankfurt u. Leipzig 1718, Sp. 496–679. Das Werk reicht dem Titel nach bis zum Jahre 1618; die Vorrede ist jedoch schon vom 1.3.1616 datiert, s. M. Wehrmann, Von älteren Arbeiten zur Geschichte des Bistums Kammin, in: Mbll. d. Ges. f. Pomm. Gesch. u. Altertumskunde (im folgenden: Mbll.) 37, 1913, S. 164 f. Wehrmann bemerkt, daß die „Historia" „zum guten Teile" „auf Cramer fußt". Über dessen Kirchengeschichte s. die folgende Anm. – Über J. V. von Winther vgl. G. v. Bülow in: ADB 43, 1898, S. 501–502 (Georg Valentin von Winther), der merkwürdigerweise dessen Camminer Bischofsgeschichte nicht bei der Aufzählung der Werke erwähnt. Vgl. auch H. Bollnow, Die pommerschen Herzöge und die heimische Geschichtsschreibung, in: Balt. Stud., NF 39, 1937, S. 32–34 (hier S. 34 Anm. 93 die Arbeit Wehrmanns mit falschem Er-

ruft sich ausdrücklich[19] auf die Pommersche Kirchengeschichte Daniel Cramers, die in verschiedenen Fassungen in den Jahren 1602, 1603, 1604 und 1628 erschienen ist[20]. In ihr besitzen wir die erste Zusammenstellung von Ereignissen, die die Person Henning Iwens betreffen oder die in seine Bischofszeit fallen. Das Gesichtsfeld Cramers ist freilich in diesen Abschnitten ganz auf die innerpommerschen Verhältnisse begrenzt[21], so daß wir zur Beantwortung der Frage nach der Rolle Henning Iwens in den großen Auseinandersetzungen seiner Zeit so gut wie nichts erfahren.

Das Bild Henning Iwens, das Cramer und von Winther entworfen haben, ist immer wieder nachgezeichnet[22] worden und bis auf den heutigen Tag bestimmend geblieben. Die gelegentlich zitierte „Lebensbeschreibung" aus der Feder des gelehrten Christian Wilhelm Haken[23] vom Jahre 1785 ist nicht nur wirklich „kurz", sondern – wenn man Cramer und von Winther kennt – auch enttäuschend. Und selbst Theodor Pyl, der 1880 in der Allgemeinen Deutschen Biographie[24] die bisher letzte und abschließende Lebensskizze Henning Iwens geliefert hat, bewegt sich noch auf den Spuren Cramers und von Winthers. Was er über den Streit mit Kolberg, über die von Henning Iwen erlassenen Diözesanstatuten und über dessen Mitwirkung bei

---

scheinungsjahr 1893, sowie J. Deutsch, Pommersche Geschichtsschreibung bis zum Dreißigjährigen Krieg, in: Pomm. Jahrb. 23, 1926, S. 32; ferner: Franciscus Wokenius, Beytrag zur Pommerischen Historie, Leipzig 1732, S. 36–47: „Des Hoch-gelahrten Hoffraths Iurgae Valentini Winteri Leben und Schriften", sowie: „Des Herrn Landraths von Lettow Anmerkungen zu des Hn. von Ludwigs Ausgabe von P. Wujae Historia Episcopatus Camminensis, in: J. C. Dähnerts Pommerscher Bibliothek, II. Bd., 2. Stück, Greifswald 1753, S. 62–67.

19 Vorwort Sp. 498 f., und zwar nennt v. Winther die Fassungen von 1602 und 1603 des Cramerschen Werks (s. d. folg. Anm.).

20 Daniel Cramer, „Pommerische Chronica 1124–1601" Frankfurt a. M. 1602; erweiterte Neuauflagen: „Pommersche Kirchen Chronica", Alten Stettin 1603; „Historia ecclesiastica Pomeraniae", Frankfurt 1604; „Das Große Pomrische Kirchen Chronicon", Alten Stettin 1628. – Über. D. Cramer vgl. G. v. Bülow in: ADB 4, 1876, S. 546–547, und jetzt: H. Heyden, Daniel Cramer 1568–1637, in: Ders., Pommersche Geistliche v. Mittelalter b. z. 19. Jh. (s. Anm. 17), 1965, S. 173–179. Die Angaben Heydens über Cramers Kirchengeschichte (S. 175) sind nach H. Bollnow (s. Anm. 18) S. 19 Anm. 44 (dazu ebd. S. 30 f.) zu rectifizieren.

21 Das ist um so erstaunlicher, als Cramer sich sonst keineswegs auf Pommern beschränkt, sondern Berichte aus aller Welt mitteilt (Heyden, a. a. O., S. 175 f.).

22 Als ein Beispiel sei die auch von Th. Pyl in seinem ADB-Artikel über Henning Iwen (s. u. Anm. 24) angeführte Darstellung von Johann Jacob Sell, Geschichte des Herzogthums Pommern von den ältesten Zeiten bis zum Tode des letzten Herzogs oder bis zum Westphälischen Frieden 1648, II. Theil, Berlin 1819, S. 281 f., genannt.

23 „Kurze Lebensbeschreibungen einiger berühmten und gelehrten Stolper", in: Pommersches Archiv der Wissenschaften und des Geschmaks, Bd. IV, 2. Stück, Stettin 1785, S. (204–221) 212–215.

24 Bd. 11, 1880, S. 775–777.

der Greifswalder Universitätsgründung mitteilt, ist freilich wesentlich vertieft und stützt sich auf spezielle Veröffentlichungen[25]. Eine durchgreifende
Kritik der gesamten Überlieferung durch Pyl aber ist allem Anschein nach
unterblieben. Da er den ADB-Artikel zudem nicht mit Anmerkungen versehen konnte, ist es für den Leser oft recht schwer, festzustellen, worauf sich
die Angaben Pyls gründen und ob und wieweit sie zutreffend sind.

Deshalb war es bei der Neubearbeitung des Artikels „Henning Iwen" für
die Neue Deutsche Biographie[26] unerläßlich, eine genaue Durchleuchtung
des erreichbaren Nachrichtenmaterials vorzunehmen, und dies um so mehr,
als sich bereits bei Cramer und von Winther Widersprüche feststellen lassen,
die der Aufhellung bedürfen.

Die kritische Prüfung der bisherigen Überlieferung, so notwendig sie
auch ist, genügt freilich nicht allein, um zu einem nuancierteren Lebensbild
des Bischofs Henning zu gelangen. Es gilt zugleich, weitere Quellen zu erschließen, die uns Anhaltspunkte für seine Wirksamkeit geben können. Ein
bisher noch nicht genügend ausgeschöpftes Reservoir ist hier die urkundliche Überlieferung. Der Grund, daß sie noch nicht systematisch ausgewertet
worden ist, liegt auf der Hand. Die Urkunden des 15. Jahrhunderts sind in
den neueren Urkundenwerken meist noch nicht gedruckt. Was sich in älteren Publikationen findet, ist oft genug durch Zufall bedingt und ebenso häufig nicht kritisch geprüft. Immerhin ist seit Pyl einiges auch für Henning
Iwen ergiebige Urkundenmaterial im Druck zugänglich geworden. Daneben
kann aber auch aus älteren Urkundenwerken noch hier und da Aufschluß
gewonnen werden, so daß man im ganzen über Pyl hinausgelangt.

Selbstverständlich wäre unser historisches Wissen über Bischof Henning
und seine Zeit durch eine intensive Archivbenutzung noch zu erweitern[27].
Insbesondere die reichen Bestände des vatikanischen Archivs, dessen Auswertung für die pommersche Geschichte seinerzeit durch Martin Wehrmann, Arthur Motzki und Adolf Diestelkamp bereits mit Erfolg begonnen[28]
und jüngst durch Jürgen Petersohn und Hans Koeppen wieder aufgenom-

---

25 Es handelt sich um die Werke von: H. Riemann, Geschichte der Stadt Colberg. Aus
    den Quellen dargestellt, Colberg 1873; Christian Schöttgen, Altes und Neues
    Pommerland, Oder Gesammelte Nachrichten Von verschiedenen Zur Pommerischen
    Historie gehörigen Stücken (darin im Dritten Stück, Stargard 1721 S. 314–334, die
    „Statuta Synodalia Hennigi Episcopi Caminensis" von 1454); J G. L. Kosegarten,
    Geschichte der Universität Greifswald I/II (Bd. II: Enthaltend die urkundlichen Bei-
    lagen"), Greifswald 1856/57; R. Klempin, Diplomatische Beiträge (s. o. Anm. 8).
26 Erscheint, vom Verf. bearbeitet, in Bd. 8.
27 Hierzu: K. A. Fink, Das Vatikanische Archiv. Einführung in die Bestände und ihre
    Erforschung, Rom ²1951.
28 Vgl. J. Petersohn, Die pommersche Geschichtsforschung und das Vatikanische Ar-
    chiv, in: Balt. Stud., NF 50, 1964, S. 13–27.

men worden ist[29], dürften Angaben enthalten, die nur hier zu gewinnen sind und Licht in manches Dunkel bringen könnten. Das gedruckte Material aus vatikanischen Beständen reicht allerdings meist auch nicht bis in die Mitte oder gar bis in die zweite Hälfte des 15. Jahrhunderts[30]. Und da die Abfassung des Lebensbildes für die NDB es nicht zuläßt, das Fortschreiten der Publikationen oder eine systematisch betriebene Nachsuche abzuwarten, ist es erforderlich, eine Bestandsaufnahme unseres derzeit bekannten Quellen- und Nachrichtenmaterials vorzunehmen.

Eine solche Bestandsaufnahme erscheint aber auch noch aus einem anderen Grunde notwendig. Historiker wie Martin Wehrmann, Hermann Hoogeweg, Hellmuth Heyden u. a. haben für ihre z. T. für unseren Gegenstand einschlägigen Arbeiten[31] auch solch ungedrucktes Urkunden- und Archivmaterial herangezogen und verwertet, besonders aus dem ehemals Preußischen Staatsarchiv zu Stettin, das – sofern es nicht überhaupt verlorengegangen ist – uns heute praktisch gar nicht oder nur schwer erreichbar ist[32]. Es bleibt nichts anderes übrig, als mit solchen Quellenangaben aus der Literatur wie mit Quellen selbst zu arbeiten. Um so notwendiger aber ist es dann, ihre Herkunft so genau und so vollständig wie möglich nachzuweisen.

Die folgende Sichtung und kritische Durchleuchtung des Quellen- und Nachrichtenmaterials über Bischof Henning Iwen von Cammin verfolgt einen dreifachen Zweck: Vorab sollen die Benutzer des NDB-Artikels instand gesetzt werden, selbst zu prüfen, was im einzelnen quellenmäßig wirklich oder doch einigermaßen gesichert, was nur zu erschließen ist und was auf Vermutungen beruht; sodann sollen hier Bausteine für eine umfassendere biographische Darstellung bereitgestellt und schließlich Anregungen und Hinweise für weitere Nachforschungen, besonders in den vatikanischen Archivbeständen, gegeben werden. Daß die nachfolgenden Ausführungen auch Aufschlüsse über Inhalt und Abhängigkeit der älteren pommerschen Chro-

---

29 Ders., Vatikanische Beiträge zur Chronologie der Kamminer Bischofsreihe in der späten Schismazeit (1410–1418), in: Balt. Stud., NF 48, 1961 S. 17–32. – H. Koeppen, Vorwort zum Preußischen Urkundenbuch, Bd. IV, Marburg/Lahn 1960, S. II, und Bd. III (Nachträge), ebd. 1961, S. 651.

30 Vgl. die von Petersohn 1964 angeführten Werke und Veröffentlichungen.

31 Über Henning Iwen speziell hat sich Wehrmann nicht geäußert. Doch sind eine Reihe Wehrmannscher Arbeiten auch für ihn und seine Zeit heranzuziehen, insbesondere: „Das Todesjahr des Bischofs Siegfried von Camin (1446)“, in: Mbll. 15, 1901, S. 181–183; „Graf Ludwig von Eberstein als Postulat von Camin (1469–1480)“, in: ebd. 11, 1897, S. 33–37, 49–54. – Von Hoogeweg kommt sein Werk „Die Stifter und Klöster der Provinz Pommern“, 2 Bde., Stettin 1924/25, und von Heyden seine „Kirchengeschichte Pommerns“, 2 Bde., ²1957, in Betracht.

32 Vgl. den sachlich gut informierenden Artikel „Die Archive im vorpommerschen Gebiet und ihr historisches Quellengut“ von J. Wächter, in: Greifswald-Stralsunder Jahrb. 2, 1962, S. 145–164.

nistik und über die Verfahrensweise der Historiographen vermitteln, ist gewissermaßen ein Nebenprodukt der Untersuchung.

*

Wir beginnen die Sichtung der Überlieferung mit der Prüfung der Lebensdaten und -fakten.

1. Die Herkunft Henning Iwens

In dem ADB-Artikel von Theodor Pyl wird hierzu vermerkt: Er „war aus
Stolpe in Hinterpommern gebürtig und auf der dortigen Schule gebildet".[33]
Die Nachricht von der Stolper Herkunft läßt sich bis auf Thomas Kantzow
(† 1542) zurückverfolgen. Sie findet sich zuerst unter den Nachträgen der
zweiten hochdeutschen Fassung seiner „Chronik von Pommern"[34] im Anschluß an die Notiz über den Tod Bischof Siegfrieds II. von Cammin: *huic
successit Henningus Iuen Stolpensis.* Beide Angaben sind dann durch Kantzow[35] dem Text der „Pomerania" eingefügt[36], und Valentin von Eickstedt
bringt sie in seiner 1552 entstandenen „Epitome Annalium Pomeraniae" im
gleichen Zusammenhang[37]. Seitdem ist sie immer weiter überliefert worden[38].

---

33 ADB 11, 1880, S. 775.
34 Des Thomas Kantzow Chronik von Pommern in hochdeutscher Mundart, hg. v. G.
    Gaebel, Bd. I: Letzte Bearbeitung, Stettin 1897 (im folgenden zitiert: Kantzow,
    2. hdt.), S. 277 Anm. – Über Art und Charakter der Anmerkungen und Nachträge
    Kantzows vgl. Gaebel in der Einleitung S. XIII f.
35 Vgl. Jürgen Petersohn, Die dritte hdt. Fassung von Kantzows Pommerscher Chronik,
    in: BSt. NF. 59, 1973, S. 27–41.
36 „Pomerania". Eine pommersche Chronik aus dem sechzehnten Jahrhundert, hg. v. G.
    Gaebel, 2 Bde., Stettin 1908. Bd. I, S. 367: *Herr Henning Iven von Stolp in Pommern.*
37 Epitome Valentin von Eickstedts zusammen mit seiner „Vita Philippi I" hg. v. Jacob
    Heinr. Balthasar, Greifswald 1728, hier S. 98: *Henningus Iven, Stolpio oriundus.* – Über
    Valentin von Eickstedt vgl. G. v. Bülow in: ADB 5, 1877, S. 746–747, und H. Bollnow
    (s. o. Anm. 18) S. 24–26. – Nach Balthasar, Praefatio S. 4, entstand die Epitome 1553;
    nach W. Böhmer Uebersicht der allgemeinen Chroniken und Geschichten Pommerns
    seit Kantzow, in: Balt. Stud. 3, 1, 1835, S. (66–171) 79 (über Eickstedt S. 78–83), und
    H. Bollnow S. 24 m. Anm. 61, bereits 1552.
38 Auch J. V. von Winther bezeichnet Henning Iwen als *Stolpensis* (Sp. 610). – D. Cra-
    mer schreibt bereits in der ersten Ausgabe seiner Kirchenchronik 1602: *dieser war ei-
    nes Bürgers Sohn von Stolp* (S. 197). – Es sei angemerkt, daß H. Riemann in seiner Ge-
    schichte der Stadt Colberg (s. o Anm. 25) die Stolper Herkunft Henning Iwens mit
    einem Fragezeichen versieht, wenn er ihn (S. 227) als den „angeblich aus Stolp" stam-
    menden Kanzler Bogislaws (IX.) bezeichnet.

Die Mitteilung Pyls, daß Henning Iwen in Stolp seine Schulbildung erhalten habe, steht indessen nicht in den genannten Werken. Pyl hat sie offenbar der „Lebensbeschreibung" Christian Wilhelm Hakens entnommen, und dieser beruft sich dafür auf eine entsprechende Bemerkung, die „Zülich in hist. Episc. Cam." gemacht habe[39]. Es handelt sich um Michael Zulichius[40] oder Zülich (Züllich), der aus Manow bei Köslin stammte (geb. 1653), in Stolp und Berlin seine Schulbildung erlangte, dann die Universität Jena besuchte und nach vorübergehender Tätigkeit als Reiseprediger und Geistlicher in Jena gewirkt hat, wo er 1721 als Doktor der Theologie und Superintendent gestorben ist. Im Jahre 1677 hat er für einen Stolper Respondenten die „Historia episcopatus Caminensis" behandelt. Nach Wehrmann ist diese Schrift „sehr unbedeutend und heute wertlos".[41] Vermutlich hat ihr Verfasser das Werk Cramers oder von Winthers oder beider benutzt. Wenn dies zutrifft, hat er seine Vorlage aber auch – jedenfalls im Punkte der Schulbildung Henning Iwens – ergänzt. Wahrscheinlich liegt der Angabe eine Stolper Überlieferung zugrunde, die wir aber nicht auf ihren Ursprung und auf ihre Glaubwürdigkeit prüfen können. Sie tritt uns erst zweihundertneunzehn Jahre nach dem Tod Bischof Hennings entgegen und ist damit weit ungesicherter als die Angabe über seine Stolper Herkunft, die bereits siebzig Jahre[42] nach seinem Ableben faßbar und vor allem auch dadurch gestützt wird, daß Nikolaus von Klempzen, der selbst aus Stolp stammte[43], sie von Thomas Kantzow übernommen und nicht verworfen hat.

---

39 Pommersches Archiv IV, 1785, S. 212.

40 Über M. Zulichius vgl. J. H. Zedler, Grosses vollständiges Universal-Lexicon, Bd. 63, Leipzig u. Halle 1750 (Neudruck 1964), Sp. 1278; Ch. G. Jöcher, Allgemeines Gelehrten-Lexicon, IV. Theil, Leipzig 1751, Sp. 2236 f. – Die Diss. De Historia Episcopatus Camminensis ab originibus ad praesentem usque statum wurde gedruckt in Jena 1677 und Königsberg 1702. – Über die Familie, die in Stolp, Rügenwalde und Schivelbein begegnet, vgl. die Literaturhinweise bei H. Spruth, Landes- u. familiengeschichtliche Bibliographie für Pommern, Teil 2, 1963, S. 403: Zuelecke (Zühlke, Zilche, Zülich, Culichius); vgl. auch das Personenregister zu den Veröffentlichungen der Histor. Kommission für Pommern, Reihe IV: Quellen zur pommerschen Geschichte Heft 7: „Einwohnerverzeichnisse von Hinterpommern nach den Steuererhebungen von 1655 und 1666", bearb. v. W. von Schuhmann, Köln-Graz 1966, S. 227. – Der Ort Manow gehörte zum Territorium des Camminer Stifts; vgl. die „Karte der Landesteilungen des 16. Jahrhunderts" v. F. Engel (Historischer Atlas von Pommern, Karte 5), Köln-Graz 1964.

41 M. Wehrmann, Von älteren Arbeiten zur Geschichte des Bistums Kammin, in: Mbll. d. Ges. f. pomm. Gesch. u. Altertumskunde 37, 1913, S. 165. Wehrmann gibt an, daß Zulichius (angeblich 1687) als Präses für einen Respondenten Andreas Juris aus Stolp fungiert habe (sic!).

42 Die 2. hdt. Fassung der Chronik Kantzows entstand zw. 1538 u. 1542.

43 Vgl. G. v. Bülow in: ADB 16, 1882, S. 155–156. Sein Vater Peter K. war im zweiten Jahrzehnt des 16. Jahrhunderts Bürgermeister in Stolp (ebd.), sein Bruder Michael später Stolper Ratsherr (Bollnow, a. a. O., S. 17 Anm. 38).

2. Die Verwandtschaft Henning Iwens mit der Stolper Familie Suawe.

Durch die „Pomerania" erfahren wir über den Stolper Henning Iwen aber
noch mehr, nämlich daß er – was Pyl nicht erwähnt – mit anderen berühmten Stolpern, vor allem mit Mitgliedern der Familie Suawe[44], in Verwandtschaftsbeziehungen zu setzen ist. Diese Mitteilung ist im vierten Buche der
„Pomerania", das von der Beschaffenheit des Landes, von seinen Bewohnern
und „Von etzlichen vornehmen Stedten in Pommern" handelt, und zwar in
dem Kapitel „Von Stolp" enthalten[45]. Zweifellos geht auch das vierte Buch
der „Pomerania" in seinen wesentlichen Bestandteilen auf die hochdeutschen Fassungen der Kantzowschen Chronik zurück[46]. Leider ist es nicht
mehr möglich, dies für das Stolp-Kapitel durch Vergleich festzustellen, da in
der ersten hochdeutschen Fassung Kantzows der Abschnitt über die Städte
in dem Kapitel „Stargard"[47], das dem über Stolp vorangeht, abbricht, während die zweite hochdeutsche Fassung in einem noch früheren Kapitel,
„Vom Glauben des Landes", mitten im Satz aufhört[48], so daß hier der Städte-
Abschnitt überhaupt fehlt. Man nimmt jedoch an, daß beide hochdeutschen
Fassungen der Chronik Kantzows den vollständigen Städteteil gehabt haben
und daß die fehlenden Partien mit den letzten Seiten der zwei, jeweils nur in
einer Handschrift überkommenen hochdeutschen Chronikfassungen verlorengegangen sind[49].

Daß Kantzows Text zumindest in Einzelheiten ergänzt worden ist, ergibt
sich u. a. daraus, daß Bartholomäus Suawe[50] als „Bischof" bezeichnet wird.
Er war hierzu am 4. Mai 1545 gewählt worden und ist am Tage darauf in
sein Amt eingeführt worden[51]. Thomas Kantzow aber war schon 1542 ge-

---

44 Über die Familie Suawe, Suave, Schwave, Schwabe etc. vgl. H. Spruth, a. a. O., Teil 2,
   1963, S. 368 b und 379 b. Eine Ahnentafel bietet der Stettiner Stadtbauinspektor M.
   Grube, Das Geschlecht Schwave, in: Vjschr. f. Wappen-, Siegel- u. Familienkunde,
   45. Jg., Heft 4, 1917, S. 185–193 (dazu ebd. 50. Jg., 1922, S. 65). Seine Aufstellungen
   erscheinen aber problematisch. In Anbetracht der zahlreichen Widersprüche in der
   Literatur (vgl. auch u. Anm. 64) ist eine klärende Untersuchung zur Genealogie der
   Suawes überaus wünschenswert.
45 S. Anm. 35.
46 Vgl. Gaebel in: Pomerania II, S. 215 ff.
47 Kantzow, 1. hdt., S. 261.
48 Kantzow, 2. hdt., S. 416.
49 Gaebel in: Kantzow, 1. hdt., S. XX und XXIII.
50 Vgl. über ihn M. Wehrmann in: ADB 54, 1908, S. 641–643, ferner H. Waterstraat, Der
   Camminer Bistumsstreit im Reformationszeitalter, in: Ztschr. f. Kirchengesch. 23,
   1902, S. 227 ff., sowie unten Anm. 81.
51 Den 4. Mai 1545 als Datum der Bischofswahl und den 5. Mai als Tag der Inthronisation
   bzw. Ordination nennen Waterstraat und Wehrmann a. a. O. Waterstraat gibt ferner
   an, daß am 13. April 1545 zu Cammin eine Zusammenkunft der Herzöge Barnim IX.

storben[52]. Die Bezeichnung Bartholomäus Suawes als Bischof ist von dem Landrentmeister Nikolaus von Klempzen hinzugefügt, dem Kantzow seine 3. hdt. Fassung hinterlassen und die dieser komplettiert hat (Petersohn, wie Anm. 35, S. 32).

Vielleicht gilt das aber nicht bloß für diese eine Bemerkung, sondern auch noch für andere Teile des Kontextes, in dem sie steht. Es ist dies jener Abschnitt, der die Bedeutung Stolps in besonderer Weise heraushebt[53]. Er beginnt mit der Feststellung, daß aus dieser Stadt *lange Jahr her mehr gelehrte und vorstendige Leute* als aus allen andern Städten Pommerns hervorgegangen sind, und zwar Männer, *die in der Fursten Hofe und sonsten gewest.* Fünf Personen werden dann namentlich genannt: An erster Stelle *bei unserm Leben und Gedenken Doctor Johannes Schwave, Tumbherr zu Stettin, ein Mann, der bei Herzog Bugslaven[54] und der ganzen Landschaft nicht allein umb seiner Lehre und Geschicklichkeit willen, sonder auch umb seines ehrbaren, frommen Lebens willen in großer Acht gewest.* Darauf folgt, etwas abrupt angehängt: *seiner Großmutter Brueder Henningus Iven.* Kein Zweifel, daß es sich um unsern Bischof handelt, denn bei der Nennung der dritten Person: *und zu unsern Zeiten seines Brueders Sohn[55] Bartholomeus Schwave,* findet sich jene schon erwähnte Bemerkung, die von Klempzen herrührt: *beide Bisshofe zue Kammin.* Danach werden noch der herzogliche Rat Valentin von Stojentin[56] und der im Dienste König

und Philipp I. stattgefunden hat, auf der sich diese auf Bartholomäus Suawe als Bischofskandidaten einigten und den Wahltermin bestimmten. Nach Wehrmann ist Bartholomäus Suawe von den Herzögen am 16. April nominiert worden. Dagegen schreibt Heyden, Kirchengeschichte Pommerns II, S. 4 , daß dieser am 12. April 1545 „zum Bischof gewählt" worden sei, und er führt hierfür an (Anm. 21): St. A. Stettin „Rep. 8 XVII a Nr. 3 Rep. 4 P III Tit. 9 Nr. 1 a, Rep. 1 Bistum Kammin Nr. 948".

52 Über die letzten Lebensjahre Kantzows vgl. Roderich Schmidt in: Spiegel der Geschichte. Festgabe für Max Braubach, Münster i. W. 1964, S. 273 f. m. Anm. 150.
53 Pomerania II, S. 177 f.
54 Gemeint ist Bogislaw X.
55 Vater Bartholomäus Suawes war der Stolper Bürgermeister Georg (Jürgen) Suawe; vgl. Waterstraat, a. a. O., S. 228, u. Wehrmann, ADB 54, 1908, S. 641. Anders Grube (s. Anm. 44), der „Greger" (Gregor) Suawe, einen Bruder des Jürgen (und nach allg. Annahme Vater des Humanisten Petrus Suawe) als Vater des Bartholomäus angibt (vgl. auch Anm. 64).
56 *Aus dieser Stadt ist gewest Doctor Valentin Stojentin, ein gelehrter und aufrichtiger Mann, an dem großer Hoffen stund der Beforderunge des heiligen Evangelii, der studiorum und ganzer gemeiner Policei, so er nicht durch viel zu unzeitigen Tod entnommen were worden* (Pomerania II, S. 177 f.). – Über Valentin v. Stojentin vgl. M. v. Stojentin in: ADB 54, 1908, S. 546–548, u. unten Anm. 69. – Die oben erwähnte Förderung der *studiorum* bezieht sich wohl auf den von V. v. Stojentin 1525 verfaßten Reformvorschlag für die Universität Greifswald, gedruckt von H. Frederichs in seinem Aufsatz „Die Universität Greifswald am Vorabend der Reformation" in: Mbll. 47, 1933, S. (169–174) 172–174; dazu Roderich Schmidt in dem Aufsatz „Der Croy-

Christians III. von Dänemark tätige Petrus Suawe[57], ein Vetter des Bartholomäus, gewürdigt.

Alle Genannten – mit Ausnahme Henning Iwens – waren Zeitgenossen von Kantzow und Klempzen; doch waren Johannes Suawe und Valentin von Stojentin zum Zeitpunkt der Niederschrift schon nicht mehr am Leben. Von Johannes Suawe[58] († 1529) wissen wir nur wenig über seine Lebensumstände. Er war bezeugtermaßen zunächst Sekretär[59] Herzog Bogislaws X. (1474–1523)[60], der ihm 1490 eine Pfründe des Camminer Domkapitels übertrug[61]. Später war er Vizedominus der Camminer Kirche[62]. Die Mitteilung des Oldenburgischen Superintendenten Hermann Hamelmann (1526–1595)[63], die „Brüder"[64] Petrus, Johannes und Bartholomäus Suawe hätten zusammen mit

---

Teppich der Universität Greifswald, ein Denkmal der Reformation in Pommern" in: Johann Bugenhagen. Beiträge zu seinem 400. Todestag, hg. v. W. Rautenberg, Berlin 1958, S. (89–107) 104–105.

57 *Von hinnen ist Petrus Schwaven, ein gelehrter Mann, der durch seine getane Botschaften in Frankreichen, Engelland und andern Landen berohmet ist, den auch hernachmals seine monumenta selbst wohl ruhmen werden* (Pomerania II, S.178). – Über Peter Suawe vgl. M. Wehrmann in: ADB 54, 1908, S. 643–645.
58 Über Johannes Suawe vgl. M. Wehrmann in dem ADB-Artikel über Bartholomäus Suawe sowie unten Anm. 61 u. 62.
59 Über die Stellung des herzoglichen Sekretärs vgl. F. Hasenritter, Die pommerschen Hofordnungen als Quellen für die Hof- und Landesverwaltung, in: Balt. Stud., NF 39, 1937, S. 168 f.
60 Über Bogislaw X. vgl. Roderich Schmidt in: NDB II, 1955, S. 417–418.
61 Heyden, Kirchengeschichte I, S. 185 (Urk. StA Stettin, Rep. 1 Bist. Cammin Or. 565 a). Vgl. dazu Klempin (s. o. Anm. 8) S. 339 (zu XX). 1490 war er Pleban in Demmin, ebd. S. 18 (Nr. 121).
62 Klempin S. 417 (II Nr. 280). Als Vizedominus nach Klempin zuerst 1491 Nov. 5 bezeugt (II S. 57, Nr. 469). Weitere Erwähnungen aus den Jahren 1490 bis 1494 ebd. S. 275 (Register ad I). – Ein Brief des Johannes Suawe an den Humanisten Johannes Murmellius in Münster, datiert Stettin 2. Sept. 1514, ist gedruckt bei A. Bömer, Ausgewählte Werke des Münsterischen Humanisten Johannes Murmellius, Heft V: „Scoparius", Münster 1895, Nr. 53, S. 42 f. und auszugsweise in Übersetzung mitgeteilt von D. Reichling, Johannes Murmellius. Sein Leben und seine Werke, Freiburg i. Br. 1880, S. 97; vgl. auch unten Anm. 64.
63 H. Hamelmann, „De vita, studiis, itineribus, scriptis et laboribus Hermanni Buschii" (1584) in: Opera genealogico-historica De Westphalia & Saxonia inferiori, hg. v. E. C. Wasserbach, Lemgo 1711, S. 293, sowie jetzt in: H. Hamelmanns Geschichtliche Werke. Kritisch neu hg. v. H. Detmer, Bd. I, Heft 2, Münster i. W. 1905 (Veröffentlichungen der Historischen Kommission f. d. Prov. Westfalen, Bd. V, 1), S. 53. – Über H. Hamelmann vgl. K. Löffler, Hamelmanns Leben und Werke, in: ebd. Bd. II, 1913. S. IX–LXX; R. Stupperich in: RGG ³III, 1959, Sp. 49 bis 50; vgl. auch K. Schottenloher, Bibliographie zur deutschen Geschichte im Zeitalter der Glaubensspaltung, Bd. I, Leipzig 1933, Nr. 7887–7902, und Bd. V, ebd.1939, Nr. 46 667 a–46 669.
64 Die Nachricht ist immer auf Bartholomäus Suawe, den späteren Bischof, auf den Humanisten, Luther-Freund und späteren dänischen Rat Petrus Suawe und den Stettiner Domherrn und Camminer Vizedominus Johannes Suawe bezogen worden. Inso-

Johannes Bugenhagen in Greifswald Vorlesungen über antike Autoren bei dem Humanisten Hermann von dem Busche[65] gehört[66], der sich im Jahre 1501 in Greifswald aufgehalten hat[67], ist – gleichgültig ob mit Johannes Suawe

fern ist sie falsch; denn Bartholomäus und Petrus waren nicht Brüder, sondern Vettern und Johannes ihr Oheim (vgl. Wehrmann, ADB 54, 1908, S. 641 ff.). Allerdings hatte Bartholomäus Suawe auch Brüder; nach Grube (s. Anm. 44) zwei mit Namen Jürgen u. Peter. W. Bartholdy, „O Stolpa, du bist ehrenreich ...". Kulturgeschichtl. Beiträge z. Kirchen- u. Stadtgesch. v. Stolp, Stolp 1910, S. 133 ff., nennt dagegen drei Brüder des Bartholomäus: Johannes, Peter u. Jürgen. Ob Johannes als Bruder des Bartholomäus wirklich gesichert ist, erscheint fraglich. Der Bartholomäus-Bruder Peter ist jedoch nicht der Humanist, den Hamelmann im Auge hat. Nach Grube hatte der letztgenannte Peter Suawe auch einen Bruder namens Hans. Bereits bei Hamelmann herrscht Verwirrung über die verschiedenen Mitglieder der Familie Suawe. Er erwähnt die Suawes auch in seiner Schrift „De quibusdam Westphaliae viris scientia claris, Lemgo 1563, jetzt in: Hamelmanns Geschichtl. Werke (s. vorige Anm.), Heft 1, 1902, S. 29–31, und zitiert hier den Brief des Dr. Johannes Suawe an Johannes Murmellius (s. o. Anm. 62). Wenn er hierzu bemerkt: „Nam huius Joannis frater per id tempus fuit Bernimi principis Pomeranici cancellarius nomine Bartholomaeus et postea Caminensis episcopus", S. 31), so wäre der Johannes – träfe die Bemerkung Hamelmanns zu – nicht der Stettiner Domherr u. Camminer Vizedominus (sondern dann evtl. Peter Suawes Bruder Hans). Doch ist der Briefschreiber Johannes dadurch als der Vizedominus gesichert, daß er in dem Brief an Murmellius schreibt: *Mitto ad te meum ex fratre nepotem adolescentem non spernandae indolis,* was auch Hamelmann zitiert und gewiß richtig kommentiert: „Hunc puto Petrum fuisse Suavenium". Johannes ist also der Oheim des Peter und damit auch der Oheim von dessen Vetter Bartholomäus.

65 Über Hermann von dem Busche vgl. A. Bömer in: Westfälische Lebensbilder I, Münster 1930, S. 50–67; W. Trusen in: NDB III, 1957, S. 61–62; R. Stupperich in: RGG ³I, 1957, Sp. 1533 bis 1534; A. Schröer in: LThK II, 1958, Sp. 800.

66 Die Greifswalder Universitätsaufzeichnungen enthalten allerdings keinerlei Anhaltspunkte für eine amtliche Tätigkeit Hermann von dem Busches an der pommerschen Universität. J. G. L. Kosegarten, Gesch. der Universität Greifswald, Bd. I, 1857, S. 163, hat deshalb die Vermutung geäußert, daß er wohl nur privatim, außerhalb der Universität, in Greifswald gelehrt habe Allerdings ist das Schweigen der Universitätsaufzeichnungen kein sicheres Indiz. So findet sich z. B. über Johann Bolrose, der in den dreißiger Jahren des 17. Jahrhunderts als Greifswalder Professor iuris durch Briefe und amtliche Äußerungen bezeugt ist, in den Aufzeichnungen der Universität nicht eine Spur; vgl. Roderich Schmidt in: Spiegel der Geschichte. Festgabe für Max Braubach, Münster 1964, S. 251–262.

67 Die Angabe, daß Hermann von dem Busche von 1502 bis 1504 oder gar bis 1505 in Greifswald gewirkt hat – so Kosegarten, Gesch. d. Univ. Greifswald I, S. 163, und zuletzt noch H. Schröder (s. Anm. 63) S. 58 a, H. Heyden, Die Erneuerung der Universität Greifswald und ihrer Theologischen Fakultät im 16. Jahrhundert, in: Festschrift zur 500-Jahrfeier d. Univ. Greifswald, 1956, Bd. II, S. 19 b, und G. Erdmann, Die Ernst-Moritz-Arndt-Universität Greifswald und ihre Institute (2. Aufl.), Greifswald 1959, S. 15 – ist zu korrigieren; vgl. schon H. J. Liessem, Hermann von dem Busche. Sein Leben und seine Schriften I, in: Programm des Kaiser-Wilhelm-Gymnasiums zu Köln, Köln 1884, S. 9–11; H. Detmer i. d. Krit. Neuausgabe der „Vita Hermanni Buschii" des Hermann Hamelnann (s. o. Anm. 62), S. 52 Anm. 2 und S. 54 Anm. 1; Bö-

der vorher erwähnte Domherr und Vizedominus gemeint ist oder nicht[68] – in mehrfacher Hinsicht unhistorisch[69]. Der herzogliche Rat Valentin von Stojentin, von dem wir genauere Kenntnis besitzen[70], ist bereits Ende 1528 oder im Frühjahr 1529 während eines Aufenthaltes in Rom gestorben. Bartholomäus und Petrus Suawe haben Kantzow und von Klempzen überlebt[71].

Zum Verständnis des Ganzen muß aber auch der abschließende Satz[72] berücksichtigt werden: *Von hinnen[73] seind andere Schwaben[74], seine[75] Brueder und Vettern, die Wobeser[76], Klemtzen[77], Pritzen[78], welche alle nicht allein in der Fursten von Pommern Hofe Kanzlers, Landrentmeisters, Secretarien und andere Rete, sonder auch bei andern Fursten Marschelke, Heuptleute und andere Befehlhaber gegeben haben, deren Lob, weil sie noch leben, ich aus Vormeidung Heuchlei hie nicht ruhren will.*

---

mer (s. o. Anm. 64) S. 53 f.; K. Schottenloher in: LThK, hg. v. M. Buchberger, Bd. II, 1931, Sp. 653, und zuletzt Schröer (s. o. Anm. 64) Sp. 800. Tatsächlich fällt der Aufenthalt v. d. Busches in Greifswald ins Jahr 1501; vgl. auch Roderich Schmidt in: Bugenhagen-Beiträge, 1958, S. 98.

68 Vgl. Anm. 64. Man muß die Angabe Hamelmanns deshalb nicht unbedingt auf den Stettiner Domherrn und Camminer Vizedominus Johannes und auf den Humanisten und dänischen Rat Petrus beziehen. Die Nachricht, auf die es Hamelmann aber ankommt, nämlich daß die „Brüder" in Greifswald zusammen mit Johannes Bugenhagen Schüler Hermann von dem Busches gewesen sind, ist aber unabhängig davon in dieser Form falsch (s. vorige Anm.). Als Faktum wurde sie zuletzt vorgebracht von H. Schröder, Zur politischen Gesch. d. Ernst-Moritz-Arndt-Univ. Greifswald, in: Festschr. z. 500-Jahrfeier d. Univ. Greifswald (1956), Bd. I, S. 56 a, der überdies Bartholomäus konstant als „Balthasar" Suawe bezeichnete.

69 Vgl. hierüber Roderich Schmidt in den Bugenhagen-Beiträgen, a. a. O., S. 96 ff.

70 Siehe o. Arm. 55. Vgl. über ihn auch Kantzow, nddt., S. 49, 53, 60; „Pomerania" II, S. 105, 114, 117, 127; Hoogeweg I, S. 599, u. II, S. 181, sowie Heyden, Kirchengeschichte I, S. 202.

71 Petrus S. † 1552, Bartholomäus S. † 1566.

72 Pomerania II, 178.

73 Stolp.

74 Suawes.

75 Unklar, auf wen sich das „seine" bezieht.

76 Lit. über die Familie v. Wobeser bei H. Spruth, Landes- u. familiengeschichtl. Bibliographie für Pommern, Teil 2, 1963, S. 398 a.

77 Lit. über die Familie v. Klempzen, Klempze, Klempzo ebd. S. 316 b. Vgl. auch W. Böhmer, Thomas Kantzow (s. u. Anm. 81), S. 74 f.

78 Lit. über die Familie (v.) Pritz bei Spruth S. 348 b. – Der Stolper Ambrosius Pritze wurde von Herzog Barnim IX. zum Mitglied des Stolper Rats ernannt; vgl. H. Heyden, Protokolle der pommerschen Kirchenvisitationen 1535–1539 (Veröffentlichungen der Histor. Kommission für Pommern, Reihe IV, Heft 1), Köln-Graz 1961, S. 5 m. Anm. 11 (z. Jahr 1535). An gleicher Stelle wird auch der Stolper Bürger Hans Pritze genannt, über ihn vgl. auch Heyden, Protokolle d. pomm. Kirchenvisitationen 1540–1555 (ebd., Heft 2), 1965, S. 153.

Überblickt man noch einmal den ganzen Abschnitt, so erkennt man, daß er in seiner vorliegenden Form nicht nur ein Lobpreis auf die Stadt Stolp, sondern in erster Linie ein solcher auf die Familie Suawe ist. Von ihr fällt aber auch ein wenig Glanz auf die mit ihr verwandten Familien, mithin auch auf die des Landrentmeisters Nikolaus von Klempzen. Sollte dieser selbst der Verfasser des zuletzt zitierten Satzes gewesen sein und sich an dieser Stelle ein eigenes Denkmal gesetzt haben? Wahrscheinlich ist dies nicht, denn wo Nikolaus von Klempzen an anderer Stelle in der „Pomerania" begegnet, geht seine Erwähnung auf Kantzow zurück[79]. Das legt es nahe, auch diesen Schlußsatz Kantzow zuzuweisen, und zwar als eine indirekt freundschaftliche Ehrung einiger ihm dienstlich und persönlich nahestehender, aus Stolp stammender Männer. Zu ihnen zählte nicht nur Nikolaus von Klempzen, der 1527, ein Jahr vor Kantzow, in den pommerschen Hofdienst als Sekretär Herzog Georgs I.[80] eingetreten war[81], und Bartholomäus Suawe, vor seiner Erhebung zum Bischof Kanzler[82] Herzog Barnims IX.[83], sondern

---

79 Pomerania II, S. 142 (N. v. Klempzen wird nach dem Tode Herzog Georgs I., 1531, von Barnim IX. an die Herzöge von Mecklenburg geschickt, um diese zur gemeinsamen Bekämpfung der Raubritter zu veranlassen) greift eine Randnotiz Kantzows, 2. hdt., S. 405 Anm. 1, auf. – Die Nennung N. v. Klempzens in der nddt. Fassung Kantzows (Des Thomas Kantzow Chronik von Pommern in niederdeutscher Mundart, hg. v. G. Gaebel, Veröffentlichungen der Histor. Kommission für Pommern, Bd. I, Heft 4, Stettin 1929), S. 72 (als Sekretär bei den Verhandlungen wegen der Landesteilung 1531 ebenso wie Bartholomäus Suawe anwesend) ist nicht in die hochdt. Fassungen und so auch nicht in die „Pomerania" gelangt. – Die Passage im Anfang der „Pomerania", wo der Name N. v. Klempzens ebenfalls erscheint (Bd. I. S. 8), stammt freilich von ihm selbst, doch handelt es sich hier um Mitteilungen über das Zustandekommen des Teils der Chronik, der die Urgeschichte Pommerns zum Gegenstand hat.

80 Über Georg I. vgl. Roderich Schmidt in: NDB VI, 1964, S. 223–224.

81 Vgl. W. Böhmer Thomas Kantzows Chronik von Pommern in Niederdeutscher Mundart, Stettin 1835, Einleitende Abhandlung, S. 39 u. 75 f.

82 In der „Pomerania" wird Bartholomäus Suawe nur als Bischof erwähnt (II, S. 145 u. 177). Kantzow, nddt., nennt ihn öfter und auch in früheren Funktionen: S. 53 (a. 1525 „vicedominus"), S. 72 (a. 1531), S. 90 (nach a. 1532 „canzler"), S. 112 (a. 1535 „Canzler"). Nach M. Wehrmann, ADB 54, 1908, S. 641, ist er erst „wahrscheinlich seit 1534" Kanzler Barnims IX. gewesen. H. Waterstraat (s. o. Anm. 50) S. 228 f. Anm. 5 gibt genaue Daten an: „1531 am 7. Mai erhält B. Suave von Herzog Barnim seine Bestellung als Rat, 1535 am 2. Oktober als Kanzler, 1538 am 11. Mai als Hauptmann von Bütow. Letzterem Amt entsagte er 1560". Nach Wehrmann, ADB 54, 1908, S. 642, war er 1529 Rat Herzog Georgs I. – Über das Kanzler-Amt vgl. Hasenritter, Balt. Stud., NF 39, 1937, S. 166 ff. – Über die Beteiligung Bartholomäus Suawes an den Kirchenvisitationen vgl. Heyden, Protokolle Heft 3 (Register), 1964, S. 107 b und S. 179 b.

83 Über ihn vgl. U. Scheil in: NDB I, 1953, S. 595–596. Er wird auch als Barnim XI. bezeichnet; vgl. jedoch A. Hofmeister. Die Zählung der pommerschen Herzöge, in: Mbll. 51, 1937, S. 57 f.

auch Jacob Wobeser[84], der 1519 den jungen Herzog Barnim (IX.) zum Universitätsstudium nach Wittenberg begleitet hatte, dann zu den Räten Herzog Bogislaws X. gehörte, nach dessen Tod (1523) Kanzler wurde, jedoch unter Georg I. aus diesem Amt ausschied[85], und nunmehr in den Dienst Barnims IX. trat[86].

Der im Schlußsatz ausdrücklich hervorgehobene Grundsatz, keine lebenden Personen zu rühmen, schloß ihre namentliche Nennung aus. Die Würdigungen von Bartholomäus und Peter Suawe weichen von diesem Grundsatz ab. Sie werden deshalb nicht von demjenigen verfaßt sein, der jenen Grundsatz formulierte. Da aus chronologischen Gründen für die Ausführungen über Bartholomäus mit Sicherheit und über Petrus Suawe[87] wahrscheinlich nur Nikolaus von Klempzen in Frage kommt, haben wir in jenem Grundsatz die Meinung Kantzows vor uns. Er kann deshalb mit doppeltem Grund als derjenige angesprochen werden, der den Schlußsatz geschrieben hat. Und es darf weiter angenommen werden, daß auch die Würdigungen der schon zu seiner Zeit verstorbenen Johannes Suawe und Valentin von Stojentin aus seiner Feder stammen.

Man wird fragen, weshalb Nikolaus von Klempzen die relativ kurze Erwähnung Bartholomäus Suawes zwischen die längeren Ausführungen über

---

84 Über ihn und die im Text gemachten Angaben vgl. Kantzow nddt., S. 48, 53, 69, 97; „Pomerania" II, S. 105, 114, 127, 142. Vgl. auch H. Heyden, Kirchengeschichte Pommerns I, S. 222, und II, S. 4; H. Hoogeweg, Stifter u. Klöster d. Prov. Pommern I, S. 276 und II, S. 479, 640; H. Frederichs (s. o. Anm. 56) S. 170 Anm. 11; Roderich Schmidt in: Bugenhagen-Beiträge, 1958, S. 105–106; Heyden, Protokolle, Heft 1, S. XIX, 2, 5, 20, 21, 47, 127.

85 Ihm folgte als Kanzler Vivigenz von Eickstedt (Kantzow, nddt., S. 68–70). Über ihn vgl. Heyden, Kirchengeschichte I, S. 222; Hoogeweg I, S. 276, 302, 580, und II, S. 44, 45, 479. Unter Philipp I. (regierender Herzog seit 1531) war Nikolaus Brun Kanzler, der vorher, noch unter Bogislaw X., Landrentmeister und auch bei Georg I. herzoglicher Rat gewesen war („Pomerania" II, S. 111, 119 f., 129). Über ihn vgl. Hoogeweg I, S. 10, 497, 526, 601, und II, S. 107, 233, 304, 316, 595; Heyden, Kirchengeschichte I, S. 189, 222, 227, 238 f., 241 f.; über seine Beteiligung an den Kirchenvisitationen vgl. ders., Protokolle, Heft 1 und Register (Heft 3) S. 67 a.

86 In den Visitationsprotokollen erscheint er als Kanzler zuletzt 1539 Febr. 14 (Heyden, Heft 1, S. 127). Nach R. Cramer, Geschichte der Lande Lauenburg und Bütow, I. Theil, Königsberg 1858, Beilagen S. 84, Nr. 8, lebte er als Hauptmann von Lauenburg bis 1540. Nach H. Hoogeweg, II, S. 109, wurde jedoch noch am 6.7.1543 von Herzog Barnim IX. „dem Jacob Wobeser, Landvogt zu Stolp und Schlawe und Hauptmann zu Lauenburg, wegen seiner treuen Dienste ‚das Monnichekloster in unser Stad Lawenburgk'" verschrieben (StA Stettin Rep. 4, Pars I, Tit. 100 Nr. 8 Bl. 106 v). Demnach hat Jacob Wobeser Thomas Kantzow überlebt.

87 Seine Gesandtschaftsreisen nach Frankreich (1527, 1531, 1537, 1538, 1541) und nach England (1532, 1535, 1538) fallen zwar noch in die Lebenszeit Kantzows, doch hat Peter S. seine diplomatische Wirksamkeit auch noch nach Kantzows Tod fortgesetzt, z. B. 1547 (Verhandlungen mit Kaiser Karl V.), vgl. Wehrmann, ADB 54.

Johannes Suawe und Valentin von Stojentin eingeschoben hat. Es hätte doch näher gelegen, Bartholomäus zusammen mit Petrus Suawe an den Schluß zu stellen. Und unter chronologischem Gesichtspunkt hätte Henning Iwen an den Anfang gehört.

Wem verdankt überhaupt Henning Iwen seine Nennung – Kantzow oder Klempzen? Und weshalb wird er als der einzige, der nicht Zeitgenosse der Chronisten gewesen ist, überhaupt genannt? Vielleicht als Beispiel für einen Stolper, der es besonders weit gebracht hat? Aber zum Bischof ist auch Siegfried von Buch (Buck, Bock)[88], der gleichfalls aus Stolp stammte und der genauso wie Henning Iwen im Hofdienst tätig gewesen war, aufgestiegen[89], ohne daß er hier erwähnt wird. Die Nennung Henning Iwens muß also andere Gründe haben. Die mehr beiläufige Erwähnung spricht ebenfalls dafür, daß sie nicht eigentlich um seinetwillen geschah. Nicht Henning Iwen, sondern Bartholomäus Suawe gilt das Interesse Nikolaus von Klempzens. Ihn in den Abschnitt über die berühmten Stolper einzureihen und ihn ins rechte Licht zu rücken, ist sein besonderes Anliegen. Und in diesem Zusammenhang hat auch Henning Iwen eine Funktion. Durch seine Nennung wird nämlich unterstrichen, daß der evangelische Bischof von Cammin kein homo novus ist; sondern indem darauf hingewiesen werden kann, daß vor ihm schon ein anderes Mitglied seiner Familie das höchste geistliche Amt im Lande bekleidet hat, zeigt sich, daß er in einer Traditionsreihe steht.

Zugleich wird jetzt auch verständlich, weshalb der Satz über Bartholomäus Suawe in den Kantzowschen Text eingeschoben worden ist. Dadurch, daß Henning Iwen in geschickter Weise, wenn auch formal nicht sehr elegant, im Anschluß an die Ausführungen über Johannes Suawe als Bindeglied und Überleitung zu dessen Neffen Bartholomäus erwähnt wird, erscheint der Familienzusammenhang zwischen diesem und dem ersten Bischof aus der Familie enger als er tatsächlich ist. Ein solcher Kunstgriff war aber erst nach der Erhebung Bartholomäus Suawes zum Bischof, d. h. nach 1545, sinnvoll. Er ist deshalb Nikolaus von Klempzen zuzuschreiben. Der Zeitpunkt der Klempzenschen Ergänzung läßt sich aber noch näher einengen, wenn man annimmt, daß sie in der „Bischof"-Zeit Bartholomäus Suawes entstanden ist. Am 1. August 1549 hat dieser dem

---

88 Über ihn vgl. C. W. Haken, Kurze Lebensbeschreibungen einiger berühmten und gelehrten Stolper (s. o. Anm. 23), S. 206–211. Kantzow, nddt., S. 262, und die „Pomerania" I, S. 340, 351, 358, 367, die ihn mehrfach nennen, erwähnen seine Stolper Herkunft nicht. Doch bemerkt J. V. v. Winther in seiner „Historia episcopatus Caminensis" (s. o. Anm. 18) von ihm: *Stolpa oriundus* (Sp. 607). – Vgl. über Bischof Siegfried II. auch H. Heyden, Kirchengeschichte Pommerns I, S. 95, 103 ff., 195, 196.

89 Siehe unten Kap. 4.

Bischofsamt entsagt[90]. Somit ergibt sich als Begrenzung für den Zusatz
Klempzens zum Stolp-Kapitel Kantzows der Zeitraum von April–Mai
1545[91] bis zum 1. August 1549. Das Zeugnis des Stolpers Klempzen über die
Verwandtschaft Henning Iwens mit den Suawes aber ist gewichtiger, als
wenn es von dem Stralsunder[92] Thomas Kantzow stammte.

3. Der Camminer Domherr Henning Iwen als Kanzler Herzog Bogislaws IX. von Pommern-Stolp.

Obwohl Henning Iwen in dem Stolp-Kapitel der „Pomerania" nur eine Ne-
benfigur ist, stellt sich doch die Frage, ob das eingangs genannte Charakteri-
stikum für die Auswahl der gewürdigten und erwähnten Personen auch auf
ihn zutrifft, ob auch er zu den „gelehrten" Leuten gehört, *die in der Fursten
Hofe und sonsten gewest.* Pyl bemerkt in seinem ADB-Artikel: „Im J. 1443
Canonicus des Camminer Domkapitels, führte er neben seiner geistlichen
Würde zugleich das Amt eines fürstlichen Kanzlers beim Herzog Bogislaw IX. von Pommern." Wie steht es mit der Überlieferung und Glaubwürdigkeit dieser Mitteilung[93]?
    Zieht man die von Pyl genannte Literatur[94] zu Rate, so findet man in
zweien der zitierten Werke etwas zu diesen Angaben. Robert Klempin hat

---

90 Vgl. Heyden, Kirchengeschichte II, S. 5; Waterstraat, 23, 1902, S. 235. Bartholomäus
    Suawe lebte fortan als Amtshauptmann in Bütow (welches Amt er seit 1538 bekleide-
    te), vgl. R. Cramer (s. o. Anm. 86) I, Beilagen S. 83 Nr. 12; vgl. auch Waterstraat
    S. 228 f. mit Anm. 5 (s. o. Anm. 82). In den Visitationsprotokollen der Jahre 1554/55
    erscheint er als *herr Bartholomeus Schwaven* ohne weitere Titel, vgl. H. Heyden, Pro-
    tokolle, Heft 2, S. 313, 333, 335.
91 Zeitpunkt der Bestellung Bartholomäus Suawes zum Bischof, s. o. S. 541 m. Anm. 51.
92 Die Stralsunder Herkunft Kantzows wird durch die Rostocker Matrikeleintragung
    von 1526 bezeugt; s. Adolph Hofmeister, Die Matrikel der Univ. Rostock, Bd. II,
    S. 88. Vgl. auch W. Böhmer, Kantzow's Chronik (s. o. Anm. 81), S. 34–13.
93 Der entsprechenden Angabe, daß der Greifswalder Bürgermeister Dr. Heinrich Ru-
    benow – wie Kantzow (nddt. S. 266 f., 1. hdt. S. 173 u. 179, 2. hdt. S. 284 u. 297) be-
    richtet – Kanzler König Erichs gewesen sei (so auch Th. Pyl in: ADB 29, 1889, S. 418,
    u. ders., Die historischen Rätsel im Leben Heinrich Rubenows, in: Pomm. Jbb. 2,
    1901, S. 102), stehen chronologische Schwierigkeiten im Wege. Eine andere Überliefe-
    rung, nach der er Kanzler Herzog Wartislaws IX. gewesen sein soll, läßt sich bis auf
    den um 1580 von unbekannter Hand verfaßten Auszug aus Bugenhagens „Pomera-
    nia", hg. v. J. H. Balthasar, 1728, S. 8, zurückverfolgen. Vielleicht handelt es sich hier
    aber um eine Verwechselung mit dem Amt des Vizekanzlers der Universität Greifs-
    wald, das Rubenow bekleidet hat. Urkundliche Belege für eine Kanzlerschaft Rube-
    nows sind mir nicht bekannt. Vgl. hierzu Roderich Schmidt, Die Anfänge der Univer-
    sität Greifswald in: Festschrift zur 500-Jahrfeier der Universität Greifswald.
    17.10.1956, Bd. I, S. 22 b–23 a und S. 43 b–44 a Anm. 367–370.
94 Siehe oben Anm. 25.

in seinen Diplomatischen Beiträgen ein „Verzeichniss der Camminer Prälaten bis zum Ende des 16. Jahrhunderts" „aus Urkunden zusammengestellt". In ihm erscheint als D o m h e r r auch „Henningk Iven 1443, später Bischof"[95].

In den „Beilagen zu der Geschichte der Stadt Colberg" von H. Riemann ist eine Urkunde aus dem Kolberger Stadtarchiv, datiert vom 14. Mai 1445, abgedruckt[96], die Henning Iwen als herzoglichen K a n z l e r ausweist. Sie betrifft die Fehde, die zwischen Herzog Bogislaw IX. und Bischof Siegfried II. einerseits und der Stadt Kolberg andererseits seit einigen Jahren entbrannt war[97]. Differenzen zwischen der Stadt und dem Kolberger Domstift wegen der Saline und wegen des Hafens waren der Ausgangspunkt der Streitigkeiten gewesen, in die der Bischof und schließlich auch der Herzog als Schirmvogt des Stifts hineingezogen wurden. Zweimal konnte die Stadt einen Angriff des Herzogs abweisen. Als dieser sich zu einem neuen Kriegsunternehmen anschickte, boten die wendischen Hansestädte ihre Vermittlung an[98], die von den streitenden Parteien angenommen wurde. In der erwähnten Urkunde benennen Herzog und Bischof ihre Unterhändler und bevollmächtigten sie, zusammen mit den namentlich genannten Ratssendeboten der Hansestädte[99] unter bestimmten Bedingungen mit Kolberg Frieden zu stiften. Die Stadt sah sich genötigt einzuwilligen. Am 21. Mai 1445 kam der Friedensschluß zustande[100]. Zu den Unterhändlern gehörte auch Henning Iwen, von dem Bogislaw IX. in der Urkunde als von *hern Henningh Ywen, unsem canceler* spricht.

Soweit die Quellen, auf die man durch die Literaturangaben von Pyl geführt wird. Leider ist dem Klempinschen Werk nicht zu entnehmen, worauf sich seine Angaben jeweils gründen. Doch kann als Beleg für seinen „Domherrn" von 1443 wohl eine Urkunde angenommen werden, die sich in der

---

95 S. 441 b, Nr. 303.
96 Riemann, Beilagen Nr. XXXII, S. 38 f. (Urk. Nr. 101 d. städt. Archivs). Vgl. auch Hanserecesse von 1431–1476, bearb. v. G. Frhr. von der Ropp, 3. Bd., Leipzig 1881, Nr. 193, S. 93.
97 Hierüber Riemann S. 215–225; vgl. auch F. W. Barthold, Geschichte von Rügen und Pommern, Bd. IV, 1 (1411–1498), Hamburg 1843, S. 131–135.
98 Vgl. neben Riemann die Nr. 186–192 (S. 90–93) der Hanserecesse.
99 Lübeck, Rostock, Stralsund, Wismar, Greifswald und Stettin. Als Vertreter Greifswalds nahm *her Berthold Zeghelberch, radmanne* an den Verhandlungen teil. Segeberg war aber auch als Universitätslehrer in Rostock, Leipzig und später in Greifswald tätig. Der ADB-Artikel über ihn von A. Häckermann (Bd. 33, 1891, S. 592) ist voller Fehler, die in der Literatur über die Universität Greifswald weitergeschleppt werden. Eine Zusammenstellung der quellenmäßig belegbaren Lebensdaten ist in meiner Abhandlung „Die Anfänge der Universität Greifswald" (s. o. Anm. 93), S. 13 a–14 b und S. 37 b–38 b Anm. 93–124, gegeben.
100 Hanserecesse, a. a. O., Nr. 194, S. 93 f.

Urkundensammlung von Schoettgen und Kreysig findet[101]. Bogislaw IX. bestätigte am 3. Juli 1443[102] die Privilegien der Stadt Stargard. Als Zeugen waren zugegen *vnse leven getruwen Rede* und unter ihnen an letzter Stelle
Herr Henningk Iven, Domherr der Kerken tho Cammin.

Diesen Zeugnissen lassen sich weitere hinzufügen. Im zweiten Band der
Staatsverträge des Deutschen Ordens[103] betreffen die Nummern 232–238 die
Streitsache zwischen dem Orden und Herzog Heinrich dem Älteren von
Mecklenburg-Stargard, der 1443 einen Einfall in die Neumark unternommen hatte[104]. Nachdem ein Vermittlungsversuch des Markgrafen von Brandenburg gescheitert war, erreichte schließlich Herzog Bogislaw IX., der
Schwager des Mecklenburgers[105], einen Ausgleich, der am 9. August 1445 zu
Stolp in Form eines Bündnisses geschlossen wurde[106]. In der Urkunde wird
gesagt, daß der Vergleich mit Hilfe der herzoglichen Räte zustande gekommen sei, so auch mit Hilfe von *her Hennynk Ywen, unseme canzeler, dom-
heren der kerken Camyn.* In dem Rezeß, der dem Vertrag voraufgeht und
der am 6. Juni 1445 zu Langeböse zwischen den Bevollmächtigten des Ordens und des Pommernherzogs vereinbart worden war[107], ist ebenfalls Henning Iwen als Kanzler genannt. Wahrscheinlich hat er aber auch schon an
früheren Verhandlungen teilgenommen. So erscheint in dem Langeböser
Rezeß vom 19. Juli 1444[108] und in dem Schivelbeiner Waffenstillstand vom

---

101 Chr. Schoettgen und G. Chr. Kreysig, Diplomataria et scriptores historiae Germani-
     cae medii aevi, tom. III, Altenburg 1760, Nr. 155, S. 107 f.
102 *des Mitteweckens binnen den achte Dagen Visitationis Mariae der Allerheiligsten
     Jungfrawen.*
103 Die Staatsverträge des Deutschen Ordens in Preußen im 15. Jahrhundert, II. Bd.
     (1438 bis 1467), hg. v. E. Weise, Marburg/Lahn 1955, S. 51–56.
104 Lit. bei Weise. Die dort vorgenommene Gleichsetzung Heinrichs des Älteren mit
     Heinrich dem Fetten (oder Dicken) ist irrig (worauf schon F. W. Barthold, Gesch. v.
     Rügen u. Pommern IV, 1, 1843, S. 130, Anm. 4, aufmerksam gemacht hat). Heinrich
     der Fette († 1477) gehört zur Schweriner, Heinrich der Ältere († 1466) zur Stargarder
     Linie des mecklenburgischen Fürstenhauses; vgl. F. Wigger, Stammtafeln des Groß-
     herzoglichen Hauses von Mecklenburg, in: Jahrbücher d. Ver. f. meklenburg. Gesch.
     u. Alterthumskunde 50, 1885, S. 111 ff.
105 Siehe W. Wegener, Die Herzöge von Pommern a. d. Greifen-Hause ca. 1100–1637
     mit einer Einführung (Genealogische Tafeln zur mitteleuropäischen Geschichte, Lie-
     ferung 3), Göttingen 1962, Taf. 4. – Herzog Heinrich d. Ä. von Stargard war seit etwa
     1425/28 mit Ingeburg, der Schwester Bogislaws IX., verheiratet; vgl. A. Hofmeister,
     Genealogische Untersuchungen zur Geschichte des pommerschen Herzogshauses
     (Greifswalder Abhandlungen zur Gesch. des Mittelalters 11), Greifswald 1938,
     S. 177 f. (auch in: Pomm. Jbb. 32, 1938, S. 97 f.).
106 Weise II, Nr. 238, S. 55 f.
107 Ebd. Nr. 237, S. 54. In dem Regest bei Weise steht: „Kanzler H e i n r i c h Ywen".
     Hier liegt ein Versehen (wenn nicht überhaupt ein Druckfehler) vor.
108 Weise II, Nr. 232, S. 51.

13. September 1444[109] außer namentlich genannten pommerschen Räten auch der Kanzler[110]. Daß Henning Iwen zu diesem Zeitpunkt bereits Kanzler war, ergibt sich aus dem Entwurf eines Schutzbündnisses, das Herzog Bogislaw IX. unter dem 6. September 1443 an den Hochmeister des Deutschen Ordens, Konrad von Erlichshausen, übersandte[111]. In ihm wird auch *her Henninghe Ywen, unse kenczeler, doemherre der kerken Cammyn*, als zu *unses ghemeinen rades der geistliken ende der werliken* gehörig genannt.

In gleicher Eigenschaft, als Kanzler und Domherr, begegnet der spätere Bischof aber schon in einer Urkunde, mit der Herzog Bogislaw IX. „in den Fasten 1441" zu Stolp den Rügenwaldern ihre alten Freiheiten bestätigte[112]. Wann Henning Iwen Kanzler Bogislaws IX. geworden und wann er etwa als Rat in den Dienst des Herzogs getreten ist, war nicht zu ermitteln.

4. Henning Iwen und sein Vorgänger Siegfried von Buch – herzogliche Kanzler auf dem Camminer Bischofsstuhl.

Als Kanzler ist Henning Iwen auf den Bischofsstuhl gelangt. Über seine Qualifikation für das geistliche Amt wissen wir nichts. Ausschlaggebend für seine Wahl dürfte vielmehr der Umstand gewesen sein, daß er als Kanzler der Vertrauensmann des Landesherrn war, obwohl auch das in den Quellen nicht ausdrücklich gesagt wird.

Dagegen ist dies für seinen Amtsvorgänger Siegfried II. überliefert. In pommerschen Geschichtswerken findet sich die erste Erwähnung – mit Berufung auf die Quelle – bei Kantzow, und zwar wieder in einem der Nachträge zu seiner zweiten hochdeutschen Chronikfassung: *Umb das Jahr 25 ist Bischoff Magnus von Camyn Bischoff zu Hildesheim geworden und Khonig Erichen das Stift ubergeben, der seinen Cantzler darin gesetzt, Crantz li. 11, ca. 11, Sifridus Buck genant*[113]. N. von Klempzen hat diese Notiz unzutreffenderweise mit dem Bericht Kantzows[114] über Erichs Fahrt ins Heilige

---

109 Ebd. Nr. 234, S. 52.
110 Und zwar immer zusammen mit dem Hofmeister Ludeke Massow. Über ihn vgl. Nachrichten über das Geschlecht Derer von Massow. Gesammelt von P. H. A. v. Massow, vervollständigt u. hg. von E. L. V. v. Massow, Berlin 1878, S. 28–31, u. W. v. Massow, Die Massows, Halle 1931, S. 89.
111 Weise II, Nr. 207, S. 26–30.
112 Nach Barthold (s. Anm. 97) S. 129 f. mit Bezug auf den Druck in Dähnerts Pomm. Bibliothek V, S. 34.
113 2. hdt. S. 260 Anm. 1. – Über Bischof Magnus von Sachsen-Lauenburg vgl. jetzt J. Petersohn in: Balt. Stud., NF 48, 1961, S. 19 ff.
114 2. hdt. S. 258–260.

Land[115] in einen Kausalzusammenhang gebracht: *Und nachdem sein Kanzler Sifried Buck ihme auf der Reise viele Dienstes getan, gedachte er, daß er ihn wiederumb zun Ehren befurdern wollte*. Deshalb *machte* er ihn *mit Willen seiner Vettern und des Kapitels zu Kammin* zum Bischof[116].

Nun ist König Erich aber erst im Frühjahr 1425 von seiner Ende 1423 begonnenen Reise wieder in sein Reich zurückgekehrt. Bereits am 10. Mai 1424 aber hatte Papst Martin V. Siegfried zum Bischof von Cammin providiert[117]. Daß dieser den König auf dessen Fahrt ins Heilige Land begleitet hat, ist mehr als zweifelhaft. Nicht bezweifelt zu werden braucht dagegen die Nachricht, daß es der König war, der seinen Kanzler zum Nachfolger des Bischofs Magnus ausersehen und vorgeschlagen hat. Nur dürfte dies vor Beginn seiner Reise, mithin schon im Jahr 1423 (oder noch früher), geschehen sein[118].

115 Hierzu: W. Mollerup, Kong Erik af Pommerns Udenlandsrejse 1423–1425, in: (Danske) Hist. Tidskrift, Raekke 5, 3, 1882, S. 713–744; nach G. Carlsson, Sv. Biogr. Lexikon 14, 1951 (s. o. Anm. 4), S. 282, veraltet; über die Reise ebd. S. 274.

116 Pomerania I, S. 340. Forts.: So *trug sich eben Gelegenheit zu, daß Bischof Magnus von Kammin des Stifts mude wurd, weil er weinig davon hette (dann Herzog Bugslav von Pommern achtete des Banns nicht und hatte noch ein groß Teil vom Stifte ein), und bewarb sich, daß er nach Absterben des Bischofs zu Hildesheim daselb wiederumb zu Bischof erkoren wurd. Darumb gab er Konig Erichen als einem Herzogen von Pommern und obersten Patron das Stift zu Kammin uber*. Veranlaßt wurde der Irrtum Klempzens möglicherweise durch die ungenaue Zeitbestimmung Kantzows: *Umb das Jahr 25* (s. o.).

117 Die päpstliche Ernennungsbulle in: Acta pontificum Danica. Pavelige aktstykker verdrørende Danmark. 1316–1536. Vol. VII (Suppl.) ed. A. Krarup, Kopenhagen 1943, Nr. 5730, S. 263; vgl. auch Repertorium Germanicum IV, 3 (Martin V.), bearb. v. K. A. Fink, Berlin 1958, Sp. 3349.

118 Es sei angemerkt, daß nach einer Mitteilung von Ch. W. Haken angeblich aus einer Kösliner Urkunde die in der Privilegienlade Litt. A. n. 9. befindlich ist (war), „erwiesen werden" kann, „daß B. Siegfried nicht 1426, sondern schon 1422 zur Regierung gelanget sey". Diese Bemerkung findet sich im 1. Heft (1782) der Pommerschen Sammlungen, hg. v. T. H. Gadebusch, Bd. I, Greifswald 1783, S. 82, Anm. 3. F. W. Barthold hat sie in seiner Geschichte von Rügen u. Pommern IV, 1 (s. o. Anm. 97) übernommen (S. 59 f.), macht aber darauf aufmerksam, daß „Siegfrieds Nachfolger als Archidiakonus zu Pyritz", Johann Bramstede, „noch am 23. März 1423 zu Stargard für Magnus" „vicarirte". In diesem Vikariatsinstrument bezeichnet sich Johann Bramstede als „Archidiaconus Piritzensi in Ecclesia Caminensi" und als „vicarius in spiritualibus" des Bischofs Magnus von Cammin (Schoettgen u. Kreysig III, Nr. 132, S. 86). In dem Verzeichnis der Pyritzer Archidiakone bei J. Allendorf, Die Archidiakonate des Bistums Cammin, Freiburger Phil. Diss., Berlin 1927, S. 57, ist er indes nicht aufgeführt. Nach Klempin war er von 1429 bis 1433 Dekan des Camminer Domkapitels (S. 414 a, Nr. 275) und später (1434 u. 1439) Archidiakon zu Stolp (S. 426 a, Nr. 299). – Aus Klempin ist aber auch zu entnehmen, daß Siegfried von Buch noch kurz vor seiner Ernennung zum Bischof durch Papst Martin V., am 9. April 1424, als „Officialis principalis ecclesie Caminensis ac Magni Ep. Camin. Saxonieque Ducis in spiritualibus Vicarius generalis" fungiert hat (S. 425 a, N. 296). – „Die erste

Von der Klempzenschen Darstellung ist Daniel Cramer abhängig, jedoch mit dem Unterschied, daß er gegenüber Klempzen – der den König als die bestimmende Instanz hinstellte, was hinsichtlich der tatsächlichen Machtverhältnisse sicher zutraf – die formale Seite der Einsetzung richtiger wiedergibt[119]: *hat er* [König Erich] *als ein Patron des Pommerischen Stieffts zum Bischoff diesen seinen Cantzler fürgeschlagen, vnd ist auch als dieser Siegfridus, mit bewilligung der andern Pommerischen Hertzogen, durch das Capittel zu Cammin wiederumb erwehlet worden.*

J. V. von Winther, der die „Wahl" Siegfrieds zum Bischof von Cammin ebenfalls zu der Palästina-Reise Erichs in zeitlichen Zusammenhang setzt und den König auch als die handelnde Person hinstellt[120], hat jedoch die Darstellung Klempzens, daß die Einsetzung zum Bischof eine Belohnung für die Dienste war, die Siegfried von Buch dem König gerade auf der Jerusalem-Fahrt geleistet hatte, nicht übernommen. Winther zitiert statt dessen – ob durch Kantzows Bemerkung veranlaßt oder unabhängig? – die Stelle, auf die Kantzow verweist, eine Stelle aus der „Saxonia" des Albert Krantz, des bedeutendsten Historiographen für die Geschichte Norddeutschlands im 15. Jahrhundert: *„iam enim rex Daniae Ericus, apud Magnum perfecit, ut ecclesia sua Caminensis successorum haberet, quem ille uoluisset regis cancella-*

bekannte Urkunde Siegfrieds ... nach der kösliner" (Barthold IV, 1, S. 61 Anm. 1) datiert vom 8. Juli 1424 (Schoettgen u. Kreysig III, Nr. 136, S. 89–91); die Bezeichnung lautet: *Cziffridus dei gratia, Ecclesiae Caminensis Electus et provisus.* Die erste Urkunde bei Schoettgen u. Kreysig, die ihn als geweihten Bischof („Caminensis ecclesiae episcopus") ausweist, datiert vom 13. Sept. 1425 (Nr. 137, S. 91). – Barthold, a. a. O. S. 60 f., nimmt an, daß die Veränderung im Camminer Stift (Resignation Magnus und Regelung der Nachfolge) schon im Herbst 1422 eingeleitet worden ist und bringt dies mit dem Aufenthalt der Witwe Bogislaws VIII., Sophia, und ihrer Räte in Cammin am 15.9.1422 in Zusammenhang (vgl. Schoettgen u. Kreysig III, Nr. 107, S. 64). – Die näheren Umstände und die Etappen der Bischofseinsetzung Siegfrieds von Buch bedürfen – nicht nur im Hinblick auf die Palästina-Reise König Erichs – der weiteren Untersuchung und Aufhellung.

119 Cramer 1628, lib. II, cap 38, S. 92. Voran geht: *Erichs der Mächtige, König dreyer Königreich ..., hatte einen Cantzler, mit Namen Siegfried Bock, einen wohlverdienten Mann, der mit dem Könige eine Reise in das Gelobte Land gethan, denselben, nach dem er wieder in sein Reich ankommen, und das Stiefft zu Cammin resigniret war von B. Magno, ...* (s. o.); vgl. auch Cramer (1628) II, S. 84. Die gleiche Darstellung gibt Cramer schon 1602 (S. 163); nur setzt er den Vorgang hier ins Jahr 1425 („1452" ist offensichtlich ein Druckfehler), 1628 gibt er das Jahr 1426 an.

120 Historia episcopatus Caminensis (Ausg. s. o. Anm. 18), Sp. 607 f.: *... Sigefridus Bock, Stolpa oriundus, ... in episcopum electus est. Ratio et occasio huius electionis, quia praedictus Sigefridus Erici ducis Pomeraniae nati, regis Sueciae, Danicae et Norwegiae adoptati et coronati, cancellarius fuit ... rex et dux Pomeraniae Ericus, a terra Hierosolymitana reuersus, cancellarium suum Sigefridum ... episcopatui Caminensi substituit et praesentauit, ...*

rium", *inquit Crantz 1. XI. Sax. c. XI*[121]. Dafür macht von Winther bei der
Erörterung über die Gründe der Wahl Siegfrieds geltend, daß König Erich
mit der Erhebung seines cancellarius zum Bischof einem „mos" folgte, *et eo
tempore imo antiquiori usitatissimum, ut cancellarii ad episcopatus promoue-
rentur, docente et deducente Herman. Kirchn. 1.3. de officio et dign. cancell.
c. 3. et aliis*[122].

J. V. von Winther beruft sich hier auf ein damals gerade erschienenes
grundlegendes Werk über das Wesen und die Geschichte des Kanzleramtes,
das Hermann Kirchner, Professor der Poesie und Geschichte an der Universität Marburg, im Jahre 1613 veröffentlicht hatte[123] und das nicht nur viele
Nachrichten aus antiken und mittelalterlichen Schriftstellern, sondern auch
eine Fülle von Angaben über Kanzler der neueren Zeit in den verschiedenen
deutschen und außerdeutschen Territorien enthält. Siegfried von Buch und
Henning Iwen sind in dem Werk nicht erwähnt, obwohl sich sein Verfasser
auch über pommersche Verhältnisse unterrichtet zeigt[124]. Wenn v. Winther
es im Falle des Siegfried von Buch dennoch zitiert, so wohl nicht nur, um
seine Belesenheit in der neuesten Literatur unter Beweis zu stellen, sondern
vielleicht auch in der Absicht, darzutun, daß es sich bei jener „Beförderung"
nicht um einen exzeptionellen Akt gehandelt hat, der sich aus besonderen

---

121 v. Winther Sp. 609. – Die „Saxonia" erschien zuerst Köln 1520. Welche Ausgabe v.
      Winther benutzt hat, ist mir nicht bekannt. Mir war zugänglich die von Basileus Fa-
      ber bearbeitete Übersetzung vom Lateinischen ins Deutsche, Leipzig 1582. Darin
      lautet die entsprechende Stelle: *So hatte auch König Erich von Denmarck bey Magno
      erhalten, das an seine stat zu Cammin zum Successore gewelet möchte werden sein
      Cantzler. Welchs alles durch des Bapsts Mandat vnnd auff anhalten der Fürsten also
      außbracht vnnd erlanget wardt. Es ließ aber der König durch denselben Legaten, so
      die Sache, das Bisthum zu Camin und seinen Cantzler belangende, bey dem Bapst
      außrichtet, zugleich bey jhm verklagen ...* (1. XI, i. XI). Über „Albert Krantz als Ge-
      schichtsforscher und Geschichtsschreiber", s. H. Reincke in: Festschrift der Ham-
      burg. Universität ... Werner von Melle zum 80. Geburtstag dargebracht, Hamburg
      1933, S. 111–147.
122 v. Winther Sp. 608.
123 Hermanni Kirchneri J. U. Doctoris, Morvillerius: De officio et dignitate Cancellarii,
      Libris quatuor expositus, Marburg 1613. – Über Hermann Kirchner († 1620) vgl. Ch.
      G. Jöcher, Allgemeines Gelehrten-Lexikon, II. Theil, Leipzig 1750, Sp. 2103, sowie
      H. Hermelink und S. A. Kaehler, Die Philipps-Universität zu Marburg 1527–1927,
      Marburg/Lahn 1927, S. 209.
124 So schreibt Kirchner z. B. über König Erich (lib. III, c. IV): „Nam et patrum nostro-
      rum memoriam, Ericus, Sueciae Rex, e palatio suo ex sede regia in carcerem a nobili-
      tae regni conjectus fuit, in quo multos per annos consenuit, quod inter alia ei objice-
      retur peregrinus, et quidem homo Germanus, quem Cancellarium, de quo supra
      auditum est [?], regium constituerat" (S. 200). Über weitere pommersche Bezüge vgl.
      den „Index rerum et verborum".

Dienstleistungen des zum Bischof Erhobenen erklärt, sondern um einen weitverbreiteten üblichen Vorgang[125].

Wenn auch die Wahl eines fürstlichen Kanzlers zum Bischof den Einfluß des Landesherrn auf die Kirche gewiß erhöhte, so war dies indes kein sicheres Rezept, um Konflikte auszuschließen. Siegfried II. ist jedenfalls sehr bald mit Herzog Bogislaw IX. in Auseinandersetzungen geraten, bei denen es vordergründig um den Besitz stiftischer Schlösser und Güter, darüber hinaus aber auch um die Frage des Abhängigkeitsverhältnisses des Bistums von der Landesherrschaft ging[126]. In dem Vertrag von 1436[127], der die Streitigkeiten beendete, hat der Bischof die Schirmherrschaft der Herzöge über das Stift bestätigt und damit stillschweigend die Reichsunmittelbarkeit, wie sie 1417 von König Sigismund anerkannt worden war[128], preisgegeben.

In diesem Vertrag[129] sind auch Festlegungen über die Bischofswahl enthalten. Es wurde bestimmt, daß der zu Wählende aus dem Kreis des Camminer Domkapitels genommen werden und daß er der „Herrschaft" – nämlich *we denne hertoghe to pameren is* – genehm *(behaghe ende gheddelik)* sein soll. Erst wenn der Herzog (oder die Herzöge) der Wahl zugestimmt

---

125 Vgl. vor allem lib. I, c. XII: „De Episcopis et Sacerdotibus olim Cancellariis", S. 88–100.

126 Lit. und Hinweis bei J. Petersohn, in: Balt. Stud., NF 48, 1961 S. 24 m. Anm. 47. Vgl. auch E. Bütow, Staat u. Kirche (s. o. Anm. 8), Bd. 14, S. 108 f., ebenso ders., Die Stellung des Stiftes Camin zum Herzogtum Pommern im ausgehenden Mittelalter, Heidelberger Diss., Stettin 1910, S. 26 f.

127 Heyden (Kirchengeschichte I, S. 103 Anm. 1060) gibt für den durch Vermittlung von König Erich zustandegekommenen Vertrag vom 1.5.1436 an: StA Stettin, „Rep. 1 Bistum Kammin Or. 345 u. 346 u. Rep 4 P I Tit. 86 Nr. 17". Rep. 1 sind Urkunden, Rep. 4 enthält Schriftgut der herzoglichen Landesverwaltung des Stettiner Landesteils. – Bütow (Balt. Stud., NF 14, S. 109, u. Diss. S. 27 Anm. 8) nennt außerdem noch die Überlieferung in der Camminer Matrikel (Hs. I, 8) fol 161. – Der Vertrag ist als „Concordia" gedruckt in der Urkundensammlung von Schoettgen u. Kreysig, Bd. III (s. o. Anm. 101), Nr. 147, S. 99 f. Nach Bütow (a. a. O., Anm. 9) existiert eine Bestätigung des Vertrages vom 3.9.1480. J. V. v. Winther berichtet (Sp. 609), daß er auch von Erich II. und Wartislaw X. 1452 konfirmiert worden ist. – Die im folgenden wiedergegebenen Zitate sind die auf das Original zurückgreifenden Diss. von Bütow entnommen.

128 H. von der Hardt, Rerum concilii Constantiensis. Corpus actorum et decretorum magni Constantiensis concilii, Frankfurt u. Leipzig 1700, tom. 4, col. 1321–1322; Ulrich von Richental, Chronik des Konstanzer Konzils, hg. v. M. R. Buck (Bibliothek des Litter. Vereins Stuttgart 158), Tübingen 1882 S. 108. – Zur Sache: Bütow, Balt. Stud., NF 14, S. 107 f., u. Diss., S. 25 f.

129 Über den Vertrag von 1436 bringt Kantzow eine kurze Nachtragsnotiz (2. hdt., S. 269 Anm. 3). Ausführlicher berichtet v. Klempzen in der Pomerania (I, S. 358 f.); hier findet sich die Bemerkung, daß Siegfried sein (d. h. König Erichs) Kanzler gewest ... *den er auch zum Stifte geholfen.* Offenbar in Kenntnis des Wortlauts des Vertrages berichten Cramer (1628, lib. II, cap. XXXIX, S. 96) und v. Winther (Sp. 609).

habe, sollen der Herzog und das Kapitel sich an den Papst wegen der Konfirmation wenden[130]. Verweigert der Herzog die Anerkennung, so muß das Domkapitel einen *anderen bedderen* wählen, *na der herschop rade vnde willen.* Der „Wunsch" des Landesherrn hatte durch den Vertrag von 1436 ein noch größeres Gewicht erhalten.

Als nach dem Tode Bischof Siegfrieds II. zum ersten Male diesem Vertrag gemäß ein Nachfolger zu wählen war, konnte das Kapitel gewiß keinen *bedderen* finden als den herzoglichen Kanzler. Daß Henning Iwen der Kandidat des Herzogs war, ergibt sich angesichts dieses Vertrages einfach aus der Tatsache, daß er gewählt worden ist. Dennoch ist die Regierungsübernahme nicht glatt vonstatten gegangen. Nur war es nicht der Herzog, von dem die Schwierigkeiten bereitet worden sind. Doch bevor hierauf eingegangen wird, ist die Frage nach dem Zeitpunkt des Regierungsbeginns Henning Iwens und damit verbunden die nach dem Todesdatum seines Amtsvorgängers zu erörtern.

5. Wann starb Bischof Siegfried II. und wann trat Henning Iwen die Nachfolge als Bischof an?

Über beide Ereignisse werden in der Literatur verschiedene Jahresangaben gemacht. Pyl setzt in seinem ADB-Artikel in Übereinstimmung mit älteren Darstellungen den Tod Siegfrieds II. und damit den Amtsantritt Henning Iwens ins Jahr 1446. Klempin[131], einer der besten Kenner des pommerschen Urkundenmaterials, nennt in seinem „aus Urkunden" zusammengestellten Verzeichnis der Camminer Prälaten das Jahr 1449, das in die gängigen Bischofslisten Eingang gefunden hat[132] und auch sonst hier und da übernommen worden ist[133].

---

130 *Ist der Gewählte der Herrschaft beheghelik, So schal de herschop myd denn Capittele vor den jhenen scriuen vnde den vor enen Bisschop vp nemen.* Ähnlich heißt es für den Fall einer nochmaligen Wahl: *welkes se aldus enes werden, dar scholen see an beyden syden vorscryuen vnde darby dun, alze syk dat boret to dunde, dat he jo Bisschop werde vnde bliue.* Daß mit dem „scriven" das Ersuchen um die päpstliche Konfirmation gemeint ist, nehmen auch Bütow (Balt. Stud., NF 14, S. 109, u. Diss. S. 27) und Heyden (Kirchengeschichte I, S. 103) an.

131 Diplomat. Beiträge S. 425: „Sifridus (Cifrid, Syuert) de Buck ... † 1449, 15. Mai."

132 C. Eubel, Hierarchia Catholica medii aevi, Bd. II (1431–1503), 2. Aufl., Münster 1914, S. 116 (Todesdatum Siegfrieds II.: „1449 V 15"; Zeitpunkt des Regierungsantritts Henning Iwens: „1449 al. 1446" (so schon in der 1. Aufl., 1901, S. 130). Die gleichen Daten finden sich bei P. B. Gams, Series episcoporum catholicae, Ratisbonae 1873, S. 267, im Supplement-Bd. (1868), S. 291, zur 1. Aufl. von A. Potthast, Bibliotheca historica medii aevi, sowie bei H. Grote, Stammtafeln, Leipzig 1877, S. 515.

133 So z. B. von G. v. Bülow in: ADB 31, 1890, S. 513 (Art.: H. Schlief).

Das Jahr 1446, an dem Pyl trotz Klempin festgehalten hat, findet sich zuerst bei Cramer und von Winther. Bei J. V. von Winther sind auch – wie
später bei Pyl – Tod und Nachfolge so eng aneinandergereiht, daß sie für
den Leser als unmittelbar miteinander verbunden erscheinen: *Henningus
Iven Stolpensis, post obitum Sigefridi II. episcopus a capitulo canonice electus
...* Zwar fehlt das Todesjahr Siegfrieds an dieser Stelle, dem Henning Iwen
gewidmeten Kapitel[134]; es steht aber im vorangehenden, das noch von Bischof Siegfried handelt: *Denique anno 1446. uitae periodum absoluit...*[135].
   Auch Cramer[136] berichtet in dem letzten der Kapitel über Siegfried II.:
Im Jahr 1446. Ist Bischoff Siegfried zu Cammin verstorben[137], verbindet jedoch die Wahl Henning Iwens nicht mit dem Tode des Vorgängers und
nennt für sie an späterer Stelle auch keine Jahreszahl[138]. Das Jahr 1446 ergibt
sich bei Cramer für den Amtsantritt Hennings nur indirekt, einmal aus der
Mitteilung: *Ferner im Zehenden Jahr der Regierung gemelten Bischoffs Henninges, Anno 1456. fiel das denckwürdige vnd löbliche Werck für, der funda-
tion der Academien zu Gryphiswald*[139] und zum andern aus der Notiz: *Im
Jahr 1472. ist der Bischof Henningus mit Tod abgangen, nach dem er 26.
Jahr dem Stiefft wol fürgestanden war*[140].
   Hierzu stehen aber andere Angaben Cramers in seiner Ausgabe von
1628, die in der von 1602 noch fehlen, in Widerspruch. Gleich im Anschluß
an die Wahl Hennings (und vor der Nachricht von der Universitätsgründung) heißt es: *So bald nun alß dieser Bischoff ins Stiefft angetreten, hat er
bald drey Jahr hernach, nemblich Anno 1454. einen allgemeinen Synodum
außgeschrieben, welchen er auch auff die Woche Judica zu Gültzow in seinem Schloß gehalten hat, welche Acta auch noch vorhanden sind*[141].
   Erhalten sind (oder waren) die auf dieser Synode erlassenen Statuten,
und zwar in einer Abschrift, die in der Stargarder Marienkirche aufbewahrt
wurde und die sich später in der Bibliothek des Gymnasiums zu Stargard

---

134 Sp. 610, cap. 38.
135 Sp. 609, eap. 37.
136 Die folgenden Angaben stehen schon in der Ausgabe von 1602, und zwar lib. II, cap.
     29, S. 166; cap. 30, S. 167 („197" ist Druckfehler); cap. 32, S. 172.
137 Cramer 1628, lib. II, cap. 41, S. 105.
138 Ebd. lib. II, cap. 42, S. 106: *Der Zwantzigste Bischoff war Henningus Iven, dieser
     war eines Bürgers Sohn von Stolp auß Hinter Pommern, vnd ward vom Capittul
     dazu Erwelet ...* J. W. v. Winther zählt Henning Iwen als 21. Camminer Bischof. Da-
     zu Pyl (ADB 11, S. 775): „sofern aber die Gegenbischöfe mitgerechnet werden, der
     XXIV."; auch M. Wehrmann, Zur Chronologie der Caminer Bischöfe, in: Korre-
     spondenzblatt d. Gesamtvereins d. deutschen Geschichts- u. Altertumsvereine 46,
     1898, S. 117, zählt Henning Iwen als 24. Bischof von Cammin.
139 Cramer 1628, lib. II, cap. 42, S. 107.
140 Ebd. lib. II, cap. 44, S. 114.
141 Ebd. lib. II, cap. 42, S. 106 f.

befand[142]. Cramer und von Winther haben den Text für ihre Geschichtswerke benutzt und aus ihr zitiert oder mitgeteilt. Die Stargarder Kopie ist dann von Christian Schöttgen 1721 gedruckt worden[143]. Das Schriftstück nennt als Datum den 8. September 1454[144]. Verkündet aber wurden die Statuten bereits am 22. Juli 1454[145] in der Domkirche zu Cammin.

Die Synode von 1454 ist also gut bezeugt. Martin Wehrmann macht allerdings geltend, daß die Angabe in der Statutenabschrift[146], derzufolge die Synode in der Domkirche zu Cammin stattgefunden habe, nicht mit der Cramers übereinstimmt, wonach sie im März in Gülzow abgehalten worden sei. Wehrmann[147] erwägt deshalb die Möglichkeit zweier Kirchenversammlungen im Jahr 1454. Überliefert sind sie nicht. Sollte Cramer hier am Ende die Camminer Synode von 1454 mit der Gülzower eines anderen Jahres verwechselt haben? In diesem Falle wäre bei der Berechnung des Herrschaftsbeginns Henning Iwens nicht von der Jahresangabe 1454 auszugehen. Nun berichtet Cramer in der Tat von einer früheren, unter diesem Bischof abgehaltenen Synode, die 1448 stattgefunden haben soll[148]. Auch sie ist durch eine Handschriftennotiz, in der der 26. Juni 1448 als Datum genannt wird, bezeugt[149]. Nähme man dieses Datum als Ausgangspunkt für die Berechnung, so käme man ins Jahr 1445. Aber diese erste Synode Hennings hat der Handschriftennotiz zufolge auch nicht in Gülzow, sondern in Stettin getagt. Deshalb verdient die andere der von Wehrmann geäußerten Vermutungen den Vorzug, daß die Synode 1454 zunächst im März nach Gülzow berufen und hier wohl auch eröffnet, später aber nach Cammin verlegt worden sei, wo am 22. Juli die bekannten Statuten verkündet worden sind. Da Cramer das Jahr 1454 ausdrücklich nennt und dieses nicht auf Verwechslung beruht, muß es an dieser Stelle als der Fixpunkt für die Ermittlung des Amtsantritts Bischof Hennings angenommen werden. *Bald drey Jahr hernach* wurde die

---

142 M. Wehrmann, Von Synoden und Synodalstatuten der Camminer Diöcese, in: Blätter f. Kirchengeschichte Pommerns, Heft 9 1932, S. (3–19) 11.

143 Siehe oben Anm. 25 (Hs. N 43, fol. 258–261).

144 *Festun nativitatis gloriosae virginis Mariae* (Schöttgen S. 333).

145 *Dies beatae Mariae Magdalenae* (Schöttgen S. 315). Wehrmann, a. a. O., S. 11, hat den Termin der Verkündung als das Datum des Schriftstücks bezeichnet.

146 Schöttgen S. 315.

147 Wehrmann, a. a. O., S. 11.

148 Cramer 1628, lib. III, cap. 5, S. 15: *Denn es hatte vorlengst B. Johannes Anno 1344. Item B. Siegfried Anno 1400. Item B. Henningus Anno 1448. Item B. Benedictus Anno 1492 … auch Synodos gehalten.* Nun ist das Datum 1400 für Siegfried offenkundig falsch. Wehrmann S. 8 sieht es als einen Irrtum, wenn nicht gar Druckfehler, für 1440 an. An der entsprechenden Stelle der Ausgabe von 1602 (lib. III, cap. 4, S. 14) erwähnt Cramer nur die Synoden von 1344 und 1492.

149 H. Lemcke, Aus Handschriften der Kamminer Dombibliothek, in: Mbll. 3, 1889, S. 108; dazu Wehrmann, a. a. O., S. 10.

Synode von 1454 *außgeschrieben,* jener müßte also anfangs des Jahres 1451 oder noch ausgangs des Jahres 1450 erfolgt sein.

Zu diesem Zeitansatz fügen sich weitere Mitteilungen[150], die Cramer auf die Nachricht vom Tode Bischof Siegfrieds 1446 folgen läßt[151]:

a) *Anno 1448. vmb diese Zeit hat noch gelebet Fraw Sophia, Bugslavi VIII. Wittwe vnd Bugslavi IX. Mutter.*

b) Anno 1450 hat der Kardinal Nikolaus von Kues mit Erzbischof Friedrich von Magdeburg über die Abschaffung der *Abgötterey* des Wunderbluts zu Wilsnack verhandelt.

c) *Noch im Jahr 1450. Ist die große Kirche zu Colberg... mit Kupfer belegt, vnd sind zu der zeit Kirchen Väter gewesen Johannes Parchem vnd Christian Rangen.*

Damit endet das Kapitel. Und es folgt nun das Kapitel über Henning Iwen und seine Wahl zum Bischof[152], dessen erste Zahlenangabe ins Jahr 1450/51 führt.

Ähnlich ist es bei J. V. von Winther. Auch er beendet das Kapitel über Siegfried II. nicht mit dessen Tod 1446, sondern berichtet anschließend noch[153], daß im Jahr 1449 der Stargarder Archidiakonat dem (Camminer) Thesauriat inkorporiert worden sei[154]. Dazu paßt dann, daß die erste Jahres-

---

150 Über Inhalt, Datierung und Überlieferung dieser Nachrichten, die ebenfalls 1602 noch fehlen, sowie über den Zusammenhang mit Angaben, die Henning Iwen bzw. den Tod Bischof Siegfrieds II. betreffen, wird im zweiten Teil dieser Arbeit gehandelt werden [nicht erschienen].

151 Cramer 1628, lib. II, cap. 41, S. 106.

152 Siehe oben Anm. 134.

153 Kap. 37, Sp. 610.

154 Auf diese Unstimmigkeit hat schon H. Lemcke, Mbll. 3, 1889, S. 109 Anm., hingewiesen. Der Tatbestand ist bereits von Chr. Schöttgen in dem Aufsatz „Von denen Archidiaconis des hohen Stiffts Camin", in: Altes und Neues Pommerland, 3. Stück, Stargard 1721, S. (334–374) 354, angezweifelt worden. Schöttgen macht zunächst auf die widersprüchlichen Angaben bei v. Winther aufmerksam: Kap. 8, S. 545, schreibt dieser, daß der Stargardsche Archidiakonat von Bischof Siegfried im Jahre 1440 „der Präbende des Thesaurarii beym hohen Stift Camin incorporiret worden" sei; nach Kap 37. S. 610, geschah dies 1449 (s. o.), Kap. 41, S. 618, zufolge erst 1492 unter Bischof Benedikt. Schöttgen bemerkt hierzu: „Wie sich dieses zusammen reimen läßt, sehe ich nicht. Ich wundere mich aber, wo er (v. Winther) zu der Nachricht gekommen, denn es ist aus folgenden zu sehen, daß an der gantzen Sache nichts gewesen". – Nach H. Heyden, Die Archidiakonate im Bistum Kammin und ihre Sprengel, in: Wichmann-Jahrbuch 15 u. 16, 1961/62, S. (25–63) 54, ist die Vereinbarung am 24.5.1444 von Bischof Siegfried angeordnet worden, doch unterblieb die Durchführung, was Heyden daraus schließt, daß Bischof Benedikt sie am 23.9.1492 erneut in Erinnerung brachte. Heyden (a. a. O. Anm. 86) stützt sich auf Urkunden des Staatsarchivs Stettin: „Rep. 1, Bistum Kammin Or. 356, Or. 581, Nr. 739".

angabe in dem folgenden Kapitel über Henning Iwen ebenfalls ins Jahr 1449 fällt[155].

Da die Kapitelgliederung sich in beiden Werken nach den Bischöfen richtet, scheint der Bischofswechsel v. Winther zufolge 1449, nach Cramers Chronik von 1628 1450 oder 1451, d. h. mehrere Jahre nach dem Tod Siegfrieds II., den beide ins Jahr 1446 setzen, stattgefunden zu haben. Ursprünglich hatte allerdings auch Cramer, wie sich aus seiner Ausgabe von 1602 ergibt, 1446 als Jahr des Regierungsantritts Henning Iwens angesehen. Unsicherheit herrschte aber auch hinsichtlich des Todesjahres Bischof Siegfrieds II., wie die Nachtragsnotiz Kantzows zeigt: *1444 obiit Sifridus oder etliche Jar hirnach*[156].

Die Frage, welches Jahr – 1444, 1446, 1449, 1450, 1451 – nun tatsächlich das Todesjahr Bischof Siegfrieds II. gewesen ist, kann indessen eindeutig mit „1446" beantwortet werden, nachdem Martin Wehrmann 1901 eine Quellenstelle mitgeteilt hat, die das Datum (15. Mai 1446) klipp und klar angibt.

Es handelt sich um ein vom 16. Juli 1446 datiertes Schreiben[157], das von Wedego (von Rammin)[158], Dekan, von Laurentius Heyso[159], Archidiakon von Pyritz, von Caspar von Eickstedt[160], Vizedominus, von Georg Bande-

---

155 Es handelt sich um einen Vertrag zwischen Bischof Henning und dem Grafen Albert (sic!) von Eberstein gedruckt bei Schoettgen u. Kreysig III, 1760, Nr. 164, S. 114 f.; Datum: 1449 V 25. Die Urkunde ist dem Grafen Albrecht von Everstein und seinem Sohn Otto erteilt. Vgl. A. Hofmeister, Zur Genealogie und Geschichte der Grafen von Everstein in Pommern, in: Mbll. 51, 1937, S. 17–28.

156 2. hdt. S. 277 Anm. (von S. 276).

157 M. Wehrmann, Das Todesjahr des Bischofs Siegfried von Camin (1446), in: Mbll. 15, 1901, S. 181–183. Das Schreiben befand sich im StA Stettin, „Bisth. Camin", Nr. 308. Das richtige Sterbedatum (15.5.1446) hatte Wehrmann bereits in seinem Aufsatz „Zur Chronologie der Caminer Bischöfe" (s. o. Anm. 138), 1898, S. 117 (Nr. 23) angegeben.

158 Nach R. Spuhrmann, Geschichte der Stadt Cammin i. Pommern und des Camminer Domkapitels, Cammin 1912, war Wedego von Rammin von 1434 bis 1444 (?) Dekan des Camminer Domkapitels (S. 99), von 1448 bis 1457 sein Präpositus (S. 98). Nach Klempin (vgl. Anm. 8) war er Präpositus bis 1456 (S. 413 b) und Dekan von 1434 bis 1446 (S. 414 a), was durch das im Text behandelte Schriftstück bestätigt wird.

159 H. Riemann (s. o. Anm. 25) führt in seinem Verzeichnis der „Pröpste des Colberger Capitels" (Beilagen S. 115) auch „Laurentius Heyse 1434–38" (so auch Klempin S. 418 b) an, macht jedoch darauf aufmerksam, daß er „in Colb. Urk. nicht genannt" wird. Ein Laurentius Heise ist in den Jahren von 1434 bis 1438 als Propst von Verchen bezeugt, s. H. Hoogeweg, Stifter u. Klöster d. Prov. Pommern, Bd. II, S. 822 und ebd. S. 809 u. 815 sowie Bd. I, S. 370 Anm. 9. Nach Klempin S. 414, Nr. 276, war Laurencius Heyso (Heyse) von 1429 bis 1446 Structuarius (Baumeister) der Camminer Kirche und von 1444 bis 1446 auch Archidiaconus Pyritzensis (s. o.).

160 Nach Klempin S. 417, Nr. 280 u. Spuhrmann S. 103, war „Kaspar Eickstedt" von 1440 bis 1456 Vizedominus. Vorher, von 1434–1436, war er Dekan des Otto-Stifts zu Stettin; s. Klempin S. 411 b und Hoogeweg II, S. 595 mit Bezug auf: StA Stettin, Bist. Kammin Or. 340 u. 346. Bei der letztgenannten Urkunde handelt es sich um

mer[161], Kantor, und von Harneydus Saantze[162] als „Repräsentanten" des Camminer Domkapitels an drei seiner Mitglieder, die sich außerhalb der Bischofsstadt befanden, gerichtet worden ist. Diese drei, nämlich der Scholastikus Johann Blankenburg[163], der Kolberger Propst Johann Dargatz[164] und der Kanoniker Tidericus Went[165], wurden mit diesem Brief aufgefordert, an der auf den 21. Juli 1446 anberaumten Wahl eines Nachfolgers des am 15. Mai 1446 gestorbenen Bischofs Siegfried teilzunehmen.

Aber auch schon vorher konnten die anderen Jahre ausgeschlossen werden, und zwar auf Grund des publizierten Urkundenmaterials. In Riedel's Codex diplomaticus Brandenburgensis[166] ist die letzte Urkunde Siegfrieds

---

den Vertrag vom 1.5.1436 zwischen Bogislaw IX. und Siegfried II. (s. o. Anm. 127). In ihm erscheint *Her Jasper von Eicksteden, Decken van Sunte Otten tho Stettin* (Schoettgen u. Kreysig III, Nr. 147, S. 100).

161 Nach Klempin S. 416 a (Nr. 278) war er von 1440–1460, nach Spuhrmann S. 100 erst ab 1445 Kantor des Camminer Domkapitels.

162 Klempin S. 411 b (Nr. 303): „Hernicus (Harneydus) Zantze (Saantze) 1444–51".

163 Spuhrmann, a. a. O., S. 102 führt ihn als Scholasticus des Camminer Domstifts zum Jahre 1427 auf; ebenso Klempin S. 415 b (Nr. 277), der ihn als Johannes Blanckenborg II bezeichnet (ebd. S. 441 b) und von dem Kanoniker Johannes Blankenborch I, 1363 prepositus eccl. b. Marie Stettinensis unterscheidet (ebd. S. 428 b, Nr. 301).

164 Nach Hoogeweg, a. a. O., Bd. I, S. 370, Propst des Kolberger Kollegiatstifts von April 1431 bis Febr. 1447. H. Riemann, a. a. O., Beilagen S. 115, hatte in seinem Verzeichnis der Kolberger Pröpste zwischen Johannes Dargatze I 1432–1447 (vgl. auch in seiner Darstellung S. 219) und Johannes Dargatze II 1440–1447 unterschieden und gefragt: „eins mit dem voraufgehenden Joh.?. Er war zu diesem Zweifel an der Identität dadurch veranlaßt worden, daß er wie Klempin (der S. 418 b für Joh. Darghatze als Kolberger Propst die Jahre 1432–33 und 1440–46 angibt) zwischen Johannes I und Johannes II den Laurentius Heyse für die Jahre 1434–1438 eingeschoben hat. Aber ob dieser zu jenem Zeitpunkt Propst des Kolberger Stifts war, ist auch zumindest zweifelhaft (s. o. Anm. 159). Hoogeweg verneint dies, wenn er schreibt: „Lorenz Heise war nicht Propst in Kolberg, sondern in Verchen". – Die bei J. F. Wachsen, Historisch-diplomatische Geschichte der Altstadt Colberg, Halle 1767, S. 190, überlieferte Nachricht, daß Joh. Dargatz bei einem Aufruhr in der Stadt 1456 erschlagen worden ist, beruht (nach Hoogeweg I, S. 370) auf Irrtum (so auch schon Riemann S. 232 Anm.).

165 Nach Klempin (S. 441 b, Nr. 303) war er Kanoniker zu Cammin von 1442 bis 1451 und war 1451 Propst zu Kolberg (so auch S. 418 b, Nr. 281). Nach Riemann, Beilagen S. 115, ist er bereits 1449 (bis 1451) Propst des Kolberger Kollegiatstifts geworden. Siehe unten S. 565 m. Anm. 177 und S. 566 m. Anm. 182. Hoogeweg, a. a. O., erwähnt ihn Bd. II, S. 384 (a. 1434) u. Bd. I, S. 370 u. 323 (a. 1449 als Propst zu Kolberg).

166 Sammlung der Urkunden, Chroniken und sonstigen Geschichtsquellen für die Geschichte der Mark Brandenburg und ihrer Regenten, Berlin 1838 ff. (von Pyl in seinem ADB-Artikel „Henning Iven" nicht zitiert).

vom 27. März 1446 datiert[167]. Die erste der von Henning Iwen ausgestellten
Urkunden dieser Sammlung trägt das Datum 4. März 1447[168]. Bereits am
16. Februar 1447 aber wandte sich der Rat von Prenzlau an Henning Iwen
als electus und Vorsteher der Camminer Kirche[169]. Hinzu kommt eine Urkunde vom 9. Juni 1446[170], mit der der gerade erwähnte Vizedominus Caspar
von Eickstedt Heinrich Berkow zum bischöflichen Offizial für die ganze
Neumark bestellt[171]. Zu den Obliegenheiten des Vizedominus (die sich im
wesentlichen mit denen des Generalvikars deckten)[172], gehörte es auch, bei
der Erledigung des Camminer Bischofsamtes die Befugnisse des Bischofs bis
zur Neuwahl auszuüben[173]. Demgemäß bezeichnet sich Caspar von Eickstedt in der Urkunde vom 9. Juni 1446 nicht nur als *Vicedominus Caminensis,* sondern auch als *Administrator in spiritualibus et temporalibus per dioce-
sim Caminensem generalis.* Außerdem ist in dieser Urkunde aber auch
ausdrücklich auf den „Tod" *olim Reuerendi in cristo patris domini Sifridi
Episcopi Caminensis* Bezug genommen. Damit konnte das Ableben Siegfrieds auf die Zeit zwischen dem 27.3. und dem 9.7.1446, die Erhebung
Henning Iwens auf die Zeit zwischen dem 9.7.1446 und dem 16.2.1447 angesetzt werden. Angesichts dieses Befundes bleibt die auf Urkunden beruhende
Angabe Klempins „1449" rätselhaft.

So wichtig die Feststellung des „richtigen" Jahres ist, so sind damit die
Probleme aber noch nicht alle gelöst. Wie kommt es, daß in der pommerschen Chronistik schon früh verschiedene Jahresangaben überliefert worden
sind? Im Blick auf diese Frage ist hier trotz der Klarstellung durch Wehrmann
noch einmal auf die vom Jahr 1446 abweichenden Angaben eingegangen worden[174]. Nimmt man hinzu, daß die ältere chronikalische Überlieferung auch
hinsichtlich des Todes unseres Bischofs nicht mit der urkundlichen übereinstimmt, so stellt sich die immer erneut aufbrechende Frage nach dem Aussa-
gewert der älteren pommerschen Historiographie und damit zugleich nach
der Herkunft der einzelnen Nachrichten und ihrem Abhängigkeitsverhältnis
untereinander.

---

167 Riedel A, Bd. XIX, Berlin 1860, Nr. 69, S. 43 f. (kopial. Überl.). – Bei der im Register
    aufgeführten Urk. von 1449 Jan. 22 (A, Bd. XXI, Berlin 1861, Nr. 241, S. 287 f.) han-
    delt es sich um einen Druckfehler; sie gehört ins Jahr 1440.
168 Riedel A, Bd. XXI, Nr. 258, S. 302 (Abschr. d. Or.).
169 Ebd. Nr. 257, S. 301 (Abschr. d. Or.).
170 Ebd. Bd. XIX, Nr. 263, S. 358 f. (Or.).
171 Über Camminer Offiziale für die Neumark vgl. H. Heyden, Kirchengeschichte
    Pommerns I, S. 98. Der Aufsatz dess., Von den bischöflichen Beamten in Pommern,
    in: Bll. f. Kirchengeschichte Pommerns 19–23, 1939–40, war mir leider nicht zugäng-
    lich.
172 Heyden, Kirchengeschichte I, S. 107 f.
173 Ebd. S. 87. Vgl. auch J. Allendorf (s. o. Anm. 118) S. 40.
174 Siehe oben S. 558 f.

6. Die anfängliche Ablehnung Henning Iwens als Bischof durch die Stadt Kolberg und ihre geistliche und weltliche Anhängerschaft.

Durch den von Wehrmann mitgeteilten Brief ist im übrigen nur der Todestag Bischof Siegfrieds II. (15.5.1446) mit Sicherheit bestimmt. Von dem Tag der Bischofswahl (21.7.1446) gilt das nicht in gleichem Maße, weil er im Gegensatz zu jenem in der Zukunft lag. Wir haben freilich keinen Anhaltspunkt dafür, daß die Wahl nicht an dem anberaumten Tage stattgefunden hat. Aber angesichts der von Anfang an bestehenden Widerstände gegen den Bischofskandidaten ist es auch nicht auszuschließen, daß die Wahl verschoben worden sein könnte (allerdings nur innerhalb des Jahres 1446). Diese Widerstände gingen am entschiedensten von der Stadt Kolberg aus, die Henning Eid und Huldigung verweigerte[175]. Aber nicht nur die Kolberger Bürgerschaft versagte dem neuen Bischof die Anerkennung, sondern auch die Kolberger Geistlichkeit und ein Teil des stiftischen Adels. Sogar im Camminer Domkapitel hatte Henning Iwen Feinde[176]. Jedenfalls haben von den drei brieflich zur Wahl nach Cammin Beorderten der Kanoniker Dietrich Went und der Scholastikus Johann Blankenborg den Bischof nicht anerkannt[177]. Vielleicht haben sie überhaupt an der Wahl nicht teilgenommen. Der dritte dagegen, der Kolberger Dompropst Johann Dargatz, ergriff mit dem Kolberger Domkapitel, das mit der Stadt meist in Spannung lebte, für Henning Partei. Dieser mußte deshalb die Stadt verlassen, die daraufhin vom Bischof mit dem Bann belegt wurde[178].

Die Ablehnung traf Henning Iwen, „weil er ein Gegner des Papstes Eugen IV. war"[179]. Denn nicht von diesem hatte er die Anerkennung als Bischof eingeholt, sondern es gelang „dem Einflusse des Herzogs [Bogislaws IX.] beim Concil in Basel, die Bestätigung Henning Iven's als dessen [Bischof Siegfrieds II.] Nachfolger zu erwirken. Der Widerspruch des von jener Kirchenversammlung suspendirten Papstes Eugen IV." war es, der den Bischof in die „Streitigkeiten mit der Geistlichkeit und der Stadt Colberg" verwickelte, „die umso gefährlicher waren, als im December 1446 sein Beschützer, Bogislaw IX. verstarb"[180]. Gestützt auf ein Privileg Eugens IV.[181]

175 Die begründetste Darstellung des Konflikts ist immer noch die von Riemann in seiner „Geschichte der Stadt Colberg. Aus den Quellen dargestellt", 1873, S. 215 ff.
176 Heyden, Kirchengeschichte I, S. 103. Die Namen der „etwa dreißig Meßpriester" sowie die der Domherren und der Adligen, die gegen Bischof Henning waren, sind in der Urkunde vom 20.1.1449 (s. u. Anm. 181) aufgeführt.
177 Ebd.
178 Riemann S. 227 f.
179 Heyden, Kirchengeschichte I, S. 103.
180 Pyl, ADB 11, 1880, S. 775 f.

hat der Kolberger Rat über freigewordene Dompräbenden und andere geistliche Stellen frei verfügt und sogar die Stelle des Propstes mit Dietrich Went[182] neu besetzt oder besetzen lassen.

Unsere Kenntnis über diese Vorgänge gründet sich im wesentlichen auf zwei schriftliche Vereinbarungen, durch die die Konflikte bereinigt wurden, sowie auf eine Urkunde aus späterer Zeit. Der Ausgleich zwischen dem Bischof und seiner Anhängerschaft und der Stadt Kolberg und ihren Parteigängern ist Ende 1448, Anfang 1449 herbeigeführt worden. In einer Urkunde, die Henning Iwen zugleich für das Camminer Domkapitel am 20. Januar 1449 dem Rat von Kolberg ausstellte[183], verzichtete der Bischof u. a. auf die Verfolgung derjenigen Geistlichen und Laien, die es mit Kolberg gehalten und die sich ihm bisher widersetzt hatten. Und in dem Vertrag[184], den der Bischof unter dem 29. Juni 1449 zwischen der Stadt Kolberg und dem Kolberger Kollegiatstift vermittelte, wurde festgelegt, daß diejenigen, die vom Kolberger Rat in geistliche Stellen eingesetzt worden waren, diese behalten sollten, sofern die früheren Inhaber verstorben sind; sofern nicht, müssen die neuen Inhaber zwar weichen, doch sollen sie entschädigt werden, während das Kapitel sich seiner Ansprüche auf Entschädigung für verlustig gegangene Einkünfte begibt.

Henning Iwen und seine Anhänger haben die größeren Zugeständnisse gemacht, um endlich die Anerkennung im Bistum zu erreichen. Nachdem der Bischof auch noch die städtischen Privilegien bestätigt hatte[185], ist ihm in der Stadt gehuldigt worden. Die Widerstände im Bistum waren damit vorerst[186] überwunden. Von jetzt an übte er das Bischofsamt unbestritten aus.

Insofern kommt dem Jahr 1449 doch eine gewisse Bedeutung zu. Zum Bischof gewählt wurde Henning Iwen bereits 1446. Endgültig durchgesetzt aber hat er sich erst 1449. Sollte diese Tatsache gemeint sein, wenn es in der oben zitierten Stelle bei Cramer heißt: *So bald nun alß dieser Bischoff ins Stiefft angetreten …? Von* Kolberg aus gesehen hat er die Herrschaft tatsächlich erst 1449 angetreten. Man wird deshalb in der Überlieferung, derzufolge der Camminer Bischofswechsel nicht 1446, sondern 1449 stattgefunden hat, die Widerspiegelung des Kolberger Standpunkts zu sehen haben.

Daß die Kolberger ihre anfängliche Weigerung, Henning Iwen als Bischof anzuerkennen, auch später noch als berechtigt ansahen, geht aus dem Ver-

---

181 Erhalten ist es nicht, vgl. Hoogeweg I, S. 318 m. Anm. 2.
182 Siehe oben Anm. 165; dazu Riemann S. 229.
183 Gedruckt: Riemann, Beilagen S. 40–42, Nr. XXXIII (N. 104 des Kolberger Stadtarchivs).
184 Ebd. S. 42–45, Nr. XXXIV (N. 105 des Kolberger Stadtarchivs).
185 Riemann S. 228.
186 Über die späteren Auseinandersetzungen und Kämpfe mit Kolberg s. im zweiten Teil dieser Arbeit [nicht erschienen].

trag hervor, der am 25. Juli 1469, d. h. also nach dem Tode Henning Iwens[187], zwischen den Städten Kolberg und Köslin wegen gemeinsamen Verhaltens neugewählten Bischöfen gegenüber geschlossen worden ist[188]. In dieser von der Stadt Kolberg ausgestellten Urkunde werden die Anfänge des gerade verstorbenen Bischofs Henning aus der Rückschau noch einmal kurz beleuchtet. Dort ist die Rede von *Twedragt, Mort vnde Schaden,* die zwischen Kolberg und Köslin geschehen waren *vmme Bischopp Henninghsche zeliger dechtnisse;* und nun folgen die Angaben über die Ereignisse bei seiner Einsetzung: *de gekaren was von dem Capittel tho Cammyn vnde confermert was van deme Conzilio tho Basel, welk Conzilium was jegen Pawes Eugenium vnde de hillge Romsche Karke, demsülvigen Bischopp Henninghe de van Cuszlyn vnde de Manscop vppe syne confirmacie huldunghe deden, vnde wy van Colberghe met rechtverdighen redelycken Saken ein de huldunghe vorweren;...*

Die Urkunde ist übrigens die einzige Quelle, in der ausdrücklich von der Konfirmation Henning Iwens durch das Baseler Konzil die Rede ist. Und wenn immer wieder gesagt wird, daß Kolberg dem Bischof aus diesem Grunde die Anerkennung verweigert hat[189], so ist auch dafür diese Urkunde der einzige Beleg. Daß Papst Eugen IV. der Baseler Konfirmation „widersprochen" habe, wie Pyl meint[190], steht dagegen nicht in ihr. Man kann dies allenfalls daraus schließen, daß Eugen IV. den Kolbergern ein Privileg über die Besetzung geistlicher Stellen erteilt hat, auf das – ohne jedoch seinen Inhalt genauer mitzuteilen – in dem Vertrag zwischen der Stadt und dem Stiftskapitel vom 29. Juni 1449 Bezug genommen wird. Es bleibt deshalb zu fragen, ob diese Darstellung aus dem Jahre 1469 die Tatbestände in jeder Hinsicht zutreffend wiedergibt oder ob sie nicht durch das noch oder wie-

---

187 Ebd.

188 Gedruckt: J. C. Dähnert, Pommersche Bibliothek, IV. Bd., Greifswald 1755, S. 222 f., und: J. E. Benno, Die Geschichte der Stadt Coeslin von ihrer Gründung bis auf gegenwärtige Zeit. Nach Urkunden und zuverlässigen Quellen bearbeitet, Cöslin 1840, S. 343 f. (Nr. XXXVIII der Beilagen). Über eine Abschrift des Vertrags in der Universitätsbibliothek Greifswald s. Balt. Stud. 27, S. 51, Nr. 145 (Hs. Papier in fol. s. XVIII, enthaltend Urkunden u. Aktenstücke zur Geschichte der Städte Garz, Usedom und Köslin). – Die oben im Text gegebenen Zitate folgen der Überlieferung bei Benno.

189 Benno S. 39 sieht die Dinge sicher richtiger, wenn er bemerkt, „daß diese zarte Gewissenhaftigkeit nicht die alleinige Ursache davon gewesen sei", daß die Stadt Kolberg die Huldigung verweigert hat. Barthold (s. o. Anm. 96) S. 136 sieht in dem kirchlichen Schisma nur einen von dem Bürgermeister Hans Schlief benutzten Vorwand für die Verweigerung der Huldigung.

190 ADB 11, S. 776. Auch Benno S. 39 schreibt, daß Papst Eugen IV. ihr, nämlich der Wahl, die die Kirchenversammlung zu Basel genehmigt hatte, „seine Beistimmung versagt" hat.

der bestehende aktuelle Interesse Kolbergs[191] an jenen Vorgängen in diesem oder jenem Punkte ein wenig zurechtgerückt sind.

Henning Iwen (Iven), Bischof von Cammin (seit 1446), aus Stolp, † 3. 8. 1468 Körlin (Pommern), ⌑ Köslin.

Nach der „Pomerania" d. Nikolaus v. Klempzen († 1552) war d. erste ev. Bischof v. Pommern, Bartholomäus Suawe († 1566), mit H. verwandt. H. ist seit 1441 als Domherr von Cammin und zugleich als Kanzler Hzg. Bogislaws IX. von Pommern-Stolp nachweisbar. Nach dem Tode Siegfrieds IL (15. 5. 1446) wurde H. am 21. 7. 1446 zum Bischof gewählt und vom Baseler Konzil, aber nicht von Papst Eugen IV. konfirmiert. Die Stadt Kolberg, Teile des Klerus und des Adels verweigerten Huldigung und Anerkennung. Nach Beendigung des Schismas erreichte H. 1448 den Ausgleich mit Papst Nikolaus V. und 1449 die allgemeine Anerkennung im Camminer Stiftsgebiet. 1455 lebte der Streit mit Kolberg wieder auf, das an Kg. Christian I. von Dänemark Rückhalt suchte. H. führte den Kampf bis 1467 mit Unterstützung des Papstes und im Bunde mit Hzg. Erich II. von Pommern, den er in seinem Kampf gegen Brandenburg unterstützte, das Anspruch auf das 1464 erloschene Hzgt. Stettin geltend machte und Pommern durch seinen Drang zur Ostsee zu zertrennen drohte. In den Auseinandersetzungen zwischen dem Deutschen Orden und dessen Gegnern erscheint H. zusammen mit Hzg. Erich II. zeitweilig als Verbündeter Kg. Kasimirs IV. von Polen. In dem Gebiet von Bütow, das Erich IL 1455–60 und dann 1466 an Pommern brachte, hat H. schon seit 1448 den Zehnten und seit 1451 eine weitere Abgabe (Bischofsgeld) zu erheben versucht. Zur Ordnung der geistlichen Angelegenheiten hat er 1448 und 1454 Diözesansynoden abgehalten. Die auf der zweiten erlassenen Vorschriften sind für Cammin die einzig überlieferten aus der kath. Zeit. H.s Name ist vornehmlich mit der Gründung der Univ. Greifswald 1456 verbunden. Durch das päpstl. Gründungsprivileg wurde er zu ihrem Kanzler und (gemeinsam mit Bischof Stephan von Brandenburg) zum Konservator bestellt. Doch delegierte er dieses Amt dem damaligen Generaloffizial für Vorpommern, Prof. Hermann Slupwachter, jenes dem eigentlichen Universitätsgründer, dem Bürgermeister Prof. Heinrich Rubenow. Zugleich erhob er 1456/57 die Nikolaikirche in Greifswald zum Kollegiatstift mit der Bestimmung, daß die Kanonikate nur Lehrern der Universität (auch Nichttheologen) vorbehalten sein sollten.

L ADB XI; Roderich Schmidt, Bischof H. I. v. Cammin (1446–68), 1. T., in: Balt. Stud. NF 53, 1967, S. 18–42 (L).

---

191 Ausgelöst durch den Tod Bischof Hennings und die mit der Nachfolge verbundenen Probleme und Streitigkeiten.

Die Mecklenburgischen Kaiserbederegister von 1496

Das mit dem Erstarken der Fürstenmacht im 15. Jahrhundert verbundene Streben nach neuen Wegen in der Verwaltung der Territorien erstreckte sich auch auf eine Neuordnung des Finanzwesens und der Steuern, war doch die Verbesserung der Einkünfte und die Erschließung neuer Einnahmequellen eine wesentliche Voraussetzung für alle „Reformen", nach denen man überall am Ende jenes Saeculums rief. Was im Römischen Reich deutscher Nation unter dem Schlagwort der „Reichsreform" aber nur teilweise und dann vielfach nicht für die Dauer verwirklicht werden konnte, geschah in den Territorien: die Bildung neuer Formen von Staatlichkeit, die zum Fundament des Fürsten- und Ständestaates in der Neuzeit wurden.[1]

In Mecklenburg[2] vollzog sich diese Umgestaltung von Verwaltung und Finanzen während der Regierung des Herzogs Magnus II. (1477–1503). Durch Einlösung der zahlreich verpfändeten Ämter, Städte, Nutzungen und Abgaben schuf er die Voraussetzung, daß mehr Geld in die herzogliche Kasse gelangte und daß es beständiger floß. Freilich wurden für die Einlösungen zunächst Mittel benötigt. Magnus beschaffte sie, indem er zu der üblichen Steuer, der Landbede, die zweimal im Jahr als große oder Herbst-Bede und als kleine oder Frühjahrs-Bede erhoben wurde, zusätzliche Abgaben durchsetzte. Hierzu gehört die sogenannte Fräuleinsteuer, erhoben bei Verheiratung von Prinzessinnen für ihre Mitgift (in Mecklenburg seit 1481). Im benachbarten Pommern hatte Herzog Bogislaw X. (1474–1523) diese lange Zeit nicht mehr geleistete Steuer 1485 wieder eingeführt,[3] anläßlich der Heirat seiner Schwester Margaretha mit Herzog Balthasar von Mecklenburg, einem Bruder und Mitregenten Magnus II. Ein anderer Anlaß für zusätzliche Besteuerung war die Teilnahme des Herzogs an Reichstagen (so 1482). Allerdings mußte für derartige Steuern die Bewilligung durch die Stände (Prälaten, Lehnmannen und Städte) eingeholt werden.

Anders war es bei den Steuern, die das Reich von den einzelnen Reichsständen, also auch von den mecklenburgischen Herzögen, forderte und die diese berechtigt waren, auf ihre Untertanen umzulegen. Während bei den Landbeden in Mecklenburg die Geistlichen und die Ritter für ihren selbst-

---

1 Vgl. Heinz A n g e r m e i e r, Begriff und Inhalt der Reichsreform, in: Zeitschr. d. Savigny-Stiftung f. Rechtsgeschichte, German. Abt. 75, 1958, S. 181–205.

2 Vgl. hierzu die Literatur S. 590.

3 Vgl. Martin W e h r m a n n, Landschoß und Fräuleinsteuer zur Zeit Bogislaws X., in: Monatsblätter. Hrsg. v. d. Gesellschaft f. Pommersche Geschichte u. Alterthumskunde 16, 1902, S. 3–11.

bewirtschafteten Grundbesitz keine Abgabe leisten mußten und auch die fürstlichen und städtischen Beamten weitgehend steuerfrei waren, sollten die Kaiser- oder Königsbeden – wie in den Reichstagsabschieden wiederholt festgestellt – von jedermann, wes Standes er sei, gezahlt werden.

Mit der Verwaltung der aus den Vogteien und Städten eingehenden Steuergelder und anderen Einkünfte wurde in Mecklenburg eine von Herzog Magnus II. um 1480 geschaffene Zentralkasse (Renterei) betraut. Sie war mit der herzoglichen Kanzlei verbunden, die – neu geordnet – zum eigentlichen Organ der Landesverwaltung wurde. Der Kanzleisekretär, bald aber ein besonderer Beamter mit der Bezeichnung Rent- oder Küchenmeister, führte mit Hilfe von Sekretären die Register, durch die nunmehr ein Überblick über die Einnahmen des Herzogs bzw. des Landes möglich wurde.

Derartige Register sind in Mecklenburg unter der Bezeichnung Schloß-register (Vogteiregister) und (Land-)Bederegister in reicher Zahl auf uns gekommen. Sie werden durch weitere Heberegister verschiedener Art ergänzt, so daß für dieses Territorium für diesen Komplex eine Überlieferung vorliegt, „wie sie kaum anderswo in Norddeutschland zu finden sein dürfte".[4]

Als das Mecklenburgische Urkundenbuch bis zum Jahre 1400 herangeführt worden war, entschloß sich deshalb die herausgebende Urkundenbuchkommission des Vereins für mecklenburgische Geschichte und Altertumskunde im Jahre 1937, alle Verzeichnisse des 15. und 16. Jahrhunderts, in denen die bäuerlichen Einwohner des Landes aufgeführt sind, unter der Bezeichnung „Mecklenburgische Bauernlisten" herauszugeben. Zweck des Unternehmens war es in erster Linie, Material für die Familienforschung bereitzustellen sowie solches für die Geschichte der einzelnen Dörfer, aber auch für andere Probleme: territoriale Gliederung des Landes, Wüstungskunde, Wirtschaftsgeschichte der spätmittelalterlichen Ämter (Vogteien), Seßhaftigkeit der bäuerlichen Bevölkerung, Größe der Bauernhöfe, des Viehbestandes u. a. m. Erschienen sind 3 Hefte: „Das Amt Boizenburg" und „Das Amt Bukow mit dem Lande Poel", beide bearbeitet von G. Tessin, Schwerin 1937 und 1938, sowie „Die Ämter Feldberg, Fürstenberg, Strelitz und Wesenberg mit den Komtureien Mirow und Nemerow und dem Kloster Wanzka", bearbeitet von C. A. Endler, Schwerin 1941. Nach dem Zweiten Weltkrieg wurde der Band „Amt Crivitz, Vogtei Crivitz (mit Land Silesen) und Vogtei Parchim", bearbeitet und mit einem umfangreichen Anmer-

---

4 Hugo C o r d s h a g e n , Vorwort zu: Veröffentlichungen d. Meckl. Landeshauptarchivs, Bd. II/1, Schwerin (1962), S. 5. – Für Pommern liegt nur ein kurzes Verzeichnis „Dat Register des gemeinen penniges auer dat Landt to Stettinn vnnd Pamerenn, vnnd Forstendhomes tho Rugenn, vann ver Jaren, anthoheuende ab anno dominj 1495" vor, gedruckt in: Diplomatische Beiträge zur Geschichte Pommerns aus der Zeit Bogislafs X., hrsg. v. R. K l e m p i n , Berlin 1859, S. 536–539.

kungsapparat und mit einer Einleitung über die territoriale und verwaltungsmäßige Entwicklung des Amtes versehen, von Paul Steinmann unter dem Titel „Quellen zur ländlichen Siedlungs-, Wirtschafts-, Rechts- und Sozialgeschichte Mecklenburgs im 15. und 16. Jahrhundert" (Veröffentlichungen des Meckl. Landeshauptarchivs, Bd. II/1) (1962) herausgegeben.

In dem ersten Heft der „Bauernlisten" ist zum Jahr 1496 eine Liste abgedruckt, die zu den „Schloßregistern" des Meckl. Geheimen und Hauptarchivs zu Schwerin (jetzt Staatsarchiv) gehört und „Duth is dat keyserghelt uth Boytzenborch" überschrieben ist (S. 54–64). Das Wort „Kaiserbede", „Kaisergeld", „Königsbede" für eine dem Reichsoberhaupt geleistete Abgabe kommt schon vorher in Mecklenburg vor.[5] Eine Quittung aus dem Jahre 1489 bescheinigt dem Stift Schwerin die Zahlung von 500 Mark lübisch Kaiserbede. 1494 forderten die Herzöge Magnus und Balthasar von der Stadt Bützow einen Beitrag zur Kaiserbede.

Die Kaiserbede von 1496 aber ist von größeren Interesse. Sie steht in unmittelbarem Zusammenhang mit den Beschlüssen des Reform-Reichstags zu Worms im Jahre 1495,[6] an dem Herzog Magnus II. von Mecklenburg teilgenommen hatte. Auf ihm war König Maximilian I. von den deutschen Reichsstädten das Recht eingeräumt worden, vier Jahre lang eine allgemeine Reichssteuer, den „Gemeinen Pfennig"[7], zu erheben.

---

5 Vgl. Johannes W e i ß b a c h, Staat und Kirche in Mecklenburg in den letzten Jahrzehnten vor der Reformation, in: Jahrbücher d. Vereins f. mecklenburgische Geschichte u. Altertumskunde (Meckl. Jbb.) 75, 1910, S. 60 u. 97; Fr. S c h i l d t, Das Bisthum Schwerin in der evangelischen Zeit, 3. Teil, in: Meckl. Jbb. 51, 1886, S. 107.

6 Vgl. Fritz H a r t u n g, Die Reichsreform von 1485–1495. Ihr Verlauf und ihr Wesen, in: Historische Vierteljahrsschrift 16, 1913, S. 24 ff., 181 ff.; D e r s., Deutsche Verfassungsgeschichte vom 15. Jahrhundert bis zur Gegenwart, 8. Aufl., Stuttgart 1964, S. 17–21; Eduard Z i e h e n, Reichsreform und Reichsgedanke 1486–1504, Berlin 1940; Karl Siegfried B a d e r, Kaiserliche und ständische Reformgedanken in der Reichsreform des endenden 15. Jahrhunderts, in: Historisches Jahrbuch 73, 1954, S. 74–94; Heinrich W i e s f l e c k e r, Maximilian I. und die Wormser Reichsreform von 1495, in: Zeitschrift des historischen Vereins für die Steiermark 49, 1958.

7 Vgl. Eberhard G o t h e i n, Der gemeine Pfennig auf dem Reichstage zu Worms, Phil. Diss. Breslau 1877, und K. E. Hermann M ü l l e r, Reichs-Steuern und Reichs- Reform-Bestrebungen im 15. und 16. Jahrhundert, Prenzlau 1880; vgl. ferner Johannes S i e b e r, Zur Geschichte des Reichsmatrikelwesens im ausgehenden Mittelalter (1422–1521), Phil. Diss. Leipzig 1910 (= Leipziger historische Abhandlungen 24, Leipzig 1910). Über die den Gemeinen Pfennig betreffenden Verhandlungen und Abschiede auf den hier behandelten Reichstagen vgl. insbes. Eduard Z i e h e n, Mittelrhein und Reich im Zeitalter der Reichsreform, Bd. II (1491–1504), Frankfurt a. M. 1937.

Der Wormser Reichsabschied vom 7. August 1495 bestimmt,[8] daß alle Menschen im Reich, „si sein gaistlich oder weltlich, Frawen oder Mann, was Wirden, Ordens, Stands oder Wesens die sind, niemand außgeschlossen" zur Zahlung heranzuziehen sind, und zwar gemäß ihrem Besitz an beweglichen oder unbeweglichen Gütern oder Renten. Wer 500 rheinische Gulden *(fl)* hat, der muß ½ rhein. Gulden geben, wer 1000 Gulden hat, 1 ganzen Gulden, wer über 1000 Gulden hat, mehr als 1 Gulden „sovil sein Andacht ist". Wer aber weniger als 500 Gulden besitzt und das 15. Lebensjahr erreicht hat, muß den 24. Teil eines rhein. Gulden (= 1 Schilling) zahlen, so daß 24 Menschen 1 Gulden aufbringen. Es handelt sich also um eine am Vermögen orientierte Kopfsteuer, während die mecklenburgische Landbede nach Hufen- oder Hausbesitz berechnet wurde.

Über die Eintreibung ist im Reichsabschied zunächst gesagt, daß sie überall im Reich durch die Pfarrer geschehen solle. Gleich darauf aber wird verfügt, es solle jeder Reichsstand in seinen Städten, Flecken, Märkten und Dörfern dafür sorgen, daß die Abgabe von jeder Person in jeder Pfarre durch dazu bestimmte und vereidete „redlich(e) Personen" jeweils vor dem Neujahrstag eingezogen und in Verwahr genommen wird. Diese Beauftragten haben auch die Einschätzung vorzunehmen und müssen „solichs alles aigentlich auffschreiben". Der eingesammelte Betrag ist von ihnen „sampt der Auffschreibung", also mit dem Register, vor Purificatio Mariae (2. Februar) des folgenden Jahres an Kommissare zu übergeben, die für jedes Land eingesetzt werden. Diese sollen die eingelaufenen Gelder mit den Registern an sieben, von den verschiedenen Gruppen der Reichsstände nominierte „Schatzmeister" abliefern, die sie in Frankfurt a. M „in ain Gewelb" verwahren.

Da König Maximilian I. aber unmittelbar Geldmittel benötigte, wurden ihm 100 000 Gulden für die Kriegsführung in Italien und 50 000 Gulden Türkenhilfe bewilligt. Das Geld war von den Reichsständen aufzubringen und sollte schließlich aus dem Gemeinen Pfennig gedeckt werden, der außerdem zur Besoldung der Richter am Reichskammergericht und der Schatzmeister und Kommissare benutzt werden sollte. Wir besitzen eine Liste, die den „Anschlag" der einzelnen Reichsstände ausweist.[9] Der „Hertzog von Mekkelburg" steht hier mit 1954 Gulden 10 Kreuzer zwischen dem „Hertzog

---

8   Karl Z e u m e r , Quellensammlung z. Geschichte d. Deutschen Reichsverfassung in Mittelalter u. Neuzeit, 2. Aufl., Tübingen 1913, Nr. 176, S. 294–296; Johannes Philipp D a t t , Volumen rerum Germanicarum novum, sive De pace imperii publica, Ulm 1698, S. 881–888; N e u e und vollständigere Sammlung der Reichs-Abschiede, Welche von den Zeiten Kayser Conrads des II. bis jetzo, auf den Teutschen Reichs-Tägen abgefasset worden, Frankfurt a. M. 1747, II. Theil, S. 14–17.
9   Neue Reichs-Abschiede II, S. 20–24.

von Stettin"[10] einerseits, dem „Hertzog von Gülich" (Jülich) und dem „Hertzog von Cleff" (Kleve) andererseits, die jeder 3126 Gulden 40 Kreuzer aufzubringen hatten. Nimmt man den Anschlag des Bischofs von Schwerin mit 117 Gulden 15 Kreuzer hinzu[11] (der pommersche Bischof von Cammin hatte nur 39 Gulden 15 Kreuzer zu zahlen), so tritt Mecklenburg bemerkenswert hinter Pommern zurück.

Auf dem Reichstag zu Lindau wurde dann am 9. Februar 1497 beschlossen,[12] den Reichspfennig unverzüglich abzuliefern, und zwar „auff Sontag Letare zu Mittfasten schirest kumpt", d. h. zum 5. März 1497. Als die Stände des Reichs sich im gleichen Jahr noch einmal, diesmal zu Worms,[13] versammelten, hatten „etliche" von ihnen inzwischen der Lindauer Aufforderung Folge geleistet. Groß scheint die eingekommene Summe aber nicht gewesen zu sein; denn nur bare 4 000 Gulden wurden dem König hier am 23. August bewilligt. Man gestattete ihm jedoch außerdem, den Pfennig aus seinen und seines Sohnes Erblanden (Österreich und die Niederlande) und aus den Landen der Herzöge von Jülich, Berg und Kleve für sich einzuziehen, mit der Auflage, die entsprechenden Register den verordneten Schatzmeistern nach Frankfurt zu überantworten. Auf dem Reichstag zu Freiburg im Breisgau gibt Maximilian am 3. Sept. 1498 bekannt,[14] daß er aus den genannten Gebieten insgesamt 50 000 Gulden empfangen habe. Zu den 4 000 in Worms 1497 genehmigten Gulden erhielt er jetzt weitere 15 000 Gulden aus Mitteln des Gemeinen Pfennigs, so daß von den 150 000 bewilligten noch 81 000 Gulden ausstanden. Die Steuereinziehung war demnach in den deutschen Landen allmählich in Gang gekommen und es waren etwas größere Summen in Frankfurt eingelaufen. Es gab aber auch Reichsstände, die sich den Gemeinen Pfennig zu erlegen widersetzten und andere, die meldeten, daß sich ihre Untertanen weigerten, die Abgabe zu entrichten. Den Säumigen wurde nun eine Frist bis zum 29. September 1498 gesetzt.

Dem Freiburger Reichsabschied vom 3. September 1498 zufolge hat König Maximilian die erwähnten 50 000 Gulden eingenommen aus „vnsern, Auch vnsers Suns Erzherzogen Philipssen von burgundi Erblanden, darzue

---

10 Das pommersche Register des Gemeinen Pfennigs (o. Anm. 4) weist insgesamt 3 642 Gulden für ein Jahr aus, übertrifft also den „Anschlag" um etwas mehr als 500 Gulden.

11 Der Befehl zur Aufbringung dieser Summe erging nicht an den Schweriner Bischof direkt, sondern lief über Herzog Magnus, der beim Bischof dann auf Widerstand stieß; vgl. W e i ß b a c h (o. Anm. 5) S. 66 f. Der Bischof von Ratzeburg ist in dem „Anschlag" nicht aufgeführt; doch sollte sich mit ihm der Kurfürst von Brandenburg (ebenso wie mit dem Bischof von Cammin) in Verbindung setzen; vgl. Neue Reichs-Abschiede II, S. 24.

12 D a t t , S. 892 f.; Neue Reichs-Abschiede II, S. 30.

13 Ebd. S. 898 f. bzw. S. 35–37.

14 Ebd. S. 905 f. bzw. S. 42 f.

der Herzog von gülch, Cleue und Megkelnburg landen".[15] Die „Register und auffzeichnuß des pfennigs in den obgemelten landen, vns in abschlage … zugegeben", verspricht der König den Frankfurter Schatzmeistern zuzustellen. Ist die Angabe richtig, so muß aus Mecklenburg der Gemeine Pfennig oder zumindest ein Teil desselben zwischen dem 23. August 1497 und dem 3. September 1498 (vielleicht zu Purificatio 1498) in Frankfurt eingegangen sein, so daß zu Gunsten des Königs darüber verfügt werden konnte.

Der Wormser Reichstag von 1495 und die dort u. a. verordnete Einführung des Gemeinen Pfennigs gehören zu den bekannten Geschichtstatsachen. Wie sich die Durchführung der Beschlüsse in der Praxis gestaltete, dafür sind die hier veröffentlichten Kaiserbederegister eine Quelle von besonderem Wert, die für eine deutsche Teillandschaft ein reiches Anschauungsmaterial darbietet.

Allerdings sind die Register nicht aus allen Teilen Mecklenburgs auf uns gekommen. Wir besitzen heute insgesamt 17. Von ihnen werden 14 als Spezialregister, 3 als Generalregister bezeichnet. Jene nennen für eine Vogtei (oder für mehrere) oder für eine Stadt die Steuerpflichtigen eines jeden Ortes und den von ihnen entrichteten oder zu entrichtenden Betrag; diese bieten eine Summierung des Steueraufkommens für die einzelnen Ortschaften und Kirchspiele eines größeren Bezirks. Spezialregister liegen für folgende Vogteien (bzw. Länder)[16] vor:

Gadebusch (mit der Stadt Gadebusch),
Schwerin (nur teilweise, s. u.),
Boizenburg (mit der Stadt Boizenburg),
Wittenburg (mit der Stadt Wittenburg),
Goldberg und Krakow (mit den Städten Goldberg und Krakow),
Plau (mit der Stadt Plau),
Malchin, Stavenhagen und Penzlin,
Land Waren (mit der Stadt Waren),
Stargard (mit der Stadt Woldegk und der Stadt Stargard)

---

15 Den drei im Freiburger Reichsabschied von 1498 genannten Herzogtümern Jülich, Kleve, Mecklenburg entspricht in dem Wormser des Jahres 1497 die Dreierreihe Jülich, Berg, Kleve. Da aber bereits in dem Wormser „Anschlag" von 1495 Mecklenburg in unmittelbarer Verbindung mit Jülich und Kleve begegnet (s. o. S. 573 f.), darf angenommen werden, daß tatsächlich Mecklenburg und nicht Berg gemeint ist. – Im übrigen war Herzog Magnus von Mecklenburg auch auf dem Reichstag zu Freiburg 1498 persönlich anwesend; vgl. Z i e h e n (s. o. Anm. 7) S. 563.
16 Über die Landesteile Mecklenburgs und ihre geschichtliche Entwicklung vgl. Manfred H a m a n n , in: Erläuterungsheft zu den Karten 2 und 3 (Ämterkarte und Besitzstandskarte von 1797) des Historischen Atlasses von Mecklenburg, Köln Graz 1960, S. 20 ff., sowie D e r s ., Das staatl. Werden Mecklenburgs (s. Lit. S. 590), bes. S. 109 ff.

und für die Städte:

Parchim,
Gnoien,
Teterow (mit dem Kirchspiel Teterow),
Malchin,
Penzlin.

Ferner besitzen wir Angaben über das Steueraufkommen in den Vogteien

Walsmühlen,
Dobbertin,
Hagenow (mit der Stadt Hagenow).

Die Mitteilungen über die drei letztgenannten Vogteien sind in Generalregistern enthalten. Von ihnen umfaßt das eine (unten Seite 47–55) *Diese Angabe bezieht sich auf die Ausgabe der Kaiserbederegister v. F. Engel (s. Lit. S. 590) die Orte und Kirchspiele der Vogteien Schwerin, Walsmühlen, Wittenburg, Hagenow (mit Stadt) und Boizenburg (mit Stadt). Ein anderes (u. S. 42–46) verzeichnet die Steuerbeträge „in dem lande to Mecklenborgh in der vodighe Swerin", in der Vogtei Walsmühlen, „in dem lande to Wenden, primo ut der stadt Perchim" sowie in der Vogtei Dobbertin. Während das Spezialregister der Vogtei Schwerin nur 6 Kirchspiele aufführt,[17] geben die beiden Generalregister noch 9 weitere der Schweriner Vogtei an.[18]

Ein drittes Generalregister faßt das Land Malchin, die Vogtei Penzlin, das Land Waren und die Vogtei Stavenhagen zusammen. Auch dieses bietet mehr als das Spezialregister für Malchin, Stavenhagen und Penzlin, nämlich weitere 19 Ortschaften (u. S. 181–184). In 15 Fällen ist im Generalregister keine Summe vermerkt, und es fehlt jeweils das sonst übliche Wort „dedit", woraus sich ergibt, daß es sich um Orte[19] handelt, aus denen der Steuerbetrag (noch) nicht abgeliefert worden war. Die restlichen 4 Ortschaften[20] sind im Spezialregister nicht erfaßt.

Für die Verwaltungsbezirke Boizenburg, Wittenburg, Malchin, Stavenhagen, Penzlin, Waren und teilweise Schwerin sowie für die Städte Boizenburg, Wittenburg, Parchim und Stavenhagen liegt also eine doppelte Über-

---

17 Gr. Eichsen, Mühlen-Eichsen, Gr. Trebbow, Wittenförden, Cramon, Warsow.
18 Meteln, Dambeck, Gr. Brütz, Kirchstück, Pampow, Uelitz, Goldenstädt, Banzkow und Jabelheide. Das Kirchspiel Warsow fehlt dagegen im zweitgenannten Generalregister. – Über die Organisation und die Teilungen des Amtes Schwerin vgl. I h d e (s. Lit. S. 590).
19 Dahmen, Sagel, Grubenhagen, Zahren, Rumpshagen, Langhagen, Federow, Deven, Kraase, Varchentin, Clausdorf, Kossebadendorf, Chemnitz, Gülzow, Scharpzow.
20 Ziddorf, Lupendorf, Weitendorf und Wackerow.

lieferung vor, die eine Kontrolle der Registerführung und eine für ein ge-
naueres Bild notwendige Ergänzung der Einzelangaben ermöglicht.

Der Altmeister der mecklenburgischen Geschichtsforschung, Georg Christian Friedrich Lisch, kannte außerdem noch ein Königs- oder Kaiserbederegister, „welches wahrscheinlich vom J. 1496 ist", für das Land Ture (das
spätere Amt Lübz).[21] Die Datierung dieser Steuerliste ist freilich nicht gesichert; möglicherweise stammt sie erst aus dem Jahre 1544/45. Sie wurde auf
der Karte S. 591 berücksichtigt, indem der Umfang des Landes Ture, wie er
sich aus der Liste ergibt, durch eine bloße Grenzlinie markiert wurde.

Mit 14 Vogteien und 15 Städten ist aber nur etwas mehr als ein Viertel
von ganz Mecklenburg erfaßt. Geht man von der Verwaltungsgliederung des
Landes in der Neuzeit aus, wie sie die „Ämterkarte von 1797"[22] veranschau-
licht, so liegen über die Kaiserbede von 1496 nur aus 16 von 53 Ämtern des
Jahres 1797 Angaben vor. Ohne Kenntnis sind wir über die Orte, die in folgenden neuzeitlichen Ämtern liegen: Bukow, Crivitz, Doberan, Dömitz, El-
dena, Grabow, Grevesmühlen, Mecklenburg, Neustadt, Redentin, Rehna,
Sternberg, Dargun, Gnoien, Güstrow, Neukalen, Ribnitz, Rossewitz,
Schwaan, Toitenwinkel, Wredenhagen, Bützow, Marnitz, Rühn, Schwerin
(Stiftsamt), Tempzin, Warin, Feldberg, Fürstenberg, Mirow, Strelitz,
Schlagsdorf, Schönberg, Malchow, Ribnitz (Klosteramt), Rostocker Distrikt
im Amte Ribnitz und im Amte Schwaan. Ferner fehlen Angaben über die
nachstehend genannten Städte: Brüel, Friedland, Kröpelin, Laage, Marlow,
Neubrandenburg, Röbel, Schwerin, Sülze, Tessin, Wesenberg, über die sog.
Seestädte Rostock und Wismar und über die Städte, die den vorstehenden
Ämtern den Namen gegeben haben.

Zur Veranschaulichung ist auf S. 591 eine Karte beigegeben. Sie wurde in
der Weise erarbeitet, daß auf der „Grundkarte des 18. Jahrhunderts" des Historischen Atlasses von Mecklenburg[23] alle Orte ermittelt wurden, die in den

---

21 L i s c h , Das Land Ture, in: Meckl. Jbb. 10, 1845, S. 33–35. Danach enthält dieses Re-
    gister unter der Überschrift „Keisers boringe von der Ture" folgende Orte: Kreien,
    Karbow, Wilsen, Retzow, Quaßlin, Darz, Wahlstorf, Barkow, Brook, Benzin, Wer-
    der, Lutheran, Granzin, Woeten, Lenschow, Kossebade, Grabow, Burow, Zolkow,
    Kladrun, Badegow, Runow, Niendorf, Bobzin und die Stadt Lübz. – Die in der
    2. Hälfte des 19. Jhs. aufgestellte, aber nicht veröffentlichte Ansicht, daß es sich um
    eine Türkensteuerliste von 1545 handelt, hat (an versteckter Stelle) P. S t e i n m a n n ,
    Amt Crivitz (s. o. S. 571) mitgeteilt.
22 Historischer Atlas von Mecklenburg, Karte 2, von Franz E n g e l , Hannover 1960.
23 Karte 1: Grundkarte des 18. Jahrhunderts. Auf Grund der Wiebekingschen Karte
    bearb. von Franz E n g e l . – Die handschriftliche Wiebekingsche Karte liegt inzwi-
    schen als Sonderreihe des Histor. Atlases v. Mecklenburg, hrsg. v. Franz E n g e l , ge-
    druckt vor: Wiebekingsche Karte von Mecklenburg um 1786. Originalgetreuer Ab-
    druck in 4 Farben, 47 Blätter 1:25 000, Köln Graz 1961–68. Vgl. auch die zweite
    Sonderreihe d. Histor. Atlases v. Mecklenburg: Schmettausche Karte von Mecklen-
    burg-Strelitz um 1780. Gezeichnet durch C. F. Wiebeking auf Grund der Flurkarten

Registern der Kaiserbede von 1496 genannt sind. Da auf der Grundkarte für jedes Dorf und jede Stadt die Gemarkungsgrenze[24] eingetragen ist, konnte so der Gebietskomplex für die in je einem Register vereinigten Orte in etwa festgestellt werden. Der Bearbeiter ist sich der Problematik bewußt, Gemarkungsgrenzen vom Ende des 18. Jahrhunderts um fast 300 Jahre zurückzuprojizieren.[25] Doch schien dies der einzig gangbare Weg zu sein, den Umfang des Gebietes, für das Kaiserbederegister von 1496 vorliegen, auf einer Karte komplex hervortreten zu lassen.

Um die Karte übersichtlich zu halten, wurden in ihr nicht die in den Registern genannten Orte, sondern nur – soweit genannt – die Kirchspielorte eingetragen. Es wurde auch darauf verzichtet, die Orts- und Kirchspielgrenzen einzuzeichnen. So bieten die Grenzlinien nur den Bestand der Vogteien (bzw. Länder) oder des Stadtgebiets bei Parchim und bei Gnoien, des Kirchspiels bei Teterow, Gadebusch und Wittenburg.

Es muß allerdings berücksichtigt werden, daß nicht überall in den Registern wirklich alle Orte aufgeführt sind, die zu einer Vogtei gehörten. Besonders da, wo keine Generalregister zur Ergänzung herangezogen werden können, muß mit weiteren nicht in Erscheinung tretenden Ortschaften gerechnet werden. In die Karte aber sind auch alle in den Generalregistern genannten Orte, auch wenn bei ihnen keine Steuersumme notiert ist, mit aufgenommen worden. Sie spiegelt damit unter Berücksichtigung der gemachten Einschränkung die Ausdehnung der Vogteien in den letzten Jahren des 15. Jahrhunderts wider. Damit ist sie eine wichtige Ergänzung zu der Ämterkarte von 1797 und zu den Ausführungen über die geschichtliche Entwicklung der Verwaltungseinheiten Mecklenburgs in dem dazugehörigen Erläuterungsheft.[26] Aber nicht nur für die Bestimmung der Vogteien sind

---

der mecklenburgischen Direktorialvermessung von 1765/80. Als Kupferstich hrsg. 1780/82 durch F. W. C. Graf von Schmettau. Neu hrsg. im Maßstab 1:50 000 durch Franz E n g e l, 8 Blätter, Köln Graz 1963.

24 Grundlage für die Gemarkungsgrenzen ist wieder die Wiebekingsche Karte; vgl. hierzu Anna Lisa B u s c h und Roderich S c h m i d t, Erläuterungen zur Wiebekingschen Karte von Mecklenburg um 1786. Köln Wien 1969, S. 7–9.

25 Vgl. hierzu Walter K o c h, Die deutschen Gemeindegrenzen und ihr historischer Wert. Untersuchungen zur Frage der Beständigkeit der Gemeindegrenzen und ihrer Verwendbarkeit als Grundlage für historische Atlanten, Phil. Diss. Greifswald 1935; Ernst R u b o w, Die Beständigkeit der Gemarkungsgrenzen und die Bedingungen für ihre Veränderung, in: Pommersche Jahrbücher 25, 1929, S. 3–27; ferner Günther F r a n z, Historische Kartographie – Forschung und Bibliographie – (Veröffentlichungen der Akademie für Raumforschung und Landesplanung, Abhandlungen Bd. 29), 2. verb. u. erg. Aufl., Hannover 1962, S. 16 f. (m. Lit. S. 41 f.).

26 Für Wittenburg und Stargard vgl. die Karten „Die Vogtei Wittenburg um 1500" und „Die Vogtei Stargard um 1500", die P. S t e i n m a n n seinem Buch „Bauer und Ritter" (s. Lit. S. 590) beigegeben hat sowie seine Ausführungen dazu S. 320–322 u. S. 325–327.

die Kaiserbederegister von 1496 eine Quelle von Rang, sondern ebenso für die kirchliche Gliederung Mecklenburgs am Vorabend der Reformation?[27]

Eine erste Sichtung und Auswertung der erhaltenen Register hat der Schweriner Archivar Friedrich Stuhr Ende des vorigen Jahrhunderts vorgenommen und darüber einen Aufsatz mit dem Titel „Die Bevölkerung Mecklenburgs am Ausgang des Mittelalters"[28] vorgelegt. Das eigentliche Ziel dieser Untersuchung war es, mit Hilfe der Kaiserbederegister von 1496 die Gesamtbevölkerung Mecklenburgs an der Wende vom 15. zum 16. Jahrhundert zu ermitteln. Stuhr hat zunächst für jedes Register „die Durchschnittsstärke eines Haushalts an Personen über 15 Jahren aus den ihrer Zahl nach bekannten Haushaltungen (unter Berücksichtigung der bekannten alleinstehenden Personen als Haushaltungen zu 1 Person)" ausgerechnet (S. 241) und damit die Zahl der Einzelnennungen multipliziert. Um nun die Zahl der Kinder unter 15 Jahren zu ermitteln, die ja in den Steuerlisten nicht erfaßt sind, wertete er für 22 Dörfer der Vogtei Gadebusch die erste genaue Volkszählung in Mecklenburg aus dem Jahre 1819 aus. „In diesen 22 Dörfern kommen 1819 auf 1 Erwachsenen 0,60 Kinder unter 15 Jahren. Mit dieser Ziffer ist die Anzahl der Erwachsenen in den Dörfern und den kleinen Städten 1496 multiplicirt" (S. 242). Wenn die Städte „gegen 400 Einwohner über 15 Jahre aufweisen, schien es angebracht, eine Verhältniszahl anzuwenden, wie sie 1819 Boizenburg und Gadebusch zusammen ergeben, nämlich 0,47 unter 15 Jahre alte Kinder auf 1 Erwachsenen" (ebd.). Auf Grund dieser Verhältniszahlen stellte Stuhr dann ein Verzeichnis über alle Dörfer, Städte und Vogteien auf, für die Kaiserbederegister von 1496 existieren. Er gelangte auf diesem Wege zu dem Ergebnis, daß zu den rund 25 500 Erwachsenen über 15 Jahren noch ca. 14 600 Kinder unter 15 Jahren hinzukommen, so daß in dem erfaßten Gebiet in den Jahren 1496/98 rund 40 000 Menschen gelebt haben werden. Für ganz Mecklenburg errechnete er eine Bevölkerungszahl, die zwischen 113 000 und 130 000 liegt.

Stuhr hat auch eine Zusammenstellung über die Einwohnerzahl der mecklenburgischen Städte und Flecken in den Jahren 1496/98 gegeben (S. 259 f.). Vergleicht man die von ihm auf Grund unserer Register festgestellte Zahl der Erwachsenen mit dem Steueraufkommen der Städte und Flecken, wie sie als Endsummen in die Register eingetragen sind,[29] so ergibt sich folgender Überblick:

---

27 Sie werden deshalb für die in Arbeit befindliche Karte der kirchlichen Gliederung Mecklenburgs im 16. Jahrhundert (Karte 5 des Historischen Atlasses von Mecklenburg) mit ausgewertet.

28 Meckl. Jbb. 58, 1893, S. 232–278.

29 Sofern die Endsummen in Guldenwährung angegeben sind, wurden sie für die obige Zusammenstellung in Markwährung umgerechnet.

Städte und Flecken	erwachsene Einwohner	Steueraufkommen lt. Registereintrag		
Parchim	1648	60 $\mathcal{M}$	5 β[30]	
Malchin	1016	59 $\mathcal{M}$	4 β	
Plan	616[31]	38 $\mathcal{M}$	– β	
Gadebusch	504	30 $\mathcal{M}$	1 β	
Boizenburg	460	26 $\mathcal{M}$	7 β	
Gnoien	428			[33]
Penzlin	405	24 $\mathcal{M}$	10 β	
Teterow	396	24 $\mathcal{M}$	2 β[30]	
Wittenburg	342	21 $\mathcal{M}$	6 β	
Woldegk	296	19 $\mathcal{M}$	1 β[32]	
Goldberg	195	12 $\mathcal{M}$	3 β	
Krakow	167	10 $\mathcal{M}$	6 β	
Stargard	139			[33]
Zarrentin	83	5 $\mathcal{M}$	3 β	
Stavenhagen	63	3 $\mathcal{M}$	15 β	
Lübtheen	41	2 $\mathcal{M}$	9 β	

Es fehlt in Stuhrs Liste der Städte und Flecken die Stadt Waren, die dem Register zufolge „summa 25 $\mathcal{M}$ mynus 1 β", d. h. 24 $\mathcal{M}$ 15 β, aufbrachte. Sofern jeder erwachsene Einwohner 1 Schilling gezahlt hat, ergäbe sich die Zahl von 399 Erwachsenen über 15 Jahren.

Die Zusammenstellung zeigt, daß die aufgekommene Steuersumme, wie sie in den Registern vermerkt ist, meist nicht exakt mit der Einwohnerzahl übereinstimmt. Dafür gibt es verschiedene Gründe. In erster Linie handelt es sich um reine Additionsfehler, die in den Listen auf Schritt und Tritt begegnen. Stuhr (S. 240) meint, es habe den Anschein, als ob zuweilen ein absichtliches Verrechnen zu Gunsten des Einnehmers vorliegt. Man wird die Ungenauigkeiten aber auch durch die Tendenz erklären können, die Summen abzurunden. Im Dorf Meezen (u. S. 16 f.) sind – addiert man die Einzelbeträge – 47 Schillinge aufgekommen; die Schlußsumme lautet: 2 Gulden = 48 Schillinge. Im Dorf Vietlübbe (u. S. 25) sind 30 Personen mit je 1 Schilling eingetragen, von denen 1 nachträglich gestrichen wurde. Eingekommen wären demnach 29 Schillinge. Als Endsumme aber ist genannt: 1 Gulden 3 Schillinge = 27 Schillinge. Eine weitere Fehlerquelle ergibt sich aus dem

---

30 Die Endaddition fehlt im Register. Doch enthält dieses mehrere Zwischenrechnungen.
31 Die Stadt Plau ist in der Zusammenstellung von Stuhr nicht enthalten. Die Zahl der Erwachsenen ist aber im Register vermerkt: „Summa 600 lude und 16" (u. S. 161).
32 Siehe unten S. 580.
33 Ebd.

Nebeneinander von Gulden- und Mark-Währung. Die Abweichungen zwischen den Einzeleintragungen und den Endsummen sind aber im allgemeinen relativ gering.

Um so mehr springen einige Ausnahmefälle in die Augen. Wenn als Endsummen

für die Stadt Gnoien[34]	mit 428 Erwachsenen 57 $\mathcal{M}$ 12 β
für die Stadt Woldegk[35]	mit 296 Erwachsenen 49 $\mathcal{M}$ 12 β und
für die Stadt Stargard[36]	mit 139 Erwachsenen 21 $\mathcal{M}$ 1 β

notiert ist, so können diese Zahlen – wie ein Blick in die obige Zusammenstellung lehrt – nicht stimmen. Es sind denn auch für Gnoien und Woldegk jeweils noch eine zweite Endsumme angegeben, nämlich 19 Gulden 6 Schillinge = 31 Mark 6 Schillinge für Gnoien, 19 Mark 1 Schilling für Woldegk. Von ihnen entspricht die Angabe für Woldegk der Erwachsenenzahl, nach der sich 18 Mark 8 Schillinge errechnen. Bei Gnoien liegt allerdings auch diese, von einer anderen Hand notierte Zahl um 5 Mark höher als diejenige, die sich aus der Zahl der Erwachsenen ergibt. Im Falle Stargard handelt es sich einfach um eine fehlerhafte Eintragung. Es wurde zunächst eine Zwischensumme gezogen: „Summa 8 $\mathcal{M}$ mynus 1 β" = 7 Mark 15 Schillinge; danach stehen noch 5 Eintragungen mit einem Aufkommen von zusammen 17 Schillingen. Die richtige Endzahl muß also 9 Mark lauten. Sie entspricht in etwa der aus der Erwachsenenzahl errechneten Summe von 8 Mark 11 Schillingen. Falsch ist auch die Angabe des Generalregisters, daß das Aufkommen in der Stadt Parchim 103 Mark beträgt – sofern der Eintrag sich wirklich auf die Stadt bezieht. Die Notiz lautet: „103 margk die von Parchim".[37] Vielleicht ist hier ein weiterer Raum als die eigentliche Stadt gemeint.

Bei der Errechnung der Volkszahl auf Grund der Kaiserbederegister muß allerdings berücksichtigt werden, daß in ihnen nicht wirklich die gesamte Bevölkerung des Landes erfaßt worden ist. Schon Stuhr (S. 237 f.) hat darauf aufmerksam gemacht, daß der Adel und die Geistlichkeit sich vielfach der Verpflichtung entzogen haben. Die Eintragung der Adligen ist fast Ausnahme und auch bei den Geistlichen ist sie in sehr vielen Fällen unterblieben. Sind sie registriert, so begegnet häufig der Vermerk „tenetur". Dagegen ist die Steuer von dem Gesinde und von den Dienstboten der Adligen bzw.

---

34 Im Text der Ausgabe S. 173.
35 Ebd. S. 263.
36 Ebd. S. 306.
37 Ebd. S. 46. Es folgt eine zweite Notiz: „van er Johan Masß 132½ $\mathcal{M}$ entphangen sunder register facit 88 gulden 8 β", von der S t u h r (S. 250 Anm. 2 und S. 268–272) annimmt, daß „wir in dieser Summe die Abgaben der Vogtei Parchim vor uns" haben.

der Geistlichen meist gezahlt worden. Aber auch hier gibt es Ausnahmen. So notierte der Kirchherr Jochym Kedynck aus Schorsow (Land Malchin) im Register: „Ego … bekenne apenbar, dat dyt is de schat des keysers uth Schorsouw, … ane dat slott volgk" (u. S. 215). Im Register der Vogtei Plau befindet sich allerdings eine eigene Rubrik (u. S. 164 f.), überschrieben „ingenomen aver de vogedie to Plawe", in die 13 Adlige eingetragen sind, von denen 6 die Summe von ½ bzw. 1 Gulden gegeben haben. Darüber hinaus ist der Betrag von ½ Gulden nur noch sechsmal gezahlt worden (Stuhr S. 239). Im Spezialregister von Waren lautet eine Überschrift: „Van esliken mynschen 1 ß anno XCVI de ßint im XVI jare im lant to Warnhe" (u. S. 249). Die Abgabe von 1 Schilling pro Person war also der Normalfall.

Aber auch dieser Betrag konnte nicht von allen aufgebracht werden. So finden sich in den Listen Vermerke wie „nichil habet" oder daß jemand, der 2 Schillinge (wahrscheinlich für sich und seine Frau) aufzubringen hatte, nur 1 zahlte, „quia pauper". Eine andere Begründung lautet: „non dedit, (quod) combustus est". Gelegentlich steht auch ein bloßes „wust" als Erklärung in der Liste.

Wie groß die Zahl der wüsten Stellen war, ist dem Register der Stadt Parchim zu entnehmen. Hierin werden 16 Häuser, 11 Buden, 16 Stätten oder Plätze („stede"), 2 Keller und 1 „Stube" („stove") als „wüst" bezeichnet,[38] zusammen 46 wüste Stellen in einer Stadt mit rund 400 Haushaltungen. Auf der anderen Seite ergibt sich aus Eintragungen, daß einstmals wüste Dorfstellen wieder bewirtschaftet wurden.

Es muß auch nicht in allen Fällen, in denen der Steuerbetrag nicht eingesetzt, wo er wieder gestrichen worden ist oder wo ein „tenetur" die praktisch nicht geleistete Zahlung anzeigt, unbedingt mit Armut gerechnet werden. Wir wissen aus den Reichabschieden, daß „ettlich vnterthan … sich des pfennings zu geben sperrten oder widersezten";[39] und im Goldberger Register findet sich die Notiz: „Clawes Tzaran non wult dare" (u. S. 152).

Die Insassen der Spitäler und geistlichen Häuser in oder vor den Städten haben meist den üblichen Schilling gegeben.[40] Dagegen wurden diejenigen, die in der Stadt Parchim „in dem Elenden huße" wohnten, von der Steuer verschont (u. S. 133). Und im Register der Stadt Teterow steht der Eintrag: „item vol 8 arme lude synt in deme gasthuse tho sente Gerdruten, lamen und blynden, de nicht en hadden" (u. S. 177). Bei einer Einwohnerschaft von

---

38 „stede" = Stelle, Platz, „stove" = Wohnung, Stube; vgl. Karl S c h i l l e r u. August L ü b b e n , Mittelniederdeutsches Wörterbuch IV, Bremen 1878, S. 371, 421 f.

39 D a t t , S. 905 § 17; Neue Reichs-Abschiede II, S. 42 § 16.

40 z. B. die Beginen zu Heilig-Geist in Gadebusch (u. S. 13), die Bewohner von St. Jürgen „buten" der Stadt Gadebusdh (ebd.) und „vor" der Stadt Teterow (u. S. 176), die Leute „in der friheyt to unser leven frowen tyden" zu Parchim (u. S. 132), die zu Heilig-Geist und zu St. Jürgen in Stargard (u. S. 305 f.).

rund 400 Erwachsenen sind das 2%. In Parchim waren in dem Elendhaus höchstens 36 Personen untergebracht, was bei rund 1650 erwachsenen Einwohnern ebenfalls ungefähr 2% ausmacht. Die Zahl der absolut Armen war demnach recht gering.

In jüngerer Zeit ist der Anteil der Armen an der Gesamtbevölkerung z. T. sehr hoch veranschlagt worden. Sofern Berechnungen vorgenommen worden sind, gehen sie zumeist von den Häusern in den Steuerlisten aus, die den Besitz oder das Vermögen erfassen. Die Zahl der Bewohner, besonders der nichtsteuerpflichtigen, wird meist geschätzt, was zu sehr abweichenden Ergebnissen führt.[41] In den mecklenburgischen Registern über den Gemeinen Pfennig besitzen wir nun ein Steuerverzeichnis, das – jedenfalls grundsätzlich – alle Einwohner in Stadt und Land erfassen wollte und das die Unterschichten tatsächlich erfaßte.[42] Sie sind deshalb besonders geeignet für einen Vergleich mit den bisher, hauptsächlich für die großen Handelsstädte der damaligen Zeit gemachten Aufstellungen, vielleicht auch für eine Korrektur der vorliegenden Ergebnisse. Auf jeden Fall bieten sie die Möglichkeit, diese für die Kleinstädte und für das platte Land Norddeutschlands zu ergänzen.

Eine häufig in den Registern vorkommende Berufsgruppe, die der Schäfer und Hirten,[43] ist der Aufforderung zur Zahlung des Schillings in der Mehrzahl der Fälle nachgekommen. Auch „de hudeslude" („de hodesman")[44] haben den Normalbetrag entrichtet. Auf dem Lande ist neben dem Hirten am häufigsten der Schmied erwähnt, vielfach mit Namensnennung, oft aber auch wie „de herde", „de scheper" einfach als „de smed" bezeichnet. Ebenfalls ohne Namensangabe bleibt der Küster („de coster"). Weiter-

---

41 Vgl. hierzu Hugo W e c z e r k a , Bevölkerungszahlen der Hansestädte, in: Hansische Geschichtsblätter 82, 1964, S. 69–80, und Ahasver von Brandt, Die gesellschaftliche Struktur des spätmittelalterlichen Lübeck, in: Untersuchungen zur gesellschaftlichen Struktur der mittelalterlichen Städte in Europa (Vorträge u. Forschungen. Hrsg. v. Konstanzer Arbeitskreis für mittelalterliche Geschichte, Bd. XI), Konstanz-Stuttgart (1966), S. 215–239.

42 Paul Steinmann, Bauer und Ritter, S. 302 Anm. 202, weist darauf hin, daß bei der Kaiserbede 1496 auch die „Einlieger" oder „Speicherleute", das sind die in Bauernhäusern oder in den Speichern der Bauerngehöfte zu Miete oder als Entgelt für Arbeitsleistungen wohnenden Arbeiter der Bauern, zur Steuer veranlagt worden sind.

43 Neben den Hirten („de herde") begegnen „de schapherde", „de koherde", „de swyneherde".

44 In der Vogtei Stargard (u. S. 291, 293, 304, 308). Es handelt sich bei ihnen wohl nicht um „Wächter" in einer allgemeineren Bedeutung (vgl. „Hutmann", „Hutsleute", Deutsches Rechtswörterbuch, Bd. VI, Heft 1, Weimar 1961, Sp. 157–159), sondern ebenfalls um Hirten; vgl. Richard W o s s i d l o u. Hermann T e u c h e r t , Mecklenburgisches Wörterbuch, 3. Bd., Neumünster 1961, Sp. 510 f. „Häudersmann", „Häudslüd" = Hirte, Hirten.

hin begegnen wir in den Dörfern dem Stellmacher („de rademaker"), dem Schneider („de scroder"), dem Weber „de linenwever"), dem Gastwirt „de crogher", einmal, u. S. 104, mit dem Zusatz „de rode crogher") und natürlich dem Schulzen („de schulte"). In zwei Dörfern der Vogtei Goldberg-Krakow kommt ein nicht namentlich erwähnter „Ratmann" („de ratmone") vor.[45] Die Müller („de molre") finden sich sowohl in den ländlichen als auch in den städtischen Registern. Die Eintragung in der Spezialliste der Vogtei Schwerin „item in der nighen molen der heren knechte" (u. S. 62), zeigt an, daß auch der Landesherr Mühlenbetriebe eingerichtet hatte. In der Stadt Gadebusch ist zwischen dem „lantmoller" und dem „walkemoller", die aber beide wohl vor der Stadt wohnten, unterschieden. Während der Walkmüller aber ein bürgerliches Gewerbe ausübte, ist der Landmüller wohl als Müller im eigentlichen Sinne anzusprechen. In der Stadt Stargard wird „de holtmoller" erwähnt.

In den Städten werden, jeweils mit Namensangabe, der Schuhmacher („sutor", einmal sein Knecht), der Schmied („smed", „faber"), der Kürschner („pellifex"),[46] der Böttcher („de bodeker"), ein Kammaker",[47] ein Feger („de fager" = Schwertfeger?) und der Krämer („de kremer") genannt. Ohne Namen sind der Töpfer („de potter") als der häufigst begegnende städtische Handwerker, der Maurer („de muremester"), der Ackerbürger („agricola"), der Schweinehirt („de swyneherde") und der Büttel („de bodel"), der aber nicht zahlt, registriert. Außerdem kommen in Parchim, Gadebusch und Wittenburg der mit Namen aufgeführte Torwächter („de dorwechter", „dorwerder", „dorwert"), in Gnoien ein „brotghenger",[48] in Malchin „de

---

45 Unten S. 137 u. 142. Sie stehen beide am Ende der sonst lateinisch geführten Ortsliste. Die Bezeichnung Ratmann („radman") begegnet auch sonst außerhalb städtischer Verhältnisse; vgl. Eduard K ü c k , Lüneburger Wörterbuch, 2. Bd., Neumünster 1962, Sp. 609; B. S c h w i n e k ö p e r , Die mittelalterliche Dorfgemeinde in Elbostfalen und in den benachbarten Markengebieten, in: Die Anfänge der Landgemeinde und ihr Wesen II (Vorträge und Forschungen, hrsg. v. Konstanzer Arbeitskreis für mittelalterliche Geschichte VIII), Konstanz Stuttgart (1964), S. 129. Über die fließende Grenze zwischen Dorf und Stadt, das für beide gleiche Recht und die Bezeichnungen ihrer Bewohner und ihrer Organe vgl. Klaus S c h w a r z , Bäuerliche ‚cives' in Brandenburg und benachbarten Territorien. Zur Terminologie verfassungs- und siedlungsgeschichtlicher Quellen Nord- und Mitteldeutschlands, in: Blätter für deutsche Landesgeschichte 99, 1963, S. 103–134, bes. S. 130 ff.

46 Zu pellifex = Kürschner vgl. auch: Der Stralsunder Liber memorialis, Teil 1 (1320–1410), bearb. v. Horst-Diether S c h r o e d e r , (Veröffentlichungen des Stadtarchivs Stralsund V/1), Schwerin (1964), wo der pellifex" = Pelzer" (S. 255) vom Gerber = „cerdo" (S. 252) unterschieden wird.

47 Vgl. hierzu Deutsches Rechtswörterbuch VI, 7, Weimar 1967, Sp. 1006 ff.

48 Das Deutsche Rechtswörterbuch II, bearb. v. Eberhard Frhr. v. K ü n ß b e r g , Weimar 1932–35, Sp. 518, verzeichnet „Brotgang" in der Bedeutung von „betteln". Nach S c h i l l e r - L ü b b e n I, Bremen 1875, S. 432 f., bezeichnet „brotbedder", „brotbid-

kamvrowe"[49] und in Gadebusch „de bademöme" vor. In Krakow bildet „Dat lose volk"[50] eine besondere Gruppe von 11 Personen, zu der auch „Des papen maget" gehört. Wo ein Beruf nicht durch ein „de ..." eindeutig als solcher gekennzeichnet wird, ist die Entscheidung, ob es sich um eine Berufsbezeichnung oder um einen Familiennamen handelt, meist nicht mit Sicherheit zu treffen. Als Beispiele seien Eintragungen aus dem Register der Stadt Gadebusch wie „Töniges Wantsnider", „Gotschalk wyntmoller" oder „Tonnige barberer" genannt.

Aus einigen Registern erfahren wir die Namen der an der Einsammlung beteiligten Personen. In dem der Vogtei Stargard sind sie in der am Ende fast eines jeden Dorfeintrags vorkommenden Formel „(Dominus) NN protestor per conscienciam meam (ita esse)", „... protestor per conscienciam me diligenter collexisse" oder kürzer „Ego (dominus) NN protestor consciencia mea", „Ego NN protestor manu mea propria" u. ä. enthalten. Stuhr (S. 235 f.) hat gemeint, daß es sich dabei durchweg um Pfarrer handelt. Tatsächlich ist diese Annahme in einigen Fällen durch ein dem Namen hinzugesetztes „plebanus" oder „viceplebanus" gesichert.[51] Und das Beispiel des zunächst nicht näher charakterisierten protestor des Dorfes Schönbeck, Nicolaus Ukerman, der sich kurz darauf als „plebanus" zu erkennen gibt (u. S. 271 f.), legt in der Tat die Vermutung nahe, daß von den nicht in ihrem Stande bezeichneten Personen manche Geistliche gewesen sind. Ob es für alle zutrifft, muß dahingestellt bleiben. Der „Dominus Albertus Dewytze protestor" in Kölpin[52] könnte ebensogut ein Laie aus der in diesem Orte angesessenen ritterlichen Familie sein. Daß adelige Besitzer bei der Einsammlung mitgewirkt haben, ist in der Vogtei Plau nachweisbar (Stuhr S. 236). Die Tätigkeit von Geistlichen ist ferner in den Vogteien Malchin und Stavenhagen belegt (u. S. 213, 215) und wird für die Vogtei Goldberg-Krakow durch die am Ende dieses Registers eingetragene Notiz: „entfangen van dem provest tho Molchouw" (= Malchow) bezeugt (u. S. 152). In dem Spezialre-

---

der" den Bettler. Die Bedeutung „Brotdräger" = Brotausträger (Wossidlo-Teuchert, Meckl. Wörterbuch II, 1957, Sp. 2) kommt hier wohl nicht in Betracht. Eher schon der „Brodwinner" = Broterwerber (vgl. Otto Mensing, Schleswig-Holsteinisches Wörterbuch, 1. Bd., Neumünster 1927, Sp. 532) oder der „Brodesser" = Diener, Hausleute, Gesinde (vgl. Eduard Brinckmeier, Glossarium diplomaticum. Nachdruck der Ausgabe 1856–63, Aalen 1961, I. Bd., S. 420). Zu vgl. ist auch eine Bezeichnung wie „Hofgänger" für den Tagelöhner.

49 Zur Bedeutung vgl. Deutsches Rechtswörterbuch VI, 7, 1967, Sp. 1006: „Kämmfrau = wahrscheinlich Wollkämmerin; ebd. VI, 6, 1966, Sp. 850 f.: „Kämmer(er)in = Wollkämmerin, aber, auch Kammerfrau (hierzu ebd. Sp. 855 f.).

50 Gemeint sind die ungebundenen, keiner Zunft o. ä. angehörenden, vagierenden Leute; vgl. Schiller-Lübben II, S. 723.

51 Unten S. 272, 287, 288, 295, 296, 297, 299, 301, 302, 304, 307, 309, 310.

52 Unten S. 281; vgl. auch Steinmann, Bauer und Ritter, S. 133 f.

gister Malchin-Stavenhagen-Penzlin findet sich andererseits ein Vermerk: „van dem vagede entfangene keyserbede" (u. S. 221), der anzeigt, daß auch herzogliche Beamte an der Einziehung beteiligt waren. In der Vogtei Plau waren vornehmlich die Schulzen tätig; es werden in den Beglaubigungsvermerken des Registers dieser Vogtei aber noch weitere Personen genannt. Aus dem städtischen Bereich besitzen wir nur die Angabe in dem Register von Gadebusch, wonach die Kaiserbede hier in der Stadt, aber auch in dem Kirchspiel und in der Vogtei ist „gheboret van den borghermestere und stadvaghed Gerken Koeck" (u. S. 1 u. 22).

Über das Verfahren der Einziehung wird nichts berichtet. Es kann nur aus Anlage und Führung der Register erschlossen werden. Die umfangreichen Register „Stadt und Vogtei Stargard und Stadt Woldegk" und „Vogteien Malchin, Stavenhagen, Penzlin" sind am uneinheitlichsten. Besonders in dem letztgenannten wechselt die Form der Eintragungen beständig. Vielfach sind nur die Namen der Steuerpflichtigen und der Betrag genannt. In anderen Fällen steht der Betrag voran, es folgen der Name und der Vermerk „dedit". Wieder in anderen beginnt der Eintrag mit „dederunt ...". Manchmal ist noch die Zahl der Personen „2 Lude", „4 lude" oder „allenen" eingetragen. Bei anderen Orten wird der Eintrag in Satzform notiert, z. B. „item Everth de scheper mydt ßyner hüsfrowen und eyn denstbaden dedit", manchmal auch lateinisch: „NN dedit pro se et uxore et pro servo suo". Einmal wird statt „dedit" „solvit" gebraucht. Beide Register sind von zahlreichen verschiedenen Händen, teils flüchtig, teils sorgfältiger, geführt. Die Zusammenrechnung der Geldsummen erfolgte anscheinend erst später.

Letzteres trifft auch für andere Register zu, nämlich für die von Wittenburg, Goldberg-Krakow und Plau. Mehrere Hände sind bei denen von Gadebusch (2), Wittenburg (2), Gnoien (2), Teterow (2) und Malchin (4) und Waren beteiligt gewesen. Doch unterscheiden sich diese in anderer Hinsicht von den Registern für Stargard-Woldegk und für Malchin-Stavenhagen-Penzlin. Die Listen für Gadebusch, Gnoien und Teterow und für das Land Waren sind mit allen Eintragungen in einem Zuge geschrieben worden und entsprechen darin denen von Goldberg-Krakow und Plau. Anders die Register von Boizenburg, Wittenburg, Parchim, Malchin und Penzlin. In diesen wurden in einem zweiten Stadium nachgetragen: die Beträge (Boizenburg), die Beträge und der Quittungsvermerk „dedit" (Parchim und teilweise Stadt Waren) oder nur der Quittungsvermerk zu Namen und Betrag (Wittenburg, Malchin und Penzlin).

Bei den Registern der Städte Boizenburg (mit Vogtei), Parchim, Malchin, Penzlin und Waren handelt es sich offenbar um vorbereitete Listen, die dann bei der Einsammlung in der Weise benutzt wurden, daß jetzt die Quittung in verschiedener Form nachgetragen wurde. In Malchin geschah dies vermutlich in zeitlichen Abständen. Als eine vorbereitete Liste ist wohl auch das Spezialregister der Vogtei Schwerin anzusehen. Nur wurde sie entweder nicht vervollständigt oder durch eine andere ersetzt.

Die Register von Wittenburg, Goldberg-Krakow, Plau sowie die von Gadebusch, Gnoien und Teterow sind dagegen als Reinschriften anzusprechen. Dafür spricht auch der Umstand, daß in ihnen keine Streichungen oder Ergänzungen zu finden sind oder ganz wenige, die sich als Abschreiberversehen erklären lassen. Doch sind diese Reinschriften z. T. mit Unterbrechungen angefertigt worden. In der Plauer Liste steht die erste Zusammenrechnung nach dem Dorfe Damerow. Als dann das Dorf Ganzlin nachgetragen wurde, mußte erneut die Gesamtsumme gezogen werden. Es folgen dann noch zwei weitere Dörfer, die aber nicht mehr addiert worden sind (u. S. 165–67).

Die Register Stargard-Woldegk und Malchin-Stavenhagen-Penzlin sind weder vorbereitet gewesen, noch Reinschriften, sondern wahrscheinlich während der Einsammlung selbst geführt worden. Dies erklärt die Unterschiede in Form und Sprache und die zahlreichen Hände am besten. Vermutlich erfolgte in diesen Bezirken die Ablieferung in der Weise, daß Sammelbeauftragte von Ort zu Ort reisten und die Gelder einnahmen. Der Eintrag über das Dorf Speck (Vogtei Penzlin) schließt mit dem Vermerk: „Hinricus Wene hoc registrum presentat" (u. S. 239). Entweder hat dieser örtliche Beauftragte die Eintragung selbst vorgenommen oder eine Aufstellung vorgelegt, die von einem Schreiber des Einnehmers in sein Register übernommen worden ist. Nimmt man die zweite Möglichkeit an, so müßte der Einnehmer aber zahlreiche wechselnde Schreiber beschäftigt haben. Die erste Annahme ist deshalb die wahrscheinlichere. Die Vielzahl der Hände spricht dafür, daß es die örtlichen Beauftragten waren, die die Eintragung in das vom Einnehmer mitgeführte Register vornahmen. Mit der Eintragung wurde zugleich die Quittung vollzogen; so heißt es beim Dorfe Lapitz: „de hebben gheven, de heyr screven stein" (u. S. 228). In den anderen Vogteien scheinen die Ortsbeauftragten die Steuergelder an dem zuständigen Amtssitz bzw. in der Stadt abgeliefert zu haben.

Aus den Vogteien und Städten sind die eingesammelten Beträge der herzoglichen Zentralkasse, vielleicht über eine Zwischeninstanz, zugeführt worden. Wir wissen nicht, wo die Generalregister entstanden sind. Die Tatsache, daß sich zwei von ihnen überschneiden, aber auch nur teilweise, bedarf noch der Erklärung. Es sei angemerkt, daß nur in einem die Endsumme für die Schweriner Kirchspiele und für diese Vogtei im ganzen gezogen worden ist.

Das Spezialregister für die Vogtei Schwerin enthält drei sich entsprechende interessante Eintragungen.[53] Am Schlusse des Kirchspiels Cramon

---

53 Unten S. 65, 69, 70. Dietrich Bevernest und seine Brüder Curd und Claus standen in einem vertrauten Verhältnis zu den Herzögen. Claus B. hatte 1496 den Herzogssohn Heinrich in den Dienst bei König Maximilian begleitet. Vgl. G. C. F. L i s c h in Meckl. Jbb. 23, 1858, S. 52–54.

sowie bei den beiden letzten Dörfern (Bandenitz und Besendorf) des Kirchspiels Warsow ist folgendes vermerkt: „item von desßeme gelde uthgeben Diderich Bebernest von Greppenitz weigen uff dinstag noch Trinitatis 6 ℳ von geheyßen hertoge Magnus"; „item vonn desßeme gelde uthgeben Dyderich Beberneist von Reymer Passow 15 ℳ 13 ß und eyn perth" (!); „item 5 ℳ 11 ß geben Dyderich Beberneist von Reymer Passow 3ᵃ post Trinitatis". Der letzte Eintrag ist wieder gestrichen. Herzog Magnus hat also aus der eingenommenen Kaiserbede über Teilbeträge verfügt. In den beiden Generalregistern aber sind die vollen Beträge notiert, und zwar ohne einen Hinweis auf eine teilweise anderweitige Verwendung. Vielleicht hatte Dietrich Bevernest die erhaltenen Beträge wieder zurückerstattet? In diesem Zusammenhang ist die Frage nicht unwichtig, auf welches Jahr sich die Zeitangabe Trinitatis bezieht.[54]

Im Wormser Reichsabschied von 1495 war festgelegt worden, daß mit der Einziehung des Gemeinen Pfennigs jeweils vor Neujahr begonnen werden sollte. In Mecklenburg scheint die Aktion im Dezember 1496 angelaufen zu sein. So heißt es in dem Register von Teterow (u. S. 174): „dat sameliken is uthgheven anno domini XCVI vigilia Nicolai" = 5.12.1496. In der Plauer Liste steht (u. S. 161): „Angefangen register up de Romischen Konigs bede anno etc. 96 up Lucie" = 13.12.1496. In dem Register von Wittenburg wird nach Nennung des Jahres 1496 vermerkt (u. S. 91): „anghesamelt de keiserbede … des sonndages vor nativitatis Christi …" = 18.12.1496. Die Ablieferung der eingesammelten Beträge setzte dann im Laufe des Jahres 1497 ein; jedenfalls trägt eines der Generalregister den Vermerk: „innome deß ghemeinen phennins anno XCVIIᵗᵒ angefangen primo in dem lande to Mecklenborgh in der vodighe Swerin" (u. S. 42). Eine genauere Angabe enthält das Register von Wittenburg in seinen Schlußnotizen (u. S. 121): „dedit 44 ℳ to Wittenborch am Sonawende na Laurentii" und „dedit 77½ ℳ to Swerin am Mandage na Estomichchi singen up ene Rekenscop". Diese Eintragungen dürften als Vermerk über die Ablieferung des Steueraufkommens in Teilbeträgen zu verstehen sein. Die erste Rate wäre demnach am 18. November 1497, die zweite wohl erst am 26. Februar 1498 abgeführt worden.

Die eingangs erwähnte Nachricht, daß König Maximilian I. über Beträge aus dem Aufkommen des Gemeinen Pfennigs aus Mecklenburg verfügt hat, und zwar zwischen dem 23. August 1497 und dem 3. September 1498, erscheint auf Grund des Wittenburger Eintrags als möglich. Man müßte dann wohl weiter annehmen, daß auch aus anderen Vogteien im Laufe der Jahre 1497/98 Gelder bei der herzoglichen Zentralkasse eingegangen sind, die dann an das Reichsoberhaupt weitergeleitet werden konnten. In diesem Zusammenhang sei die Frage erlaubt, ob der Tatbestand, daß nicht aus allen

---

54 1497 fiel Trinitatis auf den 21. Mai, 1498 auf den 10. Juni.

Vogteien und Städten Mecklenburgs Kaiserbederegister auf uns gekommen sind, sich vielleicht nicht nur mit Verlust, sondern auch dadurch erklärt, daß andere, zusammen mit den Steuergeldern, nach Frankfurt oder an den Königshof nach Wien geschickt worden sind.

Die bis heute erhaltenen Register sind nach dem Zweiten Weltkrieg in das Staatliche Archivlager, Göttingen, gelangt. Nur das Register der Vogtei Wittenburg befindet sich noch im Staatsarchiv zu Schwerin. Franz Engel hat von ihm eine Fotokopie für seine Ausgabe benutzen können. In ihr hat er jedem Register eine Vorbemerkung vorangestellt und darin das Notwendige über die Handschriften gesagt.

Eine kurze Erläuterung bedürfen noch die Münzwerte: Der Reichsabschied von 1495 geht von der Guldenwährung aus. 24 Personen sollen bei Zahlung eines Schillings als Regelfall 1 Gulden *(fl)* aufbringen. Neben diesem Währungssystem begegnet in den mecklenburgischen Kaiserbederegistern das des Wendischen Münzvereins,[55] das auf der (Silber-)Mark *(M)* basierte, die 16 Schillinge *(ß)* ausmachte; d. h. 1 *fl* entsprechen 1½ *M*. Wenn Mark und Schilling in den Listen näher bezeichnet werden, so als „lub." = lübisch, vereinzelt auch als „gude" („bon.") *ß* oder *M*. Einmal kommt die Bezeichnung „4 *M* sundesc" (= sundisch, d. h. stralsundisch) vor. Die sund. Mark betrug die Hälfte der lübischen.[56] In dem Register der Vogtei Stargard taucht bei den Zusammenrechnungen wiederholt der Albus (oder Witten) auf; ebenso wird in der Vogtei Plau einmal die Abgabe in Alben notiert (u. S. 155, 157). 1 Albus = 4 Pfennig; 12 Pfennige = 1 Schilling. 3 Alben entsprechen also 1 Schilling.

Vergleicht man die Kaiserbede mit der in Mecklenburg üblichen Landbede, so zeigt sich, daß der an Kaiserbede[57] zu leistende Betrag relativ gering war. Bei der Landbede mußte von einer Normalhufe (= 30 Morgen) 1 Mark (= 16 *ß*) aufgebracht werden. Die Handwerker auf dem Lande zahlten – sofern sie keinen Acker hatten – 1/4 *M* (= 4 *ß*). In den Städten richtete sich die Angabe nach dem Hausbesitz, wobei für 1 Haus 1½ *M* (= 1 *fl*), für 1 Bude die Hälfte (12 *ß*) zu zahlen waren.

Der Wert dieser Beträge ergibt sich aus einer Verfügung im benachbarten Pommern über eine außerordentliche Abgabe im Jahre 1496 „zu keiser Maximilianus kronunge".[58] Darin wird „das drömt weizen, roggen und gersten auf 1 gulden angeschlagen, das drömt haber auf ½ gulden". 1 Drömt aber waren 12 Scheffel. 1 Schilling hatte demnach einen Wert von ½ Scheffel Ge-

55 Vgl. Wilhelm J e s s e , Der Wendische Münzverein (Quellen u. Darstellungen zur hansischen Geschichte, NF. Bd. VI), Lübeck 1928.
56 Vgl. hierzu K l e m p i n (s. o. Anm. 4), S. 581 ff., bes. S. 594 f., und I h d e (s. Lit. S. 590) S. 228 f. Anm. 78.
57 Vgl. H. K r a u s e (s. Lit. S. 590) S. 146 f. Anm. 140.
58 Vgl. W e h r m a n n (s. Anm. 3) S. 7.

treide. 1 Scheffel entspricht ca. 40 kg Roggen oder Weizen, ca. 35 kg Gerste oder ca. 25 kg Hafer.[59] Einer Zusammenstellung von Preisen und Löhnen aus dem sächsischen Wittenberg für 1499/1500 ist zu entnehmen, daß 1 Tonne Butter etwas mehr als 2½ *fl* kostete oder daß ein Maurer als Wochenlohn etwas mehr als 1 *fl* erhielt.[60]

Zum Abdruck der Register ist zu bemerken, daß Franz Engel sich dafür entschieden hat, den Originalen so getreu wie möglich zu folgen. Er hat deshalb alle Eigenheiten der einzelnen Register, auch wenn sie inhaltlich unerheblich und nur zufälliger Natur sind, beibehalten. Dadurch ist die Individualität der Überlieferungsstücke bewahrt und der falsche Eindruck einer einheitlichen Registerführung vermieden worden. Die Namen sind, wie Engel einmal anmerkte, nicht immer zuverlässig zu lesen. In einzelnen Fällen hat er ein Fragezeichen im Druck angebracht; in anderen wird man bei sich ein solches machen können. Die Seitenzahlen der Handschriften sind in den Druck übernommen und hier am Rande in eckige Klammern gesetzt worden. Die zufällige Reihenfolge der Listen in der Originalakte (Schweriner Archiv, Rep. 4, Schloßregister) wurde vom Bearbeiter zugunsten einer von Nord nach Süd und von Ost nach West verlaufenden Anordnung aufgegeben. Die durchgehende Numerierung der Ortschaften ist von ihm eingeführt worden. Er hat auch das Ortsnamen- und das Personennamenregister angefertigt.

Als Franz Engel am 11. September 1967 verstarb, waren der Text der Ausgabe und die Indizes schon im Druck. Die Korrekturen sind von Frau L. Engel und mir gelesen worden. Auftauchende Zweifelsfälle konnten an Hand der Originale geklärt werden.

Mit den Mecklenburgischen Kaiserbederegistern hat Franz Engel eine Quelle zugänglich gemacht, die in erster Linie für die mecklenburgische Landesgeschichte, wegen ihres exemplarischen Charakters aber auch für die Reichsgeschichte von Bedeutung ist und die den verschiedensten Bereichen historischer Forschung – Wirtschafts- und Sozialgeschichte, Bevölkerungs- und Siedlungsgeschichte, Verwaltungs- und Kirchengeschichte, Familien- und Namenkunde – neue Erkenntnismöglichkeiten bietet.

---

59 Vgl. Franz E n g e l , Tabellen alter Münzen, Maße und Gewichte zum Gebrauch für Archivbenutzer (Schaumburger Studien 9), Rinteln 1965.

60 „Geld, Münze und Medaille". Führer durch die Schausammlung des Münzkabinetts (Staatl. Museen zu Berlin), wiss. Bearbeitung Arthur S u h l e , Berlin 1957, S. 70. Zahlreiche Belege für Löhne und Preise auch bei K l e m p i n , a. a. O., S. 557 ff.

Literatur

Balck, C. W. A., Finanzverhältnisse in Mecklenburg-Schwerin, Bd. 1, 1877.

Brennecke, Adolf, Die ordentlichen direkten Staatssteuern Meklenburgs im Mittelalter, in: Jahrbücher des Vereins für meklenburgische Geschichte und Alterthumskunde (abgekürzt: Meckl. Jbb.) 65, 1900 (selbständig Schwerin 1901), S. 1–122.

Hübner, Rudolf, Die ordentliche Kontribution Mecklenburgs in ihrer geschichtlichen Entwicklung und rechtlichen Bedeutung, in: Festschrift Otto Gierke, Weimar 1911, S. 1139–1166.

Spangenberg, Hans, Vom Lehnsstaat zum Ständestaat. Ein Beitrag zur Entstehung der landständischen Verfassung (Historische Bibliothek 29. Bd.), München 1912.

Ihde, Rudolf, Amt Schwerin. Geschichte seiner Steuern, Abgaben und Verwaltung bis 1655, in: Meckl. Jbb. 77, 1913, Beiheft.

Steinmann, Paul, Finanz-, Verwaltungs-, Wirtschafts-, und Regierungspolitik der mecklenburgischen Herzöge im Übergange vom Mittelalter zur Neuzeit, in: Meckl. Jbb. 86, 1922, S. 91–132, über Herzog Magnus II. bes. S. 98–128.

Steinmann, Paul, Die Geschichte der mecklenburgischen Landessteuern und der Landstände bis zu der Neuordnung des Jahres 1555, in: Meckl. Jbb. 88, 1924, S. 1–58.

Krause, Hermann, System der landständischen Verfassung Mecklenburgs in der zweiten Hälfte des 16. Jahrhunderts, Rostock 1927 (über „Die Finanzen" S. 110–164).

Steinmann, Paul, Bauer und Ritter in Mecklenburg, Schwerin (1960).

Hamann, Manfred, Das staatliche Werden Mecklenburgs (Mitteldeutsche Forschungen 24), Köln Graz 1962.

Hamann, Manfred, Mecklenburgische Geschichte. Von den Anfängen bis zur Landständischen Union von 1523 (Mitteldeutsche Forschungen 58), Köln Graz (im Druck).

Der vorstehende Text S. 568–590 ist die „Einleitung" zur Ausgabe „Die Mecklenburgischen Kaiserbederegister von 1496" von Franz Engel (Mitteldeutsche Forschungen, Bd. 56 Köln Graz 1968.

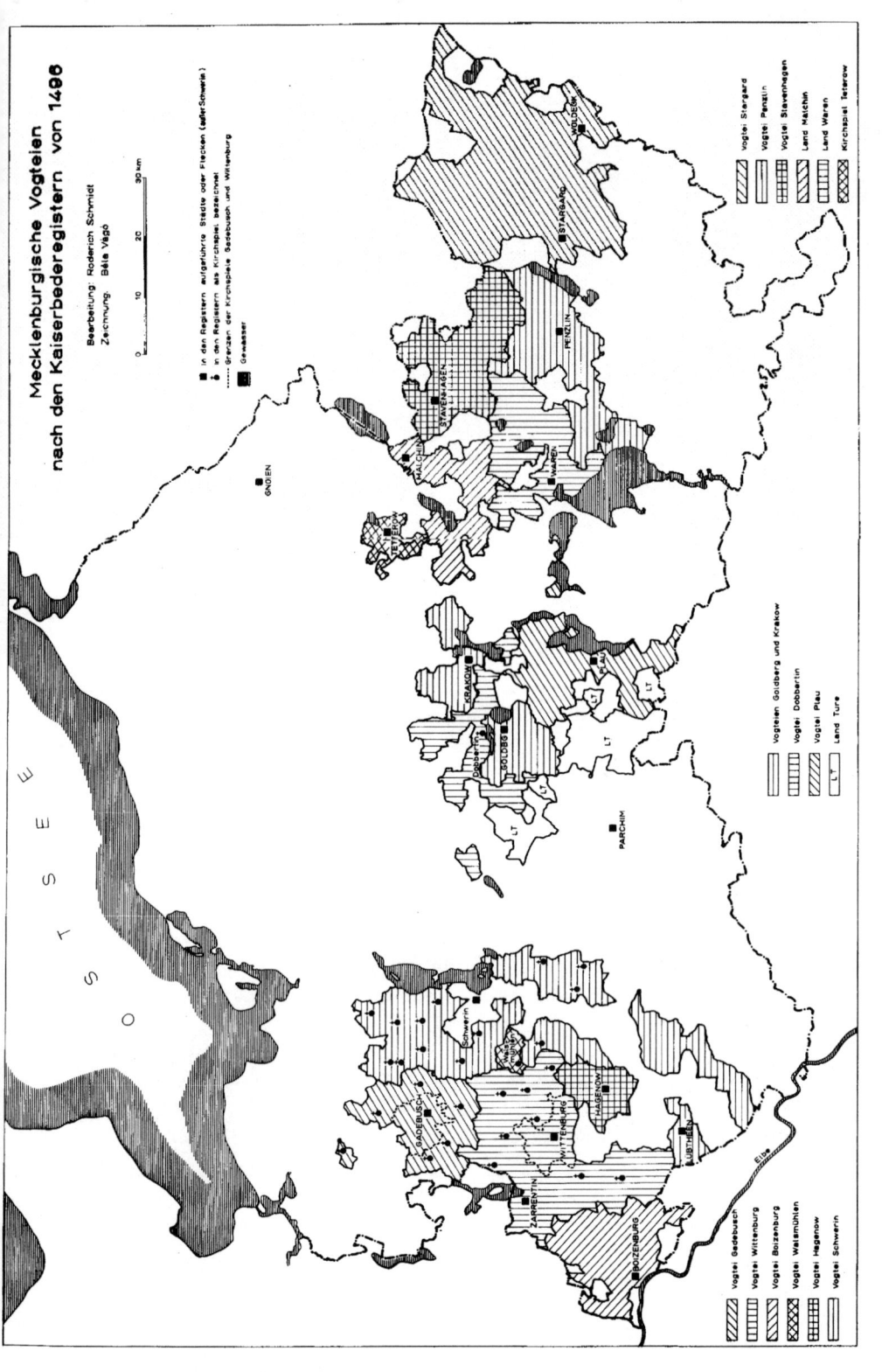

Mecklenburgische Vogteien
nach den Kaiserbederegistern von 1496

Bearbeitung: Roderich Schmidt
Zeichnung: Béla Vagó

0   10   20   30 km

■ in den Registern aufgeführte Städte oder Flecken (außer Schwerin)
◦ in den Registern als Kirchspiele bezeichnet
⋯⋯⋯ Grenzen der Kirchspiele Gadebusch und Wittenburg
▪ Gewässer

OSTSEE

GADEN
STAVENHAGEN
PENZLIN
MALCHIN
WAREN
STERNBERG
KRAKOW
DOBBERTIN
GOLDBG
PARCHIM
WOLDGEN
STARGARD
Schwerin
GENOW
ZARRENTIN
GADEBUSCH
ZÜLL
WITTENBURG
BOIZENBURG
LÜBTHEN

Vogtei Gadebusch
Vogtei Wittenburg
Vogtei Boizenburg
Vogtei Wesimühlen
Vogtei Hagenow
Vogtei Schwerin

Vogteien Goldberg und Krakow
Vogtei Dobbertin
Vogtei Plau
Land Ture

Vogtei Stargard
Vogtei Penzlin
Vogtei Stavenhagen
Land Malchin
Land Waren
Kirchspiel Teterow

Gegenstempel auf Doppelschillingen der Kipper- und Wipperzeit

1. Funde und Quellen

Unter den Doppelschillingen, der in Norddeutschland verbreitetsten Münzsorte des beginnenden 17. Jhds., finden sich nicht selten Stücke, die mit einem kleinen, oft kaum wahrnehmbaren Zeichen versehen sind. Diese „Gegenstempel" oder „Kontermarken" gehören zu den interessantesten Erscheinungen im Münzwesen der sogenannten Kipper- und Wipperzeit. Mit ihnen „sind im Anfang des Dreißigjährigen Krieges ... die guten Doppelschillinge u. Groschen der Herzöge von Pommern, Mecklenburg, Lauenburg, Holstein u. a. von zahlreichen pommerschen und mecklenburgischen Städten, vielfach von solchen, die niemals das Münzrecht gehabt haben, aber auch von Bremen, Hamburg und Lübeck gegengestempelt worden (Fund von Malchin 1913), und zwar zur Fernhaltung geringen, fremden Geldes"[1]. Dieser Satz aus dem Wörterbuch der Münzkunde verweist ausdrücklich auf den Fund von Malchin, durch den unsere Kenntnis der Gegenstempel auf Doppelschillingen erst eine breitere Grundlage erhalten hat.

Der von Edmund Rappaport im Februar 1913 herausgegebene „Auctions-Catalog enthaltend 1) den Fund von Malchin i. Mecklenburg"[2] führt 491 Münzen auf, von denen 122 mit Stempel der Städte Anklam, Hamburg, Lübeck, Gadebusch, Gnoien, Güstrow, Malchin, Neubrandenburg, Neustrelitz(?), Parchim, Plau, Rostock, Stargard i. Meckl., Waren, Wismar, Woldegk und Stralsund versehen waren. Der Fund kam bei der Versteige-

---

1   A. Suhle, Art. Gegenstempel, in F. Frhr. v. Schrötter, Wb. d. Mzkde, Berlin-Leipzig 1930, S. 212–214.
2   Berlin 1913, S. 3–20 (die „Münzen mit Contremarquen" auf S. 15–20).

rung „mit geringen Ausnahmen in erster Wahl"[3] in das Staatl. Münzkabinett Berlin.

In der Beschreibung der „Schausammlung des Münzkabinetts im Kaiser-Friedrich-Museum" von J. Menadier[4], nach der der Fund „zu einem guten Teil aus solch gestempelten Stücken neben älterem ungestempelten Gelde" bestand, werden darüber hinaus noch Gegenstempel von Bremen, Bützow, Dömitz, Grevesmühlen, Kriwitz, Neustadt, Ribnitz, Schwerin, Wittenburg, Demmin, Franzburg, Greifswald, Kolberg u.a.m. genannt[5]. B. Dorfmann erwähnt aus dem Malchiner Funde außerdem noch Kontermarken von Schwaan[6], Kolberg, vielleicht auch von Gollnow und Stettin[7]. Selbst wenn man berücksichtigt, daß im Katalog Rappaport 4 Doppelschillinge „m. undeutl. Contremarquen"[8] aufgeführt waren, bleibt es unverständlich, wieso bei Menadier und bei Dorfmann mehr Gegenstempel genannt werden als in dem „Auctions-Catalog". Auch wird der Fund schwerlich „im Jahre 1913 in Malchin" gehoben sein[9], wenn er bereits am 18, und 19. Februar 1913 in Berlin versteigert worden ist[10]. Nicht einmal über den Fundort herrscht unbedingte Klarheit. Nach Tassilo Hoffmann wurde der als „Fund von Malchin" in die Literatur eingegangene Münzfund vielmehr bei Waren i. Meckl. gehoben[11].

Es ist im höchsten Grade erstaunlich, daß über diesen wichtigen Fund so ungenaue Nachrichten vorliegen, mehr noch, daß er in der Literatur keine eigene Behandlung oder Auswertung erfahren hat; ja selbst eine vollständige Beschreibung ist unterblieben. Er ist damit für die weitere Forschung praktisch verloren, zumal die gestempelten Exemplare, die sich in der Berliner Münzsammlung befanden, auch als Vergleichsstücke ausscheiden, seit sie

---

3 T. Hoffmann, Ein kleiner Münzfund mit Gegenstempeln (um 1625), DM. 55, 1935, S. 445–449, S. 446, Anm. 3.

4 Berlin 1919, S. 255 f.

5 Bei Menadier steht: Bütow (Stadt in Hinterpommern) und Grevismühlen. Das dürften zweifellos Schreibfehler sein für Bützow i. Meckl. und Grevesmühlen. – Über Gst. der Stadt Schwerin s. unten Anm. 90; der Gst. von Demmin ist strittig, s. unten S. 624; zu Kolberg s. Anm. 7.

6 Doppelschillinge und Dütchen, HBN. l, 1947, S. 53–73, S. 61. Dorfmann beruft sich dafür auf Hoffmann, Gegenstempel, S. 447, Anm. 8, der diesen Stempel aber nicht dem Malchiner Fd. zuordnet.

7 Dorfmann, Doppelschillinge, S. 62. Die Stempel von Kolberg, Gollnow und Stettin müssen ausgeschieden werden, weil die Gegenstempelung nur in Pommern-Wolgast, nicht aber in Pommern-Stettin, zu dem die genannten Städte gehörten, durchgeführt worden ist (vgl. unten S. 607 ff.) – s. auch Hoffmann, Gegenstempel, S. 447.

8 S. 20, Nr. 491.

9 Menadier, Schauslg.

10 Lt. Auctions-Catalog Rappaport.

11 Hoffmann, Gegenstempel, S. 446, Anm. 3.

mit anderen Beständen des dortigen Münzkabinetts 1946 fortgeschafft[12] und in den seitdem verstrichenen 13 Jahren noch nicht wieder zurückgeführt worden sind.

Einzig Karl Friederich hat die „Malchiner" Gegenstempel – wenn auch nicht vollständig – in seine 1913 erschienene Veröffentlichung, „Ein Beitrag zur Geschichte des Kontermarkenwesens", aufgenommen[13]. Diese im wesentlichen auf einer eigenen Sammlung beruhende Zusammenstellung war nicht nur der erste größere Überblick über das Gegenstempelwesen, sondern ist die umfassendste Abhandlung über diesen Gegenstand bis heute geblieben.

Was danach über Gegenstempel auf Doppelschillingen erschien, bestätigte entweder die von Friederich gemachten Feststellungen[14] oder vervollständigte die seiner Arbeit beigegebenen Abbildungen[15].

Im einzelnen konnte die Kenntnis von den Gegenstempeln besonders für Bremen, Hamburg und Lübeck durch Arbeiten von Bruno Dorfmann[16] und Wilhelm Jesse[17], die auch auf die Gegenstempelung selbst eingingen, ergänzt und abgerundet werden.

Für Pommern ist der von Tassilo Hoffmann 1935 publizierte Gegenstempelfund aus der Nähe von Rostock zu erwähnen[18], dessen 44 Doppelschillinge alle gestempelt sind. Abgesehen von einem Stück, das zwei mecklenburgische Kontermarken[19] und einem anderen, das die von Hamburg und Bremen trägt, weisen die übrigen – außer vier unbekannten oder ungedeuteten[20] – nur Gegenstempel pommerscher Städte auf.

---

12 Vgl. den von den Staatl. Museen zu Berlin herausgegebenen Führer durch die Schauslg. d. Mzkab., Geld, Münze und Medaille, Berlin 1957, S. 5.

13 JNVD. 1912, (1913), S. 1–110.

14 So z. B. B. Dorfmann, Münzen und Medaillen der Herzöge von Sachsen-Lauenburg, Eine volkstümliche Darstellung des lauenburgischen Münzwesens, Ratzeburg 1940, S. 31f. – Nach M. v. Bahrfeldt, Die Münzen des Bistums Ratzeburg, Jb. d. Ver. f. mecklenburg. Gesch. u. Akde. 78, 1913, S. 328, Anm. 10, ist dem sog. Malchiner Fd. der Münzfd. von Schwarzeheide (Krs. Nienburg a. W.) mit 190 gestempelten Doppelschillingen an die Seite zu stellen, den E. Heye, NSA. 1896, S. 25 ff., veröffentlicht hat.

15 Tfl. I–VIII. – Ergänzend: Versteigerungskat. F. Schlessinger (Slg. R. Gaettens), Berlin 1931. – M. v. Bahrfeldt, Niedersächsisches Münzarchiv (NMA.), Bd. IV, Halle 1930, Tfl. VIII.

16 B. Dorfmann, Bremer Gegenstempel um 1636, DM. 57, 1937, S. 384 f.

17 W. Jesse, Bremens neuere Münzgeschichte, Brem. Jb. 38, 1939, S. 158–206, insbes. S. 183–185. – Vgl. auch ders., Münz- und Geldgeschichte Niedersachsens, Braunschweig 1952, S. 74–79.

18 Hoffmann, Gegenstempel. Der Fd. befindet sich im Kreisheimatmuseum Demmin/Vorpommern. Dem ehem. Leiter des Museums, Herrn Lothar Diemer, jetzt Bremen, möchte ich auch an dieser Stelle dafür danken, daß er mir die Münzen für die Bearbeitung des Fd. von Pasewalk in großzügiger Weise zugänglich gemacht hat.

19 Woldegk und Rostock.

20 Zu dem ISI-Stempel s. unten S. 626 ff.

Von weit größerer Bedeutung aber wären für Pommern zweifellos jene zwei in Greifswald gemachten Gegenstempelfunde von jeweils mehreren hundert Doppelschillingen gewesen, die in den siebziger Jahren des vorigen Jhds. bekannt wurden[21] und von denen Tassilo Hoffmann 1935 schrieb, daß ihre „dringend nötige Veröffentlichung" nicht ohne sein Verschulden bisher noch ausstehe[22]. Diese Veröffentlichung ist nicht mehr erfolgt[23]. Die Münzen sind ebenso wie die aus dem sogenannten Malchiner Fund nach 1945 noch nicht wieder zum Vorschein gekommen, so daß wohl mit ihrem Verlust gerechnet werden muß.

Deshalb erfordert der 1952 in Pasewalk gehobene Fund besonders große Beachtung. Er besteht, abgesehen von 48 größeren Silberstücken, meist Talern, einigen kleineren Nominalen und 7 nicht mehr zu identifizierenden Stücken, aus 1056 Doppelschillingen (bzw. entsprechenden Werten)[24]. Von ihnen haben nur 151 keine Kontermarke[25]; 905 sind gegengestempelt. 17 verschiedene Stempel kommen vor. Mag er, was die Zahl der verschiedenen Stempel anbetrifft, ein wenig hinter dem sogenannten Malchiner Fund zurückstehen, in der Gesamtzahl der gestempelten Doppelschillinge übertrifft er ihn um mehr als das Siebenfache.

Der Fund von Pasewalk gehört nicht nur als ganzes in die Gruppe der sogenannten Großfunde[26]; er ist auch der bisher wohl umfangreichste Gegenstempelfund überhaupt. Von den 1056 Doppelschillingen dieses Fundes sind 905 gegengestempelt und zwar tragen 851 eine Kontermarke, 52 weisen zwei, 2 sogar drei Gegenstempel auf[27].

Bei den einfachen Gegenstempeln stehen zahlenmäßig die von Stralsund mit 300 und die von Anklam mit 284 Exemplaren voran. Es folgen Greifswald mit 207 Stücken und im Abstand Wolgast mit 59 Einschlägen (hinzu kommt noch 1 Doppelschilling, der nur den Gegenstempel von Malchin i. Meckl. trägt). Nimmt man die mehrfach gestempelten Doppelschillinge hinzu, so verändert sich das Bild dahin, daß an pommerschen Gegenstempeln insgesamt zu zählen sind: für Stralsund 328, für Anklam 306, für Greifswald

21 36. u. 40. Jber. d. Rügisch-Pomm. Abt. d. Ges. f. Pomm. Gesch. u. Akde., 1871, S. 69–79; 1879, S. 59–67.

22 Hoffmann, Gegenstempel, S. 446.

23 Tassilo Hoffmann ist am 17.12.1951 in Berlin verstorben.

24 Für Einzelheiten s. R. Schmidt, Der Münzfund von Pasewalk, in: Hamburger Beiträge z. Numismatik 12/13, 1958/59, S. 89–158. – Zusammenfassung: Balt. Stud. NF. Bd. 44, 1957, S. 109–111.

25 Verzeichnis der nicht gestempelten Doppelschillinge und Dütchen in diesem H.: S. 146 f., Anm. 17.

26 Vgl. die von W. Jesse, Die deutschen Münzfunde, aufgestellte Einteilung der Fde., Bl. f. dt. Landesgesch. 86, 1941, S. 67–92.

27 Vgl. im einzelnen das „Verzeichnis der Gegenstempel" unten S. 620–625.

224, für Wolgast 60 und für Franzburg 2 Stück. Außerdem befinden sich unter den doppelt gestempelten Münzen noch 2 mit einer wahrscheinlich der Stadt Demmin/Vorpommern zuzuweisenden Kontermarke[28].

Diesen insgesamt 922 pommerschen Gegenstempeln stehen außer dem schon erwähnten Malchiner weitere 35 mecklenburgische gegenüber, und zwar: Rostock 19, Wismar 4, Güstrow 3, Plau 2, Friedland, Malchin und Neubrandenburg je 1 sowie 4 Gegenstempel, bei denen zwar der mecklenburgische Stierkopf, nicht aber die die Stadt bezeichnenden Buchstaben zu erkennen sind. Hinzu kommen 1 Hamburger Gegenstempel, 1 nicht erkennbarer und schließlich 3 weitere, die noch näher zu behandeln sein werden[29].

Diese Menge gestempelter Doppelschillinge läßt besonders für Pommern den Umfang der Gegenstempelung viel klarer als bisher hervortreten. Bemerkenswert ist auch die Verteilung auf die einzelnen Städte, weil darin etwas von ihrer wirtschafts- und handelspolitischen Bedeutung sichtbar wird. Aufschlußreich für den Wert, den man den verschiedenen Münzen der einzelnen norddeutschen Münzstände beimaß, ist die Verteilung der Gegenstempel auf deren Münzen. Diese wiederum lassen etwas von den Wirtschafts-, Handels- und Verkehrsbeziehungen zwischen Pommern und dem übrigen Norddeutschland erkennen[30].

Die Doppelschillinge, die diese Gegenstempel aufweisen, gehören alle in den Anfang des 17. Jhds.[31]. Die ältesten unter ihnen sind: ein 4-Skilling-Stück Kg. Christians IV. von Dänemark von 1604[32] sowie ein Doppelschilling Hg. Philipp Julius' von Pommern-Wolgast (wahrscheinlich) von 1610[33]; die jüngsten stammen, von verschiedenen Münzherren geprägt, aus dem Jahre 1622. Von den nach 1622 geschlagenen Münzen des Fundes trägt keine mehr eine Kontermarke.

Damit wird das Bild bestätigt, daß Bruno Dorfmann in seinem grundlegenden Aufsatz, „Doppelschillinge und Dütchen"[34], von diesen Münzsorten gezeichnet hat. Mit dem Jahr 1622, besonders aber seit 1623, beginnt die Prägung der die Doppelschillinge ablösenden Dütchen[35].

In dem genannten Aufsatz behandelt B. Dorfmann die Gegenstempelfrage kurz gefaßt in größerem Zusammenhang[36]. Er fragt dabei weniger nach den

---

28 Über die „Demminer" Stempel s. unten S. 624 f.
29 s. unten S. 624 ff.
30 Vgl. dazu unten S. 608.
31 Vgl. auch die Übersicht über die Verteilung aller 1056 Doppelschillinge des Fd. von Pasewalk, wie Anm. 24, S. 91 f.
32 Münzen-Verzeichnis, ebd., S. 102, Dänemark Nr. 1.
33 Münzen-Verzeichnis, ebd., S. 119, Philipp Julius von Pommern-Wolgast Nr. 2.
34 Doppelschillinge (s. Anm. 6).
35 Ebd., S. 66 ff.
36 Ebd., S. 60–63.

verschiedenen Kontermarken, sondern geht vielmehr auf die Einführung und Durchführung der Gegenstempelung ein.

Für eine solche geschichtliche Betrachtung, die er damit angeregt hat, besitzen wir eine reiche Materialsammlung in dem vierbändigen Quellenwerk von Max v. Bahrfeldt, „Niedersächsisches Münzarchiv, Verhandlungen auf den Kreis- und Münzprobationstagen des Niedersächsischen Kreises 1551–1625"[37]. Unmittelbare und weithin vollständige Nachrichten vermittelt dieses Werk allerdings nur für die Münzstände des Niedersächsischen Kreises, hier also für Lübeck, Hamburg, Bremen und die beiden Mecklenburg. Pommern gehörte dagegen dem Obersächsischen Kreise an. Doch hat sich Pommern-Wolgast gerade in Münzsachen zeitweilig eng den niedersächsischen Ständen verbunden[38]. Insofern ist das „Niedersächsische Münzarchiv" auch für die pommersche Münzpolitik zu berücksichtigen; ausreichend ist es aber nicht. Denn Max v. Bahrfeldt, der sich in erster Linie auf die Akten des Niedersächsischen Kreisarchivs stützte, hat daneben wohl die Archivalien der zum Niedersächsischen Kreise gehörenden Stände herangezogen. Pommersche Archive aber hat er nicht benutzt[39].

Ihre Sichtung und Auswertung ist aber die Voraussetzung für eine geschichtliche Behandlung der Gegenstempelung in diesem Lande, aber auch in den benachbarten Territorien, da sich diese freilich in Etappen vollziehende Maßnahme nur in ihrer gegenseitigen Verflochtenheit erfassen und verstehen läßt. Sie ist um so notwendiger, als es für Pommern wie für Mecklenburg keine umfassende Münzgeschichte gibt.

Für Mecklenburg ist man – abgesehen von zwei Werken, die die Münzen der Städte Rostock und Wismar beschreiben[40] und einigen, nur als Ersatz zu betrachtenden Versteigerungskatalogen[41] – immer noch auf das Ende des 18. Jhds. erschienene zweibändige Werk von Carl Friedrich Evers, „Mecklenburgische Münz-Verfassung", angewiesen[42], das auch die Gegenstempelung berührt.

Für Pommern liegt zwar eine (inzwischen auch veraltete) „Münzgeschichte Pommerns im Mittelalter" von Hermann Dannenberg vor[43]; sie endet aber mit dem Jahre 1524. Für die Folgezeit fehlen selbst Münzgeschich-

---

37 In Betracht kommt vor allem der die Jahre 1602–1625 umfassende IV. Band (NMA. IV).

38 s. unten S. 599 u. 609.

39 s. Vorwort, NMA. IV.

40 E. Grimm, Münzen u. Medaillen der Stadt Wismar, Berlin 1897 (auch BM. 15, 1894; 17, 1896). – Ders., Münzen und Medaillen der Stadt Rostock, Berlin 1905 (auch BM. 19, 1898; 25, 1904).

41 Hervorhebung verdient der Kat. Schlessinger.

42 Schwerin 1798/99.

43 Berlin 1893; Nachtrag ebd. 1896.

ten einzelner Städte[44], mit Ausnahme von Stralsund, für das die in manchem aber doch unvollkommene Arbeit von P. Bratring, „Über das Münzwesen der Stadt Stralsund in neueren Zeiten"[45], vorliegt, sowie Zusammenstellungen aus dem 18. Jhd., die der stralsundische Bürgermeister und Geschichtsforscher Johann Albert Dinnies[46] für seine Vaterstadt vorgenommen hat[47].

Aus dem 18. Jhd. stammt auch der Druck eines großen Teils der Münzedikte der pommerschen Herzöge. Sie sind in der „Sammlung gemeiner und besonderer Pommerscher und Rügischer Landes-Urkunden, Gesetze, Privilegien, Verträge, Constitutionen und Ordnungen" enthalten, die J. C. Dähnert und nach ihm G. v. Klinckowström herausgegeben haben[48] und die dringend einer kritischen Neuausgabe bedürften.

Das ist heute allerdings wie die gesamte historische Arbeit über Pommern dadurch erschwert, daß ein Teil der pommerschen Archivalien durch die Auswirkungen des letzten Krieges verlorengegangen ist. Anderes, was in der pommerschen Hauptstadt Stettin verblieb oder wieder dorthin gebracht wurde, ist kaum oder nur bedingt zugänglich[49]. Um so notwendiger ist die Sichtung und Auswertung zugänglicher Bestände.

Im folgenden wird nun auf Grund gedruckter Quellen, vor allem aber der Münzakten des Landesarchivs Greifswald (das den derzeit in deutschem Besitz befindlichen Teil des früheren Preuß. Staatsarchivs zu Stettin enthält) sowie der Stadtarchive Stralsund und Greifswald[50] die Gegenstempelung in Lübeck, Hamburg, Bremen, Mecklenburg und insbesondere Pommern-

---

44 Für Franzburg ist auf die Untersuchung von L. Behrens, Die Münzstätte Franzburg, zu verweisen, Berlin 1909 (auch BM. NF. 1909, S. 214–216; S. 231–235; S. 261–264; S. 296–300; S. 309–314).

45 Berlin 1907 (auch BM. NF. 1907, (1908), S. 509 ff.).

46 Über J. A. Dinnies s. Neue Deutsche Biographie (NDB.) Bd. III, 1957, S. 733–734 (R. Schmidt).

47 Von der Münzgerechtigkeit und den Münzen der Stadt Stralsund, C. G. N. Gesterdings Pommersches Magazin VI, Rostock 1787, S. 2–42; Gesterdings Pommersches Museum I, Rostock 1782–1784, S. 95–120; T. H. Gadebuschs Pommersche Sammlungen II, Greifswald 1786, S. 17–67: Verzeichnis der von der Stadt Stralsund geprägten Münzen, soviel derselben noch vorhanden und bekannt sind (die Ergänzungen v. d. Ostens ebd. S. 310–322).
Über die genannten pomm. Zs. s. jetzt E. Zunker, Festschr. zur 500-Jahrfeier d. Univ. Greifswald 17. 10. 1956, Bd. I, S 265–282.

48 3 Bde. u. 4 Supplementbde., Stralsund 1765–1802. Für die Münzedikte kommen besonders in Betracht: Bd III (1599–1765), 1769, S. 645–756; Suppl. Bd. I, 1782, S. 612–617; vgl. auch das Register: Allgemeines Pommersches Repertorium (zu Bd. 1–3), 1769, S. 178–180; (zu Suppl. Bd. 1–3) 1799, S. 94 f.

49 Über das Schicksal der pomm. Archivalien nach 1945 vgl. H. Branig, Pommersche Geschichtsforschung nach 1945, Balt. Stud. NF. 43, 1955, S. 17–20 (m. Lit.).

50 Den Leitern dieser Archive sei an dieser Stelle mein Dank für die freundlich gewährte Bereitstellung der in Betracht kommenden Archivalien abgestattet.

Wolgast als eine Maßnahme, der sich die genannten Münzstände zu Beginn
des Dreißigjährigen Krieges bedienten, um der Zerrüttung im Münzwesen
Herr zu werden, behandelt und in den Zusammenhang der allgemeinen
Geld- und Wirtschaftspolitik dieser norddeutschen Territorien gerückt.

2. Münzpolitische Voraussetzungen für die Gegenstempelung

1622 war das Jahr, in dem der Umschwung in dem zerrütteten Münzwesen
eingeleitet wurde. Jedenfalls brachten für Norddeutschland der Hamburger
Münzvertrag[51] und der Lüneburger Münzabschied[52] einen Stillstand der bisher
unentwegt fortschreitenden Münzverschlechterung. Wenn eine wirkliche und
durchgreifende Besserung der Währungs- und Wirtschaftsverhältnisse dennoch
nicht eintrat, so war das u. a. die Folge der sich ausbreitenden Kriegshandlun-
gen, die bald auch Norddeutschland erfaßten und überzogen. Die ausbleibende
Gesundung auf dem Gebiet des Geldwesens hing aber auch damit zusammen,
daß sich die verschiedenen Münzstände, Fürsten wie Städte, gerade in dem Bemühen, neue Ordnungen zu schaffen, endgültig entzweiten. Dabei fällt es weniger ins Gewicht, daß eine Einigung zwischen dem Obersächsischen und dem
Niedersächsischen Kreis nicht eintrat, wie es Hg. Philipp Julius von Pommern-
Wolgast[53] gehofft hatte[54], dessen Land zwar dem Obersächsischen Kreis angehörte, durch sein Wirtschaftsleben, insbesondere durch die Seehandel treibenden Städte, aber nach Westen hin orientiert und mit den Städten und Ländern
des Niedersächsischen Kreises verbunden war. Schwerwiegender war die Tatsache, daß bestimmte Stände des Niedersächsischen Kreises, wie Holstein, Mecklenburg, Sachsen-Lauenburg und die Städte Lübeck, Hamburg und Bremen,
denen sich Pommern anschloß, unter dänischer Führung[55] eigene Wege ein-

---

51 Abgedruckt NMA. IV, Nr. 761, S. 502–507; vgl. ebd., S. 496.
52 Abgedruckt ebd., Nr. 774, S. 522–530; vgl. auch S. 513 f.
53 Über Philipp Julius s. d. Art. v. T. Pyl, Allgem. Dt. Biographie (ADB.) Bd. 27, 1888,
    S. 37–43.
54 Das geht aus der Korrespondenz hervor, die Philipp Julius mit seinem Vetter Franz
    zu Stettin und dessen Nachfolger Bogislaw XIV. sowie mit Hg. Adolf Friedrich v.
    Mecklenburg und den Seestädten geführt hat.
    Sie befindet sich in dem Aktenbande „betreffend das Münz-Wesen, ao. 1616–24" des
    ehem. Preuß. Staatsarchivs zu Stettin, Rep. 5 (Wolg. Arch.), Tit. 40, Nr. 5; jetzt Lan-
    desarchiv Greifswald, ebd. Nr. 363.
55 Allerdings ist Kg. Christian IV. weder dem Hamburger Vertrag, noch dem Lünebur-
    ger Abschied beigetreten. – Über die dänische Münzpolitik s. J. W. Wilcke, Christi-
    an IV. Møntpolitik 1588–1625, Kopenhagen 1919. – Die Arbeiten: V. Schweitzer,
    Christian IV. von Dänemark und die niederdeutschen Städte in den Jahren 1618–25,
    Hist. Jb. 25, 1904, S. 99–125, 741–753, u. T. Christiansen, Die Stellung König Christi-
    ans IV. von Dänemark zu den Kriegsereignissen im Deutschen Reich und zu den Plä-
    nen einer evangelischen Allianz 1618–1625, Diss. Kiel 1937, ergeben für den hier in

schlugen[56], die zunächst zum Hamburger Vertrag vom 11. März 1622 und dadurch, daß seine Partner dem Abschied der übrigen niedersächsischen Stände zu Lüneburg vom 12. Juni 1622 nicht beitraten, zur endgültigen Trennung der Münzstände östlich und westlich der Elbe führten.

Der Hauptgegensatz zwischen den Ständen, die sich teils in Hamburg, teils in Lüneburg verbanden, bestand in der unterschiedlichen Auffassung über den Umfang der von allen als unumgänglich angesehenen Reduktion des Reichstalers. Während man in Lüneburg übereinkam, es sollten künftig wieder nur 32 Schillinge auf 1 Reichstaler gehen[57], gemäß dem Zustand von 1592[58], der aber bereits am Ende des 16. Jhds. überholt war[59], beschlossen die Hamburger Vertragspartner die Reduktion des Reichstalers etwa auf den Stand vom Oktober 1619[60], wo er in seinem Wert so weit gesunken war, daß 48 Schillinge 1 Reichstaler ausmachten. Eine Annäherung, wie sie zunächst dadurch möglich schien, daß nach dem Hamburger Vertrag[61] die Festsetzung auf 48 Schillinge nicht endgültig sein, vielmehr schon ab 12. März 1623 durch den Satz 1 Reichstaler = 40 Schillinge abgelöst werden sollte, unterblieb[62], so daß der Taler im Niedersächsischen Kreis und den ihm angeschlossenen Gebieten von der Mitte des Jahres 1622 ab westlich der Elbe 32, östlich der Elbe 48 Schillinge wert war.

Die Gegenstempelung, die, wie die Münzfunde zeigen, in jener Zeit in größtem Ausmaß erfolgt ist, wird in den beiden entscheidenden Vereinbarungen des Jahres 1622 gar nicht erwähnt[63]. Sie ist auch nicht in ganz Norddeutschland, nicht einmal im gesamten Niedersächsischen Kreis, gebräuchlich, sondern nur auf die sogenannten ostelbischen Münzstände beschränkt gewesen – oder, noch genauer gesagt, nur von einigen Partnern des Hamburger Vertrages teils vor, teils nach 1622 durchgeführt worden. In jedem Falle sollten durch die Gegenstempel die für vollgültig erklärten Doppel-

---

Betracht kommenden Gegenstand wenig. – Über Christian IV. s. jetzt H. Kellenbenz, NDB. Bd. III, 1957, S. 234–235.

56 Vgl. NMA. IV, S. 496 ff.
57 32 Schillinge = 24 Groschen = 2 Mark Lüb. Dieser Satz war schon auf dem Kreistag zu Braunschweig am 9. 10. 1621 beschlossen worden; s. NMA. IV, Nr. 741, S. 488.
58 Vgl. Dorfmann, Doppelschillinge, S. 56, 65.
59 Über das Verhältnis der Doppelschillinge zum Reichstaler s. u. a. A. Suhle, Art. Doppelschilling, in F. Frhr. v. Schrötter, Wb. d. Mzkde., Berlin–Leipzig 1930, S. 155. – Für Pommern J. A. Dinnies, Gesterdings Pomm. Mus. I, S. 103 f.
60 Dinnies, ebd.
61 NMA. IV, Nr. 761, S. 503.
62 Ebd., S. 496. – Ebenso Dorfmann, Doppelschillinge, S. 64. – Vgl. dazu auch Jesse, Bremen, S. 185, der die Frage stellt, ob die in Aussicht genommene spätere Reduktion überhaupt ernst oder vielleicht nur als eine Geste den übrigen niedersächsischen Kreisständen gegenüber gemeint war.
63 Vgl. hierzu Dorfmann, Bremer Gegenstempel, S. 384.

schillinge von den verbotenen minderwertigen unterschieden werden, wobei die Höhe ihres Wertes jeweilig verschieden festgesetzt wurde.

3. Die Gegenstempelung in Lübeck, Hamburg und Bremen

Als sich im Februar 1619 die Städte Lübeck und Hamburg entschlossen, die alten guten Doppelschillinge mit einem besonderen Zeichen, nämlich einem kleinen Stadtwappen, dem Doppeladler Lübecks bzw. den drei Türmen Hamburgs, zu versehen[64], sollten auf diese Weise diejenigen Doppelschillinge gekennzeichnet werden, die dem Kurs von 1 Reichstaler = 40 Schillinge Lüb. entsprachen, wie er zwischen Lübeck und Hamburg am 19. Mai 1618 zu Lübeck vereinbart und durch die am 12. Dezember 1618 publizierte Münzordnung endgültig festgesetzt worden war[65], während die nicht gestempelten nur nach dem Gewicht angenommen und ausgegeben werden durften.

Den gleichen Standpunkt spiegelt wenig später das „unvorgreifliche Bedenken wegen des Münzwesens"[66] wider, das Hg. Adolf Friedrich von Mecklenburg-Schwerin[67] im Verein mit den Städten Lübeck und Hamburg für den Kommunikationstag des Niedersächsischen Kreises in Lüneburg (Juni 1619)[68] ausarbeiten ließ. In ihm wird die Gegenstempelung *vor nötig, nutz und ratsam angesehen,* dergestalt, *daß solche in der Valvation gerecht befundenen Dobbel ß mit einem gewissen kleinen Zeichen, als einem DS einerlei Größe signirt und gestempelt* werden sollten[69]. Wirklichkeit ist diese DS-Stempelung nicht geworden, da auf dem Lüneburger Tag keine Einigung erzielt und kein Beschluß gefaßt wurde.

Aber auch die zwischen Lübeck und Hamburg vereinbarte Gegenstempelung scheint nicht den gewünschten Erfolg gehabt zu haben, denn in dem vom 24. Dezember 1619 datierten „Memorial", das die Ergebnisse von Verhandlungen zusammenfaßt, die zwischen den Städten Lübeck, Hamburg und Bremen im Dezember 1619 zu Lübeck gepflogen waren[70], steht die Be-

---

64 s. NMA. IV, Nr. 663, S. 423 f.; Nr. 665, S. 425; Nr. 666, S. 425 f. – Über die Gegenstempelung Lübecks und Hamburgs s. auch Friederich, Kontermarkenwesen, S. 62 f. (Abb. Tfl. III, Nr. 168); S. 50 f. (Abb. Tfl. II, Nr. 143). – Über die zusätzliche Stempelung mit der Wertzahl „30" s. Jesse, Bremen, S. 183. – Dorfmann Doppelschillinge, S. 61. – Friederich, Kontermarkenwesen, S. 51.
65 NMA. IV, Nr. 650, S. 412–414; Nr. 658, S. 419.
66 Abgedruckt ebd., Nr. 679, S. 431–437.
67 Über diesen in Sachen der Münzbesserung eifrig tätigen Fürsten s. d. Art. v. Fromm, ADB. I, 1875, S. 119 f.
68 Vgl. NMA. IV, S. 427 ff.
69 Ebd., Nr. 679, S. 432. – Vgl. dazu Friederich, Kontermarkenwesen, S. 51.
70 Vgl. NMA. IV, S. 457.

merkung, die zweifellos die Erfahrungen Lübecks und Hamburgs wiedergibt, daß das Stempeln der Doppelschillinge nichts geholfen, vielmehr nur
Schaden gebracht habe, weshalb diese künftig nur in größeren Summen und
nach dem Gewichte zu nehmen seien[71]. Es war offenbar derselbe Standpunkt, der die Bestimmung des am 19. Januar 1620 zwischen Lübeck, Hamburg und Mecklenburg geschlossenen Wismarer Münzvertrages[72] prägte,
wonach die Stempelung der schweren doppelten Schillinge, deren Wert jetzt
auf 42 pro Reichstaler festgesetzt wurde, *nunmehr, weil sie nur nach dem
Gewicht genommen, vor unnöthig erachtet* wird[73].

Das gleiche Schwanken zwischen diesen beiden Möglichkeiten, gültige
und ungültige bzw. vollwertige und minderwertige Doppelschillinge durch
Gegenstempel zu unterscheiden oder sie überhaupt nur nach dem Gewicht
passieren zu lassen, ist auch weiterhin zu beobachten und kennzeichnet in
gewisser Weise auch die Ratlosigkeit der Münzherren, mit den Problemen
der Währungszerrüttung fertig zu werden.

Wenn in dem am 3. April 1620 von Lübeck, Hamburg, Bremen und
Mecklenburg zu Lübeck vereinbarten Münzvertrag[74] dann doch wieder die
Gegenstempelung eingeführt wurde, so war dies zweifellos ein Zugeständnis
an Bremen, das sich von dieser, von ihm noch nicht erprobten Maßnahme
Erfolg versprach. Seit dem Scheitern der Lüneburger Junitagung des Jahres
1619 hatte sich Bremen in der Münzfrage Lübeck, Hamburg und Mecklenburg genähert[75] und im Dezember 1619 an der Lübecker Beratung der Städte
teilgenommen. Aus der Feststellung, die (von Lübeck und Hamburg versuchte) Gegenstempelung habe nichts genützt, kann geschlossen werden,
daß Bremen schon damals diese Maßnahme gefordert, zumindest vorgeschlagen haben wird[76]. Dem Wismarer Vertrag vom 19. Januar 1620, der die
Gegenstempelung ablehnte, ist es nicht beigetreten. Die in einem Schreiben
an die Herzöge von Mecklenburg sowie die Städte Lübeck und Hamburg[77]
enthaltene Entschuldigung, es habe keine Gesandten schicken können, da zu
dem Zeitpunkt der Wismarer Zusammenkunft gerade der verfassungsmäßige
Wechsel der Regierung in Bremen eingetreten sei, klingt allzu sehr nach ei-

---

71 Ebd., Nr. 710, S. 459.
72 Ebd., Nr. 712, S. 460–464.
73 Ebd., S. 462, (Nr. 3).
74 Ebd., Nr. 716, S. 464–466.
75 Vgl. das Schreiben Bremens vom 4. 12. 1619 an Lübeck und Hamburg; ebd., Nr. 705,
    S. 458 f.
76 Von dem im Anschluß an die Lüneburger Zusammenkunft abgehaltenen Hansetag zu
    Lübeck 1619 berichtete der Bremer Abgeordnete: *Die Signation ist insgemein nützlich
    befunden und haben Lübeck und Hamburg uns das Muster gezeigt* (NMA. IV,
    S. 435).
77 Ebd., Nr. 711, S. 460.

nem willkommenen Vorwand, als daß man in ihm den wahren Grund sehen
könnte. Neben der Meinungsverschiedenheit über den Wert des Reichstalers
dürfte die unterschiedliche Auffassung über Nutzen und Erfolg der Gegenstempelung für das Verhalten Bremens maßgeblich gewesen sein. Demgemäß heißt es in dem am 3. Februar 1620 an Lübeck abgeschickten Bedenken
Bremens zum Wismarer Vertrag: wegen der Doppelschillinge, die jetzt *in
großer Anzahl und gar liederlich gemünzet und haufenweis in ihre Stadt
eingestochen* würden, sei zu erwägen, vielleicht, *wie bereits an etzlichen Orten für gut angesehen und zu practiciren angefangen sein soll, allein die gestempelten zuzulassen*[78]. Obwohl Lübeck darauf am 16. Februar 1620 seinen
alten Standpunkt wiederholte, daß das Stempeln keinen Zweck habe[79], entschloß man sich auf der Lübecker Zusammenkunft am 3. April 1620 dann
doch zu dieser von Bremen gewünschten Maßnahme[80], Man wird daraus den
Schluß ziehen dürfen, daß diese Konzession der Preis für den Anschluß
Bremens an die anderen Hansestädte[81] gewesen ist.

Allerdings sollten die Gegenstempel jetzt anzeigen, daß ein Doppelschilling, so wie es Bremen schon im Dezember 1619 vorgeschlagen hatte[82],
48 Schilling = 72 Grote der bremischen Währung, d. h. nicht mehr, wie nach
dem Lübecker Vertrag von 1618 1/20-Reichstaler oder wie nach dem Wismarer Vertrag von 1620 1/21-Reichstaler, sondern 1/24-Reichstaler wert sei.
So schnell war der Wert des Geldes seit der Wismarer Zusammenkunft gesunken, daß man den (wohl schon damals überholten) Satz von 42 Schillingen nicht mehr halten konnte. *Darum vors Sicherste erachtet, daß die in ihrem Wert neu festgelegten Doppelschillinge mit einem darzu gefertigten
Stempel, worin der correspondirenden Obrigkeit jedes Orts Wappen ge-
schnitten, zur Nachrichtung gezeichnet, im Ausgeben und Einnehmen pass-
iren sollen.* Das Stempeln sei aber allein Sache der Obrigkeit *und ist keiner
Privatperson bei Vermeidung schwerer Leibesstraf erlaubt oder zugelassen*[83].

In Verfolg dieses Beschlusses ist auch der im Pasewalker Fund enthaltene,
1620 geprägte Doppelschilling der Stadt Stade mit dem Hamburger Stadtwappen gegengestempelt worden[84].

Wie lange die Gegenstempelung in den einzelnen Städten tatsächlich erfolgte, ist nicht klar ersichtlich, ebenso nicht, ob sie durch den Vertrag von

---

78 Ebd., Nr. 713, S. 464.
79 Ebd., Nr. 715, S. 464.
80 Über den Gegenstempel Bremens, den Schlüssel als Stadtwappen, s. H. Jungk, Die
    bremischen Münzen, Bremen 1875, S. 354 f. – Friederich, Kontermarkenwesen, S. 15–
    18. – Jesse, Bremen, S. 183.
81 Gründlich behandelt ist der ganze Fragenkomplex von Jesse, Bremen, S. 181 ff.
82 Ebd., S. 182.
83 NMA. IV, Nr. 716, S. 465.
84 s. Fundbeschreibung (wie Anm. 24), S. 142: Stade Nr. 6 g, Abb. Tfl. 6, Nr. 1.

Boitzenburg (2. August 1620)[85], der bestimmte, daß Doppelschillinge, so *nicht aus Silber geschlagen, nicht anders als dem Gewichte nach* auszugeben seien, aufgehoben wurde. Die Menge der gegengestempelten Doppelschillinge war jedenfalls sehr groß. Für Hamburg wird die Zahl der im Jahre 1620 gegengestempelten Doppelschillinge auf Grund von Unterlagen der 1619 gegründeten Hamburger Bank[86] mit 5 571 128 angegeben, für Bremen scheint sie noch höher gelegen zu haben[87]. Obwohl hier vielleicht auch noch später gegengestempelt worden ist[88], sind die Gegenstempel mit den Wappen der Städte Hamburg, Lübeck und Bremen wohl hauptsächlich in die Jahre 1619/1620 zu setzen[89].

4. Die Gegenstempelung in Mecklenburg

Die mecklenburgischen Gegenstempel dagegen stammen hauptsächlich aus dem Jahre 1621[90]. In Ausführung des Lübecker Vertrages vom April 1620 hatten die Hge. Adolf Friedrich und Johann Albrecht von Mecklenburg mit Edikt vom 10. Juni 1620 angeordnet[91], daß die vollwertigen Doppel-Schillinge von ihren Münzmeistern mit einem fürstlichen Wappenstempel zu bezeichnen seien.

Dieses Edikt stieß jedoch ebenso wie die folgenden Verfügungen auf den Widerstand der Ritter- und Landschaft, so daß es wohl nicht zur Anwendung gelangte[92]. Nach längeren Verhandlungen[93] kam endlich ein Vergleich zustande, der durch Erlaß vom 20. Oktober 1621 publiziert wurde[94]. Danach sollten die guten Doppelschillinge, von denen jetzt 40 Schillinge mecklenburgischer Währung 1 Reichstaler ausmachten, von fürstlichen General-

---

85 NMA. IV, Nr. 722, S. 468–470.

86 s. W. Jesse, Hamburgs Anteil an der deutschen Münz- und Geldgeschichte, Zs. d. Ver. f. Hamb. Gesch. 38, 1939, S. 131, mit Literaturangaben über die Hamburger Bank (ebd. Anm. 36). – Dorfmann, Doppelschillinge, S. 61.

87 Dorfmann, ebd.

88 Vgl. Jesse, Bremen, S. 184.

89 Vgl. zu dem Bisherigen wie zu dem Folgenden: Dorfmann, Doppelschillinge, S. 60–63. Für Bremen nimmt Dorfmann aber noch eine spätere Gegenstempelung an; vgl. Bremer Gegenstempel.

90 Auf die von Hg. Ulrich zu Schleswig-Holstein als Administrator des Stifts Schwerin am 15. oder 18. Juni (bei Suhle, Gegenstempel, S. 213, fälschlich Juli) 1621 angeordnete Gegenstempelung, gegen die die mecklenburgischen Herzöge protestierten und deren Durchführung sie der Stadt Schwerin verboten, ist hier nicht eingegangen. Vgl. dazu Evers, Mecklenburg I, S. 91, u. Friederich, Kontermarkenwesen, S. 67.

91 s. Evers, Mecklenburg I, S. 83 f. – Vgl. auch NMA. IV, Nr. 719, S. 466 f.

92 Evers, Mecklenburg I, S. 85–91.

93 Vgl. auch NMA. IV, Nr. 756, S. 498 f.

94 Evers, Mecklenburg I, S. 90. – Vgl. Friederich, Kontermarkenwesen, S. 38.

Wardeinen aufgezogen, in einem Verzeichnis zusammengestellt und in den Städten von den Spezial-Wardeinen mit dem Stierkopf sowie den Anfangsbuchstaben der betreffenden Stadt gestempelt werden.

Das sind die Gegenstempel, die von zahlreichen mecklenburgischen Städten[95] in großer Zahl durch den sog. Malchiner Fund bekannt geworden sind[96]. Sie sind mit 13 Exemplaren von wenigstens 5 Städten auch in dem Pasewalker Fund vertreten[97]. Die übrigen mecklenburgischen Gegenstempel des Pasewalker Fundes, nämlich 19 Kontermarken der Stadt Rostock und 4 der Stadt Wismar, weichen in ihrem Aussehen von den anderen ab.

Der Gegenstempel Wismars zeigt das Wismarer Stadtwappen[98], der Rostocks hat die Form „Ro"[99], beide weisen kein fürstliches Attribut auf. Da einzelne Exemplare eines zweiten Rostocker Stempels, auf dem, gemäß dem der anderen mecklenburgischen Städte, ein kleineres „RO" unter dem herzoglichen Stierkopf steht, bekannt geworden sind[100], wird man in den RoStempeln wie in den Wismarer Wappen-Stempeln Zeugnisse der oppositionellen Haltung beider Städte gegen die herzoglichen Münzanweisungen zu sehen haben, die erst durch den Vergleich vom 20. Oktober 1621 überwunden wurde.

Für Wismar wird das durch die Darlegungen von Evers ausdrücklich bestätigt[101]. Der Rat der Stadt ließ das herzogliche Edikt vom 10. Juni 1620 zwar am 24. Juni in der Stadt publizieren, „glaubte aber in Betreff der Stempelung, daß solches seinem Besizze der Münz-Gerechtigkeit... praeiudicirlich sey und appellirte daher den 30. Junii von diesem Puncte des Befehls an das K. R. Kammergericht, deren intimation und introduction indeß unterblieben sind. In Folge dessen ließ er auch besagte Münzsorte nicht mit dem Büffelkopfe, sondern dem Stadtwapen, so wie die Stadt Rostock mit dem doppelten Adler, stempeln".

Das Wismarer Stadtwappen ist also der Gegenstempel, mit dem Wismar die Doppelschillinge von Juni 1620 an, zumindest bis zum 20. Oktober 1621, dem Datum des oben erwähnten Vergleichs, versehen hat. Ob es da-

---

95 s. oben S. 592.
96 Vgl. dazu Friederich, Kontermarkenwesen, S. 65–67 sowie ebd. unter der jeweiligen mecklenburgischen Stadt; dazu die Abb. der Stempel auf den Tfl. I–V. – Ferner die Abb. im Kat. Schlessinger, Tfl. XX, XXV, XXVI, XXIX, XXXIII.
97 s. oben S. 595 u. unten S. 620.
98 Vgl. Friederich, Kontermarkenwesen, S. 105–106, ebd., Tfl. V, Nr. 281. – Weitere Abb. im Kat. Schlessinger, Tfl. XXIX, Nr. 1576, 1581, 1582 (s. auch S. 97 f.).
99 Vgl.: Friederich, Kontermarkenwesen, S. 89–91, Abb. Tfl. V, Nr. 240. – Weitere Abb. hier Tfl. 7, Nr. 5 sowie im Kat. Schlessinger 1931, Tfl. XXVI, Nr. 1289 (s. auch S. 79 f.); ebd., Tfl. XXIX, Nr. 1576. – NMA. IV, Tfl. VIII, Nr. 20.
100 Friederich, Kontermarkenwesen, Nr. 241, Abb. Tfl. V. – Kat. Schlessinger, S. 79, Nr. 1287 f., Abb. Tfl. XXVI.
101 Evers, Mecklenburg I, S. 391.

nach seine alte Kontermarke weiter verwendet oder aber – wie Rostock –
nun doch einen Gegenstempel mit dem herzoglichen Zeichen benutzt hat,
ist ungewiß. Bisher ist ein solcher Stempel für Wismar nicht bekannt geworden[102].

Was den von Evers erwähnten Doppeladler-Stempel der Stadt Rostock
anlangt, so liegt hier offenbar eine Verwechslung mit dem gleichartigen Lübecker Stempel vor, der im Gegensatz zu dem angeblichen Rostocker bezeugt und belegt ist[103]. So viel aber scheint zuzutreffen, daß Rostock ebenso
wie Wismar die herzogliche Anordnung vom 10. Juni 1620 nicht befolgte,
obwohl das Edikt der Herzöge in der Stadt am 16. Juni bekanntgemacht
wurde[104].

Von der Maßnahme des Gegenstempelns ist in Rostock erst ein Jahr später die Rede. Am 3. Juni 1621 verbot der Rat die minderwertigen Münzsorten und verfügte am 18. Juni 1621 die Gegenstempelung[105]. Wie dieser Gegenstempel, der die mit ihm versehenen Doppelschillinge auf den Wert von
1 1/2 Schillingen festsetzte, aussah, ist nicht gesagt. Wenn Richard Gaettens
die in seiner Sammlung Mecklenburgischer Münzen und Medaillen vorhandenen Exemplare, auf denen die Buchstaben „RO" unter dem Stierkopf stehen, zu dieser Verfügung des Rostocker Rats in Beziehung setzt und annimmt, die Ro-Stempel seien erst danach benutzt worden[106], so stellt das die
Dinge auf den Kopf. Es kann keinem Zweifel unterliegen, daß der Rostocker
Stempel mit Stierkopf ebenso wie die gleichartigen der anderen mecklenburgischen Städte auf Grund des am 20. Oktober 1621 publizierten Vergleichs
eingeschlagen worden ist. Dann ist aber der Ro-Stempel ohne Stierkopf in
die Zeit davor zu setzen[107]. Wenn Dorfmann jedoch meint, daß der Ro-
Stempel von „etwa April 1620 bis Oktober 1621" benutzt wurde[108], so greift
diese Ansetzung zweifellos zu weit zurück. Frühestens dürfte er nach der
Publikation des herzoglichen Münzedikts vom 10. Juni 1620 durch den Rostocker Rat am 16. Juni 1620, wahrscheinlich jedoch erst mit dessen Erlaß
vom 18. Juni 1621 eingeführt worden sein.

---

102 Friederich, Kontermarkenwesen, S. 105 f.
103 Ebd., S. 63 (zu Nr. 168a), Abb. Tfl. III.
104 Evers, Mecklenburg I, S. 283.
105 Ebd.
106 Kat. Schlessinger, S. 79.
107 Vgl. auch Friederich, Kontermarkenwesen, S. 90.
108 Dorfmann, Doppelschillinge, S. 62, Anm. 70 (das hgl. Edikt wird hier als am 26. Ok-
      tober erlassen angegeben).

5. Die Gegenstempelung in Pommern-Wolgast

In Pommern-Wolgast erfolgte die Gegenstempelung erst im Laufe des Jahres 1622. Was für Gründe mögen Hg. Philipp Julius veranlaßt haben, diese Maßnahme nun auch für seinen Landesteil zu gebieten?

Das Edikt des Herzogs, das er in Ausführung des Hamburger Vertrages und in engster Anlehnung an seinen Wortlaut am 10. Mai 1622 erließ[109], setzte auch für Pommern-Wolgast den Kurs des Reichstalers auf 3 Mark Lüb. oder 2 Gulden Pomm. = 48 Schillinge Lüb. fest (wenn auch zunächst nur bis Gregorii, d. h. bis zum 12. März 1623[110]). Vom Inkrafttreten der neuen Münzordnung an, nämlich ab 6. Juli 1622[111], sollten die

dobbelten Schillinge, so an Korn und innerlicher Bonitet corrumpiret, hinführo gänzlich aus unsern Landen und Bothmäßigkeit bannisiret, für nichts geltend geachtet, berufen und bey Verlust derselben ... weder genommen oder in Bezahlung ausgegeben noch paßiret werden.

Und, so heißt es in der Verfügung weiter,

wollen Wir desfalls zu jedermanns Nachrichtung ante terminum executionis eine sonderbare Specification der dobbelten Schillinge, so am Gehalt noch gerecht, durch öffentlichen Druck publiciren lassen; wie dann dieselben von sonderlich deputirten, vereideten unverdächtigen Wardeyen jetzo aufgezogen und nach ihrem innerlichen Gehalt oder Korn probiret werden.

Anders sei mit den Doppelschillingen zu verfahren,

so von Uns nicht verboten, und bis anhero in unsern Landen gang und gebe gewesen[112]

Sie sollen bis zum 6. Juli 1622

gute Zahlung seyn, und von niemand in Solution anzunehmen geweigert werden.

Doch folgt darauf die Einschränkung:

Dieselben dobbelten und einfachen Lübischen Schillinge, so entweder von klarem Silber oder gemischt gepräget, doch am Schroot allein und nicht

109 Abgedruckt von Dähnert, Landes-Urkunden III, S. 661–664,
110 s. o. Anm. 62. – Durch das Edikt Philipp Julius' vom 1. 3. 1623 blieb es auch nach Gregorii 1623 bei dem im Hamburger Vertrag beschlossenen Wert des Reichstalers (Dähnert, Landes-Urkunden III, S. 672 f.).
111 Während die „Executio" der Bestimmungen des Hamburger Vertrages an sich am 6. 5. 1622 erfolgen sollte, war ausdrücklich *den Hrn. Herzogen zu Stettin, Stettinischen und Wolgastischen Theils, zur Execution aus darzu bewegenden Ursachen (?) der 6. Tag Julii reserviret* (NMA. IV, S. 503).
112 In Kraft waren damals die „Interims-Verordnung" vom 6. 2. 1621 (Dähnert, Landes-Urkunden III, S. 649–652) und die Verordnung vom 15. 6. 1621 über die Verrufung neuer doppelter Schillinge (ebd. S. 652 f.).

am Korn mangelhaft, sollen hiernächst nur Interims-weise bis auf künfti-
gen Gregorii zum Scheide-Pfenninge und täglichem Hausgebrauche, nur
auf 12 Schillinge Sundisch genommen, aber in gangbarer begnügiger Be-
zahlung nichts anders dann grobe goldene und silberne Münze nach ihrer
Valvation angenommen werden.

Worum es hauptsächlich ging, das lassen die folgenden Sätze erkennen:

Wornach sich die Unsrigen in Verübung der Commercien mit den Be-
nachbarten, daß sie nach Publication dieses Edicts sich von ihnen keine
andere Sorten hinführo aufdringen, sondern, was an Wolle, Korn und an-
dern Waaren zu verkaufen, anders nicht, als mit guter Reichsmünze in
obspecificirten Werthen zahlen lassen, zu achten.

Damit also fernere Einführung der gemischten dobbelten Schillinge, so
bereits aus andern der correspondirenden Landen und Bothmäßigkeit
bannisiret, und damit diese unsere Lande mehr dann gut, durch eigen-
nützige Leute überfüllet, verhütet werde.

Getreide und Wolle waren die vernehmlichsten Ausfuhrprodukte Pommerns[113]. Der Handel ging über die eigenen Seestädte[114] in die großen Um-
schlagplätze, wie Lübeck[115], besonders aber Hamburg[116] und in immer mehr
zunehmendem Umfang in die holländischen Häfen[117], um von hier aus weiter bis nach England, ja bis nach Spanien, Portugal und sogar bis nach Italien
befördert zu werden[118]. Insofern bestand zwischen Pommern – das gleiche
gilt für Mecklenburg – und den Seestädten eine enge Interessengemeinschaft,

---

113 s. hierzu und zur wirtschaftlichen Situation jener Zeit überhaupt die für Mecklen-
      burg und Vorpommern grundlegende Arbeit von F. Mager, Geschichte des Bauern-
      tums und der Bodenkultur im Lande Mecklenburg, Veröff. d. Hist. Komm. d. Dt.
      Akad. d. Wiss. zu Berlin Bd. l, Berlin 1955, hier bes. S. 115 ff., vorher schon S. 76 ff.
      – Vgl. auch J. Nichtweiß, Das Bauernlegen in Mecklenburg, Berlin 1954, S. 20–24,
      26. – Allgemein H. Haußherr, Wirtschaftsgeschichte der Neuzeit vom Ende des 14.
      bis zur Höhe des 19. Jahrhunderts, 2. Aufl. Weimar 1955, u. J. Kulischer, Allgemeine
      Wirtschaftsgeschichte des Mittelalters und der Neuzeit, Bd. II, Berlin 1954, S. 267 f.
114 Unter denen Stralsund an erster Stelle stand.
115 Vgl. J. Hansen, Beiträge zur Geschichte des Getreidehandels und der Getreidepolitik
      Lübecks, Veröff. z. Gesch. d. Freien u. Hansestadt Lübeck Bd. l, 1912, H. 1.
116 s. auch W. Naudé, Die Getreidehandelspolitik der Europäischen Staaten vom 13. bis
      zum 18. Jahrhundert, Acta Borussica, Getreidehandelspolitik, Bd. I, Berlin 1896,
      S. 342–344. – Ders., Deutsche städtische Getreidehandelspolitik vom 15.–17. Jahr-
      hundert, mit besonderer Berücksichtigung Stettins und Hamburgs, Staats- u. Social-
      wiss. Forsch., hrsg. v. G. Schmoller, Bd. 8, H. 5, Leipzig 1889.
117 Vgl. Naudé, 1896, S. 312, 349 ff. – Dazu E. Baasch, Holländische Wirtschaftsge-
      schichte, Jena 1927, S. 162 ff., 252 ff.
118 Vgl. Naudé, 1896, S. 305 ff. – Nichtweiß, Bauernlegen, S. 22 f. – Für den Handel mit
      der iberischen Halbinsel ist jetzt zu benutzen das Buch von H. Kellenbenz, Unter-
      nehmerkräfte im Hamburger Portugal- und Spanienhandel 1590–1625, Hamburg
      1954.

die weithin auch die Münzpolitik bestimmte und die Hinneigung Pommern-Wolgasts zu den westlich gelegenen Münzständen erklärt. Eine besondere Schwierigkeit war nur dadurch gegeben, daß Pommern damals geteilt[119] und daß Hinterpommern wirtschaftlich nach Süden und Osten, d.h. nach Brandenburg und Polen, orientiert war[120], mithin sich den Bestrebungen des Obersächsischen Kreises weit stärker verbunden fühlte als Vorpommern[121], anderseits die Einheit im Münzwesen beiden Herzögen auferlegt war[122], um die Einheit des Landes zu wahren und die Gemeinsamkeit seiner Bewohner im Handel und Wandel und allen Dingen des täglichen Lebens nicht zu hindern.

Während andere Staaten, wie etwa Brandenburg[123], mit aller Schärfe eine Absperrung der Landesgrenzen vornahmen, um nicht gute Münze aus- und schlechte einschleusen zu lassen, mußte Pommern im Interesse seiner Handelsbeziehungen seine Grenzen, vor allem seine Häfen, offenhalten. Dadurch war der Gefahr, der alle Territorien in der Kipper- und Wipperzeit mehr oder weniger ausgesetzt waren, kaum zu entgehen, daß nämlich durch die Seehandel treibende Bürgerschaft der Handelsstädte, aber auch durch Händler und Agenten, die die Landesprodukte aufkauften, Kipperei und Wipperei getrieben wurde, d. h. daß die guten, vollwertigen Münzsorten (die grobe Münze) gegen eine dem Nennwert nach größere Summe minderwertiger Münzsorten eingetauscht wurden, ein Geschäft, bei dem der einfache Mann im Lande zumindest eine Zeitlang glauben konnte, seinen Vorteil gefunden zu haben. Tatsächlich aber hatte das von ihm eingetauschte

---

119 Die Teilung in den Stettinischen und den Wolgaster „Ort" oder „Teil" bestand von 1532–1625; vgl. dazu G. Linke, Die pommerschen Landesteilungen des 16. Jahrhunderts, Balt. Stud. N. F. 37, 1935, S. 1–70; 38, 1936, S. 97–191. – Ferner G. Renn, Die Bedeutung des Namens „Pommern" und die Bezeichnung für das heutige Pommern in der Geschichte, Greifsw. Abh. z. Gesch. d. MA., hrsg. v. A. Hofmeister, Bd. 8, Greifswald 1937.

120 Dieser Umstand wird in der die Münzverhältnisse dieser Zeit behandelnden Korrespondenz immer wieder betont; s. o. Anm. 54.

121 Obwohl Hg. Bogislaw XIV. von Pommern-Stettin dem Hamburger Vertrag von 1622 beigetreten war, hat er dessen Bestimmungen in seinem Landesteil nicht durchführen lassen; s. unten S. 615.

122 In einem Brief vom 23. 2. 1619 an Hg. Franz zu Stettin nimmt Hg. Philipp Julius ausdrücklich auf die Erbeinigung, die ihre beiderseitigen Eltern aufgerichtet hatten und die die Einheit im Münzwesen gebot, Bezug. Landesarchiv Greifswald, Nr. 363 (s, Anm. 54), fol. 32 f.

123 Vgl. E. Bahrfeldt, Das Münzwesen der Mark Brandenburg unter den Hohenzollern bis zum Großen Kurfürsten von 1415 bis 1640, Berlin 1895, S. 437–440.
In der Verordnung Georg Wilhelms vom 16. 10. 1620 heißt es: *Ferners verbieten wir auch alles ausführen der unsrigen müntzen, auch alles auskippen und ander aufwechseln der guten müntzen, zu dem ende angesehen, damit sie auss dem lande geführet und böse und untaugliche müntze dahingegen eingeschoben werde, wie dann auch in gemein alles fernere ausführen oder einschleiffen böser müntzen in hiesige lande gentzlich verboten sein soll.*

Geld wenig Wert. Dadurch, daß viel Geld im Umlauf war und viele Leute über größere, wenn auch wertlose Mengen verfügten, trat eine starke Nachfrage nach Waren ein, die zu beträchtlichen Preissteigerungen führte[124]. Wer nicht handelte, sondern auf eine festgesetzte Einnahme angewiesen war, konnte kaum noch sein Leben fristen. Das galt nicht nur für den Arbeitsmann, sondern auch für Pastoren, Kantoren, Lehrer u. a.[125], das galt aber auch für die Grundherren, die nur von Rente und Zins lebten[126]. Aber auch der Staat bekam die Folgen zu spüren, indem sich die Staatskassen immer mehr mit minderwertigem Geld füllten[127].

Dabei waren die Landesherren zur Deckung des steigenden Bedarfs gezwungen, immer wieder gerade auch kleinere Münze prägen zu lassen, wobei sie selber durch Verringerung von Schrot und Korn eigennützige, die Wirtschaft des Landes schädigende Geschäfte machten[128]. Diejenigen, die über Metallvorkommen im Lande verfügten, wie die braunschweigischen und anderen Herren, von denen das Münzunwesen seinen Ausgang genommen hatte, waren natürlich besser daran als die norddeutschen Münzherren, die keine Bergwerke besaßen[129]. Sie mußten sehen, wie sie sich das nötige Metall verschafften, um Münzen schlagen zu lassen[130].

Eine der Möglichkeiten bestand darin, durch Münzmeister oder andere Mittelspersonen in fremden Gebieten ebenfalls grobe Münze einzutauschen, um sie in die eigenen Schmelztiegel wandern zu lassen. Das geschah selbst zwischen Münzherren, die befreundet und miteinander verbunden waren, wurde zumindest von ihnen für durchaus möglich gehalten. So beschuldigte Hg. Adolf Friedrich von Mecklenburg 1620 den pommerschen Münzmeister Michael Martens zu Franzburg[131] beim Wolgaster Herzog, in Mecklenburg Silber aufgewechselt und nach Pommern gebracht zu haben[132].

---

124 Vgl. den Abschnitt „Die Preissteigerungen" in der Wirtschaftsgeschichte von H. Haußherr, S. 82–91. – Von älteren Arbeiten sei genannt: G. Wiebe, Zur Geschichte der Preisrevolution des XVI. und XVII. Jahrhunderts, Staats- u. socialwiss. Beitr. Bd. 2, H. 2, Leipzig 1895.
125 Vgl. Jesse, Niedersachsen, S. 77.
126 Vgl. Mager, Mecklenburg, S. 77.
127 Jesse, Niedersachsen, S. 78.
128 Ebd., S. 75 ff.
129 Letztere sind auch an der Kipperei nicht so sehr beteiligt gewesen wie die mitteldeutschen Fürsten; vgl. Jesse, Bremen, S. 181. – Über das Geld- u. Münzwesen dieser Zeit allgemein vgl. Kulischer, Wirtschaftsgesch., S. 329 ff.
130 Vgl. Jesse, Niedersachsen, S. 59. Nicht nur gute Münze, sondern auch alle Metallgegenstände wurden zu hohen Preisen aufgekauft, selbst Kirchenglocken und Taufbekken wanderten in die Münze; s. Jesse, ebd., S. 75.
131 Über Michael Martens, der am 25. 2. 1615 aus Wismar als Münzmeister nach Franzburg berufen wurde, s. Behrens, Franzburg, S. 299 ff.
132 Landesarchiv Greifswald, Nr. 363 (s. Anm. 54), fol. 151–158.

Die Schwierigkeiten, die für die Münzherren und entsprechend für die
Münzmeister bestanden, beleuchtet ein Schreiben dieses Michael Martens
vom 9. Mai 1621 an Hg. Philipp Julius, in dem er ihm seine Klage über *al-
lerhandt beschwerligkeiten vndt großer Mängel* vorträgt[133]. Sie rührten

> *Erstlich daher, das gar keine, oder ganz wenige silbere in E. F. G. Müntze
> Itzo gebracht werden, Sondern was noch im Lande möchte verhanden
> sein, wirdt von etlichen Leuten in Städten, welche sich gantz darauf be-
> geben, an andere örtter verfuret, weil sie allda für Igliches Pfundt mehr
> können bekommen, alß ich auß einem Iglichen Pfundt Muntzen kann,
> vndt nicht allein solches, sondern werden auch, E. F. G. Muntzsortten, so
> in deroselben Muntze zu Frantzburgk geschlagen werden, zugleich mit
> auß dem Lande gefuhret, vndt an dero Stadt andere Leichte Sorten an
> dubbelschilling... wieder herein gebracht, ... Fur's Andere das auch in der
> Fl. Stettinischen vndt Hinter Pommerischen Muntzen auß Iglichem
> Pfundt, drey thaler mehr, alß hir in E. F. G. Muntz zu Frantzburgk ge-
> muntzet werden, dannenhero sie deren örter das silber tewrer an sich
> keufen können, vndt dadurch E. F. G. Muntze die silber entziehen. Dar-
> aus dann fur's driette kompt, das wan keine materialia, dauon man
> Muntzen kan, vorhanden, die arbeit beliegen bleibett, die gesellen auch,
> weil die volle Arbeit nicht vorhanden ist, dauon ziehen, vndt an andere
> örter sich begeben, wie dan in dieser Woche ihrer vir von mir Uhrlaub
> genommen*[134].

Das wiederholt von Hg. Philipp Julius erlassene Verbot[135], gute Münze einzutauschen, um sie außer Landes zu führen, wurde von den Handelsstädten
einfach nicht beachtet. Der Stralsunder Rat schrieb am 16. Februar 1621 sogar an den Herzog, daß er dagegen *in vndertheniger gebühr protestiren* müsse[136]. Und wie es für die Handel treibenden Bürger vorteilhafter war, die
grobe Münze im Ausland zu verkaufen, so für die übrige Bevölkerung, ver-
botene Münzsorten an die Städter oder Münzaufkäufer zu verkaufen, statt
an die herzoglichen Münzstätten, da jene mehr dafür zahlten.

So verschwanden vollwertige Münzen, und das heißt auch Material für
die Herstellung neuer Münzen, unentwegt aus dem Lande.

---

133 Ebd., fol. 210–211.
134 1622 geriet der Betrieb der Franzburger Mzst. dann ernstlich ins Stocken; kurz nach
     dem 21. 6. 1622 wurde er jedoch wieder aufgenommen; s. Behrens, Franzburg,
     S. 312. – Vgl. auch Friederich, Kontermarkenwesen, S. 37.
135 So heißt es z. B. in dem hgl. Edikt vom 6. 2. 1621: *Ferner sol man sich auch in Unsern
     Gewerb und Handelstädten gegen die Frankfurter, Leipziger und andere Messen
     und Märkte wie auch, wenn in unsern See-Städten die Schiffer in fremde Königreiche
     und Länder abfahren wollen, der aufwechselung der harten Reichs-Thaler und ande-
     rer groben Münze, zumalen dadurch der Valor auch merklich gesteigert wird, gänz-
     lich enthalten;* Dähnert, Landes-Urkunden, Bd. III. S. 651.
136 Landesarchiv Greifswald, Nr. 363 (s. Anm. 54), fol. 199.

Die Frage, wie die nötige „materia" für die herzoglichen Münzstätten zu beschaffen sei, hat alle Verantwortlichen oder Beteiligten beschäftigt[137]. Interessant ist der Vorschlag, den Adrian Velinxs[138] „aufgesetztes bedencken wegen des Müntz Wesens", am 22. Februar 1622 zu Franzburg verfaßt[139], Hg. Philipp Julius unterbreitet:

Weil es dann schwerlich zü hoffen, das man der abgesetzten dubbelden schillingen, souiel auff die Münzen wurde bekommen, wiederum andere Münze nach der newen Valvation[140] (wan die alte abgetriben wurde) zu schlagen, alß man benötigt, ist die frage, woher die spaiße vnd materia zu nehmen, worin dan die von Hamburg nicht so sehr, alß dieses orts wie Vns zu bekummern haben, weil des ortß woll 50 tausent spanische Realn[141] kegen ein tausent in Pommern mugen ankohmmen. Weil dan die Von Hamburgk an izo den meisten handell mit Korn auff Hispanien haben[142] Vnd selbigs Korn viel aus Pommern vnd Mekelnburg holen, dafür Sie dan viele gute Realen wieder kommen lassen, Ist die frage, ob es nicht ein wegk, das alles Korn, so dies orts verfhuret, mit Hispanischen Realen bezahlet wurde, in einen pilligen preiß, Vnd dan dieselben bey gewisser poen nicht zuuerfhuren, sondern auf die Munze iegen empfahung der newen Münze ausgewechselt konten werden. Dan wir nun fast 3 Jhar hero nach Hamborg müssen solche gelder schicken, alß Sie dar haben wollen fur ihre wahren, Godt gebe, wez Vns dieses orts auch für schaden verursachet[143].

Dieser Vorschlag, den Adrian Velinx in seinem Gutachten für die bevorstehenden Verhandlungen zu Hamburg im März 1622 gemacht hat, ist freilich nicht befolgt worden, war wohl auch kaum zu verwirklichen.

Statt der wertvollen, aus gutem Silber geschlagenen spanischen Realen flossen nach wie vor Doppelschillinge nach Pommern. Diese Münzsorte

---

137 So spielt dieser Punkt z. B. auch eine Rolle in dem Bericht, den der Franzburger Münzmeister Michael Martens am 28. 5. 1621 Hg. Philipp Julius auf dessen Aufforderung hin (fol. 212f.) über die mecklenburgische Münzordnung vom 19. 5. 1621 (Evers, Mecklenburg I, S. 94) erstattete; Landesarchiv Greifswald a.a.O., fol. 227–231'.

138 Über Adrian Velinx, einen Holländer, Leiter des Spinnwerkes, später Bürgermeister in Franzburg, an den die dortige Münze seit dem 11. 2. 1614 verpachtet war, s. Behrens, Franzburg, S. 297 ff.

139 Landesarchiv Greifswald, Nr. 363 (s. Anm. 54), fol. 420–422.

140 wie sie etwa auf der Hamburger Tagung beschlossen werden könnte.

141 Über die spanischen Realen s. F. Frhr. v. Schrötter, Art. Real, in F. Frhr. v. Schrötter, Wb. d, Mzkde., Berlin–Leipzig 1930, S. 550 f., Abb. Tfl. 18, Nr. 283. – Vgl. auch F. Friedensburg, Münzkunde und Geldgeschichte der Einzelstaaten, Hdb. d. ma. u. neueren Gesch. Bd. IV, München–Berlin 1926, S. 104; S. 155.

142 s. dazu das Werk von Kellenbenz, Unternehmer-Kräfte.

143 Landesarchiv Greifswald, a. a. O., fol. 421.

wurde während der Kipper- und Wipperzeit von einer Reihe von Münzständen, z.T. von solchen, bei denen sie gar nicht gebräuchlich war[144], einzig
zu dem Zweck geprägt, um nach Mecklenburg und Pommern exportiert zu
werden[145].

Sie waren den dort landläufigen nachgebildet, nur viel geringhaltiger in
ihrem Wert[146].

Bei der Vielzahl der umlaufenden Sorten war es keineswegs und besonders nicht für den schlichten Mann leicht, gute und schlechte Sorten zu unterscheiden, zumal die Grenze zwischen beiden fließend war. Aus diesem
Grunde trug ein Münzedikt wie das oben zum Teil wörtlich wiedergegebene
des Hg. Philipp Julius vom 10. Mai 1622 dadurch zur Verwirrung bei, daß es
unterschiedliche Bestimmungen enthielt für Doppelschillinge, so an Korn
und *innerlicher Bonität corrumpiret*, für solche, *so von Uns nicht verboten
und bis anhero in unsern Landen gang und gebe gewesen*, und für solche, *so
entweder von klarem Silber oder gemischt geprägt, doch am Schrot allein
und nicht am Korn Mangel haben.* Deshalb war die in dem gleichen Edikt in
Aussicht gestellte *sonderbare Specification der dobbelten Schillinge, so am
Gehalt noch gerecht*, dringend erforderlich.

Unbedingt notwendig aber wurde sie, nachdem Philipp Julius für die
Doppelschillinge, so an Korn *gerecht und unverfälscht*, am 22. Juli 1622 verfügt hatte[147], daß

> *dieselben bey einzeler Ausgabe zum Scheidepfenning, wenn das Stück ein
> halbes Quentlein[148] wieget, für drey Schillinge Sundisch, oder im Gewichte
> das Pfund zu 23 Mark 4 Schill. Lüb.*

wert sein sollten. Das bedeutete,

> *daß nemlich dieselben auf den dritten Theil herunter gezogen, und was
> vor diesem mit 3 Gülden, 3 Mark, 3 Schilling, 3 Pfennige Sundisch be-
> zahlt worden, nachher mit zwenen Gülden, zwey Mark, zwenen Schil-
> lingen, zwenen Pfenningen, und also consequenter, bezahlet werden soll
> Die andern doppelten Schillinge aber, so im Stücke kein völliges halb
> Quentlein wiegen, sie seyn wes Schlages sie immer wollen, ... sollen das
> Stück zu zwenen Schillingen Sundisch, oder wo sie im Gewichte gar zu
> geringe, zu einem Schillinge paßiret werden.*

Weiter heißt es in diesem Edikt:

> *Darnach dann auch die übermäßige Steigerung aller Waaren, Kaufmann-
> schaften, und allerhand Arbeite und Gewerbe zu reguliren.*

144 Vgl. Dorfmann, Doppelschillinge, S. 56 f.
145 Vgl. Kat. Schlessinger, S. 106.
146 vgl. Dorfmann, Doppelschillinge, S. 58 f.
147 Dähnert, Landes-Urkunden III, S. 665–667.
148 s. F. Frhr. v. Schrötter, Art. Quent, in F. Frhr. v. Schrötter, Wb. d. Mzkde., Berlin-
Leipzig 1930, S. 543 (1/2 Quent = 64. Teil der Gewichtsmark = 1/4 Lot).

Sollten die eingeleiteten Maßnahmen, sollte insbesondere die Reduktion des Geldes erfolgreich sein, dann mußten auch die Preise herabgesetzt werden. Es war das der einzige Weg, der ungeheuren Not im Lande zu steuern. Denn nicht nur die Verschlechterung des Geldes, sondern auch die zunehmende Ausfuhr von Lebensmitteln und Vieh[149] – von Händlern relativ billig eingekauft um es in Ländern guter Währung mit reichem Gewinn wieder zu verkaufen – hatte die Teuerung und Verknappung der Waren anwachsen lassen, wodurch die arme Bevölkerung vielfach nicht mehr das Nötigste zum Leben hatte. Deshalb wurde am 2. August 1622 eine Tax- und Victualordnung erlassen, nach der alle Preise sowie alle Kredite um ein Drittel reduziert werden sollten[150]. In einer herzoglichen Verfügung vom 2. Dezember 1622 wird hierzu ausgeführt[151], es sei

> doch kein ander Mittel vbrig, dem armen und nohtdürftigen Mann bei Leibsnahrung zu erhalten, vnd die Christliche Liebe scheinen zu lassen, als wann die verordente reduction der Wahren, nebst dem Gelde gleich geschicht, vnd die Victualien, derer Menniglich zur Leibes vnterhaltung bedürfftig, nach beschaffenheit der Müntze gesetzet, vnd was verkaufft, vnd noch vom außstande der leichten Müntze zu bezahlen, mit abkürtzung des dritten Pfennigs gut gethan werde.

Nur wurde auch dieses Edikt im täglichen Leben offensichtlich nicht unbedingt eingehalten, wie aus den häufigen Wiederholungen der Verfügung hervorgeht[152]. In scharfen Worten wendet sich der Herzog gegen die Übertreter, *kundtbare Schinderey beliebende Leute*[153], und verwarnt und ermahnt alle

> Vnterthanen, so wol auffm Lande als in Städten... auch andern, so in diesen Landen Handel vnd Wandel treiben, was Standes die auch seyn,

nicht nur die Preisordnung zu befolgen, sondern auch

---

149 Vgl. Mager, Mecklenburg, S. 115. – Von Bogislaw XIV. wurde deshalb ein ausdrückliches Ausfuhrverbot für Vieh erlassen, vgl Dähnert, Landes-Urkunden III, S. 669–672.
150 Dähnert, Landes-Urkunden III, S. 757–770.
151 Ebd., S. 770–772. Die Orthographie ist nach der Handschrift im Stadtarchiv Greifswald wiedergegeben.
152 Ebd. So heißt es in dem Edikt Philipp Julius' vom 1. 3. 1623 (Dähnert, Landes-Urkunden III, S. 672 f.): *Und als Wir nicht ohne Unmuth befunden, daß solcher Ordnung bishero wenig gefolget, sondern ein jeder nur seines Gefallens die feilhabende Victualien und Waaren, denenjenigen, so deren benöthiget gewesen, angeschlagen und verkaufet, auch sich gar kein Gewissen gemacht, welches dann die höchste Unbilligkeit ist, und unter der lieben Armuth ein grosses Wehklagen und Seufzen zu Gott verursachet.*
153 Ebd., S. 770.

die in Vnsern Mandaten specificirten Müntzsorten ohn einige Wiederwertigkeit in Bezahlung zu nehmen[154].

Diese Spezifikation der Doppelschillinge, *die am Korn oder innerlicher Bonität, gut und gerecht befunden worden,* war nach der im Edikt vom 10. Mai angekündigten Nachprüfung durch die Wardeine am 2. August 1622 veröffentlicht worden[155]. Es waren das alle pommerschen Doppelschillinge sowie die des Hg. Adolf Friedrich von Mecklenburg, von seinem Bruder Hans Albrecht zu Güstrow die der Jahre 1617–1619. Ferner wurden für vollwertig befunden die bis 1618 geprägten Doppelschillinge Hg. Christians von Braunschweig-Lüneburg, die 1620 und 1621 geschlagenen Hg. Augusts von Braunschweig, B. von Ratzeburg, die 1621 geprägten der Hge. Julius Ernst von Braunschweig(-Dannenberg), August von Sachsen (-Lauenburg), Friedrich und Johann von Schleswig-Holstein, die des EB. Johann Friedrich von Bremen, der Gfen. von Schauenburg und Tecklenburg sowie überhaupt alle Doppelschillinge der Städte Lübeck, Hamburg, Braunschweig, Stade, Stralsund, Wismar und schließlich die bis 1618 gemünzten der Städte Rostock und Hildesheim[156]. Sie sollten für 3 Schillinge Sund. *bey einzeler Ausgabe* gegeben und angenommen werden, die im Gewicht leichteren aber nur für 2 bzw. 1 Schilling gelten[157].

Aber auch eine solche Verfügung ließ genügend Raum für unterschiedliche Auffassung und Interpretation und schloß Übervorteilung und Betrug nicht aus. Zudem war über die zahlreichen in Umlauf befindlichen Doppelschillinge, die von den Hansestädten bzw. in Mecklenburg gegengestempelt waren, gar nichts gesagt.

Schließlich wurde die Verwirrung im Lande auch noch dadurch vermehrt, daß Hg. Bogislaw XIV.[158] für seinen Stettiner Landesteil den Hamburger Münzvertrag nicht befolgte[159], d.h. also auch die Herabsetzung der Doppel-Schillinge auf 3 Schillinge Sund. nicht mitmachte[160], vielmehr durch

---

154 Ebd., S. 770 ff.

155 Ebd., S. 667.

156 Über das Vorkommen dieser Doppelschillinge im Pasewalker Fd. vgl. die Fdbeschreibung (wie Anm. 24), S. 95 ff.

157 In dem Druck bei Dähnert steht zwar, daß die vollwertigen Doppelschillinge, von denen das Stück 1/2 Quentlein wiegt, für 2 Schil. Sund. gelten sollen, also genau so viel wie die leichteren. Das ist aber entweder ein Druckfehler, denn nach dem (oben S. 613 zitierten) Edikt vom 22. 7. 1622 war der Wert der vollwertigen Doppelschillinge auf 3 Schil. Sund. festgesetzt; oder es war hier für die vollwertigen Doppelschillinge bereits die Zeit nach Gregorii 1623 ins Auge gefaßt, wo alle Werte von 3 auf 2 herabgesetzt werden sollten.

158 Über Bogislaw XIV. vgl. meinen Art. in der NDB. Bd. II, 1955, S. 418 f.

159 s. o. Anm. 121.

160 Erst am 27.1.1623 wurde die Reduktion des Reichstalers, nun aber gleich auf 32 Schillinge, gemäß der Abwertung in Brandenburg und Polen, in Aussicht gestellt (Dähnert, Landes-Urkunden III, S. 668 f.) und am 1. 2. 1623 verfügt (Ebd., S. 669–672).

Verordnungen wiederholt einschärfte, daß die Doppelschillinge nach wie vor zu 4 Schillingen Sund. anzunehmen seien[161].

Alle diese Umstände ließen es schließlich der Wolgaster Regierung geraten erscheinen, sich der Maßnahme zu bedienen, die vordem schon in den westlichen Nachbarorten versucht worden war: der Gegenstempelung.

Sie wurde auf einem Landtag zu Wolgast beschlossen und am 7. September 1622 bekanntgegeben[162]. Das erste Zeugnis für die beabsichtigte Gegenstempelung findet sich aber schon in einem Protokoll einer Zusammenkunft, die *wegen der Muntze vnd ander Verordnungen halber alhir zu Wolgast gehalten* worden und vermutlich in die Zeit zwischen dem 6. Juli und dem 1. August 1622 anzusetzen ist[163]. In diesem Protokoll wurde als Beschluß festgehalten:

Concll. Die Wipperej vnd Kipperej ist verbotten. Es sol gestempelt werden[164].

Die näheren Einzelheiten sind dem Landtagsabschied zu entnehmen[165]:

Bey dem gesetzten Werth und Valvation der Vierlinge[166] *lassen Wir es auch bewenden, und damit so viel möglich, allem eigennützigen Bedruck, insonderheit bey dem armen einfältigen Land- und Stadtmann, gewehret werde, sollen die Vierlinge, so ein halbes Quentlein wegen, auf drey Schilling gesetzet, an gewissen Orten, als erstlich in Unserer Münze zu Frantzburg, wie auch alhier in Unserer Residenz-Stadt Wolgast, und denn in Städten Stralsund, Greifswald und Anklam, durch gewisse dazu vereydete Personen, mit einem kenntlichen Zeichen gestempelt, und bey Ausgabe und Einnahme gebrauchet werden.... Die Vierlinge aber, so nicht gestempelt, weil sie nicht alle einerley Schwere, auch der Verlust bey einzeler Ausgabe nicht groß seyn kann, sollen für 2 ßl. paßiren, aber bey grossen Summen nach dem Gewicht, als das Liespf. zu 23 Mark 4 ßl., ausgegeben werden.*

Volle Einmütigkeit hat aber auch auf dem Wolgaster Landtag nicht geherrscht, wie aus dem Satz hervorgeht:

Jedoch haben die Städte, was wegen Valoris der Vierlinge, so zwey Schilling gelten sollet, gesetzet, ad referendum angenommen[167].

---

161 So z. B. durch die Edikte vom 28. 5. 1622 (Dähnert, Landes-Urkunden III, S. 664 f.) und vom 22. 11. 1622 (Ebd., S. 668).
162 Dähnert, Landes-Urkunden Suppl. Bd. I, S. 615 f.
163 Die beiden Daten finden sich auf den Aktenstücken, zwischen denen das Protokoll eingeordnet ist; Landesarchiv Greifswald, Nr. 363 (s. Anm. 54), fol. 441–443. Vielleicht ist der von Dinnies, Pomm. Slgen. II, S. 53, Anm., erwähnte Landtag zu Wolgast am 13. 7. 1622 mit dieser Zusammenkunft in Zusammenhang zu bringen.
164 Landesarchiv Greifswald Nr. 363, fol. 441.
165 s. Anm. 162.
166 d. h. der Doppelschillinge.
167 Dähnert, Landes-Urkunden Suppl. Bd. I, S. 616.

Wie strittig gerade dieser Punkt war, das kann dem Stralsunder Ratsprotokoll vom 13. September 1622 entnommen werden, in dem zu lesen ist: es sei
*wegen der muntze sonderlich Vber den Dobbelschillingen große Romur-
rung, der eine dieselbe für 2 ß, der ander fur 2 1/2 ß nehmen*
wolle, weshalb ein gewisser Beschluß gefaßt werden müsse[168]. Die Stadt ist
durch Gesandte unter Führung ihres Syndikus Dr. Gerdes[169] in dieser Angelegenheit in Wolgast vorstellig geworden[170], wo man sich jedoch auf den
Landtagsabschied berief und erklärte, ohne Willen der Ritterschaft nichts
ändern zu können. In der Ratssitzung am 28. September 1622 forderte der
Stralsunder Bürgermeister Steinwich[171], die Ratsherren
*musten sich wegen der leichten Vierlingen, wes der hinfurter gelten sollen,
vereinigen;*
weiter heißt es im Ratsprotokoll:
*was auch kunfftig so stempeln laßen, dafür geben sollen, darumb bißhero
der Stadt viele darauff gangen wochentlich[172].*
Gerade auch wegen der Gegenstempelung war die Auffassung im Lande
keineswegs, nicht einmal unter den Städten, einheitlich. Während Abgeord-
nete der Stadt Greifswald am 23. Oktober 1622 in Anklam berichteten:
*Die Vierlinge, werden selbige niht gestempelt, wil keiner sonst anneh-
men[173],*
wird im Stralsunder Rat am 12. November 1622 darüber Klage geführt, ein
Ratsherr habe beim Kauf
*keine stempelte dobbelschillinge sondern nur lauter Reichsthlr. haben
wollen,*
was mit dem Bemerken verurteilt wurde:
*wan also von der Obrigkeit der anfange gemachet, folgeten andere leicht
nach[174].*
Es verwundert deshalb nicht, daß sich Hg. Philipp Julius in einem Schreiben, das in Greifswald am 13. Dezember 1622 eingegangen ist[175], das aber
auch wohl andere Städte erhalten haben, veranlaßt sah, einen Befehl zu erteilen, nach dem

---

168 Stadtarchiv Stralsund, HS VI a 18.
169 Über Dr. Gerdes vgl. A. Brandenburg, Geschichte des Magistrates der Stadt Stral-
     sund, bes. in früherer Zeit: nebst einem Verzeichnisse der Mitglieder desselben, Stral-
     sund 1837, S. 73.
170 Am 22. 9. 1622, wie aus dem Ratsprotokoll vom 28. 9. 1622 hervorgeht.
171 Über Bürgermeister Steinwich s. T. Pyl, ADB. 36, 1893, S. 25–27. – Vgl. auch Bran-
     denburg, Stralsund, S. 63 u. 69 f.
172 Stadtarchiv Stralsund, HS VI a 18.
173 Landesarchiv Greifswald, Nr. 363 (s. Anm. 54), fol. 449.
174 Stadtarchiv Stralsund, HS VI a 18.
175 Stadtarchiv Greifswald, Rep. 5, No. 10 D 21: Acta betreffend das Pommersche
     Münzwesen, Vol. I: 1566–1697.

die gestempelte vierlinge ohn fernere außwippen, wie dan auch die auff vnser Münze geschlagene stucke von 2. vndt 1. Schillingen Pommerscher wehrunge[176] *ohn weigerlich angenommen*

werden müssen. Daß das aber auch in der Folge nicht geschehen ist, geht aus dem Schreiben hervor, das der Franzburger Münzmeister Michael Martens am 6. März 1623 an den Wolgaster Herzog richtete, in dem es heißt, es sei dem Herzog bekannt,

> „was für ein Streit und Ungelegenheit mit Einnehmung und Ausgebung der gestempelten Doppelschillinge und andern kleinen Münzen fürfällt, indem die Pauersleute und auch in Städten, wenn sie gestempelte Doppelschillinge annehmen müssen, ohn schaden nicht wieder los werden"[177].

Mißtrauen gegen die gestempelten Doppelschillinge entstand auch dadurch, daß die Stempelung nicht immer gewissenhaft genug vorgenommen wurde, obwohl im Landtagsabschied vom 7. September 1622 ausdrücklich verordnet war:

> *Damit aber keine falsche Stempel gemachet, soll an jedem Orte genaue Achtung darauf gegeben, und die dawider kommen, mit gebührender Strafe, als Falsarii, beleget werden*[178].

Dennoch sind solche Fälschungen vorgekommen, wie es wieder aus einem Stralsunder Ratsprotokoll vom 28. Oktober 1622 hervorgeht. Bürgermeister Steinwich gab in dieser Sitzung bekannt, er habe *wegen der falsch gestempelten vierlingen vngleichen bericht* erhalten[179]. Deshalb schenkte man auch den Stempeln anderer Städte nicht unbedingtes Vertrauen, was dem Herzog auf einer Zusammenkunft in Greifswald mitgeteilt wurde, wie der Stralsunder Syndikus Dr. Gerdes am 7. November 1622 im Stralsunder Rat berichtet:

> *wegen der muntze vorwunderte I f.g. das die . . . leichten vierlinge aus dem lande gebracht, die die stempelunge vngleich, wurde auch von einer Stadt der anderen stempelung nit* angenommen[180].

Man wird daraus folgern dürfen, daß sich das Gegenstempeln in Pommern-Wolgast genausowenig bewährte, wie das in den Städten Lübeck, Hamburg und Bremen und in Mecklenburg der Fall gewesen war. Ebenso wie dort ist auch in Pommern-Wolgast die Aufhebung der Maßnahme nicht ausdrücklich verfügt worden[181].

---

176 Über die Franzburger Schillinge berichtet der Stralsunder Bürgermeister Steinwich laut Ratsprotokoll vom 7.10. 1622, daß dort *dieselbe von frembden vnd einheimischen nit angenommen werden*, weshalb beschlossen wird, *das man wegen der Frantzburger muentze mit den Griphißw. nochmahln vmb bescheidt an I f. g. suppliciren wolte.*

177 Nach Behrens, Franzburg, S. 312. – Vgl. auch Friederich, Kontermarkenwesen, S. 37.

178 Dähnert, Landes-Urkunden Suppl. Bd. I, S. 616.

179 Stadtarchiv Stralsund, HS VI a 18.

180 Ebd.

181 In den durchgesehenen Münzakten fand sich kein Hinweis oder Anhaltspunkt.

Nach dem Edikt Hg. Philipp Julius' vom 10. Mai 1622, das er gemäß dem Hamburger Münzvertrag vom 11. März 1622 erlassen hatte[182], sollten die vollwertigen Doppelschillinge, die durch Verfügung vom 22. Juli 1622 auf 3 sund. Schillinge (= 1 1/2 lüb. Schillinge) festgesetzt[183] und nach der am 7. September 1622 erlassenen Bestimmung zu stempeln waren[184], ab Gregorii, d, h. ab 12. März 1623, nur noch 2 sund. (= l lüb.) Schillinge wert sein, mithin also den minderwertigen Doppelschillingen, die nach den Verordnungen vom 22. Juli und 7. September 1622 sogleich 2 Schillinge sund. gelten und nicht gestempelt werden sollten[185], gleichgesetzt werden.

Wäre die für die Zeit nach Gregorii 1623 gedachte Regelung auch eingehalten worden, dann hätte die Gegenstempelung vom 12. März 1623 an ihren Sinn verloren.

Jedoch die Bestimmung wurde von keinem der Partner des Hamburger Vertrages befolgt[186]. In Übereinstimmung mit den anderen Vertragspartnern erließ Philipp Julius von Wolgast am 1. März 1623 eine Verfügung, daß es *bey dem Valor der dreyen Mark Lübisch, oder zweyen Gülden Pommersch*, d. h. bei der bisherigen (interimsweise angeordneten) Wertfestsetzung

hinferner so lange, bis im heiligen Römischen Reiche, oder im Ober-Sächsischen Kraise eine beständige Münz-Ordnung wiederum aufgerichtet, oder unter vielgemeldten correspondirenden Königen, Fürsten und Städten, samt oder sonders, ein anderes, so practisirlich und ersprießlich, verordnet, gelassen werden soll[187].

Es ist deshalb durchaus denkbar, daß auch die Gegenstempelung weiterhin durchgeführt wurde. Denn wenn auch in Pommern-Wolgast gemäß dem Hamburger Vertrage[188] 1622 keine Doppelschillinge mehr geschlagen worden sind[189] und man noch im gleichen Jahr mit der Prägung der Dütchen begann[190] (wie sie im Fund von Pasewalk seit 1623 aus Pommern-Wolgast und Stralsund vorliegen)[191], so sind sicherlich auch noch nach 1622 fremde Doppelschillinge späteren Datums in das Land geströmt, die für den Gebrauch in ihrem Wert festgelegt werden mußten. Daß die Doppelschillinge, gestem-

---

182 s. oben S. 607.
183 s. oben S. 613.
184 s. oben S. 616.
185 wie Anm. 182–184.
186 s. oben S. 599.
187 Dähnert, Landes-Urkunden III, S. 672 f.
188 Vgl. NMA. IV, S. 496 f.
189 Der Fd. von Pasewalk liefert auch dafür die Bestätigung.
190 s. Dorfmann, Doppelschillinge, S. 67.
191 Vgl. das Münzverzeichnis des Pasewalker Fd. (wie Anm. 24), S. 122 u. 143: Pommern-Nr. 21; Stralsund Nr. 2.

pelt wie ungestempelt, weiterhin im Lande als Zahlungsmittel kursierten[192], wird durch die Münzfunde bestätigt. Das Dunkel, in das das Auslaufen der Gegenstempelung gehüllt ist, vermochten jedoch auch sie bisher nicht zu erhellen.

6. Gegenstempel aus dem Münzfund von Pasewalk

Von den 905 gestempelten Doppelschillingen aus dem Fund von Pasewalk weisen 52 zwei, 2 sogar drei Kontermarken auf. Wenn auch Doppelstempelungen nicht unbekannt sind[193], so ist die relativ große Zahl dennoch auffällig.

Bemerkenswerter noch ist aber die Tatsache, daß nicht nur die mit der Kontermarke von Hamburg oder einer mecklenburgischen Stadt versehenen Doppelschillinge einen zweiten Gegenstempel tragen, sondern, daß auf ein- und derselben Münze zwei verschiedene pommersche Stempel vorkommen[194],

So zeigen 5 Doppelschillinge Stempel von Stralsund und Anklam, 3 von Stralsund und Greifswald, 2 von Stralsund und Franzburg, 2 von Anklam und Greifswald[195].

Aber auch die Verteilung der übrigen mehrfach gestempelten Doppelschillinge auf die vorpommerschen „Stempel"-Städte ist nicht uninteressant[196].

In Stralsund wurden gestempelt:

10 Doppelschillinge mit dem Gegenstempel von Rostock
3 " " " " " Wismar
2 " " " " " Güstrow
1 " " " " " Plau
1 " " " " " einer meckl. Stadt[197].

---

192 Nach Dorfmann, Doppelschillinge, S. 62 noch jahrzehntelang.
193 vgl. Dorfmann, Doppelschillinge, S. 62.
194 Vgl. Verzeichnis der Gst. II, 5 u. III in der Beschreibung des Pasewalker Fd. (wie Anm. 24), S. 156 f.
195 Der Stempel von Wolgast kommt in keinem Falle neben einem anderen pommerschen vor.
196 vgl. Verzeichnis der Gst. II, 1–4 in der Beschreibung des Pasewalker Fd. (wie Anm. 24), S. 154 ff.
197 Erkennbar nur der meckl. Stierkopf, hingegen nicht die Buchstaben der betr. Stadt.

In Anklam wurden gestempelt:

4 Doppelschillinge mit dem Gegenstempel von Rostock
1   „   „   „   „   „ Rostock u. einem
                                        weiteren Gst: R (I)[198]
1   „   „   „   „   „ Friedland i. Meckl.
1   „   „   „   „   „ Malchin
1   „   „   „   „   „ Neubrandenburg
1   „   „   „   „   „ Plau
2   „   „   „   „   einer meckl. Stadt[197]
1   „   „   „   „   „ Hamburg
1   „   „   nicht gedeuteten Gegenstempeln (ISI; Kreuz?)[199].

In Greifswald wurden gestempelt:

3 Doppelschillinge mit dem Gegenstempel von Rostock
1   „   „   „   „   „ Wismar
1   „   „   „   „   „ Güstrow
1   „   „   „   „   einer meckl. Stadt [200]
1   „   „   „   „   von Demmin (?)[201]

In Wolgast wurde gestempelt:

1 Doppelschilling mit dem Gegenstempel von Rostock.

Aus dieser Zusammenstellung ergibt sich außerdem: Die von Dorfmann vertretene Auffassung, daß zwei Gegenstempel auf einem Doppelschilling in der Regel der gleichen Gruppe – d. h. der hansischen, der mecklenburgischen oder der pommerschen – angehören[202] und daß Münzen mit zwei verschiedenen Kontermarken, z. B. Stargard i. Meckl. und Stralsund oder Hamburg und Stralsund, Ausnahmen seien[203], ist nicht zutreffend. Im Gegenteil, mit der Einführung der Gegenstempelung wurde für das Gebiet des betreffenden Münzstandes die Überprüfung, d. h. die Stempelung, aller Münzen, auch der in einem anderen Territorium bereits gestempelten, für notwendig erachtet.

Das wäre aber eigentlich nicht erforderlich gewesen bei Münzen, die im selben Herrschaftsbereich bereits gestempelt worden waren. Wenn es trotzdem aus Pommern Doppelschillinge mit Kontermarken von zwei vor-

---

198 Vgl. Verzeichnis der Gst. III in der Beschreibung des Pasewalker Fd. (wie Anm. 24), S. 156 f.; s. unten S. 625.
199 s. unten S. 626.
200 s. Anm. 197.
201 s. unten S. 625.
202 Dorfmann, Doppelschillinge, S. 62.
203 Ebd., Anm. 78.

pommerschen „Stempel"-Städten gibt, so wird das weniger damit zu erklären sein, daß auf das Gepräge kaum geachtet wurde[204], als vielmehr damit,
daß – wie der Stralsunder Syndikus Dr. Gerdes es deutlich werden ließ[205] –
die Obrigkeiten der Städte der Stempelung mißtrauten und daß die Bürger
die Annahme gestempelter Doppelschillinge verweigerten, wenn der eigene
Stadtstempel fehlte.

Über das Aussehen der Gegenstempel aus dem Fund von Pasewalk ist
folgendes zu sagen:

Die Kontermarken von Hamburg[206] und Wismar[207] zeigen ihr Stadtwappen. Von den beiden Rostocker Gegenstempeln[208] kommt nur der aus einem
großen Ro (ohne Stierkopf) bestehende vor[209]. Ohne herzoglichen Stierkopf
ist auch der Stempel, der aus einem verbundenen NB besteht und der der
Stadt Neubrandenburg zugeschrieben wird[210]. Die unter dem herzoglichen
Stierkopf stehenden Buchstaben der Stadt Plau kommen sowohl in verbundener als auch in getrennter Form vor[211]. Die übrigen mecklenburgischen
Marken haben alle den Stierkopf über zwei Buchstaben, durch die die betreffende „Stempel"-Stadt angegeben wird[212].

Von den pommerschen Stempeln weisen Stralsund[213] und Anklam[214] ihr
Wappenzeichen auf, Greifswald[215] stempelt mit einem Majuskel G, dem eine

---

204   Ebd., S. 63.
205   s. oben S. 618.
206   Abb.: Tfl. 6, Nr. 1. – Friederich, Kontermarkenwesen, TU. II, Nr. 143.
207   Abb.: s. oben Anm. 98.
208   s. oben S. 606.
209   Abb.: s. oben Anm. 99.
210   Abb.: Kat. Schlessinger, Tfl. XXXIII, Nr. 1659.
211   Abb.: Friederich, Kontermarkenwesen, Tfl. IV, Nr. 225/225a. – Kat. Schlessinger,
      Tfl. XXXIII, Nr. 1685–1687.
212   Im Fd. von Pasewalk sind enthalten:
      Friedland,   Abb.: Friederich, Kontermarkenwesen, Tfl. II, Nr. 107;
      Güstrow,   Abb.: Tfl. 7, Nr. 3. – Friederich, Kontermarkenwesen, Tfl. II, Nr.
                           129 a;
      Malchin,   Abb.: Friederich, Kontermarkenwesen, Tfl. III, Nr. 173. – Kat. Schles-
                           singer, Tfl. XXXIII, Nr. 1654, 1656. – NMA. IV, Tfl. VIII,
                           Nr. 19;
      ein Doppelschilling Ernsts III. von Holstein-Pinneberg (Jahr ?; vgl. Münzenbe-
      schreibung des Pasewalker Fd. (wie Anm. 24), S. 136: Holstein-Pinneberg Nr. 8) hat
      entweder den Stempel von Gadebusch oder Parchim.
      Gadebusch,   Abb.: Friederich, Kontermarkenwesen, Tfl. II, Nr. 107a. – Kat.
                           Schlessinger, Tfl. XXXIII, Nr. 1601;
      Parchim,   Abb.: Friederich, Kontermarkenwesen, Tfl. IV, Nr. 222. – Kat.
                           Schlessinger, Tfl. XXXIII, Nr. 1680.
213   Abb.: Tfl. 7, Nr. 2 u. 3. – Friederich, Kontermarkenwesen, Tfl. V, Nr. 253. – NMA.
      IV, Tfl. VIII, Nr. 22.

kleinere 3 beigefügt ist. Diese Wertzahl soll anzeigen, daß die so gestempelten Doppelschillinge den Verfügungen Hg. Philipp Julius' vom 22. Juli und vom 2. August 1622 sowie dem Landtagsabschied vom 7. September 1622 gemäß nicht mehr 4, sondern nur noch 3 Schillinge sund. gelten sollen.

Die gleiche Wertzahl kommt auch im Anklamer Stempel vor. Die nach oben gerichtete Spitze des dreischenkeligen Strahls, richtiger der Pfeilspitze, ist beiderseits von einem sehr kleinen A3 eingefaßt[216].

Wenn Tassilo Hoffmann schreibt, daß dieses „A3" in dem von ihm beschriebenen Fund „auffällig selten" vorkommt[217], so dürfte sich das einfach dadurch erklären, daß der Stempel nicht kräftig genug eingeschlagen worden ist. Man hat ja auch für Rostock gelegentlich einen Gegenstempel aus nur einem großen R bestehend angenommen[218]; sieht man aber genauer hin, dann zeigt sich – auch dafür bietet der Pasewalker Fund Beispiele –, daß das kleine angehängte „o" stets vorhanden, nur nicht immer gleich gut sichtbar ist.

Das gilt auch für den Stempel mit dem kleinen nach rechts schreitenden Greifen[219]. Friederich hatte bei den zwei ihm bekannten Exemplaren zwischen den Hinterfüßen des Greifen eine sehr kleine 3 wahrgenommen[220]; Tassilo Hoffmann dagegen konnte sie bei den Stücken aus dem Rostocker Fund nicht feststellen[221]. Prüft man die 59 Stücke aus dem Fund von Pasewalk, so gewinnt man den sicheren Eindruck, daß es sich nicht um zwei verschiedene Stempel handelt, sondern daß dann, wenn die 3 nicht zu erkennen ist, nur ein schwächerer bzw. undeutlicher Einschlag erfolgt ist.

Außer diesem Greifenstempel gibt es noch einen zweiten[222]. Er steht über einem F und kann deshalb wohl mit Sicherheit Franzburg zugewiesen werden[223]. Für den anderen Greifenstempel hat Friederich zwar die Vermutung ausgesprochen, daß er wohl der Stempel von Wolgast sei[224], ihn aber nicht

---

214 Abb.: Tfl. 6, Nr. l u. 2; Tfl. 7, Nr. 4. – Friederich, Kontermarkenwesen, Tfl. I, Nr. 2. – NMA. IV, Tfl. VIII, Nr. 23. – Kat. Schlessinger, Tfl. XXV, Nr. 1292.
215 Abb.: Tfl. 6, Nr. 2. – Friederich, Kontermarkenwesen, Tfl. II, Nr. 125. – NMA. IV, Tfl. VIII, Nr. 18.
216 Vgl. Friederich, Kontermarkenwesen, S. 9. – Vgl. Tfl. 6, Nr. l u. 2; Tfl. 7, Nr. 4.
217 Hoffmann, Gegenstempel, S. 446.
218 Kat. Schlessinger, S. 79 zu Nr. 1287.
219 Abb.: Friederich, Kontermarkenwesen, Tfl. IV, Nr. 227. – Kat. Schlessinger, Tfl. XX, Nr. 944.
220 Friederich, Kontermarkenwesen, S. 82.
221 Hoffmann, Gegenstempel, S. 446, Anm. 6.
222 Abb.: Tfl. 7, Nr. 1. – Friederich, Kontermarkenwesen, Tfl. II, Nr. 106.
223 Friederich, Kontermarkenwesen, S. 37.
224 Ebd., S. 107.

unter Wolgast, sondern unter „Pommern (Herzogtum)"[225] seiner alphabe-
tisch angeordneten Abhandlung eingefügt.

Die große Zahl von 59 solcher Greifenmarken im Fund von Pasewalk
läßt wohl mit Sicherheit den endgültigen Schluß zu, daß sie Stempel einer
der im herzoglichen Edikt vom 7. September 1622 genannten 5 Orte, an denen die Gegenstempelung erfolgen sollte, sein müssen. Da die Stempel von
Stralsund, Anklam und Greifswald, schließlich wohl auch von Franzburg
feststehen, können die Greifenstempel ohne Buchstaben einzig der herzoglichen Residenzstadt Wolgast zugeordnet werden.

Die von Tassilo Hoffmann gemachte Beobachtung, daß der Greif auf
dem Franzburger Stempel stets nach links, der auf dem anderen Greifen-
Stempel (Wolgast) hingegen stets nach rechts gerichtet ist[226], kann bestätigt
werden. Man wird sich künftig für die Bestimmung gerade auch der Gegenstempel, die im ganzen nur schlecht erkennbar sind, von dieser Unterscheidung leiten lassen können.

Für die Unterscheidung der sich ähnelnden Stralsunder und Anklamer
Gegenstempel ist zu beachten, daß der Stralsunder über der Pfeilspitze stets
ein kleines Kreuz zeigt (daß aber nicht immer gut zu erkennen ist). Ein weiterer Unterschied besteht darin, daß bei dem Anklamer Stempel alle drei, bei
dem Stralsunder nur der mittlere Schenkel am unteren Ende in einen Ringel
auslaufen. Im allgemeinen ist der Anklamer Stempel breiter, der Stralsunder
schmaler und langgestreckter. Doch ist auch das kein untrügliches Merkmal,
da die Stralsunder Kontermarken offenbar nicht von demselben Stempel
oder derselben Stempelform herrühren, sondern von verschiedenen. Unter
den Gegenstempeln des Pasewalker Fundes sind zumindest zwei Arten
deutlich zu unterscheiden: die eine schmal und hochgestreckt, die andere
etwas breiter und nicht ganz so hoch (d. h. also der Anklamer angenäher-
ter)[227].

Abschließend seien noch einige Gegenstempel behandelt, die bisher unbekannt waren oder über deren Zuordnung Zweifel bestehen.

Dazu gehört die Kontermarke der Doppellilie[228]. Sie kommt in dem Pasewalker Fund zweimal vor, einmal auf einem Doppelschilling Philipp Julius'
von Pommern-Wolgast, dessen Jahreszahl nicht zu erkennen ist[229], und zum
andern auf einem Doppelschilling Ernsts III. von Holstein vom Jahre
1619[230]. Beide Münzen weisen noch einen weiteren Gegenstempel auf, die

225 Ebd., S. 82.
226 Hoffmann, Gegenstempel, S. 446 f.
227 s. Tfl. 7, Nr. 2 u. 3.
228 Abb.: Friederich, Kontermarkenwesen, Tfl. I, Nr. 45.
229 Vgl. Beschreibung der Münzen des Pasewalker Fd. (wie Anm. 24), S. 122: Pommern
     Nr. 19.
230 Ebd., S. 135: Holstein-Pinneberg Nr. 3 c.

pommersche den der Stadt Greifswald, die holsteinische den problemati-
schen ⊞-Stempel[231], und zwar sind diese Stempel in beiden Fällen nach der
Doppellilie eingeschlagen worden.

Im Kat. Schlessinger wird der Gegenstempel der Doppellilie von R.
Gaettens der Stadt Warburg i. Westf. zugewiesen[232], während B. Dorfmann
die Doppellilie für die pommersche Stadt Demmin in Anspruch nimmt[233].
Da dieser Stempel von Demmin selten vorkommt, ist die Frage schwer zu
entscheiden. Schon Friederich hatte beide Möglichkeiten ins Auge gefaßt[234].
Für Warburg ist ein Gegenstempel, allerdings erst aus dem Jahre 1639, bekannt, der aus einer Doppellilie mit der darüber gesetzten Jahreszahl 39 besteht[235]. Für Demmin ist eine entsprechende Kontermarke nicht überliefert.
Doch sind die Münzen dieser Stadt durchweg mit der Lilie versehen[236]. Obwohl Demmin nicht unter den Orten genannt wird, in denen nach dem
Landtagsabschied vom 7. September 1622 die Gegenstempelung in Pommern-Wolgast vorgenommen werden sollte, muß mit einer solchen Möglichkeit (die vielleicht aus den städtischen Archivalien erhärtet werden könnte)
immerhin gerechnet werden.

Die nächsten zwei Gegenstempel seien, einer genaueren Deutung har-
rend, vorerst nur angezeigt:

1. Auf dem Avers eines Doppelschillings des Hg. Hans Albrecht von
   Mecklenburg-Güstrow (Jahreszahl nicht erkennbar)[237] befindet sich neben dem Anklamer Stempel ein weiterer Gegenstempel, der aus einem
   kleinen Kreuz (oder einem Schwert?) besteht[238].
2. Ein Doppelschilling des Hg. Philipp Julius von Pommern-Wolgast (Jahreszahl unkenntlich)[239], der später auf dem Revers mit der Anklamer
   Marke gestempelt worden ist, zeigt auf dem Avers den Rostocker Ro-
   Stempel und quer daneben in kleineren Majuskeln die Buchstaben R (I
   oder D?), von denen jedoch nur das R in voller Deutlichkeit zu lesen ist[240].

---

231 s. u. S. 626 ff.
232 Kat. Schlessinger, S. 61, Nr. 945.
233 Dorfmann, Doppelschillinge, S. 62.
234 Friederich, Kontermarkenwesen, S. 23 u. 100 f.
235 Ebd., S. 100 f.
236 Vgl. Dannenberg, Pommern, S. 84; vgl. ebd., Tfl. VIII.
237 Vgl. Beschreibung der Münzen des Pasewalker Fd. (wie Anm. 24), S. 119: Mecklen-
     burg Nr. 9.
238 Tfl. 7, Nr. 4.
239 Vgl. die Münzenbeschreibung (wie Anm. 24), S. 122: Pommern Nr. 18.
240 Tfl. l, Nr. 5.

7. Münzmeisterzeichen als Gegenstempel

Zu den bis heute rätselhaften Kontermarken gehört der Gegenstempel |S|.
Im Fund von Pasewalk kommt er zweimal vor: Gemeinsam mit dem wahrscheinlich der Stadt Demmin zuzuweisenden Lilienstempel auf einem Doppelschilling des Gf. Ernst III. von Holstein-Pinneberg vom Jahre 1620[241]
und auf dem Revers eines Doppelschillings des Hg. Philipp Julius von
Pommern-Wolgast[242], der auf dem Avers die Anklamer Kontermarke trägt.

Der |S|-Gegenstempel wird zuerst als „Contremarke SH" auf einem
Doppelschilling Hg. Bogislaws XIV. von Stettin aus dem Jahre 1621 im Katalog der Sammlung Isenbeck (1899) erwähnt[243]. Hier wurde auch sogleich
eine Deutung gegeben: Das Stück ist nicht unter Pommern, sondern wegen
des Gegenstempels unter Simon Heinrich von Lippe (1666–1697) eingereiht,
dem man diese Kontermarke zuschrieb[244].

Im Katalog der Sammlung des Kommerzienrats C. Fr. Pogge (1903) sind
dann je ein 1620 geprägter Doppelschilling der pommerschen Hge. Philipp
Julius zu Wolgast und Ulrich, B. von Cammin, anzutreffen, die mit einem
Monogramm HSL gestempelt sind, über dem sich eine Krone befindet[245].

Ein ähnlicher Gegenstempel begegnet dann in dem Katalog der Sammlung Dr. R. Gaettens (1931)[246] auf einem Doppelschilling des Hg. Adolf
Friedrich von Mecklenburg-Schwerin aus dem Jahre 1616. Gaettens, der den
Katalog selbst bearbeitet hat, bemerkt dazu: „Im Av. Kontermarke gekr. |S|
des Grafen Simon Heinrich zu Lippe. Grote –. Friederich –. Unediert". In
den diesem Katalog beigegebenen Abbildungstafeln findet sich nun auch die
erste Abbildung des Stempels[247]. Nach dieser Abbildung würde ich jedoch
nicht mit derselben Sicherheit wie Gaettens davon sprechen, daß das |S|
gekrönt sei[248]. Gaettens jedenfalls sieht in diesem Zeichen ebenso wie der
Verfasser des Katalogs Isenbeck in dem ungekrönten |S| (bzw. SH) einen
Gegenstempel von Lippe. Zur näheren Begründung führt er aus: „Die 4 Ma-
riengroschenstücke von 1672 des Grafen Simon Heinrich zu Lippe (Grote

241 Vgl. Beschreibung der Münzen des Pasewalker Fd. (wie Anm. 24), S. 135: Holstein-
     Pinneberg Nr. 3 c.
242 Ebd., S. 121: Pommern Nr. 14; Abb. Tfl. 7, Nr. 6.
243 Versteigerungs-Kat. A. Heß (Slg. Isenbeck), Frankfurt/Main 1899, Nr. 1957.
244 Bei H. Grote, Lippische Geld- u. Münzgeschichte, MS (G). Bd. V, Leipzig 1867,
     S. 129–507, kommt der Gst. nicht vor.
245 Versteigerungs-Kat. L. Hamburger, Frankfurt/Main 1903, Nr. 906 u. 994.
246 Kat. Schlessinger, S. 13, Nr. 213.
247 Ebd., Tfl. IV, Nr. 213.
248 Herr Bruno Dorfmann, Hamburg, den ich nach Abschluß dieser Arbeit um seine
     Meinung über den |S|-Stempel befragte (s. auch Anm. 261), schrieb mir, daß s. E. die
     „Krone" auf dem Exemplar von Gaettens auch zum ersten Felde des mecklenburgi-
     schen Wappens der Münze gehören könnte.

163) zeigen den gekr. Namenszug genau so wie die Kontermarke auf diesem Doppelschilling. Es unterliegt darnach keinem Zweifel, daß es sich um eine Lippesche Kontermarkierung handelt, die wohl in die Zeit von 1671–1685 zu legen ist, in welchen Jahren Lippe sein Kupfergeld mit einer Rose kontermarkierte"[249].

Ein weiteres Exemplar fand sich in dem Fund, den Tassilo Hoffmann (1935) veröffentlichte und um 1625 ansetzte[250]. Der Stempel ist einem Doppelschilling Bogislaws XIV. von Pommern-Stettin aus dem Jahre 1621 eingeschlagen[251]. Soweit die Abbildung[252] es erkennen läßt, weist dieses Stück keine Bekrönung auf. Hoffmann erwähnt sie auch nicht. Wohl aber nimmt er zu der Deutung Stellung: „Die bisherige Lesung des keineswegs häufigen, meistens auf pommerschen Geprägen beobachteten Stempels ... als gekröntes Monogramm aus HS(L?) ist abzulehnen und die Erklärung mit Simon Heinrich von Lippe (1666–971) schon aus anderen Gründen völlig abwegig".

Die Deutung, die er selber zunächst ins Auge gefaßt hatte, ist freilich noch unwahrscheinlicher. Er dachte an einen Gegenstempel der Stadt Stargard i. Pomm. und „sah mit dem eingefügten Anfangsbuchstaben des Stadtnamens in dem angeblichen H das Wahrzeichen der alten Handelsstadt, das Mühlentor Stargards, dessen Torbogen auch auf gleichzeitigen Innungssiegeln Verwendung gefunden" hat. Weil aber im Stettiner Landesteil, zu dem Stargard gehörte, die Gegenstempelung gar nicht durchgeführt worden ist[253], hat er diese Erklärung selbst in Zweifel gezogen. Er schließt seinen Aufsatz über den Gegenstempelfund von 1625 mit dem Satz: er „sehe einer besseren Erklärung des wohl wichtigsten Stempels aus dem kleinen Rostocker Funde mit Interesse entgegen"[254].

Zieht man die beiden Stücke aus dem Pasewalker Fund in den Kreis der Betrachtung hinein[255], so stehen für eine Untersuchung im ganzen 6 genauer bekannte Exemplare zur Verfügung[256] Der Gegenstempel kommt zuerst auf einem Doppelschilling von 1616 vor, zuletzt auf einem solchen des Jahres 1621.

In dem Rostocker Fund sind keine nach 1622 geprägten Münzen enthalten. Im Fund von Pasewalk ist ein Dütchen von 1627 die Schlußmünze. Beide

---

249 Gaettens in Kat. Schlessinger.
250 Hoffmann, Gegenstempel, S. 448.
251 Ebd., S. 449.
252 Ebd., S. 448.
253 s. oben S. 615.
254 Hoffmann, Gegenstempel, S. 448.
255 Im sog. Fd. von Malchin kommt der ISl-Stempel nicht vor.
256 Die von Hoffmann, Gegenstempel, S. 448, erwähnten Exemplare auf 1/10 Tlr.-Stücken der Stadt Stade und Hg. Wilhelms in Harburg aus dem Greifswalder Fd. (s. oben S. 595), sind nicht näher bekannt; vor allem fehlt das Prägejahr der Münzen.

Funde sind zeitlich in sich geschlossen. T. Hoffmann hat deshalb für den Rostocker Fund die Vergrabung um 1625 angenommen; für den Pasewalker Fund habe ich das Jahr 1627 (oder kurz danach) wahrscheinlich gemacht[257].

Bringt man den HS-Stempel mit Simon Heinrich von Lippe in Zusammenhang, dann müßte man nur wegen jeweils eines Gegenstempels beide Funde in den Ausgang des 17. Jhds. datieren. Daß in einem Großfund wie dem Pasewalker mit mehr als tausend Münzen aus den (vielleicht mehr als) vierzig Jahren nach 1627 nicht eine einzige Münze enthalten sein sollte, ist mehr als unwahrscheinlich.

Bei den beiden bekannten Gegenstempelungen in Lippe, die hier in Betracht kommen – 1671 und 1685 – sind zudem nur die kupfernen Sechspfennigstücke betroffen gewesen. Als Gegenstempel hat man sich dabei des lippischen Wappens, der Rose, bedient[258].

Man sollte deshalb die Deutung des Gegenstempels HS als eine Kontermarke Simon Heinrichs von Lippe endgültig als unzutreffend beiseiteräumen.

Statt dessen erscheint mir eine andere Erklärung, die auch zeitlich viel besser in den Rahmen dessen paßt, was wir über die Gegenstempelung der Doppelschillinge wissen, recht erwägenswert zu sein.

Das Monogramm HS ist nämlich in der gleichen Form, in der es auf lippischen Münzen als Namenszug des Gf. Simon Heinrich vorkommt, auch das Zeichen des Stralsunder Münzmeisters *Hermann Sander*. Name und Zeichen werden mit wenigen Worten in der listenartigen Zusammenstellung der Stralsunder Münzmeister erwähnt, die P. Bratring seinem Aufsatz „Über das Münzwesen der Stadt Stralsund in neueren Zeiten" beigefügt hat: „1632 25/4 Hermann Sander (auch Zander) aus Hamburg"[259].

Ein Hamburger Münzmeister dieses Namens ist allerdings nicht bekannt[260]. Ob Hermann Sander an der dortigen Münze als Münzgeselle tätig gewesen oder in Hamburg geboren ist, wissen wir nicht. Die Sammelakten über die Familien Sander oder Zander des Hamburger Staatsarchivs liefern keinen Hinweis auf seine Person. Nur eine Familie dieses Namens selbst ist

---

257 Beschreibung (wie Anm. 24), S. 157.
258 Friederich, Kontermarkenwesen, S. 62.
259 Bratring, Stralsund, S. 11 bzw. S. 549.
260 Ein Hermann Sander/Zander kommt in den Zusammenstellungen über die Münzmeister in Hamburg von O. C. Gaedechens, Hamburgische Münzen und Medaillen, Bd. I, Hamburg 1843, S. 140; Bd. II, Hamburg 1854, S. 199–201; berichtigt Bd. III, Hamburg 1876, S. 9–11, sowie im Namensregister (Bd. III, S. 277 ff.) nicht vor. – Auch fehlt sein Name im Register zu J. P. Langermann, Hamburgisches Münz- und Medaillen-Vergnügen, Hamburg 1753, im NMA. IV sowie in sonstigen Werken, die für Münzmeister jener Zeit in Betracht kommen (Literaturhinweise bei W. Jesse. Probleme u, Aufgaben der Münzmeisterforschung, HBN. H. 9/10, 1955/56, S. 31–60).

von 1620 an nachweisbar[261]. In den Münz- oder sonstigen Akten[262] wie in den Ratsprotokollen des Stralsunder Archivs kommt Hermann Sander ebenfalls nicht vor. Man könnte meinen, die Notiz bei Bratring sei ein Irrtum, wenn sie nicht ein so genaues Datum enthielte.

Sie geht – ohne daß Bratring dies vermerkt – auf Johann Albert Dinnies[263] zurück, der in seiner Abhandlung „Von der Münzgerechtigkeit und den Münzen der Stadt Stralsund" (1782/84) einzelne Bestimmungen aus dem „am 25sten April 1632 mit dem Münzenentrepreneur Hermann Sander" geschlossenen „Contract" der Stadt Stralsund zitiert[264]. Dieser Vertrag, von dem Dinnies sicher genauere Kenntnis hatte, ist heute nicht mehr im Stralsunder Archiv vorhanden[265]. Vielleicht hat schon Bratring ihn nicht mehr selbst gesehen, sondern seine Nachricht aus Dinnies geschöpft.

Der Vertrag ist aber gleichwohl ein Zeugnis für die Tätigkeit Hermann Sanders in Stralsund im Jahre 1632. Die Frage, ob er vielleicht noch weiterhin oder auch schon vorher dort wirksam gewesen ist, bleibt dagegen vorerst noch offen.

Will man Hermann Sander nun mit dem fraglichen Stempel in Verbindung bringen, müssen zunächst zwei Vorfragen geklärt werden:

1. Kommen Münzmeisterzeichen als Gegenstempel überhaupt vor?
2. Ist eine Gegenstempelung in Pommern, genauer in Stralsund, um 1632 bezeugt oder zumindest als möglich anzunehmen?

Für die Beantwortung der ersten Frage bietet K. Friederichs „Beitrag zur Geschichte des Kontermarkenwesens"[266] das nötige Material. Zeitlich am nächsten steht dem ISI-Stempel das aus den Buchstaben PZ (?) gebildete Monogramm auf einer Dreitalerklippe der schlesischen Stände vom Jahre 1621, vermutlich eine Kontrollmarke eines ständischen Münzkommissars oder -beamten[267]. Aus dem nordwestdeutschen Raum kann ein Stempel zum Vergleich herangezogen werden, der auf einem Zweidritteltaler des Gf. Franz

261 Für die Sichtung dieser Akten bin ich Herrn Bruno Dorfmann, Hamburg, zu großem Dank verpflichtet. Die älteren Bestände des Hamburger Staatsarchivs sind 1842 durch Brand zum großen Teil vernichtet worden.
262 Sie wurden mir, obwohl sie noch nicht geordnet sind, sondern demnächst bearbeitet werden sollen (vorläufige Arbeitssignatur: B 338), durch das Entgegenkommen des Leiters des Stralsunder Archivs, Herrn Herbert Ewe, zugänglich gemacht, wofür auch an dieser Stelle herzlich gedankt sei.
263 s. oben S. 598.
264 Pomm. Mus. I, S. 105 f.
265 Jedenfalls war er trotz intensiver Nachsuche, für die ich Herrn Stadtarchivar Ewe ebenfalls zu danken habe, nicht aufzufinden; doch scheint er bereits seit langem nicht mehr bekannt zu sein.
266 Friederich, Kontermarkenwesen, a. a. O.
267 Ebd., S. 93, Nr. 246.

Adolf Wilhelm von Rietberg vom Jahre 1688 vorkommt. Er zeigt ein galoppierendes Pferd, das Wahrzeichen des Westfälischen Kreises, an dessen Hinterblatt ein P steht. Dieses P wird wahrscheinlich das Zeichen des Generalkreiswardeins Johannes Post sein, der vom niederrheinisch-westfälischen Probationstag am 22. Mai 1688 beauftragt worden war, die Stempelung durchzuführen[268].

Einige Jahre später begegnet sein Buchstabenzeichen in einem Gegenstempel der Stadt Köln. Ein Zweidritteltaler des Hg. Heinrich von Sachsen-Römhild vom Jahre 1691 weist als Kontermarke einen Einschlag in spanischer Schildform auf, worin drei Kronen (das Wahrzeichen Kölns) zu sehen sind und darunter, von einem Querstrich getrennt, $\frac{44}{P}$ [269]. Die Zahl 44 gibt den Wert in Albus an; P den Anfangsbuchstaben des mit der Stempelung beauftragten städtischen Münzbeamten Johannes Post[270].

In einer anderen Hansestadt, in Danzig, wurde im 16. Jhd. ein Groschen Hg. Albrechts von Preußen aus dem Jahre 1534 mit einem spanischen Schild gestempelt, in dem sich ein oben in einen Zainhaken ausgehendes Doppelkreuz befindet, das am Fuße links einen Schrägbalken aufweist. Nach F. A. Voßberg, „Münzgeschichte der Stadt Danzig"[271], handelt es sich um das Zeichen des Danziger Münzmeisters Graziano Gonsolo, dessen Siegel einem am 14. 9. 1577 mit der Stadt abgeschlossenen Vertrage anhänge und einen Schild trage, der dem des Gegenstempels weitgehend ähnlich sei[272]. In Hamburg wurde ein 24-Mariengroschen der Stadt Hildesheim vom Jahre 1683 durch Otto Heinrich Knorre gegengestempelt. Die Kontermarke zeigt über der dreitürmigen Burg von Hamburg die Buchstaben O.H.K.[273]. Im Anfang des 18. Jhds. stempelten die Münzmeister Anton Gottfried Poth zu Paderborn und Wilhelm Ritter zu Münster Mariengroschen des B. Franz Arnold von Paderborn aus dem Jahre 1716 mit ihren Buchstaben .AGP. und W*R[274].

Zeichen von Münzmeistern und Münzbeamten sind also vielerorts und zu verschiedenen Zeiten als Gegenstempel verwendet worden[275].

Der |S|-Stempel könnte demnach sehr wohl als ein weiteres Beispiel für Münzmeister-Gegenstempel gedeutet werden.

---

268 Ebd., S. 103, Nr. 275.

269 Ebd., S. 19, Nr. 40 (Abb. Tfl. I). Im Kölner Stadtarchiv werden außerdem gleiche Stempel mit einem N = Peter Newers aufbewahrt (ebd.).

270 Nach Friederich, Kontermarkenwesen, scheint dieser Kölner Stadtwardein u. Münzmeister mit dem oben erwähnten Generalkreiswardein identisch zu sein.

271 Berlin 1852, S. 34.

272 Friederich, Kontermarkenwesen, S. 22 f., Nr. 44 a. – Über Abweichungen vgl. Jesse, Münzmeisterforschung, S. 37.

273 Ebd., S. 50, Nr. 144.

274 Ebd., S. 79, Nr. 221 u. 221 a.

275 Über die Form der Münzmeisterzeichen s. unten S. 636 u. Anm. 314.

Die zweite Frage, ob in Stralsund 1632 oder danach eine Gegenstempel-aktion durchgeführt worden sei, findet durch schriftliche Quellen keine Be-antwortung[276]. Wenn sie in den dreißiger Jahren stattfand, müßte es sich aber um eine lokale Maßnahme gehandelt haben, die mit der vom Herzog 1622 angeordneten Stempelung nichts mehr unmittelbar zu tun hatte. Freilich wissen wir nichts über deren Abschluß. Daß sie im vollen Umfang nach 1623 noch im Schwange war, ist zumindest zweifelhaft[277].

Vereinzelte Gegenstempelungen sind allerdings noch nach Beendigung der allgemeinen Kontermarkierung vorgenommen worden, so in Bremen um 1636[278]. Es wurde dabei aber nicht ein neues oder besonderes Zeichen verwendet, sondern das alte, der Bremer Schlüssel.

Hier stellt sich nun eine neue Frage: Sind solche Spät- oder Nachstempe-lungen nicht eventuell Fälschungen?

Die in den Münzedikten enthaltenen Strafbestimmungen zeigen, daß man mit ihnen rechnete. So heißt es in dem Lübecker Münzvertrag, in dem die Städte Lübeck, Hamburg und Bremen am 3. April 1620 die Gegenstem-pelung beschlossen[279], daß dies allein Sache der Obrigkeit sei *und ist keiner Privatperson bei Vermeidung schwerer Leibesstraf erlaubt oder zugelassen*[280]. Und im Wolgaster Landtagsabschied vom 7. September 1622 findet sich der Satz: *Damit aber keine falsche Stempel gemachet, soll an jedem Ort genaue Achtung darauf gegeben, und die dawider kommen, mit gebührender Strafe, als Falsarii, belegt werden*[281].

Trotzdem sind Fälschungen begangen worden, wie die Fundstücke zei-gen. In dem Rostocker Gegenstempelfund[282] kam ein gefälschter Stempel vor, der offenbar den von Stralsund oder Anklam vortäuschen sollte. Tassilo Hoffmann bemerkt in diesem Zusammenhang[283], daß „wir solche ,a privatis' vorgenommenen Fälschungen aus dem oben berührten Greifswalder Fun-de[284] in großer Menge kennen". Dabei handelt es sich, wie das Rostocker Beispiel zeigt, um Falschstempel, die die offiziellen vortäuschen sollen und ihnen also ähneln.

Deshalb kann man den vielleicht auftauchenden Gedanken, ob die mit dem ₪-Zeichen versehenen Doppelschillinge nicht etwa jene „falsch ge-stempelten Vierlinge" gewesen seien, von denen der Stralsunder Bürgermei-

---

276 Münzakten und Ratsprotokolle scheinen unergiebig zu sein.
277 s. oben S. 618 f.
278 s. Dorfmann, Bremer Gegenstempel. – Vgl. hierzu auch Anm. 287.
279 s. oben S. 602.
280 NMA. IV, Nr. 716, S. 465.
281 Dähnert, Landes-Urkunden Suppl. Bd. I, S. 616. – s. auch oben S. 618.
282 s. oben S. 594.
283 Hoffmann, Gegenstempel, S. 447.
284 s. oben S. 595.

ster Steinwich am 28. Oktober 1622 im Stralsunder Rat berichtete[285], sogleich wieder fallen lassen[286]. Außerdem ging es bei der Erörterung im Stralsunder Rat nicht um falsche, d. h. fremde Stempel, sondern darum, daß Doppelschillinge mit dem Stralsunder Wappen „falsch gestempelt" worden waren.

Was den Fall besonders schwerwiegend machte, war der Umstand, daß die Fälschung nicht von unbefugter Privatseite geschehen oder von einem fremden Münzmeister vorgenommen worden war, der leichten Doppelschillingen den nachgemachten Stralsunder Stempel eingeschlagen hatte[287], damit sie als gute Währung nach Pommern eingeschleust werden konnten. Es war vielmehr die amtliche Stempelung nicht ordnungsgemäß durchgeführt worden. Der Stralsunder Münzer als die „gewisse dazu vereydete Person"[288] hatte die Fälschung begangen, war zumindest in die Affaire verwickelt.

Dieser Schluß ergibt sich, wenn man einen weiteren Eintrag aus dem Stralsunder Ratsprotokoll mit den übrigen Nachrichten über die Gegenstempelung in Stralsund zusammenhält:

Nachdem der Einspruch der Stadt Stralsund, den ihr Syndicus Dr. Gerdes in Wolgast vorgebracht hatte[289], ohne Erfolg geblieben war, verhandelte der Stralsunder Rat am 28. September 1622 über die Gegenstempelung[290]. Einen Monat später, am 28. Oktober, kommt die Falschstempelung der Doppelschillinge im Rat zur Sprache[291]. Genau 14 Tage danach, am 11. November, berichtet dann der Münzherr Nicolaus Dinnies[292] im Rat, daß am

---

285 s. oben S. 618.

286 Ein Einwand wie der, daß die Stadt Stralsund unmöglich den Fälscher von 1622 nach zehn Jahren in ihren Dienst genommen haben würde, hat kein Gewicht für eine Zeit, in der sehr viele Münzbeamte irgendwann einmal mit den gesetzlichen Bestimmungen in Konflikt geraten waren.

287 Ein solches Vergehen wurde z. B. dem Münzmeister Thomas Eisenbein vorgeworfen, der im Februar 1625, als er sich nach Emden in die Dienste des Grafen Enno von Ostfriesland begeben wollte, in Bremervörde verhaftet wurde, weil er angeblich große Mengen leichter Doppelschillinge habe aufwechseln lassen, um sie mit dem Bremer Schlüssel fälschlich zu stempeln, damit sie in Bremen als gute Währung kursieren konnten (s. Friederich, Kontermarkenwesen, S. 18).

288 Wie sie der Landtagsabschied vom 7. 9. 1622 (s. oben S. 616) für jeder der „Stempel"-Städte in Vorpommern verordnet hatte.

289 s. oben S. 617.

290 Ebd.

291 s. oben S. 617.

292 Über den Stralsunder Münzherrn Nicolaus Dinnies vgl. A. Brandenburg, Stralsund, S. 91.
     Der wiederholt erwähnte Stralsunder Bürgermeister und Geschichtsforscher Johann Albert Dinnies († 1801), dessen Familie aus Anklam stammt, scheint mit ihm nicht verwandt zu sein (vgl. auch F. Curschmann, Pomm. Jb. 28, 1934, S. 57–90).

Vortage ein neuer Münzer angestellt worden sei. In dem Ratsprotokoll vom 11. November 1622 heißt es:

H(err) Nicl. Dinnies refert, das er gestern nebst dem pronotarius M. Lukken vndt Joh. Beuten mit dem frembden muntzer geredt, ihn angestellet auff seine vnkosten die muntze zu treiben vnd hinwieder allen dauon kommenden nutz genießen solle, sonst auch wes er mit der wechselunge gewinnet. Ille hette den verlag nit, sonder 300. thlr. zum salario begehret. mochte sen(atus) alle notturft an materien, instrumenten vnd kohlen schaffen, so sei ad referendum angenomen, wird er aber wegkfertig, Pittet er bescheidt, warnach er sich zu achten hette[293].

Die Notiz im Protokoll spricht von der Übertragung der Münze an einen neu eingestellten Münzer. Das setzt voraus, daß der alte Münzmeister entlassen war. Diese Entlassung fällt zeitlich mit der Aufdeckung der Falschstempelung zusammen und dürfte in dieser ihren Grund haben.

Wer hatte, so ist nun weiter zu fragen, bisher die Stralsunder Münze betrieben und wer war der „frembde muntzer", über den Nicolaus Dinnies am 11. November dem Rat berichtete?

Nach Mitteilung Bratrings[294] amtierten von 1610 bis 1623 Matthias Hove, Vater und Sohn, als Münzmeister in Stralsund. Worauf sich die Daten stützen, ist nicht zu ersehen. Auch mag ihre Zuverlässigkeit bezweifelt werden. Für die Zeit von 1625 bis 1635 nennt Bratring nämlich Hans Puls als Münzmeister. Nach Evers[295] aber hatte schon „1632. den 25. Sept. Hans Puls die Bedienung eines Münzmeisters in Gnoyen" erhalten[296]. Da für die ersten zwanziger Jahre weitere Namen als die der Hoves für Stralsund nicht bekannt sind, wird man beide oder einen von ihnen mit der Gegenstempelfälschung in Zusammenhang bringen müssen.

Wer aber war der im November 1622 eingestellte Nachfolger? Bratring nennt für das Jahr 1623 den Münzmeister Asmus Riekhof[297]. Für seine Tätigkeit sind die neuen Dütchen ein Beleg, die im gleichen Jahr in Stralsund geprägt wurden und die sein Zeichen (Pokal mit Zainhaken) tragen[298]. Aber schon im nächsten Jahr taucht auf den Dütchen ein anderes Zeichen auf, ein einfaches Z. Obwohl es von 1624 bis 1627 auf zahlreichen

---

293 Stadtarchiv Stralsund Hs. VI a 18.
294 s. oben Anm. 259.
295 Evers, Mecklenburg I, S. 212.
296 Allerdings kommt es nicht selten vor, daß derselbe Münzmeister zur gleichen Zeit zwei oder sogar mehrere Münzstätten verwaltet hat; vgl. W. Jesse, Münzmeisterforschung, S. 44 f. Dennoch bleiben die zeitlichen Angaben Bratrings ungesichert.
297 Bratring, Stralsund.
298 Vgl. Beschreibung der Münzen des Pasewalker Fd. (wie Anm. 24), S. 143: Stralsund Nr. 2–2 c. Mzmzeichen S. 99 R.

Stralsunder Dütchen bezeugt ist[299], erwähnt Bratring es mit keinem Wort. Zweifellos ist es ein Münzmeisterzeichen. Auf die von Bratring genannten Münzmeister Asmus Riekhof (1623) und Hans Puls (1625–1635), der mit einem HP mit Zainhaken oder einfach HP signierte[300], ist es jedoch nicht zu beziehen.

Was liegt also näher als die Annahme, daß sich hinter diesem Z niemand anders als Hermann Sander verbirgt?

Man wende nicht ein, daß sich die Zeichen Z und ⑂ als Eigenbezeichnungen ausschlössen. Die Namensformen Sander und Zander gehen nebeneinander her[301]. Und auch bei den Signaturen kommt ein solcher Wechsel vor. Wilhelm Jesse führt in seinem Aufsatz „Probleme und Aufgaben der Münzmeisterforschung"[302] die Zeichen PFC und PFK des Münzmeisters Crumm aus Coburg als Beispiel an[303]. Er beschäftigt sich auch mit der Frage, ob derselbe Münzmeister immer auch dasselbe Zeichen geführt habe und bringt dann eine Reihe von Belegen für einen Wechsel der Signatur. Die meisten sind mit einem Wechsel des Ortes verbunden. Es gibt diesen Wechsel aber auch „nicht selten … sogar am gleichen Ort". Als Beispiel sei Heinrich von Rehmen erwähnt, der in Dresden mit der Ligatur HvR signierte, seit 1610 aber wie vordem von 1597–1604 in Berlin mit einem Schwan[304].

So steht der Annahme, das Z auf den Stralsunder Dütchen und das ⑂ seien zwei Zeichen einer Person – eben Hermann Sanders – nichts im Wege.

Dann wäre der Contract vom 25. Mai 1632 nicht das erste, sondern das letzte Zeugnis für Hermann Sanders Wirksamkeit in Stralsund[305]. Mit diesem Vertrag wird er 1632 zum Münzverleger[306], was der „frembde muntzer" im November 1622 zugunsten einer festen Besoldung abgelehnt hatte. Seit 1624 war Sander wahrscheinlich als Münzmeister in Stralsund tätig. Wenn

---

299 Ebd., Nr. 3–6.
300 Bratring, Stralsund.
301 Vgl. J. K. Brechenmacher, Deutsches Namenbuch, Stuttgart 1928, S. 109. – A. Heintze, Die deutschen Familiennamen, 7. Aufl. hrsg. v. P. Cascorbi, Halle-Berlin 1933, S. 412 u. 527. – Zum Verhältnis von Z und S im Niederdeutschen vgl. K. Schiller – A. Lübben, Mittelniederdeutsches Wörterbuch, Bd. V, Bremen 1880, S. 791.
302 s. oben Anm. 260.
303 Jesse, Münzmeisterforschung, S. 43.
304 Ebd., S. 45.
305 Vgl. hierzu Jesse, Münzmeisterforschung, S. 43: „Bei der Angabe der Amtsjahre eines Münzmeisters an einer Münzstätte finden wir vielfach widerstreitende Daten genannt. Bald wird das erste Auftreten des Münzmeisterzeichens, bald die erste urkundliche Erwähnung, die Bestallung oder die Vereidigung vor dem Kreismünztage zugrundegelegt. Hier stehen wir häufig auf unsicherem Boden, zumal bei der öfteren Lückenhaftigkeit der zur Verfügung stehenden urkundlichen Quellen, die letzten Endes die entscheidende Antwort geben müssen".
306 Über die verschiedenen Formen des Münzbetriebes vgl. Jesse, Niedersachsen, S. 57–60.

dann eine Änderung seiner Stellung erfolgte, war es aber nicht unbedingt notwendig, in dem neuen Vertrag die zuvor ausgeübte Tätigkeit zu erwähnen[307]. Vielleicht aber war der „frembde muntzer", der am 10. November 1622 seinen Dienst in Stralsund angetreten hatte, auch schon Hermann Sander und nicht Asmus Riekhof gewesen.

Man kann aber vielleicht noch weitergehen und annehmen, daß Riekhof als Münzmeister für die neue Münzsorte der seit 1623 in Stralsund geprägten Dütchen, Sander dagegen für die Gegenstempelung eingestellt worden sind. Möglicherweise ist damals der ISI-Stempel als Kontermarke gebraucht worden. Ebenso denkbar aber ist es, daß die zwei Formen des Stralsunder Pfeils, die auf den Doppelschillingen des Pasewalker Fundes vorkommen[308], als Kontermarken des Falschstemplers und seines Nachfolgers zu erklären sind, wobei es in diesem Falle offen bliebe, ob Sander oder Riekhof dieser Nachfolger war.

Nach 1623 scheint Riekhof nicht mehr in Stralsunder Diensten gestanden zu haben. Inzwischen war die Gegenstempelung wohl auch abgeschlossen und Sander übernahm nun (ab 1624) die Herstellung der Dütchen.

Von 1625 an war dann daneben Hans Puls tätig. Als dieser 1632 (vielleicht nur vorübergehend) nach Gnoien ging und auch Sander als Münzmeister ausschied, wurde das Münzmeisteramt am 5. Juni 1632 Hans Staude übertragen[309]. Staude war wohl kein eigentlicher Münzer, sondern Goldschmied und damit allerdings jenem Gewerbe eng verwandt[310]. Im Jahre 1619 hatte er als Einheimischer das Stralsunder Bürgerrecht erworben[311]. Am 29. September 1627 erscheint er in einer städtischen Urkunde als Altermann der Goldschmiede in Stralsund[312]. Vielleicht hat er sich, als Not am Mann war, der Stadt für die Münze zur Verfügung gestellt. – Allein, das sind bloße Vermutungen.

Besser begründet sind folgende, abschließend festgehaltenen Annahmen: Z und ISI sind zwei Zeichen des Münzmeisters Hermann Sander. Er ist demnach von 1624 (vielleicht schon ab 10. November 1622) bis 1632 in Stralsund als Münzmeister, vom 25. Mai 1632 an als Münzverleger nachweisbar.

---

307 So bestellte nach Evers, Mecklenburg I, S. 435, der Magistrat von Wismar im Jahre 1632 Johann Dasen zum Münzmeister. Sein Zeichen kommt aber schon seit 1624 auf Wismarer Münzen vor, so daß auch hier der Vertrag von 1632 nicht der erste zwischen ihm und der Stadt Wismar gewesen sein dürfte.
308 s. oben S. 624 u. Abb. Tfl. 7, Nr. 2 u. 3.
309 Bratring, Stralsund.
310 Über Goldschmiede als Münzmeister vgl. Jesse, Münzmeisterforschung, S. 50.
311 Diese Angaben verdanke ich der freundlichen Mitteilung von Herrn Stadtarchivar Ewe, Stralsund.
312 Stadtarchiv Stralsund; Urkunde Nr. 2364.

Damit ist die eingangs gemachte Feststellung[313], daß sich der Gegenstempel IƧI nur auf bis zum Jahr 1621 geprägten Doppelschillingen findet und deshalb kaum dem Ende des 17. Jhds. angehören dürfte, bestätigt. Hinzu kommt, daß die bekannten Beispiele für Ligaturen als Münzmeisterzeichen in den Ausgang des 16. und den Anfang des 17. Jhds. fallen, während die einfache Buchstabenfolge erst seit der zweiten Hälfte des 17. Jhds. üblich wird[314].

Der Münzmeister-Gegenstempel IƧI ist also in die Zeit von (1623) 1624 bis 1632 zu datieren.

Ob er schon nach Aufdeckung der Stralsunder Fälschungen von 1622 oder erst später Verwendung gefunden hat, läßt sich nicht sagen.

Benutzt wurde er von Hermann Sander wahrscheinlich zur Prüfung verdächtiger, gestempelter wie ungestempelter Doppelschillinge[315].

Was hier für den IƧI-Gegenstempel ausgeführt wurde, wäre nun auch für andere, bisher nicht gedeutete Kontermarken zu untersuchen. Aus dem Vergleich ähnlicher Stempel, besonders solcher, für die das Quellenmaterial ergiebiger ist, sind sicher weitere sich wechselseitig erhellende Aufschlüsse für die Gegenstempelung wie für die Münzmeisterforschung zu erwarten.

---

313 s. oben S. 627.
314 Vgl. Jesse, Münzmeisterforschung, S. 38.
315 Die gleiche Vermutung wirft Bruno Dorfmann, Hamburg, (s. oben Anm. 248) als Frage auf.

1 Franzburg

2 Stralsund

3 Güstrow-Stralsund

4 Unbest.-Anklam

5 Unbest.-Rostock

6 HS ligiert

Die „Pomerania" als Typ territorialer Geschichtsdarstellung und Landesbeschreibung des 16. und beginnenden 17. Jahrhunderts (Bugenhagen – Kantzow – Lubinus)

Die Anfänge einer von territorialem Zusammengehörigkeitsbewußtsein geprägten Geschichtsschreibung in Pommern setzen im 14. Jahrhundert ein. Sie ist aus konkreten politischen Anlässen und zu bestimmten Zwecken entstanden oder bezieht sich auf einzelne Ereignisse[1]. Eine auf das Gesamtterritorium der Herzöge aus dem Greifengeschlecht blickende Historiographie im Sinne einer Darstellung der Geschichte des Landes von den Anfängen bis zur Gegenwart beginnt im Jahre 1517/18 mit der „Pomerania" des J o h a n - n e s B u g e n h a g e n[2].

In eben diesem Jahr 1517 war der damals zweiunddreißigjährige Rektor der großen Ratsschule zu Treptow an der Rega zum Lektor an der Schule der Prämonstratenserabtei Belbuck vor den Toren der Stadt berufen worden. Er fungierte zugleich als kirchlicher Notar. Nun wurde er auch im herzoglichen Auftrag tätig. Ausgelöst wurde dieser durch eine Anfrage von außen. Kurfürst Friedrich der Weise von Sachsen hatte seinen Historiographen Georg Spalatin beauftragt, eine sächsische Geschichte abzufassen, und dieser hatte sich 1517 an Herzog Bogislaw X. von Pommern[3] mit der Bitte gewandt, in Pommern nach Schriftstücken über die sächsische Geschichte forschen zu lassen. Der Herzog nahm diese Bitte auf und gab auf Vorschlag seines Rates Valentin von Stojentin[4] im Sommer des Jahres 1517 während ei-

---

1 Vgl. H. B o l l n o w , Die pommerschen Herzöge und die heimische Geschichtsschreibung, in: Baltische Studien, N.F. 39, 1937, S. 1–35, hier S. 1–7; J. D e u t s c h , Pommersche Geschichtsschreibung bis zum Dreißigjährigen Kriege, in: Pommersche Jahrbücher 23, 1926, S. 1–36; M. W e h r m a n n , Geschichte von Pommern, 2 Bde., 2. Aufl., Gotha 1919/21, Reprint (m. Vorw. zur Neuausgabe v. Roderich S c h m i d t), Bd. 1, S. 1–14, insbes. S. 1–6: „Übersicht über die Quellen und älteren Darstellungen der Geschichte Pommerns".
2 Vgl. Johann Bugenhagen. Beiträge zu seinem 400. Todestag. Hrsg. v. W. R a u t e n - b e r g , Berlin 1958, darin: H. G. L e d e r , Bugenhagen-Literatur, S. 123–137; L e d e r , Zum Stand und zur Kritik der Bugenhagenforschung, in: Herbergen der Christenheit 11, 1977/78, S. 65–100; H. H. H o l f e l d e r , Art. Bugenhagen, in: Theol. Realenzyklopädie 7, 1981, S. 354–363. Noch immer unentbehrlich: K. A. T. V o g t , Johannes Bugenhagen Pomeranus. Leben und ausgewählte Schriften, Elberfeld 1867.
3 Vgl. Roderich S c h m i d t , in: Lexikon des Mittelalters, Bd. 2, 2. Lfg., 1981, Sp. 326–328.
4 Vgl. M. von S t o j e n t i n , in: Allg. Deutsche Biographie 54, 1908, S. 546–548.

nes Aufenthaltes in Rügenwalde dem an der Universität Greifswald gebildeten Bugenhagen[5] den Auftrag, in den Archiven und Bibliotheken der Klöster
und Städte Pommerns alle Schriften zu sammeln oder zu sichten, welche die
Vergangenheit betrafen. Dieser durch Stojentin vermittelte herzogliche Auftrag ging also über die Bitte des sächsischen Kurfürsten hinaus.

Bugenhagen machte sich von Rügenwalde aus sofort auf den Weg, begab
sich zuerst in den östlichen Landesteil und über dessen Grenzen hinaus ins
Kloster Oliva und zog von dort aus zurück westwärts durch das ganze Land
bis nach Stralsund und dem Kloster Neuenkamp (dem heutigen Franzburg).
Es ergab sich, daß das Material für eine Geschichte Sachsens nur gering war.
Dafür war das auf die eigene Landesgeschichte bezügliche naturgemäß umso
umfangreicher. Alles, was ihm für diese von Bedeutung erschien, hat Bugenhagen an Ort und Stelle gesammelt. Ende September 1517 kehrte er in das
Kloster Belbuck zurück, und Ende Mai 1518 war das Werk vollendet, das er
mit einem Widmungsschreiben an Herzog Bogislaw X. und dessen Söhne
Georg I., Kasimir VIII. und Barnim IX. sowie einem solchen an Valentin
von Stojentin übersandte: die „Pomerania"[6].

Das Werk gliedert sich nach Darlegung des Herausgebers der letzten
Ausgabe, Otto Heinemann, in vier Bücher: Das erste enthält die geographische Beschreibung und die Vorgeschichte Pommerns, das zweite berichtet
von der Bekehrung Rügens und Pommerns, das dritte gibt eine Darstellung
der Geschichte des Landes von der Bekehrung zum Christentum bis zur
damaligen Gegenwart, das vierte bildet einen Anhang, in den allerlei interessante Einzelnotizen Aufnahme gefunden haben[7]. Vielleicht war dieser Teil
als Materialsammlung für Nachträge, sei es durch Bugenhagen selbst oder
andere, bestimmt. Genau genommen besteht die „Pomerania" Bugenhagens
also aus drei Büchern.

---

5 Vgl. hierzu Roderich S c h m i d t, Der Croy-Teppich der Universität Greifswald, ein
   Denkmal der Reformation in Pommern, in: Johann Bugenhagen. Beiträge (wie Anm.
   2), S. 89–107, hier S. 95–98.

6 Johannes Bugenhagens Pomerania. Hrsg. v. O. H e i n e m a n n (Quellen zur
   Pommerschen Geschichte. Hrsg. v. d. Gesellschaft für Pommersche Geschichte und
   Alterthumskunde, Bd. IV), Stettin 1900. O. Heinemann hat der Ausgabe eine umfängliche Einleitung (S. I–LVI) vorangestellt. „Einige Ergänzungen zur neuen Ausgabe der
   Pomerania Bugenhagens" hat er in: Monatsblätter der Gesellschaft für pommersche
   Geschichte und Altertumskunde 15, 1901, S. 70–73, mitgeteilt. – Die Widmungsschreiben an die Herzöge und an Valentin von Stojentin i. d. Ausg. S. 3–6. – Der hier
   und in der älteren Literatur Barnim XI. genannte Sohn Bogislaws X. wird in der neueren Literatur als Barnim IX. bezeichnet; vgl. A. H o f m e i s t e r, Die Zählung der
   pommerschen Herzöge, in: Monatsblätter der Gesellschaft für pommersche Geschichte und Altertumskunde 51, 1937, S. 49–63, und M. W e h r m a n n, Genealogie des
   pommerschen Herzogshauses, Stettin 1937, S. 113 f. (Nr. 102).

7 H e i n e m a n n S. IV/V.

Von ihnen ist für unseren Zusammenhang das erste von besonderem Interesse. Denn während das zweite und das dritte Buch die historischen Ereignisse chronologisch fortschreitend berichtet, also Geschichte erzählt, wird in dem ersten, welches „De Pomeranorum antiquitate" überschrieben ist, der Versuch unternommen, unter einer Art systematischer Gliederung gleichsam eine Beschreibung des Landes, eine „descriptio", zu bieten. Dieses erste Buch umfaßt 15 Kapitel: 1. „Slavia duplex", 2. „Tota Pomerania", 3. „Interpretatio dictorum. De Wandalis", 4. „Suspecta chronesis", 5. „Wandali sive Winiti", 6. „Wineta civitas", 7. „Iulina Pomeraniae civitas", 8. „Pomeraniae quaedam civitates", 9. „Obiectionis dilutio", 10. „Pomeraniam fuisse maiorem", 11. „Pomeranos non esse sub Polonis", 12. „Insignia Pomeranorum principum",13. „Pomerani quandoque Slavi dicti", 14. „Feudum ab imperatore", 15. „A gripe civitates".

Für alle Teile des Werkes hat Bugenhagen Quellen benutzt, häufig dieselben auch zitiert. Der Herausgeber Heinemann hat sie, fußend auf älteren Untersuchungen, im einzelnen festzustellen sich bemüht[8]. Es handelt sich um erzählende Quellen, aber auch um Urkunden oder andere archivalische Überlieferung, um Inschriften sowie um mündliche Tradition. Nicht alle der von Bugenhagen zitierten oder benutzten Quellen sind auf uns gekommen, etliche haben als verloren zu gelten. Wo diese in seinem Werk aufscheinen, hat die „Pomerania" „theilweise den Werth einer Quelle"[9]. Hinsichtlich der Benutzung seiner Materialien steht Bugenhagen „noch ganz auf dem Standpunkte der mittelalterlichen Chronisten", „indem er seine Vorlagen zum Theil einfach wörtlich abschreibt und sie durch mehr oder minder geschickte Uebergänge verbindet"[10]. Es finden sich – wie Heinemann anmerkt – „auch Ansätze zu einer kritischen Prüfung der Vorlage, indem Bugenhagen die Nachrichten verschiedener Quellen vergleicht und die ihm richtig oder wenigstens am wahrscheinlichsten scheinende auswählt, oder die einander widersprechenden Angaben neben einander stellt und, ohne sich endgültig für die eine oder andere zu entscheiden, seine Ansicht ausspricht"[11].

Dies gilt besonders auch für das erste Buch und erklärt, daß er verschiedentlich auf bereits behandelte Fragen zurückkommt, indem er ausdrücklich rückverweist. Dies trifft insbesondere für das Kapitel 13, aber auch für andere zu. So wird die in Kapitel 3 behandelte Frage, in welchem Verhältnis die Namen der Wandalen, der Winiter oder Winuler zueinander stehen und wie die so bezeichneten Völker miteinander zusammenhängen, in Kapitel 5 erneut aufgegriffen. In Kapitel 4 wird für das Verhältnis Pommerns zu Polen

---

8 Ders. S. XIII–LV.
9 Ders. S. LV.
10 Ders. S. XII.
11 Ders. S. LV.

auf Kapitel 2 zurückverwiesen. Daß Pommern nicht zu Polen gehört hat oder zu rechnen ist, betont Bugenhagen nachdrücklich. Das Kapitel 2 „Tota Pomerania" beginnt mit den Worten: „Porro, ubi Polonia finem facit, pervenitur ad amplissimam Slavorum provinciam eorum, qui antiquitus Wanduli, deinde Winiti seu Winuli appellati sunt. Horum primi sunt Pomerani"[12]. In Kapitel 11 „Pomeranos non esse sub Polonis" bekräftigt er noch einmal: „ubi Polonia finem facit, Pomerani describuntur"[13].

Bugenhagen folgt hier der Slavenchronik des Helmold von Bosau, die auch sonst gerade für das erste Buch seine Leitquelle darstellt, auf die er sich wiederholt beruft und die er als „Chronica Slavorum antiqua" bezeichnet. Sie wird ergänzt durch weitere Quellen, von denen für das erste Buch besonders die Chronica Polonorum bzw. Polonica, die Viten Bischof Ottos von Bamberg in späteren Bearbeitungen[14] sowie die kurz nach 1345 entstandene Denkschrift, das sog. „Protocollum", des Augustinerfraters Angelus de Stargard[15] zu nennen sind. Dieser Denkschrift, die zu dem Zweck verfaßt ist, die Ansprüche der Erzbischöfe von Gnesen auf das Bistum Cammin abzuwehren[16], hat Bugenhagen „die sagenhafte Urgeschichte Polens und Pommerns, den Nachweis der Unabhängigkeit Pommerns von Polen und des Bisthums Camin vom Erzbisthume Gnesen, ferner die Notizen, dass die Winiti von Vineta benannt ... und endlich dass Cäsar in Pommern Städte zum Schutze gegen die Poleneinfälle angelegt habe", entnommen[17].

Helmold hatte das zweite Kapitel seiner Slavenchronik, das mit den schon zitierten, von Bugenhagen entlehnten Sätzen „Ubi igitur Polonia finem facit ... sunt Pomerani" beginnt, „De civitate Vinneta" überschrieben[18]. Er schildert diese Handelsstadt als „maxima omnium, quas Europa claudit, civitatum". Helmold berichtet in diesem Kapitel anschließend aber noch von einer anderen civitas, nämlich von der „civitas vulgatissime" Rethra, die er

---

12 Pomerania (wie Anm. 6) S. 9.

13 Ebd. S. 31.

14 Ebd. S. XV–XVII. Vgl. dazu J. Petersohn, Das Breviarium Caminense der 2. Hälfte des 15. Jahrhunderts (Veröffentlichungen der Historischen Kommission für Pommern. Reihe V: Forschungen zur pommerschen Geschichte 3), Köln Graz 1963, S. 40–42.

15 Vgl. hierzu B o l l n o w (wie Anm. 1), S. 3 und W e h r m a n n (wie Anm. 1) S. 2. Ausgabe: Notula satis notabilis de Pomeranorum, Stetinensium ac Rugie principatu, ed. J. G. L. K o s e g a r t e n, in: Baltische Studien 17, 1, 1858, S. 103–140.

16 Vgl. J. P e t e r s o h n, Die räumliche Entwicklung des Bistums Kammin, in: Baltische Studien, N.F. 57, 1971, S. 7–25.

17 H e i n e m a n n (wie Anm. 6) S. XXV.

18 Helmoldi presbyteri Bozoviensis Chronica Slavorum, ed. B. S c h m e i d l e r (MG SS rer. Germ.), 1937, cap. 2, S. 7–9. Neben der Namensform „Vinneta" ist in Helmold-Handschriften noch überliefert: Jum(ne)ta, Niniueta, Immuueta, Jumneca.

als „sedes ydolatriae" apostrophiert[19]. Bugenhagen ist in diesem seinem
zweiten Kapitel „Tota Pomerania" den Angaben Helmolds zunächst nahezu
wörtlich gefolgt, hat die Darstellung dann aber unter Benutzung späterer,
d. h. historischer Nachrichten aus Helmold sowie anderer Nachrichten weitergeführt. Er beschließt das Kapitel mit einer Beschreibung der Grenzen
Pommerns, die er einer Ableitung der Otto-Viten entnahm[20], und zwar der
Grenzen gegen Polen, Preußen, Brandenburg und Mecklenburg.

Auf beide civitates – Vineta und Rethra – ist Bugenhagen dann aber noch
einmal zurückgekommen, auf Vineta in Kapitel 6 „Wineta civitas", auf Rethra in Kapitel 9, das „Obiectionis dilutio" überschrieben ist. Die zweite
Darlegung über Vineta benutzt er nun dazu, um von Stettin zu handeln, das
er im Anschluß an die OttoViten als „caput Pomeraniae" bezeichnet. Die
Stettiner haben gewissermaßen das Erbe Vinetas angetreten: „Hac civitate
destructa, crediderim deinceps rem omnem mercium agendarum ad Steti-
nenses devolutam, quod et hodie cernimus"[21]. Vineta aber, „quae nunc Wollin" und das lateinisch als „Iulina" bezeichnet wird[22], gilt auch ihm als eine
Gründung Julius Cäsars[23].

In dem „Iulina Pomeraniae civitas" überschriebenen 7. Kapitel legt Bugenhagen dar, daß Vineta – Wollin nicht die einzige Gründung Cäsars in
Pommern sei, auch Wolgast, die zweite Residenzstadt der Pommernherzöge
neben Stettin, sei eine solche[24]. Helmold nennt sie „Woligost" oder „Woli-
gast", „apud urbaniores vocatur Iulia Augusta propter urbis conditorem Iu-
lium Cesarem"[25]. Bugenhagen fügt hinzu: „Haec urbs in quibusdam divi
Othonis historiis nominatur Iuligasta, quasi quibusdam mutatis Iulii castra,
in quibusdam autem Hologasta", und er bemerkt dazu: „Ceperant enim eo
tempore usu barbarorum nomina immutari. Deinde legimus in principum li-
teris Waligasti"[26]. Aus den Otto-Viten übernimmt Bugenhagen die Angabe
von der in Wollin aufbewahrten und heidnisch verehrten Lanze Cäsars[27] und

---

19 Vgl. Roderich S c h m i d t, Rethra. Das Heiligtum der Lutizen als Heiden-Metropole,
   in: Festschrift für Walter Schlesinger, Bd. II, hrsg. v. H. B e u m a n n (Mitteldeutsche
   Forschungen 74/II), Köln Wien 1974, S. 366–394.
20 Pomerania (wie Anm. 6) S. 11 f.
21 Pomerania S. 17.
22 Pomerania S. 18. Über die Gleichsetzung von Vineta und Wollin vgl. A. H o f m e i -
   s t e r, Der Kampf um die Ostsee vom 9. bis 12. Jahrhundert (1931), 3. erweiterte Aufl.
   hrsg. v. Roderich S c h m i d t (Wiss. Buchgesellschaft, Reihe „Libelli" Bd. 72), Darmstadt und Lübeck-Hamburg 1960, S. 23 f., 63–74.
23 Pomerania S. 18 u. 19.
24 Ebd. S. 19.
25 Helmold (wie Anm. 18) cap. 38, S. 74.
26 Pomerania S. 19 m. Anm. 4 u. 5.
27 Ebd. S. 19 m. Anm. 8. Die Angabe findet sich nicht nur bei Ebo, sondern auch in der
   Prüfeninger Vita und bei Herbord.

aus dem „Protokoll" des Angelus von Stargard die Mitteilung, daß Cäsar „in terra Pomeranie contra Polonos urbes construxit munitas"[28].

Bugenhagen beendet das 7. Kapitel nach abschweifender Erzählung mit einem längeren Zitat aus dem Gedicht des Konrad Wimpina[29], Professor und 1494 Rektor der kursächsischen Universität Leipzig, 1506 Gründungsrektor der brandenburgischen Universität Frankfurt a. d. Oder, „Alberti Saxonie ducis ... bellorum actorumque epithoma" (Leipzig 1497), in dem Wimpina den wettinischen Kurfürsten Albrecht (1464–1500), den Begründer der Albertinischen Linie des sächsischen Kurhauses, der zugleich in der Reichspolitik eine hervorragende Rolle spielte, verherrlichte[30]. Auch Wimpina greift auf Cäsar als „Städtegründer" zurück. Bugenhagen beruft sich auf ihn, wenn er schreibt: „quod Iulius Caesar multas arces et urbes ex nomine suo in Misna et Saxonia struxerit ab Albi fluvio et Odera ad usque Sarmatas"[31]. Genannt werden Eilenburg (bei Leipzig), Iulin in Pommern, Lüneburg, Magdeburg und Hamburg. Die auf Iulin – Wollin bezüglichen, von Bugenhagen zitierten Verse Wimpinas lauten:

„Quaeque sub aequoreis habitat Pomeranica stagnis
Urbs Iulinensis, septem subiecta trioni,
Victricem quae olim veneratur Caesaris hastam"[32].

Er fügt dann zu Wimpinas Aufzählung noch die pommersche Stadt Tribsees hinzu: „Hoc aiunt olim Tributum Caesaris dictum" und bemerkt: „Nec est hoc absimile; facile enim haec commutatio nominis latini inter barbaros potuit admitti"[33].

Alle diese Städte lagen in der „Saxonia", aber westlich der Oder, die ursprünglich die Grenze zwischen den Pommern und den „Wenden" im Sprachgebrauch Bugenhagens bildete. Noch in heidnischer Zeit, in den zwanziger Jahren des 12. Jahrhunderts, hatten die Herzöge aus dem pommerschen Greifengeschlecht ihr Herrschaftsgebiet über die Oder westwärts bis Demmin und bis in den Peeneraum vorgeschoben[34]. Das gibt Bugenhagen Veranlassung und Gelegenheit, sich über die Zugehörigkeit der Gebiete westlich der Oder zu Pommern zu äußern. Das geschieht in Kapitel 8. Er schreibt, daß in nicht wenigen Chroniken den Pommern, „qui orientem Saxoniae incolunt",

28 Pomerania S. 18 m. Anm. 7.
29 Vgl. A. M i c h a l s k i, in: Lexikon für Theologie und Kirche 10, 1965, Sp. 1174 f.
30 Vgl. G. T a d d e y, in: Lexikon der deutschen Geschichte, Stuttgart 1977, S. 27.
31 Pomerania S. 23.
32 Ebd.
33 Ebd. S. 24 m. Anm. 2.
34 Vgl. J. P e t e r s o h n, Der südliche Ostseeraum im kirchlich-politischen Kräftespiel des Reichs, Polens und Dänemarks vom 10. bis 13. Jahrhundert (Ostmitteleuropa in Vergangenheit und Gegenwart 17), Köln Wien 1979, S. 213–224.

die Städte Wismar, Stralsund, Greifswald, Stettin, Rostock und Cammin zugeordnet werden[35]. Die Angabe, für die der Herausgeber der „Pomerania"
die Weltchronik Hartmann Schedels aus dem Jahre 1493, von Bugenhagen
als „Chronica Nurembergensis" bezeichnet, als Quelle anführt, die ihrerseits
Abschnitte aus der kulturgeographischen Länderbeschreibung „Europa" des
Enea Silvio de' Piccolomini übernommen hatte[36], weist Bugenhagen im
8. Kapitel zurück, indem er richtigstellt, daß Wismar und Rostock „nostra
non sunt", daß sie nicht zu Pommern, sondern zu Mecklenburg gehören[37].
Dann leitet er zur kirchlichen Zugehörigkeit dieser Gebiete über und stellt
die Unabhängigkeit des Bistums Cammin von Magdeburg wie von Gnesen
fest[38]. Und hieran fügt er dann eine Aufzählung der pommerschen civitates
und oppida seiner Zeit[39].

An „civitates" nennt Bugenhagen: Stettin, Stralsund, Greifswald, Anklam,
Bergen, Pasewalk, Stargard, Pyritz, Gollnow, Wollin, Greifenberg, Treptow
(„Treptovia nova" d.i. Treptow a.d. Rega), Kolberg, Köslin, Rügenwalde
und Stolp[40]. Jedem dieser Namen ist eine knappe erläuternde geographische
und historische Angabe hinzugefügt. Er setzt die Aufzählung dann fort mit
den Worten: „Sunt et oppida et loca castris insignia, inter quae haec" und
nennt nun weitere 51 Orte: Wolgast, Loitz, Barth, Grimmen, Gützkow,
Wolde, Ueckermünde, Usedom, Saatzig, Daber, Labes, Stramehl, Naugard,
Friedrichsberg („Querkenburga"), Broock, Gülzow, Woldenburg, Kölpin,
Körlin, Belgard, Neustettin, Rügenwalde (s.o.), Stolp (s.o.), Lauenburg, Bütow,
Petershagen, Treptow a.d.Tollense, Uechtenhagen, Möllen, Kremzow, Neh-
ringen, Grimmen (s.o.), Tribsees, Massow, Broock (s.o.), Zachan, Vierraden,
Torgelow, Stolzenburg, Klempenow, Altwigshagen, Mützelburg, Müggen-
burg („sive Pulicastrum"), Spantekow, Regenwalde, Siegelkow, Warnow,
Matzdorf, „Mestimontium vel Trurenbergium", Ravenstein („sive Coraco-
petra"), Upatel[41].

Von Vineta, der großen Handelsmetropole der Frühzeit, spannt Bugenhagen also den Bogen bis hin zu den Städten, Orten und Burgen seiner Zeit.
Ebenso wie auf Vineta (in Kapitel 6) ist er auf Rethra, die Heidenmetropole,
zurückgekommen, und zwar in dem „Obiectionis dilutio" überschriebenen
9. Kapitel. Auch diese große civitas ist wie Vineta untergegangen. „Nihil
nanque sub sole perpetuum", führt Bugenhagen dazu aus; „cadunt vetera,

---

35 Pomerania S. 24.
36 Heinemann (wie Anm. 6), S. XVI.
37 Ebd. S. 24.
38 Ebd. S. 24 f.
39 Ebd. S. 25 f.
40 Es fehlt die civitas Demmin; aber von ihr ist schon vorher, zuletzt zu Beginn des
   8. Kapitels, die Rede.
41 Vgl. im einzelnen das Register zu der Ausgabe der Pomerania von Heinemann.

surgunt nova"[42]. Als neue civitates nennt er Anklam, Greifswald, Greifenberg, Treptow a.d. Rega sowie das vor den Toren dieser Stadt liegende Kloster Belbuck, die Stätte seines Wirkens. Anschließend bringt er Beispiele für alte zerstörte und erneuerte Orte und vernichtete castra. Im 15. und letzten Kapitel des ersten Buches „A gripe civitates" ist dann die Rede von den Pommernherzögen als Städtegründern, wofür die civitates Greifswald, Greifenberg und Greifenhagen als Beweis angeführt werden[43].

Immer wieder landet Bugenhagen in diesem sein Werk eröffnenden, nicht eigentlich chronologisch fortschreitenden ersten Buch bei den damals gegenwärtigen Verhältnissen des Pommerlandes[44] und insbesondere bei seinen Städten, zu deren Lob er in Kapitel 8 treffende Bemerkungen anbringt. Was dieser erste Historiograph Pommerns auftragsgemäß vorgelegt hat, ist eine „historia" des Landes. Doch indem er schon in dem „De antiquitate" gewidmeten Buch den Bogen bis in seine eigene Zeit spannt, liefert er Angaben und Mitteilungen, die auf eine Zustandsbeschreibung des Landes zielen, auf eine „descriptio"«.

Zehn Jahre nach Vollendung der „Pomerania" Bugenhagens ist in der herzoglichen Kanzlei in Stettin Thomas Kantzow als Secretarius tätig[45]. Kantzow hatte an der Universität Rostock studiert. Dem Immatrikulationseintrag vom April 1526 ist zu entnehmen, daß er aus Stralsund stammte. Seit 1528 bezeugen ihn verschiedene Urkunden im Dienste der gemeinsam regierenden Söhne Bogislaws X., Georg I. und Barnim IX. Für seine Tätigkeit wurde er von den Herzögen mit Pfründen und Einkünften bedacht[46]. Nach dem Tode Herzog Georgs I. im Mai 1531 wurde Pommern unter Barnim IX.

---

42 Pomerania S. 27.
43 Ebd. S. 43–45. Vgl. hierzu D. L u c h t, Die Städtepolitik Herzog Barnims I. von Pommern 1220–1278 (Veröffentlichungen der Historischen Kommission für Pommern, Reihe V: Forschungen zur pommerschen Geschichte 10); Köln Graz 1965; W. K u h n, Die deutschen Stadtgründungen des 13. Jahrhunderts im westlichen Pommern, in: Zeitschrift für Ostforschung 23, 1974, S. 1–58; K. C o n r a d, Herzogliche Städtegründungen in Pommern auf geistlichem Boden, in: Pommern und Mecklenburg. Beiträge zur mittelalterlichen Städtegeschichte. Hrsg. v. Roderich S c h m i d t (Veröffentlichungen der Historischen Kommission für Pommern, Reihe V: Forschungen zur pommerschen Geschichte 19), Köln Wien 1981, S. 43–73, über Greifswald S. 45–60.
44 Vgl. auch Kapitel 12 u. 14 der Pomerania.
45 Über Kantzow vgl. Roderich S c h m i d t, in: Neue Deutsche Biographie 11, 1977, S. 128 f.
46 Für Einzelheiten vgl. Thomas Kantzows Chronik von Pommern in Niederdeutscher Mundart, hrsg. v. W. B ö h m e r, Stettin 1835 (Nachdruck Wiesbaden 1973), Einleitende Abhandlung des Herausgebers, S. 34–73 „Thomas Kantzow's Leben und Schriften"; F. G r o e n w a l l, Thomas Kantzow und seine Pommersche Chronik, in: Baltische Studien 39,1889, S. 257–353; B o l l n o w (wie Anm. 1) S. 11–16.

und dem Sohn Georgs I., Philipp I., geteilt[47]. Kantzow ist nun Sekretär des in
Wolgast residierenden jungen Philipp. Die Einführung der Reformation in
Pommern[48], vollzogen auf dem Landtag zu Treptow a.d. Rega im Dezember
1534, die vorangehenden Verhandlungen wie die nachfolgenden Maßnahmen hat er gewiß nicht nur unmittelbar miterlebt, er dürfte daran auch
dienstlich beteiligt gewesen sein. Bezeugt ist seine Mitwirkung an den der
Durchführung der Reformation dienenden Kirchenvisitationen 1535–1537[49].
Er gehörte ebenso wie Bugenhagen zu der Verhandlungskommission, die im
Mai 1535 eine Regelung mit dem sich der Reformation widersetzenden Kloster Neuenkamp vornahm[50]. Die Visitationsrezesse für die Kirchen zu Grimmen, Barth und Tribsees stammen wahrscheinlich von seiner Hand[51]. Als
sich die Ritterschaft wegen der Einziehung der Feldklöster bei den Herzögen beschwerte und sich gegen die Reformation aussprach, verfaßte Kantzow das herzogliche Antwortschreiben, datiert vom 12.9.1535, mit bemer-
kenswerten theologischen wie historischen Argumenten[52]. „Vermutlich ist
es diese seine amtliche Tätigkeit gewesen, die in Kantzow Interesse für die
Vergangenheit des Landes erweckt und ihn der Beschäftigung mit der
pommerschen Geschichte zugeführt hat", schreibt der Herausgeber seiner
Chroniken, Georg Gaebel[53].

Kantzow hat eine Anzahl historischer Schriften verfaßt und hinterlassen,
nicht in lateinischer, sondern in deutscher Sprache[54]. Diejenigen in nieder-

---

47 Vgl. G. Linke, Die pommerschen Landesteilungen des 16. Jahrhunderts, in: Baltische
   Studien, N.F. 37, 1935, S. 1–70, hier S. 2–17, und Historischer Atlas für Pommern
   (Veröffentlichungen der Historischen Kommission für Pommern, Reihe III), Karte 5:
   Karte der Landesteilungen des 16. Jahrhunderts, mit Erläuterungen, von F. E n g e l ,
   Köln Graz 1964.
48 Vgl. hierzu H. H e y d e n , Zur Geschichte der Reformation in Pommern, insonderheit
   politische Motive bei ihrer Einführung in den Jahren 1534/35, in: H. H e y d e n , Neue
   Aufsätze zur Kirchengeschichte Pommerns (Veröffentlichungen der Historischen
   Kommission für Pommern, Reihe V: Forschungen zur pommerschen Geschichte 12),
   Köln Graz 1965, S. 1–34.
49 Protokolle der pommerschen Kirchenvisitationen 1535–1539, bearb. v. H. H e y d e n
   (Veröffentlichungen der Historischen Kommission für Pommern, Reihe IV: Quellen
   zur pommerschen Geschichte 1), Köln Graz 1961.
50 Ebd. S. 57–59 (Nr. 6). Vgl. hierzu Roderich S c h m i d t , in: Baltische Studien, N.F. 46,
   1959, S. 59 m. Anm. 9.
51 Protokolle (wie Anm. 49) S. 80–83 (Nr. 17), S. 101–104 (Nr. 18 b), S. 104–108 (Nr.
   19). Auch in Lassan (Juli 1537) gehörte Kantzow zur Visitationskommission, ebd.
   S. 117 f. (Nr. 26).
52 Vgl. Roderich S c h m i d t , Das Stift Cammin, sein Verhältnis zum Herzogtum
   Pommern und die Einführung der Reformation, in: Baltische Studien, N.F. 61, 1975,
   S. 17–31, hier S. 26 f.
53 G a e b e l , in: nddt. Chr. (S. Anm. 55) S. X.
54 Vgl. hierzu die Einleitung von G. G a e b e l zu: 1. hdt. Chr. (s. Anm. 87), S. IV–LXIV,
   sowie auch B ö h m e r (wie Anm.46) S. 34–73.

deutscher Mundart gelten als die ältesten. Sie entstanden zwischen Herbst 1536
und Frühjahr 1538, wurden also bald nach der niederdeutschen „Kercken-
Ordeninge des gantzen Pomerlandes" Bugenhagens von 1535 geschrieben.
Georg Gaebel hat „Des Thomas Kantzow Chronik von Pommern in niederdeutscher Mundart" 1929 herausgegeben und ihre Entstehung auf Grund
der handschriftlichen Überlieferung näher dargelegt[55]. Die niederdeutsche
Chronik besteht nicht aus einer zusammenhängenden, fortlaufenden Ge-
schichtserzählung, sondern „aus mehreren Stücken, die zu verschiedenen
Zeiten unabhängig von einander verfaßt sind und verschiedene Abschnitte
der pommerschen Geschichte behandeln"[56]. Die Stücke weisen Wiederholungen auf und sind nicht miteinander verschmolzen.

Chronologisch geordnet handelt es sich um drei Teile. Der erste trägt die
Überschrift „Vrsprunk, altheit und geschicht der lande und volker Cassuben, Wenden und Ruyen"[57], und reicht bis zur Zusammenkunft Bogislaws I.
mit Kaiser Friedrich Barbarossa zu Lübeck 1181[58] und den Kämpfen mit
Dänemark. Der zweite Teil beginnt mit der Bekehrung der Pommern zum
Christentum und führt die Geschichte des Landes bis zum Tod Herzog
Erichs II. († 1474)[59], der Pommern nach andauernden Teilungen wieder vereinigt hatte. Der dritte Teil[60] beinhaltet die Gewinnung des Stettiner Landesteils nach dem Aussterben der dortigen Linie des Greifenhauses[61] durch
Erich II. im Stettiner Erbfolgestreit, die Regierungszeit Bogislaws X. (1474–
1523) und seiner Nachfolger, die Einführung der Reformation, die Heirat
Herzog Philipps mit Maria von Sachsen 1536[62] und endet mit weiteren Ereignissen dieses Jahres.

55 Des Thomas Kantzow Chronik von Pommern in niederdeutscher Mundart, hrsg. v.
   G. G a e b e l (Veröffentlichungen der Historischen Kommission für Pommern I, 4),
   Stettin 1929, mit Einleitung, S. IX–XXVIII. Im folgenden zitiert als: „nddt. Chr.".
56 Nddt. Chr., S. XVIII.
57 Ebd. S. 121–165; S. XVI.
58 Vgl. F. C u r s c h m a n n , Die Belehnung Herzog Bogislaws I. von Pommern im Lager
   vor Lübeck (1181), in: Pommersche Jahrbücher 31, 1937, S. 5–33; D. L u c h t , War
   Bogislaw I. Reichsfürst?, in: Baltische Studien, N.F. 54, 1968, S. 26–30, sowie Roderich S c h m i d t, Die Belehnung Bogislaws I. von Pommern durch Kaiser Friedrich I.
   Barbarossa vor Lübeck 1181 in ihrer historischen Bedeutung.
59 Vgl. Roderich S c h m i d t, Erich II., in: Neue Deutsche Biographie 4, 1959, S. 587–588.
60 Nddt. Chr. S. 1–118.
61 Vgl. Roderich S c h m i d t, Art. „Greifen", in: Neue Deutsche Biographie 7, 1966,
   S. 29–33.
62 Vgl. hierzu Roderich S c h m i d t, Die Torgauer Hochzeit 1536. Die Besiegelung des
   Bundes zwischen Pommern und Sachsen in der Zeit der Reformation, in: „Solange es
   Heute heißt", Festgabe für Rudolf Hermann zum 70.Geburtstag, Berlin 1957, S. 234–
   250; d e r s ., Johannes Bugenhagen als Mittler in den politischen Eheverhandlungen
   zwischen Pommern und Sachsen 1535/36, in: Zeitschrift für Kirchengeschichte 69,

Hinsichtlich ihrer Entstehung ist Gaebel zu dem Ergebnis gelangt, daß
Kantzow zuerst den dritten Teil, danach den ersten und schließlich den
zweiten verfaßt habe[63]. Kantzow hat also mit der „Zeitgeschichte" begonnen, vielleicht in der Absicht, das Werk Bugenhagens weiterzuführen. Es
möchte zu prüfen sein, ob ihn nicht dies veranlaßt haben mag, dieses auf
Grund eigener und z.T. besserer Kenntnis der Überlieferung zu überarbei-
ten, d.h. neu zu fassen, und zwar in der Landessprache.

Der seiner Entstehung nach zweite Teil der niederdeutschen Chronik,
„Vrsprunk, altheit und geschicht der lande und volker Cassuben, Wenden
und Ruyen" überschrieben, beginnt mit der Herkunft der Pommern: „Pomern sint [na lude aller historien] eres ersten herkamens [bet an den Chri-
stendom und noch etlike jar darna averall] Wende geweset"[64]. Er leitet die
Völker dann, wie auch Albert Krantz in seiner „Wandalia"[65] von Noah und
seinen drei Söhnen ab, kommt so auf die „Wandali" und gelangt am Ende
dieses Kapitels zu der Feststellung[66]: „Darum schal man in dissem nafolgenden boke Wende und Pamern for ein dink holden; nicht dat wi itzt Wende
sin, sonder dat me uns in den olden jaren so genomet heft[67]. Und is ok nicht
umbsust hir to erclerende, dat de Wende bi den Latinischen scribenten beid
Wandali und Slavi geheten werden, sonderlik de disses ordes geseten weset,
und is in dem Wandali und Slavi [uns] ein dink". Von diesen Pommern will
er das berichten, „wat de nottroft und sonderlike geschichten diss lands und
volks to Pamern betreffet". Und dies soll geschehen, „dat wi nicht fabulen,
wo etlike hochberomte historienschriver gedan, sonder historias, dat is
wahrhaftich geschehene dinge, beschriven"[68]. Es geht ihm in diesem Teil also
um die Darstellung des Geschehenen, um „historia", „geschichten".

Auch in dem zuerst verfaßten Teil ist es Kantzow hierum zu tun. Der erste Hauptkomplex, den er hier behandelt, die Vereinigung Pommerns und
seines Herzogshauses durch Erich II., setzt mit einem auf Herzog Erich I.
zurückgreifenden Vorbericht ein[69]. Dieser aus dem hinterpommerschen Zweig

---

1958, S. 79–97; d e r s., Pommern und Sachsen in der Zeit der Reformation, in: Baltische Studien, N.F. 46, 1959, S. 57–78.

63 Nddt. Chr., S. XVII–XXIII.
64 Ebd. S. 123. Bei dem in eckige Klammern gesetzten Text handelt es sich hier und im
folgenden um nachträgliche Zusätze oder Anmerkungen Kantzows; vgl. G a e b e l,
nddt. Chr., S. XXVII.
65 Vgl. über ihn B e r t h e a u, in: Allg. Deutsche Biographie 17, 1883, S. 43 f. Die Hauptwerke Krantz', die „Wandalia" und die „Saxonia", erschienen 1519 bzw. 1520.
66 Nddt. Chr., S. 126 f.
67 Jetzt sind die Pommern für Kantzow Deutsche, weshalb „de Denen uns mehr Dutz-
sche heten wen Pamern" (ebd. S. 126). Allerdings merkt er an, daß „ock itzt noch ein
ganz ort in Hinderpomern is, dar fidel Wende wanen" (ebd. S. 123).
68 Nddt. Chr., S. 123.
69 Ebd. S. 6 ff.

der Wolgaster Linie des Herzogshauses stammende Herrscher (* 1382, † 1459)[70] hatte als König der in der Kalmarer Union (seit 1397) vereinigten Reiche Dänemark, Norwegen und Schweden europäischen Rang erlangt, weshalb wohl auch von Kantzow die „Europa" des Eneas Silvio de' Piccolomini in diesem Zusammenhang zitiert wird[71].

Um die Wiedervereinigung Pommerns auf dem Hintergrund der vorangegangenen Teilungen recht zu würdigen, hat Kantzow in einer Einleitung zu diesem Teil der Chronik das Nötige ausgeführt: „To nodigem betern vorstande disser nafolgenden geschichte is to weten, dat de hertochdom Stettin, Pomern, Cassuben, Wenden van je her ut, sodder dat se christen geworden, sint ein land geweset under erer herschop, den hertogen van Pomern. Do is dat furstendom Rhugen ein sonderlich furstendom geweset und heft sine eigen herschop gehat"[72]. Nach Aussterben der Fürsten (1325) kam es an Pommern, und dieses wurde in drei „Länder" gemäß den drei Linien des Herzogshauses geteilt. Es sind dies die Länder „Pomern" (Herzogtum Stolp bzw. Herzogtum Wolgast östlich der Swine), „Stettin" und „Barth oder Wolgast" (Herzogtum Wolgast westlich der Swine)[73].

Die Einleitung zu diesem Teil der Chronik bietet aber mehr als Mitteilungen über die geschichtliche Gliederung Pommerns; sie beginnt mit Ausführungen des Autors „über den Nutzen der Geschichtsschreibung im allgemeinen und über die Gründe ..., die ihn veranlaßt haben, sich ihr zu widmen"[74]: „Nadem id nicht allein lüstig, sondern ock [denjennen, so in verwaldinge lande lude und gemeines besten sint,] nütte und behoff is, dat se olde geschichte weten, darum dat se in allen gefellen des gelucks ein vorbilde hebben, sick der gelegenheit na darinne to schicken, so hebbe ick mi understan, datjenne, so ick van den olden disses landes gehort und sust erfarn, ock wat ick sulfest bi minen tiden angesehn und erlevet, antotekenen"[75]. Es geht ihm darum, „disse geschichte" „unsen nakamenden mittoteilen" und sie „vor vergetenisse to eredden"[76]. Sein Anliegen ist die Überlieferung der Geschichte des Landes, nicht zuletzt – wie er als Zusatz angemerkt hat – zum Nutzen für diejenigen, die mit der Landesverwaltung befaßt sind.

Für diesen Personenkreis, zu dem ja auch Kantzow selbst gehörte, war es wohl auch von Nutzen und entsprach einem Bedürfnis („nütte und behoff"), etwas über die einzelnen Landesteile zu erfahren, und zwar nicht bloß aus der Geschichte derselben. Demgemäß heißt es zu Beginn des

---

70 Vgl. Roderich S c h m i d t, Erich I., in: Neue Deutsche Biographie 4, 1959, S. 586–587.
71 Nddt. Chr., S. 6 m. Anm. 4.
72 Ebd. S. 2.
73 Ebd. S. 4–6.
74 G a e b e l, ebd. S. XX.
75 Nddt. Chr., S. 1.
76 Ebd.

Schlußteiles der Einleitung: „Dewile averst gesecht ist, wo dat lant to Pamern gedeilt is worden, willen wi sehn, wat to jederm hertochdom is belegen
geweset und in welkern greinzen sick ein jeders geslaten heft"[77]. Es folgen
nun[78] für die Landesteile Pommern (Stolp), Stettin und Wolgast Angaben über
die topographische Ausdehnung, über besondere Verwaltungsbezirke wie
das Stiftsgebiet von Cammin und die Grafschaft Naugard, über Stifte und
Klöster, über Städte und Flecken, über Flüsse und Gewässer, über Fischerei,
Jagd und Wild, über Bodenschätze sowie – bei der Behandlung des Landes
Wolgast – über die Universität Greifswald und über die Inseln Usedom und
Rügen.

Wir haben hier eine knapp gefaßte „Landesbeschreibung" vor uns, die
zwar als eine Zustandsschilderung für die Zeit vor der Vereinigung
Pommerns, d.h. für die zweite Hälfte des 15. Jahrhunderts, gedacht ist, die
aber doch auch als eine Beschreibung der Verhältnisse, wie Kantzow sie
noch kannte[79], gelten kann. Bei der Aufzählung der Städte im Herzogtum
Stolp, die mit Bütow und Lauenburg endet, fügte er zu diesen beiden Städten nachträglich hinzu: „horen nu ock darto, averst de sint ersten bei hertoch Eriken tiden darto gekamen, wo hirna steit"[80]. Kantzow verweist auf
den historischen Teil seines Werkes, wo er die Gewinnung dieser vorher
dem Deutschen Orden gehörenden Gebiete behandelt[81]. Er hat aber auch
andere „historische" Nachrichten eingestreut, so über Rügen: „Ut disser Insel is geweset Odoacer, alse etlike historien schriven", oder über das Land
Barth: „Dar hebben ehrmals de Langobarden geseten, wo etlike historien
schriven, [also Saxo Gramaticus, Albert Crantz und andere,]" und zum weiteren Beweis führt er das Wappen der Stadt Barth an[82].

Was bei Bugenhagen in Ansätzen vorhanden ist – besonders die Aufzählung der pommerschen Städte im ersten Buch, Kapitel 8 –, sich jedoch verstreut in verschiedenen Kapiteln findet, das ist hier bei Kantzow in der Einleitung zu dem zeitgeschichtlichen Teil seines niederdeutsch verfaßten
Chronikwerkes zu einer in sich geschlossenen „Landesbeschreibung" zusammengefaßt, dir, – wenn auch noch kurz – doch weit mehr bietet als eine
Aufzählung der Städte und Ortschaften. Kantzow gebraucht auch den Begriff „Beschreibung", nämlich am Ende dieser seiner ältesten „descriptio",

---

77 Ebd. S. 4.
78 Ebd. S. 4–6.
79 Vgl. z.B. die Angabe: „Erze is nicht in dissem lande, alleine isererz, de schmedet men
   bi Wollin und Nigen Stettin", ebd. S. 4.
80 Ebd. Vgl. hierzu Ellinor von P u t t k a m e r , Die Lande Lauenburg und Bütow – internationales Grenzgebiet, in: Baltische Studien, N.F. 62, 1976, S. 7–22, hier S. 11–14.
81 Nddt. Chr., S. 17.
82 Ebd. S. 5 f.

wo es heißt: „Dit is de beschrivinge des ganzen lands Pomern, alse id itzt in sinen greinzen licht"[83].

Überliefert sind die drei Teile, die als „Chronik von Pommern in niederdeutscher Mundart" ediert worden sind, in einer die Teile chronologisch darbietenden Handschrift[84]. Sie weist den von der Hand Kantzows geschriebenen Titel auf: „Fragmenta der pamerischen geschichte, vth welcken, so men de tide recht ordent und dat jennige, wat vnrecht ist, recht maket, men wol einen guden wech tho einer Croniken hebben konde"[85]. Der Herausgeber Gaebel hat daraus gefolgert, daß Kantzow selbst es gewesen sei, der die drei Stücke nach dem chronologischen Gesichtspunkte aneinander gereiht hat, „mit der Absicht, sie zu einer zusammenhängenden Darstellung der pomm. Gesamtgeschichte zu verschmelzen"[86].

Dieses Vorhaben hat er alsbald durchgeführt, nun aber in hochdeutscher Sprache. Das Ergebnis ist die sogenannte erste hochdeutsche Fassung der „Chronik von Pommern"[87]. Ihre Entstehung wird ins Jahr 1538 gesetzt, und zwar bevor Kantzow Pommern für Jahre verließ, um an der Universität Wittenberg gelehrte Studien zu betreiben. Im Sommersemester 1538 wurde er hier von Melanchthon immatrikuliert. Er befand sich im Gefolge des pommerschen Grafen Ludwig von Everstein. Die Herzöge haben ihm den Aufenthalt in Wittenberg dadurch gesichert, daß sie ihm alle bisher verliehenen geistlichen Pfründen bestätigten. Bis ins Jahr 1542 hat sich Kantzow in Wittenberg aufgehalten. Erkrankt kehrte er nach Pommern zurück. Am 25. September 1542 ist er in Stettin verstorben[88].

In hochdeutscher Version liegt Kantzows Chronik in mehreren Fassungen vor. Der Herausgeber Gaebel hat eine erste (noch in Pommern entstandene)[89] und eine zweite (in Wittenberg geschriebene) unterschieden[90] und 1898 bzw. 1897 herausgegeben. Die erste Fassung ist von Kantzow nicht zu Ende geführt; sie reicht nur bis zum Tode Herzog Bogislaws X. 1523. Die zweite Fassung, eine sehr gründliche Neubearbeitung der ersten, führt die geschichtlichen Ereignisse bis zum Regierungsantritt Herzog Philipps I. 1531. Aber auch sie stellt nicht die endgültige Vollendung des Werkes dar,

83 Ebd. S. 6.
84 Gaebel, ebd. S. XIV–XXIV.
85 Ebd. S. XVI.
86 Ebd. S. XXIII.
87 Des Thomas Kantzow Chronik von Pommern in hochdeutscher Mundart, Bd. II: Erste Bearbeitung. Hrsg. v. G. Gaebel, Stettin 1898. Im folgenden zitiert als: „1. hdt. Chr.".
88 Ebd. S. II–III; vgl. auch die Lit. o. Anm. 45 u. 46.
89 S. Anm. 87.
90 Des Thomas Kantzow Chronik von Pommern in hochdeutscher Mundart, Bd. I: Letzte Bearbeitung. Hrsg. v. G. Gaebel, Stettin 1897. Im folgenden zitiert als: „2. hdt. Chr.".

wie die zahlreichen Ergänzungen, Anmerkungen und Notizen Kantzows erkennen lassen[91].

Die erste hochdeutsche Fassung ist in elf Bücher gegliedert. Das fünfte Buch endet mit dem Tod Herzog Bogislaws I. 1187[92]. Nachdem bis hierhin – wie Kantzow es formulierte – „die Geschicht und Tatten der alten Pomern und Wende" beschrieben worden sind sowie die Veränderungen, die das Christentum bewirkt hat in Bezug auf „die Religion, Sprach, Sytten und Gewonheit diesser Volcker und Land", aber auch die Veränderungen, die dadurch entstanden, daß „Teutzsche und Sachssen gekhomen" und daß so „ein fromer, handeliger Volck geworden" ist, wollte er im sechsten Buch „stuckeweise anzeigen die Gelegenheit derselben Lande und des Volcks Art und Sitten in irer Heidenschafft"[93]. Dieses Vorhaben, „eine antiquarische Schilderung einzuschieben"[94], hat Kantzow aber nicht ausgeführt. Auch in der zweiten hochdeutschen Fassung ist diese Lücke noch nicht geschlossen[95]. Die entsprechenden Seiten der Handschrift sind unbeschrieben[96]. Er vermerkte lediglich: „Dis wil ich mitler Zeit fertigen; ..."[97].

Es ist nicht bei diesem Vorsatz geblieben. Doch gelang ihm auch in Wittenberg nicht eine abschließende Darstellung; er verfaßte vielmehr eine Anzahl von Texten[98]. Einen von ihnen hat Gaebel seiner Ausgabe der zweiten hochdeutschen Fassung eingefügt[99]. Die Überschriften dieses Textes lauten: „Von alter gelegenheit vnd nhamen des lands Pomern", „Von dem pomerischen Mehre", „Vom glawben der alten Pomern", „Von natur und sitten des folcks", „Von begrebnus", „Von rustung diesses folcks", „Von gehorsam gegen yrer obirkheit"[100].

Kantzow bezieht sich hier auf Ptolemäus, Tacitus, Jordanes, Helmold. Diese und andere Schriftsteller und Historiographen des Altertums und des Mittelalters hat er offenbar in Wittenberg kennengelernt und ihre Werke studiert. Dabei gelangte er zu der Ansicht, daß seine bisherige Vorstellung von der Vorgeschichte Pommerns, insbesondere von der slawischen Urbevölkerung, irrig sei. Es ist u. a. eine Notiz von ihm erhalten, die sich auf seine Texte hierüber, aber auch auf seine neuen Erkenntnisse bezieht: „So weit als ich dies hab zusammengeneyet, mus ichs gar andern; dan ich hab Crantze

---

91 Gaebel, 1. hdt. Chr., S. XXIV.
92 Vgl. B. Zientara, in: Lexikon des Mittelalters, Bd. 2, 2. Lfg., 1981, Sp. 324.
93 1. hdt. Chr., S. 94.
94 Ebd. Anm. 1.
95 Gaebel, 1. hdt. Chr., S. XXVII.
96 Ebd. S. XXIII.
97 Ebd. S. XXVII u. XXXII; 2. hdt. Chr. S. 134, Anm. 1.
98 Gaebel, 1. hdt. Chr., S. XLVI ff.
99 2.hdt.Chr., S. 134–139.
100 Gaebel, 1. hdt. Chr., S. LI.

vnd der polnischen Chroniken gefolgt vnd die ersten einwohner dieser Lande zu Wenden gemacht, das doch nicht ist. Dan es erfindet sich aus Ptholomeo, Tacito vnd andern, das Teutzsche hirjnne gesessen. ... Darnach, wie die Rugianer vnd andere folcker aus diesem lande mit den Gotten in Pannonias vnd Welscheland gezogen, do seint ersten die Slafen aus Sarmatien in vnser land gekhomen, nicht lange vor des grossen Karlls Zeiten. Vnd do haben sich die Wende oder slafen in Sarmatien Polen genennet vnd die Wende an der Sehe Pomern; dan man findet die nhamen Polen vnd Pomern nicht lenger zuuor. Darvm mus das alles geendert werden"[101].

Die auf Grund dieser Erkenntnisse neu konzipierte Vorgeschichte Pommerns liegt wieder in mehreren Bearbeitungen vor[102]. Aus ihnen hat Gaebel den Text gewonnen, den er unter der von Kantzow stammenden Überschrift „Vom alten Pomerland" der ersten hochdeutschen Fassung der Chronik als Anhang beigegeben hat[103]. Dieser Text füllt 34 Druckseiten; in der niederdeutschen Chronik hatte die entsprechende Ausführung in dem Teil „Vrsprunk, altheit und geschicht der lande und volker Cassuben, Wenden und Ruyen" ganze 4 Seiten ausgemacht[104]. Kantzow hat seine Kenntnisse also ständig erweitert und entsprechend seine verschiedenen Textfassungen anschwellen lassen.

Das gilt auch für die in der niederdeutschen Chronik etwas mehr als zwei Seiten umfassende „Landesbeschreibung"[105]. Auch sie findet sich, nunmehr zu einer kleinen Abhandlung erweitert, in den hochdeutschen Fassungen seiner Chronik. In der ersten hochdeutschen Fassung schließt diese Landesbeschreibung von 26 Druckseiten Umfang unmittelbar an die mit dem Tod Bogislaws X. 1523 endende Geschichtsdarstellung an[106]. Sie trägt die Überschrift „Von itzigem Pomern" und hat folgende Abschnitte: „Von der Sehe", „Von der Oder", „Vom Volcke des Lands ins gemeine", „Vom Glawben des Folcks", „Von Streitparheit und Rustung", „Von der Herschaft des Lands", „Von den Lantsassen und Underthanen", „Von Recht und Gewonheit des Lands", „Von Frucht des Lands", „Von Jagt", „Von Weydewerck", „Von Fischerei", „Von Gelegenheit des Lands zu Rhügen", „Von Gnitze"[107] sowie „Von etlichen furnehmen Stetten in Pomern", und hier behandelt er Stralsund, Stettin, Greifswald und Stargard, doch bei dieser Stadt endet der Text nach drei Zeilen.

---

101 Ebd. S. LIV.
102 Ebd. S. LIV ff.
103 1. hdt. Chr., S. 262–295.
104 Nddt. Chr., S. 123–127; s.o. S. 58 m. Anm. 64–68.
105 Nddt. Chr., S. 4–6; s.o. S. 59 f. m. Anm. 77–83.
106 1. hdt. Chr., S. 236–261.
107 Ein Ländchen auf der Insel Usedom.

In der zweiten hochdeutschen Fassung[108] heißen die Abschnitte entsprechend oder ähnlich: „Von der sehe", „Von der Oder und frischen Hafe", „Von den Einwonern des Lands ins gemeine", „Vom Glawben des Lands", und hier bricht der Text mitten im Satze ab. Vergleicht man den Text dieser Fassung mit dem der ersten in hochdeutscher Fassung, so zeigen sich auch hier nicht nur stilistische Änderungen oder ein Wechsel im Ausdruck, sondern auch der durch Ergänzungen bedingte Zug zur Ausweitung des Textes.

Was von der „Landesbeschreibung" in der zweiten hochdeutschen Fassung fehlt, das findet sich in der sog. „Pomerania"[109], in einem Werk, das zweifellos mit den Chroniken Kantzows aufs engste zusammenhängt[110], das man aber lange dem Kantzow auch persönlich verbundenen pommerschen Landrentmeister Nikolaus von Klempzen zuschreiben wollte[111]. Kantzow hat ihm seinen wissenschaftlichen Nachlaß vermacht. Inzwischen ist nun der Nachweis geführt worden, daß es sich bei der „Pomerania" um eine dritte hochdeutsche Fassung der Kantzowschen Chronik handelt, um eine „Nachlaßfassung" aus dem Jahre 1541/42, die nach dem Tode Kantzows unter Verwendung seiner Aufzeichnungen und Notizen von Nikolaus von Klempzen komplettiert worden ist[112].

Diese dritte hochdeutsche Fassung bietet nicht nur die Abschnitte der „Landesbeschreibung"[113], die in der zweiten Fassung fehlen, sondern sie zeigt darüber hinaus, daß die Aufzählung der Städte, die in der ersten hochdeutschen Fassung bei Stargard aufhört, hier nicht ihr Ende hatte oder haben sollte. Auf den vollständigen Stargarder Text folgen Angaben über weitere Städte, nämlich über Stolp, Anklam, Kolberg (besonders ausführlich) und kürzer über Köslin, Treptow a.d. Rega, Demmin, Pasewalk, Pyritz, Wollin, Rügenwalde, Barth, Daber („ein geringeres Stedtlin"), Bahn (ein Flecken) und Cammin.

Die Zustandsschilderung, die Kantzow „Von itzigem Pomern"[114] am Ende seiner hochdeutschen Chronikfassungen bietet, ist zwar ausführlicher, entspricht aber gleichwohl jener Zustandsschilderung, die er in der historischen Darstellung nach dem Tode Herzog Bogislaws I. 1187 vorgesehen

---

108 2. hdt. Chr., S. 407–416.

109 Pomerania. Eine pommersche Chronik aus dem sechzehnten Jahrhundert. Hrsg. v. G. G a e b e l, 2 Bde., Stettin 1908. Im folgenden zitiert als „3. hdt. Chr." (vgl. Anm. 112).

110 Vgl. G a e b e l, Pomerania, Bd. II, Anhang, I. Entstehung der Pomerania, S. 215–245; d e r s., 1. hdt. Chr., S. LX–LXIV.

111 Vgl. B o l l n o w (wie Anm. 1), S. 16–18.

112 Jürgen P e t e r s o h n, Die dritte hochdeutsche Fassung von Kantzows Pommerscher Chronik, in: Baltische Studien, N.F. 59, 1973, S. 27–41.

113 3. hdt. Chr., S. 147–189.

114 So die Überschrift in 1. hdt. Chr., S. 236. In der 2. hdt. Chr. bildet dieser Text das 14. Buch (S. 407 ff.), in der 3. hdt. Chr. das 4. Buch (Bd. II, S. 147 ff.).

hatte und nachträglich auch geschrieben hat[115]. Den Abschnitten über die Beschaffenheit des Landes, vom Meere bzw. von der See, über den Glauben, von der Natur und den Sitten des Volkes, vom Kriegswesen, von der Obrigkeit (alle bezogen auf die Frühzeit des Landes), sind entsprechenden Abschnitten der zeitgenössischen Zustandsschilderung zu vergleichen.

Über Sinn und Zweck solcher Zustandsschilderungen hat sich Kantzow in der zweiten hochdeutschen Chronikfassung und ebenso in der dritten, und zwar am Eingang seiner Ausführungen, die in der ersten Fassung mit „Von itzigem Pomern" überschrieben sind, wie folgt geäußert: „Nachdem wyr nhu von den Geschichten der Pomern gesagt, ists auch nicht undienstlich von itziger irer Gelegenheit, Sitten und Wesende etwas anzuzeigen, domit man die Historie desterbesser vernheme, und auch deshalben, nachdem sich offte der Volcker Art und Sitten verendern, das man zukumftig diesser itzigen Gelegenheit und Art eine Wissenschaft habe"[116].

Eine Zustandsschilderung von Land und Leuten, eine „Landesbeschreibung" also, soll Geschichte verständlicher machen, soll nach der Schilderung, wie es gewesen, zeigen, was geworden ist. Deshalb ist sie nicht nur am Ende seiner Chronik, da wo diese in die Gegenwart einmündet, am Platze, sondern auch bei einschneidenden Epochen der Geschichte, da wo sich „der Volcker Art und Sitten verendern". Solche Epochen waren in der Sicht Kantzows das Ende der Heidenzeit im Zuge der Christianisierung und das Ende der mittelalterlichen Verhältnisse im Zuge der Reformation. Eine Zustandsbeschreibung für die letztgenannte Epoche, wie sie sich im Anfang des zeitgeschichtlichen Teils der niederdeutschen Chronik in knapper Form findet[117], hat er in die hochdeutschen Fassungen seines Werkes nicht übernommen. Dafür hat er hier eine Schilderung der gegenwärtigen Verhältnisse des Landes vorgenommen. Eine Zustands- oder Landesbeschreibung soll ja auch – wie sich aus der zitierten Begründung Kantzows ergibt – künftigen Geschichtsschreibern Kenntnis und Material vermitteln.

Die „Landesbeschreibung", die „beschrivinge", ist für Kantzow nichts von der Darstellung der „geschichte" Getrenntes. Die „descriptio" und die „historia" gehören vielmehr zusammen. Am Ende eines geschichtlichen Abschnitts gibt die descriptio einen zusammengefaßten Überblick über die gewordenen Verhältnisse von Land und Leuten. Und diese Landesbeschreibung ist zugleich die Voraussetzung für das Verständnis der weiteren Veränderungen, wie sie die historia bewirkt.

Diese Verbindung von Geschichtsschreibung und Landesbeschreibung war freilich den humanistisch Gebildeten geläufig, seitdem Konrad Celtis

---

115 S.o. S. 652 m. Anm. 98–100.
116 2. hdt. Chr., S. 407; 3. hdt. Chr., Bd. II, S. 147.
117 Wie Anm. 105.

um 1491 mit seinem Plan einer „Germania illustrata" hervorgetreten war. Kantzow folgte hier einem allgemeinen Zug der Zeit, wenn er – für Pommern allerdings als erster – diese Gedanken und Vorstellungen aufnahm und in seinem Werk von Fassung zu Fassung stärker zur Anwendung brachte. Es wohnte ihnen zugleich ein starker Zug zur Veranschaulichung inne, und zwar vornehmlich durch die Konkretisierung des Beschriebenen im Kartenbild. Ptolemäus war hier das große Vorbild für die Humanisten, mit dem man sich intensiv beschäftigte und an das man anknüpfte in den zahlreichen Bemühungen einer exakten kartographischen Erfassung und Darstellung der Erde und der Länder in Europa und der übrigen bekannten Welt.

Kantzow hat sich wiederholt auf Ptolemäus berufen, und zwar in der in Wittenberg neu gefaßten Vorgeschichte Pommerns „Vom alten Pomerland"[118], in der Zustandsschilderung nach der Heidenzeit „Von alter gelegenheit vnd nhamen des lands Pomern"[119] und in der Landesbeschreibung „Von itzigem Pomern"[120]. Er wußte aber auch von den an Ptolemäus anschließenden neuzeitlichen Topographen. Er nennt sie in der zweiten und dritten hochdeutschen Fassung seiner Chronik „die newen Weltbeschreiber" mit „iren Mappen" und sagt von ihnen: „Sie seint ungewisse, was Ptholomeus myt dem Fliesse ‚Suevo' gemeint hat". Die Ansichten dieser „neuen Weltbeschreiber" hierzu sieht er als „Irrthumb" an, den er anzuzeigen sich gedrungen fühlt[121]. Einen von ihnen nennt er in der dritten hochdeutschen Chronik, und zwar in dem Abschnitt „Von alter gelegenheit und nhamen des lands Pomern" mit Namen, nämlich Sebastian Franck.[122] Kantzow verteidigt hier Ptolemäus in einem bestimmten Punkte mit der Begründung, „daß er, der zu Alexandria in Egypto gewohnet, an so weit gelegener Landschaft geirret" und fügt hinzu: „daß etliche unser eigen Teutschen in Beschreibung dieser selbigen Landschaft ja so groblich fehlen und so unbescheiden davon schreiben, als were es ihnen uber tausend Meilen weiter gelegen, sonderlich Sebastianus Francke", dem bestimmte Irrtümer angekreidet werden, „daß es Sunde und Schande ist"[123]. In der zweiten hochdeutschen Fassung hatte es noch geheißen: „das unser eigene Teutzschen in Beschreibung unsers teutzschen Landes so schentlich an etlichen Ortern yrren, das es wol ein Egipter kawm slimmer machen khonte"[124]. An die Stelle des

---

118 1. hdt. Chr., S. 262–295; 3. hdt. Chr., Bd. I, S. 1 ff.
119 2. hdt. Chr., S. 134–139; 3. hdt. Chr., Bd. I. S. 178–185.
120 Wie Anm. 114.
121 2. hdt.Chr., S. 410; 3. hdt. Chr., Bd. II, S. 150.
122 3. hdt. Chr., Bd. I, S. 179 f. über Sebastian Franck und sein „Weltbuoch, spiegel vnd bildtniß des gantzen erdbodens", Tübingen 1534, vgl. J. P e t e r s o h n (wie Anm. 112) S. 38, Anm. 64.
123 3. hdt. Chr., Bd. I, S. 179 f.
124 2. hdt. Chr., S. 135.

verständlicherweise irrenden Ägypters Ptolemäus ist nun Sebastian Franck
getreten, dem solche Irrtümer nicht verziehen werden. „Ich schweige", so
fährt Kantzow fort, „daß er und etliche andere die Namen der Stedte und
Fließe so gar vorkehren, daß wir schier solche Namen nicht bei uns wissen
oder ja einen Dolmetscher noch wohl bedorften, die sie uns auslegten. Doch
sei davon gnugsam"[125].

In Anbetracht dieser zunehmend in Erscheinung tretenden Hinwendung
zu Topographie und Kartographie überrascht es nicht, wenn in der dritten
hochdeutschen „Landesbeschreibung" am Ende des Abschnitts „Von
Kriegsheit und Rustunge des Volkes"[126] folgendes zu lesen ist: „Damit man
aber, was wir zuvor von Gelegenheit des Landes und itzt von den Wassern
gesagt, desser besser vorstehe und es vor Augen sehe, so habe ich hiebei dies
Contrafei des ganzen Landes, wie mans zum pesten hat machen konnen, gestellet". Der Editor Gaebel hat eine solche Karte jedoch nicht feststellen
können.[127]

In der Kopenhagener Handschrift Thott 644 Fol. der „Pomerania", die
Jürgen Petersohn als ein Kantzow-Autograph und als die Urschrift der dritten hochdeutschen Chronik-Fassung erkannt hat, sind nun zwei hand-
schriftliche Pommernkarten enthalten, die er zum Abdruck gebracht und interpretiert hat[128]. Die eine Kartenskizze trägt die Bezeichnung „Itzigs Pomerlands gelegenheit". Sie ist bei der „Landesbeschreibung" eingeheftet und „repräsentiert das physikalisch-politische Bild Pommerns etwa in der 1. Hälfte
des 16. Jahrhunderts"[129]. Hier handelt es sich offenbar um das von Kantzow
erwähnte „Contrafei". Petersohn bringt die Skizze mit der knapp gefaßten
Landesbeschreibung in der niederdeutschen Chronik „beschrivinge des ganzen lands Pomern, alse id itzt in sinen greinzen licht"[130] in Zusammenhang,
„die sich weithin wie ein Kommentar zur Pommernkarte des Codex Thott
644 Fol. liest, bzw. der gegenüber die Karte nahezu als Illustration des Textes erscheint"[131]. Er folgert daraus, daß diese Kartenskizze im Zusammenhang mit jenem frühesten Teil der niederdeutschen Chronik von Kantzow

---

125 3. hdt. Chr., Bd. I, S. 180.
126 3. hdt. Chr., Bd.II, S. 158. In der 1. hdt. Chr. ist diese Passage noch nicht enthalten;
     in der 2. hdt. Chr. bricht der Text vorher ab.
127 G a e b e l , 3. hdt. Chr., Bd. II, S. 158, Anm. 2. G a e b e l erwähnt auch eine Karte von
     „Hinterpomern oder Pomerell" am Schluß des 6. Buches des Autographs der 2. hdt.
     Chr., S. 171, Anm. 2; vgl. auch 1. hdt. Chr., S. XXXI. Sie ist bisher nicht veröffent-
     licht.
128 P e t e r s o h n (wie Anm. 112) S. 34–39.
129 D e r s . S. 34 f.
130 Wie Anm. 105 u. 117.
131 P e t e r s o h n S. 37.

entworfen sei und daß sie „dann für seine letzte Chronikbearbeitung erneut Verwendung fand"[132].

Die andere Kartenskizze ist am Ende des Kapitels „Von alter Gelegenheit und Namen des Lands Pommern" der Handschrift eingeheftet[133], bei einem Text also, der für die Lücke verfaßt worden ist, die in der ersten und zweiten hochdeutschen Fassung am Ende des frühgeschichtlichen Teils, der Heidenzeit und der Zeit der Christianisierung, klafft und der eine Zustandsschilderung am Ende jener Epoche bietet[134]. Die Kartenskizze weist die Beschriftung auf: „Alt oder gantz Pommern wie es vor dem Christenthumb vnd etzlich hundert jar danach gewest"[135]. Damit ist auch hier der Zusammenhang bezeugt. Die beiden Kartenskizzen gehören also zu den Zustandsschilderungen des Kantzowschen Werkes. „Eigentliches Anliegen des Kartenzeichners" Kantzow, so schreibt Petersohn, „war ... nicht die realistische Wiedergabe geographischer Einzelheiten, sondern ... die Verdeutlichung bestimmter Sachverhalte. Zwischen Karte und Text besteht also eine unmittelbare Beziehung"[136]. Die Karten hatten den Zweck, die „Landesbeschreibungen" in der Chronik zu illustrieren.

Wie auch immer die Entstehungszeit dieser Kartenskizzen eingegrenzt werden mag, sie liegt auf jeden Fall vor den Pommernkarten, die bisher als die ältesten galten. Sie sind „demnach – sowohl was den Entwurf als auch, was die Zeichnung betrifft – die ältesten Spezialpläne Pommerns. Das bedeutet, daß Thomas Kantzow nicht nur als Vater der neuzeitlichen pommerschen Geschichtsschreibung anzusehen, sondern künftig auch an den Beginn der modernen – und zwar der physikalischen und der historischen – Kartographie dieses Landes zu stellen ist"[137]. Diese Feststellung erfährt auch dadurch keine Abschwächung, daß diese Karten eher Kartenskizzen als gestaltete Karten darstellen. Kantzow selbst hat sein „Contrafei" des Landes nicht als vollkommen und vollendet angesehen, sondern ausdrücklich dazu vermerkt: „welches ich nicht will dermaßen dartuen, als were es aller Dinge, wie es sein sollte, sonder, so ein ander Mangel daran sehe, daß er Ursache gewinne, es besser zu machen"[138].

Diese frühen kartographischen Ansätze Kantzows haben ebenso wie die aus knappen Anfängen zu eigenständiger Form sich entwickelnde „Landes-

---

132 Ebd.
133 Ebd. S. 34.
134 Wie Anm. 115.
135 P e t e r s o h n S. 34.
136 Ebd.
137 Ebd. S. 38. Vgl. auch G. S t r a u s s , Sixteenth-Century Germany. Its Topography and Topographers, Madison 1959; über Kantzow S. 61–63.
138 s. hdt. Chr., Bd. II, S. 158.

beschreibung" weitergewirkt. Für die beiden Gestaltungsweisen, Text und Bild, wurde die Bezeichnung „descriptio" gebräuchlich. Diese fand in Pommern ihre Vollendung in dem Kartenwerk des E i l h a r d   L u b i n.

Die Große Lubinsche Karte von Pommern wurde vom Pommernherzog Philipp II. (1606–1618) in Auftrag gegeben und von dem beauftragten Rostocker Professor Eilhard Lübben, latinisiert Lubinus, im Jahre 1617 vollendet[139]. Im Jahre darauf wurde sie in Amsterdam auf 12 Kupferplatten gestochen. Sie hat ein Format von 2,21 m zu 1,25 m und zeigt im Maßstab 1 : 240 000 ganz Pommern, dazu Stammbäume der pommerschen Herzöge und der 1325 ausgestorbenen Fürsten von Rügen und fünf Brustbilder der damals lebenden Herzöge des Greifengeschlechts. Die Karte ist eingerahmt von 353 Wappen pommerscher Adelsgeschlechter sowie von 49 Ansichten pommerscher Städte[140]. Unter dem Kartenbild des Landes befinden sich sieben Schrifttafeln. Sie bieten eine Landesbeschreibung in lateinischer Sprache unter der Überschrift „Pomeraniae et rerum in ea memorabilium brevis descriptio". Als eine „descriptio" wird aber auch das ganze Kartenwerk bezeichnet. In der Mitte der oberen Leiste ist in großen Lettern zu lesen: „Nova illustrissimi principatus Pomeraniae descriptio" und in der zweiten Zeile in kleinerer Schrift: „cum adiuncta Principum Genealogia et Principum veris et potiorum Urbium imaginibus et Nobilium Insignibus".

Die Karte ist in doppelter Hinsicht von hohem Wert. Als kartographische Leistung wurde sie dahingehend charakterisiert: „Während bisher das Kartenbild Pommerns in allen Darstellungen noch einen durchaus primitiven Charakter trägt, weist die Lubinsche Karte mit einemmal, ohne daß besondere Übergänge vorhanden gewesen wären, die topographischen Züge auf, die lebhaft an das moderne Kartenbild erinnern"[141]. In ihrer künstlerischen Gestaltung gehört die Karte des Eilhard Lubin zu den hervorragendsten Erzeugnissen der Renaissancekultur in Deutschland. Sie ist zugleich ein bemerkenswertes Beispiel fürstlicher Repräsentationskunst und ein Zeugnis für die kulturelle Blüte an den pommerschen Herzogshöfen vor dem Dreißigjährigen Krieg.

---

139 Die Große Lubinsche Karte von Pommern aus dem Jahre 1618. Neu hrsg. v. E. J ä g e r u. Roderich S c h m i d t. Mit beschreibendem Text von A. H a a s (1926) und einer Einführung von M. V o l l a c k (Quellen zur Geschichte der deutschen Kartographie, hrsg. v. E. J ä g e r u. L. Z ö g n e r, II. Zugleich: Historischer Atlas von Pommern, Sonderreihe, hrsg. v. Roderich S c h m i d t), Lüneburg 1980. 13 Kartenblätter in Mappe und XXIX, 79 Seiten Text.

140 Vgl. hierzu und zum folgenden die Beschreibung von H a a s und die Einführung von V o l l a c k.

141 Vgl. W. H a r t n a c k, Die Küste Hinterpommerns, Stolp 1926, S. 13 f.

Lubinus hatte im Jahre 1608 bereits eine Karte der Insel Rügen geschaffen[142], diese in der Größe von 48,5 zu 37,5 cm und im Maßstab 1 : 192 000. Als Kupferstich erschien sie im Jahre 1613. Sie ist bezeichnet als „Nova famigerabilis insulae ac ducatus Rugiae descriptio". Auch sie bietet eine lateinisch verfaßte „Landesbeschreibung", die sich in diesem Falle auf der Rückseite der Karte befindet. Beide Landesbeschreibungen, die der Insel Rügen und die ganz Pommerns, sind im Jahre 1926 anläßlich eines Neudrucks der Großen Lubinschen Karte von Pommern in deutscher Übersetzung gedruckt worden[143], und diese Übersetzung ist auch der Neuausgabe des Kartenwerkes 1980 beigefügt.

Bisher ungedruckt ist dagegen ein 123 Folioseiten umfassendes Manuskript Lubins in deutscher Sprache, das den Titel trägt: „Beschreibung des Pommerlandes D. Eilhardi Lubini, p.p. Rostock: Qui jussu Principis magnam illam mappam Geographicam cum hac descriptione conficere conatus est"[144]. Diese „descriptio" umfaßt sieben Kapitel: 1. „Von den Grentzen, Nahmen und Theilung des Landes Pommern", 2. „Von Gestalt, Art und Eigenschafft, item von Bergen und Waßern der Lande Pommern, Cassuben und Rügen", 3. „Von Fruchtbarkeit des Pommerlandes und von den Schätzen, damit es Gott begabet", 4. „Von den Einwohnern des Pommerlandes zu alten und jetzigen Zeiten und von ihrer Ankunfft, Sprache und Sitten", 5. „Von Natur, Sitten und Gebräuchen der alten und jitzigen Pommerischen Völcker", 6. „Von Unterschied der Graduum und Stände der Einwohner im Pommerlande", 7. „Von der Republica in Pommern, und durch was Obrigkeit, item auf was Art und Form Pommern jn alten und jtzigen Zeitgen regieret worden und noch werde". Unter den Quellen, die Lubin benutzt hat, wird auch Kantzow genannt[145], und es ist auf den ersten Blick offenkundig, daß seine „descriptio" mit den „Landesbeschreibungen" Kantzows in einem Traditionszusammenhang steht.

Die „Pomeraniae brevis descriptio" auf der Pommernkarte Lubins ist zweifellos ein in lateinischer Sprache abgefaßter Auszug aus der umfänglichen deutschen „Beschreibung des Pommerlandes". Sie gibt einen Überblick über die Lage, die Teile des Landes, seine Grenzen, seine Geschichte und seine Herrscher, über das Klima, über Bodenschätze und Produkte, über die

---

142 Vgl. Haas (s. Anm. 139) S. 11 f., sowie G. Mentzel, Die Rügen-Karte des Eilhard
      Lubin, in: Nordost-Archiv, Heft 50/51, Lüneburg 1978, S. 63–66 (m. Kartenabb.).
      Die Rügenkarte Lubins ist der Neuausgabe der Großen Pommernkarte (s. Anm.
      139) als Blatt 13 beigegeben.
143 Haas (wie Anm.139) S. 43–52, Insel Rügen; S. 69–78, Kurze Beschreibung
      Pommerns und seiner Denkwürdigkeiten.
144 Haas S. 13 f. Das dritte Kapitel und ein Abschnitt des fünften sind von Haas ab-
      gedruckt worden, und zwar S. 53–62 u. S. 62–67.
145 Haas S. 14.

Tierwelt, über Gewässer und Fische, über die Bewohner und ihre Religion, über die Landesherrschaft und die ständische Ordnung, über die Universität zu Greifswald und das Gymnasium zu Stettin, über die Städte und über die Bauern. Die „descriptio" endet mit einem Verzeichnis der Städte und mit einem Verzeichnis der Fische (!)[146].

Die Verbindung von Karte und Beschreibung, dergestalt, daß diese auf der Karte ihren Platz findet, ist auch für Pommern keine Neuerung Lubins. Schon die Pommernkarten von Sebastian Münster und Abraham Ortelius, also Karten aus der Mitte bzw. zweiten Hälfte des 16. Jahrhunderts, waren mit „Beschreibungen" versehen[147], die der Stettiner Theologe Peter Becker, latinisiert Artopaeus, 1547 verfaßt hat[148]. Münsters Pommernkarte von 1554 trägt die Bezeichnung „Tabula Pomeraniae secum omnes principatus et insigniores ciuitates, oppida et arces eius", in der späteren deutschen Ausgabe dann „Beschreibung deß Landts Pomern, samt allen Herzoghtummen, Graffeschafften vnd fürnemmen Stetten darinn gelegen". Hier wird „Beschreibung" bereits sowohl für die Karte als auch für den beigefügten Text verwendet. Lubin hat dementsprechend konsequent „descriptio" für die „Landesbeschreibung" wie für seine Karten gebraucht.

Gegenüber Kantzow aber hat sich das Verhältnis von Text und Bild gewandelt. Hatte Kantzow seine Kartenskizzen verfertigt, „damit man aber, was wir ... von Gelegenheit des Landes ... gesagt, desser besser vorstehe und es vor Augen sehe"[149], so sind die Dinge bei Lubinus umgekehrt: die Karte illustriert nicht mehr den Text, sondern der Text erläutert die Karte. Auch sie ist eine „descriptio", eine „Landesbeschreibung", und zwar die ins Bild umgesetzte. Die Verbindung von „descriptio" und „historia" bleibt aber auch hier bestehen. Im Text ist „Geschichte" in reichem Maße enthalten, und auch die Stammbäume machen die Verwurzelung des Gegenwärtigen in der Geschichte sichtbar und verweisen auf die Anfänge[150].

---

146 Es werden 79 Fischarten genannt; H a a s S. 78.
147 Vgl. C. D r o l s h a g e n, Neuvorpommern und Rügen im Rahmen der älteren Kartographie und Landesaufnahme, in: Pommersche Jahrbücher 10, 1909, S. 163–216, hier S. 173 (Münster) u. S. 183 f. (Ortelius).
148 Ebd. S. 173. Über Artopaeus und seine Mitarbeit am Werk Sebastian Münsters vgl. auch B o l l n o w (wie Anm. 1) S. 18–22, bes. S. 20 m. Anm. 51.
149 S.o. S. 657 m. Anm. 126.
150 Vgl. künftig Roderich S c h m i d t, Die Pommernkarte des Eilhard Lubin von 1618 und die Anfänge von Kartographie und Landesbeschreibung in Pommern (Protokoll über Vortrag, gehalten in Berlin auf der Tagung des Arbeitskreises für Historische Kartographie der Arbeitsgemeinschaft Historischer Kommissionen und Landesgeschichtlicher Institute, in: „Mitteilungsblatt" des Arbeitskreises, Nr. 18, Dez. 1981, S. 11–17).

Genau hundert Jahre trennen die „Pomerania" Bugenhagens von der Pomerania Lubins, hundert Jahre, in denen Geschichte und Landeskunde dieses Territoriums ihre erste Gestaltung und ihre erste Vollendung gefunden haben, die für lange Zeit nicht übertroffen worden sind.

Die Eingliederung Pommerns in den brandenburgisch-preußischen Staat

In diesem Beitrag geht es um die Wiederherstellung der Einheit des Pommerlandes, die nach dem Aussterben des Herzogsgeschlechts der Greifen im Dreißigjährigen Krieg verloren gegangen war. Die Wiedervereinigung war ein Ziel der Politik Brandenburg-Preußens, das in der Zeit der Befreiungskriege zum Abschluß gelangte. Wie diese Eingliederung geschah und welche Maßnahmen getroffen wurden, um die hinzugewonnenen Gebiete mit der preußischen Gesamtmonarchie zu verbinden, sei in vier Abschnitten dargelegt.

Der Übergang Pommerns an Brandenburg-Preußen war kein einmaliger Akt. Er vollzog sich vielmehr in Etappen; die Jahre 1647/48/53, 1719/20/21, 1814/15 sind die entscheidenden Daten. Der Vorgang erstreckte sich also über fast 170 Jahre, d. h. unter unterschiedlichen Zeitverhältnissen, wenn auch mit der gleichbleibenden Grundtendenz: nämlich ganz Pommern mit Brandenburg-Preußen zu vereinigen. Ganz Pommern, das ist das Herrschaftsgebiet der Greifenherzöge, wie es bis zu ihrem Erlöschen im Jahre 1637 bestanden hatte. Pommern reichte seit dem 14. Jahrhundert nach dem Aussterben der Fürsten von Rügen 1325 und nach der Inbesitznahme der Länder Schlawe und Stolp 1317 von den Flüssen Recknitz, Trebel und Peene im Westen bis zur Lupow und Leba im Osten. Eingeschlossen war das weltliche Territorium des Bistums Cammin. Die Hauptachse des Landes war die Oder mit ihrem sich zur Ostsee erweiternden Mündungssystem. Die Oder war auch die Schicksalslinie in der Geschichte Pommerns.

I. Die Herzogszeit als Ausgangsphase

Die Bildung der eigenen selbständigen pommerschen Staatlichkeit zwischen dem Deutschen Reich und Polen unter dem Greifengeschlecht, das mit Wartislaw I. zu Beginn des 12. Jahrhunderts in den Lichtkegel der historischen Überlieferung trat, und zwar in Verbindung mit der Christianisierung durch Bischof Otto von Bamberg, geschah in der Weise, daß das pomoranische Gebiet östlich der Oder mit dem lutizischen westlich des Stromes politisch und kirchlich zu einem Gebilde zusammengefügt wurde. Die dynastische Teilung der Greifenherrschaft in die Herzogtümer Wolgast und Stettin, die 1295 erfolgte und bis in die zweite Hälfte des 15. Jahrhunderts andauerte, hatte allerdings nicht die Oder zur Grenzscheide, sondern verklammerte un-

ter dem Aspekt der Gleichwertigkeit der Teile in anderer Weise vor- und
hinterpommersche Gebiete. Erst die Landesteilungen, die die Erben Herzog
Bogislaws X., unter dem ganz Pommern wieder vereinigt war, 1532, 1541
und 1569 vornahmen, orientierten sich an der Oderlinie. Dies war zunächst
ohne weitreichende Bedeutung, solange die Einheit des Landes gewahrt
wurde. Es hatte jedoch weitreichende, bis heute andauernde, von den Zeitgenossen des 16. Jahrhunderts nicht geahnte Folgen, weil man sich bei den
Teilungen Pommerns in späterer Zeit 1648 und wieder 1945 an diese „natür-
liche", wenn auch verkehrsmäßig und wirtschaftspolitisch unsinnige Grenzlinie halten konnte, für die es ein vermeintlich „historisches" Vorbild in den
Teilungen des 16. Jahrhunderts gab.

Die Situation einer wirklichen, nicht bloß dynastischen Teilung ergab
sich infolge des Dreißigjährigen Krieges und durch das Aussterben der Greifenherzöge mit dem Tod Bogislaws XIV. 1637. Ansprüche auf den Besitz
Pommerns erhoben Brandenburg und Schweden. Der schwedische Anspruch war machtpolitisch begründet, der brandenburgische konnte sich auf
vertraglich festgelegte Erbregelungen stützen, wenngleich auch in diesem
Fall machtpolitische Bestrebungen – Zugang zur Ostsee – dahinter standen.

Die Ansprüche Brandenburgs reichten bis in die Zeit der askanischen
Markgrafen zurück und gründeten sich auf deren Lehnshoheit über
Pommern. 1231 war sie von Reichs wegen durch Kaiser Friedrich II. bestätigt worden. 1338 erlangten die Greifen zwar die Anerkennung der Reichsunmittelbarkeit von Kaiser Ludwig dem Bayern für den Stettiner Landesteil,
1348 von Kaiser Karl IV. für das gesamte Herzogtum, also auch für den
Wolgaster Teil. Brandenburg aber hat auf seine Ansprüche nie eigentlich
verzichtet.

Die Beziehungen zwischen der Mark und Pommern wurden allerdings
im 16. Jahrhundert auf eine neue, nun dynastisch gefestigte Grundlage gestellt. Sie erfolgte im Jahre 1529 durch den Vertrag von Grimnitz. In diesem
durch eine Eheverbindung bekräftigten Vertrag verzichtete Brandenburg in
aller Form auf die Lehnshoheit über Pommern, erhielt aber die Nachfolge
zugesichert für den Fall des Aussterbens der Greifenherzöge.

Genau 100 Jahre später war abzusehen, daß der Erbfall eintreten würde.
Aber nun war die Lage eine gänzlich andere. 1627 war das Land von kaiserlichen Truppen besetzt worden. Die Landung des Schwedenkönigs Gustav
Adolf 1630 auf Usedom brachte die Befreiung von den Kaiserlichen, und Gustav Adolf wurde im evangelischen Pommern als Glaubensretter willkommen
geheißen. Doch aus dem Bündnis wurde ein Herrschaftsanspruch der Schweden. Herzog Bogislaw XIV. mußte seine Herrschaft faktisch an den Schwedenkönig abtreten. Der Schlachtentod Gustav Adolfs 1632 und der Schlaganfall, der Bogislaw XIV. 1633 regierungsunfähig machte, änderte nichts daran,
daß Schweden Brandenburg sein Erbrecht streitig machen würde.

Die pommerschen Räte arbeiteten in dieser Situation eine „Regimentsverfassung" aus, die vom Herzog und von den Landständen gebilligt und im November 1634 publiziert wurde. Sie sah eine einheitliche Regierungsbehörde für ganz Pommern vor. Diese Regierung sollte neben dem Herzog stehen und im Falle seines Todes sogleich die volle Regierungsgewalt übernehmen.

II. Das zwischen Schweden und Brandenburg geteilte Pommern

Als Bogislaw XIV. am 10. März 1637 gestorben war, versuchten die pommerschen Stände, Kurfürst Georg Wilhelm von Brandenburg zu bewegen, sein Erbrecht bis zum künftigen Frieden ruhen zu lassen und die Verwaltung des Landes durch die Interimsregierung zu gestatten. Der Kurfürst lehnte jedoch ab, erließ ein Patent zur Besitzergreifung Pommerns und ließ sich vom Kaiser 1638 einen Lehensbrief ausstellen. Die Schweden erkannten hingegen die „fürstlich pommerschen hinterlassenen Räte", wie sie sie nannten, und damit die Regimentsverfassung an. Doch schon ein Jahr nach dem Tod des Pommernherzogs, im März 1638, trat die Interimsregierung vom Amt zurück, und das Land verfiel in völlige Anarchie.

Die Schweden, die ihren Anspruch auf Pommern aus dem Kriegsrecht herleiteten, setzten zunächst zwei Gouverneure ein, einen für die Militärverwaltung, aber auch einen für die Zivilverwaltung, beide unter einem Generalgouverneur.

Ein schwedischer Entwurf „zur Administration der Justitien in Pommern" wurde jedoch von den pommerschen Ständen 1640 abgelehnt mit Hinweis auf das Erbrecht des Kurfürsten von Brandenburg. Die Folge war die Einrichtung einer Schwedischen Regierung, die Pommern nun ohne die Stände wie eine schwedische Provinz verwaltete: Ein Staatsrat übernahm die Verwaltung der herzoglichen Ämter, aber auch die kirchlichen Angelegenheiten. In Stettin und Greifswald wurden Hofgerichte eingesetzt. Die Stände neigten mehr und mehr dem Brandenburger zu, mit Ausnahme der Geistlichkeit, die im allgemeinen für die Schweden Partei ergriff, weil sie Nachteile von dem reformierten Bekenntnis des brandenburgischen Kurfürsten erwartete.

Bei den Friedensverhandlungen in Osnabrück waren die pommerschen Stände zwar durch Abgesandte vertreten, doch sie hatten so gut wie keinen Erfolg. Das Ergebnis des Friedens – bereits im Januar 1647 im wesentlichen zwischen den Schweden und Brandenburg ausgehandelt – ist bekannt: Man teilte das strittige Gebiet. Schweden erhielt als „Satisfaktion" Vorpommern und Rügen sowie die Inseln Usedom und Wollin und noch einen Landstrich östlich der Oder. Brandenburg mußte sich mit Hinterpommern und dem Stift Cammin begnügen.

Trotz des Friedensschlusses dachte Schweden zunächst nicht daran, Hinterpommern zu räumen. Die Verhandlungen zogen sich in die Länge. Erst 1653 wurde die Übergabe vollzogen, und sogleich erfolgte brandenburgischerseits der Befehl zur Installation einer Brandenburgischen Regierung für Hinterpommern und Cammin mit dem Sitz in Kolberg.

Ein Jahr später, im Juli 1654, erließ Kurfürst Friedrich Wilhelm eine eingehende Verfügung über die Verwaltung des Landes, ebenfalls als „Regimentsverfassung" bezeichnet. Sie sah eine Regierung mit Präsident und Kanzler vor, ein Hofgericht mit Landvogteien und Burggerichten. Daneben gab es eine Amtskammer zur Aufsicht über die Domänen und das Konsistorium, das die oberste geistliche Verwaltung und Reste der geistlichen Gerichtsbarkeit ausübte. Das Land wurde eingeteilt in 7 Distrikte unter Landvögten oder Hauptleuten, in 6 fürstliche Domänenämter, in die ritterschaftlichen Kreise und in die Familienkreise der sogenannten schloßgesessenen Geschlechter (eine pommersche Besonderheit); hinzu kamen die Kapitelsgüter des Stifts Cammin und die Immediatstädte.

Der erste Artikel der brandenburgischen „Regimentsverfassung" handelt von der Religion, die „eines der vornehmsten Stücke guter Policey ist". In ihm wird für das brandenburgische Pommern das lutherische Bekenntnis gemäß der pommerschen Kirchenordnung, der Confessio Augustana, der pommerschen Agende und dem Bekenntnis von 1593 bestätigt Zugleich garantierte die Regimentsverfassung aber auch Zulassung und Schutz der Reformierten in Pommern, nicht nur weil das kurfürstliche Haus dem reformierten Bekenntnis angehörte, sondern weil der Augsburgische Religionsfrieden von 1555, der zu den Grundlagen des Westfälischen Friedens gehörte, den Reformierten die freie Religionsausübung garantierte. Hier lag ein Konfliktstoff, der bis weit ins 18. Jahrhundert immer wieder zu Zusammenstößen geführt hat und bei Teilen der pommerschen Bevölkerung die Sympathie für Schweden erweckte, das sich als Hort lutherischer Orthodoxie erzeigte. Den Ständen in Hinterpommern hatte der Große Kurfürst bereits am 10. Januar 1654 ihre Privilegien bestätigt, und zwar unter Bezugnahme auf ein ihnen 1623 von Kaiser Ferdinand II. corroboriertes Privileg, das im Wortlaut wiederholt wird und das seinerseits die entscheidenden Privilegienbestätigungen der pommerschen Herzöge enthält. Auch in diesem den Ständen gegebenen Privileg wird die Respektierung des lutherischen Bekenntnisses ausdrücklich bekräftigt.

Im Friedensinstrument von 1648 waren den pommerschen Ständen nicht nur ihre Rechte zugesichert worden, sondern auch ihre Einheit als Corpus. Tatsächlich hat sich dies sehr bald nicht mehr durchhalten lassen. Die Verhältnisse im geteilten Pommern entwickelten sich auch in Bezug auf die Stände auseinander, und mit der faktischen Aufgabe des Gesamtcorpus entfiel eine wichtige Klammer für das Land.

In Schwedisch-Pommern haben die Stände schon 1650 mit der „Delineatio der pommerschen Landesverfassung nach des Landes alten Satzungen und Gewohnheiten", zusammengestellt von dem Stralsunder Syndikus David Mevius, die Erhaltung des landesherrlich-ständischen Dualismus verfochten und schließlich auch durchgesetzt. 1663 wurde die „Regimentsform der Kgl. Schwedisch-Vorpommerschen Regierung" erlassen. Demgemäß konstituierte sich hier ein eigener Landtag mit 3 Kurien und mit Ausschüssen, es bildete sich ein Landrätekollegium, und es wurde eine eigene Kasse für die eingehenden Steuern, der Landkasten, geschaffen. Zur landesherrlichen Verwaltung gehörten der Statthalter, der Generalgouverneur, der Hofgerichtspräsident, der Kanzler, 2 Regierungsräte als Oberdirektorium in politischen und ökonomischen Angelegenheiten sowie Schloßhauptleute. Diese Ordnung hat, zusammen mit der Gouvernements-Kanzlei-Ordnung von 1669 in Schwedisch-Pommern bis 1806 Bestand gehabt. Im brandenburgischen Teil versammelten sich die Landstände meist nicht als ganzes, sondern nahmen ihre Aufgaben und Interessen in Form eines Ausschusses als „Hinterpommersche Landstube" wahr. In ihr saßen 20 Vertreter der Ritterschaft sowie Prälaten aus den Domstiften Cammin und Kolberg und 5 städtische Landräte. Im Vergleich zu anderen Teilen Brandenburgs läßt sich feststellen, daß der Kurfürst in Pommern nicht auf so starken Widerstand gestoßen ist wie anderswo.

Mit Hinterpommern hatte Brandenburg auch das Stift Cammin erhalten. Dieses war zwar ebenfalls der Reformation unterworfen worden, stand aber als selbständige Herrschaft seit 1556 unter Bischöfen aus dem pommerschen Herzogshaus. Durch den Westfälischen Frieden wurde es in ein Fürstentum Cammin umgewandelt und Brandenburg überwiesen, um es mit dem Herzogtum Hinterpommern zu vereinigen. Das Domkapitel sollte nach dem Tode der noch lebenden Domherren aufgelöst werden. Beides erfolgte jedoch nicht. Mit Schweden vereinbarte Brandenburg, das Domkapitel vorerst bestehen zu lassen und die Stellen nach den alten Anteilsrechten des Stettiner und des Wolgaster Herzogtums beizubehalten und entsprechend dem Kurfürsten von Brandenburg bzw. dem König von Schweden zuzuweisen. 1689 bestätigte Kurfürst Friedrich III. den Fortbestand des Kapitels, behielt sich jedoch aus dem Pfründeneinkommen 1000 Taler vor, und zwar zugunsten der brandenburgischen Universität Frankfurt a. d. Oder, die fortan ein Gegengewicht zu dem schwedischen und streng lutherischen Greifswald bildete. Bereits 1654 hatte der brandenburgische Kurfürst den Ständen erklären lassen, er wolle „zur besseren Unterrichtung und Exerzierung der Jugend in guten, adligen Tugenden und ritterlichen Übungen (dem Zuge der Zeit entsprechend) eine Akademie oder Ritterschule anordnen". So wurde in Kolberg eine Ritterakademie eingerichtet, die hier bis zum Jahre 1716, bis zu ihrer Verlegung nach Berlin, bestanden hat.

Evangelischer Bischof von Cammin war bei der Übergabe des Stiftes an Brandenburg ein Neffe des letzten Pommernherzogs, Ernst Bogislaw, Herzog von Croy. Mit ihm schloß der Große Kurfürst bereits im November 1650 einen Vergleich. Ernst Bogislaw verzichtete auf alle seine Rechte gegen Zahlung einer Geldsumme von 100 000 Talern und gegen Anwartschaft auf das Amt Stolp und die Grafschaft Naugard-Massow. Im Jahre 1665 ernannte ihn der Kurfürst – gewiß aus Legitimierungsgründen – zum Statthalter von ganz Hinterpommern.

Erst jetzt, im Herbst 1665, erfolgte in Hinterpommern und Cammin die förmliche und feierliche Huldigung der pommerschen Stände gegenüber dem Herzog von Croy als kurfürstlichem Statthalter und kurfürstlichen Räten, n. b. im Beisein schwedischer Kommissare, wodurch die Einheit des Landes nach außen hin in Erscheinung trat. Solange – 12 Jahre von 1653 bis 1665 – hatte es also gedauert, bis die neue Landesverfassung einigermaßen fest eingerichtet und die strittigen Fragen in der Hauptsache erledigt waren. Dabei blieb es im brandenburgischen Teil nicht bei den ersten Regelungen. 1661 waren die alten Land- und Burggerichte aufgehoben und mit dem Hofgericht in Kolberg vereinigt worden. Der Zug zur Zentralisation, wohl auch zur Vereinfachung der Landesverwaltung, wird sichtbar. 1669 sind alle Regierungskollegien von Kolberg nach Stargard verlegt worden.

Im französisch-holländischen Krieg, in den Schweden und Brandenburg in den siebziger Jahren verwickelt worden waren, eroberte der Große Kurfürst nach der Schlacht von Fehrbellin 1675–78 ganz Vorpommern, mußte aber im Frieden von St. Germain 1679 diese Eroberung wieder an Schweden zurückgeben bis auf die Gebiete östlich der Oder. Zwar hatte er im schwedisch-polnischen Krieg 1657 Lauenburg und Bütow und das Land Draheim mit Pommern vereinigen bzw. wiedervereinigen können. Die Eingliederung dieser Gebiete bereitete aber weit größere Schwierigkeiten als die der alten pommerschen, nicht zuletzt wegen des katholischen Glaubens der z. T. nichtdeutschen, kaschubischen Bevölkerung.

Der Statthalter Bogislaw von Croy war 1670 als ein solcher nach Preußen mit dem Sitz in Königsberg versetzt worden. Das Amt bzw. die Würde eines Statthalters in Pommern wurde aber auch danach nicht aufgegeben. 1678 erhielt es als Auszeichnung für seine Verdienste im Kriege der Feldmarschall Derfflinger, danach der Feldmarschall Graf Heinrich von Flemming. Nach seinem Tode 1706 wurde die Würde jeweils von einem Angehörigen des nunmehr preußischen Königshauses bekleidet.

Von den Maßnahmen der schwedischen Regierung sei eine hier hervorgehoben: die zwischen 1692 und 1709 durchgeführte Landesaufnahme von Vorpommern. Um in den durch die Kriegsläufe verwüsteten neuerworbenen Gebieten den Wiederaufbau zu fördern und sie zugleich der schwedischen Großmachtpolitik nutzbar zu machen, war die Einführung eines neuen

Steuersystems notwendig. Durch die vielfältigen Änderungen der Besitzverhältnisse und der Landesstruktur waren die alten Register unbrauchbar geworden. Nun wurde eine genaue Vermessung des Landes nach den modernen Methoden vorgenommen und eine Kartierung – Schweden war auf
diesem Gebiet führend – sowie eine detaillierte Beschreibung aller Orte und
Städte, des Grund und Bodens, der landwirtschaftlichen Nutzung, der Erträge, des Viehbestandes usw. Diese Landesbeschreibung – die erste dieser
Art in einem deutschen Territorium – stellt eine historische Quelle ersten
Ranges für die Zeit nach dem Dreißigjährigen Krieg dar. Ihre Bearbeitung
und Edition ist eine alte Aufgabe der Historischen Kommission für Pommern. Sie mußte während des Krieges und in der Nachkriegszeit eingestellt
werden. Die Kommission hat dieses Vorhaben aber nach der Wende wieder
aufgenommen und führt es mit Beschreibungsbänden und Karten fort.

III. Die Einverleibung Vorpommerns bis zur Peene
unter König Friedrich Wilhelm I.

Sie war der preußische Gewinn aus dem Nordischen Kriege. 1711 waren die
gegen Schweden verbündeten Russen, Polen und Sachsen, die preußische
Neutralität verletzend, nach Vorpommern eingedrungen und hatten es weitgehend besetzt. Schließlich hielten sich noch Stralsund und Stettin. 1713 gelang es den Russen und Sachsen, auch Stettin zu erobern, und nun griff der
Preußenkönig ein und erwirkte die Vereinbarung, daß ihm nicht nur diese
Stadt, sondern alles Land bis zur Peene in Verwaltung gegeben werden sollte
bis zu einem künftigen Frieden. Aus der vorläufigen Vereinbarung, die immer noch die Neutralität Preußens wahrte, wurde schließlich ein Bündnis
mit dem Zaren Peter von Rußland, weil der Schwedenkönig Karl XII. sich
der preußischen Verwaltung Vorpommerns widersetzte. Im Stockholmer
Frieden, den Preußen mit Schweden 1719 schloß, wurde dann das besetzte
Land bis zur Peene gegen Zahlung von 2 Millionen Talern Preußen überlassen.

Dem Bemühen des Preußenkönigs, bei Gelegenheit der russisch-schwe-
dischen Friedensverhandlungen, die zum Frieden von Nystedt führten, auch
noch das restliche Vorpommern und Rügen zu erhalten, war kein Erfolg be-
schieden. Diese Landesteile bleiben weiter bei Schweden. Immerhin war das
brandenburgisch-preußische Pommern wesentlich erweitert, vor allem die
Trennungslinie der Oder war nach 70 Jahren wieder überwunden, das Mündungsgebiet des Stromes frei, und mit Stettin war ein bedeutender Hafen für
den preußischen Gesamtstaat gewonnen.

Am 10. August 1721 erfolgte die Huldigung in Stettin, nämlich der Ritterschaft und der Stände, und zwar ohne daß König Friedrich Wilhelm I. –

anders als der Große Kurfürst es für Hinterpommern getan hatte – das Begehren der vorpommerschen Stände erfüllt hätte, ihnen ihre Privilegien zu
bestätigen. Stattdessen wurde unverzüglich die Regierung des Landes, nämlich des ganzen brandenburgisch-preußischen Pommerns, eingerichtet Schon
1716 hatte der König den Geheimen Rat Rüdiger von Massow zum Oberpräsidenten aller in Hinterpommern und in den sequestrierten Distrikten Vorpommerns befindlichen Kollegien bestellt. Seine spezielle Aufgabe war die
Vereinigung der beiden lange getrennten Landesteile. Zu diesem Zweck
wurde die oberste aller Behörden in seine Hand gelegt.

Diese Zentralbehörde war die königliche „Pommersche und Cammin-
sche Regierung". Sie hatte die Landeshoheits-. Lehens- und Grenzsachen
sowie die sonstigen öffentlichen Angelegenheiten zu bearbeiten, sie führte
die Aufsicht über die Verwaltung des Vermögens der landesherrlichen Stiftungen, die Wahrnehmung des königlichen Patronats und galt als oberstes
Landgericht in Vor- und Hinterpommern. Sie stand unter einem Kanzler
und einer Anzahl nicht ständig anwesender Räte. Zwei Jahre später, 1723
siedelte die Regierung von Stargard nach Stettin über, nachdem das schwedische Regierungskollegium schon 1720 von Stettin nach Stralsund verzogen
war. Das Hofgericht zu Stargard wurde auch für Vorpommern zuständig
und 1739 ebenfalls nach Stettin verlegt. Ein zweites Hofgericht für das östliche Hinterpommern war 1739 in Köslin eingerichtet worden. Auch das
Konsistorium nahm in Stettin seinen Sitz und übte seine Befugnisse in Bezug auf die geistliche Gerichtsbarkeit und Verwaltung für das ganze vereinigte Land aus.

Neu geschaffen wurde im Jahre 1723 eine Kriegs- und Domänenkammer
auch für Pommern. Ihr oblag die Finanzverwaltung im weitesten Sinne einschließlich der Steuern, der Einnahmen und der Ausgaben, Wirtschaft. Gewerbe, Verkehr. Durch sie in Sonderheit wollte der König die Einheitlichkeit der gesamten Staatsverwaltung gesichert wissen. Was unter dem Großen
Kurfürsten ansatzweise angestrebt worden war, wurde nun zielstrebig verfolgt.

Der staatlichen Verwaltung waren u. a. dadurch zusätzliche Aufgaben
erwachsen, daß der König bereits 1713 ein Edikt über die Domänen erlassen
hatte, durch das die Erbpacht aufgehoben und der gesamte Besitz in die
staatliche Verwaltung übernommen worden war. Auch die lange strittige
Frage der Kontributionen war aufgegriffen worden, indem eine Hufen-
kommision für die Aufnahme und Klassifikation des Grundes und Bodens
nach seiner Beschaffenheit eingesetzt wurde.

Im März 1719 hatte der König für die hinterpommerschen und cammin-
schen Ämter die Leibeigenschaft aufgehoben; doch war diese Regelung nicht
überall durchgedrungen. Durch Verordnung versuchte der König 1739 dem
Bauernlegen Einhalt zu gebieten, wenn auch nicht mit durchgreifendem Er-

folg. Immerhin hatte man seitens der preußischen Regierung das Problem einer Neuregelung der ländlichen Verhältnisse erkannt und erste Schritte zur Besserung unternommen.

Die Stellung des Adels blieb unangetastet, auch im neuerworbenen Vorpommern. Doch die Aufgaben der Stände wurden auch hier nun in der Regel durch einen Ausschuß wahrgenommen.

Im Jahre 1724 hatte König Friedrich Wilhelm I. eine Kreisreform für das ganze preußische Pommern verfügt. Es wurden insgesamt 12 hinterpommersche und 6 vorpommersche Kreise eingerichtet sowie 3 Prälatenkreise. Die Landräte, in Hinterpommern von der Ritterschaft des Kreises gewählt, in Vorpommern von den Landständen insgesamt, wurden schrittweise zu königlichen Beamten; der ständische Charakter des Amtes trat mit der Zeit immer mehr zurück.

Besondere und gezielte Maßnahmen ergriff die preußische Regierung für die Erschließung des Landes durch Ansiedlung von fremden Kolonisten, für die Entwicklung von Gewerbe und Handel und für die Verbesserung der Verhältnisse in den Städten. Nun trat auch in Vorpommern an die Stelle der Kontribution die 1682 eingeführte preußische Akzise. Gefördert wurde auch das Schulwesen. Ein Edikt von 1717 enthielt bereits den Grundsatz der allgemeinen Schulpflicht, auch auf dem Lande, freilich nur da, „wo Schulen seien". Was im preußischen Pommern fehlte, war eine höhere Lehranstalt, eine Landesuniversität. Die Kolberger Ritterakademie diente dem Adel, nicht der Allgemeinheit und wurde 1716 nach Berlin verlegt. Die alte Landesuniversität Greifswald lag im schwedischen Landesteil und mußte wegen ihres extrem lutherischen Glaubensstandes – ebenso wie die Universität Wittenberg – von den preußischen Untertanen gemieden werden. Sie sollten stattdessen die Universitäten Frankfurt a. d. Oder oder Halle a. d. Saale besuchen. Immerhin besaß Pommern auch durchaus angesehene höhere Lehranstalten, das Marienstift-Gymnasium in Stettin und das Groeningsche Kollegium in Stargard, das zu einem Gymnasium illustre erhoben worden war.

In Bezug auf die kirchlichen Verhältnisse ist zu sagen, daß König Friedrich Wilhelm I. im Stockholmer Friedensinstrument 1721 das Versprechen gegeben hatte, die neuen Untertanen in Vorpommern „bei dem freien Religions-Exercitio zufolge der unveränderten Augsburgischen Konfession nach Maßgabe Tit. l der pommerschen Kirchenordnung als des Landes Fundamentalsatzung jeder Zeit unbekümmert und ungekränkt zu lassen". Tatsächlich kam es jedoch zu höchst ärgerlichen Spannungen wegen der Förderung der wenigen Reformierten im Lande durch das reformierte Königshaus. Diese Spannungen erfuhren dadurch ihres besondere Schärfe, daß sich die pommersche Geistlichkeit in Schwedisch-Pommern zu Hütern der lutherischen Rechtgläubigkeit aufwarf und in die Verhältnisse des brandenburgischen Landesteils hineinwirkte.

Wenn auch der größte Teil Pommerns seit 1720/21 unter preußischem Szepter vereint war, so bestanden weiterhin zwei Pommern mit einer im 18. Jahrhundert auseinanderstrebenden Tendenz.

IV. Die Wiedervereinigung 1815

Die endgültige Wiederherstellung des gesamten alten Pommerlandes der Greifen, d. h. die Vereinigung des schwedischen Restteils mit dem preußischen Hauptteil, geschah nach den Napoleonischen Kriegen und der nun folgenden Friedensregelung in Europa. Das Schwedische Vorpommern war eine Art Handelsobjekt in dem die Kämpfe begleitenden diplomatischen Ringen. Als im Januar 1814 Schweden und Dänemark zu Kiel Frieden schlossen, überließ Schweden sein pommersches Territorium den Dänen, das seinerseits Norwegen an Schweden abtrat. Da die Norweger den Anschluß verweigerten, wurde auch nichts aus der Übergabe Pommerns. Die Stimmung im Lande selbst war eindeutig: man wollte zu Preußen. Der Generalgouverneur, Fürst Malte zu Putbus, der einer der ältesten Familien des Landes entstammte und der der mit Abstand reichste Grundherr war, stellte sich in einer Zeit des aufwallenden nationalen Gedankens an die Spitze des Volkswillens.

Auf dem Wiener Kongreß hat Hardenberg dann die preußische Forderung auf das schwedische Pommern erhoben und durchgesetzt. Man kam überein, daß Preußen die Angelegenheit direkt mit Dänemark lösen sollte. Dies geschah im Juni 1815. Dänemark wurde durch das Herzogtum Lauenburg a. d. Elbe und durch Geldzahlung entschädigt, Zugleich willigte auch Schweden ein, das Land für 3 1/2 Millionen Taler Preußen zu übergeben.

Am 1. Oktober 1815 entließ König Karl XIII. die Bewohner Schwedisch-Vorpommerns aus ihrer Pflicht gegen die Krone Schwedens und aus den geleisteten Eiden der Treue. Am 23. Oktober erfolgte in Stralsund die Übergabe des Landes an Preußen durch den Kommissar des schwedischen Königs, Generalleutnant Frhr. Gustav Boye, und zwar an den vom preußischen König bevollmächtigten Oberpräsidenten Frhr. von Ingersleben. Am 16. November nahm dieser in der Stralsunder Nikolaikirche die Erbhuldigung der Landesabgeordneten entgegen. Ritterschaft und Adel waren fast vollzählig erschienen, die beiden anderen Stände durch Deputierte vertreten.

Die Stimmung jener Tage fand ihren Ausdruck in dem Schlußsatz, den der Sprecher der Ritterschaft, der Hofmarschall Graf Friedrich von Bohlen, bei dieser Huldigung sprach: „Unser Stolz wird es von nun an sein, dem Könige Friedrich Wilhelm anzugehören, und unser unablässiges Bestreben, ... zu beweisen, daß wir auch unter einer auswärtigen Regierung nicht verlernt haben, Deutsche zu sein." Dennoch und zugleich wurden auch Stimmen der

Trauer laut, von einer so lange bestehenden und eigentlich nicht als drük-
kend empfundenen Herrschaft Abschied nehmen zu müssen.

Das Pathos jener Zeit des Umbruches in Europa und des nationalen
Aufbruches findet sich aber auch in dem Entlassungs-Patent des schwedischen Königs, wenn er sagt: „Wir wollen es Euch nicht verhehlen, daß es
unserem Herzen ein großes Opfer gewesen, Uns von einem Lande zu trennen, das Uns und jeden guten Schweden an die ruhmwürdigen Thaten des
großen Gustav Adolph erinnert, und an den Sieg Deutscher Freiheit in jener
Zeit." Das Patent König Friedrich Wilhelms III. ist wesentlich nüchterner.
Von Bedeutung sind folgende Sätze: „Was wir künftighin in den Gesetzen
und den Formen zu ändern beschließen, wird nur durch die Rücksicht auf
die Wohlfahrt des ganzen Landes und der Einwohner aller Klassen begründet, auch sorgfältig mit eingeborenen, der Landesverfassung kundigen und
patriotisch gesinnten Männern beraten werden. Die ständische Verfassung
werden Wir erhalten, und sie der allgemeinen Verfassung anschließen, welche Wir Unserem gesammten Staate zu gewähren beabsichtigen."

Die Eingliederung Schwedisch-Pommerns in den preußischen Staat vollzog dann in den nächsten Jahren der als Nachfolger des Freiherrn von Ingersleben 1816 zum Oberpräsidenten berufene Johann August Sack, der eigentliche Begründer der preußischen Provinz Pommern. Die Regelungen in
allen Einzelheiten und Bereichen haben sich aber anders als 1654 und
1720/21 behutsam und mit Rücksicht auf die unterschiedlichen Verhältnisse
in den Landesteilen z. T. über Jahrzehnte hingezogen. Zunächst wurde mit
Erlaß vom 30. April 1815 die Provinz Pommern mit 3 Regierungsbezirken
Stettin, Köslin und Stralsund gebildet, ihr Umfang 1817 und 1818 festgelegt.
1817 hatte der König eine Kommission unter dem Vorsitz des Erblandmar-
schalls Fürst Malte von Putbus zur Beratung über die ständischen Angelegenheiten, Einrichtungen und Gesetze in Neuvorpommern (wie man sagte)
eingesetzt.

Mit Gesetz vom 1. Juli 1823 wurde der Provinz Pommern dann eine
landständische Verfassung gegeben, bemerkenswerterweise aber keine einheitliche, sondern mit zwei Landtagen, je einem für Hinterpommern mit
Altvorpommern (also jetzt die Regierungsbezirke Köslin und Stettin) und
für Neuvorpommern (Regierungsbezirk Stralsund). Die Wahl erfolgte nach
drei Ständen: der Ritterschaft, den Städten und dem Stand der Gutsbesitzer,
Pächter und Bauern. Im Herbst 1824 trat der erste Provinziallandtag in Stettin, im März 1826 der erste Landtag für Neuvorpommern in Stralsund zusammen.

Die Verbindung der beiden Landesteile zu einer einheitlichen Provinz
war dadurch erschwert. Der Stralsunder Landtag widersetzte sich auf mehreren Sitzungen und mit Erfolg der Einführung des preußischen Landrechts,
die von der Regierung für den 1. Januar 1826 beabsichtigt war, und erreichte

die Beibehaltung des gemeinen Rechts und der eigenen Gerichtsbarkeit. Durchgesetzt von Seiten der staatlichen Instanzen wurde lediglich oder immerhin 1837 die Aufzeichnung des Provinzialrechts des Herzogtums Neuvorpommern und des Fürstentums Rügen. Auch die Städte behielten ihre eigene Verfassung. Die 1831 versuchte Einführung der preußischen Städteordnung mußte so modifiziert werden, daß örtliche Statuten zugelassen wurden, die im wesentlichen die alten Zustände unangetastet ließen, so z. B. die städtische Gerichtsbarkeit.

Das preußische Besteuerungssystem mit seinen Zoll- und Steuergesetzen wurde erst im November 1821 auf Neuvorpommern ausgedehnt, freilich auch hier mit Ausnahmebestimmungen. Die Gesetze über die Juden von 1809 und 1812 erlangten hier erst 1847 Gültigkeit. Bestehen blieben die eigenen Gerichtsinstanzen, indem das Konsistorium in Greifswald mit seinen richterlichen Funktionen neu eingerichtet und das Appellationsgericht in Greifswald wieder vollständig besetzt wurden. Mit Greifswald war auch die 1456 gegründete Universität an Preußen gelangt, die älteste nunmehr in der Monarchie, die dank der Stiftung des letzten Pommernherzogs in der Lage war, sich aus den Besitzungen des Klosters Eldena bis in die Mitte des 19. Jahrhunderts selbst zu unterhalten.

Vom Oberpräsidenten Sack wird in einem seiner Berichte über Pommern ausgeführt: „Die Pommern sind treu und bieder, aber durch Klima und Gewohnheiten und eine fast eiserne Anhänglichkeit an das Tun und Lassen ihrer Altvordern nur durch äußere Aufregung zu Fortschritten zu vermögen, zu denen es ihnen sonst keineswegs an innerer Kraft und Geschicklichkeit mangelt." Diese Wertung des Rheinländers Sack liest sich wie eine Paraphrase der Beurteilung der Pommern, die sich in einer der ältesten Schilderungen des Landes, der Chronik des Thomas Kantzow aus der ersten Hälfte des 16. Jahrhunderts, findet. Das Volk der Pommern, so schrieb er, sei „mehr guetherzig, wann freundlich, mehr simpel wann klug. ... Sonst aber ist es ein aufrichtig, trew, vorschwiegen Volk." Es hat aber „von den Wenden und vom gestrengen Himmel, da sie unter wohnen, noch viele Grobheit an ihme; dann es helt wenig oder nichts von den Studiis und freien Künsten. Darumb hat es auch nicht viele gelehrte Leute, wiewohl es sehr feine Ingenia hat, wie man an vielen spuret, wann sie nur darzu gehalten wurden." Sack, ein Schüler des Freiherrn vom Stein, durch eigene historische Interessen und Studien gewiß mit Kantzow vertraut, zog aus der von ihm geteilten und modifizierten Beurteilung der pommerschen Mentalität den Schluß, daß es nun gelte, – wie er sich ausdrückte – „in Pommern noch ein zweites und drittes Pommern in Kultur und Bevölkerung zu erschaffen", ... „denn solch ein Land und solch ein Volk ist jedes Förderungsmittel der Kultur wert."

Dieses zweite und dritte Pommern ist in der preußischen Zeit des Landes im 19. Jahrhundert entstanden, auf dem Felde des geistigen und gesellschaftlichen Lebens. Sack selbst hat hierzu vielfältige Anregung gegeben und manche Grundlage geschaffen, auf dem Gebiet von Handel und Wandel, Gewerbe und Verkehr und nicht zuletzt auf dem Gebiet der Kultur. Nur zwei Punkte aus dem geistigen Bereich seien abschließend genannt: die Gründung der Gesellschaft für pommersche Geschichte und Altertumskunde 1824, durch die die Beschäftigung mit der Geschichte des Landes einen gewaltigen Anstoß gewonnen hat, der für manche andere Landschaft vorbildlich geworden ist. Sack ging es dabei um die Festigung und Weiterentwicklung eines historisch fundierten Landesbewußtseins, und da, wo dieses verloren gegangen war, um die Wiederherstellung einer pommerschen „Identität" – wie man heute sagen würde.

Gleiches gilt für die von Sack ebenfalls 1824 angeregten Otto-Feiern in Pommern zur Erinnerung an die Pommernmission des Bischofs Otto von Bamberg und die dadurch bewirkte kultische wie politische Einheit des Landes über Oder und Peene hinweg. Ein anderer, aktueller Grund war die gewünschte Herstellung der Einheit im Lande auf religiösem und kirchlichem Gebiet, nämlich die Durchsetzung der von König Friedrich Wilhelm III. 1817 verordneten Union zwischen den lutherischen und den reformierten Kirchen in Preußen. Darüber hinaus ging es Sack und den ihm nahestehenden Geistlichen um volksmissionarische Ziele und schließlich und nicht zuletzt um die Verwurzelung Pommerns im christlichen Glauben und um seine durch die Jahrhunderte gewonnene und bewährte und trotz der durch rund 170 Jahre währenden Trennung und Teilung des Landes bewahrte Zugehörigkeit zu den Geschicken des deutschen Volkes und Vaterlandes.

Das nie aufgegebene Streben nach Wiederherstellung der Einheit des Pommerlandes, das von den sich als legitime Nachfolger der Greifenherzöge betrachtenden Hohenzollern konsequent verfolgt und das Schritt für Schritt im Rahmen des brandenburgisch-preußischen Staates auch erreicht wurde, führte im weiteren Verlauf des 19. Jahrhunderts zur Teilhabe an der seit den Befreiungskriegen von allen erstrebten Einheit der Deutschen.

Literatur
zur pommerschen Geschichte:

Martin Wehrmann, Geschichte von Pommern. 2 Bde., 1919 u. 1921. Neuausgabe (mit einem bibliographischen Vorwort von Roderich Schmidt), 1982.
Hans Branig, Geschichte Pommerns. Bd. I: Vom Werden des neuzeitlichen Staates bis zum Verlust der staatlichen Selbständigkeit 1300–1648. Bd. II: Von 1648 bis zum Ende des 18. Jahrhunderts (Veröffentlichungen der Historischen Kommission für Pommern, Reihe V: Forschungen zur pommerschen Geschichte, Bd. 22/I u. II), 1997 u. 2000.
Roderich Schmidt, Geschichte Pommerns im Überblick. (In diesem Bd. Beitrag I,1).

Ludwig Biewer, Kleine Geschichte Pommerns, 2. Aufl. 1999.

Dietmar Lucht, Pommern. Geschichte, Kultur und Wirtschaft bis zum Beginn des Zweiten Weltkriegs (Historische Landeskunde. Deutsche Geschichte im Osten, Bd. 3), 1996.

Eberhard Völker, Geschichte Pommerns bis 1945. In: Pommern und Ostbrandenburg (Studienbuchreihe der Stiftung Ostdeutscher Kulturrat, Bd. 9), 2000, S. 28–106.

Norbert Buske, Pommern als Territorialstaat - ein Überblick über die politische Entwicklung (Schriftenreihe der CDU-Fraktion im Landtag Mecklenburg-Vorpommern. Heft 2), 1993.

Gerd Heinrich, Ständische Korporationen und absolutistische Landesherrschaft in Preußen-Hinterpommern und Schwedisch-Vorpommern (1637–1816). In: Ständetum und Staatsbildung in Brandenburg-Preußen, hg. von Peter Baumgart (Veröffentlichungen der Historischen Kommission zu Berlin, Bd. 55), 1983, s. 155–169.

Helmut Backhaus, Schweden und Pommern im siebzehnten Jahrhundert. In: Ostdeutsche Geschichts- und Kulturlandschaften, Teil III: Pommern, hg. von Hans Rothe (Studien zum Deutschtum im Osten, Heft 19/III), 1988, S. 111–129.

Udo Arnold, Neun Jahrhunderte pommersche Geschichte, ebd. S. 1–25.

Hans Fenske, Die Verwaltung Pommerns 1815–1945 (Veröffentlichungen der Historischen Kommission für Pommern, Reihe V: Forschungen zur pommerschen Geschichte, Bd. 26), 1993.

zur preußischen Geschichte:

Moderne Preußische Geschichte 1648–1947. Bearb. u. hrsg. von Otto Büsch und Wolfgang Neugebauer, 3 Bde. (Veröffentlichungen der Historischen Kommission zu Berlin, Bd. 52/1–3), 1981.

Gerd Heinrich, Geschichte Preußens. Staat und Dynastie, 1981.

Expansion und Integration. Zur Eingliederung neugewonnener Gebiete in den preußischen Staat (Neue Forschungen zur Brandenburg-Preußischen Geschichte, Bd. 5), 1984.

Wolfgang Neugebauer, Geschichte Preußens, 2004.

Pommersche Landesgeschichte und die Historische Kommission für Pommern

Wenn ich hier im Eröffnungsteil dieser Tagung das Wort nehmen darf[1], so tue ich es als Vorsitzender der Historischen Kommission für Pommern, zugleich aber auch, um Ihnen etwas von der Geschichtslandschaft und von dem Ort zu vermitteln, an dem wir zusammengekommen sind. Pommern ist zwar nicht Gegenstand und Mittelpunkt der Veranstaltung, aber von hier, von der pommerschen Landesuniversität Greifswald, ist die Initiative für eine „Bestandsaufnahme" und die Entwicklung von „Perspektiven landesgeschichtlicher Forschung und Lehre im vereinten Deutschland" ausgegangen. Das ist in doppelter Hinsicht dankbar zu begrüßen, zum einen, weil es 26 Jahre her ist, daß eine vergleichbare Veranstaltung stattgefunden hat, damals 1969 anläßlich der 50-Jahr-Feier des Bonner Instituts für Geschichtliche Landeskunde der Rheinlande unter der Leitung von Professor Edith Ennen im Westen Deutschlands[2], nun nach der Wiedervereinigung auf Veranlassung von Herrn Kollegen Werner Buchholz hier im Nordosten Deutschlands in Greifswald.

Zum anderen ist es zu begrüßen, daß diese Zusammenkunft hier stattfindet, weil Pommern in landeshistorischer Hinsicht, aber auch ganz allgemein weithin eine terra incognita ist. Dies gilt auch für die Fachwelt. Bei der Bonner Tagung im Jahre 1969 war Norddeutschland ausgeklammert. Aber auch in einschlägigen Publikationen kommt Pommern nicht oder nur beiläufig vor. Ich nenne hier beispielhaft Hermann Heimpels bekannten Aufsatz in der Historischen Zeitschrift von 1959 „Über Organisationsformen historischer Forschung in Deutschland"[3] oder den von Pankraz Fried 1978 herausgegebenen Sammelband „Probleme und Methoden der Landesgeschichte"[4], der die wichtigsten grundlegenden Aufsätze zum Thema für die Zeit vom Ende des Ersten Weltkriegs bis etwa 1970 vereinigt. Ebenso geht Hans Patze in seinem instruktiven Forschungsbericht „Landesgeschichte"[5] von

---

1 Im folgenden wird der am 23. Juni 1995 gehaltene Vortrag, leicht überarbeitet und mit Anmerkungen versehen, dargeboten.
2 27. Arbeitstagung des Instituts für geschichtliche Landeskunde der Rheinlande an der Universität Bonn vom 31.03. bis 02.04.1969. Ein Bericht „Probleme und Fragen der Landeskunde heute" erschien im Bonner General-Anzeiger vom 02.04.1969.
3 HZ 189 (1959), S. 139–222.
4 WegeForsch 492, 1978.
5 JbHistForsch, 1980, S. 15–40. – 1981, S. 11–33.

1980/81 an Pommern vorbei, und auch der von Carl-Hans Hauptmeyer 1987 herausgegebene Sammelband „Landesgeschichte heute" erwähnt es nicht.[6]

Dabei hat sich die landesgeschichtliche Forschung in dieser Provinz vom Anfang des 19. Jahrhunderts bis ins 20. ähnlich entwickelt wie anderswo in Deutschland[7], nämlich – wie eine jüngst fertiggestellte Marburger Doktorarbeit ausführt –[8] von einer antiquarischen Geschichtskunde zu einer geschichtswissenschaftlichen Disziplin, und dies mit beachtlichen Erfolgen, die unter Berücksichtigung der Situation des Landes den Vergleich aushalten. Die Träger dieser Entwicklung waren die 1824 gegründete Gesellschaft für Pommersche Geschichte und Altertumskunde[9], der Rügisch-Pommersche Geschichtsverein von 1899[10], die 1910/11 gegründete Historische Kommission für Pommern[11] und die Universität Greifswald[12].

Hier gebietet es der Ort unserer Tagung, an den Mann zu erinnern, der in diesem Saal auf uns herunterschaut: Prof. Dr. Ernst Bernheim.[13] Der be-

---

6 Kleine Vandenhoeck-Reihe 1522, 1987.

7 Vgl. H. HEIMPEL, Geschichtsvereine einst und jetzt, in: Beiträge zur Geschichte historischer Forschung in Deutschland (Veröffentlichungen des Max-Planck-Instituts für Geschichte 1), 1972, S. 45–73. – K. PAPST, Historische Vereine und Kommissionen in Deutschland bis 1914, in: Vereinswesen und Geschichtspflege in den böhmischen Ländern (Bad Wiesseer Tagungen des Collegium Carolinum), 1984, S. 13–38.

8 R. UNTERSTELL, Klio in Pommern. Die Geschichte der pommerschen Historiographie 1815–1945. Studien zur Wissenschafts- und Disziplinhistorie der Geschichtlichen Landeskunde in Deutschland (MittelDtForsch 113), 1996.

9 UNTERSTELL (wie Anm. 8), S. 37–47, 109–127. – R. SCHMIDT, Bewahrung und Erforschung pommerscher Geschichte durch Geschichtsverein und Historische Kommission, in: ZfO 19 (1970), S. 401–420.

10 UNTERSTELL (wie Anm. 8), S. 47-55, 127–137.

11 R. SCHMIDT, Die Historische Kommission für Pommern in Vergangenheit und Gegenwart, in: BaltStud NF 55 (1969), S. 111–124. – DERS., Die Historische Kommission für Pommern. Acht Jahrzehnte Landesgeschichtsforschung, in: Pommern. Geschichte-Kultur-Wissenschaft. 1. Kolloquium zur Pommerschen Geschichte, 13.–15. November 1990, Ernst-Moritz-Arndt-Universität Greifswald, 1991, S. 24–35. – R. UNTERSTELL (wie Anm. 8), Die Historische Kommission für Pommern, S. 55–61, 137–155.

12 K. FRITZE, Pommernforschung am Historischen Institut der Universität Greifswald, in: Pommern (wie Anm. 11), S. 13–23. – Vgl. auch: TH. PYL, Die Pflege der heimatlichen Geschichte und Altertumskunde in Pommern seit dem Anfange des 19. Jahrhunderts, in: PommJb 7 (1906), S. 111–168. – R. SCHMIDT, Pommern und seine Universität, in: Greifswalder Universitätsreden, NF 60, 1990/91, S. 16–35.

13 R. UNTERSTELL, Landesgeschichte in kulturhistorischer Sicht. Der Beitrag Ernst Bernheims zur deutschen Landeshistoriographie, in: Land am Meer. Pommern im Spiegel seiner Geschichte. Roderich Schmidt zum 70. Geburtstag, hg. von W. BUCHHOLZ/G. MANGELSDORF (Veröffentlichungen der Historischen Kommission für Pommern, IV: Forschungen zur pommerschen Geschichte 29), 1995, S. 17–40. – DERS., Klio in Pommern (wie Anm. 8), S. 67–76: Ernst Bernheim, Kulturhistorischer Vordenker und landesgeschichtlicher Inspirator.

kannte Mediävist hat an der Greifswalder Universität von 1889 bis 1921 gelehrt, und er ist in Greifswald 1942 im hohen Alter von 92 Jahren, gänzlich zurückgezogen, als Jude bedroht, aber unbehelligt, gestorben. 1899/1900 hat er das Amt des Rektors bekleidet. Vor und nach dem Ersten Weltkrieg hat er sich auf dem Gebiet der Hochschulpädagogik und der Universitätsreform engagiert. Am bekanntesten wurde er, auch international, durch sein „Lehrbuch der historischen Methode"[14], das auch heute noch seine Bedeutung besitzt, die – wenn ich recht sehe – eher zu- als abnimmt.

Bernheim hat aber auch einen wichtigen Beitrag zur Auffassung dessen geliefert, was Landesgeschichte ist oder sein soll und was sie zu leisten imstande ist. Er stand in enger Beziehung zu Karl Lamprecht[15], und er setzte sich, wie dieser, für die damals aufkommende „Kulturgeschichte"[16] und damit für wirtschafts- und sozialgeschichtliche Fragestellungen, auch in der Landesgeschichte, oder wie man damals sagte, in der Territorialgeschichte, ein.[17] Was Bernheim von Lamprecht unterschied, das hat er so formuliert: „Wir werden nicht in die einseitige Übertreibung verfallen, diesen neuen Interessen zu Liebe die politische Geschichte für überflüssig, gewissermaßen abgeschafft zu halten; wir werden uns das alte, warme Interesse für den Werdegang des Staates und die ganze politische Betätigung der Menschen nicht rauben lassen. Aber mit diesem Vorbehalt dürfen wir lebhaft für die neuen Interessen eintreten."[18]

Anläßlich der Gründung des Rügisch-Pommerschen Geschichtsvereins und der Begründung der Zeitschrift „Pommersche Jahrbücher" im Jahre 1900 hat Bernheim einen grundlegenden Aufsatz mit dem Titel „Lokalgeschichte und Heimatkunde in ihrer Bedeutung für Wissenschaft und Unterricht" im ersten Band der Jahrbücher veröffentlicht[19] und damit einen weiteren Akzent der Landesgeschichtsforschung gesetzt. Worauf es ihm ankam, war, die allgemeine Geschichtsforschung mit der zu entwickelnden Lokalforschung zu verbinden. Generationen hindurch habe sich die Geschichtswissenschaft – so Bernheim – „um den historischen Unterricht der großen Menge des Volkes durchaus nicht gekümmert – zu ihrem Schaden, zum

---

14 1. Aufl. 1889, 5. u. 6. neu bearb. u. vermehrte Aufl. 1908, Wiederabdruck 1914.
15 L. SCHORN-SCHÜTTE, Karl Lamprecht, Kulturgeschichtsschreibung zwischen Wissenschaft und Politik, 1984.
16 R. SCHMIDT, Kulturgeschichte in landeshistorischer Sicht, in: ZfO 30 (1981), S. 321–348.
17 L. SCHORN-SCHÜTTE, Territorialgeschichte-Provinzialgeschichte-Landesgeschichte-Regionalgeschichte. Ein Beitrag zur Wissenschaftsgeschichte der Landesgeschichtsschreibung, in: Civitatum communitas. FS Heinz Stoob, hg. v. H. JÄGER/F. PETRI/H. QUIRIN (Städteforschung, Reihe A, Bd. 21,1), 1984, S. 390–416.
18 Wie Anm. 19, S. 21.
19 E. BERNHEIM, Lokalgeschichte und Heimatkunde in ihrer Bedeutung für Wissenschaft und Unterricht, in: PommJb 1 (1900), S. 15–32.

Schaden des Unterrichts, zum Schaden unseres Volkes". „Für die wissenschaftlichen Grundlagen einer zuverlässigen Heimatkunde zu sorgen", das sei eine besondere Aufgabe der Geschichtsvereine. Sie sollten die Vermittlung herstellen zwischen enger „Heimatliebe" und allgemeiner „Vaterlandsliebe"[20].

Ähnlich hat sich der Mitstreiter Bernheims, der pommersche Gymnasialprofessor Martin Wehrmann[21], Verfasser einer Gesamtdarstellung der Geschichte Pommerns[22] sowie zahlloser Aufsätze und Beiträge zur Landesgeschichte[23], geäußert. Im unmittelbaren Anschluß an Bernheim veröffentlichte er 1901 in den von Arnim Tille herausgegebenen Deutschen Geschichtsblättern, der „Monatsschrift zur Förderung der landesgeschichtlichen Forschung", einen Aufsatz, betitelt „Landes- und Heimatgeschichte im Unterricht der höheren Schulen"[24]. Seine Darlegungen gipfelten in der Forderung, „daß die wissenschaftliche Durchforschung der Territorial- und Lokalgeschichte die Bedürfnisse des Geschichtsunterrichts mehr ins Auge faßt und dem Dilettantismus auf dem Gebiete der betreffenden Unterrichtsliteratur entgegentritt". Das aber sei nicht nur wünschenswert, sondern notwendig, „weil die Kenntnis der Geschichte der Heimat die Voraussetzung für das Gefühl der Zugehörigkeit zum Staatsganzen bildet".[25]

Ich erwähne dies, weil es bei dieser Tagung um die heutigen und künftigen Perspektiven der Landesgeschichte für Forschung und Lehre geht[26] und weil im Lande Mecklenburg-Vorpommern der Ausbildung der Lehrer an den Universitäten, und so auch hier in Greifswald, ein wichtiger Stellenwert auch für die Entwicklung eines Regionalbewußtseins im neuen Bundesland Mecklenburg-Vorpommern zukommt. Der Geschichtswissenschaft und nicht zuletzt der Landesgeschichte erwachsen hier besondere Aufgaben und Verpflichtungen.

Mit dem Hinweis auf die Lokalgeschichte setzten Bernheim und Wehrmann tiefer an, als es sonst meist geschah, nicht beim Territorium oder der Provinz, sondern beim jeweiligen Ort, sei es Stadt oder Dorf. Hier geht es

---

20 Ebd., S. 26, 28.
21 R. UNTERSTELL, Martin Wehrmann (1861–1937) als Historiograph Pommerns. Ein Porträt, in: ZfO 44 (1995), S. 375–390. – DERS., Klio in Pommern (wie Anm. 8), Martin Wehrmann und die provinziale Landesgeschichte, S. 185–200. – D. KAUSCHE, in: BaltStud NF 48 (1961), S. 7–11.
22 M. WEHRMANN, Geschichte von Pommern, 2 Bde., 1904/06, 2. Aufl. 1919/21, Neuausgabe 1981/82 m. einem (bibliographischen) Vorwort von R. Schmidt.
23 Vgl. H. BELLÉE, Die Arbeiten Martin Wehrmanns in zeitlicher Folge, in: BaltStud NF 33 (1931), S. 271–321. – Forts. (1931–1936) v. W. BRAUN, in: ebd. 38 (1936), S. 343–350.
24 DtGBII 2 (1901), S. 265–273.
25 Ebd. S. 272 f.
26 So das mit der Einladung verschickte Tagungsprogramm.

um das „Durchforschen der Zustände", so schrieb Lamprecht an Bernheim[27], um die Erfassung der Lebens- und der Erlebniswelt ihrer Bewohner.
Was Lamprecht, aber ebenso Bernheim und Wehrmann um die Jahrhundertwende postulierten, ist heute durchaus wieder aktuell. Ihre Darlegungen
lesen sich wie eine vorweggenommene Theorie dessen, was man in unseren
Tagen „Geschichte von unten" nennt.[28]

Doch Bernheim ging es nicht um die Beschäftigung mit dem Mikrokos-
mos um seiner selbst willen, sondern weil hier ein Material zu gewinnen sei,
welches als Grundlage für historische Kenntnis dienen könne und als Ausgangspunkt „für die allgemeine Forschung, (denn) diese besteht überhaupt
nur in der summarischen Kenntniß und Beschreibung solchen Kleinmateri-
als von überall her"[29]. Die Ergebnisse der Lokalforschung für die allgemeine
Geschichtswissenschaft fruchtbar zu machen und von dieser her die Maßstäbe zu gewinnen, das ist nach Bernheim die Aufgabe der Historischen
Vereine und der Historischen Kommissionen.[30]

Bernheim und Wehrmann gehörten zu den treibenden Kräften bei der
Gründung einer Historischen Kommission in und für Pommern.[31] Mit der
Historischen Kommission für die Provinz Sachsen 1876 beginnt die Reihe
dieser neuen Form organisierter historischer Forschung in Deutschland.[32]
Die Publikation von Quellen und Forschungsergebnissen war ihr Signifi-
kum gegenüber dem Sammeln und der liebevollen Beschäftigung mit historischen Themen in den meisten Vereinen. Die Edition von Urkunden und
Akten überstieg oft die Arbeitskraft von einzelnen. Sie machte deshalb eine
längerfristige Planung erforderlich. Sie setzte auch eine fachhistorische Ausbildung voraus, wie sie vor allem Archivare, aber auch Bibliothekare besaßen. Notwendig, zumindest zweckmäßig waren die Kommissionen auch
deshalb, weil die Landesgeschichte an den Universitäten noch keine Heim-
statt hatte und noch lange stiefmütterlich gegenüber der großen, der nationalen Geschichte behandelt wurde, wenn sich auch Männer wie Bernheim in
Greifswald und andere an anderen Universitäten dafür einsetzten, sie an die-

---

27 L. SCHORN-SCHÜTTE (wie Anm. 17), S. 394.
28 Vgl. etwa: Geschichtsvereine. Entwicklungslinien und Perspektiven lokaler und regionaler Geschichtsarbeit (Bensberger Protokolle 62, hg. v. d. Thomas-Morus-Akademie
   Bensberg), 1989 (mit Literaturhinweisen in den Anmerkungen).
29 E. BERNHEIM (wie Anm. 19), S. 17.
30 Ebd.
31 R. SCHMIDT, Die Historische Kommission für Pommern. Acht Jahrzehnte Landesgeschichtsforschung (wie Anm. 11), S. 24–26. – R. UNTERSTELL (wie Anm. 8), S. 56–58. –
   DERS. (wie Anm. 13), S. 36–40, und (wie Anm. 21), S. 381 f.
32 W. MÖLLENBERG, Fünfzig Jahre Historische Kommission für die Provinz Sachsen
   und für Anhalt, in: Sachsen und Anhalt, Jb. d. Hist. Komm. f. d. Prov. Sachsen u. f.
   Anhalt 2, 1926, S. 1–18.

sen hoffähig zu machen. Die Historischen Kommissionen waren auch hierfür förderlich.

Ihre Entstehung erfolgte, je nach regionaler Situation, in unterschiedlicher Weise und Form. Die der preußischen Provinz Sachsen beruhte auf dem Zusammenschluß der Geschichtsvereine dieser Provinz. Die 1881 gegründete Gesellschaft für rheinische Geschichtskunde verdankte ihre Entstehung privater Initiative und wurde im wesentlichen von Stiftungen und Beiträgen getragen. Einen dritten Typ stellten diejenigen Kommissionen dar, die gewissermaßen von Staats wegen gegründet wurden.[33] Zu ihnen gehört auch die Historische Kommission für Pommern, die vom Oberpräsidenten der Provinz Pommern eingerichtet worden ist, die älteste in den preußischen Ostprovinzen.

Aber nicht nur nach Entstehung und Organisationsform unterschieden sich die Historischen Kommissionen, auch ihr Arbeitsfeld ist von verschiedener Art und bedingt unterschiedliche Betrachtungs- und Arbeitsweisen. Wenn sich die Kommissionen auch nach den politisch-staatlichen Gebilden zur Zeit ihrer Gründung richteten, so bildeten diese ja doch nicht immer ein auch historisch einheitliches Territorium. Da, wo eine zersplitterte Geschichtslandschaft bestand, stellten sich andere Fragen und Aufgaben. Man suchte und fand das Gemeinsame dann im Kulturellen und gelangte so zu der „Kulturlandschaft". Es ist ja keineswegs zufällig, daß der mit diesem Begriff verbundene Forschungsansatz, wie ihn besonders Hermann Aubin entwickelt hat, im Rheinland und im sächsisch-thüringischen Raum aufgekommen ist.[34]

Schon Lamprecht hatte weniger das Territorium als vielmehr den Raum im Auge gehabt. Sein Nachfolger als Direktor des von Lamprecht 1909 an der Universität Leipzig gegründeten Instituts für Kultur- und Universalgeschichte, Rudolf Kötzschke, hat dann 1924 das Verhältnis von „Nationalge-

---

33 H. HEIMPEL, Über Organisationsformen historischer Forschung in Deutschland (wie Anm. 3), S. 215–222. – K. PAPST (wie Anm. 7), S. 34 f. – G. KALLEN, 50 Jahre Gesellschaft für Rheinische Geschichtskunde, in: Nachrichtenblatt für rheinische Heimatpflege 3, 1931/32, S. 128–131.

34 H. AUBIN, Aufgaben und Wege der geschichtlichen Landeskunde, in: RheinNeujbll 4 (1925), S. 28–45, Wiederabdruck in: DERS., Grundlagen und Perspektiven geschichtlicher Kulturraumforschung und Kulturmorphologie. Aufsätze zur vergleichenden Landes- und Volksgeschichte aus viereinhalb Jahrzehnten, anläßlich der Vollendung des 80. Lebensjahres des Verfassers in Verbindung mit L. Petry hg. von F. PETRI, 1965, S. 17–26, sowie in: Probleme und Methoden der Landesgeschichte, hg. von P. FRIED (wie Anm. 4), S. 38–52. – Vgl. auch die Bände „Kulturströmungen und Kulturprovinzen in den Rheinlanden" (1926) und „Kulturräume und Kulturströmungen im mitteldeutschen Osten" (1936). – Ferner auch F. PETRI, Hermann Aubins Beitrag zur geschichtlichen Kulturraumforschung und Kulturmorphologie, in: Erinnerungen an Hermann Aubin (1885–1969), hg. vom J. G. Herder-Forschungsrat, 1987, S. 23–25.

schichte und Landesgeschichte" ventiliert.[35] Für ihn ist Landesgeschichte eben nicht Territorialgeschichte im herkömmlichen Sinne. „Land" ist vielmehr eine regionale Kategorie. Gemeint sind Räume „von bestimmtem Gepräge der Landesnatur, die durch Siedlung und Volkstum, Wirtschaft und Gesellschaftsverfassung, Sitte und Recht, bodenständige Kunst und Geistespflege zu Kulturlandschaften geworden sind"[36]. Kötzschkes Kollege Armin Tille, Herausgeber der Reihe „Deutsche Landesgeschichten" (in der auch Wehrmanns „Geschichte von Pommern" erschienen ist), erklärte, daß jeder Band dieser Reihe „eine kulturell einheitliche Landschaft" beinhalten sollte „und nicht etwa die zufälligen staatlichen Gebilde, wie sie im siebzehnten oder achtzehnten Jahrhundert oder später bestanden haben"[37].

Dagegen hat Erich Keyser (1931) aus ostdeutscher Sicht geltend gemacht, daß auch Kulturprovinzen von politischen Einheiten bestimmt worden seien. „Die Vorrangstellung des Staates", so formulierte er, „ist somit auch aus dem Bereich der Landesgeschichte nicht auszuschalten. Er stellt zwar nicht ihren einzigen Inhalt dar, aber er gibt notgedrungen den äußeren Rahmen her, in dem die innere Entwicklung des ‚Landes' zu erfassen ist."[38] Hier finden wir die gleichen gegensätzlichen Positionen in Bezug auf den Staat wieder, die schon Lamprecht und Bernheim bei aller sonstigen Übereinstimmung getrennt hatten.

Staatliche Gebilde verändern ihre Gestalt; andere bleiben stabil. Hierfür ist Pommern ein bezeichnendes Beispiel. Die Kontinuität seiner Geschichte reicht von den Anfängen der Herzogszeit und der Christianisierung im 12. Jahrhundert über seine Teilung im Dreißigjährigen Krieg hinweg bis zu der wiedervereinigten preußischen Provinz des 19. Jahrhunderts, wie sie bis zum Ende des Zweiten Weltkriegs bestand.[39] Territorial wie kulturell bildete dieses Land im wesentlichen eine Einheit – räumlich, seit es zu Beginn des 14. Jahrhunderts durch pommerellische Gebiete im Osten und durch das Fürstentum Rügen im Westen abgerundet war, kulturell, seit sich im Verlaufe des 14. Jahrhunderts der deutsche Neustamm der Pommern gebildet hatte.[40]

---

35 In: ThürSächsZGKunst 13, 1923/24, S. 1–22, Wiederabdruck in: Probleme und Methoden der Landesgeschichte (wie Anm. 4), S. 13–37.

36 Ebd., S. 36.

37 A. TILLE, Vorwort zu: M. Wehrmann, Geschichte von Pommern (wie Anm. 22), S. VIII.

38 E. KEYSER, Die Geschichtswissenschaft, 1931, S. 100.

39 R. SCHMIDT, Geschichtliche Einführung Pommern, in: Handbuch der historischen Stätten Deutschlands 12: Mecklenburg/Pommern, hg. von H. BEI DER WIEDEN/R. SCHMIDT, 1996, S. XXXIII–LII.

40 J. PETERSOHN, Pommerns staatsrechtliches Verhältnis zu den Nachbarmächten im Mittelalter, in: Die Rolle Schlesiens und Pommerns in der Geschichte der deutschpolnischen Beziehungen im Mittelalter (Schriftenreihe des Georg-Eckert-Instituts für internationale Schulbuchforschung 22/111), 1980, S. 98–115. – DERS., Kolonisation

Dies zu erfassen, zu erforschen und im Bewußtsein lebendig zu halten, ist die Aufgabe der pommerschen Landesgeschichte. Es ist auch die Aufgabe der Historischen Kommission für Pommern.

Anläßlich des achtzigjährigen Bestehens der Kommission im Jahre 1990 wurde eine Broschüre ihrer Veröffentlichungen mit einer kurzen geschichtlichen Einleitung vorgelegt.[41] Diesem Verzeichnis ist zu entnehmen, daß die Anfänge der Kommissionsarbeit eher bescheiden waren. Man stellte sich die Aufgabe, die kleineren nichtstaatlichen Archive der Provinz zu erfassen und zu verzeichnen. Die Aufgaben erweiterten sich, nachdem die schwierigen Jahre der Kriegs- und Nachkriegszeit durchgestanden waren, als die Kommission 1925 neu organisiert und auf eine breitere Grundlage gestellt worden war. Nun wandte man sich auch den typischen Kommissionsvorhaben zu, der Bearbeitung und Herausgabe von Urkunden und Regesten, der Edition von Stadt- und Bürgerbüchern und von Chroniken, der Publikation von Briefwechseln zur Geschichte der Neuzeit, genealogischen Untersuchungen und Herausgabe von „Lebensbildern".[42]

Außerdem nahm die Kommission zwei längerfristige Vorhaben in ihr Programm auf: die Weiterführung des Pommerschen Urkundenbuches und die Herausgabe eines Historischen Atlasses von Pommern. Das Pommersche Urkundenbuch war bis dahin vom Königlichen Staatsarchiv zu Stettin herausgegeben und von Archivbeamten bearbeitet worden. Von 1868 bis 1907 waren sechs Bände, reichend bis zum Jahr 1325, erschienen. Nun wurde das Werk von der Kommission übernommen, freilich weiterhin in Verbindung mit dem Staatsarchiv in Stettin, und es wurde zunächst der Zeitraum bis 1350 geplant.[43]

Das zweite Großvorhaben, der Historische Atlas, ging auf die Anregung des Greifswalder Historikers Prof. Fritz Curschmann zurück.[44] Dieser hatte

---

und Neustammbildung - Das Beispiel Pommern, in: Ostdeutsche Geschichts- und Kulturlandschaften, Teil III: Pommern, hg. von H. ROTHE (Studien zum Deutschtum im Osten 19/III), 1988, S. 59–83.

41 R. SCHMIDT, Achtzig Jahre Historische Kommission für Pommern 1910–1990. Verzeichnis ihrer Veröffentlichungen, 1990.

42 R. UNTERSTELL (wie Anm. 8), S. 139 ff., 148 ff.

43 R. SCHMIDT, Pommern und seine historische Überlieferung. Festansprache bei der Feier „50 Jahre Vorpommersches Landesarchiv Greifswald", 20. Dezember 1996. [Zs. Pommern, 1997].

44 R. SCHMIDT, Der Historische Atlas der Historischen Kommission für Pommern – begründet von Fritz Curschmann – und der Historische Atlas von Mecklenburg – begründet von Franz Engel.
    Ein Bericht des Herausgebers, in: Pommern. Kunst, Geschichte, Volkstum 31 (1993), S. 11–18. - R. UNTERSTELL, Klio in Pommern (wie Anm. 8), S. 153–155 und S. 201–217: Fritz Curschmann (1874–1946) und die historisch-geographische Landesforschung.

1908 auf dem Internationalen Historikerkongreß in Berlin den „Plan zu einem geschichtlichen Atlas der östlichen Provinzen des preußischen Staates"
vorgelegt.[45] Dieser weitgesteckte Plan ist nicht verwirklicht worden. Doch
die Historische Kommission für Pommern beauftragte ihn mit der Erarbeitung eines solches Atlasses für Pommern. 1926 wurde Curschmann die Leitung einer neu gegründeten Historisch-Geographischen Abteilung des Historischen Seminars der Universität Greifswald übertragen. Damit war die
notwendige Arbeitsstätte für die Atlasarbeit mit mehreren Mitarbeitern geschaffen, das Vorhaben der Kommission mit der Universität verzahnt. Und
im gleichen Jahr wurde Curschmann auch mit der Herausgabe eines parallelen Atlaswerkes von der Historischen Kommission für Brandenburg betraut. Beide Werke sollten nach den gleichen Grundsätzen bearbeitet und
die Karten im einheitlichen Maßstab 1 : 350.000 gezeichnet werden.

Dabei ging es Curschmann nicht darum, einen statischen Zustand darzu-
bieten, sondern geschichtliche Entwicklungen aufzuzeigen. Die von ihm an-
gewandte Methode war die rückwärts schreitende, die der Grazer Geograph
Eduard Richter entwickelt hatte.[46] Curschmann wählte für Pommern als
Ausgangspunkt die Landratskreise des 18. Jahrhunderts, wie sie vor der
neuen Kreiseinteilung in Preußen nach 1815 bestanden, weil sie noch die alte
Verwaltungsordnung des Landes widerspiegelten. Diese wollte er bis ins
Mittelalter zurückverfolgen.[47] 1935 legte er die „Pommersche Kreiskarte"
vor, die in drei Blättern die alten und neuen Kreise nach dem Stande von
1817/18 darboten, versehen mit einem Erläuterungsheft. Vier Jahre später
erfolgte eine „Pommersche Besitzstandskarte", ebenfalls in drei Blättern,
zum Stande von 1780.[48] Die Fortsetzung wurde durch den Zweiten Weltkrieg vereitelt.

Mit dem Atlaswerk wurde ein weiteres großangelegtes Editionsvorhaben
verbunden, das die Historische Kommission schon 1912 zu ihren Aufgaben
gezählt hatte: die Herausgabe der Schwedischen Landesaufnahme von Vorpommern.[49] Die schwedische Regierung ließ für ihren im Dreißigjährigen
Krieg gewonnenen Teil Pommerns zum Zwecke der Steuererhebung ab 1692
eine genaue Vermessung des Landes und eine detaillierte Beschreibung aller

---

45 HistVjschr NF 12 (1909), S. 1–37.
46 Historischer Atlas der Österreichischen Alpenländer, 1906.
47 F. CURSCHMANN, Die Landeseinteilung Pommerns im Mittelalter und die Verwal-
    tungseinteilung der Neuzeit, 1911, auch in: PommJb 12 (1911), S. 159–337.
48 Vgl. Achtzig Jahre Historische Kommission für Pommern (wie Anm. 41), S. 17.
49 C. DROLSHAGEN, Die schwedische Landesaufnahme und Hufenmatrikel von Vor-
    pommern als ältestes deutsches Kataster, in: Beihefte zum 37./38. und 40./41. Jahres-
    bericht der Geographischen Gesellschaft, 1920 und 1923. – F. CURSCHMANN, Die
    schwedischen Matrikelkarten von Vorpommern und ihre wissenschaftliche Auswer-
    tung, in: Imago mundi 1 (1925).

Gemeinden und Städte vornehmen. Das Ergebnis sind mehr als 1.700 handgezeichnete und kolorierte Karten und 74 Beschreibungsbände in folio, rund
1.700 Ortsbeschreibungen enthaltend. Dieses „Catastrum oder Hufen-Matri-
cul des Königlich-Schwedischen Hertzog-Thumbs Vorpommern und Fürsten-Thumbs Rügen" ist das erste umfassende Werk dieser Art in Deutschland. Die Texte, meist in schwedischer Sprache jener Zeit, enthalten in unterschiedlicher Ausführlichkeit Angaben über die Besitzer und Vorbesitzer,
die Namen der Bewohner, Größe und Nutzung der Flächen, Bodengüte und
Ernteerträge, Beschreibung der Häuser in den Städten, Lasten und Abgaben,
Gerechtigkeiten und Privilegien. Es stellt ein für die Sozial- und Wirtschaftsgeschichte, Verwaltungs-, Rechts- und Besitzgeschichte und natürlich
auch für die geographischen Verhältnisse, für Familiengeschichte und Namenkunde außerordentlich bedeutsames Quellenwerk dar. Es ist so umfang-
reich, daß es nicht in toto publiziert werden kann, sondern nach einem von
Curschmann entwickelten Schema, die Angaben allerdings möglichst wort-
getreu, freilich in deutscher Übersetzung. 1936 wurde mit der Bearbeitung
begonnen, 1944 war ein erster Teil, zwei Ämter umfassend, fertiggestellt.
Der Krieg verhinderte aber das Erscheinen. Die vier Karten und der Textband von 694 Seiten konnten erst 1948 veröffentlicht werden. 1960 hat dann
eine Mitarbeiterin Curschmanns weitere vier Kartenblätter mit kurzen Erläuterungen herausgebracht.[50]

Auch andere, in den Jahren nach der Reorganisation der Kommission im
Jahre 1925 beschlossene und z. T. auch begonnene Arbeitsvorhaben sind infolge der Zeitverhältnisse, wegen knapper Mittel und dem Fehlen hauptamt-
licher Mitarbeiter nicht recht zum Zuge gekommen oder steckengeblieben.
Zu nennen ist neben weiteren Urkunden- und Aktenpublikationen die Bearbeitung der Pommerschen Landtagsakten, der Kirchenvisitationsproto-
kolle, eine Geschichte der Landstände, eine Urkunden und Akten auswer-
tende Biographie Herzog Bogislaws X., die Erarbeitung einer Bibliographie
zur pommerschen Geschichte und Landeskunde, die Sammlung von Flurnamen, ein Verzeichnis der vor- und frühgeschichtlichen Wall- und Wehranlagen und einiges andere.[51]

50 Vgl. Achtzig Jahre Historische Kommission für Pommern (wie Anm. 41), S. 17. –
    Über die Weiterführung des Vorhabens durch die Historische Kommission s. unten
    S. 694 m. Anm. 87–92.
51 Hierzu R. SCHMIDT, Die Historische Kommission für Pommern. Acht Jahrzehnte
    Landesgeschichtsforschung (wie Anm. 11), S. 28. – R. UNTERSTELL, Klio in Pom-
    mern (wie Anm. 4), S. 149 ff. – Über die erschienenen Publikationen der Kommission
    seit 1945 s. Achtzig Jahre Historische Kommission für Pommern (wie Anm. 41),
    S. 12–14. – Zu den wiederaufgenommenen oder neu begonnenen Arbeiten s. unten.
    Hierzu gehört u. a. die unter Leitung von Prof. Dr. W. Buchholz begonnene Edition
    der Landtagsakten.

Das Ende des Zweiten Weltkriegs bedeutete für die Kommission eine echte Zäsur. Nicht nur, daß die Arbeiten zunächst einmal unterbrochen werden mußten. Es änderten sich die Arbeitsbedingungen und -voraussetzungen radikal. Die Bestände des Staatsarchivs waren im Kriege in verschiedene Orte der Provinz ausgelagert worden; sie wurden allmählich wieder zusammengebracht; teils in Stettin und Köslin, teils in Greifswald, wo ein eigenes Landesarchiv eingerichtet wurde.[52] Durch die Auslagerung waren aber vielfach die archivalischen Zusammenhänge getrennt worden. Vor allem: die im nunmehr polnisch verwalteten Teil Pommerns befindlichen Archive waren für lange Zeit westdeutschen Benutzern verschlossen, der Zugang zumindest außerordentlich erschwert, was sich erst nach und nach lockerte. In der DDR hörte die Beschäftigung mit der Landesgeschichte faktisch auf, der Name Pommern wurde tabuisiert. Offiziell gab es Pommern ganz einfach nicht und damit auch nicht seine Geschichte.[53] Was in Vorpommern möglich blieb[54] war die Beschäftigung mit der Geschichte der Universität, vor allem anläßlich ihrer 500-Jahr-Feier 1956[55], die Beschäftigung mit der Hanse[56] und gewissermaßen im Winkel, aber durchaus bemerkenswert die Beschäftigung mit der Kirchengeschichte[57]. Aber auch einzelne Städte und Gemeinden ließen es sich nicht nehmen, aus Anlaß von Jubiläen etwas über ihre Geschichte zu veröffentlichen. Hervorgehoben werden muß, daß es möglich war, eine landesgeschichtliche Zeitschrift zu begründen, die

---

52 J. WÄCHTER, Die Archive im vorpommerschen Gebiet und ihr historisches Quellengut, in: Greifwald-Stralsunder Jb. 2 (1962), S. 145–164. – R. SCHMIDT (wie Anm. 43).
53 W. BUCHHOLZ, Die pommersche Landesgeschichte in den letzten fünf Jahrzehnten 1945–1995, in: Land am Meer (wie Anm. 13), S. 1–16, über die beschränkten Möglichkeiten einer Pommernforschung in der DDR, S. 6–10.
54 Hierzu K. FRITZE (wie Anm. 12), S. 16–18, 21–23.
55 FS zur 500-Jahrfeier der Universität Greifswald 17.10.1956, 2 Bde., 1956.
56 Wie Anm. 54.
57 Vgl. hierzu den Überblick von N. BUSKE, Zur Arbeit und zu den Aufgaben der Arbeitsgemeinschaft Kirchengeschichte der Pommerschen Evangelischen Kirche, in: 1. Kolloquium zur Pommerschen Geschichte (wie Anm. 11), S. 36–42. Aus der Zahl der von N. Buske herausgegebenen oder von ihm mitgestalteten Veröffentlichungen seien genannt: Bischof Otto I. von Bamberg. Beginn der Christianisierung des Peenegebiets (1978); FS zu den 700-Jahrfeiern der Greifswalder Kirchen (1980); Territorialkirchengeschichte, Entwicklung-Aufgaben-Beispiele (1984); Dorfkirchen der Landeskirche Greifswald (1984), Reform und Ordnung aus dem Wort. Johannes Bugenhagen und die Reformation im Herzogtum Pommern (mit H.-G. LEDER, 1985); Die pommersche Kirchenordnung von Johannes Bugenhagen 1535 (1985); Niederdeutsche Passionsharmonie von Johannes Bugenhagen (1985); Verpflichtendes Vermächtnis – Ökumenisches Bugenhagen-Gedenken (1986); Dom St. Nikolai in Greifswald (1989); außerdem zwei kleinformatige Reihen „Kleine Kirchenführer der Ev. Landeskirche Greifswald". Genannt sei auch der von B. WIBERG herausgegebene Band einer von den Kirchen der dänischen Diözese Roskilde und der Ev. Landeskirche Greifswald veranstalteten Tagung „Bistum Roskilde und Rügen" (1987).

Greifswald-Stralsunder Jahrbücher[58], von uns Initiatoren als Fortsetzung der Pommerschen Jahrbücher verstanden. 1961 konnte der erste Band erscheinen, 1982 mußte mit Band 13/14 das Jahrbuch allerdings wieder eingestellt werden.

Die Historische Kommission für Pommern hat sich in der Bundesrepublik Deutschland 1951 dank der Initiative ihres langjährigen Schriftführers, des letzten Staatsarchivdirektors in Stettin, Dr. Adolf Diestelkamp, rekonstituiert und unter seinem Vorsitz ihre Arbeit wieder aufgenommen.[59] Eine entscheidende Voraussetzung hierfür war die Gründung des Johann-Gottfried-Herder-Forschungsrates im Jahre 1950 und die des Johann-Gottfried-Herder-Instituts in Marburg a. d. Lahn zur Förderung der Geschichte Ostdeutschlands und zur Erforschung von Ländern und Völkern im östlichen Mitteleuropa in Vergangenheit und Gegenwart.[60] Über den Herder-Forschungsrat hat die Bundesregierung Fördermittel für die ostdeutschen Historischen Kommissionen bereitgestellt. Später wurden auch die Länder daran beteiligt. Bei aller Anerkennung muß gesagt werden, daß der finanzielle Rahmen außerordentlich eng war und ist, und daß er keinen Vergleich mit der Finanzierung der Historischen Kommissionen in Westdeutschland aushält. Nimmt man die sehr schwierige Personalsituation hinzu – die ostdeutschen Kommissionen verfügen nicht über Mitarbeiterstellen, alle Mitarbeit geschieht nebenberuflich und ehrenamtlich, Nachwuchs ist wegen fehlender Perspektiven kaum zu gewinnen –, so ist es eigentlich erstaunlich, daß in den zurückliegenden Jahrzehnten so viel, ja daß überhaupt etwas geleistet worden ist. Freilich haben sich die Sachzwänge immer wieder störend bemerkbar gemacht, erforderten Notlösungen und ließen keine auf weite Sicht angelegte Planung zu.

Die Historische Kommission für Pommern hat aber unter der Leitung von Dr. Franz Engel[61], zuletzt Direktor des Niedersächsischen Staatsarchivs

---

58 Das Jahrbuch wurde herausgegeben vom Kulturhistorischen Museum Stralsund, dem Stadtarchiv Stralsund, dem Landesarchiv Greifswald, dem Museum der Stadt Greifswald und dem Stadtarchiv Greifswald.

59 A. DIESTELKAMP, Die Historische Kommission für Pommern, in: ZfO 2 (1953), S. 281–285. – R. SCHMIDT, Die Historische Kommission für Pommern in Vergangenheit und Gegenwart (wie Anm. 11).

60 R. SCHMIDT, Herder-Forschungsrat und Herder-Institut (Tagungsberichte des Johann-Gottfried-Herder-Forschungsrates 5), 1975, S. 11–29. – DERS., Deutsche Landesgeschichtsforschung und die wissenschaftliche Beschäftigung mit Ostdeutschland. Der Beitrag des J. G. Herder-Forschungsrates, in: Deutsche Studien 28 (1990), S. 262–276. – H. WECZERKA, Johann Gottfried Herder-Forschungsrat und Johann Gottfried Herder-Institut. Entstehung und Entwicklung eines Verbundes der Ostmitteleuropaforschung, in: Geschichte Osteuropas 1945–1990, hg. von E. OBERLÄNDER, 1992, S. 256–275.

61 H. BRANIG, in: BaltStud NF 54 (1968), S. 125–129. – R. SCHMIDT, Franz Engel, Vorsitzender der Historischen Kommission für Pommern, in: Pommern. Kunst-Geschichte-Volkstum 7 (1969), H. 3, S. 32–33.

Bückeburg, der von 1955 bis 1967 den Kommissionsvorsitz innegehabt hat, zunächst die klassischen Arbeitsvorhaben wieder in Gang gesetzt[62]: Fortsetzung des Pommerschen Urkundenbuches, Edition von Quellen und Wiederaufnahme der Atlasarbeiten. Engel war historischer Geograph und Siedlungsforscher, und so lag ihm der Historische Atlas besonders am Herzen.[63] Die Pommersche Besitzstandskarte Curschmanns von 1780 hat er neu bearbeitet und in neugestalteter Farbgebung und geänderter technischer Darstellung herausgebracht. Zusammen mit Dr. Werner von Schulmann, einem ehemaligen Mitarbeiter Curschmanns, veröffentlichte er eine „Besitzstandskarte" zum Jahr 1628. Schulmann hat dann noch eine Besitzstandskarte zum Jahr 1530 fertiggestellt, die auch veröffentlicht worden ist. Durch den Tod Schulmanns blieb die Besitzstandskarte zum Jahr 1350 leider ein Torso. Mit ihr sollte der von Curschmann vorgesehene Weg ins Mittelalter erfolgen. Dieser Schritt steht noch aus.

Franz Engel war Mecklenburger von Geburt, und er war einige Zeit am Mecklenburgischen Geheimen und Hauptstaatsarchiv in Schwerin tätig gewesen. Seine frühen Arbeiten betreffen die Siedlungs- und Frühgeschichte beider Länder, Mecklenburg und Pommern.[64] Von hier aus ist es verständlich, daß er sich als Vorsitzender der Historischen Kommission für Pommern auch die Förderung historischer Arbeiten zur Geschichte Mecklenburgs in der Bundesrepublik angelegen sein ließ, zumal es für Mecklenburg nach dem Kriege keine eigene Geschichtsorganisation gab.[65]

Im Jahre 1960 gründete Engel den Historischen Atlas von Mecklenburg in Parallele zum Pommerschen.[66] Auch hier wurde eine Besitzstands- verbunden mit einer Ämterkarte mit dem Stichjahr 1797 herausgebracht, dann in beiden Atlanten eine Karte der Dorfformen. Bereits 1953 hatte Engel sich grundlegend zu einer historischen Siedlungsformenkarte Mecklenburgs und

---

62 R. SCHMIDT, Die Historische Kommission für Pommern in Vergangenheit und Gegenwart. Mit einem Verzeichnis der durch sie geförderten Veröffentlichungen zur pommerschen und mecklenburgischen Geschichte, in: BaltStud NF 55 (1969), S. 111–124.

63 Über die Atlas-Arbeiten Engels: R. SCHMIDT, in: Beiträge zur Siedlungsgeschichte und historischen Landeskunde (wie Anm. 64), S. XXVIII–XXXVI.

64 F. ENGEL, Beiträge zur Siedlungsgeschichte und historischen Landeskunde. Mecklenburg-Pommern-Niedersachsen, hg. von R. SCHMIDT, 1970, Bibliographie F. Engel S. 343–359.

65 Über die von der Historischen Kommission für Pommern geförderten Arbeiten zur mecklenburgischen Geschichte siehe: Achtzig Jahre Historische Kommission für Pommern (wie Anm. 41).

66 R. SCHMIDT (wie Anm. 44). Die in den Historischen Atlanten von Pommern und von Mecklenburg erschienenen Karten sind in der Schrift Achtzig Jahre (wie Anm. 41), S. 18 f. und 35 f., aufgeführt.

Pommerns in der „Zeitschrift für Ostforschung" geäußert.[67] Im Pommerschen Atlas erschienen weiterhin eine prähistorische Karte zur Bronzezeit
und eine Karte der Landesteilungen des 16. Jahrhunderts. Eine „Besitzstandskarte der Insel Rügen zu 1577/1597", die aber die früheren, bis ins
Mittelalter zurückreichenden Verhältnisse widerspiegelt, habe ich nach Engels
Tod fertiggestellt und auch die Herausgabe beider Atlaswerke übernommen.
Im Mecklenburgischen Atlas kam eine Karte der kirchlichen Gliederung um
1500 heraus, eine Karte der Manufakturen und Fabriken im Jahre 1793 sowie zwei verkehrstechnische Karten, über die Entwicklung des Eisenbahnnetzes bis 1952 und des Telegraphennetzes von 1849 bis 1880. Auch für
Pommern ist eine Eisenbahnkarte erschienen.

Neben den beiden historischen Atlasreihen sind weitere Kartenwerke zu
nennen: 1955 bearbeitete Engel im Auftrag der Historischen Kommission
für das vom Göttinger Arbeitskreis herausgegebene Historische Kartenwerk
„Staats- und Verwaltungsgrenzen in Ostmitteleuropa" neun Karten über
Pommern vom 12./13. Jahrhundert bis 1952 (mit dem damaligen Zustand in
der DDR und in Polen).[68]

Drei große Kartenwerke des 18. Jahrhunderts erschienen als Sonderreihen der Historischen Atlanten von Pommern und von Mecklenburg:[69] die
Schmettauschen Karten von Pommern (um 1780), 33 Blätter 1 : 50.000, die
Schmettauschen Karten von Mecklenburg-Strelitz (um 1780), 8 Blätter 1 : 50.000
und die Wiebekingsche Karte von Mecklenburg um 1786, 47 Blätter in Vier-
Farben-Druck 1 : 25.000.

Als Sonderausgabe des Historischen Atlasses von Pommern habe ich zusammen mit Eckhard Jäger eine Neuausgabe der Großen Lubinschen Karte
von Pommern aus dem Jahre 1618 herausgegeben.[70] Die aus 12 Teilen zusammengesetzte Karte hat ein Format von 2,20 m zu 1,25 m und zeigt im
Maßstab 1 : 240.000 ganz Pommern in fast moderner Topographie. Sie enthält die Stammbäume der Herzöge von Pommern und der Fürsten von Rügen, fünf Brustbilder pommerscher Herzöge, 353 Wappen pommerscher
Adelsgeschlechter sowie 49 Ansichten pommerscher Städte, dazu eine kurze
Landesbeschreibung. Die Karte gehört zu den hervorragendsten Erzeugnissen der Renaissancekultur in Deutschland. Sie ist zugleich ein bemerkenswertes Beispiel fürstlicher Repräsentationskunst und ein Zeugnis für die

---

67 F. ENGEL, Erläuterungen zur historischen Siedlungsformenkarte Mecklenburgs und
    Pommerns, in: ZfO 2 (1953), S. 208–230, mit 2 Karten.
68 Historisches Kartenwerk, Teil III: Pommern (mit Erläuterungen).
69 Achtzig Jahre (wie Anm. 41), S. 19 und 35 f.
70 Beschreibender Text von A. HAAS (1926), Einleitung von M. VOLLACK. Das Kartenwerk erschien zugleich als Nr. II der „Quellen zur Geschichte der deutschen Kartographie", hg. von E. JÄGER/L. ZÖGNER, 1980.

kulturelle Blüte an den pommerschen Herzogshöfen vor dem Dreißigjährigen Krieg.[71]

Neben den Atlasarbeiten sind die Editionen[72] der Kommission weitergeführt worden: Vom pommerschen Urkundenbuch wurde der erste, die Jahre 786 bis 1253 enthaltende Band von Klaus Conrad völlig neu bearbeitet, die Bände 1 bis 6 wurden im Neudruck herausgebracht, der 7. Band veröffentlicht, danach die Bände 8 bis 11, die Bearbeitung des 12. Bandes mit den Jahren 1346 bis 1350 ist weit gefördert. Zu den Editionen gehören sodann die Protokolle der Kirchenvisitationen der Reformationszeit in drei Bänden, weitere sind in Arbeit. Das Stadtbuch von Anklam 1401–1474 erschien ebenfalls in drei Bänden, die Bearbeitung des ältesten erhaltenen Stadtbuchs von Greifswald (1291–1332) ist nahezu fertiggestellt. Zwei Bände enthalten Steuererhebungslisten und Einwohnerverzeichnisse aus dem 16. und 17. Jahrhundert für Rügen und für Hinterpommern. Zur Geschichte des Templerordens im Bereich des Bistums Cammin wurde ein Band Urkunden und Regesten herausgebracht, ein weiterer Band enthält Texte und Untersuchungen über verschiedene Quellen zur Kultgeschichte des 12. bis 15. Jahrhunderts. In der Reihe der „Quellen zur pommerschen Geschichte" erschien auch ein Band über „Die Münzen der pommerschen Herzöge von 1569 bis zum Erlöschen des Greifengeschlechts" (1637).

Für Untersuchungen und Darstellungen ist 1962 eine eigene Publikationsreihe „Forschungen zur pommerschen Geschichte"[73] eingerichtet worden. In ihr sind inzwischen 30 Bände erschienen, die die verschiedensten Teilbereiche der Landesgeschichte betreffen: Vor- und Frühgeschichte, Städtegeschichte, Handels- und Wirtschaftsgeschichte, Verfassungs- und Verwal-

---

71 Dazu R. SCHMIDT, Die ‚Pomerania' als Typ territorialer Geschichtsdarstellung und Landesbeschreibung des 16. und beginnenden 17. Jahrhunderts (Bugenhagen-Kantzow-Lubinus), in: Landesbeschreibungen Mitteleuropas vom 15. bis 17. Jahrhundert (Schriften des Komitees der Bundesrepublik Deutschland zur Förderung der Slawischen Studien 5), 1983, S. 49–78. – Abb. der Lubinschen Karte jetzt auch in: Pommern. Kultur und Geschichte 34 (1996), H.3, S. 31 (zu: R. SCHMIDT, Bildnisse pommerscher Herzöge des 15. bis 17. Jahrhunderts, S. 1–31). – H. SCHULZ-VANSELOW, Nikolaus Geilkercken. Der Kupferstecher der Lubinschen Karte von Pommern, in: Pommern. Kunst-Geschichte-Volkstum, 21 (1983), H.3 S. 8–20.

72 Über die erschienenen Editionen vgl. das Veröffentlichungsverzeichnis, in: Achtzig Jahre (wie Anm. 41), S. 20–21.

73 Ebd. S. 22–25 das Verzeichnis der Darstellungen und Abhandlungen in der Reihe „Forschungen zur pommerschen Geschichte". Die in den Jahren 1987 bis 1994 erschienenen Veröffentlichungen der Kommission sind aufgeführt in: BaltStud NF 80 (1994), S. 142 f. – Danach erschienen in der Reihe „Forschungen zur pommerschen Geschichte" die Festschrift „Land am Meer", Bd. 29, 1995 (wie Anm. 13) und die kirchengeschichtliche Darstellung von W. KLÄN. Die Evangelische Kirche Pommerns in Republik und Diktatur. Geschichte und Gestaltung einer preußischen Kirchenprovinz 1914–1945, Bd. 30, 1995.

tungsgeschichte, Kirchengeschichte, Musikgeschichte, Kulturgeschichte, Medizingeschichte, Namenkunde. In dieser Reihe sind auch die Pommerschen Lebensbilder fortgeführt worden, einerseits mit einem vierten so betitelten Band und mit dem zweiten Band der Pommerschen Musikgeschichte „Lebensbilder von Musikern in und aus Pommern". Lebensbilder sind aber auch enthalten in dem Band „Pommersche Geistliche vom Mittelalter bis zum 19. Jahrhunderts" sowie in dem Band „Die Kirche in Pommern. Auftrag und Dienst der Evangelischen Bischöfe und Generalsuperintendenten der Pommerschen Kirche von 1792 bis 1919". Demnächst erscheint in der Reihe „Forschungen zur pommerschen Geschichte" eine Darstellung „Die Evangelische Kirche in Pommern und das ‚Dritte Reich'", die als Vorgeschichte des Kirchenkampfes auch die Zeit ab 1914 behandelt, und eine von Dr. Hans Branig hinterlassene „Geschichte Pommerns. Vom Werden des neuzeitlichen Staates im 14. Jahrhundert bis zum Dreißigjährigen Krieg", die Werner Buchholz abschließend bearbeitet hat.[74]

Da die öffentlichen Mittel, die der Kommission in den zurückliegenden Zeiten zur Verfügung standen, begrenzt waren, mußten weitere Möglichkeiten genutzt werden. Hier bot sich der Wissenschaftliche Arbeitskreis für Mitteldeutschland an[75], in dem die Vorsitzenden der Pommerschen Kommission die Sektion Mecklenburg leiteten, sowie die von den Professoren Reinhold Olesch, Walter Schlesinger und Ludwig Erich Schmitt begründete Publikationsreihe „Mitteldeutsche Forschungen", nunmehr herausgegeben von den Professoren Hans Rothe, Dieter Stellmacher und mir. In dieser Reihe sind nicht nur eine Anzahl von Arbeiten zur Geschichte Mecklenburgs herausgebracht worden – so die Mecklenburgische Geschichte bis 1523 von Manfred Hamann, die Ausgabe der Mecklenburgischen Kaiserbederegister von 1496, Arbeiten zur Münzgeschichte Mecklenburgs, zur Rostokker Universitätsgeschichte, zur Geschichte des Schweriner Domkapitels –, sondern auch zur pommerschen Geschichte, so die Arbeit „Die Gestaltung der Bodenverhältnisse in Pommern vom 12. bis zum 14. Jahrhundert", die Neuausgabe der „Pomerania" des Johannes Bugenhagen, der Band „Her-

---

74 Die Auslieferung steht unmittelbar bevor [erschienen 1997].
75 R. SCHMIDT, Der Wissenschaftliche Arbeitskreis für Mitteldeutschland, in: Mitteldeutsche Bistümer im Spätmittelalter, hg. von R. SCHMIDT, 1988, S. 7–17. S. a. das Vorwort zu Bd. 100 der Mitteldeutschen Forschungen „Gedenkschrift für Reinhold Olesch", 1990, S. VII–XIII. – M. GOCKEL, Die Anfänge des Mitteldeutschen Arbeitskreises und der Forschungsstelle für geschichtliche Landeskunde Mitteldeutschlands, in: NArchSächsG 64 (1993), S. 223–232. – Über die Entstehung und Bedeutung des Wissenschaftlichen Arbeitskreises für Mitteldeutschland auch: R. SCHMIDT, in: Reinhold Olesch, Nachrufe und Würdigungen, o. J., S. 3–7.

mann Cremer. Haupt der ‚Greifswalder Schule' (der Theologie um die Jahrhundertwende), Briefwechsel und Dokumente"[76].

Weitere Arbeiten sind in Verbindung mit dem Herder-Forschungsrat
und dem Herder-Institut veröffentlicht worden.[77] Aus dieser Gruppe sei das
Werk von Jürgen Petersohn hervorgehoben „Der südliche Ostseeraum im
kirchlich-politischen Kräftespiel des Reichs, Polens und Dänemarks vom
10. bis 13. Jahrhundert. Mission, Kirchenorganisation, Kultpolitik"[78]. Vom
Herder-Institut ist auch im Auftrag der Kommission die Bibliographie „Geschichtliche und landeskundliche Literatur Pommerns" erarbeitet und publiziert worden.[79] Es liegen 11 Bände vor, die den Zeitraum von 1940 bis 1988
umfassen. Sie zeichnet sich dadurch aus, daß sie die polnischen Titel auch in
deutscher Übersetzung aufführt. Es ist zu hoffen, daß die Bibliographie
fortgesetzt werden kann.

Durch die Vereinigung in Deutschland haben sich auch für die Historische Kommission für Pommern die Arbeitsmöglichkeiten erweitert. Die bestehenden Verbindungen mit Wissenschaftlern in Vorpommern konnten,
nachdem die ihnen auferlegten Beschränkungen entfallen waren, vertieft und
erweitert werden, ebenso zur Universität. Auf dem Ersten Kolloquium zur
Pommerschen Geschichte, das die Ernst-Moritz-Arndt-Universität Greifswald im November 1990 veranstaltete[80], nahmen auch Mitglieder und Mitarbeiter der Kommission teil. Zunächst berichtete der Greifswalder Professor Dr. Konrad Fritze über „Pommernforschung am Historischen Institut
der Universität Greifswald"[81], wobei er nicht nur einen Rückblick vorlegte,
sondern auch künftige Aufgaben bezeichnete. Der Kommissionsvorsitzende
gab einen Überblick „Achtzig Jahre Historische Kommission für Pommern.
Forschungsergebnisse und Forschungsvorhaben"[82], Dr. Norbert Buske
sprach „Zur Arbeit und zu den Aufgaben der Arbeitsgemeinschaft Kirchengeschichte der Pommerschen Evangelischen Kirche"[83].

Der damalige Greifswalder Rektor, Prof. Zobel, wies in seiner Eröff-
nungsrede[84] auf die Traditionen der Hohen Schule auf den verschiedenen
Feldern der Landesgeschichte hin und führte aus: „Diese Tradition wurde

---

76 Vgl. die Übersicht in: Achtzig Jahre (wie Anm. 41), S. 32–34. Zuletzt erschien:. R.
    UNTERSTELL, Klio in Pommern (wie Anm. 8).
77 Übersicht in: Achtzig Jahre (wie Anm. 41), S. 26 f.
78 Ostmitteleuropa in Vergangenheit und Gegenwart 17, 1979.
79 Übersicht in: Achtzig Jahre (wie Anm. 41), S. 26 f. – Die Bände für die Berichtsjahre
    1985–1988 sind 1990 erschienen.
80 S. oben Anm. 11.
81 S. oben Anm. 12 und 54.
82 S. oben Anm. 11.
83 S. oben Anm. 57.
84 1. Kolloquium zur Pommerschen Geschichte (wie Anm. 11), S. 9 f.

jedoch in den letzten Jahrzehnten fast zum Erliegen gebracht, weil die Pommernforschung zunehmend beargwöhnt, ja politisch diskriminiert und als
revanchistisch verboten wurde. Dennoch gab es bei uns aufrechte Gelehrte,
die ihre Forschungen fortsetzten und das Thema Pommern weiterverfolgten.
Jedoch waren gravierende Einbußen in der Landesforschung nicht zu vermeiden; vor allem trat auf vielen Gebieten ... ein schmerzlicher Rückstand auf, der
nur schwer wieder aufzuholen sein wird. Um so freudiger haben wir die
durch die grundlegenden politischen Veränderungen des letzten Jahres entstandenen neuen Bedingungen sogleich für die Pommernforschung genutzt
und dieses Kolloquium geplant. Es sollte uns Mut machen, die Bewältigung
dieser speziellen Probleme mit Elan anzugehen." Das ist geschehen, weitere
Kolloquien sind gefolgt.[85] Eine Professur für pommersche Geschichte und
Landeskunde ist gestiftet und eingerichtet.[86] Die heute beginnende Tagung ist
Ausdruck des Neubeginns landesgeschichtlicher Forschung in Greifswald.

Die Historische Kommission für Pommern wird wie bisher das Ihrige
tun, um durch ihre Forschungen und Editionen zur Belebung und Entfaltung der pommerschen Landesgeschichte beizutragen, und sie hat ihre Vorhaben gleich nach der Wiedervereinigung erweitert, und zwar für solche, die
ihr von außerhalb nicht möglich gewesen sind. Als erstes hat sie mit Mitarbeitern aus dem Lande die Bearbeitung und Herausgabe der Schwedischen
Landesaufnahme wieder aufgenommen.[87] Schon 1992 konnte sie einen ersten
Band, das Verzeichnis der Häuser und Liegenschaften der Stadt Wolgast,
vorlegen.[88] Am kommenden Mittwoch, dem 28. Juni, wird in Ahlbeck ein
entsprechender Band der Insel Usedom der Öffentlichkeit vorgestellt. Er
enthält außer der Stadt Usedom die Beschreibung von 71 Ortschaften der
Insel und bietet 46 handgezeichnete farbige Karten (im Maßstab 1 : 8.000 bis
1 : 16.000).[89]

Weitere Bände sind in Arbeit: die Insel Rügen, die Städte Stettin und
Greifswald. Vorarbeiten liegen für das Land Loitz und für die Gebiete um
Greifswald und Wolgast vor.[90] Die Herausgabe dieses und der weiteren
Bände erfolgt in Verbindung mit dem Vorpommerschen Landesarchiv

---

85 2. Kolloquium 13./14. September 1991, veröffentlicht 1991. 3. Kolloquium 13./14.
    Oktober 1993, veröffentlicht 1996.
86 Greifswalder Universitätsreden, NF 78, 1995, S. 45 f.
87 S. oben S. 684 f.
88 Die Schwedische Landesaufnahme von Vorpommern. 1692–1709. Karten und Texte.
    Herausgegeben von der Historischen Kommission für Pommern in Verbindung mit
    dem Landesarchiv Greifswald. (Reihe) Städte, Bd. 1: Wolgast, 1992. Hierin der Bei-
    trag von E. WEGNER und H. WARTENBERG, Die schwedische Landesvermessung
    von Vorpommern, S. 7–15.
89 (Reihe) Ortsbeschreibungen, Bd. 1: Insel Usedom, Textteil und Kartenteil, 1995.
90 Ein Teilband „Halbinsel Jasmund" steht vor der Auslieferung. [1996 erschienen].
    Weiter ist für die Publikation ein Band „Hiddensee" vorgesehen.

Greifswald, wo sich die meisten Matrikeln befinden.[91] Das Vorhaben wird auch von schwedischer Seite unterstützt.[92]

Ein weiteres längerfristiges Vorhaben gilt der Erforschung des Platzes „Usedom im frühpommerschen Herzogsstaat"[93]. Es geht darum, die historische Bedeutung Usedoms als slawisch-deutschen Handelsplatz im südlichen Ostseeraum, als Ort des Glaubenswechsels der Pomoranen im Rahmen des Missionswerks Bischof Ottos von Bamberg, als zeitweilige Herzogsresidenz und als Sitz des pommerschen Bistums im 12. Jahrhundert näher zu untersuchen, und zwar im Zusammenwirken mit dem Institut für Vor- und Frühgeschichte der Universität Greifswald und dem Landesamt für Bodendenkmalpflege des Landes Mecklenburg-Vorpommern. Bisher haben drei interdisziplinäre Arbeitstagungen 1992, 1994 und 1995 stattgefunden. Erste Ergebnisse werden in einem vom Institut für Vor- und Frühgeschichte herausgegebenen Berichtsband noch in diesem Jahr vorgestellt.[94] Zur Zeit geht es um die Ortsbestimmung des Klosters Grobe bei Usedom, des ersten Prämonstratenserstifts in Pommern, dessen genaue Lage bisher nicht feststeht. Die eingehende Interpretation der historischen Quellen[95] und naturwissenschaftliche Bodenuntersuchungen[96] bilden die Voraussetzung für eine erste Grabung, die für 1996 vorgesehen ist.[97]

Zu den Materialien, über die die Historische Kommission verfügt, gehören neben der Flurnamensammlung für Hinterpommern[98] mehrere Samm-

---

91 L. RÄTZ/H. RODIG, Zur Geschichte der Schwedischen Landesmatrikel. Erfahrungen und Probleme bei der Erschließung eines historischen Kartenbestandes, in: Archivmitteilungen 3, 1984, S. 96–100.

92 Z. B. durch das Reichsarchiv in Stockholm.

93 R. SCHMIDT, in: BaltStud NF 80 (1994), S. 139–140.

94 Die Insel Usedom in slawisch-frühdeutscher Zeit, hg. von G. MANGELSDORF (Greifswalder Mitteilungen. Beiträge zur Ur- und Frühgeschichte und Mittelalterarchäologie 1), 1995. [Eine 4. Tagung hat am 26. Okt. 1996 in Stralsund stattgefunden, eine 5. am 20.11.1997 in Usedom].

95 J. PETERSOHN, Grobe-Marienberg-Usedom. Die Aussagen der Urkunden zur Entwicklung und Topographie des Usedomer Prämonstratenserstiftes im 12. und 13. Jahrhundert, in: Die Insel Usedom (wie Anm. 94), S. 137–149. In diesem Bande weitere Beiträge zur Ortsbestimmung.Vgl. auch J. PETERSOHN, Anfänge und Frühzeit der Greifenmemoria, in: Land am Meer (wie Anm. 13), S. 85–110, über Grobe S. 92–98.

96 G. PESCHEL, Einsatz naturwissenschaftlicher Prospektionsmethoden zur Auffindung des Prämonstratenserklosters Grobe im Bereich des ‚Priesterkamps' südlich von Usedom, in: Die Insel Usedom (wie Anm. 94), S. 203–225. [Ders., in: Greifswalder Mitt. 21 (1997), 243–272].

97 Sie mußte wegen der Witterungsverhältnisse auf den Sommer 1997 verschoben werden.

98 In Anknüpfung an die pommersche Flurnamensammlung von R. HOLSTEN aus der Zeit vor 1945 (veröffentlicht in: Forschungen zur pommerschen Geschichte 6, 1963) hat die Historische Kommission in den 50er bis 70er Jahren Flurnamenmaterialien aus den hinterpommerschen Kreisen sammeln lassen. Die umfangreiche Sammlung befindet sich im Besitz der Kommission in Marburg.

lungen regionalen Wortschatzes ebenfalls aus Hinterpommern. 1991 wurde beschlossen, dieses Material lexikographisch bearbeiten zu lassen und zu edieren, um es vor Verlust und Vergessenheit zu bewahren.[99] Zu dem Zeitpunkt war noch nicht abzusehen, daß das Pommersche Wörterbuch in Greifswald, eine Arbeitsstelle der Sächsischen Akademie, den Plan eines großangelegten Dialektwörterbuches für Pommern wieder würde aufnehmen können. Dies ist nun der Fall.[100] Die Historische Kommission stellt mit der Publikation von regionalen Teilwörterbüchern ihr Material dafür zur Verfügung. Bisher ist ein Band in der Reihe der „Quellen zur pommerschen Geschichte" erschienen: „Hinterpommersches Wörterbuch der Mundart von Groß Garde (Kreis Stolp)"[101]. Ein entsprechendes Wörterbuch für das Persantegebiet ist fertiggestellt und soll noch in diesem Jahr erscheinen.[102] Die Bearbeitung eines Wörterbuchs für den Bereich der mittelalterlichen Abtei Belbuck ist geplant.

Zu sagen ist auch, daß in der Buchreihe des Siedler-Verlags „Deutsche Geschichte im Osten Europas" ein Band „Pommern" erarbeitet wird, an dem Mitglieder der Historischen Kommission wesentlich beteiligt sind.

Aus Anlaß der 1000-Jahr-Feiern im Lande Mecklenburg-Vorpommern veranstaltet die Historische Kommission als ihren Beitrag vom 18. bis 21. Oktober 1995 hier in Greifswald gemeinsam mit der Universität eine Tagung „Tausend Jahre pommersche Geschichte". Das Tagungsprogramm umfaßt in fünf Komplexen Forschungsvorhaben der Kommission bzw. Themen, die von ihr gefördert werden oder für die Kommissionsarbeit von Belang sind, nämlich Forschungen zur pommerschen Frühgeschichte, Forschungen zur mittelalterlichen Geschichte im Spiegel urkundlicher Überlieferung, Forschungen zur Sozial- und Wirtschaftsgeschichte in der frühen Neuzeit, Forschungen über Sprache, Literatur, Volkskunde und Geschichte und Forschungen zur Geschichte im 20 Jahrhundert.[103]

Ich möchte meine Ausführungen mit einem Gedanken und mit Worten von Ernst Bernheim beschließen:[104] „Der rasche Schritt der Politik geht un-

99 R. SCHMIDT, in: BaltStud NF 80 (1994), S. 140.
100 Im R. HERRMANN-WINTER, Das Pommersche Wörterbuch und sein neues Konzept. Vortrag auf der Kommissionstagung „Tausend Jahre pommersche Geschichte" (S. Anm. 103).
101 Auf Grund der von F. Jost (1887–1958) gesammelten Materialien bearbeitet und zu einem Wörterbuch gestaltet von H.-FR. ROSENFELD (Quellen zur pommerschen Geschichte 11), 1993.
102 R. LAUDE, Hinterpommersches Wörterbuch des Persantegebietes. Unter Leitung des Herausgebers bearbeitet von F. SCHNIBBEN, unterstützt von M. DÖRRIES, hg. von D. STELLMACHER (Quellen zur pommerschen Geschichte 12), 1995.
103 Die Vorträge sollen als Sammelband in der Reihe „Forschungen zur pommerschen Geschichte" erscheinen [gedruckt als Bd. 31, 1999].
104 Lokalgeschichte und Heimatkunde (wie Anm. 18), S. 21.

gleichmäßig durch die Lande, der ruhige Gang der Kultur berührt gleichmäßig Volk und Land; denkwürdige Begebenheiten sind nicht überall passiert, aber wissenswerte Zustände hat es stets überall gegeben." Beiden Bereichen hat der Historiker sich zuzuwenden, beide zu erforschen und darzustellen. Den Landeshistorikern ist aber nach Meinung Bernheims noch ein weiteres aufgegeben: nämlich „sich darum zu kümmern, ... ob und wie das, was sie erforschen und erkennen, auch in den weiten Kreisen des Volkes zur Wirkung und Geltung gelangt".

Pommern und seine historische Überlieferung[*]

Archive sind Schatzhäuser, in denen das Wissen über die Geschichte eines Volkes, eines Landes, einer Region und der gesellschaftlichen Einrichtungen in diesen aufbewahrt wird. Sie haben einen hohen kulturhistorischen Rang, denn geschichtliche Überlieferung ist unentbehrlich, wenn man die Gegenwart verstehen will als etwas Gewordenes, das aus den Zuständen und Veränderungen der Vergangenheit hervorgegangen ist. Diese Kenntnis ist aber auch unentbehrlich für eine verantwortungsvolle Gestaltung der Zukunft. Geschichte hat einen langen Atem, und man entgeht ihr nicht. Wer glaubt, die Vergangenheit als abgeschlossen einfach hinter sich lassen zu können, muß irgendwann feststellen, von ihr eingeholt zu werden. Die Gegenwart ist, ob sie es will oder nicht, stets historisch determiniert. Man irrte in der Französischen Revolution, wenn man meinte, sich der Vergangenheit zu entledigen, indem man Archive vernichtete. Auch in unserem Jahrhundert hat man hier und da geglaubt, daß es zur Gestaltung der Zukunft beitrüge, wenn man das „Gerümpel" der Vergangenheit vernichtete oder verkommen ließ.

Archive sind Schatzhäuser. Schon als solche verdienen sie Förderung und Pflege. Um dann die in ihnen bewahrten Schätze zu heben und wieder lebendig werden zu lassen, bedarf es der wissenschaftlichen Erschließung und der Forschung. Hier eröffnet sich das Feld der Geschichtswissenschaft. Sie trägt dazu bei, die Grundlagen, auf denen staatliche und gesellschaftliche Ordnungen beruhen, bewußt zu machen, vermittelt durch Sinngebung Legitimation. Jede staatliche Ordnung bedarf dessen, besonders neu entstandene Gebilde, so auch das Land Mecklenburg-Vorpommern. Daß dieses sich zu einer Einheit entwickelt, ist im Interesse der Festigung der Verhältnisse notwendig und wünschenswert.

Die Landeszentrale für politische Bildung Mecklenburg-Vorpommern hat einen historisch-geographischen Atlas erarbeiten lassen, dessen zweiter, historischer Teil vor vierzehn Tagen vorgelegt worden ist. Während der erste Band, der geographische Teil, Mecklenburg und Vorpommern umfaßt, bietet der zweite Mecklenburg und das ganze historische Pommern. Das hat seinen guten Grund; denn anders als Mecklenburg stellt der vorpommersche Landesteil – sieht man von der Schwedenzeit ab – keine eigene historische Einheit dar, sondern ist – selbst in der schwedischen Zeit – Teil eines eigenständigen Geschichtsterritoriums, eben Pommerns, gewesen und auch staats-

---

[*] Festvortrag, gehalten auf der Feier „50 Jahre Vorpommersches Landesarchiv Greifswald" am 20. Dezember 1996.

rechtlich geblieben. Der genannte Atlas veranschaulicht – wie es im Vorwort heißt – auf seinen 27 kommentierten Karten die über tausendjährige Geschichte Mecklenburgs und Pommerns von der Slawischen Besiedlung und der Christianisierung bis ins 20. Jahrhundert. Obwohl sich in den Karten „die je eigene Entwicklung Pommerns und Mecklenburgs dokumentiert, lassen sie zugleich die Gemeinsamkeiten der beiden Landesteile im Nordosten Deutschlands immer wieder spüren. Die Vereinigung zu einem Bundesland läßt sich daher nicht als ein willkürlicher Verwaltungsakt bezeichnen, sondern war eine Entscheidung, die zwar nüchtern von den Gegebenheiten ausging, zugleich jedoch die Chancen sinnvollen Neubeginns voll erfaßte".

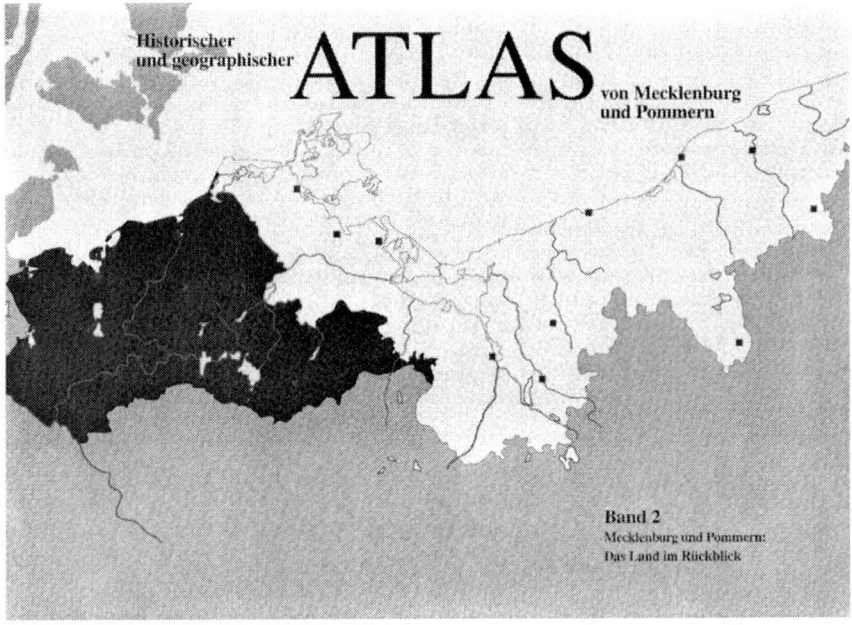

Historischer und geographischer Atlas von Mecklenburg und Pommern: Band 2: Das Land im Rückblick, 1996. Herausgeber: Landeszentrale für politische Bildung Mecklenburg-Vorpommern, Schloßstraße 2–4, 19053 Schwerin. Reproduktion mit Genehmigung des Herausgebers

Als nach der Napoleonischen Zeit und den Befreiungskriegen alle Teile Pommerns unter preußischem Szepter vereinigt worden waren, stand man bei der Neuordnung der preußischen Provinz vor ähnlichen Problemen und Aufgaben, nämlich das nie ganz verlorene Einheitsbewußtsein neu zu beleben, die Identität des Landes und seiner Bewohner zu festigen. Diesem Ziel dienten nicht nur die Maßnahmen zur Entwicklung der Wirtschaft des Landes sowie die behutsam vollzogene Vereinheitlichung der Gesetzgebung und der Verwaltung, sondern ebenso und vor allem die Förderung der Kultur, des Bildungswesens und des geistigen Lebens. Diese Förderung ließ sich besonders der 1816 zum Oberpräsidenten berufene Johann August Sack, ein Schüler des Reichsfreiherrn vom Stein, angelegen sein. Durch diesen angeregt, setzte er sich 1824 für die Gründung eines Geschichtsvereins ein, der Gesellschaft für pommersche Geschichte und Altertumskunde. Auch sie sollte, ebenso wie die seit 1832 erscheinende Vereinszeitschrift, die Baltischen Studien, dazu dienen, mit Hilfe der Landesgeschichte das neu formierte staatliche Gebilde Pommern zu integrieren. Auf Anregung Sacks fanden im Gründungsjahr der Gesellschaft Feiern in Pommern statt, die der Missionierung des Landes vor 700 Jahren durch Bischof Otto von Bamberg gedachten. Die damals eingeleitete Christianisierung hatte wesentlich zur Einheit des sich bildenden Herzogsstaates der Greifen beigetragen. Daran sollte 1824 erinnert werden, aber auch an die ebenfalls auf Integration zielende Vereinigung der Evangelischen Kirche in der von König Friedrich Wilhelm III. verordneten Union.

Zu den Maßnahmen, die Geschichtsforschung in Pommern und damit das Einheitsbewußtsein zu fördern, gehört schließlich auch die Einrichtung des Kgl. Preußischen Staatsarchivs zu Stettin im Jahre 1827. Zusammen mit der Gesellschaft, später auch mit der 1910/11 gegründeten Historischen Kommission, war das Stettiner Staatsarchiv im 19. Jahrhundert bis 1945 neben der Landesuniversität Greifswald die Arbeitsstätte und das Zentrum der Landesgeschichtsforschung in Pommern. An erster Stelle sind hier das Pommersche Urkundenbuch und die Edition weiterer Geschichtsquellen zu nennen.

In einem Überblick über die Bestände des Preußischen Staatsarchivs in Stettin, den der damalige Direktor Dr. Adolf Diestelkamp gegeben hat, wird der Bestand an Urkunden der Klöster und Stifter des Landes, der herzoglichen, städtischen und Privaturkunden mit etwa 20 000 angegeben. Zu den wichtigsten und umfangreichsten Beständen gehören die Archivalien der Teilherzogtümer Stettin und Wolgast (bis 1637), es schließen sich zeitlich an die der kurbrandenburgischen Staatskanzlei ab 1653 und die der Schwedischen Regierung von 1648 bis 1815. Sodann sind zu nennen die Bestände verschiedener Behörden sowie der Konsistorien. Umfassend waren schließlich die Akten der Verwaltungs- und Gerichtsbehörden seit dem 19. Jahrhundert. Hinzu kommt eine umfangreiche Sammlung von Karten und Plänen und schließlich die im Staatsarchiv verwahrten, nicht unerheblichen Deposita von Körperschaften des öffentlichen Rechts, der Provinzialselbstverwaltung und der Städte, von Kirchenbehörden, Familien und Innungen.

Der Zweite Weltkrieg bedeutete für das Stettiner Staatsarchiv in seiner bis dahin bestehenden Form und seinem Umfang faktisch das Ende. Um das Archiv vor der Bombengefahr zu sichern, war ein großer Teil seiner Bestände auf Schlösser und andere Örtlichkeiten auf dem flachen Lande ausgelagert und verteilt worden. Das Kriegsende mit der Aufteilung der Provinz in verschiedene Besatzungs- bzw. Verwaltungszonen brachte es mit sich, daß für das Archivgut, soweit es nicht vernichtet worden war, nunmehr die polnische Verwaltung in Hinterpommern oder die deutsche Verwaltung der sowjetischen Zone in Vorpommern zuständig wurde. Es verdient hohe Anerkennung, daß es unter größten Anstrengungen und Mühen, z.T durch die Initiative einzelner, gelungen ist, die verstreuten Bestände nach und nach wieder zusammenzuführen, in Stettin und in Greifswald.

Damit sind wir bei den Anfängen des hiesigen Archivs, dessen fünfzigjähriges Bestehen wir heute feiern. Die schwierigen Anfänge, den Auf- und den Ausbau hat Joachim Wächter, Leiter des Archivs von 1953 bis zu seiner Verdrängung durch die SED-Instanzen im Jahre 1969, im 2. Band des Greifswald-Stralsunder Jahrbuchs (1962) beschrieben. Dieser Darstellung verdanken wir auch nähere Angaben über die wichtigsten Bestände, die von den Auslagerungsstätten in Vorpommern nach Greifswald gelangt sind, aber auch über solche Bestände, die aus enteigneten Gütern gerettet werden konnten oder von Behörden oder Städten nach 1946 ins Greifswalder Archiv abgegeben wurden. Von den Stettiner Altbeständen befindet sich der größte Teil der erhaltenen Urkunden, Teile des Stettiner und des Wolgaster Archivs, große Teile der Aktenbestände der schwedischen und der brandenburg-preußischen Landesverwaltung von 1648 bis 1815, dazu aus dem 19. und 20. Jahrhundert Akten des Oberpräsidenten und der Regierung Stralsund hier in Greifswald, ferner gerichtliche, kirchliche und nicht wenige deponierte Bestände.

Ich möchte in dieser Stunde für die Hauptabschnitte der pommerschen Geschichte auf einzelne Quellengruppen, besonders der älteren Zeit, hinweisen, die zu den Schätzen gehören, die gehoben und zubereitet werden sollten oder die für im Gang befindliche oder in Gang zu setzende wissenschaftliche Arbeitsvorhaben erschlossen werden könnten.

Für die Anfänge der pommerschen Geschichte und für die Herzogszeit stellen die Urkunden die wichtigste Quellengrundlage dar. Das *Pommersche Urkundenbuch,* von dem bis jetzt 11 Bände vorliegen, umfaßt den Zeitraum von 786 bis 1345. Die Edition geht von dem Codex Pomeraniae diplomaticus aus, den der Stettiner Gymnasialprofessor K. F. W Hasselbach und der Greifswalder Professor J. G. L. Kosegarten 1862 nach dem Vorbild des Dregerschen Codex aus dem Jahre 1768 veröffentlichten. 1868 legte dann der Direktor des Preußischen Staatsarchivs, Dr. Robert Klempin, einen Band „Regesten, Berichtigungen und Ergänzungen" vor, der als Band 1 des Pom-

merschen Urkundenbuchs erschien, herausgegeben vom Königl. Staatsarchiv zu Stettin. Es folgten die Bände 2 bis 6, in gleicher Weise von Archivaren des Stettiner Archivs bearbeitet. Nach der Gründung der Historischen
Kommission für Pommern und ihrer Reorganisation im Jahre 1925 ging die
Zuständigkeit für die Herausgabe an die Historische Kommission über, die
Bearbeitung fand weiterhin im Staatsarchiv statt. Der bereits fertiggestellte
7. Band ging im Kriege zugrunde. Einen Neudruck brachte dann die Historische Kommission heraus, nachdem sich diese 1953 in Westdeutschland rekonstituiert hatte. Es wurden nun von ihr die Bände 8 bis 11 herausgegeben
sowie eine durchgreifende Neubearbeitung des 1. Bandes (1970) durch Dr.
Klaus Conrad. Dieser war als Mitarbeiter des Herder-Forschungsrates bzw.
des Herder-Instituts, die aus Bundesmitteln finanziert wurden, für den
Zweck der Urkundenbearbeitung angestellt und bis zum Eintritt in den Ruhestand 1995 tätig. Er hat auch den 12., bis 1350 reichenden Band weitgehend fertiggestellt; die abschließende Bearbeitung steht aber noch aus. Jetzt
ergibt sich eine neue Situation. Der vom neustrukturierten Herder-Institut
ab 1. Januar 1996 eingestellte Nachfolger Conrads steht nur noch mit einem
Drittel seiner Arbeitszeit für die Bearbeitung des Pommerschen Urkundenbuchs zur Verfügung, was sich in keiner Weise bewährt hat; die Fertigstellung von Bd. 12 ist nicht abzusehen. Die Historische Kommission sieht sich
infolgedessen veranlaßt, für die endgültige Fertigstellung des 12. Bandes eine
zeitlich befristete Lösung zu finden. Auf weitere Sicht sollte für die Arbeit
am Pommerschen Urkundenbuch aber eine tragfähige Grundlage geschaffen
werden. Geht man davon aus, daß die Beschäftigung eines Bearbeiters im
Herder-Institut in der Zeit der deutschen Teilung eine durch die Situation
bedingte Hilfsleistung war, daß die Hauptmasse der zu edierenden Urkunden im Vorpommerschen Landesarchiv liegt und daß es – bedingt durch die
Kulturhoheit der Länder – eine spezielle Aufgabe und Verpflichtung für ein
jedes Bundesland ist, ein so grundlegendes Quellenwerk wie ein landesgeschichtliches Urkundenbuch zu ermöglichen, so sei von der Historischen
Kommission für Pommern der an das Land Mecklenburg-Vorpommern gerichtete Wunsch ausgesprochen, die Bearbeitung des von ihr herausgegebenen Urkundenbuches im Vorpommerschen Landesarchiv zu ermöglichen.
    Welche Bedeutung das Urkundenbuch für die Landesgeschichte und darüber hinaus für die allgemeine Geschichte besitzt, sei an drei derzeit laufenden Arbeitsprojekten dargelegt:
    Die Historische Kommission für Pommern betreibt als ein längerfristiges
wissenschaftliches Unternehmen, gefördert mit Landesmitteln, die Erforschung des Platzes *Usedom im frühpommerschen Herzogsstaat* als slawisch-
deutsches Handelszentrum, Herzogssitz, Ort des Glaubenswechsels der
Pomeranen zum Christentum und zeitweiligem Bischofssitz. Das geistliche
Zentrum war das nach 1150 gegründete Prämonstratenserstift Grobe, das er-

ste in Pommern, das zu Beginn des 14. Jahrhunderts nach Pudagla, ebenfalls auf der Insel Usedom, verlegt worden ist. Hier hat es bis zur Aufhebung durch die Reformation 1535 bestanden. Hermann Hoogeweg hat in seinem Werk „Die Stifter und Klöster der Provinz Pommern" die Zahl der im Staatsarchiv Stettin erhaltenen Urkunden für Grobe/Pudagla mit 259 angegeben. Ein großer Teil, jedenfalls die Urkunden für die Zeit von 1350 bis 1535, ist unveröffentlicht.

Ebenso sind die *Urkunden des Zisterzienserklosters Eldena* vor den Toren Greifswalds für diese Zeit nicht ediert. Nach Hoogeweg befanden sich im Staatsarchiv aus der Zeit von 1203 bis 1537 noch 199 Originalurkunden. Beide Fonds verdienen eine Edition im Rahmen des Urkundenbuchs. Das Interesse an den Eldenaer Urkunden ist dadurch gegeben, daß sich eine von der Deutschen Forschungsgemeinschaft geförderte Forschergruppe der Greifswalder Universität, bestehend aus Historikern, Archäologen und Kunsthistorikern, mit der Geschichte des Klosters im Hinblick auf dessen Gründung im Jahre 1199 beschäftigt.

Eine andere Arbeitsgruppe, nämlich an dem neu eingerichteten Geisteswissenschaftlichen Zentrum in Leipzig, untersucht im Rahmen des Forschungsprojekts *Germania Slavica* u.a. die Bedeutung des 1172 gegründeten Zisterzienserklosters *Dargun*, besonders für den Landesausbau im pommersch-mecklenburgischen Grenzgebiet. Auch hier sind neben der Archäologie die Urkunden die wichtigsten Zeugnisse. Die Gründungsurkunden für Dargun sind im neu bearbeiteten ersten Band des Pommerschen Urkundenbuches zu benutzen. Sie stellen aber in Bezug auf Echtheit, Fälschung oder Verfälschung nach wie vor ein Forschungsproblem dar, das dringend einer klärenden diplomatischen Untersuchung bedarf, zu der u.a. auch die Eldenaer Urkunden heranzuziehen sind. Diese Beispiele aktueller Forschung mögen genügen, um die Bedeutung der Urkundenedition zu unterstreichen.

Seit dem 13. Jahrhundert gewinnen die Städte im südlichen Ostseeraum zunehmend an Bedeutung. Für die Sozial- und Rechtsgeschichte sind neben den Urkunden die *Stadtbücher* von größtem historischen Quellenwert. Es handelt sich um fortlaufend geführte Amtsbücher städtischer Behörden über Angelegenheiten der Rechtspflege und der Verwaltung mit Eintragungen auch über städtische Gerechtsame und Ordnungen. Für Pommern ist eine Reihe solcher Stadtbücher erhalten, teils schon ediert, einige befinden sich hier im Archiv und sind z.T bereits für eine Veröffentlichung vorbereitet. Im 19. Jahrhundert war es die Gesellschaft für pommersche Geschichte und Altertumskunde, die die Editionen veranlaßte, so die der ältesten Stadtbücher aus Stralsund und aus Garz auf Rügen. Im 20. Jahrhundert übernahm die Historische Kommission diese Aufgabe. Sie veröffentlichte das älteste Stadtbuch von Stettin und das älteste Stralsunder Bürgerbuch, alle aus der ersten

Hälfte des 14. Jahrhunderts. Nach dem Zweiten Weltkrieg brachte die Kommission das Stadtbuch von Anklam aus dem 15. Jahrhundert in drei Bänden heraus. Der Greifswalder Historiker Horst-Diether Schroeder hat in den sechziger Jahren den Stralsunder Liber memorialis des Stadtarchivs Stralsund ediert. Schroeder hat auch mit der Bearbeitung des ältesten erhaltenen Stadtbuchs von Greifswald aus der Zeit von 1291 bis 1332 begonnen, seine Arbeit jedoch infolge seines frühen Todes nicht vollendet. Nunmehr hat im Auftrag der Historischen Kommission der Münsteraner Privatdozent Dr. Dietrich Poeck die Fertigstellung und Herrichtung für den Druck übernommen und so gut wie abgeschlossen. Zur Zeit fehlen allerdings noch die Mittel für die Drucklegung. Die Kommission hofft, daß die Publikation mit Hilfe der Stadt spätestens zum Stadtjubiläum vorliegen wird [erschien 2000].

Von den Stadtbüchern, die der Veröffentlichung harren, verdienen die von Damgarten, Barth, Wollin und Kolberg im Blick auf eine wünschenswerte Veröffentlichung nähere Beachtung. Vom Kolberger Stadtbuch ist der erste Teil von 1277 bis 1373 bereits publiziert. Die Zeit von 1373 bis 1433 wurde in einer von der Historischen Kommission geförderten Hamburger Dissertation von Peter Tepp, „Untersuchungen zur Sozial- und Wirtschaftsgeschichte der Hanse- und Salzstadt Kolberg im Spätmittelalter. Strukturwandel und soziale Mobilität" (maschinenschriftlich erschienen 1980) auf 956 Seiten ausgewertet, die leider (wegen des Umfangs) nicht gedruckt worden ist. Dies sollte eine Edition des Kolberger Stadtbuchs jedoch nicht hindern, sondern für eine solche nützlich sein.

Zu den Gewalten, die während des Spätmittelalters die Verhältnisse im Lande bestimmten, gehörten neben Kirche und Städten und neben den Herzögen, von denen Bogislaw X. († 1523) durch Maßnahmen zur Vereinheitlichung und Intensivierung der Verwaltung die Entwicklung hin zu einem frühmodernen Staatswesen einleitete, auch die *Stände,* die in Pommern im 13. Jahrhundert in Erscheinung treten. Nach und nach hatten sie immer mehr Rechte und Zuständigkeiten an sich gezogen, wodurch sie seit dem 16. Jahrhundert faktisch zu Mitregenten der Herzöge geworden sind. Seit 1526 liegen nun schriftliche *Protokolle der Landtage* vor. Diese stellen eine bedeutsame Quelle für die innere Geschichte Pommerns während der Herzogszeit dar, aber ebenso für die Zeit des geteilten Landes nach dem Westfälischen Frieden 1648. Unter Leitung von Professor Buchholz, dem Inhaber der Stiftungsprofessur für pommersche Geschichte und Landeskunde, wurde dank der zur Verfügung gestellten Bundesmittel damit begonnen, die Landtagsakten, die sich in verschiedenen Archiven befinden, zu sammeln und zu bearbeiten, mit dem Ziel, sie zu edieren und damit für weitere Forschungen zur Verfügung zu stellen [2000 erschien Bd. 1,1].

Die Reformation bedeutete auch für Pommern den Übergang in einen neuen Abschnitt seiner Geschichte. Ihre Einführung auf dem Landtag zu

Treptow a. d. Rega im Dezember 1534 war eine formale Entscheidung, die Umgestaltung der Verhältnisse im Lande vollzog sich in einem langen Prozeß. Er wurde eingeleitet gleich nach der Treptower Entscheidung und vorangetrieben unter maßgeblicher Beteiligung von Johannes Bugenhagen durch die Visitationen in den Städten, dann auch in den Dörfern. Die z.T. sehr eingehenden *Visitationsprotokolle* vermitteln einen tiefen Einblick in die kirchlichen, aber ebenso in die sozialen Verhältnisse einer Umbruchzeit, in der Altes und Neues nebeneinander in Erscheinung trat. Der pommersche Kirchenhistoriker D. Hellmuth Heyden hat die Visitationsprotokolle für die Anfangsjahre 1535 bis 1555 in drei Bänden veröffentlicht, mit denen eine eigene Reihe der Historischen Kommission „Quellen zur pommerschen Geschichte" 1961 begründet worden ist. Heyden hat aber auch von späteren Protokollen Abschriften angefertigt, die in den Besitz der Kommission gelangten. Sie müssen aber durch Einsichtnahme in die Originale ergänzt, z.T. auch berichtigt und auf jeden Fall bearbeitet werden. In vielen Fällen aber stellen die Abschriften Heydens heute die einzige Überlieferung dar, da viele Originale in Kriegs- und Nachkriegszeit verloren gegangen sind. Zur Zeit werden die in den Jahren 1580 bis 1587 angefertigten Kirchenmatrikeln der Insel Rügen im Auftrag der Historischen Kommission von Pastorin Metz in Usedom, einer Schülerin Heydens, bearbeitet. Entsprechend könnten die von Heyden hinterlassenen, an die Kommission gelangten Visitationsprotokolle aus dem Camminer Stiftsgebiet aus den Jahren 1560–1562 bearbeitet und ediert werden. Auf Initiative der Kommissionsmitglieder Dr. Buske und Prof. Buchholz ist eine Bearbeitung von Visitationsprotokollen aus dem Heydenschen Nachlaß, der im Landeskirchlichen Archiv in Greifswald aufbewahrt wird, eingeleitet worden. Sie betreffen Anklam, Pasewalk und Greifswald sowie ländliche Gemeinden in Hinterpommern.

Nach dem Aussterben der Herzöge 1637 im Dreißigjährigen Krieg wurde Pommern im Westfälischen Frieden 1648 geteilt. Sowohl die schwedische als auch die brandenburgische Regierung war bestrebt, das vom Krieg verheerte und weitgehend verwüstete Land zu rekultivieren. Für die brandenburgisch-preußischen Gebiete Pommerns enthält reiches Material das *Archiv der Pommerschen Kriegs- und Domänenkammer,* der zuständigen Wirtschafts- und Finanzbehörde, deren Unterlagen u.a. Auskunft darüber geben, was preußischerseits für die Wiederbelebung und für die Entwicklung Hinterpommerns und dann auch für die Entwicklung der wiedergewonnenen Gebiete (Altvorpommern) getan worden ist. Interessant sind auch die Ständeakten für Altvorpommern (d.h. das Gebiet zwischen Oder und Peene). Wichtig für das 19. Jahrhundert sind dann der Aktenbestand des Oberpräsidenten für die preußische Provinz Pommern sowie die Akten der Regierungen für die drei Regierungsbezirke. Man könnte weiteres nennen, auch aus den Beständen der Berliner Zentralbehörden.

Im Zentrum der Hansestadt Greifswald, unmittelbar neben dem historischen Markt,
wird das Pommersche Landesmuseum errichtet. Dafür stehen das 1845 erbaute
„Graue Kloster"; das 1797 entworfene Quistorp-Gebäude und der mittelalterliche
Komplex um das Guardianshaus mit 3.000 qm Ausstellungsfläche zur Verfügung.
Damit ist diese Kultureinrichtung in der Lage, pommersche Landes- und Kulturge-
schichte darzustellen, eine wertvolle Gemäldegalerie zu präsentieren und interessante
Wechselausstellungen anzubieten. Vortragsbereiche, Cafe und Museumsshop sowie
eine großzügige „Museumsstraße"; die als Glasbauwerk die Gebäude verbindet, tra-
gen zur Attraktivität der Einrichtung bei (Abb. und Text aus dem Prospekt der Ge-
sellschaft zur Förderung des Pommerschen Landesmuseums, Greifswald).

Eine entscheidende Voraussetzung für die Rekultivierung Pommerns nach
dem Dreißigjährigen Krieg war die Ordnung der Finanzen, und das heißt
die Verbesserung des Steuerwesens. Deshalb entschloß man sich schwedi-
scherseits zu einer beachtlichen Maßnahme, einer kartographischen und
statistisch-beschreibenden Aufnahme des ganzen schwedischen Landesteils. Schweden, damals führend auf dem Gebiet des Vermessungswesens,
ließ durch dazu eingesetzte Geodäten genaue geometrische Aufmessungen
der Dörfer und Gemarkungen, aber auch der Städte und der Stadtfluren
vornehmen. Die Ergebnisse wurden in Karten umgesetzt, deren Aussagekraft durch verschiedene Farbgebung bewerkstelligt wurde. Daneben
wurde durch Befragungsaktionen nach einem festen Schema eine detaillierte Beschreibung der Ortschaften meist in schwedischer Sprache der damaligen Zeit aufgestellt. Sie gibt die Lage des jeweiligen Ortes an, seine Amts-
und Kirchspielzugehörigkeit, die Besitzverhältnisse, die Namen der Bewohner nach ihrem Stande, sodann eine genaue Flächenberechnung der
Landschaftsteile (Äcker, Weiden, Wiesen, Ödland, Waldungen, Gewässer),
dazu Angaben über die Bonität der Böden. Es folgen Annotationen über
Aussaat und Ertrag, Viehbestand, Dienst- und Abgabenverhältnisse, ja sogar über eventuell vorhandene Besonderheiten wie Burgwälle, Ruinen etc.

Für die größeren Städte wurden Grundrißzeichnungen der Quartiere und der Häuser vorgenommen, die auch die Raumordnung wiedergeben. Verzeichnet sind die Besitzer und Einwohner, die Steuerklassen und der bauliche Zustand. Für Stettin wurden sogar die Hausgiebel maßstabsgetreu gezeichnet. So entstand in den Jahren von 1692 bis 1709 das „*Catastrum oder Huefen-Matricul des Kgl.-Schwedischen Hertzog-Thumbs Vorpommern und Fürsten-Thumbs Rügen*". Es handelt sich um die erste Landesaufnahme großen Stils eines deutschen Territoriums. Der Hauptbestand befindet sich hier im Vorpommerschen Landesarchiv: 74 unterschiedlich starke Foliobände mit den Beschreibungen samt Revisionen derselben und 1455 Karten (Vorkarten, Reinkarten und Kopien). Weitere Teilbestände liegen im Schwedischen Reichsarchiv Stockholm, in der Kgl. Bibliothek zu Kopenhagen und im Geographischen Institut der Universität Greifswald. Die Schwedische Landesaufnahme ist ein besonderer Schatz des hiesigen Archivs und der geschichtlichen Überlieferung unseres Landes.

Im Jahre 1925 beschloß die Historische Kommission für Pommern die Herausgabe der Karten und der Texte, diese in deutscher Übersetzung, und zwar im Rahmen des von ihr herausgegebenen Historischen Atlasses von Pommern. Die Aufgabe wurde dem Historiker und Geographen Prof. Dr. Fritz Curschmann von der Universität Greifswald übertragen. Nach eingehenden Vorarbeiten haben er und Mitarbeiter erste Teilveröffentlichungen vorgelegt. Nach dem Zweiten Weltkrieg kam das Unternehmen zum Erliegen. Nach der Wende in Deutschland hat der Kommissionsvorsitzende das Vorhaben wieder aufgegriffen. Vorklärende Gespräche mit der Landesregierung, dem Landesarchiv und einigen mit der Materie vertrauten Personen ermöglichten den Neubeginn im Rahmen der vom Kultusministerium finanzierten Kommissionsvorhaben. Daß in relativ kurzer Zeit mehrere Bände veröffentlicht bzw. fertiggestellt werden konnten, ist besonders der intensiven Mitarbeit von Dozent Dr. Eginhard Wegner und Heiko Wartenberg zu verdanken. Erschienen sind 1992 der Band Wolgast, 1995 die Insel Usedom in zwei Bänden (Text und Karten). Unmittelbar vor dem Erscheinen steht der Band Halbinsel Jasmund. Als nächstes folgt der Band Wolgast-Land. Von den vier Folio-Bänden Stettin sind zwei in der Bearbeitung fertiggestellt. Gearbeitet wird am Band Greifswald. Vorarbeiten liegen für das Land Loitz vor. Die Herausgabe erfolgt durch die Historische Kommission in Verbindung mit dem Vorpommerschen Landesarchiv. Ihm sei an dieser Stelle dafür gedankt, daß es die Materialien in großzügiger Weise zur Verfügung stellt. Hilfe haben wir aber auch vom Schwedischen Reichsarchiv und in finanzieller Hinsicht vom Kreis Ostvorpommern sowie von den Gemeinden der Insel Usedom und von privater Seite – ich nenne Rechtsanwalt Dr. Heinrich Curschmann in Hamburg – erhalten.

Ich komme zum Schluß. Es ist ein reicher Fundus an historischer Überlieferung Pommerns vorhanden. Bei der Feier zu meinem Geburtstag 1995 habe ich in der Aula der Ernst-Moritz-Arndt-Universität die traditionsreichen Träger der pommerschen Landesgeschichte, die Universität Greifswald mit ihrem Archiv, der Universitätsbibliothek und der neuen Professur für pommersche Geschichte, die Gesellschaft für pommersche Geschichte und Altertumskunde und die Historische Kommission für Pommern genannt. Heute und an diesem Ort füge ich als Stätten der Bewahrung und der Fürsorge für die Überlieferung das Vorpommersche Landesarchiv, aber auch das Archiv der Pommerschen Evangelischen Landeskirche, die Archive in einzelnen Städten und das Staatliche Archiv in Stettin sowie die dortige Universität und künftig hier das Pommersche Landesmuseum hinzu. Sie sehen, die Voraussetzungen für die Erforschung der pommerschen Geschichte erweitern sich erfreulicherweise. Wer hätte das vor gar nicht langer Zeit gedacht?

Archive sind Schatzhäuser. Der Verfasser des Sachsenspiegels, Eike von Repgow, sagt in der Vorrede zu seinem Werk über den Schatz des Wissens, er sei ein teurer, ein edler Schatz, jedoch von solcher Art, daß er sich täglich verringert, will man ihn für sich behalten. Ein vergrabener Schatz ist zu nichts nütze. Deshalb soll der Kluge mit ihm so freigebig umgehen, wie er nur kann. Wir haben sichere Zeugnisse dafür, so fügt der Sachsenspiegler hinzu, daß der Wissenskundige, wenn er andere Menschen lehrt, sein eigenes Wissen dadurch vergrößert.

In diesem Sinne möge das Vorpommersche Landesarchiv den ihm anvertrauten Schatz nicht nur hüten, sondern auch fruchtbar machen und fruchtbar werden lassen zum Nutzen der Forschung, aber auch zum eigenen Gewinn und zum Nutzen für unser Land. Das wünsche ich diesem Hause, dem Direktor und den Mitarbeitern für den nächsten Abschnitt seines Bestehens.

Literatur

Historischer und Geographischer Atlas von Mecklenburg und Pommern. Herausgegeben im Auftrag der Landeszentrale für politische Bildung Mecklenburg-Vorpommern. Bd. 2: Das Land im Rückblick. Schwerin (1996), S. 5.

Roderich Schmidt, Bewahrung und Erforschung pommerscher Geschichte durch Geschichtsverein und Historische Kommission, in: Zeitschrift für Ostforschung 19, 1970, S. 401–420. – Die Historische Kommission für Pommern. Acht Jahrzehnte Landesgeschichtsforschung, in: Pommern. Geschichte – Kultur – Wissenschaft. 1. Kolloquium zur Pommerschen Geschichte (in der Ernst-Moritz-Arndt-Universität Greifswald 1990), Greifswald 1991, S. 24–35. – Achtzig Jahre Historische Kommission für Pommern (mit einem) Verzeichnis ihrer Veröffentlichungen. 1990. – Pommern und seine Universität (Greifswalder Universitätsreden, N. F. 60, 1990/91, S. 16–35).

Greifswald, Blick auf das Städtische Museum und das Graue Kloster, Teile des künftigen Pommerschen Landesmuseums

Fr. L. Baron von Medem, Das Königliche Provinzial-Archiv zu Stettin, in: Zeitschrift für Archivkunde, Diplomatik und Geschichte, 2. Bd., Hamburg 1836, S. 29–119.

Adolf Diestelkamp, Gesellschaften und Einrichtungen zur Pflege der Heimatgeschichte in Pommern, in: Monatsblätter der Gesellschaft für pommersche Geschichte und Altertumskunde 50. Jg., 1936, S. 157 ff., Preußisches Staatsarchiv Stettin, S. 160 f.

Joachim Wächter, Die Archive im vorpommerschen Gebiet und ihr historisches Quellengut, in: Greifswald-Stralsunder Jahrbuch 2, 1992, S. 145–164.

Einen Überblick über die Hauptabschnitte der pommerschen Geschichte bietet die „Geschichtliche Einführung Pommern" im Handbuch der historischen Stätten Deutschlands, 12. Bd.: Mecklenburg/Pommern. Hrsg. von Helge Bei der Wieden und Roderich Schmidt, Stuttgart 1966, S. XXXIII–LII.

Pommersches Urkundenbuch: Klaus Conrad. Das Pommersche Urkundenbuch in seiner Bedeutung für die historische Forschung, erscheint in: 1000 Jahre pommersche Geschichte (Forschungen zur pommerschen Geschichte) – Vgl. auch K. Conrad, Urkundliche Grundlagen einer Siedlungsgeschichte Pommerns bis 1250, in: Zeitschrift für Ostforschung 31, 1982, S. 337–360. – Über die Grundsätze der Bearbeitung des Urkundenbuches vgl. K. Conrad, Einleitung zur Neubearbeitung des I. Bandes des Pommerschen Urkundenbuches (Veröffentlichungen der Historischen Kommission für Pommern, Reihe II), 1970, S. IX–XVIII.

Zum Forschungsvorhaben „Usedom im frühpommerschen Herzogsstaat" vgl. den Band „Die Insel Usedom in slavisch-frühdeutscher Zeit", hrsg. von Günter Mangelsdorf (Greifswalder Mitteilungen. Beiträge zur Ur- und Frühgeschichte und Mittelalterarchäologie, Bd. 1), 1995. Darin u.a.: Jürgen Petersohn, Grobe-Marienberg-Usedom. Die Aussagen der Urkunden zur Entwicklung und Topographie des Usedomer Praemonstratenserstiftes im 12. und 13. Jahrhundert, S. 137–149. Vgl. auch ders., Anfänge und Frühzeit der Greifenmemoria, in: Land am Meer. Pommern im Spiegel seiner Geschichte. Roderich Schmidt zum 70. Geburtstag, hrsg. von Werner Buchholz und Günter Mangelsdorf (Forschungen zur pommerschen Geschichte 29), 1995, S. 85–110, über das Prämonstratenserstift Grobe bei Usedom S. 92–98. – Über die ältesten Urkunden des Zisterzienserklosters Dargun vgl. die Hinweise in Band 1 des Pommerschen Urkundenbuches, 1970, S. 74–81.

Stadtbücher: Die erhaltenen mittelalterlichen Stadtbücher Pommerns, beschrieben von F. Fabricius, P. J. Manke, Th. Pyl und M. Wehrmann, in: Baltische Studien 46, 1896, S. 45–102. – Paul Rehme, Stadtbücher des Mittelalters, Leipzig 1927.

Stände und Landtage: Rudolf Benl, Anfänge und Entwicklung des Ständewesens im spätmittelalterlichen Pommern, in: Anfänge der ständischen Vertretungen in Preußen und seinen Nachbarländern, hrsg. von Hartmut Boockmann (Schriften des Historischen Kollegs, Kolloquium 16), München 1992, S. 121–135. – Weitere Literatur bei Werner Buchholz, Die pommerschen Landstände unter brandenburgischer und schwedischer Landesherrschaft, in: Land am Meer (s.o.), S. 427–455. – Ders., Öffentliche Finanzen und Finanzverwaltung im entwickelten frühmodernen Staat. Landesherr und Landstände in Schwedisch-Pommern 1720–1806 (Forschungen zur pommerschen Geschichte, Bd. 25), 1992 – Gerd Heinrich, Ständische Korporationen und absolutistische Landesherrschaft in Preußisch-Hinterpommern und Schwedisch-Vorpommern, in: Ständetum und Staatsbildung in Brandenburg-Preußen., hrsg. von Peter Baumgart (Veröffentlichungen der Historischen Kommission zu Berlin, Bd. 55), 1983, S. 155–169. – Sabine Teubner-Schoebel, Die pommerschen Landtagsakten – Vorstellung eines Editionsprojektes, in: Baltische Studien, N. F. 82, 1996, S. 52–63.

Reformation: Hans-Günter Leder und Norbert Buske, Reform und Ordnung aus dem Wort. Johannes Bugenhagen und die Reformation im Herzogtum Pommern, 1985. Roderich Schmidt, Pommern, Cammin, in: Die Territorien des Reiches im Zeitalter der Reformation und der Konfessionalisierung, Land und Konfession 1500–1650, Bd. 2: Der Nordosten, hrsg. von Anton Schindling und Walter Ziegler, 3. Aufl., Münster 1993, S. 182–205. – Protokolle der Pommerschen Kirchenvisitationen (1535–1555), bearb. von Hellmuth Heyden (Quellen zur pommerschen Geschichte, Bd. 1–3), 1961–1964.

Schwedische Landesaufnahme von Vorpommern: Carl Drolshagen, Die schwedische Landesaufnahme und Hufenmatrikel von Vorpommern als ältestes deutsches Kataster, in: Beihefte zum 37./38. und 40./41. Jahresbericht der Geographischen Gesellschaft, Greifswald 1920 und 1923. – Fritz Curschmann, Die schwedischen Matrikelkarten von Vorpommern und ihre Bedeutung für die Siedlungs-, Sozial- und Wirtschaftsgeschichte des Landes, in: Beiträge zur Raumforschung und Raumordnung, Bd. 1, 1938, S. 165–175. – Lisa Rätz und Uwe Rodig, Zur Geschichte der Schwedischen Landesmatrikel. Erfahrungen und Probleme bei der Erschließung eines historischen Kartenbestandes, in: Archivmitteilungen 3, 1984, S. 96–100. – Eginhard Wegner und Heiko Wartenberg, Die schwedische Landesvermessung von Vorpommern 1692–1709, in: Die schwedische Landesaufnahme von Vorpommern 1692–1709. Karten und Texte. Hrsg. von der Historischen Kommission für Pommern in Verbindung mit dem Vorpommerschen Landesarchiv Greifswald, (Reihe) Städte, Bd. 1: Wolgast, 1992, S. 7–15. – Stiftung Pommern Kiel/Vorpommersches Landesarchiv Greifswald: (Ausstellung) Die schwedische Landesvermessung von Vorpommern und Stettin 1692–1709. Katalog (von) Heiko Wartenberg. 1994. – Ivo Asmus, Die geometrische Landesvermessung von Schwedisch-Pommern 1692–1709, in: Baltische Studien, N. F. 82, 1996, S. 79–98.

Roderich Schmidt, Pommern und seine Universität, in: Greifswalder Universitätsreden, N. F. 78, 1995. Ruth Schmidt-Wiegand, Reimvorreden, in: Handwörterbuch zur deutschen Rechtsgeschichte, 29. Lieferung, 1987, Sp. 823–829.

Landesgeschichte im Ostseeraum

175 Jahre Gesellschaft für pommersche Geschichte, Altertumskunde und Kunst

Festvortrag beim Festakt am 25. September 1999 im Rathaus
zu Stralsund

Wir sind hier an geschichtsträchtiger Stätte zusammengekommen, um das
175jährige Bestehen des pommerschen Geschichtsvereins festlich zu begehen[1].

Am 15. Juni 1824 ist die Gesellschaft für pommersche Geschichte und
Altertumskunde durch ein vom Oberpräsidenten der preußischen Provinz
Pommern Dr. Johann August Sack in der Provinzhauptstadt Stettin erlasse-
nes Statut gegründet worden. Dieses Statut beginnt mit den Worten: „Es
wird in und für Pommern ein freier Verein von Freunden und Beförderern
der Vaterlandskunde, unter dem Namen der Gesellschaft für Pommersche
Geschichte und Alterthumskunde, gestiftet"[2].

Vergegenwärtigen wir uns zunächst die geschichtliche Situation: Die
ganz Europa umgestaltende Ära Napoleon war vorüber. Preußen war gestärkt aus den Kämpfen hervorgegangen und hatte sich angeschickt, seine
staatlichen und gesellschaftlichen Verhältnisse einer neuen Zeit anzupassen.

---

1 Zur Geschichte der Gesellschaft: Otto Altenburg, Die Gesellschaft für pommersche
Geschichte und Altertumskunde, in: Pommersche Heimatpflege 1 (1930), S. 81–84. –
Ders., Gründung, Erfolge und Aufgaben der Gesellschaft. Festvortrag zur Feier des
hundertjährigen Bestehens ..., in: Monatsblätter, hrsg. v. d. Gesellschaft 39 (1925),
S. 29–34. Bericht über die Hundertjahrfeier zu Stettin am 21. Juni 1924, in: Monats-
blätter 38 (1924), S. 31–32. – Karl Passarge und Hans Jürgen Eggers, 140 Jahre Arbeit
an der Ostsee, in: Baltische Studien N. F. 51 (1965), S. 127–138. – Roderich Schmidt,
Bewahrung und Erforschung pommerscher Geschichte durch Geschichtsverein und
Historische Kommission, in: Zeitschrift für Ostforschung 19 (1970), S. 401–420.
-Adalbert Holtz, 150 Jahre Gesellschaft für pommersche Geschichte und Altertumskunde, in: Baltische Studien N. F. 60 (1974), S. 7–31, und 61 (1975), S. 16. – Rembert
Unterstell, Klio in Pommern. Die Geschichte der pommerschen Historiographie 1815
bis 1945 (Mitteldeutsche Forschungen 113), Köln–Weimar–Wien 1996, über die Gesellschaft S. 21–47 u. S. 109–127. – Roderich Schmidt, Pommersche Landesgeschichte
und die Historische Kommission für Pommern, in: Landesgeschichte in Deutschland.
Bestandsaufnahme – Analyse – Perspektiven, hrsg. von Werner Buchholz, Paderborn
1998, S. 75–92. – Dietmar Lucht, Stiftung der »Gesellschaft für pommersche Geschichte und Altertumskunden«, in: Ostdeutsche Gedenktage, Bonn 1999, S. 422–426.
2 In: Neue Pommersche Provinzialblätter 1 (1826), S. 69-74. Wiederabdruck in: Unterstell (wie Anm. 1), S. 281–284.

Allerdings war der Schwung der Reformbestrebungen nach dem Wiener Kongreß abgeklungen. Man beschränkte sich vor allem auf den Aufbau der Provinzen und die Neuordnung ihrer Verwaltungsstrukturen.

Pommern war nach dem Gewinn des bis 1815 in schwedischem Besitz verbliebenen Teils von Vorpommern mit Rügen nach 167 Jahren der Trennung wieder vereinigt. Die durch den Dreißigjährigen Krieg entstandene, im Westfälischen Frieden 1648 sanktionierte Teilung war überwunden. Die 1817/18 gebildete Provinz entsprach ihrem Umfang nach in etwa dem Staatsgebiet der 1637 ausgestorbenen Greifenherzöge[3]. Nun galt es, sie administrativ zu vereinheitlichen und das bisher schwedische Neuvorpommern den übrigen Landesteilen, Alt Vorpommern von der Peene bis zur Oder und Hinterpommern östlich der Oder, Schritt für Schritt anzugleichen. Mit dieser Aufgabe wurde der 1816 zum Oberpräsidenten eingesetzte Johann August Sack bereits im Jahr 1817 betraut[4].

Der 1764 in Kleve am Niederrhein geborene Sack verfügte über reiche Erfahrungen in der Staatsverwaltung, in der er im Laufe der Jahre hohe und verantwortungsvolle Ämter bekleidet hatte, zuletzt als Zivilgouverneur in den befreiten Preußischen Rheinprovinzen. Seit den neunziger Jahren stand er in engen persönlichen Beziehungen zum Reichsfreiherrn vom Stein, dessen Reformideen er teilte, zeitweilig war er sein Mitarbeiter. Er war ein aufrechter Patriot und maßgeblich am Widerstand gegen das Napoleonische System beteiligt. Trotz seiner Tüchtigkeit war er nicht unangefochten. Seine Versetzung nach Pommern hat er zunächst als Strafversetzung empfunden. Über die dortigen Verhältnisse schrieb er (1817) an Stein: „Es sieht mit der Landes- wie mit der Volks-Kultur schrecklich in Pommern aus, so vortrefflich auch Boden und Volkscharakter ist: aber es soll mit Gott bald besser

---

3 Vgl. Hans Fenske, Die Verwaltung Pommerns 1815–1945. Aufbau und Ertrag (Veröffentlichungen der Historischen Kommission für Pommern, Reihe V: Forschungen zur pommerschen Geschichte 26), Köln–Weimar–Wien 1993. Siehe auch: Historischer und geographischer Atlas von Mecklenburg und Pommern, Bd. 2: Das Land im Rückblick, Karte 18: Pommern 1818-1938, S. 81, bearb. von Martin Schoebel und Gyula Papay.

4 Über Sack: Hermann Petrich, in: Pommersche Lebens- und Landesbilder, Zweiter Teil, 2. Halbband, Stettin 1887, S. 255–315. Ders. In: ADB 30 (1890), S. 152–153. – Wilhelm Steffens, in: Pommersche Heimatpflege 2. Jg., Heft 2 (1931), S. 45–102. – Hans Branig, Die Oberpräsidenten der Provinz Pommern, in: Baltische Studien N. F. 46 (1959), S. 92–107, über Sack S. 94–96. – Roderich Schmidt, Pommern im Spiegel bedeutender Persönlichkeiten, in: Ostdeutsche Geschichts- und Kulturlandschaften, Teil III: Pommern, hrsg. von Hans Rothe, Köln–Wien 1988, S. 217–252, über Sack S. 219 u. 242 (Lit.). – Eberhard Laux, Johann August Sack (1767–1831) – Eine biographische Skizze, in: Die öffentliche Verwaltung. Zeitschrift für öffentliches Recht und Verwaltungswissenschaft, Okt. 1998, Heft 19, S. 845-852.

werden"[5]! Gleich nach seiner Ankunft in Stettin hat Sack sich der Aufgaben im Land am Meer pflichtgetreu und engagiert angenommen[6]. Zu diesen Aufgaben gehörten vornehmlich alle Maßnahmen zur Besserung des desolaten Zustandes der Provinz. Was er hier auf dem Gebiete der Wirtschaft und des Verkehrs sowie der Fürsorge für die ländliche Bevölkerung geleistet hat, war vorbildlich, kann hier aber nicht behandelt werden. Nur das Grundsätzliche sei angemerkt. In dem erwähnten Brief an Stein legt er darüber Rechenschaft ab. „Vor allem aber habe ich mich der Volkserziehung angenommen, bin selbst erst durch das Land gereist, um die Gemüter anzuregen"[7].

Die Aufgaben des Oberpräsidenten waren für ihn nicht auf technisch-praktische Maßnahmen beschränkt. Sie dienten vielmehr einem höheren Zweck, wie ihn Wilhelm von Humboldt in einer Denkschrift 1817 bezeichnet hat: Der Oberpräsident solle „unabhängig mit Gedanken und Tat bemüht sein, von der genauen Kenntnis der natürlichen und Kulturkräfte ausgehend, dieselben (Provinzen) in beständiger Beziehung auf den ganzen Staat ... zu erhalten und zu verbessern"[8]. Theodor von Schön, der Oberpräsident der Provinz Westpreußen, hat es 1817 so formuliert: Der Oberpräsident stehe „vor einem Stamm ... als der Bevollmächtigte des Königs da, der zur Masse zu sprechen und ihre Sprache zu vernehmen habe. Ihm ist die Leitung des Volkes zu höherem Leben durch Beförderung der Bildung und geistvolle Leitung der gewöhnlichen Provinzialadministration anvertraut"[9].

Auch Sack ging es um die Beförderung der Bildung. Hierzu hat er sich im Vorwort zu dem ersten Band der Pommerschen Provinzialblätter für Stadt und Land 1820 mit folgenden Worten geäußert: „Welchen Stoff zur Cultur ... Land und Volk besitzen, ist im Allgemeinen bekannt; aber nicht, wieviel zerstreute Kräfte darin vorhanden sind, die nur einer größeren Belebung ... und gemeinsamer Theilnahme bedürfen, um in und durch sich selbst die Cultur mächtig zu fördern"[10]. In diesem Sinne wiederholt er an dieser Stelle die dem Könige gegebene, oft zitierte Versicherung: „Daß in Pommern noch ein Zweites und Drittes Pommern in Cultur und Bevölkerung zu erschaffen sey", weil – so seine Überzeugung – „solch ein Land und solch ein Volk jedes Hülfsmittels der Cultur werth und daß das jetzige Unternehmen" – eben die Provinzialblätter – „eines derselben und ein wahres National-Bedürfnis sey". Die Förderung der von dem Treptower Superin-

---

5   Wilhelm Steffens, Briefwechsel Sacks mit Stein und Gneisenau (1807/17) (Veröffentlichungen der Historischen Kommission für Pommern, Bd. V), Stettin 1931, S. 140.

6   Ebd., Einleitung, S. 19 ff.

7   Wie Anm. 5, S. 142.

8   Branig (wie Anm. 4), S. 92.

9   Ebd.

10 Ein Wort über Pommern, das die Beachtung der Provinz fordert und verdient, S. 129-132.

tendenten Johann Christian Ludwig Haken herausgegebenen Pommerschen Provinzialblätter war für Sack ein erster Schritt auf dem Wege zur Belebung der heimatlichen Kultur und Geschichte[11]. Doch seine Intention reichte weiter. Den am Marienstiftsgymnasium in Stettin tätigen gelehrten Historiker und Dichter Ludwig Giesebrecht[12] regte er zu dem 1821 erschienenen, für „den einfachen Mann des Volkes" gedachten Bändchen „Von den Schicksalen des Landes Pommern" an[13].

Eine andere, wohl auch von Sack bereits 1817 veranlaßte Schrift war ebenfalls für breitere Kreise bestimmt. Ihr Verfasser war der pommersche Generalsuperintendent Friedrich Ludwig Engelken[14]. Sie trägt den Titel „Johann Bugenhagen Pommer. Ein biographischer Aufsatz für die evangelische Kirche". Sie versteht sich als ein Beitrag der von König Friedrich Wilhelm III. anläßlich der Gedenkfeiern an die Reformation vor 300 Jahren gewünschten Union der lutherischen mit der reformierten Kirche in Preußen. Es ging also um die Einheit der Kirche, aber auch um die Einheit im Glauben in dem seit 1815 „nicht mehr zerstückte(n)", sondern wieder vereinten Pommern[15].

Alle von Sack ins Auge gefaßten und geförderten Maßnahmen hatten das Ziel, das Zusammenwachsen der Landesteile zu ermöglichen, die Prosperität der Provinz zu beleben, das Niveau der Bevölkerung zu heben und dadurch das Interesse breiter Schichten am öffentlichen Leben zu wecken. In diesem Sinne bemühte er sich auch um die Geschichtsdenkmale und Altertümer in der Provinz als Zeugnisse ihrer geschichtlichen Vergangenheit. Im Jahr 1821 wies der Staatskanzler von Hardenberg den Oberpräsidenten darauf hin, daß es wünschenswert sei, die vielfach von Untergang und Verlust bedrohten öffentlichen Monumente und Altertümer verschiedener Art zu sichern, zu sammeln und vor dem Verderben zu bewahren, da ihre Erhaltung für die

---

11 Vgl. Wilhelm Steffens, Die Geschichte der „Pommerschen Provinzialblätter" und die Entstehung der „Baltischen Studien", in: Baltische Studien N. F. 40 (1938), S. 233–259. Über Haken s. u. Anm. 51.

12 Über Ludwig Giesebrecht s. Otto Altenburg, in: Pommersche Lebensbilder, Bd. IV, bearb. von Walter Menn (Veröffentlichungen der Historischen Kommission für Pommern, Reihe V: Forschungen zur pommerschen Geschichte 15), Köln–Graz 1966, S. 292–315.

13 Altenburg, Gründung (wie Anm. 1), S. 30.

14 Vgl. Hugo Gotthard Bloth, Die Kirche in Pommern. Auftrag und Dienst der Evangelischen Bischöfe und Generalsuperintendenten der Pommerschen Kirche von 1792 bis 1919. Pommersche Lebensbilder, Bd. V (Veröffentlichungen der Historischen Kommission für Pommern, Reihe V: Forschungen zur pommerschen Geschichte 20), Köln–Wien 1979, S. 52.

15 Ebd. S. 55.

Erkenntnis der älteren Kultur des Landes notwendig sei[16]. Sack hat diese
Aufforderung bereitwillig aufgegriffen und Hardenberg vorgeschlagen, zur
Beförderung der Sache eine Altertumsgesellschaft für die Provinz Pommern
zu gründen[17].

Für Sack bedurfte es im übrigen der Anregung des Staatskanzlers nicht.
Schon 1814, als er die Verwaltung der von den Franzosen befreiten Rheinprovinzen übernahm, hat er dort zur Sammlung der Altertümer aufgerufen.
„Seitdem ich hier in der Provinz meine Bestimmung erhalten (habe) und auf
den mannigfaltigen Bereisungen derselben mit ... Lokalgegenständen in nähere Berührung kam", habe er diese dem beim Marienstiftsgymnasium in
Stettin angelegten naturkundlichen Museum zugewiesen, „bis sich eine Gesellschaft ... zur Aufsuchung, Bewahrung und Benützung der hier in
Pommern gefundenen Alterthümer zusammen bringen lassen mögte." „Nun
trat ich darüber", so führt Sack aus, „mit sachkundigen und patriotisch gesinnten Männern in und außer Pommern in ausführliche Berathung"[18].

Es galt nur noch, den richtigen Zeitpunkt und einen geeigneten Anlaß für
die Errichtung einer solchen Gesellschaft zu finden. Es entsprach dem historischen Sinn des Oberpräsidenten, daß er hierfür die Einführung des Christentums in Pommern durch Otto von Bamberg vor 700 Jahren wählte[19].
Auf seiner ersten Missionsreise nach Pommern im Jahre 1124 hatte der Bischof in Pyritz die ersten Taufen vorgenommen. Als Datum galt der 15. Juni[20].
Sack regte an, diesen Tag in ganz Pommern als Gründungstag zu begehen[21].
Der König stimmte dem Säkularfest zu. Er erschien persönlich im Lande
und nahm in Begleitung des Kronprinzen in Pyritz an der Grundsteinlegung
des Otto-Brunnens teil[22].

Unter dem Datum des 15. Juni 1824 erließ Sack als Oberpräsident das
Statut der einzurichtenden Gesellschaft[23]. Zweck der Gesellschaft solle es
sein, „die Denkmäler der Vorzeit in Pommern und Rügen ... zu retten und

---

16 Baltische Studien 4 (1837), S. 182 f. Vgl. Holtz (wie Anm. 1), S. 7 u. 26. Vgl. auch
    Karl-August von Hardenberg 1750–1822. Tagebücher und autobiographische Auf-
    zeichnungen, hrsg. u. eingeleitet von Thomas Stamm-Kuhlmann (Deutsche Ge-
    schichtsquellen des 19. u. 20. Jahrhunderts 59), 1999.
17 Altenburg, Gründung (wie Anm. 1), S. 30; Holtz (wie Anm. 1), S. 7 u. 26; Unterstell
    (wie Anm. 1), S. 22.
18 Rede Sacks bei der ersten Zusammenkunft der Gesellschaft 1825. 1. Jahresbericht, in:
    Neue Pommersche Provinzialblätter 1 (1826), S. 65–69, hier S. 67 f.
19 Vgl. Holtz (wie Anm. 1), S. 7; Branig (wie Anm. 4), S. 95; Bloth (wie Anm. 14), S. 53.
20 Zum Datum vgl. Adolf Hofmeister, Die Prüfeninger Vita des Bischofs Otto von
    Bamberg (Denkmäler der Pommerschen Geschichte 1), Greifswald 1924, S. 42.
21 Zum „Ottofest" 1824 vgl. Bloth (wie Anm.14), S. 62–66.
22 Vgl. Johannes Hildisch, Der Ottobrunnen zu Pyritz, in: Baltische Studien N. F. 85
    (1999), S. 98–122.
23 Über das Gründungsstatut s. o. Anm. 2.

gemeinnützlich zu machen" mit dem Ziel, „dadurch dem künftigen Ge-
schichtsschreiber Pommerns brauchbare Vorarbeiten zu liefern" und so „die
Abfassung einer quellenmäßigen älteren Geschichte des Pommerschen Landes und Volkes zu erleichtern"[24]. Bemerkenswert ist, daß ausdrücklich gesagt wird, es sollen „alle Denkmale und Überreste der Vorzeit Pommerns,
Wendische und Deutsche" Gegenstand von Forschungen, Untersuchungen,
Nachgrabungen und Sammlungen sein[25]. Weiter wird bestimmt, daß „zwei
Sammlungen von Alterthümern aller Art" angelegt werden, die eine in Stettin, die andere in Greifswald[26]. Die Mitglieder der Gesellschaft, einheimische
in Pommern und auswärtige in anderen Provinzen, sollen sich in besonderen
örtlichen Ausschüssen organisieren, „und zwar vorerst in zweien, von denen
der eine in Stettin und der andere in Greifswald seinen Sitz hat". Die Geschäfte der Ausschüsse werden jeweils von einem Sekretär wahrgenommen[27]. An der Spitze der Gesellschaft steht der Oberpräsident. Das Statut
formuliert: „Die Ausschüsse haben in dem jeweiligen Oberpräsidenten der
Provinz Pommern ihren gemeinsamen Mittel- und Vereinigungspunkt"[28].
Den Ausschüssen liegt es ob, „die Gegenstände auszumitteln ..., auf welche
sich die Thätigkeit der Gesellschaft zu richten haben mögte"[29]. Hierzu gehört die Pflege der Sammlungen, Vorschläge für Nachgrabungen, aber auch
„Berathung über ältere schriftliche Denkmale" und deren Druck[30].

Hier wird deutlich, daß sich die Gesellschaft nach Meinung von Sack
nicht nur mit den sogenannten Altertümern im weitesten Sinne befassen soll
– obwohl dies der Ausgangspunkt ist und zunächst im Vordergrund stand –,
sondern auch mit der schriftlichen Hinterlassenschaft und Überlieferung.
Bereits in § 3 des Statuts werden ausdrücklich „schriftliche Urkunden" genannt, und es wird eine quellenmäßige ältere Geschichte des Landes in Aussicht genommen.

Insofern fügt sich die Gründung der pommerschen Gesellschaft in den
allgemeinen Trend der deutschen Vaterlandsromantik. Ein wesentlicher Anstoß war vom Freiherrn vom Stein und seiner 1819 gegründeten Gesellschaft
für ältere deutsche Geschichtskunde ausgegangen, die es sich zur Aufgabe
machte, die schriftlichen Zeugnisse der Reichsgeschichte zu sammeln und in
den Monumenta Germaniae Historica zu edieren[31]. Überall in Deutschland

---

24 § 2, dazu Unterstell S. 281.
25 § 3. Unterstell S. 281.
26 § 5. Unterstell S. 281.
27 § 10. Unterstell S. 282.
28 § 11. Unterstell S. 282.
29 § 12. Unterstell S. 282 f.
30 § 13. Unterstell S. 282.
31 Vgl. Monumenta Germaniae Historica 1819–1969. München 1969. Darin: Herbert
    Grundmann, Wanderungen und Wandlungen der Monumenta Germaniae Historica,
    S. 1–20.

entstanden allgemeine oder regionale Geschichts- und Altertumsvereine[32], die pommersche Gesellschaft gehört zu den ältesten. Die Initiative ist häufig von historisch interessierten Schulmännern ausgegangen.

In Pommern waren es Gymnasialprofessoren des Stettiner Marienstifts-gymnasiums wie Ludwig Giesebrecht, Karl Hasselbach, Wilhelm Böhmer oder Professoren der Greifswalder Universität wie Johann Gottfried Ludwig Kosegarten und der Jurist Karl Schildener, die das Vorhaben von Sack unterstützten und trugen.

Bald entstanden auch geschichtliche Darstellungen. Zu ihnen gehörten die heute noch lesbaren „Wendischen Geschichten aus den Jahren 780–1182" von Ludwig Giesebrecht, erschienen 1843. Hervorgehoben wurde „die weitgespannte Perspektive des Buches", das die Anfänge der Landesge-schichte von Holstein, Mecklenburg, Pommern, der Mark Brandenburg, der Lausitzen betrifft, aber auch nach Polen, Böhmen, Sachsen, Dänemark, Norwegen bis nach Island hinüber greift[33]. Durch seine dänischen Studien stellte Giesebrecht die Verbindung zur Forschung in Skandinavien her. 1826 erfolgte seine Ernennung zum Mitglied der damals gegründeten Gesellschaft für nordische Altertumskunde in Kopenhagen, die sich die Aufgabe gestellt hatte, vornehmlich altisländische Sagas herauszugeben[34]. „Durch seinen en-gen Kontakt zu Sack stand Giesebrecht an der Wiege des pommerschen Ge-schichtsvereins und der (1836 begründeten) Zeitschrift ‚Baltische Studien'"[35]. „In den ersten dreißig Jahren ihres Bestehens war diese Gesellschaft das eigentliche Werk Giesebrechts"[36].

Am Jahrestag der Stiftung, am 15. Juni 1825, trat der Stettiner Ausschuß zu seiner ersten Sitzung zusammen[37]. Sack eröffnete sie mit einer Grün-dungsrede[38]. Der Ausschuß konstituierte sich; zum Sekretär wurde Giese-brecht bestellt. Lebhaft erörtert wurden die Aufgaben, denen sich die Ge-sellschaft in den kommenden Jahren widmen sollte und wollte. Man dachte an eine Antiquarische Karte von Pommern, welche eine Übersicht über alle Hünengräber, Burgwälle und andere Denkmale vorchristlicher Zeit bieten sollte; denn sie seien die ältesten Zeugnisse der Geschichte, von denen zu-

---

32 Vgl. Hermann Heimpel, Geschichtsvereine einst und jetzt, Göttingen 1963; Klaus Papst, Deutsche Geschichtsvereine vor dem Ersten Weltkrieg, in: Geschichtsvereine. Entwicklungslinien und Perspektiven lokaler und regionaler Geschichtsarbeit, Bergisch Gladbach 1990, S. 9–32.
33 Unterstell (wie Anm. 1), S. 26 f.
34 Altenburg, Gründung (wie Anm. 1), S. 32.
35 Altenburg (wie Anm. 12), S. 303 f.
36 Unterstell (wie Anm. 1), S. 26.
37 Jahresbericht, in: Neue Pommersche Provinzialblätter 1 (1826), S. 3–64.
38 S. Anm. 18.

dem eine „gewisse poetische Verklärung" ausgehe[39]. Auch seien sie für die Frage nach den ursprünglichen Bewohnern des Landes von Bedeutung. Es wurde beschlossen, eine allgemeine Aufforderung im Lande zu verschicken, Nachrichten über Denkmale aller Art der Gesellschaft einzureichen. Diese Aufforderung fand ein positives Echo; erste Ergebnisse sind in dem gedruckten Bericht über die Tagung 1825 bereits mitgeteilt[40].

Das Unternehmen wurde aber auch mißbilligt. „Bei solchen Forschungen, hat man gemeint, werde nicht viel Gewinn für die Landesgeschichte herauskommen; die Hauptsache sei, Chroniken und Urkunden durch den Druck allgemeinen zugänglich zu machen", denn nur aus diesen seien begründete historische Tatsachen zu entnehmen[41]. Zunächst jedoch wollte man Nachforschungen über Handschriften und Urkundensammlungen in Bibliotheken und Archiven anstellen.

Der Blick der Gesellschaft solle sich aber auch auf den Norden und den Osten richten. Nach Dänemark seien ja durch Giesebrecht und dessen Arbeiten schon Fäden geknüpft[42]. Von einer Verbindung nach Polen sei viel Anregung zu erhoffen. Leider sei unter den Mitgliedern der Gesellschaft niemand, der über die notwendigen Sprachkenntnisse verfüge. Deshalb, so wird ausgeführt, „wäre es sehr verdienstlich, wenn junge Gelehrte unseres Landes das Studium der Slavischen Sprachen, besonders des Polnischen, mehr als sonst betreiben wollten. Auf diesem Wege ließe sich der Geschichte Pommerns vielfacher Gewinn bereiten, nicht nur durch Uebersetzen, sondern auch durch selbständiges Forschen"[43]. Als wünschenswert wird auch die Beschäftigung mit dem Kaschubischen bezeichnet – auch dies einer Anregung Sacks folgend –, mit ihrer Sprache und ihrem Brauchtum[44].

Die erste Zusammenkunft des Greifswalder Ausschusses fand erst am 27. Februar 1826 statt[45]. Zum Vorsteher wurde Prof. Kosegarten gewählt[46]. Der Greifswalder Ausschuß verstand sich von vornherein zwar als Glied der Gesellschaft, legte jedoch auf eine gewisse Eigenständigkeit Stettin gegenüber Wert. Hier wirkte sich einerseits ein der schwedischen Zeit entstammendes Regionalbewußtsein aus, andererseits auch die Nähe zur Universität. Kosegarten setzte auch die Akzente von Anfang an anders, wenn er darlegte, daß „auf zwei Hauptgegenstände die Aufmerksamkeit zu richten

---

39 Jahresbericht (wie Anm. 37), S. 7.
40 Ebd. S. 10 ff.
41 Ebd. S. 6.
42 Ebd. S. 43–45.
43 Ebd. S. 46. Vgl. dazu Holtz (wie Anm. 1), S. 9.
44 Ebd. S. 46–48.
45 Jahresbericht (wie Anm. 37), S. 59.
46 Zu J. G. L. Kosegarten vgl. Adalbert Eschenbroich, in: NDB 12 (1980), S. 612; Unterstell (wie Anm. 1), S. 27 f; vgl. auch Biewer (wie Anm. 86), S. 122–124.

sei, nämlich erstens auf die im Lande befindlichen schriftlichen Urkunden und Aufsätze, welche für die Geschichte Pommerns seit der Einführung des Christenthums eine zuverlässige und bestimmte Quelle sind; zweitens auf die aus heidnischer Zeit herstammenden Denkmäler, welche über den frühen Zustand des Landes einigen, wie wohl oft nur unbestimmten Aufschluß geben können"[47]. Das klingt anders als die von der Gesellschaft erlassene Aufforderung zur Nachrichtensammlung für eine antiquarische Karte von Denkmalen der Vorzeit, wo es am Schlusse heißt: es gelte ein Werk auszuführen, „dessen bisher kein Deutsches Land sich rühmen kann und dessen Gedeihen weniger für die Einzelnen ..., als für die Nation selber Zeugniß geben wird, welche es mit reicher Kraft und heimatlichem Sinne zu Stande gebracht"[48]. Wir werden es heute bedauern, daß dieses Vorhaben sich über Ansätze hinaus nicht hat realisieren lassen. Es bleibt ein Desiderat, das nicht aus dem Auge verloren werden sollte.

Einig war man sich in Stettin und in Greifswald, daß es wünschenswert sei, für entstehende Abhandlungen, Untersuchungen und Mitteilungen über eine periodische Schrift zu verfügen. „Eine solche Zeitschrift – so wurde formuliert – darf nicht als bloße Privatsache betrachtet werden", sondern als »ein Provinzialinstitut, das Hand in Hand mit der Gesellschaft ... einem ehrenwerten Ziele entgegen geht, nämlich dem, jenes heimatliche Gefühl wecken und nähren zu helfen, an dessen erwärmendem Strahle die schönsten Bürgertugenden reifen ...[49]"

Sack war ein lebhafter Verfechter einer solchen Zeitschrift. Mit seiner Unterstützung entstanden 1826 die Neuen Pommerschen Provinzialblätter. Zu Haken als Herausgeber trat Giesebrecht hinzu. Durch ihn erhielten sie eine andere Note als die vorherigen Provinzialblätter. Durch die neuen Blätter sollten, so betonte Giesebrecht Sack gegenüber, „die Beziehungen Pommerns auf das übrige Deutschland, den Norden und das Slaventum, auf Pommern als Glied in der Reihe der Ostseeländer"[50] gerichtet sein. Als Sekretär der Gesellschaft vertrat Giesebrecht deren wissenschaftliche Interessen, während Haken[51], aber auch Sack, mehr allgemeine volkspädagogische

---

47 Wie Anm. 45.
48 Jahresbericht S. 81. Die Anregung zu einer antiquarischen Karte von Denkmalen der Vorzeit ist von dem Gründungsmitglied der Gesellschaft Friedrich von Hagenow aufgegriffen worden; es blieb jedoch bei Ansätzen. Vgl. Heiko Beckmann, Friedrich von Hagenow und sein Wirken für die Ur- und Frühgeschichtsforschung, in: Greifswalder Mitteilungen. Beiträge zur Ur- und Frühgeschichte und Mittelalterarchäologie, hrsg. von Günter Mangelsdorf, Bd. 2, Frankfurt a. M. etc. 1997, S. 33–55, über die antiquarische Karte S. 38–45.
49 Ebd. S. 58.
50 Steffens (wie Anm. 11), S. 253. Dazu Protokoll der 2. Generalversammlung vom 15.6.1826, in: Neue Pommersche Provinzialblätter 2 (1827), S. 213 ff.
51 Über Joh. Christian Ludwig Haken vgl. ADB 10 (1879), S. 396 f.

Ziele im Auge hatten. So erhielten die Neuen Pommerschen Provinzialblätter „von vornherein ein Janusgesicht"[52]. Es verwundert deshalb nicht, daß
sie sich auch von der Abonnentenzahl her nicht behaupten konnten[53]. Bereits 1829 stellten sie ihr Erscheinen ein. Gedruckt sind in ihnen die ersten
Jahresberichte der Gesellschaft sowie eine Reihe kleinerer Beiträge, aber
auch eine erste Ausgabe der Prüfeninger Vita Ottos von Bamberg sowie Luthers
Katechismus in kaschubischer Sprache[54].

Giesebrecht verfolgte dagegen den Plan eines eigenen wissenschaftlichen
Publikationsorgans der Gesellschaft. In der Mitgliederversammlung 1830 in
Stettin wurde der Beschluß gefaßt, ein solches mit dem Titel „Baltische Studien" zu schaffen[55]. Der Zwiespalt, welcher in der Gesellschaft von Anfang
an vorhanden war, wird noch einmal festgestellt: „Während dem Einen unserer Freunde die eigentliche historische Forschung vorzugsweise am Herzen liegt, verweilte der Andere mit größerem Wohlgefallen bei der Kunde
von den Ueberresten aus vergangener Zeit und von vergangenen Geschlech-
tern, ... Dem Historiker von Fach ist Beides wichtig und bedeutend: dem
Ausschuß aber ist es eine werthe Pflicht, über Alles treulich zu berichten,
was mit Liebe zur Sache bearbeitet wird"[56]. Im neuen Vereinsorgan soll außer
den Jahresberichten und historisch-antiquarischen Mitteilungen Raum sein
für Übersichten und Auszüge ungedruckter Pommerscher Chroniken, Urkunden, Landtagsabschiede, Verordnungen u. ä., „welche für die Rechts-
und Kulturgeschichte der Provinz von Bedeutung sind", ebenso für die Geschichte pommerscher Städte, bedeutender Familien und wichtiger Vereine,
aber auch für Übersetzungen oder Mitteilungen „Altnordischer Sagen, desgleichen neuerer Dänisch, Schwedisch oder Polnisch geschriebener für die
Geschichte Pommerns wichtiger historischer Untersuchungen." Denn „die
Geschichte Pommerns, vornehmlich die älteste, steht in vielfältiger Rücksicht in naher Beziehung zur Geschichte unserer Nachbarvölker." Weil „es
in Deutschland noch an einem Organ fehlt, durch welches die wichtigen Re-
sultate der Studien dänischer, schwedischer und polnischer Geschichtsforscher in einer übersichtlichen Zusammenstellung mitgeteilt werden," sollen
sich die Baltischen Studien deren Pflege zuwenden. Wenn es am Schluß des
Vorworts zum ersten Bande heißt, die neue Zeitschrift möge „dahin mitwir-
ken, daß die vaterländische Gechichte immer mehr angebauet und die Theilnahme für dieselbe immer verbreiteter werde," so war ihre Zielrichtung
doch von Anfang an weiter gespannt, nämlich die Geschichte Pommerns

---

52 Steffens (wie Anm. 11), S. 254.
53 Ebd. S. 255 f.
54 Passarge-Eggers (wie Anm. 1), S. 132 f.
55 Steffens (wie Anm. 11), S. 257.
56 Die folgenden Zitate in: Baltische Studien 1 (1832), S. V ff. Vgl. auch Steffens (wie
    Anm. 11), S. 257 f.

einzuordnen in den gesamten Ostseeraum, auf das mare Balticum und die
dieses umgrenzenden Länder und Kulturen[57]. Diese doppelte Ausrichtung
haben die Baltischen Studien durch die Zeiten hindurch beibehalten, selbst
in Zeiten, in denen dies nicht selbstverständlich war, nicht immer in gleicher
Intensität, aber doch dem Anspruch nach bis zum heutigen Tag.

Eine Grundsatzfrage wurde früh entschieden: Hatte man zunächst „Alles
die Gegenwart unmittelbar Berührende(s)" ausgeschlossen, so formulierte
man alsbald, es sollten bei der Erforschung der vaterländischen Geschichte
„auch die Interessen der Gegenwart ... verdiente Bedeutung erhalten", insbesondere in bezug auf „Verfassung und Verwaltung des Landes, kirchliches
Leben, rechtliche Verhältnisse, Handel und Verkehr, Kunst, Wissenschaft,
Sitte und Sprache der Bewohner[58].

Sack hat das Erscheinen der Baltischen Studien nicht mehr erlebt. Am
28. Juni 1831 ist er verstorben. Er hat sich aber noch „mit Form, Titel und
Inhalt der Zeitschrift einverstanden" erklärt. In einem Brief an den Freiherrn
vom Stein gab er seiner Hoffnung Ausdruck, daß die vereinseigene Zeitschrift „zum inneren raschen Aufblühen der Gesellschaft und der Errei-
chung ihrer Ziele beitragen werde"[59].

Das ist geschehen[60], wie wir heute mit Befriedigung feststellen können.
Es kann hier nicht von einzelnen Veröffentlichungen die Rede sein. Inzwischen sind wir bei 130 Bänden angelangt. Nur zwei umfangreiche Arbeiten
aus den Anfangsjahren seien herausgegriffen: das Reise-Tagebuch des Augsburger Patriziers und Kunstmäzens Philipp Hainhofer aus dem Jahr 1617
(gedruckt 1834)[61] und die „Pommersche Kunstgeschichte. Nach den erhaltenen Monumenten dargestellt", des 1808 in Stettin geborenen Franz Kugler
(Bd. 8 der Baltischen Studien, 1840[62], aber auch selbständig erschienen).

---

57 Der erste Band ist für die Richtung bezeichnend. Er enthält Beiträge „Ueber die Ge-
    schichte Pommerns [und] ihr Verhältniß zur Deutschen Geschichte", über „Die Krie-
    ge Valdemar's und Knut's [von Dänemark] gegen Rügen und Pommern, aus der
    Knytlinga saga übersetzt", über „Die Burgen Pommerns", über „Dr. Johann Bugen-
    hagens Tod", über „Das alte Barth in kirchlicher Hinsicht", „Über die Lage der
    Jomsburg". Im Jahresbericht der Gesellschaft findet sich ein Beitrag von Wilhelm
    Böhmer über „Sammlung der Niederdeutschen Mundarten in Pommern".
58 Baltische Studien 2 (1833), S. I–III.
59 Steffens (wie Anm. 11), S. 257.
60 Nach hundert Jahren – 1932 – lagen 80 Bände vor; vgl. Otto Altenburg, 100 Jahre Bal-
    tische Studien, in: Baltische Studien N. F. 34 (1932), S. V–VII.
61 Baltische Studien 2, 2 (1833), S. 1–180. Über die Beziehungen Hainhofers zum
    pommerschen Herzogshof unter Philipp II. vgl. Hellmut Hannes, Der Pommersche
    Kunstschrank. Entstehung, Umfeld, Schicksal, in: Baltische Studien N. F. 76 (1990),
    S. 81–115.
62 S. 1–266, selbst. Stettin 1840.

Kugler hat mit diesem von der Gesellschaft veranlaßten Werk die erste regionale Kunstgeschichte Deutschlands geschaffen. Doch er wollte mehr, nämlich daß die „unübersehliche Zahl öffentlicher Kunstdenkmäler in Deutschland", die „von großartiger Bedeutung" „für den Entwicklungsgang der Culturgeschichte" seien, gründlich „untersucht und verzeichnet" werden. Es schmeichle – so schreibt er in der Einleitung – seinem „vaterländischen Sinne, daß mit Pommern, dem Lande meiner Heimath, ein solcher erster Versuch gemacht werden sollte"[63]. Erst vierzig Jahre später ist dann auch in Pommern mit der Herausgabe der „Bau- und Kunstdenkmäler"[64] der von Kugler erhoffte Weg beschritten worden, und zwar wieder durch die Gesellschaft. Die beiden genannten Beiträge aus den Anfangsjahren der Baltischen Studien sind auch deswegen beachtenswert, weil mit ihnen früh das in sie Eingang gefunden hat, was später als „Kulturgeschichte"[65] unter dem Einfluß von Karl Lamprecht[66] und seinem Weggefährten, dem Greifswalder Mediävisten Ernst Bernheim[67], großen Einfluß auf die Geschichtswissenschaft gewonnen hat.

Die Verantwortung für die Baltischen Studien lag zunächst in den Händen von Ludwig Giesebrecht. 1853 übernahm Johann Gottfried Ludwig Kosegarten in Greifswald die gleiche Funktion. Seit 1826 hatte er den Vorsitz des Greifswalder Ausschusses der Gesellschaft inne. Kosegarten ist besonders als Editor hervorgetreten[68]. 1857 hat er in den Baltischen Studien die Chronik über den Stettiner Erbfolgestreit von 1464–72 veröffentlicht, 1858 das Protocollum des Angelus (Augustinus) von Stargard von 1345, das für die Origo des pommerschen Stammes und seiner Dynastie von Wichtigkeit ist und in dem zuerst deutlich das pommersche Eigenständigkeitsbewußtsein

---

63 Einleitung S. V f. Die XXIV umfassende Einleitung ist auch heute noch lesenswert.
64 Über sie s. Anm. 77.
65 Vgl. Roderich Schmidt, Kulturgeschichte in landeshistorischer Sicht, in: Zeitschrift für Ostforschung 30 (1981), S. 321–348.
66 Vgl. Luise Schorn-Schütte, Karl Lamprecht. Kulturgeschichtsschreibung zwischen Wissenschaft und Politik, Göttingen 1984. – Dies, Karl Lamprecht. Wegbereiter einer historischen Sozialwissenschaft?, in: Deutsche Geschichtswissenschaft um 1900, hrsg. von Notker Hammerstein, Stuttgart 1988, S. 153–191.
67 Vgl. Rembert Unterstell, Ernst Bernheim (1850–1942). Kulturhistorischer Vordenker und landesgeschichtlicher Inspirator, in: Klio in Pommern (wie Anm. 1), S. 67–76. – Ders., Landesgeschichte in kulturhistorischer Sicht. Der Beitrag Ernst Bernheims zur deutschen Landeshistoriographie, in: Land am Meer. Pommern im Spiegel seiner Geschichte. Roderich Schmidt zum 70. Geburtstag, hrsg. von Werner Buchholz und Günter Mangelsdorf (Veröffentlichungen der Historischen Kommission für Pommern, Reihe V: Forschungen zur pommerschen Geschichte 29), Köln–Weimar–Wien 1995, S. 17–40. – Roderich Schmidt (wie Anm. 1), S. 76 f.
68 Kosegarten s. o. Anm. 46.

formuliert worden ist[69]. Zu nennen ist auch seine Ausgabe der „Pomerania" im Jahre 1816/17[70]. 1834 veröffentlichte er den 1. Band der Pommerschen und Rügischen Geschichtsdenkmäler[71]. Zum 400. Jubiläum der Universität Greifswald 1856 gab er eine Edition ihrer Urkunden heraus, der unmittelbar die grundlegende Darstellung folgte[72].

Von besonderer Bedeutung war die Bearbeitung des pommerschen Urkundenmaterials[73], die Kosegarten zusammen mit dem Stettiner Gymnasialdirektor Karl Hasselbach seit 1843 unternahm. 1862 lag der „Codex Pomeraniae diplomaticus" mit rund 500 Urkunden aus der Zeit von 786 bis 1251 vor. Damit war ein erster Schritt auf dem Weg der Edition pommerscher Urkunden getan. Doch das in Betracht kommende Material war bei weitem nicht erfaßt. Das veranlaßte den Direktor des Provinzialarchivs in Stettin Dr. Robert Klempin „Regesten, Berichtigungen und Ergänzungen« zum genannten Codex 1868 als Band 1 des Pommerschen Urkundenbuches herauszugeben. In der Folgezeit ist das Pommersche Urkundenbuch von Bearbeitern des Staatsarchivs fortgeführt worden. Vom 3. Bande an tritt das Kgl. Staatsarchiv als Herausgeber auf. Nach 1925 ist die Zuständigkeit für das Urkundenbuch und die Herausgeberschaft auf die Historische Kommission für Pommern übergegangen. Die Verbindung zum Staatsarchiv blieb jedoch durch die dort tätigen Bearbeiter weiterhin bestehen. Auch zwischen der Gesellschaft und dem Staatsarchiv, das im gleichen Jahr 1824 wie jene durch den Oberpräsidenten Sack neu gegründet bzw. neu organisiert worden war[74], bestanden zu allen Zeiten enge persönliche und sachliche Verbindungen.

Trotz der genannten Aktivitäten und Leistungen sei nicht zu übersehen – so wurde in einem Überblick über die Geschichte der pommerschen Historiographie festgestellt –, „daß der inspirierende Geist, der bei der Begrün-

69 Vgl. Michaela Scheibe, Formen pommerschen Geschichtsbewußtseins im 14. Jahrhundert, in: Tausend Jahre pommersche Geschichte, hrsg. von Roderich Schmidt (Veröffentlichungen der Historischen Kommission für Pommern, Reihe V: Forschungen zur pommerschen Geschichte 31), Köln–Weimar–Wien 1999, S. 35–124.
70 2 Bde., Greifswald 1816/17.
71 Es folgen sechs weitere Bände (bis 1894). Übersicht bei Unterstell (wie Anm.1), S. 352 f.
72 Bd. 2 [Urkunden], Greifswald 1856, Bd. 1 [Geschichte der Universität], ebd. 1857.
73 Zum folgenden vgl. Roderich Schmidt, Geschichte des Pommerschen Urkundenbuches, in: Stand, Aufgaben und Perspektiven historischer Urkundenbücher im östlichen Mitteleuropa, hrsg. von Winfried Irgang und Norbert Kersken (Tagungen zur Ostmitteleuropa-Forschung 6), Marburg 1998, S. 43–50. – Norbert Kersken, Das Pommersche Urkundenbuch – eine Zwischenbilanz, in: ebd. S. 51–60. – Klaus Conrad, Das Pommersche Urkundenbuch in seiner Bedeutung für die historische Forschung, in: Tausend Jahre pommersche Geschichte (wie Anm. 69), S. 125–143.
74 Vgl. den Beitrag von Joachim Wächter im vorliegenden Bande.

dung des pommerschen Geschichtsvereins vorgeherrscht und bis in die dreißiger Jahre fortgewirkt hatte, zusehends schwand." „Der Schwung der
Gründungsbewegung wurde von einer Periode der Stagnation abgelöst"[75].
Dies hing auch mit dem Generationswechsel zusammen. Ob man den Stillstand mit den Daten der Revolution von 1848 und der Reichsgründung
von 1871 verbinden kann, stehe dahin. Die 48er Revolution spielte in der
Geschichte der Gesellschaft keine erkennbare Rolle, anders die Reichsgründung und die durch sie ausgelöste nationale und den historischen Sinn
beflügelnde Welle. Dieser Impuls wirkte ähnlich wie der Geist der Frei-
heitskriege, der Sack, Stein und die anderen Persönlichkeiten der Gründungsphase geleitet hat.

Für die Zeit nach 1871 wurde wieder eine aktive Persönlichkeit von großem organisatorischen Geschick und weitgespannter Wirksamkeit bestimmend im Leben der Gesellschaft: der Stettiner Schulmann Dr. Hugo Lemcke
(1835–1925). Man hat geradezu von der „Ära Lemcke" gesprochen[76].

Lemcke war Schüler des Stettiner Gymnasiums und hat dort von 1860–
80 als Lehrer gewirkt, von 1880 bis 1906 war er Direktor des Stadtgymnasi-
ums in Stettin. 1873 hatte er den Vorsitz der Gesellschaft übernommen.
50 Jahre hat er ihn innegehabt. Zwei Jahre nach Niederlegung des Amtes,
1925, ist er fast 90jährig gestorben. Seine Amtszeit reicht über die Jahrhundertwende, den Ersten Weltkrieg und seine Folgen hinweg. Er hat das Schiff
der Gesellschaft durch alle Strudel sicher geleitet. Die Baltischen Studien wurden unverändert fortgeführt. Das Vereinsleben gestaltete sich weiterhin in den
Bahnen von jährlichen Mitgliederversammlungen und abwechslungsreichen,
gehaltvollen und gut besuchten Vorträgen. Auch Lemcke ging es – wie seinerzeit Sack – darum, den vaterländischen Gedanken zu wecken und zugleich einen identitätsstiftenden Sinn unter den Bewohner Pommerns zu entwickeln.

Fünf bedeutende Ereignisse, die den Aufgabenkreis der Gesellschaft erweiterten bzw. veränderten, fallen in die „Ära Lemcke":

– die Herausgabe der Reihe „Bau- und Kunstdenkmäler",
– die Herausgabe von „Quellen zur pommerschen Geschichte"

---

75 Unterstell (wie Anm. 1), S. 30.
76 Ebd. S. 30–32, 62–67. Vgl. auch Martin Wehrmann, Hugo Lemcke (1835–1925), in:
   Pommersche Lebensbilder 1, Stettin 1934, S. 266–279; Otto Altenburg, Hugo Lemk-
   ke. Ein Leben der Arbeit und des Erfolges, Stettin 1935. Vgl. auch Beiträge zur Geschichte und Alterthumskunde Pommerns. Festschrift zum fünfundzwanzigjährigen
   Jubiläum des Herrn Gymnasialdirektor Professor H. Lemcke als Vorsitzenden der
   Gesellschaft für Pommersche Geschichte und Alterthumskunde, hrsg. v. d. Gesellschaft für Pommersche Geschichte und Alterthumskunde, Stettin 1898, sowie Feier
   des Jubiläums des Herrn Gymnasialdirektor Prof. Dr. Lemcke, in: Monatsblätter 11
   (1898), S. 161–171. Vgl. auch die Beiträge von Dirk Alvermann und Ludwig Biewer
   im vorliegenden Bande.

- die Begründung der „Monatsblätter", eines zweiten Periodikums neben den Baltischen Studien,
- die Verselbständigung der in Greifwald und Stralsund versammelten Mitglieder zum Rügisch-Pommerschen Geschichtsverein mit eigener Zeitschrift, den Pommerschen Jahrbüchern, und
- die Gründung der Historischen Kommission für Pommern.

Gegen Ende des Jahrhunderts kam es in vielen deutschen Landschaften zur Erfassung und Verzeichnung der Baudenkmäler und Kunstwerke. Auch Pommern wurde hierzu angehalten (1875)[77]. Lemcke hat sich mit großer Energie der Sache angenommen. Zusammen mit dem Stettiner Museumsdirektor Adolf Stubenrauch durchreiste er unermüdlich die Provinz[78]. Das Werk wurde nach Regierungsbezirken und Kreisen aufgeteilt. 1881 erschien als erster Band: Der Kreis Franzburg-Barth. Bis zum Ersten Weltkrieg wurden 5 Bände des Regierungsbezirkes Stralsund, 12 des Regierungsbezirkes Stettin und 5 des Regierungsbezirkes Köslin veröffentlicht. Herausgeber war die Gesellschaft, bis sie 1925 das Unternehmen der Provinzialverwaltung übergab.

„Das Werk", so hat man geurteilt, „war eine der wertvollsten historiographischen Leistungen des pommerschen Geschichtsvereins in der wilhelmischen Zeit"[79]. 1894 war eine „Kommission zur Erhaltung und Erforschung der Denkmäler der Provinz Pommern" eingerichtet und Lemcke zum Provinzial-Konservator ernannt worden[80]. Damit war seine Tätigkeit auf diesem Gebiet mit einer amtlichen Vollmacht ausgestattet worden. Das kam auch der Altertumssammlung der Gesellschaft zugute, die zunächst im Marienstiftsgymnasium untergebracht war und 1879 eigene Räumlichkeiten im Stettiner Schloß erhalten hatte[81].

Im Zuge einer stärkeren Verwissenschaftlichung beschloß die Gesellschaft die Herausgabe von „Quellen zur pommerschen Geschichte"[82], in der wissenschaftlich ausgebildete Historiker die von ihnen bearbeiteten Editionen vorlegen konnten. 1885 erschien das älteste Stadtbuch von Garz auf Rügen, 1891 Urkunden und Copiar des Klosters Neuenkamp, 1896 das Rügische Landrecht des Matthaeus Normann, 1900 Johann Bugenhagens Pomerania. Dann stockte jedoch das Unternehmen und blieb auf der Strecke. Es war die

---

77 Vgl. Unterstell (wie Anm. 1), S. 32, 42–44 mit Verzeichnis der Bände (S. 43 f.), ebenso Holtz (wie Anm. 1), S. 30.
78 Vgl. Passarge-Eggers (wie Anm. 1), S. 135. Über Stubenrauch vgl. Unterstell S. 40.
79 Unterstell S. 42.
80 Ebd. S. 41.
81 E. Walter, Die Entwicklung des Museums der Gesellschaft, in: Monatsblätter 13 (1899), S. 97–111; Unterstell S. 31.
82 Vgl. Unterstell (wie Anm. 1), S. 32.

Historische Kommission für Pommern, die es nach ihrer Gründung aufgegriffen und fortgesetzt hat. Nach dem II. Weltkrieg hat sie es als eigene Reihe ihrer Veröffentlichungen weitergeführt. Soeben ist das älteste Stadtbuch von Greifswald rechtzeitig zum Stadtjubiläum fertiggestellt worden[83].

In dem Maße, wie durch Inventare, Quellenpublikationen und umfängliche Aufsätze in den Baltischen Studien die Veröffentlichung zunahm, ergab sich andererseits die Notwendigkeit, die Kommunikation unter den weit verstreuten Mitgliedern zu fördern und Gelegenheit für kleinere Beiträge und Mitteilungen zu bieten. So entstanden 1887 die „Monatsblätter" der Gesellschaft[84]. Sie entsprachen zugleich einem alten Anliegen, die Heimatkunde im Lande zu pflegen. 56 Jahrgänge sind im Laufe der Zeit erschienen, bis die Zeitschrift 1942 infolge des Zweiten Weltkrieges ihr Erscheinen einstellen mußte. Leider war es nach dem Kriege nicht möglich, sie wiederzubeleben. Die Gesellschaft überlegt, wie sie künftig in veränderter Gestalt und Erscheinungsweise herausgebracht werden kann.

Im Jahr 1900 trat eine dritte landesgeschichtliche Zeitschrift hinzu, die Pommerschen Jahrbücher[85], sie aber nicht von der Gesellschaft herausgegeben, sondern vom Rügisch-Pommerschen Geschichtsverein. Der Greifswalder Ausschuß der Gesellschaft, der von Anbeginn an eine gewisse Distanz gegenüber der Stettiner Zentrale und dem dortigen Ausschuß an den Tag gelegt hatte, betonte seine Eigenständigkeit verstärkt, seit 1865 der Greifswalder Historiker und Kunsthistoriker Prof. Theodor Pyl als Nachfolger von Kosegarten an seine Spitze getreten war[86].

Als 1875 die Statuten der Gesellschaft neu gefaßt wurden, war nicht mehr von zwei Ausschüssen, sondern von zwei Abteilungen die Rede. Mit der Zeit aber hat sich Pyl immer mehr in seine eigenen Forschungen zurückgezogen und die Vereinstätigkeit vernachlässigt. Ausgehend von Bestrebungen an der Greifswalder Universität, die Landesgeschichte als Teil und im Sinne der auflebenden Kulturgeschichte zu verwissenschaftlichen und an der Universität zu etablieren – die Namen des Rechtshistorikers Georg Frommhold und des Historikers Ernst Bernheim sind hier zu nennen – kam

83 Vgl. Roderich Schmidt, Achtzig Jahre Historische Kommission für Pommern 1910–1990. Verzeichnis ihrer Veröffentlichungen, Ebsdorfergrund 1990, S. 12 u. 20. – Das älteste Greifswalder Stadtbuch (1291–1332), bearb. von Dietrich W. Poeck, erschien 2000 als Bd. 14 der Veröffentlichungen der Historischen Kommission für Pommern, Reihe IV: Quellen zur pommerschen Geschichte.

84 Vgl. Unterstell (wie Anm. 1), S. 33. Das Register reicht bis zum Bd. 34 (1920). Die weiteren Bände müßten durch ein weiteres Register erschlossen werden.

85 Über sie vgl. Unterstell S. 50–54.

86 Vgl. Ludwig Biewer, Theodor Pyl (1826–1904), ein Greifswalder Gelehrter und pommerscher Heraldiker. Eine kleine Betrachtung zur Geschichte der Geschichtswissenschaft in Greifswald, in: Baltische Studien N. F. 82 (1996), S. 120–131. – Unterstell S. 34 f.

es 1899 zur Gründung eines eigenen Geschichtsvereins[87] mit einer eigenen Zeitschrift. Das bedeutete faktisch eine organisatorische Trennung von der Gesellschaft, wenn auch die persönlichen Beziehungen und Verflechtungen bestehen blieben. In besonderer Weise war die Ausrichtung des neuen Vereins auf das ehemals schwedische Vorpommern gerichtet. Neben der Kulturgeschichte wurde als weiterer Schwerpunkt auch die Historische Geographie entwickelt, wie sie der Greifswalder Professor Fritz Curschmann vertrat[88]. Mit Ende des II. Weltkriegs endete die Geschichte des Rügisch-Pommerschen Geschichtsvereins. Lediglich das 1961 begonnene Greifswald-Stalsunder Jahrbuch verstand sich als eine Weiterführung der Pommerschen Jahrbücher (jedenfalls in der Meinung der Initiatoren)[89]. Als dann nach der Wiedervereinigung in Deutschland die Gesellschaft 1990 in Vorpommern wiederbelebt wurde und die Abteilung Vorpommern ihre aktive Tätigkeit aufnahm, hat man auch an die Tradition des Rügisch-Pommerschen Geschichtsvereins angeknüpft, was dadurch zum Ausdruck gelangt, daß die Baltischen Studien jetzt den Untertitel „Pommersche Jahrbücher für Landesgeschichte" tragen[90].

Verantwortlich für die Monatsblätter und richtungsbestimmend war von 1887 bis 1912 der Historiker Martin Wehrmann (1861–1937), der Altmeister der pommerschen Landesgeschichte im ausgehenden 19. und in den ersten Jahrzehnten des 20. Jahrhunderts[91]. Wehrmann hat sich auf fast allen Gebie-

---

87 Über den Rügisch-Pommerschen Geschichtsverein vgl. Unterstell (wie Anm. 1), S. 47–55, 127–137. – Vgl. auch Gerhild Atze, Die „Pommerschen Jahrbücher" und die Universitätsbibliothek Greifswald, in: Baltische Studien N. F. 78 (1992), S. 95–98.
88 Vgl. Unterstell (wie Anm. 1), Fritz Curschmann (1874–1946) und die historisch-geographische Landesforschung, S. 201–217. – Benno v Knobelsdorff-Brenkenhoff, Prof. Dr. Fritz Curschmann (1874–1946). Begründer der Historischen Geographie in Greifswald, in: Perspektiven der Historischen Geographie. Festschrift für Klaus Fehn, Bonn 1997, S. 497–522. – Heinrich E Curschmann, Das Historisch-Geographische Seminar in Greifswald von 1926–1940, in: Geographische und historische Beiträge zur Landeskunde Pommerns. Eginhard Wegner zum 80. Geburtstag, hrsg. von Ivo Asmus, Haik Thomas Porada und Dirk Schleinert, Schwerin 1998, S. 35–39. Vgl. auch Roderich Schmidt, Pommersche Landesgeschichte (wie Anm.1), S. 81–83.
89 Vgl. Joachim Wächter, Zur Geschichte des Greifswald-Stralsunder Jahrbuchs, in: Beiträge zur Geschichte Vorpommerns. Die Demminer Kolloquien 1985–1994. Im Auftrag der Abteilung Vorpommern der Gesellschaft für pommersche Geschichte, Altertumskunde und Kunst e.V., hrsg von Haik Thomas Porada, Schwerin 1997, S. 406–408.
90 Seit 82 N. F. (1996); vgl dazu ebd. S. 183.
91 Vgl. Unterstell (wie Anm. 1), S. 185–200; ders., Martin Wehrmann (1861–1937) als Historiograph Pommerns. Ein Porträt, in: Zeitschrift für Ostforschung 44 (1995), S. 375–390. Adolf Diestelkamp, Martin Wehrmann zum Gedächtnis. Rede, gehalten in der Sitzung der Gesellschaft für pommersche Geschichte und Altertumskunde am 25. Oktober 1937, in: Monatsblätter 51 (1937), S. 157–164. Dietrich Kausche, Gedenkworte zum 100. Geburtstag Martin Wehrmanns, in: Baltische Studien N. F. 48 (1961),

ten der Geschichtsforschung und Geschichtsschreibung betätigt (seine Bibliographie umfaßt nahezu 1000 Nummern). Seine zweibändige „Geschichte von Pommern" von 1904/06 wurde das Standardwerk über Pommern bis in unsere Zeit. Auch er war ein Schüler des Marienstiftsgymnasiums, an dem er von 1884 bis 1912 als Oberlehrer und als Gymnasialprofessor wirkte. Hier entstand der enge Kontakt zu Hugo Lemcke, dem er in der gemeinsamen Sache der Pommernforschung verbunden war. 1912 wurde Wehrmann Direktor des Gymnasiums in Greifenberg, 1921 bis zu seiner Pensionierung 1926 war er Direktor des angesehenen Groeningschen Gymnasiums in Stargard. Wehrmann verkörperte den Typ des gelehrten Schulmanns. Er gehörte zu den aktivsten Mitgliedern der Gesellschaft, war Vorstandsmitglied und zeitweilig Schriftleiter der Baltischen Studien. Er war aber auch ein ebenso aktives Mitglied der Historischen Kommission für Pommern.

Ja, er kann geradezu als ihr Gründungsvater bezeichnet werden, insofern von ihm ein erster Anstoß zu ihrer Entstehung ausgegangen ist. In einem 1901 verfaßten Memorandum hat er die Bildung einer solchen Kommission angeregt und begründet. Dieses Memorandum hat er am 29. August 1901 in einer Vorstandssitzung der Gesellschaft vorgetragen[92]. Es wurde beschlossen, die Angelegenheit in die Hand des Oberpräsidenten zu legen. Dieser, Dr. Helmuth Frhr. von Maltzahn-Gültz[93], veranlaßte 1910 die ersten Schritte zu ihrer Gründung. Am 13. Mai 1911 wurde sie in Stettin konstituiert. Die Kommissionen stellen gegenüber den Geschichtsvereinen mit ihren freiwilligen Mitgliedern eine neue Entwicklungsstufe in der Wissenschaftslandschaft dar. Ihre berufenen Mitglieder waren in der Regel Wissenschaftler, die in Archiven, Bibliotheken, Museen und in Universitäten tätig waren.

Als Wehrmann 1901 die Bildung einer Historischen Kommission für Pommern anregte, bestanden im deutschen Raum derartige Kommissionen[94] bereits in Baden (1883), Württemberg (1891), Westfalen (1896), Hessen und Waldeck (ebenfalls 1896), Nassau (1897) und in der Provinz Sachsen (gegründet 1876). Sie war die älteste, nicht nur in Preußen, sondern im Deutschen Reich. Sie beruhte auf einem Zusammenschluß der Geschichtsvereine

S. 7–13. – Hans Belleé, Die Arbeiten Martin Wehrmanns in zeitlicher Folge, in: Baltische Studien N. F. 33 (1931), S. 271–321, Forts. (1931–1936) von Wilhelm Braun, in: ebd. 38 (1936), S. 343–350.
92 Unterstell (wie Anm. 1), S. 57 f. und 190.
93 Vgl. Pommersche Lebensbilder 2, Stettin 1936, S. 266–280. – Über v. Maltzahn als Oberpräsident vgl. Branig (wie Anm. 4), S. 102 f.
94 Vgl. hierzu Hermann Heimpel, Über die Organisationsformen historischer Forschung in Deutschland, in: Historische Zeitschrift 189 (1960), S. 139–222, zur Geschichte der Historischen Kommissionen S. 215 ff. – Klaus Papst, Historische Vereine und Kommissionen in Deutschland bis 1914, in: Vereinswesen und Geschichtspflege in den böhmischen Ländern, München 1986, S. 13–38.

jener Provinz zu gemeinsamen größeren Vorhaben. Martin Wehrmann hat
sein Studium 1879 in Halle begonnen und es hier 1882 mit einer Dissertation
in Klassischer Philologie abgeschlossen. Man geht sicher nicht fehl, wenn
man annimmt, daß er hier die wenige Jahre zuvor gegründete Historische
Kommission kennengelernt hat. Daß er seinen Plan 1901 in der Pommerschen Gesellschaft vorgestellt hat, spricht dafür, daß er ebenfalls an eine
Verbindung der Geschichtsvereine mit einer Kommission gedacht hat. In
der dann in Pommern gegründeten Kommission waren satzungsgemäß die
Gesellschaft für pommersche Geschichte und der Rügisch-Pommersche Geschichtsverein ebenso vertreten wie das Preußische Staatsarchiv in Stettin
und die Universität Greifswald, außerdem gehörten ihr um die pommersche
Geschichte verdiente Männer an, natürlich auch Wehrmann.

Die Historische Kommission für Pommern[95], zunächst durch Krieg und
die Schwierigkeiten der Nachkriegszeit behindert, entfaltete erst nach ihrer
Reorganisation im Jahr 1925[96] eine weitgespannte Tätigkeit. Die Zuständigkeit der Gesellschaft wurde dadurch – ohne daß es zu Spannungen kam –
eingeschränkt. Das Verhältnis der alten Historischen Vereine zu den neuen
Historischen Kommissionen ist als ein „kampfloses Zurücktreten ... ohne
viel Aufhebens" bezeichnet worden[97]. Das trifft auch für Pommern zu. Und
weil die Möglichkeiten der Gesellschaft beschränkt waren, finanziell und
personell, entäußerte sie sich stillschweigend der Herausgabe der Geschichtsquellen, und ebenso überließ sie die Bau- und Kunstdenkmäler der
Provinzialverwaltung[98], ihre große Bibliothek und Handschriftensammlung
hatte sie bereits dem Staatsarchiv[99], wenn auch als Depositum, übergeben,
wodurch sie der Forschung allgemein zur Verfügung standen.

Aus denselben Gründen hat sie schließlich auch ihre bedeutende Altertumssammlung in das Eigentum des Provinzialverbandes überführt. Sie bildete seitdem das Kernstück des „Provinzialmuseums pommerscher Alter-

---

95 Literatur zur Geschichte der Kommission: Otto Grotefend, in: Monatsblätter 34
   (1920). – Ders., in: Pommersche Heimatpflege 1 (1930), S. 20–22. – Adolf Diestelkamp, in: Zeitschrift für Ostforschung 2 (1953), S. 281–285. – Roderich Schmidt, in:
   Baltische Studien N. F. 55 (1969), S. 111–124. – Ders., Bewahrung und Erforschung
   (wie Anm. 1). – Ders., Die Historische Kommission für Pommern. Acht Jahrzehnte
   Landesgeschichtsforschung, in: Pommern. Geschichte – Kultur – Wissenschaft. 1. Kolloquium zur Pommerschen Geschichte 1990 der Ernst-Moritz-Arndt-Universität,
   Greifswald 1991, S. 24–35. – Ders., Pommersche Landesgeschichte und die Historische Kommission (1998, wie Anm. 1). – Ders., Achtzig Jahre (wie Anm. 33).
96 Vgl. Unterstell (wie Anm. 1), S. 139–141. Abdruck der Satzung vom 8.10.1925 ebd.
   S. 287-291.
97 R. Schmidt, Bewahrung und Erforschung (wie Anm. 1), S. 409.
98 Vgl. Holtz (wie Anm. 1), S. 30.
99 Unterstell S. 41.

tümer" in Stettin[100], das 1928 im alten Landständehaus in der Luisenstraße eingeweiht wurde. Unter seinem Direktor Dr. Otto Kunkel (von 1924–45) entwickelte sich das Pommersche Landesmuseum zum Mittelpunkt der Urgeschichtsforschung in Pommern[101]. Unter Kunkel war es auch ein Mittelpunkt der Vortragstätigkeit der Gesellschaft. Von ihr legen die Jahresberichte, die in den Baltischen Studien (bis 1916) und in den Monatsblättern gedruckt sind, ein beredtes Zeugnis ab.

„Man hat von den historischen Vereinen ... gesagt, sie seien den guten Erziehern vergleichbar, die sich ihren Zöglingen entbehrlich machen ..."[102] Als guter Erzieher hat die pommersche Gesellschaft ... weitergewirkt. „Denn gerade mit ihrer Vortragstätigkeit hat sie sich große Verdienste erworben, als eine Vermittlungsinstanz zwischen den Ergebnissen der wissenschaftlichen Forschung und den Fragen und Bedürfnissen der Geschichtsfreunde im Lande"[103]. Sucht man nach einer Formel, so könnte man formulieren, es handele sich bei den Vereinen um geschichtspflegende, bei den Kommissionen um geschichtsforschende Vereinigungen.

Wodurch die Gesellschaft seit den ausgehenden zwanziger Jahren des 20. Jahrhunderts nachhaltig wirkte, im Lande, aber auch über dieses hinaus, besonders im Ostseeraum, das waren ihre Zeitschriften, vor allem die Baltischen Studien[104]. Durch einen umfangreichen Besprechungsteil und spezielle Forschungsberichte über polnisches und skandinavisches Schrifttum sowie durch thematisch gestaltete Bände erlangte sie eine zunehmende Aktualität und Beachtung. Verantwortlich zeichneten seit 1911 Archivare des Staatsarchivs: Dr. Otto Grotefend (bis 1929), Dr. Hans Belleé (bis 1932), Dr. Adolf

---

100 Vgl. Unterstell S. 113–116. – Otto Altenburg, Die vorgeschichtlichen und kulturgeschichtlichen Sammlungen der Gesellschaft für pommersche Geschichte und Altertumskunde, in: Monatsblätter 42 (1928), S. 83–96. – Otto Kunkel, Das Provinzialmuseum Pommerscher Altertümer in Stettin, in: Pommersche Heimatpflege 1 (1930), S. 2–10. – Otto Altenburg, Die Einweihung des Provinzialmuseums pommerscher Altertümer in Stettin, in: Monatsblätter 42 (1928), S. 159–162. – Otto Kunkel, Aus der Geschichte des Pommerschen Museumswesens, in: Baltische Studien N. F. 58 (1972), S. 77–113.

101 Über Otto Kunkel vgl. Hans Jürgen Eggers, Zum 70. Geburtstag von Otto Kunkel, in: Baltische Studien N. F. 51 (1965), S. 7–12. – Joachim Gerhardt, [Nachruf auf] Otto Kunkel, in: Baltische Studien N. F. 70 (1984), S. 148–150. – Vgl. auch Hans Jürgen Eggers, Pommersche Vorgeschichtsforschung im Exil (1945–60), in: Baltische Studien N. F. 48 (1961), S. 75 ff.

102 Hermann Heimpel, Aus der Geschichte der deutschen Geschichtsvereine, in: Neue Sammlung. Göttinger Blätter für Kultur und Erziehung 1 (1961), S. 285–302, hier S. 301.

103 Roderich Schmidt, Bewahrung und Erforschung (wie Anm. 1), S. 409.

104 Vgl. Unterstell (wie Anm. 1), S. 122 f.

Diestelkamp (1933–1940)[105]. Sie waren zugleich aktive Mitglieder der Gesellschaft.

Wer sich je mit Fragen der pommerschen Geschichte befaßt, wird auf die Benutzung der Baltischen Studien nicht verzichten können und mit Gewinn zu ihnen greifen. Erschlossen ist der Inhalt durch gute Registerbände; sie erschienen für die Alte Folge (Bd. 1–46) 1902, für die Neue Folge (Bd. 1–42) 1915, 1926 und 1989[106]. Die allgemeine Feststellung des Historikers Prof. Erich Maschke: „Man stelle sich einmal vor, die Hunderte landesgeschichtlicher Zeitschriften, die nun seit … 150 Jahren (und länger) bestehen, hätte es nie gegeben … Ein unerschöpfliches Quellenmaterial wäre damit unzugänglich, eine Fülle wertvoller Ergebnisse nie erzielt worden. Die Verarmung der deutschen Geschichtswissenschaft wäre unvorstellbar"[107]. Diese Feststellung gilt auch für Pommern und die Baltischen Studien. 1932 hat der damalige Vorsitzende der Gesellschaft Otto Altenburg in einem Beitrag „100 Jahre Baltische Studien" ihre Bedeutung für die pommersche Kultur und Geschichte gewürdigt und gemeint, sie seien inzwischen selbst ein Stück Geschichte geworden[108].

Altenburg (1873–1950)[109] verdanken wir neben kulturgeschichtlichen Aufsätzen auch kleinere Beiträge zur Geschichte der Gesellschaft; genannt sei der Festvortrag zur Feier ihres hundertjährigen Bestehens[110], den er 1924 in der Aula des Marienstiftsgymnasiums in Stettin gehalten hat. Altenburg war 1930 Carl Fredrich (1871–1930) gefolgt, der den Vorsitz der Gesellschaft von 1923 (nach Lemcke) bis zu seinem Tode 1930 innegehabt hat. Im April 1933 schied Altenburg aus dem Amt, der bisherige Vorstand trat geschlossen zurück[111].

Bis dahin hatten Gymnasialprofessoren des Marienstiftsgymnasium die Gesellschaft geleitet, nun traten die Direktoren des Staatsarchivs an ihre

---

105 Otto Kunkel, [Nachruf auf] Adolf Diestelkamp (30.1.1900–26.2.1955), in: Baltische Studien N. F. 43 (1955), S. 7–9.

106 Register zu den Bänden 27 (1925)–42 (1940) der Zeitschrift Baltische Studien – Neue Folge. Bearb. von Michael Nickel unter Mitarbeit von Mathias Franz. Im Auftrag der Gesellschaft für pommersche Geschichte, Altertumskunde und Kunst e. V. von hrsg. von Roderich Schmidt, Marburg 1989.

107 Erich Maschke, Landesgeschichtsschreibung und historische Vereine, in: Maschke, Städte und Menschen. Beiträge zur Geschichte der Stadt, der Wirtschaft und Gesellschaft, Wiesbaden 1980, S. 529.

108 S. o. Anm. 60.

109 Vgl. Hans Ziegler, Otto Altenburg (5.8.1873–17.12.1950), in: Blätter für deutsche Landesgeschichte 89 (1952), S. 347.

110 S. o. Anm. 1.

111 Vgl. Holtz (wie Anm. 1), S. 18; Unterstell (wie Anm. 1), S. 112–114. Über Fredrich vgl. Otto Altenburg, Zum Gedächtnis Carl Fredrichs, in: Monatsblätter 44 (1930), S. 18–23.

Spitze, zunächst Dr. Erich Randt (1933–35)[112], dann Dr. Adolf Diestelkamp (1935–45). Dies hing mit dem „Umschwung" des Jahres 1933 zusammen. Die Gesellschaft wurde, wie alle Historischen Vereine, veranlaßt, das „Führerprinzip" zu übernehmen[113]. Demgemäß wurde im Mai 1933 eine neue Satzung verabschiedet, die weithin die alte war, nur in einigen Punkten wurde sie den neuen Verhältnissen angeglichen. Mit der stärkeren Verbindung zu einer staatlichen Dienststelle wie dem Staatsarchiv und der Wahl seiner Direktoren zu Vorsitzenden der Gesellschaft meinte man der Forderung nach dem Führerprinzip zu genügen. Fragt man nach dem Ausmaß und den Folgen der verordneten Gleichschaltung, so sei als Antwort aus dem 1996 erschienenen Buch über die Geschichte der pommerschen Historiographie zitiert: „Allerdings veränderten sich der organisatorische Aufbau und das Profil der Vereinsarbeit nur in gradueller, nicht aber in prinzipieller Weise." „Überzeugte Nationalsozialisten waren durch das Revirement nicht an die Spitze der Gesellschaft gekommen." Und es werden Beispiele für „die um Distanz bemühte Linie" angeführt. Bezeichnend ist z. B. die Begründung für die Satzungsänderung: „damit nicht einmal Schwierigkeiten von irgendwelchen unzufriedenen Elementen gemacht werden können." Dem Zeitgeist kam die Gesellschaft insofern nach, als sie landesgeschichtliche Schulungstagungen für Lokal- und Familienforschung, Urgeschichte, Volkskunde und Archivpflege veranstaltete. Im 1939 ausgebrochenen Krieg ging die Tätigkeit der Gesellschaft zunächst weiter, bis sie, wie das allgemeine Leben, immer mehr eingeschränkt wurde. Dann überrollte der Krieg mit allen seinen Schrecken und Folgen auch Pommern. In der Zeit von Not und Gewalt, in der es ums Überleben ging, erloschen auch die Aktivitäten von Vereinen. So war das Jahr 1945 auch das Ende der Gesellschaft – jedenfalls östlich der Oder.

Als sich in Westdeutschland die Verhältnisse zu ordnen begannen nahmen Mitglieder der Gesellschaft die Verbindung untereinander auf und stellten Überlegungen über einen Neubeginn der Gesellschaft fern des Pommerlandes an[114]. Unter der Anregung des Verlegers Christoph von der Ropp in Hamburg bildete sich 1952 eine „Arbeitsgemeinschaft von Kultur und Wissenschaft" unter dem Namen „Hans Lange-Bund für Pommern". Hans Lange war alter Überlieferung zufolge ein unfreier Bauer aus Lanzig bei Rügenwalde, der den jungen, von seiner Mutter vernachlässigten Herzog Bogislaw X. mit der notwendigsten Kleidung versorgte und bei ihm später in hohem Ansehen stand. Im Mai 1953 trat der Bund mit einer von dem damals

112 Vgl. Adolf Diestelkamp, Erich Randt zum Gedächtnis, in: Der Archivar 2 (1949), Nr. 2, Sp. 82–88.
113 Zum folgenden vgl. Unterstell S. 116–119.
114 Zum folgenden vgl. Adalbert Holtz, 150 Jahre (wie Anm. 1), S. 22.

jungen Kunsthistoriker Dr. Gerhard Eimer organisierten Ausstellung „Künstler aus Pommern" in der Hamburger Kunsthalle an die Öffentlichkeit[115].

Im Jahre darauf hatte sich in Hannover durch die Initiative von Adolf Diestelkamp die Historische Kommission für Pommern rekonstituiert. Nun war für die alten Mitglieder der Gesellschaft die Zeit gekommen, auch sie wieder in Erscheinung treten zu lassen. 1954, am 15. Juni, ihrem alten Gründungstag, erfolgte in Hamburg ihre Wiederbelebung[116]. Zum Vorsitzenden wurde der Stettiner Kaufmann Konsul Carl Meister gewählt, zu Stellvertretenden Vorsitzenden Dr. Adolf Diestelkamp, der Prähistoriker Prof. Dr. Hans-Jürgen Eggers, Museumsdirektor Dr. Otto Kunkel (Direktor der Prähistorischen Staatssammlung, München), der Architekt Dr. Hans-Bernhard Reichow (zuvor Stadtbaudirektor in Stettin). Auf Vorschlag von Reichow wurde als neue Aufgabe der Gesellschaft die Pflege der modernen Kunst angenommen und dementsprechend ihr Name ergänzt. Seitdem trägt sie die Bezeichnung „Gesellschaft für Pommersche Geschichte, Altertumskunde und Kunst e. V.".

Die neue Satzung knüpfte an die alte an. Verändert wurden jedoch die Ziele der Gesellschaft. An erster Stelle steht die „Förderung wissenschaftlicher, insbesondere historischer, prähistorischer, kunstgeschichtlicher, philologischer und volkskundlicher Arbeiten über Pommern", an zweiter: „Veranstaltung von populärwissenschaftlichen Vorträgen und Ausstellungen"[117]. Andere Aufgaben sind in der weiteren Entwicklung teils von der Pommerschen Landsmannschaft, teils vor allem von der 1971 gegründeten Stiftung Pommern in Kiel wahrgenommen worden. An der Gründung der Stiftung waren die Gesellschaft bzw. ihre leitenden Mitglieder beteiligt, und es entwickelte sich eine vertrauensvolle Zusammenarbeit zwischen beiden. Das Gleiche gilt für das Verhältnis der Gesellschaft zur Historischen Kommission.

Neben Hamburg als dem nunmehrigen Sitz der Gesellschaft bildeten sich weitere Zentren. 1955 wurde durch den Maler Immanuel Meyer-Pyritz eine Abteilung in Berlin gegründet, 1956 eine solche in Bonn unter Leitung des Gartenbauarchitekten Fritz Ludwig Sieg. 1976 formierten sich die norddeutschen Mitglieder zu einer Hamburger Abteilung, 1981 die süddeutschen zu einer Münchener.

Die in allen Abteilungen gehaltenen Vorträge trugen dazu bei, das Bewußtsein von Pommern und das Wissen über Pommern unter den Pommern in Westdeutschland zu erhalten, zu befestigen und neu zu wecken. Sie er-

---

115 Vgl. Passarge-Eggers (wie Anm. 1), S. 138, und Holtz S. 22.
116 Vgl. Holtz S. 23.
117 Abgedruckt in: Baltische Studien N. F. 57 (1971), S. 117–119. Die jetzt gültige Satzung vom 4.5.1998, in: Baltische Studien N. F. 84 (1998), S. 171–173.

reichten aber auch, daß den Nicht-Pommern fundierte Kenntnis über das Land am Meer vermittelt wurden.

Viele der gehaltenen Vorträge wurden in den Baltischen Studien gedruckt. Bereits 1955 erschien der erste Nachkriegsband; auch hier betonte man die Kontinuität, indem man mit der Nummer 43 Neue Folge die Bandzählung fortsetzte. Und auch darin knüpfte man an die Tradition an, daß der Blick über Pommern hinaus auf den Raum des mare Balticum gerichtet blieb. Der Inhalt der Zeitschrift – so heißt es in dem Geleitwort des Schriftleiters, Prof. Dr. Erwin Aßmann (Kiel) – solle „bestimmt sein durch den unbestechlichen Willen zur wissenschaftlichen Wahrheit, durch ein Bekenntnis zur Heimat, das sich von jeglicher Sentimentalität freihält, aber auch durch das Wissen darum, daß Pommern nicht allein die Welt ist. Erst das Bewußtsein, Teil eines Ganzen zu sein, gibt der landesgeschichtlichen Forschung die innere Berechtigung"[118].

Die Schriftleitung der Baltischen Studien lag zunächst in den Händen von Erwin Aßmann und Hans-Jürgen Eggers, danach waren Christoph von der Ropp, Dr. Dietrich Kausche, Adalbert Holtz, Prof. Ellinor von Puttkamer, Dr. Ludwig Biewer für ihren Inhalt zuständig[119]. Jetzt wird die Schriftleitung von Dr. Klaus Conrad, Dr. Rudolf Benl und Joachim Wächter in Verbindung mit Haik Thomas Porada wahrgenommen. Verleger war zunächst Christoph von der Ropp, seit 1979 erscheinen sie im Verlag N. G. Elwert, Marburg. Seit 1969 sind die Baltischen Studien zugleich das Mitteilungsorgan der Historischen Kommission, seit 1996 auch der Arbeitsgemeinschaft für Pommersche Kirchengeschichte.

Die Tätigkeit der Gesellschaft ist auch nach 1954 ganz wesentlich von ihren Vorsitzenden bestimmt worden[120]. Auf Konsul Meister († 1961) folgte der Städteplaner Prof. Dr. Hans-Bernhard Reichow († 1974). Danach trat

---

118 S. 11 f.

119 Nachrufe und Würdigungen: Erwin Aßmann († 1984), in Baltische Studien N. F. (1985), S. 146 f. (Erich Hoffmann). – Hans Jürgen Eggers († 1975), in: ebd. 61 (1975), S. 7–12 (Otto Kunkel). – Christopher Baron von der Ropp († 1990), in: ebd. 77 (1991), S. 127 f. (Klaus Conrad). – Dietrich Kausche († 1988), in: ebd. 74 (1988), S. 129–131 (Klaus Conrad). – Adalbert Holtz († 1977), in: ebd. 63 (1977), S. 81 f. (Dietrich Kausche). – Nachruf auf Ellinor von Puttkamer von Ludwig Biewer im vorliegenden Bande.

120 Nachrufe und Würdigungen: Carl Meister, in: Baltische Studien N. F. 49 (1962/63), S. 6 f. (v. d. Ropp) – Hans-Bernhard Reichow, in: ebd. 60 (1974), S. 147 f., vgl. auch ebd. 46 (1959), S. 146–162, und 55 (1969), S. 128 f., sowie Zs. Pommern. Kultur – Geschichte – Volkskunde 3 (1974), S. 31 f. – Reinhart Berger, in: Baltische Studien N. F. 81 (1995), S. 106 f. (Hartwig Berger). – Über Hellmut Hannes vgl. die Würdigung von Ludwig Biewer, Dr. Hellmut Hannes, Ehrenmitglied der Gesellschaft für pommersche Geschichte, Altertumsunde und Kunst e. V , in: ebd. 81 (1995), S. 112–114.

Christoph von der Ropp für zwei Jahre an die Spitze. Von 1976 bis 1986 hatte Dr. Reinhart Berger, zuletzt Oberkreisdirektor in Uelzen, den Vorsitz inne, danach Dr. Hellmut Hannes aus Swinemünde bis 1993. 1993 wurde Dr. Ludwig Biewer zum Vorsitzenden gewählt. Alle Genannten waren oder sind Persönlichkeiten ganz eigener und unterschiedlicher Prägung, die die Akzente ihrer Arbeit sehr individuell gesetzt haben. Alle haben sich um die Entwicklung der Gesellschaft große Verdienste erworben.

1974 beging die Gesellschaft ihr 150jähriges Bestehen in Kiel. Den Festvortrag hielt der damalige Dozent Dr. Jürgen Petersohn über „Mission und Bistumsgründung in Pommern im 12. Jahrhundert. Zur 850. Wiederkehr des ersten Missionszuges Bischof Ottos I. von Bamberg"[121].

Einen Einschnitt von größter Bedeutung für die Gesellschaft bedeutet das Jahr 1990. Der damalige Vorsitzende, Dr. Hannes, hat in seinem Jahresbericht dazu lapidar festgestellt: „Die gravierenden Veränderungen in Deutschland während des Jahres 1990 ließen auch die Ereignisse in der Gesellschaft ... nicht unberührt." Sie „konnte sich – nach Jahrzehnten ‚exterritorialer' Existenz – auch auf pommerschem Boden wieder rekonstituieren"[122]. Am 21. April 1990 faßte der Vorstand den Beschluß: „Angesicht der in der DDR und in ihrem Verhältnis zur Bundesrepublik eingetretenen Veränderungen, aufgrund von Anregungen sowohl aus der Gesellschaft wie auch aus Vorpommern", eine Abteilung in Greifswald zu gründen[123].

Nach Vorgesprächen fand am 7. Juli anläßlich des „Demminer Kolloquiums" mit zahlreichen Teilnehmern eine eingehende Aussprache über die Möglichkeiten landesgeschichtlicher Arbeit in Vorpommern statt, in der das Für und Wider erwogen wurde. In einer Schlußabstimmung sprach sich eine übergroße Mehrheit bei Verzicht auf eine etwaige eigene Vereinsgründung für die Verbindung mit der Gesellschaft aus[124]. Auf der Mitgliederversammlung der Gesellschaft in Minden am 13. Oktober 1990 wurde die Gründung einer Abteilung Vorpommern und die Ernennung von Dipl.-Archivar Joachim Wächter (Greifswald) zu ihrem Leiter mit großem Beifall bestätigt, und es wurden außer diesem Dr. Norbert Buske und Prof. Dr. Konrad Fritze aus Greifswald in den Vorstand gewählt[125].

Die Anbindung der landesgeschichtlichen Arbeit in Vorpommern an die Gesellschaft war auch dadurch ermöglicht, daß trotz der deutschen Teilung die Verbindung zwischen pommerschen Landeshistorikern in der Bundesrepublik und denen in der DDR nie abgerissen ist und daß es Kontakte,

---

121 Vgl. Jahresbericht, in: Baltische Studien N. F. 60 (1974), S. 160 f.
122 Jahresbericht, in: Baltische Studien N. F. 77 (1991), S. 139.
123 Ebd. S. 141.
124 Ebd. S. 142.
125 Ebd. S. 140.

wenn auch nicht offiziell, so doch auf privater Ebene zu allen Zeiten gegeben hat.

Die Abteilung Vorpommern hat ihre Arbeit unter Leitung von Joachim Wächter alsbald auf breiter Front aufgenommen. Sie konnte sich dabei auch auf die Arbeitsgemeinschaft für Pommersche Kirchengeschichte unter Leitung von Dr. Buske stützen und auf die von Dr. Henning Rischer (Loitz) initiierten und geleiteten „Demminer Kolloquien"[126]. Diese fanden seit 1985 statt und versammelten interessierte Bürger aus Vorpommern zu jährlichen Tagungen über Themen der pommerschen Geschichte. Die Demminer Kolloquien werden nunmehr als Veranstaltungen der Abteilung Vorpommern der Gesellschaft fortgesetzt. 1997 erschien ein Band mit den Vorträgen der Jahre 1985 bis 1994[127]; ein weiterer wird folgen. Die Abteilung Vorpommern hat ihre Aktivität inzwischen auf die ganze Region ausgedehnt.

1991 fand die Jahrestagung der Gesellschaft in Zinnowitz statt. Dies wurde von allen als ein besonderes Ereignis empfunden, war es doch die erste Tagung nach fast einem halbem Jahrhundert auf pommerschen Boden[128]. 1993 kam man in Greifswald, in der Aula der Ernst-Moritz-Arndt-Universität zusammen, vom Rektor herzlich begrüßt. Zwei Jahre später nahm die Gesellschaft ebendort durch ihren Vorsitzenden und weitere Mitglieder an der Kommissions-Tagung „Tausend Jahre pommersche Geschichte" teil[129] und bekundete damit erneut ihre Verbundenheit mit der Historischen Kommission für Pommern wie mit der Universität, die mit ihrer Bibliothek und ihrem Archiv wichtiges Material für die Pommernforschung bereithält. Enge Verbindungen entwickelten sich auch zum Lehrstuhl für Pommersche Geschichte und Landeskunde und zu anderen Fächern der Universität sowie zum Landesarchiv in Greifswald mit seinen bedeutenden Beständen.

Auf der Mitgliederversammlung 1997 in Berlin sind zwei bedeutsame Beschlüsse gefaßt worden: nämlich in die Satzung den folgenden Satz aufzunehmen: „Die Gesellschaft versteht sich ... als Rechtsnachfolgerin des einst aus ihr hervorgegangenen ‚Rügisch-Pommerschen Geschichtsvereins'" und den Sitz der Gesellschaft von Hamburg nach Greifswald zu verlegen[130]. Am 4. Mai 1998 ist diese Änderung amtlich vollzogen worden. Damit ist unsere Gesellschaft wieder in Pommern beheimatet.

---

126 Die Jahresberichte in den Baltischen Studien spiegeln die verschiedenen Aktivitäten wider.

127 S. o. Anm. 89.

128 Vgl. Jahresbericht, in: Baltische Studien N. F. 78 (1992), S. 120–122.

129 Vgl. den Jahresbericht der Historischen Kommission für Pommern, in: Baltische Studien N. F. 82 (1996), S. 188. Die dort gehaltenen Vorträge sind gedruckt in dem Band „Tausend Jahre pommersche Geschichte", s. o. Anm. 69.

130 Vgl. Jahresbericht, in: Baltische Studien N. F. 84 (1998), S. 161.

1991 stellte Dr. Hannes am Ende seines Jahresberichts als Vorsitzender fest: „Mit der Begründung ihrer Abteilung Vorpommern wurzelt die Gesellschaft nun auch wieder im angestammten Boden und wird neue Impulse und Lebenskraft daraus schöpfen können. ... Am Ende dieses auch für die pommersche Geschichtsforschung so wechselvollen Jahrhunderts bieten sich so für unsere Gesellschaft ... hoffnungsvolle Perspektiven"[131]. Mit dieser auf die Zukunft gerichteten Aussage verbindet sich heute, da wir ihr 175jähriges Bestehen feiern, der innige Wunsch für ihr Wachsen, Blühen und Gedeihen im neuen, vor uns liegenden Jahrhundert.

---

131 Jahresbericht, in: Baltische Studien N. F. (1991), S. 143.

Nachweis der Erstveröffentlichungen

I

I.1 Handbuch der historischen Stätten Deutschlands, 12. Bd.: Mecklenburg/Pommern. Hrsg. von Helge Bei der Wieden und Roderich Schmidt (Kröners Taschenausgabe Bd. 315), Stuttgart 1996, S. XXXIII–LII.

I.2 Leer 1977 (Betrachtungen zur gegenwärtigen Situation).

II

II.1 Tausend Jahre pommersche Geschichte. Hrsg. von Roderich Schmidt (Veröffentlichungen der Historischen Kommission für Pommern, Reihe V: Forschungen zur pommerschen Geschichte Bd. 31), Köln–Weimar–Wien 1999, S. 1–17.

II.2 Historischer und geographischer Atlas von Mecklenburg und Pommern. Hrsg. im Auftrag der Landeszentrale für politische Bildung Mecklenburg-Vorpommern. Bd. 2: Mecklenburg und Pommern. Das Land im Rückblick (Schwerin 1996), S. 6–9 (mit Karte 1).

II.3 Reallexikon der Germanischen Altertumskunde, Bd. 16, 2000, S. 120–121 (Art. „Jumne").

II.4 Festschrift für Walter Schlesinger, Bd. II, hrsg. von Helmut Beumann (Mitteldeutsche Forschungen Bd. 74/II), Köln–Wien 1974, S. 366–394.

II.5 Grenzregion zwischen Pommern und Mecklenburg. Vorträge 2003, hrsg. von Hans Joachim von Oertzen (Schriften des Fördervereins Kreisheimatmuseum Demmin, Bd. 5), 2005, S. 51–59.

II.6 Lexikon des Mittelalters, Bd. 7, Lfg. 1, 1994, Sp. 84–86 (Art. „Pommern, Herzogtum").

II.7 Neue Deutsche Biographie, Bd. 7, 1966, S. 29–33.

II.8 Neue Deutsche Biographie, Bd. 7, 1966, S. 290–291.

II.9 Unveröffentlichter Vortrag, Usedom 1998 (Festakt anlässlich der Verleihung des Lübischen Stadtrechts vor 700 Jahren).

II.10 Die Anfänge der Stadt Stolp. Neue Forschungsergebnisse aus Deutschland und Polen (Zeszyty Kulickie/Külzer Hefte 1). Hrsg. von der Europäischen Akademie Külz-Kulice Nowogard (Naugard), Kulice 1999, S. 127–143.

II.11 Pommern. Kultur und Geschichte, 34. Jg., Heft 3, 1996, S. 32–48.

II.12 Pommern. Kultur und Geschichte, 34. Jg., Heft 3, 1996, S. 1–31.

II.13 Kaiser Karl IV., Staatsmann und Mäzen. Hrsg. von Ferdinand Seibt, München 1978, S. 203–208 u. 456–457.

II.14 Bericht über die 32. Versammlung deutscher Historiker in Hamburg 1978 (Beiheft zu Geschichte in Wissenschaft und Unterricht), Stuttgart 1979, S. 204–206.

II.15 Mecklenburg und seine Nachbarn. Hrsg. von Helge Bei der Wieden und Tilman Schmidt (Veröffentlichungen der Historischen Kommission für Mecklenburg, Reihe B, Heft 103), Rostock 1997, S. 69–92.

III

III.1 Baltische Studien, N.F. 61, 1975, S. 17–31.

III.2 Die Territorien des Reichs im Zeitalter der Reformation und Konfessionalisierung. Land und Konfession 1500–1650, Bd. 2: Der Nordosten. Hrsg. von Anton Schindling und Walter Ziegler, 1990, 4. Aufl., Münster 1999, S. 182–205 („Pommern. Cammin"), mit Karte.

III.3 Solange es ‚heute' heißt. Festgabe für Rudolf Hermann zum 70. Geburtstag, Berlin 1957, S. 234–250.

III.4 Zeitschrift für Kirchengeschichte 69, 1958, S. 79–97.

III.5 Zeitschrift der Savigny-Stiftung für Rechtsgeschichte, Germanistische Abteilung 75, 1958, S. 372–382.

III.6 Baltische Studien, N.F. 46, 1959, S. 57–78.

III.7 Vortrag, gehalten auf dem Familientag der Familie von Dewitz, Nierstein 2002 (Faksimilierter Text, 19 Sp.).

III.8 Familie und Volk. Zeitschrift für Genealogie und Bevölkerungskunde 7, 1958, S. 218–220.

IV

IV.1 Zeitschrift für Ostforschung 30, 1981, S. 321–348.

IV.2 Ostdeutsche Geschichts- und Kulturlandschaften, Teil III: Pommern. Hrsg. von Hans Rothe (Studien zum Deutschtum im Osten, Bd. 19/III). Köln–Wien 1988, S. 215–252.

IV.3 Festvortrag. 700-Jahrfeier der Familie v. Kleist in Hamm 1989, Celle 1991, S. 15–32.

IV.4 Attempto – oder wie stiftet man eine Universität. Die Universitätsgründung der sogenannten zweiten Gründungswelle im Vergleich. Hrsg. von Sönke Lorenz (Contubernium. Tübinger Beiträge zur Universitäts- und Wissenschaftsgeschichte 50), Stuttgart 1999, S. 19–34.

IV.5 Virtus est satis hoc uno testificata libro. Festgabe für Manfred Herling. Hrsg. von Dirk Alvermann, Nils Jörn, Kjell A. Modéer. Münster-Hamburg-London 2003, S. 101–112.

IV.6 Baltische Studien. N.F. 53, 1967, S. 18–42, und Neue Deutsche Biographie 8, 1969, S. 545–546.

IV.7 Hrsg. von Franz Engel (Mitteldeutsche Forschungen 56), Köln-Graz 1968, Einleitung S. VII–XXVIII.

IV.8 Hamburger Beiträge zur Numismatik, Heft 12/13, 1958/59, S. 159–197 u. Taf. 7.

IV.9 Landesbeschreibungen Mitteleuropas vom 15. bis 17. Jahrhundert. Hrsg. von Hans-Bernd Harder (Schriften des Komitees der Bundesrepublik Deutschland zur Förderung der Slawischen Studien 5). Köln–Wien 1983, S. 49–78.

IV.10 Unveröffentlichter Vortrag: Zuerst gehalten auf dem II. Greifswalder Kolloquium zur pommernden Geschichte, 13.9.1991.

IV.11 Landesgeschichte in Deutschland. Bestandsaufnahme – Analyse – Perspektiven. Hrsg. von Werner Buchholz, Paderborn 1998, S. 75–92.

IV.12 Pommern. Kultur und Geschichte. 35. Jg., Heft 4, 1997, S. 8–14.

IV.13 Baltische Studien. N.F. 86, 2000, S. 7–24 (Festvortrag Stralsund 1999: 175 Jahre Gesellschaft für pommernde Geschichte, Altertumskunde und Kunst).